Botanica
Rosen

This edition published by arrangement with
Random House Australia Pty Ltd

Alle Rechte vorbehalten. Dieses Buch darf ohne vorherige schriftliche Genehmigung des Verlags weder ganz noch teilweise in elektronischer oder mechanischer Form reproduziert oder anderweitig verwertet werden.

Copyright © Random House Australia 2004
Fotos © Random House Australia Pty Ltd 2000
aus der Random House Photo Library
Text © Random House Australia Pty Ltd 2000
Original ISBN 0 091 84131 3

Herausgeber: Penny Martin
Verantwortlicher Fachberater: William A. Grant
Fachberater und Autoren: David Austin, Peter Beales, Dr. Gerlinde von Berg, Geoff Bryant, Dr. Tommy Cairns, Walter Duncan, Gwen Fagan, Ken Grapes, Peter Harkness, Kevin Hughes, John Mattock, David Ruston, Barbara Segall, Elwyn Swane
Managing Editor: Susan Page
Senior Editor: Ken Tate
Editorial Assistant: Dee Rogers
Cover Design: Bob Mitchell, James Mills-Hicks
Bildredaktion: Antony Page
Index: Ken Tate
Produktion: Linda Watchorn

Copyright © 2006 für die deutsche Ausgabe:
Tandem Verlag GmbH
h.f.ullmann ist ein Imprint der Tandem Verlag GmbH

Projektkoordination: Nicole Weilacher
Übersetzung aus dem Englischen (für Rosen. Enzyklopädie): Bärbel Baeseler, Marita Eva Döring, Franca Fritz, Werner Horwath, Feryal Kanbay, Heinrich Koop, Martina Köhlhoff, Dr. Angela D. Kuhk, Helga und Klaus Urban (für Gerald Bosch)
Übersetzung für diese Ausgabe: Helga und Klaus Urban (S. 5, 7-37, 129, 156, 171, 183, 197, 200, 204, 228, 272, 302, 317, 350, 386, 459, 488, 508, 658, 692, 773, 780, 895, 942, 944-967)
Redaktion: Berthold Bartel
Index: Berthold Bartel

Printed in China

ISBN 978-3-8331-4470-7

10 9 8 7 6 5 4 3 2 1
X IX VIII VII VI V IV III II I

www.ullmann-publishing.com

FOTOS AUF DEN
ERSTEN SEITEN UND AM
BEGINN DER EINZELNEN KAPITEL

Seite 1: 'Chicago Peace'
Seite 2/3: 'Complicata'
Seite 4/5: 'Climbing Iceberg'
Seite 6/7: 'Roselina'
Seite 8/9: 'Queen Charlotte'
Seite 31: 'Blush Rambler'
Seite 38/39: *Rosa moschata*
Seite 68/69: 'American Pillar'
Seite 134/135: 'Blossomtime'
Seite 192/193: 'Crépuscule'
Seite 246/247: 'Day Light'
Seite 274/275: 'Especially for You'
Seite 298/299: 'French Lace'
Seite 334/335: 'Galway Bay'
Seite 384/385: 'Climbing Iceberg'
Seite 424/425: 'Kiese'
Seite 462/463: 'L'Oréal Trophy'
Seite 516/517: 'Maskerade'
Seite 612/613: 'Old Master'
Seite 636/637: 'Playboy'
Seite 698/699: 'Robusta', ganz rechts (rot), 'Iceberg' (weiß), 'Casino' (gelb), 'Compassion' (rosa)
Seite 758/759: 'Schoolgirl'
Seite 840/841: 'Top Marks'
Seite 882/883: 'Victor Borge'
Seite 904/905: 'White Masterpiece'
Cover: 'Especially for You'
Rückumschlag: 'Chanelle'

Fotografen:

Rob Blakers, Geoff Bryant, Claver Carroll, Leigh Clapp, Ed Gabriel, William A. Grant, Denise Greig, Gil Hanly, Ivy Hansen, Ray Joyce, Gary Lewis, Stirling Macoboy, Eberhard Morell, Maggie Oster, Suzanne de Pelsenaire, Dick Roberts, Italo Vardaro, Brent Wilson und James Young

Inhalt

Vorwort 8
Einleitung 9
Klimazonen, Karten 35
Wildrosen 38

Gartenrosen von A–Z 68

'Aalsmeer Gold' bis 'Awakening' 70

'Baby Alberic' bis 'By Appointment' 136

'Cabbage Rose' bis 'Cymbaline' 194

'D'Aguesseau' bis 'Dutch Gold' 248

'Earthquake' bis 'Eyepaint' 276

'F. J. Grootendorst' bis 'Fulton Mackay' 300

'Gabriel Noyelle' bis 'Gypsy Moth' 336

'Hakuun' bis 'Ivory Fashion' 386

'Jacaranda' bis 'Kronprinzessin Viktoria' 426

'L. D. Braithwaite' bis 'Lyon Rose' 464

'Ma Perkins' bis 'My Choice' 518

'Nana Mouskouri' bis 'Over the Rainbow' 614

'Pacesetter' bis 'Purple Tiger' 638

'Quaker Star' bis 'Ruth Leuwerik' 700

'Sachsengruß' bis 'Symphonie' 760

'Taboo' bis 'Tzigane' 842

'Ulrich Brunner Fils' bis 'Voodoo' 884

'Waiheke' bis 'Zwergkönigin 82' 906

Alle Rosen im Überblick 944
Register 968

Vorwort

Welch ein Glück, ein Rosenbuch zu besitzen, das man im Bett lesen, in eine Baumschule mitnehmen oder im Garten verwenden kann! Ob Sie planen, einen neuen Garten anzulegen oder Rosen in einen bestehenden Garten zu integrieren – Sie sollten die möglichen Alternativen kennen. Die Größe der Pflanze, der erforderliche Pflegeaufwand, die Blühhäufigkeit und selbst das Aussehen der Pflanze außerhalb der Blütezeit: alle diese Punkte müssen vor dem Kauf bedacht werden. Beim Besuch einer Baumschule kann der Gartenliebhaber mit diesem Buch vor Ort auswählen. Ob eine Rose volle Sonne benötigt oder Halbschatten verträgt; ob sie auch auf kargen Böden gut gedeiht; ob sie widerstandsfähig gegen Krankheiten ist; welche Herbstfärbung sie aufweist, ob sie Hagebutten trägt – diese Informationen finden Sie hier. Denn solche Details finden Sie selten auf Etiketten.

Der Abschnitt über die Kultivierung von Rosen sollte besonders Anfänger interessieren. Es wird nicht nur beschrieben, wie man eine Pflanze beurteilt, bevor man sie kauft, sondern auch, wie man sie pflanzt und schneidet und unter verschiedenen Umständen für sie sorgt. Die Winterhärtezone ist bei jedem Stichwort angegeben. Viele Rosen werden in unterschiedlichen Ländern unter verschiedenen Namen angeboten; Sie finden die Synonyme hier aufgeführt. Wenn es Sie interessiert, wann eine Rose eingeführt wurde, den Namen des Züchters zu erfahren, ob sie mit Preisen ausgezeichnet wurde, welche die Elternsorten sind – alle diese Informationen finden Sie hier.

Keine andere Pflanze hat so viele begeisterte Liebhaber. Rosengesellschaften in aller Welt bestehen auf einer ordnungsgemäßen Identifizierung für die Teilnahme an Wettbewerben und Ausstellungen. Ein Buch wie dieses hilft, nicht etikettierte oder unbekannte Rosen zu bestimmen.

Eine leicht verständliche Referenztabelle, ein Register und Karten mit den Winterhärtezonen vervollständigen den reichen Inhalt von *Botanica Rosen*.

WILLIAM A. GRANT

Einleitung

Paläontologen behaupten, dass Rosen schon im Tertiär existierten, also vor 70 Millionen Jahren. Fossilien in einem Schiefervorkommen in Colorado zeigen, dass Rosen vor 40 Millionen Jahren in Nordamerika vorkamen. Wichtige Fossilienfunde anderenorts haben bestätigt, dass Rosen zwischen Alaska und Norwegen im Norden und bis hinunter nach Mexiko gediehen. Südlich des Äquators wurden keine Wildrosen gefunden.

Belege in alten Schriften suggerieren, dass Rosen bereits um 2350 v. Chr. bekannt waren. König Sargon von Akkad soll um 2200 v. Chr. bei der Rückkehr von einem Feldzug „Reben, Feigen und Rosen in dieses Land" gebracht haben. Um 500 v. Chr. schrieb Konfuzius über die Rosen im Rosengarten des Kaisers von China, der auch eine umfangreiche Bibliothek von Rosenbüchern hatte. Handschriften, Inschriften und Zeichnungen belegen aber, dass die Rose ab der Zeit um 400 v. Chr. kultiviert wurde.

Im Palast von Knossos (erbaut 2000 bis 1700 v. Chr.) ist auf einem Fresko eine Rose abgebildet. Viele Historiker sind allerdings der Meinung, dass sie viel später gemalt wurde. Ein ägyptisches Grab von 1500 v. Chr. zeigt eine Abbildung von Rosen. Erst seit der griechische Philosoph Theophrast (382-287 v. Chr.) über die Kultur von Rosen und das Schneiden von Rosen im Winter schrieb, kam allmählich Licht in ihre Geschichte.

Wir wissen durch Plinius d. Ä. (23-79 n. Chr.) dass die Römer in großem Umfang Rosen kultivierten. Wir wissen auch, dass sie Rosen für Siegeskränze verwendeten und Gräber wurden mit Blütenblättern von Rosen geschmückt. Die wichtigsten Gruppen von Gartenrosen erhielten ihre Namen von den Römern.

Der Ehrentitel „Königin der Blumen" wurde, heißt es, erstmals von dem griechischen Redner Achilleus Tatios gegen Ende des 2. Jahrhunderts n. Chr. verliehen.

Nach England und Frankreich kamen Rosen vermutlich durch die Römer, einige Wildarten wurden später in der Heraldik verwendet. Heinrich VII. vereinigte die „Weiße Rose von York" und die „Rote Rose von Lancaster" zur stilisierten Tudor-Rose.

'Leander' *(links)*

'The Fairy' *(rechts)*

Einige persische Illuminationen des sechsten Jahrhunderts bezeugen ihr Vorkommen, und auch indisches Kunsthandwerk für die Mogulkaiser des 16. Jahrhunderts bildet Rosen ab. Europäer entdeckten im späten 18. Jahrhundert, dass Rosen seit Jahrhunderten in China kultiviert worden waren, und die öfter blühenden Arten, die im 19. Jahrhundert in Westchina gefunden wurden, lokalisieren den Geburtsort der modernen Gartenrosen.

Frankreich wurde bereits im Mittelalter zum wichtigsten Zentrum des Rosenhandels. Im 16. Jahrhundert tauchten neue Wildrosenarten aus Nordamerika auf. Bei der heutigen Mischung aus Wildrosen, Alten Rosen und modernen Hybriden ist es schwer, sich vorzustellen, dass sie jemals aus einem geringeren Grund als wegen ihrer Schönheit und ihres Duftes kultiviert wurden, aber im Europa des Mittelalters wurden sie als Arzneipflanzen angepflanzt.

Rosensirup galt als Allheilmittel. Die Hagebutten verschiedener Wildrosen stellen die reichste und billigste Quelle von Vitamin C dar. Die Hagebutten von *Rosa rugosa* enthalten 60-mal so viel wie die gleiche Menge Orangen oder Äpfel.

Duft in der Luft

Als der Mensch gelernt hatte, Ackerbau zu betreiben, wurde der Kampf ums tägliche Brot etwas leichter, und als die Gesellschaften wohlhabend wurden, war Luxus gefragt. In Mesopotamien, dem heutigen Irak, fand sich der erste schriftliche Beleg der Existenz von Rosen auf einer Tontafel, vermutlich ein Rezept für Rosenwasser. Das Leben war damals ohne Zweifel gefährlich, aber Rosenblüten, Rosenwasser, Rosenöl und Rosenessenz konnten die Widrigkeiten wenigstens etwas lindern.

Zu allen Zeiten haben Herrscher – wenn sie nur reich genug waren – damit nicht gegeizt. Es gibt

Geschichten, dass Kleopatra Antonius mit tausenden von Rosenblättern verführte; von Nero, der seine Gäste unter ihnen begrub; von 30 000 Flaschen Rosenwasser, die der Kalif von Bagdad bestellte; und von 500 Kamelladungen davon, die Saladin dazu verwenden ließ, die Moschee zu reinigen.

Der Rosenfachmann Graham Thomas hat sicher recht mit seiner Antwort auf die von ihm selbst gestellte Frage:

„Was hat die Rose, was anderen Blumen fehlt? Ich habe keinen Zweifel, dass sie ihre immer währende Beliebtheit ihrem Duft verdankt; dieser unschätzbaren Eigenschaft wegen wurde sie ursprünglich kultiviert."

Einige Rosen verausgaben sich mit ihrem Duft, einige duften wenig oder gar nicht, einige wenige duften auch unangenehm. Jene, deren Duft nutzbar gemacht werden konnte, wurden intensiv angebaut, und die Erzeugnisse daraus waren ein großes Geschäft. Damaszener- und Alba-Rosen eigneten sich am besten für Rosenöl oder Rosenessenz. Die „Apothekerrose" war wertvoll, weil ihr Duft länger anhielt, denn die Blütenblätter duften stärker, wenn sie getrocknet sind.

Der Kauf einer Rose

Erwartet wird heute eine gut entwickelte Rose, die in voller Blüte stehen soll. Bei feldmäßigem Anbau, wenn Rosen im Winter zu ihrer Ruhezeit aus der Erde genommen werden, ist das Produkt das genaue Gegenteil. Die Pflanze ist unbelaubt, die Wurzeln sind nackt. Sowohl die Triebe als auch die Wurzeln sind zurückgeschnitten, um die Größe

'Peace' *(links)*

und das Gewicht versandfähig zu reduzieren.

Neueinführungen verkaufen sich stets sehr schnell, vor allem wenn eine Sorte in Farbe oder Form besonders auffällig ist. Bei Premieren ist aber die Zahl der Pflanzen begrenzt, denn es dauert Zeit, bis aus einer begrenzten Zahl von „Augen", die auf eine Unterlage gepfropft werden, ein Bestand aufgebaut ist.

Das Rosenjahr

Die meisten Rosenbücher enthalten einen Kalender, aber das Wetter in den einzelnen Jahreszeiten kann in verschiedenen Regionen unterschiedlich ausfallen. Eine Möglichkeit, das Rosenklima vor Ort zu bestimmen, ist, die Umgebung zu begehen und nach Rosen Ausschau zu halten. Wenn man keine Rosen sieht, ist die Gegend vermutlich ungeeignet. Anders ist es, wenn man in fast jedem Garten gedeihende Rosen antrifft.

'Sunsprite' (Vordergrund) und 'Playboy' *(oben)*

HERBST

Der Herbst ist die Zeit, um einen Rosengarten zu planen und vorzubereiten. Für eine üppige Blüte sollte das Rosenbeet jeden Tag mindestens fünf Stunden volle Sonne erhalten. Verbessern Sie karge Böden mit organischem Material, z.B. mit Gartenkompost oder Stallmist, und arbeiten Sie dieses gut in den Boden ein. Geben Sie dem Stallmist vor dem Pflanzen zwei Monate Zeit, um gut zu verrotten; damit vermeiden Sie, dass das sich bildende Wurzelsystem geschädigt wird. Es empfiehlt sich, den pH-Wert des Bodens festzustellen.

Es empfiehlt sich, Rosengärten zu besuchen, um die Pflanzen in ihren wahren Farben zu sehen. Auch im besten Druck kann die Farbwiedergabe täuschen.

WINTER

Der Winter ist die ideale Zeit, um wurzelnackte Rosen zu pflanzen, da der Umpflanzungsschock für die Pflanze, der hauptsächlich mit dem Wasserverlust des Laubes verbunden ist, nur gering ist. Aber auch jetzt braucht die Rose Wasser. Rosen in Containern können zu jeder Zeit gepflanzt werden, ohne dass die Ruhe der Erde im Container gestört wird. In kalten Gegenden kann mit dem Pflanzen der schlafenden, wurzelnackten Rosenpflanze gewartet werden, bis die Frostgefahr vorbei ist. Wo es starken Frost gibt, kann es erforderlich sein, eine Frostschutzbarriere zu bauen.

In etablierten Rosengärten ist der späte Winter die Zeit für den Rückschnitt. Bei alten Pflanzen sollte unproduktives Holz entfernt und die verbleibenden Triebe um etwa ein Drittel eingekürzt werden. Schneiden Sie die Triebe oberhalb von nach außen gerichteten, dicken Augen ab und lichten Sie den Strauch im Innern aus, damit mehr Licht eindringen und die Luft zirkulieren kann. Krankes Holz sollte entfernt und entsorgt werden; auf keinen Fall auf den Komposthaufen werfen. Die Pflanzen und den Boden am besten mit einer Kalk-Schwefel-Lösung gegen Pilzsporen immunisieren. Bei Trockenheit muss auch im Winter etwas gewässert werden.

FRÜHLING

Der Frühling sollte den Garten in üppiger Blüte, erfüllt mit Düften sehen. Alles Leben entsteht neu, das gilt auch für Schädlinge. Gegen Insektenbefall und Pilzerkrankungen sollte regelmäßig mit nur wenig giftigen oder organischen Mitteln gespritzt werden. Verwenden Sie entweder einen biologischen oder (ausgewogenen) chemischen Dünger, und zwar regelmäßig im Abstand von sechs Wochen. Regelmäßiges Wässern, mindestens zweimal wöchentlich, ist ebenfalls erforderlich.

Viele Alte Rosen und Wildrosen blühen nur einmal in der Saison im Gegensatz zu den öfter blühenden modernen Rosen. Aber auch bei diesen ist es notwendig, durch regelmäßiges Düngen und Wässern eine gute Wuchskraft zu behalten. Das Abschneiden verwelkter Blüten bei modernen Gartenrosen ist der beste Rosenschnitt, denn es regt dazu an, dass sich bei sonnigem oder schönem Wetter innerhalb von sechs Wochen ein neuer Blütenflor bildet. Allerdings kann zu wenig Sonnenschein die Blütenbildung behindern, und viel Regen kann die Blüten verderben.

SOMMER

Wo der Sommer sehr feucht ist, kann er die schwierigste Zeit des

'Phyllis Bide' *(links)*

'Bantry Bay' (an der Mauer); 'Gertrude Jekyll' und 'Mary Rose' (Vordergrund) *(rechts)*

Jahres sein, um Rosen zu kultivieren. In den letzten Jahren haben sich Züchter stärker auf krankheitsresistente Sorten als auf exotische neue Farben oder größere Blüten konzentriert.

Die meisten modernen Gartenrosen blühen im Laufe des Sommers mehrmals, vorausgesetzt, sie werden regelmäßig gedüngt und gewässert. Ein Rückschnitt im Sommer wird empfohlen, damit sechs bis acht Wochen später neue Blüten hervorgebracht werden; dabei sollte etwa ein Drittel der Pflanze eingekürzt werden.

Königin der Blumen

Das Internationale Rosenregister umfasst über 40 000 Rosen, darunter Rosen von historischer und botanischer Bedeutung sowie alle modernen Gartenrosen. Dieses Buch beschreibt eine Auswahl, die mit Bedacht getroffen wurde; dabei werden hauptsächlich solche Rosen vorgestellt, die weiterhin von Bedeutung sind.

Viele Wildrosenarten und Sorten sind entweder schwer zu beschaffen oder gar verloren, aber Rosen sind Gartenpflanzen mit einer großartigen Überlebenskraft; sie haben sich als ausgesprochen winterhart und ungebrochen beliebt erwiesen. Die meisten anderen Blumen lassen sich nur über ein paar Jahrhunderte verfolgen; keine hat mehr Begeisterung hervorgerufen oder ist beliebter als die Rose.

Winterhärtezonen

Das System der Winterhärtezonen, das vom US-Landwirtschaftsministerium für Nordamerika entwickelt wurde, wurde auf andere Teile der Welt ausgedehnt. Am kältesten ist Zone 1 mit subarktischem Klima wie in Zentralkanada und Sibirien. Am wärmsten ist Zone 12, die fast die ganzen Tropen um den Äquator bedeckt. Jede Zone umfasst 10° Fahrenheit bzw. 5,5° C, wie aus der Tabelle in der Karte (Seite 35) ersichtlich ist. Die Celsius-Werte sind auf volle Werte gerundet. Die niedrigste Zone, die meistens frostfrei ist, ist Zone 10.

Bei jeder Rose sind sowohl die niedrigste als auch die höchste Zone angegeben. Die Angabe „Zonen 6–11" zum Beispiel besagt, dass die Pflanze die zu erwartenden durchschnittlichen Winterfröste zumindest der milderen Gegenden von Zone 6 übersteht, in der die Temperaturen auf unter −16° C fallen, aber auch einigermaßen gut in den kühleren Gegenden von Zone 11 gedeiht, wo die Wintertemperaturen mindestens 4° C betragen. Die Angabe einer Maximal-Zone ist jedoch sinnvoll, denn die meisten nicht-tropischen Pflanzen haben eindeutige Grenzen bezüglich der Wärme des Klimas, das sie vertragen – in vielen Fällen überleben sie zwar in wärmeren Zonen, blühen aber nicht oder tragen keine Früchte oder sind sehr kurzlebig.

Diese Zonen zeigen nur einen Teil der klimatischen Anforderungen einer Pflanze an. Es gibt viele Pflanzen, die z.B. extrem winterhart sind, aber gut nur in Gegenden mit heißen, feuchten Sommern gedeihen; andere Pflanzen wiederum erfordern kühle, feuchte Winter und sehr trockene Sommer.

Das Erbe der Rosen

Die Rose gilt als die beliebteste Blume der Welt. Der Gesamtabsatz an Rosen weltweit wird auf jährlich 150 Millionen Pflanzen geschätzt, zumeist Schnittblumen. Die Rose wird seit je und auch heute noch in vielen nationalen und kommerziellen Emblemen verwendet.

DIE URSPRÜNGE DER GARTENROSEN
Das natürliche Verbreitungsgebiet der Wildrosenarten umfasst die gesamte Nordhalbkugel.

Europa und der Nahe Osten – Die Anfänge der Rosenzüchtung
Lange vor dem christlichen Zeitalter spielten Nutzpflanzen eine wichtige Rolle bei der Verbreitung der Zivilisation. Die Hundsrose (*Rosa canina*) beispielsweise galt lange als in England heimisch, wurde aber durch die Römer dorthin gebracht. Bis etwa 1200 n. Chr. hatten sich die ersten Gruppen von Gartenrosen herausgebildet: Die Alba-, Damascena-, Gallica- und die Schottischen Rosen.

Der Ferne Osten – Der Geburtsort der modernen Gartenrose
Erst als Ende des 18. Jahrhunderts in China *R. chinensis* entdeckt wurde, gelang ein großer Schritt voran. 'Parson's Pink China', 'Slater's Crimson China', 'Hume's Blush Tea-scented China' und 'Parks´ Yellow Tea-scented China' – die ersten kultivierten Sorten – eröffneten neue Perspektiven für Rosen mit einer modernen, klassischen Form, einem echten Karmesinrot, einem zunächst sehr zarten Anflug von Gelb und mit der Eigenschaft, öfter zu blühen.

Ost-westliche Begegnung
Über Jahrhunderte war eine lange Liste einmalblühender Rosen entstanden: Gallicas, Albas, Damascenas, Centifolias usw. Dabei galt die Suche stets einer öfter blühenden Rose. Zunächst war Züchtung eine Sache des Zufalls, die Natur erledigte den meisten Teil der Arbeit. Der englische Viehzüchter Henry Bennett zeigte im 19. Jahrhundert, dass sorgfältige Auswahl der Elternsorten zur gewünschten Farbe und Form führen kann. Französische Züchter vervoll-

kommneten eine Methode, die öfter blühende Rosen hervorbrachte. Obwohl 'La France' (1867) häufig als erste Teehybride angegeben wird, gibt es frühere Beispiele.

Die letzten 100 Jahre
Zwischen den Weltkriegen war die Teehybride die beliebteste Rose. Diese Ära fand ihren Abschluss 1945 mit der Einführung von 'Gloria Dei' ['Peace']. Seitdem haben sich Bodendecker-Rosen und eine große Vielfalt von Polyantha-Rosen, Floribunda-Rosen, Patio-Rosen, Kletterrosen und Rambler-Rosen, David Austin-Rosen und Miniaturrosen zu den Teehybriden gesellt.

ÖKONOMIE DER ROSEN
Schnittrosen können heutzutage in Kenia geschnitten, sortiert und verpackt werden und stehen bei uns 24 Stunden später zum Verkauf bereit. Die bedeutendsten Schnittrosenbetriebe befinden sich in den Niederlanden, Dänemark, Israel, Kenia, Zimbabwe, Kalifornien und Kolumbien.

Rosen klassifizieren

Die Rosenfamilie, *Rosaceae,* umfasst viele Gattungen. Die Gruppe der eigentlichen Rosen ist die Gattung *Rosa* mit ca. 140 Arten: 95 davon aus Asien, 18 aus Nordamerika und der Rest aus Europa und Nordwestafrika. Auf der südlichen Halbkugel wurde noch nie eine Wildrose gefunden.

KLASSIFIKATIONSSYSTEME
Es wurden mehrere Versuche unternommen, Rosensorten zu klassifizieren. Die drei wichtigsten Institutionen, die es probierten, hatten dabei unterschiedlichen Erfolg.

'Maigold' *(rechts)*

Die **World Federation of Rose Societies** hat das umfassendste Schema aufgestellt, das aber kaum praktische Bedeutung für die Baumschulen hat.

Die **American Rose Society** hat ein System erarbeitet, das den Bedürfnissen der Aussteller entspricht. Diese Gesellschaft führt das offizielle internationale Rosenregister und gibt unregelmäßig „Modern Roses" heraus, ein Buch, das die meisten Rosen näher beschreibt.

Die **British Association Representing Breeders** hat eine Liste veröffentlicht, die besonders für Züchter von Bedeutung ist. Sie ist vielleicht die knappste, bedarf aber der Überarbeitung.

Die meisten Rosenliebhaber wollen jedoch einfach gute Pflanzen kultivieren und haben wenig Verwendung für eine komplexe botanische Klassifizierung. In diesem Buch wird eine vereinfachte Version des Systems der World Federation of Rose Societies verwendet.

FORMEN DER WILDROSE

Die echten Rosenarten heißen Wildrosen. Botanisch sind sie in vier Untergattungen gegliedert.

Hulthemia

Diese sehr kleine Untergattung aus West-Asien umfasst *Hulthemia persica* und *H. hardii*.

Hesperhodes

Diese interessante Gruppe von nur zwei Arten ist im Südwesten der USA heimisch. Sie sind öfter blühend, die Hagebutten ähneln Stachelbeeren.

Platyrhodon

Diese Gruppe aus dem Südosten Chinas umfasst *R. roxburghii,* die häufiger „Chestnut Rose" genannt wird.

Eurosa

Die meisten Rosenarten gehören zu dieser in 10 Gruppen untergliederten Untergattung.

GRUPPEN ALTER GARTENROSEN

Diese Rosen wurden in Europa und Asien über viele Jahrhunderte hinweg kultiviert und gehen ursprünglich auf Wildrosen zurück. Weitere Veränderungen entstanden durch Züchtung.

Gallica-Rosen

Hauptvertreter dieser vorwiegend europäischen und westasiatischen Gruppe ist *R. gallica* mit einfachen roten Blüten. Gallica-Rosen gelten als die schönsten Alten Gartenrosen; sie blühen einmal in der Saison.

Damascena-Rosen

Die Sommer-Damascena-Rosen, die nur einmal in der Saison blühen, stammen aus Kreuzungen von Gallica-Rosen mit *R. phoenicea*. Die Kreuzung von Gallica-Rosen mit *R. moschata* ergab die sehr ähnlichen Herbst-Damascena-Rosen.

Centifolia- (oder Provence-) Rosen

Diese „Hundertblättrigen Rosen" wurden im 17. Jahrhundert von holländischen Züchtern herausgebracht. Von kurzer Blütezeit im Sommer.

Moos-Rosen

Eigentlich fehlentwickelte Centifolia, die Mitte des 17. Jahrhunderts aufkamen. Sie haben einen moosähnlichen Wuchs an den Kelchblättern. Sie blühen nur einmal in der Saison.

Alba-Rosen

Werden auch als „Weiße Rosen" bezeichnet und sind edle Sträucher, die einmal in der Saison blühen. Das Laub hat eine charakteristische blaugrüne Farbe.

Im Buch verwendete Rosenklassen

Rosen

- **Moderne Rosen**
  - Beetrosen
    - Teehybriden
    - Floribundarosen
    - Kompakte Floribundarosen
    - Polyantharosen
  - Strauchrosen
    - Moderne Strauchrosen
    - Rugosa-Hybriden
    - Bodendeckerrosen
  - Kletterrosen
    - Moderne Rambler
    - Großblumige Kletterrosen
    - Kletternde Floribundarosen
  - Zwergrosen
    - Kletternde Zwergrosen
    - Zwergrosen

- **Alte Rosen**
  - nicht kletternd
    - Gallicarosen
    - Damaszenerrosen
    - Zentifolien
    - Moosrosen
    - Alba-Rosen
    - Chinarosen
    - Teerosen
    - Portlandrosen
    - Bourbonrosen
    - Remontantrosen
    - Pimpinellifolia-Hybriden
    - Rubiginosa-Hybriden
    - Verschiedene
  - kletternd
    - Ayrshirerosen
    - Kletternde Chinarosen
    - Laevigata-Hybriden
    - Sempervirens-Hybriden
    - Noisetterosen
    - Boursaultrosen
    - Kletternde Teerosen
    - Kletternde Bourbonrosen

- **Wildrosen**

American Rose Society
Rosenklassen

1	Alba-Rosen	20	Gallica-Rosen	39	Sempervirens-Hybriden
2	Ayrshirerosen	21	Grandiflora-Rosen	40	Setigera-Hybriden
3	Bourbonrosen	22	Alba-Rosen	41	Pimpinellifolia-Hybriden
4	Boursaultrosen	23	Bracteata-Hybriden		
5	Zentifolien	24	Blanda-Hybriden	42	Suffulta-Hybriden
6	Chinarosen	25	Bourbonrosen	43	Teehybriden
7	Kletternde Bourbonrosen	26	China-Hybriden	44	Kordesii-Hybriden
8	Kletternde Chinarosen	27	Foetida-Hybriden	45	Großblumige Kletterrosen
9	Kletternde Floribundarosen	28	Hugonis-Hybriden		
10	Kletternde Grandiflora	29	Laevigata-Hybriden	46	Moosrosen
11	Kletternde Remontantrosen	30	Macounii-Hybriden	47	Zwergrosen
12	Kletternde Teehybriden	31	Macrantha-Hybriden	48	Sonstige Alte Rosen
13	Kletternde Moosrosen	32	Moyesii-Hybriden	49	Noisetterosen
14	Kletternde Zwergrosen	33	Moschata-Hybriden	50	Portlandrosen
15	Kletternde Polyantharosen	34	Multiflora-Hybriden	51	Polyantharosen
16	Kletternde Teerosen	35	Nitida-Hybriden	52	Ramblerrosen
17	Damaszenerrosen	36	Nutkana-Hybriden	53	Strauchrosen
18	Rubiginosa-Hybriden	37	Remontantrosen	54	Wildrosen
19	Floribundarosen	38	Rugosa-Hybriden	55	Teerosen

World Federation of Rose Societies
Rosenklassen

MODERNE ROSEN
1. Moderne Strauchrosen, öfter blühend, großblumig
2. Moderne Strauchrosen, öfter blühend, büschelblütig
3. Öfter blühende Bodendecker
4. Großblumige (Beetrosen) (= Teehybriden)
5. Büschelblütige (Beetrosen) (= Floribundarosen)
6. Büschelblütige Zwergrosen
7. Polyantharosen
8. Zwergrosen
9. Moderne Strauchrosen, einmalblühend, großblumig
10. Moderne Strauchrosen, einmalblühend, büschelblütig
11. Einmalblühende Bodendecker
12. Rambler, öfter blühend
13. Großblumige Kletterrosen, öfter blühend
14. Büschelblütige Kletterrosen, öfter blühend
15. Kletternde Zwergrosen, öfter blühend
16. Rambler, einmalblühend
17. Großblumige Kletterrosen, einmalblühend
18. Büschelblütige Kletterrosen, einmalblühend
19. Kletternde Zwergrosen, einmalblühend

ALTE ROSEN
20. Alba-Rosen
21. Bourbonrosen
22. Boursaultrosen
23. Chinarosen
24. Damaszenerrosen
25. Gallica-Rosen
26. Remontantrosen
27. Moosrosen
28. Portlandrosen
29. Zentifolien
30. Rubiginosa-Hybriden
31. Teerosen
32. Ayrshirerosen
33. Kletternde Bourbonrosen
34. Kletternde Boursaultrosen
35. Kletternde Teerosen
36. Noisetterosen
37. Sempervirens-Hybriden

WILDROSEN
38. Wildrosen, nicht kletternd
39. Wildrosen, kletternd

British Association Representing Breeders
Rosenklassen

1. Wildrosen und deren Gruppen
2. Chinarosen
3. Noisetterosen
4. Teerosen
5. Teehybriden
6. Floribundarosen
7. Büschelblütige Strauchrosen
8. Zwergrosen
9. Rabattenrosen
10. Kletternde Teehybriden
11. Kletternde Floribundarosen
12. Kletternde Zwergrosen
13. Polyantharosen
14. Kletternde Polyantharose
15. Moschata-Hybriden
16. Wichuraiana-Rambler
17. Wichuraiana-Bodendecker
18. Wichuraiana-Strauchrosen
19. Gallica-Rosen
20. Damaszenerrosen
21. Zentifolien
22. Moosrosen
23. Portlandrosen
24. Bourbonrosen
25. Remontantrosen
26. Englische Rosen
27. Pimpinellifolia-Hybriden
28. Alba-Rosen
29. Rubiginosa-Hybriden
30. Rugosa-Hybriden

China-Rosen
In China und Ostasien ist eine äußerst wichtige Gruppe isoliert entstanden: Sie blühten wiederholt den Sommer und Herbst hindurch. Aus ihnen entstanden die modernen Gartenrosen.

Tee-Rosen
Aus zwei „Tea-scented China"-Rosen entstand eine völlig neue Klasse öfter blühender Rosen - Teerosen mit wunderschönen und anmutigen Blüten.

Portland-Rosen
Bei dieser Gruppe öfter blühender Rosen handelt es sich um eine Kreuzung aus Gallica-, Damascena-, Centifolia- und China-Rosen.

Bourbon-Rosen
Die ersten öfter blühenden Rosen, die unter Verwendung der China-Rosen geschaffen wurden.

Remontant-Rosen
Diese Gruppe öfter blühender Rosen ist das Ergebnis intensiver Züchtungsarbeit und Selektion, hauptsächlich in Feldkultur.

Schottische Rosen
Diese winterharten Hybriden von *R. pimpinellifolia* stammen aus Nordeuropa. Sie erfreuten sich im 18. Jahrhundert kurzzeitig hoher Beliebtheit als Beetrosen; sie blühen nur einmal in der Saison.

Rubiginosa-Rosen
Diese aus *R. rubiginosa* entwickelten Rosen sind nicht öfter blühend. Ihr Wert liegt in ihrem kleinen, nach Äpfeln duftenden Laub.

'Silver Jubilee' *(oben)*

Ayrshire-Rosen
Diese Gruppe von Rambler-Rosen stammt anscheinend von *R. arvensis* ab, einer kriechenden Wildart der europäischen Hecken.

Laevigata-Rosen
Die einzige Art in dieser Klasse stammt aus China. Sie wird in großem Umfang im Süden der USA kultiviert. Zwei Abkömmlinge, 'Ramona' und 'Anemone' zeigen dieselben Eigenschaften wie die Elternsorte, dunkelgrünes Laub und große, hakige Stacheln.

Sempervirens-Rosen
Diese kleine Gruppe einmal blühender Rambler stammen von *R. sempervirens* ab, der „Immergrünen Rose".

Noisette-Rosen
Diese öfter blühenden Kletterrosen gehen auf Philippe Noisette aus Charleston, South Carolina, zurück.

Boursault-Rosen

Von dieser kleinen Gruppe von Rambler-Rosen dachte man früher, sie stamme von *R. pendulina* und *R. chinensis* ab; die Triebe sind aber fast ohne Stacheln und sie ist nicht öfter blühend; einige Fachleute ordnen sie unter die Abkömmlinge von *R. blanda*.

GRUPPEN MODERNER GARTENROSEN

Die Beetrosen sind die bedeutendste Gruppe unter den modernen Gartenrosen und diejenigen, die Gartenliebhaber am ehesten kultivieren.

Teehybriden („Edelrosen")

Seit über hundert Jahren sind diese Rosen wegen ihrer Eigenschaft, öfter zu blühen, in aller Welt beliebt. Fast alle haben große Blüten, häufig zugespitzte Knospen, großes Laub und kräftige Stängel. Nicht alle sind duftend, und viele sind anfällig für Sternrußtau und Mehltau.

Floribunda-Rosen („Beetrosen")

Aus der Kreuzung von Teehybriden mit *R. multiflora,* einer Wildrose mit großen Blütenbüscheln, entstand eine Gruppe sehr reich blühender Beetrosen.

Da viele Kreuzungen von Teehybriden mit Floribunda-Rosen gemacht wurden, ist es immer schwieriger geworden, zwischen beiden zu unterscheiden. In den USA werden die „Sowohl-als-auch-Rosen" oftmals als Grandifloras bezeichnet.

Patio-Rosen (oder Kompakte Floribunda-Rosen)

Patio-Rosen produzieren reichlich Sträuße schön geformter Blüten. Sie lassen sich auch gut als Stammrosen kultivieren.

Polyantha-Rosen

Die Polyantha-Rosen sind eine Gruppe kompakter Beetrosen mit kleinen Blüten. Sie blühen außer-

Stammrosen auf Isola Bella, Lago Maggiore, Italy *(links)*

ordentlich reichhaltig die ganze Saison über. Die meisten sind winterhart.

Moderne Strauchrosen

Rosen, die vielleicht etwas größer sind als Beetrosen, auch starkwüchsiger und in die Breite wachsend, entziehen sich einer einfachen Klassifizierung und werden Moderne Strauchrosen genannt. Es gibt sie in verschiedenen Farben und Düften. Da sie leicht kultiviert werden können, sind sie sowohl bei Anfängern als auch bei erfahrenen Rosenfreunden beliebt.

Die Modernen Strauchrosen werden häufig weiter in Gruppen unterteilt: Moschata-Hybriden und Englische Rosen.

'Texas' *(oben)*

Rugosa-Hybriden

Diese reizvollen, großen Strauchrosen sind mit *R. rugosa* verwandt, einer Wildrose aus dem Fernen Osten, bekannt wegen ihres runzligen (*rugosus* = runzlig) Laubes. Rugosa-Hybriden sind winterhart und krankheitsresistent.

Bodendecker-Rosen

Diese Gruppe von Rosen verschönert die Umwelt, entweder in großen öffentlichen Anlagen oder, indem sie Stellen im Garten Farbe verleihen, die früher als unwirtlich galten. Die meisten sind öfter blühend.

Miniatur-Rosen (Zwergrosen)

Zwergförmige China-Rosen wurden seit langem kultiviert, ehe 1917 eine Miniatur-Rose in der Schweiz entdeckt wurde, die später zur Vermehrung dieser Rosen verwendet wurde. Ralph Moore in Kalifornien ist heute der berühmteste Züchter von Miniatur-Rosen, und einige seiner Schöpfungen sind in diesem Buch beschrieben.

Rambler-Rosen

Mit der Einführung von *R. wichuraiana* und *R. multiflora* aus Asien wurden diese Rosen schnell beliebt; sie entsprachen dem viktorianischen Sinn für Größe, Sinnlichkeit und Vitalität.

Kletterrosen

Hierbei unterscheidet man großblütige und kleinblütige Kletterrosen. Sie sind meist aus Beetrosen entstanden, die dazu neigen, in Mutation entstandene kletternde Triebe hervorzubringen. Sie blühen nur einmal, ihre Wuchskraft ist allerdings erstaunlich, und die Qualität der Blüten ist sehr hoch.

Genetik und Rosenzüchtung

Züchter können heute bei der Züchtung neuer Sorten gezielter und innovativer vorgehen. Gelegentlich bringt eine Sorte spontan eine andere Farbe oder Wuchsform hervor. Sie werden „Sport" genannt und durch Mutation hervorgerufen. Kletternde Mutationen sind selten und deshalb wertvoll. Tritt ein Sport auf, muss der Trieb vegetativ vermehrt werden, meist durch Veredlung. Kletternde Sports neigen dazu, nur einmal pro Saison zu blühen.

Form und Duft der Rosen
FORM DER PFLANZEN

Viele Aspekte des Wuchses der Rosen werden durch das Klima bestimmt. Die Größe der Rosen reicht von ein paar Zentimetern bis zu Kletterrosen und Ramblern, die bis zu 15 m hoch werden können. Die Triebe sind aufrecht, überhängend, kletternd oder gelegentlich kriechend. Sie sind meist Laub werfend mit wechselständig angeordneten Blättern, die aus einer ungeraden Anzahl Fiederblättchen zusammengesetzt sind und zumeist an stacheligen Trieben erscheinen. Die Blüten erscheinen entweder einzeln oder in Doldentrauben mit bis zu 100 Einzelblüten; die einzelnen Blüten unterscheiden sich nach der Anzahl von Staubgefäßen, Formen und Zahl der Blütenblätter. Nach der Blüte wird der Fruchtboden fleischig und bildet eine Hagebutte.

Stacheln

Stacheln sind zwar ein durchgängiges Merkmal von Rosen, manchmal aber fehlen sie. Rosen, die von *R. pimpinellifolia* oder *R. rugosa* abstammen, haben meist sehr kleine, nadelförmige Borsten, und Teehybriden oder Floribunda-Rosen haben z.T. sehr große flügelförmige Stacheln.

Laub

Rosenlaub hat meist fünf Fiederblättchen wie bei Teehybriden und Floribunda. Sieben Fiederblättchen kennzeichnen Abkömmlinge von *R. wichuraiana* und *R. multiflora,* viele asiatische Wildrosen haben bis zu 15 Fiederblättchen bei fast farnartigem Aussehen.

Blütenform und -größe

Blüten erscheinen entweder einzeln oder in Büscheln. In ihrer Form und Größe gibt es gewaltige Unterschiede.

Hagebutten

Hagebutten kommen in einer Vielzahl von Formen und Größen vor, lassen sich aber in drei Gruppen einteilen: fast rundlich ist die typische Form für Rosen, die von *R. rugosa* abstammen; rundlich sind jene, die bei der Mehrzahl der Beetrosen vorkommen; und die flaschenförmigen Hagebutten sind Abkömmlinge von *R. moyesii.*

DUFT

Düfte sind subjektiv. Keine zwei Menschen reagieren bei einem Duft auf die gleiche Weise. Was einer als süß empfindet, kann für einen anderen unangenehm sein.

Züchtungsziel Duft

Duft ist ein rezessives Merkmal, das bei einer Kreuzung leicht verloren

BLÜTENFORMEN

Flach: Einfache, halb gefüllte und gelegentlich gefüllte Blüten, die vollständig geöffnet und fast flach sind

Becherförmig: Geöffnete, einfache bis gefüllte Blüten mit Blütenblättern, die sich von der Mitte aus zurückbiegen

Hochgebaut: Halb bis dicht gefüllte Blüten mit hoher, spitzer Mitte, die fest geschlossen ist

Rosette: Dicht gefüllte Blüten mit vielen, leicht übereinander liegenden Blütenblättern unterschiedlicher Größe

Geviertelte Rosette: Dicht gefüllte Blüten mit vielen übereinander liegenden Blütenblättern, in Vierteln angeordnet

Pompon: Kleine, rundliche, dicht gefüllte Blüten, mit einer Menge winziger Blütenblätter gefüllt

geht. Jüngere Erfolge lassen hoffen, dass dieses Problem z.T. gelöst ist, allerdings nicht ohne eine Verringerung der Farbskala. Bourbon-Rosen sind ein Beispiel für eine Rosenklasse, die insgesamt viel Duft aufweist.

Rosen-Essenz
Das ätherische Öl der Blütenblätter von Rosen – die Rosen-Essenz („Attar") – ist kostbar. Im Kazanlik-Tal in Bulgarien wird auf etwa 4000 ha Land *R. damascena trigintipetala* (siehe 'Kazanlik') angebaut.

Potpourri
Blütenblätter eignen sich auch gut für Potpourris. Damascena- und Gallica-Rosen sind dafür besonders beliebt.

Die Zukunft der Rose

Zwar gab es in den letzten hundert Jahren unglaubliche Fortschritte. Dennoch ist es nicht zu schwer, eine Voraussage für die nächsten Jahre zu wagen, vorausgesetzt, die Ziele der Rosenzüchter bleiben die gleichen und es gibt keine unvorhergesehenen Entdeckungen.

Eine große Strauchrose, die reichlich hochwertige Blüten hervorbringt, ist vermutlich das erste Ziel. Viele Züchter sind diesem Ziel bereits sehr nahe.

Duft und Farbe unterliegen beide der Mode, die nur durch den Wechsel der Launen geändert wird. Die perfekte Rose, so die vorherrschende Meinung, ist eine Teehybride der klassischen Form in Rot, Gelb, Rosa oder Weiß mit duftenden Blüten.

Und sie ist sowohl wetterfest als auch öfter blühend. Das muss erst noch erreicht werden.

Die höchste Priorität muss allerdings einer Rose gelten, die frei von Krankheiten ist.

Auf jeden Fall besteht ein Bedarf an neuen Formen der Unterlage. Leider war die Suche nach einer neuen Unterlage nicht erfolgreich.

Nur ein Bruchteil der Gesamtzahl der Wildrosen wird von den Züchtern genutzt. Es muss etwa 140 Wildrosenarten geben, aber nur etwa 20 davon haben überhaupt zur Entwicklung der modernen Gartenrosen beigetragen.

Die Kultur von Rosen

Trotz aller Missverständnisse in der reichhaltigen Literatur: Rosen sind leicht zu kultivieren. Allerdings empfiehlt es sich, einen Sommer abzuwarten, bevor endgültig über eine Gartengestaltung entschieden wird.

Der wichtigste Punkt bei der Planung ist die Sonne. Rosen gedeihen am besten in voller Sonne, aber vier Stunden können ausreichen. Kletterrosen können in Schattenbereichen gepflanzt werden, wenn die Blüten das Sonnenlicht erreichen. Vermeiden Sie kalte, zugige Standorte.

Rosen wurzeln tief und brauchen nicht stark gewässert zu werden, aber die Investition in ein Bewässerungssystem zahlt sich aus. Rosen schätzen einen Boden, der tief genug ist, um der Pflanze festen Halt zu bieten. Er sollte reich an organischen Stoffen sein. Besonders gut eignet sich Lehmboden, denn er speichert Feuchtigkeit und Nährstoffe, Sie gedeihen sowohl in saurem als auch in alkalischen Böden, so lange sie nicht extrem sauer oder alkalisch sind. Am besten eignet sich der pH-Bereich 6 bis 6,5.

Bei der Gartenplanung sind die Blütezeiten zu berücksichtigen sowie Farbe und Duft. Selbst das Laub der Rosen und Unterschiede bei den Hagebutten können Gestaltungselemente sein.

AUSWAHL UND KAUF

Die beste Auswahl findet man in spezialisierten Rosenschulen. Die Pflanze sollte frisch aussehen, mehrere dicke und faserige Wurzeln haben, der Wurzelstock sollte mindestens daumendick sein. Eine gesunde Rose besitzt zwei oder drei gesunde, kräftige Triebe. Pflanzen in Containern sollten sich in aktivem Wachstum befinden und gut ausgebreitetes Zweigwerk besitzen.

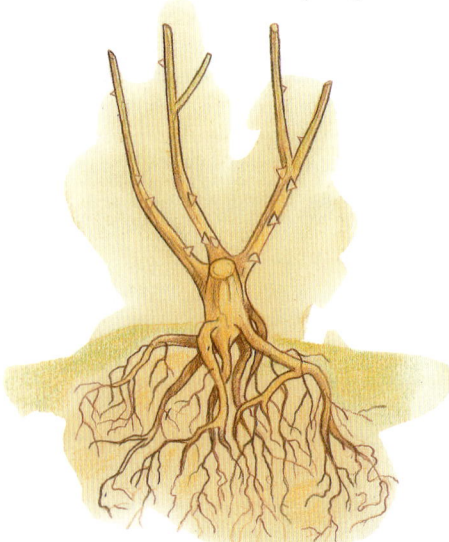

Eine gute wurzelnackte Rose hat kräftige Triebe, einen kräftigen Wurzelstock und reichlich Wurzeln.

Nehmen Sie die Pflanze behutsam aus dem Container, das Substrat sollte nicht lose, der Container nicht völlig durchwurzelt sein.

WIE MAN ROSEN PFLANZT

Wurzelnackte Rosen und abgepackte Rosen sollten so tief gepflanzt werden, dass die Veredlungsstelle etwa 5 cm unter die Erde kommt. Wenn sich die Erde gesetzt hat, befindet sich die Veredlungsstelle auf der richtigen Höhe.

Zunächst kürzen Sie längere Wurzeln ein. Schneiden Sie beschädigte Wurzeln oder Triebe knapp vor der Schadstelle ab und entfernen Sie, soweit noch vorhanden, Laub, Knospen oder Hagebutten. Dann graben Sie ein Loch, groß und tief genug, damit die Wurzeln, ohne dass sie gedrückt werden müssen, Platz haben.

Wenn alle Wurzeln in die gleiche Richtung verlaufen, dann platzieren Sie die Pflanze am Rand des Lochs, damit die Wurzeln sich quer ausbreiten können. Füllen Sie mit einem Substrat auf. Ist das Loch voll, drücken Sie sanft an und füllen Sie die ausgehobene Erde oder den Aushub des nächsten Pflanzlochs obenauf. Dann wässern Sie die Pflanze gut mit etwa 5 Litern Wasser. Dann die Triebe bis auf etwa 10 – 15 cm Länge zurückschneiden.

Kletterrosen und Rambler sind in der gleichen Weise zu pflanzen wie wurzelnackte oder abgepackte Rosen. Kletterrosen sollten nach

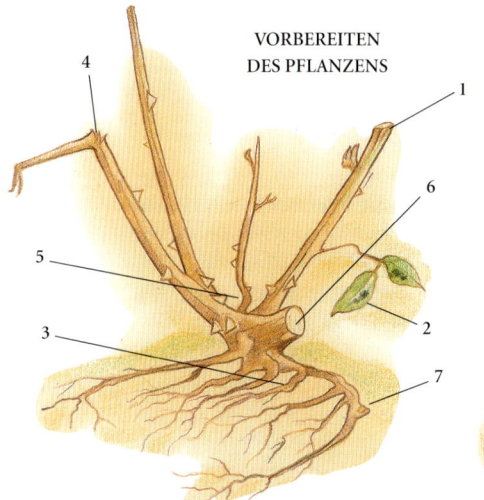

VORBEREITEN DES PFLANZENS

Vor dem Pflanzen werden folgende Teile weggeschnitten: Triebe, die bis zum nächsten Auge absterben würden (1), erkrankte oder verletzte Blätter, Wurzeln oder Triebe (2, 3, 4), zu dünne Triebe (5), trockene Zapfen am Wurzelhals (6) und sich entwickelnde Wildtriebe (7).

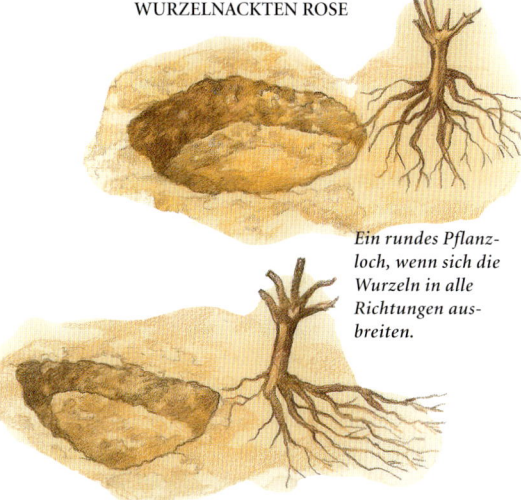

DAS PFLANZEN EINER WURZELNACKTEN ROSE

Ein rundes Pflanzloch, wenn sich die Wurzeln in alle Richtungen ausbreiten.

Ein fächerförmiges Pflanzloch, wenn die Wurzeln sich nur in eine Richtung ausbreiten.

dem Pflanzen nicht zurückgeschnitten werden.

Stammrosen werden ebenfalls wie wurzelnackte oder abgepackte Rosen gepflanzt, nur dass zusätzlich ein kräftiger Holzpfosten anzubringen ist. Die Triebe sollten dann auf ca. 15 cm Länge, gerechnet von der Veredlungsstelle, zurückgeschnitten werden.

Bei Rosen in Containern sollte das Pflanzloch etwa 7 cm tiefer sein als der Container. Den Boden des Pflanzlochs etwa 5 cm hoch mit Substrat bedecken und den Wurzelballen vorsichtig darauf stellen. Rund um den Wurzelballen Substrat auffüllen, schließlich mit Erde bedecken und leicht andrücken.

Mulchen ist zu empfehlen. Mulch hilft, die Feuchtigkeit zurückzuhalten, Unkräuter zu unterdrücken und in einigen Fällen Nährstoffe hinzuzufügen. Eine gute Mulchschicht ist etwa 10 cm dick.

ROSEN SCHNEIDEN UND ERZIEHEN

Sehr starker Rückschnitt erfordert kräftiges Düngen, damit die Pflanze wieder wachsen kann. Versuche haben gezeigt, dass eine Rose umso besser gedeiht, je mehr Laub sie trägt. Es wird deshalb empfohlen, beim Rückschnitt Triebe, die keine Blüten tragen, nicht zu entfernen.

Es empfiehlt sich gewöhnlich, hohe Sträucher im Spätherbst um etwa ein Drittel in der Höhe einzukürzen, um Windschäden vorzubeugen.

Strauchrosen, Alte Rosen und Wildrosen können drei bis fünf Jahre lang ganz ohne oder mit nur wenig Rückschnitt auskommen, ausgenommen das Abschneiden verwelkter Blüten. Ab und zu kann ein alter Trieb an der Basis entfernt werden. Mit solch minimalem Rückschnitt erhält man große und stattliche Pflanzen. Man kann sie aber auch jedes Jahr zurückschneiden, als wären sie große Beetrosen.

Bei Beetrosen und Miniatur-Rosen werden zuerst alle toten, kranken oder beschädigten Triebe entfernt. Krankheiten zeigen sich gewöhnlich als Verfärbung des Marks der Pflanze. Jedes Jahr sollte der älteste Trieb an der Basis entfernt werden, das fördert die Regeneration der Pflanze. Danach sind die verbleibenden Triebe um etwa die Hälfte zu kürzen, lassen Sie aber die dünnen Zweige stehen, damit erleichtern Sie der Pflanze den Neustart im nächsten Jahr.

Bei einer gut gezogenen Kletterrose entfernt man zuerst alles tote, kranke oder beschädigte Holz, danach werden alle Seitentriebe, egal wie lang sie sind, auf 5 – 8 cm lange Stümpfe zurückgeschnitten. Die Haupttriebe werden überhaupt nicht zurückgeschnitten, es sei denn, sie enden in einer Blüte. In diesem Fall sollten sie bis zum ersten Seitentrieb zurückgeschnitten werden, der dann die Rolle des Leittriebs übernimmt. Wenn der Haupttrieb den ihm zugedachten Platz ausgefüllt hat, sollte die Spitze entfernt werden.

Alle ein bis zwei Jahre, oder wenn sich eine genügende Anzahl Triebe (mehr als drei) gebildet hat, sollte der älteste Trieb an der Basis der Rose entfernt werden. Das regt die

Bildung neuer Triebe von der Basis her an.

Bodendecker-Rosen erfordern wenig oder gar keinen Rückschnitt.

Bei Trauerstämmen sollten die alten Blütentriebe um die Hälfte gekürzt oder ganz entfernt werden, wenn es genügend neue Triebe gibt.

ROUTINEMÄSSIGE PFLEGE VON ROSEN

Rosen müssen gedüngt und gemulcht werden, verwelkte Blüten sind abzuschneiden und Wildtriebe, die vom Wurzelstock oder vom Stamm einer Stammrose gebildet werden, sind zu entfernen. Rosen müssen ordnungsgemäß gedüngt werden. Der einfachste Weg dafür ist, sie zweimal im Jahr mit einem Markendünger für Rosen zu versorgen; einmal im Frühjahr und einmal im Sommer. Blattdünger sind sehr aufwändig und bringen kaum sichtbare Vorteile.

DIE WICHTIGSTEN PILZKRANKHEITEN BEI ROSEN

Bei regelmäßiger Düngung sollte es keine Nährstoffprobleme geben, aber die wichtigsten Mangelerscheinungen und was man dagegen tut sind unten aufgeführt.

Der Dünger wird oben auf den Mulch aufgebracht. Der Regen spült ihn gewöhnlich in den darunter liegenden Boden, aber während einer Trockenperiode kann man durch Wässern nachhelfen. Bei spezifischem Nährstoffmangel ist das jeweilige Gegenmittel ebenfalls oben auf den Mulch aufzubringen.

Rosen wurzeln tief, und sobald neue Pflanzen eingewachsen sind, müssen sie selten überhaupt gewäs-

SYMPTOM	DIAGNOSE	GEGENMITTEL
Die jungen Blätter sind blassgrün	Stickstoffmangel	60 g/m² Huf- oder Hornspäne, Harnstoff, Blut- oder Knochenmehl oder 30 g/m² Ammoniumsulfat, wenn der Boden nicht sehr sauer ist.
Die Blätter sind klein und an der Unterseite purpurgefärbt	Phosphormangel	30 g/m² Superphosphat oder 60g/m² Knochenmehl
Purpurne oder braune Ränder an den Blättern, junge Blätter sind unnatürlich rot	Kaliummangel	30 g/m² Kaliumsulfat
Braune Flecken nahe den Blatträndern	Kalziummangel	30 g/m² Gips
Blasse Flecken in den Blattmitten, totes Zellgewebe nahe der Hauptader	Magnesiummangel	30 g/m² Bittersalz
Gelbe Blätter	Eisenmangel	Eisenchelate

sert werden. Bei einer sehr langen Trockenperiode empfiehlt sich die Methode der Tropfenzufuhr bzw. die Verwendung eines Tropfschlauchsystems, womit die Wurzeln gründlich gewässert werden. Regelmäßiges Wässern in geringen Mengen veranlasst die Pflanze, Oberflächenwurzeln zu bilden, die dann sehr anfällig gegen Trockenschäden sind. Rosen in Töpfen, Balkonkästen oder Hängekörben müssen mindestens einmal täglich gewässert werden.

Nach dem Verblühen setzt die Rose Samen an und hört auf, neue Blütentriebe hervorzubringen. Deshalb ist es erforderlich, verwelkte Blüten zu entfernen, um die Pflanze zu täuschen, damit sie weitere Blüten hervorbringt. In jüngster Zeit haben Versuche klar bewiesen, dass eine Rose umso schöner blüht, je mehr Laub sie trägt. Es wird nun empfohlen, die verwelkte Blüte am Trenngewebe abzuknipsen. Die Methode, so viel Laub wie möglich zu behalten, sollte auch beim Abschneiden verwelkter Blüten bei Floribunda-Rosen angewendet werden.

Rosen, die gesund und gut versorgt sind, sind besser gerüstet, um Schädlingen und Krankheiten zu widerstehen. Wie bei jeder anderen Pflanzengattung sind auch bei Rosen einige Sorten es einfach nicht wert, gepflanzt zu werden, weil sie nicht genügend gesund sind. Die drei wichtigsten Pilzkrankheiten sind Sternrußtau, Mehltau und Rosenrost. Man kann mit allen dreien relativ leicht umgehen, aber die bei weitem beste Methode ist Vorbeugen.

Nehmen Sie ein gutes Spritzmittel gegen Pilzkrankheiten. Wenden Sie das Spritzmittel genau nach den Anweisungen des Herstellers an, und vergessen Sie nicht, den Spritzmittelbehälter während des Spritzens immer wieder zu schütteln oder umzurühren. Das Spritzen der Rosen sollte im zeitigen Frühjahr erfolgen.

Rosenrost, einer oft vorkommenden Krankheit, kann man durch Spritzen mit einem Pilzspritzmittel vorbeugen *(oben)*

Echten Mehltau behandelt man mit einem guten Spritzmittel gegen Pilzkrankheiten *(oben)*

Die Farbe einer Rose kann unterschiedlich ausfallen je nach Standort, Boden, Klima und Alter der Blüte.

Wenn der Pilz während der Wachstumsperiode auftritt, weil vergessen wurde zu spritzen, sollte die Rose so bald wie möglich gespritzt werden, und zwar mit zwei Wiederholungsspritzungen im Abstand von jeweils zwei Wochen. Die meisten Herstelleranweisungen erlauben in diesem Fall die Verwendung der doppelten Menge des Spritzmittels.

HÄUFIGE SCHÄDLINGE BEI ROSEN

Die wichtigsten Schädlinge im Rosengarten und die besten Gegenmaßnahmen sind nachstehend aufgeführt:

Blattläuse streift man am besten zwischen Zeigefinger und Daumen ab. Sonst spritzt man mit einem Mittel, das „Nützlinge" nicht schädigt.

Thripse hindern Blüten daran, sich zu öffnen, bei schon teilweise geöffneten Blüten zeigen sich braune oder schwarze Flecken. Die Blüte sehr sorgfältig untersuchen, denn der Schaden wird oft unterschätzt. Man bekämpft sie durch Spritzen auf Knospen und Blüten.

Die **Blattrollende Sägewespe** ist am schlimmsten, wo Rosen im Schatten unter Bäumen wachsen. Spritzen lohnt sich nicht, aufgerollte Blätter können abgesammelt werden; den Pflanzen etwas zusätzlichen Dünger geben.

Raupen fressen gewöhnlich die Oberfläche der Blätter und hinterlassen ein Skelett. Man kann leicht gegen sie vorgehen, indem man entweder sie selbst und die befallenen

'Veilchenblau' *(oben)*

Blätter absammelt, oder sie mit einem Insektenspritzmittel bekämpft.

Spinnmilben verursachen unter heißen, trockenen Bedingungen eine bronzefarbene Verfärbung an den Blattoberseiten. Die einfachste Gegenmethode ist die Beregnung bzw. die gründliche Befeuchtung der Blattunterseiten.

„**Kuckucksspeichel**" (die Wiesenschaumzikade) kann mit einem Strahl aus dem Gartenschlauch abgewaschen werden.

SICHERHEIT BEI CHEMIKALIEN
Folgen Sie bei der Verwendung stets den Herstelleranweisungen. Vermeiden Sie Hautkontakt, vor allem bei unverdünnten Chemikalien. Schütteln Sie die Verdünnung, damit sie gründlich durchmischt ist.

WILDTRIEBE UND BLINDTRIEBE
Wildtriebe („Ausläufer") sind unerwünschte Triebe aus dem Wurzelstock veredelter Pflanzen. Sie sollten entfernt werden. Die Blätter des Wildtriebs haben gewöhnlich eine andere Farbe oder Form als die eigentliche Rose. Stammrosen bringen manchmal ebenfalls Wildtriebe unterhalb der Veredelungsstelle hervor. Man entfernt sie, wenn sie noch klein sind.

Bei Blindtrieben wurde der Blütenansatz so beschädigt, dass die Blütenbildung verhindert wird. Heute wird empfohlen, nur die Spitze eines Blindtriebs zu entfernen, oder ihn einfach stehen zu lassen.

Wie man Rosen vermehrt
STECKLINGE
Man nimmt ein ungefähr 20 cm langes Stück eines gut ausgereiften Triebs der letzten 5 – 6 Monate. Bei dem Steckling sollten alle Blätter bis auf das oberste abgeknipst werden. Dann macht man mit dem Spaten einen ungefähr 15 cm tiefen, keilförmigen Schlitz in den Boden, indem man den Spaten einmal hin und her drückt. Es empfiehlt sich, in das Loch etwas scharfen Sand zu füllen. Dann steckt man die Stecklinge im Abstand von 10 cm in das Loch und tritt den Boden rund um das Loch fest. Dann sollten die Stecklinge etikettiert und ihr Standort durch einen Stock mit einem Stück leuchtendem Plastikband oder Ähnlichem gekennzeichnet werden, um zu verhindern, dass der Bereich unabsichtlich gestört wird. Stecklinge, die „angehen", bringen schließlich neue Triebe hervor und können ein Jahr später an einen dauerhaften Standort verpflanzt werden.

Absenker

Die meisten Rosen mit biegsamen Trieben lassen sich durch „Absenken" in den Boden vermehren, am besten nach der Blüte im Sommer.

Samen

Hybrid-Rosen lassen sich aus Samen nicht sortenecht vermehren, Wildrosen dagegen schon. Im Herbst die reifen Hagebutten etwa einen Monat lang in einen Kühlschrank legen. Der Samen keimt, wenn man ihn einzeln in einen Topf pflanzt. Die Töpfe in einem Frühbeet oder einem geschützten Platz aufstellen. Nach dem Keimen umtopfen.

Züchtung

Züchtung meint, den Pollen von einer männlichen Rose auf die Narbe des weiblichen Elternteils zu bringen. Das geschieht normalerweise unter insektenfreien Bedingungen, damit der Züchter garantieren kann, welches die beiden Elternsorten sind. Wenn die Hagebutte anschwillt und reift, werden die Samen ausgesät.

Veredeln

Die gewerbliche Vermehrung erfolgt meist durch Veredlung. Die Zahl der Sämlinge einer neuen Rose kann dadurch erhöht werden, dass ein Auge der neuen Rose in einen T-förmigen Schnitt in den Stamm einer Rosenunterlage eingeführt wird. Wenn das neue Auge angeht und wächst, wird der darüber stehende Teil der Unterlagenpflanze abgeschnitten.

Ein roter Rosenhochstamm ist ein Blickfang in einem Bauerngarten. *(unten)*

Rosen für jeden Zweck

KRANKHEITSRESISTENT
'Alba Semi-plena'
'Aloha'
'Great Maiden's Blush'
'Jens Munk'
'Lavender Lassie'
'Mme Plantier'
'Perle d'Or'
'Prosperity'
'Scabrosa'
'White Meidiland'

SCHNITTBLUMEN
'Anne Harkness'
'Belle Story'
'Blue Moon'
'Cardinal de Richelieu'
'Just Joey'
'Kazanlik'
'Mary Rose'
'Mme Hardy'
'Peace'
'Silver Jubilee'

ÖFTER BLÜHEND
'Cécile Brunner'
'Cornelia'
'Crépuscule'
'Felicia'
'Graham Thomas'
'Iceberg'
'Just Joey'
'Mutabilis'
'Rosy Cushion'
'The Fairy'

KLETTERROSEN / RAMBLER
'Albéric Barbier'
'Albertine'
'American Pillar'
'Dublin Bay'
'Francis E. Lester'
'Kiftsgate'
'Mme Alfred Carrière'
'Mme Caroline Testout'
'Veilchenblau'
'Zéphirine Drouhin'

DUFTROSEN
'Apricot Nectar'
'Autumn Damask'
'Belle Amour'
'Charles de Mills'
'Double Delight'
'Fragrant Cloud'
'Mary Rose'
'Mme Isaac Pereire'
'Prospero'
'Velvet Fragrance'

WINTERHART
'Blanc Double de Coubert'
'Frau Dagmar Hartopp'
'Hansa'
'John Cabot'
'John David'
Rosa fedtschenkoana
Rosa moyesii
Rosa mulliganii
Rosa rugosa 'Stanwell Perpetual'

LANDSCHAFTSGESTALTEND
'Avon'
'Bassino'
'Cambridgeshire'
'Immensee'
'Magic Carpet'
'Pink Bells'
'Ralph's Creeper'
'Rosy Cushion'
'Sea Foam'
'Snow Carpet'

'Graham Thomas' *(oben)*

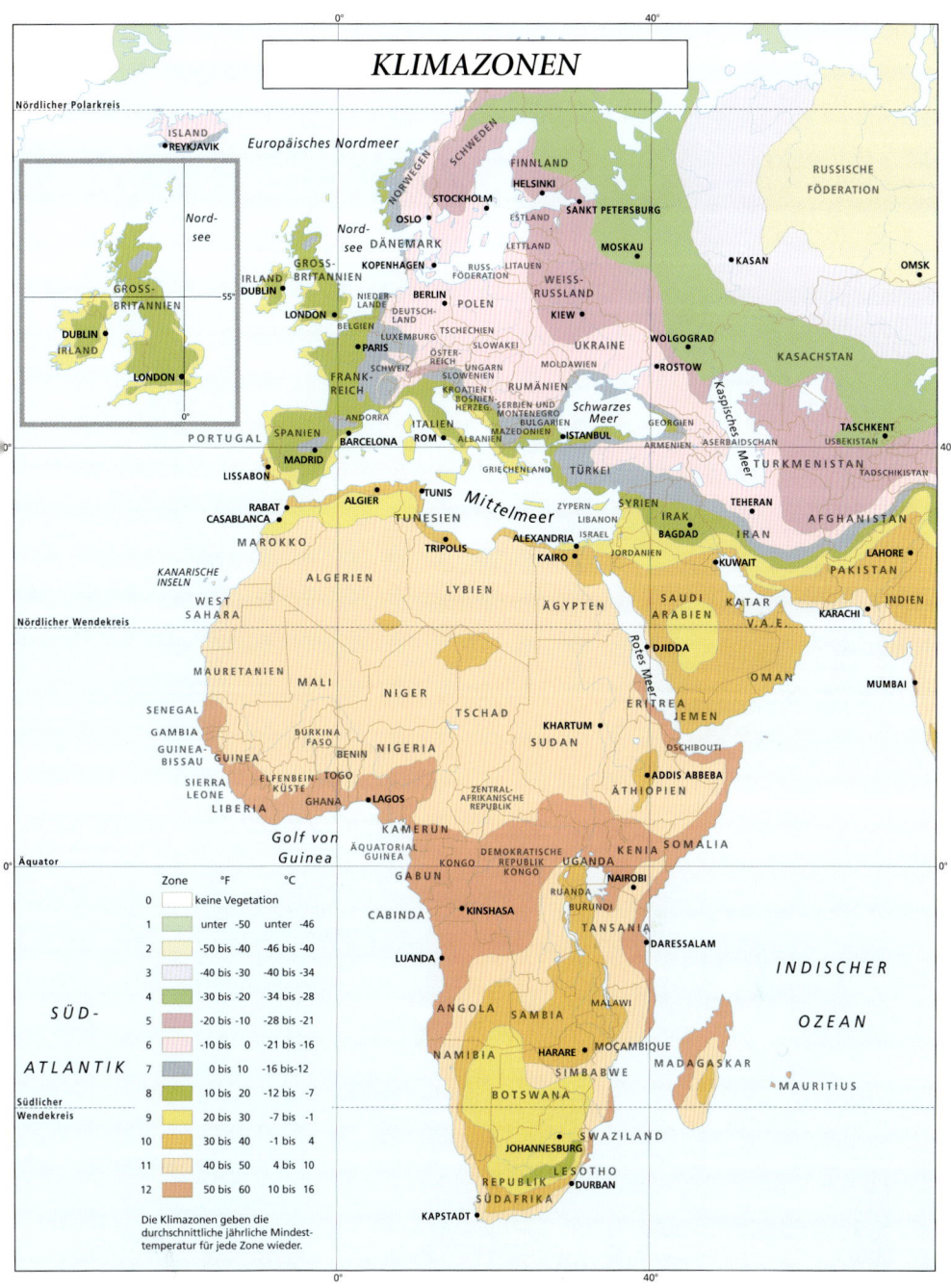

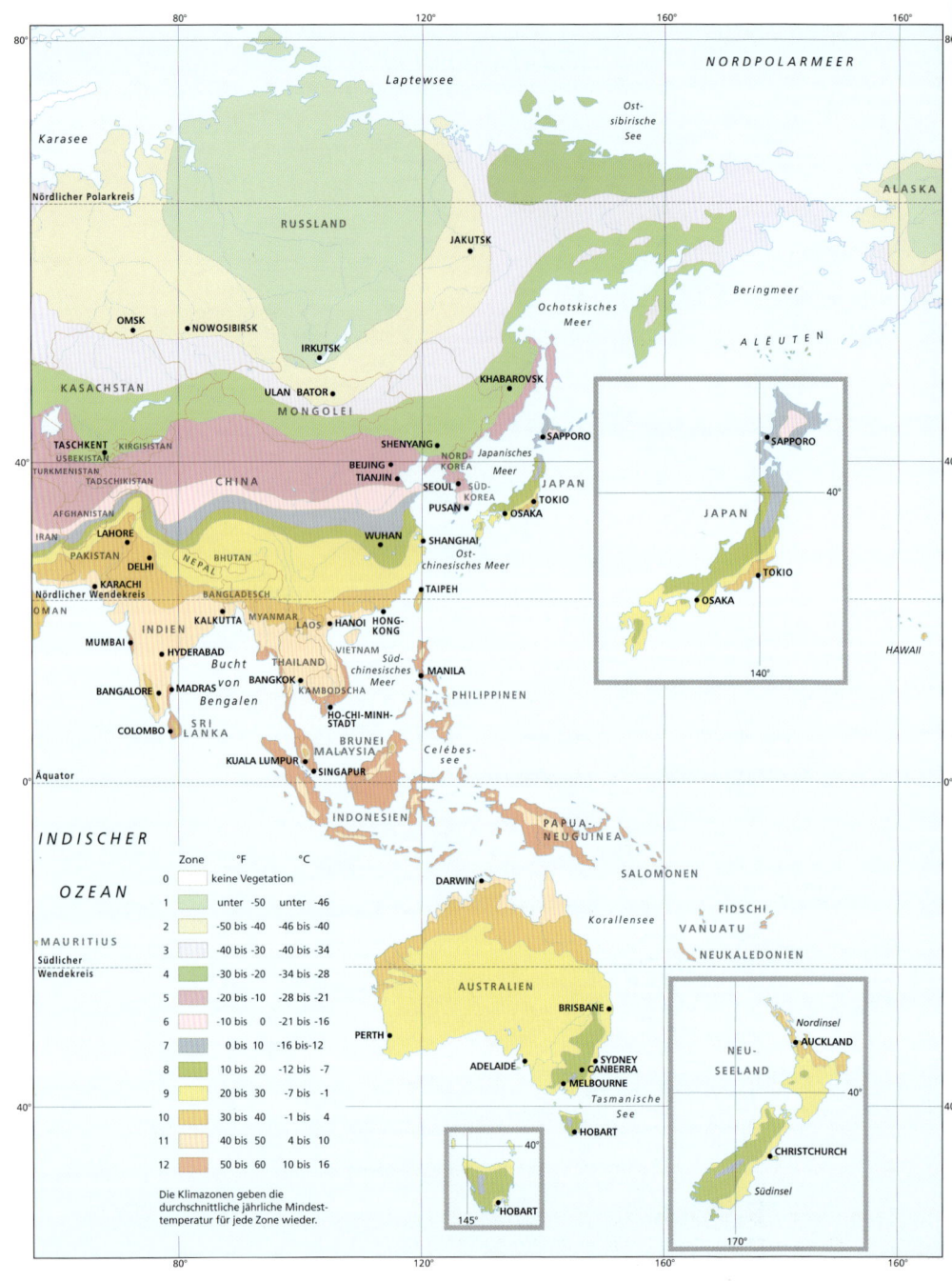

EINLEITUNG

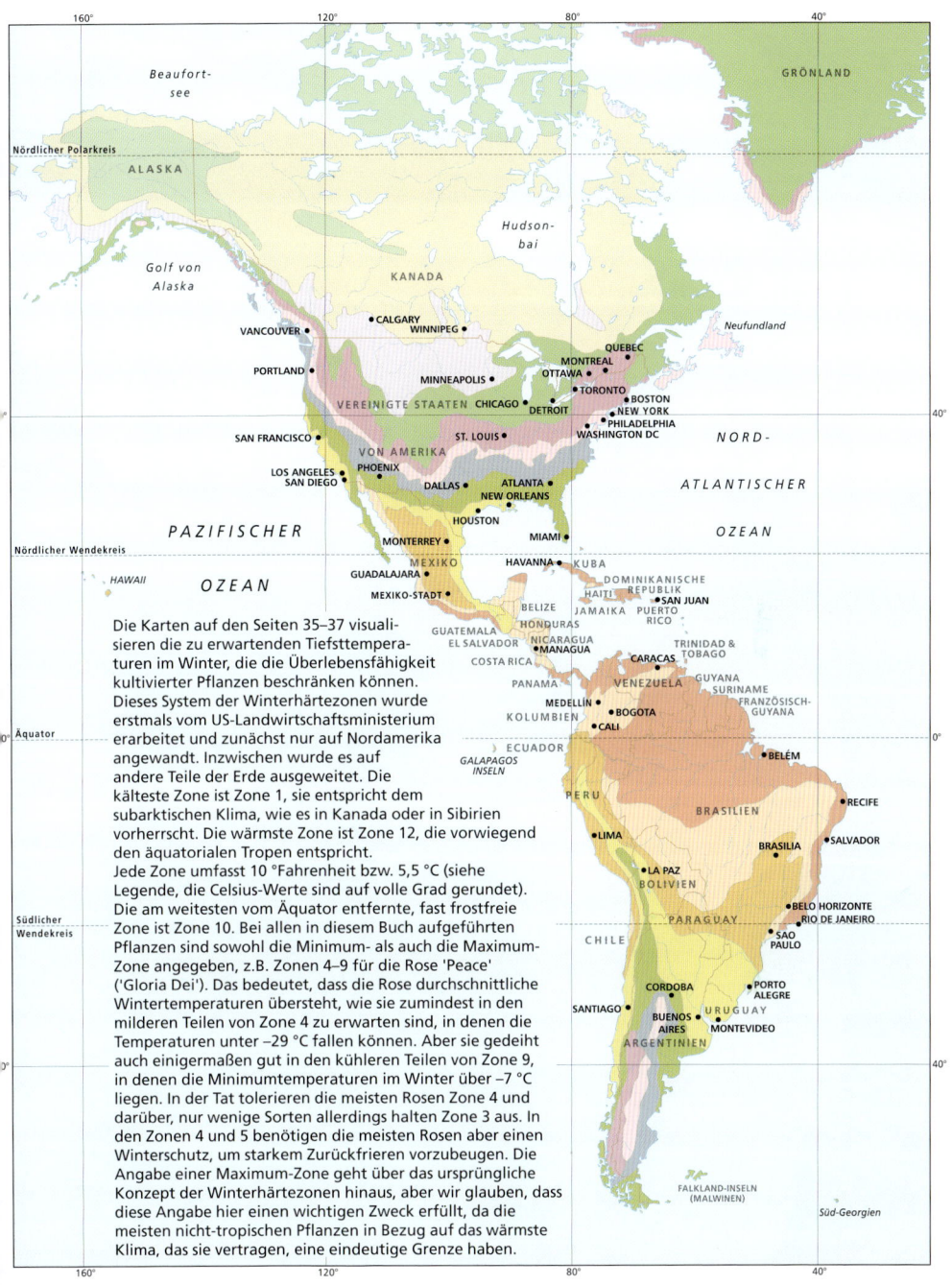

Die Karten auf den Seiten 35–37 visualisieren die zu erwartenden Tiefsttemperaturen im Winter, die die Überlebensfähigkeit kultivierter Pflanzen beschränken können. Dieses System der Winterhärtezonen wurde erstmals vom US-Landwirtschaftsministerium erarbeitet und zunächst nur auf Nordamerika angewandt. Inzwischen wurde es auf andere Teile der Erde ausgeweitet. Die kälteste Zone ist Zone 1, sie entspricht dem subarktischen Klima, wie es in Kanada oder in Sibirien vorherrscht. Die wärmste Zone ist Zone 12, die vorwiegend den äquatorialen Tropen entspricht.
Jede Zone umfasst 10 °Fahrenheit bzw. 5,5 °C (siehe Legende, die Celsius-Werte sind auf volle Grad gerundet). Die am weitesten vom Äquator entfernte, fast frostfreie Zone ist Zone 10. Bei allen in diesem Buch aufgeführten Pflanzen sind sowohl die Minimum- als auch die Maximum-Zone angegeben, z.B. Zonen 4–9 für die Rose 'Peace' ('Gloria Dei'). Das bedeutet, dass die Rose durchschnittliche Wintertemperaturen übersteht, wie sie zumindest in den milderen Teilen von Zone 4 zu erwarten sind, in denen die Temperaturen unter –29 °C fallen können. Aber sie gedeiht auch einigermaßen gut in den kühleren Teilen von Zone 9, in denen die Minimumtemperaturen im Winter über –7 °C liegen. In der Tat tolerieren die meisten Rosen Zone 4 und darüber, nur wenige Sorten allerdings halten Zone 3 aus. In den Zonen 4 und 5 benötigen die meisten Rosen aber einen Winterschutz, um starkem Zurückfrieren vorzubeugen. Die Angabe einer Maximum-Zone geht über das ursprüngliche Konzept der Winterhärtezonen hinaus, aber wir glauben, dass diese Angabe hier einen wichtigen Zweck erfüllt, da die meisten nicht-tropischen Pflanzen in Bezug auf das wärmste Klima, das sie vertragen, eine eindeutige Grenze haben.

Rosa acicularis nipponensis *(unten)*
Syn. **Nadelrose**
DUNKELROSA

Dieser kleine, dichte Strauch wird bis zu 1 m hoch und hat viele winzige Borsten. Das Laub mit 7–9 Fiederblättchen ist mattgrün mit einfach gesägtem Rand; die kleinen, duftenden, dunkelrosa Blüten erscheinen einzeln im Mai bis Juni. Die roten Hagebutten sind birnenförmig. Diese Rose ist sehr winterhart und im Garten der europäischen und nordamerikanischen *R. acicularis* in vieler Hinsicht überlegen.
ZONEN 4–11.

JAPAN, 1894

Rosa arkansana *(ganz unten)*
Syn. *R. suffulta*, **Arkansas-Rose**
REIN ROSA

Der niedrige Strauch mit grünlichen Trieben wird bis 1 m groß. Er besitzt viele mit dünnen Stacheln bewehrte Triebe, die meist jedes Jahr absterben und durch neue Ausläufer ersetzt werden. Die Blätter bestehen aus 7–11 breit elliptischen, leuchtend grünen Fiederblättchen mit deutlich gesägtem Rand. Im Juni erscheinen kleine, etwa 2,5 cm große Blüten in Dolden, gefolgt von kleinen rundlichen, dunkelorangefarbenen Hagebutten. *R. arkansa* ist nur von geringem Gartenwert.
ZONEN 4–11.

NORDAMERIKA, 1896

Rosa arvensis *(oben)*
Syn. Feldrose, Ackerrose, Kriechrose
WEISS

R. arvensis ist in Europa beheimatet, mit Ausnahme des kälteren Nordens und des heißeren Mittelmeerraumes kommt sie am natürlichen Waldsaum vor. Zunächst am Boden entlang kriechend, wächst sie in größere Büsche hinein und wird 3 m hoch. Sie verträgt Halbschatten und ist gesund. Die cremeweißen, etwa 3 cm großen Blüten mit kurzen, breiten Petalen und sehr auffälligen gelben Staubgefäßen blühen im Juni oft in kleinen Dolden. Die Blüten duften kaum. Die ovalen Hagebutten sind rot und erscheinen inmitten der dunkelgrünen, gesägten Blätter, die meist aus sieben Fiederblättchen bestehen. Zahlreiche hakenförmige Stacheln bedecken die biegsamen, dunkelgrünen Triebe. *R. arvensis* eignet sich gut für den naturbelassenen Garten und deren Zäune. Im frühen 19. Jh. entstand aus ihr die kleine Gruppe der Ayrshire-Rambler wie 'Venusta Pendula', 'Ruga' und 'Splendens'. **ZONEN 4–10.**

EUROPA, 1750

Rosa banksiae normalis *(oben)*

WEISS

Von den vier Kulturformen der *Rosa banksiae* soll diese ursprüngliche Wildrose seit 1796 in Schottland in Kultur sein. In mildem Klima oder unter Glas ist diese Ramblerrose sehr wuchsfreudig und wird dort bis zu 9 m groß. Die kleinen, weißen, einfachen Blüten duften und erscheinen in Dolden inmitten hellgrüner Blätter, die aus 3–5 länglichen Fiederblättchen bestehen. Alle vier Formen der *R. banksiae* sind in der Regel immergrün und stachellos. **R. banksiae banksiae** (Syn. 'Banksiae Alba', 'Lady Banksia Snowflake', *R. banksiae alba plena*, 'White Lady Banks') wurde 1807 als locker gefüllte, weiße Kulturform eingeführt. **R. banksiae lutea** (Syn. 'Yellow Lady Banks' RHS Award of Garden Merit) ist die bekannteste Form. Ihre Dolden mit kleinen gefüllten, leuchtend gelben Blüten werden im späten Frühling in großer Fülle hervorgebracht und duften. Sie bedecken diesen wuchsfreudigen, gesunden, dicht wachsenden und stachellosen Rambler völlig. **R. banksiae lutescens**, die 1870 eingeführt wurde, ist etwas weniger wuchsfreudig, mit einfachen, schwefelgelben Blüten, hat aber einen intensiveren Duft als ihre Verwandten. **R. × fortuniana** (Syn. *R. banksiae* × *R. laevigata*) wird in milden Klimazonen oft als Unterlage für die Rosenveredlung verwendet. Sie hat größere Blüten, die gefüllt und weiß sind, und ist stark bewehrt. **R. cymosa** hat große Ähnlichkeit mit *R. banksiae normalis*. Sie ist eine seltene Rose mit interessanten, einfachen, weißen Blüten.

ZONEN 4–10.

CHINA, ETWA 1877

Rosa blanda (Hagebutte, *rechts*)
Syn. Eschenrose, *R. fraxinifolia*, Hudson-Bay-Rose, Labrador-Rose
ROSA

Dieser recht früh blühende, oft stachellose Strauch wird 1,5 m hoch. Die einfachen, rosa Blüten von 4–6 cm Durchmesser erscheinen entlang der Triebe, gefolgt von runden oder länglichen Hagebutten. **ZONEN 4–11.**
ÖSTLICHES NORDAMERIKA, 1773

Rosa bracteata (unten)
Syn. 'Macartney Rose', 'Chicksaw Rose'
WEISS

R. bracteata ist ein dichter, oft kletternder Strauch. Die langen, graubraunen Triebe sind mit hakenförmigen, oft paarweisen Stacheln übersät. Das wunderschöne Laub mit neun rundlichen Fiederblättchen glänzt dunkelgrün und ist unterseits dicht behaart. Die weißen Blüten mit ihren auffälligen Staubgefäßen sind oft cremefarben überzogen und duften. Im Juni erscheinen sie einzeln auf kurzen Seitentrieben, gefolgt von dicken, runden, orangefarbenen Hagebutten. Sie ist immergrün, pflegeleicht, aber für kältere Gebiete nicht geeignet. In den südlichen Teilen der USA wächst sie verwildert. Ihr berühmter Abkömmling 'Mermaid' ist wesentlich frosthärter. **ZONEN 4–11.**
CHINA, 1793

Rosa brunonii

(rechts)
Syn. Himalaja-Moschusrose, 'The Himalayan Musk'
WEISS

Dieser wuchsfreudige Rambler besitzt bräunlich grüne, steife Triebe und starre, hakenförmige Stacheln; er kann 12 m erreichen. Das lange, ovale, hängende Laub ist hell graugrün. Riesige Dolden kleiner, weißer Blüten erscheinen Ende Juni, später gefolgt von ovalen, rotbraunen Hagebutten. Sie ist bedingt winterhart und wurde jahrlang fälschlicherweise als *R. moschata* gehandelt. *R. brunonii* 'La Mortola' ist eine ausgezeichnete Gartenrose mit längerem, grauerem Laub und größeren Blüten. **R. moschata var. nepalensis** ist eine weitere Form, die oft auch als Synonym von *R. brunonii* angegeben wird. **ZONEN 3–10.**

HIMALAJA, ETWA 1823

Rosa brunonii
(**Hagebutten**, *rechts*)

Rosa californica
(rechts)
Syn. 'California Wild Rose'
HELLROSA

Dieser wuchsfreudige Strauch erreicht eine Höhe von 3 m und bringt jedes Jahr viele neue Triebe hervor, die, wie das ältere Holz, mit dünnen, hakenförmigen Stacheln bestückt sind. Die weichen, mattgrünen Blätter setzen sich aus 5–7 länglichen Fiederblättchen zusammen und bieten einen dekorativen Hintergrund für die kleinen, hellrosa Blütendolden, die vom Frühsommer über einen langen Zeitraum hinweg erscheinen. Im Herbst folgen dickliche, rote Hagebutten. *R. californica* ist ein recht winterfester Strauch und eignet sich gut für den naturnahen Garten. Die halb gefüllte Sorte **'Plena'** ist deutlich besser für Gärten geeignet und noch dekorativer. Sie bringt lilarosa Blüten und orangerote Früchte hervor. **ZONEN 3–10.**

NORDAMERIKA, ETWA 1878

Rosa californica 'Plena'
(rechts)

Rosa canina *(rechts)*
Syn. Hundsrose, Heckenrose
HELLROSA

R. canina ist eine in Mitteleuropa weit verbreitete, stark verzweigte Heckenrose, die eine Höhe von 2–4 m erreicht. Die stacheligen Triebe sind mit mittelgrünen Blättern besetzt, die aus 5–7 spitz zulaufenden, gesägten Fiederblättchen bestehen. Die kleinen, duftenden Blüten erscheinen Anfang Juni einzeln oder zu dritt und variieren in der Farbe von zartrosa überhauchtem Weiß bis Rosa. Nach der Blüte erscheinen in großer Fülle ovale, leuchtend rote Hagebutten. Sie sind enthalten reichlich Vitamin C und werden gern zu Sirup, Gelee oder Tee verarbeitet. Sie ergibt eine gute Schmuckhecke. Selektionen dieser Art werden in Europa für die Anzucht als häufigste frostharte Veredlungsunterlage eingesetzt.
ZONEN 3–10.
EUROPA, VOR 1730

Rosa carolina *(unten)*
Syn. Carolina-Rose, Weidenrose, Wiesenrose, Sandrose
REIN ROSA

Dieser dichte, reichlich Ausläufer bildende Strauch von gut mittlerem Wuchs trägt dichte, leicht glänzende, dunkelgrüne Blätter mit fünf meist zugespitzten, elliptischen, gesägten Fiederblättchen. Ab Juni erscheinen unermüdlich einzelne rosa Blüten auf den Trieben, gefolgt von runden, leuchtend roten Hagebutten.
R. carolina glandulosa wurde 1902 eingeführt. Sie ist identisch mit R. carolina bis auf die drüsigen Blattstiele.
R. carolina grandiflora besitzt größere Blüten und größere Blätter, oft mit sieben Fiederblättchen. **R. carolina 'Plena'** besitzt gefüllte Blüten, wird aber nur 60 cm hoch. **R. carolina 'Alba'** schließlich besitzt weiße Blüten.
ZONEN 4–11.
NORDAMERIKA, 1826

Rosa chinensis
(rechts)
Syn. China-Rose, Bengalrose, *R. chinensis indica*
ROSA/DUNKELROT

Diese jahrelang verschollen geglaubte Rose wurde vor kurzem erst wiederentdeckt. Sie wird 1,2 m bis 2,5 m hoch und ist unregelmäßig mit Stacheln bewehrt. Die mittel- bis dunkelgrünen Blätter bestehen aus 3–5 Fiederblättchen, die ganz jung noch rötlich sind. Die Blüten erscheinen einzeln oder in großen, weit auseinander stehenden Büscheln und variieren in der Farbe von zartrosa bis dunkelrot. Sie dunkeln bei längerer Blüte etwas nach und duften kaum. Nach der Blüte werden kleine, mattrote Hagebutten gebildet. **ZONEN 5–11.**
CHINA, ETWA 1759

Rosa cinnamomea
(unten)
Syn. *R. majalis*, Mairose, Zimtrose
MAUVE

Dieser mittelhohe Strauch, dessen Artname korrekterweise *R. majalis* lauten sollte, wird bis zu 1,8 m hoch. Seine schlanken, bräunlichen Triebe sind mit kurzen Stacheln bewehrt. Die mattgrünen Blätter mit 5–7 Fiederblättchen sind unterseits grau. Im Juni erscheinen einfache, mauverosa Blüten einzeln oder in kleinen Büscheln. Die dunkelroten Hagebutten sind klein, rund und weich.
***R. cinnamomea* 'Plena'** (Syn. 'Rose de Mai', 'Rose de Plaquer') ist eine seltene Form mit gefüllten Blüten. Laut Graham Thomas ist sie eine der ältesten beschriebenen Rosen.
***R. majalis* 'Foecundissima'** (Syn. *R. majalis* 'Falcundissima') hat gefüllte, aber hellere Blüten. **ZONEN 4–11.**
EUROPA, ETWA 1600

Rosa davidii (rechts)
Syn. 'Father David's Rose'
HELLROSA

Dieser gut 3 m hohe, kräftig ausladende Strauch mit steifem Wuchs hat Triebe mit langen, scharfen Stacheln und breiter Basis. Die mittelgrünen Blätter mit 7–9 Fiederblättchen sind oberseits weich und auf der Unterseite behaart. Im Juni erscheinen in kleinen Dolden rein rosafarbene, duftende, 5 cm breite Blüten mit gelben Staubgefäßen. Die Hagebutten hängen in Büscheln herab; sie sind scharlachrot, krugförmig, mit anhaftenden Kelchblättern, nicht sehr groß, aber dekorativ. **R. davidii elongata** hat weniger Blüten, ihr Laub und die Früchte sind jedoch größer. **ZONEN 4–10.**

TIBET, 1908

Rosa ecae (oben)
DUNKELGELB

Rosa ecae ist ein kleiner, dicht verzweigter, nur 1 m hoher Strauch. Die braunen Triebe sind dicht mit kurzen, dicken, rötlichen Stacheln besetzt. Die dunkelgrünen Blätter bestehen aus 5–9 kleinen, breit-ovalen, weichen Fiederblättchen. Im Juni erscheinen einzeln stehende Blüten von 2 cm Durchmesser in einem leuchtenden Butterblumengelb; sie duften nicht. Die kleinen Hagebutten sind leuchtend rot. Diese Art bevorzugt einen nährstoffreichen Boden und viel Sonnenlicht; zudem ist sie auch recht winterfest. Sie sollte nur mäßig geschnitten werden und ist auch als Kübelpflanze geeignet. Ihre Hybride ist 'Golden Chersonese'. **ZONEN 4–11.**

AFGHANISTAN, 1880

Rosa eglanteria
(rechts)

Syn. *R. rubiginosa*, Schottische Zaunrose, Weinrose, Apfelrose

HELLROSA

Dieser wuchsfreudige Strauch wird bis zu 3 m hoch und hat borstige, bräunlich grüne Triebe, die mit starken, scharfen, hakenförmigen Stacheln bewehrt sind. Das dunkelgrüne Laub mit 5–7 Fiederblättchen duftet intensiv nach Äpfeln, besonders wenn es zerdrückt wird. Die hübschen einfachen, zartrosafarbenen Blüten sind etwa 4 cm groß und duften. Nach der Blüte werden ovale, leicht borstige Hagebutten in sattem Rot mit anhaftenden, trockenen Kelchblättern gebildet. Ein Schnitt reduziert zwar die Blütenpracht, regt aber das Wachstum neuer, junger, aromatisch nach Äpfeln duftender Triebe an.

ZONEN 4–10.

EUROPA, ETWA 1594

ROYAL HORTICULTURAL SOCIETY AWARD OF GARDEN MERIT

Rosa elegantula 'Persetosa' *(oben)*

Syn. *R. farreri persetosa*, 'The Threepenny Bite Rose'

REIN ROSA

Dieser breit ausladende Strauch wird bis 1,5 m hoch und 3 m breit. Die jungen Triebe sind übersät mit weichen, rötlich braunen Borsten. Die sehr kleinen, pelzigen Blätter mit 7–9 Fiederblättchen sind dunkelgrün, bronzefarben überzogen und gesägt. Sie haben eine wunderschöne Herbstfärbung. Die Blüten werden nur etwa 2 cm groß, sind sternförmig und lilarosa gefärbt. Die orangefarbenen Hagebutten sind klein, breit elliptisch und herabhängend.

ZONEN 4–10.

CHINA, 1900

Rosa fedtschenkoana
(ganz unten)
WEISS

Dieser breite, aufrechte, dichte Strauch mit max. 1,8 m Höhe hat rötlich grüne Triebe, die mäßig mit langen, dünnen Stacheln bewehrt sind. Er treibt gern Ausläufer, wächst so auf eigener Wurzel und trägt dichte, weiche, längliche Blätter aus 9–15 graugrünen Fiederblättchen. Die weißen Blüten mit goldfarbenen Staubgefäßen erscheinen einzeln oder in kleinen Büscheln in Schüben im Sommer und im Herbst. Ihr Duft ist eher abstoßend. Die kleinen, schlanken, elliptischen, hängenden und borstigen Hagebutten sind orangefarben und sehen zwischen den Blüten im Frühherbst sehr attraktiv aus. **ZONEN 4–11.**
ZENTRALASIEN, ETWA 1876

Rosa filipes *(links)*
WEISS

Diese gewaltige Ramblerrose ist in Gärten selten anzutreffen. *R. filipes* 'Kiftsgate' ist dagegen seit ihrer Einführung 1938 äußerst beliebt; die Ursprungspflanze wächst und gedeiht noch immer in Kiftsgate Court, Gloucestershire, in Großbritannien. **ZONEN 4–11.**
CHINA, 1908

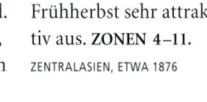

Rosa foetida
(oben links)
Syn. Fuchsrose
REIN GELB

Dieser aufrecht wachsende, 1,5 m hohe Strauch mit dunkelgrünen Trieben, die mahagonibraun überzogen sind, trägt viele lange, dünne, hellgrüne Stacheln, die mit der Zeit braun werden. Das Laub mit 5–9 Fiederblättchen ist leuchtend dunkelgrün, weich und flaumig, die Blattunterseiten sind heller. Die einfachen Blüten erscheinen im Juni meist einzeln an kurzen Trieben. Der unangenehme Duft gab der Rose ihren Namen (*foetidus* bedeutet „stinkend"). **R. foetida bicolor** (Syn. 'Kapuzinerrose', 'Austrian Copper') ist ein bekannter Sport, dessen zweifarbige Petalen oberseits leuchtend, fast glänzend orangerot, unterseits jedoch gelb sind (eingeführt 1596). **R. foetida persiana** (Syn. 'Persian Yellow') hat gefüllte, gelbe Blüten; sie wurde 1835 entdeckt. Beide neigen zu Sternrußtau wie auch viele moderne Rosen, die im späten 19. Jh. von dem französischen Züchter Pernet-Ducher aus ihnen gezüchtet wurden. ZONEN 4–11.

KLEINASIEN, VOR 1596

Rosa foetida persiana (oben)

Rosa foliolosa (Hagebutten, ganz oben rechts)

Rosa foliolosa
REIN ROSA

R. foliolosa ist ein niedriger Strauch, der bis zu 1,2 m hoch wird und leichte Böden bevorzugt. Er wächst am besten auf eigener Wurzel, und wird vegetativ fast nur über Stecklinge vermehrt. Die matt glänzenden, dunkelgrünen Blätter haben 7–9 längliche Fiederblättchen, die sich weich und pelzig anfühlen. Sie sitzen an drahtigen, grünen bis purpurfarbenen, stachellosen Trieben. Die etwa 5 cm großen Blüten erscheinen im Juni/Juli meist einzeln in einem dunklen, leuchtenden Kirschrosa an kurzen Trieben mit sehr langen Kelchblättern. Kleine runde, rote Hagebutten werden nur von den ersten Blüten hervorgebracht. Es gibt auch eine weißblütige Form. ZONEN 4–10.

USA, 1880

Rosa forrestiana
(links)
DUNKELROSA

Dieser 1 m hohe Strauch bringt nur wenige, meist einzeln stehende, dunkelrosafarbene Blüten hervor.
ZONEN 4–10.

WESTCHINA, 1918

Rosa gallica
(unten links)

Syn. Essigrose, Gallische Rose, Provins-Rose
DUNKELROSA

Dieser Ausläufer bildende Strauch von etwa 1 m Höhe hat stachellose, dunkelgrüne Triebe. Die Blätter sind hellgrün, klein bis mittelgroß, etwas rundlich und bestehen aus nur fünf Fiederblättchen. Die einfachen Blüten duften leicht und erscheinen im Juni. Sie sind 6 cm groß, dunkelrosa und besitzen auffallend schöne gelbe Staubgefäße. Die Hagebutten sind rötlich und matt, krugförmig und aufrecht stehend. Die sehr pflegeleichte Wildrose eignet sich für gemischte Rabatten; sie macht sich aber auch in Gesellschaft von Kräutern, ja sogar in einer Wiese gut. Sie war für die frühe Entwicklung der Rosenzucht von Bedeutung.
ZONEN 5–11.

SÜD- UND MITTELEUROPA, VOR 1759

Rosa gentiliana
(rechts)
Syn. *R. multiflora* var. *cathayensis*, *R. olyantha* 'Grandiflora'
WEISS

Diese wuchsfreudige, 6 m hohe Kletterrose hat dicke, feste Triebe, die dunkelgrün, aber purpurfarben gefleckt und mäßig mit langen Stacheln bewehrt sind. Die 7- bis 9-zähligen Fiederblätter sind groß, glänzend dunkelgrün und anfangs rötlich. Aus kleinen, cremegelben Knospen entfalten sich im Juni große Büschel zartrosafarbener bis rein weißer, einfacher Blüten von 4 cm mit auffälligen, dunkelgelben Staubgefäßen. Sie duften deutlich nach Zitrus. Die orangeroten Hagebutten sind klein und oval. Diese erstklassige Kletterrose ging vermutlich aus *R. multiflora* hervor. **ZONEN 4–11.**

CHINA, ETWA 1907

Rosa gigantea
(Hagebutte, *oben*)

Rosa gigantea *(oben)*
Syn. *Rosa* × *odorata gigantea*
WEISS

Rosa gigantea ist eine Ramblerrose von etwa 6 m Höhe. Sie hat lange, überhängende, purpurfarbene, grüne Triebe, die nur mäßig mit hakenförmigen Stacheln bewehrt sind. Die Blätter bestehen aus sieben recht auffällig geäderten, langen, schmalen Fiederblättchen. Die weißen Blüten sind bis zu 10 cm breit, süß duftend und blühen im Juni. Später kommen gelborangefarbene, birnenförmige Hagebutten von 2,5 cm Länge. Diese recht frostanfällige Art ist eine Vorläuferin der frühen Teerosen. **ZONEN 4–11.**

BIRMA UND CHINA, VOR 1889

Rosa giraldii
(oben)
REIN ROSA

Dieser 1,8 m hohe Strauch mit langen, überhängenden Trieben und scharfen, dünnen, meist paarweise angeordneten Stacheln hat breit-ovale, mittelgrüne Blätter aus 7–9 Fiederblättchen. Die einfachen Blüten in weichem Rosa erscheinen im Juni einzeln oder in kleinen Büscheln. Ihnen folgen kleine, leuchtend rote, rundlich ovale Hagebutten. Die Rose ist recht pflegeleicht, für Gärten aber kaum von Bedeutung. **ZONEN 4–10.**

CHINA, 1897

Rosa glauca *(unten)*
Syn. *R. rubrifolia*, Rotblättrige Rose, Hechtrose
REIN ROSA

Diese Rose eignet sich mit ihrem buschigen Wuchs bis zu einer Höhe von 1,8 m sehr gut für Gärten. Die überhängenden, rötlich purpurfarbenen Triebe sind stachellos. Sie besitzt breit-ovale, stark gesägte Blätter in einem grauen Purpur mit 5–9 Fiederblättchen. Die Blüten erscheinen Anfang Juni in kleinen Büscheln. Sie sind einfach, sternförmig, bis zu 2,5 cm groß, in einem weichen Lilarosa und haben schöne cremegelbe Staubgefäße. Die roten Hagebutten nehmen im Herbst einen kupfrigen Purpurfarbton an. Sie eignet sich ausgezeichnet als Strauch, aber auch als lockere Hecke, wobei der Wuchs gut durch einen regelmäßigen Schnitt erneuert und kontrolliert werden kann. Die jungen Triebe werden gerne für Gestecke genommen. 'Carmenetta' ist eine Kreuzung zwischen *Rosa glauca* und *R. rugosa*, noch wuchsfreudiger und ebenso attraktiv und pflegeleicht. **ZONEN 4–10.**

SÜD- UND MITTELEUROPA, VOR 1820

ROYAL HORTICULTURAL SOCIETY AWARD OF GARDEN MERIT

Rosa helenae (oben)
WEISS

Diese wuchsfreudige Ramblerrose wurde 1907 von E. H. Wilson in Zentralchina entdeckt. Sie kann als Kletterer in Bäumen oder an Mauern gute 6 m erreichen. Die dicken, graugrünen Triebe sind stark braun gefleckt und haben zahlreiche feste, hakenförmige Stacheln. Dunkel graugrüne Blätter mit 7–9 Fiederblättchen, im Austrieb noch rötlich, sorgen später für eine schöne Herbstfärbung. Die einfachen, weißen Blüten duften und erscheinen in großen Dolden im Juni. Ihnen folgen hängende, ovale, orangerote Hagebutten. Diese Rose ist zwar nur bedingt frosthart, dafür aber eine der attraktivsten Rambler für nicht zu nasse Böden. Sämlinge (Hybriden) von ihr wurden leider oft als reine Art verkauft. Alle ihre Hybriden haben lange, schlanke Triebe mit Dolden duftender, 2–2,5 cm großer, weißer Blüten, die auffällig gelbe Staubgefäße enthalten. Im Herbst zieren sie herrliche rote, ovale Hagebutten. Sie gedeiht auch in mageren Böden und im Halbschatten. Eine etwas tiefere Pflanzung verhindert einen Totalschaden bei Frost.

ZONEN 4–11.

CHINA, 1907

Rosa holodonta (Hagebutten, *links*)
Syn. *R. moyesii rosea*
HELLROSA

Diese nahe Verwandte von *R. moyesii* bildet weit ausladende Sträucher mit apartem, lockerem Laub. Sie schmückt sich mit kleinen Büscheln hübscher, einfacher Blüten in Hellrosa. Danach entwickeln sich besonders lange, birnenförmige, glänzend orange- bis blutrote Hagebutten mit dauerhaften, tentakelförmigen Blütenkelchen. **ZONEN 4–10.**

WESTCHINA, 1908

Rosa hugonis
(*links & unten*)
Syn. Dukatenrose, Chinesische Goldrose
REIN GELB

Dieser 2 m hohe, aufrecht wachsende, verzweigte Strauch mit braunen Trieben und vielen scharfen, flachen Stacheln und Borsten hat farnähnliche Blätter mit 7–13 Fiederblättchen. Bereits im Mai erscheinen einfache, leuchtend gelbe Blüten einzeln an den jungen, drahtigen Seitentrieben. Die Petalen der etwa 4 cm großen Blüten sind seidig und zuweilen leicht zerknittert. Im Spätsommer folgen kleine, purpurfarbene Hagebutten. Sie gedeiht auch in mageren Böden und ist recht winterhart. Leider ist sie etwas anfällig für die Valsakrankheit, die das Zweigsterben verursacht. **ZONEN 4–10.**

ETWA 1899

ROYAL HORTICULTURAL SOCIETY AWARD OF GARDEN MERIT

Rosa laevigata
(oben)
Syn. 'The Cherokee Rose'
WEISS

Diese immergrüne, bis 5 m hohe, wärmeliebende Kletterrose benötigt eine sehr geschützte Lage. Die dunkelgrünen Triebe haben weit auseinander stehende, breite, hakenförmige, rötliche Stacheln und glänzend dunkelgrüne Blätter, die aus nur drei länglichen Fiederblättchen bestehen. Die duftenden Blüten erscheinen Ende Mai nur für kurze Zeit. Sie sind groß, einfach und haben sehr auffällige gelbe Staubgefäße. Es folgen sehr borstige, oval- bis birnenförmige, orangefarbene Hagebutten, die rasch bräunlich werden. *R. laevigata* 'Cooperi' (Syn. 'Cooper's Burmese') hat dunkleres, grünes Holz sowie Laub und ist winterhärter. *R. anemonoides* 'Anemonenrose' und ihr Sport 'Ramona' sind mit dieser Art verwandt, ebenso wie die hübsche, aber zögerlich blühende 'Silver Moon'.
ZONEN 4–10.
CHINA, 1759

Rosa longicuspis
(rechts)
WEISS

R. longicuspis ist ein wuchsfreudiger, 6 m hoher, fast immergrüner Rambler, der rötliches Holz mit vielen hakenförmigen Stacheln besitzt. Die großen, glänzend dunkelgrünen, 5- bis 7-zähligen Fiederblätter sind länglich, gesägt und im Austrieb rot getönt. Ende Juni erscheinen etwa 5 cm große, weiße Blüten in dichten Rispen, die wachsartig fest sind und leicht nach Bananen duften. Die Hagebutten sind orangerot, klein und oval. Bis vor kurzem wurde vor allem in Großbritannien *R. mulliganii* unter diesem Namen vertrieben, eine ähnliche Art, aber um einiges winterfester.
ZONEN 4–11.
CHINA, 1915

Rosa × macrantha 'Macrantha' *(rechts)*
HELLROSA/WEISS

Diese locker wachsende Rose besitzt überhängende, dunkelgrüne Triebe, wird 1,2 m hoch und fast doppelt so breit. Sie hat zahlreiche, hakenförmige Stacheln und matt dunkelgrünes, länglich ovales Laub. Im Juni erscheinen recht große, einfache, duftende Blüten in üppigen, kleinen Büscheln. Sie sind zuerst hellrosa, dann gebrochen weiß und zeigen zahlreiche cremegelbe Staubgefäße. Die Hagebutten sind dunkelrot und rund. Sie ist keine echte Art, vermutlich aber eine nahe Verwandte von *R. gallica*, und ein guter, halb kriechender Strauch, aber etwas mehltauanfällig.
ZONEN 4–11.

ENTDECKT BEI LA FLÈCHE, FRANKREICH, 1923

Rosa moschata
(unten)
Syn. Moschus-Rose
WEISS

R. moschata wird als hoher Strauch oder als niedrige Kletterrose bis 3 m hoch mit graugrünem Holz und vereinzelten, braunen, hakenförmigen Stacheln. Die 5- bis 7-zähligen, graugrünen Fiederblätter sind weich, unterseits besonders an den markanten Adern flaumig, und hängen oft herab. Die duftenden, cremeweißen 4 cm großen Blüten haben schöne einzeln stehende Petalen, die sich an heißen Tagen zurückbiegen. Sie erscheinen in großen, lockeren Dolden erst im Juli und bringen dann im Herbst noch eine kleine Nachblüte. *R. moschata* ist Vorfahre vieler Moderner Gartenrosen. Sie galt, bis Graham Stuart Thomas sie 1963 wiederentdeckte, als verloren. Davor wurde lange Zeit *R. brunonii* von Baumschulen irrtümlich als *R. moschata* gehandelt – bis heute leider auch in Deutschland. **R. moschata 'Plena'** ist eine seltene Form mit gefüllten Blüten und seit etwa 1614 in Kultur.
ZONEN 4–10.

HIMALAJA BIS IRAN UND ABESSINIEN

Rosa moyesii *(rechts)*
ROT

Dieser steife und etwas sparrig wachsende Strauch wird 3 m hoch und hat starke, rötlich braune Triebe mit zahlreichen dicken Stacheln, die oft paarweise angeordnet sind. Die 7–11 zähligen, graugrünen Fiederblätter sind oval gesägt. Er blüht im Juni in kleinen Büscheln dunkelrosa bis leuchtend dunkelrot mit auffälligen, goldenen Staubgefäßen. Später werden zahlreiche herabhängende, flaschenförmige, leuchtend orangerote Hagebutten gebildet. *R. moyesii* hat mehrere gute moderne Strauchrosen hervorgebracht, darunter 'Eos', 'Geranium', 'Highdownensis' oder 'Sealing Wax'.
R. moyesii fargesii ist eine niedrigere Form mit rosa Blüten.
ZONEN 4–10.

CHINA, ETWA 1890

Rosa mulliganii
(rechts)
WEISS

Dieser wuchsfreudige, 5 m hohe, ausgezeichnete Rambler entwickelt lange, dunkelgrüne Triebe mit breiten, starken Stacheln. Die glänzend dunkelgrünen, 5- bis 7-zähligen Fiederblätter sind im Austrieb zunächst rötlich purpurfarben. Die Blüten duften und erscheinen im Juni/Juli in großen Rispen. Die einzelnen Blüten sind für einen Rambler mit 6 cm recht groß. Die breit-ovalen, weichen Hagebutten sind orangerot mit anhaftenden Kelchblättern. Diese Rose ist recht winterhart und wurde bis vor kurzem fälschlicherweise als *R. longicuspis* vertrieben. ZONEN 4–11.

CHINA, 1917

Rosa multiflora
(rechts)
WEISS

Der kleine Kletterer, Rambler oder locker überhängende Strauch von dichtem Wuchs mit drahtigen, grünbraunen Trieben ist nur vereinzelt mit dunkel gefärbten Stacheln besetzt. Die Blätter aus 7–9 mittelgrünen Fiederblättchen sind ledrig weich und länglich. Ihre am Blattstiel entlang laufenden Nebenblätter sind deutlich gefranst oder bewimpert, was sich gut vererbt. Im Juni erscheinen unzählige kleine, einfache Blüten in aufrecht stehenden, kegelförmigen Büscheln, die ausgeprägt fruchtig duften. Die Blüten sind in der Regel schneeweiß und bilden kleine, runde, orangefarbene Hagebutten. Diese Art lässt sich leicht durch Samen oder Stecklinge vermehren. Daher eignet sie sich gut als Hecke, aber auch als Veredlungsunterlage für büschelblütige Rosen. Von ihr stammen viele gute sommerblühende Rambler ab, beispielsweise 'De la Grifferaie', 'Seven Sisters' oder 'Veilchenblau' –
R. multiflora 'Carnea' wurde 1804 eingeführt und ist eine noch wüchsigere Form mit gefüllten hellrosa, aber schnell zu weiß verblassenden Blüten.
R. multiflora var. cathayensis (Syn. *R. gentiliana*), die erstmals 1902 auftauchte, hat größere, zartrosafarbene Blüten. **ZONEN 4–11.**
KOREA UND JAPAN, 1862

Rosa nitida *(unten)*
REIN ROSA

Dieser schön belaubte, dichte, nur 1 m hohe Strauch hat Stacheln und Borsten. Er wächst gut auf eigener Wurzel und auch gut als Ausläufer bildender Bodendecker. Die Blätter mit 7–9 kleinen, gesägten, schmalen Fiederblättchen sind glänzend dunkelgrün und unterseits stumpf und flaumig, im Herbst werden sie bräunlich rot. Die einfachen, seidigen, leuchtend rosafarbenen Blüten werden 5 cm groß und erscheinen Ende Juni. Später zieren kleine, runde, leicht behaarte, leuchtend rote Hagebutten den Strauch, der sich bereitwillig aus den Samen ziehen lässt.
R. nitida 'Corylus' (*R. nitida* × *R. rugosa*) erfüllt die gleichen Anforderungen wie ihre Eltern, wird aber etwas höher und zeigt eine intensivere Herbstfärbung.
ZONEN 4–11.
NORDAMERIKA, ETWA 1807

Rosa nutkana
Syn. Nutka-Rose
REIN ROSA

Dieser bis 1,5 m hohe Strauch wächst aufrecht mit schlanken, purpurbraunen Trieben und schmalen, scharfen Stacheln am älteren Holz. Die jungen Triebe sind borstig, die Blätter bestehen aus 5–9 weichen, breit-elliptischen, dunkelgrünen, gesägten Fiederblättchen mit behaarter Unterseite. Die einzelnen einfachen Blüten sind lavendelpurpurfarben mit auffälligen, cremefarbenen Staubgefäßen. Sie sind 6 cm groß und öffnen sich ab Mitte Juni. Später folgen auffallende, plump ovale, leuchtende, glasig rote Hagebutten. *R. nutkana* eignet sich als Strauch für alle Klimazonen.

R. nutkana 'Cantab', 1927 eingeführt, ist die bekannteste Hybride. Sie wächst etwas höher, steifer und blüht Ende Juni üppiger dunkelrosa. 'Schoener's Nutkana' ist eine weitere Gartenform.
ZONEN 4–11.

NORDAMERIKA, ETWA 1876

Rosa pendulina
(ganz oben)
Syn. *R. alpina*, Alpenheckenrose
DUNKELROSA/MAUVE

Dieser aufrechte Strauch erreicht 1,8 m und hat purpurrote, fast stachellose Triebe. Die Blätter mit 7–9 leicht gesägten, länglichen Fiederblättchen sind dunkelgrün mit etwas Purpur. Sie erscheinen Anfang Juni einzeln oder bis zu fünft in kleinen Büscheln in einem dunklen Mauverosa mit auffallend cremegelben Staubgefäßen. Die schlanken, flaschenförmigen Hagebutten sind leuchtend orangerot. Je nach Typ ist das schöne Herbstlaub reich gefärbt.
ZONEN 4–10.

EUROPA, 1789

Rosa pimpinellifolia
(unten)
Syn. *R. spinosissima*, Bibernell-Rose, Dünenrose, 'Altaica'
WEISS

Dieser niedrige, dichte, borstig stachelige Strauch, dessen gültiger Name *R. pimpinellifolia* lautet, treibt auf eigener Wurzel viele Ausläufer. Die grünlich braunen Triebe wachsen aufrecht oder nur leicht überhängend. 5–11 stark gesägte, breit-ovale Fiederblättchen bilden das farnähnliche, dunkelgrüne Laub, das im Herbst rotbraun wird. Im Mai bis Juni werden in großer Fülle einfache, weiße Blüten mit goldbraunen Staubgefäßen hervorgebracht. Die anschließend gebildeten, runden Hagebutten sind mahagonifarben bis schwarz.

R. pimpinellifolia altaica, (Syn. *R. pimpinellifolia* 'Grandiflora'), 1820 aus Westasien eingeführt, wächst höher und besitzt größere Blüten in einem hellen Gelb. Sie ist *R. pimpinellifolia* überlegen, jedoch eignen sich beide Rosen für den Garten. Mit *Rosa spinosissima* (wie sie damals hieß) wurde in viktorianischer Zeit vor allem in Schottland oft gezüchtet; so entstanden viele verschiedenfarbige, niedrige Strauchrosen mit gefüllten oder einfachen Blüten. Zu ihnen gehören 'Mary Queen of Scots' oder 'Single Cherry'; weitere bekannte Sorten sind 'Stanwell Perpetual' oder 'Ormiston Roy'. Mitte des 20. Jhs. züchtete Wilhelm Kordes mit Hilfe von *R. pimpinellifolia altaica* einige ausgezeichnete Rosen, die „Frühlings-Sorten", wie z.B. 'Frühlingsgold'.
ZONEN 3–11.

EUROPA

Rosa roxburghii plena (oben)

Rosa pisocarpa
(ganz oben links)
Syn. Erbsenfrüchtige Rose
ROSA

Dieser sommerblühende Strauch trägt lilarosafarbene, 2 cm große Blüten, die in dichten Büscheln an sehr kurzen Trieben mit zierlichem Laub sitzen; später erscheinen runde Hagebutten.
ZONEN 4–10.
WESTLICHES NORDAMERIKA, ETWA 1882

Rosa pomifera
Syn. *R. villosa*, Apfelrose
REIN ROSA

Dieser dichte, 1,8 m hohe Strauch, dessen gültiger Name *R. villosa* lautet, hat graugrünes Holz, zuweilen leicht purpurgefleckt, mit geraden, scharfen Stacheln. Das junge Holz ist rötlich. Er trägt reichlich mattgraugrünes, flaumiges Laub mit 5–9 breit-ovalen, meist gesägten Fiederblättchen. Im Juni erscheinen einzeln oder zu dritt rein rosafarbene, duftende, 5 cm große Schalenblüten. Die borstigen Hagebutten sind rund bis oval, groß und orangerot bis leuchtend rot. 'Duplex' mit halb gefüllten Blüten blüht wesentlich üppiger. ZONEN 4–11.
EUROPA UND ASIEN

Rosa primula
(ganz oben rechts)
Syn. Weihrauchrose
HELLGELB

Dieser Strauch mit kleinen, wunderbar nach Weihrauch duftenden Blättern erreicht 60–120 cm Höhe. Die dünnen, biegsamen Triebe sind mit vielen roten Stacheln besetzt. Zeitig im Mai erscheint eine Fülle gelblich weißer Blüten. In Amerika wurde sie lange Zeit irrtümlich als *R. ecae* kultiviert.
ZONEN 4–11.
TURKESTAN BIS NORDCHINA, 1910
ROYAL HORTICULTURAL SOCIETY AWARD OF GARDEN MERIT

Rosa roxburghii
Syn. *Rosa roxburghii* 'Plena', Kastanienrose, Burr-Rose
ROSA/WEISS

Dieser Strauch wird 2 m hoch, wächst winklig, steif und dicht verzweigt wie ein Zierstrauch. Die Rinde seiner lederfarbenen Triebe blättert papier- oder birkenrinden-ähnlich ab. Sie sind mit kräftigen Stacheln bewehrt, die paarweise dicht unterhalb der Blätter sitzen. Die dekorativen Blätter sind aus 7–15 mittel- bis dunkelgrünen, kleinen, ovalen, deutlich behaarten Fiederblättchen zusammengesetzt. Anfang Juni erscheinen im Laub große, leuchtend rosafarbene, gefüllte Blüten mit auffallenden, cremegelben Staubgefäßen. Die Hagebutten gleichen mit ihrer Schale kleinen Esskastanien; bei uns fallen sie zur Reife grün ab. *R. roxburghii f. normalis* ist die erst 1908 entdeckte Wildform mit einfachen, sehr hellrosa bis weißen Schalenblüten. *R. roxburghii* var. *hirtula* hat einfache hellrosa Blüten und wurde 1862 in Mitteljapan gefunden.
ZONEN 4–11.
CHINA UND JAPAN, 1814/1862/1908

Rosa rugosa (rechts)
Syn. Japanische Rose, Kartoffelrose
MAUVE/WEISS

Diese Rose bildet einen dichten, reich verzweigten, bis 2 m hohen Strauch. Die rehbraunen Triebe sind mit scharfen Stacheln und Borsten bewehrt. Die Blätter mit 7–9 dunkelgrünen Fiederblättchen sind mattglänzend, breit-oval, gesägt und wirken runzlig. Im Herbst nehmen sie einen sattgelben Farbton an. Die einfachen, etwa 7 cm großen, duftenden Blüten erscheinen einzeln oder zu mehreren und sind leuchtend purpurrot bis purpurrosa mit gelben Staubgefäßen. Sie blühen von Anfang Juni bis zum Herbst. Die großen, runden, leuchtend roten Hagebutten hängen an kurzen Stielen und sind die größte Attraktion dieser Art und einiger ihrer Abkömmlinge.
R. rugosa 'Alba' ist eine weiße, besonders lohnende Form.
R. rugosa 'Rubra' besitzt dunkle purpurrote Blüten. **R. rugosa kamtchatica** wurde 1770 eingeführt und ist vermutlich eine Zufallskreuzung von R. rugosa mit einer anderen Art. Sie ist weniger grob gestaltet. Ihr Holz ist grünlich gefärbt und hat nicht so viele Stacheln. Das Laub ist weniger runzlig und leuchtend grün. Die Blüten sind einfach und leuchtend rosa.
R. rugosa wurde erfolgreich für die Züchtung gesunder und winterharter Sorten verwendet, zum Beispiel 'Roseraie de l'Haÿ', 'Blanc Double de Coubert', 'Dagmar Hartopp' oder 'Moje Hammarberg'.
ZONEN 3–10.
CHINA UND JAPAN, VOR 1854

Rosa sempervirens
(unten)
WEISS

Diese wuchsfreudige, kletternde, immergrüne Art wird bis 6 m hoch und hat lange biegsame, kriechende, dunkelgrüne Triebe mit nur wenigen rötlichen Stacheln. Die Blätter bestehen aus 5–7 langen, zugespitzten, glänzenden Fiederblättchen. Die einfachen weißen Blüten sind etwa 4 cm groß, erscheinen im Juni in Rispen und duften. Die ovalen Hagebutten sind leuchtend rot.
Rosa sempervirens ist Vorfahre vieler guter Ramblerrosen, die auch unter der Bezeichnung „Die Immergrünen" bekannt sind. Auch bei der frühen Entwicklung der Ayrshirerosen war sie neben *Rosa arvensis* wohl mit beteiligt. Sie ist bedingt winterfest, ihre Abkömmlinge scheinen jedoch frosthärter zu sein.
ZONEN 4–11.
MITTELMEERGEBIET UND NORDAFRIKA, 1629

Rosa sericea pteracantha (oben links)
Syn. *R. omeiensis pteracantha,* Stacheldrahtrose
WEISS

Dieser 3 m hohe, winklig wachsende Strauch wird im Alter steif und unförmig. Das ältere Holz ist braun mit zahlreichen, rehbraunen Stacheln. Ein Rückschnitt regt die Bildung kräftiger, junger Triebe an. Diese sind purpurfarben und haben auf ganzer Länge viele lange, durchscheinende, kirschrote Stacheln mit breiter Basis, die wie Flügel aussehen. Die kleinen, dunkelgrünen Blätter sind farnähnlich und bestehen aus 7–11 schmalen unterseits haarigen Fiederblättchen. Schon im Mai erscheinen etwa 4 cm große Blüten mit nur vier weißen Petalen. Die kleinen, plumpen Hagebutten sind gelborange. *R. sericea chrysocarpa* hat gelbe Hagebutten. Weitere interessante Hybriden mit *R. hugonis* sind: *R.* × *pteragonis* f. *pteragonis* mit den Sorten 'Cantabrigiensis' (hellgelb), 'Earldomensis' (kanariengelb) und 'Red Wing' mit sehr schönen Stacheln. **ZONEN 4–10.**

CHINA, 1890

Rosa setipoda (oben rechts)
HELLROSA

Dieser kräftige, ausladend wachsende, baumartige Strauch wird 4 m hoch und hat bräunliches altes Holz mit dicken, spitzen Stacheln, das fast 20 cm Durchmesser erreichen kann. Die Blätter bestehen aus 7–9 dunkelgrünen, breit-ovalen und tief gesägten Fiederblättchen. Die etwa 5 cm großen, duftenden Blüten erscheinen in Büscheln im Juni. Sie sind hellrosa mit dunklerer Mitte und zeigen dicke cremegelbe Staubgefäße mit Pollen im Überfluss. Die Hagebutten machen diese Rose für den Garten erst richtig wertvoll. Sie sind etwa 6 cm lang, plump flaschenförmig, bärtig und leuchtend orangerot. **ZONEN 4–10.**

CHINA, 1895

Rosa soulieana
WEISS

Unter guten Bedingungen wird dieser Strauch 5 m hoch. Der lockere Wuchs führt zu einem recht breiten Umfang. An den langen, graugrünen, dicht belaubten Trieben sitzen zahlreiche lange, schlanke, scharfe, gelbliche Stacheln. Die Blätter bestehen aus 7–9 breit-elliptischen, scharf gesägten und leicht flaumigen Fiederblättchen. Die einfachen, etwa 4 cm großen Blüten sind weiß, duften und erscheinen im Juni in dichten Dolden entlang den überhängenden Trieben. Es folgt eine Fülle kleiner, runder, orangefarbener Hagebutten. *R. soulieana* gedeiht am besten in wintermildem Klima. **ZONEN 4–10.**

CHINA, 1896
ROYAL HORTICULTURAL SOCIETY AWARD OF GARDEN MERIT

Rosa stellata mirifica
Syn. Stachelbeerrose, 'The Sacramento Rose'
MAUVE

Dieser kaum 1 m hohe Strauch ähnelt eher einer Stachelbeere denn einer Rose. Er ist dicht bis locker verzweigt und mit vielen schlanken, spitzen, hellgrünen Stacheln und Borsten versehen. Die Blätter bestehen aus 3–5 graugrünen, breit-ovalen, gesägten Fiederblättchen. Die einfachen, lilarosa Blüten sind 4 cm groß, stehen einzeln und enthalten orangegelbe Staubgefäße. Ihnen folgen runde bis urnenförmige, sehr borstige, rote Hagebutten. Eine recht winterharte Rose, die sich aber in wärmeren Klimaten wohler fühlt. *R. stellata* wurde 1829 aus dem Süden der USA eingeführt, bleibt niedrig und hat dunkel purpurfarbene Blüten.
ZONEN 4–10.

SÜDWESTLICHES NORDAMERIKA, 1916

Rosa sweginzowii
(ganz oben)
REIN ROSA

Dieser aufrechte, bis 5 m hohe Strauch trägt dicke, bräunlich grüne Triebe mit vielen Borsten und großen, flachen Stacheln. Die Blätter bestehen aus 7–11 ovalen bis länglichen, leuchtend grünen, gesägten Fiederblättchen, die oberseits weich und unterseits flaumig mit einer stacheligen Mittelrippe sind. Die Blüten sind 4 cm groß und erscheinen im Juni einzeln oder zu dritt. Sie sind leuchtend rosa mit cremegelben Staubgefäßen, verblühen aber schnell. Die regelmäßig erscheinenden, prächtigen großen Hagebutten sind bauchig flaschenförmig, etwas borstig und leuchtend rot. Dieser schöne Strauch benötigt viel Platz und sollte nicht zurückgeschnitten werden. *R. sweginzowii* ‚Macrocarpa' ist eine ausgezeichnete deutsche Selektion mit größeren, dunkleren Blüten und Hagebutten.
ZONEN 3–10.

CHINA, 1909

Rosa tomentosa
(oben)
Syn. *R. cuspidata*
HELLROSA

Dieser kräftige, 2,2 m hohe Strauch hat grünlich graue Triebe und dicke, starke Stacheln. Die 5–7 zähligen Fiederblättchen sind breit-elliptisch, mattgraugrün, gesägt und leicht pelzig. Die Blüten sind einfach, 4 cm groß und hellrosa. Ihnen folgen mittelgroße, ovale, glänzend rote Hagebutten. *R. tomentosa* eignet sich am ehesten als Heckenrose. **ZONEN 4–10.**

EUROPA UND KLEINASIEN, VOR 1820

Rosa virginiana
(Hagebutten, *ganz oben links*)
Syn. *R. lucida*,
Virginia-Rose
REIN ROSA

Dieser aufrecht wachsende, kleine, Ausläufer treibende Strauch wird 1,5 m hoch und bringt zahlreiche rötlich braune Triebe mit wenigen hakenförmigen, braunen Stacheln hervor; das junge Holz ist oft borstig. Die 7- bis 9-zähligen Fiederblätter sind breit-elliptisch und stark gesägt. Zunächst leuchtend grün werden sie später im Herbst satt rotbraun und gelb. Die leicht duftenden, leuchtend rosa Blüten sind zuweilen dunkler gefleckt, 6,5 cm groß und zeigen viele lange, gelbe Staubgefäße. Sie blühen im Juni einzeln oder in kleinen Büscheln. Die rundlichen Hagebutten sind leuchtend orangerot.

R. virginiana 'Alba' besitzt weiße Blüten.
ZONEN 3–11.

NORDAMERIKA, VOR 1807
ROYAL HORTICULTURAL SOCIETY AWARD OF GARDEN MERIT

Rosa webbiana
(*oben rechts*)
REIN ROSA

Dieser elegante Strauch erreicht in Höhe und Breite bis zu 1,5 m. Die biegsamen Triebe zeigen im Austrieb ein rötliches Purpur, das sich bald zu Braun verwandelt. Später bilden sie auch lange, scharfe, starke, cremegelbe Stacheln. Die Blätter sind sehr schmal, breit-elliptisch, bläulich dunkelgrün und bestehen aus 5–9 Fiederblättchen. Sie blüht einzeln oder zu dritt im Juni lilarosa und mittelgroß. Es folgen eng flaschenförmige, mittelgroße, leuchtend scharlachrote Hagebutten. *R. webbiana* ist eine dekorative Rose, die jede Art von Boden und Klima toleriert. ZONEN 4–11.

HIMALAJA UND TÜRKEI, 1879

Rosa wichuraiana
(*ganz unten*)
Syn. *R. luciliae*,
'Memorial Rose'
WEISS

Dieser halb immergrüne Rambler erreicht in nährstoffreichen Böden eine Höhe von 6 m. Die langen und biegsamen, dunkelgrünen Triebe sind spärlich mit hakenförmigen Stacheln besetzt. Die Pflanze ist hübsch belaubt mit 7–9 glänzend dunkelgrünen Fiederblättern. Im Juni bis Juli erscheinen kegelförmige Büschel einfacher, weißer Blüten, die etwa 4 cm groß sind und duften. Später folgen kleine, rundlich ovale, dunkelrote Hagebutten. Sie bildet, als Bodendeckerrose gezogen, kleine undurchdringliche Hügel, klettert aber ebenso gut auch auf Bäume. Ende des 19. Jh. wurde mit *R. wichuraiana* und der ihr nahe verwandten, aber nicht identischen *R. luciae* viel gezüchtet. So entstanden 'Excelsa', 'Dorothy Perkins', 'Albéric Barbier', 'Léontine Gervais', 'New Dawn' oder 'Albertine'.

R. wichuraiana poteriifolia ist eine kompaktere Wuchsform dieser Art.
ZONEN 3–11.

CHINA UND JAPAN, 1843

Rosa willmottiae
(oben)
MAUVE

Dieser Strauch wird gut 2 m hoch und ebenso breit. Er bringt lange, dünne, purpurrote Triebe hervor, die oft einen grauen Schimmer haben und mit winzigen Borsten und scharfen Stacheln versehen sind. Die Blätter bestehen aus 3–9 kleinen, graugrünen, stark gesägten, ovalen Fiederblättchen. Im Juni erscheinen entlang der Triebe einfache, purpurrosafarbene, leicht duftende Blüten. Anschließend folgen viele kleine, birnenförmige, orangerote Hagebutten. *Rosa willmottiae* eignet sich sehr gut als reizender Solitärstrauch.
ZONEN 3–11.
CHINA, 1904

Rosa woodsii
(oben rechts)
Syn. 'Mountain Rose'
REIN ROSA

Dieser Strauch wird bis zu 1,8 m hoch, ist aber eher unbedeutend. *R. woodsii fendleri* wurde 1888 aus Nordamerika eingeführt, ist *Rosa woodsii* in vieler Hinsicht überlegen und wird deshalb öfter verwendet. Sie wächst aufrecht mit zahlreichen, purpurgrauen Trieben und einer Unmenge dünner Stacheln. Die schlanken Blütentriebe haben dagegen nur wenige Stacheln. Die 5–7 Fiederblättchen sind breit-oval, gesägt und gräulich dunkelgrün. Die recht kleinen Blüten sind lilarosa und erscheinen einzeln bis zu dritt im Juni. Die nachfolgenden Hagebutten haben etwa die Form und Größe einer Kirsche und sind leuchtend rot. Ihr großes Gewicht veranlasst die starken Triebe, in einer dekorativen Weise überzuhängen. *R. woodsii* eignet sich hervorragend für Hecken oder einen naturbelassenen Garten. **ZONEN 3–11.**
NORDAMERIKA, 1820

Rosa xanthina
(oben)
Syn. Manchu-Rose
REIN GELB

Dieser aufrecht wachsende, gut verzweigte Strauch wird bis zu 3 m hoch und hat geschmeidige, mahagonifarbene Triebe, die mit 7–15 dunkelgrünen Fiederblättchen und zahlreichen Stacheln versehen sind. Diese Kulturrose hat halb gefüllte oder gefüllte, leuchtend gelbe Blüten mit goldbraunen Staubgefäßen. Im Mai wird eine Fülle von Blüten hervorgebracht, Hagebutten sind jedoch selten. *R. xanthina spontanea* ist die später entdeckte Wildform und wird oft mit 'Canary Bird' (vermutlich *R. hugonis* × *R. xanthina*) verwechselt, der bei weitem bekanntesten Rose dieser Gruppe. **ZONEN 3–11.**
CHINA UND KOREA, 1906

'Abbaye de Cluny' MEIbrinpay
TEEHYBRIDE, APRICOT+, ÖFTER BLÜHEND

Die apricotfarbenen Blüten dieser reich blühenden Rose sind duftend und halten ihre Form recht gut. Sie sind öfter blühend. Mit ihrem buschigen Wuchs und dem gesunden, dunkelgrünen Laub eignet sie sich als Beetrose oder auch als Hochstammrose. Vermehrung durch Okulation. Diese Rose war zwar bei Neuheitenprüfungen in Europa vielfach erfolgreich, hat aber nicht die Verbreitung erlangt, die sie verdient. ZONEN 4–9.

MEILLAND, FRANKREICH, 1996

'JUST JOEY' × (MEIRESIF × MEINAN)

MONZA GOLDMEDAILLE 1993, LYON GOLDMEDAILLE 1994, PLUS BELLE ROSE DE FRANCE 1994, BELFAST GOLDMEDAILLE 1995

'Aalsmeer Gold'
(oben)
Syn. 'Bekola'
TEEHYBRIDE, GOLDGELB, ÖFTER BLÜHEND

Die goldgelben, mit 25 Petalen gefüllten Blüten von 'Aalsmeer Gold' erscheinen einzeln oder in kleinen Büscheln. Im Freiland sind die Blütenblätter bei den Knospen außen rötlich überhaucht. Die mittelgroßen, sehr schön geformten Blüten sind hochgebaut und halten lange am Strauch und auch in der Vase. Das üppige, gesunde Laub ist glänzend dunkelgrün, der Wuchs ist buschig, die Nachblüte erfolgt relativ rasch. ZONEN 4–9.

KORDES, DEUTSCHLAND, 1978

'BEROLINA' × SÄMLING

'Abbeyfield Rose'
COCbrose (unten links)
TEEHYBRIDE, DUNKELROSA, ÖFTER BLÜHEND

Die Blüten von 'Abbeyfield Rose' sind dunkelrosa bis rosarot, dicht gefüllt und schön geformt mit 35 Blütenblättern. Sie sind leicht duftend und öfter blühend. Mittelgrünes, leicht glänzendes Laub erscheint an einer buschigen, mittelhohen Pflanze, die sich gut als Beetrose oder als wohlproportionierter Hochstamm eignet. Sie ist winterhart und recht krankheitsfest. Eine Vermehrung erfolgt durch Veredlung. ZONEN 4–9.

COCKER, GROSSBRITANNIEN, 1985

'BAD NAUHEIM' × 'SILVER JUBILEE'

GLASGOW GOLDEN PRIZE 1990, ROYAL HORTICULTURAL SOCIETY AWARD OF GARDEN MERIT 1993

'Abbotswood'
STRAUCHROSE, REIN ROSA

'Abbotswood' hat rosafarbene, gefüllte Blüten. Ihre leicht duftenden Blüten erscheinen im Sommer. Mit ihrem hohen und ausladenden Wuchs eignet sie sich eher für den naturnahen Garten. Sie ist eine gesunde, starkwüchsige Rose, die allgemein durch Stecklinge vermehrt wird. **ZONEN 3–9.**

HILLING, GROSSBRITANNIEN, 1954
ZUFALLSSÄMLING VON *ROSA CANINA* × UNBEKANNTE GARTENROSE

'Abraham Darby'
AUScot *(unten)*
Syn. 'Abraham', 'Country Darby'
STRAUCHROSE, ORANGEROSA, ÖFTER BLÜHEND

Die becherförmigen, sehr großen Blüten von 'Abraham Darby' erscheinen in kleinen Büscheln. Sie sind pfirsichrosa bis apricotfarben und haben einen intensiven, ausgeprägten Duft. Das Laub ist dunkelgrün. Der Wuchs ist buschig und leicht ausladend, aber insgesamt aufrecht. Die Rose ist recht krankheitsfest, manchmal aber etwas anfällig für Rosenrost. Sie ist öfter blühend und wird gern für Rabatten verwendet. **ZONEN 4–9.**

AUSTIN, GROSSBRITANNIEN, 1985
'ALOHA' × 'YELLOW CUSHION'

'Acapulco' DICblender *(rechts)*
TEEHYBRIDE, ROT+, ÖFTER BLÜHEND

Die langen, wunderschön geformten Knospen von 'Acapulco', sind elfenbeingelb mit scharlachroten Spitzen und öffnen sich zu gefüllten Blüten von klassischer Form. Die Blüten erscheinen einzeln oder in kleinen Büscheln und duften leicht. Der Wuchs ist aufrecht, das Laub dunkelgrün und ziemlich krankheitsfest. **ZONEN 4–9.**

DICKSON, GROSSBRITANNIEN, 1997
ELTERN UNBEKANNT

'Acey Deucy'
SAVathree *(oben)*
ZWERGROSE, ROT, ÖFTER BLÜHEND

Die edelrosenähnlichen Blüten mit etwa 20 Petalen in aufregendem, elektrisierendem Rot erreichen Ausstellungsqualität. Die schwarz überhauchte Rückseite der Blütenblätter lässt die Farbe noch intensiver erscheinen. In kühleren Regionen dauert es länger, bis die Pflanze sich eingewöhnt hat. Der Wuchs ist ziemlich kompakt, 30–60 cm hoch, das Laub klein, mittelgrün und leicht glänzend. In wärmeren Klimalagen erscheinen die Blüten meist einzeln und duften schwach. Meist trägt 'Acey Deucy' eine Blüte pro Trieb, die 3–5 Tage hält.
ZONEN 5–11.
SAVILLE, USA, 1982

('YELLOW JEWEL' × 'TAMANGO') × 'SHERI ANNE'

'Adair Roche'
(unten)
TEEHYBRIDE, ROSA+, ÖFTER BLÜHEND

Die Rückseiten der rosafarbenen, gefüllten Blüten von 'Adair Roche' schimmern silbern. Die Blüten, die aus 30 Petalen bestehen, verbreiten in ihrer Umgebung einen leichten Duft. Das Laub dieser Teehybride ist mittelgrün, glänzend und recht gesund; die Blätter erscheinen an einer insgesamt buschig wachsenden Pflanze. Sowohl als Beetrose wie auch als Hochstammrose blüht 'Adair Roche' mehrfach nach.
ZONEN 4–9.
MCGREDY, NEUSEELAND, 1968
'PADDY MCGREDY' × SÄMLING VON 'FEMINA'
BELFAST GOLDMEDAILLE 1971

'Adam' *(rechts)*
ALTE R., TEEROSE, REIN ROSA, ETWAS NACHBLÜHEND

Diese Sorte leistete im 19. Jh. einen wesentlichen Beitrag, um den Ruf der Teerosen als neuen Rosenklasse zu etablieren. 'Adam' zählte bis zum Ende des 19. Jhs. zu den äußerst beliebten Sorten. Große, rundliche, halbgefüllte Blüten in kupferfarbenem Rosa kommen aus reizvollen Knospen und erscheinen in Büscheln an kurzen Trieben mit hakigen, purpurfarbenen Stacheln. Sie verträgt auch kühleres Klima, ist aber bei feuchtem Wetter anfällig für Mehltau. 'Adam', eine Teerose, die tatsächlich nach Tee duftet, lässt sich leicht kultivieren. **ZONEN 5–10.**

ADAM, FRANKREICH, 1838
VERMUTLICH 'HUME'S BLUSH' × 'ROSE EDOUARD'

'Adam Messerich' *(oben)*
ALTE R., BOURBONROSE, ROT, ETWAS NACHBLÜHEND

Diese Rose zählt aufgrund ihrer Krankheitsresistenz, aber auch wegen der üppigen Nachblüte zu den beliebtesten Bourbonrosen. Die rosaroten Blüten sind mittelgroß, halbgefüllt und becherförmig, die Farbe verblasst bei starker Sonneneinstrahlung kaum. Der Wuchs dieser Alten Gartenrose ist aufrecht und stark, ausgewachsen kann diese Pflanze eine Höhe von 1,5 m und eine Breite von 1,2 m erreichen. Der Duft der Blüten erinnert an Himbeeren. Die aufrecht stehenden Triebe und Blüten prädestinieren diese Rose als ideale Schnittblume. Bei den geöffneten Blüten fallen v.a. die Staubgefäße auf. **ZONEN 5–10.**

LAMBERT, DEUTSCHLAND, 1920
'FRAU OBERHOFGÄRTNER SINGER' × (SÄMLING VON 'LOUISE ODIER' × 'LOUIS PHILIPPE')

'Adélaïde d'Orléans' *(oben)*
Syn. 'Léopoldine d'Orléans'
ALTE R., SEMPERVIRENS-HYBRIDE, WEISS

Die kleinen Knospen dieser anmutigen Ramblerrose sind rosa, bevor sie sich zu fast weißen Blüten mit auffallenden Staubgefäßen öffnen. Die in Büscheln erscheinenden, locker gefüllten Blüten duften leicht und angenehm. Sempervirens-Rosen sind das Zuchtergebnis von Monsieur Jacques, dem Obergärtner auf Schloss Neuilly, das dem späteren König Louis Philippe gehörte. Durch die Abstammung von *Rosa sempervirens* sind sie sehr robust. Im Sommer sind die langen, schlanken Triebe mit ihren rötlichen Stacheln mit Blüten bedeckt – ein herrlicher Anblick an einem Rosenbogen oder einer Pergola. **ZONEN 5–11.**

JACQUES, FRANKREICH, 1826

ELTERN UNBEKANNT

ROYAL HORTICULTURAL SOCIETY AWARD OF GARDEN MERIT 1993

'Admiral Rodney'
(unten)
TEEHYBRIDE, ROSA+,
ÖFTER BLÜHEND

Diese Sorte wird wegen ihrer sehr großen Blüten fast ausschließlich für Ausstellungszwecke kultiviert. Ihr Wuchs ist robust, das Laub groß, dunkelgrün und glänzend. 'Admiral Rodney' ist eine buschige Pflanze mit duftenden Blüten von edler Form, rosa mit dunklerer Rückseite, bestehend aus 45 Petalen. Sie ist eine anerkannte Ausstellungsrose. **ZONEN 4–9.**

TREW, GROSSBRITANNIEN, 1973

ELTERN UNBEKANNT

'Adolf Horstmann'
(rechts)
Syn. 'Adolph Horstmann'
TEEHYBRIDE, GELB+,
ÖFTER BLÜHEND

Die mittelgroßen, gefüllten, leicht duftenden Blüten in sattem Gelborange besitzen klassische Edelrosenform. Mit ihrem glänzenden Laub, ihrem starken, aufrechten Wuchs und ihrer Fähigkeit, öfter zu blühen, eignet sich 'Adolf Horstmann' gut als Beet- und Hochstammrose. Sie ist gesund und reichblühend. ZONEN 4–9.

KORDES, DEUTSCHLAND, 1971
'KÖNIGIN DER ROSEN' ×
'DR A. J. VERHAGE'

'Agatha Christie'
KORmeita *(rechts)*
Syn. 'Ramira'
GROSSBLUMIGE KLETTERROSE,
REIN ROSA, ÖFTER BLÜHEND

Diese Rose trägt große, duftende Blüten in warmem Rosa. Dunkelgrünes, glänzendes Laub sitzt an einer recht gesunden Pflanze, die sich besonders gut für Mauern und Säulen eignet, aber auch als großer Strauch sehr reizvoll ist. Benannt wurde sie nach der weltberühmten englischen Kriminalromanautorin, die der Weltliteratur Charaktere wie Miss Marple und Hercule Poirot geschenkt hat.
ZONEN 4–9.

KORDES, DEUTSCHLAND, 1990
ELTERN UNBEKANNT

'Agathe Incarnata' *(oben)*
ALTE R., GALLICA-ROSE, REIN ROSA

Obwohl die Blüten sehr zart aussehen, gehört diese wunderschöne Sorte zu einer der winterhärtesten Rosengruppen. Die blassen, zartrosa Blüten werden reichlich in Büscheln von ansehnlicher Größe hervorgebracht, jede Blüte ist etwa 4 cm groß. In humusreichen Böden werden die Blüten oft noch größer. Im Frühsommer erscheinen die duftenden, aus vielen schmalen Petalen gebildeten flachen Blüten, oft geviertelt mit einem auffälligen, knopfartigen Auge. Die sehr dünnen Blütenblätter leiden bei nasser Witterung. Der ziemlich stachelige Strauch erreicht eine Höhe von 1,2 m. Das Laub ist graugrün und weich.
ZONEN 3–9.

VOR 1811

UNBEKANNTE GALLICA-ROSE × UNBEKANNTE DAMASZENERROSE

'Aglaia'
Syn. 'Yellow Rambler'
RAMBLERROSE, HELLGELB

Obwohl bei Fachleuten nicht gerade beliebt, ist 'Aglaia' doch eine der zuverlässigsten Ramblerrosen. Außerdem gilt sie als erste Rose mit gelben Blüten. Bekanntlich fällt *Rosa multiflora*, wenn sie mit anderen gelben Sorten gekreuzt wird, wieder ins Weiß zurück, und so verblasst bei 'Aglaia' das Gelb während ihrer langen Blütezeit ziemlich schnell. Aber das gesunde Laub, der üppige Flor sowie der intensive Duft sind Grund genug, sie zu kultivieren. Die namengebende Göttin *Aglaia* wird zusammen mit den Göttinnen *Euphrosyne* und *Thalia* von den Griechen als Chariten und von den Römern als Grazien verehrt. Alle drei dienten als Namenspatroninnen neu gezüchteter Rosen. **ZONEN 5–10.**

SCHMITT, FRANKREICH, 1896

ROSA MULTIFLORA × 'RÊVE D'OR'

'Agnes' *(rechts)*
RUGOSA-HYBRIDE, HELLGELB

In der Rosenzucht gibt es kaum gelbe Rugosa-Hybriden, und unter diesen zählt 'Agnes' zu den erfolgreichsten. Die großen, gefüllten, duftenden Blüten sind bernsteinfarben mit dunklerer Mitte und erscheinen in kleinen Büscheln; die Blätter sind hell, glänzend und gerunzelt. 'Agnes' ist ein starkwüchsiger, gesunder Strauch, der in der Regel nur einmal blüht. In warmen Herbstmonaten kann es sogar zu einem zweiten Flor kommen.
ZONEN 3–9.

SAUNDERS, KANADA, 1900

ROSA RUGOSA × R. FOETIDA PERSIANA

'Agnes Bernauer' KORnauer *(links)*
TEEHYBRIDE, HELLROSA, ÖFTER BLÜHEND

'Agnes Bernauer' hat hellrosa Blüten und einen leichten Duft. Sie blüht sehr reich, hat einen buschigen, gesunden Wuchs und ist eine ideale Beet- und Hochstammrose. Die Sorte wird durch Okulation vermehrt und blüht zuverlässig.
ZONEN 4–9.

KORDES, DEUTSCHLAND, 1989

ELTERN UNBEKANNT

'Aïcha' *(links)*
ALTE R., PIMPINELLIFOLIA-HYBRIDE, GOLDGELB

Ein Vorzug der Pimpinellifolia-Hybriden liegt in ihrer Winterhärte. Bei der Züchtung neuer, für kalte Klimate geeigneter Sorten verwendete daher vor allem Kordes gerne gerade diese Hybriden. Die hier beschriebene 'Aïcha', die vermutlich von der Ähnlichkeit mit der weitaus bekannteren Kordes-Rose 'Frühlingsgold' profitiert hat, besitzt große, dunkelgelbe, intensiv duftende Blüten. Ihr Wuchs ist buschig und stark mit hellgrünem Laub. ZONEN 4–9.

PETERSEN, DÄNEMARK, 1966

'SOUVENIR DE JACQUES VERSCHUREN' × 'GULDTOP'

'Aimable Rouge'
Syn. 'Le Triomphe'
ALTE R., GALLICA-ROSE, DUNKELROSA, ETWAS NACHBLÜHEND

'Aimable Rouge' findet sich bereits auf einer Zeichnung des französischen Genremalers Redouté (1759–1840) wieder. Die samtroten Blüten sind violett überlaufen, hell gesäumt und duften intensiv. Die rundlich und schön geformte Rose besitzt fast gesägte Petalen. Der Busch kann 1,5 m hoch werden und blüht üppig nach.
ZONEN 4–10.

VIBERT, FRANKREICH, 1819

ELTERN UNBEKANNT

'Aimée Vibert' *(oben links)*
Syn. 'Nivea', 'Bouquet de la Mariée'
ALTE R., NOISETTEROSE, WEISS, GUT NACHBLÜHEND

Knospen und Blüten bieten zusammen einen bezaubernden Anblick, und das leuchtende Laub verstärkt die Wirkung dieser reizenden Rose. Die äußeren Blütenblätter sind konkav, die inneren klein und zerzaust. Die Blüten sind mittelgroß und erscheinen in Büscheln, die Knospen haben einen rötlichen Anflug. Der intensive Moschusduft trug mit dazu bei, dass sie die beliebteste der frühen Noiseterosen wurde. Vibert züchtete diese nach seiner Tochter benannte Sorte auf seinen Versuchsfeldern in Longjumeau bei Paris. Es kann bis zu drei Jahre dauern, bis 'Aimée Vibert' erste Blüten hervorbringt. ZONEN 5–10.

VIBERT, FRANKREICH, 1828

'CHAMPNEYS' PINK CLUSTER' × HYBRIDE VON *ROSA SEMPERVIRENS*

'Alain' *(unten links)*
FLORIBUNDA, ROT, ÖFTER BLÜHEND

'Alain' ist die erste einer ansehnlichen Reihe von Floribundarosen des Züchters Francis Meilland. Sie ist eine sehr reichblühende Pflanze mittlerer Höhe. Die großen, halb gefüllten Blüten mit ca. 30 Petalen sind leuchtend karminrot, duften leicht und sind öfter blühend. Sie hat dunkelgrünes, glänzendes Laub, ist krankheitsfest und eignet sich gut als Beetrose. Die Teehybride wird hauptsächlich durch Okulieren vermehrt. Benannt wurde sie nach dem Sohn des Züchters. Die in Frankreich beliebte **'Climbing Alain'** wurde von Delforge, Belgien, 1957 aus einem Sport gezüchtet. ZONEN 4–9.

MEILLAND, FRANKREICH, 1948

('GUINEÉ' × 'SKYROCKET') × 'ORANGE TRIUMPH'

GENF GOLDMEDAILLE 1948

'Alain Blanchard'
(oben)

ALTE R., GALLICA-ROSE, MAUVE

Dies ist eine Rose mit ausladendem Wuchs, die in gutem Boden 1,5 m hoch werden kann. Die bronzefarben getönten, dunkelgrünen Triebe haben einige Stacheln. Das Laub ist mittelgrün und deutlich gesägt. Die bis zu 8 cm großen duftenden Blüten sind kaum mehr als einfach und meist in Büscheln angeordnet. Die ersten Blüten erscheinen im Frühsommer, von da an hält der Flor mit Unterbrechungen noch etwa einen Monat an. Die Blütenfarbe ist ein sattes, dunkles Karminrot gesprenkelt mit Purpur und Dunkelrosa. Eine Besonderheit dieser Rose ist ein auffälliges Büschel leuchtend goldfarbener Staubgefäße, die die Blüten sehr attraktiv machen. 'Alain Blanchard' ist ein leicht zu kultivierender Strauch. **ZONEN 5–10.**

VIBERT, FRANKREICH, 1839

ROSA CENTIFOLIA × R. GALLICA

'Alba Maxima'
(oben rechts)

Syn. *Rosa* × *alba maxima*, 'Jakobitenrose', 'Maxima', 'Great Double White', 'Cheshire Rose'

ALTE R., ALBA-ROSE, WEISS

Diese äußerst beliebte Alba-Rose bildet einen großen, bis zu 2 m hohen Strauch von lockerem Wuchs. Die cremefarbenen Blüten sind 8–10 cm groß, sie öffnen sich flach mit einer Andeutung von Hellbraun am Rand sowie einem reizenden Duft. Die mit wenigen großen Stacheln besetzten Triebe sind von hellem, graugrünem Laub bedeckt. 'Alba Maxima' blüht im Sommer, ist krankheitsfest und braucht nur wenig geschnitten zu werden. **ZONEN 3–9.**

VOR 1500

VERMUTLICH *ROSA CANINA* × R. GALLICA

ROYAL HORTICULTURAL SOCIETY AWARD OF GARDEN MERIT 1993

'Alba Meidiland' MEIflopan *(oben)*
Syn. 'Alba Meillandécor', 'Alba Sunblaze', 'Meidiland Alba'

STRAUCHROSE, WEISS, ÖFTER BLÜHEND

'Alba Meidiland' ist eine sehr hübsche Bodendeckerrose. Sie trägt große Büschel kleiner, dicht mit über 40 Petalen gefüllter Blüten, die leider kaum duften. Sie trägt kleines, glänzendes, mittelgrünes Laub und erscheint den ganzen Sommer und Herbst. Die Sorte eignet sich für Böschungen, Rabatten, Töpfe, Blumenkästen sowie als niedrige Trauerstammrose. Sie lässt sich leicht durch Stecklinge oder Okulation vermehren. **ZONEN 4–9.**

MEILLAND, FRANKREICH, 1987

ROSA SEMPERVIRENS × 'MARTHA CARRON'

FRANKFURT GOLDMEDAILLE 1989

'Alba Semi-plena'
(rechts)
Syn. *Rosa × alba nivea, R. × alba suaveolens*
ALTE R., ALBA-ROSE, WEISS

Die Herkunft der Alba-Rosen ist unbekannt, aber es gibt viele Vermutungen über ihre Abstammung. Mit ihren fast einfachen Blüten und auffälligen Staubgefäßen haben diese größten Alba-Rosen einen süßen Duft und rein weiße Blüten. Reizvolles graugrünes Laub und Hagebutten im Herbst verlängern ihre Saison. Sie wird auch einfach als 'Semi-Plena' angeboten, wobei die Rosenfachleute über ihren Gartenwert unterschiedlicher Meinung sind. Nach Großbritannien gelangte diese Sorte mit dem übersetzenden römischen Heer. Zusammen mit der einfachen weißen Alba-Rose gilt sie als die Weiße Rose von York. ZONEN 3–4.
VOR 1600
VERMUTLICH SPORT VON 'ALBA MAXIMA'
ROYAL HORTICULTURAL SOCIETY AWARD OF GARDEN MERIT 1993

'Alba Suaveolens'
Syn. 'Suaveolens'
ALTE R., ALBA-ROSE, WEISS

Um die wahre Identität dieser Sorte ist unter den Experten ein wahrer „Rosenkrieg" entbrannt: Die einen behaupten, 'Alba Suaveolens' sei identisch mit 'Alba Semi-Plena', andere halten dieser Hypothese entgegen, dass der umstrittenen Sorte die Staubgefäße der inneren Petalen fehlten. Einigkeit besteht lediglich in dem Punkt, dass diese schöne Alba-Rose einen süßen Duft besitzt. Im 20. Jh. verwendeten nur eine Handvoll Züchter Alba-Rosen zur Schaffung neuer Sorten; nur der deutsche Züchter Rolf Sievers etablierte die sog. „Blush-Serie", die aus Kreuzungen Alter Rosen bzw. Kordesii-Hybriden entstanden ist. ZONEN 3–9.
VOR 1750
ELTERN UNBEKANNT

'Albéric Barbier'
(ganz rechts)
RAMBLERROSE, WEISS

Dieser sehr beliebte einmalblühende Rambler findet vielerlei Verwendung – als Baumkletterer, als Bodendeckerrose, er macht sich aber auch sehr reizvoll als Trauerstamm. Die cremeweißen Blüten, die für einen Vertreter dieser Rosenklasse ziemlich groß sind, besitzen eine gelbe Mitte. Die biegsamen, glänzenden Triebe sind mit Blütenbüscheln besetzt, die vor dem dunkelgrünen Laub wie getupft erscheinen. Die starkwüchsigen, dünnen Triebe lassen sich gut aufbinden, ein Rückschnitt ist nicht erforderlich. Im Frühsommer verbreitet 'Albéric Barbier' einen intensiven Duft nach Äpfeln; die Blüten dieser Sorte erscheinen nicht nur an den Seitentrieben, sondern auch an neuen Trieben. 'Albéric Barbier' gedeiht gut im Schatten und kann bis zu 6 m hoch werden. Sorten sind u.a. 'Albertine', 'Alexandre Girault' und 'François Juranville'. ZONEN 4–10.
BARBIER, FRANKREICH, 1900
ROSA WICHURAIANA × 'SHIRLEY HIBBERD'
ROYAL HORTICULTURAL SOCIETY AWARD OF GARDEN MERIT 1993

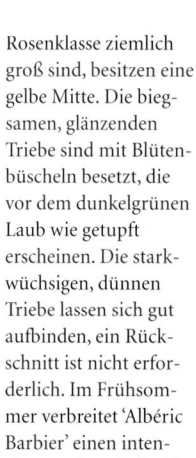

'Albertine' *(oben)*
GROSSBLUMIGE KLETTERROSE, ORANGEROSA

'Albertine' ist eine starkwüchsige Pflanze, Laub und Triebe sind auffallend dunkelgrün, fast purpurfarben. Letztere sind ziemlich weich und müssen ständig aufgebunden werden. Die intensiv duftenden Blüten sind dunkelrosa bis lachsfarben mit einem kupferfarbenen Hauch. Leider erstreckt sich die Blütezeit im Sommer nur über knapp drei Wochen. Die becherförmigen Blüten sind mittelgroß und erscheinen in Büscheln. Das Laub ist anfällig für Mehltau. **ZONEN 4–9.**

BARBIER, FRANKREICH, 1921

ROSA WICHURAIANA × 'MRS ARTHUR ROBERT WADDELL'

ROYAL HORTICULTURAL SOCIETY AWARD OF GARDEN MERIT 1993

'Alchymist' *(oben)*
Syn. 'Alchemist', 'Alchymiste'
STRAUCHROSE, APRICOT+

'Alchymist' ist ein starkwüchsiger, aufrechter Strauch mit glänzend bronzefarbenem Laub. Runde Knospen öffnen sich zu becherförmigen Blüten, die sehr intensiv duften. Die Blütenfarbe ist ein orange getöntes Gelb und wird offiziell als Apricot bezeichnet. Eignet sich gut als hohe Strauchrose, aber auch als Kletterrose. **ZONEN 3–9.**

KORDES, DEUTSCHLAND, 1956

'GOLDEN GLOW' × *ROSA RUBIGINOSA*-HYBRIDE

'Alec's Red' COred *(oben)*
TEEHYBRIDE, ROT, ÖFTER BLÜHEND

Die Größe der mit 45 Petalen gefüllten, kirschroten Blüten (das später in ein schmutziges Rot umschlägt) sowie ihr phantastischer Duft machten 'Alec's Red' viele Jahre hindurch außerordentlich erfolgreich. Diese Teehybride ist eine starkwüchsige, buschige Pflanze mit dunkelgrünem Laub, die mehrfach nachblüht. Die ersten Blüten erscheinen bereits sehr früh in der Saison. Ihren Namen erhielt sie nach einem schottischen Rosenexperten, der erst in hohem Alter mit der Zucht begann. 'Alec's Red' ist sein erster großer Erfolg; heute wird diese Rose weltweit gepflanzt. Zum Zeitpunkt ihrer Namensgebung waren die heute üblichen Code-Bezeichnungen unbekannt, und so war diese Teehybridensorte allen Preisrichtern lediglich unter dem Namen 'Alec's Red' bekannt. Sie ergibt eine hervorragende Beetrose bzw. Hochstammrose und wird durch Okulation vermehrt.
ZONEN 4–9.

COCKER, GROSSBRITANNIEN, 1970
'DUFTWOLKE' × 'DAME DE COEUR'
EDLAND DUFTMEDAILLE 1969, ROYAL NATIONAL ROSE SOCIETY PRESIDENT'S INTERNATIONAL TROPHY 1970, BELFAST DUFTPREIS 1972, ADR-ROSE 1973

'Alexander' HARlex *(oben)*
Syn. 'Alexandra'
TEEHYBRIDE, ORANGEROT, ÖFTER BLÜHEND

Die leuchtend zinnoberroten, großen, mit 25 Petalen gefüllten Blüten erscheinen in großer Fülle an langen Stielen in Form von kleinen Büscheln. Die gut wüchsige Pflanze ist von sehr gesunden, glänzend dunkelgrünen Laub bedeckt. Harkness gab ihr den Namen seines ehemaligen Kommandeurs aus dem 2. Weltkrieg. **ZONEN 4–9.**

HARKNESS, GROSSBRITANNIEN, 1972
'SUPER STAR' × ('ANN ELIZABETH' × 'ALLGOLD')
HAMBURG GOLDMEDAILLE 1973, BELFAST GOLDMEDAILLE 1974, ADR-ROSE 1974, JAMES MASON-MEDAILLE DER ROYAL NATIONAL ROSE SOCIETY 1987, ROYAL HORTICULTURAL SOCIETY AWARD OF GARDEN MERIT 1993

'Alexandre Girault'
(rechts)
GROSSBLUMIGE KLETTERROSE, ROSA+

Wer den großartigen Garten der Roseraie de l'Haÿ in der Nähe von Paris besucht hat, wird den eindrucksvollen Anblick dieser Rose in Erinnerung behalten haben – 800 Pflanzen an einem gewaltigen Stahlzaun aufgebunden. Das Rosa und Karminrot der Blüten in dieser Massierung ist einmalig auf der Welt. Die großen, gefüllten Blüten an biegsamen Trieben sind geradezu ideal für Pergolen oder Klettergerüste. Sie haben einen intensiven Duft nach Äpfeln. 'Alexandre Girault' blüht im Sommer nur einmal; sie gedeiht auch gut an schattigen Standorten, in nährstoffarmen Böden und benötigt ausreichend Platz. **ZONEN 5–10.**

BARBIER, FRANKREICH, 1909

ROSA LUCIAE × 'PAPA GONTIER'

'Alfred Colomb' *(oben)*
ALTE R., REMONTANTROSE, ROSA+, ÖFTER BLÜHEND

Manche Experten bezeichnen 'Alfred Colomb' als „simple Rose", dennoch blieb sie seit ihrer Einführung immer im Handel erhältlich. Die erdbeer- bis karminroten Blüten sind groß, gefüllt und symmetrisch, sehr ähnlich den Zentifolien. Der Wuchs ist mittelstark bis stark, buschig mit dunkelgrünem Laub. Die Triebe sind grün und dicht mit Stacheln besetzt. Diese Rose blüht später als andere Remontantrosen, sogar bis in den Herbst hinein. 'Alfred Colomb' ist gegenüber Regen unempfindlich und sehr krankheitsbeständig. Remontantrosen erreichten den Höhepunkt ihrer Beliebtheit um 1880, als der Katalog von William Paul & Sons 800 Sorten auflistete. Lacharme kreierte aber auch so beliebte Rosen wie 'Boule de Neige', 'Mme Lombard' oder 'Salet'. **ZONEN 5–10.**

LACHARME, FRANKREICH, 1865

SÄMLING VON 'GÉNÉRAL JACQUEMINOT'

'Alfred de Dalmas'
(oben)
Syn. 'Mousseline'
ALTE R., MOOSROSE, HELLROSA, ÖFTER BLÜHEND

Diese sehr beliebte Rose ist von niedrigem Wuchs und entwickelt einen dicht verzweigten, ordentlichen Strauch von etwa 1 m Höhe. Sie bildet kräftige, stachellose Triebe, die völlig mit hellbraunen, dicht stehenden weichen Borsten besetzt und mit rundlichen, mittelgrünen Blättern belaubt sind. Junges Laub ist leuchtend grün. Das üppige Moos, das Blütenkelch und Fruchtknoten umgibt, ist anfangs hellgrün und wird braun, wenn sich die Knospe öffnet. Die duftenden, cremeweißen Blüten sind mit kräftigen Silber- bzw. Satinrosatönen überzogen. Sie können bei gutem Boden etwa 10 cm groß werden. Der erste Flor erscheint im Frühsommer und dauert fast ohne Unterbrechung bis zum Herbst. Die wenig mehr als halb gefüllten Blüten zeigen, wenn sie vollständig geöffnet sind, attraktive, goldfarbene Staubgefäße. 'Alfred de Dalmas' ist eine pflegeleichte Alte Rose, die recht schattenverträglich ist und als Gruppen- oder Kübelpflanze verwendet werden kann. ZONEN 4–10.

LAFFAY, FRANKREICH, 1855
ELTERN UNBEKANNT

'Alida Lovett'
(oben rechts)
GROSSBLUMIGE KLETTERROSE, HELLROSA

'Alida Lovett' ist ein sehr starkwüchsiger Kletterer, der riesige Büschel leicht duftender, perlmuttrosa Blüten mit schwefelgelbem Grund bildet. Das Laub ist glänzend und gesund. Der Strauch blüht nur einmal, eignet sich für Zäune und Pergolen und gedeiht gut im Halbschatten. 'Alida Lovett' wurde von einem sehr bekannten amerikanischen Züchter kreiert, allerdings von J. T. Lovett aus New Jersey auf den Markt gebracht. Eine Vermehrung erfolgt durch Okulation. ZONEN 4–9.

VAN FLEET, USA, 1905
'SOUVENIR DU PRESIDENT CARNOT' × ROSA WICHURAIANA

'Alister Clark'
(oben)
POLYANTHAROSE, HELLROSA, ÖFTER BLÜHEND

Diese Rose entstand als Sport an einer Pflanze von 'Marjory Palmer' in Australien. 'Marjory Palmer' hatte die Ramblerrose 'Jersey Beauty' zur Elternsorte, und von dieser hat 'Alister Clark' das große, stark glänzende und üppige Laub geerbt. Der Busch ist durch einen niedrigen, relativ ausladenden Wuchs gekennzeichnet. Die für eine Polyantharose ziemlich großen Blüten erscheinen in Büscheln und haben locker angeordnete äußere Petalen, die eine dicht gefüllte Mitte umgeben. 'Alister Clark' blüht kontinuierlich und ist gesund. ZONEN 4–10.

NEWMAN, AUSTRALIEN, 1990
SPORT VON 'MARJORY PALMER'

'Alister Stella Gray' *(rechts)*
Syn. 'Golden Rambler'
ALTE R., NOISETTEROSE, HELLGELB, ÖFTER BLÜHEND

Bei dieser Rose öffnen sich lange, spitze Knospen zu hellgelben Blüten mit dunkelgelber Mitte. Die wunderschönen, dicken, geviertelten Blüten verblassen mit der Zeit. Die dünnen Triebe tragen wenige Stacheln, das Laub ist gesund und dunkelgrün. Die Sorte braucht einige Zeit, um sich zu einzugewöhnen, bildet dann aber einen starkwüchsigen Strauch, der bis zu 3 m hoch werden kann. Die verwelkten Blüten sollten bei dieser Noisetterose regelmäßig abgeschnitten werden. ZONEN 5–10.

GRAY, GROSSBRITANNIEN, 1894

ELTERN UNBEKANNT

ROYAL HORTICULTURAL SOCIETY AWARD OF GARDEN MERIT 1994

'Alleluia' DELatur
Syn. 'Hallelujah'
TEEHYBRIDE, ROT+, ÖFTER BLÜHEND

'Alleluia' bringt sehr große, schwere Blüten mit 30 Petalen in samtigem Rot mit silbriger Rückseite hervor. Sie stellt eine gute Ausstellungsrose dar, duftet aber kaum. Diese kräftige, robuste, buschige Pflanze mit dunkelgrünem, glänzendem Laub ist öfter blühend und gut als Beetrose geeignet. Vermehrung durch Okulation. ZONEN 4–9.

DELBARD, FRANKREICH, 1980

(['IMPECCABLE' × 'PAPA MEILLAND'] × ['GLORIA DI ROMA' × 'IMPECCABLE']) × 'CORRIDA'

'Allen Chandler'
(unten rechts)
GROSSBLUMIGE KLETTERROSE, ROT, ÖFTER BLÜHEND

Leuchtend karminrote, große, halbgefüllte Blüten, die in Büscheln zu 3–4 erscheinen, entwickeln sich bei dieser Sorte aus spitzen Knospen. Sie sind leicht duftend und werden vom Sommer bis in den Herbst hervorgebracht. Mäßig starker Wuchs mit dunklem, ledrigem, glänzendem Laub. Geeignet als großer Strauch, für Säulen, auch für eine Nordwand. 'Allen Chandler' war eine der ersten öfter blühenden Kletterrosen. Sie ist zwar sehr gesund und robust, hat aber wegen ihrer zögerlichen Blüte an Beliebtheit verloren. Die Vermehrung erfolgt durch Okulation. ZONEN 4–9.

CHANDLER, GROSSBRITANNIEN, 1923

'HUGH DICKSON' × SÄMLING

GOLDMEDAILLE DER NATIONAL ROSE SOCIETY 1923

'Allgold' *(rechts)*
Syn. 'All Gold'
FLORIBUNDA, REIN GELB, ÖFTER BLÜHEND

Die in ein dunkles, nicht verblassendes Butterblumengelb getauchten Blüten sind mittelgroß, mit 15–20 Petalen gefüllt, leicht duftend und erscheinen einzeln oder in großen Büscheln. Sie ist eine buschige Pflanze mit mittelgroßem, blassgrünem, glänzendem Laub und ergibt eine hübsche Beet- bzw. Hochstammrose. Der Hauptgrund für ihren weltweiten Ruf liegt in ihrer Fähigkeit, gesunde Abkömmlinge hervorzubringen. Sie wird durch Okulieren vermehrt. Die Blüten der Kletterform 'Climbing Allgold' (Syn. 'Grimpant Allgold', 'Grimpant All Gold'; Gandy, Großbritannien, 1961) sind den Blüten der Buschform überlegen, erscheinen aber – im Sommer – nur zögerlich.
ZONEN 4–9.
LEGRICE, GROSSBRITANNIEN, 1956
'GOLDILOCKS' × 'ELLINOR LEGRICE'
GOLDMEDAILLE DER NATIONAL ROSE SOCIETY 1956

'Allotria' TANal
(links)
FLORIBUNDA, ORANGEROT, ÖFTER BLÜHEND

'Allotria' besitzt mittelgroße Blüten in leuchtendem Scharlachorange, die in großen Büscheln zusammensitzen. Sie duften leicht und werden vom Sommer bis Herbst hervorgebracht. 'Allotria' ist ein starkwüchsiger, gesunder Busch mit dunkelgrünem, glänzendem Laub, gut geeignet als Beetrose. Die Vermehrung erfolgt durch Okulation. **ZONEN 4–9.**
TANTAU, DEUTSCHLAND, 1958
'FANAL' × 'TANTAUS TRIUMPH'

'Aloha' *(rechts)*
GROSSBLUMIGE KLETTERROSE, REIN ROSA, ÖFTER BLÜHEND

Diese weit verbreitete Sorte eignet sich als niedriger Kletterer oder Strauchrose. Große, runde Knospen entwickeln sich zu großen, dicht mit knapp 60 Petalen gefüllten Blüten in Rosa mit dunklerer Rückseite. Die Blüten haben einen ausgeprägten Duft nach Apfelblüten, sind öfter blühend und sehr haltbar. 'Aloha' braucht einige Zeit, um sich zu einzugewöhnen, bildet dann aber selbst an schattigen Standorten einen phantastischen Strauch. **ZONEN 3–9.**

BOERNER, USA, 1949

'MERCEDES GALLART' × 'NEW DAWN'

'Alpine Sunset' *(rechts)*
TEEHYBRIDE, APRICOT+, ÖFTER BLÜHEND

Diese entzückende Rose zeigt eine schöne Kombination von Pfirsich-, Rosa-, Creme- und Gelbtönen. Die sehr großen, rundlichen, süß duftenden Blüten erscheinen an einer hübschen, kompakten Pflanze auf kräftigen Trieben dicht am Laub. Die Blätter sind hellgrün und glänzend. Sie sind groß genug, um den Busch gut zu bedecken. Sie ist zwar öfter blühend, zwischen dem üppigen ersten Blütenflor und der Nachblüte legt sie aber meist eine Pause ein, um sich zu erholen. **ZONEN 5–9.**

CANT, GROSSBRITANNIEN, 1974

'DR A. J. VERHAGE' × 'GRANDPA DICKSON'

ROYAL NATIONAL ROSE SOCIETY TRIAL GROUND CERTIFICATE 1974, BELFAST CERTIFICATE OF MERIT 1976, DEN HAAG DUFTPREIS 1976

'Altissimo' DELmur
(oben)
Syn. 'Altus',
'Sublimely Single'
GROSSBLUMIGE KLETTERROSE,
ROT, ÖFTER BLÜHEND

Die flach schalenförmigen, leicht duftenden Blüten dieser ausgezeichneten Kletterrose sind ziemlich groß mit etwa 7 Petalen, sie öffnen sich weit und zeigen gelbe Staubgefäße. Die Blütenfarbe ist ein leuchtendes, sattes, tiefes Scharlachrot, das sich zu Karminrot verändert. Die Blüten erscheinen einzeln, meist aber zu mehreren in lockeren Büscheln den ganzen Sommer und Herbst über vor dem Hintergrund großer, dunkler Blätter. Die Pflanze ist starkwüchsig, mit steifen, verzweigten Trieben und erreicht die übliche Höhe einer Kletterrose. Aus diesem Grunde wird diese Sorte von der Royal National Rose Society als Kletternde Floribundarose, von der American Rose Society als Kletternde Teehybride klassifiziert. Der aus dem Italienischen stammende Name *altissimo* – zu Deutsch „der Höchste" – ist für diese Kletterrose durchaus passend gewählt worden.
ZONEN 4–9.

DELBARD-CHABERT, FRANKREICH, 1966

'TENOR' × SÄMLING

ROYAL HORTICULTURAL SOCIETY AWARD OF GARDEN MERIT 1993

'Amadis' *(unten)*
Syn. 'Elegans',
'Crimson Boursault'
ALTE R., BOURSAULTROSE, DUNKELROT

Von den 50 Boursaultrosen, die es vor 200 Jahren gab, sind nur noch wenige übrig geblieben. Dass 'Amadis' überlebt hat, liegt sicher an ihrem eleganten, aufrechten Wuchs und den großen, becherförmigen, halbgefüllten Blüten in dunklem Karmin und Purpur, die in großen, lange haltenden Büscheln erscheinen. Das junge Holz ist weißlich grün, das alte rotbraun. Sie hat keine Stacheln, duftet nicht und bringt auch keine Hagebutten hervor. Die tief gesägten Blätter in leuchtendem Grün machen sie recht attraktiv. Sie blüht früh in der Saison am vorjährigen Holz, und im Halbschatten zeigt sie feine Farbschattierungen. Benannt ist sie nach einem Amateurgärtner.
ZONEN 5–10.

LAFFAY, FRANKREICH, 1829

ROSA PENDULINA × UNBEKANNTE ROSE

'Amalia' MEIcauf
(oben)
Syn. 'Fiord'
TEEHYBRIDE, DUNKELROT/ HELLROT

Die hellroten bis roten Blüten dieser Teehybride sind sehr elegant; die urnenförmigen Knospen öffnen sich später zu formschönen Blüten mit hoher Mitte. Sie erscheinen einzeln an langen Stielen und halten sich lange, weshalb 'Amalia' eine gute Schnitt- und Ausstellungsrose abgibt. Diese Teehybride bringt zwar von Sommer bis Herbst unermüdlich Blüten hervor; sie duftet allerdings kaum, was für eine rote Rose sehr bedauerlich ist. Das Laub ist groß und bedeckt den unteren Teil der Pflanze gut. 'Amalia' gedeiht am besten in sonnigen Lagen. **ZONEN 5–9.**

MEILLAND, FRANKREICH, 1986
ELTERN UNBEKANNT

'Amatsu-Otome'
(oben rechts)
TEEHYBRIDE, GELB+, ÖFTER BLÜHEND

Diese Rose ist v.a. in Japan beliebt, findet mittlerweile aber auch in anderen Ländern ihre Liebhaber. Unter günstigen Bedingungen ist 'Amatsu-Otome' eine prächtige Rose mit großen, hochgebauten gelben Blüten und orange überlaufenen Rändern. Weiterhin findet man sie oft auf Ausstellungen, weil die Blütenblätter lange ihre Form halten. Sie verbreitet einen leichten Duft. Als Gartenrose ist 'Amatsu-Otome' weit weniger beliebt, denn sie hat einen hohen, etwas staksigen Wuchs, und ihr mittelgrünes, leicht glänzendes Laub ist anfällig für Sternrußtau. Bemerkenswert ist auch die Fülle der (kleineren) Blüten, die vom Sommer bis in den Herbst hinein erscheinen. **ZONEN 5–9.**

TERANISHI, JAPAN, 1960
'CHRYSLER IMPERIAL' × 'DOREEN'

'Ambassador' MEInuzeten *(oben)*
TEEHYBRIDE, APRICOT+, ÖFTER BLÜHEND

Die Blüten dieser Sorte sind zweifarbig, die Petalaußenseiten sind cremegelb, während die Innenseiten der Blütenblätter farblich in einem kräftigen Apricot gehalten sind. Wenn sich die kegelförmigen Knospen zu mäßig gefüllten, becherförmigen Blüten öffnen, ergibt sich ein reizvoller Kontrast, bis die Farbe nachdunkelt und in einen rötlichen Apricotton übergeht. Die Blüten verbreiten einen leichten Duft. 'Ambassador' besitzt lange Triebe und bringt ihre Blüten vom Sommer bis zum Herbst hervor, eignet sich hervorragend zum Schnitt und für Ausstellungen. Als Beetrose ist sie weniger geeignet. Der Wuchs ist stark mit dunklem Laub, das gelegentlich anfällig für Mehltau ist. Am besten gedeiht sie in warmen Lagen. **ZONEN 5–9.**

MEILLAND, FRANKREICH, 1977
SÄMLING × 'WHISKY'

'Amber Queen' HARroony *(unten)*
Syn. 'Prinz Eugen von Savoyen'
FLORIBUNDA, APRICOT+, ÖFTER BLÜHEND

Die gewaltige Zahl der Auszeichnungen sind ein eindeutiger Hinweis, dass diese Rose ganz besondere Qualitäten haben muss. Ihren hohen Wert als Gartenpflanze verdankt 'Amber Queen' der reinen Bernsteinfarbe, den Büscheln recht großer, schön geformter Blüten, die sehr reich vom Sommer bis in den Herbst erscheinen, dem niedrigen, buschigen Wuchs, der im allgemeinen robusten Gesundheit sowie ihrem süßen Duft. Ein zusätzlicher Pluspunkt ist der reizvolle Kontrast der frischen Blütenfarbe vor dem dunkelgrünen, ledrigen Laub. Der Wuchs ist gleichmäßig und meist mittelhoch. Diese Floribundarose ist eine großartige Beetrose, aber auch als Hochstamm geeignet, und natürlich auch auf Ausstellungen zu bewundern.
ZONEN 4–9.

HARKNESS, GROSSBRITANNIEN, 1984

'SOUTHAMPTON' × 'TAIFUN'

ROYAL NATIONAL ROSE SOCIETY CERTIFICATE OF MERIT 1983, LYON ROSE DU SIÈCLE 1984, BRITISCHE ROSE DES JAHRES 1984, BELFAST BEST FLORIBUNDA 1986, GENUA ROSA EUROFLORA 1986, ORLÉANS ROSE D'OR 1987, ALL-AMERICAN ROSE SELECTION 1988, NEW ZEALAND GOLD STAR 1988, ORLÉANS GRAND PRIX D'EXCELLENCE 1989, GOLDENE ROSE VON DEN HAAG UND DEN HAAG SILBERMEDAILLE FÜR DUFT 1991, JAMES-MASON-GOLDMEDAILLE DER ROYAL NATIONAL ROSE SOCIETY 1993, ROYAL HORTICULTURAL SOCIETY AWARD OF GARDEN MERIT 1993

'Amélia' *(links)*
ALTE R., ALBA-ROSE, REIN ROSA

Für eine Alba-Rose ist 'Amelia' von ziemlich niedrigem Wuchs. Ihr Laub ist graugrün und üppig, und sie hat viele, allerdings kleine Stacheln. Die Blüten sind bis zu 8 cm groß, halb gefüllt bis gefüllt und leuchtend rosa. In geöffnetem Zustand präsentieren sie die goldfarbenen Staubgefäße sehr wirkungsvoll. Sie duften intensiv und erscheinen im Sommer in kleinen Büscheln. Selbst unter schwierigen äußeren Bedingungen zeigt sich 'Amélia' als winterhart. Als undurchdringliche Hecke oder in einem naturnahen Garten gedeiht die Rose besonders gut, wenn das alte Holz nach der Blüte stark zurückgeschnitten wird. Diese recht seltene Sorte kann leicht auch als Damaszenerrose durchgehen. **ZONEN 4–10.**

VIBERT, FRANKREICH, VOR 1823

ELTERN UNBEKANNT

'America' JACclam (rechts)
GROSSBLUMIGE KLETTERROSE, ORANGEROSA, ÖFTER BLÜHEND

Nur wenige Kletterrosen wurden mit dem All-American Rose Selection Award ausgezeichnet, und offenbar ist der dauerhafte kommerzielle Erfolg von 'America' der einschlägige Beweis, dass sich die Preisrichter damals nicht geirrt haben. Hochgebaute Knospen öffnen sich zu mittelgroßen bis großen, becherförmigen, gefüllte Blüten, die infolge der einander überlappenden Petalen sehr hübsch wirken. Sie duften gut und erscheinen in lockeren Büscheln in einem warmen Korall-Lachston, der später verblasst. Der Sommerflor ist üppig, im Herbst erfolgt eine leichte Nachblüte. Der Wuchs ist stark und reich verzweigt, das Laub ist mittelgroß, leicht glänzend und gesund. 'America' wächst niedriger als andere Kletterrosen. **ZONEN 4–9.**

WARRINER, USA, 1976

'DUFTWOLKE' × 'TRADITION'

ALL-AMERICAN ROSE SELECTION 1976

'American Beauty'
Syn. 'Mme Ferdinand Jamin'
ALTE R., REMONTANTROSE, DUNKELROSA

Aus den rundlichen Knospen der 'American Beauty' entwickeln sich große, karminrosa Blüten. Diese bestehen aus 50 Petalen, die becherförmig angeordnet sind. Ein intensiver Duft und lange, kräftige Stiele waren die Hauptgründe für den kommerziellen Erfolg dieser Sorte. Im Spätsommer und im Herbst kann manchmal eine leichte Nachblüte erfolgen. In Lagen mit warmem Klima kann 'American Beauty' erfolgreich als Freilandrose kultiviert werden, sie ist dort aber anfällig für Rosenrost und Sternrußtau. **ZONEN 5–10.**

LÉDÉCHAUX, FRANKREICH, 1875

ELTERN UNBEKANNT

'American Heritage' LAMlam (oben)
TEEHYBRIDE, GELB+, ÖFTER BLÜHEND

Diese Rose zeigt verschiedene Formen und Farben, die in jedem Stadium reizvoll wirken. Lange spitze Knospen in Creme und Elfenbein öffnen sich zu großen, gefüllten Blüten, deren breite Petalen eine Farbkomposition aus Elfenbein, Lachs, Rosa und Gelb zeigen. Weit geöffnet präsentieren sie sich schließlich in rosa überhauchtem Hellgelb. 'American Heritage' eignet sich gut als Garten- und Schnittrose, denn die Blüten stehen an langen Stielen, erscheinen den ganzen Sommer und Herbst über und duften leicht. Die robuste Pflanze wächst aufrecht und ist mit dunkelgrünem, ledrigem, leicht mehltauanfälligem Laub bedeckt. **ZONEN 4–9.**

LAMMERTS, USA, 1965

'QUEEN ELIZABETH' × 'YELLOW PERFECTION'

ALL-AMERICAN ROSE SELECTION 1966

'American Home' *(oben)*
TEEHYBRIDE, DUNKELROT, ÖFTER BLÜHEND

Diese Sorte wird vor allem wegen ihres Duftes geschätzt. Er ist intensiv, süß und erinnert an Alte Rosen. Die dicken, spitz zulaufenden Knospen öffnen sich zu großen, dunkelroten, becherförmigen Blüten, die mäßig gefüllt sind. Sie erscheinen an langen, kräftigen Trieben, weshalb sie sich gut zum Schnitt eignen. 'American Home' ist eine gute Gartenrose, denn sie blüht zuverlässig und bringt ihre Blüten im Sommer und im Herbst an einer starkwüchsigen, aufrechten, mittelhohen Pflanze hervor. Das in der Regel gesunde Laub ist robust, mittelgrün und ledrig. ZONEN 4–9.

MOREY, USA, 1960

'CHRYSLER IMPERIAL' × 'NEW YORKER'

'American Pillar' *(oben rechts & unten)*
RAMBLERROSE, ROSA+

Die karminrosa Blüten dieser Ramblerrose haben ein weißes Auge und goldfarbene Staubgefäße. Die Blüten werden etwa 8 cm groß und treten reichlich in großen Büscheln auf. 'American Pillar' blüht am vorjährigen Holz etwas später als andere Ramblerrosen, mag kein heißes, trockenes Wetter, toleriert aber Halbschatten. Die dicken, starkwüchsigen Triebe können in einer Saison 5 m lang werden und lassen sich leicht ziehen. Das Laub ist ledrig, glänzend und anfällig für Mehltau. Aufgrund ihrer Abstammung eignet sich diese Sorte ideal zum Beranken einer Pergola oder Säule, aber sie kann auch leicht einen Baum erklimmen. Momentan erlebt 'American Pillar' ein internationales Comeback. ZONEN 5–10.

VAN FLEET, USA, 1902

(ROSA WICHURAIANA × R. SETIGERA) × ROTE REMONTANTROSE

'Améthyste'
RAMBLERROSE, MAUVE

Diese Rose präsentiert entlang ihrer überhängenden Triebe große, dichte Büschel gefüllter Blüten in Karminviolett. Da dieser Rambler nur einmal im Jahr blüht, eignet er sich am besten für naturnahe Gärten oder als Baumkletterrose; er verträgt übrigens auch geringe Mengen an Schatten. Die Rose erreicht meist eine Höhe von 3,5 m. Das gesunde Laub ist glänzend. ZONEN 5–10.

NONIN, FRANKREICH, 1911

SPORT VON 'NON-PLUS ULTRA'

'Amy Johnson'

(rechts & unten)
GROSSBLUMIGE KLETTERROSE,
REIN ROSA, ÖFTER BLÜHEND

'Amy Johnson' ist ein starkwüchsiger Kletterer, der eine Fülle intensiv duftender Blüten an langen Trieben bildet. Der Sommerflor ist eher spärlich, die Nachblüte im kühleren Herbst jedoch reichlich. Dicke Knospen öffnen sich zu großen, dicht gefüllten, becherförmigen Blüten. Das Laub ist runzelig. Alister Clark setzte bei seiner Zucht von Gartenrosen die Gene von *Rosa gigantea* ein, weil er Erbanlagen wie Wuchskraft, Gesundheit, Duft und vermehrte Nachblüte kombinieren wollte. Vermutlich handelt es sich bei dem unbekannten Elternteil dieser Rose um eine Gigantea-Hybride, da 'Souvenir de Gustave Prat', die andere Elternpflanze, nur eine mäßig wüchsige Teehybride ist. Die Rose erhielt ihren Namen zu Ehren von Amy Johnson, einer Pionierin der Luftfahrt, die 1930 im Alleingang nach Australien geflogen war. **ZONEN 5–11.**

CLARK, AUSTRALIEN, 1931

'SOUVENIR DE GUSTAVE PRAT' × UNBEKANNTE ROSE

'Amy Robsart'

ALTE R., RUBIGINOSA-ROSE,
DUNKELROSA

'Amy Robsart' ist ein aparter, hoch wachsender Strauch mit großen, halb gefüllten, dunkelrosa Blüten, die reizend aussehen, wenn sie vollständig geöffnet sind. Die freiliegenden Staubgefäße steigern diesen schönen Anblick sogar noch. Trotz der elterlichen Gene duftet das gesunde Laub leider nicht. Die Blüten duften hingegen fruchtig und leicht etwas nach Apfel. 'Amy Robsart' eignet sich gut als Hintergrund, denn ihr Wuchs ist ausladend und sparrig, und sie toleriert Schatten. Ihre roten Früchte machen die Sorte zur attraktiven Heckenrose. Sie muss regelmäßig leicht zurückgeschnitten werden. **ZONEN 4–10.**

PENZANCE, GROSSBRITANNIEN, 1894

ROSA RUBIGINOSA × REMONTANT- ODER BOURBONROSE

'Anabell' KORbell
(oben)
Syn. 'Annabelle',
'Kordes' Rose Anabel'
FLORIBUNDA, ORANGE+,
ÖFTER BLÜHEND

Die mit zahlreichen Petalen gefüllten Blüten dieser Sorte sind recht groß, öffnen sich becherförmig und erscheinen in lockeren Büscheln; deren Einzelblüten sitzen an kurzen, deutlich erkennbaren Stielen und duften schwach. Die Blütenfarbe ist ein warmes Lachsorange, das zu den Rändern hin dunkler wird. 'Anabell' ist eine gute Beetrose, denn sie blüht reich und ausdauernd vom Sommer bis zum Herbst. Ihr Wuchs ist aufrecht und mittelhoch; das reizvolle, glänzende Laub ist zunächst kupfern getönt und verfärbt sich später zu Mittelgrün. ZONEN 4–9.

KORDES, DEUTSCHLAND, 1972
'ZORINA' × 'KÖNIGIN DER ROSEN'
ROYAL NATIONAL ROSE SOCIETY
TRIAL GROUND CERTIFICATE 1971

'Anaïs Ségalas'
(rechts)
ALTE R., GALLICA-ROSE, ROSA+

'Anaïs Ségalas' bildet einen 1 m hohen, verzweigten Strauch mit sehr stacheligen, graugrünen Trieben. Das Laub ist hellgrün, rundlich und gut über die ganze Pflanze verteilt. Die Blüten erscheinen in Büscheln und sind etwa 4 cm groß. Alle Petalen sehen so aus, als ob man sie exakt zu einem flachen Polster ausgerichtet hätte, dessen Mitte von einem grünen Auge geziert wird. Die Blütenfarbe ist ein sattes, dunkles Mauverosa, das zu den Rändern hin blasser wird. 'Anaïs Ségalas' ist eine reichblühende, gesunde Rose mit einem intensiven Duft, die auch in mageren Böden gut gedeiht. ZONEN 4–10.

VIBERT, FRANKREICH, ODER PARMENTIER, BELGIEN, 1837
VERMUTLICH UNBEKANNTE GALLICA-ROSE × UNBEKANNTE ZENTIFOLIE

'Anastasia'
TEEHYBRIDE, WEISS, ÖFTER BLÜHEND

Der Kontrast zwischen dem dunklen, runzeligen Laub und den ausgezeichneten weißen Blumen dieser Teehybride ist auffällig. Dicke, spitz zulaufende Knospen öffnen sich zu großen, runden Blüten, die aus 30 breiten Petalen bestehen und von Sommer und Herbst meist einzeln an kräftigen Trieben erscheinen. Die starkwüchsige, gut belaubte Pflanze ist von mittelhohem bis hohem Wuchs. Die Rose duftet kaum, ihre gut haltbaren Blüten eignen sich jedoch hervorragend zum Schnitt und als Ausstellungsrosen. 'Anastasia' ist eher eine Sorte für trockene Gegenden, da die weißen Blüten bei feuchter Witterung fleckig werden. **ZONEN 5–9.**

GREFF, USA, 1980

'JOHN F. KENNEDY' × 'PASCALI'

'Andalusien' KORdalu *(oben)*
FLORIBUNDA, ROT, ÖFTER BLÜHEND

Da 'Andalusien' stetig vom Sommer bis zum Herbst blüht, eignet sie sich gut als niedrige Beetrose. Ihr Wuchs ist niedrig und buschig. Die Blüten erscheinen in dichten Büscheln, die leicht über dem Laub stehen. Sie öffnen sich aus langen, schlanken Knospen zu locker gefüllten, mittelgroßen Blumen in leuchtendem Scharlach-Karminrot. Voll erblüht sind die Petalen oft ineinander gefaltet, sie duften aber nicht. Das leuchtend grüne Laub bedeckt die sehr winterharte, starkwüchsige Pflanze reichlich bis zur Basis. **ZONEN 3–9.**

KORDES, DEUTSCHLAND, 1977

'PAPRIKA' × 'ZORINA'

ADR-ROSE 1976

'Anemonenrose' *(rechts)*
Syn. *Rosa × anemonoides*, 'Anemone', 'Pink Cherokee', *R. laevigata* 'Anemone'
STRAUCHROSE, HELLROSA, ÖFTER BLÜHEND

Diese außergewöhnlich aussehende Rose besitzt leicht mauve-rosafarbene, seidige und hauchzarte Blüten. Sie sind aus fünf großen, herzförmigen, gleich großen Petalen zusammengesetzt, welche die goldfarbenen Staubgefäße gut zur Geltung bringen. In ihrer Wirkung ähnelt diese Strauchrose eher einer Clematis als einer Anemone. Die Sorte duftet leicht und bringt in wärmeren Gegenden eine leichte Nachblüte hervor. 'Anemonenrose' zählt zu den ersten Gartenrosen, die im Frühjahr zu blühen beginnen, insbesondere, wenn sie an einer warmen Mauer als Kletterrose gezogen wird. Sie verträgt auch etwas schattigere Standorte. Als Strauch hat sie einen steifen, verzweigten Wuchs, wird mittelhoch bis hoch mit dunklem, glänzendem, etwas spärlichem Laub und bräunlichen Trieben.
ZONEN 5–9.

SCHMIDT, DEUTSCHLAND, 1896

VERMUTLICH *ROSA LAEVIGATA* × UNBEKANNTE TEEROSE

'Angel Darling' *(rechts)*
ZWERGROSE, MAUVE, ÖFTER BLÜHEND

Diese Rose ist vermutlich die erste lavendelfarbene Zwergrose, die der Amerikaner Ralph Moore im 20. Jh. herausgebracht hat. Der Charme dieser Sorte liegt in ihren reizenden schlichten Blüten mit zehn Petalen. Manche Fachleute halten diese jedoch in Relation zu dem sie umgebenden Laub als für zu groß geraten. Die sich stark abhebenden gelben Staubgefäße einer frischen Blüte sind sehr schön, halten leider aber nur wenige Tage. 'Angel Darling' ist eine hervorragende Zwergrose für Gärten und Ausstellungen. Die starkwüchsige Pflanze blüht ausgesprochen üppig, ihr ledriges Laub ist krankheitsfest.
ZONEN 4–11.

MOORE, USA, 1976

'LITTLE CHIEF' × 'ANGEL FACE'

'Angel Face' *(oben)*
FLORIBUNDA, MAUVE, ÖFTER BLÜHEND

Die Blüten dieser Rose, die in den USA seit langem sehr beliebt ist, sind dunkel mauve-lavendelfarben mit rubinrot übergossenen Rändern; sie werden aus 40 hübsch gekräuselten Petalen gebildet. Die geöffnete Blüte ist zunächst hochgebaut und wird becherförmig, wenn sich die Blütenblätter zurückbiegen, um gelbe Staubgefäße freizulegen. Die Blumen duften etwas nach Zitrone und blühen ausdauernd von Sommer bis Herbst. Sie erscheinen manchmal einzeln, manchmal zu mehreren, aber dann in Büscheln. Der Wuchs ist niedrig und rundlich, das Laub ist dunkelgrün, ledrig und mattglänzend. 'Angel Face' ist eine gute Schnitt- und Beetrose, gedeiht jedoch am besten in Lagen mit warmem Klima. **ZONEN 5–9.**

SWIM, USA, 1968

('CIRCUS' × 'LAVENDER PINOCCHIO') × 'STERLING SILVER'

ALL-AMERICAN ROSE SELECTION 1969, JOHN COOK-MEDAILLE DER AMERICAN ROSE SOCIETY 1971

'Angela' KORday
(oben)
Syn. 'Angelica'
STRAUCHROSE,
DUNKELROSA,
ÖFTER BLÜHEND

Bei dieser Strauchrose erscheinen mittelgroße, becherförmige, leicht duftende Blüten in Dunkelrosa mit Aufhellungen, besonders zur Blütenmitte hin, an kurzen Stielen dicht über dem dunkelgrünen, leuchtenden Laub. Ihr Gewicht drückt die Zweige nach unten, was zu einem hübschen, lockeren Wuchs führt. Die wüchsige, robuste, buschige, mittelhohe Pflanze passt gut zu Beeten und gemischten Rabatten, eignet sich aber auch als Heckenrose. ZONEN 4–9.

KORDES, DEUTSCHLAND, 1984
'YESTERDAY' × 'PETER FRANKENFELD'
ADR-ROSE 1982

'Angela Rippon' OcaRU (rechts)
Syn. 'Ocarina'
ZWERGROSE, REIN ROSA,
ÖFTER BLÜHEND

Die intensiv lachsrosafarbenen Blüten dieser Sorte kommen aus reizvollen, urnenförmigen Knospen in großen Büscheln. Manche Züchter verwenden diese Zwergrose aufgrund der großen, dicht gefüllten Blüten, die voll erblüht gekräuselt wirken, gerne als Rabattenrose. Der kompakte Busch wächst in fast jedem Klima stark; er lässt sich auch problemlos in Kübeln oder als Randbepflanzung kultivieren. Sehr zögerlich kommt es zu einer Nachblüte. 'Angela Rippon' stammt wie 'Amorette' von 'Zorina' ab, einer orangeroten Floribundarose, die der amerikanische Züchter Gene Boerner im Jahre 1963 auf den Markt brachte. ZONEN 4–11.

DE RUITER, NIEDERLANDE, 1977
'ROSY JEWEL' × 'ZORINA'

'Ann Endt' (rechts)
RUGOSA-HYBRIDE, DUNKELROT, ÖFTER BLÜHEND

Die Blüten von 'Ann Endt' erscheinen einzeln und zeigen ein Büschel cremefarbener Staubgefäße, das die Blüte aufhellt. Die langen, mit Kelchblättern besetzten Knospen sind ein Erbe von *Rosa foliolosa*. Sie verbreiten einen intensiven Zimtduft. Das Laub ist klein, weich und üppig, die Pflanze blüht ausdauernd. Sie bildet einen sehr reizvollen, kleinen Strauch, der sich für eine Hecke oder Rabatte eignet und auch mit Stauden kombiniert werden kann. Die Neuseeländerin Ann Endt, nach der diese Rose benannt wurde, arbeitete lange Zeit als Gärtnerin und leistete große Erfolge auf dem Gebiet der großflächigen Rosenpflanzungen, wobei sie Rosen mit Stauden, Zwiebelpflanzen und Sträuchern kombinierte.
ZONEN 3–9.
NOBBS, NEUSEELAND, 1978
ROSA RUGOSA × R. FOLIOLOSA

'Anna von Diesbach' (rechts)
Syn. 'Anna de Diesbach', 'Gloire de Paris'

ALTE R., REMONTANTROSE, DUNKELROSA, ETWAS NACHBLÜHEND

Obwohl gegen Ende des 19. Jhs. die Beliebtheit von Remontantrosen zugunsten der neuen Teehybriden abnahm, gibt es noch heute Remontantrosen, und eine der beliebtesten ist 'Anna von Diesbach'. Sie hat lange, spitze, teehybridenähnliche Knospen, die sich zu großen, gefüllten, becherförmigen Blüten öffnen, die rosafarben mit dunklerer Mitte sind; sie können 10 cm groß werden und lange Kelchblätter besitzen, die zugespitzt oder blättrig sind. Der starkwüchsige, hohe Strauch blüht vom Sommer bis zum Herbst. Das Laub ist bläulich grün, die Triebe sind lang mit kleinen Stacheln.
ZONEN 5–10.
LACHARME, FRANKREICH, 1858
'LA REINE' × SÄMLING

'Anna Ford' HARpiccolo *(rechts)*
ZWERGROSE, ORANGE+, ÖFTER BLÜHEND

Die halb gefüllten Blüten dieser Rabattenrose sind dunkelorange mit gelbem Auge. Diese kompakte Sorte ähnelt einer Floribundarose, ihre Blüten, Blätter und Triebe sind aber durchweg etwas kleiner. Die spitzen Knospen öffnen sich zu becherförmigen, zu mehreren an einem Trieb sitzenden Blüten, die mit 10 Petalen gefüllt sind und leicht duften. Die Stacheln sind rötlich braun. Der Wuchs dieser Rabattenrose ist buschig, und es werden fast kontinuierlich neue Blüten hervorgebracht. **ZONEN 4–11.**

HARKNESS, GROSSBRITANNIEN, 1980
'SOUTHAMPTON' × 'MINUETTO'
ROYAL NATIONAL ROSE SOCIETY PRESIDENT'S INTERNATIONAL TROPHY 1981, GENUA GOLDMEDAILLE 1987, GLASGOW GOLDMEDAILLE 1989

'Anna Livia' KORmetter
(rechts)
Syn. 'Sandton Smile', 'Trier 2000'
FLORIBUNDA, ORANGEROSA, ÖFTER BLÜHEND

Trotz der offiziellen Farbangabe ist von Orange nicht viel zu erkennen, im Prinzip handelt es sich hier um einen reinen, warmen Rosaton. In regelmäßiger Folge erscheinen dicht gefüllte, hochgebaute Blüten in Büscheln vom Sommer bis zum Herbst. Die einzelnen Blüten sind groß und rundlich und sind besonders hübsch zueinander angeordnet. Sie haben einen leichten, frischen Duft. Der Wuchs, buschig und etwas ausladend, ist ausgezeichnet, mittelhoch, und mit üppigem, ledrigem, mittelgrünem Laub. Sie ist eine gute Ausstellungsrose. Anna Livia ist eine Figur aus dem Erfolgsroman *Finnegan's Wake* von James Joyce; ihren Namen erhielt die Rose anlässlich der 1000-Jahr-Feier der irischen Hauptstadt. **ZONEN 4–9.**

KORDES, GERMANY, 1985
(SÄMLING × 'TORNADO') × SÄMLING
BELFAST CERTIFICATE OF MERIT 1987, ORLÉANS GOLDMEDAILLE 1987, GLASGOW GOLDMEDAILLE 1991, ROYAL HORTICULTURAL SOCIETY AWARD OF GARDEN MERIT 1994

'Anna Olivier' *(rechts)*
ALTE R., TEEROSE, ROSA+,
ETWAS NACHBLÜHEND

Diese bekannte Gartenrose hat reizende, gekräuselte Petalen in Rosa mit etwas gelblichem Fleischrosa; ihre Färbung verändert sich allmählich zu Lachs mit rosafarbener Rückseite. Die Blüten sind gefüllt, groß und hochgebaut und blühen häufig nach. Sie hängen an einem starkwüchsigen, verzweigten Busch und verströmen einen feinen Teerosenduft. 'Anna Olivier' ist eine exzellente Schnittrose. Das Laub ist hellgrün und zugespitzt. Sie sollte maßvoll zurückgeschnitten werden. **ZONEN 5–10.**

DUCHER, FRANKREICH, 1872
ELTERN UNBEKANNT

'Anna Pavlova' *(rechts)*
TEEHYBRIDE, HELLROSA, ÖFTER BLÜHEND

Die Blüten bestehen aus vielen breiten Petalen in feinstem Hellrosa, die riesige, hochgebaute, rundliche Blumen bilden. Sie besitzen einen außergewöhnlich süßen Duft. Leider kommen diese guten Qualitäten bei 'Anna Pavlova' nicht immer zum Vorschein: Ihr Wuchs ist aufrecht, etwas dürr, und sie besitzt große, glänzende, dunkelgrüne Blätter. Am besten platziert man die Rose im Garten an einer Stelle, wo sie gut zur Geltung kommt. Sie kann aber auch problemlos für die Vase geschnitten werden, so dass diese schöne, aber leicht sternrußtauanfällige Rose während der Blütezeit im Sommer und im Herbst ihren Duft auch im Haus verbreiten kann. **ZONEN 4–9.**

BEALES, GROSSBRITANNIEN, 1981
ELTERN UNBEKANNT

'Anne Cocker'
(unten)
FLORIBUNDA, ORANGEROSA, ÖFTER BLÜHEND

Die Blüte dieser Sorte ist weder orange noch rosa gefärbt, sondern vielmehr leuchtend scharlachrot, weshalb die offizielle Farbbezeichnung recht irreführend ist. Die kleinen bis mittelgroßen, sehr hübschen Blüten erscheinen in lockeren Büscheln. 'Anne Cocker' duftet kaum. Die Blütenstiele sind dick, kräftig und fein bestachelt. Sie macht sich hervorragend in Tischgestecken und Vasen. Da diese Floribundarose etwas später als andere Sorten zu blühen beginnt und bis in den Herbst hinein blüht, wird sie gerne als Ausstellungsrose genommen. Ihr Laub ist üppig und dunkelgrün, ihr Wuchs aufrecht, recht steif und schlank. Ihren Namen erhielt 'Anne Cocker' nach der Ehefrau ihres Züchters. ZONEN 4–9.

COCKER, GROSSBRITANNIEN, 1970
'HIGHLIGHT' × 'KÖNIGIN DER ROSEN'
ROYAL NATIONAL ROSE SOCIETY CERTIFICATE OF MERIT 1969

'Anne de Bretagne'
MEIturaphar *(ganz unten)*
Syn. 'Décor Rose', 'Meilland Décor Rose'
STRAUCHROSE, DUNKELROSA, ÖFTER BLÜHEND

Diese starkwüchsige Rose eignet sich sehr gut für moderne Gartenanlagen und den Landschaftsbau. Die Blüten erscheinen in gut gefüllten Büscheln an festen Stielen und sind recht dicht mit Petalen gefüllt. Sie öffnen sich aus kegelförmigen Knospen zu hübschen, hochgebauten Blumen in sattem dunklem Lachsrosa. Wenn sie sich weiter öffnen, entstehen lockere Becher, und ihre Farbe hellt auf. 'Anne de Bretagne' duftet kaum. Die Blüte erfolgt mehrfach und recht kontinuierlich von Sommer bis Herbst. Der Wuchs ist aufrecht mit reichlichem, leicht glänzendem hellgrünem Laub. Anne, Herzogin der Bretagne, war einzige Erbin dieses Fürstentums. ZONEN 4–10.

MEILLAND, FRANKREICH, 1979
('MALCAIR' × 'DANSE DES SYLPHES') × (['ZAMBRA' × 'ZAMBRA'] × 'CENTENAIRE DE LOURDES')

'Anne Diamond' LANdia *(oben)*
TEEHYBRIDE, APRICOT+, ÖFTER BLÜHEND

Auf diese Rose träfe sicherlich die amerikanische Klassifizierung „Grandiflora" zu, da 'Anne Diamond' dicht gefüllte Blüten im Stil einer Edelrose in solcher Fülle trägt, wie man es nur von einer Floribundarose erwarten würde. Die urnenförmigen Knospen öffnen sich zunächst zu rosa Blüten, deren Petaleninnenseiten allerdings apricot getönt sind. Die vollständig geöffnete Blüte verblasst schließlich zu bernsteingelb. Von Sommer bis Herbst erscheinen die Blüten meist in Gruppen zu 3–4 auf langen Stielen, wodurch sie sich gut als Schnittblumen eignen. 'Anne Diamond' verbreitet einen angenehmen Duft. Die Pflanze wird etwas mehr als mittelhoch, neigt jedoch dazu, sich recht stark zu verzweigen. Das Laub ist dunkelgrün. **ZONEN 4–9.**

SEALAND, GROSSBRITANNIEN, 1988
'MILDRED REYNOLDS' × 'ARTHUR BELL'
ROYAL NATIONAL ROSE SOCIETY TRIAL GROUND CERTIFICATE 1987

'Anne Harkness' HARkaramel *(oben)*
FLORIBUNDA, APRICOT+, ÖFTER BLÜHEND

Diese Floribundarose ist allein schon aufgrund ihrer auffallenden Blütenstände bemerkenswert. Die einzelnen Blüten, die jede für sich eine perfekte Rose darstellen, sind wie zu einem natürlichen Strauß angeordnet. Sie öffnen sich becherförmig mit gewellten Petalenrändern und halten ihre Form lange, bis sie sauber abfallen. Die gefüllten, mittelgroßen apricotfarbenen Blüten werden mit der Zeit leicht gelborange überhaucht. 'Anne Harkness' duftet kaum. Die Pflanze braucht viel Kraft, um Büschel von einer solchen Größe hervorzubringen. Deshalb beginnt die Sorte deutlich später als andere Floribundarosen zu blühen, allerdings blüht sie dann fast kontinuierlich bis in den Herbst hinein. 'Anne Harkness' wächst hoch und aufrecht mit entsprechendem mittelgrünem Laub. Sie lässt sich gut mit anderen Pflanzen kombinieren oder als Heckenrose ziehen. **ZONEN 4–9.**

HARKNESS, GROSSBRITANNIEN, 1980

'BOBBY DAZZLER' × SÄMLING

ROYAL NATIONAL ROSE SOCIETY TRIAL GROUND CERTIFICATE 1978,
BRITISH ASSOCIATION OF ROSE BREEDERS SELECTION 1980

'Anne-Marie de Montravel' *(oben)*
Syn. 'Anna-Maria de Montravel'
POLYANTHAROSE, WEISS, ÖFTER BLÜHEND

Diese Rose gilt als eine der letzten Relikte jener ersten neuartigen Kreuzungen mit Zwergformen von *R. multiflora*, die im 19. Jh. im Raum Lyon durchgeführt wurden. Sie bildet einen dichten, ziemlich ausladenden kleinen Strauch, dessen zahlreiche Triebe mit zugespitzten dunkelgrünen Fiederblättchen geschmückt sind. Die rein weißen Blüten sind klein und ziemlich dicht mit unregelmäßigen Petalen gefüllt, die bei der voll erblühten Rose die Staubgefäße zeigen. Sie duften leicht nach Maiglöckchen und erscheinen im Sommer reichlich in großen Büscheln; im Herbst erfolgt dann eine geringere Nachblüte. **ZONEN 4–9.**

RAMBAUX, FRANKREICH, 1879
ZWERGFORM VON *ROSA MULTIFLORA* × 'MME DE TARTAS'

'Annie Vibert' *(rechts)*
ALTE R., NOISETTEROSE, WEISS+, ETWAS NACHBLÜHEND

Wenn sich die gefüllten, mittelgroßen rosafarbenen Knospen dieser Sorte öffnen, ändert sich die Farbe zu Weiß. Die Blüten erscheinen vom Sommer bis zum Herbst und sind angenehm duftend. Die langen, überhängenden Triebe werden bis zu 3,5 m hoch. Die Noisetterosen entstanden als Kreuzung zwischen *Rosa chinensis* und einer Sorte von *R. moschata*. Ihr Züchter, John Champneys aus South Carolina, überließ Sämlinge seiner Züchtung dem Nachbarn Philippe Noisette, der diese später seinem Bruder nach Paris schickte. Viele meinen, die Noisetterose käme somit aus Frankreich, was aber nicht zutrifft. **ZONEN 5–10.**

VIBERT, FRANKREICH, 1828
ELTERN UNBEKANNT

'Another Chance' *(oben)*
TEEHYBRIDE, WEISS, ÖFTER BLÜHEND

Die großen, spitzen Knospen dieser Teehybride sind rein weiß und öffnen sich zu dicht gefüllten, leicht duftenden Blüten von Ausstellungsqualität. Der Flor ist üppig, die Blüten halten sich lang am Busch, die Petalen werden selten fleckig. Der Wuchs ist mittelhoch und buschig mit mattem, dunkelgrünem, krankheitsfestem Laub.
ZONEN 4–10.

HEYES, AUSTRALIEN, 1994

'MOUNT SHASTA' × 'SAFFRON'

'Anthony Meilland' MEItalbaz, MEIbaltaz
(oben)

FLORIBUNDA, REIN GELB, ÖFTER BLÜHEND

Diese Sorte trägt dicht gefüllte Blüten in einem leuchtenden und fröhlichen Gelbton. Meist bestehen die Büschel zwar nur aus wenigen Blüten; da diese allerdings eine für Floribundarose außergewöhnliche Größe besitzen, stehen sie nach dem Öffnen dicht beieinander. Zweifellos ist das ein eindrucksvoller Anblick. Die Petalen sind reizvoll gefaltet und an den Rändern muschelförmig. Sie haben einen angenehmen Duft und blühen fast kontinuierlich vom Sommer bis zum Herbst. 'Anthony Meilland' eignet sich aus diesem Grund sehr gut als Beetrose, wobei der buschige Wuchs und die etwas unter dem Durchschnitt liegende Höhe durchaus Vorteile darstellen. Das Laub ist groß, mittelgrün und leicht glänzend.

ZONEN 5–11.

MEILLAND, FRANKREICH, 1990

'LANDORA' × MEILENANGAL

'Antike 89' KORdalen
(unten)
Syn. 'Antique',
'Antique 89'
GROSSBLUMIGE KLETTERROSE,
ROSA+, ÖFTER BLÜHEND

Die Blüten dieser Kletterrose sind sehr dicht gefüllt und rundlich; sie besitzen unregelmäßig angeordnete, dicht ineinandergefaltete Petalen. Ihre Grundfarbe ist ein blasses Zartrosa, das besonders an den Blütenblatträndern stark rosarot durchzogen ist. Die nur schwach duftenden Blüten erscheinen vom Sommer bis zum Herbst an steif verzweigten Trieben. 'Antike 89' eignet sich gut für Säulen, Mauern, Zäune und Pergolen. Die Pflanze wächst stark und hat reichliches, kräftiges, ledriges, dunkelgrünes Laub.
ZONEN 4–9.

KORDES, DEUTSCHLAND, 1988
ELTERN UNBEKANNT

'Antique Rose' MORcara, MORcana *(oben)*
ZWERGROSE, REIN ROSA, ÖFTER BLÜHEND

Spitze Knospen öffnen sich bei 'Antique Rose' zu hübschen, rosafarbenen Blüten im Stil Alter Rosen. Die leicht duftenden Blüten erscheinen einzeln mit hoher Mitte an einem starkwüchsigen, hohen, aufrecht wachsenden Busch. Die Leuchtkraft der Farben lässt insbesondere in Gegenden mit trockenem Klima rasch nach. Das Laub ist dunkelgrün, und die Stacheln sind braun.
ZONEN 4–11.

MOORE, USA, 1980
'BACCARA' × 'LITTLE CHIEF'

'Antique Silk' KORampa *(oben)*
Syn. 'Champagner'
TEEHYBRIDE, WEISS, ÖFTER BLÜHEND

'Antique Silk' bildet eine Ausnahme von der Regel, dass Schnittrosen nicht duften, denn sie verströmt einen angenehmen Mandelduft. Die Knospen sind zunächst dicht aufgerollt und öffnen sich dann zu sternförmigen, hochgebauten Blüten, die aus mehreren Lagen zugespitzter Petalen bestehen. Diese sind sehr fest und halten aus diesem Grund sowohl am Strauch als auch in der Vase relativ lange. Das Weiß der Blüten ist creme- und elfenbeinfarben überhaucht, was einen seidigen Effekt hervorruft. 'Antique Silk' bringt ihre Blüten vom Sommer bis zum Herbst hervor. Diese erscheinen an aufrechten, pflegeleichten Trieben, die so gut wie keine Stacheln aufweisen. 'Antique Silk' ist nicht nur eine gute Schnittblume, sondern in Regionen mit warmem Klima auch eine hervorragende Gartenrose. Ihr Wuchs ist aufrecht und buschig, das Laub ist mittelgrün.

ZONEN 4–9.

KORDES, DEUTSCHLAND, 1982
SÄMLING VON 'ANNABELLE' × SÄMLING

'Antoine Rivoire'
(unten)
TEEHYBRIDE, HELLROSA, ÖFTER BLÜHEND

Diese alte Teehybride wurde jahrelang auch gern als Schnittrose verwendet. Die Blütenfarbe ist eine hübsche Mischung aus zartem, cremigem Gelb, das rosig überhaucht ist. Aufgrund ihrer recht flachen Blüten ähnelt 'Antoine Rivoire' dem Aussehen nach einer Kamelie. Die zahlreichen Petalen sind so fest, dass sich die Blütenform sogar in warmem Klima einige Tage hält. Sie duftet nur leicht. Trotz des kräftigen, aufrechtes Wuchses bringt die Teehybride nur wenige Triebe hervor, und die Zahl der Blüten zwischen Sommer- und Herbstflor fällt ebenfalls recht gering aus. Das bronzefarbene, große, ledrige Laub erkrankt leicht an Sternrußtau. Der Namensgeber Antoine Rivoire war Vorsitzender eines Lyoner Züchterverbandes.
ZONEN 4–7.

PERNET-DUCHER, FRANKREICH, 1895
'DR GRILL' × 'LADY MARY FITZWILLIAM'

'Antonia Ridge'
MEIparadon *(ganz unten)*
TEEHYBRIDE, ROT, ÖFTER BLÜHEND

Die großen, dicht gefüllten, satt dunkelroten Blüten dieser Rose erscheinen einzeln oder zu mehreren an langen, aufrechten Stielen und öffnen sich mit hoher Mitte. Sie duften nur schwach, was bei einer roten Rose eine Enttäuschung ist; im Garten sieht 'Antonia Ridge' allerdings sehr reizvoll aus und blüht dort fortlaufend von Sommer bis Herbst. Die mittelhohe Pflanze besitzt einen aufrechten, buschigen Wuchs und recht großes mittelgrünes Laub. Antonia Ridge ist die Verfasserin der Firmengeschichte des Hauses Meilland. In Fachkreisen ist Marie-Louise Meilland, die Züchterin dieser Sorte, auch als Marie-Louise Paolino bekannt. ZONEN 4–9.

PAOLINO, FRANKREICH, 1976
('CHRYSLER IMPERIAL' × 'KARL HERBST') × SÄMLING

'Anuschka' PAYable *(oben)*
Syn. 'Anushcar', 'Anusheh'
FLORIBUNDA, ROT+, ÖFTER BLÜHEND

Diese Moderne Rose trägt große, kompakte Büschel dicht gefüllter, mittelgroßer, rosettenförmiger Blüten. Die Petalen sind innen erdbeerrot und außen hellgelb, was eine hübsche Farbkombination ergibt, wenn sich die Knospen öffnen. Beim weiteren Erblühen verfärben sich die Blumen erneut, ihr hübsches Erscheinungsbild wird hierdurch jedoch nicht beeinträchtigt. Sie duften leicht und blühen von Sommer bis Herbst. Die Pflanze wächst aufrecht buschig, mittelhoch und hat glänzendes, mittelgrünes Laub. Archie Payne war ein begeisterter Amateurzüchter, der einen guten Blick für Rosen hatte. ZONEN 4–9.

PAYNE, GROSSBRITANNIEN, 1993
'LEN TURNER' × SÄMLING
ROYAL NATIONAL ROSE SOCIETY TRIAL GROUND CERTIFICATE 1990

'Apart'
RUGOSA-HYBRIDE, MAUVE+, ÖFTER BLÜHEND

In den letzten Jahren wurden viele ausgezeichnete Rugosa-Hybriden gezüchtet. Die hier beschriebene 'Apart' zeichnet sich durch besondere Robustheit aus und ist daher eine interessante Sorte für kältere Lagen. Ihre mittelgroßen, locker gefüllten, duftenden Blüten mit gekräuselten Petalen sind in einem Rosaton gefärbt, der ins Mauve übergeht; sie erscheinen während der gesamten Saison. Im Herbst werden zahlreiche tomatenförmige Hagebutten gebildet. Die gesunde, sehr winterharte Pflanze wird gut mittelhoch und besitzt einen rundlichen, buschigen Wuchs, wie er für Rugosa-Hybriden typisch ist. ZONEN 3–7.

UHL, DEUTSCHLAND, 1981
ELTERN UNBEKANNT

'Apollo' ARMolo *(oben)*
TEEHYBRIDE, REIN GELB, ÖFTER BLÜHEND

Die hellgelben Blüten dieser Sorte öffnen sich dicht gefüllt aus langen, spitz zulaufenden Knospen, haben einen angenehmen Duft und halten sich gut in der Vase. Ihr Wuchs ist buschig und aufrecht, das ledrige Laub allerdings anfällig für Sternrußtau. Ungeachtet der sehr hohen Auszeichnung als All-American Rose Selection erzielte 'Apollo' bei einer anderen Bewertung durch die American Rose Society eine eher unterdurchschnittliche Gesamtnote. **ZONEN 4–9.**

ARMSTRONG, USA, 1971

'HIGH TIME' × 'IMPERIAL GOLD'

ALL-AMERICAN ROSE SELECTION 1972

'Apotheker-Rose' *(rechts)*

Syn. *Rosa gallica officinalis*, 'Rote Rose von Lancaster', 'Rose of Provins', 'Red Rose of Lancaster'
ALTE R., GALLICA-ROSE, DUNKELROSA

Diese Gallica-Rose ist vermutlich die älteste Sorte, die in Europa kultiviert wurde. Sie wurde seit jeher für medizinische Zwecke verwendet. Die halb gefüllten Blüten mit 4 Reihen Petalen variieren farblich von leuchtend Karminrot bis Purpur und besitzen auffallende Staubgefäße. Die sich verzweigenden Triebe tragen wenige Stacheln, und das dunkelgrüne Laub ist sehr reizvoll. Die Sorte blüht später als ihre Abkömmlinge und ist ausgesprochen krankheitsfest. In den Hagebutten bilden sich zahlreiche Samen, weshalb sie sich selbst gut aussät. Die 'Apotheker-Rose' duftet intensiv; früher wurde sie medizinisch genutzt, heute nutzt man nur noch ihre Petalen für hervorragende Potpourris. **ZONEN 4–10.**

VOR 1600

ELTERN UNBEKANNT

'Apple Blossom' *(oben)*
RAMBLERROSE, HELLROSA

Luther Burbank war ein berühmter Züchter von Obst- und Zierbäumen und anderen Pflanzen. 'Apple Blossom' ist die einzige seiner Rosenzüchtungen, die auch heute noch weltweit zu finden ist. Die starken Triebe tragen im Sommer riesige, kompakte Büschel rosaweißer Blüten mit gekräuselten Petalen. Der Rambler eignet sich hervorragend für den Bewuchs von Pergolen und Bäumen. Biegsame Triebe, dunkelgrünes, gesundes Laub, nur wenige Stacheln. **ZONEN 5–10.**

BURBANK, USA, 1932

'DAWSON' × *ROSA MULTIFLORA*

'Apricot Gem'
(unten)
FLORIBUNDA, APRICOT+, ÖFTER BLÜHEND

Diese niedrig wachsende Rose wurde bei ihrer Einführung nicht registriert und bisher auch nur in geringen Stückzahlen vermehrt. Die kräftigen, gefüllten, apricotfarbenen Blüten erscheinen in Büscheln, die den ganzen Busch bedecken. Die Floribundarose wird auch im ausgewachsenen Zustand nicht sehr hoch und eignet sich daher gut für Rabatten und als Randbepflanzung. 'Apricot Gem' ist etwas empfindlich und braucht während der gesamten Saison viel Pflege. Idealerweise wächst diese Sorte in warmem, trockenem Klima; andererseits bringen ihre Blüten in feucht-kalten Lagen die intensivsten Farben hervor. **ZONEN 5–9.**

DELBARD & CHABERT, FRANKREICH, 1978

ELTERN UNBEKANNT

'Apricot Nectar'
(ganz unten)
FLORIBUNDA, APRICOT+, ÖFTER BLÜHEND

Das Reizvolle an dieser Floribundarose ist der goldfarbene Apricotton mit einem leichten Hauch von Rosa, aber auch ihre becherförmigen Blüten und ihre gute Schnittblumenqualität sind weitere Pluspunkte. Besonders lange halten die Blumen in der Vase, wenn man sie in relativ frühem Stadium schneidet, da sich die Petalen dann sehr langsam öffnen. Die Blüten sind dicht gefüllt, recht groß und stehen vor allem in Gegenden mit warmem Klima in dichten Büscheln. 'Apricot Nectar' duftet angenehm fruchtig und blüht den ganzen Sommer und Herbst über unermüdlich nach. Ihr Wuchs ist buschig und ausreichend stark, die Pflanze bedeckt sich mit mittelgrünem Laub. 'Apricot Nectar' ist eine recht gute Gartenrose, die aber in feucht-kalten Lagen nur mäßig gedeiht. **ZONEN 4–9.**

BOERNER, USA, 1965

SÄMLING × 'SPARTAN'

ROYAL NATIONAL ROSE SOCIETY CERTIFICATE OF MERIT 1965, ALL-AMERICAN ROSE SELECTION 1966

'Apricot Silk' *(rechts)*
TEEHYBRIDE, APRICOT+,
ÖFTER BLÜHEND

Die Schönheit dieser Rose liegt in ihrer Farbe, einer Mischung aus Orange und Orangerot. Die langen Knospen öffnen sich zu dicht gefüllten, hochgebauten Blüten, die an Seidenblumen erinnern. Allerdings halten sich diese weder am Busch noch in der Vase sehr lange, und zudem duften sie nur schwach. 'Apricot Silk' wächst aufrecht und knapp mittelhoch, das dunkelgrüne Laub bedeckt den Busch nur dürftig, weshalb er etwas kahl wirkt. Dieses schlechte Erscheinungsbild wird bei zusätzlichem Sternrußtau noch verschlimmert, da die Rose dann weiteres Laub verliert. Da dieser Blattverlust darüber hinaus zu einer geringeren Photosyntheseleistung führt, mit der Folge, dass weniger Energiereserven gebildet werden, wird auch die Blühfreudigkeit dieser Teehybride beeinträchtigt.
ZONEN 4–9.

GREGORY, GROSSBRITANNIEN, 1965
SÄMLING × 'SOUVENIR DE JACQUES VERSCHUREN'

'April Hamer'
(oben)
TEEHYBRIDE, ROSA+,
ÖFTER BLÜHEND

Diese Sorte eignet sich hervorragend für den Garten, aber auch als Schnittrose für Ausstellungen. Die hellrosafarbenen Blüten sind mit 40 Petalen gefüllt, deren Ränder dunkelrosa überhaucht sind, und duften etwas. Vor dem üppigen dunkelgrünen Laub heben sich die blassen Blüten sehr gut ab. 'April Hamer' hat einen aufrechten, kräftigen und gesunden Wuchs und bringt während der gesamten Saison hochwertige Blüten hervor.
ZONEN 6–11.

BELL, AUSTRALIEN, 1983
'MOUNT SHASTA' × 'PRIMABALLERINA'

'Aquarius' ARMaq *(oben)*
TEEHYBRIDE, ROSA+, ÖFTER BLÜHEND

Diese Rose besitzt mittelgroße, hochgebaute Blüten mit recht breiten Petalen, die einzeln oder in kleineren Gruppen erscheinen. Ihr Farbe ist eine Mischung aus rötlichem Lachsrosa und Creme, die dann verblasst, wenn sich die Blüten öffnen. Diese sind lange haltbar; wenn sie frühzeitig vom Strauch entfernt werden, halten sie auch lange in der Vase. 'Aquarius' duftet kaum, remontiert aber gut. Der Wuchs dieser Teehybride ist hoch und kräftig, ihr Laub derb und ledrig. **ZONEN 4–9.**

ARMSTRONG, USA, 1971

('CHARLOTTE ARMSTRONG' × 'CONTRAST') × ('FANDANGO' × ['WORLD'S END' × 'FLORADORA'])

GENF GOLDMEDAILLE 1970, ALL-AMERICAN ROSE SELECTION 1971

'Archiduc Charles' *(rechts)*
Syn. 'Prince Charles', 'Archduke Charles'
ALTE R., CHINA-ROSE, ROT+, ETWAS NACHBLÜHEND

Die äußeren karminroten Petalen mit ihrer rosa Mitte nehmen einen satten Karminton an, während bei intensivem Sonnenlicht alles nach Rot umschlägt. Die gefüllten, becherförmigen Blüten haben große äußere Petalen, die kleinere Blütenblätter in Blassrosa und Weiß umhüllen; sie halten lange und duften nach Banane. 'Archiduc Charles' ist kaum bestachelt und wird nicht ganz 2 m hoch, sie wächst hübsch und aufrecht, die Nachblüte ist allerdings gering. Man sollte die Pflanze regelmäßig zurückschneiden, um sie in Form zu halten. ZONEN 5–10.

LAFFAY, FRANKREICH, VOR 1837

SÄMLING VON *ROSA CHINENSIS* 'PARSON'S PINK'

'Archiduc Joseph'
(oben)
ALTE R., TEEROSE, ROSA+, ETWAS NACHBLÜHEND

Bezüglich der exakten Namensgebung dieser Sorte herrscht Uneinigkeit: So wird sie auch als 'Monsieur Tillier' bezeichnet; beide Teerosen ähneln einander aber auch sehr. Die dunkelrosafarbenen Knospen öffnen sich zu etwas helleren Blüten, die sich später kupfrig mit kräftigen rosa Schattierungen verfärben. Die etwas schwachen Triebe mit glänzendem Laub können die großen geviertelten Blüten kaum aufrecht halten. Bei feuchtem Klima werden die Petalen purpurorange, bei trockenem, heißem Wetter rosafarben. Die Triebe sind bräunlich rot mit dunklem, fahlgrünem Laub. ZONEN 7–8.

NABONNAND, FRANKREICH, 1892

SÄMLING VON 'MME LOMBARD'

'Archiduchesse Elizabeth d'Autriche' *(rechts)*

ALTE R., REMONTANTROSE, REIN ROSA, ETWAS NACHBLÜHEND

Die sehr großen, gefüllten Blüten dieser Sorte öffnen sich flach. Ihre Petalen erinnern an Atlasseide, sie sind rosa mit hellerer Rückseite. Die Sorte ist starkwüchsig, besitzt nahezu keine Stacheln und wird 1 m hoch. Im Hochsommer blüht die Rose recht üppig und gelegentlich etwas nach. Ein starker Rückschnitt hilft, sie in Form zu halten. Benannt wurde sie nach der Erzherzogin Elisabeth, einer Tochter von Kaiser Franz-Josef von Österreich-Ungarn.

ZONEN 5–10.

MOREAU & ROBERT, FRANKREICH, 1881

ELTERN UNBEKANNT

'Ardoisée de Lyon' *(oben)*

ALTE R., REMONTANTROSE, MAUVE, ETWAS NACHBLÜHEND

Die großen, gefüllten und geviertelten Blüten dieser Rose öffnen sich in leuchtendem Rot, das in Violett übergeht, wenn die Blüte ihr gekräuseltes Inneres zeigt. Im Sonnenlicht erscheinen die Blüten in sattem Kirschrot mit bläulicher Schattierung. Sie sitzen auf kräftigen Stielen, erscheinen an einem Strauch von gut 1 m Höhe und 1 m Breite und verströmen einen süßen, intensiven Duft. Das Laub ist dunkel graugrün und ziemlich derb mit braunen Stacheln. Wie so viele Remontantrosen ist 'Ardoisée de Lyon' anfällig für Mehltau und Rosenrost.

ZONEN 5–10.

DAMAIZIN, FRANKREICH, 1858

ELTERN UNBEKANNT

'Ards Rover' *(rechts)*
ALTE R., REMONTANTROSE, DUNKELROT

'Ards Rover' hat große, kugelige Blüten in samtigem Karminrot mit festen Petalen, die sich zu einer etwas krausen Form entfalten. Der dünne und spärlich kletternde Wuchs beeinträchtigt ihren Wert jedoch nicht, denn rote Kletterrosen waren immer schon recht selten, und diese hier duftet intensiv. 'Ards Rover' besitzt viele Merkmale einer Teehybride und eignet sich gut zum Schnitt. Sie braucht lange, um sich zu aufzubauen, wächst dann aber stark und schnell; sie braucht dann kaum zurückgeschnitten zu werden, nur totes Holz muss man entfernen. Die Remontantrose verträgt keine volle Mittagssonne und gedeiht gut an einem schattigen Standort. Sie blüht den ganzen Sommer über. **ZONEN 4–10.**

DICKSON, GROSSBRITANNIEN, 1898
ELTERN UNBEKANNT

'Arethusa' *(rechts)*
ALTE R., CHINA-ROSE, GELB+, ETWAS NACHBLÜHEND

Dieser niedrige Busch wird von Sommer bis Herbst von dicken Blütenbüscheln in Apricotgelb überzogen. Trotz des schlaksigen Aussehens ist 'Arethusa' eine wertvolle Pflanze in der Rabatte, sofern sie von Stauden gesäumt wird. Das glänzende Laub ist etwas spärlich, aber gesund. Die englische Rosenfirma William Paul and Sons züchtete eine große Anzahl von Sorten, u. a. 'Hebe's Lip' und 'Magna Charta'. **ZONEN 5–10.**

PAUL, GROSSBRITANNIEN, 1903
ELTERN UNBEKANNT

'Arianna' MEIdali *(oben)*
TEEHYBRIDE, ROSA+, ÖFTER BLÜHEND

Diese Teehybride eignet sich mehr für Lagen mit wärmerem Klima; ihre großen, hochgebauten Blüten können dort gut für eine Hecke oder ein großes Beet verwendet werden, denn 'Arianna' blüht sehr reichlich. Die mit etwa 35 Petalen gefüllten, leicht duftenden Blüten prangen hauptsächlich in Rosa, das von einem weichen, korallroten Lachston durchzogen ist. Die Blüten erfolgen regelmäßig den ganzen Sommer und Herbst über, und gerade der letzte Flor fällt besonders schön aus. 'Arianna' ist von starkem, offenem, mittelhohem und ausbreitendem Wuchs und besitzt reichlich dunkles und ledriges Laub.
ZONEN 5–9.

MEILLAND, FRANKREICH, 1968

'CHARLOTTE ARMSTRONG' × ('GLORIA DEI' × 'MICHÈLE MEILLAND')

BAGATELLE GOLDMEDAILLE 1965, ROM GOLDMEDAILLE 1965, DEN HAAG GOLDMEDAILLE 1965

'Arielle Dombasle'
(rechts)

Syn. 'Arielle Dombasie'
GROSSBLUMIGE KLETTERROSE,
ORANGE+, ÖFTER BLÜHEND

Diese Rose ist weder besonders neu noch sonderlich auffällig. Sie stellt vielmehr eine wirkungsvolle und leicht zu ziehende Kletterrose für den durchschnittlichen Garten dar, wo sie sich gut zum Beranken von Mauern, Zäunen und Säulen eignet. Die mittelgroßen, leicht duftenden Blüten sind gefüllt, stehen zu mehreren in Büscheln und öffnen sich weit. Ihre Farbe ist ein leuchtendes, warmes Orange, das oft nach Scharlach umschlägt. Nach und nach kommt ein rötliches Rosa dazu, allerdings harmonieren die Farben von Knospen und geöffneten Blüten gut miteinander. 'Arielle Dombasle' blüht von Sommer bis Herbst. Das Laub des großblumigen Climbers ist reichlich, runzlig und dunkelgrün.
ZONEN 4–9.

MEILLAND, FRANKREICH, 1991
ELTERN UNBEKANNT

'Arizona' WErina
(unten)

Syn. 'Tocade'
TEEHYBRIDE, ORANGE+,
ÖFTER BLÜHEND

Wie bei vielen Rosen in Lachsorange hängt auch die Farbe dieser Sorte vom Standort ab. Grundton ist ein kupfriges Orange, die Petalen sind am Rand leicht lachsrot gesäumt und an der Basis gelb gefärbt. Die mittelgroßen, dicht gefüllten Blüten mit formschöner hoher Mitte sitzen auf langen Stielen und öffnen sich aus urnenförmigen Knospen. Sie duften süßlich. Die hochwüchsige Teehybride blüht reichlich während der gesamten Saison. 'Arizona' wächst stark und aufrecht mit festem, dunkelgrünem Laub. Manchmal leidet sie unter Pilzbefall. ZONEN 4–9.

WEEKS, USA, 1975
(['FRED HOWARD'] × 'GOLDEN SCEPTER'] × 'GOLDEN RAPTURE') × (['FRED HOWARD'] × 'GOLDEN SCEPTER'] × 'GOLDEN RAPTURE')
ALL-AMERICAN ROSE SELECTION 1975

'Armada' HARuseful *(links)*
Syn. 'Trinity Fair'
STRAUCHROSE, REIN ROSA, ÖFTER BLÜHEND

Dieser mäßig hohe Strauch ist ideal für eine Mixed Border, kleine Gruppe oder Hecke. Die mittelgroßen, mit etwa 20 Petalen gefüllten, becherförmigen Blüten in sattem Dunkelrosa erscheinen regelmäßig in großen Büscheln an kräftigen Stielen; sie duften angenehm. Die starkwüchsige, reich verzweigte Pflanze besitzt glänzend grünes, gesundes, winterhartes Laub. 'Armada' erhielt ihren Namen im Rahmen einer Initiative zur Erhaltung von Buckland Abbey, dem ehemaligen Wohnsitz von Sir Francis Drake, der wiederum England 1588 vor dem Einfall der spanischen Armada bewahrte. ZONEN 3–9.

HARKNESS, GROSSBRITANNIEN, 1988

'NEW DAWN' × 'SILVER JUBILEE'

KOPENHAGEN DIPLOM 1988, COURTRAI SILBERMEDAILLE 1988, ADR-ROSE 1993, DEN HAAG GOLDMEDAILLE 1994

'Arthur Bell' *(unten)*
FLORIBUNDA, REIN GELB, ÖFTER BLÜHEND

Die Blüten dieser Beetrose erscheinen in unterschiedlichen Gelbtönen: Die leuchtend gelben, spitzen Knospen öffnen sich zu etwas blasseren, becherförmigen Blüten aus etwa 20 festen, witterungsbeständigen Petalen, die sich später fast schlüsselblumengelb verfärben. Die süß duftenden Blüten erscheinen in Büscheln an aufrechten, kräftigen Stielen über dem Laub; der Busch ist starkwüchsig, trägt glänzendes, leuchtend grünes Laub und blüht mehrmals den Sommer und Herbst über. Die Blüten halten lange und eignen sich deshalb auch gut als Schnittblumen und Ausstellungsrosen. Bell's ist eine bekannte Scotch-Marke, und Sam McGredy erinnert sich, dass er für diese Rose mit mehreren Kisten Whisky belohnt wurde. **'Climbing Arthur Bell'** (Pearce, Großbritannien, 1978) bringt Blüten hervor, die genauso reizend sind wie die Blumen der Buschform, im Sommer erfolgt eine vereinzelte Nachblüte. Die Pflanze ist starkwüchsig mit steifen Trieben, die man am besten an einer hohen, kräftigen Mauer waagerecht oder fächerförmig hochbindet. ZONEN 4–9.

MCGREDY, GROSSBRITANNIEN, 1965

'CLÄRE GRAMMERSTORF' × 'PICCADILLY'

ROYAL NATIONAL ROSE SOCIETY CERTIFICATE OF MERIT 1964, BELFAST DUFTPREIS 1967, ROYAL HORTICULTURAL SOCIETY AWARD OF GARDEN MERIT 1993

'Arthur de Sansal'
(rechts)
ALTE R., PORTLANDROSE, MAUVE, ETWAS NACHBLÜHEND

'Arthur de Sansal' ist ein niedriger, fast spindeldürrer Strauch bis 1 m Höhe mit dunklen, ziemlich stacheligen Trieben und sehr dunkelgrünem Laub. Vom Hochsommer bis zum Herbst erscheinen die Blüten in großen, kompakten Büscheln. Diese sind 5 cm groß, dicht mit Reihen kleiner Petalen gefüllt, die vollständig geöffnete Blüte wirkt flach. Die intensiv duftenden Blüten sind von dunklem bräunlichem Rot und verändern sich zu einem etwas trüben Purpur. In jüngster Zeit erkrankt diese Portlandrose in stärkerem Maße als früher an Rosenrost und Mehltau; diejenigen Gartenfreunde, die dieses Manko nicht stört (oder die die Krankheiten auf geeignete Weise bekämpfen) werden an 'Arthur de Sansal' sicherlich sehr viel Freude haben. **ZONEN 4–10.**

COCHET, FRANKREICH, 1855
SÄMLING VON 'GÉANT DES BATEILLES'

'Arthur Hillier'
(oben)
STRAUCHROSE, DUNKELROSA, ETWAS NACHBLÜHEND

Arthur Hillier war der Begründer des Hillier Arboretum im englischen Winchester, einer der berühmtesten Pflanzensammlungen der Welt. 'Arthur Hillier', eine Kreuzung zweier Wildrosen aus dem Himalaja, besitzt einfache, karminrosa Blüten, die aus 5 Petalen bestehen. Die 6 cm großen Blumen kommen in Büscheln an langen, überhängenden Trieben mit reizvollem, farnartigem Laub und duften leicht. Dieser große Strauch, der sich für Parks oder Naturgärten eignet, blüht etwas nach. **ZONEN 3–9.**

HILLIER, GROSSBRITANNIEN, 1961

ROSA MACROPHYLLA × *R. MOYESII*

'Artistry' JACirst *(rechts)*
TEEHYBRIDE, ORANGE+, ÖFTER BLÜHEND

Die dicken Knospen dieser Rose öffnen sich zu recht großen, aus 30 Petalen bestehenden, lange haltbaren Blüten in rötlichem Korallorange; sie erscheinen meist einzeln, manchmal in Büscheln und werden becherförmig, sobald sich die Petalen zurückbiegen. Die Blumen erscheinen in schöner Folge den ganzen Sommer und Herbst über. 'Artistry' duftet leicht und eignet sich gut als Schnitt- oder Beetrose bzw. für Rabatten. Die Pflanze ist starkwüchsig mit aufrechtem, schön verzweigtem Wuchs, wird gut mittelhoch und hat mittelgrünes, gesundes Laub.
ZONEN 4–9.

ZARY, USA, 1996

ELTERN UNBEKANNT

ALL-AMERICAN ROSE SELECTION 1997

'Aspen' POUlurt *(unten)*
Syn. 'Gold Magic Carpet', 'Gwent', 'Sun Cover'

STRAUCHROSE, REIN GELB, ÖFTER BLÜHEND

Diese Rose wird oft als Bodendeckerrose angeboten, sie wächst doppelt so breit wie hoch, wird insgesamt aber nicht sehr groß. Ihre halb gefüllten, becherförmigen, kleinen bis mittelgroßen Blüten wirken in den verschiedenen Gelbtönen sehr angenehm. Sie erscheinen den ganzen Sommer und Herbst über in hübschen Büscheln dicht über dem dunkel glänzenden Laub und duften leicht. Die gut wüchsige Strauchrose treibt an der Basis immer wieder neu aus. In Gegenden mit häufigem Sternrußtaubefall sollte 'Aspen' unbedingt gespritzt werden.
ZONEN 4–9.

OLESEN, DÄNEMARK, 1992

ELTERN UNBEKANNT

'Assemblage des Beautés' *(rechts)*
Syn. 'Assemblage de Beauté', 'Rouge Eblouissante'
ALTE R., GALLICA-ROSE, DUNKELROT+

'Assemblage des Beautés' wächst als aufrechter, kaum bestachelter, gut 1,2 m hoher Strauch mit dunkelgrünem, bronzegetöntem Holz und saftig grünem Laub. Lediglich im Juni bildet die Gallica-Rose an reichverzweigten graugrünen Trieben eine Fülle von intensiv duftenden Blüten, deren mittelgroße Knospen sich zu flachen, gefüllten, mittelgroßen, karminscharlach bis purpurn gefärbten Blumen von bis zu 6,5 cm Durchmesser öffnen. Die Blüten besitzen ein grünes „Knopfauge", das von den inneren der zahlreichen Petalen gebildet, indem sie sich zu einem kleinen grünen Knopf nach innen rollen. 'Assemblage des Beautés' macht sich hervorragend als einzeln gepflanzte Rose, kommt aber auch in einem Mixed Border oder in der Vase gut zur Geltung. **ZONEN 5–10.**

DELANGE, FRANKREICH, 1823

ELTERN UNBEKANNT

'Asso di Cuori' KORred
Syn. 'Ace of Hearts', 'Toque Rouge'
TEEHYBRIDE, DUNKELROT, ÖFTER BLÜHEND

Die Teehybride eignet sich gut für den Schnittblumenhandel, da die festen Petalen die Blüten viele Tage lang in Form halten und die einzeln stehenden Blumen lange Stiele haben. Die Knospen in dunklem Karminrot öffnen sich langsam zu dicht gefüllten Blüten, die die hochgebaute, symmetrische Form und die runde Konturen klassischer Teehybriden besitzen. Voll erblüht, leuchtet die Blume in sattem Karminscharlach. Die Nachblüte ist gut. Die Sorte bildet einen aufrechten, starkwüchsigen Busch mit dunkelgrünem, glänzendem Laub. Bedauerlicherweise besitzt 'Asso di Cuori' nicht jenen auffälligen Duft, der für rote Rosen einfach charakteristisch ist. **ZONEN 4–9.**

KORDES, DEUTSCHLAND, 1981

'GLORIA DEI' × 'BLANCHE MALLERIN'

PLUS BELLE ROSE DE FRANCE 1956

'Asta von Parpat' *(oben)*
ALTE R., RAMBLERROSE, MAUVE

Dieser Rambler bringt Büschel mittelgroßer Blüten in einem Purpur hervor, das sich bei voller Sonne zu Mauvekarmin verändert. Die gekräuselten, gestielten Blumen sind gefüllt und erscheinen im Sommer an den langen Vorjahrestrieben. Dieser starkwüchsige Strauch besitzt dunkles, blaugrünes Laub. 'Asta von Parpat' gehört zu einer Reihe von Rosen, die der K.u.K.-Gartenbaumeister Rudolf Geschwind unter Verwendung von Wildrosen gezüchtet hat. Er kreierte darüber hinaus einige heute noch beliebte Strauchrosen, wie z.B. 'Gruß an Teplitz' und 'Zigeunerknabe'. **ZONEN 5–10.**

GESCHWIND, ÖSTERREICH-UNGARN, 1909

HYBRIDE VON *ROSA MULTIFLORA*

'Astrée' *(unten)*
TEEHYBRIDE, ROSA+,
ÖFTER BLÜHEND

Der Rosenexperte Cairns fand in einer Übersicht über die Nachkommen von 'Gloria Dei' (Syn. 'Peace') heraus, dass diese Rose als Mutterpflanze bis 1995 allein 192 in den Handel eingeführte Sorten hervorgebracht hat. Zu diesen zählt auch 'Astrée', die sich durch große Blüten von klassischer Form auszeichnet. Die Knospen in dunklem Lachsorange öffnen sich zu dicht gefüllten, orange- und lachsrosafarbenen Blüten, die ein wenig duften. Die Teehybride blüht wiederholt den Sommer und Herbst hindurch. Ihr Wuchs ist ziemlich dicht. 'Astrée' ist eine hübsche Beetrose mit schönem Laub, aber auch eine haltbare Schnittrose.

ZONEN 4–9.

CROIX, FRANKREICH, 1956
'GLORIA DEI' × 'BLANCHE MALLERIN'
PLUS BELLE ROSE DE FRANCE 1956

'Athena' RühKOR *(ganz unten)*
TEEHYBRIDE, WEISS+,
ÖFTER BLÜHEND

In vielerlei Hinsicht erfüllt 'Athena' die Anforderungen an eine gute Schnittrose: Viele Blütenstiele tragen lediglich eine einzige dicke Knospe, die sich zu einer schön geformten, hochgebauten, strahlend weißen, zart rosa gerandeten Blüte mit über 30 Petalen öffnet. Die Teehybride wächst buschig und wird nur mittelhoch, hat jedoch üppiges, mittelgrünes Laub, das außerdem zart duftet.

ZONEN 4–9.

KORDES, DEUTSCHLAND, 1984
SÄMLING × 'HELMUT SCHMIDT'

'Auckland Metro' MACbucpal *(rechts)*
Syn. 'Métro', 'Precious Michelle'
TEEHYBRIDE, WEISS+, ÖFTER BLÜHEND

Die Blüten dieser Sorte bestehen aus vielen übereinanderliegenden Petalen, wodurch 'Auckland Metro' wie eine Kamelienblüte aussieht. Ihre cremig zartrosa bis weißen Blüten duften angenehm und stehen oft in großen, langstieligen Büscheln, weshalb die Teehybride eine hervorragende Schnittblume ergibt. 'Auckland Metro' blüht gut nach, allerdings tritt zwischen dem üppigen ersten Flor und dem zweiten meist eine Pause ein. Diese gute Beetrose ist kräftig, buschig, knapp mittelhoch und gut mit dunklen, glänzenden Blättern belaubt. Am besten gedeiht sie in wärmerem Klima. **ZONEN 5–9.**

MCGREDY, NEUSEELAND, 1988

'HECKENZAUBER' × (SÄMLING × 'FERRY PORSCHE')

'Auguste Gervais'
(rechts)
RAMBLERROSE, APRICOT+

Diese starkwüchsige Sorte besitzt lange, biegsame Triebe, die sich leicht über eine Pergola oder einen offenen Zaun ziehen lassen. Auch als Kaskadenrose auf Hochstamm ist sie gut geeignet. Die angenehm duftenden Blüten sind mäßig gefüllt und öffnen sich zu großen, lockeren Blumen. Während die Knospen noch kupfrig gelb und lachsfarben sind, prangen die Petalen der voll geöffneten in gebrochenem Weiß. Der Sommerflor fällt recht üppig aus, allerdings erfolgt keine Nachblüte. Die zahlreichen kleinen, glänzenden Blätter werden gelegentlich von Mehltau befallen. **ZONEN 4–9.**

BARBIER, FRANKREICH, 1918

ROSA WICHURAIANA × 'LE PROGRÉS'

'Auguste Renoir' MEItoifar
TEEHYBRIDE, ROSA, ÖFTER BLÜHEND

'Auguste Renoir' ist zwar eine Moderne Gartenrose, sieht jedoch äußerlich eher wie eine altmodische Sorte aus, da ihre großen, dicht gefüllten Blüten, die sich geviertelt öffnen, starke Ähnlichkeit mit einer Remontantrose besitzen. Die Blüten sind in einem warmen Rosarot gefärbt, duften intensiv und erscheinen meist einzeln auf einem Stiel. Die Teehybride blüht den ganzen Sommer und Herbst über. Ihr Wuchs ist mittelhoch und buschig, ihr Laub reichlich und leicht glänzend. Möglicherweise wurde diese Rose nach dem berühmten Impressionisten Auguste Renoir (1841–1919) benannt. **ZONEN 4–9.**

MEILLAND, FRANKREICH, 1993

('VERSAILLES' × 'EDENROSE 85') × 'KIMONO'

'Augustine Guinoisseau' *(unten)*
Syn. 'Mademoiselle Augustine Guinoisseau', 'White La France'
TEEHYBRIDE, WEISS+, ÖFTER BLÜHEND

Im Jahre 1867 galt 'La France', die Elternsorte dieser Teehybride, als bedeutender Wendepunkt in der Geschichte der Rosenzucht, aus heutiger Sicht muss man sie rückblickend als erste Teehybride einstufen. Mit Ausnahme der Farbe ähnelt 'Augustine Guinoisseau' ihrer Elternpflanze in allen Punkten, ihre Blüten sind nicht völlig weiß, sondern zartrosa überlaufen und nicht ganz so dicht gefüllt. In Hinsicht auf die Aspekte Duft, Wuchs und Nachblühverhalten sind beide Rosen nahezu identisch. **ZONEN 4–9.**

GUINOISSEAU, FRANKREICH, 1889

SPORT VON 'LA FRANCE'

'Australia Felix'
(ganz unten)
TEEHYBRIDE, ROSA+, ÖFTER BLÜHEND

Bei dieser Sorte öffnen sich die Blüten aus kleinen, rundlichen Knospen. Sie sind mäßig gefüllt, becherförmig, silbrig rosa gefärbt mit einem Hauch von Lavendel und verbreiten einen angenehmen Duft. Neue Blüten folgen rasch nach. Der Wuchs ist für eine Teehybride mittelhoch, recht stark und buschig; 'Australia Felix' besitzt dunkel glänzendes Laub. **ZONEN 4–9.**

CLARK, AUSTRALIEN, 1919

'JERSEY BEAUTY' × 'LA FRANCE'

'Australia's Olympic Gold Rose' WEKblagab
FLORIBUNDA, DUNKELGELB, ÖFTER BLÜHEND

Diese Rose wurde aus Anlass der Olympischen Spiele 2000 in Sydney benannt. Ein schwacher, fruchtiger Duft begleitet Büschel sich lange haltender, dunkelgelber Blüten, die an langen, kräftigen Trieben über dunkelgrünem Laub hervorgebracht werden. Der Wuchs ist aufrecht, die starkwüchsige Pflanze wird 1,2 – 1,5 m hoch. ZONEN 5 – 9.

'Autumn Damask' *(oben)*
Syn. 'Quatre Saisons', 'Herbst-Damaszener-Rose', 'Rose von Kastilien', 'Four Seasons Rose',
Rosa damascena semperflorens
ALTE R., DAMASZENERROSE, ROSA, ETWAS NACHBLÜHEND

Die Rose besitzt eine große Anzahl von Synonymen – die hier aufgezählten Beispiele sind nur eine Auswahl –, so dass sie sich insgesamt nur sehr schwer exakt beschreiben lässt. Die rosafarbenen Knospen öffnen sich zu aufgebauschten Petalen, die in einer knittrigen Schicht um die etwas dunklere Mitte sitzen. Gelblich grünes, gezähntes Laub bedeckt eine spärliche Pflanze von auseinander fallendem Wuchs. Unter günstigen Bedingungen ist die Rose von intensiv duftenden Blüten übersät. Sie blüht im Frühsommer und erneut im Herbst; auch verträgt sie keinen Schatten. Die duftenden Blüten dieser Sorte eigenen sich sehr gut für Potpourris. ZONEN 4–10.

WAHRSCHEINLICH NAHER OSTEN, VOR 1633
WAHRSCHEINLICH *ROSA GALLICA* × *R. MOSCHATA* ODER *R. ABYSSINICA*

'Autumn Delight'
(unten)
STRAUCHROSE, MOSCHATA-HYBRIDE, WEISS, ÖFTER BLÜHEND

Die Knospen von 'Autumn Delight' sind spitz und apricotgelb, sie öffnen sich zu einfachen Blüten in sehr zartem Cremegelb mit wunderschönen roten Staubgefäßen. Sie halten recht lang und behalten ihre Farbe gut, nur bei heißem Wetter verblassen die Blüten schnell zu Weiß. Im Herbst wirken sie besonders schön: Stände von 30–50 Einzelblüten an kräftigen Trieben. Der große Strauch trägt dunkelgrünes, ledriges, krankheitsfestes Laub und sehr wenig Stacheln. 'Autumn Delight' ist eine gute Beetrose, eignet sich aber auch für Rabatten, Hecken und Gruppenpflanzungen mit Stauden.
ZONES 3–9.
BENTALL, GROSSBRITANNIEN, 1933
ELTERN UNBEKANNT

'Autumn Sunlight'
(ganz unten)
GROSSBLUMIGE KLETTERROSE, ORANGEROT, ÖFTER BLÜHEND

Die mittelgroßen, rundlichen, recht gefüllten Blüten erscheinen den ganzen Sommer und Herbst hindurch in großen Büscheln an kräftigen Stielen; sie duften angenehm. Ihr blasses Zinnoberrot wirkt langweilig und wird erst durch das richtige Sonnenlicht in ein wunderschönes leuchtendes Orange verwandelt. Für eine Kletterrose erreicht 'Autumn Sunlight' nur eine mäßige Höhe, sie wächst ausladend, verzweigt sich reich und lässt sich leicht an Zäunen, Mauern, Säulen oder Pergolen ziehen. Das Laub ist üppig, glänzend und leuchtend grün.
ZONEN 4–9.
GREGORY, GROSSBRITANNIEN, 1965
'DANSE DU FEU' × 'CLIMBING GOLDILOCKS'

'Autumn Sunset'
(rechts)
STRAUCHROSE, APRICOT+,
ÖFTER BLÜHEND

Die Rose unterscheidet sich von ihrer Elternsorte vor allem durch die Färbung: Während man bei 'Autumn Sunset' ein Apricot mit Orange- und Dunkelgelbschattierungen findet, erscheinen die Blüten von 'Westerland' in dunklerem Orange und sind rötlich überhaucht. Die duftenden, etwa mittelgroßen, lockeren Blüten wirken etwas zerzaust und erscheinen in Büscheln an kräftigen Stielen. Die Strauchrose wächst kräftig, aufrecht und breit verzweigt, sie kann aber auch zu einer dichten Hecke geschnitten werden. Die Blütezeit dauert von Sommer bis Herbst; das Laub ist groß, dunkelgrün, sehr üppig und recht gesund. **ZONEN 4–9.**
LOWE, USA, 1986
SPORT VON 'WESTERLAND'

'Ave Maria' KORav
(oben)
Syn. 'Sunburnt Country'
TEEHYBRIDE, ORANGEROSA,
ÖFTER BLÜHEND

Die eleganten, dunkel lachsorangefarbenen Knospen öffnen sich zu hochgebauten Blüten mit breiten Petalen in Lachsorange mit dunkleren lachsroten Schattierungen. Die sehr farbintensive Teehybride duftet angenehm und ergibt eine gute Schnittrose, weil ihre Blüten meist einzeln auf langen Stielen sitzen und die festen Petalen der Blume Halt geben; darüber hinaus vertragen die Blüten nasse Witterung gut. Im Herbst erfolgt ein zweiter Flor. 'Ave Maria' wächst kräftig und aufrecht und besitzt viel dunkelgrünes Laub. **ZONEN 4–9.**
KORDES, DEUTSCHLAND, 1981
'UWE SEELER' × 'SONIA'

'Aviateur Blériot' *(oben)*
ALTE R., RAMBLERROSE, GELB+

Dieser beliebte Rambler hat Knospen in kupfrigem Orange; sie öffnen sich zu großen Blüten in einem Safrangelb und Gold, das zu Creme verblasst. Große Büschel intensiv duftender Blüten bedecken die kräftigen Triebe. Das Laub ist leuchtend grün, glänzend und bronzegetönt. 'Aviateur Blériot' ist eine ansehnliche Pflanze und macht sich besonders als Kaskadenrose auf Hochstamm hervorragend. Benannt ist sie nach dem Franzosen Louis Blériot, der als Erster den Ärmelkanal überflog. **ZONEN 4–10.**

FAUQUE, FRANKREICH, 1910

ROSA WICHURAIANA × 'WILLIAM ALLEN RICHARDSON'

'Avon' *(oben)*
TEEHYBRIDE, DUNKELROT, ÖFTER BLÜHEND

Der Vorzug dieser dunkelroten Rose besteht darin, dass sie sogar in wärmerem Klima ihre Farbe gut hält, wo Rottöne häufig in Purpur umschlagen. Die Blüten erscheinen an langen Stielen, sind zunächst elegant hochgebaut und in diesem Stadium gute Schnittblumen. An der Pflanze entwickeln sie sich zu großen, recht locker geformten Blüten, die einen wundervollen Duft verströmen. Diese erscheinen den ganzen Sommer und Herbst über. Der Wuchs ist aufrecht und knapp über mittelhoch, weshalb 'Avon' gut für Hecken oder große Beete geeignet ist. Ihr üppiges Laub ist ledrig und mittelgrün. Am besten gedeiht die Teehybride offenbar in warmem, trockenem Klima, in kühleren Gebieten ist sie leider recht anfällig für Mehltau. ZONEN 5–9.

MOREY, USA, 1961

'NOCTURNE' × 'CHRYSLER IMPERIAL'

'Awakening' *(rechts)*
Syn. 'Probuzini'
GROSSBLUMIGE KLETTERROSE, HELLROSA, ÖFTER BLÜHEND

Die Rose stammt von Stecklingen einer Sorte ab, die der Brite Dick Balfour, ehemaliger Präsident der Royal National Rose Society, 1988 aus der damaligen CSSR mitbrachte und in England vermehren ließ. Die Sorte wurde 1990 unter dem Namen 'Awakening' wiedereingeführt. Mit ihrer krausen, dicht mit Petalen gefüllten Mitte sieht sie sehr reizvoll aus. Genau wie ihre Elternsorte zeichnet sich 'Awakening' durch süßen Duft, lange Blühzeit, gute Winterhärte und schönes Laub aus. ZONEN 3–9.

BLATNA, TSCHECHOSLOWAKEI, 1935

SPORT VON 'NEW DAWN'

'Baby Alberic' *(links)*
POLYANTHAROSE, HELLGELB, ÖFTER BLÜHEND

Die spitzen Knospen erscheinen gelb und verblassen zu fast cremeweiß, wenn sich die kleinen, gekräuselten Petalen entfalten. Die Rose verströmt einen angenehmen, leichten Duft. Die lange Blütezeit dauert bis in den Herbst, wobei der erste Flor besonders üppig ist. Der Wuchs ist kräftig, breit und niedrig. Ähnlich wie auch die Ramblerrose *Rosa wichuraiana*, von der 'Baby Alberic' abstammt, ist sie sehr gesund und hat eine lange Lebensdauer. Sie wurde in England eingeführt, als kleine Buschrosen gerade aus der Mode kamen; sie konnte sich dort deshalb nie richtig durchsetzen. **ZONEN 4–9.**

CHAPLIN, GROSSBRITANNIEN, 1932
SÄMLING VON 'ALBÉRIC BARBIER'

'Baby Bio' *(links)*
ZWERGROSE, GOLDGELB, ÖFTER BLÜHEND

Die im Vergleich zur Pflanze sehr großen, leuchtend gelben Blüten in üppigen Büscheln sind sehr wirkungsvoll. Die leicht duftenden Blüten besitzen viele rundliche Kronblätter. Die Blütezeit reicht vom Sommer bis in den Herbst. Die Sorte eignet sich gut für Rabatten, Gruppen oder als niedrige Einfassung. Der Wuchs ist kräftig und buschig. Diese Rose wurde von einem Hobbygärtner in England gezüchtet. Benannt wurde sie nach einem Düngemittel. **ZONEN 5–9.**

SMITH, GROSSBRITANNIEN, 1977
'GOLDEN TREASURE' × SÄMLING

ROYAL NATIONAL ROSE SOCIETY CERTIFICATE OF MERIT 1976, ROM GOLDMEDAILLE 1976

'Baby Darling' *(rechts)*
ZWERGROSE, APRICOT+, ÖFTER BLÜHEND

Diese Sorte zeichnet sich durch elegant geformte Knospen in den Farbtönen Apricot und Rosa aus. Diese öffnen sich zu wunderschönen großen, gefüllten Blüten mit 20 Petalen. Die haltbaren Blüten besitzen eine interessante Farbgebung und eignen sich deshalb hervorragend für Ausstellungen. Die Sorte wird von Experten meist der Klasse der Zwergrosen (bis 30 cm Höhe) zugeordnet. 'Baby Darling' ist ein weiteres gutes Beispiel für die klassische Miniaturrose, die in den frühen 1960er Jahren auf den Markt kam. Der amerikanische Züchter Ralph Moore verwendete die Gelbtöne der Sorte 'Little Darling' recht häufig, um viele seiner prämierten Zwergrosen zu züchten. Diese Sorte wird auch heute noch kultiviert. Ihre kletternde Form **'Climbing Baby Darling'** (Trauger, USA, 1972) entwickelt Triebe, die eine Länge von 1,8 m erreichen können. Die Blüten kommen in hübschen kleinen Dolden aus beinahe jeder Blattachsel der horizontal wachsenden Zweige. Bei dieser Kletterform ist der Busch besonders breitwüchsig, weshalb er Jahr für Jahr kräftig zurückgeschnitten werden muss. ZONEN 4–11.

MOORE, USA, 1964

'LITTLE DARLING' × 'MAGIC WAND'

'Baby Faurax' *(oben)*
POLYANTHAROSE, MAUVE, ÖFTER BLÜHEND

Die Farbe wird vielfach als die größte Annäherung an Blau, manchmal auch als Violett beschrieben. Die rosettenförmigen Blüten sind klein und stehen in engen Büscheln zusammen, die groß wirken, weil 'Baby Faurax' so niedrig und kompakt wie eine Zwergrose wächst. An warmen Tagen duftet sie leicht. Die Rose blüht vom Sommer bis in den Herbst. Die kleinen, stumpfen Blätter weisen u.a. auf eine *Rosa multiflora* als Elternpflanze hin. Unter diesen Rosen gibt es eine Reihe violettfarbener Vertreter. 'Baby Faurax' ist eine ungewöhnliche Rose, die wenig Platz braucht und sich für Züchtungen eignet. ZONEN 4–9.

LILLE, FRANKREICH, 1924

ELTERN UNBEKANNT

'Baby Gold Star' *(links)*
Syn. 'Estrellita de Oro'
ZWERGROSE, GOLDGELB, ÖFTER BLÜHEND

Diese Sorte ist ein gutes Beispiel für die Pionierarbeit von Pedro Dot. Durch Kreuzung von 'Rouletii', Vorfahr vieler Miniaturrosen, mit der Teehybride 'Eduardo Toda' entstand eine Zwergrose mit nur 14 goldgelben Blütenblättern. Das war ein großer Schritt in der Entwicklung der Zwergrosen und bewies, dass ihre Gene auch auf großblumige Rosen übertragbar sind. Die Blüten dieser Sorte sind halb gefüllt, der Wuchs ist klein und kompakt. **ZONEN 5–11.**

DOT, SPANIEN, 1940

'EDUARDO TODA' × 'ROULETII'

'Baby Katie' *(oben)*
ZWERGROSE, ROSA+, ÖFTER BLÜHEND

Diese Sorte bildet eiförmige Knospen an einer robusten, buschigen Pflanze, die sich zu kleinen Blüten in wunderschönem Pastell, von Creme bis Rosa, entfalten. Die teehybridähnlichen Blüten haben 28 Kronblätter und sind gut für Ausstellungen geeignet – eine beliebte Rose für den Hobbygärtner, mit allen positiven Eigenschaften der Zwergrosen. Unter unterschiedlichen klimatischen Bedingungen kommt es zu erheblichen Farbabweichungen. Das Laub ist mattgrün und bildet einen wunderschönen Kontrast zu den Blüten. **ZONEN 4–11.**

SAVILLE, USA, 1978

'SHERI ANNE' × 'WATERCOLOR'

'Baby Love' SCRIvluv *(oben)*
ZWERGROSE, GOLDGELB, ÖFTER BLÜHEND

Eine wunderschöne Zwergrose mit üppiger, langer Blütezeit. Sie bringt becherförmige, butterblumengelbe Blüten hervor. Diese sind klein, schwach duftend und haben jeweils fünf Petalen, die dicht über dem niedrigen, rundlichen Busch stehen. Das kleinblättrige Laub ist mittelgrün. Die Blüten halten nur wenige Tage.
ZONEN 4–11.

SCRIVENS, GROSSBRITANNIEN, 1992
'SWEET MAGIC' × SÄMLING
ROYAL NATIONAL ROSE SOCIETY AND TORRIDGE AWARD 1993

'Baby Maskerade' TANba; TANbakede *(rechts)*
Syn. 'Baby Masquerade', 'Baby Carnaval', 'Baby Carnival', 'Baby Maskerade', 'Baby Mascarade'
ZWERGROSE, ROT+, ÖFTER BLÜHEND

'Baby Maskerade' ist eine bezaubernde Zwergrose, wie sie für diese Rosenklasse in der Mitte des 20. Jh. charakteristisch war. Die Blüten öffnen sich goldgelb und gehen in ein leuchtendes Orangerot über. Die kleinen Blüten haben je etwa 25 Blütenblätter. Die zarten Blüten verströmen einen fruchtigen Duft. Der niedrige Busch erreicht eine Höhe von etwa 20 cm. Das Laub ist ledrig. Die klassische 'Tom Thumb' als Elternteil, eine 1936 von Vink in Holland gezüchtete Rose, macht die züchterische Entwicklung dieser Sorte deutlich. **ZONEN 4–11.**

TANTAU, DEUTSCHLAND, 1956
'TOM THUMB' × 'MASKERADE'

'Baccará' MEger *(rechts)*
Syn. 'Jaqueline'
TEEHYBRIDE, ORANGEROT, ÖFTER BLÜHEND

Beide Elternteile sind nicht gerade für üppiges Wachstum bekannt, und trotzdem entwickelt sich 'Baccará' zu einem kräftigen Busch. Die Rose war wegen ihrer Langstieligkeit und der außergewöhnlich haltbaren, gefüllten Blüten lange Zeit der absolute Favorit vieler Floristen. Die Blüten öffnen sich langsam zu einer flachen Form in leuchtendem Zinnoberrot mit samtenen dunklen Schatten auf den äußeren Blättern. Die duftlose Blüte dauert bis in den Herbst. Die dunklen, ledrigen Blätter sind im Austrieb rötlich. Die Rose gedeiht am besten im Gewächshaus oder in warmen, trockenen Gegenden, da die Blüten unter Niederschlag leiden. ZONEN 5–9.

MEILLAND, FRANKREICH, 1954

'ROUGE MEILLAND' × 'KORDES SONDERMELDUNG'

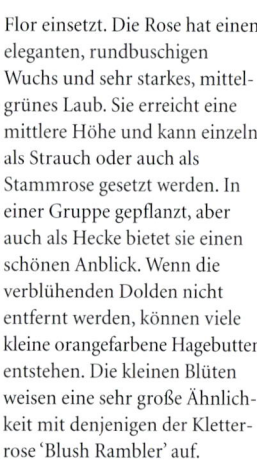

'Ballerina' *(unten)*
STRAUCHROSE, HELLROSA, ÖFTER BLÜHEND

Zu den Höhepunkten des Sommers zählen die unzähligen kleinen, einfachen, hellrosa Blütchen, die ähnlich wie Hortensiendolden den gesamten Busch bedecken. Leider duftet er kaum. Nach der ersten langen und üppigen Blüte dauert es eine Weile, bis ein guter zweiter Flor einsetzt. Die Rose hat einen eleganten, rundbuschigen Wuchs und sehr starkes, mittelgrünes Laub. Sie erreicht eine mittlere Höhe und kann einzeln als Strauch oder auch als Stammrose gesetzt werden. In einer Gruppe gepflanzt, aber auch als Hecke bietet sie einen schönen Anblick. Wenn die verblühenden Dolden nicht entfernt werden, können viele kleine orangefarbene Hagebutten entstehen. Die kleinen Blüten weisen eine sehr große Ähnlichkeit mit denjenigen der Kletterrose 'Blush Rambler' auf.
ZONEN 4–9.

BENTALL, GROSSBRITANNIEN, 1937

ELTERN UNBEKANNT

ROYAL HORTICULTURAL SOCIETY AWARD OF GARDEN MERIT 1993

'Bantry Bay' *(oben)*
GROSSBLUMIGE KLETTERROSE, REIN ROSA, ÖFTER BLÜHEND

Diese Rose ist sowohl im Sommer als auch im Herbst attraktiv. Die locker gefüllten, becherförmigen Blüten stehen in Büscheln und erscheinen in einem warmen, intensiven Rosa. Die Staubgefäße sind deutlich zu erkennen. Ein schwacher Duft ist gut wahrnehmbar. Das dunkelgrüne Laub ist üppig. Diese recht gesunde, verzweigte Sorte zeichnet sich durch mäßiges Wachstum und gute Krankheitsresistenz, besonders aber durch ihre Unanfälligkeit gegenüber Regen aus. **ZONEN 4–9.**

MCGREDY, GROSSBRITANNIEN, 1967

'NEW DAWN' × 'KORONA'

ROYAL NATIONAL ROSE SOCIETY CERTIFICATE OF MERIT 1967, BELFAST CERTIFICATE OF MERIT 1970

'Banzai '83' MEIzalitaf
(rechts)
Syn. 'Spectra'
GROSSBLUMIGE KLETTERROSE, GELB+, ÖFTER BLÜHEND

Diese kaum bekannte Rose ist eine echte Attraktion. Die schlanken Knospen erscheinen gelb mit einem Hauch von Rosa; die voll entwickelten, kaum duftenden Blüten zeigen sich nach und nach in vielen Orange- und Goldtönen sowie etwas hellem Karminrot. Die Blüten sind groß, locker und gefüllt. Die Blütezeit reicht von Sommer bis Herbst. Diese eher starr aufrecht wachsende Pflanze wirkt besonders gut vor Hecken oder Mauern oder an einem Klettergerüst. Das dunkelgrüne Laub ist glänzend. Die Sorte entwickelt sich am schönsten in warmen, mittelhohen Lagen.
ZONEN 4–9.
MEILLAND, FRANKREICH, 1983
ELTERN UNBEKANNT
ADR-ROSE 1985

'Baron de Bonstetten'
ALTE R., REMONTANTROSE, ETWAS NACHBLÜHEND, DUNKELROT

Diese Rose gehört zu den elegantesten ihrer Klasse; ein robuster, kompakter Busch mit samtigen, flachen, stark duftenden Blüten an kräftigen Stielen. Die Blütezeit liegt im Sommer. Die glänzenden, dicht gefüllten Blüten (80 Petalen) verändern sich von Karminrot zu dunklem Purpur; Sonne oder Schatten bestimmen die Farbtiefe. Die Zweige weisen zahlreiche Stacheln auf. Das Laub ist ledrig rau. Diese Rose eignet sich nicht für heiße Regionen, da die Blütenblätter leicht in der Sonne verbrennen. **ZONEN 5–10.**
LIABAUD, FRANKREICH, 1871
'GÉNÉRAL JACQUEMINOT' × 'GÉANT DES BATAILLES'

'Baron de Wassenaer'
(unten rechts)
ALTE R., MOOSROSE, DUNKELROSA

Eine der wenigen Moosrosen, die sich als Kletterrose eignet. Sie bildet einen kräftigen, bis zu 2,5 m hohen Strauch mit dunklen, bestachelten Stielen und dunkelgrünen, rauen Blättern. Die Blüten entwickeln sich im Hochsommer aus rundlichen, mäßig bemoosten Knospen. Das Laub ist dunkelgrün, fast bräunlich. Die voll geöffneten Blüten erreichen einen Durchmesser von 8 cm. Sie haben viele Blütenblätter, die zuerst leuchtend rot erscheinen, sich aber bald zu einem intensiven Pink verfärben. Die Blüten sind leicht becherförmig und stehen in Büscheln. 'Baron de Wassenaer' ist eine sehr beliebte Moosrose, die wenig Rückschnitt erfordert und auch auf magerem Boden gedeiht. Es kann zu einer zweiten, schwachen Blüte im Herbst kommen.
ZONEN 5–10.
VERDIER, FRANKREICH, 1854
ELTERN UNBEKANNT

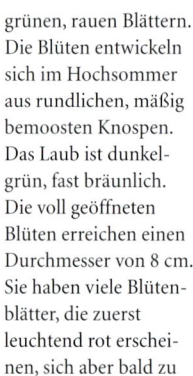

'Baron Girod de l'Ain'

(rechts)

Syn. 'Baron Giraud de l'Ain',
'Princesse Christine von Salm'
ALTE R., REMONTANTROSE, ROT+,
ÖFTER BLÜHEND

Die Petalen dieser aparten Rose wirken wie mit der Zackenschere beschnitten. Die roten, becherförmigen Blüten haben einen unregelmäßigen weißen Rand und duften süßlich. Die kompakten Blüten zeigen ein echtes Karminrot. Die grünen, ledrigen Blätter sind breit und rundlich. Die Pflanze bildet steife grüne Triebe mit einigen Stacheln. Sie blüht den ganzen Sommer. In heißen Sommern ist Sternrußtau ein Problem.
ZONEN 5–10.

REVERCHON, FRANKREICH, 1897
SPORT VON 'EUGENE FÜRST'

'Baron J. B. 'Gonella'

Syn. 'Baron G. B. Gonella',
'Baron J. G. Gonella'
ALTE R., BOURBONROSE, ROSA+,
ETWAS NACHBLÜHEND

Die rundlichen, becherförmigen Blüten sind dicht gefüllt, mit einem Durchmesser von 8 cm, leuchtend rosa und zeigen eine gekräuselte Mitte. Die großen, weichen Blütenblätter haben fliederfarbene Schattierungen. Eine seltene, hochwachsende Bourbonrose mit starken Trieben. Der Duft ist leicht, die Blüte erscheint nur im Sommer. Die grüne Rinde ist mit roten Stacheln bedeckt. ZONEN 5–6.

GUILLOT SEN., FRANKREICH, 1859
SÄMLING VON 'LOUISE ODIER'

'Baroness Rothschild'

(oben)

Syn. 'Baronne Adolphe de Rothschild'
ALTE R., REMONTANTROSE, HELLROSA,
ETWAS NACHBLÜHEND

Diese wunderschöne Schnittrose macht ihrem Namen alle Ehre. Die sehr großen Knospen öffnen sich zu zartrosa Blüten mit silbrigen Rändern. Meist erscheint pro Stiel eine gefüllte, becherförmige Blüte. Der Busch wächst aufrecht und ist winterhart. Die hellgrünen Zweige sind bestachelt, das Laub ist graugrün. Die Blütezeit liegt im Sommer und im Herbst. ZONEN 5–10.

PERNET, FRANKREICH, 1868
SPORT VON 'SOUVENIR DE LA REINE D'ANGLETERRE'

'Baronne Henriette de Snoy'
(unten)

Syn. 'Baroness Henrietta Snoy'
ALTE R., TEEROSE, ROSA+

An einem schönen sonnigen Standort kann diese Sorte sehr wirkungsvoll sein. Die pfirsichfarbenen, rosettenförmigen, großen Blütenblätter werden nach innen dunkler. Die Blüten haben eine hohe Mitte mit grünem Auge. Das Laub ist bronzefarben. Wie so viele Teerosen wächst der Busch nicht besonders attraktiv; man sollte ihn so pflanzen, dass die Blüten gut zur Geltung kommen.
ZONEN 7–11.

BERNAIX, FRANKREICH, 1897

'GLOIRE DE DIJON' × 'MME LOMBARD'

'Baronne Edmond de Rothschild' MEIgriso
(oben)

Syn. 'Baroness E. de Rothschild', 'Baronne de Rothschild'
TEEHYBRIDE, ROT+, ÖFTER BLÜHEND

Mehrfarbige Rosen wirken leicht grell, diese jedoch hat eine sehr feine Farbabstimmung. Die breiten Blütenblätter enthüllen ein Rubinrot, das allmählich in blaustichiges Rosa übergeht; von außen sind die Blütenblätter fast weiß mit leichtem Rotschimmer. Die Blüten sind sehr groß, gefüllt und krugförmig. Sie erscheinen manchmal in Büscheln und blühen gut nach. Die Pflanze wird recht hoch. Das üppige Laub ist bronzefarben und ledrig, jedoch etwas anfällig für Sternrußtau.
ZONEN 4–9.

MEILLAND, FRANKREICH, 1969

('BACCARÁ' × 'CRIMSON KING') × 'GLORIA DEI'

LYON GOLDMEDAILLE 1968, MONZA DUFTPREIS 1968,
ROM GOLDMEDAILLE 1968, BELFAST DUFTPREIS 1991

'Baronne Prévost'
(rechts)
ALTE R., REMONTANTROSE, REIN ROSA, ETWAS NACHBLÜHEND

Diese frühe Remontantrose hat die typische Form Alter Rosen. Große, kugelige Knospen öffnen sich zu gefüllten, flachen gevierteten Rosetten in reinem Rosa, das langsam verblasst. Die steifen, gedrungenen Triebe haben rote Stacheln. Der robuste, kompakte Strauch mit gutem Laub blüht im Sommer einmal reich, gelegentlich noch einmal im Herbst. Die Sorte bevorzugt einen sonnigen Standort und nährstoffreichen Boden. Dies ist die älteste Sorte ihrer Klasse, die heute noch im Handel ist.
ZONEN 5–10.

DESPREZ, FRANKREICH, 1842

ELTERN UNBEKANNT

ROYAL HORTICULTURAL SOCIETY AWARD OF GARDEN MERIT 1993

'Bassino' KORmixal
(rechts)
Syn. 'Suffolk'
BODENDECKERROSE, ROT, ÖFTER BLÜHEND

Eine flach und breit, aber nicht sehr stark wachsende Pflanze. Sie zählt eher zu den Bodendecker- als zu den Strauchrosen. Die einfachen, krugförmigen Blüten sind leuchtend scharlachrot und bilden einen lebhaften Kontrast zu den gelben Staubgefäßen. Die vielen kleinen Blüten stehen in großen Büscheln dicht über dem dunklen, glänzenden Laub, so dass ein wunderschöner Gesamteindruck entsteht. Mit der Zeit verblassen die Farben etwas, der Rotton bleibt aber erhalten. Die Blütezeit reicht vom Sommer bis in den Herbst. Leider ist die Sorte sehr anfällig für Sternrußtau. Duft ist kaum vorhanden.
ZONEN 4–9.

KORDES, DEUTSCHLAND, 1988

('SEA FOAM' × 'ROTE MAX GRAF') × SÄMLING

ROYAL NATIONAL ROSE SOCIETY TRIAL GROUND CERTIFICATE 1990

'Beauté' *(unten)*
TEEHYBRIDE, APRICOT+, ÖFTER BLÜHEND

Heutzutage wird diese Rose nicht mehr oft angepflanzt, in der Mitte des 20. Jhs. war sie jedoch wegen des schönen Apricotgelb und der rötlichen Schattierungen sehr beliebt. Die langen Knospen öffnen sich zu eleganten Blüten mit hoher Mitte. Die locker stehenden Petalen wölben sich bald nach außen, wodurch sich eine becherförmige Form bildet und die schöne Farbgebung so gut zur Wirkung kommt. Die Blüte dauert vom Sommer bis in den Herbst. Die leicht duftenden Blüten stehen einzeln oder zu dritt. Der Wuchs ist relativ niedrig, sich unregelmäßig ausbreitend. Das intensiv grüne Laub ist großblättrig, aber nicht üppig. Nach einigen Jahren verkahlt der Busch stark und muss dann kräftig zurückgeschnitten werden. **ZONEN 5–9.**

MALLERIN, FRANKREICH, 1953

'MADAME JOSEPH PERRAUD' × SÄMLING

ROYAL NATIONAL ROSE SOCIETY CERTIFICATE OF MERIT 1954

'Beautiful Britain' DICfire *(oben)*
FLORIBUNDA, ORANGEROT, ÖFTER BLÜHEND

Die becherförmigen, mittelgroßen Blüten erscheinen in ungleichmäßigen Büscheln. Sie entwickeln sich aus kugeligen Knospen. Die Blüten sind mit 20 Petalen gut gefüllt und fallen im Alter sehr ordentlich im Ganzen ab. Sie besitzen die Farbe nicht ganz reifer Tomaten. Die Sorte verträgt Regen und blüht reichlich von Sommer bis Herbst. Sie duftet nur schwach. Die relativ niedrig bleibende Pflanze wächst aufrecht mit mittelgrünem, spärlichem Laub, was ihren Wert als Beetrose mindert. Da 'Beautiful Britain' sich gut als Ansteckrose eignet, wird sie gerne gepflanzt. Benannt wurde die Floribundarose anlässlich einer landesweiten Initiative, Großbritannien sauber zu halten. **ZONEN 4–9.**

DICKSON, GROSSBRITANNIEN, 1983

'RED PLANET' × 'EUROROSE'

BRITISCHE ROSE DES JAHRES 1983, BELFAST CERTIFICATE OF MERIT 1985

'Beauty of Rosemawr' *(oben rechts)*
ALTE R., TEEROSE, ROSA+, ÖFTER BLÜHEND

Aufrechte, große, gefüllte Blüten mit überlappenden Kronblättern und erhöhter Mitte mit karminroten und weißen Adern zeichnen diese Rose aus. Man nimmt an, dass sie aus der Kreuzung einer China- und einer Teerose hervorging. Der Busch wächst aufrecht (1,2 m × 60 cm), trägt insgesamt aber nur wenig Laub. Die Rose blüht den ganzen Sommer hindurch und gedeiht gut auf magerem Boden und in der Sonne. Außerordentlich hübsch macht sich 'Beauty of Rosemawr' in Kübeln oder in einem Staudenbeet. ZONEN 7–10.

VAN FLEET, USA, 1903

ELTERN UNBEKANNT

'Bel Ange' *(oben)*
Syn. 'Rosa Stern', 'Bella Epoca', 'Belle Ange', 'Belle Epoque'

TEEHYBRIDE, REIN ROSA, ÖFTER BLÜHEND

Die kräftige Pflanze wächst steif aufrecht, bildet aber reichlich dunkelgrünes Laub. Aus dunkelroten Knospen entwickeln sich Blüten in zwei Farbtönen – innen sind die Petalen lachsrosa und auf der Außenseite dunkler, karminrot bis rosa. Die Blüten dieser Teehybride sind gefüllt und öffnen sich langsam; sie haben eine hohe Mitte und eignen sich gut für Ausstellungen. 'Bel Ange' duftet sehr stark. Die Blütezeit dauert vom Sommer bis in den Herbst. Die Pflanze erreicht eine mittlere Höhe. 'Bel Ange' eignet sich ideal als Beet- und Schnittrose. In Deutschland wird sie meist unter dem Namen 'Rosa Stern' gehandelt.
ZONEN 4–9.

LENS, BELGIEN, 1962

('KORDES' SONDERMELDUNG' × 'PAPILLON ROSE') × ('CHARLOTTE ARMSTRONG' × 'FLORADORA')

COURTRAI GOLDMEDAILLE 1965

'Beauty Secret' *(ganz oben links)*
ZWERGROSE, ROT, ÖFTER BLÜHEND

'Beauty Secret' ist die klassische Zwergrose der 1960er Jahre. Die intensiv roten Blüten haben eine hohe Mitte und spitz zulaufende Petalen. Meist stehen 4–10 Blüten in einem Büschel an kräftigen, aufrechten Stielen. Die Pflanze wächst kräftig und buschig; ihre haltbaren Blüten verändern ihre Farbe kaum. Diese Sorte erfreute sich enormer Beliebtheit und wurde im Jahre 1975, als die American Rose Society erstmalig Rosen prämierte, sofort von diesem Verband ausgezeichnet.
ZONEN 4–11.

MOORE, USA, 1965

'LITTLE DARLING' × 'MAGIC WAND'

AMERICAN ROSE SOCIETY AWARD OF EXCELLENCE 1975

'Belle Amour' *(unten links)*
ALTE R., ALBA-ROSE, HELLROSA

Diese Alba-Rose wächst als mittelhoher, buschiger Strauch von etwa 1,5 m Höhe mit stacheligen Zweigen. Das Laub ist mittel- bis dunkelgrün, gesägt und rau. Die dicht gefüllten Blüten sind kissenförmig und stehen in kleinen Büscheln, die in großer Anzahl im Frühsommer erscheinen. Sie haben ein leuchtendes, fast lachsfarbenes Rosa mit ab und zu einem helleren Kronblatt. Der stark würzige Duft erinnert an Myrrhe. Im Herbst schmücken sich die stacheligen Zweige mit dekorativen, ovalen, orangefarbenen Hagebutten. Diese anspruchslose Strauchrose, die selbst auf ganz magerem Boden wächst, wurde 1940 von der Engländerin Nancy Lindsay in einem Kloster in der Normandie entdeckt. Der englische Rosenfachmann Peter Beales zählt 'Belle Amour' zu den Damaszenerrosen.
ZONEN 4–10.

ROSA ALBA × R. DAMASCENA

'Bella Rosa' KORwonder
(ganz oben)
Syn. 'Toynbee Hall'
FLORIBUNDA, REIN ROSA, DAUERBLÜHEND

'Bella Rosa' ist eine ideale, niedrige Beetrose mit Blüten in warmem, sehr gleichmäßigem Rosa. Die Blüten stehen in vollen Büscheln an kurzen Stielen. Die rundlichen Knospen öffnen sich zu Blüten mit etwa 35 sich überlappenden Kronblättern, die sich allmählich weiter öffnen und dann die Staubgefäße erkennen lassen. Die Blüte dauert vom Sommer bis in den Herbst. Ein leichter Duft ist vorhanden. Die Pflanze hat einen niedrigen, ausgebreiteten Wuchs und volles Laub mit kleinen, glänzenden Blättern.
ZONEN 4–9.

KORDES, DEUTSCHLAND, 1982
SÄMLING × 'TRÄUMEREI'
KOPENHAGEN GOLDMEDAILLE 1982,
BADEN-BADEN GOLDMEDAILLE 1983

'Belle Blonde' MEnap
(oben)
TEEHYBRIDE, GELB, ÖFTER BLÜHEND

Der Name ist sehr treffend, denn 'Belle Blonde' hat wunderschöne Blüten mit 24 großen Petalen in leuchtendem, nicht verblassendem Gelb. Die zurückgebogenen Blütenblätter geben den Blick auf die dunklere, goldgelbe Mitte frei. Der Duft ist gut, und die Blüte dauert vom Sommer bis in den Herbst. Die Rose wird kaum mittelhoch, hat nur wenig Laub und ist anfällig für Sternrußtau; sogar in trockenen Sommern gedeiht diese Sorte nicht besonders. ZONEN 5–9.

MEILLAND, FRANKREICH, 1955
'GLORIA DEI' × 'LORRAINE'

'Belle de Crécy'
(ganz oben rechts)
Syn. 'Le Météore'
ALTE R., GALLICA-ROSE, MAUVE

Diese Rose hat große kirschrote und purpurfarbene Petalen, die bei heißem Wetter lavendelgrau oder violett werden. Die gefüllten, flachen Blüten zeigen ein kleines Auge und duften intensiv. Die Blüte fällt üppig aus, der Strauch hingegen, der weiche, grün gefleckte, braune Zweige und wenig Stacheln besitzt, wächst etwas kümmerlich. Die dunkelgrünen Blätter sind blaugrau überzogen und etwas rau. Diese Rose wurde wahrscheinlich nach dem französischen Ort Crécy-en-Brie benannt, dem Sitz der Zuchtanlagen der Familie Roeser. ZONEN 4–10.

ROESER, FRANKREICH, VOR 1836
ELTERN UNBEKANNT
ROYAL HORTICULTURAL SOCIETY AWARD OF GARDEN MERIT 1993

'Belle des Jardins'
(oben)
ALTE R., GALLICA-ROSE, MAUVE+

Die purpur- und karminrot panaschierten Petalen tragen weiße Streifen. Die Blüten sind gefüllt und samtig. Sie verströmen einen starken Duft. Die Blütezeit liegt im Hochsommer. Der Strauch mit seinen stacheligen dunklen Blättern erreicht eine Höhe von 1,5 m und bildet kräftige Triebe. Weitere beliebte Guillot-Hybriden sind 'Etoile de Lyon' und 'Comtesse du Cayla'. Guillot zählt zu den wenigen noch bestehenden Rosenbaumschulen in Lyon. Diese Rose wird oft mit ähnlichen Sorten verwechselt und unter anderen Namen angeboten. ZONEN 4–10.

GUILLOT, FRANKREICH, 1872
'VILLAGE MAID' × SÄMLING

'Belle Epoque' FRYaboo *(ganz oben)*
TEEHYBRIDE, ORANGE+, ÖFTER BLÜHEND

Auffällig an der großen Blüte ist der zweifarbige Effekt. Die Innenseite der Petalen erscheint in einem Goldbronze, während die Außenseite dunkler ist – der Züchter spricht von „Nektarinenbronze". Sie hat lange Knospen und die hohe Mitte der klassischen großblumigen Rose. Die duftenden Blüten erscheinen vom Sommer bis zum Herbst an einem kräftigen, gesunden, mittelhohen, voll belaubten Busch. Diese Rose eignet sich in der Rabatte, als Hochstamm und zum Schnitt. Der Name erinnert an jene idyllische Epoche in Frankreich vor dem 1. Weltkrieg. **ZONEN 4–9.**

FRYER, GROSSBRITANNIEN, 1994
'REMEMBER ME' × 'HELMUT SCHMIDT'
ROYAL NATIONAL ROSE SOCIETY TRIAL GROUND CERTIFICATE 1995

'Belle Isis' *(Mitte)*
ALTE R., GALLICA-ROSE, HELLROSA

Ein kleiner Strauch (1,2 m) mit graugrünem, gezähntem Laub. Die dicken Knospen zeigen karminrote Streifen, und die gefüllten, gevierteilten Blüten haben nach außen gewölbte Petalen mit weißer Basis. Der starke Duft erinnert an Myrrhe. Die Rose, die für den kleinen Garten ideal ist, wird vielfach in Blumenarrangements verwendet. Der gesunde Strauch ist stachelig. Die außergewöhnliche Schönheit dieser Rose zeigt sich auch in der verwandten 'Constanze Spry', einer der beliebtesten Züchtungen von David Austin. **ZONEN 4–10.**

PARMENTIER, BELGIEN, 1845
WAHRSCHEINLICH EINE HYBRIDE VON *ROSA GALLICA* × *R.* × *CENTIFOLIA*

'Belle Poitevine' *(unten links)*
Syn. *Rosa rugosa* 'Belle Poitevine'
STRAUCHROSE, RUGOSA-HYBRIDE, REIN ROSA, ÖFTER BLÜHEND

Die Vorfahren dieser Rose sind zwar unbekannt, Blüte, Wuchs und Laub lassen aber auf eine Rugosa-Hybride schließen. Lange, spitze Knospen öffnen sich zu fast flachen, recht großen Blüten mit leicht gekräuselten Kronblättern. Die duftenden Blüten in kühl-blassem Magentarosa mit cremegelben Staubgefäßen erscheinen von Sommer bis Herbst. Die Pflanze wird groß und strauchartig, der Habitus ist steifer und das Laub rauer als bei wilden Rugosa-Rosen. Manchmal bilden sich dunkelrote Hagebutten. Der Name erinnert an das Poitou, eine französische Region, wo sich im 19. Jh. Bruants Rosenschule befand. **ZONEN 3–9.**

BRUANT, FRANKREICH, 1894
ELTERN UNBEKANNT
ROYAL HORTICULTURAL SOCIETY AWARD OF GARDEN MERIT 1993

'Belle Portugaise'
(rechts)

Syn. 'Belle of Portugal'

GROSSBLUMIGE KLETTERROSE,
***ROSA GIGANTEA*-HYBRIDE,**
HELLROSA

Diese sehr robuste Rose wächst in Teilen Kaliforniens fast wild. In anderen Regionen Nordamerikas ist sie aufgrund ihrer Frostempfindlichkeit – bedingt durch die *R. gigantea*-Abstammung – nicht anzutreffen. Sie wird wegen ihrer schönen, schlanken Knospen, ihrer seidigen Kronblätter und ihres feinen Dufts oft für eine kletternde Teerose gehalten. Die herabhängenden Blüten haben blasse Lachs-, Pfirsich- und Cremeschattierungen. Mit nach außen gewölbten Rändern öffnen sie sich locker und weit. Die eleganten, olivgrünen Blätter sind anfällig gegen Mehltau, besonders zu Zeiten des stärksten Wachstumsschubes. Die Rose blüht nur einmal, unter optimalen Bedingungen an einer hohen Mauer oder einem Zaun jedoch sehr üppig.

ZONEN 6–10.

CAYEUX, PORTUGAL, 1903

ROSA GIGANTEA × 'REINE MARIE HENRIETTE'

'Belle sans Flatterie' *(oben)*

ALTE R., GALLICA-ROSE, MAUVE+,
ETWAS NACHBLÜHEND

Die Gallica-Rose war eine im 19. Jh. in Frankreich sehr beliebte Sorte. Die gefüllten, mittelgroßen, gevierteilten Rosetten stehen in Büscheln. Das Lilarosa der Petalränder wird zur Mitte hin zunehmend dunkler. Die äußeren Kronblätter wölben sich nach unten. Im Spätsommer erfolgt eine leichte Nachblüte. Die Rose duftet kaum und wächst zu einem 1,2 m hohen Strauch mit dunklem Laub heran. Kaiserin Josephine, die Gattin von Napoléon III., kultivierte diese Sorte im Schlosspark von Malmaison.

ZONEN 5–10.

GODEFROY, NIEDERLANDE, VOR 1806

ELTERN UNBEKANNT

'Belle Story' AUSelle, AUSspry *(links)*
Syn. 'Bienenweide'
STRAUCHROSE, HELLROSA

Die großen Blüten stehen in kleinen Büscheln; sie erinnern an Pfingstrosen, mit Blütenblättern, die sich teilweise zur Mitte und teilweise nach außen wölben und rotgoldene Staubgefäße erkennen lassen. Die dicht gefüllten Blüten sind rosa, zu den Spitzen hin heller. Die Rose duftet und blüht im Sommer. Das dunkle, glänzende Laub ist kleinblättrig und spärlich. Dieser kräftige, mittelhohe Strauch benötigt einen guten, durchlässigen Boden. Die Sorte gehört zu den Englischen Rosen.
ZONEN 4–9.

AUSTIN, GROSSBRITANNIEN, 1984
('CHAUCER' × 'PARADE') × ('THE PRIORESS' × 'SCHNEEWITTCHEN')

'Bengale Rouge' *(links)*
ALTE R., CHINAROSE, ROT, ÖFTER BLÜHEND

Ähnlich wie Floribundarosen blüht auch diese Rose reichlich über einen langen Zeitraum. Die eiförmigen Knospen sind durch ein leuchtendes Karminrot charakterisiert und öffnen sich zu gefüllten, großen, roten Blüten mit 35 Petalen. Das üppige Laub wächst großblättrig und dunkelgrün. Die Pflanze wird größer als die meisten Chinarosen, bevorzugt einen warmen Standort und ist außerordentlich krankheitsresistent.
ZONEN 7–10.

GAUJARD, FRANKREICH, 1955
'GRUSS AN TEPLITZ' × SÄMLING

'Bengali' KORal

(rechts)
FLORIBUNDA, ORANGEROT,
ÖFTER BLÜHEND

Wenn sich die dicken Knospen entfalten, prangen die Kronblätter dieser Floribundarose in kräftigem Goldorange mit orangeroten Adern. Die Blüten sind von mittlerer Größe, sie sind gut gefüllt und sitzen in kleinen, offenen Büscheln an festen Zweigen. Charakteristisch ist ihre hohe Mitte, und sie verströmen einen leichten Duft. Diese Merkmale prädestinieren 'Bengali' geradezu ideal, als aparter Knopflochschmuck oder für kleine Tischgestecke verwendet zu werden. Die Blütezeit dieser Rose dauert vom Sommer bis in den Herbst. 'Bengali' gilt in Fachkreisen als eine gute Beetrose mit kräftigem, breitem Wuchs, die relativ niedrig bleibt. Die Blätter sind im Austrieb rötlich, mit zunehmendem Alter werden sie dann leuchtend grün und glänzend. ZONEN 4–9.
KORDES, DEUTSCHLAND, 1969
'DACAPO' × SÄMLING

'Benita' DICquarrel

(unten)
FLORIBUNDA, GOLDGELB,
ÖFTER BLÜHEND

Die goldgelben Blütenblätter dieser Sorte haben einen gekräuselten Rand. Aus urnenförmigen Knospen entwickeln sich dicht gefüllte, recht große, krugförmige, schalenförmige Blüten, die an starren Trieben in großen, weit auseinander stehenden Büscheln sitzen. 'Benita' eignet sich gut als Knopflochschmuck und für kleine Blumenarrangements. Sie hat einen leichten Duft, und die Blüte dauert vom Sommer bis in den Herbst. Die Rose wächst unregelmäßig, erreicht aber meist eine mittlere Höhe. Das Laub ist mittelgrün. ZONEN 4–9.
DICKSON, GROSSBRITANNIEN, 1995
('KORRESIA' × 'BRIGHT SMILE') × SÄMLING
ROYAL NATIONAL ROSE SOCIETY TRIAL GROUND CERTIFICATE 1990, DUBLIN GOLDMEDAILLE 1992, GREAT BRITAIN BREEDERS' CHOICE 1995

'Bennett's Seedling' *(links)*
Syn. 'Thoresbyana'
ALTE R., AYRSHIRE-RAMBLERROSE, WEISS

Diese Rose wurde 1835 vom Gärtner des Earl Manvers in der englischen Ortschaft Thoresby in einer Hecke entdeckt. Sie ähnelt einer gefüllten Form von *Rosa arvensis*. Die rein weißen Blüten an großen Dolden verströmen einen leichten Duft und erscheinen einmal im Sommer. Die Pflanze kann eine Höhe von 6 m erreichen und eignet sich als Ramblerrose oder Bodendecker. Sie gedeiht in der Sonne und im Halbschatten. ZONEN 5–11.

BENNETT, GROSSBRITANNIEN, ETWA 1840
WAHRSCHEINLICH EIN SÄMLING VON *ROSA ARVENSIS*

'Benson & Hedges Gold' MACgem *(links)*
TEEHYBRIDE, GELB+, ÖFTER BLÜHEND

Eine erfolgreiche Beetrose mit großen, dicht gefüllten Blüten. Die Blüten haben eine hohe Mitte, die sich bald in hübscher Unordnung auflöst. Sie erscheinen dunkelgoldgelb, mit Rotorange überhaucht. Der Duft ist gut. Die üppige Blüte erneuert sich laufend von Sommer bis in den Herbst. Die kräftige Pflanze hat ein buschiges Wachstum und erreicht eine mittlere Höhe. Die Blätter sind rau. Die Pflanze gedeiht am besten in kühleren Lagen – in heißer Sonne verblassen die Farben. Benannt wurde die Rose nach einer Zigarettenmarke, wodurch ihr heutiger Verkaufsumsatz wesentlich eingeschränkt wurde; die Zeiten, in denen Tabak ein positives Image hatte, sind einfach vorbei. ZONEN 5–9.

MCGREDY, NEUSEELAND, 1978
'YELLOW PAGES' × ('ARTHUR BELL' × 'CYNTHIA BROOKE')
ROYAL NATIONAL ROSE SOCIETY TRIAL GROUND CERTIFICATE 1976,
NEW ZEALAND GOLD STAR OF THE SOUTH PACIFIC 1978

'Benvenuto' MEIelpa

(rechts)
GROSSBLUMIGE KLETTERROSE,
ROT, ÖFTER BLÜHEND

Diese Gartenrose trägt Büschel mit vielen dunkelkirschroten Knospen, aus denen sich Blüten mit hellem Fleck an der Basis der Kronblätter entwickeln. Die gelben Staubgefäße sind deutlich sichtbar. Die vollständig entfaltete Blüte ist karminrot. Die halb gefüllten Blüten öffnen sich recht flach. Sie haben eine mittlere Größe und duften leicht. Die Büschel entstehen in Abständen vom Sommer bis in den Herbst. Die kräftige, bestachelte Pflanze wächst aufrecht mit einigen hängenden Zweigen und entwickelt reichlich dunkelgrünes, glänzendes Laub. Als Kletterpflanze erreicht diese Rose nur eine mittlere Höhe und eignet sich deshalb am besten zum Beranken kleinerer Mauern, Zäune oder Säulen.
ZONEN 4–9.

MEILLAND, FRANKREICH, 1967
('ALAIN' × 'GUINEE') × 'COCKTAIL'
ADR-ROSE 1972

'Berlin' *(rechts)*
STRAUCHROSE, ORANGE+,
ÖFTER BLÜHEND

Kordes züchtete viele Strauchrosen für Parkanlagen und benannte sie nach deutschen Städten. Wie es sich für eine Parkrose gehört, handelt es sich um einen kräftigen, gesunden Strauch mit aufrechtem, buschigem Wuchs, dicken, ledrigen Blättern und zahlreichen Stacheln. Die schalenförmigen Blüten mit wenigen Petalen prangen anfangs in einem intensiven Orange-Scharlachrot und sind an der Basis gelb getönt. Später wellen sich die Ränder, verlieren an Leuchtkraft und werden kirschrot. Die Farbwirkung der großen Büschel ist beachtlich. Die Blütezeit erstreckt sich bis in den Herbst. Obwohl sie eher einer großen Floribundarose ähnelt, wird diese Sorte, die nur wenig duftet, von einigen Rosenexperten auch als Moschata-Hybride eingestuft. ZONEN 4–9.

KORDES, DEUTSCHLAND, 1949
'EVA' × 'GLORIA DEI'
ROYAL NATIONAL ROSE SOCIETY
TRIAL GROUND CERTIFICATE 1950

'Bernstein-Rose'

TANeitbar *(rechts)*
Syn. 'Amaroela'
FLORIBUNDA, GOLDGELB,
ÖFTER BLÜHEND

Ihre dicken Knospen sind rot überhaucht, die mittelgroßen, leicht duftenden Blüten jedoch sind gelb bis bernsteingelb. Die zahlreichen Petalen stehen eng beisammen, wobei sich die inneren nach innen und die äußeren nach außen wölben – ähnlich wie bei den Alten Gartenrosen. Die Blütezeit erstreckt sich bis in den Herbst; schlechtes Wetter macht dieser Sorte jedoch nichts aus. Die robuste Beetrose eignet sich auch gut für Rabatten. Die niedrig wüchsige 'Bernstein-Rose' besitzt dunkelgrüne, jedoch eher schmale Blätter. **ZONEN 4–9.**
TANTAU, DEUTSCHLAND, 1987
ELTERN UNBEKANNT

'Berries 'n' Cream'

POUlclimb *(ganz oben)*
Syn. 'Calypso'
GROSSBLUMIGE KLETTERROSE,
ROSA+, ÖFTER BLÜHEND

Auf den ersten Blick ähnelt 'Berries 'n' Cream' sehr stark 'Rosa Mundi', der alten Gallica-Rose mit ihren zartrosa, karmesinrot gestreiften Blüten. Die moderne Sorte beschreibt man am besten als altrosa und creme, halb gefüllt, mittelgroß und gekräuselt. Die Blüten erscheinen am alten und jungen Holz, an kräftigen Trieben in straußähnlichen Büscheln. Die Triebe sind fast frei von Stacheln, was das

Ziehen der Kletterrose an einer Wand oder Pergola sehr erleichtert. Hellgrünes Laub bedeckt die langen Zweige. Sie blüht mehrmals in der Saison, die Blüten haben einen zarten Duft. Wegen ihrer kräftigen Farbe gibt man dieser Kletterrose, die 3 m hoch werden kann, am besten einen Platz, an dem ihr spektakulärer erster Blütenflor im Frühjahr zur Geltung kommt. **ZONEN 4–9.**
POULSEN, DÄNEMARK, 1997

'Betty Harkness' HARette *(rechts)*
FLORIBUNDA, ORANGE+, ÖFTER BLÜHEND

Die Blüten sind für eine büschelblütige Rose recht groß und innerhalb der Büschel gleichmäßig verteilt, so dass sie eine intensive Farbfläche bilden. Die Knospen öffnen sich zu aufrechten, schalenförmigen und dicht gefüllten Blüten in einem dunklen Orange, das mit Kupfer überzogen ist. Der süßliche Duft ist ungewöhnlich für Sorten mit dieser Farbgebung. Nach einer üppigen ersten Blüte kommt es zu einer guten Nachblüte bis in den Herbst. Die buschige Pflanze wächst kräftig und erreicht eine mittlere Höhe; glänzendes, dunkelgrünes Laub ist reichlich vorhanden. Jack Harkness liebte diese gesunde Rose und benannte sie nach seiner Frau. **ZONEN 4–9.**

HARKNESS, GROSSBRITANNIEN, 1998

ELTERN UNBEKANNT

COURTRAI GOLDMEDAILLE 1997, PARIS SILBERMEDAILLE 1997

'Betty Prior' *(links)*
FLORIBUNDA, REIN ROSA, ÖFTER BLÜHEND

Ein erstaunlicher Vertreter der Vorfahren der büschelblütigen Rosen, die damals als Polyantha-Hybriden bezeichnet wurden. Die Sorte entwickelt große Dolden mittelgroßer Blüten mit fünf Kronblättern, die sich flach öffnen. Die Blüten haben einen intensiven Rosaton, der auf der Innenseite heller ist und zur Basis weißlich wird. Die Blüten erscheinen unablässig den ganzen Sommer und Herbst über und säubern sich gut im Verblühen. Die aufrecht wachsende Pflanze erreicht eine mittlere Höhe. Das üppige Laub ist gesund und mattgrün. 'Betty Prior' ist eine robuste Garten- und Parkrose mit einer langen Lebensdauer und guter Winterhärte, allerdings duftet sie überhaupt nicht. Im Gegensatz zu vielen ähnlichen Sorten dieser Zeit, die längst nicht mehr erhältlich sind, wird diese wertvolle Rose auch heute noch häufig und gerne im Garten gepflanzt. **ZONEN 4–9.**

PRIOR, GROSSBRITANNIEN, 1935

'KIRSTEN POULSEN' × SÄMLING

NATIONAL ROSE SOCIETY GOLDMEDAILLE 1933

'Betty Uprichard'
(oben)

TEEHYBRIDE, APRICOT+, ÖFTER BLÜHEND

Apricot war in den 1920er Jahren eine ganz neue Farbrichtung bei Rosen. Ein Gärtner beschrieb diese neue Rosenfärbung als „leuchtend glutvoll und bis dahin unerreicht". Heute würde man diese Farbklasse eher zu den Rosatönen zählen; sie ist Lachsrosa mit einem Hauch Kupfer auf der Innenseite der Kronblätter und etwas Karminrot auf der Außenseite, wodurch eine reizvolle zweifarbige Wirkung erzielt wird. Aus schlanken Knospen entwickeln sich Blüten mit hoher Mitte, deren äußere Kronblätter sich langsam nach außen wölben. Die Rose hat nur etwa 20 breite Petalen, die eine wunderbar elegante, duftende Blüte bilden. Die Blütezeit dauert vom Sommer bis in den Herbst. Die Pflanze wächst aufrecht, erreicht eine mittlere Höhe und hat ledrige, mittelgrüne Blätter. **ZONEN 4–9.**

DICKSON, GROSSBRITANNIEN, 1922

ELTERN UNBEKANNT

NATIONAL ROSE SOCIETY GOLDMEDAILLE 1921

'Bewitched' *(unten)*

TEEHYBRIDE, REIN ROSA, ÖFTER BLÜHEND

Diese von 'Queen Elizabeth' abstammende Rose ist auch heute noch in warmen Regionen sehr beliebt. Die Blüten sind groß, gefüllt, in einem gleichmäßigen Phlox-Rosa und behalten ihre Farbe selbst unter starker Sonneneinstrahlung. Sie öffnen sich weit mit hoher Mitte und zeigen eine gleichmäßige Form, wenn sich die Kronblätter nach außen wölben. In ihrer Umgebung verbreiten sie einen süßen Duft. Die langen Stiele prädestinieren 'Bewitched' zur exzellenten Schnitt- wie auch Gartenrose. Sie blüht vom Sommer bis zum Herbst. Die Pflanze wächst kräftig aufrecht und wird relativ hoch; das Laub ist großblättrig und apfelgrün. Diese Rose gedeiht am besten in warmen Zonen, da die weichen Petalen bei feuchtem Wetter leicht fleckig werden. **ZONEN 4–9.**

LAMMERTS, USA, 1967

'QUEEN ELIZABETH' × 'TAWNY GOLD'

ALL-AMERICAN ROSE SELECTION 1967, PORTLAND GOLDMEDAILLE 1967

'Bing Crosby' *(ganz oben)*
TEEHYBRIDE, ORANGEROT, ÖFTER BLÜHEND

Diese Rose zeigt ein intensives dunkles Orange oder lebhaftes Rot, abhängig von Jahreszeit und Licht. Die Blüten sitzen meist einzeln, sind dicht gefüllt mit breiten Kronblättern und entwickeln sich aus kugeligen Knospen. Die Blüten haben eine hohe Mitte und werden becherförmig, wenn sich die Petalen zurückwölben. Sie halten lange und haben einen leichten, würzigen Duft, so dass sie sich gut zum Schnitt eignen. Von Sommer bis Herbst wechseln sich Wachstum und Blütezeit ab, wobei die späte Blüte am schönsten ist. Diese ideale Beetrose wächst hoch und aufrecht und breitet sich langsam aus. Die Blätter sind im Austrieb faltig und rötlich, später werden sie dann ledrig und färben sich oliv. 'Bing Crosby' entwickelt sich am besten in warmen Regionen.
ZONEN 4–9.

WEEKS, USA, 1981
SÄMLING × 'FIRST PRIZE'
ALL-AMERICAN ROSE SELECTION 1981

'Bishop Darlington' *(ganz unten)*
STRAUCHROSE, MOSCHATA-HYBRIDE, APRICOT+, ÖFTER BLÜHEND

Die langen, spitzen Knospen sind korallrosa und öffnen sich zu pfirsich- und cremefarbenen Blüten mit gelber Basis. Sie verbreiten einen angenehmen Duft. Die Blüten sind halb gefüllt und lassen bald die goldfarbenen Staubgefäße erkennen, die manchmal von einem eingerollten, einzelnen Blütenblatt etwas verdeckt werden. Die Blüten wirken auch noch aus der Ferne; sie eignen sich – auch wegen ihrer langen Blütezeit – gut als Hintergrundstrauch in einer gemischten Staudenrabatte. Die Pflanze kann auch als Climber erzogen werden. Eine sehr große Strauchrose mit aufrechtem Wuchs und grünem, bronzestichigem Laub. **ZONEN 4–9.**

THOMAS, USA, 1926
'AVIATEUR BLÉRIOT' × 'MOONLIGHT'

'Bischofsstadt Paderborn'
Syn. 'Fire Pillar', 'Paderborn'
STRAUCHROSE, ORANGEROT, ÖFTER BLÜHEND

Das englische Synonym 'Fire Pillar' (Flammensäule) beschreibt diese Sorte sehr treffend, da die großen Blüten in einem feurigen Scharlachrotorange mit hellgelber Basis zu prangen scheinen. Die Blüten haben nur wenige Kronblätter, so dass die goldfarbenen Staubgefäße gut sichtbar sind und so das Herz der schalenförmigen Blüten noch betonen. Die Blüten sind sehr haltbar und erscheinen mit guter Regelmäßigkeit vom Sommer bis zum Herbst. Der Strauch wird etwa mittelhoch. Diese Rose eignet sich gut für Parkanlagen und Hecken, da sie kräftig genug und gut buschig wächst. Das Laub ist dunkelgrün und glänzend; mittlerweile ist die Sorte gegen Sternrußtau anfällig geworden. An einer Säule kann diese Sorte auch als kleine Kletterrose gezogen werden.
ZONEN 4–9.

KORDES, DEUTSCHLAND, 1964
'KORONA' × 'SPARTAN'
ADR-ROSE 1968

'Bit o' Sunshine'
(rechts)
Syn. 'Little Bit o' Sunshine'
ZWERGROSE, GOLDGELB, ÖFTER BLÜHEND

'Bit o' Sunshine' ist eine weitere klassische Zwergrose, die der Amerikaner Ralph Moore auf den Markt brachte. Die Blüten in einem leuchtenden Butterblumengelb haben 18–20 Petalen. Die Pflanze wächst aufrecht, niedrig und buschig und wird etwa 30–35 cm hoch. Sie ist kräftig und gesund. Zur Vorbeugung sollte allerdings gegen Mehltau gespritzt werden. **ZONEN 4–11.**
MOORE, USA, 1956
'COPPER GLOW' × 'ZEE'

'Black Beauty'
(rechts)
TEEHYBRIDE, DUNKELROT, ÖFTER BLÜHEND

Über 24 Rosen werden als Schwarz beschrieben, obwohl diese Aussage auf keine Sorte zutrifft, da Schwarz als Pigment in keiner Rose existiert. Diese Sorte erscheint im Knospenstadium fast schwarz und entwickelt sich dann zu einem dunklen Karmin- bis Scharlachrot, wobei die Außenseite der Kronblätter ein samtiges, sehr dunkles Rot hat. Die becherförmigen Blüten sind gefüllt, die Kronblätter relativ kurz, und die Mitte wirkt etwas ungeordnet. Leider hat die Sorte wenig Duft. Die Blüte reicht vom Sommer bis in den Herbst, es sei denn, sie wurde durch Mehltau angegriffen. Die Pflanze wächst sehr ungleichmäßig, wobei die Blüten an langen Stielen sitzen. Das Laub ist mittelgrün. Zwar ist dies keine ideale Gartenrose für kalte Regionen, aber eine schöne Schnittrose, da die Farbe an den wenigen Blüten so ausgefallen ist. **ZONEN 5–9.**
DELBARD, FRANKREICH, 1973
('GLOIRE DE ROME' × 'IMPECCABLE') × 'PAPA MEILLAND'

'Black Boy' (rechts)
Syn. 'Blackboy'
GROSSBLUMIGE KLETTERROSE, DUNKELROT

Eine in Australien beliebte Kletterrose, die häufig durch Stecklinge vermehrt wurde. Sie ist nicht so dunkel wie der Name vermuten lässt; die Kronblätter sind dunkelkarminrot mit heller Außenseite und verblassen etwas. Sie sitzen in Büscheln, die durch ihr Gewicht nach unten hängen. Die Blüten sind groß, gefüllt und duften süßlich. Die Kronblätter wirken wie zufällig angeordnet. Da sich viele Blüten gleichzeitig öffnen, ist sie eine wirkungsvolle Kletterpflanze für den Garten. Nach der ersten üppigen Blüte im Sommer kommt es nur selten zu einer reichen Nachblüte. Das Laub ist hellolivgrün. Unter gleichem Namen ist auch eine deutsche Moosrose bekannt. ZONEN 5–9.

CLARK, AUSTRALIEN, 1919

'ETOILE DE FRANCE' × 'BARDOU JOB' (ODER UMGEKEHRT)

'Black Ice' (rechts)
FLORIBUNDA, DUNKELROT, ÖFTER BLÜHEND

Die Knospen wirken tatsächlich schwarz. Die Blüten stehen in Büscheln und haben ein sehr dunkles Scharlachrot. Duft ist kaum vorhanden. Die Blüten sind gefüllt und für eine büschelblütige Rose recht groß. An jeder Rose erscheinen zahlreiche Blüten vom Sommer bis zum Herbst. Die kräftige Pflanze bleibt niedrig, wächst kompakt und hat glänzendes, dunkelgrünes Laub. Die dunklen Blüten und das dunkle Laub der Pflanze verbreiten Friedhofsatmosphäre, vor allem dann, wenn sie auch noch von Mehltau befallen ist. Die Rose wird eher als ausgefallene Kuriosität angepflanzt als aufgrund irgendwelcher besonderer Rosenqualitäten. ZONEN 4–9.

GANDY, GROSSBRITANNIEN, 1971

('SCHNEEWITTCHEN' × 'EUROPEANA') × 'MEGIDDO'

'Black Jade' BENblack
(unten)
ZWERGROSE, DUNKELROT, ÖFTER BLÜHEND

Diese Zwergrose ist fast schwarz. Die kräftige, aufrecht wachsende Pflanze trägt an starken, geraden Zweigen Büschel mit 5–10 Blüten. Haben sich die Blüten ganz geöffnet, sind die goldgelben Staubgefäße zu erkennen, die mit dem dunklen Rot der Kronblätter kontrastieren. Im Garten blüht 'Black Jade' mit kurzen Unterbrechungen recht lange. Die Blüten dieser Sorten fallen so dunkel aus, dass Aussteller auf Rosenausstellungen oft zusätzliche Lichtquellen verwenden müssen, damit die Preisjury die Blütenform genau erkennen kann. Das stark glänzende Laub schützt die Blüte offenbar auf natürliche Weise vor Mehltau und anderen Krankheiten.
ZONEN 4–11.

BENARDELLA, USA, 1985
'SHERI ANNE' × 'LAGUNA'
AMERICAN ROSE SOCIETY AWARD OF EXCELLENCE 1985

'Black Velvet'
(ganz unten)
TEEHYBRIDE, DUNKELROT, ÖFTER BLÜHEND

Diese Rose stammt zwar ursprünglich aus den USA, wird heute aber nur noch in Australien angeboten, wo sie ideale Wachstumsbedingungen vorfindet. Die Blüten prangen in sattem Burgunderrot mit dunklen Schatten, so dass eine samtige Wirkung entsteht. Meist sitzen die Blumen einzeln, und die dicken, eiförmigen Knospen öffnen sich zu großen, halb gefüllten Blüten mit angenehmem Duft. Ihre anfänglich hohe Mitte wird schon bald becherförmig. Die Blüte dauert vom Sommer bis zum Herbst. Die recht kräftige Pflanze wächst aufrecht und erreicht eine mittlere Höhe. Das Laub ist dunkelgrün und ledrig.
ZONEN 5–9.

MOREY, USA, 1960
'NEW YORKER' × 'ROUGE MEILLAND'

'Blairii No. 2' *(oben)*
ALTE R., CHINAROSE, HELLROSA

Die großen, flachen Blüten sind am Rand rosa und werden zur Mitte dunkler, sie sind becherförmig und stark gefüllt. Die anfangs mahagonifarbenen Triebe hängen bogenförmig über. Der stark stachelige Strauch kann 4,5 m hoch werden und Mauern, Zäune oder Pergolen beranken. Die Blüte erscheint im Frühsommer. Ein Rückschnitt der Pflanze ist nur selten erforderlich.
ZONEN 5–10.

BLAIR, 1845

ROSA CHINENSIS × BOURBONROSE

ROYAL HORTICULTURAL SOCIETY AWARD OF GARDEN MERIT 1993

'Blanc de Vibert'
Syn. 'Blanche de Vibert'
ALTE R., PORTLANDROSE, WEISS, ÖFTER BLÜHEND

Die großen, dicht gefüllten, flachen Blüten erscheinen zunächst in einem zarten Zitronengelb, später verblassen sie zu einem milchigen Weiß. Die mittelgroßen, Blüten sind becherförmig und besitzen eine gekräuselte Mitte, sie sitzen aufrecht an kräftigen Zweigen. Hellgrünes Laub. 'Blanc de Vibert' bevorzugt einen schattigen, nährstoffreichen Standort. Dort kann diese Sorte eine Höhe von 1 m erreichen und dabei auch genauso breit werden. 'Blanc de Vibert' verträgt längere Feuchtigkeitsperioden. **ZONEN 4–10.**

VIBERT, FRANKREICH, 1847

ELTERN UNBEKANNT

'Blanc Double de Coubert' *(oben)*
STRAUCHROSE, RUGOSA-HYBRIDE, WEISS, ÖFTER BLÜHEND

Dieser Strauch ähnelt vom Laub und von den feinen Stacheln her so sehr einer *Rosa rugosa*, dass die Aussage des Züchters, 'Sombreuil' wäre ein Elternteil, bezweifelt wurde, obwohl die Sorte offener als die wilde *R. rugosa* wächst. Sie trägt Büschel mit großen Blüten aus faltigen Kronblättern in reinem Weiß – es sei denn, Regen befleckt und zerstört die weichen Petalen. Die halb gefüllten Blüten öffnen sich flach an unterschiedlich langen Trieben und verströmen sogar nachts einen betörenden Duft. Die Blütezeit dauert vom Sommer bis in den Herbst. Wenn es überhaupt zur Hagebuttenbildung kommt, sind diese leuchtend scharlachrot. Das Laub ist dunkel, ledrig und runzelig. Die Pflanze wächst kräftig und erreicht dabei eine mittlere Höhe. Der Namensteil Coubert bezieht sich auf den Ort, in dem der Züchter lebte.
ZONEN 3–9.

COCHET–COCHET, FRANKREICH, 1892
WAHRSCHEINLICH *ROSA RUGOSA* × 'SOMBREUIL' ODER *R. RUGOSA ALBA* × *R. RUGOSA ALBA*
ROYAL HORTICULTURAL SOCIETY AWARD OF GARDEN MERIT 1993

'Blanche Moreau'
ALTE R., MOOSROSE, WEISS

Obwohl diese Sorte von einer Damaszenerose abstammt, ist der Wuchs eher untypisch. Bei 'Blanche Moreau' sind die Knospen sind stark und dunkel bemoost. Die Sorte ist die beste weiße Moosrose überhaupt. Ihre dicht gefüllten, duftenden Blüten haben ein reines Weiß mit rosa Mitte und stehen in Büscheln. Sie sind von reichlich dunkelgrünen Blättern umgeben, und die Triebe sind stachelig. Der Strauch wird etwa 1,5 m hoch. Die Blütezeit liegt im Hochsommer. Die Blüte ist regenempfindlich, der Strauch braucht bei Trockenheit aber viel Wasser. Mehltau kann bei ungünstigen Bedingungen ein Problem werden.
ZONEN 5–10.

MOREAU-ROBERT, FRANKREICH, 1880
'COMTESSE DE MURINAIS' × 'PERPETUAL WHITE MOSS'

'Blanchefleur'
(rechts)
ALTE R., ZENTIFOLIE, WEISS

Diese Sorte, die wahrscheinlich von einer Gallica-Rose abstammt, bildet einen kräftigen Busch (1,5 m × 1,5 m) mit leicht überhängenden Zweigen. Die Triebe sind stachelig, mit vielen graugrünen Blättern. Die milchig weißen Blüten sind in der Mitte deutlich, aber zart überhaucht. Sie stehen in kleinen Büscheln und entwickeln sich aus rötlichen Knospen. Die Blüten sind duftend, dicht gefüllt und oft geviertelt. Voll aufgeblüht, wölben sich die äußeren Kronblätter zurück und bilden dann eine reizvolle, fast kugelig wirkende Hülle. Die Blütezeit dieser schönen Sorte für ein Rosen- oder Zierstrauchbeet liegt im Frühsommer.
ZONEN 4–10.
VIBERT, FRANKREICH, 1835
ELTERN UNBEKANNT

'Blaze' *(unten)*
GROSSBLUMIGE KLETTERROSE, ROT, ÖFTER BLÜHEND

'Blaze' mit ihren scharlachroten Blüten ist besonders in den USA sehr beliebt. Die Blüten sitzen in großen Büscheln an kräftigen Trieben. Sie sind gefüllt und becherförmig. Die anspruchslose Pflanze mit weichen Trieben, die sich gut zum Beranken größerer Flächen eignet, duftet angenehm. Das üppige Laub ist mittelgrün und meist gesund, es kann aber zu Mehltaubefall kommen. 'Blaze' soll angeblich eine zweite Blüte im Herbst bringen. Sicher gilt dies für **'Blaze Superior'** (Syn. 'Demokracie') von J. Böhm 1935, die der 'Blaze' sehr ähnelt, jedoch reicher und länger blüht. Diese Sorte kommt in Deutschland häufiger vor. **ZONEN 4–9.**
KALLAY, USA, 1932
'PAUL'S SCARLET CLIMBER' × 'GRUSS AN TEPLITZ'

'Blessings' (oben)
TEEHYBRIDE, LACHSROSA, ÖFTER BLÜHEND

Diese Rose hat eiförmige, lachsfarbene Knospen, von denen meist mehrere zusammen an hohen, steifen aufrechten Trieben sitzen. Sie öffnen sich zu recht großen, gefüllten, becherförmigen Blüten in fleischigem Lachsrosa. Da viele Blüten gleichzeitig erscheinen, ist 'Blessings' eine ideale Beetrose. Sie eignet sich auch gut zum Schnitt. Niederschlag kann ihr kaum etwas anhaben. Die Blütezeit dauert vom Sommer bis in den Herbst. 'Blessings' verströmt einen angenehmen Duft. Die Pflanze wächst aufrecht und wird recht hoch mit üppigem, großblättrigem, dunklem Laub.
ZONEN 4–9.

GREGORY, GROSSBRITANNIEN, 1968

'QUEEN ELIZABETH' × SÄMLING

ROYAL NATIONAL ROSE SOCIETY CERTIFICATE OF MERIT 1968, BADEN-BADEN GOLDMEDAILLE 1971, ROYAL HORTICULTURAL SOCIETY AWARD OF GARDEN MERIT 1993

'Bleu Magenta'
ALTE R., RAMBLERROSE, MAUVE-VIOLETT

Graham Stuart Thomas erhielt diese Rose vom Roseraie de l'Haÿ, dem berühmten Garten bei Paris. Er war sich aber über ihre Abstammung nicht sicher. Die anfangs violett bis kirschroten Blüten verblassen hellviolett, sind gefüllt und haben oft weiße Streifen. Die Farbe ist aber abhängig von der Sonneneinstrahlung, sie reicht von Dunkel- und Karminrot über Violett bis zu Kirschrot. Gelbe Staubfäden betonen die ungewöhnliche Farbe noch. Von allen blaustichigen Ramblern hat diese Sorte die größten Blüten. Sie sitzen an dünnen, stachellosen Trieben. Das Laub ist dunkel und glänzend.
ZONEN 6–10.

UM 1900

ELTERN UNBEKANNT

ROYAL HORTICULTURAL SOCIETY AWARD OF GARDEN MERIT 1994

'Bloomfield Abundance' (oben rechts)
Syn. 'Spray Cécile Brunner'
POLYANTHAROSE, HELLROSA, ÖFTER BLÜHEND

Zu den unverwechselbaren Eigenschaften dieser Rose gehören die langen, bartartigen Kelchblätter, die zwischen den kleinen, hellrosa Blüten herunterhängen. Bis auf die Kelchblätter ähnelt sie sehr 'Cécile Brunner', auch sie hat winzige, längliche Knospen, aus denen sich gefüllte rosa Rosetten entwickeln. Die leicht duftenden Blüten erscheinen bis in den Herbst. Die Pflanze wächst aufrecht, hoch und überhängend, mit dünnen bräunlichen Zweigen und sparsamer Belaubung. Man ist sich nicht sicher, ob die Rose korrekt bezeichnet wird oder im Handel durch 'Spray Cécile Brunner' (einem Sport von 'Cécile Brunner') ersetzt wurde. **'White Bloomfield Abundance'** ist ein weißer Sport. ZONEN 4–9.

THOMAS, USA, 1920

'SYLVIA' × 'DOROTHY PAGE-ROBERTS' ODER SPORT VON 'CÉCILE BRUNNER'

'Bloomfield Courage' *(rechts)*
RAMBLERROSE, ROT+

Von den 41 Bloomfield-Rosen, die von George C. Thomas gezüchtet wurden, gehören diese zu den drei heute noch beliebten Sorten. Er nannte sie nach seinem Landsitz in Bloomfield (Pennsylvania). Kleine, einfache, samtig rote Blüten mit weißer Mitte und auffallenden Staubfäden bedecken das Laub vollständig. Die offenen Büschel bestehen aus mehr als 20 Blüten, deren Farbe nicht immer mit anderen harmoniert. Die kaum bestachelten Triebe lassen sich leicht anbinden, aber die Pflanze braucht viel Platz. Sie kann gut Bäume oder Bögen beranken. Eine herbstliche Nachblüte ist möglich. Sie blüht am alten Holz und bildet Hagebutten.
ZONEN 5–11.

THOMAS, USA, 1925

ROSA WICHURAIANA × 'CRIMSON RAMBLER'

'Bloomfield Dainty' *(rechts)*
STRAUCHROSE, GOLDGELB

Spitze, orangefarbene Knospen entwickeln sich zu fünfblättrigen, schalenförmigen Blüten in leuchtendem Gelb, die bald hellgelb verblassen und dann zu den Kronblattspitzen hin rosa überhaucht sind. Die Blüte hat einen angenehmen, moschata-artigen Duft und erscheint im Sommer, gelegentlich auch bis in den Herbst. Ihr englischer Name (Dainty) spielt auf die besonders zarten Blüten an. Sie sitzen etwas verloren an den robusten Zweigen. Die Pflanze wird recht breit, sparrig und hoch und bildet einen etwas unordentlich wirkenden Strauch. Das Laub setzt sich aus vielen grün glänzenden Blättern zusammen. Aufgrund der biegsamen, überhängenden Zweige lässt sich diese Sorte auch als Kletterer für einen niedrigen Zaun oder eine Säule verwenden. Sie bevorzugt warmes Klima. **ZONEN 5–9.**

THOMAS, USA, 1924

'DANAË' × 'MADAME EDOUARD HERRIOT'

'Blossomtime'
(oben)
GROSSBLUMIGE KLETTERROSE,
REIN ROSA, ÖFTER BLÜHEND

Die relativ großen Blüten sind dicht gefüllt und erscheinen in zwei zarten Rosatönen. Die eiförmigen Knospen sind dunkelrosa – wenn sie sich öffnen, wird das hellere Rosa der inneren Petalen sichtbar. Die Blüten haben eine hohe Mitte, sie duften vorzüglich, und erscheinen in gleichmäßig verteilten Büscheln vom Sommer bis in den Herbst. Die Sorte kann ganz nach Wunsch niedrig- oder hochwachsend gehalten werden, zum Beispiel auch als mittelhohe Säulenrose. Sie passt sich jeder Erziehungsform an und entwickelt stets eine ausreichende Menge glänzender, bronzegrüner Blätter.
ZONEN 4–9.

O'NEAL, USA, 1951
'NEW DAWN' × SÄMLING

'Blue Bajou'
KORkultop *(unten)*
Syn. 'Blue Bayou',
'Blue-Bijou'
FLORIBUNDA, MAUVE+,
ÖFTER BLÜHEND

Zwar existieren viele Rosen mit dem Namenzusatz „blau", dennoch hat es bis heute noch keine wirklich blaue Sorte gegeben. Allerdings versucht man, das notwendige Pigment Delphinidin von einer anderen Blume, vielleicht einer Petunie, in die Rose zu übertragen. Bis dahin muss man sich mit den vielen Mauve- und Violettönen zufriedengeben, die in warmen Regionen oder unter Glas oft blauähnlich wirken. Kordes hat mehrere solcher Sorten vorgestellt, einschließlich dieser neuen duftenden büschelblütigen Rose mit dicht gefüllten, silbrig fliederfarbenen, rundlichen Blüten. Die Kronblätter sind kurz. Wenn sich die äußeren Blätter nach außen wölben, erhalten die inneren lange ihre hohe Mitte, bis sie sich becherförmig öffnen. Diese Sorte eignet sich gut als Beetrose, als Kübelpflanze und zum Schnitt. 'Blue Bajou' entwickelt ihre Blüten manchmal einzeln, meistens aber zu mehreren vom Sommer ununterbrochen bis in den Herbst. Die kräftige, buschige Pflanze bleibt relativ niedrig.
ZONEN 4–9.

KORDES, DEUTSCHLAND, 1993
ELTERN UNBEKANNT

'Blue Moon' TANnacht *(rechts)*
Syn. 'Mainzer Fastnacht', 'Blue Monday', 'Sissi'
TEEHYBRIDE, MAUVE, ÖFTER BLÜHEND

Hier handelt es sich zu Recht um die erfolgreichste „blaue" Rose in einem sehr blaustichigen Lavendel. Die Blüten sind groß und dicht gefüllt, mit hoher Mitte und sehr symmetrischer Form. Sie halten lange. Wenn sie sich becherförmig öffnen, werden die Staubfäden sichtbar. Meist sitzen die Blüten einzeln an langen Stielen, wodurch sie sich gut zum Schnitt eignen. Sie haben einen süßlichen Duft und erscheinen vom Sommer bis in den Herbst. Die Pflanze wächst kräftig, entwickelt aber nur wenig neue Triebe. Das dunkelgrüne Laub ist recht spärlich. Die Pflanze ist mäßig gesund und übersteht auch Krankheiten wie Mehltau und Sternrußtau; sie ist aber nicht sehr frosthart. Tantau wurde überredet, die deutsche Bezeichnung 'Mainzer Fastnacht' in 'Sissi' zu ändern, da viele Ausländer Probleme mit der Aussprache hatten; da aber 'Sissi' im Englischen „Schwächling" heißt, wurde sie dort 'Blue Moon' genannt. **'Climbing Blue Moon'** (Syn. 'Sissi, Climbing'; Mungia, USA, 1981) ist eine kräftige, relativ hochwachsende Kletterrose. Sie bevorzugt einen geschützten Standort und braucht viel Sonnenlicht, um eine gute Blüte zu produzieren; sie gedeiht am besten in warmen Gebieten. ZONEN 4–9.

TANTAU, DEUTSCHLAND, 1965
SÄMLING × 'STERLING SILVER'
ADR-ROSE 1964, ROM GOLDMEDAILLE 1964, NATIONAL ROSE SOCIETY CERTIFICATE OF MERIT 1964

'Blue Nile' DELnible *(unten rechts)*
Syn. 'Nil Bleu'
TEEHYBRIDE, MAUVE, ÖFTER BLÜHEND

Eine auffällige Blüte mit großen, breiten, festen Blütenblättern. Aus dicklichen, zugespitzten Knospen, die meist einzeln sitzen, entwickeln sich gut geformte gefüllte Blüten an langen Stielen. Der bläuliche Lavendelton wird durch einen Hauch Magenta und die etwas dunkleren Adern noch betont. Die Blüten duften stark, erscheinen vom Sommer bis in den Herbst und eignen sich zum Schnitt. Die Pflanze wächst kräftig, aufrecht und breit. Sie wird relativ hoch und bedeckt sich mit reichlich großen, olivgrünen Blättern. Die Rose bevorzugt warmes Klima. ZONEN 4–9.

DELBARD, FRANKREICH, 1976
('HOLSTEIN' × 'BAYADÈRE') × ('PRELUDE' × 'SAINT-EXUPERY')
BAGATELLE GOLDMEDAILLE

'Blue Parfum' TANfifum, TANfifume, TANtifum
Syn. 'Blue Perfume', 'Violette Parfum'
TEEHYBRIDE, MAUVE+, ÖFTER BLÜHEND

Die Elternpflanze dieser Sorte ist wie bei vielen Tantau-Rosen nicht bekannt, man kann aber vermuten, dass die Herkunft ähnlich der von 'Blue Moon' ist. Es handelt sich hier um eine kompaktere, nicht sehr hohe Pflanze, die weniger kräftig aber stark belaubt ist. Die Blüten sind groß, gefüllt und elegant. Die Farbe verändert sich im Laufe der Saison leicht – von Flieder, Mauve, Hellviolett bis Rötlich. 'Blue Parfum' gehört zu denjenigen Teehybrid-Sorten, die als erste im Frühjahr blühen. Einem guten ersten Flor folgen zahlreiche Blüten bis in den Herbst. Diese besitzen einen ausgezeichneten Duft und eignen sich hervorragend zum Schnitt. Die Pflanze hat einen buschigen Wuchs und glänzendes, dunkelgrünes Laub. ZONEN 4–9.

TANTAU, DEUTSCHLAND, 1978
ELTERN UNBEKANNT

'Blue Peter' RUIblun *(links)*
Syn. 'Azulabria', 'Bluenette'
ZWERGROSE, MAUVE+, ÖFTER BLÜHEND

Dunkelviolette, mauvefarbene Blüten mit gelben Staubfäden sind immer ein Blickfang. Diese Zwergrose kann man am ehesten als „blau" bezeichnen. Die Blüten haben 20 Petalen und halten mehrere Wochen. Diese Sorte wird von Floristen wegen der Blütenfarbe und wegen des hellgrünen, leicht glänzenden Laubes geliebt. Der Busch ist kompakt und wird 30–50 cm hoch. **ZONEN 5–11.**
DE RUITER, NIEDERLANDE, 1983
'LITTLE FLIRT' × SÄMLING

'Blue River' KORsicht *(links)*
TEEHYBRIDE, MAUVE+, ÖFTER BLÜHEND

Die Blüten sitzen einzeln, teilweise auch zu mehreren zusammen. Die kugeligen Knospen entwickeln sich zu wunderschönen fliederfarbenen Blüten, deren Petalen zum Rand hin wie zufällig mit dunklem Magentarosa überzogen sind. Auf diese Weise ergibt sich ein für eine lilafarbene Rose besonders intensiver Farbeffekt. Die duftenden Blüten sind gut gefüllt und eignen sich vor allem dann zum Schnitt, wenn man die Anzahl der Knospen rechtzeitig reduziert. Die Blüte hält bis in den Herbst hinein an. Die mittelhohe Pflanze wächst kräftig und aufrecht. Das dichte Laub ist dunkelgrün. 'Blue River' gedeiht am besten in wärmeren, sonnigen Lagen.
ZONEN 5–9.
KORDES, DEUTSCHLAND, 1984
'MAINZER FASTNACHT' × 'ZORINA'
BADEN-BADEN GOLDMEDAILLE

'Blueberry Hill'
WEKcryplag *(rechts)*
FLORIBUNDA, MAUVE

Diese mauvefarbene Rose beeindruckt nicht nur durch ihre Farbe, sie hat auch noch einen süßen Apfelduft. Die Blüten sind groß und halb gefüllt und bedecken das frische, glänzende Laub, ähnlich einer Azalee im Frühling. 'Blueberry Hill' bildet einen mittelgroßen, rundlichen Busch von 1,2 m Höhe. **ZONEN 5–9.**

CARRUTH, USA, 1997
'CRYSTALLINE' × 'PLAYGIRL'

'Blush Damask'
(rechts)
Syn. 'Blush Gallica'
ALTE R., DAMASZENERROSE, HELLROSA

Der dichte, breite und gut verzweigte Strauch erreicht eine Höhe von 1,8 m. Ein Gallica-Einfluss ist unverkennbar. Die Zweige sind graugrün mit kurzen Stacheln. Die dunkelgrüne Belaubung ist dicht. Im Frühsommer bedecken zahllose duftende, gefüllte Blüten den Strauch. Voll erblüht erreichen sie einen Durchmesser von 5 cm. Die Mitte der Blüte ist rosa-mauve; die äußeren Blütenblätter sind milchig weiß. Ein pflegeleichter Strauch, der viel Platz benötigt, aber selbst auf sehr trockenem, nährstoffarmem Boden wächst. **ZONEN 5–11.**

ELTERN UNBEKANNT

'Blush Hip'
ALTE R., ALBA-ROSE, HELLROSA

Die Blütenform ist klassisch, und die Blüten duften stark. 'Blush Hip' sieht 'Maiden's Blush' sehr ähnlich, wird aber höher. Aus leuchtend hellroten Knospen entwickeln sich gefüllte Blüten in zartem Rosa mit knopfförmiger Mitte und grünem Auge. Die Blütezeit liegt im Frühsommer, eine Nachblüte gibt es nicht. Die Blätter sind rau und gezähnt. **ZONEN 5–11.**

VOR 1846
ELTERN UNBEKANNT

'Blush Noisette'
(rechts)
ALTE R., NOISETTEROSE, WEISS, ÖFTER BLÜHEND

Dies war die erste Noisetterose im Handel; sie ist auch heute noch sehr beliebt. Sie gehört zu den amerikanischen Noisettezüchtungen aus North Carolina. Die dunkelrosa Knospen bilden locker gefüllte, zarte, rosa Blüten mit einem intensiven, nelkenähnlichen Duft. Man sieht sie oft an Säulen oder als Hecke. Die gesunde Rose wächst kräftig und blüht bis in den Herbst. Sie verträgt etwas Schatten. Der französische Blumenmaler Pierre-Joseph Redouté (1759– 1840) hat sie als *Rosa noisettiana* für die Nachwelt erhalten. **ZONEN 7–10.**

NOISETTE, USA, CIRCA 1814

SÄMLING VON 'CHAMPNEY'S PINK CLUSTER'

'Blush Rambler'
(unten)
RAMBLERROSE, HELLROSA

Diese kräftige Sorte ist fast stachellos und hat hellgrüne Blätter. Die kleinen, becherförmigen, hellrosa Blüten sitzen in Büscheln. Wie die ihrer Mutterpflanze 'The Garland', einer frühen Moschata-Multiflora-Kreuzung, duften sie nur schwach. Der andere Elternteil, 'Crimson Rambler', war sehr berühmt und machte gegen Ende des 19. Jhs. die Klasse der Ramblerrosen sehr populär. Leider litt die Sorte unter Mehltaubefall, so dass sie von den vielen späteren Züchtungen verdrängt wurde. **ZONEN 4–9.**

CANT, GROSSBRITANNIEN, 1903

'CRIMSON RAMBLER' × 'THE GARLAND'

'Bobbie James' *(rechts)*
RAMBLERROSE, WEISS

Diese Rose hat halb gefüllte, kleine, flach schalenförmige Blüten mit cremeweißen Petalen und leuchtend gelben Staubfäden. Die großen Rispen sitzen an langen, eleganten, gut bewehrten Trieben. Das hellgrüne Laub besteht aus sehr vielen glänzenden Blättern mit kupferfarbenen Rändern. Diese Rose benötigt wegen ihres enormen Wuchses viel Platz und guten Halt – beispielsweise durch einen Baum. Die Blüte erscheint zwar nur im Sommer, aber dann in besonders großer Fülle und mit intensivem Duft. 'Bobbie James' wurde vom englischen Rosenspezialisten Graham Stuart Thomas vorgestellt, der die Rose nach einem berühmten englischen Gartenexperten benannte. Ihre Beliebtheit ist seit der Einführung 1960 ungebrochen. **ZONEN 5–10.**
SUNNINGDALE NURSERIES, GROSSBRITANNIEN, 1960
ELTERN UNBEKANNT
ROYAL HORTICULTURAL SOCIETY AWARD OF GARDEN MERIT 1993

'Bobby Charlton'
(rechts)
TEEHYBRIDE, ROSA+,
ÖFTER BLÜHEND

Durch die sehr großen, dicht gefüllten, einzeln stehenden Blüten ist dies eine der besten Schau-Rosen. Ihre Blütenblätter sind dunkelrosa mit silbriger Außenseite. Leider kann 'Bobby Charlton' Regen nicht gut vertragen. Will man Blüten für Ausstellungen erhalten, müssen sie deshalb in niederschlagsreichen Gegenden gut geschützt werden. In wärmeren, trockeneren Zonen wäre sie eine gute Gartenrose, wenn die Blüte im Spätsommer und Herbst etwas reichlicher ausfiele. Die Sorte hat einen stark würzigen Duft. Die mittelhohe Pflanze wächst buschig aufrecht, wird aber manchmal etwas langbeinig und unten kahl. Benannt wurde die Rose nach dem Fußballspieler, der 106 Länderspiele für England bestritt. **ZONEN 4–9.**
FRYER, GROSSBRITANNIEN, 1974
'KÖNIGLICHE HOHEIT' × 'PRIMA BALLERINA'
BADEN-BADEN GOLDMEDAILLE 1976, PORTLAND GOLDMEDAILLE 1980

'Bon Silène' *(unten)*

ALTE R., TEEROSE, DUNKELROSA, ÖFTER BLÜHEND

Diese äußerst elegante alte Rose zeichnet sich durch wohlgeformte Knospen und gefüllte, becherförmige Blüten aus, die auf ihren Innenseiten ein schönes Dunkelrosa zeigen, während ihre Außenseiten karminrosa getönt sind. In ihrer Umgebung verbreiten sie einen angenehm fruchtigen Duft. Die Blätter sind länglich und ledrig. Die wüchsige 'Bon Silène' kann eine Höhe von 1,5 m erreichen. Sie besitzt nur wenig Stacheln und bildet große Hagebutten. Der Züchter Alexandre Hardy war Leiter der imposanten Parkanlagen des Palais du Luxembourg im Herzen der französischen Hauptstadt. ZONEN 5–10.

HARDY, FRANKREICH, VOR 1837
ELTERN UNBEKANNT

'Bonfire Night'
(ganz unten)

Syn. 'Bonfire'

FLORIBUNDA, ROT+, ÖFTER BLÜHEND

Ein Beet mit mehreren Rosen dieser Sorte ist besonders im Hochsommer ein unvergesslicher Anblick. Die großen, halb gefüllten Blüten mit gewellten Petalen öffnen sich zu einer lebendigen Mischung aus verschiedenen Gelbtönen mit zum Teil scharlachroten Überzügen. Die Blüten sitzen in gleichmäßig verteilten Büscheln vor einem Hintergrund aus dunklem Laub und geben so ein außerordentlich harmonisches Bild ab. Sie verströmen einen angenehmen, leichten Duft und erscheinen bei jedem Wetter vom Sommer bis zum Herbst. Die mittelhohe Pflanze wächst kräftig, aufrecht und gleichmäßig. ZONEN 4–9.

MCGREDY, GROSSBRITANNIEN, 1971
'TIKI' × 'VARIETY CLUB'
ROYAL NATIONAL ROSE SOCIETY TRIAL GROUND CERTIFICATE 1969

'Bonica' MEIdomonac
(rechts)
Syn. 'Bonica 82',
'Demon', 'Bonica
Meidiland'
STRAUCHROSE, REIN ROSA,
ÖFTER BLÜHEND

Diese herrliche Rose sollte in keinem Garten fehlen. Etliche Büschel aus rosa Blüten sitzen in unterschiedlich hohen Ebenen über der breit wachsenden, mittelhohen Pflanze und bedecken sie fast vollständig. Das üppige, intensiv grüne Laub ist schon ein hübscher Anblick, noch bevor die Blüte einsetzt, die dann bis zum ersten Frost unentwegt anhält. Die gefüllten Blüten haben kleine Petalen, sind becherförmig und duften leicht. Als Einzelpflanze, als Gruppe oder als niedrige Hecke gepflanzt ist 'Bonica' einfach ideal und auch für denjenigen geeignet, der meint, er hätte kein Glück mit Rosen. Diese Sorte ist sehr robust, gesund und pflegeleicht. ZONEN 4–9.

MEILLAND, FRANKREICH, 1981
WAHRSCHEINLICH (ROSA
SEMPERVIRENS × 'MLLE MARTHE
CARRON') × 'PICASSO'
ADR-ROSE 1982, BELFAST
CERTIFICATE OF MERIT 1983,
ALL-AMERICAN ROSE SELECTION
1987, ROYAL HORTICULTURAL
SOCIETY AWARD OF GARDEN
MERIT 1993

'Bonn' *(oben)*
STRAUCHROSE, ORANGEROT,
ÖFTER BLÜHEND

Diese Rose wird wegen ihres kräftigen, gesunden Wuchses und der großen Blütenmenge oft in Parkanlagen verwendet, obwohl manche Gartenliebhaber meinen, diese Qualitäten wiegen einen gewissen Mangel an Charme nicht auf. Sie hat fast keinen Duft. Die orangeroten, mittelgroßen Blüten sitzen in kleinen Büscheln an den Enden langer, starker Triebe. Die Blüten sind halb gefüllt, locker geformt und verblassen zu hellem Magenta. Die Pflanze wird höher und breiter als die meisten Strauchrosen. Das Laub ist hellgrün und glänzend. Durch das gewachsene Sortenangebot haben sich die geschmacklichen Ansprüche inzwischen verändert, so dass diese Sorte heute nicht mehr so beliebt ist.
ZONEN 4–9.

KORDES, DEUTSCHLAND, 1950
'HAMBURG' × 'KORDES
SONDERMELDUNG'
ROYAL NATIONAL ROSE SOCIETY
CERTIFICATE OF MERIT 1950

'Borderer' *(unten)*
POLYANTHAROSE, ROSA+, ÖFTER BLÜHEND

Dies ist eine der ersten Züchtungen des Australiers Alister Clark. Die lockeren, intensiv rosafarbenen Blüten sind schalenförmig und lassen die Staubfäden erkennen. Die Blüten erscheinen ununterbrochen die ganze Saison über. Die klein und schmal bleibende Sorte entwickelt sich zu einem dichten Busch, der sich gut als Heckenpflanzung eignet. Sie ist auch ideal als informelle Einfassung eines Rosenbeets. Ziel war es, gesunde und starke Pflanzen zu züchten, die in wärmeren Regionen das ganze Jahr über blühen sollten. 'Borderer' war in diesem Sinne eine Pionierleistung. **ZONEN 5–9.**

CLARK, AUSTRALIEN, 1918

'JERSEY BEAUTY' × SÄMLING

'Botanica' TOMboy *(oben)*
FLORIBUNDA, HELLROSA, ÖFTER BLÜHEND

'Botanica' bildet eine Vielzahl rosa- bis fliederfarbener Blüten, die in großen Büscheln sitzen und einen intensiven fruchtigen Duft verströmen. Das Laub ist gesund, matt und mittelgrün. Die Pflanze ist besonders kräftig, krankeitsresistent und hat einen etwas ausbreitenden Wuchs. Sie kann bis 1,2 m hoch und etwa 1 m breit werden. Der australische Züchter George Thomson empfand die Blüten der meisten Floribundarosen als zu groß, und er experimentierte daher mit vielen Sorten, um diesen – in seinen Augen – Makel aus der Welt zu schaffen. Bei dieser Kreuzung gingen seine Vorstellungen tatsächlich in Erfüllung. 'Botanica' wurde nach dem Titel einer sehr erfolgreichen Enzyklopädie für Gartenpflanzen benannt, die 1997 in Australien erschienen ist. Das vorliegende Rosenbuch wurde beim selben Verlag wie „Botanica" veröffentlicht. **ZONEN 5–9.**

THOMSON, AUSTRALIEN, 1997

'AVANDEL' × 'MADAM PRESIDENT'

'Botzaris'
ALTE R., DAMASZENERROSE, WEISS+

Diese Rose besitzt cremeweiße, rosé gefüllte, flache Blüten, die geviertelt sind und sich aus rötlichen Knospen mit langen Petalen entwickeln. Die Blüten sitzen meist in Büscheln und duften stark. Trotz der vielen Blütenblätter ist ein Damaszener-Auge zu erkennen. Die Blütezeit liegt im Sommer. Das dunkelgrüne Laub ist stachelig. 'Botzaris' ist ein niedriger, kompakter Strauch (1,2 m), der sich gut für eine Hecke eignet. Bei etwas Pflege wird man besonders bei gutem Wetter mit einer wunderschönen Blüte belohnt. Wie so viele gefüllte weiße Sorten ist auch diese Damaszenerrose gegenüber Regen recht empfindlich. **ZONEN 5–10.**

ROBERT, 1856
ELTERN UNBEKANNT

'Bougainville'
(oben rechts)
ALTE R., NOISETTEROSE, ROSA+

Wie viele Noisetterosen sieht diese Sorte am besten an frei stehenden Klettergerüsten aus. Aus den roten Knospen entwickeln sich rosa Blüten, deren Ränder fliederfarben überzogen sind und später verblassen. Die stark gefüllten, becherförmigen Blüten sind von mittlerer Größe. Das schmale, glänzende Laub wirkt netzartig fein. **ZONEN 7–11.**

COCHET, FRANKREICH, 1822
ELTERN UNBEKANNT

'Boule de Neige'
(rechts)
Syn. 'Snowball'
ALTE R., BOURBONROSE, WEISS, ETWAS NACHBLÜHEND

Beim Öffnen sind die Knospen rosa gestreift; bei ihrem Anblick wird sogleich ersichtlich, warum Alte Rosen so häufig Gegenstand von Gemälden sind. Die makellos weißen Blüten sind gefüllt und kompakt. Die kleinen, dicht gedrängten Petalen wölben sich nach außen und bilden einen Ball. Hängende Blüten, an günstigen Standorten kommt es garantiert zu einer Nachblüte. Das dunkle, glänzende Laub ist ledrig; die Pflanze ist leicht bestachelt. 'Boule de Neige' ist immer dann eine gute Wahl, wenn man eine Rabatte oder eine Hecke anlegen möchte. Sobald die Rose verblüht ist, sollte man sie vorsichtig zurückschneiden. Die Sorte hat sich zudem als Kübelpflanze bewährt und kann auch schattige Standorte sehr gut vertragen. **ZONEN 5–10.**

LACHARMÉ, FRANKREICH, 1867
'MLLE BLANCHE LAFITTE' × 'SAPPHO'

'Bouquet d'Or' *(oben)*
ALTE R., NOISETTEROSE, GELB+, ÖFTER BLÜHEND

An starken Trieben erscheinen bis zum Herbst pastellgelbe, kupfer-lachsfarbene Blüten. Sie haben eine perfekte Form, sind gefüllt, geviertelt und duften stark. Die Rose wird vielfach als Verbesserung von 'Gloire de Dijon' angesehen. Die Blüte wirkt im halb geöffneten Zustand am schönsten. Das Laub ist dunkelgrün. Die Pflanze liebt einen sonnigen Standort, eignet sich am besten für große Gärten und ist sehr krankheitsresistent. **ZONEN 7–11.**

DUCHER, FRANKREICH, 1872

'GLOIRE DE DIJON' × SÄMLING

'Bourgogne'
STRAUCHROSE, ROT

Rosa pendulina ist eine purpurrosafarbene Wildart, die in niedrigen Lagen einiger europäischer Vorgebirge wächst und wenig für Züchtungen verwendet wurde. 'Bourgogne' ist ein durchaus interessanter Abkömmling mit relativ großen einfachen, rosafarbenen Blütentellern, die sehr zahlreich im Sommer erscheinen. Im Herbst folgen dann lange, scharlachrote Hagebutten, die in zahlreichen Büscheln hängend den gesamten Strauch zieren. Der Wuchs dieser Pflanze ist breit und buschig mit vielen zarten Zweigen, die sich unter dem Gewicht der Früchte und Blätter bogenförmig zu Boden neigen. Die Blätter sind recht dunkel und schmal; sie bestehen aus sieben Fiederblättchen. **ZONEN 4–9.**

ILSINK, NIEDERLANDE, 1983

ABKÖMMLING VON *ROSA PENDULINA*

'Bow Bells' AUSbells *(rechts)*
STRAUCHROSE, DUNKELROSA, ÖFTER BLÜHEND

Diese Sorte, die auch als Englische Rose klassifiziert wird, trägt große Büschel mit dunkelrosa Blüten fast wie eine kräftige, büschelblütige Floribundarose. Die mittelgroßen Blüten haben bis zu 25 Petalen, wodurch die Blüten wie eine Artischocke aussehen, bevor sie sich becherförmig öffnen. Die duftenden Blüten erscheinen vom Sommer bis zum Herbst. Die Sorte eignet sich gut für gemischte Rabatten; sie erreicht eine mittlere Höhe und Breite und hat einen aufrechten, buschigen Wuchs. Das mittelgrüne Laub ist leicht glänzend. **ZONEN 4–9.**

AUSTIN, GROSSBRITANNIEN, 1991

SÄMLING × 'GRAHAM THOMAS'

'Boys' Brigade' COCdinkum *(rechts)*
ZWERGROSE, ROT, ÖFTER BLÜHEND

Leuchtend karminrote Blütchen mit 5 Petalen bedecken die Pflanze. Die Blüten haben ein helleres Auge mit dunkelgelben Staubfäden und sitzen meist in großen Büscheln an kräftigen, aufrechten Zweigen. **ZONEN 4–11.**

COCKER, GROSSBRITANNIEN, 1983

('MINUETTO' × 'SAINT ALBAN') × ('LITTLE FLIRT' × 'MARLENA')

ROYAL NATIONAL ROSE SOCIETY TRIAL GROUND CERTIFICATE 1983

'Brandy' AROcad
(rechts)
TEEHYBRIDE, APRICOT+, ÖFTER BLÜHEND

Als 'Brandy' ihre hohe Auszeichnung in den USA erhielt, war wohl besonders die Farbe ausschlaggebend; aber auch die Form der jungen Blüten mit hoher Mitte ist sehr elegant. Sie haben 20 oder mehr Petalen. Die geöffneten, großen Blüten sind locker und lassen schnell die leuchtenden, goldfarbenen Staubfäden erkennen. Sie verströmen einen sehr fruchtigen Duft und blühen vom Sommer bis in den Herbst, so dass sich diese Rose trotz der schnell verblühenden Blüten gut für eine Rabatte oder eine Hecke eignet. Die Sorte ist etwas anfällig für Sternrußtau, und obwohl sie kühlere Zonen bevorzugt, ist sie doch nicht ganz frosthart. Der Wuchs ist hoch und aufrecht. Die grünen, glänzenden Blätter von passender Größe stehen in dichter Fülle. ZONEN 5–9.

SWIM & CHRISTENSEN, USA, 1981
'FIRST PRIZE' × 'DR A. J. VERHAGE'
ALL-AMERICAN ROSE SELECTION 1982

'Brass Ring' DICgrow
(rechts)
Syn. 'Peek-a-Boo'
ZWERGROSE, ORANGE+, ÖFTER BLÜHEND

Eine Vielzahl kupferorangefarbener Blüten an einem rundlichen Busch ist das Kennzeichen dieser Sorte. Die orangefarbenen Blüten verblassen zu Rosa, wodurch sich eine schöne Farbkombination im Garten ergibt. Die Blüten haben nur 20 Petalen und sind am schönsten, wenn sie ganz geöffnet sind. Der Busch besitzt viele kurze Triebe, die leicht überhängen. Die Pflanze erreicht im Vergleich zu den traditionellen, kompakten Zwergbuschrosen eine beachtliche Höhe. Sie eignet sich besonders gut für Kübel. ZONEN 5–11.

DICKSON, GROSSBRITANNIEN, 1981
'MEMENTO' × 'HEIDERÖSLEIN NOZOMI'
ROYAL NATIONAL ROSE SOCIETY CERTIFICATE OF MERIT 1981, BELFAST CERTIFICATE OF MERIT 1983

'Breath of Life'

HARquanne *(rechts)*
GROSSBLUMIGE KLETTERROSE,
APRICOT+, ÖFTER BLÜHEND

Dieser Climber hat die schöne Farbe von Aprikosen, die mit der Zeit zu apricotrosa verblasst. Die relativ großen Blüten sind gefüllt und entwickeln sich wie büschelblütige Rosen mit anfangs hoher Mitte, die später becherförmig werden; die Petalen sind gewellt. Eine sehr gute Rose für Blumenarrangements, da die Blüten lange halten und sich die Blütenfarbe nicht verändert. Am Busch sollte man die abgeblühten Blüten entfernen, um die Nachblüte zu fördern. Die Blütezeit reicht vom Sommer bis in den Herbst; ein angenehmer Duft ist vorhanden. Der Wuchs ist steif und aufrecht, die Pflanze erreicht eine mittlere Höhe. Soll die Pflanze seitwärts erzogen werden, so muss dies geschehen, solange die Triebe noch biegsam sind. Das Laub ist mittelgrün. Den Namen dieser Rose erdachte sich das Royal College of Midwives, eine britische Hebammenschule. **ZONEN 4–9.**

HARKNESS, GROSSBRITANNIEN, 1982

'RED DANDY' × 'ALEXANDER'

JAPAN CERTIFICATE OF MERIT 1983, NEW ZEALAND CERTIFICATE OF MERIT 1985

'Breathless' JACchry

(rechts)
TEEHYBRIDE, DUNKELROSA,
ÖFTER BLÜHEND

Diese Rose wurde erst nach dem Tod ihres Züchters vorgestellt, was nicht ungewöhnlich ist, da es mitunter zehn Jahre dauern kann, bis eine neue Sorte auf dem Markt erscheint. Aus eleganten, spitzen Knospen entwickeln sich wohlgeformte, gefüllte Blüten, die anfangs eine hohe Mitte aufweisen, dann aber rundlich werden, wenn sich die Petalen entfalten. Die Blüten haben ein dunkles Rosa und sitzen meist einzeln. Sie eignen sich daher gut für den Schnitt, aber auch als Beetrosen. 'Breathless' duftet leicht. Die Blütezeit reicht vom Sommer bis in den Herbst. Die mittelhohe Pflanze wächst aufrecht und besitzt große, mittelgrüne Blätter, die im Austrieb violettrot sind. **ZONEN 4–9.**

WARRINER, USA, 1994

SÄMLING × 'CHRYSLER IMPERIAL'

'Bredon' AUSbred *(links)*
STRAUCHROSE, APRICOT+, ÖFTER BLÜHEND

Die jungen Blüten von 'Bredon' erscheinen in einem zarten cremigen Rosa mit leichten Apricotschattierungen. Voll geöffnet, dominieren die Apricottöne, die langsam verblassen. Die mittelgroßen Blüten sind wohlgeformt; die vielen Petalen liegen ineinander gefaltet. Ihre Blütezeit dauert vom Sommer bis in den Herbst. Der Duft ist fruchtig. Die Pflanze wächst wie eine buschige büschelblütige Rose und eignet sich für Rabatten, am besten mit niedrigeren Pflanzen im Vordergrund, weil die Zweige recht lang und überhängend sind. Im Winter muss ein Rückschnitt erfolgen, damit die Pflanze nicht unansehnlich wird. Die großen Blätter sind mittelgrün. Diese Sorte wird auch als Englische Rose bezeichnet. Bredon ist eine sehr schöne Gegend im Westen von England. **ZONEN 4–9.**

AUSTIN, GROSSBRITANNIEN, 1984

'WIFE OF BATH' × 'LILIAN AUSTIN'

'Breeze Hill' *(rechts)*
GROSSBLUMIGE KLETTERROSE, APRICOT+

Diese Sorte wächst wie ein Rambler mit vielen biegsamen Zweigen, besitzt aber die relativ großen Blüten und die matten, rundlichen Blätter einer Kletterrose. Die Herkunft wurde vielfach angezweifelt und stattdessen 'Dr. van Fleet' als Elternpflanze vorgeschlagen. Die Blüten, die meist in Büscheln zu dritt oder mehr sitzen, sind bis zur Mitte gefüllt und öffnen sich flach, wobei die cremigen Pastelltöne und Apricotschattierungen, die zu Creme verblassen, sichtbar werden. Die Blüte, der auch schlechtes Wetter wenig anhaben kann, erfolgt im Sommer, nur sehr gelegentlich kommt es zu einer Nachblüte. Ein leichter Duft nach Apfel ist vorhanden. Die Pflanze wächst anfangs nur mäßig, entwickelt sich dann aber zu einer relativ hohen Kletterrose. Sie kann geschnitten und als großer, überhängender Strauch erzogen werden. Das kleinblättrige Laub ist üppig und gesund. **ZONEN 4–9.**

VAN FLEET, USA, 1926

ROSA WICHURAIANA × 'BEAUTÉ DE LYON'

'Brenda' *(rechts)*
ALTE R., RUBIGINOSA-HYBRIDE, HELLROSA

Im Frühjahr erscheinen die pfirsichblüten- bis rosafarbenen, einzelnen Blüten an starken Zweigen. Die schönsten Farben bilden sich im Halbschatten aus. Der kräftige Strauch ist im Herbst mit Hagebutten bedeckt. Lord Penzance, ein englischer Richter, züchtete mehrere Hybriden mit *Rosa rubiginosa* als Sämling. Für die Farbe und Blütengröße benutzte er öfter blühende Hybriden und Bourbonrosen. Ziel war es, duftende Sorten zu züchten, aber 'Brenda' erreichte nie die Beliebtheit anderer Hybriden des gleichen Züchters. ZONEN 5–11.

PENZANCE, GROSSBRITANNIEN, 1894
ELTERN UNBEKANNT

'Brennus'
Syn. 'Brutus', 'Queen Victoria', 'St Brennus'
ALTE ROSE, CHINA-HYBRIDE, DUNKELROT, EINMALBLÜHEND

Diese außer in warmen Klimazonen wenig bekannte Hybride wird von manchen Experten als Bourbon-, von anderen als China-Rose klassifiziert. Die ganz flachen, leuchtend karmesinroten, rundlichen Blüten sind dunkelrot mit violetter Schattierung. Sie sind sehr groß, becherförmig, mit gewellten Blütenblättern. Sie ist zwar nur einmalblühend, tut das aber über einen sehr langen Zeitraum, und wegen des ausgezeichneten Laubes und der Blüten eignet sie sich gut für eine Säule. ZONEN 7–11.

LAFFAY, FRANKREICH, 1830
ELTERN UNBEKANNT

'Bridal Pink' JACbri
(oben rechts)
FLORIBUNDA, ROSA+, ÖFTER BLÜHEND

Die Blüten entwickeln sich aus eleganten, spitzen Knospen. Sie sind dicht gefüllt, groß, mit hoher Mitte. Ihre Form ist perfekt, und sie halten lange. Die Blüten sind hellrosa mit cremefarbenen Schattierungen und gutem Duft. In warmen Gebieten und sonnigen Lagen entwickeln sich die Blüten am schönsten. Die Pflanze eignet sich nicht nur zum Schnitt, sondern auch als Beetrose. Die Blüte dauert bis in den Herbst; kalte Witterung verträgt sie schlecht. 'Bridal Pink' wächst aufrecht, erreicht eine mittlere Höhe und wird von ledrigem, dunkelgrünem Laub bedeckt. ZONEN 5–9.

BOERNER, USA, 1967
SÄMLING VON 'SUMMERTIME' × SÄMLING VON 'SPARTAN'

'Bride's Dream' ROYroyness *(oben)*
Syn. 'Fairy Tale Queen', 'Märchenkönigin'
TEEHYBRIDE, HELLROSA, ÖFTER BLÜHEND

Dies ist eine der schönsten zartrosa Sorten. Sie stammt von 'Königliche Hoheit' ab und besitzt den gleichen warmen Rosaton; die Knospen sind aber wesentlich länger, der Wuchs höher, und diese Rose ist nicht mehltauanfällig. Die besonders langen, eleganten Knospen entwickeln sich zu großen, gefüllten Blüten mit 30 Petalen und hoher Mitte; sie duften schwach. Die Blüte ist sehr reich, durch die langen Stiele eignet sich diese Rose gut zum Schnitt. Das dunkelgrüne Laub steht dicht. Der Busch wird für eine Rabatte zu hoch, er ist aber gut für den Beethintergrund geeignet.
ZONEN 4–9.

KORDES, DEUTSCHLAND, 1985

'KÖNIGLICHE HOHEIT' × SÄMLING

'Brigadoon' JACpal
TEEHYBRIDE, ROSA+, ÖFTER BLÜHEND

Diese Rose ist vor allem wegen der Blütenfarbe beliebt. Es handelt sich dabei um Schattierungen in Rosa, Creme und Erdbeerrot, wobei die dunkleren Töne besonders an den Petalenspitzen erscheinen. Wenn sich die Knospen öffnen, sind die etwa 40 eng beieinander sitzenden Petalen zu sehen. Sie wölben sich nach außen und zeigen eine spiralförmige Mitte, die sich langsam auflöst. Die würzig duftenden Blüten erscheinen vom Sommer bis in den Herbst. Eine Rose, die sich auch für Ausstellungen eignet, obwohl die Stiele oft etwas kurz sind. Die Pflanze wächst hoch und buschig mit vielen dunkelgrünen, glänzenden Blättern. Die Sorte ist nicht ganz frosthart. **ZONEN 5–9.**

WARRINER, USA, 1991

SÄMLING × 'PRISTINE'

ALL-AMERICAN ROSE SELECTION 1992

'Bright Smile' DICdance *(rechts)*
FLORIBUNDA, REIN GELB, ÖFTER BLÜHEND

Die schlanken Knospen entwickeln sich zu recht großen, halb gefüllten leuchtend gelben Blüten mit deutlich sichtbaren Staubfäden. Ein angenehmer Duft ist vorhanden, und die Pflanze blüht vom Sommer bis zum Herbst. Der Wuchs ist ordentlich, buschig und breit. Die relativ niedrige Floribundarose besitzt reichlich glänzendes und hübsches Laub. Gelegentlich werden die jungen Triebe von Mehltaupilzen befallen. ZONEN 4–9.

DICKSON, GROSSBRITANNIEN, 1981

'EUROROSE' × SÄMLING

BRITISH ASSOCIATION OF ROSE BREEDERS SELECTION 1980, PREIS VON BELFAST 1982, GLASGOW SILBERMEDAILLE 1989

'Broadway' BURway
(rechts)
TEEHYBRIDE, GELB+, ÖFTER BLÜHEND

Die Farbe von 'Broadway' wird in vielen Katalogen als ein „in Gold getauchtes Orange" beschrieben. Zu den Rändern hin sind die Petalen rötlich rosa, wobei sich die Farben bei Sonne noch vertiefen und ausbreiten. Die Blüten sind dicht gefüllt und recht groß; sie öffnen sich mit hoher Mitte und halten ihre regelmäßige Form, auch wenn die Petalen sich nach außen wölben. Ein intensiver, würziger Duft ist vorhanden. Die Blütezeit reicht vom Sommer bis in den Herbst, wobei die Blütenqualität im Hochsommer am geringsten ist. Die Pflanze wird mittelhoch und wächst buschig aufrecht. Die dunkelgrünen Blätter glänzen. 'Broadway' ist eine gute Beet- und Schnittrose, deren Farbänderungen auch in der Vase zu beobachten sind. Die Pflanze ist nicht ganz frosthart. ZONEN 5–9.

ANTHONY PERRY, USA, 1985

('FIRST PRIZE' × 'GOLD GLOW') × 'SUTTER'S GOLD'

ALL-AMERICAN ROSE SELECTION 1986

'Bronze Masterpiece'
(rechts)
Syn. 'Bronce Masterpiece'
TEEHYBRIDE, APRICOT+, ÖFTER BLÜHEND

Die schönsten Blüten erscheinen zu Saisonbeginn, wenn das Bronzeorange am intensivsten ist. Aus den gelbbräunlichen Knospen entwickeln sich dicht gefüllte Blüten mit hoher Mitte, deren Farbe zu Orangegelb verblasst, wenn sich die Petalen nach außen wölben. Sie halten bei kaltem Wetter ihre Form und eignen sich für Ausstellungen. Der Duft ist intensiv fruchtig. Sie blühen vom Sommer bis zum Herbst, sofern sie nicht von Pilzen befallen werden. Die mittelhohe Pflanze wächst aufrecht und hat lediges, glänzendes, dunkelgrünes Laub. Sie wird fast nur noch in warmen Gegenden angebaut. **ZONEN 5–9.**

BOERNER, USA, 1960
'GOLDEN MASTERPIECE' × 'KATE SMITH'
GENEVA GOLDMEDAILLE 1958

'Brother Cadfael'
AUSglobe *(unten rechts)*
STRAUCHROSE, REIN ROSA, ÖFTER BLÜHEND

Bei dieser Sorte ist die tiefe Becherform, die an Pfingstrosen erinnert, beachtenswert. Die dunkelrosa Blüten sind dicht gefüllt, haben sehr dicke Petalen und duften gut. Die Pflanze entwickelt sich zu einem robusten, aufrechten Busch mittlerer Höhe mit großen, dunklen Blättern. Sie zählt zu den Englischen Rosen. **ZONEN 4–9.**

AUSTIN, GROSSBRITANNIEN, 1990
'CHARLES AUSTIN' × SÄMLING

'Brown Velvet' MACcultra *(rechts)*
Syn. 'Colorbreak'
FLORIBUNDA, ROSTROT, ÖFTER BLÜHEND

Sam McGredy hat die Rosenwelt hier mit einem Ton zwischen Orangerot und Braun überrascht. In kälteren Regionen überwiegen die Braun-, in wärmeren Zonen die Orangetöne. Aus dichten Büscheln rundlicher Knospen entwickeln sich gefüllte, geviertelte Blüten. Die Petalen wölben sich nach außen und lassen die goldfarbenen Staubfäden erkennen. Die mittelgroßen, leicht duftenden Blüten erscheinen vom Sommer bis zum Herbst. Der mittelhohe Busch wächst aufrecht mit glänzendem, dunkelgrünem Laub. **ZONEN 4–9.**

MCGREDY, NEUSEELAND, 1982
'MARY SUMNER' × 'KAPAI'
GOLD STAR OF THE SOUTH PACIFIC, NEUSEELAND 1979

'Brownie' *(rechts)*
FLORIBUNDA, ROSTROT, ÖFTER BLÜHEND

Gene Boerner züchtete in den Jahren nach dem 2. Weltkrieg einige außergewöhnliche Rosen wie 'Lavender Pinocchio', die von 'Grey Pearl' abstammt. Aus der Kreuzung dieser Sorten entstand 'Brownie'. Sie hat hellbraune Knospen, die sich zu becherförmigen, schokoladenbraunen Blüten mit Goldschattierungen an der Basis und roten Petalenrändern entwickeln. Kupfer- und Cremetöne werden sichtbar, wenn sich die dicht gefüllten Blüten fast flach öffnen. Die Blüten sitzen in gleichmäßig verteilten Büscheln und erscheinen nur sporadisch vom Sommer bis in den Herbst. Die mittelhohe Pflanze wächst aufrecht und hat ledriges Laub. **ZONEN 4–9.**

BOERNER, USA, 1959
SÄMLING VON 'LAVENDER PINOCCHIO' × 'GREY PEARL'

'Buccaneer' *(unten)*

TEEHYBRIDE, GELB, ÖFTER BLÜHEND

In den USA wird diese Sorte als Grandiflora eingestuft. Sie hat lange, zugespitzte Knospen in offenen Büscheln, die sich zu becherförmigen, recht lockeren Blüten in leuchtendem Gelb entwickeln. Sie sitzen an steifen Trieben und verströmen einen angenehmen Duft. Die Blüten haben etwa 25 Petalen. Im Garten sind sie unübersehbar. Sie kommen auch mit schlechtem Wetter zurecht und erscheinen vom Sommer bis zum Herbst. Der Wuchs ist erheblich höher als bei den meisten Teehybriden. Die Sorte kann fast wie eine Kletterrose einen Pfeiler oder einen Zaun begrünen. Die kräftige Pflanze ist meist sehr gesund; sie wächst aufrecht, bildet lange Triebe aus und entwickelt üppiges, dunkelgrünes Laub.
ZONEN 4–9.

SWIM, USA, 1952

'GEHEIMRAT DUISBERG' × ('MAX KRAUSE' × 'CAPTAIN THOMAS')

GENF GOLDMEDAILLE 1952, ROYAL NATIONAL ROSE SOCIETY TRIAL GROUND CERTIFICATE 1955

'Buff Beauty' *(oben)*

STRAUCHROSE, MOSCHATA-HYBRIDE, APRICOT+, ÖFTER BLÜHEND

'Buff Beauty' ist eine Rose mit rundlichem Wuchs und üppigem dunklem, glänzendem Laub. Im Sommer und im Herbst erscheinen die Rispen mit apricotfarbenen Blüten, die vor dem dunklen Laub besonders gut zur Geltung kommen. Die zahlreichen Petalen öffnen sich weit mit dichter Mitte wie eine Puderquaste. Außer Apricot weisen die Blüten auch ein weiches, mattes Gelb auf, sie verströmen einen angenehmen Duft und trotzen auch schlechtem Wetter. Die relativ hohe, gesunde Pflanze eignet sich gut für eine Rabatte oder eine niedrige Mauer.
ZONEN 4–9.

BENTALL, GROSSBRITANNIEN, 1939

'WILLIAM ALLEN RICHARDSON' × UNBEKANNT

ROYAL HORTICULTURAL SOCIETY AWARD OF GARDEN MERIT 1993

'Bullata' *(rechts)*

Syn. 'Lettuce-leaved Rose', *Rosa* × *centifolia bullata*, 'Rose à Feuilles de Laitue'

ALTE R., ZENTIFOLIE, REIN ROSA

Diese Rose bildet einen lockeren Busch von 1,5 m Höhe und fast gleicher Breite. Die langen Zweige sind überhängend, dunkelgrün und dicht mit rötlichen Stacheln besetzt. Das Laub ist recht eigenartig: Jedes leuchtend grüne Blatt ist groß und faltig wie bei einem Salatkopf. Im Juni erscheinen die stark duftenden Blüten aus engen, rundlichen Knospen. Sie sitzen in kleinen Büscheln. Die voll geöffneten Blüten in intensivem, leuchtendem Rosa bestehen aus vielen eng zusammenstehenden Petalen. Sie vertragen keinen Regen und können bei andauernder Nässe schon in der Knospe faulen; trotzdem ist dies eine faszinierende Rose. Sie ist abgesehen vom Laub identisch mit 'Centifolia', aus der sie ein Sport ist oder sich vor langer Zeit ausgesät hat. ZONEN 5–10.

VOR 1815

ELTERN UNBEKANNT

'Bulls Red' MACrero *(rechts)*

TEEHYBRIDE, ROT, ÖFTER BLÜHEND

Diese Rose ist vor allem wegen ihrer Haltbarkeit als Schnittblume beliebt. Sie trägt meist einzelne Blüten mit großen, breiten Petalen, die sich aus dicken Knospen entwickeln. Die gefüllten Blüten mit hoher Mitte erscheinen in einem dunklen Rot. Leider haben sie nicht den Duft, den man von einer roten Rose erwartet. Die reich und gut nachblühende Sorte wächst aufrecht, ist kräftig und wird recht hoch. Das Laub ist dunkelgrün. ZONEN 4–9.

MCGREDY, NEUSEELAND, 1977

'SYMPATHIE' × 'IRISH ROVER'

'Burgunderrose'
(rechts)

Syn. *Rosa burgundica*, *R. centifolia* var. *parvifolia*, 'Burgundy Rose', 'Pompon de Bourgogne'

ALTE R., ZENTIFOLIE, ROSA+

'Burgunderrose' ist eine Sorte mit langer, nicht ganz eindeutiger Geschichte. Sie wird unter einer Vielzahl von Namen geführt. Die kleinen, dunkelrosa Blüten sind mit Purpur überhaucht, haben eine helle Mitte und duften etwas. Durch das dunkle, graugrüne Laub und bei nur wenigen Stacheln eignet sich diese Sorte besonders gut als dichter, niedriger Busch sowie als Kübelpflanze.
ZONEN 4–10.

FRANKREICH, CIRCA 1664
ELTERN UNBEKANNT

'Burnaby' *(oben)*
Syn. 'Gold Heart', 'Golden Heart'

TEEHYBRIDE, HELLGELB, ÖFTER BLÜHEND

Mit über 50 Petalen und hoher Mitte sind die großen ballförmigen Blüten sehr ausdrucksstark. Da auch unvollständige Blüten erscheinen, zählt diese Sorte nicht zu den besten Ausstellungssorten, wächst aber kräftig und blüht reichlich. Die Blütezeit reicht, von kurzen Unterbrechungen abgesehen, bis in den Herbst. Die leicht duftenden Blüten sind primelgelb und verblassen zu Creme. Die Pflanze wird mittelhoch, wächst buschig und hat recht wenig dunkelgrünes Laub, das anfällig für Sternrußtau ist.
ZONEN 4–9.

EDDIE, KANADA, 1954
'PHYLLIS GOLD' × 'PRESIDENT HERBERT HOOVER'
GOLDMEDAILLE DER NATIONAL ROSE SOCIETY 1954, PORTLAND GOLDMEDAILLE 1957

'Buttons 'n' Bows' *(rechts)*
Syn. 'Felicity II', 'Teeney-Weeny'
ZWERGROSE, DUNKELROSA, ÖFTER BLÜHEND

Gefüllte Blüten in Rosatönen zeichnen diesen kompakten, aufrecht wachsenden Busch aus. Sie sitzen meist einzeln oder in kleinen Büscheln und verbreiten einen fruchtigen Duft. Die becherförmigen Blüten haben eine hohe Mitte, deren Petalen sich langsam zurückwölben. 'Buttons 'n' Bows' ist weltweit beliebt. Sie blüht mit nur kurzen Unterbrechungen in fast allen Regionen.
ZONEN 4–11.

POULSEN, DÄNEMARK, 1981

'MINI-POUL' × 'HARRIET POULSEN'

'By Appointment'
HARvolute *(rechts)*
FLORIBUNDA, APRICOT+, ÖFTER BLÜHEND

'By Appointment' ist eine Floribundarose in cremigem Apricot, das anfänglich sehr blass ist und dann die zarten Pastelltöne vieler Alter Rosen zeigt. Die gefüllten Blüten sitzen am Ende aufrechter Stiele sehr eng zusammen. 'By Appointment' bietet sowohl auf Ausstellungen als auch in der Vase einen atemberaubenden Anblick. Die Blütezeit beginnt im Juli und reicht bis in den Herbst, wobei die erste Blüte reichlich und von besonders guter Qualität ist. Die Pflanze wächst aufrecht, ist schmal und erreicht eine mittlere Höhe. Die sehr dunklen Blätter können zum Saisonende hin gelegentlich von Mehltau befallen werden. Der Name der Rose soll an das 150-jährige Bestehen der Royal Warrant Holders' Association, der Vereinigung britischer Hoflieferanten, erinnern.
ZONEN 4–9.

HARKNESS, GROSSBRITANNIEN, 1990

'ANNE HARKNESS' × 'LETCHWORTH GARDEN CITY'

'Cabbage Rose'
(ganz oben links)
Syn. Kohlrose, *Rosa × centifolia*, 'Centifolia', 'Provence Rose'
ALTE R., ZENTIFOLIE, REIN ROSA

„Rose der Maler" heißt diese wunderbar duftende Zentifolie in Frankreich. Im Juni erscheinen die rein rosafarbenen, dicht gefüllten Blüten einzeln oder in Büscheln. Die so genannte „hundertblättrige" Blüte hängt vom Gewicht der vielen überlappenden Petalen oft leicht herab. 'Cabbage Rose' trägt raue, graugrüne Blätter und gedeiht in voller Sonne am besten. Sie wird bis zu 1,8 m hoch und ist hinsichtlich des Bodens nicht sehr wählerisch, verträgt aber während der Blüte keine nasse Witterung. Einzeln gezogene Exemplare benötigen unbedingt eine Stütze. Gleich nach der Blüte beziehungsweise im Spätwinter ist unter Umständen ein Auslichtungsschnitt erforderlich.
ZONEN 4–9.
NIEDERLANDE, ETWA 1596
ELTERN UNBEKANNT

'Café' *(oben)*
FLORIBUNDA, ROSTROT, ÖFTER BLÜHEND

Die Reaktionen auf diese Neuheit waren anfangs höchst unterschiedlich. Ein Kritiker glaubte, den Farbton von Milchkaffee wiederzuerkennen, während ein anderer die Hoffnung bekundete, niemals einen Kaffee in dieser Farbe trinken zu müssen. Sind die Wetterbedingungen kühl, so fällt die Capuccino-Tönung angenehm auf; ein schmutziges Rehbraun ist eher die Folge von heißem, trockenem Klima. Die gefüllten, in Büscheln angeordneten Blüten hängen jedoch manchmal leicht herab und duften zart. Die Knospen gehen schalenförmig auf und haben locker angeordnete Petalen. Wenn man die Blüten jung schneidet, halten sie sich lange in der Vase. Die Floribundarose ist schwachwüchsig und benötigt recht viel Pflege. 'Café' ist von einem steifen und buschigen Wuchs und trägt olivgrüne Blätter. ZONEN 4–9.
KORDES, DEUTSCHLAND, 1956
('GOLDEN GLOW' × *ROSA KORDESII*) × 'LAVENDER PINOCCHIO'

'Calocarpa' *(unten)*
RUGOSA-HYBRIDE, REIN ROSA, ÖFTER BLÜHEND

Diese Rose trägt dichte Büschel großer, einfacher Blüten, welche die ganze Saison hindurch erscheinen. Sie haben knittrige Petalen in den verschiedensten Farben, die von lebhaftem Rot über sattes Rosarot bis hin zu violettstichigem Scharlachrot reichen und wunderbar mit den goldenen Staubgefäßen kontrastieren. Die offenbar geographisch bedingten Färbungsunterschiede lassen vermuten, dass 'Calocarpa' entweder ein klimaabhängiges „Mutabilis-Gen" besitzt oder hier mehrere Sorten vorliegen. Die mittelhohe Rose hat schlanke, bewehrte Triebe und großes, raues, mittelgrünes Laub, das zudem gekräuselt ist. Besonders reizvoll wirken im Herbst die hängenden Büschel runder scharlachroter Hagebutten.
ZONEN 4–9.
BRUANT, FRANKREICH, VOR 1891
VERMUTLICH *ROSA RUGOSA* × UNBEKANNTE CHINAROSE

'Camaieux' (rechts)
ALTE R., GALLICA-ROSE, MAUVE

'Camaieux' trägt im Sommer locker gefüllte Blüten mit einem süßlichen Duft. Die Basis der Petalen ist magentarot und geht mit der Zeit in einen zarten Flieder oder gar Purpurton über. Jedes Blütenblatt ist stark gesprenkelt, so dass ein dekorativer zweifarbiger Effekt auftritt. Die Pflanze ist starkwüchsig, wird etwa 1 m hoch, trägt graugrüne Blätter und vereinzelte Stacheln. 'Camaieux' passt gut in kleine Gärten und kann auf eigener Wurzel stehen. Sie eignet sich für Kübel, als Solitär oder für eine Hecke. ZONEN 4–9.

VIBERT, FRANKREICH

ELTERN UNBEKANNT

'Camaieux Fimbriata' (rechts)
ALTE R., GALLICA-ROSE, MAUVE

Dieser Sport, der zu den schönsten Gallica-Rosen zählt, wurde in der neuseeländischen Rosenschule Bell's Roses, die sich in Auckland befindet, in einer Beetreihe mit Camaieux-Rosen entdeckt. Die Blüten sind nicht gestreift und halb gefüllt wie bei der Elternsorte, sondern purpurrot marmoriert und mit vielen kleinen Petalen dicht gefüllt, so dass in der Mitte ein Knopfauge entsteht. Der Marmorierungseffekt ist höchst dekorativ. Wie alle Gallica-Rosen blüht auch 'Camaieux Fimbriata' nur im Juni. Die Pflanze bleibt niedrig und trägt zahlreiche matte, dunkelgrüne Blätter. Vereinzelt kann Mehltau auftreten. 'Camaieux', die im vorigen Abschnitt erläutert wurde, ist wahrscheinlich die einzige Gallica-Rose, die jemals einen Sport auf der Südhalbkugel hervorgebracht hat. ZONEN 5–9.

BELL'S ROSES, NEUSEELAND, 1980

SPORT VON 'CAMAIEUX'

'Cambridgeshire' KORhaugen
Syn. 'Carpet of Color'
STRAUCHROSE/BODENDECKERROSE, ROT+, ÖFTER BLÜHEND

'Cambridgeshire', die in Fachkreisen als erste mehrfarbige Bodendeckerrose gilt, trägt Büschel vieler spitzer Knospen, die sich zu kleinen, halb gefüllten Blüten öffnen. Diese besitzen keinen nennenswerten Duft und geben beim Öffnen den Blick auf eine Mischung aus Gold, Rosa, Kirschrot und Scharlachrot frei. Die Petalen bilden eine Becherform. Die Blüten stehen dicht zusammengedrängt in Büscheln, welche den Strauch reichlich bedecken – ein Anblick von umfassender Schönheit. 'Cambridgeshire' blüht den ganzen Sommer und Herbst hindurch, allerdings mit einigen Ruhephasen, während derer die Pflanze regeneriert. Der Wuchs ist ausladend, aber sehr dicht, so dass sich diese Bodendeckerrose auch für kleinere Flächen eignet. Ihre Blätter sind dunkelgrün und glänzend. ZONEN 4–9.

KORDES, DEUTSCHLAND, 1994

ELTERN UNBEKANNT

'Camélia Rose'
(ganz oben links)
Syn. 'Camellia Rose'
ALTE R., CHINAROSE, HELLROSA, ETWAS NACHBLÜHEND

Da diese Chinarose sehr einer Kamelie ähnelt, gibt sie eine hübsche Pflanze für den Hintergrund von Rabatten ab. Die Blüten dieser auch als Noisetterose bezeichneten Sorte sind leuchtend rosarot, mittelgroß, becherförmig und gefüllt; ihre Petalen sind gelegentlich weiß gestreift. Vereinzelt hängen die Blumen vor dem glänzenden Laub etwas herab. Die Rose gedeiht gut an halbschattigen, aber warmen Standorten. Insgesamt gibt es noch vier weitere gleichnamige Rosen.
ZONEN 7–10.
PRÉVOST, ETWA 1830
ELTERN UNBEKANNT

'Camelot'
(ganz oben rechts)
TEEHYBRIDE, ORANGEROSA, ÖFTER BLÜHEND

Die dicht gefüllten, gut mittelgroßen Blüten stehen in Büscheln oder einzeln, ihre jungen, korall- oder lachsroten Petalen wirken zunächst dunkel, bleichen später jedoch aus. Die würzig duftenden Blüten haben eine hohe Mitte, bevor sie sich nach und nach becherförmig entfalten; sie erscheinen den ganzen Sommer und Herbst hindurch und kontrastieren gut zum dunklen, ledrigen Laub. Ihre langen Blütenstiele prädestinieren 'Camelot' ideal zum Schnitt; die Teehybride macht sich aber auch im Garten ganz gut.
ZONEN 4–9.
SWIM & WEEKS, USA, 1964
'CIRCUS' × 'QUEEN ELIZABETH'
ALL-AMERICAN ROSE SELECTION 1965

'Cameo' *(unten)*
POLYANTHAROSE, ORANGEROSA, ÖFTER BLÜHEND

Diese Sorte zählt zu den zahlreichen Sports von Polyantharosen. 'Cameo' trägt dicht gedrängte Büschel kleiner, rosettenförmiger und halb gefüllter Blüten, die einen sehr schönen Farbeffekt aufweisen – eine eigentümliche Mischung aus Lachs, Korallrosa und Orange. Je nach Jahreszeit – und der damit hochwahrscheinlich verbundenen, veränderten Sonnenintensität – durchlaufen alle Blüten einer 'Cameo' irgendwann einmal die gesamte Farbpalette. Die schwach duftende Polyantharose ist zudem ein wenig anfällig für Mehltau, weshalb sie heute wahrscheinlich von krankheitsfesteren Sorten aus dem Rennen geworfen wurde. 'Cameo' ist eine buschige und aufrechte, aber kurze und sehr kompakte Pflanze; sie trägt kleine Blätter, die einen hellen Graugrünton aufweisen.
ZONEN 4–9.
DE RUITER, NIEDERLANDE, 1932
SPORT VON 'ORLÉANS ROSE'

'Canary Bird'
(rechts)
Syn. *Rosa xanthina* 'Canary Bird'
STRAUCHROSE, GOLDGELB

An einem günstigen Standort wirkt diese Rose einfach atemberaubend. Sie benötigt allerdings viel Platz, um schon im Mai ihre hängenden Girlanden einzelner, leuchtend gelber Blüten ausbreiten zu können. Die kleinen Blüten sitzen auf kurzen Stielen dicht oberhalb der bräunlich roten Triebe und sind von hellgrünen, farnartigen Blättchen umgeben. Sie öffnen sich schalenförmig und verströmen einen angenehmen Duft. Gelegentlich tritt gegen Ende der Saison noch einmal eine spärliche Nachblüte auf. Ein Rückschnitt zerstört nicht nur die natürliche Anmut der Pflanze, sondern führt auch oft zum Absterben durch die Valsa-Krankheit. Sie zählt ansonsten zu den gesündesten Rosen, doch können eiskalte Winde im Frühjahr die zarten Knospen schädigen. Die Eltern sind wahrscheinlich zwei Wildarten aus China.
ZONEN 4–9.

GEFUNDEN IN ENGLAND, NACH 1907

VERMUTLICH *ROSA HUGONSIS* × *R. XANTHINA*

ROYAL HORTICULTURAL SOCIETY AWARD OF GARDEN MERIT 1993

'Candelabra'
JACcingo
TEEHYBRIDE/GRANDIFLORA, ORANGE+, ÖFTER BLÜHEND

In ihrem Herkunftsland wurde sie sehr schnell beliebt, wäre aber auch für andere Teile der Welt ein Favorit. Die Blüten sind korallenorange, gefüllt, mittelgroß und erscheinen in kleinen Büscheln. Die Rückseiten der Blütenblätter zeigen das gleiche Korallenorange. 'Candelabra', ein Strauch von 1,2 bis 1,5 m Höhe, hat glänzendes, dunkelgrünes Laub und einige Stacheln. Der Duft der Blüten ist zart, aber köstlich. Sie eignet sich für Hecken und als Beetrose und blüht während der Saison immer wieder.
ZONEN 4–9.

ZARY, USA, 1999

'TOURNAMENT OF ROSES' × SÄMLING

'Candella' MACspeego
(rechts unten)
Syn. 'Eternally Yours'
TEEHYBRIDE, ROT+, ÖFTER BLÜHEND

Die Blüten dieser Sorte sind bräunlich scharlachrot mit weißen Petalenrückseiten. Sie sitzen kandelaberartig am Trieb, wobei jede einzelne einen eigenen, recht langen Blütenstiel besitzt. Die spitz zulaufenden Knospen öffnen sich zu recht locker geformten, zuweilen etwas herabhängenden, mit etwa 20 Petalen gefüllten Blüten mittlerer Größe. Sie duften zart. Die wuchsfreudige Sorte von gut durchschnittlicher Größe macht sich ausgezeichnet in Beeten und Rabatten, auch wenn sie manchmal etwas dünn wirkt. Sie ist winterhart und bis auf leichte Mehltauanfälligkeit auch gesund; ihr Laub ist groß, dunkelgrün und glänzend.
ZONEN 4–9.

MCGREDY, NEUSEELAND, 1990

'HOWARD MORRISON' × 'ESMERALDA'

'Candy Rose'

MEIranovi *(rechts)*
STRAUCHROSE, ROT,
ÖFTER BLÜHEND

Diese Pflanze bringt große Büschel recht kleiner rosafarbener Blüten mit 10 Petalen hervor, die weiße Augen und rosarote Petalenrückseiten aufweisen. Die Blüten öffnen sich becherförmig und verströmen einen schwachen Duft. 'Candy Rose' blüht unermüdlich vom Juni bis in den Herbst hinein. Die steifwüchsige Strauchrose wird durchschnittlich hoch und breit; sie bildet viele überhängende Triebe. Sie eignet sich hervorragend für die Landschaftsgärtnerei, z. B. in großen Beeten oder als Hecke in einem öffentlichen Park, aber auch als Einzelpflanze oder in einem Mixed Border. Sie ist reichlich mit glänzend grünem Laub bedeckt, das rötlich austreibt. ZONEN 4–9.

MEILLAND, FRANKREICH, 1983

(ROSA SEMPERVIRENS × 'MLLE MARTHE CARRON') × (['LILLI MARLEEN' × 'IRISH WONDER'] × ['ORANGE SWEETHEART' × 'FRÜHLINGSMORGEN'])

'Candy Stripe'

(ganz oben rechts)
TEEHYBRIDE, ROSA+,
ÖFTER BLÜHEND

Diese Teehybride liefert wunderbare Schnittblumen. Dicke Knospen öffnen sich zu riesigen, schwer duftenden Blüten mit 60 Petalen, die zu den größten zählen, die es bei Rosen überhaupt gibt. Die Blüten sind rosa gepudert, aber rötlich gestreift bzw. gemasert, gehen becherförmig auf und halten sich recht lange. 'Candy Stripe' steht die ganze Saison hindurch in Blüte und wächst rasch und dicht verzweigt zu etwas überdurchschnittlicher Höhe. Sie ist reichlich mit großen, ledrig dunkelgrünen Blättern bedeckt. ZONEN 4–9.

MCCUMMINGS, USA, 1963

SPORT VON 'PINK PEACE'

'Cannes Festival'

(oben)
TEEHYBRIDE, GELB+,
ÖFTER BLÜHEND

Die Blüten dieser Sorte sind gelb und bernsteinfarben, wobei die jüngeren Blüten lang und schlank sind. Sie setzen sich aus etwa 35 Petalen zusammen, die langsam ihre Mitte freigeben und schließlich eine becherförmige Gestalt annehmen. Die zart duftende Blütenpracht bleibt den ganzen Sommer und Herbst hindurch erhalten. Auch wenn 'Cannes Festival' nicht mehr im Handel ist, zählte sie jahrelang zu den beliebtesten Gartenrosen für Beete und Rabatten. Sie gedeiht in trockeneren Gegenden besser, da die Petalen unter Regen leiden. Die wuchsfreudige, aufrechte Pflanze wird mittelhoch und ist dunkelgrün belaubt. Aus dem Hause Meilland stammt eine weitere 'Cannes Festival' (1983), in diesem Fall eine apricotfarbene großblumige Sorte. ZONEN 5–9.

MEILLAND, FRANKREICH, 1951

'GLORIA DEI' × 'PRINSES BEATRIX'

NATIONAL ROSE SOCIETY
CERTIFICATE OF MERIT 1951

'Cantabrigiensis' *(rechts)*
Syn. 'The Cambridge Rose'
STRAUCHROSE, HELLGELB

Bereits im Mai schmücken Hunderte von blassgelben Blüten diese Rose; sie sitzen einzeln an kurzen Stielen dicht oberhalb der kleinen farnartig belaubten Triebe, öffnen sich becherförmig und duften angenehm. Die Rose blüht gewöhnlich nicht nach. Im Herbst erscheinen kleine runde, orangerote Hagebutten, die allerdings oft im Laub versteckt sind. Die Haupttriebe wachsen gerade, aufrecht, sind stark bewehrt und biegen sich mit der Zeit unter dem Gewicht der Seitentriebe und Blätter. 'Cantabrigiensis' wächst am besten in einem naturnahen Garten, wo ihr reichlich Platz zur Verfügung steht. **ZONEN 4–9.**

BOTANISCHER GARTEN CAMBRIDGE, GROSSBRITANNIEN, 1931
VERMUTLICH *ROSA HUGONIS* × *R. SERICEA HOOKERI*
ROYAL HORTICULTURAL SOCIETY CORY CUP 1931, ROYAL HORTICULTURAL SOCIETY AWARD OF GARDEN MERIT 1994

'Canterbury' AUSbury *(rechts)*
STRAUCHROSE, REIN ROSA, ETWAS NACHBLÜHEND

Die großen rosaroten Blüten dieser Rose könnten als einfach gelten, da sie nur etwa 8 Petalen aufweisen; weit geöffnet wirken sie allerdings mit ihren seidig glänzenden, goldenen Staubgefäßen äußerst attraktiv. Sie verströmen einen angenehmen Duft und blühen die Saison hindurch in unregelmäßigen Abständen nach. 'Canterbury' ist nicht besonders wuchsfreudig, bleibt niedrig, ausladend und trägt dunkelgrünes Laub. Am besten gedeiht sie an einem offenen, sonnigen Standort auf fruchtbarem Boden. **ZONEN 4–9.**

AUSTIN, GROSSBRITANNIEN, 1969
('MONIQUE' × 'CONSTANZE SPRY') × SÄMLING

'Capitaine John Ingram' *(oben)*
ALTE R., MOOSROSE, MAUVE

Die Knospen verströmen einen harzigen Duft und sind reichlich mit rötlichem, klebrigem und dunkelgrünem Moos bedeckt. Sie öffnen sich zu pomponförmigen, flachen Blüten, deren Farbe von einem dunklen Purpur über ein samtiges Karminrot bis hin zu einem eher rötlichen Purpur reichen kann. Im Spätsommer kommt es dann evtl. erneut zu einer Nachblüte. Die aufwärts gebogenen Blüten haben in der Mitte ein Knopfauge. Der wuchsfreudige, dichte Strauch besitzt an den Stielen zahlreiche kleine Stacheln sowie viele kleine Borsten; sein Laub ist üppig und dunkelgrün. Auf nährstoffreichen Böden erreicht er mit etwa 1,5 m gut mittlere Höhe. **ZONEN 4–9.**

LAFFAY, FRANKREICH, 1854

ELTERN UNBEKANNT

'Capitaine Basroger' *(oben)*
ALTE R., MOOSROSE, ROT+

Auch wenn die großen, dicht gefüllten Knospen kaum bemoost sind, wirkt 'Capitaine Basroger' durch das schöne Rot und die dicht gefüllten Blüten äußerst attraktiv. Die nur im Juni erscheinenden Blüten, die in großen Büscheln an der Pflanze sitzen, sind 8 cm groß und verströmen einen starken Duft. Die Blüten an der Spitze der Büschel öffnen sich zeitig vor den übrigen Knospen und sitzen dann sehr dekorativ inmitten eines Kranzes ungeöffneter Knospen. Die Petalen können sich leicht zurückbiegen, und ihr karminroter Ton kann – je nach Einfall des Sonnenlichts – zu einem Purpur verblassen. Die Moosrose besitzt einige beachtlich lange Stacheln. Sie erreicht eine Höhe von knapp 2,5 m und kann als kleine Kletterpflanze gezogen werden. **ZONEN 4–9.**

MOREAU-ROBERT, FRANKREICH, 1890

ELTERN UNBEKANNT

'Cappa Magna' DELsap
FLORIBUNDA, ROT, ÖFTER BLÜHEND

Die roten Blüten sind becherförmig mit gewellten Blütenblättern. Kräftige, gelbe Staubgefäße erscheinen in der Mitte großer, offener Blüten, die in Büscheln zu 20-30 auftreten. Aufrechter Wuchs mit dunklem, glänzendem Laub. Eine attraktive Beetrose, besonders wenn sie in Gruppen zu drei oder mehreren gepflanzt wird. Sie blüht durchgängig vom Frühling bis zum ersten Frost und eignet sich ausgezeichnet als Schnittrose. **ZONEN 4–9.**

DELBARD-CHABERT, FRANKREICH, 1965

'TENOR' × SÄMLING

'Captain Christy' *(rechts)*
TEEHYBRIDE, HELLROSA, ÖFTER BLÜHEND

Die zu den ältesten, heute noch im Handel erhältlichen Teehybriden zählende Sorte ist wegen ihrer wunderbaren Blütenpracht, ihrer Wuchsfreudigkeit und lang andauernden Blüte beliebt. Die großen Blüten sind hellrosarot, dicht gefüllt und zunächst becherförmig, später ziemlich flach, wobei entzückende, etwas verwischte Mittelpunkte freigegeben werden. Am Petalenansatz ist die Farbe etwas dunkler. Wärmeres Wetter wirkt sich günstig auf die Entwicklung der Blüten aus; bei Regen öffnen sich die Knospen mitunter nicht und bilden dann Mumien. Die Rose duftet nicht sehr ausgeprägt. Sie wird gut mittelhoch und trägt üppiges, mahonienähnliches Laub. Für eine historische Gartenanlage wäre sie ein gutes Beispiel für eine erfolgreiche frühe Teehybride. Sie ist leicht zu ziehen und blüht im Sommer, gefolgt von einer zuverlässigen Nachblüte im Herbst. Dazwischen kommt es zur Ausbildung einzelner Blüten.
'Climbing Captain Christy' (Ducher, Frankreich, 1881) weist das gleiche Blühverhalten wie die Elternpflanze auf und blüht nur bedingt öfter. Beim kletternden Sport sehen die formlosen Blütenblätter sehr dekorativ aus. Für eine Kletterpflanze wächst sie zügig zu einer leicht überdurchschnittlichen Größe heran. Der Climber ist reichlich mit Laub bedeckt und profitiert von einem Standort in warmer, sonniger Lage, beispielsweise vor einer Mauer, wo sich die wuchsfreudige Pflanze gut ausbreiten kann. Da die schweren Blüten oft an langen Blütenstielen sitzen, bindet man sie am besten an. **ZONEN 4–9.**

LACHARMÉ, FRANKREICH, 1873

'VICTOR VERDIER' × 'SAFRANO'

'Cardinal Richelieu' *(rechts)*
Syn. 'Cardinal de Richelieu', 'Rose van Sian'
ALTE R., GALLICA-ROSE, MAUVE

Die Blüten, die aus kugelförmigen Knospen hervorgehen, sitzen in kleinen Büscheln auf Stielen und sind lange haltbar; ihr intensives Dunkelrot, geht allerdings schnell in ein Königspurpur über. Mit zunehmendem Alter verblassen die Blüten zu Ziegelgrau. Die mittleren Petalen sind leicht einwärts gebogen und zeigen eine hellere Tönung an ihrer Rückseite. 'Cardinal Richelieu' ist ein mittelgroßer Strauch von etwa 1,2 m Höhe. Er wächst buschig und sollte nach der Blüte kräftig zurückgeschnitten werden. Die Stiele sind glänzend und dunkelgrün; sie tragen nur wenige oder überhaupt keine Stacheln. Die Blätter sind üppig, matt glänzend und dunkelgrün. **ZONEN 4–9.**

PARMENTIER, BELGIEN, VOR 1847

ELTERN UNBEKANNT

ROYAL HORTICULTURAL SOCIETY AWARD OF GARDEN MERIT 1993

'Carefree Beauty'
BUCbi *(links)*
Syn. 'Audace'
STRAUCHROSE, REIN ROSA, ÖFTER BLÜHEND

Diese sehr beliebte Strauchrose bringt kleine Büschel spitzer Knospen hervor. Diese öffnen sich zu intensiv rosaroten Blüten, die zumeist einzeln an einem Stiel sitzen, etwa 11 cm groß werden und mit 10–20 Petalen locker gefüllt sind. Sie verströmen einen angenehmen Duft. Nach einem ersten Flor folgen noch weitere Nachblüten. Das Laub ist glatt, olivgrün und recht gesund. Die Pflanze bildet einen aufrechten Strauch, der stets mit Blüten bedeckt ist und sich ausbreitet. Er lässt sich als pflegeleichte Hecke ziehen, gibt aber auch eine schöne Einzelpflanze ab. Orangerote Hagebutten sorgen im Herbst und bis in den beginnenden Winter hinein für einen schönen Anblick. Diese Rosensorte ist relativ winterhart und lässt sich durch Okulation vermehren. **ZONEN 4–9.**

BUCK, USA, 1977
SÄMLING × 'PRAIRIE PRINCESS'

'Cardinal Song'
MEImouslin *(oben links)*
Syn. 'Jacques Prévert'
TEEHYBRIDE, ROT, ÖFTER BLÜHEND

Die sehr großen Blüten dieser Rose haben etwa 40 Petalen und sitzen teils einzeln, teils in Büscheln auf Stielen. Sie öffnen sich zu einer flachen Form und verströmen einen zarten Duft. Der Flor ist den ganzen Sommer und Herbst hindurch zu bestaunen. Im Garten eignet sich 'Cardinal Song' gut für Beete und Rabatten, sie hält sich aber auch lange in der Vase. Die buschige Pflanze ist mittelgroß und wächst aufrecht mit großen, glänzend dunkelgrünen Blättern. **ZONEN 5–9.**

MEILLAND, FRANKREICH, 1992
'OLYMPIAD' × ('MICHEL LIS LE JARDINIER' × 'RED LADY')
LYON GOLDMEDAILLE 1993

'Cardinal Hume'
HARregale *(oben)*
STRAUCHROSE, MAUVE+, ÖFTER BLÜHEND

Diese äußerst beliebte und gern gepflanzte Strauchrose trägt große Büschel herrlicher großer, becherförmiger Blüten in einem bräunlichen Purpur. Der Flor hält die ganze Saison hindurch an. Die Blumen duften stark moschusartig. Das dunkle Laub macht sich sehr gut im Zusammenspiel mit der Blütenfarbe; leider ist es etwas anfällig für Sternrußtau. Ihr Wuchs ist langsam und eher ausladend. Die reizvolle Rabattenrose 'Cardinal Hume' besitzt einen recht verworrenen Stammbaum und kennzeichnet u. a. mit 'International Herald Tribune' den Beginn eines neuen Rosentyps, der aus *Rosa californica* gezogen wurde. **ZONEN 4–9.**

HARKNESS, GROSSBRITANNIEN, 1984
([SÄMLING × ('ORANGE SENSATION' × 'ALLGOLD')] × *ROSA CALIFORNICA PLENA*) × 'FRANK NAYLOR'
ROYAL NATIONAL ROSE SOCIETY CERTIFICATE OF MERIT 1984, COURTRAI CERTIFICATE OF MERIT 1986

'Carefree Wonder'

MEIpitac *(ganz unten)*
Syn. 'Dynastie', 'Carefully Wonder'
STRAUCHROSE, ROSA+, ÖFTER BLÜHEND

Diese öfter blühende Strauchrose trägt eine Vielzahl kleiner Büschel mit gefüllten Blüten, so dass sie ununterbrochen mit einem Meer rosafarbener Blumen bedeckt ist. Die wundervollen, mit 25 Petalen gefüllten Blüten sind von mittlerer Größe, haben eine hellere Rückseite und verströmen einen zarten Duft. Das dichte Laub ist leuchtend grün und recht krankheitsfest. 'Carefree Wonder' bildet einen ziemlich kompakten, buschigen Strauch mit rötlichen Stacheln und produziert im Herbst sehr viele Hagebutten. Die Sorte eignet sich als Einzelpflanze oder für eine Hecke, fällt jedoch erst bei einer gruppenweisen Pflanzung richtig ins Auge.
ZONEN 3–9.
MEILLAND, FRANKREICH, 1978
('PRAIRIE PRINCESS' × 'NIRVANA') × ('EYEPAINT' × 'RUSTICA')
ALL-AMERICAN ROSE SELECTION 1991

'Carina'

MEIchim
(ganz oben links)
TEEHYBRIDE, REIN ROSA, ÖFTER BLÜHEND

Die großen, gefüllten Blüten dieser Rose sind mit etwa 40 Petalen gefüllt, die eine schöne, wohlgeformte Blüte mit hoher Mitte bilden. Diese ist rein rosafarben und duftet. 'Carina' blüht den ganzen Sommer und Herbst hindurch. Das krankheitsfeste Laub ist dunkelgrün und ledrig. Es wächst an einer aufrechten Pflanze mittlerer Größe, die sich gut als Beetrose, aber auch für Ausstellungen eignet; man kann sie aber auch oft in Blumenläden als Schnittblume kaufen. ZONEN 4–9.
MEILLAND, FRANKREICH, 1963
'MESSAGE' × ('ROUGE MEILLAND' × 'KORDES' SONDERMELDUNG')
ADR-ROSE 1966

'Carla'

(ganz oben rechts)
TEEHYBRIDE, ORANGEROSA, ÖFTER BLÜHEND

Diese ausgezeichnete Ausstellungsrose hat sehr große Blüten mit knapp 25 Petalen in einem attraktiven Lachsrosa. Sie duften angenehm, und der Flor hält den ganzen Sommer und Herbst über an. Einen schönen Hintergrund bildet das dunkelgrüne Laub. Die wuchsfreudige, relativ krankheitsfeste Rose eignet sich für Beete und wird in der Regel durch Okulation vermehrt. ZONEN 4–9.
DE RUITER, NIEDERLANDE, 1963
'QUEEN ELIZABETH' × 'THE OPTIMIST'

'Carmen'
STRAUCHROSE, RUGOSA-HYBRIDE, ROT

'Carmen' ist eine gute Heckenrose; sie bringt im Juni große, einfache, scharlachrote Blüten mit zistrosenähnlich strukturierten Petalen und gelben Staubgefäßen hervor, die einzeln an den Blütenstielen sitzen und einen schwachen Duft verströmen. Gesunde, dunkelgrüne, faltige Blätter. Vereinzelte Blüten im Herbst. Vermehrung durch Stecklinge oder Okulation. ZONEN 4–9.

LAMBERT, DEUTSCHLAND, 1907
ROSA RUGOSA ROSEA × 'PRINCESSE DE BÉARN'

'Carmenetta'
(oben)
Syn. *Rosa rubrifolia*
'Carmenetta'
GLAUCA-HYBRIDE, HELLROSA

Diese robuste, gesunde, in die Breite wachsende Pflanze bringt in der Mitte des Sommers Mengen einfacher Blüten von hellem Rosa hervor. Die Blütenbüschel duften etwas. Das glänzende, rote Laub bedeckt die vielen kleinen Stacheln, die die Triebe übersäen. Sie wird in 2 Jahren 3 m hoch und eignet sich damit sehr gut für Hecken und naturbelassene Teile des Gartens. Das attraktive Herbstlaub ist ein zusätzlicher Vorteil. ZONEN 3–9.

CENTRAL EXPERIMENTAL FARM, KANADA, 1923
ROSA GLAUCA × R. RUGOSA

'Carol'
TEEHYBRIDE, ROSA+, ÖFTER BLÜHEND

Die wohlgeformten Blüten mit etwa 45 Petalen besitzen einen hübschen Rosaton wie Alpenveilchen mit apricotfarbener Mitte und verbreiten einen zarten Duft. Den ganzen Sommer und Herbst hindurch liefert 'Carol' zuverlässig schöne Blüten in farbenprächtigen Büscheln an einem eher kleinen Busch. Die Blütenstiele sind fast stachellos. Die Teehybride ist relativ krankheitsfest und eignet sich als Beetrose, aber auch für die Schnittblumenproduktion im Gewächshaus. ZONEN 4–9.

HERHOLDT, SÜDAFRIKA, 1964
'QUEEN ELIZABETH' × 'CONFIDENCE'

'Caroline de Monaco' MEIpierar
Syn. 'Cameo Cream'
TEEHYBRIDE, WEISS+, ÖFTER BLÜHEND

Wäre 'Caroline de Monaco' etwas dunkler in der Farbe, wäre sie 'Gloria Dei' von derselben Rosenfirma sehr ähnlich. Üppiges, dunkelgrünes, glänzendes Laub bedeckt den mittelgroßen Busch, der sich den ganzen Sommer hindurch mit cremeweißen Blüten bedeckt. Der kräftige, buschige Wuchs macht sie besonders für die Landschaftsgestaltung geeignet. Als Schnittblume kommt sie mit ihren großen, lockeren Blütenblättern ihrer nahen Verwandten gleich. ZONEN 4–9.

MEILLAND, FRANKREICH, 1988
ELTERN UNBEKANNT

'Carrot Top' POUltop

(rechts)
ZWERGROSE, ORANGE+,
ÖFTER BLÜHEND

Das leuchtende Orange dieser Rose bildet in jedem Garten einen Blickfang. Die wohlgeformten Knospen behalten ihre Leuchtkraft vom Anfang bis zum Ende der Blühperiode. Sie sitzen an einem mit dunkelgrünem Laub bedeckten, rundlichen Busch. Die Zwergrose ist sehr ordentlich, lässt sich leicht ziehen und ist nicht allzu anfällig für Krankheiten. Die Blüten haben eine hohe Mitte, wodurch sie trotz ihrer nur 20–25 Petalen ausstellungstauglich sind. 'Carrot Top' blüht beinahe ganzjährig, wobei die Blüten einen zarten Duft verströmen.
ZONEN 4–11.

OLESEN, DÄNEMARK, 1994
FLORIBUNDA-SÄMLING ×
ZWERGROSEN-SÄMLING

'Carrousel'

(ganz oben rechts)
TEEHYBRIDE, ROT,
ÖFTER BLÜHEND

Die wuchsfreudige Pflanze eignet sich für die Gestaltung von Beeten. Sie bringt den Sommer und Herbst hindurch mit 20 roten Petalen halb gefüllte Blüten hervor, die angenehm duften. Die wuchsfreudige und aufrechte Pflanze ist mit dunkelgrünen, ledrigen, glänzenden und gesunden Blättern bedeckt. ZONEN 4–9.

DUEHRSEN, USA, 1950
SÄMLING × 'MARGY'
PORTLAND GOLDMEDAILLE 1955,
GOLDMEDAILLE DER AMERICAN ROSE SOCIETY 1956

'Casino' MACca

(unten links)
Syn. 'Gerbe d'Or'
GROSSBLUMIGE KLETTERROSE,
HELLGELB, ÖFTER BLÜHEND

Diese Sorte zählt zu den schönsten gelbblühenden Kletterrosen. Die gelben, gefüllten und geviertelten Blüten sind wohlgeformt und duften. Sie behalten die große, klassische Form und erscheinen bis zu fünfmal im Jahr. Werden verwelkte Blüten nicht ausgeputzt, bilden sich später große, runde, sehr dekorative Hagebutten. 'Casino' macht sich auch gut als Schnittblume. Sie trägt dunkelgrünes, gesundes Laub und bevorzugt ein warmes Klima; an einer sonnigen Mauer bringt diese Klettersorte besonders reichlich Blüten hervor. ZONEN 5–9.

MCGREDY, NEUSEELAND, 1963
'CORAL DAWN' × 'BUCCANEER'
GOLDMEDAILLE DER NATIONAL ROSE SOCIETY 1963

'Cassandre' MEIdenji

(unten rechts)
GROSSBLUMIGE KLETTERROSE,
ROT, ÖFTER BLÜHEND

'Cassandre', die fast durchweg in Gegenden mit warmem Klima gepflanzt wird, macht sich hervorragend als Kaskadenrose, doch bildet sie auch einen ansehnlichen Bewuchs von Wänden oder Zäunen. Die becherförmigen, rundlichen, duftenden Blüten sind mittelgroß, setzen sich aus 25 Petalen zusammen und erscheinen im Sommer und Herbst in Büscheln. Deutlich sichtbar sind die hellgelben Staubgefäße. Die leuchtend roten Blüten verfärben sich mit dem Alter zu einem satten Karminrot. Eine wuchsfreudige, mittelhohe Pflanze mit glänzend dunkelgrünem Laub. ZONEN 5–9.

MEILLAND, FRANKREICH, 1989
ELTERN UNBEKANNT

'Caterpillar' POUlcat
(ganz oben links)
Syn. 'Charming Bells',
'Kiki Rose', 'Pink Drift'
ZWERGROSE, HELLROSA

Diese niedrige, gesunde Zwergrose ist von ausladendem Wuchs und somit ein guter Bodendecker. Im Sommer bringt sie kleine, gefüllte, hellrosafarbene Blüten hervor, die in mittelgroßen bis großen Büscheln an der Pflanze sitzen, aber nur wenig duften. Das Laub ist klein, dunkelgrün und glänzend. 'Caterpillar' lässt sich leicht aus Stecklingen oder durch Okulation vermehren. Diese Zwergrose stammt aus der sog. „Bells-Serie", sie wurde jedoch innerhalb kürzester Zeit von öfter blühenden Formen abgelöst.
ZONEN 4–9.
OLESEN, DÄNEMARK, 1985
'TEMPLE BELLS' × SÄMLING

'Cathedral'
(ganz oben rechts)
Syn. 'Coventry Cathedral', 'Houston'
FLORIBUNDA, APRICOT+, ÖFTER BLÜHEND

Diese reich blühende Floribundarose mit lachsfarbenen, apricot getönten Blüten ist gesund und winterhart; sie erhielt ihren Namen anlässlich des Wiederaufbaus und der Neuweihe der im 2. Weltkrieg zerstörten Kathedrale von Coventry. Die großen, zart duftenden Blüten sitzen in kleinen Büscheln an einer buschigen Pflanze mit glänzend olivgrünem Laub. Die Vermehrung erfolgt durch Okulation.
ZONEN 4–9.
MCGREDY, NEUSEELAND, 1975
'LITTLE DARLING' × ('GOLDILOCKS' × 'IRISH MIST')
NEUSEELAND GOLDMEDAILLE 1974, PORTLAND GOLDMEDAILLE 1974, ALL-AMERICAN ROSE SELECTION 1976

'Catherine Deneuve' MEIpraserpi
(unten links)
TEEHYBRIDE, ORANGEROSA, ÖFTER BLÜHEND

'Catherine Deneuve' bildet einen starken, ausladenden Busch mit ausgeprägtem, großem, mittelgrünem, glanzlosem und gesundem Laub. Die langen, spitz zulaufenden Knospen sitzen meist einzeln an den Stielen und entfalten sich recht schnell zu dunkelkorallrosa Blüten mit 20 Petalen. Sie duften und behalten ihre Farbe gut. Die Sorte blüht reich und zügig nach. ZONEN 5–9.
MEILLAND, FRANKREICH, 1981
ELTERN UNBEKANNT
ROM GOLDMEDAILLE 1979

'Catherine Guillot'
(unten rechts)
Syn. 'Michel Bonnet'
ALTE R., BOURBONROSE, DUNKELROSA, ETWAS NACHBLÜHEND

Die karminrosa Blüten sind geviertelt, gefüllt und sehr groß; ihre glatten purpurfarbenen Petalen bilden einen hübschen Becher. Die wuchsfreudige Pflanze erreicht gut 1,8 m Höhe und blüht üppig den ganzen Sommer hindurch. Die Blätter sind dekorativ, purpurfarben und lang. Diese wunderschöne Schnittrose verströmt einen intensiven Duft.
ZONEN 5–9.
GUILLOT, FRANKREICH, 1860
SÄMLING VON 'LOUISE ODIER'

'Cécile Brunner'
(oben)
Syn. 'Malteser Rose', 'Cécile Brünner', 'Mme Cécile Brunner', 'Mlle Cécile Brunner', 'Mignon', 'Sweetheart Rose'
POLYANTHAROSE, HELLROSA, ÖFTER BLÜHEND

Diese historische Sorte, die auch zu den Alten Gartenrosen oder Chinarosen gerechnet wird, hat ihren Ursprung nachweislich in Asien, wobei allerdings die Meinungen auseinander gehen, ob sie von einer *Rosa multiflora* oder einer *R. chinensis* abstammt. Die nahezu stachellose Pflanze bringt wiederholt große, sehr lockere Büschel sehr kleiner, perfekt geformter rosafarbener Blüten hervor. Die langen, spitzen Knospen öffnen sich zu zwergförmigen, gefüllten Blüten in einem silbrigen Rosaton und sitzen auf hellroten Stielen. Sie duften süßlich und leicht würzig. Die Pflanze bildet einen kleinen Busch mit spärlichen, aber gesunden, hellgrünen Blättern mit 3–5 Blattfiedern. Der niedrige Busch eignet sich gut für kleine Gärten oder Beete. Sein andauernder Flor verhalf ihm zu großer Beliebtheit. Benannt wurde die Sorte nach der Tochter Ulrich Brunners, eines renommierten Rosengärtners aus Lausanne. Eine Vermehrung kann durch Stecklinge beziehungsweise Okulation erfolgen. **'Climbing Cécile Brunner'** (Syn. 'Climbing Cécile Brünner', 'Climbing Mme Cécile Brunner', 'Climbing Mlle Cécile Brunner', 'Climbing Mignon', 'Climbing Sweetheart Rose'; Hosp, USA, 1894) ist sehr wuchsfreudig und übertrifft die Ursprungssorte noch. Dieser Sport kann eine phantastische Höhe erreichen. Er trägt große Büschel sehr kleiner, perfekt geformter, rosafarbener Blüten, die gelegentlich an den Flor von Chinarosen erinnern. Auch sie blüht vereinzelt noch lange bis in den Herbst hinein. Gelegentlich wird sie mit 'Bloomfield Abundance' verwechselt, weil sie nahezu gleiche Blüten und einen ähnlichen Habitus hat.
ZONEN 4–9.
DUCHER, FRANKREICH, 1881
ELTERN UMSTRITTEN
ROYAL HORTICULTURAL SOCIETY AWARD OF GARDEN MERIT 1994

'Céleste' *(oben rechts)*
Syn. 'Celestial'
ALTE R., ALBA-ROSE, HELLROSA

Die Knospen von 'Céleste' sind so attraktiv, dass sie oftmals Gegenstand der Darstellung von Künstlern wie Redouté oder Alfred Parsons, Illustrator von *The Genus Rosa*, geworden sind. Die geöffnete Blüte ist halb gefüllt und silbrig rosa. Sie hebt sich hübsch von dem Grauton des Laubes im Frühsommer ab. Die Petalen sind in fünf Kreisen angeordnet und verströmen im Juni einen starken Duft. Diese Alte Rose gedeiht nahezu überall im Garten, selbst im Halbschatten und auf nährstoffarmen Böden. Der dichte, aufrechte Busch erreicht eine Höhe von 1,8 m und sollte nicht zu stark beschnitten werden. Insgesamt gibt es drei Rosen mit dem gleichen Namen. ZONEN 5–9.
VOR 1848
ELTERN UNBEKANNT
ROYAL HORTICULTURAL SOCIETY AWARD OF GARDEN MERIT 1993

Blüten sind wunderbar und zeigen sich den ganzen Sommer. Die Triebe sind stachelig und mit dunkelgrünen, glänzenden Blättern versehen. An einem warmen Fleck kommen sie besonders gut zur Geltung. **ZONEN 7–10.**

TROUILLARD, FRANKREICH, 1842

NOISETTEROSE × *ROSA ODORATA*

ROYAL HORTICULTURAL SOCIETY AWARD OF GARDEN MERIT 1993

'Celsiana'
(ganz oben rechts)
ALTE R., DAMASZENERROSE, HELLROSA

'Celsiana' hat hellrosafarbene, halb gefüllte, große Blüten, die in für Damaszenerrosen so typischen Büscheln an kurzen Blütenstielen sitzen. Die leicht herabhängenden Blüten kommen im Halbschatten gut zur Geltung und duften stark moschusartig. Die Petalen der wetterfesten Blüten nehmen kurz vor dem Öffnen einen zarten, rötlich überhauchten Ton an. Diese Rose wächst recht dicht und problemlos auf unterschiedlichen Böden. Das graugrüne Laub ist glatt; die Blattstiele sind mit kleinen Stacheln versehen. In Redoutés Buch wird sie fälschlicherweise als 'Incarnata Maxima' bezeichnet. **ZONEN 4–9.**

VOR 1750

ELTERN UNBEKANNT

'Céline Delbard' DELceli, DELcélit, DELcet *(oben)*
FLORIBUNDA, ORANGE+, ÖFTER BLÜHEND

Diese Sorte trägt kleine Büschel großer, becherförmiger Blüten, die sich aus etwa 24 Petalen mit silbrigen Unterseiten zusammensetzen. Sie duften nur wenig, aber dafür es gibt den ganzen Sommer hindurch mehrere Nachblüten. Das Laub der nur schwach wachsenden Pflanze ist gesund. **ZONEN 4–9.**

DELBARD-CHABERT, FRANKREICH, 1986

SÄMLING × ('MILROSE' × 'LEGION D'HONNEUR')

MONZA GOLDMEDAILLE

'Céline Forestier'
(oben links)
Syn. 'Liesis', 'Lusiades'
ALTE R., NOISETTEROSE, HELLGELB, ETWAS NACHBLÜHEND

Diese Rose trägt Büschel hellgelber Blüten, die in der Mitte etwas dunkler sind und aus dekorativen Knospen hervorgehen. Die gevierteten Blüten haben ein grünes Knopfauge und duften würzig. Die vollreifen

'Centenaire de Lourdes' DELge

Syn. 'Centennaire de Lourdes', 'Mrs Jones'
STRAUCHROSE, REIN ROSA, ÖFTER BLÜHEND

Vom Weltrosenkongress wurde 'Centenaire de Lourdes' 1994 zu den zehn besten Rosen der Welt gewählt. Sie ist eine besonders wuchsfreudige und reich blühende, büschelblütige Strauchrose mit großen, klassischen, rosafarbenen Blüten, die in Büscheln erscheinen. Sie blüht die ganze Saison ungewöhnlich reich, duftet aber kaum. Die 15 Petalen sind anfangs kugelförmig nach innen gewölbt, bevor sie die Staubgefäße freigeben. Sie wächst buschig, wird 1–1,5 m hoch und trägt gesunde, große mittelgrüne Blätter. Sie eignet sich als Solitär, in Gruppen, als Hecke, für Beete, aber auch als Hochstamm. Die birnenförmigen Hagebutten werden hierzulande nur in sehr warmen Sommern orangefarben und halten sich dann bis in den Winter hinein. Frühes Abschneiden verblühter Blumen fördert dagegen die Nachblüte. **'Centenaire de Lourdes Rouge'** (DELflora) ist eine rotblumige Mutation. ZONEN 4–9.

DELBARD-CHABERT, FRANKREICH, 1958
('FRAU DRUSCHKI' × SÄMLING) × SÄMLING

'Centifolia' (rechts)

Syn. *Rosa* × *centifolia*
ALTE R., ZENTIFOLIE, REIN ROSA

'Centifolia' wird oft als Rosenart aufgeführt, was jedoch nicht zutrifft: Dem britischen Botaniker Hurst zufolge handelt es sich hier um ein Aggregat aus *Rosa gallica, R. phoenicia, R. moschata* und *R. canina*. Diese Strauchrose kann auf nährstoffreichen Böden eine Höhe von 1,8 m erreichen und bringt lange, starke Triebe mit zahlreichen rötlichen Stacheln hervor. Ihre graugrünen Blätter wirken recht grob. Die Mitte Juni erscheinenden Blüten sitzen in kleinen Büscheln und öffnen sich aus dichten fedrigen Knospen. Die Blüten sind dicht gefüllt, eher flach und leuchtend rosa gefärbt; ihr Duft ist stark und köstlich. Zeitweilig wurden Zentifolien auch zur Rosenölgewinnung genutzt. ZONEN 4–9.

VOR 1596
ELTERN UNBEKANNT

'Centifolia Muscosa'

Syn. *Rosa* × *centifolia muscosa*
ALTE R., MOOSROSE, REIN ROSA

Diese Rose ähnelt 'Communis' so stark, dass man beide gelegentlich verwechselt. Der überhängende Strauch erreicht eine Höhe von 1,8 m und hat viele rötliche Stacheln sowie kleine Borsten, die an zartes Moos erinnern. Die groben Blätter sind hellgraugrün. Die wunderbar duftenden Blüten sind dunkelrosa, dicht gefüllt, manchmal geviertelt und öffnen sich flach aus dicken bemoosten Knospen; sie erscheinen im Juni. ZONEN 4–9.

VOR 1696
VERMUTLICH EIN SPORT VON 'CENTIFOLIA'

'Century Two' (oben)

TEEHYBRIDE, REIN ROSA, ÖFTER BLÜHEND

Die langen, spitzen Knospen dieser Teehybride öffnen sich zu großen, becherförmigen, gefüllten Blüten in Rosa, die stark duften. Die mittelgroße Pflanze mit mittelgrünen, ledrigen Blättern ist eine gute Beetrose, die sich gut durch Okulation vermehren lässt. ZONEN 4–9.

ARMSTRONG, USA, 1971
'CHARLOTTE ARMSTRONG' × 'DUET'

'Cerise Bouquet'
(oben)
STRAUCHROSE, DUNKELROSA

Dieser sehr reich blühende Strauch bringt einen außergewöhnlichen Flor mittelgroßer, halb gefüllter Blüten hervor, die im Juni an sehr starken, leicht überhängenden Zweigen sitzen. Sie sind leuchtend kirschrot und verströmen einen zarten Duft. 'Cerise Bouquet' eignet sich ideal für große Hecken, macht sich aber auch gut als Einzelpflanze. Vermehrung durch Okulation oder Stecklinge.
ZONEN 4–9.

TANTAU, DEUTSCHLAND, 1958

ROSA MULTIBRACTEATA × 'CRIMSON GLORY'

ROYAL HORTICULTURAL SOCIETY AWARD OF GARDEN MERIT 1993

'Champagne'
(unten links)
TEEHYBRIDE, GELB+, ÖFTER BLÜHEND

'Champagne' hat glänzende gelbe, apricot getönte Blüten. Die spitzen Knospen öffnen sich zu großen, ovalen, angenehm duftenden Blüten mit 30 Petalen und einer hohen Mitte. Nach einem ersten Flor erfolgt kontinuierlich die Nachblüte. Die Pflanze hat dunkelgrünes, ledriges und krankheitsfestes Laub. Sie wächst aufrecht, buschig und eignet sich gut für Beete und Ausstellungen. **ZONEN 4–9.**

LINDQUIST, USA, 1961

'CHARLOTTE ARMSTRONG' × 'DUQUESA DE PEÑARANDA'

'Champagne Cocktail' HORflash
(unten rechts)
FLORIBUNDA, GELB+, ÖFTER BLÜHEND

'Champagne Cocktail' besitzt nicht nur wohlgeformte Blüten und einen großartigen Duft, sondern ist auch noch sehr gesund. Die hellgelben, mittelgroßen Blüten sind stark rosa gesprenkelt und gemustert und setzen sich aus 20 unterseits gelben Petalen zusammen. Die Nachblüte erfolgt zuverlässig. Die Pflanze wächst buschig mit glänzend mittelgrünem Laub und eignet sich als Beet- oder Hochstammrose. **ZONEN 4–9.**

HORNER, GROSSBRITANNIEN, 1983

'OLD MASTER' × 'SOUTHAMPTON'

ROYAL NATIONAL ROSE SOCIETY TORRIDGE AWARD UND TRIAL GROUND CERTIFICATE 1982, BELFAST CERTIFICATE OF MERIT 1985, GLASGOW GOLDMEDAILLE 1990

'Champion'
(ganz oben rechts)
TEEHYBRIDE, GELB+, ÖFTER BLÜHEND

Die mit 55 Petalen dicht gefüllten, sehr großen und hochgebauten Blüten prädestinieren 'Champion' zur Ausstellungsrose. Die Blüten sind cremegelb getönt und dazu rosa und rot überhaucht. Sie duften stark und entfalten sich in mehreren Blühphasen bis in den Herbst hinein. Die Teehybride wird von großen, hellgrünen Blättern bedeckt.
ZONEN 4–9.

FRYER, GROSSBRITANNIEN, 1976

'GRANDPA DICKSON' × 'WHISKY'

'Champion of the World' *(oben)*
Syn. 'Mrs DeGraw', 'Mrs de Graw'
ALTE R., REMONTANTROSE, REIN ROSA, ETWAS NACHBLÜHEND

Diese Remontantrose, die zum Einwurzeln etwas mehr Zeit benötigt, bildet einen wuchsfreudigen Strauch, der auch gerne klettert. Die rosarotfarbenen Blüten sind gefüllt, groß und duften. Die Pflanze trägt kleine, hellgrüne Blätter und hellbraune Stacheln. 'Champion of the World' erreicht eine Höhe von über 1,2 m und macht sich gut als Kübelpflanze. ZONEN 5–9.

WOODHOUSE, GROSSBRITANNIEN, 1984

'HERMOSA' × 'MAGNA CHARTA'

'Champlain' *(ganz oben rechts)*
STRAUCHROSE, DUNKELROT, ÖFTER BLÜHEND

Diese öfter blühende Strauchrose ist wuchsfreudig und sehr gesund mit buschigem Wuchs. Sie wurde für das raue Klima Nordamerikas gezogen und verträgt daher auch besonders kalte Winter. Ihre dunkelroten, mit 30 Petalen gefüllten Blüten sind groß, zart duftend und sitzen reichlich an einer kompakten Pflanze. Die Blätter sind eher klein und satt gelbgrün. 'Champlain' lässt sich am besten durch Stecklinge oder Okulation vermehren. ZONEN 3–9.

SVELDA, KANADA, 1982

(*ROSA KORDESII* × SÄMLING) × ('RED DAWN' × 'SUZANNE')

'Champneys' Pink Cluster' *(oben)*
Syn. 'Champneys' Rose', 'Champneyana'
ALTE R., NOISETTEROSE, HELLROSA, ÖFTER BLÜHEND

Die hübschen Knospen in einem dunklen Rosaton öffnen sich zu kleinen, gefüllten Blüten, die in Büscheln an purpurfarbenen Stielen sitzen. Die stark duftenden Blumen erscheinen wiederholt zwischen Frühjahr und Herbst. Das Laub ist hellgrün. 'Champneys' Pink Cluster' gilt als die erste Noisetterose. Wie alle Rosen dieser Klasse gedeiht sie am besten in voller Sonne bei guter Luftzirkulation. An einer Säule kann sie 3 m Höhe erreichen. ZONEN 7–10.

CHAMPNEYS, USA, ETWA 1811

VERMUTLICH 'OLD BLUSH' × *R. MOSCHATA*

'Champs-Elysées'
MEIcarl, MEIcari
(oben)
TEEHYBRIDE, DUNKELROT, ÖFTER BLÜHEND

Diese Rose hat hübsche, becherförmige, mit 35 Petalen gefüllte Blüten in dunklem Karminrot. Sie duften zart und blühen gut nach. Die Pflanze ist wuchsfreudig mit buschiger und kompakter Gestalt und trägt dunkelgrünes Laub. 'Champs-Elysées' ist recht krankheitsfest und gibt in Beeten und Rabatten eine gute Figur ab. Sie lässt sich aber auch als Hochstamm ziehen. Der kletternde Sport **'Climbing Champs-Elysées'** (MEIcarlsar, 1969) hat ganz ähnliche Eigenschaften, ist aber heutzutage schwer erhältlich. **ZONEN 4–9.**

MEILLAND, FRANKREICH, 1957
'MONIQUE' × 'HAPPINESS'
MADRID GOLDMEDAILLE 1957

'Chanelle'
(ganz oben)
FLORIBUNDA, ORANGEROSA, ÖFTER BLÜHEND

Die großen, aus 20 Petalen bestehenden, pfirsichfarbenen oder hellrosa Blüten sind locker gefüllt und mitunter rosarot schattiert. Die sehr gesunde Pflanze blüht mehrfach und trägt ihre Blüten in duftenden Büscheln an einem mittelgroßen Busch, der von glänzendem, dunkelgrünem Laub bedeckt ist.
ZONEN 4–9.

MCGREDY, NEUSEELAND, 1959
'MA PERKINS' × ('FASHION' × 'MRS WILLIAM SPROTT')
NATIONAL ROSE SOCIETY CERTIFICATE OF MERIT 1958, MADRID GOLDMEDAILLE 1959

'Charles Albanel'
STRAUCHROSE, RUGOSA-HYBRIDE, ROT, ÖFTER BLÜHEND

'Charles Albanel' wurde von einer kanadischen Züchterin entwickelt, die eine winterharte Pflanze kreieren wollte. Das faltige, grasgrüne und ledrige Laub ist auch sehr krankheitsfest. Die Blüten sind rot und mit 20 Petalen gefüllt. Sie duften angenehm und erscheinen nach einem ersten Flor erneut. Diese Sorte gibt einen hübschen Bodendecker ab und ist häufig in öffentlichen Gärten und Parks zu finden. Auch ohne Blüten ist sie mit ihren dekorativen Blättern sehr ansehnlich.
ZONEN 3–9.

SVEJDA, KANADA, 1982
'SOUVENIR DE PHILEMON COCHET' × SÄMLING

'Charles Austin'
AUSles, AUSfather
(unten rechts)
STRAUCHROSE, APRICOT+

Die nach dem Vater des Züchters benannte Rose trägt große, dicht gefüllte Blüten mit bis zu 70 apricotfarbenen Petalen, die eine Nuance von Rosa aufweisen und im Alter verblassen. Obwohl sie nicht als öfter blühend gilt, kann es zu einer gelegentlichen Nachblüte im Herbst kommen. Die Blüten erscheinen einzeln oder zu bis zu 7 in Büscheln. Die Petalen sind wie bei einem kleinen Windrad angeordnet und verströmen einen starken, fruchtigen Duft. Am besten eignet sich diese Pflanze für Gruppen, Rabatten oder als rankender Bewuchs einer Säule. Diese Englische Rose ist wuchsfreudig mit aufrechter Gestalt und sollte – laut Empfehlung des Züchters – Ende März bis etwa auf die Hälfte zurückgeschnitten werden. **'Yellow Charles Austin'** (1981) ist ein gelbblütiger Sport mit sonst ähnlichen Eigenschaften. ZONEN 4–9.
AUSTIN, GROSSBRITANNIEN, 1973
'ALOHA' × 'CHAUCER'

'Charles de Gaulle'
MEIlanein
(oben links)
Syn. 'Katherine Mansfield'
TEEHYBRIDE, MAUVE+, ÖFTER BLÜHEND

Diese mittelgroße Teehybride mit den großen, wohlgeformten und gefüllten Blüten in einem warmen Lilaton zählt mit zu den schönsten mauvefarbenen, großblumigen Rosen; allerdings verträgt sie kein feuchtes Wetter. Die Blüten duften sehr stark – ein Merkmal der meisten „blauen" Rosen –, setzen sich aus 40 becherförmig angeordneten Petalen zusammen und sitzen jeweils einzeln auf Stielen. 'Charles de Gaulle' eignet sich für Beete und Rabatten, ist aber etwas anfällig für Sternrußtau. ZONEN 4–9.
MEILLAND, FRANKREICH, 1974
('MAINZER FASTNACHT' × 'PRELUDE') × ('KORDES' SONDERMELDUNG' × 'CAPRICE')
BELFAST DUFTPREIS 1978

'Charles de Mills'   *(ganz oben rechts)*
Syn. 'Charles Mills', 'Charles Wills', 'Bizarre Triomphant'
ALTE R., GALLICA-ROSE, MAUVE

'Charles de Mills', die größte Vertreterin der Gallica-Rosen, wird auf Fotografien oft als die „perfekte Alte Gartenrose" dargestellt. Im Juni öffnen sich Knospen mit abgeflachter Spitze zu bis 8 cm großen Blüten, die aus unzähligen Petalen bestehen, erst becherförmig und später dann flach kissenförmig sind. Das intensiv leuchtende Purpurrot ihrer schmal weiß gesäumten Blüten ist da und dort zart scharlachrot gepunktet. Die samtigen Petalen duften nur schwach. Die hängenden Triebe des aufrechten, schwach bewehrten Busches sind dunkelgrün belaubt und erreichen bis zu 1,8 m Höhe. Wie alle Gallica-Rosen wächst sie kräftig auf eigener Wurzel, selten auch wild. ZONEN 4–9.
NIEDERLANDE, VOR 1700
ELTERN UNBEKANNT
ROYAL HORTICULTURAL SOCIETY AWARD OF GARDEN MERIT 1993

'Charles Lawson'
(ganz unten links)
ALTE R., BOURBONROSE, DUNKELROSA

Während der kurzen Blühphase in der Sommermitte bringt dieser wuchsfreudige Strauch große, oft hängende, duftende, dunkelrosafarbene Blüten hervor, die auf der Petalenrückseite dunkler und geädert sind. Zieht man die Pflanze als Kletterrose, so kann sie knapp 2,5 m hoch werden. Ihr hübsches Laub ist groß, und sie besitzt hakenförmige Stacheln. Als Einzelpflanze muss 'Charles Lawson' durch eine Säule oder einen Zaun gestützt werden.
ZONEN 5–9.
LAWSON, GROSSBRITANNIEN, 1853
ELTERN UNBEKANNT

'Charles Lefèbvre'
(unten)
Syn. 'Paul Jamain', 'Marguerite Brassac'
ALTE R., REMONTANTROSE, DUNKELROT, ETWAS NACHBLÜHEND

Diese Rose hat leuchtend scharlachrote, in der Mitte purpurfarbene, große, becherförmige, hochgebaute Blüten, die mit fast 70 Petalen gefüllt sind und aufrecht auf kräftigen Stielen sitzen. Die zur Zeit ihrer Einführung sehr beliebte Sorte wurde von Graham Thomas aufgrund ihrer auffälligen scharlachroten Farbe als Wendepunkt in der Rosenzucht bezeichnet. Die wuchsfreudige, hohe Rose besitzt eine glatte Rinde mit einigen Stacheln; sie verträgt Regen ganz gut und sollte zuweilen nur leicht zurückgeschnitten werden.
ZONEN 5–9.
LACHARMÉ, FRANKREICH, 1861
'GÉNÉRAL JACQUEMINOT' × 'VICTOR VERDIER'

'Charles Mallerin'
(ganz unten rechts)
TEEHYBRIDE, DUNKELROT, ÖFTER BLÜHEND

Die langen und spitzen, eleganten Knospen entwickeln sich zu großen, flachen und mit 40 samtigen, dunkelscharlachroten Petalen gefüllten Blüten. Die Pflanze wächst nur schwach und unregelmäßig. Ihr Laub ist ledrig und krankheitsanfällig, ihr Duft jedoch unvergesslich. Benannt wurde sie zu Ehren von Francis Meillands Lehrmeister, einem erfolgreichen Amateurzüchter. Als Elternpflanze brachte sie u.a. Sorten wie 'Papa Meilland', 'Mister Lincoln' und 'Oklahoma' hervor. ZONEN 4–9.
MEILLAND, FRANKREICH, 1951

('ROME GLORY' × 'CONGO') × 'TASSIN'

'Charles Rennie Mackintosh' AUSren
(rechts)
Syn. 'Glücksburg', 'Rosarium Glücksburg'
STRAUCHROSE, ROSA+, ÖFTER BLÜHEND

Die becherförmigen, lilapurpurnen Blüten verfärben sich im Alter zu reinem Lila und öffnen sich noch weiter. Sie haben eine klassische Edelrosenform, sind leicht gekräuselt, stark duftend und erscheinen wiederholt den Sommer über. 'Charles Rennie Mackintosh' bildet einen Strauch mit vielen dünnen, drahtigen, aber zähen Trieben und zahlreichen spitzen Stacheln. Er ist mit vielen dunkelgrünen Blättern bedeckt. Ihre Blütenfarbe lässt sich gut mit anderen Farben kombinieren. Die Sorte, die nach dem berühmten englischen Architekten und Designer benannt wurde, gehört zu den sog. Englischen Rosen.
ZONEN 4–9.

AUSTIN, GROSSBRITANNIEN, 1988
('CHAUCER' × 'CONRAD F. MEYER') × 'MARY ROSE'

'Charlotte' AUSpoly
(ganz oben rechts)
Syn. 'Elgin Festival'
STRAUCHROSE, HELLGELB, ÖFTER BLÜHEND

Unverkennbar ist bei dieser Sorte der Einfluss der Elternpflanze 'Graham Thomas'. Die wunderbar duftenden Blüten sind allerdings heller gelb gefärbt und becherförmig – im Spätsommer krümmen sich die Petalen sogar noch stärker ein. 'Charlotte' bildet einen buschigen, gesunden und reich verzweigten Strauch, der einen ersten anhaltenden Flor in der Sommermitte hervorbringt; die Nachblüte bis in den Herbst hinein fällt nur sporadisch aus. Die Strauchrose eignet sich sowohl als Solitär wie auch als Hochstamm und zählt zu den so genannten Englischen Rosen des Briten David Austin.
ZONEN 4–9.

AUSTIN, GROSSBRITANNIEN, 1993
SÄMLING × 'GRAHAM THOMAS'

'Charlotte Armstrong' (oben)
TEEHYBRIDE, DUNKELROSA, ÖFTER BLÜHEND

Die großen, spitz zulaufenden Knospen entwickeln sich zu dunkelrosafarbenen, mit 35 Petalen gefüllten Blüten. Sie sind wohlgeformt und duften. Das Laub der wuchsfreudigen und kompakten Pflanze ist dunkelgrün und ledrig.
ZONEN 4–9.

LAMMERTS, USA, 1940
'SOEUR THÉRÈSE' × 'CRIMSON GLORY'

ALL-AMERICAN ROSE SELECTION 1941, DAVID-FUERSTENBERG-PREIS DER AMERICAN ROSE SOCIETY 1941, JOHN COOK MEDAILLE DER AMERICAN ROSE SOCIETY 1941, PORTLAND GOLDMEDAILLE 1941, GERTRUDE M. HUBBARD GOLDMEDAILLE DER AMERICAN ROSE SOCIETY 1945, GOLDMEDAILLE DER NATIONAL ROSE SOCIETY 1950

'Charmian' AUSmian
(oben links)
STRAUCHROSE, REIN ROSA, ÖFTER BLÜHEND

Diese reich blühende, leicht überhängende Strauchrose wird oft als Englische Rose bezeichnet. Sie trägt große, rosettenförmige, rein rosafarbene und stark duftende Blüten, die beim Öffnen zunächst flach sind und sich später etwas stärker runden. Das mittelgrüne Laub ist mattglänzend und krankheitsfest. Aufgrund der üppigen, ausladenden und überhängenden Wuchsform eignet sich 'Charmian' für Gruppenpflanzungen in einer Rabatte, kann aber auch als halbkletternde Rose an niedrigen Zäunen oder Wänden gezogen werden. Die schweren Blüten drücken die Zweige oft fast auf den Boden hinab. **ZONEN 4–9.**

AUSTIN, GROSSBRITANNIEN, 1982

SÄMLING × 'LILIAN AUSTIN'

'Château de Clos Vougeot' *(links)*
TEEHYBRIDE, DUNKELROT, ÖFTER BLÜHEND

Ihre sehr dunklen und samtig roten Blüten verbreiten den schweren Duft von Damaszenerrosen. Sie sind groß, mit 75 Petalen gefüllt und sitzen an einem leicht wuchernden, ausladenden Busch inmitten dunkelgrüner, lediger Blätter. 'Château de Clos Vougeot' ist von jeher beliebt und wird auch heute noch von Kennern gezogen. Benannt wurde sie nach einem berühmten Weingut im Bordelaise. **'Climbing Château de Clos Vougeot'** (Morse, Grossbritannien, 1920) ist ein kletternder Sport. Dieser Sport von 1920 wird heute noch gezogen und ist gelegentlich in alten Gärten zu finden. Am besten kommt die Sorte an einer sonnigen Mauer zur Geltung. **ZONEN 4–9.**

PERNET-DUCHER, FRANKREICH, 1908

ELTERN UNBEKANNT

'Charlotte Rampling' MEIhirvin
(oben)
Syn. 'Thomas Barton'
TEEHYBRIDE, ROT, ÖFTER BLÜHEND

Die großen, angenehm duftenden Blüten in auffälligem Weinrot heben sich von dem dunklen Laub ab, das den aufrechten, wiederholt blühenden Busch bedeckt. Aufgrund der außergewöhnlichen Farbe ist 'Charlotte Rampling', die nach einem berühmten Filmstar benannt ist, als Beetrose geeignet, aber auch als Hochstamm sieht sie gut aus. Eine Vermehrung erfolgt durch Okulation. **ZONEN 4–9.**

MEILLAND, FRANKREICH, 1988

ELTERN UNBEKANNT

MONZA GOLDMEDAILLE 1987, GLASGOW DUFTPREIS 1995

'Chaucer' AUScer,
AUScon *(oben)*
STRAUCHROSE, REIN ROSA, ÖFTER BLÜHEND

Diese Austin-Sorte ist mittlerweile etwas aus der Mode gekommen, obwohl sie immer noch sehr gut in einen kleinen Garten passt. Sie trägt kleine Büschel becherförmiger, dunkelrosafarbener Blüten, die an den Ecken verblassen und den Blick auf die schönen Staubgefäße freimachen. Sie verströmen einen intensiven, an Myrrhe erinnernden Duft, der nicht unbedingt jedem zusagt. Da die Elternsorte 'Constanze Spry' nicht zu den öfter blühenden Sorten zählt, verblüfft dieses Merkmal bei der von ihr abstammenden 'Chaucer'. Das Laub dieser Sorte ist glanzlos und mittelgrün; die Stiele sind ähnlich wie bei einer Gallica-Rose mit roten Stacheln bedeckt. Sie ist mittelgroß mit buschigem und aufrechtem Wuchs, aber anfällig für Mehltau. 'Chaucer' eignet sich für Rosenrabatten oder als Einzelpflanze. Sie zählt ebenfalls zu den Englischen Rosen.
ZONEN 4–9.

AUSTIN, GROSSBRITANNIEN, 1970
SÄMLING × 'CONSTANZE SPRY'

'Cherish' JACsal
(ganz oben rechts)
FLORIBUNDA, ORANGEROSA, ÖFTER BLÜHEND

'Cherish' zählt zu einer Reihe dichter, leicht ausladend wachsender Rosen. Kurze, flache Knospen öffnen sich zu zart duftenden, korallrosafarbenen Blüten mit 30 Petalen. Als gute Schnittblumen halten sie sich lange in der Vase. Das Laub ist dunkelgrün, gesund und sitzt an einer kompakten Pflanze, die ein wenig Platz benötigt und sich durch Okulation vermehren lässt.
ZONEN 4–9.

WARRINER, USA, 1980
'BRIDAL PINK' × 'MATADOR'
ALL-AMERICAN ROSE SELECTION 1980

'Cherry Brandy'
TANryrandy *(oben)*
Syn. 'Cherry Brandy '85'
TEEHYBRIDE, ORANGE+, ÖFTER BLÜHEND

Die großen, orangefarbenen, mit 30 Petalen gefüllten Blüten besitzen eine gute hochgebaute Form, duften und sitzen in Büscheln zu 3–7 auf Stielen; sie sind an den äußeren Petalen mit einem feinen Hauch von Rosa überzogen. Den ganzen Sommer und Herbst hindurch erscheinen die prächtigen Blumen umgeben von dunkelgrünem, ledrigem Laub, das hierzu schön kontrastiert. 'Cherry Brandy' ist eine wuchsfreudige Pflanze mit ausladendem, aber aufrechtem Wuchs und eignet sich gut für Beete.
ZONEN 4–9.

TANTAU, DEUTSCHLAND, 1985
ELTERN UNBEKANNT

ROYAL NATIONAL ROSE SOCIETY TRIAL GROUND CERTIFICATE 1986, BELFAST GOLDMEDAILLE 1989

'Cherry Meidiland' MEIrumour *(unten links)*
Syn. 'Cherry Meillandecor'
STRAUCHROSE, ROT+, ÖFTER BLÜHEND

'Cherry Meidiland' wirkt in jedem Garten wie ein leuchtender Farbfleck. Die Rose trägt einfache, rote Blüten mit weißer Mitte und goldgelben Staubgefäßen. Die Petalen sind an den Rändern leicht gewellt. Der große, ausladende Strauch bedeckt sich mit üppigen, glänzend dunkelgrünen Blättern und ist den ganzen Sommer hindurch mit schönen Blüten besetzt. Im Garten verträgt 'Cherry Meidiland' auch nährstoffärmere Böden und ist ziemlich gesund. Sie lässt sich in Gruppen oder als Hecke, aber auch als Einzelpflanze setzen. Putzt man verwelkte Blüten nicht aus, so entwickeln sie sich zu hübschen Hagebutten, die auch im Winter für ein wenig Farbe sorgen. **ZONEN 5–9.**

MEILLAND, FRANKREICH, 1994

ELTERN UNBEKANNT

GENF GOLDMEDAILLE 1994

'Cheshire Life' *(ganz oben)*
TEEHYBRIDE, ORANGEROT, ÖFTER BLÜHEND

Die großen, zinnoberroten Blüten dieser Teehybride sind urnenförmig, mit 35 Petalen gefüllt und duften zart; manche Blüten erreichen einen Durchmesser von 13 cm. 'Cheshire Life' hat dunkelgrünes, ledriges und krankheitsfestes Laub. Im Garten eignet sich die Sorte besonders für Beete und wird wegen ihrer prächtigen Blüten, die bis in den Herbst hinein erscheinen, sehr geschätzt. **ZONEN 4–9.**

FRYER, GROSSBRITANNIEN, 1972

'PRIMABALLERINA' × 'PRINCESS MICHIKO'

'Chianti' *(unten rechts)*
STRAUCHROSE, MAUVE+, ÖFTER BLÜHEND

'Chianti', eine der ersten Englischen Rosen von David Austin, ist eine Kreuzung zwischen einer modernen Floribundarose und einer alten Gallica-Rose. Die großen, bräunlich purpurfarbenen, rosettenförmigen und halb gefüllten Blüten duften stark wie Alte Rosen, blühen nur im Sommer und sitzen dann in kleinen rundlichen Büscheln an einer wuchsfreudigen Pflanze. 'Chianti' ist eine sehr gesunde Rose mit dunkelgrünem, glänzendem Laub. Als Einzelpflanze oder auch in einer Strauchrabatte benötigt sie viel Platz. **ZONEN 4–9.**

AUSTIN, GROSSBRITANNIEN, 1967

'DUSKY MAIDEN' × 'TUSCANY'

'Chicago Peace'
JOHnago *(ganz unten)*
TEEHYBRIDE, ROSA+,
ÖFTER BLÜHEND

Dieser Sport von 'Gloria Dei' trägt wohlgeformte, zart duftende Blüten mit einer rosafarbenen Tönung, die an Phlox erinnert und innen kanariengelb abgesetzt sind. Im Sommer kommt es zu einer wunderbaren Blütenpracht bei zuverlässiger Nachblüte im Herbst. Die Pflanze erinnert in vielerlei Hinsicht an die Ursprungssorte, nur die Blüten sind in der Farbgebung noch intensiver. Sie ist eine der zahlreichen Mutationen von 'Gloria Dei', die alle etwa zur gleichen Zeit herauskamen, wobei diese spezielle Form von einem Züchter aus Chicago entdeckt wurde. Der kletternde Sport **'Climbing Chicago Peace'** blüht nur sehr zögerlich.
ZONEN 4–9.
JOHNSTON, USA, 1962
SPORT VON 'GLORIA DEI'
PORTLAND GOLDMEDAILLE 1962

'China Doll'
(ganz oben links)
POLYANTHAROSE, REIN ROSA,
ÖFTER BLÜHEND

Diese früher einmal sehr beliebte, stachellose und reich blühende Sorte mit kurzem, kompakten, aufrechtem Wuchs findet auch heute noch ihre Fangemeinde. Die becherförmigen, zart duftenden, rosafarbenen Blüten sind innen gelb. Büschelförmig heben sie sich von den ledrigen, gefiederten Blättern ab, die sich zumeist aus 5 Fiederblättchen zusammensetzen. Die recht gesunde 'China Doll' ist für niedrige Rabatten gut geeignet und lässt sich durch Okulation oder aus Stecklingen vermehren; sie steht beinahe andauernd in Blüte. **'Climbing China Doll'** (Syn. 'Weeping China Doll'; Weeks, USA, 1977) ist ein kletternder und äußerst wuchsfreudiger Sport. Das Merkmal für Mehrfachblüte ist allerdings nicht sehr ausgeprägt. Die Kletterrose eignet sich gut als rankender Bewuchs für Pergolen oder als überhängender Hochstamm.
ZONEN 4–9.
LAMMERTS, USA, 1946
'MRS DUDLEY FULTON' × 'TOM THUMB'

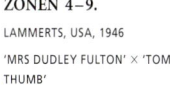

'Chinatown'
(ganz oben rechts)
Syn. 'Ville de Chine'
FLORIBUNDA, GOLDGELB,
ÖFTER BLÜHEND

'Chinatown' ist eine besonders wuchsfreudige Pflanze, die eher eine Strauchrose als – wie in den meisten Katalogen beschrieben – eine Floribundarose ist. Sie wächst höher, wenn man sie anbindet. Ihre langen, starken Triebe sind mit üppigem, mittelgrünem Laub bedeckt und tragen gelbe und rosafarbene Blüten. Die stark nach Pfirsich duftende Rose bringt einzelne Blüten oder auch Blütenbüschel hervor und steht bis in den Herbst hinein in Blüte. Die sehr krankheitsfeste und pflegeleichte Sorte, die ab und zu leicht zurückgeschnitten werden muss, macht sich hervorragend als Solitär oder Hecke.
ZONEN 3–9.
POULSEN, DÄNEMARK, 1963
'COLUMBINE' × 'CLÄRE GRAMMERSTORF'
GOLDMEDAILLE DER ROYAL NATIONAL ROSE SOCIETY 1962, ROYAL HORTICULTURAL SOCIETY AWARD OF GARDEN MERIT 1993

'Chivalry' MACpow *(links)*
Syn. 'Rittertum'
TEEHYBRIDE, ROT+, ÖFTER BLÜHEND

Die großen, gefüllten Blüten dieser Rose bestehen aus 35 leicht einwärts gebogenen roten, unterseits gelblichen Petalen und duften schwach. Mit ihren dunkelgrünen, glänzenden Blättern ist 'Chivalry' für Beete und Rabatten gleichermaßen geeignet. Die Teehybride ist von mäßig kräftigem Wachstum und recht krankheitsfest. Die Vermehrung erfolgt durch Okulation. **ZONEN 4–9.**

MCGREDY, NEUSEELAND, 1977

'PEER GYNT' × 'BRASILIA'

'Chloris' *(links)*
Syn. 'Rosée du Matin'
ALTE R., ALBA-ROSE, HELLROSA

'Chloris' ist eine sehr alte Sorte mit dunkelgrünen Blättern und nur vereinzelten Stacheln, die eine Höhe von 2 m erreicht. Die Blüten erinnern stark an diejenigen von 'Celeste'. Die gefüllten, geviertelten Blüten bilden aufgrund der zahlreichen zurückgebogene Petalen oft Knopfaugen aus. Ihre zartrosa Tönung bildet einen hübschen Kontrast zu den dunklen Blättern. **ZONEN 5–9.**

VOR 1848

ELTERN UNBEKANNT

'Chorus' MEIjulito, MEIjalita *(links)*
FLORIBUNDA, ORANGEROT, ÖFTER BLÜHEND

Diese äußerst reich blühende Sorte trägt gesunde, dunkelgrüne und glänzende Blätter, die von mittelgroßen Büscheln mit leuchtend zinnoberroten, gefüllten Blüten gekrönt sind. Jede Blüte setzt sich aus 35 Petalen zusammen und strömt einen zarten fruchtigen Duft aus. 'Chorus' bildet einen leuchtenden Farbfleck im Garten und eignet sich für flächige Pflanzungen und Rosenbeete, lässt sich aber recht gut als Hochstamm ziehen. Die Floribundarose ist sehr resistent gegen Pilze und Insekten. Die Vermehrung erfolgt durch Okulation. **'Climbing Chorus'** ist eine Mutation dieser Sorte, die sich als kletternder Bewuchs für Mauern und Pergolen eignet. **ZONEN 4–9.**

PAOLINO, FRANKREICH, 1977

'TAMANGO' × ('SARABANDE' × 'ZAMBRA')

ADR-ROSE 1977

'Christian Dior'

MEIlie *(rechts)*
TEEHYBRIDE, ROT,
ÖFTER BLÜHEND

Diese nach dem Pariser Modedesigner benannte Rose besitzt große, wohlgeformte, leuchtend scharlachrote, gefüllte Blüten mit etwas hellerer Unterseite, einer leicht spitzen Form und hoher Mitte mit 55 Petalen; zuweilen öffnen sich die Knospen aber auch becherförmig. 'Christian Dior' ist eine überaus reich blühende Rose, und in den wärmeren Monaten geschieht dies sogar mehrfach hintereinander. Die buschige Pflanze mit glänzend grünen, ledrigen Blättern eignet sich als Hochstamm, Beet- oder Rabattenrose. Aufgrund ihrer langen Stiele macht sie sich auch gut als Schnittrose. Wenn man ein Mittel gegen Mehltau einsetzt, ist sie recht krankheitsfest. **'Climbing Christian Dior'** (Chang, 1966) ist ein sehr populärer Sport dieser großblumigen Rose. ZONEN 4–9.

MEILLAND, FRANKREICH, 1958
('KORDES' SONDERMELDUNG' × 'ROUGE MEILLAND') × ('GLORIA DEI' × 'ROUGE MEILLAND')
GENF GOLDMEDAILLE 1958,
ALL-AMERICAN ROSE SELECTION 1962

'Christoph Columbus'

MEInronsse, MEIronsse *(rechts)*
Syn. 'Christoph Colomb', 'Christopher Columbus', 'Columbas', 'Cristobal Colon', 'Cristoforo Colombo', 'Flamboyance'
TEEHYBRIDE, ORANGE+,
ÖFTER BLÜHEND

Die großen, kupferfarbenen Blüten dieser Rose sind wohlgeformt, mit 25–40 Petalen dicht gefüllt und erscheinen einzeln stehend. Nach einem ersten Flor blüht die Pflanze wiederholt den ganzen Sommer und Herbst hindurch und verströmt einen leichten Duft. Die stark bewehrte Pflanze trägt dunkelgrüne, matt glänzende, recht gesunde Blätter. 'Christoph Columbus' ist von aufrechtem Wuchs und eignet sich somit gut für Rosenbeete oder Rabatten. ZONEN 4–9.

MEILLAND, FRANKREICH, 1991
MEIGURANI × ('AMBASSADOR' × MEINAREGI)

'Chrysler Imperial'

(ganz oben rechts)
TEEHYBRIDE, DUNKELROT,
ÖFTER BLÜHEND

'Chrysler Imperial' ist eine kompakte, wuchsfreudige Pflanze mit dunkelgrünen, mattglänzenden Blättern, die ihre Erscheinung noch besser zur Geltung bringen. Sie trägt lange, spitze Knospen, die sich zu großen, dicht gefüllten, wohlgeformten Blüten mit 45 samtigen, intensiv scharlachroten Petalen öffnen; diese werden mit der Zeit blau. Die Blüten verströmen einen angenehmen Duft und treten in wiederholten Blühperioden auf. Die Sorte eignet sich sehr gut für Beete, lässt sich aber auch als Hochstamm ziehen. 'Chrysler Imperial' wird in Lagen mit kälterem Wetter leicht von Mehltau befallen. **'Climbing Chrysler Imperial'** (Syn. 'Gpt Chrysler Imperial'; Begonia, USA, 1957) ist ein Sport mit besonders hochwertigen Blüten, trägt diese aber lediglich im Juni. ZONEN 4–9.

LAMMERTS, USA, 1952
'CHARLOTTE ARMSTRONG' × 'MIRANDY'
PORTLAND GOLDMEDAILLE 1951,
ALL-AMERICAN ROSE SELECTION 1953, GAMBLE-DUFTPREIS 1965

'Cider Cup' DIClalida
ZWERGROSE, ORANGE+,
ÖFTER BLÜHEND

Diese Rose wird von Blüten in einem dunklen, leuchtenden Apricot bedeckt. Oft wird 'Cider Cup' zu den schönsten Zwergrosen dieser Farbgruppierung gezählt, da sie die ganze Saison eine Vielzahl von Blüten hervorbringt, denen schlechtes Wetter nichts anhaben kann. Diese wachsen einzeln oder in kleinen Büscheln an der buschigen Pflanze. Aufgrund der Blütengröße zählen einige Züchter 'Cider Cup' zu den Rabattenrosen. Dessen ungeachtet ist die Sorte besonders in Grossbritannien als Ausstellungsrose außerordentlich beliebt. Als sie 1990 auf einer Rosenshow in Ohio (USA) vorgestellt wurde, gewann sie sogleich eine Auszeichnung. ZONEN 4–11.

DICKSON, GROSSBRITANNIEN, 1987
'MEMENTO' × ('LIVERPOOL ECHO' × 'WOMAN'S OWN')

'Cinderella'
(ganz oben links)
ZWERGROSE, WEISS,
ÖFTER BLÜHEND

Am besten kann man die Blütenfarbe von 'Cinderella' als seidig glänzend und weiß mit einem Stich ins Fleischfarbene beschreiben. Die winzigen Blüten mit jeweils 55 Petalen und ein ebenso zierliches Laub weisen sich als klassische Miniaturrose aus. Die Pflanze ist offenbar die ganze Saison hindurch von Blüten nur so übersät, die zumeist in großen Büscheln auftreten. In der Gegenwart erfreut sie sich vor allem bei Fans von Blumenstecken größter Beliebtheit. In Gegenden mit kühlerem Klima kommt der frische Farbton der Blüten besonders gut zur Geltung. ZONEN 4–11.

DE VINK, NIEDERLANDE, 1953
'CÉCILE BRUNNER' × 'TOM THUMB'

'Circus'
(ganz oben rechts)
FLORIBUNDA, GELB+,
ÖFTER BLÜHEND

Diese extrem reich blühende Rose besitzt gelbe Blüten, die in rosa, lachsfarben und scharlachrot gesprenkelt sind. Die großen, mit etwa 50 Petalen äußerst dicht gefüllten Blüten mit hoher Mitte entwickeln sich aus urnenförmigen Knospen, wachsen in großen Büscheln und verströmen den würzigen Duft von Teerosen. Die Blätter an dem wuchsfreudigen, mittelgroßen Busch sind mattglänzend, ledrig und einigermaßen krankheitsfest. **'Climbing Circus'** (House, USA, 1961) ist ein wuchsfreudiger Sport von 'Circus' und blüht nur im Juni/Juli, doch sind auch im Herbst gelegentlich ein paar Blüten zu sehen. Er eignet sich als Bewuchs für Mauern oder Säulen.
ZONEN 4–9.

SWIM, USA, 1956
'FANDANGO' × 'ROSENMÄRCHEN'
GENF GOLDMEDAILLE 1955,
GOLDMEDAILLE DER ROYAL NATIONAL ROSE SOCIETY 1955,
ALL-AMERICAN ROSE SELECTION 1956

'City of Auckland'
MACtane *(unten)*
TEEHYBRIDE, ORANGE+,
ÖFTER BLÜHEND

Diese krankheitsfeste, buschige und reich blühende Sorte wird in erster Linie aufgrund ihres ausgeprägten Dufts kultiviert. Große, gefüllte Blüten in verschiedenen Orangeschattierungen stehen vor mittelgrünen, mattglänzenden Blättern. Nach dem Flor erfolgen wiederholte Nachblüten. ZONEN 4–9.

MCGREDY, NEUSEELAND, 1981
'BENSON & HEDGES GOLD' × 'WHISKY'

'City of Belfast' MACci *(oben)*
FLORIBUNDA, ORANGEROT, ÖFTER BLÜHEND

Diese außergewöhnliche Rose weist große Büschel dekorativer Blüten auf, deren Farbpalette von leuchtendem Orange über Blutrot bis hin zu Scharlachrot reicht. Sie duften nur wenig, dafür ist die Pflanze aber im wahrsten Sinne des Wortes öfter blühend. Der Busch selbst ist von leicht ausladendem Wuchs und trägt gesunde, glänzend grüne Blätter. 'City of Belfast' ist sehr beliebt und wird gern als Hochstamm oder Beetrose eingesetzt. ZONEN 4–9.

MCGREDY, GROSSBRITANNIEN, 1968

'IRISH WONDER' × ('CIRCUS' × 'KORONA')

NEUSEELAND GOLDMEDAILLE 1967, ROYAL NATIONAL ROSE SOCIETY PRESIDENT'S INTERNATIONAL TROPHY 1967, BELFAST GOLDMEDAILLE 1970, DEN HAAG GOLDMEDAILLE 1976

'City of Leeds' *(oben rechts)*
FLORIBUNDA, ORANGEROSA, ÖFTER BLÜHEND

Mittelgroße bis große, flach becherförmige, mit fast 20 Petalen doppelt gefüllte Blüten in dunklem Lachsrosa erscheinen in Büscheln vom Juni bis zum Herbst. Die wohlgeformten Blumen duften zart. Dunkelgrünes, gesundes Laub bildet einen exzellenten Hintergrund für die große Blütenfülle. 'City of Leeds' wurde nach einer Blumenausstellung in der gleichnamigen Stadt benannt. ZONEN 4–9.

MCGREDY, GROSSBRITANNIEN, 1966

'IRISH WONDER' × ('SPARTAN' × 'SCHWEIZER GRUSS')

GOLDMEDAILLE DER ROYAL NATIONAL ROSE SOCIETY 1965, BELFAST CERTIFICATE OF MERIT 1968

'City of London' HARukfore *(oben)*
FLORIBUNDA, HELLROSA, ÖFTER BLÜHEND

Ihre becherförmigen, gefüllten, zartrosa Blüten verblassen mit der Zeit zu einem zarten Rosé; sie sind groß und werden mit der Zeit flacher. Immer wieder bildet die Floribundarose kleine Blütenbüschel. Schwach bewehrte Stiele werden durch dunkelgrünes Laub bedeckt. Der wuchsfreudige, gesunde und rundliche Busch wächst höher, wenn man ihn anbindet, und lässt sich sogar als kleine Kletterrose ziehen. ZONEN 4–9.

HARKNESS, GROSSBRITANNIEN, 1958

'NEW DAWN' × 'ROSIKA'

LEROEULX GOLDMEDAILLE 1985, BELFAST GOLDMEDAILLE 1990, NEUSEELAND DUFTPREIS 1992, DEN HAAG GOLDMEDAILLE 1993, ROYAL HORTICULTURAL SOCIETY AWARD OF GARDEN MERIT 1993

'City of York'
(ganz oben links)
Syn. 'Direktor Benschop'
GROSSBLUMIGE KLETTERROSE, WEISS

Diese wuchsfreudige Pflanze eignet sich als Bewuchs für Pergolen, Zäune und sogar für Mauern, denn aufgrund ihrer Wuchsform ähnelt sie eher einer Rambler- denn einer Kletterrose. Sie ist mit ledrigen, dunkelgrün glänzenden Blättern bedeckt. Große Büschel mit bis zu 15 duftenden, cremefarbenen Blüten werden ausschließlich im Juni hervorgebracht. Diese sind groß, leicht becherförmig und bestehen aus etwa 15 Petalen mit freistehenden Staubgefäßen. Benannt wurde 'City of York' nach einer Stadt im US-Bundestaat Pennsylvania. ZONEN 4–9.

TANTAU, DEUTSCHLAND, 1945
'PROFESSOR GNAU' × 'DOROTHY PERKINS'
AMERICAN ROSE SOCIETY NATIONAL GOLD MEDAL CERTIFICATE 1950

'Clair Matin' MEImont
(ganz oben rechts)
Syn. 'Grimpant Clair Matin'
GROSSBLUMIGE KLETTERROSE, REIN ROSA, ÖFTER BLÜHEND

Die sehr hübschen, mittelgroßen rosa Blüten besitzen eine zarte, hellere Mitte; sie sind mit flach schalenförmig angeordneten 15 Petalen halb gefüllt. Sobald sich die spitz zulaufenden Knospen ganz geöffnet haben, geben sie den Blick auf wunderschöne goldene Staubgefäße frei. Die ledrigen dunkelgrünen Blätter sind mit riesigen, rundlichen Büscheln aus etwa 40 Einzelblüten verziert. Die Pflanze bringt auch vereinzelte Hagebutten hervor. 'Clair Matin' blüht nahezu ununterbrochen vom Sommer bis zum Herbst; sie gehört zu den am reichsten blühenden Rosensorten überhaupt. Ihr lebhafter, reich verzweigter Wuchs prädestiniert sie zum Beranken von Mauern und Pergolen. Leider ist sie etwas anfällig für Mehltau und Sternrußtau.
ZONEN 4–9.

MEILLAND, FRANKREICH, 1960
'FASHION' × (['KORDES' SONDERMELDUNG' × 'ORANGE TRIUMPH'] × 'PHYLLIS BIDE')
BAGATELLE GOLDMEDAILLE 1960

'Claire Jacquier'
(links unten)
Syn. 'Mlle Claire Jacquier'
ALTE R., NOISETTEROSE, HELLGELB

Die halb gefüllten, zahlreichen Blüten, die an den Zweigenden sitzen, weisen einen bräunlich gelben Farbton auf, verblassen jedoch in der Sonne. 'Claire Jacquier', die sehr rasch und üppig wuchert, mag es gar nicht, eingeengt zu werden, sondern wächst lieber frei und ungebunden an Klettergerüsten empor und in Bäume hinein. Die Noisetterose blüht nur einmalig im Juni. Die biegsamen Triebe sind mit großen, spitz zulaufenden dunkelgrünen Blättern bedeckt. 'Claire Jacquier' ist eine robuste, gesunde Pflanze, die schattige Standorte verträgt und einen süßlichen Duft verbreitet. ZONEN 7–9.

BERNAIX, FRANKREICH, 1888
VERMUTLICH *ROSA MULTIFLORA* × TEEROSE

'Claire Rose' AUSlight
(rechts)
STRAUCHROSE, REIN ROSA, ÖFTER BLÜHEND

Aufgrund ihrer herausragenden Schönheit könnte man diese Moderne Strauchrose auch als Englische Rose bezeichnen. Die großen Blütenbüschel, die in mehreren Blühphasen gebildet werden, sind von altmodischer Form. Dabei öffnen sich die becherförmigen Knospen zu flachen, leicht einwärts gebogenen Rosetten mit zahlreichen Petalen; ihre Tönung ist ein zartes Rosarot, das mit der Zeit nahezu weiß wird und immer noch hübsch aussieht. Die Blumen duften angenehm. Die Pflanze ist dicht, mittelgroß und von aufrechtem Wuchs. Die Zweige sind ein wenig ausladend und üppig mit hellgrünen Blättern bedeckt. Diese Sorte mag heißes, trockenes Klima und wird durch Regen in Mitleidenschaft gezogen. Ansonsten ist sie wunderbar in Rabatten zu verwenden; als Solitär wirkt sie eher etwas verloren. 'Claire Rose' ist mit ihren exquisiten, langstieligen Blüten auch eine gute Schnittblume. ZONEN 4–9.

AUSTIN, GROSSBRITANNIEN, 1990
'CHARLES AUSTIN' × (SÄMLING × 'SCHNEEWITTCHEN')

'Clarita' MEIbyster
(ganz oben rechts)
Syn. 'Atoll'
TEEHYBRIDE, ORANGEROT, ÖFTER BLÜHEND

Das eher glanzlose, dunkelgrüne Laub wird wiederholt während des Sommers mit großen, zinnoberroten Blüten bedeckt. Diese sind mit bis zu 35 Petalen gefüllt, besitzen eine hohe Mitte und duften zart. Die in Deutschland als 'Atoll' bekannte Sorte ist eine wuchsfreudige, aufrechte, einigermaßen gesunde Strauchrose, die sich gut in Rosenbeeten oder gemischten Rabatten macht. ZONEN 4–9.

MEILLAND, FRANKREICH, 1971
'SUPER STAR' × ('ZAMBRA' × 'ROMANTICA')
LYON GOLDMEDAILLE 1971, GENF GOLDMEDAILLE 1971

'Class Act' JACare
(oben)
Syn. 'First Class', 'White Magic'
FLORIBUNDA, WEISS, ÖFTER BLÜHEND

Die cremefarbenen Blüten erscheinen in Büscheln zu 3–6 und verströmen einen zarten fruchtigen Duft. Sie sind mittelgroß, halb gefüllt und weisen jeweils 25 flach und locker angeordnete Petalen auf. Während des mehrfach erfolgenden Sommerflors wirkt der Kontrast zu den dunkelgrünen, mattglänzenden Blättern sehr hübsch. Die aufrechte Pflanze erreicht mittlere Höhe und besitzt lange Stacheln. Die für Beete und Rabatten beliebte Sorte ergibt auch einen guten Hochstamm. ZONEN 4–9.

WARRINER, USA, 1988
'SUN FLARE' × SÄMLING
ALL-AMERICAN ROSE SELECTION 1989, PORTLAND GOLDMEDAILLE 1989, NEUSEELAND GOLDMEDAILLE 1990

'Classic Sunblaze' MEIpinjid
Syn. 'Duc Meillandina', 'Duke Meillandina'
ZWERGROSE, REIN ROSA, ÖFTER BLÜHEND

Die Blüten sind rein rosafarben und erscheinen an der Pflanze einzeln oder in kleinen Büscheln. Wie alle Rosen der „Meillandina"- oder „Sunblaze"-Serie ist 'Classic Sunblaze' leicht zu ziehen. Diese gut haltbare Schnittblume verströmt einen nur schwachen Duft. **ZONEN 4–11.**

MEILLAND, FRANKREICH, 1985
SPORT VON 'PINK MEILLANDINA'

'Cleopatra' KORverpea *(oben links)*
Syn. 'Kleopatra', 'New Cleopatra', 'Peace of Vereeniging'
TEEHYBRIDE, ROT+, ÖFTER BLÜHEND

Diese Rose bringt ziemlich große, gefüllte, hochgebaute Blüten, die eine rundliche Form bekommen, wenn die Petalen sich nach hinten wölben. Die Oberseiten der Petalen sind intensiv scharlachrot, die Unterseiten goldgelb und bilden so einen eindrucksvollen Kontrast. Die schwach duftenden Blüten erscheinen im Sommer sehr zahlreich und erneuern sich den ganzen Herbst. Sie ist eine sehr gute Rose für Beete, Rabatten und Hecken. Die Pflanze wird mittelhoch und hat eine aufrechte Gestalt. Das dunkel glänzende Laub ist im Austrieb rötlich. Der gleiche Züchter führte bereits 1955 eine 'Kleopatra' von ähnlicher Farbe ein. **ZONEN 4–9.**

KORDES, DEUTSCHLAND, 1992
ELTERN UNBEKANNT

'Clio'
ALTE R., REMONTANTROSE, HELLROSA, ETWAS NACHBLÜHEND

Die Blüten dieser Remontantrosen sind fleischfarben, stark gefüllt, rundlich und erscheinen in Büscheln. Das silbrige Rosa der Blumen und der süßliche Duft steigern noch die Attraktivität. Die anmutig herabhängenden Triebe erreichen 1,2 m Länge und sind mit intensiv grünem, ledrigem Laub sowie zahlreichen Stacheln bedeckt. Die Rose blüht im Juni recht lange, verträgt allerdings überhaupt keinen Regen und bildet bei nassem Wetter sehr oft Mumien. Man sollte die Büsche generell nur leicht zurückzuschneiden. **ZONEN 5–9.**

WILLIAM PAUL & SON, GROSSBRITANNIEN, 1894
ELTERN UNBEKANNT

'Clos Fleuri Blanc' DELblan *(oben rechts)*
Syn. 'Snowy Summit'
FLORIBUNDA, WEISS, ÖFTER BLÜHEND

'Clos Fleuri Blanc' trägt große weiße Blüten, die mit fast 40 Petalen dicht gefüllt sind. Neue Blumen sprießen stets nach und heben sich vor dem leuchtend grünen Laub gut ab. Den Blütenreichtum der Pflanze kann man durch das regelmäßige Entfernen verblühter Blätter zusätzlich erhöhen. **ZONEN 4–9.**

DELBARD UND CHABERT, FRANKREICH, 1988
('MILROSE' × 'LEGION D'HONNEUR') × 'CANDEUR'

'Clos Vougeot'

DELific *(unten)*
Syn. 'Red Prolific',
'Rouge Prolific'
FLORIBUNDA, ROT,
ÖFTER BLÜHEND

Diese reich blühende Pflanze trägt mittelgroße, gefüllte rote Blüten, die jeweils mit 25 Petalen gefüllt sind und in Büscheln erscheinen. 'Clos Vougeot' ist von buschigem Wuchs, hat leuchtend grüne Blätter und eignet sich als Beetrose. In den wärmeren Monaten steht sie fortlaufend in Blüte, doch leider duftet sie kaum. Man sollte sie nicht mit 'Chateau de Clos Vougeot' verwechseln, einer stark duftenden großblumigen Rose.
ZONEN 4–9.

DELBARD-CHABERT, FRANKREICH, 1983

('ALAIN' × 'CHARLES MALLERIN') × ('LAFAYETTE' × 'WALKO')

'Clytemnestra'

STRAUCHROSE, MOSCHATA-HYBRIDE, ORANGEROSA, ÖFTER BLÜHEND

Die kupferfarbenen Knospen dieser Rose entfalten sich zu kleinen Blüten von interessanter, weicher Farbe. Sie sind zunächst dunkellachsfarben, verblassen aber mit der Zeit zu lohfarben. Die Staubblätter wirken gekräuselt bzw. verknittert. Den ganzen Sommer hindurch stehen diese Blüten in Büscheln inmitten des ledrigen, dunklen Laubs. Die Pflanze ist von ausladendem Wuchs, so dass man sie auch gut freistehend innerhalb einer Gruppe pflanzen kann.
ZONEN 4–9.

PEMBERTON, GROSSBRITANNIEN, 1915

'TRIER' × 'LIBERTY'

GOLDMEDAILLE DER NATIONAL ROSE SOCIETY 1914

'Cocktail' MEImick

(ganz oben)
STRAUCHROSE, ROT+,
ÖFTER BLÜHEND

'Cocktail' zählt zu den leuchtendsten Rosen am Markt. Obwohl die Elternpflanzen stark oder halb gefüllte Blüten aufweisen, besitzt diese Sorte Blüten mit nur 5 Petalen, die aber immerhin stark leuchten. Sie öffnen sich aus spitz zulaufenden Knospen, sind von einem leuchtenden Geranienrot und haben ein leuchtendes primelgelbes Auge. Die Blüten erscheinen in großen Büscheln während der ganzen Saison und verbreiten einen zarten würzigen Duft. Die wuchsfreudige und starkwüchsige Rose ist von glänzenden, ledrigen Blättern bedeckt. Man kann sie als Hochstamm einsetzen, in eine Strauchrabatte pflanzen oder als kleine Kletterrose an Säulen bzw. als Kaskadenrose ziehen. 'Cocktail' eignet sich perfekt zur Belebung eines eher tristen Teils des Gartens. Ein weiterer Vorteil besteht darin, dass sie auch minderwertigere Böden verträgt. ZONEN 4–9.

MEILLAND, FRANKREICH, 1957

('KORDES' SONDERMELDUNG' × 'ORANGE TRIUMPH') × 'PHYLLIS BIDE'

'Cocorico' MEllano
(ganz oben)
FLORIBUNDA, ORANGEROT,
ÖFTER BLÜHEND

'Cocorico', eine der ältesten roten Floribundarosen, eignet sich hervorragend für Beete in großen Gärten und Parkanlagen. Die Knospen in leuchtendem Geranienrot öffnen sich zu großen, fast einfachen Blüten mit 8 Petalen. Der wuchsfreudige, aufrechte Busch bringt zahlreiche Blüten in kleinen und großen Büscheln hervor. Nach dem Ausputzen erfolgt sehr bald eine Nachblüte. Andernfalls werden reichlich Hagebutten gebildet. Das matt glänzende, üppige Laub prangt in leuchtendem Grün. Obwohl sie bereits seit fast 50 Jahren im Handel ist, hat 'Cocorico' nichts von ihrer guten Beetrosenqualität eingebüßt.
ZONEN 5–9.

MEILLAND, FRANKREICH, 1951
'ALAIN' × 'ORANGE TRIUMPH'
GENF GOLDMEDAILLE 1951,
GOLDMEDAILLE DER NATIONAL
ROSE SOCIETY 1951

'Colette' MEIroupis
(unten links)
Syn. 'John Keats'
STRAUCHROSE, HELLROSA,
ÖFTER BLÜHEND

Mittelgroße, gefüllte Blüten in hellem Ocker-Rosa erscheinen in kleinen Büscheln. Sie sind stark duftend und blühen wiederholt den ganzen Sommer hindurch. Der 1,8 m hohe, in die Breite wachsende Strauch ist mit kleinem, dunklem, glänzendem Laub bedeckt, die Triebe mit vielen kleinen Stacheln. Sie trägt den Namen einer französischen Schriftstellerin, ihr Synonym verweist auf einen weiteren weltberühmten Schriftsteller.
ZONEN 4–9.

MEILLAND, FRANKREICH, 1994
('FIONA' × 'FRIESIA') ×
'PRAIRIE PRINCESS'

'Colibri' MEImal
(unten rechts)
Syn. 'Colibre'
ZWERGROSE, ORANGE+,
ÖFTER BLÜHEND

Diese Zwergrose stammt vom selben Züchter wie die weltberühmte 'Gloria Dei'. Die ovalen Knospen öffnen sich zu gelborangefarbenen, stark gefüllten Blüten, die in den meisten Klimazonen farbbeständig sind. Die Blüten sind klein und treten in kleinen Büscheln auf; sie verströmen einen nur zarten Duft. Die glänzenden Blätter geben einen hübschen Hintergrund für die lebhaft getönten Blüten ab. Es verwundert also nicht, dass sie als klassische Zwergrose des 20 Jhs. 1962 in den Niederlanden die höchste Auszeichnung dieses Landes erhielt. Heute ist sie nicht mehr so verbreitet. ZONEN 4–11.

MEILLAND, FRANKREICH, 1956
'GOLDILOCKS' × 'PERLA DE
MONTSERRAT'

GOLDENE ROSE VON DEN HAAG
1962

'Colorama' MEIrigalu
(oben)
Syn. 'Colourama',
'Dr R. Magg'
TEEHYBRIDE, ROT+,
ÖFTER BLÜHEND

Diese Rose trägt den ganzen Sommer hindurch duftende Blüten an einer wuchsfreudigen, aufrechten und buschigen Pflanze. Die großen, gefüllten becherförmigen Blüten sind rot mit gelben Petalenaußenseiten und entwickeln sich aus ovalen Knospen. Die Pflanze hat stark glänzende, grüne Blätter und eignet sich als Beetrose oder für gemischte Rabatten. Die Vermehrung erfolgt durch Okulation.
ZONEN 4–9.
MEILLAND, FRANKREICH, 1968
'SUSPENSE' × 'CONFIDENCE'

'Colour Wonder'
KORbico *(unten rechts)*
Syn. 'Königin der Rosen', 'Queen of Roses', 'Reine des Roses'
TEEHYBRIDE, ORANGE+,
ÖFTER BLÜHEND

Die großen korallfarbenen, gefüllten Blüten haben cremefarbene Unterseiten und setzen sich aus bis zu 50 Petalen zusammen. Sie entwickeln sich im Frühsommer bis zum Herbst immer wieder neu aus ovalen Knospen und duften schwach. Ebenfalls bemerkenswert sind die zahlreichen dicken Stacheln und das glänzende bronzefarbene Laub, das diesen wuchsfreudigen, aufrechten Busch bedeckt. 'Königin der Rosen' stammt von zwei der bekanntesten Rosen des 20. Jhs. ab und diente selbst auch schon als Elternpflanze.
ZONEN 4–9.
KORDES, DEUTSCHLAND, 1964
'KORDES' PERFECTA' × 'SUPER STAR'
ADR-ROSE 1964, BELFAST GOLDMEDAILLE 1966

'Commandant Beaurepaire'
(ganz oben rechts)
Syn. 'Panachée d'Angers'
ALTE R., BOURBONROSE, ROSA+,
ETWAS NACHBLÜHEND

Die aufrechten, becherförmigen rosa Blüten sind purpurviolett und marmorweiß gestreift und verströmen einen starken Duft. Der Flor im Juni ist sehr üppig, aber nur gelegentlich erfolgt im Herbst noch einmal eine leichte Nachblüte. Die Blätter sind hellgrün, lang und spitz zulaufend. Ferner weist die Pflanze stachelige Triebe auf, die nach der Blütezeit ausgedünnt werden müssen. 'Comandant Beaurepaire' gedeiht am besten in kühlem Wetter an einem halbschattigen Standort, wo der Strauch eine Höhe von 1,5 m erreichen kann. Daher ist er auch für Hecken geeignet.
ZONEN 5–9.
MOREAU-ROBERT, FRANKREICH, 1879
ABSTAMMUNG UNBEKANNT, VIELLEICHT SÄMLING EINER REMONTANTROSE

'Compassion' *(ganz oben links)*
Syn. 'Belle de Londres'
GROSSBLUMIGE KLETTERROSE, ORANGEROSA, ÖFTER BLÜHEND

Diese Sorte zählt zu den zeitlosen Lieblingen der Rosenzucht. Die Kombination einer hochwertigen Blüte auf kurzen Stiel mit einem wunderbar süßen Duft an einer dicht und dunkelgrün belaubten Pflanze, die die Höhe eines großen Strauches erreicht, macht sie in jedem Garten zu einer gefragten Sorte. 'Compassion' eignet sich aber auch gut zum Beranken eines Zaunes, einer Mauer oder einer Pergola. Den ganzen Sommer und Herbst hindurch blüht die Kletterrose in dichter Folge. Sie trägt große lachsrosa bis apricotfarbene Blüten, die mit etwa 35 Petalen gefüllt sind. Sie sitzen einzeln oder in Büscheln zu dritt inmitten großer, dunkelgrüner und lediger Blätter. Die Sorte hat einen buschigen, verzweigten Wuchs und ist besonders krankheitsfest. **ZONEN 4–9.**

HARKNESS, GROSSBRITANNIEN, 1973
'WHITE COCKADE' × 'PRIMABALLERINA'
BADEN-BADEN GOLDMEDAILLE 1975, GENF GOLDMEDAILLE 1975, ORLÉANS GOLDMEDAILLE 1979, DUFTMEDAILLE DER ROYAL NATIONAL ROSE SOCIETY 1973, ADR-ROSE 1976, ROYAL HORTICULTURAL SOCIETY AWARD OF GARDEN MERIT 1993

'Complicata' *(links)*
Syn. 'Ariana d'Algier', *R. gallica* 'Coplicata'
ALTE R., GALLICA-ROSE, ROSA+

Dieser breite, dichte und wuchsfreudige Strauch mit elegant überhängenden Trieben kann eine Höhe von 1,8 m oder mehr erreichen. Er weist starke, graugrüne, teilweise bewehrte Triebe auf, die über und über mit großen, gesunden Blättern bedeckt sind. Die 6–10 cm großen Blüten erscheinen nur im Juni und verströmen einen schwachen Duft. Die 5 Petalen sind von einem leuchtend klaren Rosa mit heller Mitte. Ein Büschel hübscher cremegelber Staubgefäße ist eine weitere Verschönerung. Diese alte Gallica-Rose ist ein herausragender Solitärstrauch, aber auch als natürliche Hecke verwendbar. Sie ist äußerst gesund, recht winterhart und wächst zudem auch auf relativ unergiebigen Böden. **ZONEN 5–9.**

ELTERN UNBEKANNT, VERMUTLICH
ROSA CANINA ODER *R. MACRANTHA*

'Comte Boula de Nanteuil' *(links)*
Syn. 'Boule de Nanteuil', 'Comte de Nanteuil'
ALTE R., GALLICA-ROSE, MAUVE

Die großen, mit zahlreichen Petalen gefüllten flachen, geviertelten, purpurscharlachroten Blüten schimmern leicht silbrig und haben eine scharlachrote Mitte. Damaszenerduft und eine geringe Gesamtgröße machen sie zu einer guten Kübelpflanze. Sie verträgt Halbschatten, blüht aber nur im Juni. **ZONEN 4–9.**

ROESER, FRANKREICH, 1834
ELTERN UNBEKANNT

'Comte de Chambord' *(rechts)*
ALTE R., PORTLANDROSE, ROSA+, ETWAS NACHBLÜHEND

Dieser steife, bis 1,2 m hohe Strauch besitzt starke graugrüne Triebe mit zahlreichen rötlichen Stacheln und Dornen. Die hellen graugrünen Blätter sind gesägt und feinflaumig behaart. Die Blüten sitzen einzeln oder in kleinen Büscheln an den kurzen Stielen und erscheinen im Juni reichlich, danach in etwas geringerer Zahl noch bis zum Herbst. Kurz vor dem Öffnen besitzen die Blüten bereits eine wunderbar hohe Mitte mit eingerollten Petalen; sie entfalten sich zunächst becherförmig, werden dann flach und oft geviertelt; geöffnet sind sie bis zu 8 cm groß. Die köstlich duftenden Blüten sind intensiv rosa mit einem Stich ins Lila- und Fliederfarbene. ZONEN 5–9.

ROBERT & MOREAU, FRANKREICH, 1863

VERMUTLICH 'BARONNE PRÉVOST' × 'DUCHESS OF PORTLAND'

ROYAL HORTICULTURAL SOCIETY AWARD OF GARDEN MERIT 1993

'Comtesse Cécile de Chabrillant' *(oben)*
ALTE R., REMONTANTROSE, ROSA+, ETWAS NACHBLÜHEND

Diese seltene Rose trägt duftende, recht haltbare seidig rosarote, unterseits silbrigen Blüten; diese sind mit muschelförmigen Petalen gefüllt, kugelförmig und mittelgroß. Die hohen Langtriebe tragen ledrige dunkelgrüne Blätter und winzige Stacheln. ZONEN 5–9.

MAREST, FRANKREICH, 1856
SÄMLING VON 'JULES MARGOTTIN'

'Comtesse de Murinais' *(ganz oben rechts)*
ALTE R., MOOSROSE, WEISS

Die Blätter sind leuchtend grün und etwas runzlig. Die Knospen haben ein fein strukturiertes Moos und sind dicht mit kleinen Borsten bedeckt. Die angenehm duftenden Blüten sind rein weiß und mit einem zarten rötlichen Hauch überzogen. ZONEN 5–9.

VIBERT, FRANKREICH, 1843
ELTERN UNBEKANNT

'Conditorum'
(links)
Syn. 'Hungarian Rose', *Rosa gallica conditorum*, 'Tidbit Rose'
ALTE R., GALLICA-ROSE, DUNKELROT

Diese Pflanze mit einem buschigen und einigermaßen dichten Wuchs erreicht eine Höhe von 1 m. 'Conditorum' weist dunkelgrüne, leicht bewehrte Triebe auf; das reichlich vorhandene Laub ist graugrün und ein wenig rau. Die stark duftenden Blüten sitzen in Büscheln aufrecht an den Blütenstielen; sie sind erst kirsch-, dann schon bald purpurrot gefärbt und haben leuchtend gelbe Staubgefäße. Die einzelne Blüte hat in vollständig geöffnetem Zustand einen Durchmesser von 8 cm. Die Rose blüht nur im Juni.
ZONEN 5–9.
1629
ELTERN UNBEKANNT

'Comtesse du Caÿla' *(oben)*
ALTE R., CHINAROSE, ORANGE+, ÖFTER BLÜHEND

Viele halten diese Rose für die herausragendste aller Chinarosen. An purpurnen, leicht herabhängenden Stielen sitzen große, locker becherförmige und flache Blüten in orangestichigem Karminrot mit gelben Petalenunterseiten; ihr starker Duft erinnert an Edelwicken oder Tee. Sie fühlt sich an einem warmen, sonnenbeschienenen, wintermilden Standort am wohlsten. Die Blüte dauert die gesamte Saison über an. Im Schatten wirkt der kompakte, etwa 1 m breite Busch mit den dünnen Stielen und dem glänzenden bronzegrünen Laub eher etwas mager. Aufgrund der prachtvollen Erscheinung und beständigen Blüte sollte diese Rose in ein Beet mit mehrjährigen Rosenstauden gesetzt werden, wo sie hervorragend zur Geltung kommt. **ZONEN 7–11.**
GUILLOT, FRANKREICH, 1902
(SÄMLING VON 'RIVAL DE PAESTUM' × 'MME FALCOT') × 'MME FALCOT'

'Concerto'
(ganz oben links)
FLORIBUNDA, ROT, ÖFTER BLÜHEND

Leuchtend rote Blüten gehen aus ovalen, spitzen Knospen hervor. Die Blüten sind locker becherförmig und mit knapp 15 Petalen halb gefüllt. Sie stehen in Büscheln über den dunklen Blättern, behalten ihre Farbe gut und verströmen zarten Duft. **ZONEN 4–9.**
MEILLAND, FRANKREICH, 1953
'ALAIN' × 'FLORADORA'
NATIONAL ROSE SOCIETY PRESIDENT'S INTERNATIONAL TROPHY 1953

'Confidence'

(rechts)
TEEHYBRIDE, ROSA+, ÖFTER BLÜHEND

Die großen gefüllten Blüten sind von einem seidigen Perlmuttrosa mit etwas Gelb an der Petalenbasis. Die ovalen Knospen öffnen sich zu Blüten mit 40 Petalen, hoher Mitte und angenehmem Duft. Den ganzen Sommer über trägt diese aufrechte, buschige und großblumige Rose Blüten inmitten von dunkelgrünem, ledrigem Laub. 'Confidence' ist eine relativ gesunde Rose und zugleich die erste erfolgreiche Züchtung, die aus der außerordentlich beliebten Sorte 'Gloria Dei' hervorging. Sie gedeiht aber im Gegensatz zu dieser besser in heißem, trockenen Klima und mag weder nasses Wetter noch starken Schnitt. **ZONEN 4–9.**

MEILLAND, FRANKREICH, 1951

'GLORIA DEI' × 'MICHÈLE MEILLAND'

BAGATELLE GOLDMEDAILLE 1951

'Congratulations'

KORlift *(unten)*
Syn. 'Kordes' Rose Sylvia', 'Sylvia'
TEEHYBRIDE, ROSA+, ÖFTER BLÜHEND

Die in Deutschland gezüchtete und hier 'Sylvia' genannte Rose bereichert jede Sammlung Moderner Rosen. Die Pflanze mit dem aufrecht buschigen Wuchs und den großen, dunkelgrünen, gesunden Blättern trägt perfekt geformte, intensiv rosafarbene Blüten einzeln oder in kleinen Büscheln. Jede Blüte erwächst aus langen, spitzen Knospen, ist urnenförmig, mit einer hohen Mitte und mit 40 Petalen dicht gefüllt. Die Blumen duften angenehm. 'Congratulations' ist eine gute Sorte für Gruppen, Beete und Rabatten. Dank ihrer langen, aufrechten Stiele eignet sich die Sorte auch sehr gut als Schnittrose. Das Entfernen der Seitenknospen regt die Pflanze zur Bildung noch größerer Blüten an. **ZONEN 4–9.**

KORDES, DEUTSCHLAND, 1979

'CARINA' × SÄMLING

ADR-ROSE 1977, BRITISH ASSOCIATION OF ROSE BREEDERS SELECTION 1977

'Conrad Ferdinand Meyer' *(ganz oben rechts)*

STRAUCHROSE, RUGOSA-HYBRIDE, HELLROSA, ÖFTER BLÜHEND

Diese üppig wuchernde und ausladende Rose ist an ihren Trieben mit zahlreichen Stacheln versehen. Sie wächst gut an Säulen und Pfeilern, bildet aber auch ohne viel Schnitt einen bis 3 m hohen Solitärstrauch, der oft unten verkahlt. Die sehr früh erscheinenden stark duftenden Blüten sind mit becherförmigen Petalen in weichem, silbrigem Rosa locker gefüllt. Mit jedem Flor verbessert sich die Qualität der Blüten, nur der Herbstflor blüht sehr unzuverlässig. Das raue, ledrige Laub ist mitunter anfällig für Rosenrost. **ZONEN 4–9.**

MÜLLER, DEUTSCHLAND, 1839

('GLOIRE DE DIJON' × 'DUC DE ROHAN') × *ROSA RUGOSA* 'GERMANICA'

'Conservation'
COCdimple *(oben)*
ZWERGROSE, ROSA+, ÖFTER BLÜHEND

Auch wenn ihre Farbe offiziell mit Rosa angegeben wird, erscheinen die mit knapp 20 Petalen nur halb gefüllten Blüten eher lachsrot bzw. lachsorange. Allerdings halten sie sich recht lange. Meist sitzen sie in Büscheln, die sich als kleine Farbhügel vom glänzend grünen Laub abheben. Beim Öffnen entlassen sie einen zarten Duft, der aber schnell verfliegt. Die dichte, buschig wachsende, gesunde Rose erhielt ihren Namen anlässlich des 50-jährigen Bestehens des World Wildlife Fund (WWF). In der schottischen Stadt Aberdeen wird 'Conservation' in großem Umfang in öffentlichen Anlagen angepflanzt.
ZONEN 4–11.

JAMES COCKER & SONS, GROSSBRITANNIEN, 1986
(['SABINE' × 'CIRCUS'] × 'MAXI') × 'MINUETTO'
DUBLIN GOLDMEDAILLE 1986, GLASGOW CERTIFICATE OF MERIT 1990

'Constance Spry'
(oben)
Syn. 'Constanze Spry'
STRAUCHROSE, HELLROSA

Diese Rose ist die Ausgangsform all jener modernen Strauchrosen, die als „Englische Rosen" bezeichnet werden. Hierzu gehören freilich auch diejenigen mit roter Farbe, die aus der 'Chianti'-/'Tuscany'-Linie stammen. Eigentlich ist 'Constanze Spry' für jeden ambitionierten Rosenfreund ein „Muss" – denn die üppig wuchernde Strauchrose wirkt mit den leuchtend rosafarbenen, becherförmigen und stark gefüllten Blüten einfach unwiderstehlich. Die einzeln stehenden Blüten des Sommerflors halten sich lange und duften angenehm nach Myrrhe – ein Kuriosum, was bereits an viele ihrer Nachkommen weitergegeben wurde. Die Pflanze ist reichlich mit großen dunkelgrünen und sehr winterharten Blättern bedeckt, die recht krankheitsfest sind. 'Constanze Spry' eignet sich für die gruppenweise Pflanzung hinter einer gemischten Rabatte, lässt sich aber aufgrund ihres ausladenden Wuchses ebenso gut als Kletterrose an einer Mauer oder als Solitärstrauch ziehen. Benannt wurde sie nach einer bekannten Floristin aus der Mitte des 20. Jhs.
ZONEN 4–9.

AUSTIN, GROSSBRITANNIEN, 1961
'BELLE ISIS' × 'DAINTY MAID'
ROYAL HORTICULTURAL SOCIETY AWARD OF GARDEN MERIT 1993

'Cooper's Burmese'
Syn. 'Gigantea Cooperi',
Rosa × cooperi
ALTE R., KLETTERNDE LAEVIGATA-
ROSE, WEISS

Diese schöne Rose gedeiht am besten in warmem Klima, wo sie große schalenförmige, einfache cremefarbene Blüten mit hervorstehenden Staubgefäßen trägt, die einen atemberaubenden Duft verbreiten. Im Sommer treten die Blüten reichlich auf, die Pflanze blüht aber nicht öfter. Die Zartheit der Blüten steht scheinbar im Kontrast zu ihrem robusten Erscheinungsbild, wie z.B. den verzweigten, stark bewehrten Stielen und der dreifachen Größe einer Kletterrose. Die Blätter sind groß und grün; sie geben einen hübschen Hintergrund für die blassen, seidig wirkenden Blüten ab. In Gebieten mit kälterem Klima sollte man die Rose aufgrund ihrer Frostempfindlichkeit nur an sehr geschützten Orten halten, z.B. in einem windgeschützten Atrium. Roland Cooper, Kurator der Royal Botanic Gardens in Edinburgh, brachte den Samen aus Birma mit. **ZONEN 6–9.**

COOPER, GROSSBRITANNIEN, 1927

VERMUTLICH *ROSA LAEVIGATA* × *R. GIGANTEA*

'Copenhagen'
(rechts)
Syn. 'København', 'Kopenhagen'
GROSSBLUMIGE KLETTERROSE, ROT, ÖFTER BLÜHEND

Diese öfter blühende Rose trägt große purpurscharlachrote, mit 20 Petalen halb gefüllte und wohlgeformte Blüten. Obwohl 'Copenhagen' mitunter recht kräftig wächst, sollte man sie besser zu den niedrigen Kletterrosen stellen, die sich ideal für Säulen oder kleine Spaliere eignen. Die Blätter sind dunkelgrün mit einem Stich ins Kupferfarbene und äußerst krankheitsfest. 'Copenhagen' war wohl die erste moderne öfter blühende Kletterrose. Heute gibt es wuchsfreudigere Sorten, die jedoch leider selten die gleiche Blütenqualität aufweisen. **ZONEN 4–9.**

POULSEN, DÄNEMARK, 1964

SÄMLING × 'ENA HARKNESS'

NATIONAL ROSE SOCIETY CERTIFICATE OF MERIT 1963

'Coppélia' *(oben)*
TEEHYBRIDE, ORANGE+, ÖFTER BLÜHEND

Die Blüten sind mittelgroß, becherförmig und mit bis zu 25 Petalen gefüllt. Sie sind leuchtend rosa mit einem Stich ins Orange und duften zart. Die Blätter sind mittelgrün und glänzen matt. Der Busch ist hochwüchsig, ausladend und reich blühend. Der Züchter wollte später die alte 'Coppélia' in verbesserter Neuauflage herausbringen und machte dabei aus einer Teehybride eine Floribundarose – im Wuchs etwas niedriger, in Form und Farbe ähnlich, aber mit etwas mehr Orange (Meilland, 1976). **ZONEN 5–9.**

MEILLAND, FRANKREICH, 1952

'GLORIA DEI' × 'EUROPA'

'Coral Cluster'
(ganz oben links)
POLYANTHAROSE, ORANGEROSA, ÖFTER BLÜHEND

'Coral Cluster' ist das typische Beispiel einer öfter blühenden Polyantharose mit pomponförmigen Blüten. Diese Rosenklasse war bekannt für das Auftreten zahlreicher Sports, die wiederum etliche neue Farbtöne hervorbrachten – von einem blassen Rosa bis hin zu Purpurrot. 'Coral Cluster' trägt kleine, korallrosafarbene gefüllte Blüten inmitten blassgrünen Laubes. Die Sorte wird leider ab Sommermitte relativ oft von Mehltau befallen. Die Rose lässt sich recht leicht durch Stecklinge oder durch Okulation vermehren. ZONEN 4–9.

MURRELL, GROSSBRITANNIEN, 1920
SPORT VON 'ORLÉANS ROSE'
GOLDMEDAILLE DER NATIONAL ROSE SOCIETY 1921

'Coral Satin'
(unten)
GROSSBLUMIGE KLETTERROSE, ORANGEROSA, ÖFTER BLÜHEND

Die großen, gefüllten korallrosa Blüten entstehen aus ovalen Knospen und zeigen sich in mehreren Phasen den ganzen Sommer hindurch. Die Blüte ist mit 25 Petalen gefüllt, die zu einer hohen Mitte angeordnet sind. Sie ist eine schwachwüchsige Kletterrose, duftet stark und ist reichlich mit großen gesunden, ledrigen Blättern bedeckt. ZONEN 4–9.

ZOMBORY, USA, 1960
'NEW DAWN' × 'FASHION'

'Coralin'
Syn. 'Carolin', 'Carolyn', 'Karolyn'
ZWERGROSE, ORANGEROT, ÖFTER BLÜHEND

'Coralin' trägt korallrote Blüten mit jeweils 40 Petalen an einer niedrigen, kompakten Pflanze. Die Elternpflanze setzte Francis Meilland schon erfolgreich zur Zucht der preisgekrönten Sorte 'Colibri' ein. Diese Rose zählte zu den ersten modernen Zwergrosen; sie ist zwar heute nicht mehr im Handel, wird jedoch noch in vielen Ländern durch Austausch von Stecklingen vor dem Aussterben bewahrt. ZONEN 5–11.

DOT, SPANIEN, 1955
'MÉPHISTO' × 'PERLA DE ALCAÑADA'

'Cordula' KORtri
(ganz oben rechts)
FLORIBUNDA, ORANGEROT, ÖFTER BLÜHEND

Die großen Büschel orangeroter, mittelgroßer und gefüllter Blüten entwickeln sich jeweils aus kugelförmigen Knospen und duften zart. Sie zeigen sich wiederholt den ganzen Sommer hindurch und heben sich schön vom bronzegetönten, dunkelgrünen ledrigen Laub ab. Die Pflanze ist recht klein mit buschigem Wuchs und lässt sich durch Okulation vermehren. 'Cordula' ist eine gute Wahl für ein Rosenbeet, wächst aber auch als Hochstamm. ZONEN 4–9.

KORDES, DEUTSCHLAND, 1972
'EUROPEANA' × 'MARLENA'

'Cornelia' *(rechts)*
STRAUCHROSE, MOSCHATA-HYBRIDE, ROSA+, ÖFTER BLÜHEND

Die Färbung ihrer Blüten reicht von einem blassen Apricot-Kupferton bis hin zu Lachsrosa oder einem gelb überhauchten Himbeerton, wobei der Blütengrund zumeist orangefarben ist. Die Blüten sind klein, sehr stark gefüllt, rosettenförmig und sitzen in großen, hängenden Büscheln. Ihr Duft ist deutlich moschusartig. 'Cornelia' ist eine herausragende, starkwüchsige Strauchrose, die fortlaufend bis in den Herbst hinein blüht. Sie ist von aufregender Schönheit wenn sie sich von einer niedrigen Wand herabrankt oder um eine Säule herumwindet. Die Pflanze trägt keine Stacheln; die Blätter sind glänzend dunkelgrün und bronzefarben getönt. Sie bevorzugt einen sonnigen und windgeschützten Standort. Zur Vermehrung empfiehlt sich die Entnahme von Stecklingen oder Veredlungsaugen.
ZONEN 4–9.

PEMBERTON, GROSSBRITANNIEN, 1925
ELTERN UNBEKANNT
ROYAL HORTICULTURAL SOCIETY AWARD OF GARDEN MERIT 1993

'Coronado'
TEEHYBRIDE, ROT+, ÖFTER BLÜHEND

Aus langen, spitzen Knospen öffnen sich die großen roten Blüten dieser zweifarbigen Rose. Sie sind mit etwa 40 unterseits gelben Petalen gefüllt, haben eine hohe Mitte und verströmen einen mittelstarken Duft. 'Coronado' ist eine wuchsfreudige öfter blühende Beetrose und trägt dunkelgrüne, glänzende Blätter. Sie lässt sich durch Okulation vermehren.
ZONEN 4–9.

ABRAMS, USA, 1961
('MULTNOMAH' × 'GLORIA DEI') × ('MULTNOMAH' × 'GLORIA DEI')

'Corso'
(ganz oben rechts)
TEEHYBRIDE, ORANGE+, ÖFTER BLÜHEND

Die wuchsfreudige, aufrechte Sorte wäre – wenn weniger anfällig für Mehltau – eine gute kommerzielle Schnittrose. Im Garten bildet 'Corso' hübsche kupferorangefarbene, mit 30 Petalen gefüllte Blüten, die eine klassische Form besitzen, mit 11 cm Durchmesser recht groß sind und an langen Stielen sitzen. Sie erscheinen in mehreren Floren und verströmen einen zarten Duft. Die Blätter sind dunkelgrün und glänzend. ZONEN 4–9.

COCKER, GROSSBRITANNIEN, 1976
'ANNE COCKER' × 'DR A. J. VERHAGE'

'Cottage Rose'
AUSglisten *(oben)*
Syn. 'Austin's Cottage Rose'
STRAUCHROSE, REIN ROSA, ÖFTER BLÜHEND

Die auch als Englische Rose bezeichnete Pflanze ist eine gute Strauchrose für kleine Gärten. Die Blüten leuchten in einem warmen Rosa, sind flach becherförmig mit einer gevierteilten Rosette und erscheinen bis in den Herbst hinein. Schon bald nach dem ersten Flor kommen die nächsten Knospen. 'Cottage Rose' ist eine zierliche, kleine, buschige Pflanze, die sich für kleine Beete oder Kübel eignet, aber nur wenig duftet. Sie lässt sich aus Stecklingen ziehen und ist jedem Gärtner zu empfehlen, der eine moderne Rose mit den Eigenschaften einer Alten Gartenrose sucht.
ZONEN 4–9.

AUSTIN, GROSSBRITANNIEN, 1991
'WIFE OF BATH' × 'MARY ROSE'

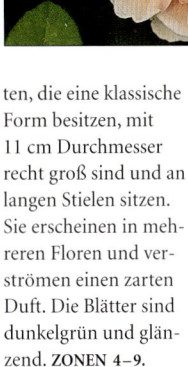

'Country Dancer'
(oben)
STRAUCHROSE, DUNKELROSA, ÖFTER BLÜHEND

Diese aufrechte kleine Strauchrose produziert während der gesamten Saison fortlaufend große, rosarote, gefüllte Blüten. Die Blätter dieser Strauchrose sind groß, dunkelgrün und glänzend. 'Country Dancer' eignet sich für gemischte Rabatten oder als Topfpflanze. Die Pflanze ist recht wuchsfreudig und duftet zudem angenehm zart. ZONEN 4–9.
BUCK, USA, 1973
'PRAIRIE PRINCESS' × 'JOHANNES BOETTNER'

'Country Lady'
HARtsam
TEEHYBRIDE, ORANGE+, ÖFTER BLÜHEND

Die mittelgroßen Blüten wirken an dieser hochwüchsigen, wuchsfreudigen Pflanze wie verbrannt. Sie sind von einem ins Rötliche gehenden Lachsrosa, wobei die Petalenunterseiten hell scharlachrot überzogen sind; sie verblassen erst zu Lachsorange, dann zu Rosa. Sie blühen recht kontinuierlich bis in den Herbst hinein und erscheinen einzeln oder in kleinen Büscheln. Jede würzig duftende Blüte ist anfangs urnenförmig bis spitz zulaufend und besitzt etwa 25 locker angeordnete Petalen. Ohne Ausputzen entstehen schließlich im Herbst attraktive ovale Hagebutten. Die Teehybride besitzt reichlich mittelgrünes, gesundes Laub und rötliche, abwärts gebogene Stacheln. Ihren Namen erhielt 'Country Lady' zu Ehren der Country Gentlemen's Association, einem englischen Privatclub. ZONEN 4–9.
HARKNESS, GROSSBRITANNIEN, 1987
'ALEXANDER' × 'BRIGHT SMILE'
GENF CERTIFICATE OF MERIT 1985, ROYAL NATIONAL ROSE SOCIETY TRIAL GROUND CERTIFICATE 1986

'Country Living'
AUScountry *(oben)*
STRAUCHROSE, HELLROSA, ÖFTER BLÜHEND

Diese auch als Englische Rose bezeichneten Sorte bildet den ganzen Sommer und Herbst über wiederholt perfekt geformte, mittelgroße und zarte Blüten. Zuweilen besitzen die rosettenartigen, rötlichen bis fleischfarbenen Blüten ein grünes Auge. Sie verblassen später zu einem sehr hellen Rosa, duften aber angenehm. 'Country Living' ist eine kleinblättrige, dichtbuschige Sorte, die man daher eher als Buschrose denn als Strauchrose definieren sollte. Sie eignet sich für den Rand eines Rosenbeetes oder macht sich auch im Kübel gut. Da manche Triebe zuweilen absterben, entsteht der Eindruck, die Rose sei nicht winterhart. Dies stellt aber kein Problem dar, da die Pflanze schnell neue Triebe an der Unterseite ausbildet, besonders wenn man sie im Spätherbst angehäufelt hat. Benannt wurde 'Country Living' nach einem britischen Magazin für rustikalen Lifestyle. ZONEN 4–9.
AUSTIN, GROSSBRITANNIEN 1991
'WIFE OF BATH' × 'GRAHAM THOMAS'

'Coupe d'Hébé'
ALTE R., BOURBONROSE, DUNKELROSA

Die stark und schwer duftenden Blüten sind dunkelrosa, von becherförmiger Gestalt, stark gefüllt und tragen wellig gefaltete Petalen mit einer wachsartigen Textur. 'Coupe d'Hébé' blüht nur in der ersten Hälfte der Saison üppig. Der wuchsfreudige und aufrechte Strauch liebt halbschattige Standorte und kann auch um eine Säule herum gezogen werden, wenn man ihn nicht schneidet. Er verträgt nährstoffarme Böden und trägt ein hübsches, hellgrünes und glänzendes Laub, das leider jedoch anfällig für Mehltau ist. ZONEN 5–10.

LAFFAY, FRANKREICH, 1840

BOURBON-HYBRIDE × CHINAROSEN-HYBRIDE

'Courtoisie' DELcourt
(oben)
FLORIBUNDA, ORANGE+, ÖFTER BLÜHEND

Die großen gefüllten, orangefarbenen Blüten haben gelb getönte Unterseiten. Sie erscheinen während der ganzen Saison wiederholt in kleinen Büscheln und duften angenehm. 'Courtoisie' ist eine buschige Beetrose und trägt mittelgrüne Blätter. ZONEN 5–9.

DELBARD-CHABERT, FRANKREICH, 1984

'AVALANCHE ROSE' × SÄMLING VON 'FASHION'

'Courvoisier' MACsee
(oben)
FLORIBUNDA, GOLDGELB, ÖFTER BLÜHEND

Die goldgelben und gefüllten Blüten dieser Floribundarose sind groß, mit 50 Petalen gefüllt, duften stark und erscheinen in dekorativen Büscheln den ganzen Sommer hindurch. 'Courvoisier' ist eine aufrechte, hübsche Beetrose mit glänzend dunkelgrünen Blättern. ZONEN 5–9.

MCGREDY, NEUSEELAND, 1970

'ELIZABETH OF GLAMIS' × 'CASANOVA'

ROYAL NATIONAL ROSE SOCIETY TRIAL GROUND CERTIFICATE 1969

'Cramoisi Picoté'
ALTE R., GALLICA-ROSE, ROT+

Diese Gallica-Rose von steifem, aufrechtem Wuchs erreicht eine mittlere Höhe von 1,2 m und besitzt dunkelgrüne Langtriebe mit nur vereinzelten Stacheln. Die kleinen Blätter sind dunkelgrün und derb, ihre Blüten sitzen in dichten Büscheln. Sie sind pomponförmig, dunkelrosa und an den Petalenrändern rötlich gefärbt. Die muntere, leuchtend schöne Gallica-Rose blüht im Juni und duftet schwach. 'Cramoisi Picoté' eignet sich hervorragend für gemischte Rabatten oder auch als Topfpflanze. ZONEN 5–9.

VIBERT, FRANKREICH, 1834

ELTERN UNBEKANNT

'Crépuscule'

(ganz oben rechts)
ALTE R., NOISETTEROSE, APRICOT+, ÖFTER BLÜHEND

In wärmerem Klima verdient kaum eine andere Rose eher die Bezeichnung „Kletterrose". Vom Frühjahrsanfang bis zum ersten Frost blüht sie mit großem Blütenreichtum und anmutiger Schönheit. Die apricotgelben Blüten entwickeln sich aus perfekt geformten Knospen zu Büscheln mit seidigen Petalen. Die jungen Blätter weisen einen Bronzestich auf, der später zu einem Hellgrün verblasst. 'Crépuscule' ist nur schwach bewehrt und gedeiht offensichtlich im Halbschatten ebenso gut wie in der Sonne. Besonders gut als rankender Bewuchs von Pergolen oder Zäunen geeignet. ZONEN 6–11.
DUBREUIL, FRANKREICH, 1904
ELTERN UNBEKANNT

'Cressida'   AUScress

(ganz oben links)
STRAUCHROSE, APRICOT+, ETWAS NACHBLÜHEND

Diese stark und aufrecht wachsende Sorte zählt zu den höchsten Englischen Rosen von David Austin. Sie ist von großen hellgrünen, derben Blättern bedeckt. Die Pflanze trägt kleine Büschel sehr großer, stark gefüllter und becherförmiger Blüten, die einen starken Myrrheduft verströmen. Diese sind apricotrosa in der Mitte, gehen an den Rändern in ein Hellrosa über und weisen apricotfarbene Petalenunterseiten auf. 'Cressida' benötigt sehr viel Platz als Solitär, passt aber auch gut in eine Strauchrabatte oder lässt sich vor einer Mauer ziehen. Bei richtiger Behandlung kann sie durchaus zweimal pro Saison blühen.
ZONEN 4–9.
AUSTIN, GROSSBRITANNIEN, 1983
'CONRAD FERDINAND MEYER' × 'CHAUCER'

'Crested Moss'

(unten)
Syn. 'Chapeau de Napoléon', 'Cristata', *Rosa* × *centifolia* 'Cristata'
ALTE R., MOOSROSE, REIN ROSA

Im Grunde genommen handelt es sich hier nicht um eine echte Moosrose, da die Pflanze mit Ausnahme jener dreispitzförmigen Stelle an den Blütenkelchen wenig oder überhaupt nicht bemoost ist. Der offene Strauch ist von eckigem Wuchs, wird 1,5 m hoch und fast ebenso breit; er trägt nur wenige graugrüne, stark gezackte Blätter. Die Triebe sind leicht mit sehr spitzen Stacheln bewehrt. Die Blüten ähneln stark denjenigen der 'Centifolia'; in diese Gruppe gehört sie auch. Diese äußerst gesunde und pflegeleichte Strauchrose wird meistens unter ihrer gängigeren Bezeichnung 'Cristata' aufgeführt. ZONEN 4–9.
FRIBOURG, SCHWEIZ, VOR 1820
WAHRSCHEINLICH SÄMLING ODER MUTATION VON *ROSA* × *CENTIFOLIA*
ROYAL HORTICULTURAL SOCIETY AWARD OF GARDEN MERIT 1993

'Cricket' AROket

(rechts)
ZWERGROSE, ORANGE+, ÖFTER BLÜHEND

'Cricket' hat rötlich orangefarbene Blüten, die sich hellorangefarben öffnen und an einem kompakten, nahezu vollständig gesunden Busch mit ledrigen Blättern sitzen. Sie ist wegen ihrer reichen Blüte und dem geringen Pflegebedarf sehr beliebt. Da die Vaterpflanze eine dunkelgelbe büschelblütige Rose ist, hätte man vielleicht einen ähnlichen Farbeffekt erwarten können. Stattdessen hat 'Cricket' von dieser nur die großartige Blütenform und -substanz geerbt. Sie wurde 1989 bei einer Zwergrosenausstellung in Südkalifornien zur Queen of Show gewählt.

ZONEN 4–11.

CHRISTENSEN, USA, 1978

'ANYTIME' × 'KATHERINE LOKER'

'Crimson Globe'

Syn. 'Dr Rocques'
ALTE R., MOOSROSE, DUNKELROT

Diese einst sehr beliebte Moosrose besitzt riesige Knospen, die sich im Sommer zu ebenfalls großen, kugelförmigen, dunkelpurpurroten Blüten öffnen und verführerisch duften. Der wuchsfreudige Busch wird 1,2 m hoch und eignet sich gut für Beete. Leider ist er anfällig für Mehltau und bildet bei nassem Wetter zudem Mumien. 'Crimson Globe' muss nur leicht geschnitten werden. ZONEN 5–11.

PAUL, GROSSBRITANNIEN, 1890
ELTERN UNBEKANNT

'Crimson Glory'

(ganz oben links)
TEEHYBRIDE, DUNKELROT, ÖFTER BLÜHEND

Die großen, samtig dunkelpurpurroten Blüten dieser Teehybride öffnen sich aus langen, spitzen Knospen. Diese wahrlich öfter blühende Rose steht den ganzen Sommer und Herbst hindurch in Blüte. Dabei verbreiten sie einen ungewöhnlich starken, an Damaszenerrosen erinnernden Duft. Die mit 30 Petalen locker gefüllten Blüten haben die Form eines rundlichen Bechers. Der wuchsfreudige und ausladend überhängende Busch trägt dunkelgrüne, ledrige Blätter und zahlreiche Stacheln. 1941 entdeckte der britische Züchter Millar **'Climbing Crimson Glory'** in Südafrika. Sie gleicht der Elternpflanze stark, blüht jedoch nur im Sommer und ist von steifem, verzweigtem Wuchs. Sie wächst am besten sonnengeschützt an einer kühlen Wand oder Pergola.

ZONEN 4–9.

KORDES, DEUTSCHLAND, 1935
'CATHRINE KORDES' SÄMLING ×
'W. E. CHAPLIN'

GOLDMEDAILLE DER NATIONAL ROSE SOCIETY 1936, JAMES ALEXANDER GAMBLE-DUFTPREIS 1961

'Criterion'
TEEHYBRIDE, DUNKELROSA, ÖFTER BLÜHEND

Diese als Beetrose geeignete, öfter blühende Sorte trägt große, gefüllte rosarote Blüten, die sehr stark duften und wohlgeformt sind. 'Critérion' ist eine wuchsfreudige Pflanze mit dunkelgrünen Blättern. **ZONEN 4–9.**

DE RUITER, NIEDERLANDE, 1966
('KORDES' SONDERMELDUNG' × 'SIGNAL RED') × 'GLORIA DEI'

'Crystal Palace'
POUlrek *(ganz unten)*
Syn. 'Cristel Palace'
ZWERGROSE, APRICOT+, ÖFTER BLÜHEND

Die wegen ihrer hübschen, hellpfirsichfarbenen Blüten sehr geschätzte Rose blüht wiederholt den ganzen Sommer und Herbst hindurch. 'Crystal Palace' ist eine buschige Pflanze, die sogar eine Höhe von 60 cm erreicht. Die glänzenden, mittelgrünen Blätter geben einen wunderbaren Hintergrund für die mittelgroßen, gefüllten, becherförmigen Blüten ab, die zart duften. **ZONEN 5–9.**

OLESEN, DÄNEMARK, 1995
ELTERN UNBEKANNT

'Crimson Shower'
(ganz oben)
RAMBLERROSE, ROT

Die kleinen, scharlachpurpurroten Blüten dieser Rose sitzen in großen, dichten Büscheln an einer sehr wuchsfreudigen, aber lockeren Pflanze. Sie sind mit 20 Petalen gefüllt und bilden rosettenförmige Blüten, die zart duften. Die Sorte blüht zwar nicht öfter, doch setzt der erste Flor erst Anfang Juli ein und hält bis September an, wodurch ein falscher Eindruck entsteht. Die weichen, kriechenden Triebe der Rose prädestinieren sie für Pergolen und Säulen; besonders gut macht sich die Pflanze als Kaskadenrose auf Hochstamm. 'Crimson Shower' ist für diese Rosenart bemerkenswert krankheitsfest und lässt sich aus Stecklingen ziehen. Das zartgrüne Laub setzt sich aus vielen kleinen Blättchen zusammen. **ZONEN 4–9.**

NORMAN, GROSSBRITANNIEN, 1951
SÄMLING VON 'EXCELSA'
NATIONAL ROSE SOCIETY TRIAL GROUND CERTIFICATE 1951, ROYAL HORTICULTURAL SOCIETY AWARD OF GARDEN MERIT 1993

'Crystalline' ARObipy *(rechts)*
Syn. 'Valerie Swane'
TEEHYBRIDE, WEISS, ÖFTER BLÜHEND

Die als Ausstellungsrose recht beliebte 'Crystalline' trägt große weiße Blüten, deren 35 Petalen dicht angeordnet sind und eine hohe Mitte bilden. Sie duften würzig und sitzen einzeln an starken, aufrechten Stielen und erscheinen laufend die gesamten wärmeren Monate hindurch. Werden verwelkte Blüten nicht ausgeputzt, so bilden sich große, kugelförmige und orangefarbene Hagebutten, die diese hochwüchsige und buschige Pflanze bis in den Winter hinein schmücken. Die Blätter sind mittelgroß und matt glänzend. Beim Umgang mit der Pflanze sollte man sich vor den hellgrünen Stacheln in Acht nehmen. **ZONEN 4–9.**

CHRISTENSEN & CARRUTH, USA, 1987

'BRIDAL PINK' × ('BLUE NILE' × ['IVORY TOWER' × 'ANGEL FACE'])

'Cuddles' *(ganz oben)*
ZWERGROSE, ORANGEROSA, ÖFTER BLÜHEND

Diese wärmeliebende Rose hat eiförmige Knospen, die sich zu dunklen korallrosafarbenen Blüten öffnen. Sie sind dicht mit 55 Petalen gefüllt und duften zart. Durch die rege Nachblüte kommt es immer wieder zu einem reichen Flor von Einzelblüten und Blütenbüscheln. Die Sorte gehört zu den wenigen Zwergrosen, die von einer Floribundarose abstammen. **ZONEN 4–11.**

SCHWARTZ, USA, 1978

'ZORINA' × SÄMLING

AMERICAN ROSE SOCIETY AWARD OF EXCELLENCE 1979

'Cuisse de Nymphe Emué'
Syn. 'Belle Therese', 'Incarnata', 'La Royale', 'La Séduisante', 'La Virginale', 'Maiden's Blush'
ALTE R., ALBA-ROSE, REIN ROSA

Diese Rose zählt zu den ältesten Rosensorten in Europa, und ihre Geschichte ist geradezu überladen mit Synonymen. Die frühesten Formen gehen vermutlich auf das 15. Jh. zurück. Der französische Name lässt sich als „Fessel einer leidenschaftlichen Nymphe" übersetzen, was die prüden viktorianischen Rosenliebhaber sofort dazu bewogen hat, ihr eine Reihe neuer Namen zu verleihen. Die Sorte trägt charakteristische, dicke Blüten in intensivem Rosa, die beim Öffnen ihre volle Schönheit entwickeln. Die Petalen wölben sich im Alter zurück und verblassen an den Rändern. Die kräftigen, überhängenden Triebe sind mit blaugrauen Blättern bedeckt. ZONEN 4–10.

ELTERN UNBEKANNT

'Cupcake' SPIcup *(oben)*
ZWERGROSE, REIN ROSA, ÖFTER BLÜHEND

Diese Rose gehört heute immer noch zu den bestverkauften Sorten in den USA. Die klaren rosafarbenen, mit 60 Petalen dicht gefüllten Blüten haben die klassische hohe Mitte, die für moderne großblumige Rosen so charakteristisch ist. Die kleinen Büschel bestehen aus 1–5 Einzelblüten, duften aber leider nicht. Das Laub ist dunkelgrün, glänzend und ziemlich gesund. Sie ist eine der wenigen Zwergrosen, die von einem Amateurzüchter hervorgebracht und mit dem American Rose Society Award of Excellence ausgezeichnet wurde. ZONEN 4–11.

SPIES, USA, 1981
'GENE BOERNER' × ('GAY PRINCESS' × 'YELLOW JEWEL')
AMERICAN ROSE SOCIETY AWARD OF EXCELLENCE 1983

'Cupid' *(rechts)*
GROSSBLUMIGE KLETTERROSE, HELLROSA

Die nur im Sommer auftretenden, äußerst großen, becherförmigen Blüten dieser Sorte sprühen vor Farbe. Die Blüten prangen in einer hellrosa Pfirsichtönung mit prachtvoll goldenen Staubgefäßen. Sie sitzen einzeln an steifen, gebogenen Stielen umgeben von großem Laub. Mit seinem kräftigen, aufrechten Wuchs eignet sich 'Cupid' hervorragend zur Bepflanzung von Säulen. **ZONEN 4–9.**
CANT, GROSSBRITANNIEN, 1915
ELTERN UNBEKANNT

'Cuthbert Grant'
STRAUCHROSE, DUNKELROT, ÖFTER BLÜHEND

Diese buschige Pflanze blüht periodisch und trägt während des ganzen Sommers dunkelpurpurfarbene, halb gefüllte, große becherförmige Blüten. Sie gehen aus ovalen Knospen hervor und duften zart. Die aufrechte Pflanze ist wuchsfreudig und reichlich mit glänzend grünen Blättern bedeckt. Sie lässt sich auch aus Stecklingen vermehren.
ZONEN 4–9.
MARSHALL, KANADA, 1967
('CRIMSON GLORY' × 'ASSINIBOINE') × 'ASSINIBOINE'

'Cymbaline' AUSlean *(rechts)*
Syn. 'Cymbelene', 'Cymbeline'
STRAUCHROSE, HELLROSA, ÖFTER BLÜHEND

Ihr Züchter definiert die ungewöhnliche Farbe als „graurosa", aber die Tönung kann beinahe aschenfarben wirken. Die Blüten sind groß, mit 35 Petalen gefüllt und duften nach Myrrhe. 'Cymbaline' ist eine elegante, öfter blühende Rose mit überhängendem, zuweilen auch ausladendem Wuchs, der die Blüten voll zur Wirkung bringt. **ZONEN 4–9.**
AUSTIN, GROSSBRITANNIEN, 1982
SÄMLING × 'LILIAN AUSTIN'

'D'Aguesseau' *(oben)*
ALTE R., GALLICA-ROSE, ROT

Diese aufrechte, wuchsfreudige Rose mit kräftigen Trieben ist schwach bewehrt und kann eine Höhe von 1,5 m erreichen. Dichtes dunkelgrünes Laub bedeckt die Pflanze. Die angenehm duftenden Blüten sitzen in dichten Büscheln zusammen und entfalten sich aus dicken, dunkelroten Knospen. Sie setzen sich aus zahlreichen lebhaft kirschrot getönten Petalen mit heller Unterseite zusammen, die schalenförmige, geviertelte Blüten mit festem Auge bilden. Die Farbe verändert sich beim Verblühen nicht. Die Blüten erscheinen im Juni. **ZONEN 4–10.**

VIBERT, FRANKREICH, 1837

ELTERN UNBEKANNT

'Daily Mail Scented Rose' *(ganz oben rechts)*
TEEHYBRIDE, ROT+, ÖFTER BLÜHEND

Als die Teehybride 1927 eingeführt wurde, erklärte man sie zur Rose mit dem besten Duft. Sie trägt karminrote Blüten, die einen Hauch Kastanienbraun und Zinnoberrot aufweisen und unterseits dunkelkarminrot gefärbt sind. Die intensiv duftenden Blüten erscheinen den ganzen Sommer und Herbst hindurch. Die wuchsfreudige Pflanze trägt dunkelgrünes Laub. **ZONEN 4–9.**

ARCHER, GROSSBRITANNIEN, 1927

'CHÂTEAU DE CLOS VOUGEOT' × 'KITCHENER OF KHARTOUM'

'Dainty Bess' *(oben)*
TEEHYBRIDE, HELLROSA, ÖFTER BLÜHEND

'Dainty Bess' bringt große, einfache Blüten mit nur fünf Petalen hervor; diese sind zartrosa gefärbt und tragen sehr ausgeprägte kastanienbraune Staubgefäße, die der Rose zusätzliche Schönheit verleihen. Die duftenden Blüten zieren den ganzen Sommer und Herbst hindurch eine wuchsfreudige, aufrechte Pflanze mit dunkelgrünem, ledrigem Laub. **'Climbing Dainty Bess'** (van Barneveld, USA, 1935) blüht im Sommer und kann sehr gut an Mauern gezogen werden. **ZONEN 4–9.**

ARCHER, GROSSBRITANNIEN, 1925

'OPHELIA' × 'KITCHENER OF KHARTOUM'

'Dairy Maid' *(rechts)*
FLORIBUNDA, HELLGELB, ÖFTER BLÜHEND

Gelbe, karminrot gesprenkelte Knospen öffnen sich zu einfachen, großen, gelben Blüten, die zu Weiß verblassen und bis zum Herbst in Büscheln erscheinen. Die aufrechte Pflanze trägt glänzendes Laub. ZONEN 4–9.

LEGRICE, GROSSBRITANNIEN, 1957

('POULSEN'S PINK' × 'ELLINOR LEGRICE') × 'MRS PIERRE S. DUPONT'

NATIONAL ROSE SOCIETY CERTIFICATE OF MERIT 1957

'Dame de Coeur'
(rechts)

Syn. 'Dama di Cuori', 'Herz-Dame', 'Queen of Hearts'
TEEHYBRIDE, ROT, ÖFTER BLÜHEND

Diese Sorte hat sehr große kirschrote, gefüllte Blüten, die recht intensiv duften und unermüdlich den ganzen Sommer und Herbst erscheinen. Die aufrechte Pflanze ist wuchsfreudig und trägt glänzend dunkelgrünes Laub. Diese in der Rosenzucht sehr bedeutungsvolle Sorte ist eine zuverlässige Beetpflanze.
ZONEN 4–9.

LENS, BELGIEN, 1958

'GLORIA DEI' × 'KORDES SONDERMELDUNG'

NATIONAL ROSE SOCIETY TRIAL GROUND CERTIFICATE 1958

'Dame Edith Helen'
TEEHYBRIDE, REIN ROSA, ÖFTER BLÜHEND

Die sehr großen leuchtend rosafarbenen, gefüllten Blüten verbreiten intensiven Duft. Sie blühen auf langen, kräftigen Stielen den ganzen Sommer und Herbst hindurch. Die Teehybride eignet sich sehr gut für Beete, aber auch für die Vase. Sie ist wuchsfreudig, buschig und trägt lederiges Laub.
ZONEN 4–9.

DICKSON, GROSSBRITANNIEN, 1926

ELTERN UNBEKANNT

GOLDMEDAILLE DER NATIONAL ROSE SOCIETY 1926

'Dame Prudence'
(unten rechts)
STRAUCHROSE, HELLROSA

Diese auch als Englische Rose bezeichnete Sorte war bei Züchtern nie sonderlich beliebt, wird immer aber noch gerne kultiviert. Die angenehmen duftenden, gefüllten Blüten sind zart rosa, unterseits heller und mit 65 Petalen gefüllt. Dieser Strauch mit etwas lockerem, herabhängendem Wuchs kränkelt gelegentlich und wirkt gut als Solitär. ZONEN 4–9.

AUSTIN, GROSSBRITANNIEN, 1969

'IVORY FASHION' × ('CONSTANZE SPRY' × 'MA PERKINS')

'Dame Wendy' CANson *(links)*
FLORIBUNDA, REIN ROSA, ÖFTER BLÜHEND

Die mittelgroßen gefüllten Blüten sind von einem klaren Rosa und duften zart. Sie erscheinen von Sommer bis zum Herbst auf einer mäßig wuchsfreudigen, etwas ausladenden Pflanze. Der Busch trägt glänzend dunkelgrünes, robustes Laub und eignet sich sehr gut als Beet- oder Hochstammrose.
ZONEN 4–9.

CANTS, GROSSBRITANNIEN, 1991
'ENGLISH MISS' × 'MEMENTO'
ROYAL NATIONAL ROSE SOCIETY TRIAL GROUND CERTIFICATE 1990

'Danaë' *(rechts)*
STRAUCHROSE, MOSCHATA-HYBRIDE, HELLGELB, ÖFTER BLÜHEND

Die mittelgroßen, gefüllten Blüten dieser Sorte sind dunkeldottergelb, verblassen später zu Weiß und erscheinen in Büscheln. Sie duften schwach, erscheinen aber unermüdlich den ganzen Sommer und Herbst hindurch. 'Danaë' ist ein robuster, mittelhoher Strauch mit üppigem grünem, leuchtendem Laub, der sich sehr gut für Gruppen oder Strauchbeete eignet.
ZONEN 4–9.

PEMBERTON, GROSSBRITANNIEN, 1913
'TRIER' × 'GLOIRE DE CHÉDANE-GUINOISEAU'

'Danse des Sylphes' MALcair *(unten links)*
Syn. 'Grimpant Danse de Sylphes'
GROSSBLUMIGE KLETTERROSE, ORANGEROT, ÖFTER BLÜHEND

Diese wuchsfreudige Kletterrose bringt Blüten hervor, die von einem üppigen Geranienrot sind. Sie sind rundlich, mittelgroß, duften schwach und sitzen in großen Büscheln. Die robuste Pflanze trägt glänzend dunkelgrünes Laub auf den aufrechten Trieben und sieht an Mauern und Säulen sehr dekorativ aus. **ZONEN 4–9.**

MALLERIN, FRANKREICH, 1959
'DANCE DU FEU' × ('GLORIA DEI' × 'KORDES' SONDERMELDUNG')

'Dapple Dawn'
AUSapple *(oben)*
Syn. 'English Dawn'
STRAUCHROSE, HELLROSA, ÖFTER BLÜHEND

Die wahrscheinlich blühfreudigste Englische Rose bringt große, einfache Blüten in herrlichem Rosa hervor. Sie verströmen einen schwachen Duft, erscheinen aber in großen Büscheln, die den ganzen Sommer und Herbst hindurch gebildet werden.
ZONEN 4–9.

AUSTIN, GROSSBRITANNIEN, 1983
SPORT VON 'RED COAT'

'Darling Flame'
MEliucca
(ganz oben rechts)
Syn. 'Minuette', 'Minuetto'
ZWERGROSE, ORANGEROT, ÖFTER BLÜHEND

Die Blüten dieser Rose sind mandarin- bis zinnoberrot getönt mit attraktiven gelben Staubbeuteln. Sie sind mit 25 Petalen gefüllt, klein und duften nur schwach. Die recht wuchsfreudige Pflanze trägt glänzend dunkelgrünes Laub. Sie wird häufig in Rabatten gepflanzt und auch in Töpfen kultiviert. Diese Zwergrose zählt zu den wenigen ihrer Art, die auch als Hochstämmchen gezogen werden können. Die Blüten sitzen meist in Büscheln, die den ganzen Busch bedecken. ZONEN 5–11.

MEILLAND, FRANKREICH, 1971
('RIMOSA' × 'JOSEPHINE WHEATCROFT') × 'ZAMBRA'

'Dawn Chorus'
DICquaser *(oben)*
TEEHYBRIDE, ORANGE+, ÖFTER BLÜHEND

Mittelgroße, klassisch geformte Blüten in einem dunklen Orange erscheinen besonders üppig auf kurzen Stielen und zieren diese buschige Rose; sie duften schwach. Der Flor dauert den ganzen Sommer und Herbst über an. Die Pflanze trägt dichtes, rötliches Laub und eignet sich sehr gut für Beete oder als Hochstammrose.
ZONEN 4–9.

DICKSON, GROSSBRITANNIEN, 1993
'WISHING' × 'PEER GYNT'
DUBLIN GOLDMEDAILLE 1993, ROSE DES JAHRES 1993, GLASGOW CERTIFICATE OF MERIT 1995

'Day Light' INTerlight
(oben)
Syn. 'Daylight'
FLORIBUNDA, APRICOT+, ÖFTER BLÜHEND

Die großen Büschel mit apricotgelben Blüten sind gefüllt und bedecken diese Beetrose den ganzen Sommer hindurch. Die Pflanze eignet sich für gemischte Strauchrabatten oder für flächige Pflanzungen. Ihre Blätter sind ganz dunkelgrün und recht robust. **ZONEN 4–9.**

ILSINK, NIEDERLANDE, 1991
ELTERN UNBEKANNT
BELFAST GOLDMEDAILLE 1992

'Daybreak'
Syn. 'Day Break'
STRAUCHROSE, REIN GELB, ÖFTER BLÜHEND

'Daybreak' bringt Büschel mit goldgelben Blüten hervor, die später hellgelb werden und dunkelgoldgelbe Staubgefäße tragen. Sie sind einfach bis halb gefüllt, verströmen einen strengen Moschusduft und erscheinen bis in den Herbst. Der wohlgeformte Strauch trägt dunkelgrünes Laub, das im Austrieb schokoladenbraun ist. Besonders als Einzelpflanze hervorragend geeignet. Die Rose kann auch durch Stecklinge vermehrt werden. **ZONEN 4–9.**

PEMBERTON, GROSSBRITANNIEN, 1918
'TRIER' × 'LIBERTY'

'Daydream' *(links)*
KLETTERROSE, HELLROSA

Diese kletternde Sorte hat große, halb gefüllte Blüten. Sie sind hellrosa bis fast weiß und duften schwach. 'Daydream' trägt glänzend grünes Laub. Die üppig blühende Rose eignet sich gut für Spaliere, Säulen oder Pergolen. Sie ist heute nur noch in australischen Rosenschulen erhältlich. **ZONEN 5–10.**

CLARK, AUSTRALIEN, 1925
ELTERN UNBEKANNT

'De la Maître-École'

(rechts)

Syn. 'Rose du Maître d'École'

ALTE R., GALLICA-ROSE, MAUVE

Diese Rose wurde nach einem Dorf in der Nähe von Angers in Frankreich benannt und trug jahrelang den falschen Namen 'Rose du Maître d'École'. Hierbei handelt es sich um einen etwas schlaffen, dichten Strauch, der bis zu 1 m hoch und breit werden kann. Seine Triebe hängen herab, sind dunkelgräulich bis grün und unbewehrt. Das Laub ist dunkelgrün und sehr üppig. Die intensiv duftenden Blüten haben einen Durchmesser von 10 cm. Sie sind dicht gefüllt und fast immer geviertelt mit einem kleinen grünen Auge, das von gefalteten Petalen umgeben ist. Die Blüten sind dunkelrosa mit silbrigem Glanz und Schattierungen in Mauve und zartem Purpurrot gefärbt. Für einige Wochen im Hochsommer bereichert 'De la Maître-École' mit ihren Blüten den Garten.

ZONEN 5–11.

COQUEREAU, FRANKREICH, 1831

ELTERN UNBEKANNT

ROYAL HORTICULTURAL SOCIETY AWARD OF GARDEN MERIT 1993

'De Meaux' *(oben)*

Syn. 'Rose de Meaux', *Rosa centifolia pomponia*

ALTE R., ZENTIFOLIE, REIN ROSA

'De Meaux' ist eine der kleinsten Zentifolien überhaupt, denn sie wird selten höher als 1 m und bildet etliche graugrüne Triebe mit zahlreichen Stacheln. Die etwas grünlich grauen Blätter sind klein, fest und rau. Die kleinen, gefüllten, duftenden Blüten erinnern an krause, leuchtend rosafarbene Pompons. Sie erscheinen in großen Büscheln und zeigen sich im Frühsommer von ihrer besten Seite. Diese Rose eignet sich gut für niedrige Hecken und Gruppenpflanzungen, kann aber auch als Bodendeckerrose oder Kübelpflanze verwendet werden.

ZONEN 5–11.

SWEET, GROSSBRITANNIEN, VOR 1789

ELTERN UNBEKANNT

'Deb's Delight' LEGsweet
(unten links)
FLORIBUNDA, ROSA+, ÖFTER BLÜHEND

Diese niedrige, buschige Sorte eignet sich für kleine Rabatten und Kübel, lässt sich aber auch als Hochstammrose ziehen. Ihre silbrig lachsrosafarbenen, mit 35 Petalen gefüllten Blüten duften und erscheinen überaus reich den ganzen Sommer und Herbst. Mittelgrünes, matt glänzendes Laub, kann durch Okulation oder Stecklinge vermehrt werden.
ZONEN 4–9.

LEGRICE, GROSSBRITANNIEN, 1983

'TIP TOP' × SÄMLING

ROYAL NATIONAL ROSE SOCIETY TRIAL GROUND CERTIFICATE 1978

'Dearest' *(oben)*
FLORIBUNDA, ROSA+, ÖFTER BLÜHEND

'Dearest' bringt lachsrosafarbene gefüllte Blüten mit goldgelben Staubgefäßen hervor. Sie blühen bis in den Herbst, sind wohlgeformt und duften. Die Pflanze wächst buschig und wird etwa mittelhoch. Sie trägt dunkles, glänzendes Laub und bevorzugt sonnige Standorte. Geeignet für Beete, aber auch als Hochstammrose kultivierbar. **'Climbing Dearest'** (Ruston, Australien, 1970) blüht meist im Sommer und hat nur gelegentlich auch im Herbst einige Blüten. ZONEN 4–9.

DICKSON, GROSSBRITANNIEN, 1960

SÄMLING × 'SPARTAN'

GOLDMEDAILLE DER NATIONAL ROSE SOCIETY 1961

'Debutante' *(oben rechts)*
RAMBLERROSE, HELLROSA

Rosafarbene Blüten auf kurzen Stielen zieren die langen Triebe dieser *Wichuraiana*-Hybride, allerdings verblassen die Blütenbüschel in der Sonne sehr rasch. Sie verströmen einen herrlichen Apfelduft. Ihr robustes, glänzend dunkelgrünes Laub ist nicht anfällig für Mehltau, und sie ist auch kräftiger als ihre berühmtere Verwandte 'Dorothy

Perkins'. Die Rose lässt sich einfach kultivieren und kann bis zu 4,5 m hoch werden; das hängt jedoch davon ab, wie sie geschnitten und gezogen wird. ZONEN 4–11.

WALSH, USA, 1902

'BARONESS ROTHSCHILD' × *ROSA WICHURAIANA*

'Deep Secret' *(rechts)*
Syn. 'Mildred Scheel'
TEEHYBRIDE, DUNKELROT, ÖFTER BLÜHEND

Die dunkelkarminroten samtartigen Blüten dieser Sorte sind groß, duften intensiv, sind mit 40 Petalen gefüllt und erscheinen den ganzen Sommer und Herbst über. Aufrechte Gestalt, mittelhoch, glänzend dunkelgrünes, relativ gesundes Laub. Geeignet für Beete, aber auch für die Vase. **ZONEN 4–9.**

TANTAU, DEUTSCHLAND, 1977
ELTERN UNBEKANNT
ADR-ROSE 1978

'Delambre' *(unten)*
ALTE R., PORTLANDROSE, DUNKELROSA, ETWAS NACHBLÜHEND

Portlandrosen wie 'Delambre' wurden schon immer für ihre leuchtend scharlachroten Blüten gerühmt. Die dicht gefüllten, gevierteilten Blüten sind zunächst karminrot bis dunkelrosarot und verblassen zu einem Fliederrosa. Die Blumen erscheinen unermüdlich in zahlreichen Büscheln den Sommer und Herbst hindurch und duften sehr intensiv. Der aufrechte, kompakte Strauch trägt robustes Laub und ist wenig bewehrt. Auch gegen Saisonende, wenn Herbstlaub und Hagebutten die Pflanze zieren, ist sie noch sehr ansehnlich. Besonders gut kommt sie in einem Kübel zur Geltung. Die Firma Moreau & Robert im französischen Angers brachte zahlreiche herausragende Sorten hervor, von denen einige seit ihrer Züchtung stets in Katalogen geführt werden. **ZONEN 4–11.**

MOREAU & ROBERT, FRANKREICH, 1863
ELTERN UNBEKANNT

'Delicata' *(unten)*
STRAUCHROSE, RUGOSA-HYBRIDE, HELLROSA, ÖFTER BLÜHEND

Die fliederrosafarbenen, mit 10 Petalen halb gefüllten, schwach duftenden Blüten blühen fleißig den ganzen Sommer und Herbst über. 'Delicata' zählt zu den niedrigen Rugosa-Hybriden und trägt dunkelgrünes, faltiges Laub. **ZONEN 4–9.**

COOLING, GROSSBRITANNIEN, 1898
ELTERN UNBEKANNT

'Demokracie' *(links)*
Syn. 'Blaze Superior', 'Blaze Improved', 'New Blaze'
GROSSBLUMIGE KLETTERROSE, DUNKELROT, ÖFTER BLÜHEND

'Demokracie' bildet große Büschel mit intensiv roten Blüten, die wohlgeformt sind und im Sommer und Herbst an den Seitentrieben erscheinen. Sie sind halb gefüllt, duften aber kaum. Diese wuchsfreudige Pflanze eignet sich für Mauern, Pergolen und Säulen. ZONEN 4–9.

BÖHM, TSCHECHOSLOWAKEI, 1935

ELTERN UNBEKANNT

'Denise Grey' MEIxetal *(links)*
Syn. 'Caprice', 'Make-Up'
STRAUCHROSE, HELLROSA

'Denise Grey' ist ein blühfreudiger Strauch mit großen Büscheln von mittelgroßen zart hellrosafarbenen Blüten. Sie sind halb gefüllt, schalenförmig und erfreuen durch zahlreiche dunkle Staubgefäße in der Blütenmitte. Die recht gesunde Pflanze wird mittelhoch, ist robust und trägt große, glänzend grüne Blätter. Besonders in gemischten Rabatten kommt dieser Sommerblüher sehr gut zur Geltung. ZONEN 5–9.

MEILLAND, FRANKREICH, 1988

ELTERN UNBEKANNT

BAGATELLE GOLDMEDAILLE 1992, FRANKFURT GOLDMEDAILLE 1992

'Dentelle de Bruxelles' *(links)*
STRAUCHROSE, HELLROSA, ETWAS NACHBLÜHEND

'Dentelle de Bruxelles' ist ein großer Strauch, der meistens breiter als hoch wird. Im Frühling bringt sie zahlreiche blassrosafarbene Blüten in kleinen und großen Büscheln hervor; gelegentlich gibt es eine Nachblüte. Das mittelgrüne Laub ist sehr üppig. Diese Sorte eignet sich sehr gut für große Gärten und Parks, wo ihre hellrosafarbenen Blüten aus großer Entfernung besonders eindrucksvoll wirken. Auch bildet sie schöne, hohe Hecken und ist recht krankheitsfest. Außerhalb von Europa ist die Rose weitgehend unbekannt.
ZONEN 4–11.

LENS, BELGIEN, 1988

ELTERN UNBEKANNT

'Dentelle de Malines' (oben)
Syn. 'Lens Pink'
STRAUCHROSE, REIN ROSA

Dieser Strauch mit seinen rosafarbenen Blüten blüht nur im Sommer, die Blüten duften nur schwach. Er wird mittelhoch bis hoch und sieht mit seinem dunkelgrünen Laub dann besonders eindrucksvoll aus, wenn er gruppenweise in großen Rabatten gepflanzt wird. ZONEN 4–9.
LENS, BELGIEN, 1986
ELTERN UNBEKANNT

'Desprez à Fleur Jaune' (oben rechts)
Syn. 'Jaune Desprez', 'Jean Desprez', 'Noisette Desprez'
ALTE R., NOISETTEROSE, GELB+, ETWAS NACHBLÜHEND

Die rosafarbenen Knospen dieser Rose entfalten sich zu blassgelben Blüten, die mit Rosa überhaucht sind. Seidenweiche, nach Bananen duftende Petalen bilden große, becherförmige Blüten. Manchmal ist das Goldgelb pfirsich-, apricot- oder lohfarben getönt – die Farbe variiert generell je nach Lage und Bodenbeschaffenheit. Die Blüten mit krausen Innenpetalen sitzen auf kurzen Stielen. Der Hauptflor dauert lang, mitunter erfolgt im Herbst eine Nachblüte. Innerhalb weniger Jahre wird sie oft bis zu 6 m hoch, sie hat wenig Stacheln und gedeiht gut auf nährstoffarmen Böden. Sie ist eine ideale Rose für Mauern, Spaliere oder als Kletterrose an einem Baum. ZONEN 4–9.
DESPREZ, FRANKREICH, 1830
'BLUSH NOISETTE' × 'PARKS' YELLOW TEA-SCENTED CHINA'
ROYAL HORTICULTURAL SOCIETY AWARD OF GARDEN MERIT 1993

'Deuil de Paul Fontaine' (oben)
Syn. 'Paul de Fontaine'
ALTE R., MOOSROSE, MAUVE, ETWAS NACHBLÜHEND

Diese Rose ist leider recht anfällig für Mehltau, bringt aber bei entsprechenden Maßnahmen die herrlichsten Blüten hervor. Der Strauch wird nur 1 m hoch, ist buschig, jedoch stark bewehrt. Das Laub ist im Austrieb rot, wird später dunkelgrün und ist für eine Moosrose ziemlich weich. Dichtes, fein strukturiertes dunkelgrünes Moos überzieht die Knospen. Die duftenden Blüten weisen ein sehr dunkles Rot auf, das schokoladenfarben überzogen ist. Zunächst becherförmig, nehmen sie dann aber eher Schalenform an und sehen wie kleine Kissen aus. Wird Verblühtes regelmäßig entfernt, so bringt die Rose bis zum Herbst einige weitere Blüten hervor. ZONEN 4–11.
FONTAINE, FRANKREICH, 1873
ELTERN UNBEKANNT

'Devoniensis'

(rechts)
Syn. 'Magnolia Rose',
'Victoria'
ALTE R., TEEROSE, WEISS,
ETWAS NACHBLÜHEND

Diese Strauchrose wäre ausgestorben, hätte man nicht einen kletternden Sport von ihr entdeckt. **'Climbing Devoniensis'** ist inzwischen viel beliebter als die Strauchform. Beide Formen blühen üppig und recht früh. Ihre Knospen sind rot getönt und öffnen sich zu sehr großen weißen Blüten mit gelber Mitte. Die inneren Petalen sind kraus, und die Blüten duften stark nach Teerosen oder Zitrone; sie erscheinen vom Frühling bis zum Herbst. Leuchtend dunkelgrünes Laub bedeckt die langen Triebe, die nur schwach bewehrt sind.
ZONEN 6–11.

FOSTER, GROSSBRITANNIEN, 1838

'SMITH'S YELLOW CHINA' × 'PARKS' YELLOW TEA-SCENTED CHINA'

'Diablotin' DELpo *(oben)*
Syn. 'Little Devil'
FLORIBUNDA, ROT, ÖFTER BLÜHEND

Diese Sorte hat leuchtend rote, mit 17 Petalen halb gefüllte Blüten, die in kleinen Büscheln erscheinen. Sie duften nur schwach und erscheinen sehr zahlreich die ganze Saison hindurch an einer dichten, buschigen Pflanze; diese ist leider nur in Frankreich erhältlich. ZONEN 4–9.

DELBARD-CHABERT, FRANKREICH, 1961

'ORLÉANS ROSE' × 'FASHION'

'Diadem' TANmeda
Syn. 'Diadeem'
FLORIBUNDA, REIN ROSA,
ÖFTER BLÜHEND

Dieser relativ niedrige Busch trägt langstielige Büschel mit runden, rein rosafarbenen Blüten. Sie haben einen schwachen Duft, und das Laub ist dunkelgrün. 'Diadem' sieht im vorderen Bereich eines Beetes oder einer Rabatte, wo sie den ganzen Sommer und Herbst ihre Blüten hervorbringt, sehr wirkungsvoll aus. Die ziemlich robuste hohe Pflanze muss im März stark zurückgeschnitten werden. ZONEN 4–9.

TANTAU, DEUTSCHLAND, 1986

ELTERN UNBEKANNT

DURBANVILLE GOLDMEDAILLE 1990, BELFAST CERTIFICATE OF MERIT 1994, GLASGOW CERTIFICATE OF MERIT 1995

'Diamond Jubilee' *(rechts)*
TEEHYBRIDE, HELLGELB, ÖFTER BLÜHEND

Diese Sorte hat lohgelbe, mit 30 Petalen gefüllte, becherförmige Blüten. Sie duften sehr intensiv und werden unaufhörlich den ganzen Sommer und Herbst über gebildet. 'Diamond Jubilee' hat eine kompakte, aufrechte Gestalt und trägt ledriges Laub. Für Beete eignet sie sich besonders gut. ZONEN 4–9.

BOERNER, USA, 1947

'MARÉCHAL NIEL' × 'FEU PERNET-DUCHER'

ALL-AMERICAN ROSE SELECTION 1948, ROYAL NATIONAL ROSE SOCIETY TRIAL GROUND CERTIFICATE 1952

'Dick Koster'
POLYANTHAROSE, DUNKELROSA, ÖFTER BLÜHEND

Dieser Sport von 'Anneke Koster', eine von vielen Koster-Rosen, trägt üppige Büschel mit becherförmigen, dunkelrosafarbenen Blüten. Die Rose ist niedrig, hat eine dichte, buschige Gestalt, wird oft für Topfkulturen verwendet und bildet verschiedenfarbige Sports. Ihr Laub hat typische Polyantharosenmerkmale: Es ist hellgrün und im Herbst anfällig für Mehltau. Die Vermehrung erfolgt durch Okulation oder Stecklinge. ZONEN 5–9.

KOSTER, NIEDERLANDE, 1929

SPORT VON 'ANNEKE KOSTER'

'Dicky' DICKimono
(oben)
Syn. 'Anisley Dickson', 'Münchner Kindl'
FLORIBUNDA, ORANGEROSA, ÖFTER BLÜHEND

Diese üppig blühende Floribundarose hat lange spitze Knospen, die sich zu rötlich lachsrosafarbenen Blüten mit hellerer Unterseite entfalten. Sie duften schwach, sind mit 35 Petalen gefüllt und sitzen zu 5–10 Einzelblüten in Büscheln auf goldroten Stielen. 'Dicky' ist eine buschige Sorte, die mittelhoch wird und glänzend grünes Laub trägt. ZONEN 4–9.

DICKSON, GROSSBRITANNIEN, 1983

'CATHEDRAL' × 'MEMENTO'

ROYAL NATIONAL ROSE SOCIETY PRESIDENT'S INTERNATIONAL TROPHY 1984, BELFAST CERTIFICATE OF MERIT 1985, ROYAL HORTICULTURAL SOCIETY AWARD OF GARDEN MERIT 1993

'Die Welt' DIEkor
(oben)
Syn. 'The World'
TEEHYBRIDE, ORANGE+, ÖFTER BLÜHEND

Große, perfekt geformte Blüten mit schwachem Duft zeigen eine schöne Farbkombination aus Orange, Rot und Gelb und zieren die ganze Saison über einen sehr hohen Busch. Sie sind mit 25 Petalen gefüllt und hochgebaut, was diese Sorte zu einer beliebten Ausstellungsrose gemacht hat. Ihr glänzendes Laub erkrankt im Herbst oft an Mehltau.
ZONEN 4–9.
KORDES, DEUTSCHLAND, 1976
SÄMLING × 'PEER GYNT'

'Diorama'
(oben rechts)
TEEHYBRIDE, GELB+, ÖFTER BLÜHEND

Die ununterbrochen blühenden, großen, apricotgelben Blüten sind hochgebaut, öffnen sich locker schalenförmig und duften sehr intensiv. 'Diorama' ist eine robuste, hochwüchsige Pflanze mit großen, mittelgrünen, matt glänzenden Blättern. ZONEN 4–9.
DE RUITER, NIEDERLANDE, 1965
'GLORIA DEI' × 'BEAUTÉ'
ROYAL NATIONAL ROSE SOCIETY TRIAL GROUND CERTIFICATE 1965

'Dirigent' *(oben)*
Syn. 'The Conductor'
STRAUCHROSE, ROT, ÖFTER BLÜHEND

Blutrote, halb gefüllte, schwach duftende Blüten erscheinen in Büscheln, die oft aus bis zu 30 Einzelblüten bestehen. 'Dirigent' ist eine wuchsfreudige Pflanze mit robustem, ledrigem, gesundem Laub. ZONEN 4–9.
TANTAU, DEUTSCHLAND, 1956
'FANAL' × 'KARL WEINHAUSEN'
ADR-ROSE 1956

'Disco Dancer' DICinfra *(rechts)*
FLORIBUNDA, ORANGEROT, ÖFTER BLÜHEND

Dieser Busch trägt Zweige mit orange-scharlachroten becherförmigen, gefüllten Blüten, die unermüdlich während der gesamten Saison erscheinen und schwach duften. Die dichte runde Pflanze ist üppig mit glänzend grünem Laub bedeckt.
ZONEN 4–9.

DICKSON, GROSSBRITANNIEN, 1984

'CATHEDRAL' × 'MEMENTO'

DEN HAAG GOLDMEDAILLE 1982, ROYAL NATIONAL ROSE SOCIETY TRIAL GROUND CERTIFICATE 1982, BELFAST CETIFICATE OF MERIT 1985

'Dr A. J. Verhage' *(rechts)*
Syn. 'Golden Wave'
TEEHYBRIDE, GOLDGELB, ÖFTER BLÜHEND

Diese berühmte Teehybride hat das prächtige Altgold ihrer Blüten von der Elternsorte 'Tawny Gold', ihre kräftige Form hingegen von 'Baccará' geerbt. Der niedrige Busch bringt eine große Zahl von lieblichen Knospen hervor, die, vollständig geöffnet, ihre bernsteinfarbenen Staubgefäße zeigen. Die intensiv duftenden Blüten setzen sich aus je 25 gewellten Petalen zusammen. 'Dr A. J. Verhage' ist heute noch eine beliebte Schnittrose, die jedoch nicht wie andere neue gelbe Sorten weltweit vertrieben wird. Das dunkle Laub ist anfällig für Mehltau.
ZONEN 5–11.

VERBEEK, NIEDERLANDE, 1963

'TAWNY GOLD' × ('BACCARÁ' × SÄMLING)

ROYAL NATIONAL ROSE SOCIETY TRIAL GROUND CERTIFICATE 1960

'Dr Eckener'
STRAUCHROSE, RUGOSA-HYBRIDE, ROSA+, ÖFTER BLÜHEND

'Dr Eckener' ist ein hoher wuchsfreudiger Strauch mit großen derben Blättern, die denen der *Rosa rugosa* ähneln, und ist mit großen Stacheln besetzt. Die gelben Blüten sind kupfrig überhaucht und verblassen zu zartem Rosa. Die großen becherförmigen, halb gefüllten Blüten bedecken die Pflanze vom Sommer bis in den Herbst hinein. ZONEN 4–11.

BERGER, DEUTSCHLAND, 1930

'GOLDEN EMBLEM' × UNBEKANNTE RUGOSA-HYBRIDE

'Dr Huey' *(rechts)*
Syn. 'Shafter'
GROSSBLUMIGE KLETTERROSE, DUNKELROT

Die extrem starkwüchsige dunkelfarbige Kletterrose wird bereits sehr früh im Jahr von unzähligen, 5 cm breiten, mit 10–15 Petalen halb gefüllten Blüten bedeckt. Sie erscheinen nur einmal im Jahr, aber sie duften herrlich und sorgen – wenn auch nur sehr kurze Zeit – für großes Aufsehen. 'Dr Huey' wird in warmen Gebieten als Pfropfunterlage eingesetzt und wächst dann dort in vielen Gärten; sie kommt besonders gut zur Geltung, wenn sie z. B. an einem alten Baum emporwächst und ihre Blüten kaskadenartig herabfallen.
ZONEN 4–11.

THOMAS, USA, 1920
'ETHEL' × 'GRUSS AN TEPLITZ'
GOLDMEDAILLE DER AMERICAN ROSE SOCIETY, GERTRUDE M. HUBBARD GOLDMEDAILLE 1924

'Dr Jackson'
AUStdoctor
(ganz oben rechts)
STRAUCHROSE, ROT, ÖFTER BLÜHEND

Diese Englische Rose trägt einfache scharlachrote Blüten mit fünf Petalen, die in der Mitte eine Krone von goldgelben Staubgefäßen zeigen. Sie sitzen einzeln oder in kleinen Büscheln zusammen. Die Rose duftet zwar nicht, ist jedoch sehr blühfreudig. Die mittelhohe Pflanze wächst ausladend, ist mit mittelgrünem Laub bedeckt und schwach bewehrt. Sie ergibt einen geeigneten Strauch für Landschaftsgärten.
ZONEN 4–11.

AUSTIN, GROSSBRITANNIEN, 1987
ELTERN UNBEKANNT

'Dr W. Van Fleet' *(Mitte)*
GROSSBLUMIGE KLETTERROSE, HELLROSA

Diese Rose hat spitze Knospen, die sich zu großen gefüllten, locker krausen Blüten mit schönen Staubgefäßen entfalten. Sie sind zartrosa, werden später fast weiß und duften. Die wuchsfreudige Kletterrose erreicht eine Höhe von über 6 m und trägt robustes, glänzend dunkelgrünes Laub, das an der voll erblühten Pflanze sehr gut aussieht.
ZONEN 4–11.

VAN FLEET, USA, 1910
(ROSA WICHURAIANA × 'SAFRANO') × 'SOUVENIR DU PRÉSIDENT CARNOT'

'Dolly Parton' *(oben)*
TEEHYBRIDE, ORANGEROT, ÖFTER BLÜHEND

Diese Rose bildet große leuchtend orangerote, mit 35 Petalen gefüllte Blüten, die den ganzen Sommer und Herbst erscheinen und sehr stark duften. Die mittelhohe aufrechte Pflanze trägt matt glänzend grünes Laub. ZONEN 4–9.

WINCHEL, USA, 1984
'DUFTWOLKE' × 'OKLAHOMA'

'Don Juan'
(oben)
GROSSBLUMIGE KLETTERROSE,
DUNKELROT,
ÖFTER BLÜHEND

Die großen, mit 35 Petalen gut gefüllten Blüten dieser Kletterrose sind samtig rot und erscheinen unermüdlich bis in den Herbst. Sie haben einen sehr intensiven Duft. 'Don Juan' wird mäßig hoch und ist dicht bedeckt mit glänzend dunkelgrünem, ledrigem Laub. ZONEN 4–9.

MALANDRONE, USA, 1958
SÄMLING VON 'NEW DAWN' × 'NEW YORKER'

'Donau'
(ganz oben rechts)
GROSSBLUMIGE KLETTERROSE,
MAUVE

Die halb gefüllten, mauvefarbenen Blüten öffnen sich schalenförmig, sitzen in kleinen Büscheln zusammen und blühen im Sommer. Die Blumen sind in der Mitte fast weiß und zeigen einige kleine Staubgefäße. Mit ihrem glänzend grünen Laub, das auch ohne Flor attraktiv ist, eignet sich 'Donau' sehr gut für Mauern, Pergolen und Säulen. ZONEN 4–9.

PRASKAC, ÖSTERREICH-UNGARN, 1913
ELTERN UNBEKANNT

'Doris Tysterman'
(rechts)
Syn. 'Doris Tijsterman'
TEEHYBRIDE, ORANGE+,
ÖFTER BLÜHEND

Dieser Busch trägt große gefüllte mandarinfarbene bis goldgelbe, mit 30 Petalen gefüllte Blüten. Sie erscheinen den ganzen Sommer und Herbst und duften nur schwach. Die Pflanze ist von aufrechter Gestalt, hat robustes, glänzendes Laub und eignet sich hervorragend für Beete. ZONEN 4–9.

WISBECH PLANT CO, GROSSBRITANNIEN, 1975
'PEER GYNT' × SÄMLING

'Dornröschen'
HACicularis
Syn. 'Sleeping Beauty'
STRAUCHROSE, ROSA+,
ÖFTER BLÜHEND

Wohlgeformte Blüten in Lachs bis Dunkelrosa mit gelben Petalenrückseiten bedecken diesen Strauch von Sommer bis zum Herbst. Sie sind gefüllt, duften und sitzen in großen Büscheln zusammen. Geeignet als Einzelpflanze oder in kleinen Gruppen auf Rabatten. ZONEN 4–9.

KORDES, DEUTSCHLAND, 1960
'PIKES PEAK' × 'BALLET'

'Dorola' MACshana
(rechts)

Syn. 'Benson & Hedges Special', 'Parkay'
ZWERGROSE, GOLDGELB, ÖFTER BLÜHEND

Goldgelbe Blüten, mit 25 Petalen halb gefüllt, schmücken diesen wuchsfreudigen Busch. Er wächst wie eine Floribundarose mit zahlreichen Büscheln voller Blüten, die sogar unter heißer Sonne nicht verblassen. Sobald sich die Blüten öffnen, verströmen sie einen intensiven Duft. Das Laub ist matt glänzend und mittelgrün. Der Busch benötigt nur ein Minimum an Pflege und ist recht krankheitsfest.
ZONEN 4–11.

MCGREDY, NEUSEELAND, 1982
'MINUETTO' × 'MABELLA'
ROYAL NATIONAL ROSE SOCIETY CERTIFICATE OF MERIT 1980

'Dorothy Perkins'
(ganz oben rechts)
RAMBLERROSE, HELLROSA

Diese Rose war gleich vom ersten Moment an sehr beliebt, zumal sie in den meisten Klimazonen gut gedeiht. Relativ spät im Sommer trägt 'Dorothy Perkins' etwa einen Monat lang zahlreiche rosa Blüten. Diese sind klein, duften, haben krause Petalen und sitzen in großen Blütenbüscheln auf dem Strauch; dessen glänzend dunkelgrünes Laub hebt die Schönheit der Blüten zusätzlich hervor. Die biegsamen Triebe sind mit hakenförmig gebogenen Stacheln besetzt und können leicht gezogen werden. Die Rose wurde nach der Enkelin des Gründers der Rosenschule Jackson & Perkins benannt. Da dieser Rambler sehr anfällig für Mehltau ist, kreierte der deutsche Züchter Hetzel die mehltaufreie Hybride 'Super Dorothy', die sehr ähnlich blüht. **ZONEN 4–11.**

MILLER, USA, 1901
'MADAME GABRIEL LUIZET' × *ROSA WICHURAIANA*

'Dortmund' *(oben)*
GROSSBLUMIGE KLETTERROSE, ROT, ÖFTER BLÜHEND

Die großen, einfachen, offenen Blüten haben 5–8 Petalen und sind scharlachrot mit weißem Auge. Sie duften kaum und sitzen in Büscheln zusammen und erscheinen vom Juni bis zum Herbst. Glänzend dunkelgrünes Laub, das gewellt und deutlich gesägt ist. Die Wuchsgestalt ist steif aufrecht, aber die Pflanze benötigt einen Schnitt, um als Strauch kultiviert zu werden. Verblühtes muss regelmäßig entfernt werden.
ZONEN 4–9.

KORDES, DEUTSCHLAND, 1955
SÄMLING × *ROSA KORDESII*
ADR-ROSE 1954, PORTLAND GOLDMEDAILLE 1971

'Double Delight'

ANDeli *(rechts)*
TEEHYBRIDE, ROT+,
ÖFTER BLÜHEND

Diese besonders buschige Sorte bringt große gefüllte, hochgebaute Blüten hervor, die zunächst cremeweiß, später erdbeerrot sind und einen stark würzigen Duft verströmen. Sie blüht vom Frühling bis zum Herbst, ist aber leider recht anfällig für Krankheiten. Von aufrechter und ausladender Gestalt. Die Blüten von **'Climbing Double Delight'** (AROclidd; Syn. 'Grimpant Double Delight'; Christensen, USA, 1982) haben die gleiche Farbe wie die buschige Sorte, erscheinen aber nur im Sommer. Sie gedeiht sehr gut an Mauern.
ZONEN 4–9.

SWIM & ELLIS, USA, 1977

'GRANADA' × 'GARDEN PARTY'

BADEN-BADEN GOLDMEDAILLE 1976, ROM GOLDMEDAILLE 1976, ALL-AMERICAN ROSE SELECTION 1977, BELFAST DUFTPREIS 1980, JAMES ALEXANDER GAMBLE-DUFTMEDAILLE 1986

'Douceur Normande' MEIpopul

(ganz oben rechts)
Syn. 'Stadt Hildesheim', 'Coral Meidiland', 'Goose Fair', 'Sandton City'
STRAUCHROSE, REIN ROSA,
ÖFTER BLÜHEND

Diese Rose ist sehr wuchsfreudig und kann 2 × 4 m groß werden. 'Douceur Normande' bildet eine dichte, stachelige Schutzhecke, die sich – entlang von Mittelstreifen von Autostraßen sowie an Böschungen gepflanzt – als sehr nützlich erweist. Die einfachen Blüten sind korallrosa und erscheinen in Büscheln. Die recht gesunde Pflanze bringt sehr lange Zeit immer wieder Blüten hervor, und es werden auch Hagebutten gebildet. Wächst sie einmal sehr hoch, so kann sie im Winter zurückgeschnitten werden. Die Rose blüht dann trotzdem im Frühling sehr üppig.
ZONEN 4–9.

MEILLAND, FRANKREICH, 1993

HYBRIDE VON *ROSA WICHURAIANA*

'Dove' AUSdove

(oben)
Syn. 'Dovedale'
STRAUCHROSE, HELLROSA,
ÖFTER BLÜHEND

'Dove' ist eine kleine, so genannte Englische Rose mit hellrosafarbenen Blüten, die einen niedrigen, stämmigen Busch zieren. Sie duften schwach und entfalten sich zu Blüten von 10 cm Durchmesser aus 40 Petalen. Sehr blühfreudig, die Blüten erscheinen auf dünnen, festen Stielen nahezu ohne Unterbrechung. Durch ihre ausladende Gestalt ist sie eine ausgezeichnete Beetpflanze, sie lässt sich aber auch als Hochstamm kultivieren. Die kleinen, robusten Blätter sind matt glänzend, dunkelgrün und bilden einen herrlichen Hintergrund für die zarten Blüten, die sogar in extremer Hitze für ein herrliches Schauspiel sorgen. ZONEN 4–10.

AUSTIN, GROSSBRITANNIEN, 1984

'WIFE OF BATH' × SÄMLING VON 'SCHNEEWITTCHEN'

'Dream' *(rechts)*
TEEHYBRIDE, HELLROSA,
ÖFTER BLÜHEND

Die Knospen öffnen sich sehr langsam und zeigen zarteste Rosatöne, die hellapricot- und lachsfarben überhaucht sind. Die mittelgroßen Blüten mit zahlreichen Petalen sind als Schnittblumen außergewöhnlich haltbar und erscheinen überaus üppig. Das glänzend dunkelgrüne Laub ist sehr krankheitsfest. Zahlreiche, sehr gute Sports stammen von dieser Teehybride ab. **ZONEN** 5–11.

KORDES, DEUTSCHLAND, 1979
ELTERN UNBEKANNT

'Dream Time'
(ganz oben rechts)
Syn. 'Dreamtime'
TEEHYBRIDE, REIN ROSA,
ÖFTER BLÜHEND

'Dream Time' hat zwei wohlgeformte Elternsorten und trägt rosafarbene, bis zu 13 cm große Blüten, die mit 40 Petalen gefüllt. Sie sind klassisch hochgebaut, und ihr Duft ist sehr intensiv. Das herrliche dunkelgrüne Laub und den kräftigen Wuchs von 'Primaballerina' hat diese Beetrose leider nicht geerbt. Sie ist nur mäßig wuchsfreudig und trägt hellgrünes Laub. **ZONEN** 5–11.

BEES, GROSSBRITANNIEN, 1977
'KORDES' PERFECTA' ×
'PRIMABALLERINA'

'Dreaming Spires'
(oben)
GROSSBLUMIGE KLETTERROSE,
GOLDGELB, ÖFTER BLÜHEND

Bei zwei sehr gelben Elternsorten, von denen eine auch noch so wuchskräftig ist, so dass sie fast als Kletterrose gelten könnte, verwundert es kaum, dass 'Dreaming Spires' eine echte Kletterrose mit großen goldgelben Blüten ist. Sie duften sehr intensiv, sind wohlgeformt und mit gut 25 Petalen gefüllt. Die 8 cm großen Blüten erscheinen unermüdlich vor dem dunkelgrünen Laub, das einen guten Kontrast bildet. Die von Kirchtürmen (engl. *spires*) geprägte romantische Silhouette der nahe gelegenen Universitätsstadt Oxford inspirierte John Mattock bei der Benennung dieser Rose. **ZONEN** 4–11.

MATTOCK, GROSSBRITANNIEN, 1973
'BUCCANEER' × 'ARTHUR BELL'
BELFAST GOLDMEDAILLE 1977

'Dresden Doll'

(rechts)
ZWERGROSE, HELLROSA,
ÖFTER BLÜHEND

Die becherförmigen, kleinen, mit nur 18 Petalen halb gefüllten Blüten sind von einem zarten, aber herrlich verwaschenem Rosa und duften mäßig intensiv. Voll entfaltet sind dann die äußerst dekorativen goldgelben Staubgefäße sichtbar. Der kompakte Busch trägt zahlreiche Blütenbüschel, die zwar sehr schön geformt, aber für eine Zwergrose zu groß sind. ZONEN 4–11.

MOORE, USA, 1975
'FAIRY MOSS' ×
MOOSROSEN-SÄMLING

'Drummer Boy' HARvacity

(ganz oben rechts)
FLORIBUNDA, DUNKELROT,
ÖFTER BLÜHEND

Da im Stammbaum von 'Drummer Boy' drei niedrige Sorten auftauchen, ist es nicht verwunderlich, dass sie ebenfalls niedrig wächst. Die mit 15 Petalen halb gefüllten, becherförmigen Blüten haben eine lebhafte, kräftige scharlachrote Farbe. Sie sitzen in kleinen Büscheln zusammen und verströmen einen würzigen Duft. Wird Verblühtes nicht entfernt, entwickeln sich kleine, ovale grünliche Hagebutten, die einen schönen Kontrast zu den Blumen der Nachblüte bilden. Der Busch trägt mittelgrünes, matt glänzendes Laub, purpurrote Stacheln und kommt in großen Gruppen gepflanzt noch am besten zur Geltung. ZONEN 5–11.

HARKNESS, GROSSBRITANNIEN, 1987
('WEE MAN' × ['SOUTHAMPTON' × 'MINUETTO']) × 'RED SPRITE'
DUBLIN CERTIFICATE OF MERIT 1986, ROYAL NATIONAL ROSE SOCIETY TRIAL GROUND CERTIFICATE 1987, BADEN ÖRP 1990, GLASGOW SILBERMEDAILLE 1990

'Dublin Bay' MACdub

(oben)
GROSSBLUMIGE KLETTERROSE,
ROT, ÖFTER BLÜHEND

In einigen Teilen der Welt, wie z. B. Australien und Neuseeland, gilt 'Dublin Bay' als eine der besten Kletterrosen, die heute erhältlich sind. Sie besitzt ovale Knospen, die sich zu wohlgeformten intensiv leuchtend roten duftenden Blüten entfalten, die einzeln oder in Büscheln erscheinen. Die Blühfreudigkeit dieser Rose ist bemerkenswert: Kaum beginnen die ersten Blüten zu verblühen, so erscheinen schon die nächsten. 'Dublin Bay' trägt glänzend dunkelgrünes gesundes Laub. ZONEN 4–11.

MCGREDY, NEUSEELAND, 1975
'BANTRY BAY' × 'ALTISSIMO'
ROYAL HORTICULTURAL SOCIETY AWARD OF GARDEN MERIT 1993

'Duc de Cambridge'
(ganz oben links)
Syn. 'Duchesse de Cambridge'
ALTE R., DAMASZENERROSE, MAUVE

Obwohl die bewehrten Triebe dieser Sorte ein wenig bedrohlich wirken, sind ihre Blüten doch sehr eindrucksvoll, wenn sie erscheinen. Die Damaszenerrose besitzt dunkelpurpurfarbene Petalen, die dicht gefüllte große Blüten formen. Der Busch hat eine ausladende Gestalt und kann bis zu 1,8 m hoch werden, wenn er nicht geschnitten wird. Schneidet man nach dem Sommerflor, so entwickelt sich die Rose im Folgejahr besser. Das dunkle Laub ist im Austrieb rötlich.
ZONEN 4–11.
VOR 1848
ELTERN UNBEKANNT

'Duc de Fitzjames'
(ganz oben rechts)
ALTE R., GALLICA-ROSE, DUNKELROT/DUNKELROSA

Die Gallica-Rose wird manchmal auch als Zentifolie eingestuft. Der dichte, wuchsfreudige, aufrechte Strauch ist bewehrt, kann bis zu 1,8 m hoch werden und trägt große, üppig graugrüne Blätter. Die stark duftenden Blüten in leuchtendem, beständigem Dunkelrosa sind auf den Petalenunterseiten heller; sie kommen im Hochsommer in großen Büscheln, sind gefüllt und bis zu 10 cm groß. Sie entfalten sich aus runden Knospen, sind zunächst hochgebaut, im vollständig geöffneten Zustand dann geviertelt und becherförmig mit grünlicher Mitte. ZONEN 4–11.
VOR 1837
ELTERN UNBEKANNT

'Duc de Guiche'
(unten links)
Syn. 'Senat Romain', 'Senateur Romain'
ALTE R., GALLICA-ROSE, MAUVE

Der dichte, ziemlich ausladende Strauch wird etwa 1,2 m hoch und bildet gut verzweigte, dunkelgrüne Triebe. Die üppig grünen Blätter sind rundlich oval und fast glänzend. Die Blüten entfalten sich aus federartigen Knospen, sind etwa 8 cm breit, dicht gefüllt und schalenförmig mit einem auffallend grünen Auge. Die Blüten sind magentarot bis purpurkarmin mit einem gelegentlichen violetten Hauch, leicht geädert und duften sehr intensiv. Die äußeren Petalen öffnen sich beim Verblühen vollständig, während die inneren bei heißem Wetter sich zu einem dunklen Purpur verändern. Im Frankreich des 19. Jhs. stammten viele Diplomaten oder Politiker aus der Familie de Guiche.
ZONEN 4–11.
FRANKREICH, VOR 1810
ELTERN UNBEKANNT

'Duchess of Portland' *(rechts)*

Syn. 'Duchesse de Portland', 'Portland Rose', *Rosa paestana*, *R. portlandica*, 'Scarlet Four Seasons'

ALTE R., PORTLANDROSE, ROT, ETWAS NACHBLÜHEND

Mit dieser Rose wurde die Klasse der Portlandrosen, auch als „Öfter blühende Damaszenerrosen" bekannt, eingeführt. Die duftenden Blüten erscheinen vom Hochsommer bis zum Spätherbst. Sie sind groß, halb gefüllt und becherförmig; ihre Farbe ist ein dunkles Rosa, das sich manchmal leuchtend scharlachrot verändert, während die gelben Staubgefäße mit auffallenden Staubbeuteln dazu einen schönen Kontrast bilden. Gelegentlich auftretende weiße Streifen weisen auf die Verwandtschaft mit Chinarosen hin. Der niedrige, kompakte Strauch eignet sich gut für Beete, Hecken oder auch für Topfkulturen. Die Pflanze trägt ovale hellgrüne Blätter und zahlreiche hakenförmig gebogene Stacheln. Wird Verblühtes entfernt, behält die Rose ihr attraktives Aussehen. **ZONEN 4–10.**

VOR 1800

VERMUTLICH EINE ROTE CHINAROSE ('SLATER'S CRIMSON CHINA'?) × 'QUATRE SAISON' (SYN. *ROSA DAMASCENA* 'SEMPERFLORENS')

'Duchesse d'Angoulême'
(ganz oben rechts)

Syn. 'Duc d'Angoulême', 'Wax Rose'

ALTE R., GALLICA-ROSE, HELLROSA

Dieser kleine, überhängende Strauch wird etwa 1 m hoch. Die Triebe sind besonders grün und unverzweigt, das hell- bis mittelgrüne Laub ist von hervorragender Qualität. Die spitzen Knospen sitzen in kleinen Büscheln zusammen und öffnen sich im Hochsommer zu Blüten, die halb gefüllt sind und auf sehr schwachen Stielen sitzen. Jede von ihnen hat einen Durchmesser von 9 cm, duftet intensiv und behält die leuchtende, rosarote Farbe, die dann etwas dunkler wird. Manchmal wirken die Blüten wie durchscheinend, was ihnen eine besondere Schönheit verleiht. **ZONEN 5–10.**

VIBERT, FRANKREICH, 1821

ELTERN UNBEKANNT

'Duchesse d'Auerstädt' *(oben)*

Syn. 'Madame la Duchesse d'Auerstädt'

ALTE R., NOISETTEROSE, GELB, ETWAS NACHBLÜHEND

Aus dicklichen spitzen gelben Knospen öffnen sich runde, dicht gefüllte, 12 cm große Blüten. Die goldgelben Petalen sind geviertelt und die Blütenmitte weist eine Spur von Apricot auf. Die Blüten sitzen einzeln oder zu Dritt auf kräftigen Stielen. Die gesunde Pflanze kann bis zu 6 m hoch werden und gedeiht in der Sonne am besten. Die wuchernden, verzweigten Zweige sind schwach bewehrt und werden von schönen dunklen, gesägten Blättern mit ledriger Struktur bedeckt. Der Flor währt von Juni bis zum Herbst. **ZONEN 7–11.**

BERNAIX, FRANKREICH, 1887

SPORT VON 'RÊVE D'OR'

'Duchesse de Brabant'

(ganz oben links)
Syn. 'Comtesse de Labarthe', 'Comtesse Ouwaroff', 'Countess Bertha', 'The Shell Rose'
ALTE R., TEEROSE, HELLROSA, ETWAS NACHBLÜHEND

Der wuchsfreudige ausladende Busch bringt vom Juni bis zum Herbst eine Fülle von Blüten hervor. Diese sind groß, zartrosa, dicht gefüllt, becherförmig und erinnern an Tulpen. Die lieblichen Knospen öffnen sich zu Blüten mit 45 aufrechten Petalen, die lachsrosa überhaucht sind. Der langsam wachsende Busch trägt spitze hellgrüne Blätter, die im Frühjahr anfällig für Mehltau sind. Er kann eine Höhe bis zu 1,2 m erreichen und kommt am besten zur Geltung, wenn er in Dreiergruppen gepflanzt wird. Der amerikanische Präsident Theodore Roosevelt trug diese Rose stets im Knopfloch, wodurch sie große Popularität erlangte. Sie eignet sich auch sehr gut für die Vase. **'Climbing Duchesse de Brabant'** besitzt alle Eigenschaften ihrer Elternsorte, benötigt aber einen warmen Standort. **ZONEN 5–11.**
BERNÈDE, FRANKREICH, 1857
ELTERN UNBEKANNT

'Duchesse de Buccleugh'

(ganz oben rechts)
ALTE R., GALLICA-ROSE, ROT+

Diese spätblühende Gallica-Rose hat gefüllte, becherförmige große Blüten, deren Farbe sehr ungewöhnlich ist und je nach Wetter, Boden und Licht von Rosa über Lavendel bis zu kräftigem Karminrot variieren kann. Der dunkle Rand verblasst, und die schalenförmigen, gevierteilten Blüten haben ein grünes Auge. Der wuchsfreudige Busch trägt graugrünes Laub, aber kaum Stacheln. **ZONEN 4–10.**
VIBERT, FRANKREICH, 1837
ELTERN UNBEKANNT

'Duchesse de Montebello' *(links)*
ALTE R., GALLICA-ROSE, ROSA

Die perlmuttrosa Blüten sind gefüllt, geviertelt, mittelgroß und verströmen einen süßlichen Duft. Sie verblassen in der Sonne zu hellem Fleischrosa. Ihre inneren Petalen sind um ein grünes Auge angeordnet. Der kompakte, aufrechte Busch mit graugrünem Laub und langen Zweigen wird 1,5 m hoch. Die Pflanze gedeiht auch auf nährstoffarmen Böden und sollte genug Platz haben, um sich auszubreiten. Ein sensibler Schnitt kann die Form des Busches verschönern. **ZONEN 4–10.**
LAFFAY, FRANKREICH, 1824–25
UNBEKANNTE GALLICA-ROSE ×
UNBEKANNTE CHINAROSE

'Duet'

(unten links)
TEEHYBRIDE, REIN ROSA,
ÖFTER BLÜHEND

'Duet' bringt ovale, wohlgeformte Knospen hervor, die sich zu hochgebauten, bis zu 10 cm großen, gefüllten Blüten entfalten. Diese sind oben hellrosa und dunkelrosa auf der Petalenunterseite. Sie sind mit 30 Petalen gefüllt und erscheinen zu 3–5 Einzelblüten in Büscheln. Die schwach duftenden Blüten bedecken den Busch vollständig. In wärmeren Ländern kann er bis sechs Mal im Jahr aufblühen. Die Pflanze ist wuchsfreudig, aufrecht und trägt ledriges Laub, das recht krankheitsfest ist. ZONEN 5–11.

SWIM, USA, 1960

'FANDANGO' × 'ROUNDELAY'

BADEN-BADEN GOLDMEDAILLE 1959, NATIONAL ROSE SOCIETY TRIAL GROUND CERTIFCATE 1960, ALL-AMERICAN ROSE SELECTION 1961

'Duftrausch'

TANschaubud
(ganz oben links)
Syn. 'Olde Fragrance', 'Senteur Royale'
TEEHYBRIDE, REIN ROSA,
ÖFTER BLÜHEND

Prächtige dunkle, mit über 40 Petalen gefüllte mauverosa Schalenblüten verbreiten den typischen Damaszenerduft. Der gesunde, aufrechte Busch trägt

matt glänzendes grünes Laub. ZONEN 5–11.

TANTAU, DEUTSCHLAND, 1986

ELTERN UNBEKANNT

'Duke of Edinburgh'

(ganz oben rechts)
ALTE R., REMONTANTROSE,
DUNKELROT,
ETWAS NACHBLÜHEND

Diese Remontantrose benötigt außerordentlich viel Pflege, und ihre Blüten vertragen Regenwetter überhaupt nicht. Die dunkelkarminroten großen Blüten sind dunkelrot geädert, halb gefüllt, wohlgeformt, duften und gedeihen am besten im lichten Halbschatten.

Der aufrechte Strauch erreicht eine Höhe von 60 cm und wird auch genauso breit. Er trägt üppiges Laub und bevorzugt nährstoffreiche Böden. Duke of Edinburgh ist der Titel von Prinz Philip, dem Ehemann der englischen Königin Elizabeth II. ZONEN 5–11.

PAUL, GROSSBRITANNIEN, 1868

'GÉNÉRAL JACQUEMINOT' × SÄMLING

'Duke of Windsor'

(unten rechts)
Syn. 'Herzog von Windsor'
TEEHYBRIDE, ORANGE+,
ÖFTER BLÜHEND

'Duke of Windsor' bringt schillernd orangefarbene Blüten hervor, die eine aufrechte, sehr wuchsfreudige, stark bewehrte Pflanze mit herrlichen großen, glänzend dunkelgrünen Blättern zieren. Die Triebe sind zwar sehr kräftig, das Laub ist mittlerweile jedoch anfällig für Mehltau geworden. Die wenigen Blüten verströmen einen sehr intensiven Duft, was für eine Rose mit dieser Farbe ungewöhnlich ist. Sie sind wohlgeformt und mit 25 Petalen locker gefüllt. ZONEN 4–9.

TANTAU, DEUTSCHLAND, 1969

ELTERN UNBEKANNT

EDLAND DUFTPREIS 1968,
ADR-ROSE 1970

'Dundee Rambler'
(ganz oben links)
ALTE R., AYRSHIREROSE, WEISS

Diese winterharte, robuste kletternde Gartenrose kann bis zu 6 m hoch werden. Die kleinen gefüllten milchweißen Blüten erscheinen in großen Büscheln. Sie sind rosa überhaucht, duften und setzen sich aus zahlreichen dicht gepackten Petalen zusammen. 'Dundee Rambler' trägt große Stacheln; aufgrund des dichten Wuchses ist sie eine geeignete Sorte für naturnahe Gärten. Das Bild einer Rose, die an einer Pergola oder Säule emporrankt, kann durch einen vorsichtigen Schnitt verschönert werden. ZONEN 5–10.

MARTIN, GROSSBRITANNIEN, 1837
ROSA ARVENSIS × UNBEKANNTE NOISETTEROSE

'Dunwich Rose'
Syn. 'Dunwichiensis'
STRAUCHROSE, WEISS

Die Blüten der 'Dunwich Rose' bestehen aus fünf herzförmigen weißen Blütenblättern, die auffallende gelbe Staubgefäße umgeben. Sie hat das typische Pimpinellifolia-Laub und winzige Stacheln. Der niedrig bleibende Strauch ist im Sommer mit Blüten und im Herbst mit kleinen Hagebutten bedeckt. Wegen ihres niedrigen Wuchses wird sie in großem Umfang von Landschaftsgestaltern verwendet. Sie bevorzugt einen warmen, sonnigen Standort. ZONEN 4–9.

ENGLAND, 1956
ABSTAMMUNG UNBEKANNT

'Duplex'
(ganz oben rechts)
Syn. *R. villosa duplex*, 'Apfelrose', *Rosa pomifera duplex*, 'Wolley-Dod's Rose'
STRAUCHROSE, VILLOSA-HYBRIDE, REIN ROSA

Diese Rose, die 1900 in einem englischen Pfarrgarten entdeckt wurde, ist eine gefüllte Form von *Rosa pomifera*. Diese ist bekannt für ihre rauen grauen Blätter sowie die sehr großen apfelförmigen Früchte, die borstig sind und im Herbst leuchtend rot werden. Die Blüten sind rein rosa, halb gefüllt und gut mittelgroß, das Laub ist flaumbedeckt und graugrün. Die kräftige ausladende Pflanze wird bis 3 m hoch und 2 m breit und eignet sich als schöner Solitärstrauch für den hinteren Bereich einer Rabatte. ZONEN 4–11.

VIBERT, FRANKREICH, VOR 1838
ROSA POMIFERA × UNBEKANNTE GARTENROSE

'Dupontii'
(unten links)
Syn. 'Dupont Rose', *Rosa* × *dupontii*, 'Snow-Bush Rose'
ALTE R., WEISS, ETWAS NACHBLÜHEND

Rosa Knospen entfalten sich zu rötlich überhauchten schneeweißen Blüten, die im Juni auf überhängenden vorjährigen Langtrieben erscheinen. Überlappende Petalen umsäumen die auffallenden goldgelben Staubgefäße. Die haltbaren, intensiv nach Banane duftenden Blüten eignen sich hervorragend für die Vase. Graugüne Blätter bedecken die schwach bewehrten, ausladend hängenden Triebe, und im Herbst werden rote Hagebutten gebildet. Der wuchsfreudige robuste Strauch bevorzugt Sonnenplätze. Dupont war der Gründer des berühmten Parks Jardins de Luxembourg in Paris. ZONEN 4–11.

VOR 1817
ELTERN UNBEKANNT

'Dupuy Jamain'
(rechts)
ALTE R., REMONTANTROSE, ROT, ETWAS NACHBLÜHEND

Diese einst sehr populäre Rose weist eine sehr eigenartige Farbkombination auf – von Rot über Kirschrosa bis zu Kirschrot. Die großen, mit 30 Petalen gefüllten, wohlgeformten Blüten erscheinen üppig von Sommer bis zum Herbst, wobei sie in der kühleren Jahreszeit am schönsten sind, da sie in heißer Sonne schnell verbrennen. Die ausladenden steifen, kräftigen Triebe werden bis zu 1,5 m lang und tragen einige Stacheln sowie graugrünes Laub. Diese Rose fühlt sich noch auf nährstoffarmen Böden sehr wohl und sollte geschnitten werden, damit sie ihre schöne Form behält.
ZONEN 5–11.

JAMAIN, FRANKREICH, 1868
ELTERN UNBEKANNT

'Düsterlohe'
(ganz unten)
RAMBLERROSE, DUNKELROSA

Auf unzähligen ausladenden Trieben sitzen halb gefüllte duftende rosa Blüten; diese sind rundlich, werden aber beim Verblühen schalenförmig und verfärben sich zu Fliederrosa. Die inneren Petalen umsäumen dekorative gelbe Staubgefäße. Der wuchsfreudige Busch, der bis zu 2,5 m hoch werden kann, hat bewehrte Triebe und lässt sich auch als Kletterrose kultivieren. Im Herbst erscheinen schließlich rundliche, orangefarbene Hagebutten, die den Busch den ganzen Winter über schmücken. 'Düsterlohe' wurde von Wilhelm Kordes II. (1891–1976) gezüchtet, dem Leiter der berühmten Rosenschule. Sie ist eine seiner vielen Rosen, die weltweit Ruhm erlangten.
ZONEN 6–11.

KORDES, DEUTSCHLAND, 1931
'DANCE OF JOY' × 'DAISY HILL'

'Dutch Gold'
(ganz oben rechts)
TEEHYBRIDE, REIN GELB, ÖFTER BLÜHEND

Diese Teehybride, die in Großbritannien gezüchtet wurde und zwei sehr berühmte Rosen als Eltern besitzt, bringt intensiv goldgelbe, mit 30–35 Petalen gefüllte Blüten hervor. Sie werden 15 cm groß und haben einen angenehmen Duft. Der Wuchs ist kräftig und robust, die Blühfreudigkeit recht groß. Die Blüten sind wetterfest und verblassen weder an der Pflanze noch in der Vase. Das Laub ist glänzend dunkelgrün.
ZONEN 5–11.

WISBECH PLANT COMPANY, GROSSBRITANNIEN, 1978
'PEER GYNT' × 'WHISKY'
DEN HAAG GOLDMEDAILLE

'Easlea's Golden Rambler'

(ganz oben links)
Syn. 'Golden Rambler'
GROSSBLUMIGE KLETTERROSE, GELB+/REIN GELB

Die Sorte zählt zu den späteren Züchtungen unter den Ramblerrosen, die meist zu Beginn des 20. Jhs. entstanden sind. Sie ist trotz ihres Namens mehr eine Kletterrose als ein Rambler. Die 10 cm großen intensiv goldgelben Blüten mit einem Hauch von Rot stehen meist in kleinen Büscheln zusammen. Sie sind mit 35 Petalen locker gefüllt und duften stark. An heißen Standorten verblasst die gelbe Farbe rasch. Die Sorte blüht nur einmal, dafür aber reichlich. Die kräftige Pflanze mit steifen Trieben und ledrigem satt olivgrünem Laub wird 3–4 m hoch. Wegen des wunderbaren Kontrastes sollte man sie in einen Baum mit purpurfarbenem Laub wachsen lassen. Sie lässt sich auch leicht an einem Spalier oder Rosenbogen ziehen.
ZONEN 4–9.

EASLEA, GROSSBRITANNIEN, 1932
ELTERN UNBEKANNT
GOLDMEDAILLE DER NATIONAL ROSE SOCIETY 1932

'Easter Morning'

(ganz oben rechts)
Syn. 'Easter Morn'
ZWERGROSE, WEISS+, ÖFTER BLÜHEND

Die elfenbeinweißen Blüten mit 60–70 Petalen sind langlebig und duften. Das ledrige Laub zeigt eine glänzend dunkelgrüne Färbung. Die dicht und buschig wachsende, kräftige Pflanze breitet sich gern aus. Sie eignet sich hervorragend für Rabatten, für die Fensterbank und erfreut sich auch heute noch einer weltweit großen Beliebtheit.
ZONEN 5–11.

MOORE, USA, 1960
'GOLDEN GLOW' × 'ZEE'

'Earthquake'

MORquake *(oben)*
ZWERGROSE, ROT+, ÖFTER BLÜHEND

Die Sorte überzieht den Busch mit üppiger, rotgelb gestreifter Blütenpracht mit gelber Außenseite. Die kleinen, duftlosen Blüten bestehen aus etwa 40 Petalen. Diese Zwergrose liebt zwar warme Standorte, sie gedeiht jedoch schöner im leichten Halbschatten, wo sich die wunderbare Blütenfarbe besser hält. Auch die gestreifte Zeichnung kommt hier besser zur Geltung und bildet in jedem Garten einen wahren Blickfang. Die Sorte benötigt Winterschutz. Sie wurde nach einem Erdbeben benannt, das die kalifornische Stadt Coalinga unweit von Moores Sequoia Nursery in Visalia erschütterte.

'Climbing Earthquake' (MORshook) wurde 1990 von Moore eingeführt. Ihre langen überhängenden Triebe bilden in den Blattachseln jeweils kleine Büschel von 3–5 Blüten. Vor einer Mauer oder einem Zaun bietet der erste Flor im Frühling ein sensationelles Farbenschauspiel. Ihre Nachblüte fällt etwas geringer aus. ZONEN 6–11.

MOORE, USA, 1983
'GOLDEN ANGEL' × SÄMLING

'Echo' *(rechts)*
Syn. 'Baby Tausendschön'
ALTE R., MULTIFLORA-HYBRIDE, ROSA+, ÖFTER BLÜHEND

Diese Mutation der bekannten Ramblerrose 'Tausendschön' bevorzugt einen halbschattigen Standort. Sie trägt zahlreiche große, halb gefüllte, becherförmige Blüten in Weiß bis Dunkelrosa. Die äußeren, welligen Petalen bilden eine Schalenform. Die großen Dolden bedecken die kräftigen, geraden, bis zu 1 m hohen Triebe eines kompakten Busches, der glänzendes Laub trägt. Die Sorte ist besonders in windgeschützten Lagen für Mehltau anfällig. Sie besitzt keine Stacheln, Verblühtes sollte immer sofort entfernt werden. Die Sorte ist für Kübel und Beete geeignet und liefert Schnittblumen, die sich lange halten.
ZONEN 4–9.
LAMBERT, DEUTSCHLAND, 1914
SPORT VON 'TAUSENDSCHÖN'

'Éclair'
(unten links)
Syn. 'Gartendirektor Lauche'
ALTE R., REMONTANTROSE, DUNKELROT, ETWAS NACHBLÜHEND

Die außergewöhnliche Remontantrose mit starkem Duft besitzt gefaltete, samtige äußere Petalen, die eine geviertelte Mitte umgeben. Die schön geformten dunkelroten Blüten mit einem schwarzen Hauch öffnen sich zu einem großen flachen Kreis von intensiver Farbe. Die kräftige Pflanze blüht vom Sommer bis zum Herbst, sie besitzt wenig Laub, aber zahlreiche Stacheln. Regelmäßige Wasser- und Düngergaben fördern die Blüte. 'Eclair' ist eine gute Schnittblume. Dem französischen Züchter Lacharmé aus Lyon verdanken wir zahlreiche Rosen, darunter die beachtenswerten 'Salet' und 'Victor Verdier'. ZONEN 4–9.
LACHARMÉ, FRANKREICH, 1883
'GÉNÉRAL JACQUEMINOT' × SÄMLING

'Eclipse'
(unten rechts)
TEEHYBRIDE, HELLGELB, ÖFTER BLÜHEND

Die zahlreichen Auszeichnungen belegen, dass 'Eclipse' in den 1930er Jahren als Maßstab für gelbe Rosen galt. Sie hat lange elegante, spitze Knospen in Kadmiumgelb mit einem Hauch von Altgold; die länglichen schmalen Kelchblätter faszinieren die Floristen. Ihre stark duftenden gefüllten Blüten zählen 25 Petalen und öffnen sich locker. Von starkem und buschigem Wachstum mit dunklem ledrigem Laub. Vorzüglich als Beetrose geeignet.
ZONEN 5–9.
NICOLAS, USA, 1935
'JOANNA HILL' × 'FEDERICO CASAS'
PORTLAND GOLDMEDAILLE 1936, ROM GOLDMEDAILLE 1935, BAGATELLE GOLDMEDAILLE 1936, AMERICAN ROSE SOCIETY DAVID FUERSTENBERG PRIZE 1938

'Eddie's Jewel'
(ganz oben links)
STRAUCHROSE, MOYESII-HYBRIDE, ROT, ETWAS NACHBLÜHEND

Feuerrote Blüten und rote Stacheln verleihen der Sorte in voller Blüte vor blauem Himmel ihre Wirkung. Die kräftige, gut nachblühende Pflanze wird bis zu 2,5 m hoch, bildet jedoch nur wenige Hagebutten. An heißen Standorten treten mitunter Verbrennungen auf. ZONEN 4–9.

EDDIE, CANADA, 1962
'DONALD PRIOR' × *ROSA MOYESII*-HYBRIDE

'Eden Rose' *(oben)*
TEEHYBRIDE, DUNKELROSA, ÖFTER BLÜHEND

Diese Sorte sollte nicht mit der ebenfalls von Meilland gezüchteten Kletterrose 'Pierre de Ronsard' verwechselt werden, die in Deutschland auch als 'Eden Rose 85' sehr bekannt ist. Die Sorte trägt eiförmige Knospen, die sich zu leuchtend purpurroten Blüten mit 60 Petalen öffnen. Sie sind becherförmig, 10 cm groß, duftend sowie farb- und formbeständig. Die kräftige aufrechte Pflanze besitzt relativ gesundes, glänzend dunkelgrünes Laub. ZONEN 4–9.

MEILLAND, FRANKREICH, 1950
'GLORIA DEI' × 'SIGNORA'
GOLDMEDAILLE DER NATIONAL ROSE SOCIETY 1950

'Edith Clark'
(ganz oben rechts)
TEEHYBRIDE, ROT, ÖFTER BLÜHEND

Die nach der Frau des Züchters benannte Sorte zählt zu den wenigen zwergwüchsigen Teehybriden von Alister Clark. Die gefüllten, rundlichen karminroten Blüten duften zart und erscheinen vom Sommer bis zum Herbst. Die Sorte trägt reichlich grünes Laub. ZONEN 5–9.

CLARK, AUSTRALIEN, 1928
'MME ABEL CHATENAY' × SÄMLING

'Edith Holden'

CHEwlegacy *(rechts)*
Syn. 'Edwardian Lady',
'The Edwardian Lady'
FLORIBUNDA, ROSTROT,
ÖFTER BLÜHEND

Bei kühler Witterung zeigen sich die jungen Blüten in Rostrot bis Goldbraun mit gelber Mitte, während die Rückseiten der Kronblätter blass bleiben. Später spielen sie ins Graue und Rehbraune. Die halb gefüllten, urnenförmigen und zart duftenden Blüten mit 15 Petalen werden an langen Trieben in Büscheln von 10–20 Blüten getragen, die üppig und ununterbrochen erscheinen. In warmen Gegenden wird sie bis zu 3 m hoch und rankt gut an Säulen und kleinen Pyramiden. Die kräftige Pflanze gedeiht auch als freistehende Strauchrose. Das reichliche, rein grüne glänzende Laub ist großblättrig und gesund. ZONEN 4–9.

WARNER, GROSSBRITANNIEN, 1988
'BELINDA' × ('ELIZABETH OF GLAMIS' × ['GALWAY BAY' × 'SUTTER'S GOLD'])

'Editor Stewart'

(unten)
TEEHYBRIDE, ROT,
ÖFTER BLÜHEND

Diese besonders langtriebige Sorte trägt intensiv kirschrote, halb gefüllte große Blüten mit goldenen Staubgefäßen. Nach einem üppigen Flor im Frühling blüht sie im Sommer und Herbst nach. Das Laub wechselt von der anfänglichen Bronzefarbe zu Dunkelgrün. Die Sorte, die auch als kurztriebige Kletterrose bezeichnet wird, lässt sich gut an einem Dreifuß oder einer Säule ziehen. Einzeln stehend bildet sie einen sehr großen, frei stehenden Strauch. ZONEN 5–9.

CLARK, AUSTRALIEN, 1939
ELTERN UNBEKANNT

'Eglantyne' AUSmak

(ganz oben rechts)
Syn. 'Eglantyne Jebb'
STRAUCHROSE, HELLROSA,
ÖFTER BLÜHEND

Die mittelhohe, stark buschige und gesunde Sorte zählt zu den besten unter den neueren Züchtungen David Austins. Die großen rosettenförmigen Blüten bestehen aus zahlreichen, stark duftenden zartrosa Petalen, die sich zu einer schönen Form zusammenfügen und sich von dem reizvollen grünen Laub abheben. Die Blüten zeichnen sich sowohl am Strauch als auch in der Vase durch lange Haltbarkeit aus. 'Eglantyne' ist besonders für Gruppenpflanzungen wertvoll. Sie wird auch zu den Englischen Rosen gezählt. ZONEN 4–9.

AUSTIN, GROSSBRITANNIEN, 1994
ELTERN UNBEKANNT

'Elégance' *(links)*
TEEHYBRIDE, ROSA+

'Elégance' ist eine schöne Beetrose mit großen duftenden, rosa- bis kupferfarbenen Blüten, die aus rundlichen Knospen erscheinen. Das dunkelgrüne ledrige Laub bietet den leuchtenden, gefüllten Blüten einen guten Hintergrund. Den Wuchs dieser Teehybride kann man nur als eher schwach bezeichnen. ZONEN 5–9.

BUYL, BELGIEN, 1955
ELTERN UNBEKANNT

'Elegant Beauty'
KORgatum *(unten)*
Syn. 'Kordes' Rose Delicia', 'Delicia'
TEEHYBRIDE, HELLGELB, ÖFTER BLÜHEND

Ihrem Namen entsprechend trägt die Sorte an langen Stielen längliche, wunderschöne Blüten mit 20 Petalen. In ihrem sehr zarten Gelb schimmert ein Hauch von Rosa. Da sich die Blüten langsam öffnen, eignet sie sich trotz der geringen Zahl an Petalen gut als Schnittblume. Die aufrecht buschig wachsende Pflanze besitzt großes mattgrünes Laub und einen eleganten Charakter. ZONEN 5–9.

KORDES, DEUTSCHLAND, 1982
'MABELLA' × SÄMLING

'Eiffelturm'
(ganz oben links)
Syn. 'Eiffel Tower', 'Tour Eiffel'
TEEHYBRIDE, REIN ROSA, ÖFTER BLÜHEND

Die Sorte eignet sich für trockene heiße Lagen und trägt äußerst lange, urnenförmige Knospen, aus denen rein rosafarbene, hochgebaute gefüllte Blüten mit 35 Petalen entstehen. Sie sind 8–13 cm groß, duften stark und ergeben in rascher Folge einen üppigen Flor. Die Pflanze bewährt sich wegen ihrer Neigung zur Mumienbildung nicht an nasskalten Standorten. In warmen Gegenden zählt sie dagegen zu den besten Sorten. Die äußerst wuchsfreudige aufrechte Pflanze trägt matt glänzendes, ledriges Laub. Bei großer Hitze kann es zu Verbrennungen am Neuaustrieb kommen. ZONEN 4–9.

ARMSTRONG, USA, 1963
'FIRST LOVE' × SÄMLING
GENF GOLDMEDAILLE 1963, ROM GOLDMEDAILLE 1963

'Elegance'
GROSSBLUMIGE KLETTERROSE, REIN GELB, ÖFTER BLÜHEND

Dies ist eine gute Kletterrose mit dunkelgrünem, glänzendem Laub und großen rein gelben Blüten, die zu den Rändern hin besonders bei Hitze stark verblassen. Die gefüllten Blüten mit 40–50 Petalen sind für eine Kletterrose groß. Ihr Nachblüte ist nur schwach. Für die Bepflanzung von Säulen, Pyramiden, Spalieren und Zäunen ist sie ideal. 'Elegance' ist wuchsfreudig, krankheitsfest und gut belaubt. ZONEN 4–9.

BROWNELL, USA, 1937
'GLENN DALE' × ('MARY WALLACE' × 'MISS LOLITA ARMOUR')

'Elina' DICjana *(rechts)*
Syn. 'Peaudouce'
TEEHYBRIDE, HELLGELB, ÖFTER BLÜHEND

Die großen wunderbar geformten, intensiv cremegelben Blüten heben sich vor dem ausgezeichneten dichten, glänzend dunkelgrünen Laub dieses starkwüchsigen Busches hervorragend ab. Die Blüten, die oft 15 cm groß werden, besitzen 35 zart duftende Petalen. Von der Knospe bis zur vollen Blüte bilden sie einen reizvollen Anblick. 'Elina' hält sich besonders gut als Schnittblume. Der erste Flor erscheint relativ spät, so dass sich mit 'Elina' die Frühlingsblüte etwas verlängern lässt. Sie verwöhnt mit mehrfach reichem Blütenflor.
ZONEN 4–9.

DICKSON, GROSSBRITANNIEN, 1983
'NANA MOUSKOURI' × 'LOLITA'
ADR-ROSE 1987, NEUSEELAND GOLDMEDAILLE 1987, GLASGOW SILBERMEDAILLE 1991, ROYAL HORTICULTURAL SOCIETY AWARD OF GARDEN MERIT 1993, JAMES MASON GOLDMEDAILLE 1994

'Elizabeth Harkness'
(ganz oben rechts)
TEEHYBRIDE, HELLGELB, ÖFTER BLÜHEND

Die feine Sorte, die in Form und Zartheit an 'Ophelia' und 'Michèle Meilland' erinnert, zeigt 30 wohlgeformte Petalen, die von hellelfenbein- bis hautfarben variieren, häufig mit gelben und rosa Tönen vermischt. Die Farbe unterscheidet sich von sämtlichen anderen Sorten, wechselt je nach Jahreszeit und Witterung und ist in jedem Stadium schön. Der mehrfache reiche, stark duftende Flor erscheint an einer aufrecht und buschig wachsenden Pflanze mit dunklem, vollem Laub. Der Name der Rose ist ein Geschenk des Ehepaars Harkness an seine Tochter zu deren 21. Geburtstag.
ZONEN 4–9.

HARKNESS, GROSSBRITANNIEN, 1969
'RED DANDY' × 'PICCADILLY'
ROYAL NATIONAL ROSE SOCIETY CERTIFICATE OF MERIT 1969

'Elizabeth of Glamis' MACel
(rechts unten)
Syn. 'Elisabeth', 'Irish Beauty'
FLORIBUNDA, ORANGEROSA, ÖFTER BLÜHEND

Die Sorte wurde nach Queen Elizabeth und deren Stammsitz Glamis Castle in Schottland benannt. Die vorzügliche Floribundarose trägt üppiges, dunkelgrünes Laub an einem mittelgroßen Busch, und treibt immer wieder eine schnelle Nachblüte. Die wohlgeformten Knospen zeigen in geöffnetem Zustand Staubgefäße und 35 Petalen in leuchtendem Lachsorange. Viele Blüten über dichtem Laub bedecken die wertvolle Beetrose.
ZONEN 5–9.

MCGREDY, GROSSBRITANNIEN, 1964
'SPARTAN' × 'HIGHLIGHT'
NATIONAL ROSE SOCIETY PRESIDENT'S INTERNATIONAL TROPHY 1963

'Ellen' AUScup
(ganz oben links)
STRAUCHROSE, APRICOT+, ÖFTER BLÜHEND

'Ellen', die auch zu den Englischen Rosen zählt, trägt viele intensiv, aber zart apricotfarbene Blüten, die ins Bräunliche spielen. Die becherförmigen Knospen öffnen sich an kurzen Stielen zu lockeren geviertelten Blüten mit starkem Duft. An kühlen Standorten besitzen sie 40 Petalen, bei sommerlicher Hitze sind es weniger. Nach dem reichlichen ersten Flor im Frühling blüht die Sorte etwas spärlicher im Sommer und erneut üppiger im Herbst. Große raue Blätter, zahlreiche Stacheln, buschiges Wachstum, auch etwas staksig mit langen Trieben, die über kürzere hinausragen. ZONEN 4–9.

AUSTIN, GROSSBRITANNIEN, 1984
'CHARLES AUSTIN' × SÄMLING

'Ellen Poulsen'
(ganz oben rechts)
POLYANTHAROSE, REIN ROSA, ÖFTER BLÜHEND

Die stark buschige Sorte von geringer bis mittlerer Höhe besitzt dichtes, eng übereinander sitzendes glänzendes Laub. Gefüllte, duftende, leuchtend kirschrosa Blüten öffnen sich in engen Dolden zu einem andauernden Flor. Die großen Blüten zeigen eine schöne Form, die sich gut hält. Die recht mehltaufeste Sorte verträgt einen kräftigen, wie auch einen leichten Schnitt, je nach gewünschter Form des Busches. Sie ist gut als Beetrose oder für niedrige Hecken zu verwenden. ZONEN 4–9.

POULSEN, DÄNEMARK, 1911
'MME NORBERT LEVAVASSEUR' × 'DOROTHY PERKINS'

'Ellen Willmott'
(ganz unten links)
TEEHYBRIDE, GELB+, ÖFTER BLÜHEND

In den 1930er Jahren hat Archer einige ausgezeichnete Teehybriden gezüchtet. Sie ist nach einer englischen Rosenbuchautorin benannt; diese Dame ist auch durch ihre Gärten in Südostengland und Südfrankreich bekannt, die zeitweilig von bis zu 65 Gärtnern gepflegt wurden. Die zartrosa Blüten der Rose spielen leicht ins Gelbe und zeigen weinrote Staubgefäße. Der kräftige gesunde Busch trägt gutes dunkelgrünes, ledriges Laub. ZONEN 4–9.

ARCHER, GROSSBRITANNIEN, 1936
'DAINTY BESS' × 'LADY HILLINGDON'

'Elmshorn' *(links)*
STRAUCHROSE, DUNKELROSA, ÖFTER BLÜHEND

Diese Sorte zählt zu den wuchsfreudigsten und besonders reich blühenden Strauchrosen. Die kleinen becherförmigen, gefüllten und wohlgeformten Blüten werden in wohlproportionierten Dolden gebildet und duften zart. Der Herbstflor an langen, überhängenden Trieben besitzt eine intensivere Farbe. Bei sehr guter Gesundheit zeigt sich das glänzende Laub hellgrün, üppig und gewellt. Die öfter blühende Sorte eignet sich für Einzel- und Gruppenpflanzungen, die auf Rasenflächen einen dauerhaften Farbtupfer bilden. ZONEN 4–9.

KORDES, DEUTSCHLAND, 1951
'HAMBURG' × 'VERDUN'
ADR-ROSE 1950, NATIONAL ROSE SOCIETY CERTIFICATE OF MERIT 1950

'Elveshörn' KORbotaf

(rechts)
STRAUCHROSE, REIN ROSA,
ÖFTER BLÜHEND

Diese kleine Strauchrose mit gesundem dunkelgrünem, matt glänzendem Laub ist von mittlerem, ausladendem Wuchs. Die regenfesten Blüten zählen 35 Petalen und erscheinen in länglichen Rispen. Ihr Kirschrosa hält sich sehr gut. An den äußerst üppigen Frühlingsflor schließt sich eine Nachblüte vom Sommer bis in den Herbst hinein an. Die Sorte eignet sich für Beete oder als niedrige Hecke. ZONEN 4–9.

KORDES, DEUTSCHLAND, 1985
'THE FAIRY' × SÄMLING

'Elysium' KORumelst

(ganz oben rechts)
FLORIBUNDA, REIN ROSA,
ÖFTER BLÜHEND

Die spitzen Knospen dieser Sorte öffnen sich zu gefüllten lachsrosa Blüten mit 35 Petalen und einem schönen Büschel von Staubgefäßen. In allen Phasen ihrer Entwicklung und auch bei Kunstlicht bieten die angenehm duftenden Blüten einen reizvollen Anblick. Die wuchsfreudige hohe Sorte trägt glänzendes, krankheitsfestes Laub. ZONEN 5–9.

KORDES, DEUTSCHLAND, 1961
ELTERN UNBEKANNT

NATIONAL ROSE SOCIETY
CERTIFICATE OF MERIT 1961

'Emanuel' AUSuel

(unten)
Syn. 'Emmanuelle'
STRAUCHROSE, APRICOT+,
ÖFTER BLÜHEND

Die stark gefüllte Sorte besitzt 100 oder mehr Petalen, die sich zu einer flachen Rosette entfalten und kleine Büschel bilden. Wie bei zahlreichen Austin-Rosen variiert die Farbe: Bei kühler Witterung überwiegt der Apricotton, während bei Sommerhitze eher Rosa mit einem Schimmer von Apricot an der Blütenbasis dominiert. Die großen, intensiv duftenden Blüten bilden in jedem Stadium einen reizvollen Anblick. Der mittelhohe, buschig wachsende ausladende Strauch trägt kleines mittelgrünes, mattglänzendes und äußerst dichtes Laub. Er lässt sich vorteilhaft in Gruppen mit Stauden kombinieren und ist für kleine wie für große Gärten wertvoll. 'Emanuel', eine Englische Rose, lässt sich gut als Hochstamm ziehen. Benannt wurde sie nach dem Designer, der das Brautkleid von Lady Di entworfen hat. ZONEN 4–9.

AUSTIN, GROSSBRITANNIEN, 1985
('CHAUCER' × 'PARADE') ×
(SÄMLING × 'SCHNEEWITTCHEN')

'Emily' AUSburton
(ganz oben links)
STRAUCHROSE, HELLROSA, ÖFTER BLÜHEND

'Emily' ist eine kleine Rose mit zartrosa Blüten, die zunächst becherförmig und später rosettenförmig sind. Beim Öffnen zeigen sich kleine, stark duftende Petalen, die nach außen hin verblassen. Der kleine aufrechte Strauch blüht üppig. Die einzigartige Form macht sie als Schnittblume äußerst wertvoll. Sie ist eine ideale Rose für kleine Gärten, benötigt aber besondere Pflege. Sie wird auch zu den Englischen Rosen gezählt. ZONEN 4–9.

AUSTIN, GROSSBRITANNIEN, 1992
'THE PRIORESS' × 'MARY ROSE'

'Emily Gray'
(ganz oben rechts)
GROSSBLUMIGE KLETTERROSE, GOLDGELB

Diese gelbe Ramblerrose trägt dunkelgoldene Blüten mit bräunlichen Schattierungen und gelben Staubgefäßen. Sie zeichnen sich durch 25 Blütenblätter in Büscheln aus. Die Nachblüte verläuft ziemlich zögerlich. Äußerst wuchsfreudig, biegsame Triebe, glänzendes, dunkles bronzefarbenes Laub. Diese kletternde Sorte eignet sich hervorragend für Pergolen und Bögen, macht sich aber auch ganz gut als rankende Rose an einem Baumstamm. ZONEN 4–9.

WILLIAMS, GROSSBRITANNIEN, 1918
'JERSEY BEAUTY' × 'COMTESSE DU CAYLA'
GOLDMEDAILLE DER NATIONAL ROSE SOCIETY 1916

'Éminence' GAXence
(unten)
TEEHYBRIDE, MAUVE, ÖFTER BLÜHEND

Der robuste, mittelkräftige Busch besitzt hellgrünes, ledriges Laub. Die großen gefüllten, dunkellavendelfarbenen Blüten zählen 40 Petalen. Sie duften stark und sind meist wohlgeformt und anmutig. Bei nasskalter Witterung neigen sie zur Mumienbildung und nehmen einen unansehnlichen grauen Mauveton an. Am Busch wie in der Vase sind sie sehr haltbar. Die Sorte entwickelt sich am besten an einem warmen, trockenen Standort. ZONEN 5–9.

GAUJARD, FRANKREICH, 1962
'GLORIA DEI' × ('VIOLA' × SÄMLING)

'Empereur du Maroc'
Syn. 'Emperor of Morocco'
ALTE R., REMONTANTROSE, ROT, ETWAS NACHBLÜHEND

Diese nach wie vor beliebte Sorte besitzt gefüllte purpurfarbene Blüten mit karminroten Schattierungen. Sie zählen 40 Petalen und bilden Büschel von 5–10 Blüten. Die intensiv duftenden Blüten zeigen sich klein, kompakt und kraus, sie nehmen nach dem Höhepunkt der Blüte eine fast schwarze Farbe an. Der niedrige, kompakte, bewehrte Busch mit spärlichem Laub ist für intensive Pflege dankbar. Ein rigoroser Schnitt steigert die Blühfreude. Aufgrund der Farbe und des Duftes wunderbar für kleine Gärten und Beete geeignet. Sie ist aber anfällig für Mehltau und zeigt bei zu starker Sonne Verbrennungen an den Blüten. ZONEN 4–9.

GUINOISSEAU, FRANKREICH, 1858
'GÉANT DES BATAILLES' × SÄMLING

'Empress Joséphine'
(ganz unten links)
Syn. 'Impératrice Josephine', 'Souvenir de l'Impératrice Josephine', 'Francofurtana'
ALTE R., GALLICA-ROSE, REIN ROSA

Die Herkunft der Sorte ist leider ungewiss. Mit ihr wird die erste Gemahlin von Napoleon I. geehrt. Die großen, halb gefüllten, dunkelrosa marmorierten Blüten wirken locker, sie blühen im Juni. Die gewellten, wuscheligen Petalen wirken fast durchscheinend. Trotz des schwachen Duftes ist die Sorte eine wertvolle Schnittrose. Der wuchernde, gut verzweigte Strauch wird bis zu 1,5 m hoch und trägt raue, stark geäderte graugrüne Blätter, einige Stacheln und große Hagebutten. Er mag es schattig und muss bei Bedarf gestützt werden.
ZONEN 3–9.

DESCEMET, FRANKREICH, VOR 1815
ROSA MAJALIS × R. GALLICA
ROYAL HORTICULTURAL SOCIETY AWARD OF GARDEN MERIT 1993

'Empress Michiko'
DICnifty
(ganz unten rechts)
TEEHYBRIDE, HELLROSA, ÖFTER BLÜHEND

Die nach einer japanischen Kaiserin benannte Sorte bietet ein wunderschönes Pastellfarbenspiel in Rosa, Creme und zartem Apricot. Die Knospen besitzen eine hohe Mitte, die äußeren Blütenblätter sind anmutig spitz. Die Knospen halten gut und öffnen sich zu Blüten von hervorragender Beschaffenheit. Die blühwillige Sorte wächst zu mittlerer Höhe heran und trägt dunkelgrünes, gesundes Laub. **ZONEN 4–9.**

DICKSON, GROSSBRITANNIEN, 1992
'SILVER JUBILEE' × ('BRIGHT SMILE' × 'PEER GYNT')
ROYAL NATIONAL ROSE SOCIETY TRIAL GROUND CERTIFICATE 1987, GLASGOW CERTIFICATE OF MERIT 1994

'Ena Harkness'
(rechts)
TEEHYBRIDE, DUNKELROT, ÖFTER BLÜHEND

Die von Norman gezüchtete und von Harkness eingeführte Sorte wurde nach einer berühmten Floristin benannt. Sie ist für kühlere Gegenden bestimmt, in denen die Blüten beste Ausstellungsqualität erreichen. In der Mitte des 20. Jhs. war die farbenreine, dunkelkarminrote Sorte mit dem köstlichen Damaszenerduft der Elternsorte 'Crimson Glory' in vielen englischen Gärten zu finden. Die eher zarten Blütenstiele und das spärliche ledrige Laub minderten ihre Beliebtheit. Der Wuchs dieser recht gesunden Teehybride ist mittelkräftig und aufrecht. Nach einem üppigen Frühjahrsflor blüht er relativ gut nach. **ZONEN 4–9.**

NORMAN, GROSSBRITANNIEN, 1946
'CRIMSON GLORY' × 'SOUTHPORT'
GOLDMEDAILLE DER NATIONAL ROSE SOCIETY 1945, NATIONAL ROSE SOCIETY CLAY CUP FOR FRAGRANCE 1945, PORTLAND GOLDMEDAILLE 1955

'English Elegance'
AUSleaf *(oben)*
STRAUCHROSE, ROSA+,
ÖFTER BLÜHEND

Die Blüten dieser Sorte, die auch zu den Englischen Rosen zählt, zeigen eine ungewöhnliche Zusammenstellung von Rosa, Kupfer- und Lachsfarben. Die großen, wenig duftenden Blüten bestehen aus locker angeordneten inneren Petalen, die von einem Ring hellerer Blütenblätter umgeben sind. Sie erscheinen reichlich und mit guter Nachblüte, insbesondere bei kühler Herbstwitterung, die die Farben deutlicher verstärkt. Das hellgrüne Laub ist krankheitsfest, die Blattabstände sind gering. Die große, ausladend wachsende Rose lässt sich gut am Spalier ziehen. Sie ist auch kräftig genug, um ohne Stütze einen breiten, überhängenden Strauch zu bilden oder als kleine Kletterrose gezogen zu werden. **ZONEN 4–9**.

AUSTIN, GROSSBRITANNIEN, 1986
ELTERN UNBEKANNT

'English Garden'
AUSbuff
(unten links)
Syn. 'Schloss Glücksburg'
STRAUCHROSE, APRICOT+,
ÖFTER BLÜHEND

Der Wuchs dieser kleinen, aufrechten Sorte, die reichlich blassgrünes Laub trägt, erinnert eher an den einer Teehybride. Die Blüten nehmen unterschiedliche Farben an, leuchten an heißen Standorten intensiver und wechseln von Zartgelb über Ockergelb bis zu blassem Apricot. Die flachen Blüten zeigen viele kleine Blütenblätter und häufig eine geviertelte Mitte; sie halten sich wunderbar lange in der Vase. Diese Sorte zählt auch zu den Englischen Rosen, lässt sich harmonisch in Rabatten integrieren und erfreut sich einer zunehmenden Beliebtheit. **ZONEN 4–9**.

AUSTIN, GROSSBRITANNIEN, 1986
('LILIAN AUSTIN' × SÄMLING) × ('SCHNEEWITTCHEN' × 'WIFE OF BATH')

'Enfant de France'
ALTE R., REMONTANTROSE,
HELLROSA, ETWAS NACHBLÜHEND

Diese Remontantrose, die noch kurz vor der Neueinführung der Teehybriden entstanden ist, trägt lockere, rosaweiße, duftende Blüten, die gefüllt, manchmal geviertelt und silbrig rosa überhaucht sind. Die samtige Beschaffenheit der Blütenblätter verleiht ihr zusätzlichen Charme. Der aufrechte, kräftige Busch mit reichlichem Laub ist auch für karge Böden geeignet. **ZONEN 4–9**.

LARTAY, FRANKREICH, 1860
ELTERN UNBEKANNT

'English Miss'
(unten rechts)
FLORIBUNDA, HELLROSA, ÖFTER BLÜHEND

Aus herrlichen Knospen öffnen sich die stark gefüllten, großen flachen Blüten mit mehr als 60 Petalen, die in gut proportionierten Büscheln stehen. Sie erfüllen den ganzen Garten mit ihrem intensiven Duft. Das sehr dunkelgrüne bis purpurfarbene Laub bildet einen schönen Hintergrund. Der beliebte dicht verzweigte Busch neigt selten zu Krankheiten.
ZONEN 4–9.

CANT, GROSSBRITANNIEN, 1978
'DEAREST' × 'THE OPTIMIST'
ROYAL NATIONAL ROSE SOCIETY TRIAL GROUND CERTIFICATE 1977, BRITISH ASSOCIATION OF ROSE BREEDERS SELECTION 1978

'Eos' *(ganz oben links)*
STRAUCHROSE, MOYESII-HYBRIDE, ROT+

Der bis 2 m hohe, kahle Strauch trägt kleines, farnartiges Laub. Die eiförmigen Knospen öffnen sich zu halb gefüllten, becherförmigen, mittelgroßen Blüten in Sonnenaufgangsrot mit weißer Mitte. Sie erscheinen zu mehreren an einem Stiel, duften schwach und sind nicht nachblühend. 'Eos' scheint nur in kühlen Lagen Hagebutten auszubilden, was um so bedauerlicher ist, da die langen, bauchigen Hagebutten der *Rosa moyesii* ihr einen besonderen Reiz verleihen. ZONEN 4–9.

RUYS, NIEDERLANDE, 1950
ROSA MOYESII × 'MAGNIFICA'

'Erfurt'
(ganz oben rechts)
STRAUCHROSE, ROSA+, ÖFTER BLÜHEND

Die leicht überhängende, als breiter Busch wachsende Sorte trägt gesundes ledriges, ins satt Bronzefarbene spielendes Laub. Trotz der zahlreichen, mittelgroßen, runden Hagebutten, die nach dem ersten Flor erscheinen und farblich bald von Grün zu Orangerot wechseln, blüht die Sorte fortlaufend nach. Entfernt man die welken Blüten, so blüht sie noch rascher nach. Aus attraktiv aufgerollten Knospen entwickeln sich rosa Schalenblüten, deren Staubgefäße auf cremefarbenem bis hellgelbem Grund der fünf Petalen getragen werden. Die Früchte, die sich monatelang am Busch halten, eignen sich gut zu dekorativen Zwecken. ZONEN 4–9.

KORDES, DEUTSCHLAND, 1939
'EVA' × 'RÉVEIL DIJONNAIS'

'Erotika'
(oben rechts)
Syn. 'Eroica', 'Eroika', 'Erotica'
TEEHYBRIDE, DUNKELROT, ÖFTER BLÜHEND

Diese dunkelrote Rose betört mit ihrem intensiven Duft. Wohlgeformte Knospen entwickeln sich zu großen Blüten mit 35 festen Blütenblättern, die leicht samtig glänzen. Die stattliche Teehybride wächst aufrecht und kräftig, und sie bedeckt sich mit dunkelgrünem krankheitsfestem Laub. Ihre dunkelrote Farbe, ihre Duftintensität, aber auch ihre Kraft und Blütenfülle sind Merkmale, die ihr große Beliebtheit eingebracht haben.
ZONEN 4–9.

TANTAU, DEUTSCHLAND, 1968
ELTERN UNBEKANNT
ADR-ROSE 1969

'Erinnerung an Brod' *(oben)*
Syn. 'Souvenir de Brod'
ALTE R., REMONTANTROSE, ROT+, ETWAS NACHBLÜHEND

Die karminroten, flachen, dicht gefüllten Blüten duften stark. Sie kommen am besten im Halbschatten zur Geltung, wo sie ihre Farben behalten. Der erste Flor von 'Souvenir de Brod' im Juni hält lange an, die Nachblüte fällt aber nur gering aus. Der gesunde Strauch erreicht eine Höhe von gut 2 m und ist sehr winterhart; in Deutschland ist er recht beliebt.
ZONEN 4–10.

GESCHWIND, ÖSTERREICH-UNGARN, 1886
ROSA SETIGERA × SÄMLING VON 'CHATEAUBRIAND'

'Ernest H. Morse'
(ganz oben links)
TEEHYBRIDE, ROT, ÖFTER BLÜHEND

Die puterroten, wohlgeformten Blüten zählen 30 Petalen und werden bis zu 10 cm groß. Sie verströmen einen starken Duft, sind auch in voller Blüte von intensiver Farbe und blühen üppig nach. Die mittelhohe Pflanze trägt gutes, lediges, krankheitsfestes Laub. Bis heute erfreut sich die Sorte aufgrund ihrer Farbe, ihres Duftes und ihrer Zuverlässigkeit großer Beliebtheit.
ZONEN 4–9.

KORDES, DEUTSCHLAND, 1964
ELTERN UNBEKANNT
GOLDMEDAILLE DER ROYAL NATIONAL ROSE SOCIETY 1965

'Escapade' HARpade
(Mitte)
FLORIBUNDA, MAUVE,
ÖFTER BLÜHEND

Die sanft duftenden, halb gefüllten, zart magentarosa Blüten der 'Escapade' besitzen 12 Petalen, gelbe Staubgefäße und eine beinahe weiße Mitte. Sie sind in großen Büscheln gruppiert, die sich wunderbar gegen das dichte gesunde, glänzend hellgrüne Laub abheben. Die Blüte ist reichlich, wenngleich die Blüten an heißen Standorten schnell verblassen und verblühen. Der strauchige Wuchs prädestiniert diese Floribundarose als ideale Hecke; die anmutigen, einfachen Schalenblüten fügen sich aber auch recht gut in ein Staudenbeet ein. **ZONEN 4–9.**

HARKNESS, GROSSBRITANNIEN, 1967

'PINK PARFAIT' × 'BABY FAURAX'

BADEN-BADEN GOLDMEDAILLE 1968, BELFAST GOLDMEDAILLE 1968, KOPENHAGEN ERSTER PREIS 1970, ADR-ROSE 1973, ROYAL HORTICULTURAL SOCIETY AWARD OF GARDEN MERIT 1994

'Especially For You'
FRYworthy *(oben)*
TEEHYBRIDE, GELB,
ÖFTER BLÜHEND

Die neue, stark duftende Sorte trägt leuchtend mimosengelbe, mit 25 Petalen gefüllte Blüten. Sie sind groß, wohlgeformt und stehen einzeln oder auch in kleinen Büscheln. Das dunkelgrüne Laub ist krankheitsfest. Die blühfreudige, sehr gut nachblühende Sorte eignet sich besonders für Beete und Rabatten. **ZONEN 4–9.**

FRYER, GROSSBRITANNIEN, 1996

SÄMLING × 'JOHNNIE WALKER'

'Essex' POUlnoz
(oben)
Syn. 'Aquitaine',
'Pink Cover'
BODENDECKERROSE, REIN ROSA,
ÖFTER BLÜHEND

Die etwa 60 cm hohe Sorte breitet sich auf 1,5 m aus. Vor dem dunkelgrünen Blattwerk erscheinen kleine, einfache, intensiv dunkelrosa Blüten in üppiger Zahl. Die Nachblüte der krankheitsfesten Pflanze ist fortlaufend, insbesondere wenn die welken Blüten entfernt werden. **ZONEN 4–9.**

POULSEN, DÄNEMARK, 1988

ELTERN UNBEKANNT

ROYAL NATIONAL ROSE SOCIETY CERTIFICATE OF MERIT 1987, DUBLIN GOLDMEDAILLE 1987, GLASGOW CERTIFICATE OF MERIT 1995

'Etain' *(oben)*
RAMBLERROSE, ORANGEROSA

Die pflegeleichte gesunde Sorte eignet sich gut für das Beranken kleiner Bäume oder Rosenbögen. Sie trägt lachsrosa Dolden, die im Juni blühen und leicht duften. Glänzendes Laub, in milderen Zonen ist 'Etain' immergrün, so dass die Pflanze das ganze Jahr hindurch attraktiv bleibt und einen guten Hintergrund für ein Staudenbeet bildet. Die dünnen, biegsamen, bewehrten Triebe lassen sich leicht lenken. **ZONEN 4–9.**

CANT, GROSSBRITANNIEN, 1953
ELTERN UNBEKANNT

'Ethel'
RAMBLERROSE, HELLROSA

In einem Katalog aus dem Jahre 1912 werden der Sorte herrliche, halb gefüllte Blüten in zartrosa Schattierungen zugeschrieben. Die Züchtung Turners blühte üppig in großen Dolden und war für ihr zartgrünes Laub und den kräftigen Wuchs bekannt. Die damals beschriebene und die heutige Sorte eignen sich auf jeden Fall gut zum Beranken von Pergolen, Zäunen und größeren Rosenbögen. Sie wird doppelt so groß wie durchschnittliche Kletterrosen und kann auch ausgezeichnet als Trauerhochstamm gezogen werden. Sie blüht nur im Juni. **ZONEN 4–9.**

TURNER, GROSSBRITANNIEN, 1912
SÄMLING VON 'DOROTHY PERKINS'

'Étoile de Hollande' *(oben)*
TEEHYBRIDE, ROT, ÖFTER BLÜHEND

Diese Teehybride erfreut sich nach wie vor großer Anerkennung und wird immer noch kultiviert. Die leuchtend roten, mit 30–35 Petalen relativ gefüllten Blüten erscheinen zunächst becherförmig und öffnen sich dann zu großen Blüten. Der sehr intensive Duft erinnert an Damaszenerrosen. Die mittelkräftige, offene Pflanze besitzt eher weiches, rein grünes, nicht allzu üppiges Laub. Zahlreiche neue rote Sorten wurden inzwischen eingeführt und sind wieder vom Markt verschwunden; diese Sorte aber ist immer noch vertreten. Ihre Farbe, die samtige Beschaffenheit und ihr intensiver Duft machen sie bei Rosenfreunden so außerordentlich beliebt.
ZONEN 4–9

VERSCHUREN, NIEDERLANDE, 1919
'GENERAL MACARTHUR' × 'HADLEY'

'Étoile de Lyon'

(rechts)

ALTE R., TEEROSE, REIN GELB, ÖFTER BLÜHEND

Eine blühfreudigere Rose als diese Sorte ist kaum denkbar. Vom zeitigen Frühjahr bis zum Winter verströmt die gesunde Sorte ihren kräftigen Teerosenduft. Obwohl die äußeren Petalen gelegentlich wenig attraktiv sind, überzeugen die safrangelben Blütenblätter der offenen Blüte alle Zweifler. Die rundlichen gefüllten Blüten, die an dünnen Trieben gebildet werden, hängen oft schwer herab. Die wuchsfreudige Sorte wächst auf eigener Wurzel, lässt sich leicht vermehren und gedeiht in Schatten oder Sonne, in heißen und kalten Gegenden gleichermaßen. Sie ist pflegeleicht und relativ krankheitsfest.

ZONEN 6–9.

GUILLOT, FRANKREICH, 1881

SÄMLING VON 'MADAME CHARLES'

'Eugène Fürst'

(unten)

Syn. 'General Korolkow'

ALTE R., REMONTANTROSE, DUNKELROT, ETWAS NACHBLÜHEND

Der aufrechte, große und wuchsfreudige Strauch wird wegen seiner leuchtenden Farbe und guten Gesundheit weltweit kultiviert. Von Frühling bis Herbst bildet er Blüten, wobei der Herbstflor oft noch schöner als die Frühjahrsblüte ausfällt. Die duftenden, karmin- bis purpurroten Blüten sind gefüllt, rundlich und groß. Von der Seite betrachtet, sehen sie wie kleine Becher aus. Der bis zu 1,5 m hohe Busch trägt attraktive Blätter, die leider anfällig für Mehltau sind.

ZONEN 4–9.

SOUPERT & NOTTING, FRANKREICH, 1875

'BARON DE BONSTETTEN' × SÄMLING

'Eugénie Guinoiseau'

(ganz oben rechts)

Syn. 'Eugénie de Guinoisseau'

ALTE R., MOOSROSE, ROT

Obwohl Moosrosen meistens nicht sehr hoch werden, kann diese Sorte sogar als Kletterrose verwendet werden. Die wuchsfreudige aufrechte Pflanze erreicht eine Höhe von mehr als 2 m und benötigt ein Gerüst. Aus bemoosten, dicken Knospen entstehen gefüllte, kirschrote bis violett-purpurfarbene Blüten, die von kleinen weißen Streifen durchzogen sind. An einem sonnigen Standort wird die Farbe der großen, flachen Blüten zarter. Die borstigen Stiele sind mit reizvollen, gesägten dunklen Blättern bedeckt. Im Herbst bilden lange, schmale Hagebutten den letzten Reiz eines Rosenjahres.

ZONEN 4–9.

GUINOISSEAU, FRANKREICH, 1864

ELTERN UNBEKANNT

'Europeana' *(links)*
FLORIBUNDA, DUNKELROT, ÖFTER BLÜHEND

Die gefüllten, dunkelkarminroten rosettenförmigen Blüten werden 8 cm groß und stehen in großen Büscheln von bis zu 30 zart duftenden Einzelblüten. Sie sind gut verteilt und haben Ausstellungsqualität. Die äußerst blühfreudige kräftige Sorte trägt großes, üppiges grünbronzefarbenes Laub, das dem purpurroten Austrieb nachfolgt. In Mitteleuropa tritt Mehltau auf, in Nordeuropa weniger. Bei starkem Wind knicken die schweren Dolden bisweilen um.
ZONEN 4–9.

DE RUITER, NIEDERLANDE, 1963

'RUTH LEUWERIK' × 'ROSEMARY ROSE'

DEN HAAG GOLDMEDAILLE 1962, ALL-AMERICAN ROSE SELECTION 1968, PORTLAND GOLDMEDAILLE 1970

'Euphrates'
HARunique
(ganz oben links)
STRAUCHROSE, ROSA+

Diese einzigartige, kleine Rose trägt einfache, zart duftende, lachsrosa Blüten mit einem dunkelrosa Auge. Sie besitzen fünf Petalen und erscheinen in Büscheln an zweijährigem Holz. Die Blüte erfolgt im Frühjahr. In voller Blüte erinnert die Pflanze eher an eine Zistrose. Sie hält sich gut in der Vase. 'Euphrates' trägt kleines, länglich schmales, blassgrünes Laub, ist schwachwüchsig und bevorzugt heiße, trockene Standorte und leichte Böden.
ZONEN 4–9.

HARKNESS, GROSSBRITANNIEN, 1986

ROSA PERSICA × SÄMLING

'Euphrosyne' *(links)*
Syn. 'Pink Rambler'
RAMBLERROSE, REIN ROSA

Die Sorte verlangt einen schattigen Standort. Die leuchtend karminroten Knospen erscheinen in Büscheln und öffnen sich zu dunkelrosafarbenen, gefüllten, kleinen, flachen Blüten. Sie wechseln von Sattrosa über Rosa zu Blassrosa und verströmen einen starken Teerosenduft. Der wuchsfreudige Kletterer eignet sich für Rosenbögen oder Säulen, trägt hellgrünes Laub an biegsamen Trieben und braucht fast keinen Schnitt. Die Sorte benötigt mindestens drei Jahre zum Aufbau und zählte in den Gartenentwürfen von Gertrude Jekyll zu den bevorzugten Pflanzen. ZONEN 4–9.

SCHMITT, FRANKREICH, 1895

ROSA MULTIFLORA × 'MIGNONETTE'

'Eurostar' POUlreb
(rechts)
FLORIBUNDA, REIN GELB,
ÖFTER BLÜHEND

Die Sorte bringt große Blüten hervor, die einzeln und in Büscheln an einer aufrechten Pflanze mit glänzendem, dunkelgrünem Laub erscheinen. Die goldgelben Blüten setzen sich aus zahlreichen Petalen zusammen, haben eine dunklere Mitte und eine rundliche, becherförmige altmodische Form. Der duftende Flor wirkt von nah und fern attraktiv und hält lange an. Eine gute Krankheitsfestigkeit und schnelle Nachblüte macht sie für Beete und auch für Rabatten besonders wertvoll.
ZONEN 4–9.

OLESEN/POULSEN, DÄNEMARK, 1994

ELTERN UNBEKANNT

'Eutin' *(rechts)*
Syn. 'Hoosier Glory'
FLORIBUNDA, DUNKELROT, ÖFTER BLÜHEND

Die frühe Floribundarose ist bekannt für ihre riesigen Blütenköpfe aus gefüllten, zart duftenden, kleinen dunkelkarminroten Blüten, die aus rundlich dicken, spitzen Knospen entstehen. Der Frühlingsflor bringt Dolden mit 50 und mehr Blüten hervor, die 'Eutin' von der Elternsorte 'Eva' übernommen hat. Die wuchsfreudige, gut nachblühende Pflanze ist üppig mit glänzendem, dunklem, ledrigem und gesundem Laub bedeckt. 'Eutin' ist gut als Hecke und für Beete geeignet oder auch im Staudenbeet gern gesehen. **ZONEN 4–9.**

KORDES, DEUTSCHLAND, 1940

'EVA' × 'SOLARIUM'

'Eva' *(ganz oben)*
STRAUCHROSE, ROT+,
ÖFTER BLÜHEND

'Eva' ist eine großartige Strauchrose, die früher oft für größere Anlagen verwendet wurde und trägt riesige Rispen mit 75 und mehr Blüten. Die halb gefüllten karminroten Blüten besitzen eine hübsche, weiße Mitte. Die Sorte blüht fortwährend, wenn die welken Blüten regelmäßig entfernt werden, sonst bilden sich in großen Büscheln schöne, ungewöhnlich rosarote Hagebutten, die sich gut zu dekorativen Zwecken eignen. Der wuchsfreudige robuste Strauch trägt reichlich großes, krankheitsfestes Laub. Er macht sich ausgezeichnet zwischen blühenden Gehölzen oder als Hintergrund in Rabatten mit Stauden und Zwiebelpflanzen.
ZONEN 4–9.

KORDES, DEUTSCHLAND, 1933

'ROBIN HOOD' × 'J. C. THORNTON'

'Evangeline' *(unten)*
RAMBLERROSE, ROSA+

Die Sorte, die zu Ehren eines beliebten Versepos des Amerikaners Henry Wadsworth Longfellow (1808–1882) benannt wurde, trägt einfache, leicht rosa marmorierte Blüten. Sie erscheinen in Büscheln an langen Stielen wie pyramidenartige Apfelblüten. Die großen gelben Staubbeutel bilden an den 5 cm großen Blüten, die einen süßen Duft verströmen, einen Blickfang. Die kräftige Ramblerrose erreicht eine Höhe von 4,5 m und trägt dunkles, ledriges Laub. Sie hat hakenförmige Stacheln und bildet reichlich kleine, attraktive Hagebutten. Sie ist gut zum Beranken von Bäumen geeignet, bei einer Pergola ist ein regelmäßiger Schnitt sinnvoll. Selbst an schattigen Standorten erbringt die Sorte gute Leistungen. Zwischen 1901 und 1920 hat Walsh in Woods Hole (US-Bundesstaat Massachusetts) einige recht erfolgreiche Ramblerrosen gezüchtet. ZONEN 4–9.

WALSH, USA, 1906

ROSA WICHURAIANA × 'CRIMSON RAMBLER'

'Evelyn' AUSsaucer
(rechts)
Syn. 'Apricot Parfait'
STRAUCHROSE, APRICOT+,
ÖFTER BLÜHEND

Die Sorte, die auch zu den Englischen Rosen zählt, erhielt ihre Farbe von 'Tamora', der kräftige Wuchs geht auf 'Graham Thomas' zurück. Die riesigen, mit mehr als 40 Petalen stark gefüllten Blüten öffnen sich in voller Blüte von einer Schalenform zu einer Rosette und verströmen einen köstlichen Duft. Ihre Farbe wechselt bei heißen Temperaturen von sattem Apricot mit gelber Mitte zu deutlicherem Rosa; ein Farbenspiel, das sie von 'Gloire de Dijon' geerbt hat. Der kräftige, aufrechte, mittelhoch wachsende Strauch blüht fortdauernd und üppig. ZONEN 4–9.

AUSTIN, GROSSBRITANNIEN, 1992
'GRAHAM THOMAS' × 'TAMORA'

'Evening Star'
JACven
FLORIBUNDA, WEISS,
ÖFTER BLÜHEND

Diese kleine, anmutige Sorte ist aus der wunderbaren 'Saratoga' entstanden, die eine Andeutung von Creme zeigt. Es erscheinen duftende, weiße Blüten mit hellgelber Mitte. Sie sind gefüllt, groß, wohlgeformt und hochgebaut. Der aufrechte, wuchsfreudige Busch besitzt üppiges, ledriges, dunkelgrünes Laub. Die Sorte blüht sehr gut nach und ist recht krankheitsfest. ZONEN 6–9.

WARRINER, USA, 1974
'WHITE MASTERPIECE' × 'SARATOGA'

BELFAST GOLDMEDAILLE UND DUFTPREIS 1977, PORTLAND GOLDMEDAILLE 1977

'Everest Double Fragrance'
(unten rechts)
FLORIBUNDA, HELLROSA,
ÖFTER BLÜHEND

Das deutlich marmorierte, dunkelgrüne Laub bietet einen ausgezeichneten Hintergrund für die hellrosafarbenen Blüten, die in Büscheln von 3–7 Blüten erscheinen. Die Knospen sind spitz und länglich. Die geöffneten, stark duftenden Blüten besitzen attraktive Staubgefäße. Die krankheitsfeste, öfter blühende Sorte eignet sich besonders für Beete oder Heckenpflanzungen. ZONEN 4–9.

BEALES, GROSSBRITANNIEN, 1980
'DEAREST' × 'ELIZABETH OF GLAMIS'

'Excellenz von Schubert' *(ganz oben)*
POLYANTHAROSE, DUNKELROSA, ÖFTER BLÜHEND

Die gefüllten karminroten bis rosa Blüten zeigen eine lila Schattierung und erscheinen in riesigen Büscheln an langen, überhängenden Trieben. Der kräftige Busch besitzt dunkelgrünes Laub. Nicht entfernte, welke Blüten lassen kleine, runde Hagebutten in großen Büscheln heranwachsen, die den üppigen Herbstblütenzweigen zusätzlichen Reiz verleihen. Der Frühlingsflor bildet sich relativ spät. Als großer Strauch ist die Sorte sehr wertvoll und kann in Gruppen oder als hohe Hecke gesetzt werden. **ZONEN 4–9.**

LAMBERT, DEUTSCHLAND, 1909
'MME NORBERT LEVAVASSEUR' × 'FRAU KARL DRUSCHKI'

'Excelsa' *(links)*
Syn. 'Red Dorothy Perkins'
RAMBLERROSE, ROT

Die leuchtend hellroten, gefüllten, becherförmigen Blüten mit weißer Mitte erscheinen an großen, unregelmäßigen Büscheln, die oft überhängen. Die Farbe variiert je nachdem, ob der Standort sonnig oder schattig ist. Die biegsamen Triebe lassen sich gut an einer Pergola ziehen und sind mit Stacheln bedeckt. Um Mehltaubefall vorzubeugen, sollte ein luftiger Standort gewählt werden. Die verbesserte Sorte 'Super Excelsa' (Hetzel, 1986) wurde ADR-Rose 1991 und ist inzwischen weit verbreitet. **ZONEN 6–9.**

WALSH, USA, 1909
GOLDMEDAILLE DER AMERICAN ROSE SOCIETY 1914

'Exciting'
Syn. 'Roter Stern', 'Queen of Bermuda'
TEEHYBRIDE, ROT, ÖFTER BLÜHEND

Ihre Beliebtheit verdankt diese Schnittrose vor allem den beachtenswert engen, spitzen roten Knospen, die an langen kräftigen Stielen erscheinen. Sie entfalten sich zu halb gefüllten, mittelgroßen, eher mattroten Blüten, die nicht duften, aber lange halten. Der hohe, kräftige und gesunde Strauch ist die ganze Saison mit Blüten bedeckt. **ZONEN 4–10.**

MEILLAND, FRANKREICH, 1958
'ROUGE MEILLAND' × 'KORDES' SONDERMELDUNG'

'Exploit' MEllider *(rechts)*
Syn. 'Colonia', 'All In One', 'Grimpant Exploit'
GROSSBLUMIGE KLETTERROSE, DUNKELROSA/ROT

Im Frühling fällt die wuchsfreudige Sorte mit einem üppigen Flor von gefüllten dunkelrosa bis roten Blüten auf. Nach dem ersten Flor ist die Nachblüte zögerlich. Die Pflanze trägt kleines, rein grünes, gesundes Laub und eignet sich gut für das Beranken von Säulen und Zäunen. **ZONEN 4–9.**

MEILLAND, FRANKREICH, 1985

'FUGUE' × 'ISKRA'

'Eyeopener' INTerop *(Mitte)*
Syn. 'Erica', 'Eye Opener', 'Tapis Rouge'
STRAUCHROSE, ROT, ÖFTER BLÜHEND

Die weiße Mitte der Elternsorten findet sich auch bei dieser Rose in den einfachen, intensiv roten Blüten mit goldenen Staubgefäßen wieder. Sie stehen in kleinen und großen Büscheln an einer großen, überhängenden Pflanze, die eher breit als hoch ist. Spät in der Blütezeit tragen Langtriebe Hunderte von Blüten an langen Stielen und zahlreichen Seitentrieben. Das Laub wächst reichlich, ist klein und dunkelgrün. Bis auf Sternrußtau in feuchten Lagen ist die Sorte recht krankheitsfest. **ZONEN 4–9.**

ILSINK, NIEDERLANDE, 1987

(SÄMLING × 'EYEPAINT') × (SÄMLING × 'DORTMUND')

ROYAL NATIONAL ROSE SOCIETY CERTIFICATE OF MERIT 1986, BELFAST PREIS 1989

'Eyepaint' MACeye *(ganz unten)*
Syn. 'Eye Paint', 'Tapis Persan'
FLORIBUNDA, ROT+, ÖFTER BLÜHEND

Die weißen Strähnen in den leuchtend roten, einfachen Blüten mit 5–6 Petalen, weißer Mitte und goldenen Staubgefäßen muten fast wie handgemalt an. Die mittelgroßen Blüten stehen in kleinen und großen Büscheln. Die kräftige Sorte mit gesundem, üppigem, glänzendem Blattwerk eignet sich gut für Beete und Hecken. Sie kann in Gruppenpflanzungen und sogar als kurze Säulenrose Verwendung finden. **ZONEN 4–9.**

MCGREDY, NEUSEELAND, 1975

SÄMLING × 'PICASSO'

ROYAL NATIONAL ROSE SOCIETY TRIAL GROUND CERTIFICATE 1973, BADEN-BADEN GOLDMEDAILLE 1974, BELFAST GOLDMEDAILLE 1978

'F. J. Grootendorst'
(ganz oben)
Syn. 'Grootendorst',
'Grootendorst Red',
'Nelkenrose'
STRAUCHROSE, RUGOSA-HYBRIDE,
ROT, ÖFTER BLÜHEND

Die Rose bildet einen stacheligen, hoch wachsenden Strauch mit großen, runzeligen Rugosa-Blättern. Die kleinen Blüten sind gefüllt, sitzen in Büscheln von bis zu 20 Stück und duften leicht; die Ränder der leuchtend karminroten Petalen sind wie Nelkenblüten gesägt. 'F. J. Grootendorst' gehört zusammen mit den ähnlichen Sorten 'Pink Grootendoorst' und 'Grootendoorst Supreme' zu den sog. „Nelkenrosen". Alle drei legen nach dem ersten Flor Blühpausen ein und sind für undurchdringliche Hecken geeignet. ZONEN 3–9.
DE GOEY, DEUTSCHLAND, 1918
ROSA RUGOSA 'RUBRA' × VERMUTLICH 'MME NORBERT LEVAVASSEUR'

'Fair Bianca' Ausca
(unten)
STRAUCHROSE, WEISS,
ÖFTER BLÜHEND

'Fair Bianca', die erste weiße Rose des Briten David Austin, gehört zu den Englischen Rosen. Sie hat wunderschöne, mittelgroße flache Blüten, die dichte, geviertelte Rosetten bilden. Die mit 60 Petalen gefüllten Blüten erscheinen in Büscheln und variieren in der Farbe: Bei Wärme ist die Mitte kräftig rosa, im Herbst eher pastellfarben. Die Rose verströmt einen starken Duft und blüht ununterbrochen. Die aufrecht wachsende Pflanze wird mittelhoch. Sie wirkt besonders gut in einem „Mixed Border", wenn drei, fünf oder sieben Pflanzen nebeneinandergesetzt werden. ZONEN 4–9.
AUSTIN, GROSSBRITANNIEN, 1982
ABSTAMMUNG VON 'BELLE ISIS'

'Fair Play' INTerfair
STRAUCHROSE, MAUVE,
ÖFTER BLÜHEND

'Fair Play' erinnert leicht an die Harkness-Strauchrose 'Yesterday', wächst aber wesentlich breiter. Die duftenden, mit ca. 20 Petalen halb gefüllten, hellroten, in der Mitte hellvioletten Blüten sitzen in großen Büscheln. Das kleinblättrige Laub ist dunkelgrün. Die Pflanze blüht vom Sommer bis in den Herbst. Sie kann als hoher Bodendecker gut für Böschungen verwendet werden. ZONEN 4–9.
ILSINK, NIEDERLANDE, 1977
'YESTERDAY' × SÄMLING

'Fairy Damsel' HARneatly
POLYANTHAROSE, DUNKELROT,
ÖFTER BLÜHEND

Diese Sorte hat ähnlich wie ihre Verwandte 'Fairy Changeling' gefüllte dunkelrote Blüten mit 25 Petalen. Der niedrige breitwachsende Busch entwickelt reichlich Laub und ist krankheitsfrei. Die Blüten erscheinen die ganze Saison über. Diese Rose eignet sich gut als Bodendecker, für eine niedrige Hecke oder als Randbepflanzung für höher wachsende Sorten.
ZONEN 4–9.
HARKNESS, GROSSBRITANNIEN, 1981
'THE FAIRY' × 'YESTERDAY'
SILBERMEDAILLE IGA MÜNCHEN 1983

'Fairy Dancers' *(oben rechts)*
TEEHYBRIDE, APRICOT+,
ÖFTER BLÜHEND

Der niedrige, sich ausbreitende Busch weist große Stacheln auf und bildet wenig Laub aus. Die mittelgroßen, duftenden Blüten sitzen einzeln oder in kleinen Büscheln. Sie erscheinen in einem wunderschönen zarten Apricot und zeichnen sich durch eine recht elegante gleichmäßige Form aus. Der Abstand zwischen den Blütezeiten ist recht lang. Die Pflanze ist aber recht gesund, und die Blüten eignen sich gut zum Schnitt. Die weiche Farbgebung kommt unter Kunstlicht besonders zur Geltung. **ZONEN 5–9.**
COCKER & SONS, GROSSBRITANNIEN, 1969
'WENDY CUSSONS' × 'DIAMOND JUBILEE'

'Fairyland' HARlayalong
(unten)
POLYANTHAROSE, HELLROSA,
ÖFTER BLÜHEND

'Fairyland' ist eine der bekannten kleinen Polyantharosen. Sie ähnelt in Farbe und Wuchs stark 'The Fairy', wächst buschig breit und bildet viele zarte Triebe. Sie ist allerdings nicht sehr kräftig. Aus dicken kleinen Knospen entwickeln sich hellrosa, gefüllte becherförmige Blüten mit 25 Petalen. Sie duften stark und blühen die ganze Saison. Das glänzende Laub ist recht krankheitsfest. **ZONEN 4–9.**
HARKNESS, GROSSBRITANNIEN, 1980
'THE FAIRY' × 'YESTERDAY'
ROYAL NATIONAL ROSE SOCIETY TRIAL GROUND CERTIFICATE 1978, BADEN-BADEN SILBERMEDAILLE 1980, NEUSEELAND SILBERMEDAILLE 1982

'Falkland'

(ganz unten)
ALTE R., PIMPINELLIFOLIA-HYBRIDE, WEISS

Pimpinellifolia-Hybriden sind sehr robuste Sorten. Die gefüllten duftenden Blüten von 'Falkland' sitzen in Büscheln an niedrigen Trieben; ihre zartrosa Petalen verblassen zu Weiß. Der im Mai bis Juni einsetzende Frühjahrsflor hält einige Wochen an. Der bestachelte, aufrecht wachsende Strauch wird 1 m hoch und breit; er besitzt kleine graue Blätter. Im Herbst bringt 'Falkland' reichlich kastanienbraune Hagebutten hervor. Diese außerordentlich gesunde Sorte eignet sich auf eigener Wurzel zum Anlegen einer Hecke, da sie gerne Ausläufer bildet. Sie ist aber auch eine gute Kübelpflanze.
ZONEN 4–9.

ROSA PIMPINELLIFOLIA-HYBRIDE

'Fame!' JACzor
FLORIBUNDA, DUNKELROSA, ÖFTER BLÜHEND

Das auffallende Pink gab 'Fame!' (= Ruhm) den verdienten Namen. Aber die klassische Blütenform mildert die Intensität der Farbe. 30 Blütenblätter formen pralle Blüten, die an geraden Stielen hoch an der buschigen, aufrechten Pflanze stehen. Vom Beginn der Saison bis zum ersten Frost bringt sie kontinuierlich Blütenflore hervor. Sie hat einen zarten Duft. Das dunkelgrüne Laub bildet einen perfekten Hintergrund für die Blüten. ZONEN 4–9.

ZARY, USA, 1998
'TOURNAMENT OF ROSES' × 'ZORINA'

'Fandango'

(links oben)
TEEHYBRIDE, ORANGEROT, ETWAS NACHBLÜHEND

Die leuchtend orangeroten bis korallroten Blüten verblassen leicht in heißem Klima, weshalb sich 'Fandango' besser für kühlere Lagen eignet. Die hübsch geformten Knospen öffnen sich bei Hitze sehr schnell. Die duftenden Blüten bestehen aus 20 Petalen. Der kräftige Busch wächst aufrecht und hat glänzendes, ledriges Laub. ZONEN 4–9.

SWIM, USA, 1950
'CHARLOTTE ARMSTRONG' × SÄMLING

NATIONAL ROSE SOCIETY TRIAL GROUND CERTIFICATE 1952

'Fantin-Latour' *(rechts)*
ALTE R., ZENTIFOLIE, HELLROSA

Die prachtvollen zartrosa Blüten erscheinen im Juni; sie können einen Durchmesser von bis zu 8 cm erreichen. Anfänglich sind sie becherförmig, dann jedoch wölben sich die äußeren Petalen zurück und lassen die Mitte erkennen, die aus dicht beieinander sitzenden kleineren Blütenblättern besteht. Der Duft ist einfach atemberaubend, und Stacheln besitzt die Zentifolie kaum. Der Strauch wird etwa 1,2 m hoch. Ohne Rückschnitt kann er auch 3 m hoch werden. Wenn nach der Blüte geschnitten wird, werden im Folgejahr mehr Blüten gebildet. Warmes, trockenes Wetter kann diese Rose gut vertragen, sie wird dann allerdings nicht so groß wie unter kälteren Bedingungen und ist etwas mehltauanfällig. Henri Fantin-Latour (1836–1904) war ein französischer Maler, der besonders durch seine Stillleben und Blütenbilder, die vielfach Alte Rosen als Motiv besaßen, berühmt wurde. **ZONEN 4–9.**

ELTERN UNBEKANNT

ROYAL HORTICULTURAL SOCIETY AWARD OF GARDEN MERIT 1993

'Fascination' JACoyel *(unten)*
TEEHYBRIDE, ORANGEROSA, ÖFTER BLÜHEND

'Fascination' ist eine stark gefüllte Rose mit 60 orangerosa Petalen. Die kugeligen Knospen öffnen sich zu großen Blüten mit hoher Mitte, die einzeln an aufrechten Stielen sitzen. Duft ist kaum vorhanden. Das leicht glänzende Laub ist sehr großblättrig. Ausgezeichnet wurde die Teehybride aufgrund ihrer Größe, ihrer ungewöhnlichen Farbe und des üppigen Laubs. **ZONEN 4–9.**

WARRINER, USA, 1982

SÄMLING × 'SPELLBINDER'

NEUSEELAND GOLDMEDAILLE 1976

'Felicia' *(unten)*
STRAUCHROSE, MOSCHATA-HYBRIDE, ROSA+, ÖFTER BLÜHEND

Als Erbteil der Elternrose 'Ophelia' besitzt 'Felicia' stark duftende Blüten in zartem Rosa und Creme, die beinahe zu Weiß verblassen. Der Flor Anfang Juni fällt sehr üppig aus und wird später eher spärlich; bei der Herbstnachblüte werden dann besonders intensiv gefärbte, haltbare Blüten an riesigen Rispen gebildet. Die stark wachsende Pflanze ist krankheitsfest und weist sich durch üppiges Laub aus. Bei leichtem Schnitt eignet sie sich als freistehender Strauch; wenn 'Felicia' im Winter stark zurückgeschnitten wird, entwickelt sie sich im Folgejahr zu einem mittelhohen, buschigen Strauch. ZONEN 4–9.

PEMBERTON, GROSSBRITANNIEN, 1928

'TRIER' × 'OPHELIA'

NATIONAL ROSE SOCIETY CERTIFICATE OF MERIT 1927, ROYAL HORTICULTURAL SOCIETY AWARD OF GARDEN MERIT 1993

'Fashion' *(ganz oben)*
FLORIBUNDA, ROSA+, ÖFTER BLÜHEND

Allein schon die vielen Auszeichnungen zeigen, dass diese Rose eine Besonderheit darstellt. Die von Eugene Boerner, einem der weltweit bekanntesten Rosenzüchter erzielte Sorte zeigt eine bis dahin unbekannte Farbe. Die Knospen erscheinen in einem intensiven Pfirsich-Korallrot und öffnen sich zu Blüten mit 25 Petalen in einem leuchtenden Pfirsichrosa. Den sehr starken Duft verdankt die Floribundarose ihrer Elternpflanze 'Crimson Glory'. Die Blüten erscheinen in Büscheln an einer buschig wachsenden Pflanze. Das Laub ist leicht anfällig für Mehltau und Rosenrost. In den 1950er und 1960er Jahren wurde 'Fashion' besonders oft als Beetrose und Rabattenpflanze verwendet. Diese Sorte ist zudem auch als üppig blühender Kletterrosen-Sport erhältlich. ZONEN 4–9.

BOERNER, USA, 1949

'ROSENMÄRCHEN' × 'CRIMSON GLORY'

GOLDMEDAILLE DER NATIONAL ROSE SOCIETY 1948, BAGATELLE GOLDMEDAILLE 1949, PORTLAND GOLDMEDAILLE 1949, ALL-AMERICAN ROSE SELECTION 1950, DAVID FUERSTENBERG PRIZE 1950, GOLDMEDAILLE DER AMERICAN ROSE SOCIETY 1954

'Félicité Parmentier' (rechts)
ALTE R., ALBA-ROSE, HELLROSA

Die dicken Knospen zeigen eine Spur Gelb, bevor sie sich zu creme-rosafarbenen Blüten mit weißen Rändern entwickeln, die bei Hitze fast weiß werden. Die Alba-Rose ergibt eine Schnittrose. Wenn sich wähend der ersten Blüte im Frühsommer die gefüllten, süßlich duftenden Blüten flach öffnen, wölben sich die Petalen nach außen. 'Félicité Parmentier' ist eine kompakte, robuste, ausladend wachsende Rose, die etwa 1,2 m Höhe erreicht. Die Stängel sind mäßig bestachelt, und das helle, graugrüne Laub erscheint üppig. Eine Rose für kleine Gärten und Kübel. Sie bevorzugt Halbschatten und gedeiht sogar auf kargem Boden. Der intensive Duft und die große Widerstandsfähigkeit gegen Krankheiten stellen zusätzliche Pluspunkte dieser Sorte dar. **ZONEN 4-9.**

VOR 1834

ELTERN UNBEKANNT

ROYAL HORTICULTURAL SOCIETY AWARD OF GARDEN MERIT 1993

'Félicité-Perpétue' (rechts unten)
Syn. 'Félicité et Perpétue'
ALTE R., SEMPERVIRENS-HYBRIDE, WEISS

Nach der Geburt seiner Zwillingstöchter gab

der Züchter dieser Rose ihren Namen. Robustheit und Krankheitsfestigkeit machen sie zu einer der bekanntesten Ramblerrosen. Die sehr stark gefüllten, flachen, perfekt symmetrischen Rosettenblüten sind erst blassrosa, werden während des Juniflors rasch weiß und riechen leicht nach Primeln. Sie kommen in Büscheln und bedecken die schlanken, hellgrünen Triebe, die mit langen, roten Stacheln bewehrt sind; als Bodendecker wächst die Rose zu pyramidenähnlichen Hügeln aus. Sie fühlt sich bei jeder Witterung wohl, Beschnitt mag sie jedoch nicht. **ZONEN 4-9.**

JACQUES, FRANKREICH, 1828

ROSA SEMPERVIRENS × NOISETTE

ROYAL HORTICULTURAL SOCIETY AWARD OF GARDEN MERIT 1993

'Fellenberg'
Syn. 'Fellemberg',
'La Belle Marseillaise'
ALTE R., NOISETTEROSE, ROT, ÖFTER BLÜHEND

Diese Sorte zeichnet sich durch erstaunliche Farbveränderungen während der langen Blüte aus: Leuchtendes Karmesinrot kann sich bis zu Kirschrot verwandeln. Die gefüllten, becherförmigen und duftenden Blüten bestehen aus 35 Petalen. Sie erscheinen in Büscheln an kräftigen Stielen. Meist sitzen 3-4 Blüten an den Enden neuer Triebe. 'Fellenberg' lässt sich leicht durch Stecklinge vermehren, breitet sich aus und wird auf gutem Boden bis zu 2 m hoch. Diese Rose mit ihren kleinen roten Stacheln und dunkelgrünem Laub eignet sich gut zum Beranken von Säulen und Pfeilern. **ZONEN 4-9.**

FELLEMBERG, FRANKREICH, 1835

ELTERN UNBEKANNT

'Ferdinand Pichard' *(rechts)*
ALTE R., REMONTANTROSE, ROT+, ETWAS NACHBLÜHEND

Diese Sorte ist eine der letzten Remontantrosen, die auf den Markt kamen. Sie hat gestreifte, becherförmige Blüten. Die 25 scharlachroten, mit klarem Rosa gestreiften Petalen verfärben sich langsam zu einem zarten Purpur. Die Blüten können einen Durchmesser von 10 cm erreichen. Diese Pflanze, die gut sonnenverträglich ist – wobei Hitze die Blüten beschädigen kann –, ergibt einen kräftigen, hoch aufrecht wachsenden Busch, der sich gut für einen kleinen Garten eignet; durch kräftigen Rückschnitt erreicht man einen doppelt so großen Flor. Das Laub ist weich und hellgrün. Bei guter Düngung und regelmäßigem Ausputzen macht sich 'Ferdinand Pichard' hervorragend als Heckenpflanze.
ZONEN 4–9.
TANNE, FRANKREICH, 1921
ELTERN UNBEKANNT
ROYAL HORTICULTURAL SOCIETY AWARD OF GARDEN MERIT 1993

'Ferdy' KEltoli *(rechts)*
Syn. 'Ferdi'
STRAUCHROSE/BODENDECKERROSE, DUNKELROSA

Dies war eine der ersten Bodendeckerrosen mit breitem Habitus. An langen, bogenförmigen Trieben sitzt das mittelgrüne, besonders krankheitsfeste Laub. Die Blüten entwickeln sich eng an den vorjährigen Trieben, weshalb die Pflanze auch nicht im Winter zurückgeschnitten werden sollte. Die gefüllten kleinen Blüten sind intensiv rosa, bestehen aus 20 Petalen und sitzen in Büscheln. Anfang Juni wirkt der Strauch, als wäre er vollkommen mit Blüten bedeckt. Leider verblassen die Blüten zu einem schmutzigen Rosa, und der zweite Flor fällt sehr spärlich aus. Aufgrund der bogenförmig wachsenden Triebe eignet sich 'Ferdy' auch gut als Kaskadenrose. Nach wenigen Jahren hängen die Triebe bis zum Boden und bilden dann zur Blüte einen wunderschönen Anblick.
ZONEN 4–9.
SUZUKI, JAPAN, 1984
KLETTERNDER SÄMLING × SÄMLING VON 'PETITE FOLIE'

'Festival' KORdialo
ZWERGROSE, ROT+,
ÖFTER BLÜHEND

'Festival' entwickelt große Büschel halb gefüllter Blüten in Karminrot, deren Petalenunterseite silbrig weiß ist. Die Blüten bedecken das üppige Laub des kompakten Busches – ein Markenzeichen von Kordes. Die Blütchen erscheinen in großer Anzahl mit nur kurzen Unterbrechungen die ganze Saison. Ihre Farbe verblasst in der Mitte zu Gold- und Silbertönen. Es handelt sich um eine typische Kordes-Rose, die niedrig bleibt, rundlich und kompakt wächst und sehr gutes Laub besitzt.
ZONEN 4–11.

KORDES, DEUTSCHLAND, 1993

'REGENSBERG' × SÄMLING

ROYAL NATIONAL ROSE SOCIETY TRIAL GROUND CERTIFICATE 1994, BRITISCHE ROSE DES JAHRES 1994, ROYAL NATIONAL ROSE SOCIETY ROSE DAY AWARD 1998

'Feuerwerk' *(oben)*
Syn. 'Feu d'Artifice', 'Fireworks', 'Magneet'
STRAUCHROSE, ORANGE+

Büschel mit leuchtend orangeroten, mittelgroßen Blüten entwickeln sich im Hochsommer aus spitzen Knospen. Sie sind halb gefüllt und flach mit einer Vielzahl goldfarbener Staubfäden. Aufrechtes und buschiges Wachstum. Der ganze Strauch ist mit glänzendem, grünem Laub bedeckt. Fälschlicherweise gilt diese Sorte teilweise als ausgestorben. **ZONEN 5–9.**

TANTAU, DEUTSCHLAND, 1962

ELTERN UNBEKANNT

'Feuerzauber'

KORfeu *(ganz oben links)*
Syn. 'Fire Magic', 'Magic de Feu'
TEEHYBRIDE, ORANGEROT, ÖFTER BLÜHEND

'Feuerzauber' besitzt große, leuchtend orangerote Blüten mit etwas hellerer Unterseite. Sie sind mit 30 Petalen gefüllt, haben eine hohe Mitte und blühen schnell zu haltbaren, farbbeständigen Blüten auf. Das Laub ist dunkel, glänzend und krankheitsfrei. Die Blüten erscheinen die ganze Saison über. Trotz der Abstammung von der stark duftenden 'Duftwolke' besitzt diese Sorte kaum Duft. Sie ist aber für Beete oder Rabatten als Farbtupfer sehr geeignet.
ZONEN 4–9.
KORDES, DEUTSCHLAND, 1973
'DUFTWOLKE' × SÄMLING

'Fidelio' MEIchest

(oben rechts)
Syn. 'Fidélio'
FLORIBUNDA, ORANGEROT, ÖFTER BLÜHEND

Diese ausgezeichnete Floribundarose trägt leuchtend rote Blüten, deren äußere Petalen ähnlich dunkel schattiert sind wie diejenigen der Elternpflanze 'Fire King'. Wohlgeformte Knospen öffnen sich sehr langsam zu mit 35 Petalen gefüllten, gut haltbaren Blüten; halb geöffnet sind sie besonders schön. Der kräftige Busch wächst ausladend; die Farbe des Laubes ändert sich langsam von Bronzegrün zu Grün. Der gesamte Busch wird von Blüten bedeckt. Daher ist 'Fidelio' als Beet- oder Rabattenrose nahezu unschlagbar; doch macht sie sich auch gut als Hochstamm. **ZONEN 4–9.**
MEILLAND, FRANKREICH, 1964
('RADAR' × 'CAPRICE') × 'FIRE KING'

'Figurine' BENfig

(unten)
ZWERGROSE, WEISS, ÖFTER BLÜHEND

Diese wunderschöne Rose zeichnet sich durch elfenbeinweiße Blüten aus, die rosa überhaucht sind. Sie entwickeln sich an einer mittelhohen, aufrecht wachsenden, dichtbelaubten Pflanze. In tropischen Gebieten weisen die Blüten einen vollständigen Hellrosaton auf. 'Figurine' besitzt besonders elegante Knospen und klassisch geformte Blüten. Die Blütchen bestehen zwar nur aus 15–25 Petalen, bilden aber dennoch eine ausgezeichnete Form. In der Regel sitzen sie einzeln. Die langen Stiele prädestinieren die Sorte hervorragend zum Schnitt; die Zwergrose wird daher in Südafrika in Gewächshäusern angebaut und von dort als Schnittrose in die ganze Welt geliefert. Bei ihrer Einführung brillierte 'Figurine' sogleich, indem sie auf einer reinen Zwergrosenshow der Royal National Rose Society eine Auszeichnung gewann. **ZONEN 4–11.**
BENARDELLA, USA, 1991
'GOLDEN MEILLANDINA' × 'LAGUNA'
AMERICAN ROSE SOCIETY AWARD OF EXCELLENCE 1992

'Fimbriata' *(rechts)*

Syn. 'Diantheflora', 'Dianthiflora', 'Phoebe's Frilled Pink'
STRAUCHROSE, RUGOSA-HYBRIDE, HELLROSA, ÖFTER BLÜHEND

Diese ganz außergewöhnliche kleine Rose hat ihre hellrosa Blüten von 'Mme Alfred Carrière' und ihre großen, derben Blätter von *Rosa rugosa* geerbt. Die Blüten sind klein und wie bei einer Nelke gezackt, sie duften sehr stark und erscheinen unermüdlich. Auch für kleine Sträuße geeignet. Im Garten wächst sie gut als Solitär, als Gruppe oder im Beet mit Stauden.
ZONEN 4–9.

MORLET, FRANKREICH, 1891
ROSA RUGOSA × 'MME ALFRED CARRIÈRE'

die Blüten dann einen sehr intensiven Farbtupfer in einem niedrigen Beet.
ZONEN 4–9.

KORDES, DEUTSCHLAND, 1964
'NORDLICHT' × 'METEOR'

'Finale' KORam

Syn. 'Ami des Jardins'
FLORIBUNDA, ORANGE+, ÖFTER BLÜHEND

'Finale' gehört zu den sehr frühen, niedrig wachsenden Floribundarosen. Die lachsorangefarbenen, mit 20 Petalen gefüllten großen Blüten wirken mit einer Größe von 9 cm fast schon zu groß. Pflanzen dieser Sorte sollte man nicht weiter als 45 cm voneinander entfernt auspflanzen, um so eine größtmögliche Wirkung zu erzielen. Zusammen mit dem hellgrünen Laub bilden

'Financial Times Centenary' AUSfin *(rechts)*

STRAUCHROSE, DUNKELROSA

Diese Sorte, die ihren Namen zum 100-jährigen Bestehen der *Financial Times* erhielt, besitzt den intensiven Duft Alter Rosen. Die kugeligen Blüten sind groß und sehr tief. Die Petalen wölben sich nach innen und umschließen die Mitte. Die Pflanze wächst mäßig stark und aufrecht, in wärmeren Lagen enttäuscht allerdings die Blütenfülle. 'Financial Times Centenary' ist etwas frostempfindlich, obwohl sie in kälteren Regionen wesentlich üppiger wächst. Die Sorte zählt zu den Englischen Rosen.
ZONEN 4–9.

AUSTIN, GROSSBRITANNIEN, 1989
SÄMLING × SÄMLING

'First Edition'
DELtep *(links)*
Syn. 'Arnaud Delbard'
FLORIBUNDA, ORANGEROSA,
ÖFTER BLÜHEND

Die auffallend gefärbten Blüten in einem leuchtenden Korallrot mit Orange-Schattierungen sind mittelgroß – durchschnittlich misst eine Blüte etwa 6 cm im Durchmesser – und mit über 25 Petalen locker gefüllt. Die Blüten dieser Floribundarose entwickeln sich aus gut geformten, spitzen Knospen. Das Laub ist glänzend hellgrün und stellt einen schönen Farbkontrast zu der leuchtenden orangerosa Blütenfarbe dar. 'First Edition' ist eine recht gesunde Pflanze, sie wächst aufrecht und blüht sehr üppig. Diese Sorte erfreut sich besonders in den USA sehr großer Popularität.
ZONEN 5–9.

DELBARD, FRANKREICH, 1976
('ZAMBRA' × ['ORLÉANS ROSE' × 'GOLDILOCKS']) × ('ORANGE TRIUMPH'-SÄMLING × 'FLORADORA')

ALL-AMERICAN ROSE SELECTION 1977

'Fiona' MEIbeluxen
(oben)
STRAUCHROSE, DUNKELROT,
ÖFTER BLÜHEND

'Fiona', eine Rose für alle Jahreszeiten, hat dunkelrote, gefüllte, eher kleine Blüten, die in lockeren Rispen sitzen. Die Blüten bestehen aus 20 Petalen und verströmen einen leichten Duft. Das Laub ist kleinblättrig, dunkel, leicht glänzend und ziemlich gesund. Die Pflanze wird breiter als hoch. Wenn Verblühtes nicht entfernt wird, entstehen große, runde Hagebutten, die bis zum Ende des Winters halten, falls sie nicht zuvor gepflückt und zu Dekorationen verarbeitet werden. Blüten und Hagebutten erscheinen teilweise gleichzeitig, wodurch eine besonders aparte Wirkung erzielt wird. **ZONEN 4–9.**

MEILLAND, FRANKREICH, 1979
'SEA FOAM' × 'PICASSO'

'First Lady' *(rechts)*
TEEHYBRIDE, DUNKELROSA, ÖFTER BLÜHEND

'First Lady' wurde 1961 zu Ehren von Jacqueline Kennedy benannt, der Frau des damaligen amerikanischen Präsidenten John F. Kennedy. Die Teehybride bildet einen niedrigen, gesunden Busch und entwickelt mit 20 Petalen halb gefüllte Blüten in einem reinen Rosa. Die Blüten fallen mit einer Größe von 8–11 cm recht groß aus, allerdings verbreiten sie nur schwachen Duft. Das ledrige, dunkelgrüne Laub bedeckt diesen mittelgroßen, aufrecht wachsenden Busch. Die Blüten, die fortlaufend während der gesamten Saison erscheinen, eignen sich auch gut zum Schnitt, weil ihre Farben unter künstlichem Licht gut zur Geltung kommen.
ZONEN 4–9.

SWIM, USA, 1961

'FIRST LOVE' × 'ROUNDELAY'

'First Light' DEVrudi *(ganz oben)*
STRAUCHROSE, HELLROSA, ÖFTER BLÜHEND

Diese Sorte trägt einfache, leuchtend rosa Blüten mit je 5 großen Petalen, die eine Vielzahl von Staubfäden umgeben. 'First Light' verfügt über gesundes, mittelgrünes Laub.
ZONEN 5–9.

MARCIEL, USA, 1998

'BONICA' × 'BALLERINA'

ALL-AMERICAN ROSE SELECTION 1998

'First Love'
(ganz unten)
Syn. 'Premier Amour'
TEEHYBRIDE, HELLROSA,
ÖFTER BLÜHEND

'First Love' ist vor allem wegen ihrer eleganten, hellrosafarbenen Knospen beliebt, die stellenweise auch mit einem dunkleren Ton schattiert sind. Die langen spitzen Knospen entwickeln sich zu halb gefüllten, leicht duftenden Blüten mit 20–30 Petalen. Das Laub ist kleinblättrig, ledrig und hellgrün. Diese Rose gehört zu den ersten, die im Juni ihre Blüten zeigt und mit nur kurzen Unterbrechungen den ganzen Sommer über blüht. Die Stiele sind kurz, aber die Blüten erscheinen in so großer Anzahl, dass sie den Busch vollständig bedecken. Leider treiben ältere Pflanzen keine Jungtriebe aus der Basis; sie werden deshalb holzig und unansehnlich, die Blütenfülle wird dadurch jedoch nicht beeinträchtigt. Die wenig bestachelte Pflanze gedeiht am besten in kühleren Gebieten. **ZONEN 4–9.**

SWIM, USA, 1951

'CHARLOTTE ARMSTRONG' × 'SHOW GIRL'

NATIONAL ROSE SOCIETY CERTIFICATE OF MERIT 1952

'First Prize'
(links)
TEEHYBRIDE, ROSA+,
ÖFTER BLÜHEND

'First Prize' unterscheidet sich wesentlich von 'First Love': Sie bildet sehr große, dicke Knospen aus, die sich zu großen, gefüllten Blüten mit hoher Mitte in einem Rosaton entwickeln, der zur Basis hin in Creme übergeht. Die Farbe verblasst besonders schnell an heißen Tagen, die auf taureiche Nächte folgen. Die Sorte verströmt einen guten Duft. Passend zur Blütengröße sind auch die ledrigen Blätter sehr groß. Das Laub ist fast krankheitsfest, kann aber im Herbst von Mehltau befallen werden. Der Wuchs ist kräftig und aufrecht, die starken Triebe sind mit großen Stacheln bewehrt. **ZONEN 5–9.**

BOERNER, USA, 1970

SÄMLING VON 'ENCHANTMENT' × SÄMLING VON 'GOLDEN MASTERPIECE'

ALL-AMERICAN ROSE SELECTION 1970, GERTRUDE M. HUBBARD-GOLDMEDAILLE DER AMERICAN ROSE SOCIETY 1971

'Fisher & Holmes'
(rechts)
Syn. 'Fisher Holmes'

ALTE R., REMONTANTROSE,
DUNKELROT,
ETWAS NACHBLÜHEND

Aus langen spitzen Knospen entwickeln sich die samtigen scharlachroten Blüten, die tief karminrot überzogen sind. Die mit 30 Petalen gefüllten Blüten sind groß, becherförmig und sitzen an langen, kräftigen Stielen. Der 1 m hohe Busch wächst aufrecht und kräftig; wird er niedrig gehalten, so erhält man eine noch größere Blütenfülle während der langen Blühsaison. Der Herbstflor fällt sogar noch schöner aus als derjenige im Sommer, obwohl die Pflanze anfällig gegenüber Mehltau und Sternrußtau ist. 'Fisher & Holmes' gedeiht auch gut in einem Kübel. **ZONEN 4–9.**

VERDIER, FRANKREICH, 1865
SÄMLING VON 'MAURICE BERNARDIN'

'Fisherman's Friend' AUSchild
(rechts)
Syn. 'Fisherman'
STRAUCHROSE, DUNKELROT,
ÖFTER BLÜHEND

'Fisherman's Friend', die nach den bekannten „Rachenputzer-Halspastillen" benannt ist, wird auch als Englische Rose bezeichnet. Die hochwachsende Sorte mit enormen Stacheln und sehr kräftigen Trieben trägt die wohl formschönsten und größten Blüten ihrer Klasse. Große Knospen öffnen sich zu becherförmigen, später offenen Rosetten. Die Blüten besitzen 60 oder mehr Petalen, zeigen eine krause Mitte und erscheinen in einem tiefem Karminrot, das sich violett verfärbt. In kühlem Wetter erreichen die dann besonders schönen Blüten eine Größe von 18 cm. 'Fisherman's Friend' ist etwas mehltau- und sternrußtauanfällig, verdient aber aufgrund ihrer großen, dunklen Blüten einen festen Platz im Garten. Die Blüte ist im Juni besonders reichlich, wenn die langen Triebe horizontal an einem Zaun oder einem anderen Halt gezogen werden. Die Pflanze bevorzugt wärmere, trockene Regionen. **ZONEN 4–9.**

AUSTIN, GROSSBRITANNIEN, 1987
'LILIAN AUSTIN' × 'THE SQUIRE'

'Flamingo' KORflüg
(unten)
Syn. 'Margaret Thatcher', 'Porcelain', 'Veronica', 'Veronika'
TEEHYBRIDE, HELLROSA, ÖFTER BLÜHEND

'Flamingo' hat lange und spitze Knospen, aus denen sich wohlgeformte, mit 25 fleischigen Petalen gefüllte Blüten mit hoher Mitte entwickeln. Sie sitzen meist einzeln an dicken, sehr stacheligen Trieben, duften leicht und halten auch in der Vase lange. Ihr Laub ist stumpf und mittelgrün, der Wuchs dieser Rose aufrecht und kräftig. Die Blüten entstehen sehr schnell nacheinander, so dass fast ständig ein Blütenflor zu sehen ist. Im Herbst wird die Teehybride oftmals von Mehltau befallen.
ZONEN 4–9.
KORDES, DEUTSCHLAND, 1979
SÄMLING × 'LADY LIKE'

'Flaming Peace'
MACbo *(oben)*
Syn. 'Kronenbourg'
TEEHYBRIDE, ROT+, ÖFTER BLÜHEND

'Flaming Peace', die in Deutschland 'Kronenbourg' heißt, besitzt alle guten Eigenschaften ihrer Elternpflanze 'Gloria Dei'. Nur ihre Blüten öffnen sich in einem dumpfen Rot mit Violettschattierungen, die Unterseite der Petalen ist jedoch gelb, wodurch die Blüten lebhafter wirken. Diese sind wohlgeformt und auch voll aufgeblüht sehr schön, weil die kräftigen Petalen sehr gleichmäßig angeordnet sind. 'Flaming Peace' wächst hoch, besitzt kräftiges glänzendes Laub, das fast krankheitsfrei ist, und blüht recht lange.
ZONEN 4–9.
MCGREDY, GROSSBRITANNIEN, 1966
SPORT VON 'GLORIA DEI'

'Flammantanz' KORflata
Syn. 'Flame Dance'
GROSSBLUMIGE KLETTERROSE, ROT

Diese Sorte zeichnet sich durch sehr große, gefüllte karminrote Blüten mit hoher Mitte aus, die in Büscheln sitzen und stark duften. Das Laub ist dunkel und ledrig, die Pflanze besonders kräftig. Es gibt nur einen Blütenflor. 'Flammentanz' ist sehr frosthart und am schönsten in voller Blüte; besonders dann, wenn die Pflanze ausreichend Platz hat, sich voll zu entwickeln. ZONEN 4–9.

KORDES, DEUTSCHLAND, 1955
ROSA RUBIGINOSA-HYBRIDE × *R. KORDESII*
ADR-ROSE 1952

'Flower Carpet' NOAtraum *(ganz oben rechts)*
Syn. 'Heidetraum', 'Emera', 'Blooming Carpet', 'Emera Pavement', 'Pink Flower Carpet'
STRAUCHROSE, DUNKELROSA, ÖFTER BLÜHEND

Der Einführung von 'Flower Carpet' wurde in vielen Ländern große Beachtung gezollt, da es von dieser Sorte hieß, sie blühe angeblich 10 Monate lang ohne Unterbrechung und bedecke als Strauch die Erde so vollständig, dass kein Unkraut aufkommen könne. Diese Aussagen sind jedoch übertrieben. Bedingt durch einen Rambler als Elternpflanze, blüht diese Sorte geringfügig später als die meisten anderen. 'Flower Carpet' ist jedoch ein ausgezeichneter Bodendecker, der dunkelrosafarbene, kugelige Blüten mit 15 Petalen von guter Substanz bildet; diese sitzen in Büscheln von 10–25. Ein leichter Duft ist vorhanden. Besonders üppig ist der erste Flor im Juni, doch folgen bald weitere Blüten. Falls die Pflanze zu stark verholzt, kann sie alle paar Jahre im Winter stark zurückgeschnitten werden; danach wächst sie wieder kräftiger, ohne dass die Blütenfülle stark beeinträchtigt wird.
ZONEN 4–9.

NOACK, DEUTSCHLAND, 1989
'KORDES ROSE IMMENSEE' × 'AMANDA'
ADR-ROSE 1990, GLASGOW GOLDMEDAILLE 1993, ROYAL HORTICULTURAL SOCIETY AWARD OF GARDEN MERIT 1993

'Flower Power' KORpon *(oben)*
Syn. 'Ponderosa'
FLORIBUNDA, ORANGEROT, ÖFTER BLÜHEND

'Flower Power', deren Kleinwüchsigkeit von 'Marlena' abstammt, hat kugelige Knospen und orangerote, gefüllte, becherförmige mittelgroße Blüten auf sehr kurzen Stielen. Der kompakte Busch ist stark bestachelt. Das üppige, ledrige Laub steht sehr dicht und bildet einen guten Kontrast zu den Blüten. Die Sorte eignet sich als niedrige Heckenpflanze oder im Vordergrund eines Rosenbeetes oder als Gruppe. ZONEN 4–9.

KORDES, DEUTSCHLAND, 1970
SÄMLING × 'MARLENA'
ADR-ROSE 1994

'Flutterbye'
WEKplasol
STRAUCHROSE, GELB+

'Flutterbye' ist eine außergewöhliche Rose mit einfachen Blüten in intensivem Gelb, das nach und nach Rosa- und Goldtöne annimmt. Die Blütenmitte ist rot; alle Farben zusammen verleihen der Sorte ihre Einzigartigkeit. Das Laub ist sattgrün und genauso üppig wie bei der Elternpflanze 'Playboy'; die Blätter beider Sorten glänzen sehr stark. 'Flutterbye' wächst hoch und kann als Strauch oder als kleine Kletterrose an Säulen und Gittern verwendet werden.
ZONEN 5–9.
CARRUTH, USA, 1996
'PLAYBOY' × SÄMLING VON *ROSA SOULIEANA*

'Folklore' KORlore
(unten links)
TEEHYBRIDE, ORANGE+, ÖFTER BLÜHEND

'Folklore' wächst besonders kräftig und erreicht mit Trieben von 1 m Länge beinahe die Ausmaße einer Kletterrose. Die duftenden Blüten sind groß und wohlgeformt mit 45–50 fleischigen Petalen, so dass sie sich gut für Ausstellungen eignen. Sie halten ihre Form erstaunlich lange und erscheinen in einem leuchtenden Lachsorange. Das Laub ist sehr großblättrig, gesund und glänzend. Aufgrund ihrer Höhe sollte diese Sorte im Hintergrund einer Rabatte stehen.
ZONEN 4–9.
KORDES, DEUTSCHLAND, 1977
'DUFTWOLKE' × SÄMLING

'Fortune's Double Yellow' *(unten)*
Syn. 'Beauty of Glazenwood', 'Gold of Ophir', *Rosa × odorata pseudindica*, 'San Rafael Rose'
ALTE R., TEEROSE, GELB+, ETWAS NACHBLÜHEND

Die einfach zu kultivierende Sorte wurde vom englischen Botaniker Robert Fortune entdeckt. Die kurzen, kugeligen Knospen öffnen sich zu bernstein- bis apricotgelben, halb gefüllten Blüten an kurzen Stielen; mit zunehmendem Alter wölben sich die äußeren Petalen zurück. Auf der Unterseite der Petalen ist ein leichter Rothauch erkennbar. Die duftenden Blüten halten lange als Schnittblumen, und die langen, biegsamen Triebe eignen sich gut zum Beranken von Pergolen oder Bäumen. Die Triebe weisen braune gekrümmte Stacheln und gesägte Blätter auf. ZONEN 5–9.
FORTUNE, GROSSBRITANNIEN, 1845
ELTERN UNBEKANNT

'Fortuniana'
Syn. 'Double Cherokee', 'Fortuneana',
Rosa × *fortuniana*
ALTE R., RAMBLERROSE, WEISS

Diese Sorte sieht man im Süden oft an kleinen Gebäuden, Bögen oder Bäumen. Sie gehört wohl zu den gesundesten Rosen, die heutzutage im Handel sind. Die kleinen gefüllten, cremig weißen Blüten, die manchmal hellrosa Ränder aufweisen, duften nach Veilchen und sitzen meist einzeln an kurzen, stacheligen Stielchen. Die Triebe sind lang und weich; sie benötigen eine Stütze. Das glänzende Laub und nur wenige Stacheln machen diese Pflanze selbst außerhalb der Blütezeit attraktiv. Im Juni an der richtigen Stelle gepflanzt und sogar auf kargem Boden, erscheint an gut entwickelten Pflanzen ein Blütenflor aus Hunderten von Blüten.
ZONEN 6–7.

FORTUNE, GROSSBRITANNIEN, 1845

ROSA BANKSIAE × R. LAEVIGATA

'Fountain'
Syn. 'Fontäne', 'Fontaine', 'Red Prince'
TEEHYBRIDE, ROT, ÖFTER BLÜHEND

'Fountain' erhielt zwei Auszeichnungen in einem Jahr, allerdings scheint sie die in sie gesetzten Erwartungen doch nicht ganz zu erfüllen. In Deutschland ist sie noch erhältlich, da es sich um eine gute, leuchtend samtig dunkelrote Rose mit strauchartigem Habitus handelt, die reichlich große, gefüllte, becherförmige und farbbeständige Blüten mit 35 Petalen hervorbringt. Das große dunkelgrüne Laub ist glänzend und krankheitsresistent. Die Pflanze eignet sich gut als Gruppen- oder Beetrose. ZONEN 4–9.

TANTAU, DEUTSCHLAND, 1970

ELTERN UNBEKANNT

ROYAL NATIONAL ROSE SOCIETY PRESIDENT'S INTERNATIONAL TROPHY 1971, ADR-ROSE 1971

'Fourth of July' WEKroalt *(unten)*
Syn. 'Crazy For You'
GROSSBLUMIGE KLETTERROSE, ROT+, ÖFTER BLÜHEND

Diese farbenfrohe Kletterrose erhielt auch im Ausland Auszeichnungen: z.B. „The Breeder's Choice" in Großbritannien. Sie ist eine der wenigen gestreiften Kletterrosen und weil sie der amerikanischen Unabhängigkeit gewidmet ist, ist sie in England eher unter ihrem Synonym bekannt. Große, halb gefüllte samtige Blüten in Scharlachrot mit weißen Streifen bedecken jeden Teil des starkwüchsigen Kletterers. Große, lockere Blütenbüschel erfüllen die Luft mit süßem Duft. Diese Rose, die 3,6 m hoch werden kann, wird wegen des spektakulären Anblicks gern an Zäunen gezogen. Dunkelgrünes Laub bildet einen dramatischen Hintergrund während der gesamten langen Blütezeit. In kalten Klimazonen wird sie als Strauchrose verwendet. ZONEN 4–9.

CARRUTH, USA, 1999

'ROLLER COASTER' × 'ALTISSIMO'

ALL-AMERICA ROSE SELECTION 1999

'Fragrant Cloud'

TANellis *(rechts)*
Syn. 'Duftwolke',
'Nuage Parfumé'
TEEHYBRIDE, ORANGEROT,
ÖFTER BLÜHEND

Mit ihren sehr stark duftenden Blüten, die man von einer Rose mit einer Elternpflanze wie 'Primaballerina' durchaus erwarten kann, gehört die in Deutschland als 'Duftwolke' bezeichnete Rose zu den beliebtesten Sorten des 20. Jhs. Die Blüten haben ein ungewöhnliches Korallbis Geranienrot, sind mit 30 Petalen gefüllt und wohlgeformt. Die Farbe ist klar und verblasst aber oft zu einem schmutzigen Rot. Neue Blüten entstehen in sehr kurzen Abständen. Das großblättrige Laub in sattem, glänzendem Dunkelgrün wird gelegentlich von Mehltau befallen, bei feuchtem Wetter evtl. auch von Sternrußtau. Die Pflanze ist nicht ganz frosthart. Der kräftige Busch eignet sich für Beete und Rabatten.
ZONEN 4–9.

TANTAU, DEUTSCHLAND, 1967
SÄMLING × 'PRIMABALLERINA'
ADR-ROSE 1964, NATIONAL ROSE SOCIETY PRESIDENT'S INTERNATIONAL TROPHY 1964, PORTLAND GOLDMEDAILLE 1966, JAMES ALEXANDER GAMBLE-ROSENDUFTPREIS 1970, „WELTROSE" 1981

'Fragrant Delight'
(links)
FLORIBUNDA, ORANGEROSA, ÖFTER BLÜHEND

'Fragrant Delight' ist eine besonders gute büschelblütige Rose für kühlere Gegenden, in denen sich das Lachsorange der relativ großen, mit 22 Petalen gefüllten Blüten länger hält. In heißen Zonen verblassen die Farben im Sommer schnell, im Frühjahr und Herbst halten sie auch hier länger. Ihr starker Duft wurde offenbar von 'Whisky' vererbt. Ihr Laub ist glänzend, anfangs rötlich und bis auf einen leichten, saisonbedingten Mehltaubefall gesund.
ZONEN 4–9.

WISBECH PLANT COMPANY, GROSSBRITANNIEN, 1978
'CHANELLE' × 'WHISKY'
EDLAND FRAGRANCE AWARD 1976, JAMES MASON GOLDMEDAILLE 1988

'Fragrant Dream'
DICodour *(oben)*
TEEHYBRIDE, APRICOT+, ÖFTER BLÜHEND

Die Elternpflanzen dieser Sorte zeigen ähnlich schöne Apricotorange-Töne wie 'Fragrant Dream'. Die Büten sind mit 20 Petalen gefüllt und duften stark. Das Laub besteht aus großen mittelgrünen Blättern an einer aufrecht wachsenden, buschigen und gesunden Pflanze. Die Blütezeit reicht vom Sommer bis in den Herbst. ZONEN 4–9.

DICKSON, GROSSBRITANNIEN, 1989
('EUROROSE' × 'TAIFUN') × 'BONFIRE'
BELFAST DUFTPREIS 1991

'Fragrant Hour'
(ganz oben rechts)
TEEHYBRIDE, ORANGEROSA, ÖFTER BLÜHEND

'Fragrant Hour' hat mit 35 Petalen gefüllte Blüten in einem ungewöhnlichen Farbton, der zwischen Pfirsich, Apricot und Rosa liegt. Die Blüten öffnen sich schnell, halten lange und duften stark. Sie sitzen an langen Stielen. Das üppige hellgrüne Laub ist kaum krankheitsanfällig, aber die Blütenproduktion erfolgt etwas langsam. Diese Sorte eignet sich recht gut für eine Rabatte. ZONEN 4–9.

MCGREDY, NEUSEELAND, 1973
'ARTHUR BELL' × ('SPARTAN' × 'GRAND GALA')
BELFAST GOLDMEDAILLE UND DUFTPREIS 1975

'Fragrant Plum'
AROplumi *(rechts)*
TEEHYBRIDE, MAUVE, ÖFTER BLÜHEND

'Fragrant Plum' entwickelt sich zu einem aufrechten, sehr stark wachsenden Busch mit Dolden, deren einzelne Blütenstiele lang genug für den Schnitt sind. Die zahlreichen, süßlich duftenden Blüten sind gefüllt, haben eine hohe Mitte und halten sich lange sowohl am Busch als auch in der Vase, ohne wesentlich Farbe zu verlieren. Der frische Austrieb kann an heißen Tagen verbrennen, was auch für einige andere Rosen wie 'Paradise', 'First Love', 'Josephine Bruce' und 'Thäis' gilt. ZONEN 5–9.

CHRISTENSEN, USA, 1990
'SHOCKING BLUE' × ('BLUE NILE' × 'IVORY TOWER')

'Frances Phoebe'
(links)
Syn. 'Francis Phoebe'
TEEHYBRIDE, WEISS,
ÖFTER BLÜHEND

Edward LeGrice versandte die Rose versuchsweise an die Rosenschule Treloar Roses in Australien; Ted Treloar war von der stark gefüllten, weißen und wohlgeformten Blüte sehr beeindruckt und bat um die Genehmigung, die Rose nach seiner Mutter zu benennen. Die langen Knospen entwickeln sich allmählich zu Blüten mit 50 Petalen an kurzen bis mittellangen Trieben. Der relativ hochwüchsige Busch ist krankheitsfest. Der Flor fällt imposant aus.
ZONEN 4–9.

LEGRICE, GROSSBRITANNIEN, 1979
ELTERN UNBEKANNT

'Francesca'
(unten)
STRAUCHROSE, APRICOT+,
ÖFTER BLÜHEND

Der zarte Apricotton von 'Francesca' stammt von der sehr frühen großblumigen 'Mme Joseph Perrand', ihr breiter Wuchs hingegen von der Moschata-Hybride 'Danaë'. Die leicht duftenden, fast einfachen Blüten sitzen in langen Büscheln an einem hohen und breiten Busch mit gesundem, weichem, grünem Laub. Im Frühling erscheint der größte Flor, anschließend blüht die Rose weiter bis in den Herbst. 'Francesca' ist eine besonders gute Strauchrose, die gut in einer gemischten Rabatte mit Blüten ähnlicher Farbgebung passt. In wärmeren Regionen behält sie im Winter ihr Laub.
ZONEN 4–9.

PEMBERTON, GROSSBRITANNIEN, 1922

'DANAË' × 'MME JOSEPH PERRAND'

'Francine Austin'

AUSram *(rechts)*
STRAUCHROSE, WEISS,
ÖFTER BLÜHEND

'Francine Austin', die nach der Tochter des Züchters benannt wurde, ist ein kleiner, breitwachsender Strauch mit reichlich Laub. Die leicht duftenden, weißen, pomponförmig gefüllten Blüten sitzen an besonders langen, überhängenden Trieben. Die sehr hellgrünen Blättchen sind lang, schmal und sitzen weit auseinander. 'Francine Austin' scheint in kühleren Lagen wesentlich kompakter und buschiger zu wachsen als in wärmeren, wo die horizontalen Triebe leicht unter zu starker Sonneneinstrahlung leiden. Diese Sorte eignet sich gut zum Schnitt für große, überhängende Arrangements. ZONEN 4–9.

AUSTIN, GROSSBRITANNIEN, 1988
'ALISTER STELLA GRAY' × 'BALLERINA'
GLASGOW CERTIFICATE 1990

'Francis Dubreuil'

(rechts)
Syn. 'François Dubreuil'
ALTE R., TEEROSE, DUNKELROT,
ETWAS NACHBLÜHEND

'Francis Dubreuil' ist eine der dunkelsten Rosen überhaupt; sie benötigt Halbschatten, damit ihre zarten, blutroten Petalen nicht durch zu starke Sonneneinstrahlung verbrennen. Die langen, spitzen Knospen öffnen sich zu großen, gefüllten und becherförmigen Blüten, die wie Samt aussehen. Die fleischigen, pfingstrosenähnlichen Petalen werden leicht durch Regen zerstört. Der aufrechte, etwa 1 m hoch werdende, etwas schmächtige Strauch eignet sich gut für einen Kübel. Die leicht stachelige Pflanze sollte so platziert werden, dass man ihren lieblichen Duft während der langen Blühperiode genießen kann.
ZONEN 4–9.

DUBREUIL, FRANKREICH, 1894
ELTERN UNBEKANNT

'Francis E. Lester'
(oben)

RAMBLERROSE, WEISS

'Francis E. Lester' ist eine stark wachsende Kletterrose, die eine Höhe von 5 m erreicht und stachelige, weiche Triebe hat. Die ersten Blüten erscheinen recht spät in großen Büscheln von bis zu 60 Blüten. Sie sind weiß und zart rosa überhaucht, einfach, 5 cm im Durchmesser und wirken wie große helle Apfelblüten. Die großen Hagebutten halten sich den ganzen Winter hindurch, da sie von Vögeln offenbar nicht gefressen werden. Eine Nachblüte ist nur selten. 'Francis E. Lester' selbst ist eine ausgezeichnete Ramblerrose, die auch Bäume erklimmt, so dass die langen Triebe von oben herabhängen; aber auch an Rosenbögen oder Pergolen lässt sie sich ziehen. **ZONEN 4–9.**

LESTER ROSE GARDENS, USA, 1946

'KATHLEEN' × SÄMLING

'François Juranville'
(rechts)

RAMBLERROSE, ORANGEROSA

Die leuchtend lachsrosa Blüten haben zur Mitte hin ein tieferes Rosa mit gelber Basis. Sie erscheinen in Büscheln über eine lange Zeit im Juni, sind geviertelt, schalenförmig und verströmen einen Apfelduft. Die gut eingewurzelte Pflanze kann letzten Endes eine Höhe von 8 m erreichen. 'François Juranville' besitzt aufrechte, sehr kräftige, schwach bewehrte Triebe mit glänzenden, dunklen, bronzefarben gesäumten Blättern. Am wohlsten fühlt sich diese Rose, wenn sie einen Baum erklimmen kann; sie wird aber auch als Bodendecker verwendet. **ZONEN 4–9.**

BARBIER, FRANKREICH, 1906

ROSA WICHURAIANA × 'MME LAURETTE MESSIMY'

ROYAL HORTICULTURAL SOCIETY AWARD OF GARDEN MERIT 1993

'Frau Astrid Späth'

Syn. 'Astrid Späth', 'Direktor Rikala'
FLORIBUNDA, DUNKELROSA, ÖFTER BLÜHEND

Diese immer noch sehr beliebte Rose bleibt wie 'Joseph Guy' recht klein, besitzt gutes, dunkelglänzendes Laub und Blüten, die in Büscheln sitzen. Die zahlreichen Blüten erscheinen in einem klaren Karminrot. Die recht gesunde und frostharte Sorte wurde oft in niedrigen Beeten gepflanzt, heute meist in vielen großen Parks und Gärten.
ZONEN 4–9.

SPÄTH, DEUTSCHLAND, 1930
SPORT VON 'JOSEPH GUY'

'Frau Karl Druschki'

(oben rechts)
Syn. 'Schneekönigin', 'F. K. Druschki', 'Reine des Neiges', 'Snow Queen', 'White American Beauty'
ALTE R., REMONTANTROSE, WEISS, ETWAS NACHBLÜHEND

Für viele Rosenliebhaber ist 'Frau Karl Druschki' die beste weiße Sorte überhaupt – sowohl im Garten als auch in der Vase. Die einzelnen weißen, becherförmigen Blüten sind mit 35 Petalen gefüllt, lassen aber die Staubfäden ein wenig erkennen. Sie blüht im Sommer mit einer kräftigen Nachblüte im Herbst. Die Blüten können keine Nässe vertragen. Der bis 1,8 m hohe robuste Strauch hat schönes Laub und gefährlich große Stacheln; er bringt im Spätherbst zahlreiche kugelige, rote Hagebutten hervor. Allerdings muss der Strauch gut zurückgeschnitten werden.

'**Climbing Frau Karl Druschki**' ist identisch mit der Elternpflanze – lediglich die Blüten sind etwas kleiner; diese Sorte wird bis zu 4,5 m hoch, und ihr vergreistes Holz muss jährlich entfernt werden. ZONEN 4–9.

LAMBERT, DEUTSCHLAND, 1901
'MERVEILLE DE LYON' × 'MME CAROLINE TESTOUT'

'Fred Loads' *(oben)*

FLORIBUNDA, ORANGEROT, ÖFTER BLÜHEND

Von der Elternpflanze 'Dorothy Wheatcroft' stammt die Robustheit dieser Rose. Sie bildet enorme Büschel mit einfachen, 8 cm großen Blüten an den Enden besonders langer Triebe, die reichlich mit glänzendem Laub bedeckt sind. Wird sie im Winter stark zurückgeschnitten, so erscheinen enorm große Blütenbüschel, die auf Ausstellungen preisverdächtig sind. Einzige Konkurrentin bezüglich derartig großer Büschel ist 'Sally Holmes'. Als Hecke gepflanzt, erhält man einen undurchdringlichen Schutz. Sie eignet sich auch als Farbfleck im Hintergrund einer gemischten Rabatte zusammen mit Stauden wie Fackellilien, Goldruten und sogar Sonnenblumen.
ZONEN 4–9.

LOADS, GROSSBRITANNIEN, 1967
'DOROTHY WHEATCROFT' × 'ORANGE SENSATION'

GOLDMEDAILLE DER NATIONAL ROSE SOCIETY 1967, ROYAL HORTICULTURAL SOCIETY AWARD OF GARDEN MERIT 1993

'Frederic Mistral'
MEItebros *(oben)*
Syn. 'The Children's Rose'
TEEHYBRIDE, HELLROSA, ÖFTER BLÜHEND

Diese köstlich duftende Teehybride, die schon mehrfach für ihren Duft ausgezeichnet wurde, erfüllt die Erwartungen vieler Gärtner, denn auch die Form ihrer Blüten ist perfekt. Diese sind dicht gefüllt, urnenförmig und besitzen eine hohe Mitte. 'Frédéric Mistral' ist in mittelgrünes Laub gehüllt und gibt eine hervorragende Beetrose ab. Benannt wurde sie nach einem berühmten Dichter der Provence. **ZONEN 5–9.**

MEILLAND, FRANKREICH, 1996 ('PERFUME DELIGHT' × 'PRIMABALLERINA') × MEIZELI BADEN-BADEN DUFTPREIS 1993, LEROEULX UND MONZA DUFTPREISE 1994, BELFAST DUFTPREIS 1996

'Freedom' DICjem
(ganz unten)
TEEHYBRIDE, GELB, ÖFTER BLÜHEND

'Freedom' zeigt wohlgeformte, duftende und große Blüten, die mit 35 Petalen gut gefüllt sind. Ihre Farbe ist ein sattes Chromgelb, das wahrscheinlich von der Elternpflanze 'Bright Smile' stammt. Das Laub ist mittelgrün und glänzend. Die Blüten erscheinen in großer Menge in nur kurzen Abständen. Diese Rose ist besonders in England für Hecken und Beete sehr beliebt. **ZONEN 4–9.**

DICKSON, GROSSBRITANNIEN, 1984 ('EUROROSE' × 'TAIFUN') × 'BRIGHT SMILE'

GOLDMEDAILLE DER ROYAL NATIONAL ROSE SOCIETY 1983, GLASGOW CERTIFICATE OF MERIT 1989, ROYAL HORTICULTURAL SOCIETY AWARD OF GARDEN MERIT 1993, JAMES MASON AWARD 1977

'Freisinger Morgenröte'

KORmarter *(rechts)*
Syn. 'Morgenröte', 'Sunrise'
GROSSBLUMIGE STRAUCHROSE, ORANGE+, ÖFTER BLÜHEND

Relativ früh in der Saison erscheinen viele einfache fünfpetalige Blüten in Rotorange. Die hochwachsende Pflanze besitzt kleinblättriges, dunkles Laub. Der Wuchs ist recht offen. Es kommt zu einer leichten Nachblüte. ZONEN 4–9.

KORDES, DEUTSCHLAND, 1988
SÄMLING × 'LICHTKÖNIGIN LUCIA'

'French Lace' JAClace *(links)*
FLORIBUNDA, WEISS, ÖFTER BLÜHEND

'French Lace', eine Sorte mit der gleichen anmutigen Form wie ihre Elternpflanzen, ist eine hübsche kleine Rose in sehr pastellzarten Tönen von Elfenbein, Creme und einem leichten Hauch von Apricot. Die Blüten sind mit 30 Petalen locker gefüllt und erscheinen meist einzeln oder in kleinen Büscheln. Sie duften kaum, was bei der Elternsorte 'Dr A. J. Verhage' überrascht. Das Laub ist kleinblättrig und dunkel an der buschigen Pflanze von mittlerer Höhe. Diese Rose eignet sich gut für eine niedrige Hecke oder ein Beet. Trotz des geringen Wuchses ist sie sehr blühwillig. Die Sorte ist besonders in Australien, Neuseeland und in den USA beliebt. Sie lässt sich gut für kleine Blumenarrangements in sehr zarten Farben verwenden.
ZONEN 4–9.

WARRINER, USA, 1980
'DR A. J. VERHAGE' × 'BRIDAL PINK'
ALL-AMERICAN ROSE SELECTION 1982, PORTLAND GOLDMEDAILLE 1982

'Frensham' *(oben)*
FLORIBUNDA, DUNKELROT, ÖFTER BLÜHEND

Diese ausgezeichnete Rose setzte lange Zeit den Maßstab für alle roten, büschelblütigen Sorten. Die mittelgroßen dunkelscharlachroten Blüten sind mit 15 Petalen halb gefüllt und sitzen in großen Büscheln. Ihr Wuchs ist kräftig und breit. Ungeachtet der Elternrose 'Crimson Glory' duftet sie kaum. 'Frensham' eignet sich gut für Beete und Hecken, hat aber aufgrund ihrer Anfälligkeit für Mehltau an jungen Trieben und wegen ihrer vielen Stacheln an Popularität verloren. Heute besteht erneut eine große Nachfrage nach dieser Sorte, die in den 1940er und 1950er Jahren zu den ersten außerordentlich erfolgreichen roten Floribundarosen zählte. **ZONEN 4–9.**

NORMAN, GROSSBRITANNIEN, 1946

WAHRSCHEINLICH 'MISS EDITH CAVELL' × 'EDGAR ANDREW'

GOLDMEDAILLE DER NATIONAL ROSE SOCIETY 1949

'Frenzy' MEIhigor
(rechts)
Syn. 'Prince Igor'
FLORIBUNDA, ROT+,
ÖFTER BLÜHEND

Die atemberaubende Farbe ergibt sich aus der Kombination aller Farben der Elternpflanzen. Die niedrige Rose besitzt Blüten in leuchtendem Kapuzinerkressenrot, die auf der Petalenunterseite lebhaft apricotgelb gefärbt sind. Aus wohlgeformten Knospen entwickeln sich mit 25 Petalen halb gefüllte, 5 cm große Blüten mit fruchtigem Duft, die einzeln oder in kleinen Büscheln sitzen. Das matte, dunkelgrüne Laub bildet einen schönen Hintergrund für die Blumen. 'Frenzy' macht sich hervorragend in einer niedrigen Hecke oder einem Beet, wirkt aber kombiniert mit Hagebutten und Herbstlaub auch gut in der Vase.
ZONEN 4–9.

MEILLAND, FRANKREICH, 1970

('SARABANDE' × 'DANY ROBIN)' × 'ZAMBRA'

'Fresh Pink'
ZWERGROSE, HELLROSA, ÖFTER BLÜHEND

'Fresh Pink' zeichnet sich durch zarte, ovale Knospen aus, die sich zu hellrosa Blütchen mit lachsfarbenen Spitzen öffnen. Die Blüten sind mit 25 Petalen gefüllt, becherförmig und erscheinen meist in riesigen Büscheln zu mehr als 20 Einzelblüten. Sie duften zart und wirken gut vor dem ledrigen, glänzenden Laub. Der Busch putzt sich gut und zeichnet sich durch seine Anspruchslosigkeit aus. Wie es der Name vermuten lässt, entfalten sich die Blüten in einem sehr munteren Rosa (engl. *fresh pink*), das in jedem Garten gut aussieht. Die Vaterpflanze spielt eine wichtige Rolle in der von Moore etablierten Zwergrosenzucht. ZONEN 4–11.

MOORE, USA, 1964

(ROSA WICHURAIANA × 'FLORADORA') × 'LITTLE BUCKAROO'

'Freude' DeKORat
(unten)
Syn. 'Decorat'
TEEHYBRIDE, ORANGEROT,
ÖFTER BLÜHEND

'Freude' ist eine besonders stark wachsende Rose mit duftenden, zinnoberrot überzogenen goldfarbenen Blüten mit goldfarbener Petalenunterseite. Die sehr großen Blüten sind besonders wohlgeformt. Die Teehybride blüht sehr reichlich und die Blüten sitzen weit auseinander. Die Sorte eignet sich für den Schnitt. Diese Rose, die nur im Hintergrund eines Rosenbeetes gepflanzt werden sollte, ist recht gesund. **ZONEN 4–9.**

KORDES, DEUTSCHLAND, 1975
'DUFTWOLKE' × 'PEER GYNT'
ADR-ROSE 1975

'Friendship' LINrick
(unten)
TEEHYBRIDE, DUNKELROSA,
ÖFTER BLÜHEND

Diese Teehybride wächst kräftig aufrecht und bildet reichlich großblättriges, ledriges, dunkelgrünes Laub. Die intensiv duftenden Blüten sitzen an langen Stielen und zeigen ein ungewöhnlich dunkles Rosa mit Korallrosa. Sie sind mit knapp 30 Petalen gefüllt und öffnen sich groß und flach. Der reiche Flor erstreckt sich über die gesamte Saison. Die Blüten halten sowohl am Busch als auch in der Vase lange. Bei Kunstlicht kommt die Farbe sehr gut zur Geltung. Die Pflanze ist gesund. **ZONEN 4–9.**

LINDQUIST, USA, 1978
'DUFTWOLKE' × 'MARIA CALLAS'

'Fritz Nobis'
(unten)
STRAUCHROSE, RUBIGINOSA-HYBRIDE, ROSA+

Diese Sorte entwickelt bogenförmige Triebe, die mit reichlich ledrigen, graugrünen Blättern bedeckt sind. Im Sommer erscheint ein Meer von Blüten an diesem besonders schönen Strauch. Die jungen Blüten wirken wie verkleinerte großblumige Rosen, bevor sie sich becherförmig öffnen. Sie sind locker gefüllt, mittelgroß und sitzen in Büscheln von bis zu 20. Ihre Farbe ist ein zauberhaftes Hellrosa mit etwas Lachs, auch Creme- und Gelbtöne sind zu finden. Ein angenehmer Duft ist vorhanden, aber leider kommt es nach der üppigen Blüte im Juni zu keiner Nachblüte. 'Fritz Nobis' ist eine wundervolle Rose, um als Solitär in ein Strauchbeet oder eine gemischte Rabatte pepflanzt zu werden. Die erstaunlich gesunde, winterharte Sorte braucht fast doppelt so viel Platz wie eine durchschnittliche Strauchrose.
ZONEN 4–9.

KORDES, DEUTSCHLAND, 1940
'JOANNA HILL' × 'MAGNIFICA'
ROYAL HORTICULTURAL SOCIETY AWARD OF GARDEN MERIT 1993

'Frau Dagmar Hartopp' *(oben)*
Syn. 'Dagmar Hastrup', 'Dagmar Hartopp', 'Fru Dagmar Hastrup'
STRAUCHROSE, RUGOSA-HYBRIDE, REIN ROSA, ÖFTER BLÜHEND

Diese ausgezeichnete Strauchrose bringt während der gesamten Saison hindurch bis zum Spätherbst zahlreiche große, einzelne schalenförmige Blüten mit 5 Petalen in einem klaren, silbrigen Rosa hervor. Die Blumen setzen sich gut von dem gesunden, sattgrünen, derben Rugosa-Laub ab. Die gut verzweigte kompakte Pflanze bleibt mit 80 cm Höhe relativ niedrig. Im Herbst erscheinen leuchtend rote, kugelige Hagebutten, die sich gut für Weihnachts- und Adventsschmuck eignen. 'Frau Dagmar Hartopp' bildet Ausläufer. Die Sorte eignet sich gut als Bodendecker, als niedrige Hecke, als Gruppe im Naturgarten oder in einem Strauchbeet, besonders wenn im Herbst Blüten und Hagebutten gleichzeitig erscheinen. Diese Rose mit ihrer wunderschönen Farbe ist auf der ganzen Welt außerordentlich beliebt.
ZONEN 3–9.

HASTRUP, DÄNEMARK, 1914
ELTERN UNBEKANNT
ROYAL HORTICULTURAL SOCIETY AWARD OF GARDEN MERIT 1993

'Frühlingsanfang'
(unten)
Syn. 'Spring's Beginning'
STRAUCHROSE, PIMPINELLIFOLIA-HYBRIDE, WEISS

Diese Sorte bringt große, fast weiße, einfache Blüten hervor, die sich flach schalenförmig öffnen und cremegelbe Staubfäden erkennen lassen. Die Blüten erscheinen oft schon im Mai; dann sind die bogenförmigen Triebe mit den stark duftenden Blüten überladen. Zwar erfolgt keine Nachblüte, doch im Herbst entwickeln sich dunkelbraune Hagebutten. Die sehr hohe Pflanze benötigt außergewöhnlich viel Platz. Ihre Blätter sind dunkelgrün, gesund und nehmen eine hübsche Herbstfärbung an. ZONEN 4–9.

KORDES, DEUTSCHLAND, 1950

'JOANNA HILL' ×
ROSA PIMPINELLIFOLIA ALTAICA

'Frühlingsduft'
(rechts)
Syn. 'Spring Fragrance'
STRAUCHROSE, PIMPINELLIFOLIA-HYBRIDE, ROSA+

Wilhelm Kordes kreuzte für diese Sorte – wie bei der zuvor beschriebenen – die großblumige 'Joanna Hill' mit einer robusten Bibernell-Rose aus Zentralasien. Das Ergebnis ist erneut eine erstaunlich große und kräftige Pflanze. Sie trägt dicht gefüllte, große Blüten in einem hellen Gelb bis Cremeton, der rosa überhaucht ist. Die zahlreichen Blüten sitzen in kleinen Büscheln und öffnen sich becherförmig mit krauser, lockerer Mitte. Natürlich duftet diese Sorte stark. Leider erscheinen die Blüten nur im Frühsommer mit wenigen Nachzüglern im Herbst. Der Wuchs ist wesentlich kräftiger als bei den meisten anderen Strauchrosen, und das reichliche Laub ist großblättrig. ZONEN 4–9.

KORDES, DEUTSCHLAND, 1949

'JOANNA HILL' ×
ROSA PIMPINELLIFOLIA ALTAICA

'Frühlingsgold' *(rechts)*
Syn. 'Spring Gold'
STRAUCHROSE, PIMPINELLIFOLIA-HYBRIDE,
REIN GELB

Bei 'Frühlingsgold' öffnen sich die frisch duftenden Blüten schalenförmig und lassen den Blick frei auf schwefelgelbe Staubfäden. Sie gehören zu den ersten Rosen, die bereits im Mai zu sehen sind, blühen aber nur leicht nach. Diese ausgezeichnete Sorte nimmt viel Platz ein. Ausgeblühte und sich kreuzende Triebe sollten entfernt werden, andernfalls ist über viele Jahre kein Schnitt erforderlich, da die Blüten an alten Seitentrieben entstehen. Um die Blütenpracht möglichst nicht zu verlieren, kann man nach der Blüte den Strauch auslichten, oder muss ihn nach ca. 10 Jahren radikal verjüngen. Die jungen Triebe sind mit rotgoldenen Stacheln behaart, die sehr hübsch im Sonnenlicht wirken. Die Pflanze wird etwa doppelt so hoch und breit wie eine normale Strauchrose und hat hellgrüne, runzlige Blätter. Im Herbst bilden sich kugelige, schwarzviolette Hagebutten aus. **ZONEN 4–9.**

KORDES, DEUTSCHLAND, 1937

'JOANNA HILL' × *ROSA PIMPINELLIFOLIA HISPIDA*

ROYAL HORTICULTURAL SOCIETY AWARD OF GARDEN MERIT 1993

'Frühlingsmorgen'
(unten)
Syn. 'Spring Morning'
STRAUCHROSE, PIMPINELLIFOLIA-HYBRIDE,
ROSA+

Diese Sorte besitzt nicht das starke Wachstum der meisten Vertreter der „Frühlings-Serie", weshalb sie vielleicht häufiger in Gärten als in Parks zu sehen ist. Die Blüten sind groß, einfach, mit zart primelgelber Mitte und hell kirschrosafarbenen Rändern. In den weit geöffneten Blumen sehen die bräunlichen Staubfäden besonders hübsch aus. Der Duft ist angenehm, und nach der Hauptblüte im Frühsommer kommt es zu einer leichten Nachblüte im Spätsommer. Die Pflanze bildet einen ziemlich offenen, langtriebigen Strauch mit reichlich graugrünem Laub. Die recht großen Hagebutten sind bräunlich. **ZONEN 4–9.**

KORDES, DEUTSCHLAND, 1941

('E. G. HILL' × 'CATHRINE KORDES') × *ROSA PIMPINELLIFOLIA ALTAICA*

'Frühlingszauber'
(oben)
STRAUCHROSE, PIMPINELLIFOLIA-HYBRIDE, REIN ROSA

Diese Strauchrose ähnelt 'Frühlingsmorgen', was nicht weiter überrascht, da beide dieselben Eltern besitzen. Der Unterschied liegt in der Anzahl und Färbung der Petalen und in der Wuchsform der Pflanze. 'Frühlingszauber' hat halb gefüllte, auffällig große, schalenförmige Blüten, die sich weit öffnen und intensiv kirschrote Petalenränder mit weißgelber Mitte erkennen lassen. Sie erscheinen in großer Menge nur im Mai und sitzen in Büscheln von 10 Blüten. Ein leichter Duft ist vorhanden. Die Pflanze wächst allzu offen, aufrecht und wird deutlich größer als eine normale Strauchrose. Manche dieser „Frühlings-Sorten" sind inzwischen schwer erhältlich.

ZONEN 4–9.

KORDES, DEUTSCHLAND, 1942

('E. G. HILL' × 'CATHRINE KORDES')
× ROSA PIMPINELLIFOLIA ALTAICA

'Fruité' MEIfructoz
(ganz unten)
Syn. 'Fruitee'
FLORIBUNDA, ORANGE+, ÖFTER BLÜHEND

'Fruité' ist eine hervorragende Beetrose, die wie mit Blütenbüscheln übersät wirkt. Ihre Blüten sind halb gefüllt und öffnen sich becherförmig in Tönen, die von Apricot, Gelb und Lachs bis Orangerot reichen. Sie duften leicht und erscheinen zunächst in sehr großer Menge; den ganzen Sommer und Herbst hindurch entwickeln sich dann immer wieder neue Blüten, die auch schlechtem Wetter standhalten. Diese Sorte eignet sich gut für den Schnitt oder für Ausstellungen. Der ebenmäßige Wuchs erreicht mittlere Höhe. Die Pflanze ist mit glänzendem, grünem und gesundem Laub gut bedeckt.

ZONEN 4–9.

MEILLAND, FRANKREICH, 1985
ELTERN UNBEKANNT
BELFAST GOLDMEDAILLE 1987

'Fuchsia Meidiland'

MEIpelta (rechts)

Syn. 'Cyclamen Meillandécor', 'Fuchsia Meillandécor'

STRAUCHROSE, DUNKELROSA, ÖFTER BLÜHEND

Diese Sorte eignet sich ganz besonders für große Anlagen. Sie blüht sehr üppig mit Blüten aus etwa 12 Petalen, die in großen Büscheln stehen. Die becherförmigen, mittelgroßen Blüten in einem intensiven Rosaton erscheinen zahlreich vom Sommer bis in den Herbst; sie duften allerdings wenig. Der Wuchs ist niedrig und breit, so dass die Strauchrose manchmal auch als Bodendecker angesehen wird, obwohl sie die Ansprüche an eine derartige Pflanze nur teilweise erfüllt. Die reichlich vorhandenen Blätter sind glänzend hellgrün und mittelgroß. ZONEN 4–9.

MEILLAND, FRANKREICH, 1991

'BORDURELLA' × 'CLAIR MATIN'

'Fulgurante'

(unten)

TEEHYBRIDE, ROT

Obwohl wenig über 'Fulgurante' bekannt ist, wird sie aufgrund ihrer urnenförmigen, samtroten Blüten geschätzt. Diese Teerose ist eine dunkelrote, recht gut geformte Beetrose, die sich auch zum Schnitt eignet. ZONEN 5–9.

ELTERN UNBEKANNT

'Fulton MacKay'

COCdana

Syn. 'Maribel', 'Senteur des Iles'

TEEHYBRIDE, GELB+, ÖFTER BLÜHEND

Aus langen Knospen entwickeln sich klassisch geformte, großblumige Blüten mit hoher Mitte, die von breiten, nach außen gewölbten Petalen umgeben sind. Sie erscheinen in einem satten Apricotgelb mit rosa Adern, wobei die äußeren Petalen rötliche, lachsfarbene Töne haben. Die Blüten duften angenehm würzig, und nach dem ersten überschwänglichen Blütenflor erscheinen weitere Blüten bis in den Herbst. Sie ist eine gleichgute Schnitt-, Beet- und Gruppenrose. Bei schlechter Witterung ist sie sternrußtauanfällig, aber robust genug, diesen Befall zu überstehen. Die Pflanze wächst buschig aufrecht und entwickelt reichlich glänzendes, mittelgrünes Laub. ZONEN 4–9.

COCKER & SON, GROSSBRITANNIEN, 1989

'SILVER JUBILEE' × 'JANA'

ROYAL NATIONAL ROSE SOCIETY TRIAL GROUND CERTIFICATE 1984, GLASGOW GOLDMEDAILLE 1992

'Gabriel Noyelle'
(unten)
Syn. 'Gabrielle Noyelle'
ALTE R., MOOSROSE, APRICOT+, ETWAS NACHBLÜHEND

Wenn die kleinen, wohlgeformten, ovalen Knospen dieser Sorte sich voll entfalten, werden gefüllte lachsorangefarbene Blüten mit gelbem Grund sichtbar. Die becherförmigen Blumen verströmen einen starken Duft. Das Laub ist dunkelgrün und ledrig. Es bedeckt eine aufrechte, buschige Pflanze, die bis zu 1,2 m hoch wird. Diese beliebte Moosrose blüht später als die meisten anderen und bringt im Herbst gelegentlich weitere Blüten hervor. ZONEN 4–9.
BUATOIS, FRANKREICH, 1933
'SALET' × 'SOUVENIR DE MME KREUGER'

'Gabriella' BERgme
(unten)
Syn. 'Gabrielle'
FLORIBUNDA, ROT, ÖFTER BLÜHEND

Diese rote Rose wurde von einem schwedischen Gärtner als Sport der berühmten Schnittrosensorte 'Mercedes' entdeckt. Sie bringt den ganzen Sommer und Herbst unermüdlich Blüten hervor, die auf kurzen, festen, fast stachellosen Stielen sitzen. Seitenknospen sollten entfernt werden, um einen reichen Flor zu erhalten. Die Blüten öffnen sich mit überlappenden Petalen in Rundform. Sie sind haltbar und haben einen schwachen Duft. Außer in warmen Klimazonen ist die Kultur von 'Gabriella' im Garten wenig erfolgreich. Aber im Gewächshaus lohnt sich die Mühe. Der Busch wird gut mittelhoch und trägt olivgrünes, lederartiges Laub. ZONEN 5–9.
BERGGREN, SCHWEDEN, 1977
SPORT VON 'MERCEDES'

'Galaxy' MORgal
(rechts)
ZWERGROSE, DUNKELROT, ÖFTER BLÜHEND

Die langen, spitzen Knospen dieser Rose entfalten sich zu samtig roten gefüllten Blüten, die sich aus 25 Petalen zusammensetzen. Die kleinen, nicht duftenden Blumen haben die typische Form einer Edelrose und erscheinen einzeln oder in kleinen Büscheln zu 5–10 Blüten. Die lebhaft rot gefärbten Blütenblätter bilden einen Kontrast zu den schweren, goldgelben Staubgefäßen, was bei kühlem Wetter aber eher unattraktiv wirkt. Sie braucht Wärme, um sich von ihrer besten Seite zu zeigen. Dieser öfter blühende Busch eignet sich gut als Einfassung, der fortwährend für Farbtupfer sorgt. Die Pflanze trägt kleine Blätter und etwas nach unten gebogene Stacheln. Sie ist wuchsfreudig und hat eine aufrechte Gestalt.
ZONEN 4–11.
MOORE, USA, 1980
'FAIRY MOSS' × 'FAIRY PRINCESS'

'Galway Bay' MACba
(unten)
GROSSBLUMIGE KLETTERROSE, ORANGEROSA, ÖFTER BLÜHEND

Die angegebene Grundfarbe dieser Sorte ist irreführend, denn das Rosa ist eigentlich ein üppiges, dunkles Kirschrosa, das bis zum Verblühen nicht verblasst und Spuren von Orange aufweist. Sie ist eine wuchsfreudige Kletterrose, die im Sommer zahlreiche Blütenbüschel hervorbringt und im Spätsommer und Herbst erneut blüht. Die Blüten sind mittelgroß, dicht gefüllt und becherförmig, wenn sie sich vollständig öffnen; die Blütenblätter überlappen dekorativ. Sie verströmen einen angenehmen, schwachen Duft. Die Pflanze wächst straff und wird mittelhoch. Am besten kommt sie an einer Mauer, einer Säule oder einem Zaun zur Geltung. Die oval geformten Blätter sind dunkelgrün, dicht und in der Regel sehr robust.
ZONEN 4–9.
MCGREDY, GROSSBRITANNIEN, 1966
'HEIDELBERG' × 'QUEEN ELIZABETH'

'Garden Party'
(oben)
TEEHYBRIDE, WEISS,
ÖFTER BLÜHEND

Beide Elternsorten dieser Rose belohnten Züchter mit zahlreichen Nachkommen, wie 'Garden Party' beweist. Ihre Blüten sind schön geformt und entwickeln sich von urnenförmigen Knospen zu großen, dicht gefüllten Blumen mit zartem und anmutigem Aussehen. Die langen Petalen bilden eine hohe Mitte und bekommen eine hübsche wellige Form, wenn sie sich breit schalenförmig öffnen. Die Farbe ist Elfenbeinweiß, das in ein cremefarbenes Gelb mit einem Hauch von Rosa übergeht. Dieser kühle Farbton wirkt zwischen anderen leuchtenden Rosen – sowohl in der Vase als auch im Garten – sehr dezent. Der erste Flor ist für eine so große Rose sehr üppig, und die Blühfreudigkeit hält bis in den Herbst an. Der Duft ist schwach, aber sehr angenehm. Die Pflanze wächst buschig und wird mittelhoch; ihr dichtes Laub ist dunkel.
ZONEN 4–9.

SWIM, USA, 1959

'CHARLOTTE ARMSTRONG' × 'GLORIA DEI'

BAGATELLE GOLDMEDAILLE 1959, ALL-AMERICAN ROSE SELECTION 1960

'Gardenia'
RAMBLERROSE, WEISS

Die spitzen gelben Knospen der 'Gardenia' entfalten sich zu cremeweißen Blüten mit hellgelber Mitte. Die großen, dichten, becherförmigen Blumen erscheinen in kleinen Büscheln auf kurzen, kräftigen Stielen. Die Blütezeit dauert relativ lang. Die etwas wirren und duftenden Blüten bleiben gelb, wenn sie im Schatten stehen. Die Blätter sind klein, dunkel und glänzend. Die bis zu 6 m hohe Rose sorgt für Aufsehen, wenn sie an einem Bogen, einer Pergola oder auch an einem Baum wächst. Aus der gleichen Rosenschule stammt auch 'Jersey Beauty'.
ZONEN 7–10.

MANDA, USA, 1899

ROSA WICHURAJANA × 'PERLE DES JARDINS'

'Garnette'
(oben rechts)
Syn. 'Garnet', 'Garnette Red', 'Red Garnette'
FLORIBUNDA, DUNKELROT,
ÖFTER BLÜHEND

Obwohl 'Garnette' weltweit zu den beliebtesten Schnittrosen zählt, ist es nicht empfehlenswert, diese Sorte mit den zierlichen, schönen granatroten Blütenbüscheln im Garten zu kultivieren. Die Zweige wachsen nicht sehr schön, die Stiele erreichen nicht die erforderliche Länge, und oft ruiniert Mehltau die Pflanze. Für den Blumenhandel unter Glas kultiviert, werden bald becherförmige Blüten sichtbar, deren kräftige Petalen schön überlappende Reihen bilden und für eine perfekte Form sowie lange Zeit für Farbtupfer sorgen. Neue Blüten folgen schnell nach, ihr Duft ist jedoch sehr schwach. Im Gewächshaus wird sie hoch, bleibt aber im Garten wesentlich niedriger. Das Laub ist im Austrieb rötlich und wird später dunkelgrün.
ZONEN 4–9.

TANTAU, DEUTSCHLAND, 1951

('ROSENELFE' × 'EVA') × 'HEROS'

'Gartendirektor Otto Linne'

STRAUCHROSE, DUNKELROSA, ÖFTER BLÜHEND

Diese Rose ist mit fast allen Vorzügen ausgestattet. Sie ist wuchsfreudig, robust und einfach zu kultivieren. Sie trägt dekoratives Laub, blüht sehr üppig und hat eine Gestalt, die sogar den anspruchsvollsten Gärtner zufriedenstellt. Leider fehlt ihr nur der Duft, was für eine Sorte mit dem Charme einer Alten Rose von Nachteil ist. Die mittelgroßen Blüten sind dunkelrosa mit etwas Gelb am Grund und pomponförmig mit vielen kleinen Blütenblättern. Sie sitzen in großen Büscheln bis zu 30 Blüten zusammen und erscheinen mit kurzen Ruhephasen den ganzen Sommer und Herbst über. Die Sorte eignet sich sehr gut für jeden Garten, erreicht eine überdurchschnittliche Höhe und trägt viele kleine, hellgrüne Blätter.
ZONEN 4–9.

LAMBERT, DEUTSCHLAND, 1934
'ROBIN HOOD' × 'RUDOLPH KLUIS'

'Gavnø' POUlgav

(unten)
Syn. 'Bucks Fizz'
FLORIBUNDA, ORANGE+, ÖFTER BLÜHEND

Die Blüten zeichnen sich durch einen freundlichen Orangeton aus und sitzen in unterschiedlich großen Büscheln zusammen. Sie haben eine Edelrosenform und sind etwa mittelgroß. Die 20 breiten Petalen sind zunächst hochgebaut, später nimmt die Blüte dann Becherform an. 'Gavnø' duftet insgesamt nur schwach, und die Blüten erscheinen den ganzen Sommer und Herbst. Trotz ihrer skandinavischen Herkunft ist die Sorte nicht frostbeständig und sollte einen vor kalten Winden geschützten Platz bekommen. Die Pflanze wächst aufrecht und wird mittelhoch. Die kleinen, dunkelgrünen Blätter sind im Austrieb rötlich. Das Synonym bezieht sich übrigens auf eine britische Popgruppe, die allerdings außerhalb Großbritanniens nur Insidern bekannt ist.
ZONEN 5–9.

OLESEN, DÄNEMARK, 1988
SÄMLING × 'MARY SUMNER'
ROYAL NATIONAL ROSE SOCIETY TRIAL GROUND CERTIFICATE 1987

'Géant des Batailles' *(unten)*
Syn. 'Giant of Battles'
ALTE R., REMONTANTROSE, ROT

Diese Rose war Ende des 19. Jhs. außerordentlich beliebt. Die runden, dicken Knospen öffnen sich zu dicht mit 85 Petalen gefüllten Blüten. Die flachen dunkelkarminroten Blüten werden beim Verblühen kastanienbraun; die inneren Blütenblätter sind zusammengefaltet. Die Blüten erscheinen in Gruppen auf kräftigen Stielen am Ende der Triebe. Die Pflanze ist mäßig wuchsfreudig, aufrecht, bleibt aber niedrig. Sie trägt dunkelgrüne, gesägte Blätter, an den Trieben einige Stacheln und ist anfällig für Mehltau und Sternrußtau.
ZONEN 5–9.

NÉRARD, FRANKREICH, 1846
HYBRIDE VON 'GLOIRE DES ROSOMANES'

'Geisha' *(ganz unten)*
Syn. 'Pink Elizabeth Arden'
FLORIBUNDA, REIN ROSA, ÖFTER BLÜHEND

Diese Floribundarose bringt zahlreiche Büschel mit bis zu 20 spitzen Knospen hervor, die sich zu sehr großen, halb gefüllten Blüten von reinem Rosa öffnen, das sich deutlich von den dunklen Staubgefäßen abhebt. Sie verströmen einen schwachen Duft und erscheinen unermüdlich den ganzen Sommer bis in den Herbst hinein; sie öffnen sich bei jedem Wetter. Die Pflanze wächst gleichmäßig und buschig zu einer mittleren Höhe. Das dichte dunkelgrüne, glänzende Laub untermalt den reichen Flor wirkungsvoll und ist sehr gesund.
ZONEN 4–9.

TANTAU, DEUTSCHLAND, 1964
ELTERN UNBEKANNT
ADR-ROSE 1965

'Gene Boerner'
FLORIBUNDA, REIN ROSA, ÖFTER BLÜHEND

Die rosafarbenen Blüten haben für eine Floribundarose eine außergewöhnliche Größe und Qualität. Sie entfalten sich von rundlichen Knospen zu dunkelrosafarbenen Blüten mit symmetrischer Mitte, die ihre Form behalten, während die äußeren Blütenblätter sich langsam nach hinten rollen. Tiefer in den Blüten kann man dunklere Rosatöne erkennen. Diese Sorte eignet sich gut als Schnittblume, aber auch für den Garten, obwohl die Blüten sich beim Verblühen nicht putzen. Dennoch sorgt sie den ganzen Sommer und Herbst hindurch für einen großartigen Anblick. Wuchsfreudig, von aufrechter, schlanker Gestalt wird sie überdurchschnittlich hoch. Sie trägt mittelgrünes, glänzendes und robustes Laub. Eugene Boerner (1893–1966) war aufgrund seiner Beiträge zu dieser Rosenklasse unter dem Spitznamen „Papa Floribunda" bekannt. **ZONEN 4–9.**

BOERNER, USA, 1968
'GINGER' × ('MA PERKINS' × 'GARNETTE SUPREME')
ALL-AMERICAN ROSE SELECTION 1969

'Général Galliéni' *(oben)*
ALTE R., TEEROSE, ROT+

Der frische Teerosenduft dieser Sorte ist besonders an warmen Tagen wahrzunehmen, wenn sich die zerzausten, kupferroten Blüten öffnen. Die becherförmigen Blumen verändern ihre Farbe abhängig vom Wetter und von einem eher schattigen oder sonnigen Standort. Die Farbpalette während der langen Blütezeit reicht von Apricot und Rosa über Gelb bis zu Blutrot und Kastanienbraun. Die Blüten dieser Sorte eignen sich gut zum Schnitt. Der wuchsfreudige Strauch trägt dunkelgrünes Laub und hakenförmig gebogene, rote Stacheln. An sonnigen und warmen Stellen zeigt er sich von seiner besten Seite. Benannt wurde die Rose nach dem Gouverneur des damals noch französischen Madagaskar. **ZONEN 7–9.**

NABONNAND, FRANKREICH, 1899
'SOUVENIR DE THÉRÈSE LEVET' × 'REINE EMMA DES PAYS-BAS'

'Général Schablikine'
(unten)
ALTE R., TEEROSE, ORANGEROSA, ETWAS NACHBLÜHEND

Diese Rose trägt dicke kräftig purpurrosa Knospen, die sich zu kupfernrosafarbenen, duftenden Blüten entfalten. Diese sind gefüllt, schalenförmig und geviertelt. Die äußeren Petalen rollen sich von den blasseren inneren weg. Gelegentlich etwas nickend, sitzen die Blüten auf kräftigen Stielen und bevorzugen die Sonne. Der 1 m hohe Busch hat pflaumenfarbige Triebe, die mit mittelgroßen, blaugrünen Blättern bedeckt sind; unter den Blattstielen sitzen winzige Stacheln. Die Rose benötigt einen nur schwachen Schnitt und ein regelmäßiges Entfernen verwelkter Blüten. Die widerstandsfähige Pflanze eignet sich gut für den Garten. Die Familie Nabonnand züchtete in ihrer Rosenschule an der Riviera von 1872–1924 eine Vielzahl von Rosen. ZONEN 6–9.
NABONNAND, FRANKREICH, 1878
ELTERN UNBEKANNT

'Général Kléber'
(oben)
ALTE R., MOOSROSE, REIN ROSA

Diese in jeder Beziehung hervorragende Moosrose bringt nur einmal im Jahr, im Juni, Blüten hervor. Sie sind gefüllt, wohlgeformt und bis zu 10 cm groß. Die Blüten sitzen in kleinen Büscheln zusammen und sind zart silbrig rosa gefärbt. Trotz der blassen Farbe vertragen sie Nässe gut und verströmen einen wunderbaren Duft. Auf nährstoffreichen Böden wird die Rose bis zu 1,5 m hoch. Sowohl das leuchtend grüne Laub, die zahlreichen Knospen als auch die Blütenstiele sind mit weichem, hellgrünem Moos dicht überzogen. Die Triebe sind ebenfalls bemoost und tragen wenig Stacheln. Général Kléber kämpfte während des Ägyptenfeldzuges in der Armee Napoleons. ZONEN 4–9.
ROBERT, FRANKREICH, 1856
ELTERN UNBEKANNT

'Général Jacqueminot' *(oben links)*
Syn. 'General Jack', 'Jack Rose', 'La Brilliante', 'Mrs Cleveland Richard Smith', 'Triomphe d'Amiens'
ALTE R., REMONTANTROSE, ROT, ETWAS NACHBLÜHEND

Mindestens 500 Sämlinge und bis zu 60 Sports dieser preisgekrönten Remontantrose werden in der Literatur erwähnt. Die Spuren der meisten heutigen roten Rosen lassen sich bis zu dieser Alten Rose verfolgen. Scharlachkarminrote Knospen entfalten sich zu enormen, dunkelroten Blüten, die auf langen, kräftigen Stielen sitzen. Die duftenden, samtartigen gefüllten Blumen besitzen 25 Petalen, von denen die äußeren dicht stehen und gelegentlich weiße Streifen aufweisen. Die Blüten erscheinen vom Sommer bis zum Herbst; sie mögen keine direkte Sonneneinwirkung. Das Laub ist rot überhaucht und bedeckt eine buschige Pflanze, deren kräftige Triebe bewehrt sind; es ist anfällig für Mehltau und Rostpilze. ZONEN 5–9.
ROUSSEL, FRANKREICH, 1853
SÄMLING VON 'GLOIRE DES ROSOMANES'
ERSTER PREIS DER AUSSTELLUNG IN VERSAILLES 1854

'Gentle Touch'

DIClulu *(rechts)*
ZWERGROSE, HELLROSA, ÖFTER BLÜHEND

Die hellrosafarbenen, mit etwa 20 Petalen gefüllten Blüten sind klein, urnenförmig und schön geformt. Die Blüten erscheinen in Büscheln, solange es warm ist. Die Sorte eignet sich besonders gut für kleine Gärten, wirkt aber auch als Kübelpflanze sehr dekorativ. Die Blüten verströmen einen schwachen Duft. Im Vergleich zu den Blüten ist das mittelgrüne, leicht glänzende Laub recht klein.
ZONEN 4–11.

DICKSON, GROSSBRITANNIEN, 1986
('LIVERPOOL ECHO' × 'WOMAN'S OWN') × 'MEMENTO'
BRITISCHE ROSE DES JAHRES 1986, ROYAL HORTICULTURAL SOCIETY AWARD OF GARDEN MERIT 1993

'Georg Arends'

(rechts)
Syn. 'Fortune Besson', 'George Arends', 'Rose Besson'
ALTE R., REMONTANTROSE, REIN ROSA, ETWAS NACHBLÜHEND

Große Knospen öffnen sich zu sehr großen, etwas wirren, hochgebauten Blüten in Rosa und Flieder. Sie sitzen einzeln auf aufrechten Stielen und erscheinen vom Hochsommer bis zum Herbst. Die Blütenblätter rollen sich zurück, wodurch die Blüte wie eine Zentifolie aussieht. Am besten wirken die Blüten bei kühler Witterung oder im Schatten. Ausgezeichnete Schnittblumen. Der 1,5 m hohe Strauch hat große, blaugrüne Blätter und sehr wenig Stacheln. Nach dem ersten Flor geschnitten, blüht er gut nach. 'Georg Arends' bevorzugt nährstoffarmen Böden und bildet hohe Hecken. Anfällig für Mehltau. **ZONEN 6–9.**

HINNER, DEUTSCHLAND, 1910
'FRAU KARL DRUSCHKI' × 'LA FRANCE'

'George Dickson'
TEEHYBRIDE, ROT, ÖFTER BLÜHEND

Nach dem Gründer der immer noch existierenden Rosenzuchtfirma benannt, erfreute sich 'George Dickson' großer Beliebtheit, als sie in den Handel gelangte. Die 12 cm großen, perfekt geformten, duftenden Blüten sind rot, die Blütenunterseiten zusätzlich dunkelrot geädert. Das Laub ist mattgrün. **ZONEN 5–9.**

DICKSON, GROSSBRITANNIEN, 1912
ELTERN UNBEKANNT
GOLDMEDAILLE DER NATIONAL ROSE SOCIETY 1911

'Georges Vibert'
(links)
ALTE R., GALLICA-ROSE, ROT+

Diese gestreifte Rose wirkt sowohl im Garten als auch in einer Vase äußerst elegant. Die kleinen, kompakten Knospen entfalten sich zu angenehm duftenden, locker gefüllten Blüten, die blassrosa Streifen aufweisen. Wenn die Blütenblätter sich vollständig öffnen, gewähren sie den Blick auf eine Blütenmitte mit goldgelben Staubgefäßen. Die gekräuselten und gevierteilten Blüten verändern je nach Wetter- und Lichtverhältnissen ihre Farbe; manchmal nehmen sie ein helles Purpurrot an. Der 1,2 m hohe Strauch wächst dicht und aufrecht. Er trägt zahlreiche kleine, dunkelgrüne Blätter und bewehrte Triebe. Diese einmalblühende Rose ist für einen kleinen Garten oder eine Hecke bestens geeignet. **ZONEN 4–9.**

ROBERT, FRANKREICH, 1853
ELTERN UNBEKANNT

'Geraldine' PEAhaze
(ganz unten)
FLORIBUNDA, ORANGE+, ÖFTER BLÜHEND

Die Blüten dieser Floribundarose sind von einem ungewöhnlichen Orangeton, unter praller Sonne verblassen sie jedoch allmählich. Rundliche Knospen, die in Büscheln zusammensitzen, öffnen sich zu gefüllten Blüten von mittlerer Größe. Die mittleren Petalen sind dicht gekräuselt; sie rollen sich erst später nach außen und bilden dann eine Becherform. Diese Sorte eignet sich außerordentlich für Beete oder Rabatten. Die Blumen verströmen einen schwachen Duft und erscheinen in großer Zahl den ganzen Sommer und Herbst über. Von ihrer Gestalt her ist 'Geraldine' aufrecht mit einigen sich ausbreitenden Trieben. Sie erreicht knapp mittlere Höhe und ist von hellgrünem, leicht glänzendem Laub bedeckt. **ZONEN 4–9.**

PEARCE, GROSSBRITANNIEN, 1984
SÄMLING × SÄMLING

'Geranium' *(oben)*
Syn. *Rosa moyesii* 'Geranium'
STRAUCHROSE, MOYESII-HYBRIDE, ROT

Es gibt viele Formen von *Rosa moyesii*, und diese hier eignet sich vortrefflich für den Garten. Sie wächst etwas gedrungener als andere Moyesii-Hybriden. Die kleinen bis mittelgroßen, einfachen Blüten sind leuchtend geranienrot mit cremefarbenen Staubgefäßen. Im Sommer erscheinen sie zahlreich, blühen jedoch nicht nach und duften sehr schwach. Im Herbst sorgen leuchtend dunkelorangerote Hagebutten für ein eindrucksvolles Schauspiel. Sie sind etwas größer und glatter als die Blüten der Wildform. Diese Rose macht sich gut in einer gemischten Rabatte und benötigt einen Standort, wo sie natürlich wachsen kann, da sie beinahe doppelt so hoch wie eine normale Strauchrose wird und herabhängende Triebe hat. Sie trägt zierliche, ziemlich hellgrüne Blätter.
ZONEN 4–9.

ROYAL HORTICULTURAL SOCIETY, GROSSBRITANNIEN, 1938
SORTE VON *ROSA MOYESII*
ROYAL HORTICULTURAL SOCIETY AWARD OF GARDEN MERIT 1993

'Gerbe Rose'
(ganz oben)
GROSSBLUMIGE KLETTERROSE, HELLROSA, ETWAS NACHBLÜHEND

Diese entzückende Sorte bringt zahlreiche Büschel mit bis zu zehn rosafarbenen Blüten hervor. Diese sind dicht gefüllt, mittelgroß bis groß und öffnen sich becherförmig mit krausen, gefalteten Petalen, die einen Blick auf die im Innern der Blüte liegenden, gelben Staubgefäße erlauben. Ihr Duft ähnelt dem der Pfingstrose und ist besonders am Abend wahrzunehmen. Der Hauptflor ist im Frühsommer, später erscheinen einzelne, weitere Blüten. Die Sorte ist weniger wuchsfreudig als die meisten anderen Ramblerrosen und kann sehr gut an einer Säule oder Mauer (nicht aber in Südlage) oder als einzelne Pflanze gezogen werden. Sie hat glattes, rötliches Holz und dunkelgrünes, robustes Laub.
ZONEN 4–9.

FAUQUE, FRANKREICH, 1904

ROSA WICHURAIANA × 'BARONESS ROTHSCHILD'

'Gertrude Jekyll'
AUSbord *(links)*
STRAUCHROSE, REIN ROSA, ÖFTER BLÜHEND

Die großen, dicht gefüllten Blüten von 'Gertrude Jekyll' entfalten sich ähnlich wie die der Alten Rosen, und der Vergleich wird durch ihren süßen Duft und die üppige, dunkelrosa Farbe noch bekräftigt. Sie blüht vom Sommer bis in den Herbst und ist eine der besten „Englischen Rosen" für gemischte Beete und Rabatten. Zusammen mit 'Jacqueline du Pré' gepflanzt, zeigt diese Rose besonders große Wirkung. In kühleren Gegenden ist die Pflanze wuchsfreudig, wird mittelhoch und hat eine etwas ungleichmäßige, schlanke Gestalt. In warmen Gegenden wird sie deutlich höher und könnte fast als Kletterrose kultiviert werden. Die Sorte trägt dichtes graugrünes Laub. Miss Gertrude Jekyll (1843–1932) hat durch ihre Bücher und praktischen Arbeiten die Gartenarchitektur, besonders bei Pflanzungen nach Farbthemen, stark beeinflusst. ZONEN 4–9.

AUSTIN, GROSSBRITANNIEN, 1986

'WIFE OF BATH' × 'COMTE DE CHAMBORD'

ROYAL HORTICULTURAL SOCIETY AWARD OF GARDEN MERIT 1994

'Ghislaine de Féligonde'
RAMBLERROSE, HELLGELB, ÖFTER BLÜHEND

Diese Rose hat kleine, transparent zartgelbe, duftende Blüten mit einem orangefarbenen Anstrich, der später zu gelblich getönter, zarter Fleischfarbe verblasst. Sie sitzen in Rispen von 10–20 Blüten zusammen und können ein Farbspiel von Gelb zu Rosa, Orange oder Lachs entwickeln. Der Strauch ist mäßig wuchsfreudig, wird bis zu 2,4 m hoch und trägt wenig Stacheln, aber schönes hellgrünes Laub und dekorative rote Früchte. Als Strauch- oder Kletterrose kultiviert, fühlt er sich auf jedem Boden sowie im Halbschatten oder in der Sonne wohl. Die Pflanze bringt im Juni eine Fülle von Blüten und lässt weitere bis in den Herbst folgen, wenn man den Fruchtansatz verhindert. **ZONEN 6–9.**

TURBAT, FRANKREICH, 1916

'GOLDFINCH' × SÄMLING

'Gilbert Becaud' MEIridorio *(oben)*
TEEHYBRIDE, GELB+, ÖFTER BLÜHEND

Die gelben Außenseiten der dicken, kegelförmigen Knospen dieser Sorte lassen bereits gelbfarbene Blüten erahnen. Vollständig geöffnet kommt eine wunderbare Farbmischung aus Orange und Kupfer mit Gelb – alles zart blassrot geädert – zum Vorschein. Die großen, gefüllten Blüten sind hochgebaut und wohlgeformt; sie haben einen schwachen Duft. Für die Vase schneidet man sie früh. Die Pflanze hat eine aufrechte, buschige Wuchsform und eignet sich gut für Beete. Sie trägt dekoratives, mattgrünes Laub, das im Austrieb bronzefarben ist. **ZONEN 5–9.**

MEILLAND, FRANKREICH, 1979

('GLORIA DEI' × 'MRS JOHN LAING') × 'BETTINA'

'Gilda' *(oben)*
RAMBLERROSE, DUNKELROT/MAUVE

Diese Rose hat dicht gefüllte, mittelgroße, gestreifte Blüten, die, wenn sie verblühen, eine Kombination von Rot und Violett aufweisen und schließlich mauvegrau werden. Direkte Sonneneinwirkung lässt das Rot der geöffneten Blüten verblassen. 'Gilda' ist ein kletternder Strauch mit aufrechtem Wuchs. Im Juni sind die langen Triebe voller Blüten, die aber nicht duften. Winterhart. **ZONEN 4–9.**

GESCHWIND, ÖSTERREICH-UNGARN, 1887
ELTERN UNBEKANNT

'Gina Lollobrigida' MEllivar *(oben)*
Syn. 'Children's Rose', 'The Children's Rose'
TEEHYBRIDE, GOLDGELB, ÖFTER BLÜHEND

Die Blüten dieser Rose sind von einem intensiven, nicht verblassenden Goldgelb und mit breiten, kräftigen Blütenblättern dicht gefüllt. Sie öffnen sich wie Zentifolien und sorgen im Garten für ein verwegenes Schauspiel leuchtender Farben. Sie ergeben haltbare Schnittblumen; bei nasser Witterung bilden sie Mumien. Die Sorte eignet sich eher für Rabatten als für Beete, da sie höher wird als der Durchschnitt. Die Blüten sitzen auf den langen, steifen Trieben wie Lutscher am Stiel. Diese unvorteilhafte Wuchsform kann durch niedrige Stauden im Vordergrund kaschiert werden. Die Blüten duften schwach und erscheinen recht zahlreich den ganzen Sommer und Herbst in Anbetracht ihrer Größe. Die Blätter sind groß und üppig dunkelgrün. Mit dem Verkauf von 'Gina Lollobrigida' wird eine britische Kinderhilfsorganisation unterstützt. **ZONEN 4–9.**

MEILLAND, FRANKREICH, 1990
MEIDRAGELAC × MEIKINOSI

'Gingernut' COCcrazy
ZWERGROSE, ROSTROT, ÖFTER BLÜHEND

Die Farben dieser Rose sind in der Tat ungewöhnlich: Die Außenseiten der Blütenblätter sind rötlich orange, während die Innenseiten bronzeorangefarben leuchten, mit orangerosa Anstrich zu den Spitzen hin. Die Blüten, obwohl recht klein, tragen mehr als 40 Petalen, die Reihe um Reihe angeordnet sind und so die wunderschönen Farbtöne zur Geltung bringen. Sie sitzen zu mehreren in gut verteilten Büscheln, die unermüdlich den ganzen Sommer und Herbst hindurch erscheinen. Sie sind wetterfest und duften schwach würzig. 'Gingernut' ist eine interessante Rose für kleine Flächen oder Gefäße. Die Pflanze ist kompakt, reich verzweigt und sehr niedrig. Sie trägt glänzendes, mittelgrünes Laub. **ZONEN 4–9.**

COCKER, GROSSBRITANNIEN, 1989

('SABINE' × 'CIRCUS') × 'MINUETTO'

'Gingersnap' *(oben)*
Syn. 'Apricot Prince', 'Prince Abricot'
FLORIBUNDA, ORANGE+, ÖFTER BLÜHEND

Die Form der geöffneten Blüten ist sehr reizvoll. Lange, urnenförmige Knospen entfalten sich zu großen, dicht gefüllten Blüten mit breiten Blütenblättern, die sich überlappen und sich vollständig geöffnet dann auch kräuseln. Die Farbe ist ein lebhafter, dunkler Mandarinton, der zum Petalenrand hin orangerot wird. Die Blüten verströmen einen fruchtigen Duft und erscheinen unermüdlich den ganzen Sommer und Herbst hindurch. Diese Floribundarose eignet sich für Beete und Rabatten. Da die Blüten auf langen Stielen wachsen, bieten sie sich für die Vase an. Die Pflanze wächst aufrecht und hat eine buschige Gestalt von gut mittlerer Höhe. Sie trägt dichtes dunkelgrünes, glänzendes Laub und entwickelt sich in warmen Lagen am besten. **ZONEN 4–9.**

DELBARD-CHABERT, FRANKREICH, 1978

('ZAMBRA' × ['ORANGE TRIUMPH' × 'FLORADORA']) × ('JEAN DE LA LUNE' × ['SPARTAN' × 'MANDRINA'])

'Gipsy'
Syn. 'Kiboh', 'Gipsy Carnival', 'Kibō', 'Lovita'
FLORIBUNDA, ORANGEROT, ÖFTER BLÜHEND

Von manchen wird 'Gipsy' als Teehybride angesehen. Büschel großer Blüten bedecken den aufrechten, starkwüchsigen Busch. Die orangeroten Blüten mit gelber Rückseite sind becherförmig, gefüllt und leicht duftend. Das Laub ist dunkelgrün und matt glänzend, die Stacheln sind nach unten gerichtet. Sie hat ihre beiden Goldmedaillen wirklich verdient. **ZONEN 4–9.**

SUZUKI, JAPAN, 1986

'LIBERTY BELL' × 'KAGAYAKI'
MONZA TRIAL GOLD MEDAL 1985, THE HAGUE GOLD MEDAL 1985

'Gipsy Boy' *(oben)*
Syn. 'Zigeunerknabe'
ALTE R., BOURBONROSE, DUNKELROT

Diese Bourbonrose stand fast ein Jahrhundert lang ganz oben auf der Liste der beliebtesten Rosen. Die violettpurpurfarbenen Blüten sind mittelgroß, halb gefüllt, schalenförmig mit auffallend goldgelben Staubgefäßen in der Mitte, die von zitronengelben Staubbeuteln umrahmt werden. Sie verströmen einen zarten Duft. Üppiges, dunkelgrünes Laub bedeckt die überhängenden Triebe einer sehr gesunden Pflanze, die als große Strauchrose oder Kletterrose kultiviert werden kann. Sie eignet sich auch als dekorative Hecke, da sie Stacheln und orangerote Hagebutten trägt. Neue Triebe wachsen aus der Basis nach.
ZONEN 4–9.

LAMBERT, DEUTSCHLAND, 1909

HYBRIDE VON 'RUSSELLIANA'

'Gitte' KORita *(rechts)*
Syn. 'Peach Melba'
TEEHYBRIDE, APRICOT+,
ÖFTER BLÜHEND

In wärmeren Regionen öffnen sich die langen, spitzen Knospen zu Blüten in warmen Kupfer- und Apricottönen; diese sind an den Spitzen orangerot, zur Blütenmitte hin hellgelb und rosa gefärbt. Die aus über 30 kräftigen Petalen bestehenden, sehr großen symmetrischen Blüten sitzen auf kräftigen Stielen und duften angenehm. Die Pflanze wird mittelhoch, ist buschig und reich verzweigt; das dunkle Laub ist leicht glänzend. Sie ist nicht für kalte Lagen geeignet.
ZONEN 4–9.

KORDES, DEUTSCHLAND, 1978
(['DUFTWOLKE' × 'PEER GYNT'] ×
[['DR A. J. VERHAGE' × 'KÖNIGIN
DER ROSEN'] × 'ZORINA'])

'Givenchy' AROdousna
(rechts)
Syn. 'Paris Pink'
TEEHYBRIDE, ROT+,
ÖFTER BLÜHEND

Die Farbe dieser Rose variiert in Abhängigkeit von der Lichtintensität. Normalerweise ist sie im Garten rosa mit hellrosafarbener Rückseite. Aber Kombinationen von Orange, Gelb und Rot kommen ebenso vor wie ein Himbeerrot am Blütenrand, wie es auch bei ihrer Vatersorte 'Double Delight' beobachtet wird. Die hochgebauten Blüten tragen etwa 30 Petalen, die für eine gute Ausstellungsrose ausreichen; zu diesem Zweck müssen überschüssige Seitenknospen entfernt werden. 'Givenchy' – benannt nach einem Pariser Parfumhersteller – verströmt einen wunderbaren Duft. Die Blühfreudigkeit hält den ganzen Sommer und Herbst an, weshalb diese Sorte sich hervorragend für den Garten eignet. Sie wird mittelhoch, hat eine buschige Gestalt und trägt dunkelgrünes Laub.
ZONEN 4–9.

CHRISTENSEN, USA, 1986
'GINGERSNAP' × 'DOUBLE DELIGHT'

'Glad Tidings'
TANtide (rechts)
Syn. 'Lübecker Rotspon', 'Peter Wessel'
FLORIBUNDA, DUNKELROT, ÖFTER BLÜHEND

Diese Sorte trägt auffällige Büschel samtiger, dunkelkarminroter Blüten auf kräftigen, aufrechten Stielen. Die mittelgroßen Blüten haben etwa 20 krause Petalen und öffnen sich zu schönen, becherförmigen Rosetten, die dekorative Staubgefäße zeigen. Sie duften zwar nur schwach, erscheinen aber unermüdlich den ganzen Sommer und Herbst. Sie sind äußerst widerstandsfähig gegen Nässe. Diese Sorte eignet sich gut für Ausstellungen und für die Vase, da die Blüten sehr langlebig sind; sie ist aber auch eine ausgezeichnete Gartenrose, sollte jedoch vorsorglich gegen Sternrußtau behandelt werden. Die Pflanze wächst aufrecht, buschig und wird kaum mittelhoch. Sie trägt glänzend dunkelgrünes Laub.
ZONEN 4–9.

TANTAU, DEUTSCHLAND, 1989
SÄMLING × SÄMLING
ROYAL NATIONAL ROSE SOCIETY TRIAL GROUND CERTIFICATE 1988, BRITISCHE ROSE DES JAHRES 1989, DURBANVILLE GOLDMEDAILLE 1991

'Gladsome' (links)
RAMBLERROSE, REIN ROSA

Diese Ramblerrose trägt große Rispen leuchtend rosafarbener, einfacher Blüten und üppiges, mittelgrünes Laub. Jede Blüte hat ein helles Auge mit goldgelben Staubgefäßen, die Petalen sind also am Grunde beinahe weiß. 'Gladsome' ist eine empfehlenswerte Sorte, um Mauern oder Zäune zu kaschieren; sie kann auch an einer Säule gezogen werden.
ZONEN 5–9.

CLARK, AUSTRALIEN, 1937
ELTERN UNBEKANNT

'Glamis Castle'

AUSlevel *(rechts)*
STRAUCHROSE, WEISS,
ÖFTER BLÜHEND

Die Blüten von 'Glamis Castle' sitzen in kleinen Büscheln zusammen. Sie sind sehr groß und haben 40 oder mehr Petalen. Sie öffnen sich flach becherförmig, wobei die spitzen Petalenränder sichtbar werden und sehr reizvoll wirken. Die Grundfarbe ist Cremeweiß, mit einer hautfarben überhauchten Blütenmitte. Die Blüten duften streng nach Myrrhe und sind regenfest. Sie erscheinen unermüdlich den ganzen Sommer und Herbst hindurch – alles Eigenschaften, die diese Sorte zu einer guten Gartenrose für gemischte Rabatte machen. Die Pflanze wird mittelhoch und ist ein dünnzweigiger, aber ziemlich reich blühender Strauch. Die Blätter sind etwas glänzend und mittelgrün, aber recht anfällig für Mehltau. Diese Rose wurde nach dem schottischen Familiensitz der Bowes Lyon benannt, wo auch Mitglieder des englischen Königshauses geboren wurden und einen Teil ihrer Kindheit verbrachten.
ZONEN 4–9.

AUSTIN, GROSSBRITANNIEN, 1992

'GRAHAM THOMAS' ×
'MARY ROSE'

'Glastonbury'

(oben)
STRAUCHROSE, ROT+,
ÖFTER BLÜHEND

Obwohl relativ neu, ist diese Rose nur bei wenigen Züchtern erhältlich. Die Sorte bringt runde Knospen hervor, die manchmal einzeln, manchmal bis zu fünf Blüten in Büscheln zusammensitzen. Sie entfalten sich zu gefüllten, dunkelkarminroten bis dunkel- purpurfarbenen Blüten. Sie können bis zu 50 Petalen besitzen, wodurch die Blumen sehr schwer werden, bei Regen zur Mumienbildung neigen und sich nicht öffnen; auch kann der Stiel unter dem zusätzlichen Gewicht durch Nässe abknicken. Sie duften streng und blühen gut nach. Die Pflanze hat eine offene, ziemlich ausladende Wuchsform, wird knapp mittelhoch und trägt spärliches, mittelgrünes Laub. ZONEN 4–9.

AUSTIN, GROSSBRITANNIEN, 1981

'THE KNIGHT' × SÄMLING

'Glenfiddich' *(rechts)*
FLORIBUNDA, GOLDGELB, ÖFTER BLÜHEND

Die wirkliche Farbe dieser Rose ist ein helles Bernsteingelb, ein klarer und sanfter Ton ähnlich einem bestimmten Whisky. Die Blüten bestehen aus 25 großen Petalen, sind locker gefüllt und recht groß für eine Floribundarose. Sie sitzen einzeln oder zu mehreren in weiten Büscheln auf kräftigen Stielen und bilden einen schönen Kontrast zu den glänzend dunkelgrünen Blättern. Die Blühfreudigkeit ist lang anhaltend, die Blüten scheinen jedoch in kühleren Regionen größer und edler zu sein; heiße Sonne lässt sie zu Hellgelb verblassen. Sie verströmen einen angenehmen, süßlichen Duft. Die Rose eignet sich gut für Hecken, Beete oder Gruppenpflanzungen, aber auch für die Vase. Die Pflanze ist wuchsfreudig, wird durchschnittlich hoch und hat eine aufrechte Gestalt. **ZONEN 4–9.**

COCKER, GROSSBRITANNIEN, 1976

'ARTHUR BELL' × ('SABINE' × 'CIRCUS')

'Gloire de Chédane-Guinoisseau' *(links)*
ALTE R., REMONTANTROSE, ROT

Die Blüten dieser Rose sind leuchtend karminrot, gefüllt und blühen gelegentlich nach. Sie sind becherförmig, sehr groß und setzen sich aus mehr als 40 Petalen zusammen. Der hohe Busch ist kräftig, aufrecht und bewehrt. Er trägt dunkelgrünes Laub und kräftige Blütenstiele. Ursprünglich wurde die Rose für Topfkulturen und Ausstellungen empfohlen. Sie ist für Liebhaber immer noch erhältlich, wenn auch nicht so häufig wie die Elternsorte 'Gloire de Ducher'. **ZONEN 5–9.**

CHÉDANE-PAJOTIN, FRANKREICH, 1907

'GLOIRE DE DUCHER' × SÄMLING

'Gloire de Dijon'

(rechts)
Syn. 'Old Glory'

ALTE R., KLETTERNDE TEEROSE, ORANGEROSA, ETWAS NACHBLÜHEND

Diese wunderschöne kletternde Teerose zählt zu den beliebtesten Rosen der Welt. Dicke, plumpe Knospen entfalten sich zu großen, üppig hautrosafarbenen Blüten, die rund, dicht gefüllt, kraus und geviertelt sind. Die mittleren Petalen sind apricotfarbig, die äußeren verblassen in der Sonne rasch. Ihr Duft ist sehr angenehm. Die wuchsfreudige Kletterpflanze eignet sich gut für Mauern oder Säulen. Die rötlichen Triebe sind mit hakenförmig gebogenen Stacheln besetzt und sollten herabgebogen werden, damit sich Seitentriebe bilden können und mehr Blüten gebildet werden. Diese erscheinen von Sommer bis zum ersten Frost, mögen aber keine Nässe. **ZONEN 5–9.**

JACOTOT, FRANKREICH, 1853
'SOUVENIR DE LA MALMAISON' × 'DESPREZ À FLEURS JAUNES'
ERSTER PREIS DER GARTENAUSSTELLUNG DIJON 1852, PARIS GOLDMEDAILLE 1853, ROYAL HORTICULTURAL SOCIETY AWARD OF GARDEN MERIT 1993

'Gloire de Ducher'

(rechts)
Syn. 'Germania'

ALTE R., REMONTANTROSE, DUNKELROT, ETWAS NACHBLÜHEND

Die dunkelroten Blüten erreichen einen Durchmesser von etwa 10 cm, sind gefüllt und in der Mitte kastanienbraun. Die gekräuselten Blütenblätter drängen und falten sich dicht um ein Auge herum zusammen. Die Blüten erscheinen im Sommer, doch die schönsten sind im Herbst zu sehen, sofern einige nachblühen. Die herabhängenden, leicht rötlichen Triebe werden über 2 m lang und sind mit hakenförmigen Stacheln besetzt. Die Pflanze kommt am besten an einer Mauer zur Geltung; ein waagerechtes Festbinden der Triebe erhöht die Blühfreudigkeit. Anfällig für Mehltau. **ZONEN 5–9.**

DUCHER, FRANKREICH, 1865
ELTERN UNBEKANNT

'Gloire de France' *(rechts)*
Syn. 'Glory of France'
ALTE R., GALLICA-ROSE, HELLROSA

Diese Gallica-Rose verändert je nach Sonne oder Schatten ihre Blütenfarbe und scheint eine Zentifolien-Hybride zu sein. Die gefüllten, ungleichmäßig gevierten, rosafarbenen Blüten sind in der Mitte kirschrot. Ihr rosafarbener Blütenrand verblasst zu Hellpurpur. Die kräftig ausladenden und überhängenden Triebe bilden ein Dickicht, das im Frühsommer mit Blüten übersät ist. Die Pflanze trägt weiches, graugrünes Laub.
ZONEN 4–9.
BIZARD, FRANKREICH, 1828
ELTERN UNBEKANNT

'Gloire de Guilan'
(rechts)
ALTE R., DAMASZENERROSE, ROSA

Die mittelgroßen, duftenden Blüten, die zunächst becherförmig sind, werden später flacher und geviertelt; ihre Blütezeit ist nur im Juni. Die Blumen sind von einem üppigen, klaren Rosa und setzen sich aus zurückgekrümmten Petalen zusammen. Der hohe, aber auch ausladende Strauch kann ungeschnitten und bei guten äußeren Bedingungen bis zu 1,8 m hoch sowie fast genauso breit werden. Er trägt zahlreiche kleine, hakenförmige Stacheln und mittelgrünes, fein strukturiertes Laub. Diese blühfreudige Sorte benötigt ausreichend Platz und toleriert nährstoffarme Böden.
ZONEN 5–9.
EINGEFÜHRT VON HILLING, GROSSBRITANNIEN, 1949
ELTERN UNBEKANNT

'Gloire des Mousseux' *(rechts)*

Syn. 'Gloire des Mousseuses', 'Madame Alboni'

ALTE R., MOOSROSE, REIN ROSA

Die Knospen und Blütenkelche dieser Rose sind mit hellgrünem Moos dicht überzogen. Die Blüten sind etwa 10 cm groß und setzen sich aus zahlreichen rosafarbenen Petalen zusammen, die vollständig geöffnet kissenartig wirken. Beim Verblühen verblassen die Blumen fast zu einem hauchzarten Rosa. Der stattliche Strauch wird 1,8 m hoch und ist von kräftiger Wuchsform. Das üppige Laub ist hell- bis mittelgrün. ZONEN 4–9.

LAFFAY, FRANKREICH, 1852
ELTERN UNBEKANNT

'Gloire des Rosomanes' *(rechts)*

Syn. 'Jupiter's Lightning', 'Ragged Robin', 'Red Robin'

ALTE R., CHINAROSE, ROT, ETWAS NACHBLÜHEND

Diese Chinarose, eine der frosthärtesten Rosen, die je aus Chinarosen gezüchtet wurden, wird von einigen Rosenzüchtern den Bourbonrosen zugeordnet. Die Blütezeit dauert vom Frühling bis zum Herbst und beginnt mit zierlichen, spitzen Knospen, die sich zu kastanienbraunen oder karminroten, weiß gestreiften Blüten entwickeln. Die offenen, nicht einmal halb gefüllten, sehr großen, breit becherförmigen Blüten sitzen in Büscheln zusammen und werden bei heißem Wetter purpurfarben. 'Gloire des Rosomanes' ist ein wuchsfreudiger, aufrechter Busch von 1,5 m Höhe, dessen lange Triebe mit Stacheln besetzt sind. Die Pflanze gedeiht noch gut auf nährstoffarmem Boden und bildet zahlreiche orangefarbene Hagebutten. ZONEN 7–9.

VIBERT, FRANKREICH, 1825
ELTERN UNBEKANNT

'Gloire Lyonnaise'
(oben)
ALTE R., REMONTANTROSE,
WEISS, ETWAS NACHBLÜHEND

Die Blüten sind becherförmig, cremeweiß und mit zahlreichen feinen Petalen sehr dicht gefüllt. Die sehr großen, duftenden Blüten sind etwas flach; im Schatten werden sie chromgelb. Der blühfreudige Strauch trägt dunkelgrünes, ledriges Laub, einige Stacheln und ist sehr krankheitsfest. Er sollte leicht geschnitten werden. ZONEN 5–9.

GUILLOT, FRANKREICH, 1885

'BARONESS ROTHSCHILD' × 'MME FALCOT'

'Gloria Mundi'
POLYANTHAROSE, ORANGEROT,
ÖFTER BLÜHEND

Vor dem 2. Weltkrieg wurde diese Rose als orangefarbene Sorte geführt. Orangetöne waren ein wichtiger Durchbruch in der Farbgebung; der Farbstoff Pelargonidin, der normalerweise nur in Geranien vorkommt, wurde nun auch in der Rosenzucht genutzt. Die ersten derart behandelten Rosen waren 'Gloria Mundi' und 'Paul Crampel', beides Mutationen von 'Superb'. Obwohl nicht 'Gloria Mundi', sondern erst 'Kordes' Sondermeldung' (1950) dieses Zuchtmerkmal weitergeben sollte, wurde diese holländische Sorte dennoch sehr populär. Die kleinen gefüllten, rosettenförmigen Blüten sitzen in Büscheln zusammen und erscheinen unermüdlich den ganzen Sommer und Herbst über. Früher wurden sie überall für Hecken und Beete in öffentlichen Parks und Gärten verwendet. Einige Triebe schlugen in die Elternform zurück und wiesen eine weniger attraktive Kombination von Scharlach- und Magentarot auf; aus diesem Grunde verloren manche Polyantharosen in der Folgezeit sehr an Beliebtheit. ZONEN 4–9.

DE RUITER, NIEDERLANDE, 1929
SPORT VON 'SUPERB'

'Gloriana 97' CHEwpope *(unten)*
KLETTERNDE ZWERGROSE, MAUVE, ÖFTER BLÜHEND

Die gefüllten, mittelgroßen Blüten dieser hohen Kletternden Zwergrose tragen je 15–25 mauverosafarbene Petalen mit dunkelfliederfarbener Unterseite. Sie sitzen in der Regel in kleinen Büscheln inmitten von matt glänzendem, mittelgrünem Laub und verströmen einen schwachen Duft. **ZONEN 5–11.**

WARNER, GROSSBRITANNIEN, 1997

ELTERN UNBEKANNT

'Glory of Edsell' *(unten)*
Syn. 'Glory of Edzell'
ALTE R., PIMPINELLIFOLIA-HYBRIDE, HELLROSA

Dies ist eine der im Frühjahr als erste blühenden Rosen. Sie bringt klar rosafarbene, einfache Blüten mit weißer Mitte hervor, die sich schalenförmig entfalten und große, dekorative Staubgefäße enthüllen. Der 1,8 m hohe Strauch fühlt sich im Halbschatten wohl. Zahlreiche kleine, farnartige Blätter bedecken die aufrechten, bewehrten Triebe. Die Pflanze eignet sich gut für einen naturnahen Garten oder Hecken. Wie andere Pimpinellifolia-Hybriden blüht auch 'Glory of Edzell' nur von Mai bis Juni. **ZONEN 5–9.**

VOR 1900

ELTERN UNBEKANNT

'Goethe'
(rechts)
ALTE R., MOOSROSE, MAUVE+

Dies ist ein hoher, stark wuchernder Busch, wie man es bei einer Hybride solch ungewöhnlicher Eltern auch erwarten kann. Wie bei der hier beschriebenen 'Goethe' wurde *Rosa multiflora* oft zur Züchtung von Ramblerrosen eingesetzt. Die Pflanze ist stark bewehrt, die Knospen sind dicht von braunem Moos überzogen. Die einfachen Blüten in dunklem Magentarot bis Rosa verfügen über gelbe Staubgefäße und blühen nur einmal im Frühsommer. ZONEN 5–9.

LAMBERT, DEUTSCHLAND, 1911
ROSA MULTIFLORA × UNBESTIMMTE MOOSROSE

'Gold Badge' MEIgronuri
(rechts)
Syn. 'Rimosa 79', 'Gold Bunny'
FLORIBUNDA, GELB, ÖFTER BLÜHEND

Diese gelbe Rose ist in warmen Gebieten sehr beliebt und wird aufgrund ihrer klaren, nicht verblassenden Farbe, ihres angenehmen Duftes sowie der reichen und dauerhaften Blüte sehr geschätzt. Die kegelförmigen Knospen entfalten sich zu zitronengelben, dichten Blüten, deren Petalen sich wellenförmig ineinander verknäulen. Die Blumen haben eine klassische Edelrosenform und sind voll entfaltet ziemlich groß. Sie sind haltbar und eignen sich gut für die Vase, aber auch für Beete und Hecken. Obwohl die Blüten wetterfest sind, scheinen sie in kühleren Lagen zu verblassen und sind anfällig für Sternrußtau und Rostpilze. Die Pflanze ist wuchsfreudig, wird aber kaum mittelhoch. Sie trägt dichtes, glänzend dunkelgrünes Laub. **'Climbing Gold Badge'** (MEIgro-nurisar; Syn. 'Climbing Gold Bunny', 'Climbing Rimosa'; Meilland, Frankreich, 1991) ist ein Sport von 'Gold Badge'. Dieser Sport gewann 1991 in Baden-Baden und Saverne jeweils eine Goldmedaille. ZONEN 4–9.

PAOLINO, FRANKREICH, 1978
'RUSTICANA' × ('CHARLESTON' × 'ALLGOLD')

'Gold Glow' (rechts)
TEEHYBRIDE, GOLDGELB, ÖFTER BLÜHEND

Die Blüten dieser Teehybride können tatsächlich jeweils bis zu 120 Blütenblätter in einem leuchtenden Gelb tragen. Sie entfalten sich ähnlich wie gefüllte Dahlien, sind am Rand gekräuselt und können bei sehr heißem Wetter etwas verblassen. Die großen Blumen sitzen auf einzelnen Stielen, sind lange haltbar und duften allerdings nur schwach. 'Gold Glow' ist recht wuchsfreudig, hat eine aufrechte Gestalt und trägt dunkles, glänzend ledriges Laub. ZONEN 5–9.

PERRY/CONKLIN, USA, 1959

'FRED HOWARD' × 'SUTTER'S GOLD'

'Gold Medal'
AROyqueli (rechts)
Syn. 'Golden Medal'
TEEHYBRIDE, GELB, ÖFTER BLÜHEND

In den USA wird sie als Grandiflora-Rose bezeichnet, aber die Blütengröße kennzeichnet sie als Edelrose. Die Blüten sitzen gewöhnlich in offenen Büscheln zusammen, manchmal auch einzeln und entfalten sich von rundlichen Knospen zu einer klassischen Edelrosenform mit hochgebauter Mitte, während die äußeren Blütenblätter sich vollständig öffnen. Die Grundfarbe ist ein leuchtendes Goldgelb, manchmal orange und hellrot gestreift. Sie haben einen angenehmen, fruchtigen Duft. Für ein Beet, eine Gruppenpflanzung, eine Hecke und dort, wo eine hochwüchsige Rose mit großer Blühfreudigkeit bis in den Herbst gewünscht wird, ist sie eine ausgezeichnete Wahl; daneben eignen sich auch sehr gut für die Vase. Die überdurchschnittlich hohe Pflanze ist wuchsfreudig und trägt dichtes, dunkelgrünes Laub. ZONEN 5–9.

CHRISTENSEN, USA, 1982

'YELLOW PAGES' × 'SHIRLEY LANGHORN'

NEW ZEALAND GOLD STAR OF THE SOUTH PACIFIC 1983

'Goldbusch' *(rechts)*
STRAUCHROSE, GELB, ÖFTER BLÜHEND

Dieser Strauch sollte nur dort gepflanzt werden, wo er ausreichend Platz vorfindet. Er bringt Büschel mit bis zu 20 rosafarbenen Knospen hervor, die sich zu mittelgroßen bis großen, halb gefüllten Blüten in einem schönen blassen Goldgelb öffnen. Die Blumen sind locker geformt, entfalten sich becherförmig und haben gekräuselte Petalen, die dekorative goldgelbe Staubgefäße halb verdecken. Sie verströmen einen schwachen, aber angenehmen Duft und erscheinen im Juni zahlreich und gelegentlich im Herbst auf herabhängenden Stielen. Sie wird doppelt so hoch wie eine gewöhnliche Strauchrose und hat eine ausladende, überhängende Gestalt. In wärmeren Lagen lässt sie sich sehr gut als Kletterrose oder in Säulenform ziehen. Das ledrige Laub ist hellgrün und besitzt eine Idee von Duft, was der Pollen-Elternsorte zu verdanken ist. **ZONEN 4–9.**

KORDES, DEUTSCHLAND, 1954
'GOLDEN GLOW' × ROSA RUBIGINOSA-HYBRIDE

'Golden Celebration'
AUSgold *(rechts)*
STRAUCHROSE, GOLDGELB, ÖFTER BLÜHEND

Die runden Knospen dieser Rose entfalten sich zu großen, becherförmigen Blüten mit offener Mitte. Sie sind dicht gefüllt und haben eine ungewöhnliche Form: Die größeren Blütenblätter bilden außen einen Ring und überlappen sich, während der Blütengrund voller kleiner gefalteter und krauser Petalen steht. Ihr goldgelber Farbton ist kräftiger als bei den meisten anderen „Golden"-Rosen. Sie verströmen einen intensiven Duft und blühen den ganzen Sommer und Herbst hindurch. Bei Nässe und Regen können die Stiele unter dem Gewicht der nassen Blüten leicht knicken. Die Pflanze trägt dunkles, glänzendes Laub, wächst zu einem runden Strauch von durchschnittlicher Höhe heran und eignet sich gut für Randbeete. 'Golden Celebration' wird auch als Englische Rose eingestuft. **ZONEN 4–9.**

AUSTIN, GROSSBRITANNIEN, 1992
'CHARLES AUSTIN' × 'ABRAHAM DARBY'

'Golden Chersonese' HILgold
(oben)
STRAUCHROSE, GELB

Dies ist eine interessante Kreuzung aus *Rosa ecae*, einer Art, die in kalten Klimazonen nicht einfach zu kultivieren ist, und 'Canary Bird', einer wuchsfreudigeren *R. xanthina*-Hybride. Die Nachkommenschaft vereinigt das intensive Gelb der ersten mit der Wuchsfreudigkeit der zweiten Elternsorte. Die duftenden Blüten gleichen leuchtenden Butterblumen und sitzen ganz dicht auf langen, herabhängenden Trieben. Sie erscheinen im Frühling und gehören mit zu den ersten Rosen des Jahres. Das Holz ist rötlich, die kleinen, hellgrünen Blätter sind farnähnlich. Die Pflanze gedeiht am besten dort, wo sie nicht geschnitten werden muss, mit Ausnahme von einzelnen, abgestorbenen Trieben. Sie wächst aufrecht, etwas schmal und hat überhängende Triebe. Sie wird höher als eine normale Strauchrose und sollte einen wind- und frostgeschützten Platz erhalten.
ZONEN 5–9.
ALLEN, GROSSBRITANNIEN, 1969
ROSA ECAE × 'CANARY BIRD'

'Golden Delight'
(rechts)
FLORIBUNDA, GELB, ÖFTER BLÜHEND

'Golden Delight' besitzt eine kompakte Wuchsform und bleibt recht niedrig. Die freundlich gelben Blüten tragen fast 60 Petalen und sitzen in dichten Büscheln zusammen. Vollständig geöffnet haben sie eher eine Becherform. Die Blütenblätter sind so gegeneinander gefaltet, dass die Staubgefäße durchblitzen können. Die Blüten verströmen einen süßen Duft; sie erscheinen den ganzen Sommer über und auch noch im Herbst. Auf einem fruchtbaren Boden und bei guten Wachstumsbedingungen ist diese Sorte eine hervorragende Beetrose. Dekoratives, glänzend dunkelgrünes Laub. ZONEN 4–9.
LEGRICE, GROSSBRITANNIEN, 1956
'GOLDILOCKS' × 'ELLINOR LEGRICE'

'Golden Holstein' KORtikel *(oben)*
Syn. 'Surprise'
FLORIBUNDA, GOLDGELB, ÖFTER BLÜHEND

Dies ist eine liebliche und ungewöhnliche Rose mit leuchtend goldgelben, fast einfachen Blüten, die aus nur zwölf ziemlich kleinen, welligen Petalen bestehen. Sie entfalten sich aus spitzen Knospen schalenförmig und stellen ihre dekorativen Staubgefäße zur Schau. Die Blumen sitzen dicht zusammengedrängt oben auf den Stielen und verströmen einen schwachen Duft. Sie erscheinen zahlreich und sind schlechtwetterfest, verblassen aber unter der heißen Sonne. Diese Rose eignet sich ausgezeichnet für gemischte Rabatten, wird aber gelegentlich von Mehltau befallen. Die Pflanze ist wuchsfreudig, von aufrechter Gestalt und durchschnittlicher Höhe. Sie trägt dunkelgrünes, glänzendes Laub. **ZONEN 4–9.**

KORDES, DEUTSCHLAND, 1989
ELTERN UNBEKANNT

'Golden Jubilee' COCagold
TEEHYBRIDE, GELB, ÖFTER BLÜHEND

Diese feine, wohl proportionierte Rose hat dicht gefüllte Blüten mit über 30 Petalen. Die Blüten sitzen in der Regel einzeln, manchmal auch zu dritt aufrecht auf geraden Stielen. Sie sind hochgebaut, und werden groß und symmetrisch, wenn die Blütenblätter sich vollständig öffnen. Die Farbe ist ein reiner Gelbton mit einem Hauch von Pink. Die Rose eignet sich gut für die Vase und den Garten, wenn sie in eine Rabatte gepflanzt wird. Die Blüten duften nur schwach und erscheinen den ganzen Sommer und Herbst hindurch; allerdings gibt es nach einem üppigen ersten Flor eine Blühpause. Die Pflanze ist wuchsfreudig, hat eine aufrechte, schlanke Gestalt und trägt große, mittelgrüne Blätter, die jahreszeitlich bedingt an Mehltau erkranken können. **ZONEN 4–9.**

COCKER, GROSSBRITANNIEN, 1981
'PEER GYNT' × 'GAY GORDONS'

'Golden Masterpiece'
(rechts)
TEEHYBRIDE, GELB, ÖFTER BLÜHEND

Die 30 Petalen dieser zitronengelben Rose sind lang und breit; sie entfalten sich sehr schön bei gutem Wetter, können aber bei Nässe Mumien bilden und verfallen. Bei Sonnenschein öffnet sich die Blütenmitte weit, und die Farbe kann verblassen. In der Regel sind die Blüten, wenn sie sich aus langen, spitzen Knospen entwickeln, elegant hochgebaut und duften ein wenig. Vor Jahren war sie eine sehr gefragte Rose für den Garten. Sie ist wuchsfreudig, wächst aufrecht, ist aber etwas anfällig für Sternrußtau. ZONEN 4–9.

BOERNER, USA, 1954
'MANDALAY' × 'SPEK'S YELLOW'
NATIONAL ROSE SOCIETY CERTIFICATE OF MERIT 1954

'Golden Scepter'
Syn. 'Spek's Yellow'
(unten rechts)
TEEHYBRIDE, GOLDGELB, ÖFTER BLÜHEND

Die Leuchtkraft der üppig goldgelben Farbe und die Farbbeständigkeit bei heißestem Wetter scheinen Rosenliebhaber gegen die Fehler dieser Teehybride blind zu machen. Ihr Wuchs ist unförmig, die Blüten mit 35 Petalen erscheinen in breiten Büscheln auf Stielen, die nicht kräftig genug sind, um sie alle zu tragen. Trotzdem wurde die Sorte wegen ihres üppigen Flors, der allgemeinen Robustheit und vor allem wegen der unglaublichen gelben Farbe zu einer der beliebtesten Rosen in der Mitte des 20. Jhs. Sie wurde gerne in Beete und Rabatten gepflanzt und als Schnittblume verwendet. Der Duft ist schwach, die Blühfreudigkeit hält bis zum Herbst an. Die Pflanze ist wuchsfreudig, wird bei schlankem Wuchs hoch und trägt glänzend ledriges Laub.

'Climbing Golden Scepter' (Syn. 'Climbing Spek's Yellow; Walters, USA, 1956) ist ein Sport von 'Golden Scepter'. Die Nachteile der Buschform sind bei der kletternden Rose weniger dramatisch, denn die schweren, herabhängenden Blütenbüschel befinden sich immer im Blickpunkt des Betrachters. Die wuchsfreudige Pflanze wird doppelt so hoch wie eine normale Kletterrose und ist daher schwer zu bändigen. Außerdem werden die Triebe schnell sehr steif, so dass die Rose früh, solange das Holz noch biegsam ist, angebunden werden sollte. Eine hohe Mauer ist der beste Platz für diese Rose. Die Triebe müssen seitlich gezogen werden, sonst verkahlt die Pflanze unten sehr schnell. Blüten und Blätter sehen genauso aus wie die der Buschform, aber nach dem Hauptflor im Juni bringt die Kletterform normalerweise keine Blüten mehr hervor. ZONEN 4–9.

VERSCHUREN-PECHTOLD, NIEDERLANDE, 1950
'GEHEIMRAT DUISBERG' × SÄMLING
NATIONAL ROSE SOCIETY TRIAL GROUND CERTIFICATE 1947

'Golden Showers'
(unten)
GROSSBLUMIGE KLETTERROSE, GELB, ÖFTER BLÜHEND

Diese Kletterrose verfügt über elegante Knospen, die sich weit zu halb gefüllten Blüten mit süßlichem Duft öffnen und nach dem Verblühen sauber abfallen; weitere Pluspunkte sind die unermüdliche Blühfreudigkeit bis zum Spätherbst und das hübsche glänzende Laub. 'Golden Showers' gibt eine sehr gute Schnittblume ab; sie lässt sich relativ problemlos kultivieren und verträgt sogar einen schlechten Schnitt. Zu den geringfügigen Nachteilen dieser mittelhohen Sorte zählen das Verblassen der Farbe nach der Blüte sowie eine gewisse Anfälligkeit für Mehltau. **ZONEN 4–9.**

LAMMERTS, USA, 1956
'CHARLOTTE ARMSTRONG' × 'CAPTAIN THOMAS'
ALL-AMERICAN ROSE SELECTION 1957, PORTLAND GOLDMEDAILLE 1957, ROYAL HORTICULTURAL SOCIETY AWARD OF GARDEN MERIT 1993

'Golden Wedding'
AROkris *(ganz unten)*
FLORIBUNDA, GOLDGELB, ÖFTER BLÜHEND

Diese Rose bringt ihre schwach duftenden Blüten gewöhnlich in kleinen Büscheln, manchmal aber auch einzeln auf kräftigen Stielen hervor. Sie haben einen frechen, freundlichen Gelbton, sind dicht gefüllt und von einer hervorragenden Form; die mittleren Petalen bleiben zusammen, während die äußeren sich vollständig öffnen und eine Blüte von klassischer Symmetrie formen. Obwohl sie eine Floribundarose ist, sind die Blüten so groß wie bei vielen Edelrosen. Die Blüte dauert den ganzen Sommer und Herbst. 'Golden Wedding' eignet sich ausgezeichnet für die Vase, für den Garten und macht sich in Gruppen sehr gut. Das mittelgrüne Laub ist glänzend und dicht. Die Pflanze ist wuchsfreudig und hat eine mittelhohe, dichte Gestalt. **ZONEN 4–9.**

CHRISTENSEN, USA, 1992
'SOUVENIR DE H. A. VERSCHUREN' × SÄMLING

'Golden Wings'
(rechts)

STRAUCHROSE, PIMPINELLIFOLIA-HYBRIDE, HELLGELB, ÖFTER BLÜHEND

'Golden Wings' bringt große blassgelbe, zur Mitte goldgelbe Blüten mit nur fünf Petalen hervor, die sich schalenförmig öffnen und dunkle Staubgefäße zeigen. Sie sehen zart aus, sind aber sehr widerstandsfähig gegen Wind und Regen. Die selbstreinigenden Blüten hinterlassen reizvolle Kelchblattsterne mit großen Staubfäden. Wird Verblühtes regelmäßig entfernt, so erscheinen mehr Blüten, die schwach, aber angenehm duften. Diese robuste Rose ist besonders für eine gemischte Rabatte, aber auch als Einzelstrauch zu empfehlen. Der wuchsfreudige Strauch von mittlerer Höhe ist bewehrt und trägt hellgrünes Laub. **ZONEN 4–9.**

SHEPHERD, USA, 1956

'SOEUR THERESE' × (*ROSA PIMPINELLIFOLIA ALTAICA* × 'ORMISTON ROY')

GOLDMEDAILLE DER AMERICAN ROSE SOCIETY 1958, ROYAL HORTICULTURAL SOCIETY AWARD OF GARDEN MERIT 1993

'Golden Years'
HARween *(unten)*

FLORIBUNDA, GELB, ÖFTER BLÜHEND

Die Blüten von 'Golden Years' öffnen sich mit kompakter Mitte, doch wenn sich die 40 dicht gedrängten Petalen becherförmig voll entfalten, sehen sie wie Alte Rosen aus. Sie sitzen in kleinen Büscheln zusammen und sorgen für ein tolles Farbenspiel – ein üppiges Goldgelb, das bronzefarben überhaucht ist. Der Duft ist fruchtig, und die Blüten erscheinen zahlreich. Sie sind recht wetterfest, aber Mehltau kann gelegentlich zum Problem werden. Die Pflanze ist wuchsfreudig mit einer schönen, aufrechten Gestalt, wird kaum mittelhoch und trägt dunkelgrüne, spitze Blätter. **ZONEN 4–9.**

HARKNESS, GROSSBRITANNIEN, 1990

'LANDORA' × 'AMBER QUEEN'

HRADEC GOLDENE ROSE 1989, ORLÉANS GOLDMEDAILLE 1990

'Goldener Olymp'
KORschnuppe *(unten)*
Syn. 'Olympic Gold'
**GROSSBLUMIGE KLETTERROSE,
GOLDGELB, ÖFTER BLÜHEND**

Diese Rose bringt einen überaus reichen ersten Flor hervor. Mehrere große Blüten sitzen zusammen auf herabhängenden Stielen und sind zunächst dunkelgelb, werden aber später bronzegelb und verblassen etwas, wenn sie sich zu großen flach becherförmigen Rosen entfalten. Sie verströmen einen schwachen Duft und erscheinen vom Sommer bis in den Herbst. Die Pflanze macht sich gut als einzelner Strauch, niedrige Kletterrose und in Säulenform an einem Zaun, Pfosten oder Rosenbogen. Sie wächst steif und aufrecht bis 2,5 m hoch und trägt große, dunkelgrüne, etwas glänzende Blätter. **ZONEN 4–9.**
KORDES, DEUTSCHLAND, 1984
SÄMLING × 'GOLDSTERN'

'Goldfinch' *(unten)*
RAMBLERROSE, HELLGELB

Die kleinen, ovalen, dicken Knospen sind dunkelgelb gefärbt und entfalten sich zu ebenfalls kleinen, halb gefüllten Blüten, die in Büscheln zusammensitzen. Zerzauste Blütenblätter umrahmen zahlreiche Staubgefäße. Die Blumen verströmen einen schwachen, fruchtigen Duft nach Orangen oder Bananen. In der Sonne verblassen sie rasch. Die langen Triebe lassen sich problemlos an einer Säule oder Pergola ziehen. In einer naturbelassenen Umgebung kann die Pflanze als ausladender Strauch ohne viel Schnitt natürlich wachsen. Sie trägt glänzende, spitze Blätter und hakenförmig gebogene Stacheln. **ZONEN 7–9.**
PAUL, GROSSBRITANNIEN, 1907
'HÉLÈNE' × SÄMLING

'Goldilocks' *(oben)*
Syn. 'Goldie Locks'
FLORIBUNDA, GELB, ÖFTER BLÜHEND

Der niedrige Wuchs und die goldgelben, nach dem Öffnen verblassenden, schwach duftenden Blüten, die sich dicht in das Laub einbetten, ließen 'Goldilocks' für mehrere Jahre zu einer beliebten Gartenpflanze werden; der erste Flor ist üppig, im Sommer und Herbst blüht die Rose mehrfach nach. Sie trägt kleine, glänzende Blätter, die gelegentlich an Sternrußtau erkranken. **ZONEN 4–9.**

BOERNER, USA, 1945

SÄMLING × 'DOUBLOONS'

AMERICAN ROSE SOCIETY JOHN-COOK-MEDAILLE 1947, NATIONAL ROSE SOCIETY CERTIFICATE OF MERIT 1948

'Goldstern' TANtern
Syn. 'Gold Star', 'Goldstar'
GROSSBLUMIGE KLETTERROSE, GELB, ÖFTER BLÜHEND

Die jungen Blüten dieser Strauch- oder Kletterrose sind rundlich geformt und werden später groß und gefüllt; sie sind von einem klaren dunklen Goldgelb und entfalten sich schalenförmig. Sie erscheinen häufig in Büscheln, manchmal auch einzeln bis in den Herbst und duften wenig. Die Pflanze ist eine schöne Ergänzung für Randbeete. Da sie bis 3 m hoch wird, kann sie als Kletterrose an Mauern, Zäunen und Säulen verwendet werden, wegen ihrer guten Verzweigung aber auch als Solitärstrauch. Sie ist wuchsfreudig und trägt dichtes Laub, das ledrig und glänzend dunkelgrün ist. **ZONEN 4–9.**

TANTAU, DEUTSCHLAND, 1966

ELTERN UNBEKANNT

'Goldtopas' KORgo, KORtossgo *(unten)*
Syn. 'Gold Topaz', 'Goldtopaz'
FLORIBUNDA, GELB, ÖFTER BLÜHEND

Diese Rose zeigt eine sehr attraktive Mischung aus Bernstein, Gelbbraun und Gelb, die man zunächst nicht vermutet, da die Knospen apricotfarbig sind. Diese entfalten sich zu großen, gefüllten Blüten von Becherform, die manchmal einzeln, manchmal im Büschel von bis zu zehn Blüten auf einem Stiel sitzen, was zur Entstehung von unattraktiven, viel zu dicht gedrängten Blütendolden führt. Wenn die Blütenblätter sich voll entfalten, haben sie wellenförmige Ränder. Ein strenger Duft ist wahrnehmbar. Die buschige Pflanze eignet sich für Beete und Rabatten, wo niedrige Sorten erwünscht sind. Das dichte, recht gesunde Laub ist dunkelgrün und stark glänzend. **ZONEN 4–9.**

KORDES, DEUTSCHLAND, 1963
'DOCTOR FAUST' × 'CIRCUS'
ADR-ROSE 1963

'Good As Gold'
CHEwsunbeam
(ganz unten)
KLETTERNDE ZWERGROSE, GOLDGELB, ÖFTER BLÜHEND

Die goldgelben Blüten dieser Rose sind mit etwa 25 Petalen halb gefüllt. Wie bei den meisten Nachkommen des Pollenspenders 'Laura Ford' sind die Blüten groß und erscheinen in Büscheln. Sie sind in der Mitte dunkler goldgelb und besitzen einen süßen Duft. Das gesunde Laub ist zart glänzend, hellgrün und etwas bewehrt. Die Pflanze benötigt einige Jahre, bis sie gut eingewurzelt ist. Sie eignet sich für Säulen oder schmale Mauern. **ZONEN 5–11.**

WARNER, GROSSBRITANNIEN, 1994
'ANNE HARKNESS' × 'LAURA FORD'
ROYAL NATIONAL ROSE SOCIETY TRIAL GROUND CERTIFICATE 1993, BRITISH ASSOCIATION OF ROSE BREEDERS SELECTION 1995, ROYAL NATIONAL ROSE SOCIETY ROSE DAY AWARD 1998

'Gourmet Pheasant' *(rechts)*
BODENDECKER, ROT, ÖFTER BLÜHEND

Diese Rose gehört zu üppigen Bodendeckerrosen, die sich etwa siebenmal weiter ausbreiten als in die Höhe zu wachsen. Die Blüten weisen eine Farbkombination von üppigem Rot mit dunklem Kirschrosa auf. Sie sind halb gefüllt und zeigen goldgelbe Staubgefäße. Die Blumen sitzen in schweren Büscheln auf herabhängenden Trieben, die sich unter dem Gewicht der Blüten und des Laubs auf den Boden legen. Sie duften schwach und erscheinen bis in den Herbst. Die Rose passt zu Böschungen, Mauern und eignet sich gut überall dort, wo ein schnellwüchsiger Bodendecker erforderlich ist. Sie trägt leuchtend grünes, glänzendes Laub. ZONEN 4–9.
USA, 1995
ELTERN UNBEKANNT

'Gourmet Popcorn'
WEOpop
Syn. 'Summer Snow'
ZWERGROSE, WEISS, ÖFTER BLÜHEND

'Gourmet Popcorn' bildet einen wuchsfreudigen, kompakten Busch, der polsterartig wächst. Die rein weißen, halb gefüllten, kurzstieligen Blüten mit ihren kontrastreichen goldgelben Staubgefäßen sitzen in Büscheln zu 30–60 auf der Pflanze und wirken wie ein bunter Wasserfall; dabei verbreiten sie einen schwachen Duft nach Honig. Die Blüte erstreckt sich über den ganzen Sommer und Herbst. Die Zwergrose besitzt dunkelgrünes, krankheitsfestes Laub; sie eignet sich nicht nur für flächige Pflanzungen, sondern kann auch hervorragend in Kübel, Hängeampeln oder Körbe gepflanzt werden. ZONEN 4–9.
DESAMERO, USA, 1986
SPORT VON 'POPCORN'
ROYAL NATIONAL ROSE SOCIETY TRIAL GROUND CERTIFICATE 1995

'Grace Darling' *(oben)*
ALTE R., TEEROSE, WEISS+

Diese Teerose bildet einen kompakten Busch, der von graugrünen Blättern bedeckt ist. Sie trägt große, cremeweiß getönte rosafarbene Blüten, die im Spätfrühling und gelegentlich auch im Herbst erscheinen. Die becherförmigen, runden Blüten sind durch pfirsichrosafarbene Blütenblätter gekennzeichnet und verbreiten einen angenehmen Duft. Diese Alte Gartenrose benötigt unbedingt ein etwas wärmeres Klima. ZONEN 6–9.
BENNETT, GROSSBRITANNIEN, 1884
ELTERN UNBEKANNT

'Grace de Monaco'
MEImit *(rechts)*
TEEHYBRIDE, HELLROSA, ÖFTER BLÜHEND

Diese Rose spiegelt die damalige Beliebtheit von Grace Kelly wieder, die ihre Filmkarriere aufgab und Prinzessin von Monaco wurde. 'Grace de Monaco' war ein Hochzeitsgeschenk des Züchters an die frischgebackene Fürstin. Diese Sorte hat prächtige Blüten, groß, dicht gefüllt, von rundlicher Form und intensiv duftend. Die Farbe ist ein klares Rosa, ein freundlicher, warmer, gleichmäßiger Ton. Die großen Blütenblätter sind weich und leiden daher bei Regenwetter. Die Blüten erscheinen zahlreich den ganzen Sommer und Herbst hindurch. Die Rose eignet sich besonders für trockenere Gegenden und ist eine gute Schnittblume. Sie ist starkwüchsig, wird mehr als mittelhoch und hat lange, verzweigte Triebe, die sich manchmal unter dem Gewicht der schweren Blüten herabneigen. Die Pflanze ist dicht bedeckt mit großen, ledrigen Blättern.
ZONEN 4–9.

MEILLAND, FRANKREICH, 1956

'GLORIA DEI' × 'MICHÈLE MEILLAND'

'Graham Thomas'
AUSmas *(rechts)*
Syn. 'English Yellow', 'Graham Stuart Thomas'
STRAUCHROSE, GOLDGELB, ÖFTER BLÜHEND

Dies war die erste gelbe Rose, die in Form und in Anordnung der Blütenblätter den winterharten Alten Rosen des vergangenen Jahrhunderts ähnelte, deren Farben auf Rot, Purpur, Rosa und helle Farbtöne beschränkt waren. 'Graham Thomas' ist von einem klaren, aber zarten Gelb, das in der Mitte der becherförmigen Blüten dunkler ist. Trotz ihrer Größe und Füllung werden sie in überaus großer Zahl gebildet. Sie sitzen auf langen herabhängenden Stielen, die unter ihrem Gewicht schon einmal knicken. Sie verströmen einen sehr angenehmen Duft und erscheinen unermüdlich bis zum Herbst. Sie ist ein prachtvoller Einzelstrauch für den Garten, lässt sich aber auch als Hochstammrose kultivieren. In kühleren Gebieten wird sie nur mittelhoch, in wärmeren Gegenden jedoch kann sie so stark ausladend werden, dass sie fast wie eine Kletterrose an einer Hausmauer, einer Säule oder an einem Zaun emporwachsen kann.
ZONEN 4–9.

AUSTIN, GROSSBRITANNIEN, 1983

'CHARLES AUSTIN' × ('SCHNEEWITTCHEN' × SÄMLING)

ROYAL HORTICULTURAL SOCIETY AWARD OF GARDEN MERIT 1993

'Granada' (rechts)
Syn. 'Donatella'
TEEHYBRIDE, ROT+, ÖFTER BLÜHEND

Die Blüten von 'Granada' sitzen manchmal einzeln, aber oft zu mehreren in breiten Büscheln zusammen und ähneln, obwohl als Edelrose bezeichnet, übergroßen Floribundarosen. Sie haben etwa 25 Petalen, die in der Mitte hochgebaut sind, sich dann voll entfalten, so dass die Blüten locker becherförmig werden. Die Blüten sind eine Mischung von Rosa, Orangerot und Hellgelb. Nach einem üppigen ersten Flor erscheinen den ganzen Sommer und Herbst hindurch weitere Blüten; sie duften würzig. Diese nicht winterharte Rose wird fast doppelt so hoch wie der Durchschnitt und hat eine wuchsfreudige, aufrechte Gestalt. Ihre faltigen, dunkelgrünen Blätter sind von ledriger Struktur und können an Mehltau erkranken. ZONEN 5–9.

LINDQUIST, USA, 1963
'TIFFANY' × 'CAVALCADE'
ALL-AMERICAN ROSE SELECTION 1964, GAMBLE DUFTPREIS 1968

'Grand Hotel'
MACtel (rechts)
Syn. 'Grandhotel'
GROSSBLUMIGE KLETTERROSE, ROT, ÖFTER BLÜHEND

Diese Sorte wächst üppig, blüht aber auch nach dem ersten Flor unermüdlich neu bis in den Herbst weiter. Die großen Blüten sind gefüllt, sitzen in Büscheln zusammen und entfalten sich gut locker becherförmig. Sie sind wetterfest, haben aber nur einen schwachen Duft. Die Rose hat feste, verzweigte Triebe, die sich problemlos an einer Mauer oder einem Zaun hochziehen lassen. Sie benötigt ausreichend Luftzufuhr, wo Mehltau und Sternrußtau sie gefährden. Daher ist ein frei stehendes Spalier mit guter Stütze am besten für die Kultur geeignet. Die Pflanze wird mittelhoch, kann aber durch einen Schnitt leicht niedriger gehalten werden. Sie trägt recht gesundes, dichtes dunkelgrünes Laub. ZONEN 4–9.

MCGREDY, GROSSBRITANNIEN, 1972
'BRILLIANT' × 'HEIDELBERG'
ADR-ROSE 1977

'Grand Nord'
DELgrord *(rechts)*
Syn. 'Great Nord', 'Great North'
TEEHYBRIDE, WEISS, ÖFTER BLÜHEND

Eine ausgewachsene Pflanze dieser Sorte kann in warmen Regionen bis zu 3 m hoch und ebenso breit werden und mehr als 100 Blüten tragen, die sich bestens als Schnittrosen eignen. Elegante spitze Knospen öffnen sich zu hochgebauten, gefüllten, weißen Blüten, die etwas duften. Sie entfalten sich langsam und bewahren lange ihre schöne symmetrische Form. Bei ausgewachsenen Pflanzen erscheinen die Blüten unermüdlich den ganzen Sommer und Herbst über. Im Garten kommt 'Grand Nord' am besten im hinteren Bereich von Rabatten zur Geltung. Sie ist wuchsfreudig und bringt zahlreiche kurze Blütentriebe hervor, die zusammen mit dem dichten, dunklen Laub sehr eindrucksvoll wirken. **ZONEN 4–9.**

DELBARD-CHABERT, FRANKREICH, 1975

(['QUEEN ELIZABETH' × 'PROVENCE'] × ['VIRGO' × 'CARINA']) × (['VOEUX DE BONHEUR' × 'VIRGO'] × ['VIRGO' × 'GLORIA DEI'])

PARIS GOLDMEDAILLE 1970, ROM GOLDMEDAILLE 1973

'Grand Siècle'
DELegran *(unten)*
Syn. 'Great Century'
TEEHYBRIDE, ROSA+, ÖFTER BLÜHEND

Feminin, elegant und schön sind die Attribute, die Delbard-Chabert seiner Lieblingsrose zuschrieb. Die großen Blüten bestehen aus mehr als 30 Petalen in klassischer Edelrosentradition. Sie bekommen eine anmutige und symmetrische Form, wenn sie sich langsam vollständig öffnen. Die Farbe ist eine feine Mischung aus Creme und Rosa. Die Blüten duften frisch nach Himbeeren, Apfel und Rosen. 'Grand Siècle' eignet sich gut für die Vase und den Garten. Ihre Blüten erscheinen einzeln oder in breiten Büscheln den ganzen Sommer und Herbst hindurch. Die wuchsfreudige Pflanze wird mittelhoch und hat eine reich verzweigte Gestalt. Sie trägt, große, mittel- bis dunkelgrüne Blätter. **ZONEN 4–9.**

(DELBARD-CHABERT, FRANKREICH, 1987)

(['QUEEN ELIZABETH' × 'PROVENCE'] × ['MICHÈLE MEILLAND' × 'BAYADÈRE']) × (['VOEUX DE BONHEUR' × 'MEIMET'] × ['GLORIA DEI' × 'DR DÉBAT'])

BAGATELLE GOLDMEDAILLE

'Grand'mère Jenny'
(rechts)
Syn. 'Grem'
TEEHYBRIDE, GELB+, ÖFTER BLÜHEND

Diese Tochterrose der 'Gloria Dei' hat wunderschöne Blüten in zarten Farbtönen – ein helles Gelb als Grundfarbe, das auf den äußeren Petalen rosa überhaucht ist und zur Mitte hin pfirsichgelb wird. Die Blüten erscheinen einzeln oder zu wenigen auf einem Stiel. Die spitzen Knospen entfalten sich zu dicht gefüllten Blüten mit langen Blütenblättern, die in der Mitte einen wohlgeformten Kegel bilden, bevor sie sich bald vollständig öffnen und schließlich selbst reinigen. Die Sorte blüht sehr reich, duftet süß und ist recht wetterfest. Ihre Anfälligkeit für Sternrußtau hat ihre Beliebtheit allerdings stark gemindert. Die Pflanze ist mäßig wuchsfreudig, hat eine aufrechte Gestalt und trägt schöne dunkle Blätter. François Meilland benannte diese Rose nach seiner Großmutter. 'Climbing Grand'mère Jenny' (Syn. 'Gremsar', 1958) ist ein Sport von 'Grand'mère Jenny'. Ihre Blüten erscheinen vereinzelt, aber die Pflanze ist kräftig und wuchsfreudig, daher

wächst sie am besten vor einer hohen Mauer, einem hohen Zaun oder an einer Pergola.
ZONEN 5–9.

MEILLAND, FRANKREICH, 1950
'GLORIA DEI' × 'SIGNORA'
GOLDMEDAILLE DER NATIONAL ROSE SOCIETY 1950, ROM GOLDMEDAILLE 1955

'Great Maiden's Blush' *(rechts)*
ALTE R., ALBA-ROSE, HELLROSA

Die zart fleischrosafarbenen, gefüllten Blüten dieses großen Strauchs mit herabhängenden Zweigen verströmen einen feinen Duft. Das Laub ist, wie bei Alba-Rosen üblich, graugrün. Eine weitere registrierte 'Small Maiden's Blush' ent-

stand wahrscheinlich 1797 in Kew Gardens. Diese Rosen neigen allgemein zur Bildung von Sports; daneben ist auch noch eine farbintensivere Version mit dem Namen 'Cuisse de Nymphe Emué' bekannt. Thripse und Nässe können sehr schaden; dennoch ist sie eine zauberhafte Rose. ZONEN 5–9.

ETWA UM 1400
ELTERN UNBEKANNT

'Great News'
(rechts)
FLORIBUNDA, MAUVE, ÖFTER BLÜHEND

Die Blüten sind so groß und mit 35 Petalen so dicht gefüllt, dass der Züchter sie als eine Edelrose bezeichnete. Sie sind dunkelpflaumen-purpurfarben mit einem silbrigen Ton auf der Außenseite der Petalen, die sich reizvoll wellen und kräuseln, wenn sie sich voll entfalten. Der Duft ist angenehm, und die Blüten erscheinen den ganzen Sommer und Herbst hindurch. Die Pflanze ist recht wuchsfreudig und eignet sich für Beete und Rabatten; die Höhe kann durch die ungleichmäßige Gestalt unterschiedlich sein. Sie trägt große olivgrüne Blätter. ZONEN 4–9.

LEGRICE, GROSSBRITANNIEN, 1973

'ROSE GAUJARD' × 'CITY OF HEREFORD'

'Great Western' *(oben)*
ALTE R., BOURBONROSE, MAUVE

Diese duftende Rose bringt runde, dicke Knospen so zahlreich hervor, dass man einige entfernen sollte, um das Aufblühen zu erleichtern. Die gefüllten, runden Blüten sind abwechselnd dunkelrot, magenta-karminrot oder purpur-kastanienbraun. Sie blühen im Frühsommer in Büscheln zu 10–15 Blüten und entfalten sich am besten im Halbschatten. Wuchsfreudig, bis zu 1,8 m hoch, verzweigte Stiele und Triebe voller Stacheln. Toleriert nährstoffarme Böden. ZONEN 5–9.

LAFFAY, FRANKREICH, 1840

ELTERN UNBEKANNT

'Green Ice' *(rechts)*
ZWERGROSE, WEISS, ÖFTER BLÜHEND

Weiße spitze Knospen öffnen sich zu weiß bis zart grüne Blüten. Diese kleinen, gefüllten Blumen werden von dekorativen, kleinen glänzenden Blättern umrahmt. Ihre große Blütenbüschel sind beim Öffnen weiß mit einem Hauch von Rosa und weisen später einen schönen Grünton auf. Die Pflanze hat einen ausladenden, überhängenden Wuchs und eignet sich hervorragend für hängende Körbe. ZONEN 5–11.

MOORE, USA, 1971

(*ROSA WICHURAIANA* × 'FLORADORA') × 'JET TRAIL'

'Green Rose' *(oben)*
Syn. 'Grüne Rose', *Rosa chinensis viridiflora*, *R. viridiflora*, 'Rosa Monstrosa'
ALTE R., CHINAROSE, GRÜN, ETWAS NACHBLÜHEND

Diese Rose bildet anstelle von Petalen grüne Kelchblätter aus. Die kleinen Knospen öffnen sich zu gefüllten, blattähnlichen Kelchblättern, deren Spitzen bronzefarben sind. 'Green Rose' blüht lange und sehr üppig. Sie ist aufrecht, 1 m hoch und krankheitsfest, zudem einfach zu kultivieren und fühlt sich auch auf nährstoffarmen Böden wohl. Es werden keine Früchte gebildet. ZONEN 7–9.

VOR 1833

WAHRSCHEINLICH EIN SPORT VON 'OLD BLUSH'

'Griseldis' *(oben)*
Syn. 'Giseldis'
ALTE R., BOURBONROSE,
REIN ROSA

Die großen gefüllten, flachen duftlosen Blüten dieser recht frostharten Rose erscheinen in Büscheln an langen Trieben. 'Griseldis' wird 3 m hoch und trägt robustes, leuchtend grünes Laub und Stacheln. **ZONEN 3–9**.

GESCHWIND, ÖSTERREICH-UNGARN, 1895

HYBRIDE VON *ROSA CANINA*

'Grootendorst Supreme' *(oben)*
RUGOSA-HYBRIDE, DUNKELROT, ÖFTER BLÜHEND

Diese besonders robuste Sorte trägt Büschel mit vielen kleinen, granatroten Blüten. Sie sind dicht gefüllt mit schön gesägten Blütenblättern und verströmen einen schwachen Duft. Am besten eignet sich die Rose für Rabatten, wo robuste und pflegeleichte Pflanzen erwünscht sind. Die Pflanze wächst schlank aufrecht, ist stark bewehrt und wird für eine Strauchrose recht hoch. Sie trägt hübsche kleine, ledrige Blätter, die aber den dürren, stacheligen Strauch nicht vollständig bedecken. **ZONEN 4–9**.

GROOTENDORST, NIEDERLANDE, 1936

SPORT VON 'F. J. GROOTENDORST'

'Gros Choux d'Hollande' *(oben)*

ALTE R., BOURBONROSE, HELLROSA

Der Name der Rose bedeutet nichts anderes als „Großer Kerl aus Holland". Sie duften sehr gut, sind gefüllt, becherförmig und von einem zarten Rosa. Der nur mäßig blühwillige Strauch ist extrem wuchsfreudig und kann große Flächen bedecken; dabei erreicht er eine Höhe von bis zu 2 m.
ZONEN 5–9.

ELTERN UNBEKANNT

'Gros Provins Panaché' *(rechts)*

ALTE R., GALLICA-ROSE, MAUVE

Dieser 1,5 m hohe Strauch blüht nur einmal Anfang Juni und trägt große, gefüllte, stark duftende Blüten. Die purpur- bis rosafarbenen Blütenblätter sind weiß überhaucht, wodurch diese Sorte zu den schönsten „gestreiften" Rosen überhaupt zählt. Sie ist krankheitsfest und sieht in einem gemischten Beet oder in einem naturnahen Garten am besten aus. ZONEN 4–9.

FONTAINE, FRANKREICH, VOR 1855

WAHRSCHEINLICH EINE GALLICA × CHINENSIS-HYBRIDE

'Gruß an Aachen'
(rechts)
Syn. 'Salut d'Aix la Chapelle'
FLORIBUNDA, HELLROSA, ÖFTER BLÜHEND

Diese Rose trägt als eine der ältesten Floribundarosen große Büschel mit mittelgroßen bis großen Blüten, die als Knospe blassorangerot gefärbt sind, sich später zu einem Perlmuttrosa und Creme entfalten. Bevor sie becherförmig werden, sind sie in der Mitte wohlgeformt mit vielen Blütenblättern, die sich umeinander legen. Ihr Duft ist angenehm. Das ledrige, recht gesunde Laub ist üppig dunkelgrün.
ZONEN 4–9.

GEDULDIG, DEUTSCHLAND, 1909
'FRAU KARL DRUSCHKI' × 'FRANZ DEEGEN'

'Gruß an Teplitz'
(oben)
Syn. 'Virginia R. Coxe'
ALTE R., BOURBONROSE, ROT, ETWAS NACHBLÜHEND

Spitze Knospen entfalten sich zu leuchtend roten, gefüllten Blüten, die später nachdunkeln und auffällige Staubgefäße besitzen. Die becherförmigen, duftenden Blumen erscheinen in lockeren Büscheln, blühen lange und verändern bei strahlender Sonne ihre Farbe. Gepflanzt wird sie als Kletter- oder Strauchrose. Einfach zu ziehen. Das etwas krankheitsanfällige, im Austrieb purpurfarbene Laub dieser Bourbonrose wird später grün.
ZONEN 5–9.

GESCHWIND, ÖSTERREICH-UNGARN, 1897

(['SIR JOSEPH PAXTON' × 'FELLEMBERG'] × 'PAPA GONTIER') × 'GLOIRE DES ROSOMANES'

'Gruß an Zabern'
(rechts)
RAMBLERROSE, WEISS

Die weißen, duftenden, halb gefüllten Blüten dieser Sorte zeigen geöffnet gelbe Staubgefäße; sie erscheinen früh, meist Anfang Juni, sind mittelgroß und sitzen in flachen Rispen zusammen. Die Rose wird 3 m hoch und kann als Kletterrose gezogen werden, da die Triebe dünn und biegsam sind. An einer Pergola etwa kommt sie zur besten Geltung. Sie ist robust, recht krankheitsfest und trägt kleine Stacheln.
ZONEN 7–9.
LAMBERT, FRANKREICH, 1904
'EUPHROSINE' × 'MADAME OCKER FERENCZ'

'Guinée' *(rechts)*
GROSSBLUMIGE KLETTERROSE,
DUNKELROT,
ETWAS NACHBLÜHEND

Die dunklen Blüten dieser Kletterrose sind anfänglich samtig, entfalten sich dann später zu großen, dicht gefüllten, becher- bis schalenförmigen Blumen mit goldgelben Staubgefäßen, die halb verdeckt sind. An warmen Tagen angenehm duftend. Am wohlsten fühlt sich 'Guinée' an einer recht sonnigen, aber nicht zu heißen Mauer oder einem Zaun, wo ihre Haupttriebe seitlich und schräg gezogen werden können. Dadurch erreicht man ein Maximum an Blüten, die in der Regel im Sommer erscheinen und mit einiger Unterbrechung auch später noch blühen. 'Guinée' ist wuchsfreudig, steif verzweigt und trägt ledriges, dunkelgrünes Laub, das für Mehltau anfällig ist, wenn die Wurzeln zuwenig Feuchtigkeit erhalten.
ZONEN 4–9.
MALLERIN, FRANKREICH, 1938
'SOUVENIR DE CLAUDIUS DENOYEL' × 'AMI QUINARD'

'Guitare' GAegui
(oben)
FLORIBUNDA, ORANGE+, ÖFTER BLÜHEND

'Guitare' ist eine leuchtende und freundliche Rose mit zahlreichen Büscheln rundlicher Knospen, die sich zu dicht gefüllten, mittelgroßen, angenehm duftenden, runden Blüten öffnen. Diese weisen eine Farbmischung von Gold und Orange auf, die zum Blütenrand hin korallenrot und auf der Blütenunterseite orange wird. Sie verströmen einen angenehmen Duft. Die Rose passt in Beete und Rabatten, eignet sich aber auch zum Schnitt. Die Pflanze ist wuchsfreudig, hat eine buschige Gestalt und wird mittelhoch. Sie trägt ledriges, hellgrünes Laub. **ZONEN 4–9.**
GAUJARD, FRANKREICH, 1963
'VENDÔME' × 'GOLDEN SLIPPERS'
BAGATELLE GOLDMEDAILLE 1966

'Guy de Maupassant'
MEIsocra *(rechts)*
FLORIBUNDA, REIN ROSA, ÖFTER BLÜHEND

Diese Sorte vereint die etwas wirre, geviertelte Form einiger Alten Rosen mit der aufrechten Gestalt und wiederholten Blüte vieler moderner Rosen. Ihre rundlichen Knospen entfalten sich zu dicht gefüllten Blüten mit etwa 100 Petalen. Sie sind hellkarminrosa und verströmen einen scharfen und würzigen Apfelduft. Einzelne Blütenbüschel lassen sich sehr schön in kleine Blumenarrangements integrieren. 'Guy de Maupassant' sorgt in Beeten oder Randbeeten hinter niedrigeren Rosen bis in den Herbst für ein frohes Farbenspiel. Sie wird etwa doppelt so hoch wie eine moderne Beetrose, ist wuchsfreudig, dicht belaubt und hat eine buschige Gestalt. Benannt wurde sie nach dem bekannten französischen Schriftsteller (1850–1893). **ZONEN 4–9.**
MEILLAND, FRANKREICH, 1994
ELTERN UNBEKANNT

'Gwen Nash'

(rechts)
GROSSBLUMIGE KLETTERROSE,
ROSA+, ÖFTER BLÜHEND

Diese Sorte trägt lange, spitze Knospen, die sich zu ziemlich silbrig aussehenden rosafarbenen Blüten mit gelblich weißer Mitte und auffälligen goldgelben Staubgefäßen entfalten. Sie sind groß, haben zwölf oder mehr große, gewellte Petalen und öffnen sich langsam becherförmig; ihr Duft ist köstlich. Die Rose benötigt Wärme und kommt bei ausreichendem Platz gut an einer Pergola oder einem Spalier zur Geltung. 'Gwen Nash' ist wuchsfreudig, hat rankende Triebe und trägt große, faltige, graugrüne Blätter. **ZONEN 6–10.**

CLARK, AUSTRALIEN, 1920
'ROSY MORN' × SÄMLING

'Gypsy Moth'

(oben)
FLORIBUNDA, ORANGEROSA,
ÖFTER BLÜHEND

Die Blüten sind von einem besonders zarten hellen Lachsrosa und duften schwach. Sie sitzen auf kräftigen Stielen, manchmal einzeln, aber in der Regel in Büscheln. Die langen Knospen öffnen sich zu hochgebauten mit 35 Petalen gefüllten Blüten von mittlerer Größe. Sie bewahren die klassische Edelrosenform, bis die äußeren Blütenblätter sich langsam becherförmig entfalten. Ihre Blüten eignen sich gut für kleine Sträuße. Die Pflanze ist wuchsfreudig, wird mittelhoch und buschig und trägt lange, glänzend mittelgrüne Blätter. **ZONEN 4–9.**

TANTAU, DEUTSCHLAND, 1968
ELTERN UNBEKANNT

'Hakuun' *(oben)*
Syn. 'White Cloud'
ZWERGROSE, WEISS, ÖFTER BLÜHEND

Diese Zwergrose bringt Massen von rundlichen, halb gefüllten Blüten hervor, die ganz dicht auf kurzstieligen Zweigen sitzen. Sie sind von mittlerer Größe und entwickeln sich von langen, spitzen Knospen zu schön geformten, becherförmigen Blüten. Zunächst haben die Blüten eine orangebraune Farbe, die dann zu Cremeweiß verblasst, manchmal mit rosafarbenen Flecken auf den sich nach außen rollenden Blütenblättern. Ihr Duft ist schwach. Der erste Flor ist so üppig, dass die Stiele und das Laub unter der Blütenfülle fast verschwinden; die Blüte hält den ganzen Sommer und Herbst an. Diese Rose eignet sich hervorragend als Beeteinfassung oder für Situationen, in denen nur wenig Platz vorhanden ist. Die Pflanze bleibt sehr niedrig und hat eine buschige, leicht ausladende Gestalt sowie hellgrünes Laub. ZONEN 4–9.

POULSEN, DÄNEMARK, 1962
SÄMLING × ('ROSENMÄRCHEN' × 'ROSENMÄRCHEN')

'Hamburg'
STRAUCHROSE, DUNKELROT, ÖFTER BLÜHEND

Diese Rose, die heute als Strauchrose geführt wird, wurde bei ihrer Neueinführung als Kletterrose bezeichnet. Die Knospen sind groß, lang und spitz und von glühendem Scharlachrot. Sie öffnen sich halb gefüllt an langen, kräftigen Trieben. Das Laub ist üppig, groß, ledrig und glänzend. Eine starkwüchsige Rose, die entweder als Kletterrose oder als Strauch verwendet werden kann. Sie bringt die ganze Saison über viele Blüten hervor. ZONEN 4–9.

KORDES, DEUTSCHLAND, 1935
'EVA' × 'DAILY MAIL SCENTED ROSE'

'Hamburger Phoenix'
STRAUCHROSE, ROT, ÖFTER BLÜHEND

Diese Sorte könnte man auch als Kletterrose bezeichnen, da sie an einer hohen Säule, einer Mauer oder einem Zaun gezogen werden kann. Sie ist eine Rose, die man eher wegen der Farbwirkung als wegen ihrer schönen, halb gefüllten Blüten pflanzen sollte. Die Blüten sind groß, dunkelkarminrot und erscheinen in üppigen Büscheln. Vollständig geöffnet sind sie becherförmig und erlauben einen flüchtigen Blick auf das weißliche Gelb, das die Staubgefäße umgibt. Ihr Duft ist schwach. Der Flor hält den ganzen Sommer und Herbst über an. Die Pflanze erkrankt kaum, gedeiht üppig mit herabhängenden Trieben, und dank der zahlreichen großen, leuchtenden Blätter zeigt der Strauch einen dichten Bewuchs. **ZONEN 4–9.**

KORDES, DEUTSCHLAND, 1954

ROSA KORDESII × SÄMLING

NATIONAL ROSE SOCIETY TRIAL GROUND CERTIFICATE 1950

'Hampshire' KORhamp *(oben)*
BODENDECKERROSE, ROT, ÖFTER BLÜHEND

Diese Sorte eignet sich gut für Standorte, an denen eine Bodendeckerrose von bescheidener Größe erwünscht ist. Die Blüten erscheinen in dichten Büscheln. Ihre leuchtende Farbe zieht die Blicke auf sich, besonders wenn die einfachen, scharlachroten Blüten sich schalenförmig öffnen, um die goldgelben Staubgefäße freizugeben. Die Blüte hält den ganzen Sommer und Herbst über an; ihr folgen dekorative orangefarbene Hagebutten, wenn die verwelkten Blüten nicht entfernt werden. Der Blütenduft ist nur schwach. Die Pflanze bleibt niedrig mit ausladender Gestalt, die etwa zweieinhalbmal so breit wie hoch wird. Sie trägt glänzendes, mittelgrünes Laub. **ZONEN 4–9.**

KORDES, DEUTSCHLAND, 1989

ELTERN UNBEKANNT

'Händel' MACha *(oben)*
Syn. 'Haendel', 'Handel'
GROSSBLUMIGE KLETTERROSE, ROSA+, ÖFTER BLÜHEND

Diese Rose bringt rosafarbene Blüten mit einem silbrig weißen Rand hervor. Sie sitzen in breiten Büscheln an aufrechten Stielen. Die schlanken Knospen entfalten sich zu locker gefüllten Blüten, die klein bis mittelgroß sein können. Die jungen Blüten sind schön geformt und hoch; später werden sie becherförmig und sind bei kühler Witterung am schönsten. Ihr Duft ist schwach, aber der Flor hält den ganzen Sommer und Herbst über an. Die späten Blüten können oft etwas zerzaust aussehen. Sie ist eine gute Kletterrose von mäßiger Ausbreitung. Die schöne Form der Blütenbüschel prädestiniert diese kletternde Sorte als begehrte Ausstellungsrose. Die kräftige Pflanze hat einen ausladenden Wuchs und sollte vor einer Wand, einem Zaun oder an einem Spalier stehen, wo sie sich gut ausbreiten kann. Sie lässt sich aber auch an einer Säule als einzelner hoher Strauch ziehen. Ihr Laub ist glänzend dunkelgrün und gelegentlich anfällig für Sternrußtau. **ZONEN 4–9.**

MCGREDY, NEUSEELAND, 1965

'COLUMBINE' × 'GRUSS AN HEIDELBERG'

ROYAL NATIONAL ROSE SOCIETY TRIAL GROUND CERTIFICATE 1965, PORTLAND GOLDMEDAILLE 1975, ROYAL HORTICULTURAL SOCIETY AWARD OF GARDEN MERIT 1993

'Hansa'
Syn. 'Hansen's'
RUGOSA-HYBRIDE, ROT, ÖFTER BLÜHEND

Die großen, gefüllten Blüten dieser Rose sind rot-violett mit einer stellenweise mauvefarbenen Tönung – eine sehr ungewöhnliche Färbung. Die Blütenblätter sind sehr schön gekräuselt. Die Blüten sind so schwer, dass die kurzen Stiele sich nach unten beugen. Sie verströmen einen strengen, nelkenähnlichen Duft. Der überaus reiche Flor hält den ganzen Sommer bis in den Herbst hinein an, dann erscheinen große, rote Hagebutten. Diese dekorative Sorte eignet sich gut als Gebüsch oder für Mischbeete, wo sie uneingeschränkt wachsen kann. Als Strauchrose erreicht sie eine mittlere Höhe. Sie ist absolut winterhart; in milderen Klimaten bekommt sie lange Triebe, und die Blütenfarbe verblasst. **ZONEN 3–9.**

SCHAUM & VAN TOL, NIEDERLANDE, 1905

ELTERN UNBEKANNT

'Hansa-Park'
KORfischer *(rechts)*
Syn. 'Hanza Park'
STRAUCHROSE, MAUVE,
ÖFTER BLÜHEND

Diese Rose ist zartrosa gefärbt, wobei die Blütenblätter außen dunkler sind. Die Blüten sind von mittlerer Größe, sehr dicht gefüllt und sitzen in Büscheln zusammen. Sie verströmen einen schwachen Duft und eignen sich gut für den Schnitt. Die hochgebauten Blüten öffnen sich langsam zu einer symmetrischen, rundlichen Form, wodurch der warme Farbton sehr eindrucksvoll zur Geltung kommt. Sie blühen den ganzen Sommer und Herbst über. Die Pflanze ist wuchsfreudig, von aufrechter Gestalt und wird überdurchschnittlich hoch. Das dichte Laub ist dunkelgrün und leicht glänzend. **ZONEN 4–9.**

KORDES, DEUTSCHLAND, 1994
ELTERN UNBEKANNT

'Happy' *(rechts)*
Syn. 'Alberich'
POLYANTHAROSE, ROT,
ÖFTER BLÜHEND

Die Blüten dieser Sorte werden unterschiedlich beschrieben – als karminrot oder johannisbeerrot. Unzählige Knospen erscheinen in Büscheln, die sich zu dicht gepackten rosettenförmigen Blüten entfalten. Die Blüten sind recht gut gefüllt und haben feste Petalen. Sie bewahren ihre Schönheit noch lange Zeit, wenn sie nicht sofort abgeschnitten werden, sobald sie zu welken beginnen. Der erste Flor ist besonders üppig; nach einer Blühpause, in der sich die Pflanze erholt, kommt es im Spätsommer und Herbst zu einer Nachblüte. Die niedrig wüchsige Pflanze ist ausladend und ähnelt in ihrer Gestalt einem Kissen. Sie trägt kleine, dunkle, glänzende Blätter. **ZONEN 4–9.**

DE RUITER, NIEDERLANDE, 1954
'ROBIN HOOD' × 'KATHARINA ZEIMET'-SÄMLING

'Happy Child' AUScomp *(oben)*
STRAUCHROSE, REIN GELB, ÖFTER BLÜHEND

Diese Sorte wird auch als Englische Rose klassifiziert. Sie hat ganz große Blüten, die in der Mitte leuchtend gelb sind und zum Rand hin blasser werden. Sie entwickeln sich aus rundlichen Knospen zu breit becherförmigen, dicht gefüllten Blüten. Die Petalen sind in der Mitte so stark ineinander gefaltet, dass sie besonders dekorativ wirken und lange haltbar sind, während die äußeren, sich nach außen rollenden Petalen der Blüte ein rundliches Aussehen verleihen. Ihr Duft ist angenehm nach Teerosen, und der Flor hält den ganzen Sommer und Herbst an. Diese Sorte eignet sich gut für Mischbeete, sie ist eine mittelhohe Strauchrose mit buschiger Gestalt und glänzend mittelgrünen Blättern, die denen der Kamelie ähneln. **ZONEN 4–9.**

AUSTIN, GROSSBRITANNIEN, 1993
(SÄMLING × 'SCHNEEWITTCHEN') × 'HERO'

'Happy Wanderer' *(oben)*
FLORIBUNDA, ROT, ÖFTER BLÜHEND

Diese Rose hat kurze Triebe, so dass die Blüten ganz dicht an der Pflanze sitzen. Zapfenförmige Knospen entfalten sich zu schön geformten Blüten in einem warmen und gleichmäßigen karminscharlachroten Farbton. Sie sind von mittlerer Größe, bestehen aus über 30 Petalen und öffnen sich in warmen Klimazonen so weit, dass ihre kontrastreichen goldfarbenen Staubgefäße sichtbar werden. Ihr Duft ist eher schwach. Nach einem ersten, reichen Flor erscheinen im Sommer und Herbst weitere Blüten. Sie ist die richtige Wahl für kleinere Gärten oder Beete mit niedrig wachsenden Pflanzen. Der Strauch ist wuchsfreudig, kompakt und buschig; er trägt leicht glänzende, kleine Blätter. ZONEN 4–9.

MCGREDY, NEUSEELAND, 1974
SÄMLING × 'MARLENE'
ADR-ROSE 1975

'Harison's Yellow' *(oben rechts)*
Syn. *Rosa* × *harisonii*, 'Harisonii', 'Pioneer Rose', 'Yellow Rose of Texas'
ALTE GARTENROSE, DUNKELGELB

Die kleinen, halb gefüllten, leuchtend gelben Blüten verströmen einen fruchtigen Duft. Die langen Triebe bilden einen buschigen, offenen Strauch mit vielen Stacheln. Diese Sorte gehört zu den robustesten der Familie und breitet sich durch Wurzelschößlinge sehr schnell aus. In der Tat lässt sich diese Rose am besten durch das Einpflanzen der Ausläufer vermehren. Es werden schwarze, borstige Früchte gebildet. Die Pflanze wird in zwei Jahren 3–3,5 m hoch und bringt in trockenen, kühlen Gegenden zahlreiche Blüten hervor. Im Jahre 1830 entdeckte der Amateurzüchter Harison diese gelbe Rose in seinem Garten im heutigen New Yorker Stadtteil Manhattan. Von dort aus gelangte sie in zahlreiche Gärten der USA. ZONEN 4–9.

HARISON, USA, ETWA 1830
WAHRSCHEINLICH PIMPINELLIFOLIA-HYBRIDE × ROSA FOETIDA
ROYAL HORTICULTURAL SOCIETY AWARD OF GARDEN MERIT 1993

'Harlekin' KORlupo
Syn. 'Arlequin', 'Harlequin', 'Kiss of Desire'
GROSSBLUMIGE KLETTERROSE, ROSA+, ÖFTER BLÜHEND

Diese Kletterrose bringt Büschel mit großen Blüten hervor, die am Blütengrund cremeweiß, am Rand dunkelrosarot bis rot sind. Die Blüten sind dicht gefüllt mit anfangs schön geformter Mitte, werden später jedoch becherförmig, wenn die Blütenblätter vollständig geöffnet sind. Unter dem Gewicht der Blüten biegen sich die Triebe herab. Ihr Duft ähnelt dem einer Wildrose. Nach einem ersten üppigen Flor erscheinen im Sommer und Herbst noch einzelne Blüten. Als Kletterrose eignet sich 'Harlekin' durchaus auch für Mauern, Zäune oder Säulen, da sie eine zu diesem Zweck ausreichende Höhe erreicht. Die Pflanze trägt hübsches dunkelgrünes, glänzendes Laub. ZONEN 4–9.

KORDES, DEUTSCHLAND, 1986
ELTERN UNBEKANNT

'Harmonie' KORtember2 *(links)*
TEEHYBRIDE, ORANGEROSA, ÖFTER BLÜHEND

Diese Sorte hat lange, spitze Knospen, die einzeln und in Büscheln erscheinen. Sie entfalten sich zu elegant geformten, hochgebauten Blüten mit angenehmem Duft. Die 20 Petalen sind so breit und fest, dass die Blüten lange ihre Form behalten. Diese Rose eignet sich daher sehr gut zum Schnitt, aber auch für Beete und Rabatten. Ihre Farbe ist ein leuchtendes Lachsrosa, das bis zum Verblühen anhält. Der Flor dauert den ganzen Sommer und Herbst über an. Die Pflanze ist wuchsfreudig, wird überdurchschnittlich hoch und hat einen aufrechten, buschigen Wuchs. Sie trägt große ledrige, etwas glänzende Blätter.
ZONEN 4–9.

KORDES, DEUTSCHLAND, 1981
'DUFTWOLKE' × 'UWE SEELER'
BADEN-BADEN GOLDMEDAILLE 1981

'Harry Wheatcroft' *(unten links)*
Syn. 'Caribia', 'Harry'
TEEHYBRIDE, GELB+, ÖFTER BLÜHEND

Die Blüten dieser Sorte ähneln denen von 'Piccadilly', deren Blütenblätter unterseits gelb, oberseits orangerot gefärbt sind. Die Blüten von 'Harry Wheatcroft' sind allerdings zusätzlich noch ungewöhnlich gestreift und gemustert. Durch eine Laune der Natur fehlt an diesen Stellen die Pigmentierung, und so scheint der Gelbton der Unterseite durch das Rot der Oberfläche hindurch. Sie hat einen schwachen Duft, bringt zahlreiche Blüten hervor und blüht den ganzen Sommer und Herbst hindurch. Die Pflanze mit ihrem buschigen Wuchs wird fast mittelhoch und trägt glänzendes dunkelgrünes Laub. Die Rose erhielt den Namen eines sehr erfolgreichen Züchters, der von 1898–1977 in Großbritannien lebte. **ZONEN 5–9.**

WHEATCROFT & SONS, GROSSBRITANNIEN, 1973
SPORT VON 'PICCADILLY'

'Harvest Fayre' DICnorth *(oben)*
FLORIBUNDA, ORANGE+, ÖFTER BLÜHEND

Die Blüten dieser Sorte sind orange-apricot gefärbt, ein leuchtender Ton, durch den sie im Garten sogar aus einer großen Entfernung auffallen, zumal die Blütenbüschel so gleichmäßig angeordnet sind, dass die einzelnen Blüten gut zur Geltung kommen. Sie sind mittelgroß und haben etwa 20 feste Petalen. Die langen, spitzen Knospen öffnen sich, um eine schöne kegelförmige Mitte zu präsentieren. Später werden die Blüten mit den wie zufällig angeordneten Petalen im Umriss rundlicher. Sie duften schwach und erscheinen den ganzen Sommer und Herbst über. Die Pflanze wächst kräftig, aber ungleichmäßig, so dass einige Blüten unter wuchernden Trieben verborgen bleiben. Sie wird knapp mittelhoch und trägt leuchtend hellgrünes Laub. ZONEN 4–9.

DICKSON, GROSSBRITANNIEN, 1990

SÄMLING × 'BRIGHT SMILE'

BRITISCHE ROSE DES JAHRES 1990

'Hawkeye Belle' *(oben)*
STRAUCHROSE, WEISS, ÖFTER BLÜHEND

Die Blüten dieser Rose sind groß und sehr schön geformt. Sie sitzen in Büscheln auf kräftigen Trieben. Die dicken, spitzen Knospen öffnen sich zunächst zu Blüten mit hoher Mitte, die sich dann später zu dicht gefüllten Blüten mit knäuelförmigem Inneren entfalten. Die Blütenblätter weichen schließlich gänzlich auseinander, um mehrere sich überlappende Lagen zu bilden. Sie sind elfenbeinweiß und nach dem Öffnen leicht azaleenrosa gefärbt. Sie verströmen einen süßen Duft und blühen unermüdlich den ganzen Sommer und Herbst hindurch. Der wuchsfreudige Strauch wird mittelgroß und eignet sich besonders gut für gemischte Rabatten. Die Pflanze wächst ebenso hoch wie breit und trägt gesundes, dunkelgrünes, ledriges Laub. ZONEN 4–9.

BUCK, USA, 1975

('QUEEN ELIZABETH' × 'PIZZICATO') × 'PRAIRIE PRINCESS'

'Headliner' JACtu *(oben)*
TEEHYBRIDE, ROSA+, ÖFTER BLÜHEND

Diese Rose gleicht im Aussehen einem Zuckerwerk aus Weiß und Kirschrot, wobei die Blütenblätter zum Rand hin nur rot überhaucht sind. Die großen Blüten haben die elegante Form einer klassischen Edelrose mit hoher Mitte, während die äußeren Blütenblätter sich nach außen rollen und der Rose eine symmetrische, ausgeglichene Form verleihen. Wenn die Blüten sich vollständig öffnen, lassen die spiralförmigen Farbmuster die Rose im Garten zu einem richtigen Blickfang werden. Sie liebt Wärme und verträgt keinen Regen. Die Blüten erscheinen bis in den Herbst und verströmen einen schwachen Duft. Die kräftige Pflanze ist von aufrechtem Wuchs und wird überdurchschnittlich hoch. Sie trägt große, leuchtende Blätter.
ZONEN 5–9.

WARRINER, USA, 1985

'LOVE' × 'COLOR MAGIC'

'Heart of Gold' MACyelkil *(oben)*
TEEHYBRIDE, GELB+/GOLDGELB, ÖFTER BLÜHEND

Diese Sorte bringt wohlgeformte, gefüllte Blüten in einem wunderschönen Gelb hervor, die den Sommer und Herbst über unermüdlich blühen. Die Blütenfarbe wird durch das glänzend dunkelgrüne Laub zusätzlich hervorgehoben. Besonders gut für weniger attraktive Gartenbereiche geeignet. **ZONEN 5–9.**

MCGREDY, NEUSEELAND, 1995

'SOLITAIRE' × 'REMEMBER ME'

'Hébé's Lip' *(oben)*
Syn. 'Reine Blanche', 'Rubrotincta'
ALTE R., RUBIGINOSA-HYBRIDE, WEISS

Die duftenden Blüten dieser Rose erscheinen einzeln oder in kleinen Büscheln. Sie sind becherförmig, wohlgeformt, halb gefüllt und haben goldgelbe Staubgefäße, die von cremeweißen Blütenblättern mit dunkelrotem Rand umsäumt werden. Die Blüten erscheinen vom Früh- bis Hochsommer und können bei nährstoffreichen Böden maximal 8 cm groß werden. Der schöne, kompakte Strauch wird etwa 1,2 m hoch. Das derbe Laub ist von einem frischen Mittelgrün und stark gezähnt. Die robuste Rose entspricht in ihrem Aussehen einer Kreuzung zwischen einer Damaszenerrose und einer Rubiginosa-Hybriden; jedoch duftet ihr Laub nicht.
ZONEN 4–9.

LEE, GROSSBRITANNIEN, VOR 1846 (WIEDEREINGEFÜHRT VON PAUL, GROSSBRITANNIEN, 1912)

RUBIGINOSA-HYBRIDE × DAMASZENERROSE

'Heidekönigin'
KORdapt *(rechts)*
Syn. 'Palissade Rose', 'Pheasant'
BODENDECKERROSE, HELLROSA, ÖFTER BLÜHEND

Die schwach duftenden Blüten dieser Sorte sind groß, hellrosa und mit 35 Petalen dicht gefüllt. Das mittelgrüne Laub ist leicht glänzend. Die krankheitsfeste Pflanze wächst ausladend und eignet sich daher sehr gut als Bodendeckerrose, aber auch zum Bewachsen einer Säule. Bei dem Versuch, den starken Wuchs und die Kletterfähigkeit der *Rosa wichuraiana* bei ihren Nachkommen zu eliminieren, entstand diese Rose. ZONEN 5–11.

KORDES, DEUTSCHLAND, 1985

'ZWERGKÖNIG '78' × SÄMLING VON *R. WICHURAIANA*

ROYAL NATIONAL ROSE SOCIETY CERTIFICATE OF MERIT 1986

'Heidelberg' KORbe
(oben)
Syn. 'Gruß an Heidelberg'
STRAUCHROSE, ROT, ÖFTER BLÜHEND

Die Blüten erscheinen in Büscheln bis zu zehn Blüten auf kräftigen Stielen. Sie sind sehr groß, dicht gefüllt und öffnen sich becher- bis schalenförmig. Die Knospen sind von dunklem Karminrot; die vollständig geöffneten Blüten weisen einen üppigen Rotton auf und verblassen allmählich. Schwacher, aber angenehmer Duft. Nach einem üppigen ersten Flor vereinzelte Blüten im Sommer und Herbst. Für Gebüsche oder eine schattigere Mauer eignet sich diese Rose ausgezeichnet. Die Pflanze ist wuchsfreudig, breitet sich etwas seitlich aus und wird überdurchschnittlich hoch. Sie wird von großen ledrigen, leicht glänzend dunkelgrünen Blättern vollständig bedeckt. **ZONEN 4–9.**

KORDES, DEUTSCHLAND, 1959
'MINNA KORDES' × 'FLORADORA'
ROYAL NATIONAL ROSE SOCIETY CERTIFICATE OF MERIT 1958, ADR-ROSE 1960

'Heideröslein'
(rechts)
KLETTERROSE, GELB+, ÖFTER BLÜHEND

Die spitzen, rosaroten Knospen öffnen sich zu zart rosafarbenen Blüten, die am Grund schwefelgelb sind. Sie tragen fünf gekräuselte Blütenblätter, sind mittelgroß und schalenförmig. Die Blüten sitzen in großen Büscheln mit bis zu 60 Einzelblüten zusammen und zeigen beim Öffnen ihre goldgelben Staubgefäße. Angenehmer Duft. 'Heideröslein' eignet sich als Schnittrose, kann als Strauchrose wachsen oder aber an einer Mauer hochgezogen werden. Im Herbst reifen runde, orangerote Hagebutten, die den ganzen Winter überstehen. Die breite und buschige Pflanze trägt dunkelgrünes Laub. **ZONEN 4–9.**

LAMBERT, DEUTSCHLAND, 1932
'CHAMISSO' × 'AMALIE DE GREIFF'

'Heideschnee' KORconta *(rechts)*
Syn. 'Moon River', 'Snow on the Heather'
BODENDECKERROSE, WEISS, ÖFTER BLÜHEND

Diese Sorte ist eine üppige Bodendeckerrose mit langen, am Boden wachsenden Trieben. Sie bringt im Sommer unermüdlich mittelgroße, rein weiße Blüten hervor, die in großen Büscheln dicht zusammensitzen. Die Blüten setzen sich aus fünf Petalen zusammen, die vollständig geöffnet wie kleine Sterne aussehen und deren Spitzen sich zu schmalen Enden rollen. Nach dem ersten Flor erscheinen den ganzen Sommer und Herbst über weitere Blüten, die schwach duften und jedem schlechten Wetter trotzen. Die Rose eignet sich für Böschungen, an denen die langen Triebe Wurzeln bilden können. Sie wächst niedrig, ist von ausladender Gestalt und trägt dekoratives leuchtend dunkelgrünes Laub. **ZONEN 4–9.**

KORDES, DEUTSCHLAND, 1990
ELTERN UNBEKANNT

'Heidesommer'
KORlirus *(rechts)*
Syn. 'Cevennes', 'Heidi Sommer'
FLORIBUNDA, WEISS, ÖFTER BLÜHEND

Die Klassifizierung dieser Rose ist etwas schwierig, da sie für eine Bodendeckerrose nicht genügend und für die meisten Floribundarosen schon zu ausladend wächst. Sie macht sich sehr gut als Gruppenpflanze in vorderen Beetbereichen, da sie kleine Flächen schön bedeckt, eignet sich aber ebenso gut als Gefäßpflanze. 'Heidi Sommer' bringt kleine, halb gefüllte cremeweiße Blüten hervor, die zahlreich auf dichten Zweigen sitzen. Wenn sie sich vollständig öffnen, legen sie goldgelbe Staubgefäße frei. Die Blüten bilden einen sehr schönen Kontrast zu den kleinen, glänzend dunkelgrünen Blättern. Sie erscheinen unermüdlich den ganzen Sommer und Herbst über und verströmen einen angenehmen Duft, der bei warmer Witterung süßlich und aufdringlich wird. **ZONEN 4–9.**

KORDES, DEUTSCHLAND, 1985
'THE FAIRY' × SÄMLING

'Heidi' NOAheid *(oben)*
STRAUCHROSE, REIN ROSA, ÖFTER BLÜHEND

Die Knospen dieser Rose sind dunkelrosa, werden aber heller, wenn die Blüten sich voll entfaltet haben. In riesigen Büscheln sitzen bis zu 100 kleine bis mittelgroße Blüten auf festen Stielen über dem Laub. Nur einige wenige Blütenblätter öffnen sich, um auffallend goldgelbe Staubgefäße freizulegen. Diese nur schwach duftende Rose passt sehr gut in Beete und Rabatten. Die Blühperiode dauert den ganzen Sommer und Herbst. Die wuchsfreudige Pflanze wird für eine Strauchrose unterdurchschnittlich hoch und wächst stark ausladend. Sie trägt leicht glänzendes, hellgrünes Laub, das später nachdunkelt, und ist anfällig für Sternrußtau. ZONEN 4–9.

NOACK, DEUTSCHLAND, 1987
'FAIRY MOSS' × 'SCHNEEWITTCHEN'
FREILAND-GOLDMEDAILLE 1987

'Heinrich Münch'
Syn. 'Pink Frau Karl Druschki'
ALTE R., REMONTANTROSE, REIN ROSA, ETWAS NACHBLÜHEND

Die runden, spitzen Knospen dieser Rose entfalten sich zu großen, dicht gefüllten, zart rosafarbenen Blüten, die silbrig rosa überhaucht sind. Die duftenden Blüten setzen sich aus 50 Petalen zusammen, öffnen sich langsam und erscheinen einzeln auf langen, aufrechten Trieben. Die 1,8 m hohe Pflanze trägt zartgrünes Laub und ist wuchsfreudig. Durch ein gezieltes Zurückschneiden der Triebe lässt sich ihre Blühfreudigkeit erhöhen; im Herbst erfolgt gelegentlich eine Nachblüte.
ZONEN 4–9.

EINGEFÜHRT VON HINNER, DEUTSCHLAND, 1911
'FRAU KARL DRUSCHKI' × ('MME CAROLINE TESTOUT' × 'MRS W. J. GRANT')

'Helen Traubel'
(oben)
TEEHYBRIDE, ROSA+,
ÖFTER BLÜHEND

Die Blütenfarbe dieser Sorte ist eine bezaubernde Kombination von einem warmen Pfirsichrosa mit gelbem Ton am Blütengrund, der beim Verblühen verblasst. Die Blüten erscheinen manchmal einzeln, meistens zu dritt und entwickeln sich von langen Knospen zu eleganten Blüten mit 24 Petalen. Für kurze Zeit hochgebaut, werden sie anschließend becherförmig. Sie duften süß und erscheinen unermüdlich den ganzen Sommer und Herbst über. Da die Stiele nicht kräftig sind, beugen sich die Blüten manchmal herab, besonders bei Wind. Deshalb ist sie keine geeignete Beetrose, aber in einer Rabatte zwischen anderen Pflanzen hält sie sich gut. Der Strauch ist wuchsfreudig, wird mittelhoch und hat eine buschige, verzweigte Gestalt. Das dunkelgrüne Laub ist etwas glänzend.
ZONEN 4–9.

SWIM, USA, 1951

'CHARLOTTE ARMSTRONG' × 'GLOWING SUNSET'

ROM GOLDMEDAILLE 1951, ALL-AMERICAN ROSE SELECTION 1952, NATIONAL ROSE SOCIETY TRIAL GROUND CERTIFICATE 1953

'Helmut Schmidt'
KORbelma *(ganz unten)*
Syn. 'Goldsmith', 'Simba'
TEEHYBRIDE, REIN GELB,
ÖFTER BLÜHEND

Die großen, spitzen Knospen dieser Sorte öffnen sich zu großen Blüten, die wahre Schönheiten sind. Die urnenförmigen, jungen Blüten sind in der Mitte hochgebaut, während die äußeren Petalen eine wunderbare symmetrische Anordnung aufweisen. In der Regel sitzen sie einzeln auf einem kräftigen, aufrechten Stiel und eignen sich daher hervorragend als Schnittrosen, besonders da die Blüten ihre Form bewahren und sehr langlebig sind. Sie ist eine sehr gute Gartenrose, die den ganzen Sommer und Herbst blüht, jedoch nach jedem Flor eine Pause einlegt. Die Pflanze wächst ordentlich und aufrecht und wird mittelhoch. Das Laub ist mattgrün. Diese Rose wurde in Deutschland zu Ehren des ehemaligen Bundeskanzlers eingeführt. In den USA heißt sie 'Goldsmith' und in Großbritannien 'Simba'. **ZONEN 4–9.**

KORDES, DEUTSCHLAND, 1979

'MABELLA' × SÄMLING

COURTRAI GOLDMEDAILLE 1979, GENF GOLDMEDAILLE 1979, ROYAL NATIONAL ROSE SOCIETY TRIAL GROUND CERTIFICATE 1979

'Henri Martin'
(rechts)
Syn. 'Red Moss'
ALTE R., MOOSROSE, ROT

Die gefüllten Blüten dieser Rose, die locker in großen Büscheln zusammensitzen, öffnen sich schalenförmig und sind etwa 8 cm groß. Sie sind kräftig weinrot bis karminrot gefärbt und verblassen zu einem zarteren Rot, bevor sie vollständig verblühen. Sie verströmen einen betörenden Duft. Die wuchsfreudige, breit wachsende Pflanze wird bis zu 1,8 m hoch und ist nur schwach bewehrt; die anmutig herabfallenden Triebe sind jedoch von feinen Härchen überzogen. Das Laub ist üppig grün – wie auch das Moos der Knospen und der Blütenkelche. Dieses Moos ist sehr aromatisch und riecht balsamartig. 'Henri Martin' verträgt nährstoffarme Böden gut, benötigt aber viel Platz, denn sie kann sehr breit werden. Dabei können ihr Stützen, wie Spalier oder Dreifuß, sehr hilfreich sein.
ZONEN 4–9.

LAFFAY, FRANKREICH, 1863
ELTERN UNBEKANNT
ROYAL HORTICULTURAL SOCIETY AWARD OF GARDEN MERIT 1993

'Henry Hudson'
(unten)
RUGOSA-HYBRIDE, WEISS, ÖFTER BLÜHEND

Die niedrige, Schößlinge bildende Pflanze bringt rosa gesprenkelte Knospen hervor, die sich zu gefüllten weißen Blüten entfalten. Sie werden becherförmig und zeigen, wenn sie vollständig geöffnet sind, ihre goldgelben Staubgefäße. Die Blüten sind mittelgroß und duften angenehm. Nach einem reichen ersten Flor erscheinen im Sommer und Herbst weitere Blüten. Verblühtes fällt nicht ab und sollte daher entfernt werden. Diese Rose trägt üppiges, derbes, dunkelgrünes Laub. Sie ist besonders winterhart und sehr robust. ZONEN 3–9.

SVEJDA, KANADA, 1976
SÄMLING VON 'SCHNEEZWERG'

'Henry Kelsey' *(oben)*
STRAUCHROSE, ROT, ÖFTER BLÜHEND

Auch diese Rose ist besonders winterhart und für kalte Klimate geeignet. Die mittelgroßen bis großen Blüten erscheinen in Form von schweren Büscheln mit bis zu 18 Blüten. Sie sind dicht gefüllt und weisen einen warmen Rotton auf. Wenn die Petalen sich nach außen rollen, werden die Blüten becherförmig und zeigen ihre auffälligen goldgelben Staubgefäße. Sie verströmen einen scharfen, würzigen Duft. Die Blüten verblassen beim Verblühen zu einem Rosarot und putzen sich selbst. Der Flor hält den ganzen Sommer und Herbst an. Diese Strauchrose eignet sich für Rabatten. An Spalieren, Zäunen oder Bögen gezogen, kann sie zu einer mittelhohen Kletterrose werden. Ihr glänzendes Laub ist widerstandsfähig gegen Mehltau. ZONEN 3–9.

SVEJDA, KANADA, 1984
HYBRIDE VON *ROSA KORDESII* × SÄMLING

'Henry Nevard' *(oben)*
ALTE R., REMONTANTROSE, DUNKELROT, ETWAS NACHBLÜHEND

Die wuchsfreudige Pflanze bringt große, runde Knospen hervor, die sich im Sommer zu dunkelroten, mit 30 Petalen gefüllten Blüten entfalten. Die großen, becherförmigen, stark duftenden Blüten ertragen warmes Wetter gut. Der Strauch trägt dunkelgrünes, ledriges Laub und sollte gelegentlich etwas geschnitten werden. ZONEN 4–9.

CANT, GROSSBRITANNIEN, 1924
ELTERN UNBEKANNT

'Heritage' AUSblush *(oben)*
Syn. 'Roberta'
STRAUCHROSE, HELLROSA, ÖFTER BLÜHEND

Die rundlichen Knospen dieser Rose entfalten sich zu großen, becherförmigen Blüten mit dicht gedrängten Petalen in der Mitte, die im Gegensatz zu Alten Rosen eher wie zufällig angeordnet sind. Der Farbton variiert zur Blütenmitte hin von hellstem Rot zu warmem Dunkelrosa. Die Blüten verströmen einen angenehmen zitronenähnlichen Duft. Einem ersten Flor folgen den ganzen Sommer und Herbst weitere Blüten. Diese Rose eignet sich gut für Beete, Rabatten und Hecken. Sie ist wuchsfreudig, recht kompakt mit herabhängenden Trieben und wird mittelhoch. Sie trägt dichtes dunkelgrünes, etwas glänzendes Laub. **ZONEN 4–9.**

AUSTIN, GROSSBRITANNIEN, 1984
SÄMLING × ('WIFE OF BATH' × 'SCHNEEWITTCHEN')

'Hermosa'
Syn. 'Armosa', 'Mme Neumann', 'Mélanie Lemaire'
ALTE R., CHINAROSE, HELLROSA, ETWAS NACHBLÜHEND

Diese Rose scheint fehlerlos; sie ist robust, wuchsfreudig und eine gute Beetpflanze. Die spitzen, schönen Knospen öffnen sich zu kleinen, hellrosafarbenen, hochgebauten Blüten mit 35 Petalen. Die becherförmigen, runden Blüten sind am Grund fast weiß, und die äußeren Petalen rollen sich beim Verblühen zurück. Die buschige Pflanze trägt blaugrünes, weiches Laub und ist nur wenig bewehrt. Diese Sorte mit ihren duftenden Blüten kommt am besten zur Geltung, wenn sie in Gruppen zu dritt oder zu mehreren gepflanzt wird.
ZONEN 5–9.

MARCHESSEAU, FRANKREICH, VOR 1837
VERMUTLICH CHINAROSE × BOURBONROSE

'Hertfordshire'

KORtenay *(rechts)*
Syn. 'Tommelise'
STRAUCHROSE, DUNKELROSA, ÖFTER BLÜHEND

Ihre kleinen und einfachen Blüten sitzen in kurzstieligen Büscheln zusammen und werden in großer Üppigkeit gebildet. Sie öffnen sich rasch zu schalenförmigen, karminrot bis rosafarbenen Blüten mit blasser Mitte und stellen die dekorativen Staubgefäße, die lustigen gelben Augen ähneln, zur Schau. Kleine, leuchtende Blätter bilden den passenden Rahmen. Nach einem Hauptflor folgen im Sommer und Herbst weitere Blüten. Die Pflanze wächst niedrig, wellenförmig und etwas spitz zu, was die ungewöhnlichen Eigenschaften dieser Rose noch ergänzt. Sie eignet sich für Beetumrandungen oder kleinere Gartenflächen. Diese Sorte ist gut bewehrt und so dicht belaubt, dass sie als Bodendecker gelten könnte und das Wachstum von Unkraut deutlich verhindert. **ZONEN 4–9.**

KORDES, DEUTSCHLAND, 1991
ELTERN UNBEKANNT

'Hiawatha'

RAMBLERROSE, ROT+

Ihre winzigen, runden Knospen erscheinen im Hochsommer. Sie öffnen sich zu dunkelkarminroten, einfachen, becherförmigen Blüten mit weißer Mitte und goldgelben Staubbeuteln und sitzen in Büscheln zusammen. Leuchtend gelbe Staubgefäße krönen die Blüten. Die Pflanze gedeiht in der Sonne sowie im Schatten. Ihre kräftigen, hoch aufgeschossenen Triebe werden manchmal bis zu 6 m lang. Das ledrige Laub ist üppig grün und glänzend. 'Hiawatha' fühlt sich auf nährstoffarmen Böden wohl und wirkt besonders attraktiv, wenn sie an Bäumen emporklettern kann. Sogar nachdem andere, höher wachsende Formen eingeführt worden waren, blieb diese Ramblerrose populär. **ZONEN 4–9.**

WALSH, USA, 1904
'CRIMSON RAMBLER' × 'PAUL'S CARMINE PILLAR'

'Hidalgo' MEItulandi
(rechts)
Syn. 'Michel Hidalgo'
TEEHYBRIDE, ROT, ÖFTER BLÜHEND

Die kegelförmigen Knospen dieser Sorte entfalten johannisbeerrote Blüten mit 30 Petalen zu großen, becherförmigen Blumen auf langen Stielen. Sie verströmen einen ausgezeichneten Duft und sind langlebig. Die Blüten erscheinen unermüdlich den ganzen Sommer und Herbst über. 'Hidalgo' eignet sich am ehesten als Gruppenpflanze und zum Schnitt für die Vase. Für eine Zierpflanze ist sie zu starkwüchsig und wirkt etwas zerzaust. Obwohl der Busch kräftig wächst, sind die Stiele oft gekrümmt und die Blütenhälse dünn. Er trägt dichtes ledriges, bronzegrünes Laub und ist sehr robust. Ihr Namensgeber ist der berühmte mexikanische Revolutionär Miguel Hidalgo (1753–1811).
ZONEN 4–9.
MEILLAND, FRANKREICH, 1979
(['QUEEN ELIZABETH' × 'KARL HERBST'] × ['LADY' × 'PHARAON']) × (MEICESAR × 'PAPA MEILLAND')
BADEN-BADEN DUFTPREIS 1978

'High Hopes' HARyup
GROSSBLUMIGE KLETTERROSE, REIN ROSA, ÖFTER BLÜHEND

Die hellrosafarbenen Blüten dieser Sorte sind gefüllt und ergeben von Frühling bis in Herbst einen prächtigen Anblick. Sie verströmen einen mäßig süßen Duft und zieren eine kräftige, wuchsfreudige Pflanze, deren Stiele kürzer sind als bei den meisten Kletterrosen. Das Laub ist kräftig und robust, gelegentlich aber etwas anfällig für Sternrußtau. 'High Hopes' kann sehr gut an Bögen, Pergolen und Stützen von mittlerer Höhe emporklettern. Sie gehört auf alle Fälle zu den Sorten, die eine gute Pflege unbedingt belohnen.
ZONEN 5–9.
HARKNESS, GROSSBRITANNIEN, 1992
'COMPASSION' × 'SYLVIA'
DEN HAAG ZERTIFIKAT 1. KLASSE 1992, TOKIO GOLDMEDAILLE 1992, AUCKLAND BEST CLIMBER 1996

'Highdownensis' *(rechts)*
Syn. *Rosa highdownensis* 'Hillier'
STRAUCHROSE, ROT

Diese Sorte ist eine Hybride von *Rosa moyesii*. 'Highdownensis' trägt einfache, karminrote Blüten, die beim Verblühen in Purpur übergehen und einen Kontrast zu den goldroten Staubgefäßen bilden. Die orangefarbenen Hagebutten, die während der ganzen Blütezeit entstehen, besitzen eine wunderschöne Flaschenform und sind bis zum Winter an der Pflanze zu bewundern, bis sie schließlich faulen und abfallen. Die Pflanze ist wuchsfreudig, hoch, von aufrechter Gestalt und macht sich als Strauchrose mit kleinen, hübschen Blättern sehr gut. 'Highdownensis' lässt sich nur schwer durch Okulation vermehren. Wenn sie sich im Garten einmal eingelebt hat, ist sie sehr widerstandsfähig und sollte am besten nicht geschnitten werden. **ZONEN 5–9.**

STERN, GROSSBRITANNIEN, 1928
SÄMLING VON *ROSA MOYESII*
ROYAL HORTICULTURAL SOCIETY
AWARD OF GARDEN MERIT 1994

'Hilda Murrell'
AUSmurr *(rechts)*
STRAUCHROSE, REIN ROSA

Diese auch als Englische Rose klassifizierte Sorte hat dunkelrosa leuchtende Blüten, die später etwas matt werden. Sie sind schalenförmig, symmetrisch geformt und verströmen einen starken Duft. 'Hilda Murrell' ist mäßig krankheitsfest, besitzt Stacheln und wird mittelhoch. Sie trägt große, ledrige Blätter. Diese Rose wurde nach der Britin Hilda Murrell benannt, die stark dafür engagierte, dass das Interesse an Alten Rosen wieder auflebte. **ZONEN 5–9.**

AUSTIN, GROSSBRITANNIEN, 1984
SÄMLING × ('PARADE' × 'CHAUCER')

'Himmelsauge'
(oben)
Syn. 'Francesco Dona'
RAMBLERROSE, MAUVE

Diese spätblühende Ramblerrose zeigt sich mit ihren großen, dunkelpurpurfarbenen, duftenden Blüten im Schatten oder Halbschatten von ihrer besten Seite, da die Blütenblätter an der Sonne etwas rau werden. Sie lässt sich leicht an einem Bogen ziehen; herbstliche Hagebutten vervollständigen den Charme dieser Rose.
ZONEN 4–9.

GESCHWIND, ÖSTERREICH-UNGARN, 1894

ROSA SETIGERA × R. RUGOSA

'Hippolyte' *(rechts)*
Syn. 'Souvenir de Kean'
ALTE R., GALLICA-ROSE, MAUVE

Die dicken Knospen dieser Rose entfalten sich zu lebhaft karminrot-violett getönten Blüten. Diese sind zunächst rundlich, öffnen sich dann vollständig und verändern ihre Farbe zu einem dunklen Weinrot. Lagen von Blütenblättern stürzen an sich herabbeugenden Trieben kaskadenartig hinunter. Der starke Duft verleiht ihr zusätzlichen Charme. Ihre Form weicht von der anderer Gallica-Rosen ab, der kompakte Busch wird 1,5 m hoch. Er trägt schöne, kleine Blätter und ist nicht bewehrt. Für einen kleinen Garten oder eine Hecke ist sie die beste Wahl.
ZONEN 4–9.

VOR 1842

VERMUTLICH GALLICA-ROSE × CHINAROSE

'Holy Toledo' ARObri
(oben)
ZWERGROSE, APRICOT+,
ÖFTER BLÜHEND

'Holy Toledo' hat ovale Knospen, die sich zu apricot-orangefarbenen Blüten mit gelborangefarbener Rückseite entfalten. Die gefüllten Blüten besitzen 28 Petalen, die überlappend angeordnet sind und von kleinen dunkelgrünen Blättern umrahmt werden. Die wuchsfreudige und buschige Pflanze ist krankheitsfest. Diese Zwergrose ist eine hochgeschätzte Sorte, hauptsächlich wegen ihrer wunderbaren Farbe, der hübschen Blütenform, ihrer Gestalt und dem dekorativen Laub. Die Blüten erscheinen in großen Büscheln auf sehr kräftigen Stielen, die Wind und Regen widerstehen.
ZONEN 5–11.

CHRISTENSEN, USA, 1978
'GINGERSNAP' × 'MAGIC CARROUSEL'
ALL-AMERICAN ROSE SOCIETY AWARD OF EXCELLENCE 1980

'Homère' *(rechts)*
ALTE R., TEEROSE, ROSA+,
ETWAS NACHBLÜHEND

Die lieblichen Knospen dieser Sorte öffnen sich zu blaßrosafarbenen, becherförmigen, dichten Blüten mit weißer Mitte. Die gekräuselten Blütenblätter weisen fliederfarbene Sprenkel auf. Die aufrechten Stiele machen diese Rose zu hervorragenden Schnittblumen. 'Homère' ist eine buschige Pflanze, der Regen nichts anhaben kann. Sie hat feste Zweige mit fein gesägten Blättern und roten, hakenförmigen Stacheln. Die Rose sollte etwas geschnitten werden. Sie ist eine ideale Pflanze für Rabatten oder Kübel. Sie duftet angenehm nach Teerosen und eignet sich auch als Ansteckrose.
ZONEN 7–9.

ROBERT & MOREAU, FRANKREICH, 1858

VERMUTLICH EIN SÄMLING VON 'DAVID PRADEL'

'Honeyflow' *(oben)*
FLORIBUNDA, ROSA+, ÖFTER BLÜHEND

Es lohnt sich durchaus, diese kleine, niedrig, aber ausladend wachsende Rose in einem größeren Garten mit ausreichend Platz zu pflanzen. Ihre beste Wirkung erzielt sie in langen Reihen entlang eines Weges. Der Stamm ist dünn, und es werden unzählige Triebe am Grund der Pflanze gebildet. Jede von ihnen trägt große Büschel mit kleinen, einfachen Blüten in sehr hellem Rosa. Das Laub ist blassgrün. 'Honeyflow' blüht sehr üppig, ist winterhart und recht krankheitsfest; gelegentlich ist sie anfällig gegenüber Mehltau. **ZONEN 5–9.**

RIETHMULLER, AUSTRALIEN, 1957

'SPRING SONG' × 'GARTENDIREKTOR OTTO LINNE'

'Honor' JAColite
Syn. 'Honour', 'Michèle Torr'
TEEHYBRIDE, WEISS, ÖFTER BLÜHEND

Die anmutigen, langen, spitzen Knospen von 'Honor' entfalten sich zu zarten weißen Blüten, die vollständig geöffnet goldgelbe Staubgefäße präsentieren. Die großen Blüten haben 25–30 Petalen und sitzen auf langen Stielen. Sie verströmen einen schwachen Duft. 'Honor' kam 1980 auf den Markt, um eine Serie, die auch 'Love' und 'Cherish' enthält, zu vervollständigen, und erzielte rasch viele Preise. Die wuchsfreudige, hohe, aufrechte Pflanze blüht unermüdlich und ist besonders widerstandsfähig gegen Mehltau und Sternrußtau. Sie eignet sich gut für jeden Garten. **ZONEN 5–9.**

WARRINER, USA, 1980

ELTERN UNBEKANNT

PORTLAND GOLDMEDAILLE 1978, ALL-AMERICAN ROSE SELECTION 1980

'Honorable Lady Lindsay' *(oben)*
Syn. 'Honorine Lady Lindsay'
STRAUCHROSE, ROSA+, ÖFTER BLÜHEND

Diese Sorte wächst nicht sehr stark und wird wahrscheinlich nur wegen ihrer Blüten weiterhin kultiviert. Sie verfügt über dicht gefüllte, rosafarbene Blüten, die unterseits dunkler sind. Sie bringt unermüdlich Blüten hervor und duftet schwach. In warmer Umgebung blüht sie üppiger als in kühleren Klimaten. 'Honorable Lady Lindsay' ist eine buschige Pflanze, die genauso hoch wie breit wird. ZONEN 5–9.

HANSEN, USA, 1939

'NEW DAWN' × 'REVEREND F. PAGE-ROBERTS'

'Honoré de Balzac' MEIparnin
TEEHYBRIDE, ROSA+, ÖFTER BLÜHEND

Die dicklichen Knospen von 'Honoré de Balzac' entfalten sich zu großen, runden Blüten, die mit breiten, zart strukturierten Blütenblättern dicht gefüllt sind, und bei nasser Witterung zur Mumienbildung neigen. Deshalb fühlt sich diese Sorte in trockenen Gegenden am wohlsten. Die Farbe in der Blütenmitte ist ein kühler Hellrosaton, der auf den äußeren Petalen zu einem rötlichen Weiß verblasst. Sie verströmen einen schwachen Pfirsichduft und erscheinen den ganzen Sommer und Herbst. Die überdurchschnittlich hohe Pflanze ist starkwüchsig und von ungleichmäßiger Gestalt. Ihr Laub ist dunkel glänzend. Im Garten macht sich diese Rose am besten in gemischten Beeten und Rabatten. Ihr Name geht auf den berühmten französischen Schriftsteller zurück, der von 1799–1850 lebte. ZONEN 4–9.

MEILLAND, FRANKREICH, 1993

ELTERN UNBEKANNT

'Honorine de Brabant' *(unten)*
ALTE R., BOURBONROSE, ROSA+, ETWAS NACHBLÜHEND

Diese Rose bringt rötliche bis rosafarbene duftende Blüten hervor, die gesprenkelt und gestreift sind. In schattiger Lage kann sich die Farbe zu Mauve und Karminrot verändern. Die großen, locker becherförmigen Blüten haben zahlreiche Blütenblätter, die geviertteilt angeordnet sind. Sie blühen im Hochsommer am schönsten, im Herbst erscheint eine kleine Nachblüte. Das üppige, ledrige Laub bedeckt einen wuchsfreudigen, kompakten, leicht bewehrten Busch. 'Honorine de Brabant' gedeiht gut auf nährstoffarmen Böden und bildet einen idealen Hintergrund für Rabatten.
ZONEN 4–9.

SPORT VON 'COMMANDANT BEAUREPAIRE'

'Hot Chocolate' SIMcho *(oben)*
FLORIBUNDA, ROSTFARBEN, ÖFTER BLÜHEND

Diese von einem neuseeländischen Hobbyzüchter kreierte Sorte wurde bei ihrer Einführung zur Sensation. Sie wies einen brandneuen Farbton auf – ein so dunkles, üppiges Orange, dass man auch von einem zarten Braun sprechen könnte. Wie bei vielen ungewöhnlichen Rosen, setzt diese Farbe kühles Wetter voraus, um sich in voller Intensität zu entfalten. Bei warmer Witterung reicht die Zeit nicht aus, um den bräunlichen Farbeffekt beobachten zu können, da die Blüten sich zu rasch öffnen und verblühen. 'Hot Chocolate' ist eine winterharte Pflanze, die krankheitsfest ist. Am besten wirkt sie in einem Beet zu mehreren von gleicher Sorte, um farbliche Disharmonien zu vermeiden. ZONEN 5–9.

SIMPSON, NEUSEELAND, 1986

'PRINCESS' × ('TANA' × 'MARY SUMNER')

NEUSEELAND GOLDMEDAILLE 1986

'Hot Tamale' JACpoy
(rechts)
Syn. 'Sunbird'
ZWERGROSE, GELB+,
ÖFTER BLÜHEND

Die Blüten dieser Sorte sind ein echter Blickfang: Ihre Farbe ist ein Gelborange, das in ein interessantes Gelbrosa übergeht und die Blumen beinahe leuchten lässt. Diese herrliche Farbe hält lange vor – sogar in der Mittagssonne Kaliforniens. Die schwach duftenden Blüten haben die Form einer Edelrose, weshalb 'Hot Tamale' auch verschiedene Preise gewann. Die Blüten erscheinen meist einzeln, in kühleren Klimaten können jedoch kleine Büschel gebildet werden. Das leicht glänzende, dunkelgrüne Laub bedeckt eine kompakte, hohe Pflanze und ist krankheitsfest. ZONEN 5–11.

ZARY, USA, 1993

ELTERN UNBEKANNT

AMERICAN ROSE SOCIETY AWARD OF EXCELLENCE 1994

'Hugh Dickson'
(rechts)
ALTE R., REMONTANTROSE, ROT,
ETWAS NACHBLÜHEND

'Hugh Dickson' ist v.a. als Schnittrose und Beetpflanze populär. Dicke, runde Knospen öffnen sich zu dunkelroten, gefüllten, hochgebauten Blüten mit 38 Petalen. Diese riesigen duftenden Blüten sitzen aufrecht auf langen Stielen, und die großen, runden Petalen rollen sich nach außen, um die Blütenmitte zu enthüllen. Die Rose mag Sonne sowie Schatten und bringt liebliche Herbstblüten hervor. Die dicken Triebe werden vom Laub bedeckt, das im Austrieb rot ist. Sie sehen am schönsten aus, wenn sie waagerecht an einer Mauer gezogen oder nach unten getrimmt werden, um eine Hecke zu bilden. Verblühtes sollte regelmäßig entfernt werden. ZONEN 5–9.

DICKSON, GROSSBRITANNIEN, 1905

'LORD BACON' × 'GRUSS AN TEPLITZ'

'Hula Girl' *(rechts)*
ZWERGROSE, ORANGE+,
ÖFTER BLÜHEND

Die langen, spitzen Knospen dieser Sorte entfalten sich zu gefüllten, dunkelorange- oder lachsrosafarbenen Blüten mit einem Hauch von Gelb am Grund der 45 Petalen. Die Blumen verströmen einen fruchtigen Duft. Die kleinen Laubblätter sind glänzend dunkelgrün und bedecken eine sehr wuchsfreudige, aufrechte Pflanze. Der Flor ist in allen Klimaten sehr üppig und wiederholt sich häufig. Diese preisgekrönte Rose stammt von zwei ungewöhnlichen Elternsorten ab, die nur sehr selten zur Zucht verwendet werden.
ZONEN 5–11.

WILLIAMS, USA, 1975
'MISS HILLCREST' × 'MABEL DOT'
AMERICAN ROSE SOCIETY AWARD OF EXCELLENCE 1976

'Hume's Blush Tea-scented China' *(rechts)*
Syn. 'Odorata', 'Spice'
ALTE R., HELLROSA,
ETWAS NACHBLÜHEND

Nach Einführung der ersten Teerose aus China in die westliche Welt gab es gerade in den letzten Jahren viel Rätselraten um diese Sorte. Viele waren der Meinung, sie sei völlig verschwunden, bis man sie auf Bermuda als Rose unter dem Namen 'Spice' wiederfand, und seitdem von ihrer Echtheit überzeugt ist. Die großen, gefüllten Blüten sind blass, creme- bis fleischrosafarben und sitzen an langen Zweigen. In der Sonne werden die stark duftenden Blüten fast weiß. Die Sorte kann als Strauch- oder Kletterrose kultiviert werden. Sie hat dekoratives, glänzendes, immergrünes Laub.
ZONEN 7–9.

HUME, GROSSBRITANNIEN, VOR 1809
SORTE VON *ROSA* × *ODORATA*

'Hunter' *(oben)*
Syn. 'The Hunter'
RUGOSA-HYBRIDE, ROT,
ÖFTER BLÜHEND

Diese Rose trägt Büschel schwach duftender Blüten, die leuchtend karminrot sind. Der Hauptflor ist im Frühjahr zu bewundern, weitere Blüten erscheinen danach weniger zahlreich, aber noch regelmäßig bis zum Herbst. Der hohe, wuchsfreudige, buschige Strauch trägt dunkelgrünes Laub. **ZONEN 5–9.**

MATTOCK, GROSSBRITANNIEN, 1961

ROSA RUGOSA RUBRA × 'KORDES SONDERMELDUNG'

'Hurdy Gurdy'
MACpluto *(oben)*
Syn. 'Pluto'
ZWERGROSE, ROT+,
ÖFTER BLÜHEND

Die weißen Streifen auf dunkelrotem Untergrund lassen die Blüten dieser Sorte sehr ungewöhnlich aussehen. Die kleinen und gefüllten Blüten haben einen schwachen Duft. 'Hurdy Gurdy' ist eine Zwergrose mit aufrechtem Wuchs und glänzend grünem Laub, das nur mäßig krankheitsfest ist. **ZONEN 5–9.**

MCGREDY, NEUSEELAND, 1986

'MATANGI' × 'STARS 'N' STRIPES'

'Iceberg' KORbin *(oben)*
Syn. 'Fée des Neiges', 'Schneewittchen'
FLORIBUNDA, WEISS, ÖFTER BLÜHEND

'Iceberg', im deutschsprachigen Raum meist unter dem Namen 'Schneewittchen' bekannt, ist immer noch eine einzigartige Sorte und ihren Konkurrentinnen haushoch überlegen. Die wohlgeformten, zarten Blüten sind regenfest und langlebig, ob ungeschnitten oder in der Vase. Sie sind halb gefüllt und rein weiß, im Knospenstadium gelegentlich rosa überhaucht, besonders im Vorfrühling und im Herbst, wenn die Nächte kalt und feucht sind. In dieser Zeit können durch Regen- oder Tautropfen manchmal auf den Blütenblättern rosa Sprenkel auftreten. Die Blüten erscheinen in Büscheln bis zu 15 und verströmen einen angenehm zarten, nicht aufdringlichen Rosenduft. Das glänzend hellgrüne Laub hat schlanke Fiederblättchen mit langer Spitze. Diese Sorte eignet sich als Beetrose und für flächige Anpflanzungen, aber auch als kleine, einzelne Strauchrose. Diese Floribundarose ist einigermaßen widerstandsfähig gegen Mehltau, hingegen leicht anfällig für Sternrußtau. Sie zählt zu den besten Rosen dieses Jahrhunderts. Der kletternde Sport **'Climbing Iceberg'** (Syn. 'Climbing Schneewittchen', 'Climbing Fée des Neiges'; Cant, Großbritannien, 1968), der immer Blüten trägt, ist eine widerstandsfähige, robuste Pflanze, die manchmal nicht emporklettert. Sie ist nicht sonderlich wuchsfreudig und sollte deshalb nur zum Bedecken von niedrigen Zäunen oder Gartenlauben sowie zum Bekleiden von Pfosten oder Pyramiden im Garten bzw. auf der Terrasse gepflanzt werden.

'Climbing Iceberg' *(oben)*

ZONEN 4–9.

KORDES, DEUTSCHLAND, 1958

'ROBIN HOOD' × 'VIRGO'

GOLDMEDAILLE DER NATIONAL ROSE SOCIETY 1958, BADEN-BADEN GOLDMEDAILLE 1958, ADR-ROSE 1960, WELT ROSE 1983, ROYAL HORTICULTURAL SOCIETY, AWARD OF GARDEN MERIT 1993

'Iced Ginger'

(rechts)
FLORIBUNDA, ORANGE+,
ÖFTER BLÜHEND

Die Blüten in einer Farbmischung aus Rosa und Kupfer erscheinen in kleinen, gleichmäßigen Büscheln auf kräftigen, kurzen Trieben. Diese können bewehrt sein, eignen sich aber ausgezeichnet zum Schnitt, da der Farbton in den meisten Arrangements sehr gut mit anderen Blumen harmoniert. Der niedrige Busch benötigt einen sorgfältigen Schnitt, um den sonst eher unförmigen Wuchs in Form zu halten. Die Pflanze kommt am besten in flächigen Anpflanzungen oder als Randpflanzung zur Geltung. Das dunkelgrüne Laub ist robust und kaum anfällig für Mehltau, kann aber besonders in feuchten Gegenden von Sternrußtau befallen werden.
ZONEN 5–9.
DICKSON, GROSSBRITANNIEN, 1971
'ANNE WATKINS' × SÄMLING

'Iced Parfait'

(rechts)
FLORIBUNDA, HELLROSA,
ÖFTER BLÜHEND

Die Blüten von 'Iced Parfait' sind von zartestem Rosa, und sie erscheinen unermüdlich vom Vorfrühling bis zum Winter. Sie verströmen einen süßen Duft. 'Iced Parfait' ist eine zuverlässige, mittelhohe Pflanze mit hellgrünem Laub und sehr guter Gesundheit und vor allem eine gute Beetrose. ZONEN 5–9.
XAVIER, AUSTRALIEN, 1972
'PINK PARFAIT' ×
'SCHNEEWITTCHEN'

'Ilse Krohn Superior'

KLETTERROSE, WEISS,
ETWAS NACHBLÜHEND

Diese wuchsfreudige, bis 3 m hohe Kletterrose ist sehr vielseitig verwendbar, auch als Einzelstrauch. Die Blüten, die im Juni üppig erscheinen, sind gefüllt, weiß und verströmen einen zarten Duft. Auch in der Knospenform sind sie sehr dekorativ. Weitere Blühen erscheinen in Abständen bis zum Herbst. Die Rose trägt robustes, glänzend dunkelgrünes Laub und eignet sich für Spaliere, Rosenbögen, Säulen und Pergolen. Sie ist winterhart und recht widerstandsfähig gegen Sternrußtau und damit eine der besten weißen, mittelhohen Kletterrosen.
ZONEN 4–9.
KORDES, DEUTSCHLAND, 1964
SPORT VON 'ILSE KROHN'

'Immensee' KORimro *(rechts)*
Syn. 'Kordes' Rose Immensee', 'Grouse', 'Lac Rose'
STRAUCHROSE/BODENDECKERROSE, HELLROSA

'Immensee' war eine der ersten Sorten, die speziell als Bodendeckerrose gezüchtet wurden. Sie bedeckt den Boden fast vollständig und kann schräg abfallende Böschungen gut kaschieren und stützen, wenn sie in besonderen, das Wasser zurückhaltenden „Taschen" gepflanzt wird. Sie breitet sich rasch aus. Früh im Jahr erscheinen an den jüngeren Trieben einzelne, leuchtend rosa farbene Knospen, die sich zu hellrosafarbenen, schwach duftenden Blüten öffnen. Die Blumen verblassen beim Verblühen fast zu Weiß. Das Laub ist eher klein, aber dicht, glänzend dunkel und wenig krankheitsanfällig. **ZONEN 4–9.**

KORDES, DEUTSCHLAND, 1983
'THE FAIRY' × SÄMLING VON *ROSA WICHURAIANA*
GOLDMEDAILLE DER ROYAL NATIONAL ROSE SOCIETY 1984

'Impératrice Farah'
DELivour *(rechts)*
TEEHYBRIDE, WEISS+/ROSA+, ÖFTER BLÜHEND

In warmen Klimaten, wo sie der Hitze der Sonne ausgesetzt sind, bekommen die cremeweißen Blütenblätter dieser Sorte korallenrote Spitzen und Ränder, wodurch sie sehr eindrucksvoll wirken. Die Blüten sind groß, schön und regelmäßig geformt, mit zahlreichen krausen Petalen. Sie eignen sich gut zum Schnitt, da sie sehr haltbar sind. Ihr Duft ist schwach, und sie erscheinen den ganzen Sommer und Herbst über. Im Garten braucht diese Rose einen wohlüberlegten Standort, da sie eine beachtliche Höhe erreicht. Als Hintergrund in einem Beet, einer gemischten Rabatte oder für Zäune und Mauern, wo Kletterrosen nicht passen würden, ist sie die richtige Wahl. Sie wächst aufrecht, ist sehr starkwüchsig und trägt große ledrige Blätter. **ZONEN 4–9.**

DELBARD, FRANKREICH, 1992
ELTERN UNBEKANNT
GENF GOLDMEDAILLE 1992, ROM GOLDMEDAILLE 1992

'Improved Cécile Brünner' *(links)*
Syn. 'Rosy Morn'
FLORIBUNDA, ORANGEROSA, ÖFTER BLÜHEND

Wie man an den Elternsorten sehen kann, ist diese Rose nicht mit der berühmten 'Cécile Brunner' verwandt. Sie trägt Büschel von lachsrosa- bis rosafarbenen, mit 30 Petalen recht gefüllten Blüten, die sich aus langen, spitzen Knospen entwickeln. Sie duften nur schwach. Sie liebt Wärme, ist sehr wuchsfreudig, aufrecht und trägt ledriges, mattgrünes Laub. **ZONEN 5–9**.

DUEHRSEN, USA, 1948

'DAINTY BESS' × ROSA GIGANTEA

'Ingrid Bergman' POUlman *(oben)*
TEEHYBRIDE, DUNKELROT, ÖFTER BLÜHEND

Diese wunderschöne Rose wurde vom Fachpublikum weltweit mit Begeisterung aufgenommen. Die qualitativ hochwertigen Blüten sind samtrot, dicht gefüllt und duften sehr stark. Die Farbe verblasst nicht, und die Blüten erneuern sich schnell und reich. Die wuchsfreudige Pflanze hat eine aufrechte Gestalt und trägt dunkelgrünes, ledriges Laub. 'Ingrid Bergman' ist eine kräftige Rose und recht gesund. Sie ist eine große Bereicherung für jeden Rosengarten. **ZONEN 4–9**.

POULSEN, DÄNEMARK, 1985

SÄMLING × SÄMLING

ROYAL NATIONAL ROSE SOCIETY TRIAL GROUND CERTIFICATE 1983, BELFAST GOLDMEDAILLE 1985, MADRID GOLDMEDAILLE 1986, GOLDENE ROSE VON DEN HAAG 1987, ROYAL HORTICULTURAL AWARD OF GARDEN MERIT 1993

'Inner Wheel'
FRYjasso *(ganz oben)*
FLORIBUNDA, ROSA+, ÖFTER BLÜHEND

Die Blüten nehmen bis zum Verblühen eine Reihe interessanter Farbtöne an. Zu Beginn sind sie an den äußeren Blütenrändern leuchtend lachsrosa und in der Mitte elfenbeinfarben; später bekommen sie einen zarten Rosafarbton, der bis zum Verwelken anhält. Der Duft ist nicht sehr intensiv, aber 'Inner Wheel' gilt als eine sehr dekorative Gartenrose. Die niedrige, buschige Pflanze trägt schönes, dunkelgrünes Laub und ist recht gesund.
ZONEN 4–9.

FRYER'S NURSERY, GROSS-BRITANNIEN, 1984

'PINK PARFAIT' × 'PICASSO'

'International Herald Tribune'
HARquantum *(links)*
Syn. 'Margaret Isobel Hayes', 'Violetta', 'Viorita'
FLORIBUNDA, MAUVE+, ÖFTER BLÜHEND

Die ungewöhnlichen Sorten, die Jack Harkness für die Züchtung von 'International Herald Tribune' verwendete, ergaben als eine Neuheit dunkelviolette, becherförmige, mittelgroße Blüten, die auch noch sehr fein duften. Die Blüten erscheinen unermüdlich den ganzen Sommer, etwas seltener im Herbst. Die wuchsfreudige, niedrige Pflanze wird nur gerade so hoch, dass sie sich gut als Einfassung eignet. Ihr Laub ist etwas glänzend und dunkelgrün. Diese Rose wurde zu Ehren der berühmten Zeitung eingeführt.
ZONEN 4–9.

HARKNESS, GROSSBRITANNIEN, 1984

SÄMLING × (['ORANGE SENSATION'] × 'ALLGOLD'] × *ROSA CALIFORNICA*)

GENF GOLDENE ROSE, GENF GOLDMEDAILLE 1983, MONZA GOLDMEDAILLE 1984, TOKIO GOLDMEDAILLE 1983, BELFAST CERTIFICATE OF MERIT 1986

'Intervilles' (rechts)
GROSSBLUMIGE KLETTERROSE, ROT, ÖFTER BLÜHEND

Obwohl 'Intervilles' zur Zeit ihrer Einführung in Frankreich sehr populär war, wird sie heute nicht mehr oft gepflanzt. Die mäßig wuchsfreudige Kletterrose bringt während der Blüte vom Frühling bis zum Herbst unzählige scharlachrote Blüten hervor. Diese erscheinen in Büscheln zu 6–7 Blüten auf einem Trieb und sind mittelgroß. Die festen Blütenblätter sorgen für Haltbarkeit. 'Intervilles' eignet sich eher für den Garten als für die Vase, da den Blüten die Zartheit und eine schöne Form fehlen. Als relativ niedrige Kletterrose wächst sie gut an Verandapfosten oder am Haus empor. Sie ist robust und wenig anfällig für Mehltau und Sternrußtau. Ihr dichtes Laub ist glänzend grün. **ZONEN 5–9.**
ROBICHON, FRANKREICH, 1968
'ÉTENDARD' × SÄMLING

'Intrigue' JACum (rechts)
FLORIBUNDA, MAUVE, ÖFTER BLÜHEND

'Intrigue' hat nach Zitrone duftende, wohlgeformte, edelrosenähnliche Blüten mit etwa 20 Petalen in üppig rötlichem Purpur. Der Busch wird mittelhoch und wächst aufrecht. Die Blüten eignen sich gut zum Schnitt, und der Flor hält bis zum Herbst an. Das dichte Laub ist glänzend dunkelgrün. Der warme Farbton dieser Rose harmoniert sehr gut mit anderen Gartenpflanzen, deshalb eignet sie sich für Mixed Borders oder Beete mit nur einer Sorte. **ZONEN 4–9.**
WARRINER, USA, 1984
'WHITE MASTERPIECE' × 'HEIRLOOM'
ALL-AMERICAN ROSE SELECTION 1984

'Invincible' RUnatru
(rechts)
Syn. 'Fennica'
FLORIBUNDA, DUNKELROT, ÖFTER BLÜHEND

Diese Rose ist in Europa sehr beliebt, wird aber ansonsten selten kultiviert. Die dunkelkarminroten Blüten sind groß, symmetrisch geformt und haben eine etwas unordentliche Blütenmitte, die die goldgelben Staubgefäße oft verdeckt. Sie sind haltbar und deshalb gute Schnittblumen. Der Busch ist hoch, dicht und resistent gegen Krankheiten; er trägt glänzend dunkelgrünes Laub. **ZONEN 4–9.**

DE RUITER, NIEDERLANDE, 1983
'RUBELLA' × 'BAD NAUHEIM'

'Ipsilanté' *(links)*
Syn. 'Ypsilante'
ALTE R., GALLICA-ROSE, MAUVE

Diese Gallica-Rose verströmt einen starken, reich parfümierten Duft, der die mauve-rosafarbenen Blüten noch attraktiver macht. Runde, dicke Knospen öffnen sich im Juni zu großen, becherförmigen, gefüllten Blüten mit gekräuselten Blütenblättern, die sich in verschiedene Richtungen drehen. Die äußeren Petalen verblassen beim Verblühen. Als ausladender, wuchsfreudiger Strauch bis zu 1,5 m hoch. Sie hat dichtes, raues, dunkelgrünes Laub und rote Stacheln. Sie gedeiht in nährstoffarmen Böden noch gut und ist kaum krankheitsanfällig. **ZONEN 4–9.**

VIBERT, FRANKREICH, 1821
ELTERN UNBEKANNT

'Irene von Dänemark' *(rechts)*

Syn. 'Irene of Denmark', 'Irene au Danmark', 'Irène de Danemark'

FLORIBUNDA, WEISS, ÖFTER BLÜHEND

Die weißen Blüten dieser Sorte erscheinen in Büscheln und zeigen als Folge von kühler, feuchter Witterung oft zart rosafarbene Sprenkel oder Adern in den Petalen. Sie ist eine herrliche Pflanze, die sich als Umrandung von Rosenbeeten eignet, da sie niedrig und kompakt ist. Die Triebe sind hell, aber von robuster Struktur; die Blätter sind glänzend hellgrün und widerstandsfähig gegen Mehltau. Sternrußtau kann gelegentlich aber zum Problem werden. ZONEN 4–9.

POULSEN, DÄNEMARK, 1948

'ORLÉANS ROSE' × ('MME PLANTIER' × 'EDINA')

NATIONAL ROSE SOCIETY CERTIFICATE OF MERIT 1952

'Irène Watts' *(rechts)*

ALTE R., CHINAROSE, HELLROSA/WEISS, ETWAS NACHBLÜHEND

Diese Sorte, die wesentlich winterhärter ist als die meisten anderen Chinarosen, hat lange apricotfarbene Knospen, die sich zu hellrosafarbenen, gefüllten Blüten mit großen Petalen und einem Auge entfalten. Kleine, dunkelgrüne Blätter bedecken einen niedrigen, buschigen Strauch, der meist nur eine Höhe von max. 60 cm erreicht. 'Irene Watts' eignet sich als Kübelpflanze und zur Bepflanzung von Rabatten; sie wirkt aber auch als niedrige Hecke sehr eindrucksvoll. Diese alte Gartenrose blüht bis in den Herbst hinein. ZONEN 5–9.

GUILLOT, FRANKREICH, 1896

SÄMLING VON 'MME LAURETTE MESSIMY'

ROYAL HORTICULTURAL SOCIETY AWARD OF GARDEN MERIT 1993

'Irish Elegance' *(rechts)*

TEEHYBRIDE, ORANGE+/APRICOT+, ÖFTER BLÜHEND

Ihre Einzigartigkeit hat diese Sorte überdauern lassen: Sie besitzt lange Knospen, die sich zu breiten, schalenförmigen, gelb-bronzefarbenen, mit etwas Hellrosa überhauchten Blüten entfalten. Die Blüten duften und werden in großer Zahl gebildet. Die hohe, starkwüchsige 'Irish Elegance' trägt matt glänzendes grünes Laub und ist sehr krankheitsresistent. Als kleiner Strauch zeigt sie sich von ihrer besten Seite, denn auf diese Weise fallen die etwas derben Blüten nicht so sehr auf. ZONEN 4–9.

DICKSON, GROSSBRITANNIEN, 1905

ELTERN UNBEKANNT

'Irish Gold' *(rechts)*
Syn. 'Grandpa Dickson'
TEEHYBRIDE, REIN GELB, ÖFTER BLÜHEND

Diese Edelrose konnte sich gegen neuere Sorten gut behaupten. Ihre dicht gefüllten Blüten sind wohlgeformt – von den Knospen bis zu den voll entfalteten Blüten. Sie war weitgehend bei Ausstellungen zu bewundern und gewann wegen ihres lebendigen Stils viele Preise. Die Blüten sind von einem schönen Gelb ohne jeden strengen Ton, während die äußeren Petalen gelegentlich etwas rosa überhaucht sein können. Die vollständig geöffneten Blüten haben oft einen rosa getönten Rand. Dieser nur mäßig wüchsige Busch eignet sich für jeden Garten und ist stark bestachelt. Das mittelgrüne Laub ist besonders glänzend und sitzt an kräftigen und dicken Trieben. Wie fast alle gelben Rosen ist sie empfindlich gegenüber Sternrußtau und sollte daher im Frühjahr regelmäßig gespritzt werden. ZONEN 5–9.

DICKSON, GROSSBRITANNIEN, 1966
('KORDES' PERFECTA' × 'GOVERNADOR BRAGA DA CRUZ') × 'PICCADILLY'

ROYAL NATIONAL ROSE SOCIETY PRESIDENT'S INTERNATIONAL TROPHY 1965, GOLDENE ROSE VON DEN HAAG 1966, BELFAST GOLDMEDAILLE 1968, PORTLAND GOLDMEDAILLE 1970

'Irish Rich Marbled' *(oben)*
ALTE R., PIMPINELLIFOLIA-HYBRIDE, ROT+

Zarte, runde, rosafarbene Knospen, entfalten sich zu altrosafarbenen Blüten mit flieder-rosafarbener Rückseite. Drei Kränze von Blütenblättern umrahmen eine gelbe Mitte mit Staubgefäßen, während die äußeren Petalen sich nach außen rollen. Beim Verblühen verblassen die Blüten zur Mitte hin. Sie verströmen einen würzigen Duft. Der stark bewehrte Strauch von 1 m Höhe trägt dunkle, farnartige Blätter und runde, schwarze Hagebutten. Die Rose sollte entweder in einen Kübel oder so platziert werden, dass sie andere Pflanzen nicht behindert. ZONEN 4–9.

ELTERN UNBEKANNT

'Ispahan' *(rechts)*
Syn. 'Pompon des Princes', 'Rose d'Isfahan'
ALTE R., DAMASZENERROSE, REIN ROSA, ETWAS NACHBLÜHEND

Die gefüllten Blüten dieser Rose erscheinen im Frühsommer in Form von Büscheln und blühen bis in den Spätsommer noch etwas weiter. Anfangs besitzen sie eine hohe Mitte, werden später lockerer und wirken, vollständig geöffnet, etwas unordentlich, behalten jedoch ihre zarte Struktur. Die leuchtend rosafarbenen, duftenden Blüten können bis 6,5 cm groß werden. Der Busch kann über 1,5 m hoch werden und hat einen aufrechten, dichten Wuchs. Die Stiele sind graugrün und nur schwach bewehrt. Das weiche Laub ist leicht glänzend und mittelgrün mit Grautönen.
ZONEN 4–9.

VOR 1832

ELTERN UNBEKANNT

ROYAL HORTICULTURAL SOCIETY AWARD OF GARDEN MERIT 1993

'Ivory Fashion' *(oben)*
FLORIBUNDA, WEISS, ÖFTER BLÜHEND

Die Knospen von 'Ivory Fashion' sind elfenbeinweiß und werden mehr cremefarben, wenn sie sich öffnen. Die halb gefüllten, in Büscheln stehenden Blüten sind hochgebaut, wohlgeformt und haben hübsche, rote Staubgefäße. Sie verströmen anfangs einen schwachen würzigen Duft, der sich jedoch schnell verflüchtigt.
ZONEN 5–9.

BOERNER, USA, 1958

'SONATA' × 'FASHION'

NATIONAL ROSE SOCIETY CERTIFICATE OF MERIT 1957, ALL-AMERICAN ROSE SELECTION 1959

'Jacaranda' JacaKOR *(rechts)*
Syn. 'Jackaranda'
TEEHYBRIDE, REIN ROSA, ÖFTER BLÜHEND

Diese hochwüchsige Sorte ist eine typische Schnittrose für die Kultur unter Glas und ein gutes Beispiel dafür, welche Rolle die Zucht für den Schnittblumenhandel spielt: Aufgrund des starken Duftes und der häufigen Nachblüte ist sie für das Gewächshaus besonders gut geeignet. Langlebige Blüten an langen, kräftigen Stielen. Ihr reines Rosa hält sich bis zuletzt. Kräftig und gesund; große, mittelgrüne Laubblätter. Recht widerstandsfähig gegen Krankheiten, aber etwas anfällig für Mehltau. ZONEN 5–10.

KORDES, DEUTSCHLAND, 1985

('MERCEDES' × 'EMILY POST') × SÄMLING

'Jack Frost' *(oben)*
FLORIBUNDA, WEISS, ÖFTER BLÜHEND

Mit ihren langen Stielen und dem herrlichen Duft zählt diese Sorte zu den beliebten Schnittrosen aus dem Gewächshaus. Sie hat dicht gefüllte Blüten und sehr spitze, dekorative Knospen. Der aufrechte Strauch ist wuchsfreudig und trägt dunkelgrünes Laub. Ziemlich anfällig für Mehltau und Sternrußtau. Die besonders in Amerika beliebte Rose ist aber anderenorts selten im Handel. ZONEN 5–10.

JELLY, USA, 1962

'GARNETTE' × SÄMLING

'Jackie' *(links)*
ZWERGROSE, HELLGELB, ÖFTER BLÜHEND

Herrlich geformte Knospen öffnen sich zu strohgelben, mit über 60 Petalen dicht gefüllten Blüten, die später zu Weiß verblassen und zart duften. Die Zwergpflanze ist wuchsfreudig und ausladend. Der rasche Blütenzyklus bewirkt, dass die Pflanze fast das ganze Jahr Blüten trägt. Sie eignet sich sehr gut für die Aufzucht im Haus oder für schattige Standorte, da die Blüten an der prallen Sonne rasch verblassen. Diese Sorte ist widerstandsfähig gegen Krankheiten und reinigt sich quasi von selbst.
'Climbing Jackie' ist ein Sämling aus der gleichen Kreuzung; charakteristisch sind für diese Klettersorte insbesondere die üppigen Büschel von gelben bis cremefarbenen Blüten mit 60 Petalen. Für eine Zwergrose besitzt sie sehr spitze Stacheln. 'Climbing Jackie' klettert in warmen Gegenden bis zu 3 m hoch. Wie 'Jackie' und viele andere hellgelbe Rosen benötigt sie tagsüber einen eher schattigen Standort, damit ihre zarten Farbtöne nicht in der grellen Sonne verblassen. **ZONEN 6–11.**

MOORE, USA, 1955

'GOLDEN GLOW' × 'ZEE'

'Jacqueline Nebout' MEIchoiju
(rechts)
Syn. 'City of Adelaide', 'Sanlam-Roos'
FLORIBUNDA, REIN ROSA, ÖFTER BLÜHEND

Die dicht gefüllten, rosafarbenen Blüten dieser Sorte sind reich an Farbe und Eleganz. Sie öffnen sich weitgehend, aber nicht vollständig und sitzen auf langen Stielen. Die langlebigen Blüten, die sich als Schnittrosen eignen, erscheinen besonders üppig im Herbst, wenn die wunderschöne Farbe sich voll entfaltet. Es handelt sich um eine robuste, mittelhohe Pflanze mit dickem, dunkelgrünem, glänzendem Laub. Daher eignet sich 'Jacqueline Nebout' als Beetpflanze oder als Hochstammrose. **ZONEN 5–10.**

MEILLAND, FRANKREICH, 1989

ELTERN UNBEKANNT

DUBLIN GOLDMEDAILLE 1988

'James Mason'
ALTE R., GALLICA-ROSE, ROT

'James Mason' hat einen hervorragenden Duft, blüht aber wie fast alle Gallica-Rosen nur einmal im Sommer. Die großen, leuchtend blutroten Blüten haben nur zwei Reihen von Petalen. Bei den aufgeblühten, schalenförmigen Blüten sind die gelben Staubgefäße eine wahre Pracht. Die mittelgroße Rose hat einen aufrechten Wuchs und ist nur leicht verzweigt. Sie erfreut sich ausgezeichneter Gesundheit und ist die ideale Pflanze für einen Standort, der sonst wenig auffällt. Die neuen Triebe erscheinen während und nach der Blüte. **ZONEN 5–11.**

BEALES, GROSSBRITANNIEN, 1982
'SCHARLACHGLUT' × 'TUSCANY SUPERB'

'James Mitchell'
(links)
ALTE R., MOOSROSE, DUNKELROSA

Diese Sorte bildet im Juni eine sehr reiche Blütenpracht, wobei die Blüten im Durchmesser selten größer als 5 cm sind. Sie entwickeln sich aus rundlichen, stark bemoosten Knospen und sind leuchtend rosa, verblassen im Alter jedoch leicht. Jede der stark duftenden Blüten ist sehr dicht und pomponartig gefüllt. Ein ausladender, aber dicht verzweigter Strauch von bis zu 1,5 m Höhe. Triebe voller winziger weicher Borsten, die eine dunkelgrüne bis braune Farbe aufweisen. Das am Rand gesägte Laub ist dunkel bis graugrün getönt. Eine außergewöhnlich robuste, für jeden Standort geeignete Rose. **ZONEN 4–10.**

VERDIER, FRANKREICH, 1861
ELTERN UNBEKANNT

'James Veitch'
(ganz unten)
ALTE R., MOOSROSE, MAUVE, ETWAS NACHBLÜHEND

Diese Rose eignet sich sehr gut für den vorderen Bereich einer Rabatte, da sie – kleinwüchsig und mäßig wuchsfreudig – eine Höhe bis 1 m erreicht. Die Stiele sind stark bewehrt sowie borstig bemoost und tragen dunkelmagentarote gefüllte Blüten. Die Rose blüht sehr üppig und produziert bei guter Düngung einen zweiten Blütenflor – dies allerdings nur, wenn sie von Verblühtem gesäubert wird. **ZONEN 5–9.**

VERDIER, FRANKREICH, 1865
ELTERN UNBEKANNT

'Janet Morrison'
(rechts)
GROSSBLUMIGE KLETTEROSE,
DUNKELROSA, ÖFTER BLÜHEND

Alister Clark züchtete diese Kletterrose, die dunkelrote, mittelgroße Blüten an langen Trieben trägt. Sie sind halb gefüllt und duften gut. Der Wuchs ist kletternd, die Pflanze wird sehr groß, wenn sie nicht geschnitten wird. Sie ist ausreichend widerstandsfähig gegen Krankheiten, bei kaltem Wetter jedoch anfällig für Mehltau.
ZONEN 6–11.
CLARK, AUSTRALIEN, 1936
'BLACK BOY' × SÄMLING

'Janina' TANija
(rechts)
TEEHYBRIDE, ORANGE+,
ÖFTER BLÜHEND

Die Blüten prangen in dunklem Lachsrosa und sind auf der Unterseite der Petalen dunkelmaisgelb getönt, wodurch die Rose fast apricotfarben wirkt. Die Knospen sind kurz und fest. Diese Sorte hat einen aufrechten Wuchs, wenig Stacheln und ist mäßig widerstandsfähig; im Vorfrühling muss sie gespritzt werden, damit das glänzende, mittelgrüne Laub gesund heranwächst.
ZONEN 5–10.
TANTAU, DEUTSCHLAND, 1974
ELTERN UNBEKANNT

'Jaquenetta' AUSjac

(oben)
Syn. 'Jacquenetta'
STRAUCHROSE, APRICOT+,
ÖFTER BLÜHEND

Die auch als Englische Rose klassifizierte 'Jaquenetta' ist, was die Blühwilligkeit betrifft, unzuverlässig und wurde deshalb von Austin aus dem Katalog genommen. Sie ist jedoch mit ihrem gesundem Laub und Trieb ein attraktiver Strauch im Stil der Alten Rosen. **ZONEN 5–10.**

AUSTIN, GROSSBRITANNIEN, 1983
ELTERN UNBEKANNT

'Jardins de Bagatelle' MEImafris

(rechts)
Syn. 'Drottning Silvia', 'Gardin de Bagatelle', 'Karl Heinz Hanisch', 'Queen Silvia', 'Sarah'
TEEHYBRIDE, WEISS,
ÖFTER BLÜHEND

Die hübschen, matt cremeweißen Blüten dieser Teehybride erscheinen bei kaltem Wetter leicht rosa überhaucht. Sie sind dicht gefüllt, duften süßlich und eignen sich hervorragend als Schnittblumen. 'Jardins de Bagatelle' ist starkwüchsig, mittelhoch und von aufrechter Gestalt. Die Rose ist mit großem, glänzend grünem Laub bedeckt, das äußerst resistent gegen Krankheiten aller Art ist. Schnitt und Pflege sind einfach. Die nach dem berühmten Pariser Rosengarten benannte Pflanze ist winterhart. **ZONEN 6–11.**

MEILLAND, FRANCE, 1986
('QUEEN ELIZABETH' × 'ELEG') × MEIDRAGELAC

BAGATELLE DUFTPREIS 1984, GENF
GOLDMEDAILLE 1984, POITIERS
GOLDMEDAILLE 1986, GENUA
GOLDMEDAILLE 1987

'Jazz' *(oben)*
FLORIBUNDA, ORANGE+, ÖFTER BLÜHEND

Diese Floribundarose hat mittelgroße, gefüllte orangegelbe Blüten, die rosa-karminrot überhaucht sind. Sie verströmen einen leichten Duft und sorgen während des ganzen Sommers wiederholt für einen herrlichen Anblick. Die Sorte trägt glänzend dunkelgrünes Laub, das mäßig resistent gegen Krankheiten ist. Der Strauch bricht leicht auseinander, ein Problem, das durch einen sorgfältigen Schnitt und das Zusammenbinden von Treiben behoben werden kann. Die Rose ist wuchsfreudig und robust. ZONEN 5–11.

DE RUITER, NIEDERLANDE, 1960

'MASKERADE' × SÄMLING

'Jean Bach Sisley' *(rechts)*
ALTE R., CHINAROSE, ROSA+, ETWAS NACHBLÜHEND

Die langen Knospen dieser hervorragenden Beetrose öffnen sich zu aufrechten rosafarbenen Blüten, deren äußere Petalen lachsfarben und karminrot geädert sind. Die zweifarbigen Blüten duften wie Teerosen und fühlen sich an kühlen Tagen am wohlsten. Die Rose blüht vom Spätfrühling bis zum Herbst. Sie ist ein nicht sehr hoher, kräftig ausladender Strauch, dessen junges Laub dunkelrot ist, bevor es sich dunkelgrün färbt.
ZONEN 5–10.

DUBREUIL, FRANKREICH, 1889

ELTERN UNBEKANNT

'Jean Ducher' *(oben)*
Syn. 'Comte de Sembui', 'Ruby Gold'
ALTE R., TEEROSE, ORANGEROSA, ETWAS NACHBLÜHEND

Als Schnittrose oder in voller Blüte zählt diese Teerose zu den robustesten ihrer Klasse. Die kugelförmigen Blüten sind gut gefüllt und groß; ihre Farbe kann je nach Wetter von Lachs über Pfirsich bis Rosa variieren. Die duftenden, etwas unordentlichen Blüten haben eine rote Mitte und mögen kein feuchtes Wetter. Diese sehr krankheitsresistente Rose ist für eine Teerose recht wuchsfreudig; sie wird bis 1,2 m hoch und breit und sollte nur mäßig geschnitten werden. 'Jean Ducher' beeindruckt am meisten als Kübelpflanze. **ZONEN 5–11.**

DUCHER, FRANKREICH, 1874

ELTERN UNBEKANNT

'Jean Giono' MElrokoi
TEEHYBRIDE, GELB+, ÖFTER BLÜHEND

Es handelt sich hier um eine der „Romantica"-Rosen des Züchters, in der die altmodische Blütenform und ein üppiger Flor über einen langen Zeitraum – von Sommer bis Herbst – vereint sind. Die Blüten sind kräftig goldgelb getönt und von einem Mandarinen-Orange überzogen. Sie werden mittelgroß und entwickeln sich aus runden Knospen zu ziemlich zottigen, flachen Blumen von ungleichmäßiger Form, die dicht mit Petalen gefüllt sind (ungefähr 120 Petalen). Die inneren Petalen sind oft gekräuselt. Die wuchsfreudige Pflanze bleibt knapp mittelgroß, ist von buschiger Gestalt und trägt üppiges dunkelgrünes Laub. Die schwach würzig duftende Rose eignet sich sehr gut für Beete und Rabatten. **ZONEN 4–9.**

MEILLAND, FRANKREICH, 1994

ELTERN UNBEKANNT

'Jean Kenneally'
TINeally *(oben)*
ZWERGROSE, APRICOT+,
ÖFTER BLÜHEND

'Jean Kenneally' ist ein wahrer Star unter den Zwergrosen. Sie ist in jeder Beziehung – Vitalität, Form, Farbe, Größe und Üppigkeit – nahezu perfekt und ein absolutes Muss für jeden professionellen Aussteller. Diese vielleicht beliebteste Zwergrose in den USA wurde von ihrem Züchter nach einer Freundin benannt, einer großen Rosenkennerin der San Diego Rose Society. Die kleinen, gefüllten Blüten sind blass- bis mittelapricotfarben und weisen eine besonders schöne Edelrosenform auf. Die Rose kann schwach duften. In kalten Gebieten können die Blütenblätter leicht rosa getönt sein. Das mittelgrüne Laub glänzt matt. Die Pflanze wächst besonders aufrecht und trägt große Büschel mit 10–12 Blüten; gelegentlich stehen die Blüten auch einzeln.
ZONEN 5–11.

BENNETT, USA, 1984
'FUTURA' × 'PARTY GIRL'
AMERICAN ROSE SOCIETY AWARD OF EXCELLENCE 1986, INTERNATIONAL RALPH MOORE TROPHY, ROYAL NATIONAL ROSE SOCIETY NATIONAL MINIATURE SHOW 1997

'Jean Mermoz'
(ganz oben rechts)
Syn. 'Jean Marmoz'
POLYANTHAROSE, REIN ROSA,
ÖFTER BLÜHEND

Diese liebliche, üppig blühende kleine Polyantharose ist eine Zierde für jeden Garten. Die rein rosafarbenen, becherförmigen Blüten sitzen in großen Büscheln weit genug vom Busch entfernt an der Pflanze und verströmen einen schwachen, süßlichen Duft. Die Sorte eignet sich für flächige Anpflanzungen oder für Beete entlang eines Weges oder einer Anfahrt. 'Jean Mermoz' blüht fast die ganze Saison über. Sie ist eine kleine, niedrig wüchsige Pflanze mit glänzend dunkelgrünem Laub. Die Rose ist widerstandsfähig gegen Krankheiten und braucht nur wenig Pflege. Im Herbst kann Mehltau auftreten. ZONEN 5–11.

CHENAULT, FRANKREICH, 1937
ROSA WICHURAIANA × SÄMLING

'Jeanne D'Arc'
(oben)
ALTE R., ALBA-ROSE, WEISS

Dieser große und wuchernde Strauch, deren Blüten in der Mitte sehr kraus sind, verblassen in der Sonne schnell von Creme zu Weiß. Die für Alba-Rosen typische blaugraue Farbe der älteren Laubblätter mag von *Rosa canina* vererbt sein. Sie kann am besten als kleinere Form der Rose 'Alba Maxima' beschrieben werden. ZONEN 4–9.

VIBERT, FRANKREICH, 1818
ELTERN UNBEKANNT

'Jeanne de Montfort' *(unten)*
ALTE R., MOOSROSE, REIN ROSA, ETWAS NACHBLÜHEND

Die duftenden Blüten dieser Rose sind in großen Büscheln angeordnet; sie sind mäßig dicht gefüllt, hellrosa mit leuchtend goldgelben Staubgefäßen, die zwischen den Petalen der vollständig aufgeblühten Blüte zu sehen sind. Bei ausbleibendem Schnitt wächst sie zu einem großen Strauch oder sogar zu einer kleinen Kletterpflanze von etwa 2,5 m Höhe. Das üppige Laub ist schwach glänzend und mittelgrün. Wenn ihr ausreichend Platz zur Verfügung steht, entwickelt sich die Pflanze ausgezeichnet und bringt gelegentlich im Herbst noch eine Nachblüte hervor.
ZONEN 4–10.
ROBERT, FRANKREICH, 1851
ELTERN UNBEKANNT

'Jeanne LaJoie' *(unten)*
KLETTERNDE ZWERGROSE, REIN ROSA, ÖFTER BLÜHEND

Diese beliebte Rose besitzt spitze Knospen, die sich zu formschönen reinrosa Blüten entwickeln. Diese sind mit 40 oder mehr Blütenblättern dicht gefüllt, duften aber nur wenig. Das Laub ist klein, glänzend dunkelgrün und stark strukturiert. Die langen Triebe sollten möglichst waagerecht angebunden werden, um die Blütenbildung zu steigern. Diese Rose mit ihren robusten Blüten ist wuchsfreudig und die ideale Wahl für einen Standort vor einer Mauer, wenn eine gewaltige Farbwirkung erwünscht ist.
ZONEN 5–11.
SIMA, USA, 1975
'CASA BLANCA' × 'KORDES SONDERMELDUNG'
AMERICAN ROSE SOCIETY AWARD OF EXCELLENCE 1977

'Jennifer' BENjen
(rechts)
ZWERGROSE, ROSA+, ÖFTER BLÜHEND

Die kleinen gefüllten Blüten (30–35 Petalen) weisen in allen Stadien des Flors die klassische Blütenform auf. Sie sind hellrosa bis hellmauve mit weißer Rückseite. Eine großartige Form und Farbe sind die Kennzeichen dieser Rose, aber in manchen Klimaten entfalten sich die Blüten zu schnell. Die porzellanähnlichen Blumen begeistern jeden, und die Farbe verblasst auch in der heißen Mittagssonne nicht. Gewöhnlich erscheinen die Blüten in kleinen Büscheln und duften schwach. Die mittelgroßen, dunkelgrünen Laubblätter glänzen matt. Sie ist eine großartige Ausstellungsrose, die einzeln am Stiel oder als Blütendolde gezeigt werden kann. Ihre Stiele sind aufrecht und kräftig.
ZONEN 5–11.

BENARDELLA, USA, 1985
'PARTY GIRL' × 'LAGUNA'
AMERICAN ROSE SOCIETY AWARD OF EXCELLENCE 1985

'Jenny Duval'
(unten rechts)
Syn. 'Jenny'
ALTE R., GALLICA-ROSE, MAUVE

Farbveränderungen, die vermutlich durch Wetter, Boden und Temperatur bedingt sind, kommen bei dieser Rose so häufig vor, dass sie oft mit der 'Président de Sèze' verwechselt wird. Die Farbe variiert von Hellrot, Rosa, Violett und Grau-Lavendel bis zu Mauve. Diese attraktive Heckenpflanze hat große, locker gefüllte Blüten mit gewellten Petalen und gelben Staubgefäßen tief in der Blütenmitte. Die stark duftenden Blumen hängen sehr dekorativ an den sich neigenden Trieben. Der 1,5 m hohe Strauch, der graugrünes Laub und starke Stacheln trägt, fühlt sich in nährstoffarmem Boden wohl.
ZONEN 5–10.

VOR 1842
ELTERN UNBEKANNT

'Jens Munk' *(rechts)*
RUGOSA-HYBRIDE, REIN ROSA, ÖFTER BLÜHEND

Die aus Kanada stammende Rose ist besonders winterhart. Bei kühlem Wetter zeigt sie sich von ihrer besten Seite. Die halb gefüllten Blüten sind zartrosa gefärbt, insgesamt leicht fliederfarben überzogen und duften schwach. Die Staubgefäße sind gelb und heben die Blütenmitte dekorativ hervor. 'Jens Munk' ist eine wuchsfreudige, mittelhohe Pflanze, die als junger Busch ausladend und unförmig aussieht, sich aber dann zu einem ansehnlichen, widerstandsfähigen Strauch für den Garten oder Park entwickelt. **ZONEN 3–9.**

SVEJDA, KANADA, 1974
'SCHNEEZWERG' × 'FRAU DAGMAR HARTOPP'

'Jersey Beauty' *(rechts)*
RAMBLERROSE, HELLGELB

Jack Harkness stufte diese Sorte als eine Zwei-Sterne-Rose ein – eine seltene Auszeichnung von dem großen verstorbenen Rosenzüchter, der kaum Sterne vergab. Auffallend gelbe Staubgefäße bilden einen leuchtenden Kontrast zu den cremeweißen Petalen, die sich zu großen, einfachen Blüten formen. Die stark duftenden Blumen wachsen in Büscheln. In der Sonne verblassen sie zu Weiß und blühen nur einmal. Die Sorte ist eine wuchsfreudige Ramblerrose, die nach einigen Jahren bis zu 4,5 m hoch werden kann. Im Garten bevorzugt sie einen eher warmen Standort und macht sich optisch ganz gut an Gerüsten und Böschungen. **ZONEN 4–10.**

MANDA, USA, 1899
ROSA WICHURANA × 'PERLE DES JARDINS'

'Joanna Hill'

(rechts)
TEEHYBRIDE, HELLGELB,
ÖFTER BLÜHEND

Diese Rose verbreitet einen wunderbar gehaltvollen Duft, weshalb ihr auch, als sie 1928 in den Handel kam, ein riesiger Erfolg prophezeit wurde. Die Blüten sind zart cremegelb, am Blütengrund orangefarben überhaucht und erscheinen einzeln oder in kleinen Grüppchen. Die Pflanze wächst relativ schwach, ausladend und ist wenig robust. Sie benötigt eine intensive Pflege, wenn sie optimale Blüten hervorbringen soll. Das Laub ist ledrig. Trotz der Nachteile wird ihr Duft mit Sicherheit jeden begeistern, und manch einer wird sie sich allein schon deshalb anschaffen wollen. ZONEN 5–10.

J. H. HILL CO., USA, 1928
'MME BUTTERFLY' ×
'MISS AMELIA GUDE'

'Joasine Hanet'

(rechts)
ALTE R., PORTLANDROSE, MAUVE,
ETWAS NACHBLÜHEND

Diese früh blühende Rose gehört zu den Überlebenden einer Klasse, die nur kurze Zeit für Aufsehen sorgte. Die dunkelrosafarbenen Blüten haben einen violetten bis purpurroten Ton, je nach Lage im Garten. Die schweren, dicht gefüllten, geviertelten Blüten haben einen Durchmesser von 8 cm und erscheinen in Büscheln. Sie duften sehr stark. Ein wuchsfreudiger Strauch, der recht winterhart und widerstandsfähig gegen Krankheiten ist. Manche bezeichnen 'Joasine Hanet' wegen ihrer Nachblüte im Spätsommer auch als eine remontierende Damaszenerrose. ZONEN 5–10.

VIBERT, FRANKREICH, 1847
ELTERN UNBEKANNT

'Johann Strauss' MEIoffic *(oben)*
Syn. 'Forever Friends', 'Sweet Sonata'
FLORIBUNDA, ROSA+, ÖFTER BLÜHEND

'Johann Strauss' bringt dicht gefüllte Blüten mit 40 oder mehr Petalen hervor, die angenehm duften und fast kugelförmig sind. Sie sind zart lachsrosafarben und erscheinen ab Vorfrühling einzeln oder in kleinen Büscheln auf mittellangen Stielen und blühen sehr oft. Die mittelhohe Pflanze ist von einem glänzenden, leuchtend grünen, dichten Blattwerk bedeckt, das widerstandsfähig gegen Mehltau, jedoch anfällig für Sternrußtau ist. Diese Sorte wächst als Strauch oder Hochstammrose, sie ist auch als Schnittrose geeignet. **ZONEN 4–10.**

MEILLAND, FRANKREICH, 1994

(MEITURAPHAR × 'MRS JOHN LAING') × 'EGESKOV'

'John Cabot'
STRAUCHROSE, ROT, ÖFTER BLÜHEND

Der reich blühende Strauch findet mehrfach Verwendung, gedeiht unter widrigen Verhältnissen und benötigt nur wenig Pflege. Die halb gefüllten roten Blüten verblassen allmählich, und ihre Staubgefäße werden gut sichtbar. Sie stehen in Büscheln und duften nicht. 'John Cabot' ist sehr widerstandsfähig gegen Krankheiten, braucht wenig Pflege und kann als Hecke, aber auch an jedem anderen beliebigen Standort gepflanzt werden. Diese aus Kanada stammende Strauchrose gedeiht üppig und ist dicht beblättert; in warmen Gebieten kann sie beinahe die Höhe eine kleinen Kletterrose erreichen. **ZONEN 3–9.**

SVEJDA, KANADA, 1978

ROSA KORDESII × SÄMLING

'John Clare' AUScent

(rechts)
STRAUCHROSE, DUNKELROSA, ÖFTER BLÜHEND

Unter allen Rosen, die der britische Züchter Austin bis heute auf den Markt gebracht hat, bringt diese Rose die reichste Blüte hervor. Die becherförmigen, hell karminroten Blüten sind etwas formlos und fallen sehr locker aus, so dass sie manchem Liebhaber der klassischen Rosenform weniger zusagen. Die Blüten verblassen nach dem Öffnen nur leicht. Im Verblühen reinigt sie sich gut. Die Rose wurde nach dem britischen Dichter John Clare (1793–1864) benannt, der dem Landleben sehr stark verbunden war.
ZONEN 5–10.
AUSTIN, GROSSBRITANNIEN, 1994
'WIFE OF BATH' × 'GIANT MEYER'

'John Davis' *(unten)*
STRAUCHROSE, REIN ROSA, ÖFTER BLÜHEND

Diese Rose trägt große, rein rosafarbene Blüten, deren Petalen am Grund cremefarben bis gelb getönt sind. Sie sind mit etwa 40 Petalen dicht gefüllt und verströmen einen stark würzigen Duft. Die Pflanze ist von starkem, robustem Wuchs, trägt derbes Laub und lange Triebe, die herabhängen. Sie besitzt gute Widerstandskraft gegen Krankheiten und benötigt unter normalen Bedingungen wenig Pflege. Dort, wo Mehltau und Sternrußtau öfter auftreten, benötigt sie stärkere Pflege. **ZONEN 3–9.**
SVEJDA, KANADA, 1986
(*ROSA KORDESII* × SÄMLING) × SÄMLING

'John F. Kennedy' *(links)*
Syn. 'JFK', 'President John F. Kennedy'
TEEHYBRIDE, WEISS, ÖFTER BLÜHEND

Diese Sorte trägt große, elegante Knospen, die sich zu rein weißen, anfänglich schwach grünlich getönten Blüten entfalten. Sie sind hervorragende Schnittblumen und entwickeln sich in großer Zahl an einer starken, aufrecht wachsenden Pflanze, die ziemlich krankheitsfest ist. Das kräftige Laub ist derb und kann in kühlen Gegenden etwas anfällig für Mehltau sein. Die nach dem in Dallas ermordeten amerikanischen Präsidenten benannte Rose gewann zwar keine Preise, kann sich aber gegen neue weiße Sorten immer noch gut behaupten. **ZONEN 5–11.**

BOERNER, USA, 1965

SÄMLING × 'WHITE QUEEN'

'John Hopper' *(links)*
ALTE R., REMONTANTROSE, ROSA+, ETWAS NACHBLÜHEND

Die Blüten dieser Remontantrose prangen in leuchtendem Rosa mit einem fliederfarbenen Rand. Die großen becherförmigen, gefüllten Blüten tragen 70 Petalen mit jeweils karminroter Mitte; die äußeren Blütenblätter verblassen im Alter. Sie erscheinen auf kurzen Stielen, duften stark und bedecken den Strauch im Sommer vollständig; gelegentlich kommt es im Herbst zur Nachblüte. Die bis zu 1,2 m langen Triebe bilden eine aufrechte, buschige Pflanze mit großblättrigem Laub und hellroten, hakenförmigen Stacheln. Verblühtes sollte regelmäßig entfernt werden, damit die Herbstblüte angeregt wird. **ZONEN 5–10.**

WARD, GROSSBRITANNIEN, 1862

'JULES MARGOTTIN' × 'MADAME VIDOT'

'John S. Armstrong'
(oben)
TEEHYBRIDE, DUNKELROT, ÖFTER BLÜHEND

Die auch als eine Grandiflorarose eingeordnete 'John S. Armstrong' ist eine feine, reich blühende Beetrose mit dunkelroten Blüten. Deren hohe Mitte besteht aus etwa 50 völlig symmetrisch angeordneten Petalen. Die Sorte eignet sich hervorragend als normale Schnittblume, weil sich die duftenden, langstieligen Rosen lange in der Vase halten. Die Pflanze ist hoch, von kräftigem Wuchs und trägt dichtes, leuchtend dunkelgrünes Laub. 'John S. Armstrong' ist nur leicht anfällig für Pilzkrankheiten und eignet sich sehr gut für warme Standorte. **ZONEN 5–10.**

SWIM, USA, 1961

'CHARLOTTE ARMSTRONG' × SÄMLING

NATIONAL ROSE SOCIETY TRIAL GROUND CERTIFICATE 1961, ALL-AMERICAN ROSE SELECTION 1962

'John Waterer'
(ganz unten)
TEEHYBRIDE, DUNKELROT, ÖFTER BLÜHEND

Diese Sorte bringt oft und zahlreich Blüten in einem Dunkelrot hervor. Sie weist viele Pluspunkte auf: Der Duft ist angenehm, jedoch nicht zu stark, ihre Form ist klassisch, und die überdurchschnittlich große Blüte ist von einem Aussehen, das man bei einer Rose selten findet. Die Blütentriebe sind nicht sehr kräftig, so dass die Blumen für die neuen Stiele fast zu schwer sind; in der Vase halten sie jedoch lange. Etwas anfällig für Mehltau, aber sonst recht robust. Seit ihrem Erscheinen wird sie in großer Zahl kultiviert. **ZONEN 5–10.**

MCGREDY, GROSSBRITANNIEN, 1970

'KING OF HEARTS' × 'HANNE'

ROYAL NATIONAL ROSE SOCIETY CERTIFICATE OF MERIT

'Joie de Vivre' *(links)*
TEEHYBRIDE, ROSA+, ÖFTER BLÜHEND

Diese Pflanze trägt klassisch geformte, farbenfrohe und duftende Blüten, die einzeln oder in kleinen Büscheln stehen. Sie sind rosafarben mit etwas Gold am Grund. Obwohl nicht groß, ist diese Sorte robust, wuchsfreudig und recht widerstandsfähig gegen Krankheiten; lediglich die jungen bronzegrünen Triebe werden spät im Jahr oft von Mehltau befallen. **ZONEN 5–10.**

GAUJARD, FRANKREICH, 1949

ELTERN UNBEKANNT

NATIONAL ROSE SOCIETY CERTIFICATE OF MERIT 1950

'Josephine Baker'
MEImaur *(oben)*
Syn. 'Velvet Flame'
TEEHYBRIDE, DUNKELROT, ÖFTER BLÜHEND

Diese besonders krankheitsfeste, dunkelrote Rose wurde leider nie richtig populär. Die langen, spitzen Knospen entfalten sich zu gefüllten Blüten mit 25 sehr kräftigen Petalen. Die Blütenbildung ist hervorragend und der Blütenzyklus zuverlässig. Sie ist von kräftigem und aufrechtem Wuchs. **ZONEN 5–10.**

MEILLAND, FRANKREICH, 1973

'SUPERSTAR' × 'PAPA MEILLAND'

'Josephine Bruce' *(oben)*
TEEHYBRIDE, DUNKELROT, ÖFTER BLÜHEND

Diese lieblich dunkelrote Sorte blüht oft, zahlreich und üppig. Ihre Blüten duften sehr stark. Die niedrige Pflanze ist breit und ausladend. Sie braucht besondere Pflege, damit sie gesund bleibt und nicht vom Mehltau befallen wird. Ein gezielter Schnitt hält sie buschig und verringert die Gefahr von Verbrennungen durch Sonnenlicht. **ZONEN 5–10.**

BEES, GROSSBRITANNIEN, 1949

'CRIMSON GLORY' × 'MADGE WHIPP'

NATIONAL ROSE SOCIETY TRIAL GROUND CERTIFICATE 1953

'Joseph's Coat' *(oben)*
GROSSBLUMIGE KLETTERROSE, ROT+, ÖFTER BLÜHEND

Obgleich man ihre Farbe nur als eine Mischung aus Gelb und Rot bezeichnen kann, ist sie doch ein gutes Beispiel für eine kleine mehrfarbige Kletterrose. Sie wächst aufrecht; ihre jungen Seitentriebe bindet man waagerecht an, um so eine häufigere Blüte anzuregen. Die mittelgroßen, gefüllten Blüten öffnen sich schalenförmig. **ZONEN 4–10.**

ARMSTRONG & SWIM, USA, 1964

'BUCCANEER' × 'CIRCUS'

NATIONAL ROSE SOCIETY TRIAL GROUND CERTIFICATE 1963, BAGATELLE GOLDMEDAILLE 1964

'Joy of Health'

HARxever *(rechts)*
FLORIBUNDA, REIN ROSA,
ÖFTER BLÜHEND

Die dicht gefüllten Blüten dieser Floribundarose sitzen in Büscheln und blühen zart lachsrosa mit leichtem Pfirsichton. Die Form der Blüten ist eher altmodisch, sie sind becherförmig und öffnen sich langsam, ohne die Mitte vollständig freizulegen; diese Form behalten sie, bis sie ganz verblüht sind. Diese robuste, wuchsfreudige Pflanze eignet sich besonders für kleinere Gärten. Sie hat mattes, dunkelgrünes Laub. **ZONEN 5–10.**

HARKNESS, GROSSBRITANNIEN, 1996
SÄMLING × 'PRINZ EUGEN VON SAVOYEN'

'Judy Fischer'

(rechts)
ZWERGROSE, REIN ROSA,
ÖFTER BLÜHEND

Spitze, hochgebaute rosafarbene Knospen öffnen sich langsam zu kleinen, gefüllten, dunkelrosa Blüten, die kaum verblassen. Bei heißem Wetter können die Petalen sogar noch eine Spur heller werden. Die Blumen werden von kleinen, dunkelgrünen, ledrigen Laubblättern umgeben. Die Pflanze ist wuchsfreudig, bleibt niedrig und kompakt und lebt sich schnell ein. Sie ist pflegeleicht, da sie sehr widerstandsfähig gegen Krankheiten ist. **ZONEN 5–11.**

MOORE, USA, 1968
'LITTLE DARLING' × 'MAGIC WAND'
AMERICAN ROSE SOCIETY AWARD OF EXCELLENCE 1975

'Jules Margottin'

(rechts oben)

ALTE R., REMONTANTROSE, REIN ROSA, ETWAS NACHBLÜHEND

Nachdem die großen Knospen dieser Sorte sich zu dicht gefüllten dunkelrosa Blüten mit 90 Petalen entfaltet haben, erscheinen sie zunächst becherförmig, werden dann ziemlich flach mit etwas nach innen gewölbten Außenpetalen. Die großen duftenden Blüten sehen wie bunte Wirbel aus und sitzen auf langen Stielen. Die Pflanze ist wuchsfreudig und robust; sie trägt hellgrüne, ovale, spitze Laubblätter sowie dunkelrote Stacheln. Die Sorte wird 1,8 m hoch, kann aber auf die halbe Höhe zurückgeschnitten werden. Bei nassem Wetter ist die Rose anfällig für Mehltau. **ZONEN** 5–10.

MARGOTTIN, FRANKREICH, 1853
SÄMLING VON 'LA REINE'

'Julia Mannering'

(unten)

ALTE R., RUBIGINOSA-HYBRIDE, HELLROSA

'Julia Mannering' besitzt perlmuttartige, fleischrosafarbene, einfache bis halb gefüllte Blüten, die in einem dunkleren Rosa geädert sind; bei Schatten wirken die Farben kräftiger. Die Blüten sitzen an langen Trieben, und sowohl das dunkelgrüne Laub als auch die Blüten duften nach Apfel. Der einmalblühende Strauch ist wuchsfreudig und benötigt viel Platz. Er fühlt sich auf nährstoffarmem Boden wohl und bildet eine dichte Hecke mit stacheligen Trieben; in einer Parklandschaft wächst die Pflanze zu einem attraktiven Strauch heran. **ZONEN** 5–11.

PENZANCE, GROSSBRITANNIEN, 1895
ELTERN UNBEKANNT

'Julia's Rose' *(unten)*
TEEHYBRIDE, ROSTROT,
ÖFTER BLÜHEND

Diese Rose ist wegen ihrer Farbe besonders beliebt. Die Blüten weisen verschiedene Töne von Kupfer, Graugelb und Braun auf, die alle zusammen eine wunderschöne Farbe ergeben, welche bei kälterem Wetter viel intensiver wirkt. 'Julia's Rose' kommt recht häufig vor, auch wenn sie keine kräftige Pflanze ist und viel Pflege benötigt. Jeder, der diese Herausforderung annimmt, wird mit reicher Blüte belohnt; die Blumen eignen sich hervorragend für Arrangements. Die Pflanze wächst aufrecht und trägt rötliches Laub. Da die Rose insgesamt nicht sehr kräftig wächst, muss sie gegen zahlreiche Krankheiten behandelt werden und eignet sich daher nicht für jeden Gärtner. ZONEN 5–10.

WISBECH PLANT CO., GROSS-BRITANNIEN, 1976
'BLUE MOON' ×
'DR A. J. VERHAGE'
BADEN-BADEN GOLDMEDAILLE 1983

'Julie de Mersan'
Syn. 'Julie de Mersent'
ALTE R., MOOSROSE, REIN ROSA

Diese Alte Gartenrose besitzt mittelgroße gefüllte Blüten, die rosa-weiß gestreift sind. In der heutigen Zeit ist sie in Europa nur noch schwer zu finden, am ehesten aber ist sie in ihrem Ursprungsland Frankreich erhältlich. ZONEN 4–9.

THOMAS, FRANKREICH, 1854
ELTERN UNBEKANNT

'Julischka' TANjuka
(ganz unten)
Syn. 'Juleschke'
FLORIBUNDA, ROT,
ÖFTER BLÜHEND

Die ungewöhnliche, aber hervorragende Rose bildet Büschel aus roten Blüten, die mit 20 Petalen halb gefüllt sind und einen angenehmen Duft verbreiten. 'Julischka' ist nicht weit verbreitet und wird von speziellen Züchtern für Sammler angeboten, die einzigartige Rosen schätzen. Sie verblüht sauber, ist robust, frei von Krankheiten und bringt glänzend bronzefarbene neue Triebe hervor. ZONEN 5–11.

TANTAU, DEUTSCHLAND, 1974
ELTERN UNBEKANNT
NEUSEELAND GOLDMEDAILLIE 1976, GOLDENE ROSE VON DEN HAAG 1982

'Juno'
ALTE R., CHINAROSE, HELLROSA

Diese Rose blüht nur im Juni und entstand wahrscheinlich zufällig, als Laffay nach einer Remontantrose suchte. Die runden Knospen öffnen sich zu zarten, schalenförmigen, rosa getönten Blüten von 8 cm Durchmesser und haben ein typisches Auge. Sie sind wunderschön und duften sehr angenehm. Die Pflanze wächst weichtriebig und überhängend; sie trägt große dunkelgrüne Laubblätter, die weicher als das Laub anderer Sorten diesen Typs sind – bis auf 'Fantin-Latour' –, und hat nur wenige Stacheln. Wenn die Pflanze genug Platz hat, entwickelt sie sich zu einem besonders kräftigen Strauch. **ZONEN 5–10.**

LAFFAY, FRANKREICH, 1847
ELTERN UNBEKANNT

'Just Joey' *(oben)*
TEEHYBRIDE, ORANGE+, ÖFTER BLÜHEND

Ein Blick auf die Eltern dieser Sorte deutet an, um was für eine Rose es sich hier handelt: Eine stets beliebte Sorte, die auch in Zukunft nichts an ihrer Popularität einbüßen wird. Große, locker gefüllte Blüten, die orange getönt sind und meist in kleinen Büscheln stehen. Die Blumen sind sowohl für die Vase als auch für den Garten geeignet. Die Pflanze breitet sich aus und erreicht eine mittlere Höhe. Das Laub ist dunkelgrün. 'Just Joey' lässt sich kaum mit anderen Teerosen vergleichen, da die üppige Blüte und die lockere Form sie ungewöhnlich und aufregend erscheinen lassen.
ZONEN 5–10.

CANT, GROSSBRITANNIEN, 1972
'DUFTWOLKE' × 'DR A. J. VERHAGE'
JAMES MASON GOLDMEDAILLE DER ROYAL NATIONAL ROSE SOCIETY 1986, ROYAL HORTICULTURAL SOCIETY AWARD OF GARDEN MERIT 1993, WELTROSE 1994

'Kabuki' MEIgold
(oben)
Syn. 'Golden Prince'
TEEHYBRIDE, GOLDGELB, ÖFTER BLÜHEND

'Kabuki' hat üppige goldgelbe Blüten, die bei kühlem Wetter eine dunkelrosa Tönung zeigen. Sie sind dicht gefüllt, öffnen sich weit und reinigen sich selbst, wenn sie verwelken. Die aufrechte, mittelhohe Pflanze ist kräftig und trägt große Laubblätter mit dicken Blattadern. Nach dem Schnitt kann sie etwas anfällig für die Welkekrankheit sein.
ZONEN 5–10.
MEILLAND, FRANKREICH, 1968
('MONTE CARLO' × 'BETTINA') × ('PEACE' × 'SORAYA')

'Kaikoura' MACwalla
(rechts)
ZWERGROSE, ORANGE+, ÖFTER BLÜHEND

Große, leuchtend orangerote Blüten identifizieren diese Rose sogar aus großer Entfernung. Die Blumen sind mit etwa 30 Petalen dicht gefüllt und können etwas größer als die klassische Miniaturrose sein. Die Knospen öffnen sich zu schalenförmigen, leuchtend orangefarbenen Blüten, deren Farbe – unabhängig vom Klima – lange anhält. Das dekorative Laub ist glänzend dunkelgrün. Die wuchsfreudige, kompakte Pflanze ist widerstandsfähig gegen Krankheiten. 'Kaikoura' ist ein Meisterwerk des Züchters Sam McGredy, der die wünschenswerten Eigenschaften zweier seiner anderen Meisterwerke erfolgreich auf diese Sorte übertrug. Die Rose ist nach einer Stadt in Neuseeland benannt. **ZONEN 5–11.**
MCGREDY, NEUSEELAND, 1978
'ANYTIME' × 'MATANGI'

'Kardinal' KORlingo

(rechts)
TEEHYBRIDE, ROT,
ÖFTER BLÜHEND

Die meisten werden diese Rose schon im Blumenladen bewundert haben, ohne ihren Namen zu kennen. Die Blüten sind intensiv kardinalrot und duften schwach. Gewöhnlich sitzen sie einzeln auf langen Stielen und können sehr schön gebunden werden. Im Gewächshaus und im Freien entwickelt sich 'Kardinal' zu einem mittelhohen Strauch. Widerstandsfähig gegen Mehltau und Sternrußtau. Die Blühpausen sind kurz, und so ist sie eine Rose für alle Gelegenheiten. **ZONEN 5–10.**
KORDES, DEUTSCHLAND, 1986
SÄMLING × 'VERONIKA'

'Karen Julie'

(ganz oben)
TEEHYBRIDE, ORANGEROT,
ÖFTER BLÜHEND

Die hervorragende Ausstellungsrose hat gut geformte, dunkelorangefarbene Blüten mit 45 Petalen. Die Rückseite der Blütenblätter ist orange-lachsfarben. Die Blumen bewahren ihre Form und Farbe und befinden sich an einer mittelhohen, buschigen Pflanze mit mattem, mittelgrünem Laub. Krankheiten kommen nicht vor. Die Sorte ergibt gute Schnittrosen. **ZONEN 5–10.**
ALLENDER, AUSTRALIEN, 1979
'ALEXANDER' × 'VIENNA WOODS'

'Karl Herbst' *(oben)*
Syn. 'Red Peace'
TEEHYBRIDE, ROT, ÖFTER BLÜHEND

Die riesengroßen Blüten dieser Rose haben 60 breite Petalen, die eine symmetrische Form von seltener Schönheit bilden. Die hochgebauten Blüten öffnen sich langsam und geben ein mattes Dunkelrot frei, das auf der Innenseite der Blütenblätter dunkler ist. Die Blüten erscheinen den ganzen Sommer und Herbst, neigen aber bei nassem Wetter zur Mumienbildung. Ihr Duft ist schwach. Diese kräftige, zuverlässige Rose eignet sich gut für Mischbeete und ist nach beinahe einem halben Jahrhundert immer noch stark verbreitet. Die Pflanze ist sehr wuchsfreudig und hat eine verzweigte Gestalt von überdurchschnittlicher Höhe. Die großen und ledrigen Laubblätter sind halb glänzend und dunkelgrün. Karl Herbst war mit dem Züchter Wilhelm Kordes befreundet. **ZONEN 4–9.**
KORDES, DEUTSCHLAND, 1950
'KORDES' SONDERMELDUNG' × 'PEACE'
GOLDMEDAILLE DER NATIONAL ROSE SOCIETY 1950

'Karlsruhe'
BÜSCHELBLÜTIGE KLETTERROSE, DUNKELROSA, ÖFTER BLÜHEND

Die großen Blüten von 'Karlsruhe' stehen in Büscheln bis zu 10 Stück; sie sind dicht gefüllt und zunächst kugelförmig, werden aber becherförmig, wenn sie geöffnet sind. Sie sind rosafarben und duften etwas. Nach einem üppigen frühen Flor werden im Sommer und Herbst in Abständen Blüten nachgebildet. Die Sorte ist reich verzweigt, hat eine sich ausbreitende, kletternde Gestalt von mittlerer Größe. Sie wächst sehr gut an Säulen, Kletterstützen und Mauern auf nicht zu trockenen Standorten. Das Laub ist dicht und glänzend. **ZONEN 4–9.**
KORDES, DEUTSCHLAND, 1957
ROSA KORDESII × 'GOLDEN GLOW'

'Kassel'
(oben rechts)
GROSSBLUMIGE KLETTERROSE, ORANGEROT, ÖFTER BLÜHEND

Offenbar bestehen einige Widersprüche bezüglich der Elternpflanzen dieser Sorte. Die halb gefüllten Blüten sind scharlachrot, recht groß und stehen bis zu 10 in Büscheln. Die jungen Blüten sind hochgebaut, werden aber breit und leicht becherförmig, wenn sie sich öffnen. Sie verströmen einen deutlichen Duft und erscheinen im Sommer sehr zahlreich; im Spätsommer und Herbst gibt es gelegentliches Nachblühen. Diese Rose ist wuchsfreudig und hat eine überhängende Gestalt; sie kann sich zu einem Strauch entwickeln oder an einer Kletterhilfe wie einer niedrigen Säule oder einem Zaun gezogen werden, denn sie breitet sich weit mehr als eine Strauchrose, doch weniger als eine Kletterrose aus. Die ledrigen Laubblätter sind groß, matt und anfangs rötlich. **ZONEN 4–9.**
KORDES, DEUTSCHLAND, 1957
'HAMBURG' × 'SCARLET ELSE'
NATIONAL ROSE SOCIETY CERTIFICATE OF MERIT 1957

'Katharina Zeimet'
Syn. 'White Baby Rambler'
POLYANTHAROSE, WEISS, ÖFTER BLÜHEND

Diese zierliche Rose besitzt gefüllte weiße Blüten, die bis zu 50 auf duftig lockeren Rispen zusammensitzen. Einem reichen ersten Flor folgen während des Sommers und im Herbst regelmäßig Blüten. Sie duften angenehm und vertragen auch schlechtes Wetter. 'Katharina Zeimet' eignet sich für Beete, Einfassungen oder niedrige, dichte Hecken, aber auch als Hochstamm oder Kübelpflanze. Die Sorte ist eher zwergwüchsig und kompakt, kann aber ziemlich groß werden, wenn sie nicht geschnitten wird. Sie wächst üppig mit vielen dünnen Trieben und erreicht für eine Polyantharose eine etwas überdurchschnittliche Höhe. Das Laub dieser Rose besteht aus zahlreichen kleinen, dunkelgrünen Blättchen.
ZONEN 4–9.

LAMBERT, DEUTSCHLAND, 1901

'ÉTOILE DE MAI' × 'MARIE PAVIÉ'

'Kathleen' *(rechts)*
STRAUCHROSE, HELLROSA, ÖFTER BLÜHEND

Die blasse Farbe dieser Sorte wurde vom Züchter als Rosaton beschrieben, wie man ihn bei der Hundsrose *(Rosa canina)* antrifft. Die Blüten sind klein und einfach mit fünf reizvoll angeordneten Petalen, ferner weist sie gelbe Staubgefäße auf. Sie sitzen in dichten Büscheln, so dass sie von fern wie Apfelblüten aussehen. Die Blumen verströmen einen süßen, moschusartigen Duft. Der erste Flor fällt sehr üppig aus, und im Sommer und Herbst werden auch zahlreiche Blüten gebildet, denen später orangefarbene Hagebutten folgen können. 'Kathleen' ist eine hervorragende Ergänzung für ein Strauchbeet, da sie eine ziemlich wuchernde Gestalt besitzt und höher wird als normale Strauchrosen; in milden Klimazonen kann sie die Höhe einer Kletterrose erreichen. Das Laub besteht aus länglichen, schlaffen und dunkelgrünen Blättern. **ZONEN 4–9.**

PEMBERTON, GROSSBRITANNIEN, 1922

'DAPHNE' × 'PERLE DES JARDINS'

'Kathleen Ferrier'
FLORIBUNDA, ORANGEROSA, ÖFTER BLÜHEND

Die halb gefüllten Blüten sind von großer Einfachheit und bezaubern jeden, wenn sie sich zu flachen Schalen öffnen und ihre auffälligen Staubgefäße zur Schau stellen. Die Petalen erscheinen in hellem Lachsrot und sind am Grund weiß; sie verströmen einen angenehmen Duft. Die Blumen sitzen in dichten Dolden auf langen Stielen; sie erscheinen den ganzen Sommer und Herbst. Diese Beetrose erreicht in milden Klimazonen die Größe einer Strauchrose; sie ist auch eine ausgezeichnete Heckenpflanze. Sie ist wuchsfreudig und buschig mit überdurchschnittlicher Höhe und trägt leuchtend dunkelgrünes Laub. 'Kathleen Ferrier' wurde nach einer berühmten britischen Sängerin benannt. **ZONEN 4–9.**

BUISMAN, NIEDERLANDE, 1952

'GARTENSTOLZ' × 'SHOT SILK'

NATIONAL ROSE SOCIETY TRIAL GROUND CERTIFICATE 1955

'Kathleen Harrop' *(rechts)*

ALTE R., BOURBONROSE, HELLROSA, ETWAS NACHBLÜHEND

Eine der letzten Bourbonrosen, sie kann bis zu 3 m hoch werden. Die großen Knospen öffnen sich zu muschelrosafarbenen Blüten, halb gefüllt und von durchsichtigen Adern durchzogen. Die Blütenblätter sind auf der Unterseite dunkler, ihre Farbe kann im direkten Sonnenlicht verblassen. Manche der Blüten sitzen in Büscheln. Diese Alte Gartenrose besitzt keine Stacheln und hüllt sich in graugrünes, spitzes Laub. Sie benötigt bei feuchtem Wetter keine besondere Pflege, im Hochsommer muss man allerdings prophylaktisch das umliegende Erdreich gut durchlüften, damit sie nicht von Mehltau befallen wird. ZONEN 4–10.

DICKSON, GROSSBRITANNIEN, 1919

SPORT VON 'ZÉPHIRINE DROUHIN'

'Kathryn Morley'

AUSclub, AUSvariety *(rechts)*

STRAUCHROSE, HELLROSA, ÖFTER BLÜHEND

Die Blüten von 'Kathryn Morley' sind mittelgroß bis groß und mit über 40 Petalen sehr dicht gefüllt. Sie kommen einzeln oder in kleinen Büscheln hervor und entwickeln sich zu blassrosafarbenen, altmodisch anmutenden Blumen. Die äußeren Blütenblätter biegen sich nach außen, während die anderen zusammengefaltet bleiben und sich leicht nach innen krümmen; daher erinnert die Blume an eine Tasse auf ihrer Untertasse. Der Duft ist sehr angenehm, und die Blüte hält den ganzen Sommer und Herbst an. Die Pflanze wächst etwas ungleichmäßig mit langen wie auch kürzeren Trieben. Sie passt sehr gut in ein Beet, das mit niedrigen Gewächsen gesäumt ist, wo ihre Schönheit und ihr Duft bestens zur Geltung kommen. Die Rose ist wuchsfreudig und trägt große, mittel- bis dunkelgrüne Blätter. ZONEN 4–9.

AUSTIN, GROSSBRITANNIEN, 1990

'MARY ROSE' × 'CHAUCER'

'Keepsake' KORmalda
(rechts oben)
Syn. 'Esmeralda',
'Kordes' Rose Esmeralda'
TEEHYBRIDE, ROSA+,
ÖFTER BLÜHEND

Die Blüten dieser Sorte sind groß, mit 40 Petalen dicht gefüllt und geöffnet mit hoher Mitte. Sie sind in Altrosa gehalten, mit Spuren von Karminrot. Sie duften schwach. Der Flor hält den ganzen Sommer und Herbst an. Die Blüten sitzen manchmal einzeln auf Stielen, mitunter auch zu dritt in Büscheln. Mittellange Triebe mit gelegentlich krummen Stielen. 'Keepsake' wird für Beetbepflanzungen verwendet und eignet sich in Gruppen für Rabatten. Ihre Blüten sind haltbar, bewahren ihre Form bis zum Schluss und trotzen widrigen Wetterbedingungen. Die Pflanze wird nur knapp mittelhoch und hat eine buschige, ziemlich unordentliche Gestalt. Das robuste Laub ist glänzend und mittel- bis dunkelgrün.
ZONEN 4–9.

KORDES, DEUTSCHLAND, 1981

SÄMLING × 'RED PLANET'

ROYAL NATIONAL ROSE SOCIETY TRIAL GROUND CERTIFICATE 1980, PORTLAND GOLDMEDAILLE 1987

'Kazanlik'
(ganz unten)
Syn. *Rosa damascena trigintipetala*, 'Trigintipetala'
ALTE R., DAMASZENERROSE, DUNKELROSA

Diese Pflanze wird in der bulgarischen Stadt Kazanlik großflächig angebaut, denn sie ist eine der Sorten, die zur Gewinnung des berühmten Rosenöls verwendet werden. Die Blüten sitzen in lockeren Büscheln auf kurzen, dünnen Stielen und erscheinen im Juni. Sie sind in zartem Rosa gefärbt und wirken – voll erblüht – zur Hälfte gefüllt. Die Blüte hat einen Durchmesser von 5 cm und besitzt zahlreiche cremefarbene Staubgefäße. Ihr Duft ist intensiv und süß. 'Kazanlik' ist ein überhängender Strauch, der etwa 1,8 m hoch wird und eine ausladende Wuchsform hat. Das helle, graugrüne, gezähnte Laub fühlt sich weich an.
ZONEN 5–11.

VOR 1700

ELTERN UNBEKANNT

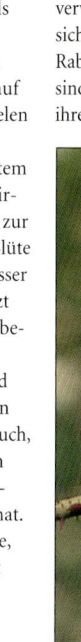

'Kent' POUlcov
Syn. 'Pyrenees', 'Sparkler', 'White Cover'
BODENDECKERROSE, WEISS, ÖFTER BLÜHEND

Der sich ausbreitende Zwergstrauch hat eine rundlichere Form als eine echte Bodendeckerrose, aber für beschränkte Platzverhältnisse eignet sie sich sehr gut, sowohl einzeln als auch in kleinen Gruppen oder vor einem Beet mit Sträuchern. Die Pflanze bringt große Dolden kleiner, halb gefüllter, weißer Blüten hervor, die zunächst becher- und dann schalenförmig sind. Sie sitzen dicht auf der Pflanze und bilden auf dem Höhepunkt des Flors ein sehr wirkungsvolles weißes Polster. Auch anschließend bringt die Pflanze bis in den Herbst üppige Blüten hervor. Der Duft ist schwach, die Blumen sehen unabhängig von der Witterung immer frisch und adrett aus. **ZONEN 4–9.**

POULSEN, DÄNEMARK, 1988

ELTERN UNBEKANNT

BADEN-BADEN GOLDMEDAILLE 1990, ROYAL NATIONAL ROSE SOCIETY PRESIDENT'S INTERNATIONAL TROPHY 1990, GLASGOW CERTIFICATE OF MERIT 1992, ROYAL NATIONAL ROSE SOCIETY BRITISH ROSE AWARD 1998

'Kerryman' *(ganz oben)*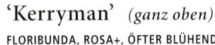
FLORIBUNDA, ROSA+, ÖFTER BLÜHEND

Die Blüten dieser Sorte weisen in der Mitte ein sehr schönes Lachsrosa auf und werden zum Rand hin eher lachsfarben. Für eine Floribundarose sind sie recht groß und tragen 24 breite Blütenblätter. Die Stiele neigen sich unter dem Gewicht der Blütenbüschel und lassen die Pflanze dadurch rundlich aussehen. Besonders in Beeten wirkt sich das sehr vorteilhaft aus. 'Kerryman' eignet sich auch für niedrige Hecken. Allerdings ist sie für Sternrußtau anfällig. Die Rose bringt im Sommer und Herbst zahlreiche Blüten hervor, die schwach duften. Die mittelgroße Pflanze hat eine sehr ausladende, buschige Gestalt. **ZONEN 4–9.**

MCGREDY, GROSSBRITANNIEN, 1971

'PADDY MCGREDY' × ('MME LÉON CUNY' × 'COLUMBINE')

ROYAL NATIONAL ROSE SOCIETY CERTIFICATE OF MERIT 1971

'Kew Rambler' *(oben)*
RAMBLERROSE, REIN ROSA

Die spitzen, leuchtend rosafarbenen Knospen entfalten sich zu lachsrosa-weißen, einfachen Blüten, die in der Mitte heller sind. Sie blühen später als die meisten Rosen dieser Gruppe und erscheinen in Dolden an langen, biegsamen Trieben. Das graugrüne Laub deckt die Stacheln und orangeroten Hagebutten. Dieser Sommerblüher passt als ausladender Einzelstrauch in einen naturnahen Garten, kann aber auch an Pergolen emporklettern. Die Rose kann innerhalb von zwei Jahren eine Höhe von 5 m erreichen. **ZONEN 4–11.**

KEW GARDENS, GROSSBRITANNIEN, 1913

ROSA SOULIEANA × 'HIAWATHA'

'Kiese' (rechts)
STRAUCHROSE, CANINA-HYBRIDE, ROT

'Kiese' produziert halb gefüllte oder fast einfache Blüten von mittlerer Größe, die auf kräftig bestachelten Stielen sitzen. Sie sind von einem leuchtenden Kirschrot, das später verblasst. Das Auge ist gelbweiß, die langen Staubgefäße sind goldfarben. Die Blüten duften schwach. Die Rose blüht nur im Juni, trägt aber im Herbst große, runde rote Hagebutten. Sie eignet sich besonders für Bereiche, in denen die Pflanzen wild wachsen können, da sie außer einem einzigen Schnitt, damit sie nicht zu sehr wuchert, keine Pflege benötigt. Sie hat einen bogenförmigen, reich verzweigten Wuchs und bildet ein Dickicht, das zweimal so groß ist wie bei einer normalen Strauchrose. Die Rose kann auch so geschnitten werden, dass sie in Säulenform wächst. Das leuchtende, glänzende Laub ist dunkelgrün. Sie ist auch eine ausgezeichnete, langlebige Hochstammrose. **ZONEN 4–9.**

KIESE, DEUTSCHLAND, 1910
'GÉNÉRAL JACQUEMINOT' × ROSA CANINA

'Kiftsgate' (rechts)
Syn. *Rosa filipes* 'Kiftsgate'
WILDART MIT RAMBLER-CHARAKTER, WEISS

Unter den Rosenfans in den USA hat sich das „Rosenklauen" zu einer beliebten Freizeitbeschäftigung entwickelt. Eine der erfolgreichsten, auf diese Weise gefundenen Sorten stammt von Murrell, der sich 'Kiftsgate' von einer Pflanze aus dem gleichnamigen Garten in Gloucestershire verschaffte. Sie bildet Aufsehen erregende Büschel von zahlreichen einfachen, cremeweißen Blüten, die an kräftigen, bogenförmigen Trieben sitzen. Sie verströmen einen angenehmen Duft. Die Sorte braucht einen Standort, an dem sie natürlich wachsen kann und wird häufig zum Beranken von großen Bäumen oder hohen Mauern gepflanzt. Ein Exemplar in England soll schon einmal eine Höhe von 45 m erreicht haben. Die zahlreichen Blüten erscheinen nur im Hochsommer, im Herbst folgen kleine Hagebutten. Die Blätter sind groß und glänzend. Die Triebe tragen starke Stacheln, die den Schnitt erschweren. Daher sollte man nur die toten Äste entfernen und die Rose wachsen lassen. **ZONEN 4–9.**

MURRELL, GROSSBRITANNIEN, 1954
SÄMLING VON *ROSA FILIPES*
ROYAL HORTICULTURAL SOCIETY AWARD OF GARDEN MERIT

'Kimono'

(oben rechts)
FLORIBUNDA, ROSA+, ÖFTER BLÜHEND

Die Blüten dieser Rose sind im Umriss rundlich; sie werden mittelgroß und sitzen in üppigen Büscheln. Mit mehr als 40 kleinen Blütenblättern sind sie dicht gefüllt und schalenförmig, wenn sie sich voll entfalten. Ihre Farbe ist ein freundliches Lachsrosa, und sie duften angenehm. Die Blüten erscheinen den ganzen Sommer und Herbst über. Diese Rose ist eine eindrucksvolle, zuverlässige Pflanze für Beete, Rabatten und Hecken; sie ist nach fast 40 Jahren immer noch im Fachhandel erhältlich. Sie ist starkwüchsig, hat eine gleichmäßige Gestalt von mittlerer Höhe und trägt dichtes, mittelgrünes Laub, das im Austrieb kupferfarben ist. ZONEN 4–9.

DE RUITER, NIEDERLANDE, 1961
'COCORICO' × 'FRAU ANNY BEAUFAYS'
ROYAL NATIONAL ROSE SOCIETY TRIAL GROUND CERTIFICATE 1961

'King's Ransom'

(rechts)
TEEHYBRIDE, GOLDGELB, ÖFTER BLÜHEND

Ihre Stärken sind die hervorragende Qualität der großen, gefüllten Blüten, die sich von urnenförmigen Knospen zu hochgebauten Blüten entwickeln, bevor sie becherförmig werden und sich selbst reinigen; dann das leuchtende, fröhliche Gelb, das sich bis zum Verblühen nur wenig verändert sowie die aufrechte, buschige Wuchsform, durch die sie sich für Beete, Hecken und als Hochstammrose eignet. Außerdem ist sie eine ausgezeichnete Schnittrose. Zu ihren weiteren Eigenschaften zählt ihre Blühfreudigkeit, die den ganzen Sommer und Herbst anhält. Auch verträgt sie schlechtes Wetter. Das dichte Laub ist glänzend dunkelgrün. Ihr Duft ist nicht intensiv; die Pflanze wird gut mittelhoch. ZONEN 4–9.

MOREY, USA, 1961
'GOLDEN MASTERPIECE' × 'LYDIA'
ALL-AMERICAN ROSE SELECTION 1962

'Kiss' KORikis, KORokis
(rechts)
FLORIBUNDA, ORANGEROSA, ÖFTER BLÜHEND

'Kiss' hat blass lachsrosafarbene, dicht gefüllte Blüten, die auf langen, kräftigen Stielen einzeln oder in Büscheln zusammensitzen. Sie sind hochgebaut wie eine Teehybride, halten lange und eignen sich auch als Schnittblumen. Die Rose gedeiht in warmen Klimazonen sehr gut, ist wuchsfreudig und leicht zu pflegen. Die schwach duftenden Blüten erscheinen den ganzen Sommer und Herbst. Die Pflanze erreicht eine überdurchschnittliche Höhe und trägt dunkelgrünes Laub.
ZONEN 4–9.
KORDES, DEUTSCHLAND, 1988
SÄMLING × SÄMLING

'Kitty Kininmonth'
(unten)
GROSSBLUMIGE KLETTERROSE, DUNKELROSA, ETWAS NACHBLÜHEND

Die altrosafarbenen, großen, halb gefüllten Blüten von 'Kitty Kininmonth' öffnen sich becherförmig, um die goldenen Staubgefäße zu präsentieren. Sie duften schwach, und nach einem reichen ersten Flor blüht die Rose nur gelegentlich nach. Sie gedeiht am besten in warmen Klimazonen und unter frostfreien Bedingungen. Die Rose bildet wuchernde, herabhängende Triebe mit dunkelgrünem, leicht runzligem Laub und breitet sich stärker aus als andere Kletterrosen.
ZONEN 5–9.
CLARK, AUSTRALIEN, 1922
ELTERN UNBEKANNT

'Königin von Dänemark' *(rechts)*
Syn. 'Queen of Denmark'
ALTE R., ALBA-ROSE, REIN ROSA

Die Blüten dieser Rose entwickeln sich aus schmalen, kurzen Knospen zu ziemlich flachen Blumen mit dicht stehenden, leuchtend dunkelrosa Petalen. Sie können einen Durchmesser bis zu 8 cm haben und verströmen einen erlesenen Duft. Die Blüten erscheinen im Hochsommer in üppigen Büscheln, die manchmal so schwer sind, dass die Triebe sich herabbiegen und beinahe den Boden berühren. Der etwa 1,2 m hohe Strauch ist stark bewehrt und trägt bläulich grünes Laub, das allein schon Aufsehen erregt. Diese Sorte, eine der besten Alba-Rosen, ist eine pflegeleichte Rose, die selbst auf nährstoffarmem Boden alle Erwartungen stets übertrifft; nur bei sehr nasser Witterung öffnen sich die Blüten nicht vollständig.
ZONEN 4–10.
BOOTH, DÄNEMARK, 1826
ROSA ALBA × HYBRIDE EINER UNBEKANNTEN DAMASZENERROSE
ROYAL HORTICULTURAL SOCIETY AWARD OF GARDEN MERIT 1993

'Konrad Adenauer' *(rechts)*
Syn. 'Konrad Adenauer Rose'
TEEHYBRIDE, DUNKELROT, ÖFTER BLÜHEND

Rosen, die nach Staatsmännern benannt werden, entsprechen nicht immer den Erwartungen: Konrad Adenauer war eine große Persönlichkeit, die nach ihm benannte Rose aber ist kleinwüchsig. Davon abgesehen ist sie eine sehr gute Sorte, die im Sommer und Herbst viele schön geformte, blutrote Blüten hervorbringt. Sie sind mittelgroß und sitzen einzeln oder in kleinen Büscheln zusammen. Die becherförmigen Blumen verströmen einen starken Duft. Sie eignet sich gut für den Garten, aber auch als Ausstellungsrose. Die Pflanze ist von kräftigem Wuchs und aufrechter Gestalt, erreicht aber nicht einmal eine mittlere Höhe. Konrad Adenauer war übrigens selbst auch ein sehr großer Rosenfreund, der im Garten seiner Rhöndorfer Villa zahlreiche Sorten kultivierte. ZONEN 4–9.
TANTAU, DEUTSCHLAND, 1955
'CRIMSON GLORY' × 'HENS VERSCHUREN'

'Konrad Henkel' KORjet *(oben)*
Syn. 'Avenue's Red'
TEEHYBRIDE, ROT, ÖFTER BLÜHEND

Bei strahlendem Sonnenschein prangen die dunkelroten Blüten dieser Sorte in einem besonders schönen samtigen Glanz. Sie sind dicht gefüllt und sitzen auf kräftigen Stielen einzeln oder in kleinen Büscheln zusammen. Die Blüten verströmen einen angenehmen, leichten Duft. Der reiche Flor hält den ganzen Sommer und Herbst an. Diese Sorte eignet sich für die Vase genauso gut wie für Beete und Hecken. Die Pflanze ist wuchsfreudig, mit einer straffen, aufrechten Gestalt von mittlerer Höhe. Das dunkelgrüne Laub ist etwas glänzend. Sie wurde anlässlich des 75. Geburtstages des deutschen Industriellen nach ihm benannt. **ZONEN 4–9.**

KORDES, DEUTSCHLAND, 1983

SÄMLING × 'RED PLANET'

'Kordes' Brillant' KORbisch
Syn. 'Kordes' Brilliant'
STRAUCHROSE, ORANGE+, ÖFTER BLÜHEND

Die dicht gefüllten Blüten von 'Kordes' Brillant' erscheinen in große Büscheln und sind recht groß, hübsch geformt und haben eine äußerst kräftige orangerote Farbe. Sie öffnen sich becherförmig, wegen ihrer steifen Blütenblätter halten sie ihre Form über lange Zeit. Sie sind leicht duftend. Der erste Blütenflor ist sehr üppig, und Blüten erscheinen weiterhin den ganzen Sommer und Herbst hindurch. Für einen Garten, in dem eine leuchtende Farbe gebraucht wird, ist sie sehr wertvoll, sie sieht auch gut in einer gemischten Rabatte aus und lässt sich auch gut als Abschirmung verwenden. Die Pflanze wächst stark und buschig bis auf eine mittlere Höhe oder mehr und hat attraktives, leuchtend grünes, glänzendes Laub. **ZONEN 4–9.**

KORDES, DEUTSCHLAND, 1983

SÄMLING VON 'SYMPATHIE' × SÄMLING

'Korona' KORnita
(rechts)
Syn. 'Orange Korona'
FLORIBUNDA, ORANGEROT,
ÖFTER BLÜHEND

Die orangeroten Blüten der Rose brachten Mitte des 20. Jhs. eine leuchtende und reizvolle Farbnote in viele Gärten. Obwohl 'Korona' im Verblühen zu Lachsrosa verblasst, harmonisiert sie immer noch sehr gut mit jüngeren Blüten. Damals verblühten beinahe alle leuchtenden Rottöne purpurn und sorgten für eine farbliche Disharmonie. Becherförmige, dicht gefüllte, mittelgroße Blüten sitzen in auffälligen Dolden zusammen und duften schwach. Der Sommerflor ist sehr reichlich, und auch im Herbst erscheinen Blüten. Unabhängig von jeder Witterung sehen sie stets gut aus und sind eine Bereicherung für jeden Garten. 'Korona' wächst aufrecht und buschig, bis sie eine etwas durchschnittliche Höhe erreicht hat. Das üppige Laub ist olivgrün und etwas glänzend.
ZONEN 4–9.

KORDES, DEUTSCHLAND, 1954
('OBERGÄRTNER WIEBICKE' × 'KORDES' SONDERMELDUNG')
GOLDMEDAILLE DER NATIONAL ROSE SOCIETY 1954

'Ko's Yellow'
MACkosyel *(oben)*
ZWERGROSE, GELB+,
ÖFTER BLÜHEND

Die Blüten dieser Rose sind gelb mit einem hellroten oder dunkelrosa Rand, der zu Creme verblasst. Die gefüllten Blüten mit 40 Petalen zeigen eine klassische Form. Bei warmem Wetter verströmen die großen Blüten ihren wundervollen Duft, den auch die unempfindlichsten Nasen wahrnehmen. Die großen Laubblätter sind glänzend mittel- bis dunkelgrün und sitzen an einem schön gerundeten, kompakten Strauch. Diese Rose entstammt den ungewöhnlichen Zuchtexperimenten Sam McGredys in den 1970er Jahren.
ZONEN 5–11.

MCGREDY, NEUSEELAND, 1978
(('NEW PENNY' × 'BANBRIDGE') × ('BORDER FLAME' × 'MANX QUEEN'))

'Kristin' BENmagic
(rechts)
ZWERGROSE, ROT+,
ÖFTER BLÜHEND

'Kristin' hat eigentlich weiße Blüten, deren Petalen aber mit einem eindrucksvollen roten Rand versehen sind. Sie sind mit 25–30 Blütenblättern dicht gefüllt und haben eine großartige, dauerhafte Teehybridenform. Die Blüten sitzen gewöhnlich einzeln auf den Stielen oder in kleinen Büscheln auf kräftigen, aufrechten Zweigen. Das dunkelgrüne Laub dieser Zwergrose glänzt matt; im Verhältnis zu den Blüten sind die Blätter eine Spur zu groß. Diese Rose braucht warmes Wetter, damit sich die Blüten vollständig öffnen können. Die Farbe wirkt in wärmeren Gebieten intensiver, und der Rand der Petalen wird breiter. Die auffällige Farbkombination hebt die klassische Form der Blüten deutlich hervor. 'Kristin' wurde 1995 auf einer Zwergrosenschau im englischen St. Albans vorgestellt und sogleich mit einem Preis ausgezeichnet.
ZONEN 5–11.

BENARDELLA, USA, 1992
DICMICKEY × 'TINSELTOWN'
AMERICAN ROSE SOCIETY AWARD OF EXCELLENCE 1993

'Kronprinzessin Viktoria' *(oben)*
Syn. 'Kronprinzessin Viktoria von Preußen'
ALTE R., BOURBONROSE, WEISS,
ETWAS NACHBLÜHEND

Diese Rose hat rein weiße, ovale Knospen, die sich zu milchig weißen Blüten mit blassgelber Mitte entfalten. Von Sommer bis Herbst erscheinen immer wieder Blüten, die den starken Duft der Alba-Rosen verbreiten und lange Zeit geöffnet bleiben. Sie sind becherförmig, haben gekräuselte Petalen und einen Durchmesser von 10 cm. Bei feuchter Witterung neigen sie zur Bildung von Mumien. Ein wuchsfreudiger, aufrechter Busch mit kurzen Zweigen und hellgrünem Laub.
ZONEN 4–10.

VOLVERT, DEUTSCHLAND, 1887
SPORT VON 'SOUVENIR DE LA MALMAISON'.

'L. D. Braithwaite' AUScrim *(oben)*
Syn. 'Braithwaite', 'Leonard Dudley Braithwaite'
STRAUCHROSE, DUNKELROT, ÖFTER BLÜHEND

Die formschönen, ziemlich großen Blüten dieser Sorte setzen sich aus 40 oder mehr Petalen zusammen. Nach dem Öffnen bilden sich runde Blüten, in deren Mitte sich viele Petalen gegenseitig umhüllen. Ihre Farbe ist ein sattes, gleichmäßiges und dunkles Karminrot, das sich während der gesamten Blütezeit hält. Die Blüten stehen einzeln in breit gefächerten Büscheln auf kräftigen, geraden Stielen und duften angenehm. Die Blüten sprießen den ganzen Sommer und Herbst hindurch und sind sehr wetterfest. 'L. D. Braithwaite' eignet sich gut zur Bepflanzung von Rabatten, die Blütenfarbe harmoniert besonders gut mit älteren Rosen. Leider wächst diese Pflanze nur unregelmäßig, so dass einige Blüten durch nachwachsende Triebe leicht verdeckt werden. Dennoch ist sie eine lohnende Sorte, die bis zur mittleren Höhe kräftig wächst und graugrüne Blätter aufweist.
ZONEN 4–9.

AUSTIN, GROSSBRITANNIEN, 1988

'THE SQUIRE' × 'MARY ROSE'

'La Belle Distinguée'
Syn. 'La Petite Duchesse', 'Lee's Duchess', 'Scarlet Sweet Brier'
ALTE R., RUBIGINOSA-HYBRIDE, ROT

Eine Alte Gartenrose mit dicht gefüllten, kleinen und flachen, hellkarminroten Blüten. Sie ist zart duftend und blüht nur einmal, was sie jedoch mit ihrer prächtigen Erscheinung im Frühsommer wettmacht. Der kompakte, aufrecht wachsende Strauch wird bis zu 1,5 m hoch und trägt ein anmutiges Blattwerk, dem jedoch der für Rubiginosa-Hybriden charakteristische Duft fehlt. Nicht allzu viele Stacheln, einige kleine Hagebutten. Sie ist die Rose der Wahl für Hecken oder Landschaftsgärten. **ZONEN 4–10.**

VOR 1837

ELTERN UNBEKANNT

'La Belle Sultane' *(ganz oben rechts)*
Syn. 'Belle Sultane', 'Gallica Maheca', 'Violacea'
ALTE R., GALLICA-ROSE, DUNKELROT

Das Spektrum an bestechenden Farben reicht von mauve, purpur, karminrot und kastanienbraun bis zu einem rötlichen Violett, und im Inneren verblassen die Blüten bis zum Weißlichen. Aus den runden Knospen sprießen flache, nahezu einfache Blüten mit herzförmigen Petalen, die sich um eine Krone aus goldenen Staubgefäßen anordnen. Gelegentlich scheinen sich die duftenden Petalen zu kräuseln. Der große Strauch zeichnet sich durch eine überhängende Form und lange Triebe mit roten Stacheln aus. Hervorragend für gemischte Rabatten oder als Hecke geeignet. Viele runde, rote Hagebutten. **ZONEN 4–10.**

VERMUTLICH AUS DEN NIEDERLANDEN, 18. JH., VON DUPONT VOR 1811 IN FRANKREICH EINGEFÜHRT

ELTERN UNBEKANNT

'La France'
(oben)
TEEHYBRIDE, HELLROSA,
ÖFTER BLÜHEND

Diese Sorte hat länglich zulaufende Knospen, die sich zu dicht gefüllten, hellrosafarbenen Blüten öffnen, die auf der Rückseite der Petalen in dunklerem Rosa schimmern. Sie haben eine hohe Mitte und blühen den ganzen Sommer und Herbst hindurch. Ihr Duft wird von vielen gerühmt, während ihn andere als schwer fassbar empfinden. Die Form und Struktur der Blüte sowie der aufrechte Wuchs beeindruckte 50 französische Rosenzüchter so sehr, dass sie sie aus 1000 Kandidaten auswählten, um den Namen ihres Landes zu tragen. Jetzt gilt sie als erste Teehybride überhaupt. Die wuchsfreudige Pflanze erreicht eine mittlere Höhe und hat mittelgrünes, matt glänzendes Laub. Manche Züchter hegen allerdings Zweifel über die wahre Identität dieser Rose; die Sorte, die Ralph Moore in den USA verkaufte, wurde einst von seiner Großmutter unter dem Namen 'La France' kultiviert. **ZONEN 4–9.**

GUILLOT, FRANKREICH, 1867

VERMUTLICH 'MME VICTOR VERDIER' × 'MME BRAVY'; ODER EIN SÄMLING VON 'MME FALCOT'

'La Marne'
(ganz unten)
POLYANTHAROSE, ROSA+,
ÖFTER BLÜHEND

Die halb gefüllten Blüten dieser Polyantharose, die in gut besetzten Büscheln angeordnet sind, sind mit einem rosigen Hauch überzogen, der an den Rändern der Petalen in helleres Lachsrosa übergeht. Sie erinnern im Aussehen an Apfelblüten und blühen den ganzen Sommer und Herbst hindurch, haben jedoch einen schwachen Duft. Diese Sorte eignet sich besonders für Rabatten und als Kübelpflanze und ist es wert, in einem Rosengarten als ein Beispiel ihrer Gruppe aufgenommen zu werden. Die wuchsfreudige Pflanze wächst gleichmäßig bis in mittlere Höhe und hat eine strauchige Form. Sie ist fast stachellos und hat dunkelgrüne, glänzende Blätter, die bis spät in den Winter an der Pflanze bleiben.
ZONEN 4–9.

BARBIER, FRANKREICH, 1915

'MME NORBERT LEVAVASSEUR' × 'COMTESSE DU CAYLA'

'La Marseillaise' DELgeot *(oben)*
Syn. 'Isobel Champion'
TEEHYBRIDE, DUNKELROT, ÖFTER BLÜHEND

Die prallen Knospen dieser Sorte deuten schon auf eine große Blüte hin. Die wohlgeformten Blüten besitzen etwa 40 Petalen, die sich mit hoher Mitte öffnen und auch danach ihre gute Symmetrie beibehalten. Sie sind von samtiger, dunkelscharlachroter Farbe und angenehmem Duft. Nach dem ersten Erblühen wird die Blüte den ganzen Sommer und Herbst hindurch fortgesetzt, weshalb sich die Rose für Beete und Rabatten, aber auch zum Schnitt eignet. Besonders gut scheint sie in wärmeren Klimaten zu gedeihen. Der attraktive, wuchsfreudige Strauch wird mittelgroß und besitzt hellgrünes Laub. **ZONEN 4–9.**
DELBARD-CHABERT, FRANKREICH, 1976
(['GLORY OF ROME' × 'IMPECCABLE'] × ['ROUGE MEILLAND' × 'SORAYA']) × (MEISAR × 'WALKO')

'La Mortola'
Syn. *Rosa brunonii* 'La Mortola'
GROSSBLUMIGE KLETTERROSE, WEISS

Diese verfeinerte Form von *Rosa brunonii* hat in Büscheln viele kleine weiße Blüten mit seidigen Petalen, die sich weit öffnen und die gelben Staubfäden freilegen. Der Duft ist angenehm moschusartig. Die Sommerblüte ist imposant, wiederholt sich jedoch nicht. Diese Sorte sollte am besten dort gepflanzt werden, wo viel Platz vorhanden ist, denn dank ihrer Wuchsfreudigkeit breitet sie sich viermal so weit aus wie eine durchschnittliche Kletterrose. Dabei produziert sie sehr lange, bewehrte Triebe, die Bäume, Mauern und Hecken überwuchern können. Die Blätter sind lang, welk, graugrün und behaart. **ZONEN 5–9.**
HANBURY, GROSSBRITANNIEN, 1954
FORM VON *ROSA MOSCHATA NEPALENSIS*

'La Noblesse'
ALTE R., ZENTIFOLIE, HELLROSA

Die erst Ende Juni erscheinenden Blüten dieser wunderschönen Rose haben eine ziemlich hohe Mitte, öffnen sich dann aber flach und recht dicht mit etwa 8 cm Durchmesser. Sie sind von einem intensiven, silbrigen Rosa und bleichen mit zunehmendem Alter aus; wenn sie sich ganz öffnen, treten bräunliche Staubfäden hervor. Die herrlich duftenden Petalen sind seidig, was ihnen zusätzlichen Zauber verleiht. Der breite, aufrechte Strauch wächst bis zu 1,5 m hoch und hat ein dichtes, dunkelgrünes und ziemlich grobes Laub mit typischer Zentifolienform. Über die Rose ist wenig bekannt, möglicherweise wurde sie aber unter einem anderen Namen eingeführt. ZONEN 5–10.
UM 1856
ELTERN UNBEKANNT

'La Paloma 85'
TANamola
Syn. 'The Dove'
FLORIBUNDA, WEISS, ÖFTER BLÜHEND

'La Paloma 85' hat schillernd cremeweiße Blüten, die beim Öffnen eine goldgelbe Mitte enthüllen. Die ersten Blüten kommen oft einzeln, erst später erscheinen sie häufiger in geschlossenen Büscheln aus bis zu zwölf Blüten. Sie sind gefüllt, nicht sehr duftend, vertragen viel Regen und blühen den ganzen Sommer und Herbst hindurch. Die Rose eignet sich für Beete und Rabatten sowie zum Schnitt. Sie ist wuchsfreudig mit aufrechtem, buschigem Wuchs bis in mittlere Höhe und besitzt ledrige, glänzende und gesunde Blätter. „La Paloma" ist spanisch und bedeutet „Taube". ZONEN 4–9.
TANTAU, DEUTSCHLAND, 1985
ELTERN UNBEKANNT

'La Reine' (unten)
Syn. 'Reine des Français', 'Rose de la Reine'
ALTE R., REMONTANTROSE, REIN ROSA, ETWAS NACHBLÜHEND

'La Reine' zählt besonders in Frankreich seit ihrer Einführung vor über 150 Jahren zu den beliebtesten Rosen; das liegt sicherlich an ihrer herausragenden Eigenschaft als Schnittblume. Nachdem sich die prallen Knospen mit der hohen Mitte öffnen, erscheinen die glänzenden, rosaroten Blüten mit lila Tönung. Die inneren Petalen der aus 75 Petalen bestehenden, kugelförmigen Blüte falten sich übereinander zurück. Die Pflanze wird bis zu 1,2 m hoch, benötigt aber zunächst eine Stütze. Die blassgrünen Blätter sind am Rand gewellt, und an der weichen Rinde stehen einige Stacheln. Diese Rose gedeiht am besten auf fruchtbarem Boden; das Entfernen welker Blüten regt die Herbstblüte an. ZONEN 5–10.
LAFFAY, FRANKREICH, 1842
MÖGLICHERWEISE EIN SÄMLING VON 'WILLIAM JESSE'

'La Sévillana'

MEIgekanu *(oben)*
FLORIBUNDA, ORANGEROT,
ÖFTER BLÜHEND

Diese Rose produziert schwach duftende, dunkelzinnoberrote Blüten in kleinen Büscheln auf langen, biegsamen Stielen. Sie sind mittelgroß, besitzen eine hübsche Mitte und werden beim Öffnen becherförmig. Die erste Blüte ist sehr farbintensiv und prachtvoll, danach werden im Sommer und Herbst kontinuierlich neue Blüten hervorgebracht. Der dichte Wuchs ist blattreich und strauchig, so dass sich diese Sorte für Beete, Rabatten und Hecken gleichermaßen eignet. Sie wird größer als die meisten anderen büschelblütigen Rosen. Die Blätter sind glänzend dunkelgrün. **ZONEN 4–9.**

MEILLAND, FRANKREICH, 1978
([MEIBRIM × 'JOLIE MADAME'] ×
['ZAMBRA' × 'ZAMBRA'] ×
(['SUPER STAR' × 'SUPER STAR'] ×
['POPPY FLASH' × 'RUSTICANA'])
ADR-ROSE 1979, BELFAST
CERTIFICATE OF MERIT 1984

'La Ville de Bruxelles'

(rechts)
ALTE R., DAMASZENERROSE,
DUNKELROSA

Die Blüten dieser Sorte werden bei völliger Öffnung bis zu 8 cm breit. Sie erscheinen im Hochsommer und sind in gut proportionierten Büscheln angeordnet, haben eine reine, hellrosa Farbe und sind duftend. Jede Blüte ist dicht gefüllt mit zurückgebogenen Petalen und einer dichten Mitte. Der aufrechte, kompakte Strauch wird bis zu 1,5 m hoch und hat dunkelgrüne, bewehrte Stiele. Das kräftige Laub ist von satter, mittelgrüner Farbe. Die Pflanze gedeiht am besten bei nicht allzu nasser Witterung. **ZONEN 5–10.**

VIBERT, FRANKREICH, 1849
ELTERN UNBEKANNT
ROYAL HORTICULTURAL SOCIETY
AWARD OF GARDEN MERIT 1993

'L'Abondance'

(rechts)

ALTE R., NOISETTEROSE
WEISS/HELLROSA

'L'Abondance' zählt zu den weniger bekannten Noisetterosen. Sie hat rosafarbene, gefüllte Blüten in gut proportionierten Büscheln aus 50–100 Blüten und duftet leicht. Es ist eine äußerst wuchsfreudige Kletterrose, die in zwei Jahren bis zu 3 m hoch wächst und sich sehr gut für Säulen und Pergolen eignet. Sie gedeiht auch auf magerem Boden. Das Laub ist glänzend und hellgrün. Die renommierte Rosenschule Moreau & Robert hat auch andere berühmte Rosen hervorgebracht, u.a. 'Marbrée' und 'Homère'. **ZONEN 5–10.**

MOREAU & ROBERT, FRANKREICH, 1877

ELTERN UNBEKANNT

'Lady Curzon'

(ganz unten)

RUGOSA-HYBRIDE, REIN ROSA,
ÖFTER BLÜHEND

Die großen, rosaroten Blüten dieser Sorte öffnen ihre fünf faltigen Petalen schalenförmig und legen die schönen, goldenen Staubfäden frei. Ihre Feinheit und Zartheit steht im Gegensatz zu den Eigenschaften der wuchsfreudigen Pflanze, die stachelige, weit überhängende Triebe hervorbringt, mit denen sie Büsche und niedrige Bäume überwuchert und die sie an geeigneten Gerüsten in eine Kletterrose verwandeln können. Die Rose benötigt daher viel Raum und eignet sich als Grenzpflanzung zwischen Bäumen und Sträuchern, da sie doppelt so hoch und dreimal so breit wird wie eine durchschnittliche Strauchrose. Die Blüten erscheinen im Sommer sehr reichlich und haben einen schwachen Duft; das Laub ist rau, robust und mittel- bis dunkelgrün. **ZONEN 4–9.**

TURNER, GROSSBRITANNIEN, 1901

ROSA MACRANTHA × R. RUGOSA 'RUBRA'

'Lady Diana'
Syn. 'Lady Di'
TEEHYBRIDE, HELLROSA, ÖFTER BLÜHEND

'Lady Diana' wird hauptsächlich für den Schnittblumenhandel angebaut. Die in zartem Hellrosa gehaltenen Blüten erscheinen einzeln oder in kleinen Büscheln. Frisch erblüht sind sie lang und schlank. Wenn sich ihre etwa 30 Petalen ausbreiten, bilden sie eine ziemlich große Blüte in klassischer Edelrosenform. Die den Sommer und Herbst gut durchblühende Rose besitzt einen zarten Duft. In wärmeren Klimaten kann sie im Freien angebaut werden. Die Pflanze wächst hoch und aufrecht, ihre Blätter sind matt und mittelgrün. ZONEN 5–9.

HOY, USA, 1986
'SONIA' × 'CARESS'

'Lady Hillingdon'
(ganz oben)
ALTE R., TEEROSE, GELB+, ETWAS NACHBLÜHEND

Diese in aller Welt beliebte Teerose bietet während ihrer ausgedehnten Blütezeit eine breite Farbpalette. Die langen, spitzen Knospen öffnen sich zu flachen, dunkelapricotgelben Blüten, die in der Sonne verblassen. Die langen, dünnen Petalen bilden halb gefüllte Blüten, die auf lockere Weise herabhängen. Die Rose hat attraktive Staubgefäße, wenige Stacheln und einen starken Teeduft. Die dünnen Triebe tragen ein etwas spärliches aber attraktives, rotbronzefarbenes Laub. 'Lady Hillingdon' zählt zu den schönsten Schnittrosen. **'Climbing Lady Hillingdon'** (Hicks, USA, 1917) blüht vom Spätfrühjahr bis Winterbeginn. Auch wenn sie leicht zu ziehen ist, benötigt sie eine gewisse Zeit, um sich zu etablieren. ZONEN 5–10.

LOWE & SHAWYER, GROSSBRITANNIEN, 1910
'PAPA GONTIER' × 'MME HOSTE'

'Climbing Lady Hillingdon' *(oben)*

'Lady Huntingfield' *(rechts)*
TEEHYBRIDE, REIN GELB, ÖFTER BLÜHEND

Die Blüten dieser Rose sind gelb mit einem Hauch von goldenem Apricot und etwas heller auf der Blütenrückseite. Sie haben eine rundliche Form und sind mit löffelähnlichen, recht zarten Petalen reich gefüllt, die sich in den offenen Blüten dicht aneinander drängen und dadurch eine ungeordnete, aber anmutige Mitte bilden. Sie verströmen einen bemerkenswerten Duft, und blühen den ganzen Sommer und Herbst hindurch. Diese Sorte wird nur in Australien angebaut. Das wärmere Klima ist für den Anbau im Freien bestens geeignet. Die wuchsfreudige, strauchige Pflanze wächst mittelhoch und hat glänzende, olivgrüne Blätter. **ZONEN 5–9.**

CLARK, AUSTRALIEN, 1937
'BUSYBODY' × 'ASPIRANT MARCEL ROUYER'

'Lady Like' TANekily
TEEHYBRIDE, ROSA+, ÖFTER BLÜHEND

Die spitzen Knospen von 'Lady Like' öffnen sich zu eher flachen Blüten mit über 30 Petalen. Sie zeigen eine satte, dunkelrosa Farbtönung mit einem Anflug von Gelb am Blütenansatz. Die Petalen öffnen sich weit, was die reich blühenden Sträucher während der Hauptblütezeit besonders farbenfroh erscheinen lässt; aber auch danach blüht der Strauch den ganzen Sommer und Herbst hindurch weiter. Die Blüten besitzen etwas Duft und ertragen problemlos schlechtes Wetter. 'Lady Like' ist eine verlässliche Rose für Beete und Rabatten und eignet sich dank der langen Blütenstiele als Schnittblume für die Vase. Die Pflanze hat einen strauchigen, recht gleichmäßigen Wuchs bis in mittlere Höhe und trägt viele glänzend dunkelgrüne, ledrige Blätter. **ZONEN 4–9.**

TANTAU, DEUTSCHLAND, 1989
SÄMLING × 'SUPER STAR'

'Lady Mary Fitzwilliam' *(unten)*
TEEHYBRIDE, HELLROSA, ÖFTER BLÜHEND

Dieser Name zählt zu den bekanntesten in der Geschichte der modernen Rose, doch waren die Eindrücke, die sie zur Zeit der Einführung hinterließ, noch widersprüchlich. Sie neigt dazu, auf Kosten des Wuchses viel Kraft in die Ausbildung perfekter Blüten zu legen, was viele Rosenaussteller erfreut hat. Der Vorsitzende der Nationalen Rosengesellschaft Großbritanniens meinte zu ihrem Wert als Gartenpflanze, man könne kaum eine Rose finden, die schwächer und unbefriedigender wüchse als 'Lady Mary Fitzwilliam'. Immerhin ist es erstaunlich, dass sie zu den einflussreichsten Elternsorten heutiger moderner Rosen zählt, und dass sie nach über einem Jahrhundert immer noch in Katalogen von Gärtnereien zu finden ist, auch wenn man nicht sicher sein kann, dass die angebotene Sorte tatsächlich echt ist. Ihre blassen, fleischrosa Blüten sind gleichmäßig kugelförmig, gefüllt, langlebig und stark duftend. Sie blühen öfter und stehen auf kurzen Trieben einer eher kleinen Pflanze mit mattgrünem Laub. **ZONEN 5–9.**

BENNETT, GROSSBRITANNIEN, 1882
'DEVONIENSIS' × 'VICTOR VERDIER'

'Lady Meilland'
MEIalzonite *(oben)*
TEEHYBRIDE, ORANGEROSA,
ÖFTER BLÜHEND

Die Blüten dieser Rose haben eine zarte, lachsfarbene Tönung mit zinnoberrot-orangefarbenem Anflug. Die urnenförmigen Blüten sind für eine Teehybride nur mittelgroß und wohlgefüllt mit großen Petalen, die beim Öffnen eine hohe Mitte aufweisen und eine symmetrische Form bilden. Die Blüten stehen auf langen Stielen und halten lange, weshalb sich die Rose sowohl zum Schnitt als auch für den Garten eignet, wo sie sich dank ihrer Wuchsfreudigkeit in Rabatten und Beeten sehr gut macht. Die Rose blüht zwar den ganzen Sommer und Herbst hindurch, doch können die Blüten bei sehr nasser Witterung verfaulen. Diese Sorte hat einen kräftigen, reich verzweigten Wuchs mit meist überdurchschnittlicher Höhe und besitzt ein üppiges, dunkelgrün glänzendes Laub, das sich manchmal als anfällig gegen Rostpilz erweist. **ZONEN 4–9.**
MEILLAND, FRANKREICH, 1986
ELTERN UNBEKANNT
NEUSEELAND GOLDMEDAILLE 1982

'Lady of the Dawn'
INTerlada *(oben rechts)*
FLORIBUNDA, HELLROSA,
ÖFTER BLÜHEND

Diese Rose wird mal als Floribundarose und mal als moderne Strauchrose beschrieben. Sie produziert lange, feste Triebe, die sich unter dem Gewicht der Blüten biegen – zumal ein Büschel aus über 20 Blüten bestehen kann. Die leicht duftenden Blüten sind cremefarben überhaucht mit einem rosafarbenen Petalenrand. Sie sind ziemlich groß, halb gefüllt und öffnen sich schalenartig; dabei legen sich die roten und goldenen Staubgefäße frei. Blütezeit ist Sommer und Herbst. Diese Rose eignet sich sehr gut als Hecke, in Rabatten oder für Beete, die mit recht großen Rosen bepflanzt werden sollen. Die Pflanze hat einen aufrechten, überhängenden Wuchs und trägt dunkelgrüne, lederartige Blätter. **ZONEN 4–9.**
ILSINK, NIEDERLANDE, 1984
INTERDRESS × 'STADT DEN HELDER'

'Lady Penzance'
ALTE R., RUBIGINOSA-HYBRIDE,
ORANGEROSA

Dies ist wohl die beste der vielen Rubiginosa-Hybriden, die Lord Penzance Ende des 19. Jhs. hervorgebracht hat. Die becherförmigen, lachsrosafarbenen einfachen Blüten mit gelben Staubgefäßen sind mit einem kupferigen Rosa überhaucht und gehen an den Rändern ins Gelbliche über. Der mit diesen Hybriden in Verbindung gebrachte Apfelduft tritt kaum in Erscheinung – außer im Laub. Der 1,8 m hohe Strauch hat eine überhängende Form und trägt ein dunkles, dichtes Laub sowie hellrote Hagebutten. Während der Sommerblüte neigt die Pflanze zu Sternrußtau, ist aber dennoch sehr wuchsfreudig und eignet sich für hohe Hecken oder für Landschaftsgärten. **ZONEN 5–10.**
PENZANCE, GROSSBRITANNIEN, 1894

ROSA EGLANTERIA × R. FOETIDA BICOLOR

'Lady Roberts' *(rechts)*
ALTE R., TEEROSE, APRICOT+, ÖFTER BLÜHEND

Diese Rose bevorzugt einen warmen Standort und belohnt jede Mühe mit reichhaltiger Blüte vom späten Frühjahr bis zum Herbst. Die langen, spitzen Knospen öffnen sich zu satten, rötlich apricotfarbenen Blüten mit kupfernem Grundton. Bisweilen sind die Petalen am Rand orange, die Farben richten sich nach der Sonnenscheindauer am Standort. Die lockeren, auf der buschigen Pflanze etwas nickenden Blüten besitzen einen starken Teeduft. Olivgrüne Blätter. Sie wird meist 1,2 m hoch, ohne Schnitt kann sie auch zu einer Kletterrose gezogen werden. Sie toleriert feuchtes Wetter, ist aber etwas frostempfindlich. **ZONEN 5–10.**

CANT, GROSSBRITANNIEN, 1902
KNOSPEN-SPORT VON 'ANNA OLIVIER'

'Lady Rose' KORlady
(rechts)
TEEHYBRIDE, ORANGEROSA, ÖFTER BLÜHEND

Die einzeln oder in Gruppen hervorgebrachten, langen und spitzen Knospen dieser Sorte öffnen sich zu großen Blüten mit hoher Mitte. Die über 30 Petalen biegen sich zurück, wodurch die Blüten beim Öffnen becherförmig werden. Sie sind von warmer, leuchtender Farbe in Lachsrosa mit einem Anflug von Orange, erblühen im Sommer und Herbst sehr reich und haben einen angenehmen Duft. Sie eignen sich auch zum Schnitt für Blumenarrangements. Die Pflanze ist ideal für Hecken, Beete und Rabatten. Sie ist wuchsfreudig mit aufrechtem Wuchs bis über die mittlere Höhe und trägt ein dichtes Laub aus dunkelgrünen, matt glänzenden Blättern. **ZONEN 4–9.**

KORDES, DEUTSCHLAND, 1979
SÄMLING × 'TRÄUMEREI'
BELFAST GOLDMEDAILLE 1981

'Lady Sunblaze'
MEllarco (rechts)
Syn. 'Lady Meillandina',
'Peace Meillandina',
'Peace Sunblaze'
**ZWERGROSE, HELLROSA,
ÖFTER BLÜHEND**

Diese von Marie-Louisette Meilland gezogene Rose trägt dicht gefüllte Blüten mit 40 nicht duftenden Petalen von blassem Altrosa bis zu hellem Korallrosa. Die zarten Blüten stehen meist auf kurzen Stielen und blühen dauernd nach. Die Farbe ist beim ersten Öffnen tadellos, doch verblasst sie viel zu schnell. Die Pflanze ist kompakt mit einem buschigen, aufrechtem Wuchs und besitzt ein attraktives, glänzend dunkelgrünes Laub. Insgesamt ist 'Lady Sunblaze' in nicht zu kalten Gegenden eine gute Gartenrose, da sie gegen die meisten Rosenkrankheiten widerstandsfähig ist und unermüdlich blüht. Sie ist auch für Kübel gut geeignet.
ZONEN 5–11.

MEILLAND, FRANKREICH, 1985

('FASHION' × 'ZAMBRA') × 'BELLE MEILLANDINA'

'Lady Sylvia'
(unten)
**TEEHYBRIDE, HELLROSA,
ÖFTER BLÜHEND**

Die cremig roséfarbenen Blüten dieser Rose sind äußerst attraktiv und duften süßlich. Die Spitzen der jungen Petalen zeigen beim Aufgehen ein dunkleres Rosa und im Herzen der Blüte einen Anflug von Gold. Obwohl sich die Blüten schnell öffnen, behalten sie eine schöne, runde Form, bis die Petalen ausfallen. Die Pflanze blüht den ganzen Sommer und Herbst hindurch, ist wuchsfreudig und erreicht dabei eine mittlere Höhe. 'Lady Sylvia' ist eine langlebige Sorte; sie blüht auch noch in alten Gärten, wo andere Rosen bereits verschwunden sind. Die Blätter sind dunkelgrün und wachsen nach modernem Standard eher spärlich. **'Climbing Lady Sylvia'** (1933) ist eine wuchsfreudige, aber kleinwüchsige Kletterrosenmutation mit rosafarbenen Blüten.
ZONEN 4–9.

STEVENS, GROSSBRITANNIEN, 1926

SPORT VON 'MME BUTTERFLY'

'Lady Waterlow' *(rechts)*
GROSSBLUMIGE KLETTERROSE, ROSA+

Dieser alte Climber trägt einzelne oder in kleinen Büscheln angeordnete, angenehm duftende Blüten in hellem Lachsrosa, die sich locker becherförmig öffnen. Die halb gefüllten Blüten bestehen aus Petalen mit seidiger Struktur und sind nach völliger Öffnung ziemlich groß. Im Sommer sind sie reichblütig, später erscheinen aber kaum noch Blüten. Diese Sorte erfüllt die meisten Anforderungen an einen Climber und eignet sich für Wände, Zäune, Bögen, Säulen und Pergolen. Ihr Wuchs ist steif und verzweigt, und obwohl sie nicht schnell wächst, kann sie eine überdurchschnittliche Größe erreichen. Die Pflanze besitzt große, spitz zulaufende mittelgrüne Blätter.
ZONEN 4–9.

NABONNAND, FRANKREICH, 1903
'LA FRANCE DE '89' × 'MME MARIE LAVALLEY'

'Lady X' MEIfigu *(rechts)*
TEEHYBRIDE, MAUVE, ÖFTER BLÜHEND

Der Mauveton der Blüten ist nicht sehr ausgeprägt, sondern tendiert mehr ins Rosafarbene – ein heller und gleichmäßiger Farbton, der zu Beginn der Blüte sehr attraktiv aussieht, später jedoch, wenn die Petalen fallen, recht blass wird. Die Blüten sind recht groß, gefüllt und haben eine hohe Mitte. Meist sitzen sie einzeln auf einem Stiel. Sie haben einen leichten, süßen Duft und erneuern sich im Sommer und im Herbst mit guter Regelmäßigkeit. Diese Rose eignet sich für die Mitte oder den Rand einer Rabatte, da sie größer ist als die meisten Edelrosen. Sie ist wuchsfreudig und hat einen aufrechten, reich verzweigten Wuchs. Ihre stacheligen Stiele tragen recht spärliche, lederartige, matt glänzende Blätter.
ZONEN 4–9.

MEILLAND, FRANKREICH, 1965
SÄMLING × 'SIMONE'
PORTLAND GOLDMEDAILLE 1968

'Lafayette'
Syn. 'August Kordes', 'Joseph Guy'
FLORIBUNDA, DUNKELROSA, ÖFTER BLÜHEND

Inzwischen ist diese historische Rose sehr selten geworden. Sie diente als Ursprungssorte mancher frühen Floribunda-Mutation. Die großen, halb gefüllten karminroten Blüten mit ihrer satten, kirschroten Tönung kommen in riesigen Büscheln mit bis zu 40 Blüten und öffnen sich schalenförmig, was ihre ausgeprägte Färbung gut hervorhebt. Die leicht duftenden Blüten erneuern sich im Sommer und Herbst sehr gut. Idealerweise pflanzt man diese Rose am Rand einer Rabatte, wo ihre farbenfrohen Blütenzweige am besten zur Geltung kommen. Die wuchsfreudige Pflanze hat einen buschigen, kompakten Wuchs bis in fast mittlere Höhe und trägt glänzende, sattgrüne Blätter. Ihr Namengeber, der Marquis de La Fayette, spielte u.a. im Amerikanischen Unabhängigkeitskrieg eine bedeutende Rolle.
ZONEN 4–9.

NONIN, FRANKREICH, 1924
'RÖDHÄTTE' × 'RICHMOND'

'Lagerfeld' AROlaqueli (oben)
Syn. 'Starlight'
TEEHYBRIDE, MAUVE, ÖFTER BLÜHEND

Die Blüten der 'Lagerfeld' haben eine außergewöhnliche, lavendelgraue Tönung. Sie bestehen aus rund 30 Petalen und öffnen sich mit hoher Mitte, wonach sie sich unter Einbehaltung einer guten symmetrischen Form abrunden. Da sie recht groß sind und in kandelaberartigen Büscheln zu je 5–15 Blüten stehen, neigen sie sich gerne unter ihrem eigenen Gewicht hinab, was sie etwas unordentlich erscheinen lässt. Sie haben besonders an warmen Tagen einen guten Duft und blühen den ganzen Sommer und Herbst hindurch. Diese Rose macht sich sehr gut in gemischten Rabatten oder Beeten, eignet sich jedoch am besten für Gärten mit Schnittblumen, wo die Nachteile des Wuchses weniger ausmachen und die Blüten für Blumenarrangements geschnitten werden können. Benannt wurde sie nach dem Pariser Modeschöpfer Karl Lagerfeld. ZONEN 4–9.

CHRISTENSEN, USA, 1986
'BLUE NILE' × ('IVORY TOWER' × 'ANGEL FACE')

'L'Aimant' HARzola

(unten)

Syn. 'Doux Parfum'

FLORIBUNDA, REIN ROSA, ÖFTER BLÜHEND

Die Blüten haben einen warmen lachsrosa, ins Rosé verblassenden Farbton. Sie kommen manchmal einzeln, normalerweise jedoch in Büscheln aus mehreren Blüten, die sich wie kleine Edelrosen öffnen und deren rund 30 Petalen hübsche Mitten bilden. Wenn sich die Petalen zurückwölben, werden die Blüten becherförmig und verströmen einen ausgezeichneten Duft; in wärmeren Gegenden nehmen Blüte und Duft an Qualität noch zu. Die Rose blüht den ganzen Sommer und Herbst kontinuierlich durch, verträgt auch schlechtes Wetter, eignet sich gut zum Schnitt und als Gartenpflanze in Beeten und Rabatten. Die Pflanze ist wuchsfreudig, doch ist der Wuchs etwas ungleichmäßig, aber gut verzweigt. Diese Sorte erreicht mittlere Höhe oder mehr und trägt ledrige, glänzende, olivgrüne Blätter.

ZONEN 4–9.

HARKNESS, GROSSBRITANNIEN, 1994

'SOUTHAMPTON' × ('ROSIKA' × 'MARGARET MERRIL')

BAGATELLE DUFTPREIS 1991, EDLAND-DUFTMEDAILLE DER ROYAL NATIONAL ROSE SOCIETY 1992, RNRS BRITISH ROSE FRAGRANCE AWARD 1998

'Lamarque'

(ganz unten)

Syn. 'General Lamarque', 'The Marshal'

ALTE R., NOISETTEROSE, WEISS, ETWAS NACHBLÜHEND

Diese kostbare Noisetterose aus Angers in Frankreich hat ein Rosenliebhaber gezüchtet, der sie in einem Fensterkasten aufzog und wohl kaum damit rechnete, dass sie einmal zu den beliebtesten Ramblern der Rosengeschichte zählen würde. Den krugförmigen Knospen folgen weiße, gefüllte Blüten mit zitronengelber Mitte. Die großen, vollen aber lockeren Blüten haben eine ungeordnete Mitte und hängen. Der Veilchenduft ist sehr intensiv, vor allem in der Sonne. Nachdem sich dieser winterfeste Rambler einmal etabliert hat, kann er in einer einzigen Wachstumsperiode bis zu 6 m lange Triebe bilden. Diese tragen glatte, graugrüne Blätter und kleine, hakenförmige, rote Stacheln. Diese Rose macht sich sehr gut an einem Spalier oder einem großen Rosenbogen.

ZONEN 4–10.

MARÉCHAL, FRANKREICH, 1830

'BLUSH NOISETTE' × 'PARKS' YELLOW TEA-SCENTED CHINA'

'Lancôme' DELboip
(unten)
TEEHYBRIDE, DUNKELROSA, ÖFTER BLÜHEND

'Lancôme' ist in erster Linie eine Gewächshausrose und wird für den Schnittblumenmarkt angebaut; nur in wärmeren Klimaten bereichert sie den Garten. Die langen, eleganten Knospen öffnen sich zu großen, gefüllten Blüten in sattem und dunklem Rosa, das selbst in praller Sonne kaum ausbleicht. Der Festigkeit der Petalen, die die Rose für Blumenhändler marktfähig macht, steht leider eine fehlende Duftentfaltung entgegen, was für eine Rose dieser Farbe besonders enttäuschend ist. Dennoch schätzen Floristen sie aufgrund ihrer Formschönheit, ihrer Haltbarkeit und der langen Stiele. Die im Sommer und Herbst reich blühende Pflanze hat glänzende, dunkelgrüne Blätter. Die Rose trägt den Namen einer französischen Kosmetikfirma. ZONEN 4–9.

DELBARD-CHABERT, FRANKREICH, 1973

('DR ALBERT SCHWEITZER' × ['MICHÈLE MEILLAND' × 'BAYADÈRE']) × (MEIMET × 'PRÉSENT FILIAL)

'Las Vegas' KORgane
(ganz oben)
TEEHYBRIDE, ORANGE+, ÖFTER BLÜHEND

Diese Rose weist eine attraktive Mischung aus Orange und Gelb auf – die Petalen sind innen orange-zinnoberrot und auf der Rückseite chromgelb mit roter Äderung, so dass beim Öffnen der Blüten beide Farben zusammen erscheinen. Das Ganze erinnert an das Lichtermeer von Las Vegas. Die Blüten sind von mittlerer Größe und mit etwa 25 breiten Petalen gefüllt. Sie öffnen sich locker mit einer niedrigen Mitte, wobei sich die Petalenreihen gegenseitig überlappen und während der gesamten Blütezeit für eine attraktive Form sorgen, wenngleich das Gewicht der Blüten sie manchmal herabhängen lässt. Die leicht duftenden Blüten bleiben den ganzen Sommer und Herbst hindurch erhalten. Die Pflanze macht sich sehr gut in Beeten und Rabatten sowie als Hecke, denn sie ist wuchsfreudig, hat einen aufrechten Wuchs mit vielen Basistrieben, die einen gut gefüllten, rundlichen Strauch bilden. Die Rose trägt reichliches, dunkelgrünes und matt glänzendes Laub. ZONEN 4–9.

KORDES, DEUTSCHLAND, 1981

'LUDWIGSHAFEN AM RHEIN' × 'FEUERZAUBER'

GENF GOLDMEDAILLE 1985, PORTLAND GOLDMEDAILLE 1988

'Laughter Lines'
DICKerry *(rechts)*
FLORIBUNDA, ROSA+,
ÖFTER BLÜHEND

In den mittelgroßen bis großen Blüten dieser Sorte treten viele Farben auf. Die büschelweise angeordneten, spitzen Knospen öffnen sich zu halb gefüllten, becherförmigen Blüten roter, goldener und weißer Farbe vor einem rosaroten Hintergrund und goldenen Staubgefäßen in der Mitte. Die leicht duftenden Blüten erscheinen vom Sommer bis in den Herbst. 'Laughter Lines' ist eine farbenfrohe Beet-, Rabatten- oder Heckenrose und eignet sich auch zum Schnitt für kleine Arrangements. Sie ist wuchsfreudig, mit einem buschigen, knapp mittelhohen Wuchs und einem attraktiven, dunkelgrünen, glänzenden Laub. ZONEN 4–9.

DICKSON, GROSSBRITANNIEN, 1987
('PYE COLOUR' × 'SUNDAY TIMES')
× 'EYEPAINT'
GOLDMEDAILLE DER ROYAL
NATIONAL ROSE SOCIETY 1984,
BELFAST CERTIFICATE OF MERIT
1989

'Laura' MEIdragelac
(rechts)
Syn. 'Laura 81',
'Natilda'
TEEHYBRIDE, ORANGE+,
ÖFTER BLÜHEND

Die Blütenfarbe ist ein lachsrosafarbener Pastellton mit orangefarbener Schattierung, auf der Rückseite der Petalen blasser. Die gefüllten Blüten haben etwa 30 Petalen und stehen auf kräftigen Stielen – oft zu mehreren in Büscheln. Sie öffnen sich mit hoher Mitte, beim Zurückbiegen der Petalen werden sie locker becherförmig. Die Blüten duften leicht und erneuern sich nach der Hauptblüte den ganzen Sommer und Herbst hindurch. Sie eignen sich zum Schnitt, für Beete und Rabatten sowie als Hecke. Aufrecht wuchsfreudig, mittelgroß mit einem vollen, frischen Blattwerk in mattem Grün. ZONEN 4–9.

MEILLAND, FRANKREICH, 1981
('PHARAOH' × 'KÖNIGIN DER
ROSEN') × (['SUSPENSE' ×
'SUSPENSE'] × 'KING'S RANSOM')
JAPAN GOLDMEDAILLE 1981

'Laura Ashley'

CHEWharla *(ganz unten)*
STRAUCHROSE, MAUVE,
ÖFTER BLÜHEND

Wenn sich die spitzen Knospen dieser Rose öffnen, erscheinen lilamauvefarbige Blüten mit rosafarbener Kehrseite und vielen goldgelben Staubgefäßen. Die zumeist aus fünf Petalen bestehenden Blüten erscheinen auf mächtigen Rispen mit je 10–30 Blüten und verströmen einen fruchtigen Duft. Die breit wachsende, niedrig bleibende Pflanze hat ein matt glänzendes, mittelgrünes Laub und hakenförmige Stacheln. Das Besondere an dieser Rose sind die langen Dolden, die während der Hauptblütezeit die Pflanze im wahrsten Sinne des Wortes von oben bis unten bedecken! In kühleren Gegenden sind die Blüten mehr rosa-violett, und die Petalen haben einen weißen Ansatz. Die bisweilen fälschlicherweise als Kletternde Zwergrose eingeordnete 'Laura Ashley' ist ein idealer Bodendecker, wozu sie sich besser eignet als für Spaliere. ZONEN 5–11.

WARNER, GROSSBRITANNIEN, 1989
('RED YESTERDAY' ×
'HEIDERÖSLEIN NOZOMI')

'Laura Ford'

CHEWarvel *(rechts)*
Syn. 'Normandie'
KLETTERNDE ZWERGROSE,
REIN GELB, ÖFTER BLÜHEND

Die spitzen Knospen dieser kletternden Miniaturrose öffnen sich zu rein gelben Blüten, deren Rückseite ein helleres Gelb aufweist; mit zunehmenden Alter erscheinen die Kelchblätter rosa überhaucht. Gefüllten Blüten mit 22 Petalen in typischer Edelrosenform. Sie erscheinen meist in kleinen Büscheln aus 5–10 Einzelblüten und verbreiten einen merklich fruchtigen Duft. Wuchsfreudig, hellgrünes Laub. 'Laura Ford' ist ein aufrechter, großer Busch, der sich besonders zum Emporklettern an Mauern, Zäunen oder Spalieren eignet. Sie ist eine besonders wetterfeste und krankheitsresistente Rosensorte mit einem üppigen Blütenflor über die ganze Saison. ZONEN 5–11.

WARNER, GROSSBRITANNIEN, 1989
('ANNA FORD' × ('ELIZABETH OF GLAMIS' × 'GALWAY BAY' × 'SUTTER'S GOLD'])
ROYAL NATIONAL ROSE SOCIETY CERTIFICATE OF MERIT 1988, ROYAL HORTICULTURAL SOCIETY AWARD OF GARDEN MERIT 1993

'Lauré Davoust'
(rechts)
Syn. 'Abondonnata', 'Marjorie W. Lester'
RAMBLERROSE, MULTIFLORA-HYBRIDE, HELLROSA

Eindrucksvoll als Kaskadenrose oder als Baumkletterrose. Kleine, wohlgeformte, gefüllte, rosafarbene Blüten von fleischfarbener Tönung. Mit zunehmendem Alter nehmen die pomponförmigen, in Büscheln auf dünnen Trieben getragenen Blüten einen Lavendelfarbton an. Während der Sommerblüte ziemlich blühfreudig. Die 4,5 m langen Triebe haben sehr wenige Stacheln und lassen sich leicht anheften. ZONEN 4–10.
LAFFAY, FRANKREICH, 1834
ELTERN UNBEKANNT

'Lavaglut' KORlech
(rechts)
Syn. 'Intrigue', 'Lavaglow'
FLORIBUNDA, DUNKELROT, ÖFTER BLÜHEND

Eine intensiv dunkelrote Floribundarose mit samtigen Petalen. Die mittelgroßen, aus etwa 25 Petalen bestehenden Blüten erscheinen in großen, gleichmäßig verteilten Büscheln. Die Blüten selbst sind kamelienförmig und behalten diese Form bis ins späte Blütenstadium bei. Sie duften kaum. Die Rose blüht den ganzen Sommer und Herbst hindurch reich, wobei die Blüten direkten Sonnenschein und Regen viel besser vertragen als andere dunkelrote Rosen. 'Lavaglut' eignet sich dank ihres gleichmäßigen Wuchses hervorragend für Beete, sie macht sich aber auch in Rabatten und als Hecke ausgezeichnet. In manchen Gegenden war sie jedoch gegen Sternrußtau anfällig. Die Pflanze hat einen starken, breitbuschigen, fast mittelhohen Wuchs und trägt reiches, ins Purpur gehendes, grün glänzendes Laub. Diese Rose ist auch unter der Bezeichnung 'Intrigue' anzutreffen; sie darf aber nicht mit der von Warriner 1984 in den USA gezüchteten rötlich purpurfarbenen Sorte verwechselt werden. ZONEN 4–9.
KORDES, DEUTSCHLAND, 1978
'GRUSS AN BAYERN' × SÄMLING
ROYAL NATIONAL ROSE SOCIETY TRIAL GROUND CERTIFICATE 1980

'Lavender Dream'
INTerlav *(rechts)*
STRAUCHROSE, MAUVE,
ÖFTER BLÜHEND

Diese Strauchrose bedeckt sich vollständig mit dichten Büscheln aus dunkler lilarosafarbenen, kaum duftenden Blüten mit goldenen Staubgefäßen. Die aus ca. 15 Petalen bestehenden Blüten sind halb gefüllt; nach einer sehr reichen ersten Blüte hält der Nachschub blühender Triebe den verbleibenden Sommer und Herbst hindurch an. Die Sorte eignet sich zur Einzelpflanzung, als Bodendecker oder Beimischung in Rabatten oder auch für sortenreine Beete. Die Pflanze produziert viele Triebe und breitet sich stark aus, wobei sie niedrige Hügel bildet. Sie erreicht nur knapp die halbe Höhe durchschnittlicher Strauchrosen. Je nach Jahreszeit kann das matte, hellgrüne Laub von Mehltau befallen werden. ZONEN 4–9.
ILSINK, NIEDERLANDE, 1984
'YESTERDAY' × 'NASTARANA'
ADR-ROSE 1987

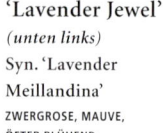

'Lavender Jewel'
(unten links)
Syn. 'Lavender Meillandina'
ZWERGROSE, MAUVE,
ÖFTER BLÜHEND

Die Blütenfarbe ist ein lavendelfarbenes Mauve. Die gefüllten Blüten haben 40 Petalen und weisen in warmen Klimaten oft eine edelrosenähnliche Form auf. Wenn sich die zart lavendelfarbigen Knospen öffnen, sind die Ränder der Petalen meist magentarot eingefärbt. Das Laub ist dunkelgrün und gesund. Die Pflanze ist von niedrigem, kompaktem, buschigem Wuchs, der manchmal zum Wuchern neigt. In eher warmfeuchtem Klima kann sie außergewöhnlich wuchsfreudig sein. ZONEN 5–11.
MOORE, USA, 1978
'LITTLE CHIEF' × 'ANGEL FACE'

'Lavender Lace'
(rechts)
ZWERGROSE, MAUVE,
ÖFTER BLÜHEND

Die rein lavendelfarbenen Blüten von 'Lavender Lace' öffnen sich häufig zu schnell und verlieren damit an Form und Festigkeit; der Farbeffekt kann allerdings im Halbschatten verbessert werden. Die gefüllten Blüten besitzen die klassische Edelrosenform und duften. Die Blätter sind klein, glänzend und dunkelgrün. Die zunächst in hochgebauten Dolden kommenden Blüten öffnen sich sehr schnell, werden dann flach und legen ihre gelben Staubgefäße frei. Die Blüten sind sehr schön, jedoch kann man ihre Qualität im Einzelnen nicht vorhersehen. Die zwergwüchsige Pflanze ist zwar meist wuchsfreudig, jedoch nicht in Regionen mit kaltem Klima. Im Winter muss diese Zwergrose unbedingt gut geschützt werden.
ZONEN 5–11.

MOORE, USA, 1968
'ELLEN POULSEN' × 'DEBBIE'

'Lavender Lassie'
(unten)
STRAUCHROSE, MAUVE,
ÖFTER BLÜHEND

Ihre langen Stiele neigen sich unter dem Gewicht der großen Büschel aus mit 60 Petalen gefüllten Blüten. Die Blüten sind mittelgroß, öffnen sich becherförmig, werden aber mit den sich zurückbiegenden Petalen flach und weisen dann eine krause Mitte auf, bis sie schließlich an übergroße Rosetten erinnern. Sie haben eine angenehme Rosatönung mit einem Anflug von Lavendel, die manchmal jedoch ins Rosé übergeht. Die Blüten haben einen guten Duft und erneuern sich den ganzen Sommer und Herbst hindurch. Diese Sorte eignet sich für Strauchrabatten. Die Pflanze von der Höhe einer durchschnittlichen Strauchrose besitzt einen kräftigen, reich verzweigten und ziemlich offenen Wuchs. In ausgeprägt warmem Klima lassen sich ihre Triebe auch an Säulen, Zäunen oder Mauern emporziehen.
ZONEN 4–9.

KORDES, DEUTSCHLAND, 1960
'HAMBURG' × 'MME NORBERT LEVAVASSEUR'
ROYAL HORTICULTURAL SOCIETY AWARD OF GARDEN MERIT 1993

'Lavender Pinocchio' *(oben)*
FLORIBUNDA, MAUVE, ÖFTER BLÜHEND

Die Auswahl des Züchters von Elternsorten mit ungewöhnlicher Färbung hat sich gelohnt, denn diese Sorte trägt nun hell schokoladenbraune Knospen, die sich zu intensiv lavendelfarbigen Blüten mit bräunlicher Mitte und einer Gelbtönung am Ansatz öffnen. Mit der Zeit nehmen die Blüten eine mauvefarbene Tönung an, die schließlich zu einem grauen Rosa verblasst. Die gefüllten, ziemlich großen und lockeren Blüten sind zunächst becherförmig, flachen aber mit zunehmendem Alter ab. Sie haben einen angenehmen Duft und erneuern sich den ganzen Sommer und Herbst hindurch. Die Pflanze ist kompakt, bleibt niedrig und trägt ledrige, mittelgrüne Blätter. **ZONEN 4–9.**

BOERNER, USA, 1948

'PINOCCHIO' × 'GREY PEARL'

'Lawinia' TANklawi, TANklevi, TANklewi *(unten)*
Syn. 'Lavinia'
GROSSBLUMIGE KLETTERROSE, REIN ROSA, ÖFTER BLÜHEND

Dieser attraktive Climber trägt locker becherförmige, rundliche Blüten mit je 20 Petalen. Sie sind ziemlich groß, haben eine gleichmäßige, rosafarbene Tönung und erscheinen einzeln oder in Büscheln mit mehreren bis vielen Blüten. Sie besitzen einen angenehmen Duft und blühen den ganzen Sommer und Herbst hindurch. Diese Sorte ist sehr vielseitig einsetzbar – für Mauern, Zäune, Bögen, Pergolen und besonders auch für Säulen. Die wuchsfreudige, aber nur mittelhohe Kletterrose hat steife, aufrechte und verzweigte Triebe und ist gut mit mittelgrünen Blättern besetzt. Die Sorte wurde nach der englischen Herzogin Lavinia von Norfolk (1916–1995) benannt. **ZONEN 4–9.**

TANTAU, DEUTSCHLAND, 1980

ELTERN UNBEKANNT

ROYAL HORTICULTURAL SOCIETY AWARD OF GARDEN MERIT 1995

'Le Havre' *(oben)*
ALTE R., REMONTANTROSE, ROT, ETWAS NACHBLÜHEND

Diese Sorte hat große, überlappende zinnoberrote gefüllte Blüten, die ins Rosafarbene verblassen. Während ihrer langen Blütezeit ist sie ziemlich blühfreudig. Sie trägt ein attraktives, ledriges Laub und hat wenig Stacheln. 'Le Havre' ist ein buschiger, 1,8 m hoher Strauch, der gut in den hinteren Bereich von Rabatten passt.
ZONEN 5–10.

EUDES, FRANKREICH, 1870

ELTERN UNBEKANNT

'Lawrence Johnston' *(rechts)*
Syn. 'Hidcote Yellow'
GROSSBLUMIGE KLETTERROSE, REIN GELB

Dieser Climber ist übervoll an stark duftenden Blüten in einem auffallenden, hellen Gelb, die sich locker becherförmig öffnen. Die Blüten sind halb gefüllt mit etwa 15 Petalen, ziemlich groß und kommen in Büscheln. Normalerweise blüht diese Rose nur einmal im Sommer, doch bisweilen sind auch später noch einige Blüten anzutreffen. Aufgrund ihrer Wuchsfreudigkeit benötigt die Pflanze viel Platz, da die langen, überhängenden Triebe ein Dach oder eine sehr hohe Mauer überwuchern können. Sie breitet sich zwei- bis dreimal so weit aus wie eine durchschnittliche Kletterrose. Die Blätter sind hellgrün, glänzend, und neigen zu Sternrußtau.
ZONEN 4–9.

PERNET-DUCHER, FRANKREICH, 1923

'MME EUGÈNE VERDIER' × 'PERSIAN YELLOW'

'Le Rêve'
GROSSBLUMIGE KLETTERROSE, HELLGELB

Die in Büscheln angeordneten, spitzen gelben Knospen dieser Sorte öffnen sich zu hellkanariengelben, einfachen oder locker gebauten, halb gefüllten Blüten mittlerer Größe. Nach dem Öffnen sind die Blüten schalenförmig. Vor dem Abblühen der Rose gehen die Petalen ins Blassgelbe über. Die Blüten haben einen angenehmen Duft. Sie erscheinen früh im Sommer, dann auch sehr üppig, wiederholen ihre Blüte jedoch nicht. Die wuchsfreudige Pflanze hat kräftige Stiele und eignet sich für Säulen, Pergolen, Zäune und Bögen; sie wird etwas größer als ein durchschnittlicher Climber und ist gut mit dunkelgrünen, glänzenden Blättern besetzt. **ZONEN 4–9.**

PERNET-DUCHER, FRANKREICH, 1923

'MME EUGÈNE VERDIER' × 'PERSIAN YELLOW'

'Le Rouge et Le Noir' DELcart *(unten)*
TEEHYBRIDE, DUNKELROT, ÖFTER BLÜHEND

Anders als der Name verspricht, sind die Petalen dieser Sorte nicht wirklich schwarz, doch wenn die Sonne auf die jungen Blüten scheint, reflektieren sie einen schwärzlichen Glanz. Die Blüten haben eine satte, dunkelrote Farbe und bestehen aus zahlreichen, ziemlich kurzen Petalen, die sich so zurückwölben, dass sie sich gegenseitig überlagern, weshalb die Blüten einer übergroßen, gluproten Rosette gleichen, was die gelben Staubgefäße in der Mitte noch unterstützen. Die Blüten sind leicht duftend. Diese Rose eignet sich für Beete und Rabatten, ist jedoch fast ausschließlich in Frankreich verbreitet. Sie hat einen kräftigen, aufrechten Wuchs in mittlere Höhe und trägt dunkelgrüne Blätter, die im Frühstadium noch rötlich sind. **ZONEN 4–9.**

DELBARD, FRANKREICH, 1973

ELTERN UNBEKANNT

'Le Vésuve' *(rechts)*
Syn. 'Lemesle'
ALTE R., CHINAROSE, ROSA+,
ETWAS NACHBLÜHEND

'Le Vésuve' hat wohlgeformte, spitze Knospen, die sich zu losen Blüten in Karminrot bis Rosa und manchmal auch in feurigem Rot öffnen. Die lockeren Blüten mit ihrer offenen Mitte sind sehr groß, gefüllt und filigran geädert. Der wuchsfreudige, niedrige Strauch gedeiht am besten an einem warmen Standort, wird 1,2–1,5 m hoch und hat einen sparrigen Wuchs. Das Laub wechselt mit zunehmendem Alter von Kupferfarben in ein glänzendes Grün. Ihre rundliche Gestalt macht diese Rose zu einer idealen Beetpflanze, sie eignet sich aber auch als Kübelpflanze. Große, rote Stacheln und ein zarter Duft runden ihre Schönheit ab. **ZONEN 6–10.**
LAFFAY, FRANKREICH, 1825
ELTERN UNBEKANNT

'Leander' AUSlea
(rechts)
STRAUCHROSE, APRICOT+,
ETWAS NACHBLÜHEND

Die auch als Englische Rose bezeichnete 'Leander' besitzt rosabis apricotfarbene Blüten, deren Mitte eine intensivere Färbung aufweisen. Diese öffnen sich flach mit dicht gedrängten, ineinander gefalteten Petalen. Ihr Wuchs ist stark, vor allem in warmen Klimazonen, wo sie anderthalbmal so groß werden kann wie eine durchschnittliche Strauchrose und wo sie oft auch als Kletterrose für Mauern, Zäune oder Säulen dient. Damit 'Leander' genügend Platz zum Ausbreiten hat, muss ihr Standort zuvor genau geplant werden. Die Blüten sind duftend und erscheinen in großen Büscheln auf schlanken Stielen. Im Sommer blüht sie am stärksten, später werden die Blüten spärlicher. Die Pflanze besitzt einen recht offenen Wuchs und glatte, mittelgrüne Blätter.
ZONEN 4–9.
AUSTIN, GROSSBRITANNIEN, 1982
'CHARLES AUSTIN' × SÄMLING

'Leaping Salmon' PEAmight
Syn. 'Emmanuelle'
GROSSBLUMIGE KLETTERROSE, ORANGEROSA, ÖFTER BLÜHEND

Diese Sorte trägt große, gefüllte Blüten in Lachsrosa von klassischer Teehybridenform mit hoher Mitte, die sich symmetrisch öffnen und lange halten, ob an der Pflanze oder als Schnittblume. Angenehmer Duft. Nach dem Hauptblütenflor gibt es eine ständige Folge späterer Blüten den Sommer und Herbst hindurch, die manchmal einzeln, manchmal in Büscheln erscheinen. Diese Rose eignet sich für die meisten Verwendungen, die einer Kletterrose von mittlerer Größe angemessen sind, besonders für Wände und Zäune, wo ihre steifen Triebe sich ausbreiten und ihr festen Halt bieten können, und für Säulen. Sie hat reichlich großes, matt glänzendes Laub. ZONEN 4–9.

PEARCE, GROSSBRITANNIEN, 1983

(['VESPER' × 'ALOHA'] × ['PADDY MCGREDY' × 'MAIGOLD']) × 'PRIMA BALLERINA'

'Léda' *(unten links)*
Syn. 'Painted Damask'
ALTE R., DAMASZENERROSE, WEISS

Diese Rose hat rotbraune Knospen, die beim Aufblühen ein knopfartiges Auge aus kugelförmig nach innen zurückgebogenen, kleinen Petalen freilegt. Die milchig weißen Petalen sind karminrot umsäumt. Die Pflanze hat dunkelgrüne, behaarte, matt glänzende Blätter und wird etwa 1 m hoch; obwohl sie in die Breite wächst, kann man sie leicht in einer kompakten Form halten. Wird nach der Blüte ins alte Holz zurückgeschnitten, so bringt diese winterharte, krankheitsfeste Rose ihre stark duftenden Blüten im späten Frühjahr und erneut im Herbst hervor. Viele betrachten sie deshalb nicht als Damaszenerrose und stufen sie als Portlandrose ein. Weiterhin gibt es auch einen rosafarbenen Sport namens 'Pink Léda'. ZONEN 4–10.

VOR 1827

ELTERN UNBEKANNT

'Legend' JACtop *(unten rechts)*
Syn. 'Top Star'
TEEHYBRIDE, ROT, ÖFTER BLÜHEND

'Legend' hat spitze, pralle Knospen, die sich zu großen Blüten mit etwa 30 Petalen öffnen. Die jungen Blüten haben eine hohe Mitte, werden mit der Zeit jedoch rundlicher, wobei sich die Petalen symmetrisch anordnen. Die Blüten sind leuchtend rot und kommen normalerweise einzeln. Diese Rose eignet sich sowohl zum Schnitt als auch für Beete, Rabatten und als Hecke. Die Blüten sind etwas duftend und erneuern sich den ganzen Sommer und Herbst hindurch. Die Pflanze zeichnet sich durch einen stattlichen, aufrechten und buschigen Wuchs bis in mittlere Höhe aus und trägt matte, dunkelgrüne Blätter. ZONEN 4–9.

WARRINER, USA, 1992

'GRAND MASTERPIECE' × SÄMLING

'Lemon Blush'
SIElemon *(oben)*
STRAUCHROSE, HELLGELB

Diese Rose wurde innerhalb einer Sortenreihe winterharter Rosen gezüchtet; die Zuchtlinie umfasst Alba-Rosen sowie aus *Rosa kordesii* gezogene Formen. Die Blüten sind blassgelb mit cremefarbener Tönung, offen und ziemlich flach mit Dutzenden kleiner, übereinander gefalteter Petalen gefüllt. Diese sind weich strukturiert und süß duftend. Die Sommerblüte ist üppig, doch erneuern sich die Blüten nicht mehr. Die Pflanze hat einen kräftigen, strauchigen Wuchs und bringt längere, aufrechte Triebe hervor, die aufgrund des Gewichts der Stiele und der Blätter überhängen. Sie eignet sich für eine Rabatte inmitten anderer Pflanzen, da sie höher und breiter wächst als durchschnittliche Strauchrosen. Die Pflanze trägt robustes, mittelgrünes Laub. **ZONEN 4–9.**

SIEVERS, DEUTSCHLAND, 1988
ELTERN UNBEKANNT

'Lemon Delight'
(oben rechts)
ZWERGROSE, REIN GELB,
ÖFTER BLÜHEND

Die langen, spitzen und bemoosten Knospen öffnen sich zu wunderschönen, kleinen Blüten, deren 10 Petalen in einem hellen Buttergelb erstrahlen. Die hübschen Blüten besitzen einen starken Zitronenduft Die wuchsfreudige, reich blühende, gesunde Pflanze wächst buschig und aufrecht. Die Farbe ist in den meisten Klimazonen recht beständig, und die Bemoosung fügt darüber hinaus noch einen besonderen Reiz hinzu. **ZONEN 5–11.**

MOORE, USA, 1978
'FAIRY MOSS' × 'GOLDMOSS'

'Lemon Sherbet'
(oben)
TEEHYBRIDE, HELLGELB,
ÖFTER BLÜHEND

Dieser aus einer weißen Rose entstandene Sport weist noch viele weiße Farbanteile auf, wobei die gelbe Färbung mehr auf die Blütenmitte beschränkt ist. Die Blüten entwickeln sich aus prallen Knospen und sind mit etwa 35 Petalen recht groß. Die leicht duftenden Blüten haben eine hohe Mitte und sitzen auf geraden Stielen, die sich gut schneiden lassen und lange halten. Sie machen sich auch im Garten sehr gut, da sich die Blüten im Sommer und Herbst regelmäßig erneuern. Die wuchsfreudige Pflanze wächst aufrecht bis in mittlere Höhe und hat große, lederartige Blätter. **ZONEN 4–9.**

KERN, USA, 1973
SPORT VON 'FLORENCE'

'Lemon Spice' *(oben)*
TEEHYBRIDE, HELLGELB, ÖFTER BLÜHEND

Diese Rose zeichnet sich durch einen fruchtigen, würzigen Duft aus, der oft als „schwer, ungewöhnlich, aber angenehm" beschrieben wird und als Hauptgrund für ihren Anbau gilt. Die elegant zugespitzten Knospen entwickeln sich zu großen, gefüllten Blüten mit hoher Mitte, die mit zunehmender Ausdehnung der Petalen runder werden. Die blassgelben Blüten sind schön geformt, jedoch für die schlanken Stiele oft zu schwer; diese neigen sich dann herab, was den Wert als Garten- und Schnittrose mindert. Die erste Blüte ist sehr üppig, im Sommer und Herbst werden die Blüten mit Unterbrechungen erneuert. 'Lemon Spice' hat einen sich ausbreitenden, knapp mittelhohen Wuchs und trägt dunkle, ledrige Blätter.

ZONEN 4–9.

ARMSTRONG & SWIM, USA, 1966

'HELEN TRAUBEL' × SÄMLING

'Léonardo de Vinci' MEIdeauri
Syn. 'Léonard de Vinci', 'Leonardo da Vinci'
FLORIBUNDA, HELLROSA, ÖFTER BLÜHEND

Diese Sorte gehört zu einer Rosengruppe, die Meilland nach Künstlern und Dichtern benannt hat und „die vom Typus her altmodisch sind, aber zeitgemäße Qualitäten wie Krankheitsfestigkeit und wiederholte Blüte besitzen". Die schwach duftenden Blüten von 'Léonardo de Vinci' sind groß, gut gefüllt und besitzen über 40 Petalen, wobei die mittleren beim Öffnen der Blüten gegeneinander gefaltet sind. Sie erscheinen in Büscheln auf kräftigen Stielen und blühen den ganzen Sommer und Herbst hindurch. Diese wuchsfreudige Rose eignet sich sowohl für Rabatten als auch für Hecken und Beete, hat einen buschigen Wuchs bis in mittlere Höhe und trägt dunkelgrüne, glänzende Blätter.

ZONEN 4–9.

MEILLAND, FRANKREICH, 1994

'SOMMERWIND' × (MEIROSE × 'ROSAMUNDE')

MONZA GOLDMEDAILLE 1993

'Léonie Lamesch'

(rechts)
POLYANTHAROSE, ORANGE+,
ÖFTER BLÜHEND

Die Farbenpracht der 'Leonie Lamesch' ist für eine Rose aus dem 19. Jh. außergewöhnlich. In den Beschreibungen amerikanischer Importeure heißt es über die, Sorte, dass „der Strauch oft zehn unterschiedlich getönte Blüten gleichzeitig trägt, die von Cochenillerot in der Knospe bis zu glühendem, orange getöntem Kupferrot beim Öffnen der Blüten reichen". Die würzig duftenden Blumen sind locker und halb gefüllt, stehen meist in Büscheln mit bis zu 25 Blüten auf langen, elastischen Stielen und zeigen ihre ganze Schönheit, wenn sie sich weit geöffnet haben. 'Leonie Lamesch' blüht den ganzen Sommer und Herbst hindurch. An Stellen, wo sich ein hoch aufgeschossener Wuchs gut macht, lohnt es sicher, diese Polyantharose zu pflanzen. Der wuchsfreudige Strauch wird mittelhoch und trägt dichtes, grünes Laub, das beim Austrieb rötlich getönt ist.
ZONEN 5–9.

LAMBERT, DEUTSCHLAND, 1899
'AGLAIA' × 'KLEINER ALFRED'

'Léontine Gervais'

(rechts)
GROSSBLUMIGE KLETTERROSE,
APRICOT+

Die kupferroten Knospen dieser Rose öffnen sich zu becherförmigen Blüten, die sich später zu halb gefüllten Blüten entwickeln, wobei ihre lachsfarbene und gelbe Tönung im Alter verblasst. Je drei bis zehn der gewaltigen Blüten stehen in Büscheln zusammen. Die Farbmischung der großen, duftenden Blüten ist höchst attraktiv. Das junge Laub ist bronzefarben, doch wird es mit der Zeit dunkel und glänzend. In drei bis vier Jahren wächst sie bis zu 6 m heran, eignet sich besonders für Pergolen, Mauern oder Bäume und verträgt auch etwas Schatten. Eine Nachblüte gibt es jedoch nur in wärmeren Gegenden.
ZONEN 4–10.

BARBIER, FRANKREICH, 1903
ROSA WICHURAIANA × 'SOUVENIR DE CATHERINE GUILLOT'

'Les Amoureux de Peynet' MEItobla
(rechts)
Syn. 'Efekto 21', 'Simply Magic'
FLORIBUNDA, DUNKELROSA, ÖFTER BLÜHEND

Diese Sorte hat einen niedrigen, sich ausbreitenden Wuchs und kann schon fast als Bodendeckerrose beschrieben werden. Sie eignet sich sehr gut für kleine Gärten und Rabatten, wo trotz begrenzten Raumes ein Maximum an Farben gewünscht wird. Sie macht sich jedoch auch in größeren Pflanzungen recht gut. Die halb gefüllten Blüten haben einen warmen rosaroten Farbton, der auf den Unterseiten der Petalen dunkler ist, weshalb die Blüten beim Öffnen einen Zweifarbeneffekt erzielen. Sie sind becherförmig mit leicht gekräuselten Petalrändern, klein bis mittelgroß und duften leicht. Die wuchsfreudige Pflanze wird kaum mittelhoch und trägt glänzende, hellgrüne Blätter. **ZONEN 5–9.**

MEILLAND, FRANKREICH, 1992
ELTERN UNBEKANNT
BAGATELLE GOLDMEDAILLE 1991, ROSE DES JAHRHUNDERTS LYON 1992

'Leverkusen' *(rechts)*
RAMBLERROSE, HELLGELB, ÖFTER BLÜHEND

Die mittelgroßen Blüten dieser Sorte sind halb gefüllt und bilden gut gefüllte Büschel, wenn sie sich zu hellgelben Rosetten öffnen. Die sommerliche Hauptblüte einer 'Leverkusen' ist ein wahrer Augenschmaus, zumal die blassgelbe Farbe der Blüten einen wunderbaren Kontrast zum hellen, glänzend grünen, fein gesägten Laub bildet. Die Blüten haben einen angenehmen, leichten Duft; sie erneuern sich sporadisch bis zum Spätsommer und Herbst. Diese Kletterrose lässt sich leicht auf Bögen, Säulen, Zäunen und Mauern lenken und bringt viele schlanke, überhängende Stiele hervor, die sich gut festbinden lassen. Sie erreicht mit etwa 2,4 m die für eine Kletterrose durchschnittliche Ausdehnung und kann auch ohne Stütze angebaut werden; dann bildet sie einen wuchernden, wirren Strauch, der mehr in die Breite als in die Höhe geht. **ZONEN 4–9.**

KORDES, DEUTSCHLAND, 1954
ROSA KORDESII × 'GOLDEN GLOW'

'Leveson Gower'

(rechts)
Syn. 'Leverson Gower',
'Leweson Gower',
'Souvenir de la
Malmaison Rose'
ALTE R., BOURBONROSE, ORANGE-
ROSA, ETWAS NACHBLÜHEND

Diese Rose wird oft mit der roten Form der 'Souvenir de la Malmaison' verwechselt – weshalb sie wohl auch manchmal unter diesem Namen erscheint. Mit ihren spitzen Knospen, die sich zu gefüllten, becherförmigen, sehr großen Blüten mit rot schattierten, lachsfarbenen Petalen öffnen, sieht sie fast wie eine Teehybride aus. Die duftenden Blüten breiten sich über glattem, hellgrünem Laub aus. Der kräftige Strauch wird bis zu 1,8 m hoch, neigt bei feuchter Witterung zu Mehltau und besitzt einige Stacheln.
ZONEN 5–10.

BÉLUZE, FRANKREICH, 1845
ELTERN UNBEKANNT

'Lichtkönigin Lucia' KORlilub

Syn. 'Lucia', 'Reine Lucia'
STRAUCHROSE, REIN GELB,
ÖFTER BLÜHEND

Ein Kenner beurteilte diese Rose als die „vermutlich am meisten unterschätzte gelbe Züchtung aller Zeiten". Einzelne Büschel aus mehreren, intensiv zitronengelb getönten Blüten auf kräftigen Stielen. Sie sind mittelgroß bis groß, bestehen aus 18 Petalen und öffnen sich flach-schalenförmig, wobei die roten Staubgefäße in der Mitte halb versteckt bleiben. Die Blüten duften angenehm und erneuern sich nach einer üppigen ersten Blüte den ganzen Sommer und Herbst hindurch. 'Lichtkönigin Lucia' eignet sich für gemischte Rabatten, in mildrem Klima kann man die Sorte auch als niedrige Kletterrose an einer Säule emporziehen. Die mittelhohe Pflanze kennzeichnet sich durch einen hohen, aufrechten und reich verzweigten Wuchs und ist krankheitsfest. Die Stiele sind stachelig, die dunkelgrünen Blätter sind gewellt und ziemlich glänzend. ZONEN 4–9.

KORDES, DEUTSCHLAND, 1966
'ZITRONENFALTER' × 'CLIMBING CLÄRE GRAMMERSTORF'
ADR-ROSE 1968

'Liebeszauber' KORmiach *(oben)*
Syn. 'Crimson Spire'
TEEHYBRIDE, ROT, ÖFTER BLÜHEND

Die Blüten dieser Sorte sind recht groß und von einer satten, blutroten Farbe. Sie sind reich blühend und sitzen meist auf einem Stiel. Nach dem Öffnen weisen sie eine hohe Mitte auf, werden dann aber locker becherförmig mit gewellten, sich umschließenden mittleren Petalen, die in allen Stadien attraktiv wirken. Nach dem Verwelken fallen die Petalen säuberlich ab. Sie haben einen merklichen Duft, und nach dem Ende des ersten Flors erneuern sich die Blüten den ganzen Sommer und Herbst hindurch. Die sehr wuchsfreudige Pflanze entwickelt viele Triebe mit einem steifen, aufrechten Wuchs bis in überdurchschnittliche Höhe. Die jungen Blätter sind rötlich getönt, werden aber mit der Zeit zunehmend dunkelgrün. **ZONEN 4–9.**

KORDES, DEUTSCHLAND, 1990
SÄMLING × 'AACHENER DOM'

'Lilac Charm'
FLORIBUNDA, MAUVE, ÖFTER BLÜHEND

Die Blüten sind von attraktiver, blasslila-mauvefarbiger Tönung und zeigen markante, rote Staubgefäße. Die aus etwa 5–8 großen Petalen bestehenden Blüten öffnen sich schalenförmig und wirken für eine Floribundarose recht groß. Sie duften angenehm und blühen kontinuierlich den ganzen Sommer und Herbst hindurch. Obwohl sie schon vor längerer Zeit eingeführt wurde, ist diese Rose immer noch weit verbreitet – vor allem in wärmeren Ländern, wo Kälte und Regen die Lilatönung der Blüten nicht so leicht auswaschen können. Die Rose eignet sich als ungewöhnliche, aber attraktive Begleitung in Beeten und Rabatten sowie als Schnittblume, solange die Blüten noch knospig sind. Die ausladende Pflanze ist nur mäßig wuchsfreudig und bleibt recht niedrig; das Laub ist von mattem Dunkelgrün. **ZONEN 4–9.**

LEGRICE, GROSSBRITANNIEN, 1962
SÄMLING VON 'LAVENDER PINOCCHIO'
GOLDMEDAILLE DER ROYAL NATIONAL ROSE SOCIETY 1961

'Lilac Rose' AUSlilac *(rechts)*
Syn. 'Old Lilac'
STRAUCHROSE, ROSA+, ÖFTER BLÜHEND

Diese Sorte trägt große, lilarosafarbene Blüten mit über 40 Petalen. Blüten in kleinen Büscheln öffnen sich zu großen Rosetten; in feuchter Witterung können sie aber auch im Aufblühen stecken bleiben und Mumien bilden. Sie besitzen einen starken Duft und blühen den ganzen Sommer und Herbst hindurch. Diese Sorte eignet sich für den Rand eines Sträucherbeetes, wobei ihre Farbe z.B. gut mit Alten Gartenrosen harmoniert. Die auch als Englische Rose bezeichnete Pflanze hat einen buschigen, aufrechten Wuchs bis fast in mittlere Höhe und hat olivgrünes, matt glänzendes Laub. **ZONEN 4–9.**
AUSTIN, GROSSBRITANNIEN, 1990
SÄMLING × 'HERO'

'Lilian Austin' AUSli
(rechts)
STRAUCHROSE, ORANGEROSA, ÖFTER BLÜHEND

Die angenehm duftenden Blüten sind groß und mit etwa 30 gekräuselten Petalen von warmer, lachsrosafarbener Tönung gefüllt, die durch weite Öffnung sowohl die Staubgefäße als auch ihre attraktive Färbung zur Geltung bringen. Manchmal erscheinen sie einzeln oder in Büscheln bis zu fünf Stück. Nach der ersten Blüte sprießen im verbleibenden Sommer und Herbst weitere Blüten. Diese Sorte macht sich in Rabatten unter anderen Pflanzen recht gut. Ihr Wuchs ist breit, aber dennoch kompakt und erreicht die für Strauchrosen typische Höhe. In warmen Klimaten werden die Stiele länger und hängen über, hier kann diese Sorte auch als niedrige Kletterrose verwendet werden. Das üppige Laub ist dunkel und matt glänzend. David Austin benannte diese Rose nach seiner Mutter; die Sorte wird auch als Englische Rose bezeichnet. **ZONEN 4–9.**
AUSTIN, GROSSBRITANNIEN, 1973
'ALOHA' × 'THE YEOMAN'

'Lilli Marleen'
KORlima *(rechts)*
Syn. 'Lili Marléne',
'Lilli Marlene'
FLORIBUNDA, ROT,
ÖFTER BLÜHEND

'Lilli Marleen' ist ein gutes Beispiel für einen farbenfrohen Dauerblüher. Die eiförmigen Knospen öffnen sich zu etwas duftenden, mit 25 Petalen gefüllten Blüten von 8 cm Durchmesser. Die im Frühjahr den ganzen Strauch überziehenden, feuerroten Blüten sind von samtigem Glanz und vertragen sowohl heiße als auch kalte Witterung. Sie kommen in kleinen Büscheln aus 10–15 Einzelblüten. Das Laub dieser ziemlich buschigen, untersetzten und schon seit 40 Jahren sehr beliebten Rose ist lederartig und dunkelgrün, aber nicht immer gesund.

'Climbing Lilli Marleen' (PEKlimasar; Syn. 'Grimpant Lilli Marleen', 'Climbing Lili Marlene', 'Climbing Lilli Marlene'; Pekmez, Frankreich 1983) ist eine niedrig bleibende Kletterrose, die sich völlig mit wohlgeformten, lange haltenden roten Blüten überzieht. **ZONEN 5–10.**

KORDES, DEUTSCHLAND, 1959
('OUR PRINCESS' × 'RUDOLPH TIMM') × 'AMA'

ROYAL NATIONAL ROSE SOCIETY
CERTIFICATE OF MERIT 1959,
ADR-ROSE 1960, GOLDENE ROSE
VON DEN HAAG 1966

'Limelight' KORikon
(links unten)
Syn. 'Golden Medaillon'
TEEHYBRIDE, HELLGELB,
ÖFTER BLÜHEND

Die hellgelben Blüten dieser Rose können mit einem sanften Grünton überhaucht sein. Im halb geöffneten Stadium zeigt 'Limelight' die formale Eleganz einer gefüllten Kamelie mit symmetrisch angeordneten, festen Petalen. Die gefüllten Blüten bestehen aus 35 Petalen, haben eine hohe Mitte und sind stark duftend. Das Laub des aufrechten, gut mittelgroßen Strauches ist dunkelgrün und matt glänzend. **ZONEN 5–10.**

KORDES, DEUTSCHLAND, 1984
'PEACH MELBA' × SÄMLING

'Lincoln Cathedral'
GLAnlin *(rechts)*
Syn. 'Sarong'
TEEHYBRIDE, ORANGE+,
ÖFTER BLÜHEND

Die wie 'Winchester Cathedral' und 'Coventry Cathedral' nach englischen Kathedralen benannte 'Lincoln Cathedral' hat gefüllte Blüten mit 30 großen und wohlgeformten Petalen. Die äußeren Petalen sind rosa, die inneren orange mit gelber Rückseite – die Mischung der Farben brachte der Rose ihr Synonym ein. (Der Sarong ist ein gewickelter Rock indonesischer Frauen.) Die buschige Pflanze trägt dunkelgrünes, glänzendes Laub und hat viele rote Stacheln. ZONEN 5–11.

LANGDALE, GROSSBRITANNIEN, 1985
'SILVER JUBILEE' × 'ROYAL DANE'
GOLDMEDAILLE DER ROYAL NATIONAL ROSE SOCIETY 1985

'Linda Campbell'
MORten *(rechts)*
Syn. 'Tall Poppy'
RUGOSA-HYBRIDE, ROT,
ÖFTER BLÜHEND

Als Abkömmling der Kreuzung einer Rugosa-Hybride mit einer Zwergrose weist 'Linda Campbell' einen sehr dichten Wuchs und mittelgroße Blüten auf, die sich sehr schnell erneuern. Die spitzen Knospen sind zunächst rot, verblassen aber später etwas. Die duftlosen, becherförmigen Blüten haben 25 Petalen und stehen dicht gedrängt auf Blütenzweigen mit je 5–20 Blüten. Das Laub ist dunkelgrün und üppig. Diese Sorte ist auch in kalten Gebieten äußerst winterhart und erträgt Temperaturen weit unter dem Gefrierpunkt. ZONEN 4–11.

MOORE, USA, 1990
'ANYTIME' × 'RUGOSA MAGNIFICA'

'Little Darling'
FLORIBUNDA, GELB+, ÖFTER BLÜHEND

'Little Darling' wird als eine der besten Neuzüchtungen der 1950er Jahre angesehen. Die wuchsfreudige, wuchernde Floribundarose zeichnet sich durch dunkelgrünes, krankheitsresistentes Laub aus und bringt lange Blütendolden hervor, diese setzen sich jeweils aus 20–30 lachsrosafarbenen Blüten zusammen, deren Petalenansatz gelb gefärbt ist. Die mittelgroßen, gefüllten Blüten sind wohlgeformt, haben 25 Kelchblätter und verbreiten einen würzigen Duft. **ZONEN 5–10.**

DUEHRSEN, USA, 1956

'CAPTAIN THOMAS' × ('BABY CHÂTEAU' × 'FASHION')

PORTLAND GOLDMEDAILLE 1958, DAVID FUERSTENBERG-PREIS DER ALL-AMERICAN ROSE SOCIETY 1964

'Little Artist'
MACmanly *(oben)*
Syn. 'Top Gear'
ZWERGROSE, ROT+, ÖFTER BLÜHEND

Die Blüten dieser Rose sind von auffallend roter Grundfarbe mit willkürlicher weißer Musterung. Die Blüten sind halb gefüllt mit 15–20 Petalen und für eine Zwergrose ziemlich groß. Die niedrige, breit ausladend wuchernde und krankheitsfeste Pflanze blüht die ganze Saison über und bildet einen Teppich aus unterschiedlich gemusterten Blüten. Mit zunehmendem Alter verfliegt die Musterung jedoch, und die Blütenblätter sind dann nur noch rot. Der ziemlich rund wachsende Strauch eignet sich hervorragend als Kübelpflanze in Rabatten, im Garten oder im Hof. **ZONEN 5–11.**

MCGREDY, NEUSEELAND, 1982

'EYEPAINT' × 'KO'S YELLOW'

'Little Flirt' *(oben)*
ZWERGROSE, ROT+, ÖFTER BLÜHEND

Die duftenden, gefüllten Blüten haben 40 orangerote Petalen, deren Rückseite einen charakteristischen Gelbton und einen goldenen Ansatz aufweisen. Die Rose kommt in Gärten besonders gut zur Geltung. Allerdings weisen die Blüten eine recht lockere Form auf. Die wuchsfreudige, aufrecht wachsende Pflanze trägt hellgrünes Laub. Trotz vieler neuer Farbkombinationen ist diese Rose lange noch nicht aus der Mode. **ZONEN 5–11.**

MOORE, USA, 1961

(ROSA WICHURAIANA × 'FLORADORA') × ('GOLDEN GLOW' × 'ZEE')

'Little Gem' *(rechts)*
Syn. 'Valide'
ALTE R., MOOSROSE, DUNKEL-
ROSA, ETWAS NACHBLÜHEND

Die Knospen dieser Rose sind leicht bemoost. Sie sind entweder einzeln auf kurzen Stielen oder in kleinen Büscheln angeordnet. Die duftenden Blüten öffnen sich mit ihren zahlreichen Petalen vollkommen zu flachen Kissen mit gleichmäßiger rosaroter Farbe. Jede Blüte hat einen Durchmesser von ca. 8 cm. Im Herbst erscheint meistens ein zweiter Flor. Die üppigen Blätter sind ziemlich klein und dunkelgrün. Der kleine, dichte, reich blühende Strauch wird in guten Böden etwa 1,2 m hoch. Seine Triebe haben fast keine Stacheln, sind aber stark borstig bemoost. Diese gute alte Gartenrose darf nicht mit der gleichnamigen modernen Zwergrose verwechselt werden.
ZONEN 4–10.

PAUL, GROSSBRITANNIEN, 1880
ELTERN UNBEKANNT

'Little Girl' *(rechts)*
KLETTERNDE ZWERGROSE,
ORANGEROSA, ÖFTER BLÜHEND

'Little Girl' hat lange, spitze Knospen, die sich zu korall- bis lachsrosafarbenen Blüten öffnen. Die reichlich produzierten, gefüllten Blüten besitzen eine ausgezeichnete Form und Festigkeit und erscheinen zumeist in kleinen Büscheln. Das Laub der kletternden Pflanze ist glänzend und mittelgrün. Ihr Wuchs ähnelt eher dem einer klassischen Säulenrose als dem einer wuchernden Kletterrose. Diese Rose zeichnet sich durch Wuchsfreudigkeit, reiche Blüte, Farbechtheit und leichte Pflege aus. Sie ist fast stachellos. In den USA gehört sie zu den beliebtesten kletternden Zwergrosen.
ZONEN 5–11.

MOORE, USA, 1973
'LITTLE DARLING' × 'WESTMONT'

'Little Opal' SUNpat *(unten)*
ZWERGROSE, HELLROSA, ÖFTER BLÜHEND

Die kleinen Blüten von 'Little Opal' sind blassrosa und mit 15–25 Petalen ziemlich gefüllt. Sie öffnen sich recht schnell und besitzen einen leichten Duft. Neue Blüten treibt sie relativ rasch. Die Pflanze hat einen aufrechten, buschigen Wuchs, trägt kleine mittelgrüne, glänzende Blätter und ist krankheitsfest. **ZONEN 5–10.**

SCHUURMAN, NEUSEELAND, 1992
'WHITE DREAM' × 'DICKY BIRD'

'Little Jackie' SAVor *(oben)*
ZWERGROSE, ORANGE+, ÖFTER BLÜHEND

Die Petalen dieser preisgekrönten Rose sind hellorangerot mit einer gelben Rückseite. Die Blüten sind gefüllt mit mehr als 20 Petalen und besitzen eine herausragende Edelrosenform. Sie blüht in den meisten Klimaten gut nach. Das Laub glänzt matt, mittelgrün und ist anfällig für Mehltau. Die wuchsfreudige Pflanze hat einen aufrechten Wuchs und trägt auffallend dichtes Laub. 1991 sorgte 'Little Jackie' auf der ersten britischen Zwergrosenshow der Royal National Rose Society im englischen St. Albans für eine Sensation, als ein Exemplar mit über 100 Blüten mit der neu eingeführten International Ralph Moore Trophy ausgezeichnet wurde. **ZONEN 5–11.**

SAVILLE, USA, 1982
('PROMINENT' × 'SHERI ANNE') × 'GLENFIDDICH'
AMERICAN ROSE SOCIETY AWARD OF EXCELLENCE 1984

'Liverpool Echo'

(rechts)
Syn. 'Liverpool'
FLORIBUNDA, ORANGEROSA,
ÖFTER BLÜHEND

Die langen Blütenrispen hat 'Liverpool Echo' von ihrer Elternsorte 'Little Darling' geerbt. Die lachsrosafarbenen Blüten sind mit 25 extrem festen Petalen gefüllt, haben eine gute Edelrosenform und werden bis zu 10 cm breit. Da sehr groß und buschig, kann man sie auch als Strauchrose einsetzen. Die üppig wachsenden, großen Blätter sind hellgrün und reichen sehr nahe an die Blüten heran. Im Frühling fällt der erste Blütenflor außerordentlich reichlich aus, und auch die Nachblüte ist gut.
ZONEN 5–10.

MCGREDY, GROSSBRITANNIEN, 1971

('LITTLE DARLING' × 'GOLDILOCKS') × 'MÜNCHEN'

PORTLAND GOLDMEDAILLE 1979

'Liverpool Remembers' FRYstar

Syn. 'Beauty Star'
TEEHYBRIDE, ORANGEROT,
ÖFTER BLÜHEND

Die großen Blüten dieser Rose besitzen 40 Petalen in glühendem Zinnoberrot und stehen meist einzeln auf sehr langen Stielen. Die Pflanze trägt mittelgrünes, glänzendes Laub, viele Stacheln und ist extrem hoch. Sie wächst aufrecht, wobei sie schon fast einen kletternden Wuchs zeigt. Diese Rose ist für die Rückseite von Rabatten geeignet. Die langen Stiele bilden einen zusätzlichen Kontrast zur auffälligen Färbung. ZONEN 5–10.

FRYER, GROSSBRITANNIEN, 1990

'CORSO' × SÄMLING

BELFAST CERTIFICATE OF MERIT 1992

'Living Fire'

(unten)
FLORIBUNDA, ORANGE+,
ÖFTER BLÜHEND

Ihren Namen trägt diese Rose aufgrund ihrer orangeroten Färbung zu Recht. Die rosettenförmigen, mittelgroßen Blüten sind mit 35 Petalen gefüllt. Sie duften (was für eine Rose dieser Farbe ungewöhnlich ist) und erscheinen einzeln und in kleinen Büscheln. Der mäßig große Strauch ist mit dunkelgrünem Laub ausgestattet, das sehr gut zu den Blüten passt. Sie blüht fortlaufend, und die ganze Pflanze ist krankheitsfest. 'Living Fire' ist dort eine gute Wahl, wo leuchtende Farben gewünscht sind.
ZONEN 5–11.

GREGORY, GROSSBRITANNIEN, 1973

'SUPER STAR' × SÄMLING

ROYAL NATIONAL ROSE SOCIETY CERTIFICATE OF MERIT 1973

'Lolita' KORlita, LITakor
(rechts)
TEEHYBRIDE, APRICOT+, ÖFTER BLÜHEND

Die weiche, apricotbronzefarbene Tönung dieser stark duftenden Rose ist einmalig. Die sehr großen, gefüllten Blüten mit 30 Petalen entwickeln eine geviertelte Mitte, ähnlich einer Pfingstrose. Die großen, eiförmigen Knospen stehen auf sehr langen Stielen mit großen, bronzegrünen Blättern, die mit zunehmendem Alter mittelgrün werden. Dank der langen Stiele eignet sich 'Lolita' sehr gut als Schnittblume, die sich zudem lange hält. Für eine Beetrose wird sie zu groß, eignet sich daher aber für eine hohe Hecke oder für den hinteren Bereich einer Rabatte. Die Pflanze ist krankheitsfest, kann aber in kalten Wintern Schaden nehmen. ZONEN 5–10.

KORDES, DEUTSCHLAND, 1972
'KÖNIGIN DER ROSEN' × SÄMLING
ADR-ROSE 1973

'Long John Silver'
(rechts)
GROSSBLUMIGE KLETTERROSE, WEISS

Diese einmal blühende Kletterrose ist ein Abkömmling der kälte- und krankheitsfesten, spät blühenden *Rosa setigera*. Sie trägt große, weiße, becherförmige und lang haltbare, duftende Blüten, die oft erst Anfang Juli erscheinen. Diese kommen in Büscheln und sind extrem gefüllt mit einer krausen Mitte, ähnlich einer alten Zentifolie. Die wuchsfreudige Pflanze trägt sehr große, ledrige Blätter. Nach einer sehr reichen Blüte im Sommer kann sie noch vereinzelte Blüten im Herbst hervorbringen. Diese Rose eignet sich für den Bewuchs von Pergolen und Bäumen. ZONEN 4–10.

HORVATH, USA, 1934
SÄMLING VON *ROSA SETIGERA* × 'SUNBURST'

'Lord Gold' DELgold

(oben)
TEEHYBRIDE, DUNKELGELB,
ÖFTER BLÜHEND

'Lord Gold', eine gute Beetrose, sorgt für einen kontinuierlichen Flor von wohlgeformten, gelben und mit 25–30 Petalen gefüllten Blüten. Die sowohl einzeln als auch in Büscheln auftretenden Blüten verströmen einen leichten Duft. Der kräftige Strauch wird mittelgroß bis groß und trägt gesundes dunkelgrünes Laub.
ZONEN 5–10.

DELBARD, FRANKREICH, 1980

ELTERN UNBEKANNT

'Lord Penzance'

(rechts)
ALTE R., RUBIGINOSA-HYBRIDE,
GELB+

Mit dieser attraktiven, im Sommer blühenden Rose hat sich der Züchter vieler Rubiginosa-Hybriden ein Denkmal gesetzt. Die anmutigen, einfachen, rosig gelben Petalen umrahmen die attraktiven gelben Staubgefäße. Sowohl die Blüten als auch die kleinen dunklen Blätter duften nach Äpfeln, und im Herbst entwickeln sich hellrote Hagebutten. Der wuchsfreudige Strauch gedeiht in mageren Böden und ist eine gute Wahl für Landschaftsgärten oder als Hecke. Er neigt jedoch zu Sternrußtau.
ZONEN 5–10.

PENZANCE, GROSSBRITANNIEN, 1894

ROSA RUBIGINOSA × 'HARISON'S YELLOW'

'Lordly Oberon'

AUSron *(unten)*
STRAUCHROSE, HELLROSA,
ÖFTER BLÜHEND

Die Blüten dieser Rose sind stark gefüllt, becherförmig, groß und sehr stark duftend. In Farbe und Form ist sie ihrer Elternsorte 'Chaucer' ähnlich, doch ist 'Chaucer' ein niedriger, untersetzter Strauch während 'Lordly Oberon' sehr hoch wird und einen beinahe kletternden Wuchs aufweist. Die Blüten stehen auf langen, überhängenden Trieben und erblühen später im Juni als die meisten anderen Strauchrosen. Die aufrechte, krankheitsfeste Pflanze trägt üppige große, matte, mittelgrüne Blätter. In warmen Klimaten eignet sie sich gut als Kaskadenrose, kann aber auch an einer Säule oder Pyramide hochgezogen werden. 'Lordly Oberon' ist eine öfter blühende Rose, wobei die Nachblüte wegen der langen Triebe lange dauert. Ihre Blüten sind hervorragend zum Schnitt geeignet. **ZONEN 4–10.**

AUSTIN, GROSSBRITANNIEN, 1982
'CHAUCER' × SÄMLING

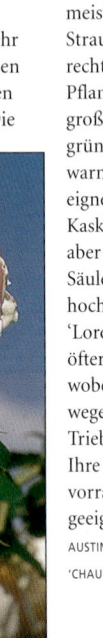

'L'Oréal Trophy'

HARlexis *(ganz unten)*
Syn. 'Alexis'
TEEHYBRIDE, ORANGE+,
ÖFTER BLÜHEND

Als Sport von 'Alexander' teilt 'L'Oréal Trophy' die Eigenschaften dieser Rose – außer der Farbe, einem leuchtenden, rötlichen Lachston mit orangefarbenem Überzug. Die mittelgroßen, gefüllten Blüten haben einen leichten Duft und beeindrucken vor allem bei kühler Witterung, wenn sie sich auf langen Stielen zu lange blühenden Blüten mit hoher Mitte öffnen. Bei wärmerem Wetter explodieren sie förmlich und entwickeln dabei ausgefranste Petalen. Den Sommer und Herbst hindurch viele Blüten, die sich kurz nach dem Öffnen der Kelchblätter gut zum Schnitt eignen. Die Pflanze empfiehlt sich für hohe Hecken oder für Beete, macht aber auch in Rabatten eine gute Figur. Wuchsfreudig, aufrecht und reich verzweigt bei überdurchschnittlicher Größe. Ihre Blätter sind dunkelgrün und glänzend. **ZONEN 4–9.**

HARKNESS, GROSSBRITANNIEN, 1982
SPORT VON 'ALEXANDER'

BAGATELLE GOLDMEDAILLE 1982,
ROYAL NATIONAL ROSE SOCIETY
CERTIFICATE OF MERIT 1982,
BELFAST GOLDMEDAILLE 1984,
COURTRAI GOLDENE ROSE 1986

'Lorraine Lee' *(rechts)*
ALTE R., TEEROSE, ROSA+, ETWAS NACHBLÜHEND

Diese Rose ist eine *Rosa-gigantea*-Hybride der zweiten Generation und zählt zu den bekanntesten Rosen Australiens. Ihre spitzen Knospen öffnen sich zu gefüllten, becherförmigen, rosig apricotfarbenen Blüten, die duften und vom Frühjahr bis zum ersten Herbstfrost blühen. Das Laub ist von sattem Grün und hat eine ledrige Beschaffenheit. Der wuchsfreudige Strauch kann in zwei Jahren schon über 2 m hoch werden; man kann ihn auch als Hecke verwenden. Die australischen Rosenliebhaber vergaben dieser Rose den höchsten Preis ihres Landes: die Dean-Hole-Medaille der Royal National Rose Society. **'Climbing Lorraine Lee'** (Mc-Kay, 1932) ist in jeder Hinsicht mit ihrer Elternpflanze identisch – mit der einzigen Ausnahme, dass sie in drei Jahren eine Höhe von 5 m erreicht. **ZONEN 5–10.**

CLARK, AUSTRALIEN, 1924
'JESSIE CLARK' × 'CAPITAINE MILLET'

'L'Ouche' *(rechts)*
ALTE R., CHINAROSE, ROSA+/HELLROSA, ETWAS NACHBLÜHEND

Diese Rose hat gefüllte, erstklassig becherförmige Blüten, die aus großen, dicht gefüllten, kegelförmigen Knospen hervorgehen. Die Blüten sind rosé, manchmal gelb getönt, haben dünne Petalen und gelbe Staubgefäße; meist erscheinen sie während ihrer langen Blütezeit in Büscheln. Der 1,2 m hohe Strauch ist dickholzig, verzweigt und besitzt eine kompakte, aufrechte Form. Das dunkelgrüne, dicke Laub ist bronzefarben getönt. **ZONEN 5–10.**

BUATOIS, FRANKREICH, 1901
ELTERN UNBEKANNT

'Louis de Funès' MEIrestif *(oben)*
Syn. 'Charleston 88'

TEEHYBRIDE, ORANGE+, ÖFTER BLÜHEND

Diese Rose bringt intensiv apricotfarben-orange Blütenblätter mit kadmiumgelber Rückseite hervor. Die Blüten sind mit 15–25 Petalen gut gefüllt und öffnen sich schnell aus langen, eleganten Knospen. Der kräftige, aufrecht wachsende Strauch trägt üppiges, sehr dunkles und glänzendes Laub. **ZONEN 5–10.**

MEILLAND, FRANKREICH, 1987

('AMBASSADOR' × 'WHISKY') × ('ARTHUR BELL' × 'KABUKI')

GENF UND MONZA GOLDMEDAILLE 1983

'Louis XIV' *(oben)*
ALTE R., CHINAROSE, DUNKELROT, ETWAS NACHBLÜHEND

Diese zur Glanzzeit der Chinarosen in Frankreich gezüchtete Rose ist seit ihrer Einführung im Handel. Sie benötigt warmes Klima und viel Sonne, was eigentlich gut zu ihrem Namen passt, da sie nach dem „Sonnenkönig" (1638–1715) benannt ist. Die stark duftenden, dunkelkarminroten, gefüllten Blüten mit 25 Petalen sind kugelförmig und mittelgroß. In der warmen Sonne neigen sie sich und nehmen ein rötliches Kastanienbraun an. Das Laub der kompakten Pflanze ist recht spärlich.
ZONEN 5–10.

GUILLOT, FRANKREICH, 1859

VERMUTLICH EIN SÄMLING VON 'GÉNÉRAL JACQUEMINOT'

'Louis Gimard'
(oben)

ALTE ROSE, MOOSROSE, ROSA

In dichten Büscheln angeordnete Blüten erscheinen in der Mitte des Sommers aus großen, bemoosten Knospen. Sie sind sehr dicht gefüllt und erreichen einen Durchmesser von etwa 8 cm. Die duftenden Blüten sind intensiv kirschrot, magenta und rosa gezeichnet und aufgehellt. Ein robuster Strauch, dessen Triebe mit purpurfarbenen moosartigen Stoppeln bedeckt sind. Dunkelgrüne Blätter.

ZONEN 5–10.

PERNET, FRANKREICH, 1877
ELTERN UNBEKANNT

'Louise d'Arzens'
(unten)

ALTE R., NOISETTEROSE, WEISS, ETWAS NACHBLÜHEND

Dieser in letzter Zeit wieder an Beliebtheit zunehmende, anspruchslose Climber entwickelt attraktive, creme-rosafarbene Knospen, die sich zu gefüllten, mittelgroßen cremeweißen Blüten öffnen, die sogar bei der Nachblüte leicht duften. Der robuste Strauch trägt glänzendes, hellgrünes Laub und kann innerhalb weniger Jahre bis zu 3 m hoch werden.

ZONEN 5–10.

LACHARME, FRANKREICH, 1861
ELTERN UNBEKANNT

'Louise Odier' *(oben)*
Syn. 'Mme de Stella'
ALTE R., BOURBONROSE, DUNKELROSA, ETWAS NACHBLÜHEND

Wegen ihrer verlässlichen Nachblüte war diese Rose sehr lange begehrt. Die runden Knospen öffnen sich auf langen Stielen zu großen, dicht gefüllten Blüten in warmem Rosa – mit einer für Bourbonrosen perfekten Form: zunächst becherförmig, später flach und rund. Die krausen inneren Petalen sind lavendelfarbig getönt. Diese Sorte zählt zu den sehr reich blühenden Alten Gartenrosen. Die überhängenden Triebe sind mit weichen, olivgrünen Blättern und kastanienbraunen Stacheln besetzt. Unbeschnitten kann diese Rose als Climber verwendet werden, doch besser eignet sie sich als Beimischung in Rabatten. Sie verträgt etwas Schatten, wegen ihres Duftes ist sie eine ausgezeichnete Schnittblume. **ZONEN 4–10.**

MARGOTTIN, FRANKREICH, 1851
SÄMLING VON 'EMILE COURTIER'

'Love' JACtwin
TEEHYBRIDE, ROT+, ÖFTER BLÜHEND

'Love' bringt recht plumpe Knospen hervor, die sich zu gefüllten Blüten mit 40 oder mehr dicht gedrängten, dunkelkirschroten Petalen mit silbrig weißer Rückseite öffnen, welche langsam eine schöne, glanzvoll haltbare Blütenform ausbilden. 'Love' ist einigermaßen blühwillig und krankheitsfest, mit einem aufrechten, gedrungenen Wuchs und vielen langen Stacheln. **ZONEN 5–10.**

WARRINER, USA, 1980
SÄMLING × 'REDGOLD'
ALL-AMERICAN ROSE SELECTION 1980, PORTLAND GOLDMEDAILLE 1980

'Love Potion' JACsedi *(oben)*
Syn. 'Purple Puff'
FLORIBUNDA, MAUVE, ÖFTER BLÜHEND

'Love Potion' bringt zahlreiche große, aus 30–40 Petalen bestehende, lavendelfarbene Blüten hervor, die stark duften und in kleinen Büscheln stehen. Der breitwüchsige Strauch trägt dunkelgrünes, glänzendes Laub und hat wenig Stacheln. 'Love Potion' eignet sich gut für kleine Beete und Rabatten sowie als Zimmerschmuck, da die Blüten auch nach dem Schnitt lange halten. **ZONEN 5–10.**

CHRISTENSEN, USA, 1995

SÄMLING × 'DILLY DILLY'

'Lovely Fairy' SPEvu
POLYANTHAROSE, DUNKELROSA, ÖFTER BLÜHEND

'Lovely Fairy' ist ein Sport von 'Fairy' in dunklem Rosa – mit demselben Wuchs und großen Büscheln mit kleinen, gefüllten Blüten. Sie ist eine ideale Rose für wärmere Gegenden, wo sich die Farbe der dunkleren Blüten besser hält. Aufgrund ihrer Herkunft erblüht diese Sorte später im Sommer als die meisten anderen, dann jedoch kontinuierlich den restlichen Sommer und Herbst bis zum Winteranfang hindurch. Das Laub ist glänzend, mittelgrün und gesund. Diese Rose ist eine ideale Hochstammrose, eignet sich für niedrige Hecken und als Kaskadenbewuchs von Steinen, Mauern und Böschungen. **ZONEN 5–10.**

SPEK, NIEDERLANDE, 1990

SPORT VON 'FAIRY'

'Lovely Lady' DICjubell *(oben)*
Syn. 'Dickson's Jubilee'
TEEHYBRIDE, REIN ROSA, ÖFTER BLÜHEND

Die gefüllten Blüten dieser Rose entwickeln sich langsam aus großen, eiförmigen Knospen zu wohlgeformten, duftenden Blüten mit 35 Petalen. Ihre Farbe ist ein höchst attraktives und anhaltendes, reines Rosa mit korallrosafarbener Tönung. Sie eignen sich gut zum Schnitt. 'Lovely Lady' ist eine gute Beet- und eine ausgezeichnete Hochstammrose. Das glänzende, sattgrüne Laub ist besonders gesund und legt sich dicht über den kompakten Strauch. **ZONEN 5–10.**

DICKSON, GROSSBRITANNIEN, 1986

'SILVER JUBILEE' × ('EUROROSE' × 'ANABELLE')

ROYAL NATIONAL ROSE SOCIETY CERTIFICATE OF MERIT 1983, BELFAST GOLDMEDAILLE 1988, ROYAL HORTICULTURAL SOCIETY AWARD OF GARDEN MERIT 1993, DEN HAAG SILBERMEDAILLE 1998

'Lovers' Meeting'
TEEHYBRIDE, ORANGE+, ÖFTER BLÜHEND

Die langen, spitzen Knospen dieser Rose öffnen sich ziemlich schnell zu gefüllten Blüten mit 25 hellorangefarbenen Petalen. Die duftenden Blüten stehen einzeln und in Büscheln. Der Strauch wird mittelgroß und wächst aufrecht; die Blätter sind im Austrieb bronzefarben. Die Pflanze ist ziemlich krankheitsfest, und die Blüten halten ihre Farbe gut. Es ist eine ideale Rose für Beete, die mit leuchtenden Farben bestechen sollen. **ZONEN 5–10.**

GANDY, GROSSBRITANNIEN, 1980

SÄMLING × 'EGYPTIAN TREASURE'

ROYAL NATIONAL ROSE SOCIETY TRIAL GROUND CERTIFICATE 1982

'Loving Memory'

KORgund 81 *(oben)*
Syn. 'Burgund 81', 'Red Cedar'
TEEHYBRIDE, ROT, ÖFTER BLÜHEND

Diese Rose zählt zu den besten erhältlichen Garten- und Ausstellungsrosen. Die hohe Pflanze bildet lange Stiele mit großen, matt glänzenden, sattgrünen, üppig wachsenden Blättern. Die wohlgeformten Knospen öffnen sich langsam zu riesigen, gut gefüllten Blüten mit 40 ebenmäßig angeordneten Petalen. Die Blüten haben eine hohe Mitte, mittelstarken Duft und sind sehr krankheitsfest. Für Beete ist der Strauch eher zu groß, eignet sich aber hervorragend für den hinteren Rabattenbereich und kann auch als sehr hohe Hecke verwendet werden. In Deutschland ist diese Sorte unter der Bezeichnung 'Burgund 81' im Handel.
ZONEN 5–10.

KORDES, DEUTSCHLAND, 1981
SÄMLING × SÄMLING VON 'RED PLANET'

'Loving Touch'

(rechts)
ZWERGROSE, APRICOT+, ÖFTER BLÜHEND

Die gefüllten, duftenden Blüten haben 25 Petalen, die in kühlerem Klima ein dunkles Apricot, in wärmerem Klima ein helleres Apricot zeigen. Die großen Blüten haben eine hohe Mitte und stehen in Büscheln von 3–5 auf einem Trieb. Der rund gewachsene und krankheitsfeste Strauch ist mit attraktivem Laub besetzt. Die Blüten auf der pflegeleichten Pflanze erneuern sich schnell. ZONEN 5–11.

JOLLY, USA, 1983
'RISE 'N' SHINE' × 'FIRST PRIZE'
AMERICAN ROSE SOCIETY AWARD OF EXCELLENCE 1985

'Lucetta' AUSemi

(oben)
Syn. 'English Apricot'
STRAUCHROSE, APRICOT+,
ÖFTER BLÜHEND

Diese elegante Rose hat einen überhängenden Wuchs mit großen, glatten und sehr gesunden Blättern. Die schalenförmigen, 12 cm großen Blüten öffnen sich zu flachen, lockeren und halb gefüllten Blüten. Die rosafarbenen Knospen gehen langsam auf und duften stark.
ZONEN 4–10.
AUSTIN, GROSSBRITANNIEN, 1983
ELTERN UNBEKANNT

'Lutin' *(rechts)*
Syn. 'Rosy Gem'
ZWERGROSE, DUNKELROSA,
ÖFTER BLÜHEND

Die wohlgeformten Blüten dieser hübschen, überdurchschnittlich blühwilligen Zwergrose sitzen in kleinen, dichten Büscheln und bestehen aus 60 spitz zulaufenden Petalen. Sie erneuern sich schnell. Die krankheitsfeste Pflanze erreicht eine Höhe von 35 cm und eignet sich daher nicht nur hervorragend für niedrige Rabatten, sondern auch als Kübelpflanze.
ZONEN 5–10.
ZÜCHTER UNBEKANNT, 1971;
MEILLAND, FRANKREICH, 1973
SPORT VON 'SCARLET GEM'

'Lyda Rose' LETlyda *(oben)*
STRAUCHROSE, WEISS+

'Lyda Rose' hat einfache, 6 cm breite weiße Blüten mit zart rosafarbenen Rändern. Sie erscheinen in großen Dolden, die an Apfelblüten erinnern, und besitzen einen sehr starken Duft. Die breitwüchsige Pflanze ist gesund und trägt sattgrünes Laub. Sie blüht selbst im Halbschatten sehr gut und eignet sich als buschige, reich blühende Hecke. Diese Rose ist eine Züchtung von Kleine Lettunich, ebenso wie die Sorte 'Mateos Pink Butterflies'.
ZONEN 5–10.

LETTUNICH, USA, 1994

SÄMLING VON 'FRANCIS E. LESTER'

'Lydia'
TEEHYBRIDE, DUNKELGELB, ÖFTER BLÜHEND

Es gibt drei Rosensorten namens 'Lydia': eine von 1933, eine von 1973 und diese aus dem Jahr 1949 – die vermutlich langlebigste von ihnen. Die langen, spitzen Knospen öffnen sich zu intensiv safrangelben Blüten mit hoher Mitte. Sie sind mittelgroß, dicht gefüllt und reich blühend. Der wuchsfreudige Strauch trägt dunkelgrünes, ledriges, glänzendes Laub. **ZONEN 5–10.**

ROBINSON, GROSSBRITANNIEN, 1949

'PHYLLIS GOLD' × SÄMLING

'Lykkefund' *(rechts)*
RAMBLERROSE, WEISS+

Dieser dänische Rambler bildet riesige, duftende Dolden mit halb gefüllten Blüten während der einzigen Blüte im Hochsommer. Die mittelgroßen Blüten sind cremegelb mit dunklerer Mitte und rosafarbener Tönung; in der Sonne verblassen sie zu Weiß. Die attraktiven Staubgefäße sind orangegelb. Die kleinen, glänzenden, dunklen Blätter sind bronzefarben gerändert. Der frostharte Strauch kann mit seinen 5 m langen Trieben Pergolen, Bäume oder Zäune überwuchern. **ZONEN 5–10.**

OLESEN, DÄNEMARK, 1930

SÄMLING VON *ROSA HELENAE* × 'ZÉPHIRINE DROUHIN'

'Lyon Rose' *(oben)*
Syn. 'Lyon's Rose'
TEEHYBRIDE, ORANGEROSA, ÖFTER BLÜHEND

'Lyon Rose' ist von großer historischer Bedeutung, da sie zu den Pernetiana-Rosen zählt, die aus *Rosa foetida persiana* gezüchtet wurden – der Ausgangsrose aller intensiv gelben, hellroten und zweifarbigen Sorten unserer Zeit. Sie hat kaum strukturierte, rosafarbene Blüten mit korallroter und zur Mitte hin gelber Tönung. Diese sind gefüllt mit 45 Petalen, groß und stark duftend. Der Busch ist ziemlich niedrig, sehr ausladend und mit eher spärlichem, mattem, blassgrünem Laub besetzt. **ZONEN 5–10.**

PERNET-DUCHER, FRANKREICH, 1907

'MME MÉLANIE SOUPERT' × SÄMLING VON 'SOLEIL D'OR'

BAGATELLE GOLDMEDAILLE 1909

'Ma Perkins' *(rechts)*
FLORIBUNDA, ROSA+, ÖFTER BLÜHEND

'Ma Perkins' hat ihre becherförmigen Blüten mit den nach innen gebogenen mittleren Blütenblättern von 'Red Radiance' und ihr Perlmuttrosa von 'Fashion' erhalten. Die duftenden Blüten sind gefüllt und bis zu 9 cm groß. Sie sind offen und bestechen durch ihre klare, rosa- bis lachsfarbene Tönung. Ungeschnitten wie auch in der Vase sind sie lange haltbar. Das Laub der großen, wuchsfreudigen Pflanze ist intensiv grün und glänzend. David Austin erkannte das Potenzial dieser Blüten und brachte sie in die Züchtung seiner 'Wife of Bath' ein, die er dann für die Zucht weiterer Sorten eingesetzt hat. **ZONEN 5–10.**

BOERNER, USA, 1952

'RED RADIANCE' × 'FASHION'

NATIONAL ROSE SOCIETY CERTIFICATE OF MERIT 1952, ALL-AMERICAN ROSE SELECTION 1953

'McGredy's Yellow' *(rechts)*
TEEHYBRIDE, REIN GELB, ÖFTER BLÜHEND

Die langen, spitzen Knospen öffnen sich zu großen, becherförmigen, mit 30 Petalen gefüllten Blüten. Die leicht duftenden Blüten sind von klarem Gelb – die moderne Beetrose 'Elina' hat einen ähnlichen Farbton. Das Laub der wuchsfreudigen, sehr reichlich blühenden Pflanze ist glänzend und nach dem Austrieb bronzefarben, wird mit der Zeit jedoch mittelgrün. In wärmeren Gebieten blüht diese Teehybride bis in den Winter hinein. Sehr wuchsfreudig, bisweilen kann Mehltau auftreten.

'**Climbing McGredy's Yellow**' (Western Rose Co., USA, 1937) ist eine besonders stark kletternde Rose mit üppig wachsenden, großen, grünen Blättern und dicken, stacheligen Trieben. Im Juni sehr viele Blüten, v.a. wenn die Triebe rechtzeitig in eine horizontale Lage zurückgebunden wurden. **ZONEN 5–10.**

MCGREDY, GROSSBRITANNIEN, 1933

'MRS CHARLES LAMPLOUGH' × ('THE QUEEN ALEXANDRA ROSE' × 'J. B. CLARK')

GOLDMEDAILLE DER NATIONAL ROSE SOCIETY 1930, PORTLAND GOLDMEDAILLE 1956

'Madam President'
(rechts)
Syn. 'Madame President'
FLORIBUNDA, ROSA+,
ÖFTER BLÜHEND

Die wunderschön geformten Knospen öffnen sich langsam zu stark gefüllten Blüten mit kamelienartiger Perfektion und 30 Petalen in zartem Rosarot mit cremefarbigem Blütengrund. Die etwas duftenden Blüten behalten ihre Form und Farbe gut; sie stehen einzeln oder in kleinen Büscheln auf einem mäßig großen Busch, der die Blüte besonders rasch erneuert. Die üppigen Blätter sind klein und dunkelgrün. Trotz guter Krankheitsfestigkeit neigt die Pflanze bisweilen zu Sternrußtau. Die Rose eignet sich hervorragend zum Schnitt; sie ist aber wegen ihrer buschigen Art auch eine ausgezeichnete Hochstammrose. Sie wird allerdings fast nur in Neuseeland und Australien gepflanzt.
ZONEN 5–10.

MCGREDY, NEUSEELAND, 1975
SÄMLING × 'HÄNDEL'

'Mme Abel Chatenay' *(rechts)*
TEEHYBRIDE, ROSA+,
ÖFTER BLÜHEND

'Mme Abel Chatenay' ist schon über 100 Jahre alt und zählt immer noch zu den beliebtesten frühen Teehybriden. Mit der Teerose 'Doctor Grill' sowie einer Remontantrose als Elternsorten könnte sie auch als Teerose klassifiziert werden. Die blass rosafarbenen, spitzen Knospen öffnen sich zu duftenden gefüllten, blass rosafarbenen Blüten mit intensiv gefärbter Mitte und einem kräftigen Karminrosa auf der Rückseite der Blütenblätter. Das Laub ist im Austrieb bronzefarben und wird mit der Zeit grün. Überraschenderweise wurde diese wundervolle Rose niemals in ihrer Gesamtheit mit einem Preis bedacht; lediglich die britische National Rose Society verlieh ihr 1895 eine anerkennende Auszeichnung ihrer Blütenqualitäten. **'Climbing Mme Abel Chatenay'** (Page, Großbritannien, 1917) zählt noch heute zu den besten aller rosafarbenen, öfter blühenden Kletterrosen.
ZONEN 5–10.

PERNET-DUCHER, FRANKREICH, 1895

'DOCTOR GRILL' ×
'VICTOR VERDIER'

'Mme Alfred Carrière' *(rechts)*
ALTE R., NOISETTEROSE, WEISS, ETWAS NACHBLÜHEND

Dieser für seine Gesundheit bekannte, wuchernde Climber entfaltet seine blassen, leicht rosa getönten weißen Blüten mit zuverlässiger Beständigkeit über einen langen Zeitraum hinweg. Die gekräuselten mittleren Blütenblätter sind im Blütengrund gelblich. Der Duft der großen, vollen, kugelförmigen Blüten ist teeartig. Die blassgrünen Blätter haben gesägte Ränder, und die biegsamen Triebe lassen sich leicht an Zäunen, Mauern oder Pergolen ziehen. Die Pflanze verträgt Halbschatten und lässt sich leicht durch Stecklinge vermehren. **ZONEN 4–10.**

SCHWARTZ, FRANKREICH, 1879

ELTERN UNBEKANNT

ROYAL HORTICULTURAL SOCIETY AWARD OF GARDEN MERIT 1993

'Mme Alice Garnier' *(rechts)*
Syn. 'Brownlow Hill Rambler'
RAMBLERROSE, ROSA+

Diese wuchernde Ramblerrose trägt viele Rispen mit offenen, hell rosafarbenen Blüten mit gelblicher Mitte. Die Blüten sitzen auf langen, schlanken Trieben; ihre flachen Rosetten aus gekräuselten und gevierteilten Petalen verströmen einen starken Apfelduft. Die Pflanze wird 4,5 m groß und trägt üppiges Laub aus kleinen, dunkelgrün glänzenden Blättern, die im Austrieb bronzefarben sind. Diese Sorte eignet sich für magere Böden und verträgt Halbschatten. **ZONEN 5–10.**

FAUQUE, FRANKREICH, 1906

ROSA WICHURAIANA × 'MME CHARLES'

'Mme Antoine Mari' *(oben)*
ALTE R., TEEROSE, ROSA+, ETWAS NACHBLÜHEND

Die kamelienartigen Blüten sind von rosigem Lila, manchmal weisen sie cremeweiße Streifen auf. Die krausen Petalen bilden große wohlgeformte, duftende Blüten mit dichter Füllung. Die Knospen sind später im Jahr besonders hübsch. Die schmucke Pflanze eignet sich für Kübel oder zum Ziehen an einer warmen Mauer. Ihre pflaumenfarbigen Triebe tragen hellgrüne Blätter und sind mit Stacheln besetzt. Am besten gedeiht die Pflanze an einem sonnigen, geschützten Standort.
ZONEN 6–11.

MARI, FRANKREICH, 1901
ELTERN UNBEKANNT

'Mme Bérard'
ALTE R., KLETTERNDE TEEROSE, ORANGE+, ÖFTER BLÜHEND

Diese gelblich lachsrosafarbene Rose sieht der 'Gloire de Dijon' sehr ähnlich. Die großen, gefüllten Blüten sind becherförmig, wobei sich die Petalen aufrollen und eine verwirbelte Mitte freilegen. In praller Sonne verblassen die Blüten zu Rosa und Gelb. Sie blühen vom Juni bis zum ersten Frost. Manche Experten betrachten diese duftende Rose als eine der besten kletternden Teerosen. Die mit dunkelgrünem Laub besetzte Pflanze wird bis zu 3 m hoch und breit. Sie ist winterhärter als die meisten anderen Teerosen, bevorzugt aber auch einen sonnigen Standort. 'Mme Bérard' wird manchmal auch zu den Noisetterosen gezählt.
ZONEN 5–10.

LEVET, FRANKREICH, 1872
'MME FALCOT' × 'GLOIRE DE DIJON'

'Mme Berkeley' *(links)*
ALTE R., TEEROSE, ROSA+, ETWAS NACHBLÜHEND

Die Rose gilt als ausgezeichnete Schnittblume. Sie ist stark gefüllt, schön geformt und besitzt lange Knospen. Die Petalen bilden eine lachsfarbene, lockere Mitte. Die leicht duftenden Blüten öffnen sich vom Sommer bis in den Herbst hinein. Die dichte, buschige Pflanze sollte regelmäßig geschnitten werden, damit sie ihre Form behält. 'Mme Berkeley' eignet sich gut für Rabatten oder als Kübelpflanze; am besten gedeiht sie in der Sonne. **ZONEN 5–10.**

BERNAIX, FRANKREICH, 1898

ELTERN UNBEKANNT

'Mme Boll' *(oben)*
ALTE R., PORTLANDROSE/REMONTANTROSE, DUNKELROSA, ETWAS NACHBLÜHEND

Der Stammbaum dieser Rose ist umstritten – eine Quelle gibt eine Remontantrose und 'Belle Fabert' als Eltern an, andere klassifizieren 'Mme Boll' als Portlandrose. Die prallen, karminroten Blüten sind etwa 10 cm groß und öffnen sich schön. Die äußeren Petalen sind groß, die inneren zahlreich und etwas ungeordnet. Die stark duftenden Blüten erscheinen vom Juni bis zum ersten Frost. Die kräftigen, stämmigen Triebe tragen große Blätter und dunkelgraue Stacheln. Die Stiele sind kurz, borstig und drüsig. **ZONEN 5–10.**

BOLL & BOYAU, FRANKREICH, 1859

VERMUTLICH 'BARONNE PRÉVOST' × 'PORTLANDICA'

'Climbing Mme Butterfly' *(oben)*

'Mme Butterfly' *(oben)*
TEEHYBRIDE, HELLROSA, ÖFTER BLÜHEND

Die eleganten Knospen sind lang und spitz, bevor sie sich zu duftenden, gefüllten Blüten mit 30 Petalen öffnen. Das Laub der mäßig wachsenden Pflanze ist lederartig. **'Climbing Mme Butterfly'** (Smith, Großbritannien, 1926) zählt zu den besten Kletterrosen und bringt im Frühjahr unzählige schöne Knospen in großen Büscheln hervor. Wenn die verwelkten Blüten entfernt werden, blüht 'Mme Butterfly' den Sommer hindurch bis in den Herbst; dann sind die Farben noch satter, die Blüten größer und langlebiger. 'Mme Butterfly' wächst hervorragend über Bögen oder an Mauern. Die Blüten können durch Thripse geschädigt werden.
ZONEN 5–10.

HILL & COMPANY, USA, 1918

SPORT VON 'OPHELIA'

'Mme Caroline Testout' (oben)
Syn. 'City of Portland'
TEEHYBRIDE, REIN ROSA, ÖFTER BLÜHEND

Diese nach einer Pariser Modeschöpferin benannte Rose findet man noch immer auf der ganzen Welt, obwohl sie schon weit über 100 Jahre alt ist. Aus großen, kugelförmigen Knospen gehen große Blüten von hellem Rosa mit karminrot überhauchter Mitte hervor. Sie sind stark gefüllt und duften wunderbar. Die Blütenblätter in der Mitte sind nach innen gebogen, wodurch die Blüte kugelförmig aussieht. Diese Rose ist im Stammbaum vieler Strauchrosen zu finden. Der Busch ist kräftig und winterhart. Die Blüten haben eine papierartige Struktur und können bei feuchter Witterung Mumien bilden. **'Climbing Mme Caroline Testout'** (Chauvry, Frankreich, 1901) ist immer noch hervorragend für Bögen, Säulen und Pergolen sowie für Hauswände geeignet, wo ihre großen, kugelförmigen Blüten und ihr starker Duft besonders gut zur Geltung kommen. **ZONEN 5–11.**

PERNET-DUCHER, FRANKREICH, 1890

'MME DE TARTAS' × 'LADY MARY FITZWILLIAM'

'Mme Charles' (oben)
ALTE R., TEEROSE, GELB+/ROSA+, ETWAS NACHBLÜHEND

Diese Rose zählt zu den frühen französischen Teerosen und zeigt hübsche Knospen, die sich meist zu rosafarbenen Blüten öffnen, manchmal jedoch auch gelbliche Blüten mit lachsfarbener Mitte hervorbringen. Die Blüten sind gefüllt, halbkugelförmig und erscheinen in Büscheln. In praller Sonne werden sie leicht schwefelgelb. Der Strauch hat keine Stacheln und bevorzugt einen warmen Standort im Garten; dann blüht er vom Sommer bis in den Herbst hinein. **ZONEN 6–11.**

DAMAIZIN, FRANKREICH, 1864

'MME DAMAIZIN' × SÄMLING

'Mme de la Rôche-Lambert'
ALTE R., MOOSROSE, MAUVE, ÖFTER BLÜHEND

Diese Rose blüht den ganzen Sommer und Herbst hindurch, ihre Blüten sprießen aus wohlgeformten, befiederten Knospen, die von hellgrünem Moos bedeckt sind. Die intensiv burgunderfarbenen Blüten bestehen aus vielen eingerollten Petalen. Die Blumen duften stark und werden etwa 8 cm groß. Der breit wachsende Strauch wird bis zu 1,2 m hoch. Die Stiele sind stark bemoost und weisen nur wenige Stacheln auf. Die hellgrünen Blätter sind rund, weich und glatt. Jeder Gartenliebhaber, dem eine leichte Anfälligkeit für Mehltau nichts ausmacht, erhält mit 'Mme de la Rôche-Lambert' eine erstklassige Moosrose. **ZONEN 4–10.**

ROBERT, FRANKREICH, 1851

ELTERN UNBEKANNT

ROYAL HORTICULTURAL SOCIETY AWARD OF GARDEN MERIT 1993

'Mme de Sancy de Parabère' *(oben)*
Syn. 'Mme Sancy de Parabère', 'Virginian Lass'
ALTE R., BOURSAULTROSE, HELLROSA

Diese Sorte ist eine von drei heute noch kultivierten Boursaultrosen (die beiden anderen sind 'Amadis' und 'Morlettii'). Die hellen, sanft rosafarbenen Blüten sind gefüllt, wobei die äußeren Petalen größer sind als die inneren. Die süßlich duftenden Blüten sind 12 cm groß, locker, rund und flach und stehen in großen Büscheln; sie blüht nur einmal. Die stachellose Pflanze wird leicht 4,5 m hoch, bevorzugt einen Standort im Halbschatten, ist ziemlich winterhart und gedeiht gut auf mageren Böden und bei jedem Wetter. Sie blüht überreich Anfang Juni, ist aber von Juli bis August bei Befall mit Sternrußtau fast ohne Laub. **ZONEN 4–10.**

BONNET, FRANKREICH, 1874

ELTERN UNBEKANNT

'Mme de Tartas'
(rechts)
Syn. 'Mme de Thartas'
ALTE R., TEEROSE, HELLROSA,
ETWAS NACHBLÜHEND

Die großen, becherförmigen, hell rosafarbenen Blüten erscheinen vom Frühsommer bis zum ersten Frost. Sie sind dicht gefüllt, leicht duftend, locker und entwickeln im Halbschatten ein intensives Rosa. Man kann die Sorte als wuchsfreudigen Strauch, als Kletterrose oder als Bodendecker pflanzen. Die großen Stacheln sind von ledrigen, dunkelgrünen Blättern verdeckt. Diese recht wenig beachtete, wunderschöne Rose milder Klimazonen ist ein bedeutender Vorfahr vieler Teehybriden aus dem Viktorianischen Zeitalter. Der britische Züchter Jack Harkness nimmt an, dass sie die Vaterpflanze von 'Mermaid' ist.
ZONEN 6–11.
BERNÈDE, FRANKREICH, 1859
ELTERN UNBEKANNT

Mme de Watteville'
(rechts)
ALTE R., TEEROSE, GELB+,
ETWAS NACHBLÜHEND

Die langstieligen Knospen von 'Mme de Watteville' öffnen sich zu üppig blühenden, gefüllten, formschönen Blüten. Sie sind groß, stark duftend und zitronengelb mit meist blass rosafarbenen Rändern. Sie blühen bis in den Herbst hinein und erinnern nach dem ersten Öffnen an Tulpen. Der niedrig wachsende Strauch trägt dichtes Laub aus kleinen, dunkelgrünen Blättern. Am besten gedeiht diese Rose in praller Sonne, wo sie auch weniger anfällig für Mehltau ist. Sie ist für Kübel geeignet, da sie kälteempfindlicher als andere Teerosen ist.
ZONEN 6–11.
GUILLOT, FRANKREICH, 1883
ELTERN UNBEKANNT

'Mme Dieudonné' *(rechts)*
Syn. 'Mme L. Dieudonné'
TEEHYBRIDE, ROT+, ÖFTER BLÜHEND

Die langen, spitzen Knospen öffnen sich rasch zu mit 30 Petalen gefüllten, leuchtend orangeroten Blüten mit goldenen Unterseiten. Diese sind groß, mit hoher Mitte und duften. Geöffnet verblassen sie jedoch recht schnell. Der wuchsfreudige Strauch hat dunkel glänzendes, mittelgroßes Laub, das gelegentlich anfällig für Mehltau ist.
ZONEN 5–10.

MEILLAND, FRANKREICH, 1949
('MME JOSEPH PERRAUD' × 'BRAZIER') × ('CHARLES P. KILHAM' × 'CAPUCINE CHAMBARD')
NATIONAL ROSE SOCIETY CERTIFICATE OF MERIT 1950

'Mme Driout' *(rechts)*
Syn. 'Mme Dreout'
ALTE R., KLETTERNDE TEEROSE, ROSA+, ETWAS NACHBLÜHEND

Die als kletternde Teerose, gelegentlich auch als Noisetterose klassifizierte 'Mme Driout' bildet schöne, wohlgeformte Knospen, die sich zu flachen, geviertelten karminroten Blüten mit hellrosa, im Schatten eher dunkelroten Streifen öffnen, die im Frühjahr stärker ausgeprägt sind. Die gefüllten, großen Blüten duften und erneuern sich in wärmeren Regionen im Frühjahr und im Sommer. Der Strauch ist wuchsfreudig und kann leicht an einer kleinen Pergola oder einer sonnenbeschienenen Wand gezogen werden. Die Blätter sind groß und dunkel. Die Rose wurde im Park der französischen Gemeinde Saint Dizier entdeckt und nach der Gattin des dortigen Bürgermeisters benannt. ZONEN 5–10.

THIRAT, FRANKREICH, 1902
VERMUTLICH SPORT VON 'REINE MARIE HENRIETTE'

eine gute, gesunde, reich blühende Kletterrose mit vielen Stacheln, die im Frühling stark austreibt und bis zum Herbst durchblüht. **ZONEN 5–10.**

PERNET-DUCHER, FRANKREICH, 1913

'MME CAROLINE TESTOUT' × TEEHYBRIDE

GOLDMEDAILLE DER NATIONAL ROSE SOCIETY 1913

'Mme Edouard Ory' *(unten)*
ALTE R., MOOSROSE, DUNKELROSA, ETWAS NACHBLÜHEND

Die duftenden, mittelgroßen, gefüllten, kugelförmigen, rosa Blüten verblassen im Alter zu hellerem Rosa. Im Juni erfolgt ein reichhaltiger Flor, danach treten nur noch vereinzelte Blüten auf. Der aufrechte Busch hat viele kräftige Stacheln. **ZONEN 4–10.**

ROBERT, FRANKREICH, 1854

ELTERN UNBEKANNT

'Mme Edouard Herriot' *(ganz oben)*
Syn. 'Daily Mail Rose'
TEEHYBRIDE, ORANGE+, ÖFTER BLÜHEND

Spitze Knospen öffnen sich zu halb gefüllten, großen, gut duftenden Blüten in einem korallrot getönten Gelb, das zu Rosa verblasst; sie sind ziemlich locker und verblassen rasch. Das Laub des ausladend wachsenden Busches treibt bronzefarben aus. Die ursprünglich in Frankreich gezüchtete und nach der Frau eines französischen Politikers benannte Sorte gewann in Großbritannien einen von der Zeitung Daily Mail initiierten Rosenwettbewerb, bei dem sich die siegreiche Sorte 'Daily Mail Rose' nennen durfte – so entstand das Synonym. 1921 wurde **'Climbing Mme Edouard Herriot'** (Syn. 'Climbing Daily Mail Rose') von den Gebrüdern Ketten aus Luxemburg eingeführt,

'Mme Ernest Calvat'

(rechts)
Syn. 'Mme Ernst Calvat',
'Pink Bourbon'
ALTE R., BOURBONROSE, REIN ROSA,
ETWAS NACHBLÜHEND

Die großen, dicht gefüllten, flachen, gevierteilten Blüten, deren einfache rosa Färbung mit dunklerem Rosa übertönt ist, werden nach dem Öffnen lockerer und geben den Blick auf gelbe Staubgefäße frei. Die gegen Mehltau anfällige Rose bevorzugt Halbschatten, vor allem in Gegenden mit heißen Sommern, und eignet sich gut für den Schnitt. 'Mme Ernest Calvat' gedeiht auch auf mageren Böden, muss sich aber erst am Standort eingewöhnen, um gute Ergebnisse zu erzielen. Die überhängenden Triebe können bis zu 1,8 m lang werden und tragen dunkelgrüne Blätter mit rötlicher Unterseite. Der Franzose Ernest Calvat, dessen Frau der Rose ihren Namen gab, war Handschuhmacher und Hobbygärtner. **ZONEN 4–10.**

SCHWARTZ, FRANKREICH, 1888
SPORT VON 'MME ISAAC PEREIRE'

'Mme Fernandel' MEIsunaj

(oben)
Syn. 'Fernandel'
FLORIBUNDA, DUNKELROSA, ÖFTER BLÜHEND

Die Blüten sind nach dem Aufblühen urnenförmig, werden dann runder mit einer festen Mitte und dehnen sich schließlich mit ihren etwa 30 Petalen becherförmig aus. Sie sind dunkelrosa, in leuchtendes Rot übergehend, duften schwach und erscheinen im Sommer und Herbst in kleinen Büscheln auf kräftigen Stielen. Die Pflanze wächst aufrecht, buschig bis in mittlere Höhe und trägt üppiges dunkelgrünes Laub. 'Mme Fernandel' gewann 1989 die sehr begehrte Auszeichnung Rose de Siècle, die alljährlich im französischen Lyon an insgesamt fünf Spitzenrosen vergeben wird. **ZONEN 5–9.**

MEILLAND, FRANKREICH, 1989
ELTERN UNBEKANNT
BAGATELLE GOLDMEDAILLE 1988, LYON ROSE DE SIÈCLE 1989

'Mme Gabriel Luizet' *(unten)*
ALTE R., REMONTANTROSE, HELLROSA, ETWAS NACHBLÜHEND

Spitze Knospen öffnen sich zu großen, mit 35 Petalen gefüllten, manchmal gevierteilten Blüten in hellem silbrigem Rosa, das zum Rand hin verblasst. Die Pflanze blüht schon früh, duftet angenehm und ist blühfreudig; es gibt auch noch einige spätere Blüten. Die stämmigen, kräftigen Triebe ergeben einen 1,8 m hohen Strauch. Die Rose gedeiht noch gut in mageren Böden. Sie sollte nur leicht geschnitten und geformt werden. Benannt wurde diese Rose nach der Gattin des französischen Gartenmeisters Gabriel Luizet (1794–1872), der das Okulieren von Obstbäumen entwickelte. **ZONEN 5–10.**
LIABAUD, FRANKREICH, 1877
SÄMLING VON 'JULES MARGOTTIN'

'Mme Georges Bruant' *(unten)*
STRAUCHROSE, RUGOSA-HYBRIDE, WEISS, ÖFTER BLÜHEND

Abgesehen von der Blütenfarbe und der Zartheit der Petalenstruktur sind die Gene der Teerose 'Sombreuil' bei dieser Strauchrose offenbar nicht durchgeschlagen. Die Knospen sind lang und spitz; die weißen Blüten sind halb gefüllt, locker geformt und stehen in Büscheln auf einem stacheligen, breit ausladenden Strauch mit viel Laub; sie duften und erneuern sich sehr gut. Im Gegensatz zu den meisten anderen Rugosa-Rosen entstehen nur wenige Hagebutten. Das Laub ist gesund. 'Mme Georges Bruant' bildet eine dichte, undurchdringliche Hecke, die vom Frühjahr bis in den Herbst hinein blüht. **ZONEN 4–10.**
BRUANT, FRANKREICH, 1887
ROSA RUGOSA × 'SOMBREUIL'

'Mme Grégoire Staechelin' *(unten)*
Syn. 'Spanish Beauty'
GROSSBLUMIGE KLETTERROSE, ROSA+

Die langen Knospen der nur einmal blühenden Kletterrose öffnen sich zu zart rosafarbenen Blüten, die v.a. auf den Rückseiten der gewellten Petalen karminrot gefärbt sind. Die duftenden Blüten erscheinen sowohl einzeln als auch in kleinen Büscheln. Wird Verwelktes nicht entfernt, bilden sich sehr große, birnenförmige Hagebutten, deren Farbe langsam von Grün zu Goldgelb bis Hellorange wechselt. Die Kaskadenrose kann auch auf einen Bogen gezogen werden, wo ihre blassrosa Blüten sich von dem dunkelgrünen Laub abheben. ZONEN 5–10.

DOT, SPANIEN, 1927

'FRAU KARL DRUSCHKI' × 'CHÂTEAU DE CLOS VOUGEOT'

BAGATELLE GOLDMEDAILLE 1927, JOHN COOK-MEDAILLE DER AMERICAN ROSE SOCIETY 1929, ROYAL HORTICULTURAL SOCIETY AWARD OF GARDEN MERIT 1993

'Mme Georges Delbard' DELadel *(oben)*
Syn. 'Mme Delbard', 'Mrs G. Delbard'
TEEHYBRIDE, DUNKELROT, ÖFTER BLÜHEND

Diese Teehybride zeichnet sich durch dunkelrote, perfekt strukturierte Blüten mit breiten Blütenblättern aus. Die großen Knospen öffnen sich sehr langsam zu gefüllten, farbintensiven und lange blühenden, recht großen Blüten mit 40 Petalen und einer hohen Mitte. Ihre Stiele sind sehr lang, und die duftlosen Blüten erscheinen meist einzeln. Als Schnittblumen halten sie sich besonders lange. Die hoch und kräftig wachsende Pflanze trägt große, mittelgrüne und matt glänzende Blätter. ZONEN 5–11.

DELBARD, FRANKREICH, 1982

(('SUPER STAR' × 'SAMOURAI') × ('SUPER STAR' × ['ROME GLORY' × 'IMPECCABLE']))

M

'Mme Hardy' *(oben)*
ALTE R., DAMASZENERROSE, WEISS

'Mme Hardy' ist sicherlich eine der schönsten weißen Rosen, deren reicher Flor im Juni erscheint. Die rein weißen Blüten mit einem grünen Auge in der Mitte stehen in Büscheln oder auch einzeln und halten sich etwa drei Wochen. Sie duften stark und sind zunächst becherförmig, werden später aber sehr flach. Der sehr pflegeleichte Strauch ist groß, dicht und stachelig, hat dunkles, bräunliches Holz und trägt reichlich hellgrünes Laub. Bei gewissen Witterungsbedingungen können auf den Blättern braune, aber harmlose Flecken auftreten – vermutlich handelt es sich hierbei um Verbrennungserscheinungen durch Sonnenstrahlen nach einem Regen. **ZONEN 4–11.**

HARDY, FRANKREICH, 1832

ELTERN UNBEKANNT

ROYAL HORTICULTURAL SOCIETY AWARD OF GARDEN MERIT 1993

'Mme Henri Guillot' *(oben)*
TEEHYBRIDE, ROT+, ÖFTER BLÜHEND

Diese früh blühende Rose stellt im Frühjahr einen hübschen Blickfang dar. Die Farbe der Blüten ist eine einzigartige Mischung aus Orange und Korallrot. Sie sind mit 25 Petalen gefüllt und öffnen sich sehr schnell zu großen, orangefarbenen, flachen Blüten mit leichtem Duft. Einige Blüten erneuern sich nach dem Frühjahrsflor. Die reichlich vorhandenen Blätter sind besonders groß und stark glänzend. Der Busch hat inzwischen an Wuchsfreudigkeit eingebüßt, wie man auch bei vielen anderen farbenfrohen Rosen aus der ersten Hälfte des 20. Jh. beobachten kann.

'Climbing Mme Henri Guillot' (Meilland, Frankreich, 1942) ist eine kletternde Variante. ZONEN 5–10.
MALLERIN, FRANKREICH, 1938
'ROCHEFORT' × SÄMLING VON *ROSA FOETIDA BICOLOR*
BAGATELLE GOLDMEDAILLE 1936, PORTLAND GOLDMEDAILLE 1938

'Mme Isaac Pereire' *(oben rechts)*
Syn. 'Le Bienheureaux de la Salle'
ALTE R., BOURBONROSE, DUNKELROSA, ETWAS NACHBLÜHEND

Die sehr großen, dunkel rosafarbenen Blüten sind gefüllt und nach dem Öffnen schön geformt, später lockern sie auf. Eine purpurne Tönung verleiht ihnen vor allem im Herbst einen besonderen Charme. Die stark duftenden Blüten sind bisweilen becherförmig, manchmal auch flach und geviertelt; sie erscheinen zumeist in Büscheln. Der bis zu 2 m hohe, wuchsfreudige Strauch lässt sich sehr gut an Säulen ziehen, wo er viele Seitenknospen mit zusätzlichen Blüten ausbildet. Die langen Triebe haben kleine Stacheln und dunkelgrüne Blätter. Die Pflanze gedeiht gut in mageren Böden und in kühlen Lagen, sie ist jedoch anfällig für Mehltau.
ZONEN 5–10.
GARÇON, FRANKREICH, 1881
ELTERN UNBEKANNT
ROYAL HORTICULTURAL SOCIETY AWARD OF GARDEN MERIT 1993

'Mme Joseph Schwartz'
Syn. 'White Duchesse de Brabant'
ALTE R., TEEROSE, WEISS, ETWAS NACHBLÜHEND

'Mme Joseph Schwartz' zählt zu den besten weißen Teerosen. Die rein weißen, rosa überhauchten Blüten sind gefüllt, mittelgroß und becherförmig. Die Mitte der duftenden, wohlgeformten Blüten ist ungeordnet. Sie blühen den ganzen Sommer hindurch bis in den Herbst hinein und sind ausgezeichnete Schnittblumen. Der niedrig wachsende Strauch trägt immergrünes Laub und bevorzugt einen kühlen, sonnigen Standort. Bei feuchter Witterung wird diese ideale Kübelpflanze oft von Sternrußtau befallen. ZONEN 6–11.
SCHWARTZ, FRANKREICH, 1880
SPORT VON 'COMTESSE DE LABARTHE'

'Mme Jules Bouché' *(links)*
TEEHYBRIDE, WEISS, ÖFTER BLÜHEND

Diese Rose kann man leicht am Zickzackwuchs der Stiele erkennen, die nach jedem Blattansatz abwechselnd nach rechts oder nach links wachsen. Die schlanken und anmutigen Knospen öffnen sich zu sehr großen, gefüllten Blüten, die in der Mitte leicht rötlich schimmern. Die stark duftenden Blüten öffnen sich flach, ähnlich einer Teerose, und weisen wie eine Kamelie viele überlappende Blütenblätter auf, sind aber etwas regenempfindlich. Die Pflanze zeigt einen hohen Wuchs und eine rege Blütenproduktion. **ZONEN 5–11.**

CROIBIER, FRANKREICH, 1911
'PHARISÄER' × SÄMLING

'Mme Jules Gravereaux' *(links)*
ALTE R., KLETTERNDE TEEROSE, APRICOT+, ETWAS NACHBLÜHEND

Diese Rose ist eine hervorragende Schnittblume. Die langen, spitzen Knospen öffnen sich zu recht großen, sehr stark gefüllten, fleisch- bis pfirsichfarbenen Blüten in einer kompakten, bisweilen geviertelten Form. Nach vollständigem Öffnen sind sie gelblich getönt. Die buschige, hoch aufgeschossene Pflanze kann bis zu 3,5 hoch werden. Sie trägt große, dunkel glänzende und üppig wachsende Blätter und bevorzugt trockenes, warmes Wetter. 'Mme Jules Gravereaux' ist anfällig für Mehltau. **ZONEN 5–10.**

SOUPERT & NOTTING, FRANKREICH, 1901
'RÊVE D'OR' × 'VISCOUNTESS FOLKESTONE'

'Mme Knorr'
(rechts)

Syn. 'Mme de Knorr'

ALTE R., PORTLANDROSE, REIN ROSA, ETWAS NACHBLÜHEND

Die gefüllten, flachen Blüten dieser Sorte sind hellrosa mit weißer Unterseite und dunkler Mitte. Sie sind mittelgroß und oft nur halb gefüllt, haben eine ziemlich lose Form und einen sehr süßen Duft. Nach der Sommerblüte erneuern sich einige der Blüten. 'Mme Knorr' gedeiht gut auf mageren Böden und eignet sich als kleine Heckenrose, wobei sie an ihrem Standort fast alles mit ihrem starken Duft überdeckt. Das gesunde und üppige, mattgrüne Laub bildet einen schönen Hintergrund für die Blüten.
ZONEN 5–11.

VERDIER, FRANKREICH, 1855
ELTERN UNBEKANNT
ROYAL HORTICULTURAL SOCIETY AWARD OF GARDEN MERIT 1993

'Mme Laurette Messimy' *(unten)*

Syn. 'Laurette Messimy'

ALTE R., CHINAROSE, DUNKELROSA, ETWAS NACHBLÜHEND

Diese attraktive Rose hat lange, lachsfarbene Knospen, die sich zu rosafarbenen Blüten mit gelber Mitte öffnen. Die losen, halb gefüllten Blüten sind groß und duften. Diese Rose macht sich in kühlen Sommern am besten, da die Blüten bei zu großer Wärme verblassen. Sie blüht vom späten Frühling bis in den Herbst hinein. Die buschige, aufrechte Pflanze ist mit vielen graugrünen, glänzenden Blättern besetzt. Sie ist eine hervorragende Beetrose und eignet sich auch als Kübelpflanze.
ZONEN 6–11.

GUILLOT, FRANKREICH, 1887
'RIVAL DE PAESTUM' × 'MME FALCOT'

'Mme Lauriol de Barny' *(oben)*
ALTE R., BOURBONROSE, HELLROSA, ETWAS NACHBLÜHEND

Diese prachtvolle Gartenrose blüht früher als jede ihrer Verwandten. Die großen, sehr flachen Blüten duften süß und fruchtig, sie sind silbrig rosa, gefüllt und geviertelt. Schwere, nach unten hängende Blütenzweige. Die überhängenden Triebe sind mit weichen Blättern besetzt und produzieren, vor allem wenn sie gestützt werden, eine reiche Blütenpracht; die Nachblüte ist gering. Die Rose eignet sich ideal für Säulen, da sie in zwei Jahren leicht bis zu 2 m hoch wächst. Die Pflanze gedeiht gut im Halbschatten und auf magerem Boden. **ZONEN 5–10.**
TROUILLARD, FRANKREICH, 1868
HYBRIDE VON *ROSA ARVENSIS*

'Mme Legras de St Germain' *(unten links)*
ALTE R., ALBA-ROSE, WEISS

Die zunächst becherförmigen Blüten öffnen sich zu flachen, perfekt geformten, stark gefüllten und polsterähnlichen Rosetten von 5 cm Durchmesser und stehen in Büscheln. Die glänzend weißen Blumen mit zartgelber Mitte duften lieblich. 'Mme Legras de St Germain' kann auf gutem Boden bis zu 2,5 m hoch werden und bildet lange, hell- bis mittelgrüne Triebe mit üppigem hellgrünem Laub. Obwohl die vielen weißen, stark gefüllten Blüten keinen Regen mögen, ist diese Rose doch für den Garten geeignet – sei es als freistehender Strauch oder als Kletterrose.
ZONEN 4–10.
1846
ELTERN UNBEKANNT

'Mme Léon Pain'
(oben)
TEEHYBRIDE, ROSA+,
ÖFTER BLÜHEND

Die spitzen Knospen dieser buschigen und wuchsfreudigen Teehybride öffnen sich zu fleischrosafarbenen Blüten mit gelborangefarbener Mitte; die Rückseiten ihrer Blütenblätter sind lachsrosa. Die duftenden Blüten sind mit 45 Petalen gefüllt, verlieren ihre Farbe jedoch leider ziemlich rasch. **ZONEN 5–11.**

GUILLOT, FRANKREICH, 1904

'MME CAROLINE TESTOUT' × 'SOUVENIR DE CATHERINE GUILLOT'

'Mme Lombard'
(rechts)
Syn. 'Mme Lambard', 'Mme Lambart'
ALTE R., TEEROSE, ORANGEROSA, ETWAS NACHBLÜHEND

Diese warme Lagen bevorzugende Teerose wird häufig als „Friedhofsrose" bezeichnet, da sie häufig auf Gräbern gepflanzt wird. Die langen, karminroten Knospen öffnen sich zu stark gefüllten, großen, kugelförmigen Blüten in Lachsrosa mit dunkler Mitte. Die becherförmigen, duftenden Blumen verändern mit der Zeit ihre Farbe, die bei vollständig geöffneter Blüte und im Schatten dunkler wird. In wärmeren Gebieten dauert der Flor vom späten Frühling bis zum ersten Frost. Man kann die Rose auf 1,5 m zurückschneiden oder auch bis zur doppelten Höhe wachsen lassen. Ledrige, dunkelgrüne Blätter verdecken die zahlreichen hakenförmigen Stacheln. Im Herbst werden viele rote Hagebutten gebildet. **ZONEN 6–11.**

LACHARME, FRANKREICH, 1878
SÄMLING VON 'MME DE TARTAS'

'Mme Louis Laperrière' *(rechts)*
TEEHYBRIDE, ROT, ÖFTER BLÜHEND

Diese Sorte – eine der besten dunkelroten Beetrosen unserer Tage – hat wohlgeformte Blüten mittlerer Größe mit 40–50 Petalen. Die Blüten sind satt dunkelkarminrot und besitzen den wunderbaren Duft von 'Crimson Glory'. Das üppige Laub ist dunkelgrün und gesund. Der Busch wächst gut mittelhoch und eignet sich auch als Halbstammrose. Die Blütenproduktion ist reichlich und erfolgt kontinuierlich. **ZONEN 5–10.**

LAPERRIÈRE, FRANKREICH, 1951
'CRIMSON GLORY' × SÄMLING
BAGATELLE GOLDMEDAILLE 1950, NATIONAL ROSE SOCIETY CERTIFICATE OF MERIT 1952

'Mme Louis Lévêque' *(rechts)*
ALTE R., MOOSROSE, REIN ROSA, ETWAS NACHBLÜHEND

Die großen runden Knospen dieser Sorte sind leicht bemoost und öffnen sich zu großen, silbrig rosafarbenen Blüten von höchster Qualität, besonders bei trockener Witterung. Die Blüten sind mit stark gefalteten Petalen dicht gefüllt; manche werden bis zu 10 cm groß. Sie verströmen einen reichen Duft; die einmalige Nachblüte kann bis in den Herbst hinein erfolgen. Die reichlich vorhandenen Blätter sind groß, dunkelgrün und bedecken eine bis zu 1,2 m hoch wachsende Pflanze. Die Stiele sind mit wenigen Stacheln besetzt und beinahe frei von Moos. Diese edle Rose sucht unter den helleren Moosrosen bezüglich ihres Reizes und ihrer guten Eigenschaften ihresgleichen. **ZONEN 5–10.**

LÉVÊQUE, FRANKREICH, 1898
ELTERN UNBEKANNT

'Mme Marie Curie'

(rechts)
Syn. 'Québec'
TEEHYBRIDE, GOLDGELB,
ÖFTER BLÜHEND

Diese Rose zählt zu den ersten Rosen, die in den USA patentiert wurden. Die sehr formschönen Blüten entwickeln sich aus attraktiven, spitzen Knospen und bestehen aus 25 goldgelben Petalen mit hoher Mitte. Die Blüten sind mittelgroß, besitzen einen leichten Duft und behalten ihre Farbe gut. Der wuchsfreudige, kompakte Busch trägt dunkelgrünes, gesundes Laub und treibt ausgiebig Blüten. Diese Rose wurde nach der Naturwissenschaftlerin Marie Curie benannt, die zweimal mit dem Nobelpreis ausgezeichnet wurde. ZONEN 5–11.

GAUJARD, FRANKREICH, 1943

ELTERN UNBEKANNT

ALL-AMERICAN ROSE SELECTION 1944

'Mme Pierre Oger'

(rechts)
ALTE R., BOURBONROSE, ROSA+,
ETWAS NACHBLÜHEND

Dank ihrer porzellanartigen, transparenten Blüten zählt diese Rose zu den beliebtesten Alten Gartenrosen. Die rot überhauchten, cremeweißen, unterseits lila Blüten sind becherförmig, lose und haben zudem gesprenkelte Petalen. Die Farben nehmen in der Sonne noch an Intensität zu. Nach dem ersten vollen Flor erscheinen einige weitere Blüten bis zum ersten Frost. Die schweren, zart duftenden Blüten werden von schmalen, aufrechten Trieben getragen. Die spitz zulaufenden Blätter sind hellgrün und oval, die Stiele sind mit dunklen Stacheln besetzt. Die Rose ist gut für Kübel oder für Rabatten geeignet.
ZONEN 4–10.

OGER, FRANKREICH, 1878

SPORT VON 'LA REINE VICTORIA'

'Mme Plantier' *(oben)*
ALTE R., ALBA-ROSE, WEISS

Die duftenden, zunächst cremeweißen, später meist rein weißen Blüten mit einem kleinen grünen zentralen Auge erscheinen in großen Büscheln. Als Kletterrose kann sie bis zu 5 m hoch wachsen, doch meist ist sie als etwa 3 m hoher Strauch anzutreffen. Die graugrünen Stiele des wuchsfreudigen Strauchs sind lang, überhängend und fast stachellos; die grau getönten Blätter wirken recht weich.
ZONEN 4–10.

PLANTIER, FRANKREICH, 1835

VERMUTLICH ROSA ALBA × R. MOSCHATA

'Mme Scipion Cochet' *(unten)*
ALTE R., TEEROSE, ROSA+, ETWAS NACHBLÜHEND

Die eiförmigen Knospen öffnen sich zu hell rosafarbenen Blüten, die später weiß werden und eine gelbe Mitte aufweisen. Die stark gefüllten Blüten sind tulpenförmig und sitzen auf geraden Stielen, die mittleren Petalen sind ziemlich locker. Der schlanke Strauch trägt dicke, glänzende Blätter und zahlreiche Stacheln. Da er selten höher als 1 m wird, eignet er sich gut als Kübelpflanze.
ZONEN 5–10.

BERNAIX, FRANKREICH, 1872

'ANNA OLIVIER' × 'COMTESSE DE BRABANT'

'Mme Victor Verdier' *(oben)*
ALTE R., REMONTANTROSE, ROT, ETWAS NACHBLÜHEND

Voll erblüht sind die Blumen 8 cm groß und ergeben hervorragende Schnittrosen. Die karminroten, gefüllten Blüten sind flach, becherförmig und bestehen aus 75 Petalen, wobei die äußeren größer sind als die inneren. Die Blüten erscheinen in Form von Büscheln im Sommer und im Herbst, der zweite Flor gilt als der schönere. Das Laub der langen, wenig bestachelten Triebe wirkt im Frühling besonders hübsch. Der Busch gewinnt noch an Attraktivität, wenn man im Frühjahr die überschüssigen Knospen entfernt.
ZONEN 5–10.
VERDIER, FRANKREICH, 1863
'SENATEUR VAISE' × SÄMLING

'Mme Violet' *(unten)*
TEEHYBRIDE, MAUVE, ÖFTER BLÜHEND

Die angenehm duftenden Blüten dieser Rose sind groß, gefüllt und von einem dunklen Mauve. Die Blütenproduktion ist mäßig, und eine Erneuerung der Blüten erfolgt recht langsam. Die Pflanze wächst bis zu einer mittleren Höhe heran und trägt dunkelgrünes, üppiges Laub.
ZONEN 5–11.
TERANISHI, JAPAN, 1981
(['LADY' × 'STERLING SILVER'] × ['LADY' × 'STERLING SILVER']) × SELBSTUNG

'Mme Wagram, Comtesse de Turenne' *(rechts)*
ALTE R., TEEROSE, ROSA+, ETWAS NACHBLÜHEND

Die sehr großen, eiförmigen Knospen dieser beliebten Teerose öffnen sich zu seidig rosafarbenen Blüten, deren Farbe sich später zu Rosarot mit gelbem Ansatz verändert. Die Petalenrückseiten der 10–12 cm großen, gefüllten Blüten sind rot. Vollständig geöffnet weisen die duftenden, lange haltbaren Blüten dann eine ziemlich lockere Form auf. Die gesunde, buschige Pflanze hat ein dunkles Laub, kleine Stacheln und bevorzugt ein warmes Klima. Mit einer Höhe von 1 m ist sie eine gute Kübelpflanze, die vom späten Frühling bis zum Herbst blüht. ZONEN 6–10.

BERNAIX, FRANKREICH, 1894
ELTERN UNBEKANNT

'Mme Zöetmans' *(rechts)*
ALTE R., DAMASZENERROSE, WEISS

Die gut gefüllten Blüten dieser Rose sind etwa 6 cm breit und duften zart. Zunächst sind sie rosarot, verblassen dann aber zu cremeweiß und haben in der Mitte meist ein Knopfauge aus nach innen gebogenen Petalen. Zum Ende ihrer Blüte hin werden sie ziemlich flach und kissenartig. Im Frühsommer entwickeln sich die Blumen im Übermaß, blühen aber nur ziemlich kurz. Der kompakte Strauch wird rund 1,2 m hoch und hat dunkelgrünes, recht stacheliges Holz sowie mittelgrünes Laub. 'Mme Zöetmans' ist vermutlich eng mit Gallica-Rosen verwandt und beeindruckt mit ihrer Wuchsform. ZONEN 4–10.

MAREST, FRANKREICH, 1830
ELTERN UNBEKANNT

'Madeleine Selzer'
Syn. 'Mme Selzer', 'Yellow Tausendschön'
ALTE R., RAMBLERROSE, HELLGELB

Diese wuchernde Ramblerrose entwickelt Dolden mit hellgelben Blüten, die später zu weiß verblassen. Die duftenden Blüten sind dicht gefüllt und wirken besonders eindrucksvoll, wenn sie während der Sommerblüte kaskadenartig an einem Spalier oder Baum herabhängen. Der Strauch trägt im Frühjahr bronzegrüne Blätter, hat nur wenige Stacheln und wird nach einigen Jahren bis zu 4 m hoch. 'Madeleine Selzer' ist eine gute Kletterrose, benötigt aber eine kräftige Stütze. ZONEN 5–11.

WALTER, FRANKREICH, 1926
'TAUSENDSCHÖN' × 'MRS AARON WARD'

'Mlle Franziska Krüger'
Syn. 'Frau Franziska Krüger', 'Grand Duc Heritier de Luxembourg'
ALTE R., TEEROSE, ORANGEROSA, ETWAS NACHBLÜHEND

Die kupfergelben und rosafarbenen, duftenden Blüten öffnen sich becherförmig und biegen sich dann halbkugelförmig zurück. Die äußeren Blütenblätter sind weiß und in der Blütenmitte sitzt ein grünes Auge. Für Standorte, wo man die Blüten gut von unten betrachten kann, ist diese Sorte eine hervorragende Kletterrose, die bis zu 2,2 m an Mauern emporrankt und an warmen Standorten üppig blüht. Regelmäßig geschnitten bildet sie aber auch einen kompakten Strauch. Die üppig wachsenden Blätter sind ledrig mit dunkelroten Rändern. Die Pflanze ist krankheitsfest, doch bei feuchtem Wetter können die Blüten Mumien bilden. ZONEN 5–10.

NABONNAND, FRANKREICH, 1880
'CATHERINE MERMET' × 'GÉNÉRAL SCHABLIKINE'

'Maestro' MACkinju, MACinju *(oben)*
TEEHYBRIDE, ROT+, ÖFTER BLÜHEND

Die Knospen dieser Teehybride sind eiförmig und öffnen sich zu roten Blüten mit einem Hauch von Weiß auf den Petalen; die Petalenunterseiten sind silbrig rot. Die mit 30 Petalen gefüllten, leicht duftenden Blüten erscheinen einzeln oder in kleinen Büscheln. Bei warmem Wetter ist die Farbe fast rein oder rauchig rot, doch unter kühleren Bedingungen kommt der verwaschene Farbton mehr zum Vorschein. Das Laub ist matt olivgrün und üppig. ZONEN 5–10.

MCGREDY, NEUSEELAND, 1980
SÄMLING VON 'PICASSO' × SÄMLING

'Magali'
TEEHYBRIDE, DUNKELROSA, ÖFTER BLÜHEND

Die Blüten dieser Sorte sind von dunklem Karminrot – eine Farbe, die auch bei Hitze nicht verblasst und bisweilen von Kritikern als ziemlich streng angesehen wird, was den geringen Beliebtheitsgrad dieser Rose erklären könnte. Die mittelgroßen Blüten sind mit 35–40 Petalen gefüllt und duften leicht. Die Blühwilligkeit ist gut, und eine Erneuerung der Blüten erfolgt rasch. Die wuchsfreudige Pflanze wächst aufrecht und trägt reiches, mittelgrünes, ledriges Laub. **ZONEN 5–11.**

MALLERIN, FRANKREICH, 1952

'CHARLES P. KILHAM' × 'BRAZIER'

'Magenta' *(unten)*
Syn. 'Kordes' Magenta'
TEEHYBRIDE, MAUVE, ÖFTER BLÜHEND

Diese ausladend wachsende Sorte besitzt sehr ungewöhnliche, rosig lavendelfarbene Blüten mit brauner Tönung. Obwohl sie zu einem schiefergrauen Mauve verblassen, bleiben sie doch immer sehr attraktiv; manchmal kann man in der offenen Blüte die zarte Färbung der Elternsorte 'Lavender Pinocchio' wiedererkennen. Die gefüllten Blüten werden in großen Büscheln auf langen, überhängenden Trieben gebildet und sind wie die meisten mauvefarbenen Rosen stark duftend. Das Laub der sehr wuchsfreudigen Pflanze ist dunkelgrün, ledrig und üppig. 'Magenta' mag offenbar kühleres Klima; freigelegtes, altes Holz kann in praller Sonne verbrennen. **ZONEN 4–11.**

KORDES, DEUTSCHLAND, 1954

UNBEKANNTE GELBE FLORIBUNDAROSE × 'LAVENDER PINOCCHIO'

'MAGIC CARPET' 545

'Maggie Barry'
MACoborn *(oben)*
Syn. 'Maggy Barry'
TEEHYBRIDE, ROSA+,
ÖFTER BLÜHEND

Der Busch bringt einen kontinuierlichen Bestand wohlgeformter Knospen von besonderer korallrosa-orangefarbener Tönung hervor, die beim Öffnen sehr harmonisch in Lachsrosa übergeht. Die wuchsfreudige Pflanze hat eine aufrechte, buschige Gestalt, blüht sehr reich und ist frei von Krankheiten. 'Maggie Barry' eignet sich hervorragend für Beete, da die Farbe zwar leuchtend, aber nicht zu grell ist.
ZONEN 5–10.
MCGREDY, NEUSEELAND, 1993
'LOUISE GARDENER' × 'WEST COAST'

'Magic Carpet'
JAClover *(ganz oben)*
BODENDECKERROSE, MAUVE,
ÖFTER BLÜHEND

Die kleinen, halb gefüllten Blüten dieser Rose sind lavendelfarben und duften würzig. Die sehr wuchsfreudige Pflanze wird 45–60 cm hoch und doppelt so breit. Ihr Laub ist dunkelgrün, glänzend und sehr krankheitsfest. Diese Sorte ist eine attraktive Gartenrose, da sich die Blüten gut erneuern und das Laub bis in den Winter hinein erhalten bleibt. Sie eignet sich zum Überwuchern von Steinen oder niedrigen Mauern oder für flächige Pflanzungen an schwierigen Standorten, wo andere Rosen nicht gedeihen würden.
ZONEN 5–10.
ZARY/WARRINER, USA, 1992
'IMMENSEE' × 'CLASS ACT'
ROSE DES JAHRES 1996

'Magic Carrousel' MORrousel *(oben)*
ZWERGROSE, ROT+, ÖFTER BLÜHEND

Die gefüllten Blüten sind cremeweiß mit einem lebhaften roten Rand und einer gut ausgebildeten hohen Mitte – ein Merkmal, das vom Floribunda-Elternteil stammt. Mit ihrer bemerkenswerten Farbe wurde 'Magic Carrousel' vom Tage ihrer Einführung an mit Begeisterung aufgenommen, und auch heute ist ihre Beliebtheit immer noch ungebrochen. Sie wurde oft als Kreuzungspartner benutzt. Die Pflanze ist am schönsten, wenn die Blüten völlig geöffnet und die goldenen Staubgefäße zu sehen sind. Die Blätter dieser wuchsfreudigen, buschigen Pflanze sind klein und glänzend. ZONEN 5–11.

MOORE, USA, 1972

'LITTLE DARLING' × 'WESTMONT'

AMERICAN ROSE SOCIETY AWARD OF EXCELLENCE 1975

'Magic Dragon' *(oben rechts)*
KLETTERNDE ZWERGROSE, DUNKELROT, ÖFTER BLÜHEND

'Magic Dragon' ist eine der wenigen kletternden Zwergrosen mit dunkelroten Blüten, mittlerweile aber leider in Vergessenheit geraten. Kurze, spitze Knospen öffnen sich zu gefüllten, sehr attraktiven Blüten, die oft in kleinen, recht lockeren Büscheln sitzen und sich nur langsam erneuern. Die aufrechte, wuchsfreudige Pflanze trägt kleine, ledrige Blätter. Die Triebe lassen sich über Zäune, Mauer oder Spaliere ziehen – eine Pflanzendecke entwickelt sich zwar nur langsam, ist jedoch nach einigen Jahren dicht und kompakt. ZONEN 5–11.

MOORE, USA, 1969

([*ROSA WICHURAIANA* × 'FLORADORA'] × SÄMLING) × 'LITTLE BUCKAROO'

'Magic Meidilandecor' MEIbonrib
Syn. 'Magic Meidiland'
BODENDECKERROSE, REIN ROSA, ÖFTER BLÜHEND

Diese Sorte hat eine für Bodendeckerrosen neuartige Farbe. Die stark gefüllten, kleinen Blüten sind dunkelrosa und erscheinen zu 3–7 in Büscheln, die einen würzigen Freesienduft verbreiten. Das stark glänzende Laub ist im Austrieb bronzefarben. Die Pflanze ist durch einen stark ausgebreiteten Wuchs gekennzeichnet; sie kann bis zu 3 m breit werden, blüht sehr lange und ist frei von Krankheiten. ZONEN 5–10.

MEILLAND, FRANKREICH, 1993

ROSA SEMPERVIRENS × ('MILROSE' × 'BONICA')

ADR-ROSE 1995

'Magna Charta'
Syn. 'Casper', 'Magna Carta'
ALTE R., REMONTANTROSE, REIN ROSA, ETWAS NACHBLÜHEND

Die rot getönten, hellrosa Blüten sitzen aufrecht und in Büscheln. Die sehr zahlreichen, gefüllten, kugelförmigen, ziemlich großen Blumen verströmen einen reichen Duft, einige erneuern sich im Herbst. Die wuchsfreudige Pflanze ist von schweren, glänzend dunkelgrünen Blättern bedeckt und wird ungeschnitten bis zu 3 m hoch. Der kompakte, aufrechte Busch trägt auffallende Stacheln und gedeiht noch gut auf mageren Böden. Leider verkleben die Blüten bei feuchtem Wetter und die Pflanze ist anfällig für Mehltau und Sternrußtau. ZONEN 5–11.

PAUL, GROSSBRITANNIEN, 1876

ELTERN UNBEKANNT

'Magnifica'

Syn. *Rosa eglanteria duplex* 'Weston', *R. rubiginosa magnifica*

ALTE R., RUBIGINOSA-HYBRIDE, MAUVE

Die becherförmigen, purpurroten, halb gefüllten Blüten dieser Sorte zeigen eine weiße Mitte und herausragende Staubgefäße. Nicht nur die Blüten, sondern auch die Blätter duften, obwohl diese doch keinen so starken Duft besitzen, wie man von einer Rubiginosa-Hybride erwarten würde. Der winterharte Strauch trägt dunkles, dichtes Laub und erreicht eine Höhe von 2 m. Er gedeiht auch auf mageren Böden und im Schatten recht gut, eignet sich aber ebenfalls als Hecke und für naturnahe Gärten. **ZONEN 4–11.**

HESSE, DEUTSCHLAND, 1916
SÄMLING VON 'LUCY ASHTON'

'Maiden's Blush'

Syn. 'Small Maiden's Blush'

ALTE R., ALBA-ROSE, WEISS

Dieser hohe und aufrechte Strauch trägt weiche, gefüllte, kugelförmige Blüten, die mittelgroß und rötlich überhaucht sind. Der Flor erneuert sich nicht. Der Strauch eignet sich sehr gut für die Gärten von Ferienhäusern. **ZONEN 4–11.**

KEW GARDENS, GROSSBRITANNIEN, 1797
ROSA ALBA × R. CENTIFOLIA

'Maigold' *(unten)*

Syn. 'Maygold'

STRAUCHROSE, GOLDGELB

Diese Sorte kann man als Strauch oder als Kletterrose verwenden. Die Blüten kommen schon sehr früh, was diese Rose von 'Frühlingstag' oder 'Frühlingsgold' geerbt hat. Die halb gefüllten Blüten haben eine satte orangebronzene Farbe und bestehen aus nur 14 Petalen. Sie haben einen Durchmesser von 10 cm, sind becherförmig und duften stark. Nach dem ersten Flor folgen nur wenige Blüten nach. Die aufrecht wachsende Pflanze hat zahlreiche Stacheln und glänzendes Laub, das anfällig für Sternrußtau ist. 'Maigold' hält sich in kühlen Klimazonen am besten; in warmen Gegenden leitet sie die Rosensaison ein und blüht zwar nur kurz aber schön. **ZONEN 4–11.**

KORDES, DEUTSCHLAND, 1953
'POULSEN'S PINK' × 'FRÜHLINGSTAG' BZW. 'MCGREDY'S WONDER' × 'FRÜHLINGSGOLD'
ADR-ROSE 1953, NATIONAL ROSE SOCIETY TRIAL GROUND CERTIFICATE

'Majorette' MEIpiess *(rechts)*
Syn. 'Majorette 86'
ZWERGROSE, REIN ROT, ÖFTER BLÜHEND

Die wunderschönen scharlachroten Blüten mit ihrer gelblich weißen Mitte erscheinen in kleinen Büscheln auf kräftigen, geraden Stielen und heben sich angenehm vom glänzend grünen, gesunden Laub ab. Die Blüten können in kühlen Klimazonen etwas größer werden. Ihre Erneuerung erfolgt rasch, nach etwa drei Wochen, und die Farbe ist in den meisten Klimazonen wetterfest.
ZONEN 5–11.

MEILLAND, FRANKREICH, 1986
'MAGIC CARROUSEL' × ('GRUMPY' × 'SCARLETTA')
GLASGOW SILBERMEDAILLE 1992

'Malaga' *(links)*
GROSSBLUMIGE KLETTERROSE, DUNKELROSA, ÖFTER BLÜHEND

Die Blüten dieser Sorte sind rosarot und bestehen aus 35 großen Petalen, die sich aus hübschen Knospen zu einer ziemlich ungleichmäßigen, gut duftenden Blüte entfalten. Oft sitzen sie in kurzstieligen Büscheln, manchmal erscheinen sie auch einzeln. Die Rose eignet sich als Kaskadenrose sowie für Mauern oder Zäune; sie erneuert ihre Blüten den ganzen Sommer und Herbst hindurch. 'Malaga' hat einen aufrechten, reich verzweigten Wuchs, wird mittelhoch und ist mit glänzendem, dunkelgrünem Laub bedeckt.
ZONEN 4–9.

MCGREDY, GROSSBRITANNIEN, 1971
('HAMBURGER PHOENIX' × 'DANSE DU FEU') × 'KOPENHAGEN'

'Maman Cochet' *(oben)*
ALTE R., TEEROSE, ROSA+, ETWAS NACHBLÜHEND

Spitze Knospen öffnen sich zu hellrosa Blüten mit dunklerer Mitte und gelber Basis. Die 10 cm großen, becherförmigen, gefüllten Blüten haben eine hohe Mitte. Die mittleren Petalen bilden eine Rosette; bei feuchtem Wetter entstehen leicht Mumien. Den Duft bezeichnen manche als Teerosenduft, andere als Veilchenduft. 'Maman Cochet' gedeiht noch gut in mageren Böden, eignet sich als Kübelpflanze und ist eine ausgezeichnete Schnittblume. Die mit hakenförmigen Stacheln besetzten Triebe tragen olivgrüne, ledrige Blätter. Ohne Beschnitt wird 'Maman Cochet' bis zu 2 m hoch. **'Climbing Maman Cochet'** (Upton, 1909) erreicht schnell eine Höhe von 3,5 m. **ZONEN 5–10.**

COCHET, FRANKREICH, 1893

'MARIE VAN HOUTTE' × 'MME LOMBARD'

'Mandarin'
FLORIBUNDA, ROT, ÖFTER BLÜHEND

Die Knospen von 'Mandarin' sind eiförmig, und die halb gefüllten Blüten haben eine lebendige mandarinrote Farbe. Sie stehen in großen Büscheln, bilden mit 18 Petalen eine hohe Mitte und duften; die Blütenproduktion ist gut. Das Laub der wuchsfreudigen und aufrechten Pflanze ist gesund und glänzend. 'Mandarin' eignet sich hervorragend für Hecken und Rabatten, doch trifft man sie heute nur noch sehr selten an.
ZONEN 5–10.

BOERNER, USA, 1951

SPORT VON 'LILETTE MALLERIN' × SÄMLING EINER ROTEN FLORIBUNDAROSE

'Mandarin' KORcelin *(unten)*
ZWERGROSE, ORANGE+, ÖFTER BLÜHEND

Die attraktiven, gefüllten, orangerosa Blüten öffnen sich becherförmig, werden jedoch mit der Zeit flacher. Die äußeren Petalen verfärben sich allmählich zunehmend rosa. Das sehr dunkelgrüne Laub hebt die Blüten besonders hervor.
ZONEN 5–10.

KORDES, DEUTSCHLAND, 1987

ELTERN UNBEKANNT

GLASGOW GOLDMEDAILLE 1994, DUBLIN CERTIFICATE OF MERIT

'Manettii' *(unten)*

Syn. *Rosa × noisettiana manettii*

ALTE R., NOISETTEROSE, HELLROSA

Die zarten rosafarbenen Blüten mit der purpurnen Übertönung zieren einen wuchsfreudigen Strauch, den man häufig auf Friedhöfen findet. Die überhängenden, dunkelbraunen Triebe sind mit intensiv duftenden Blättern besetzt. 'Manettii' lässt sich leicht durch Stecklinge vermehren, die gut austreiben.

ZONEN 4–11.

MANETTI, ITALIEN, UM 1820; EINGEFÜHRT VON RIVERS, GROSSBRITANNIEN, 1835

ELTERN UNBEKANNT

'Mannheim' *(oben)*

STRAUCHROSE, DUNKELROT, ÖFTER BLÜHEND

'Mannheim' ist eine aufrechte, buschige Pflanze, die fortlaufend große Büschel aus gefüllten, karminroten Blüten bildet, die sich gut erneuern. Ihr Laub ist gesund, ledrig und dunkelgrün. Dieser an eine Floribundarose erinnernde Strauch eignet sich für Hecken, macht sich aber auch gut in gemischten Rabatten zwischen anderen Stauden und Sträuchern.

ZONEN 4–11.

KORDES, DEUTSCHLAND, 1958

'RUDOLPH TIMM' × 'FANAL'

'Manou Meilland' MEItulimon (oben)
TEEHYBRIDE, MAUVE/DUNKELROSA, ÖFTER BLÜHEND

Diese Rose besitzt starke Ähnlichkeit mit 'Baronne Edmond de Rothschild' und hat wie diese veilchenrosafarbene, unterseits silberne Blüten, doch bleibt 'Manou Meilland' niedriger und wächst eher in die Breite. Die großen, becherförmigen, mit 50 Petalen gefüllten Blüten stehen in kleinen Büscheln; sie halten sich sehr gut, ohne an Farbe einzubüßen. Das üppige Laub ist dunkelgrün und glänzend. 'Manou Meilland' eignet sich hervorragend als Rabattenrose und Hochstamm.
ZONEN 5–11.

MEILLAND, FRANKREICH, 1980

('BARONNE EDMOND DE ROTHSCHILD' × 'BARONNE EDMOND DE ROTHSCHILD') × ('MA FILLE' × 'LOVE SONG')

PARIS GOLDMEDAILLE 1977, MADRID GOLDMEDAILLE 1978, NEUSEELAND GOLDMEDAILLE 1980

'Manning's Blush'
ALTE R., RUBIGINOSA-HYBRIDE, WEISS, ETWAS NACHBLÜHEND

Die weißen, duftenden, dicht gefüllten Blüten dieser Rose sind rosa überhaucht und öffnen sich flach. Wie viele Rubiginosa-Hybriden blüht auch diese Rose zu Beginn des Frühjahrs, und nur einige Blüten erneuern sich im Herbst. Die überhängenden Triebe dieses dichten, kräftigen Strauches sind mit kleinen, duftenden Blättern besetzt. 'Manning's Blush' ist sehr krankheitsfest, gedeiht gut in mageren Böden und wird ungeschnitten 1,5 m hoch. Sie ist gut geeignet für naturnahe Gärten und fühlt sich an halbschattigen wie auch sonnigen Standorten gleichermaßen wohl.
ZONEN 4–11.

VOR 1799

ELTERN UNBEKANNT

'Many Happy Returns' HARwanted
(rechts)
Syn. 'Prima'
STRAUCHROSE, ROSA+/
HELLROSA, ÖFTER BLÜHEND

Die halb gefüllten, zartrosa Blüten stehen in großen Büscheln und halten sich gut. Das sehr gesunde, mittelgrüne Laub bildet einen schönen Hintergrund zu den hellen Blüten. Wenn man Verwelktes nicht entfernt, bilden sich viele rundliche, hellrote Hagebutten, die zwar zusammen mit den Herbstblüten hübsch aussehen, die Nachblüte jedoch bremsen. Die Blütenproduktion ist ansonsten sehr gut und anhaltend. Die breitbuschige Rose macht sich neben Stauden und Zwiebelgewächsen gut in einer gemischten Rabatte. **ZONEN 5–10.**

HARKNESS, GROSSBRITANNIEN, 1991

'HERBSTFEUER' × 'PEARL DRIFT'

COURTRAI SILBERMEDAILLE 1987, GENF GOLDMEDAILLE UND PREIS 1987, MONZA SILBERMEDAILLE UND PREIS 1987, ROYAL NATIONAL ROSE SOCIETY TRIAL GROUND CERTIFICATE 1988

'Marbrée' *(oben)*
ALTE R., PORTLANDROSE, ROT+, ETWAS NACHBLÜHEND

Marmorierte, etwa 8 cm große Blüten erscheinen in ziemlich großen Büscheln auf länglichen Stielen. Sie sind stark gefüllt; jedes der großen, purpurkarminroten Blütenblätter ist rosa gesprenkelt. Völlig geöffnet kommt eine Reihe gelber Staubgefäße zum Vorschein. Nach dem ersten großzügigen Flor im Juni lässt sich die Rose Zeit, bis sie im Frühherbst etwas nachblüht. 'Marbrée' duftet nach Rosenöl. Für eine Portlandrose ist sie ziemlich groß; ihre üppigen Blätter sind dunkelgrün, lang und spitz zulaufend. Sie eignet sich als Rabatten- und Heckenrose. **ZONEN 5–10.**

MOREAU & ROBERT, FRANKREICH, 1858

ELTERN UNBEKANNT

'Marcel Bourgouin' *(oben)*
Syn. 'Le Jacobin'
ALTE R., GALLICA-ROSE, MAUVE

Die dunkelroten, samtigen Blüten werden im Alter grauviolett, wobei die Petalenunterseiten deutlich blasser wirken. Die recht flachen Blüten erscheinen im Frühsommer, sind locker gefüllt und duften sehr gut. Das Laub auf dem bis zu 1,5 m hohen, aufrechten Strauch ist dunkel und samtig. Kenner dieser Rose empfinden 'Marcel Bourgouin' als eigenwillig und pflegebedürftig. Sie ist dennoch eine wirkungsvolle Heckenrose, die magere Böden bevorzugt und auch etwas Halbschatten verträgt. **ZONEN 4–10.**

CARBOEUF, FRANKREICH, 1899

SÄMLING VON 'BLANCHE MOREAU'

'Märchenland'
Syn. 'Exception'
FLORIBUNDA, ORANGE+, ÖFTER BLÜHEND

Diese Rose trägt rosarote und lachsfarben getönte Blüten, diese sind halb gefüllt, haben 18 Petalen und stehen in großen Büscheln mit bis zu 40 Einzelblüten. Die spürbar duftenden Blumen sind ein Blickfang im Frühjahr und erneuern sich im Sommer und im Herbst. Die Pflanze ist wuchsfreudig, von aufrechter Gestalt und trägt viele dunkelgrüne, gesunde Blätter. 'Märchenland' ist eine herausragende Hecken- oder Rabattenrose und zusammen mit Stauden in gemischten Rabatten oder in Gebüschen am besten geeignet. **ZONEN 5–10.**

TANTAU, DEUTSCHLAND, 1951

'SWANTJE' × 'HAMBURG'

NATIONAL ROSE SOCIETY TRIAL GROUND CERTIFICATE 1952

'Marchesa Boccella' *(oben)*
Syn. 'Jacques Cartier', 'Marquise Boccella',
'Marquise Boçella'
ALTE R., REMONTANTROSE, HELLROSA, ETWAS NACHBLÜHEND

Die Blüten dieser Rose entwickeln sich aus festen Knospen mit federähnlichen Kelchblättern. Sie stehen in engen Büscheln und öffnen sich zu stark gefüllten und gevierteilten Blüten, oft mit einem Knopfauge in der Mitte. Die stark duftenden, zart rosafarbenen Blüten sind etwa 8 cm groß und werden vom Juni bis zum Spätherbst hervorgebracht. Der aufrechte, robuste Strauch erreicht eine Höhe von bis zu 1,2 m. Seine Triebe sind mit vielen Stacheln besetzt, einige kräftigere Triebe können auch bis zu 1,5 m lang werden. Das Laub ist nach dem Austrieb hellgrün und wird mit zunehmendem Alter blaugrün; manchmal ist es gewellt. **ZONEN 4–9.**

DESPREZ, FRANKREICH, 1842

ELTERN UNBEKANNT

'Marchioness of Londonderry'
ALTE R., REMONTANTROSE, HELLROSA, ETWAS NACHBLÜHEND

Diese Rose ist elfenbeinweiß mit rosafarbenem Überzug. Die mit 50 Petalen gut gefüllten, becherförmigen Blüten haben eine hohe Mitte, sind groß, kugelförmig und duften. Die Petalen der an aufrechten Stielen sitzenden Blüten sind groß, dick und zurückgebogen, so dass sie wie Teehybriden aussehen. Der kräftige Strauch wird bis zu 2 m hoch und trägt große, mattgrüne Blätter. Auf gute Pflege reagiert der Busch mit einer reichlichen Nachblüte. Zudem kommt 'Marchioness of Londonderry' hervorragend in der Vase zur Geltung. **ZONEN 5–10.**

DICKSON, GROSSBRITANNIEN, 1893

SÄMLING VON 'BARONNE ADOLPHE DE ROTHSCHILD'

'Maréchal Davoust'

(rechts)
Syn. 'Maréchal Davout'
ALTE R., MOOSROSE, REIN ROSA

Die stark duftenden Blüten dieser Sorte haben eine hohe Mitte und sind von dunklem Karminrot, das sich fast ins Purpurrote verdunkelt. Sie sind mit Petalen gefüllt, deren Unterseiten weiß gefärbt sind, so dass sie im zurückgebogenen Zustand wie gesprenkelt aussehen. Der im Sommer reichlich blühende Strauch ist krankheitsfest und wird in guten Böden bis zu 1,5 m hoch. Die Stiele sind mit bräunlich purpurroten Stoppeln überzogen und tragen etwas derbes, dunkelgrünes Laub. Die Pflanze bildet eine wirkungsvolle Hecke, wobei sie aber auch auf mageren Böden gedeiht. 'Maréchal Davoust' kann zudem als Kübelpflanze verwendet werden.
ZONEN 4–11.

ROBERT, FRANKREICH, 1853
ELTERN UNBEKANNT

'Maréchal Niel'

(oben)
ALTE R., NOISETTEROSE, REIN GELB, ETWAS NACHBLÜHEND

Diese angesehene Rose hat große, goldgelbe Blüten, die sich büschelweise auf schwachen Stielen entwickeln, und wird am besten dort angepflanzt, wo man sie gut von unten betrachten kann. Da sie sich gut für Spaliere oder Pergolen eignet, wird sie dann auch meistens als Kletterrose gezogen. Die Blüten verströmen einen intensiven Teerosenduft und sind hervorragende Schnittblumen. Auch als Strauch gezogen trägt sie weiche, dunkelgrüne Blätter, hat eine glatte Rinde und viele dunkelrote, hakenförmige Stacheln. Im Halbschatten macht sich diese Rose sehr gut, doch benötigt man in diesem Fall etwas Geduld. **ZONEN 6–11.**

PRADEL, FRANKREICH, 1864
SÄMLING VON 'ISABELLA GRAY'

'Margaret' *(rechts)*
TEEHYBRIDE, ROSA+, ÖFTER BLÜHEND

'Margaret' ist selbst nach über 40 Jahren im Handel noch immer eine gute Beetrose. Die großen, gut geformten Knospen öffnen sich zu schön geformten, lange blühenden, stark gefüllten Blüten. Sie sind leicht kugelförmig, rosafarben mit silbrig rosafarbener Unterseite und duften intensiv. Die Blütenproduktion ist ausgezeichnet, und es treten nur sehr selten Krankheiten auf. Die wuchsfreudige Pflanze trägt üppiges Laub und kann als Hecke oder in Beete und Rabatten gepflanzt werden. ZONEN 5–11.

DICKSON, GROSSBRITANNIEN, 1954
SÄMLING VON 'MAY WETTERN' × 'SOUVENIR DE DENIER VAN DER GON'

GOLDMEDAILLE DER NATIONAL ROSE SOCIETY 1954

'Margaret Merril'
HARkuly *(unten rechts)*
FLORIBUNDA, WEISS, ÖFTER BLÜHEND

Die mit knapp 30 Petalen gefüllten, bis 10 cm großen, weißen Blüten besitzen eine hohe, etwas dunkler getönte Mitte. Die Blütenblätter sind sehr schwer und duften stark. Das üppige, leicht gewellte Laub ist glänzend, und die großen Blätter reichen sehr nahe an die Blüten heran, wodurch 'Margaret Merril' hochschultrig wirkt – was aber auch zur Perfektion der frischen Blüten beiträgt. Am besten gedeiht diese Sorte in kühleren Klimazonen, verträgt aber auch andere Klimabedingungen und eignet sich sehr gut als Beetrose ohne besondere Krankheitsprobleme. Die Blütenproduktion auf den kurzen bis mittellangen Stielen ist außergewöhnlich hoch, und auch die Erneuerung der Blüten ist bemerkenswert. ZONEN 5–11.

HARKNESS, GROSSBRITANNIEN, 1978
('RUDOLPH TIMM' × 'DEDICATION') × 'PASCALI'

GENF GOLDMEDAILLE 1978, MONZA GOLDMEDAILLE 1978, ROM GOLDMEDAILLE 1978, EDLAND-DUFTPREIS DER ROYAL NATIONAL ROSE SOCIETY 1978, NEUSEELAND GOLDMEDAILLE UND DUFTPREIS 1982, JAMES MASON-MEDAILLE DER ROYAL NATIONAL ROSE SOCIETY 1990, AUCKLAND DUFTPREIS 1992

'Margo Koster' (unten)
Syn. 'Sunbeam'
POLYANTHAROSE, ORANGE+, ÖFTER BLÜHEND

Diese Rose ist ein Sport von 'Dick Koster'. Ihre Blüten sind lachsrosa, klein und becherformig und stehen in kleinen, dicht gepackten Büscheln. Wie bei vielen Polyantharosen kann auch hier Mehltau zum Problem werden. Die Pflanze ist klein, aber wuchsfreudig und blüht nach einem späten Beginn der Blütezeit bis in den Herbst hinein.
ZONEN 4–11.

KOSTER, NIEDERLANDE, 1931
SPORT VON 'DICK KOSTER'

'Marguerite Hilling' (unten links)
Syn. 'Pink Nevada'
STRAUCHROSE, REIN ROSA, ETWAS NACHBLÜHEND

Diese Rose, die in Hillings Nursery entstand, besitzt alle Eigenheiten ihrer Elternsorte 'Nevada'. 'Marguerite Hilling' wächst zu einem großen, wuchernden Busch heran und bringt an den überhängenden Trieben große Mengen von beinahe einfachen, dunkelrosa Blüten hervor. Ihr Holz weist einen dunklen Pflaumenton auf, das üppige Laub ist hellgrün. Die Pflanze blüht oft schon Ende Mai und dann wieder im August sehr reichlich und zählt zu den besten aller Strauchrosen. Sie muss wenig zurückgeschnitten werden, nur hin und wieder sollte altes Holz entfernt werden, damit neues nachwachsen kann. 'Nevada' ist eine Züchtung von Pedro Dot, der noch viele andere moderne Rosen mit leuchtenden Farben kreierte.
ZONEN 4–11.

HILLING, GROSSBRITANNIEN, 1959
SPORT VON 'NEVADA'
ROYAL HORTICULTURAL SOCIETY AWARD OF GARDEN MERIT 1993

'Maria Lisa'
ALTE R., RAMBLERROSE, MULTIFLORA-HYBRIDE, ROSA+

Bei dieser Rose handelt es sich um eine späte, 4 m hohe Ramblerrose, die seit gut 20 Jahren in deutschen Parks und Gärten wiederholt gepflanzt wurde. Die wuchsfreudige Pflanze ist von großen Rispen mit kleinen, einfachen, duftenden Blüten überzogen. Die Blüten sind hellrot mit einer weißen Mitte sowie gelben Staubgefäßen und sind besonders lange haltbar. Die biegsamen Triebe lassen sich leicht an Pergolen oder Spalieren ziehen. Die Pflanze hat mittelgrüne, ledrige Blätter und einige Stacheln. 'Maria Lisa' blüht im Juni und ist recht krankheitsfest. **ZONEN 4–11.**

LIEBAU, FRANKREICH, 1936

ELTERN UNBEKANNT

'Mariandel' KORpeahn *(unten)*
Syn. 'Carl Philip Kristian IV', 'The Times Rose'
FLORIBUNDA, ROT, ÖFTER BLÜHEND

Die halb gefüllten, intensiv hellroten Blüten erscheinen in wohlgeordneten Büscheln, die auch windiges Wetter vertragen. Sowohl bei großer Hitze als auch bei kälteren Temperaturen behalten die Blüten ihre Form und Farbe gut. Die zahlreichen Blätter sind dunkelgrün, matt glänzend und nach dem Austrieb rot getönt. **ZONEN 5–10.**

KORDES, DEUTSCHLAND, 1986

'TORNADO' × 'REDGOLD'

ROYAL NATIONAL ROSE SOCIETY PRESIDENT'S INTERNATIONAL TROPHY 1982, BELFAST CERTIFICATE OF MERIT 1986, GOLDENE ROSE VON DEN HAAG 1990, ROYAL HORTICULTURAL SOCIETY AWARD OF GARDEN MERIT 1993

'Marie de Blois'
(rechts)
ALTE R., MOOSROSE, REIN ROSA,
ETWAS NACHBLÜHEND

Die zunächst mit rötlichem Moos überzogenen Knospen dieser Sorte öffnen sich zu rosafarbenen Blüten mit zurückgebogenen Petalen. Die krausen Blüten sind kugelförmig, gefüllt und locker; sie erscheinen meist in Büscheln und erneuern sich während der Blühperiode hin und wieder. Der krankheitsfeste Busch trägt leuchtend grünes Laub und gedeiht noch gut in mageren Böden. Auf 1,5 m zurückgeschnitten wird er zu einer wirkungsvollen Hecke. Moosrosen sind Mutationen von Zentifolien; das Moos überzieht die Stiele der Blüten, den Blütenkelch, die Kelchblätter und sogar deren Fiederblättchen.
ZONEN 4–10.
ROBERT, FRANKREICH, 1852
ELTERN UNBEKANNT

'Marie de Saint Jean' *(rechts)*
Syn. 'Marie de St Jean'
ALTE R., PORTLANDROSE, WEISS,
ETWAS NACHBLÜHEND

Die ausgezeichneten weißen, dunkelrosa schattierten Knospen dieser Sorte öffnen sich zu rein weißen, gefüllten, prallen Blüten. Die äußeren Petalen sind größer als die inneren, und die Mitte der Blumen ist ungeordnet. Die Blüten sind, vollständig geöffnet, dunkelrosa gesäumt, etwa 8 cm groß und duften stark. Die Rose hat eine lange Blühperiode im Juni und blüht im Herbst etwas nach. Sie ist eine aufrechte, wuchsfreudige Pflanze und mit graugrünem Laub bedeckt. Ihre Rinde ist hellgrün, und die dünnen Triebe sind mit vielen Stacheln besetzt. **ZONEN 5–11.**
DAMAIZIN, FRANKREICH, 1869
ELTERN UNBEKANNT

'Marie Dermar'

(rechts)
ALTE R., NOISETTEROSE, HELL-GELB, ETWAS NACHBLÜHEND

Die creme- und fleischfarbenen Blüten von 'Marie Dermar' zeigen bei völliger Öffnung eine gelbliche Tönung. Die Petalen der gefüllten, mittelgroßen Blüten biegen sich nach hinten und verströmen einen angenehmen Duft. Der aufrechte Wuchs dieser mäßig kletternden Rose macht sie zu einer guten Wahl für kleine Säulen oder Pergolen. Die Pflanze trägt hübsches Laub und blüht recht lange im Juni. **ZONEN 5–10.**

GESCHWIND, ÖSTERREICH-UNGARN, 1889

SÄMLING VON 'LOUISE D'ARZENS'

'Marie-Jeanne'

(rechts)
POLYANTHAROSE, WEISS, ÖFTER BLÜHEND

Die Blüten sind sehr blassrot und erscheinen in großen Büscheln mit bis zu 60 wohlgeformten Einzelblüten, die sich auf dem Busch gut halten. Im Frühjahr ist der Flor üppig, er hält im Sommer kontinuierlich an und wird im Herbst durch schöne Hagebutten abgelöst. Für eine Polyantharose wächst diese leicht duftende Rose recht hoch und ist zudem sehr ausladend. Das Laub glänzt hellgrün und zeigt nach dem Austrieb eine bronzefarbene Tönung. Die wuchsfreudige Pflanze kann ohne Schnitt zu einem kleinen Strauch heranwachsen. Sie eignet sich gut für Rabatten oder Hecken und kann auch zwischen Stauden mit ähnlicher Färbung gesetzt werden. **ZONEN 4–11.**

TURBAT, FRANKREICH, 1913

ELTERN UNBEKANNT

'Marie Louise'
(unten)

ALTE R., DAMASZENERROSE, REIN ROSA

Diese früh blühende, rosafarbene, mauve getönte Rose soll um 1811 im Park von Schloss Malmaison entstanden sein, das der wohl berühmtesten Frau der Rosengeschichte, der französischen Kaiserin Josephine, der ersten Frau von Napoleon I., gehörte. Die köstlich duftenden, gefüllten Blüten sind flach, haben ein Knopfauge und verblassen mit der Zeit zu Weiß. Sie erscheinen in ziemlich großen Büscheln an den Enden der überhängenden Stiele, die besonders bei Regen unter der Last der großen und zahlreichen Blüten bis zum Boden reichen können. Der weichtriebige Strauch hat dunkle, bräunlich grüne, mäßig mit Stacheln besetzte Triebe und üppiges Laub. Er gedeiht auch noch gut in mageren Böden. Mit einer Höhe von 1,2 m eignet er sich als Kübelpflanze und kann zudem einige Jahre ohne Pflege auskommen. Marie Louise, die Namensgeberin, war die zweite Frau Napoleons. **ZONEN 5–10.**

VOR 1813

ELTERN UNBEKANNT

'Marie Pavié' *(links)*
Syn. 'Marie Pavic'

POLYANTHAROSE, WEISS, ÖFTER BLÜHEND

Die Knospen dieser Rose sind klein und sehr schön geformt. Die Blüten kommen in kleinen Büscheln aus dem Laub hervor und sind blassrosa mit einem leicht dunkleren Farbton in der Mitte. Die Pflanze blüht besonders reich, und die Blüten halten sich lange. Ihr Wuchstyp und die Form der Blütenbüschel entsprechen eher den China- als den Polyantharosen. Sie wächst buschig, trägt dunkelgrüne Blätter und nur sehr wenig Stacheln. Diese Rose, die in kleinen Gärten vielseitig einsetzbar ist, eignet sich hervorragend für niedrige Hecken, Rabatten oder kleine Beete und kommt auch wunderschön in einer gemischten Rabatte zur Geltung. **ZONEN 4–11.**

ALÉGATIÈRE, FRANKREICH, 1888

ELTERN UNBEKANNT

'Marie van Houtte' *(rechts)*
Syn. 'Mlle Marie van Houtte', 'The Gem'
ALTE R., TEEROSE, ROSA+, ETWAS NACHBLÜHEND

Mit zwei ausgezeichneten Elternsorten kann sich eine Rose wie diese kaum der öffentlichen Aufmerksamkeit entziehen. Die wachsartigen Knospen öffnen sich zu wunderschönen, dunkel cremefarbenen und rosa überhauchten Blüten mit gelblichem Grund; in der Sonne wird die Farbe zu Dunkelrosa. Die großen duftenden Blüten sind stark gefüllt und haben eine hohe Mitte. Die Pflanze trägt ledrig dunkelgrünes Laub und zahlreiche Stacheln, liebt Sonne und leidet bei Regen; wegen ihres niedrigen Wuchses eignet sie sich gut als Kübelpflanze. Unter professionellen Gärtnern galt sie einst als wertvollste weiße Rose. Gewidmet ist sie der jungen Flämin Marie van Houtte aus Gent. **'Climbing Marie van Houtte'** (Thomasville Nurseries Inc., USA, 1936) wächst in kürzester Zeit bis zu 3 m hoch und gleicht ansonsten ihrer Elternsorte. Zurzeit ist sie offenbar nicht mehr im Handel. **ZONEN 6–11.**

DUCHER, FRANKREICH, 1871

'MME DE TARTAS' × 'MME FALCOT'

'Marina' RinaKOR *(oben)*
FLORIBUNDA, ORANGE+, ÖFTER BLÜHEND

Diese bezaubernde Gartenrose ist auch eine perfekte Schnittrose, die ihre Farbe gut hält. Die schön geformten Knospen sind lebhaft orange mit einem gelben Petalengrund. Die gefüllten, mittelgroßen, duftenden Blüten bestehen aus 30 Petalen und stehen in Büscheln. Der Busch wächst aufrecht bis in mittlere Höhe und trägt glänzende, dunkelgrüne Blätter. 'Marina' ist recht blühwillig, gesund und eignet sich als Beetrose, für Rabatten oder auch als Hecke. **ZONEN 5–10.**

KORDES, DEUTSCHLAND, 1974

'KÖNIGIN DER ROSEN' × SÄMLING

ALL-AMERICAN ROSE SELECTION 1981

'Marjorie Atherton' *(links)*
TEEHYBRIDE, REIN GELB, ÖFTER BLÜHEND

Diese Rose hat den aufrechten Wuchs von 'Mount Shasta' geerbt, die prallen Knospen sowie das ausgezeichnete Laub hingegen von 'Gloria Dei'. Ihre Farbe ist ein zartes Maisgelb, das sich gut hält. Die großen, eiförmigen Knospen öffnen sich zu lange haltbaren, mit 25 Petalen gefüllten Blüten und einer wunderschönen, rundlichen Form. Die Blütenproduktion ist recht gut. Die Pflanze trägt blassgrünes Laub und ist krankheitsfest. **ZONEN 5–10.**

BELL, AUSTRALIEN, 1977

'MOUNT SHASTA' × 'GLORIA DEI'

'Marjorie Fair' HARhero *(links)*
Syn. 'Red Ballerina', 'Red Yesterday'
STRAUCHROSE, ROT+, ÖFTER BLÜHEND

Diese ausgezeichnete karminrote Strauchrose hat kleine, einfache Blüten mit nur 5 Petalen und einem auffallend weißen Auge. Sie blühen in kleinen bis sehr großen Büscheln und erstaunlich kontinuierlich. Die Blüten halten sich gut, verblassen nicht und besitzen einen leichten Duft. Die sehr dicht und buschig wachsende Pflanze trägt gesundes, üppiges, hellgrünes Laub und wird mäßig groß. 'Marjorie Fair' eignet sich als höherer Bodendecker und als Hecke, wirkt aber auch in gemischten Rabatten unter Stauden und anderen Sträuchern. Bei warmer Witterung leidet sie manchmal unter Milben. **ZONEN 4–10.**

HARKNESS, GROSSBRITANNIEN, 1977

'BALLERINA' × 'BABY FAURAX'

ERSTER PREIS VON KOPENHAGEN 1977, NORDROSE GOLDMEDAILLE 1977, ROM GOLDMEDAILLE 1977, ROYAL NATIONAL ROSE SOCIETY TRIAL GROUND CERTIFICATE 1977, BADEN-BADEN GOLDMEDAILLE 1979, ADR-ROSE 1980, PRIX DE PARIS-PAYSAGE 1988

'Marjory Palmer'
(rechts)
POLYANTHAROSE, REIN ROSA, ÖFTER BLÜHEND

'Marjory Palmer' wächst ausladend, trägt große, attraktive glänzende Blätter und gefüllte, intensiv rosa Blüten, die sich flach und geviertelt öffnen und außergewöhnlich duften. Die Pflanze ist sehr gesund, und die Nachblüte erfolgt meist sehr schnell. Diese Sorte ist eine exzellente Rabattenrose, kann aber auch als lange blühende, niedrige Hecke gepflanzt werden. In jüngerer Zeit wurde ein blassrosa Sport dieser Rose unter Bezeichnung 'Alister Clark' eingeführt.
ZONEN 4–11.

CLARK, AUSTRALIEN, 1936

'JERSEY BEAUTY' × SÄMLING

'Marlena' *(oben)*
FLORIBUNDA, ROT, ÖFTER BLÜHEND

'Marlena' ist eine der besten niedrigen Floribundarosen. Die halb gefüllten Blüten haben 18 Petalen und sind karmin- bis scharlachrot. In der Knospe sind sie schön geformt und öffnen sich zu flachen, vollen Blüten von guter Substanz und halten die Farbe gut. Die Blüten erscheinen zu 5–15 in kleinen Büscheln und bedecken den ganzen Busch. 'Marlena' eignet sich bestens für niedrige Rabatten oder Hecken, wobei die einzelnen Pflanzen nicht mehr als 45 cm voneinander entfernt gepflanzt werden sollten, damit ein geschlossenes rotes Band entsteht.
ZONEN 5–10.

KORDES, DEUTSCHLAND, 1964

'GERTRUD WESTPHAL' × 'LILLI MARLEEN'

BADEN-BADEN GOLDMEDAILLE 1962, ADR-ROSE 1964, BELFAST GOLDMEDAILLE 1966

'Martha' *(unten)*
Syn. 'Marthe'
ALTE R., BOURBONROSE, ROSA+, ETWAS NACHBLÜHEND

Vom Frühsommer bis zum Herbst trägt diese sehr beliebte, wunderschöne Gartenrose an langen Trieben reich blühende dunkelrosa bis mauvefarbige, gefüllte Blüten. Die stachelfreien Triebe lassen sich leicht an Spalieren oder Zäunen ziehen. Die Pflanze trägt dunkelgrünes, glänzendes Laub, gedeiht gut auf mageren Böden und verträgt auch etwas Schatten. Sie duftet stark und ist sowohl winter- als auch krankheitsfest. **ZONEN 5–10.**
KNUDSEN, FRANKREICH, 1912
SPORT VON 'ZÉPHIRINE DROUHIN'

'Martin Frobisher'
(unten)
RUGOSA-HYBRIDE, HELLROSA, ÖFTER BLÜHEND

Diese kanadische Sorte stammt von Rosen ab, die harte Winter gut vertragen, und zählt somit zu den besten Rosen für kältere Klimazonen; dennoch gedeiht sie aber auch in wärmeren Gegenden. Die hohe, aufrechte Pflanze trägt deutlich graugrüne Blätter. Die schön geformten Knospen öffnen sich zu duftenden Blüten, die mit 25 blassrosa Petalen gefüllt sind. Laub und Blüten erinnern an Alba-Rosen. 'Martin Frobisher' hat sehr wenig Stacheln und eignet sich hervorragend als Hecke. **ZONEN 3–11.**
SVEDJA, KANADA, 1968
'SCHNEEZWERG' × SÄMLING

'Mary Guthrie'

(rechts)
POLYANTHAROSE, REIN ROSA,
ÖFTER BLÜHEND

Diese Rose trägt einfache, duftende Blüten mit hervorstehenden Staubgefäßen. Die Blüten erscheinen in kleinen bis großen Büscheln, sind kirschrot gefärbt und blühen reich und kontinuierlich. Die niedrige, untersetzte Pflanze trägt mattgrünes Laub und ist krankheitsfest. ZONEN 5–11.

CLARK, AUSTRALIEN, 1929
'JERSEY BEAUTY' × 'SCORCHER'

'Mary MacKillop'

(rechts unten)
Syn. 'Mother Mary McKillop'
TEEHYBRIDE, ROSA+,
ÖFTER BLÜHEND

Diese wärmeliebende Sorte bringt über einen langen Zeitraum große Mengen schön geformter Blüten in zartem Rosa hervor – kaum ist eine Blüte verwelkt, so wächst schon eine neue nach. Ältere Blüten verblassen allerdings leicht. Die gestielten Blüten sitzen einzeln oder in kleinen Büscheln. Die Teehybride ist sehr dicht mit Laub besetzt, das sich zudem durch eine hohe Krankheitsfestigkeit auszeichnet. Für Beete und Rabatten hervorragend geeignet.
ZONEN 5–10.

SWANE, AUSTRALIEN, 1989
ELTERN UNBEKANNT

'Mary Marshall'
(rechts)
ZWERGROSE, ORANGE+,
ÖFTER BLÜHEND

Die langen, spitzen Knospen dieser Sorte öffnen sich zu sehr schön geformten, orangerosafarbenen Blüten mit einem attraktiven gelben Blütengrund. Die Blüten sind gefüllt, becherförmig, von hoher Qualität und duften; sie werden sehr rasch wieder erneuert. 'Mary Marshall' eignet sich hervorragend für Anfänger, da sie recht komplikationslos wächst und zudem vollkommen gesund ist. Sie ist zwergwüchsig und trägt kleine ledrige Blätter. **ZONEN 5–11.**

MOORE, USA, 1970

'LITTLE DARLING' × 'FAIRY PRINCESS'

AMERICAN ROSE SOCIETY AWARD OF EXCELLENCE 1975

'Mary Queen of Scots' *(rechts)*
ALTE R., PIMPINELLIFOLIA-ROSE,
REIN ROSA

Diese Sorte zählt zu den beliebtesten der unzähligen „Schottischen Rosen" (Pimpinellifolia-Rosen), die zu ihrer Glanzzeit zwischen 1790 und 1830 entstanden. In den letzten Jahren haben diese Rosen wegen ihrer Schönheit und Winterhärte wieder an Beliebtheit gewonnen. 'Mary Queen of Scots' trägt pflaumenblaue, lilagraue Knospen, die sich ab Mai mit hell- und dunkelrosa kontrastierenden, duftenden Petalen öffnen, wobei die Staubgefäße weit aus den Blüten herausragen. Die kompakte, rundliche Pflanze wird bis zu 1 m hoch und ist mit farnartigem, dichtem, sehr kleinblättrigem Laub ausgestattet. Die Stiele sind mit nur wenigen Stacheln besetzt. Im Herbst entwickeln sich aus den Blüten runde, kastanienbraune Hagebutten. Sie ist winterhart und für niedrige Hecken bzw. als Kübelpflanze gut geeignet. Die schottische Königin Maria Stuart (1540–1600), nach der die Rose benannt wurde, zählt zu den großen tragischen Frauengestalten der Weltgeschichte. **ZONEN 4–9.**

ELTERN UNBEKANNT

'Mary Rose' AUSmary
(oben)
STRAUCHROSE, REIN ROSA,
ÖFTER BLÜHEND

Die schwach duftenden Blüten dieser beliebten Rose sind kräftig rosarot mit einem lavendelfarbenen Hauch und halten sich lange. Die Blüten bilden sich am Ende langer, überhängender Triebe und öffnen sich etwas locker. Der gesunde Busch wächst gleichmäßig breit wie hoch und hat zwei ausgezeichnete Sports hervorgebracht: Die fast weiße 'Winchester Cathedral' und die rosafarbene, in der Färbung viel zartere 'Redouté'. Leider fallen die Blüten nach ihrer Entfaltung ziemlich schnell auseinander. Dieses selbstständige Abwerfen ist zwar für den Garten recht praktisch, aber als Schnittblume ist sie daher nicht geeignet.
ZONEN 4–11.
AUSTIN, GROSSBRITANNIEN, 1983
VERMUTLICH 'WIFE OF BATH' × ('THE FRIAR' ODER 'THE MILLER')

'Mary Wallace'
(rechts)
GROSSBLUMIGE KLETTERROSE,
REIN ROSA, ÖFTER BLÜHEND

Die spitzen Knospen öffnen sich zu becherförmigen, halb gefüllten, duftenden Blüten von klarer, rosaroter Farbe. Für eine Kletterrose sind diese sehr groß und halten ihre Farbe gut. Der erste Flor ist sehr üppig; während im Sommer weniger Blüten erscheinen, fällt der Herbstflor dann wieder reichhaltiger aus. 'Mary Wallace' ist wegen ihres ordentlichen Wuchses bis zu 3 m Höhe besonders in den USA zu einer beliebten Gartenrose geworden. Ihr Laub ist intensiv grün, glänzend und recht gesund. Sie eignet sich für Säulen und Pyramiden oder zum Bewuchs kleinerer Bäume. ZONEN 4–11.
VAN FLEET, USA, 1924
ROSA WICHURAIANA ×
ROSA TEEHYBRIDE

'Mary Webb'

AUSwebb *(oben)*
STRAUCHROSE, APRICOT+,
ÖFTER BLÜHEND

'Mary Webb' bringt große, tief becherförmige, herrlich duftende Blüten mit zahlreichen Petalen und in einem besonders schönen, weichen Apricot hervor. Der Flor ist kontinuierlich, doch legt diese Strauchrose zwischen den Blühperioden ziemlich lange Pausen ein. Die Pflanze ist buschig, hat lange Stiele und große, blassgrüne, krankheitsfeste Blätter. 'Mary Webb' eignet sich optimal zum Schnitt, da ihr weicher Farbton gut mit anderen Blumenfarben harmoniert.
ZONEN 4–11.

AUSTIN, GROSSBRITANNIEN, 1985
SÄMLING × 'CHINATOWN'

'Mascotte'

(rechts)
TEEHYBRIDE, REIN ROSA,
ÖFTER BLÜHEND

In der Rosenschule Meilland wurden zwei verschiedene Sorten gezüchtet, die beide den Namen 'Mascotte' tragen; die hier beschriebene Teehybride wurde zuerst auf dem Markt eingeführt. Ihre langen, spitzen Knospen sind zart rosa und lila getönt und öffnen sich zu sehr edlen Blumen. Die großen, äußerst stark duftenden Blüten haben 35 Petalen und erscheinen auf langen Stielen. Besonders attraktiv sind sie im vollständig geöffneten Zustand, da dann die lila Färbung an den Petalenrändern optisch stark hervorgehoben wird. 'Mascotte' trägt üppiges, dunkles Laub und ist recht gesund.
ZONEN 5–11.

MEILLAND, FRANKREICH, 1951
'MICHÈLE MEILLAND' ×
'PRESIDENT HERBERT HOOVER'

'Maskerade' *(unten)*
Syn. 'Masquerade'
FLORIBUNDA, ROT+,
ÖFTER BLÜHEND

Die eiförmigen Knospen öffnen sich zu kleinen, halb gefüllten Blüten, die in Büscheln aus bis zu 30 Einzelblüten auf sehr kräftigen Stielen erscheinen. Sie zeigen ein sehr beeindruckendes Farbenspiel: Zunächst sind sie hellgelb, gehen in ein Lachsrosa über und wechseln später zu einem ziemlich schmutzigem Rot. 'Maskerade' ist eine wuchskräftige, krankheitsfeste Rose mit großem, dunkelgrünem und sehr üppigem Laub, die sich wunderbar als Hecke mit einer langen Blüte eignet. Wenn man die verwelkten Blüten nicht entfernt, werden viele runde, rote Hagebutten gebildet. **'Climbing Maskerade'** (Dillan, Großbritannien, 1958) ist eine besonders wuchsfreudige Kletterrose, mit der sich ausgezeichnet hohe Säulen oder Zäune beranken lassen. ZONEN 5–11.

BOERNER, USA, 1949

'GOLDILOCKS' × 'HOLIDAY'

GOLDMEDAILLE DER NATIONAL ROSE SOCIETY 1952

'Master Hugh'
(rechts)
STRAUCHROSE, DUNKELROSA

Die Blüten erscheinen in Büscheln und haben eine satte rosarote Farbe. Ihnen folgen attraktive orangerote, krugförmige Hagebutten. Ihre Elternsorte *Rosa macrophylla* stammt aus dem Himalaja; daher überrascht es nicht, dass sie unter heißem, trockenem Wetter leidet. Das Laub auf dem sehr hohen, aufrechten Busch ist etwas dürftig. 'Master Hugh' ist eine ausgezeichnete Rose für kalte Klimazonen, wo sie bei voller Blüte sehr eindrucksvoll erscheint. ZONEN 4–10.

MASON, GROSSBRITANNIEN, 1970

SÄMLING VON *ROSA MACROPHYLLA*

ROYAL HORTICULTURAL SOCIETY AWARD OF GARDEN MERIT 1993

'Matangi' MACman
(oben)
FLORIBUNDA, ROT+, ÖFTER BLÜHEND

Die eiförmigen Knospen öffnen sich zu orangeroten Blüten mit einem silbrig weißen Auge und silberfarbenen Blütenblattunterseiten. Bei kühler Witterung sind die Farben noch intensiver. Die leicht duftenden, gefüllten Blüten haben 30 Petalen und erreichen einen Durchmesser von 9 cm. Die kräftige, aufrecht und buschig wachsende Pflanze ist mit kleinen, aber üppig wachsenden Blättern bedeckt und gesund. Die Blütenproduktion ist hervorragend, und ihre einzigartige Farbe macht diese Rose zu einer besonderen Schnittblume. ZONEN 5–10.

MCGREDY, NEUSEELAND, 1974
SÄMLING × 'PICASSO'

ROM GOLDMEDAILLE 1974,
BELFAST GOLDMEDAILLE 1976,
PORTLAND GOLDMEDAILLE 1982,
ROYAL NATIONAL ROSE SOCIETY
PRESIDENT'S INTERNATIONAL
TROPHY 1974

'Matilda' MEIbeausai
(rechts)
Syn. 'Charles Aznavour', 'Pearl of Bedfordview', 'Seduction'
FLORIBUNDA, WEISS, ÖFTER BLÜHEND

Diese Rose ist geschaffen für Klimazonen mit kühlen Sommern. Sie hat schön geformte Knospen, die sich sehr rasch zu weißen, ganz zart rosarot geränderten Blüten öffnen, welche aber bei warmer Witterung sehr schnell zu Weiß verblassen. Die großen, mit 15–20 Petalen gefüllten Blüten duften nicht. Die niedrige bis mittelhohe, buschige Pflanze trägt gesundes, dunkelgrünes und matt glänzendes Laub. Die Blütenbildung ist bemerkenswert, wobei sich die Blüten außerordentlich schnell erneuern. 'Matilda' ist eine gute Hochstammrose und kommt besonders schön im kühlen Wetter des Spätherbstes und im Frühwinter zur Geltung, wenn die Färbung länger hält. ZONEN 5–10.

MEILLAND, FRANKREICH, 1998
MEIGURAMI × 'NIRVANA'

BAGATELLE GOLDMEDAILLE 1987,
COURTRAI GOLDMEDAILLE 1987

'Matthias Meilland'
MEIfolio *(rechts)*
FLORIBUNDA, ROT,
ÖFTER BLÜHEND

Traditionell vergibt die Familie Meilland die Namen anderer Familienmitglieder immer an qualitativ hochwertige Rosen – so auch im Falle der 'Matthias Meilland', die diese Erwartungen als eine der besten hellroten Floribundarosen sicherlich erfüllt. Die nicht verblassenden Blüten sind von großartiger Substanz, mit 20–25 Petalen halb gefüllt und sitzen in wohlgeordneten Büscheln. Die äußerst üppigen Blätter sind mittelgroß, dunkelgrün, stark glänzend und recht krankheitsfest. Die Blütenproduktion dieser kräftigen, aufrechten Pflanze ist ausgezeichnet, was 'Matthias Meilland' zu einer guten Beetrose macht. **ZONEN 5–10.**

MEILLAND, FRANKREICH, 1985
('MME CHARLES SAUVAGE' × 'FASHION') × ('POPPY FLASH' × 'PARADOR')
FRANKFURT GOLDMEDAILLE 1989

'Mauve Melodée' *(oben)*
TEEHYBRIDE, MAUVE

Die mauve-rosafarbenen Knospen dieser Rose sind lang und spitz. Sie öffnen sich zu 10–12 cm breiten Blüten mit 20 Petalen, kommen meist in kleinen Büscheln und duften intensiv. Die Blumen sind jederzeit attraktiv und halten ihren Farbton besser als die meisten Sorten dieser Farbe. Sie ist wuchsfreudig, aufrecht, gesund und trägt dunkles, ledriges Laub. **ZONEN 5–11.**

RAFFEL, USA, 1962
'STERLING SILVER' × SÄMLING

'Max Graf' *(links)*
RUGOSA × WICHURAIANA-HYBRIDE, ROSA+

Diese Rose ist von großer Bedeutung, da sie für die Zucht vieler Bodendecker-, Strauch- und Kletterrosen verwendet wurde. Der deutsche Züchter Wilhelm Kordes erzielte aus einem Zufallssamen dieser sonst weitgehend sterilen, triploiden Pflanze bei gleichzeitiger Verdoppelung des Chromosomensatzes die tetraploide Arthybride *Rosa × kordesii*. Als eine der ersten Bodendeckerrosen hat sie lange, kriechende, rankende Triebe mit sehr attraktivem, gesundem und gewelltem Laub. Die schön geformten, einfachen Blüten sind zartrosa mit goldenen Staubgefäßen und kommen nur einmal im Jahr. Diese sehr winterharte Rose eignet sich sehr gut zum Bedecken von Erdwällen und Abhängen. **ZONEN 4–11.**

BOWDITCH, USA, 1919

VERMUTLICH *ROSA RUGOSA* × *R. WICHURAIANA*

'May Queen' *(links)*
RAMBLERROSE, REIN ROSA

Diese Rose trägt kurzstielige, rosarote Blüten mit einem Anflug von Lila, die schon Ende Mai oder Anfang Juni in besonders großer Zahl erscheinen. Die Blüten sind gefüllt, von mittlerer Größe, rundlich und öffnen sich zu einer gevierteleten, nostalgisch wirkenden Form. Sie besitzen einen mäßig fruchtigen Duft und geben bei jedem Wetter ein sehr schönes Bild ab. Aufgrund der biegsamen Triebe lässt sich diese Sorte für viele Zwecke im Garten einsetzen: Besonders gut eignet sie sich für Spaliere, Pergolen und Säulen. Man kann sie aber auch über niedrige Mauern und Zäune ziehen oder als Bodendeckerpflanze pflanzen. 'May Queen' ist eine wuchsfreudige, überhängende Pflanze, die sich etwas stärker ausbreitet als durchschnittliche Kletterrosen. Sie trägt viele glänzend dunkle Blätter, die anfällig für Mehltau sind. **ZONEN 4–9.**

MANDA, USA, 1898

ROSA WICHURAIANA × 'CHAMPION OF THE WORLD'

'Mayor of Casterbridge'
AUSbrid *(rechts)*
STRAUCHROSE, HELLROSA, ÖFTER BLÜHEND

Die Blüten dieser Rose sind mittelgroß, mit 40 Petalen stark gefüllt und von hübscher hellrosa Farbe. Die Blüten haben die Form einer Alten Gartenrose, stehen in kleinen Büscheln und duften herrlich. Die sehr reich blühende und gesunde Pflanze wächst aufrecht und besitzt mittelgroße, hellgrüne, ledrige Blätter. Die Stiele sind mäßig mit Stacheln besetzt. Diese auch als Englische Rose bezeichnete Sorte bildet einen schönen, runden Strauch im Garten. Benannt ist sie nach einem 1886 veröffentlichten Roman des britischen Autors Thomas Hardy.
ZONEN 5–10.
AUSTIN, GROSSBRITANNIEN, 1996
ELTERN UNBEKANNT

'Medallion' *(oben)*
TEEHYBRIDE, APRICOT+, ÖFTER BLÜHEND

Diese aus zwei ausgezeichneten Gartenrosen gezüchtete Sorte bildet lange, spitze Knospen in warmem Apricot, die wie bei der Elternsorte 'South Seas' groß und gefüllt sind. Sie öffnen sich langsam zu schön geformten, gefüllten, angenehm duftenden Blüten. 'Medaillon' ist wuchskräftig, aufrecht, sehr gesund und trägt üppiges dunkelgrünes, ledriges Laub.
ZONEN 5–10.
WARRINER, USA, 1973
'SOUTH SEAS' × 'KING'S RANSOM'
PORTLAND GOLDMEDAILLE 1972, ALL-AMERICAN ROSE SELECTION 1973

'Meg' *(unten)*
GROSSBLUMIGE KLETTERROSE, APRICOT+, ÖFTER BLÜHEND

Die 13 cm großen Blüten – für einfache Blüten eine beachtliche Größe – haben 10 Petalen und erscheinen in Büscheln. Die Erneuerung der Blüten erfolgt im Herbst reichhaltiger als nach dem ersten Flor. Die kräftige, aufrechte Pflanze trägt dunkle, glänzende Blätter. Sie eignet sich hervorragend für Säulen, Pergolen, Pyramiden oder Bögen und sieht besonders wirkungsvoll an Ziegelmauern aus; in allen nicht zu kalten Klimazonen ist 'Meg' recht beliebt. Wenn man die verwelkten Blüten nicht entfernt, entstehen im Herbst viele große, runde Hagebutten.
ZONEN 5–10.

GOSSET, GROSSBRITANNIEN, 1954
'PAUL'S LEMON PILLAR' × 'MME BUTTERFLY'
GOLDMEDAILLE DER NATIONAL ROSE SOCIETY 1954

'Meg Merrilies'
(ganz unten)
ALTE R., RUBIGINOSA-HYBRIDE, DUNKELROSA/ROT

Diese Alte Gartenrose trägt einfache Blüten mit dunkelrosa oder karminroten Petalen, die am Rand tief eingebuchtet sind. Ihr Ansatz ist weiß – ein Effekt, der durch goldgelbe Staubfadenbüschel in der Mitte zusätzlich verschönt wird. Die langen, überhängenden, mit Stacheln besetzten Triebe bevorzugen Halbschatten, wo die Blüten während des Sommerflors noch am besten zur Geltung kommen. Sowohl die Blüten als auch das Laub duften und sind krankheitsfest. Im Herbst bilden sich zahlreiche Hagebutten aus. Diese Rose ist gut geeignet für naturnahe Gärten oder auch als Hecke verwendbar. Meg Merrilies ist eine Figur aus dem Roman *Guy Mannering* von Sir Walter Scott.
ZONEN 4–9.

PENZANCE, GROSSBRITANNIEN, 1894
ROSA RUBIGINOSA × UNBEKANNTE REMONTANTROSE ODER BOURBONROSE

'Meillandina' MEIrov, MEIroy
(rechts)
ZWERGROSE, ROT, ÖFTER BLÜHEND

'Meillandina' trägt scharlachrote Blüten mit einer attraktiven, gelb kontrastierenden Mitte. Das hellgelbe Auge in der Mitte jeder Blüte macht diese Rose im Garten besonders auffällig. Sie ist ein wuchsfreudiger und gesunder Busch. Der Name wurde vom Hause Meilland benutzt, um eine Reihe von Zwergrosen mit unterschiedlichen Farben zu kennzeichnen, die den gleichen Wuchstyp aufwiesen.
ZONEN 5–11.
MEILLAND, FRANKREICH, 1975
'RUMBA' × ('DANY ROBIN' × 'FIRE KING')

'Melody Maker' DICqueen
(rechts)
FLORIBUNDA, ORANGEROT, ÖFTER BLÜHEND

Diese hervorragende Floribundarose trägt sehr volle, leuchtend orangerote Blüten, die ihre Farbe recht gut behalten, sich überaus schnell erneuern und auch leicht duften. Die Blätter sind mittelgroß, dunkelgrün und matt glänzend. 'Melody Maker' eignet sich aufgrund der lange haltenden Farbe optimal für Beete, kann aber auch für niedrige Hecken oder Rabatten herangezogen werden.
ZONEN 5–10.
DICKSON, GROSSBRITANNIEN, 1990
'ANISLEY DICKSON' × 'WISHING'
BRITISCHE ROSE DES JAHRES 1991, GLASGOW CERTIFICATE OF MERIT 1996

'Memento' DICbar
(rechts)
FLORIBUNDA, ROT+,
ÖFTER BLÜHEND

Diese vielseitige Rose von Pat Dickson besitzt eine Überfülle großer, kugelförmiger Knospen, die sich zu kräftig lachsroten Blüten entwickeln. Diese becherförmigen, gefüllten Blüten bestehen aus 20 Petalen und sind mit 8 cm Durchmesser für Floribundarosen ziemlich groß. Sie erscheinen einzeln oder in kleinen bis mittelgroßen Büscheln; ihre Farbe behalten sie besonders gut. Die buschige Pflanze wird mittelhoch und trägt überreiches, salbeigrünes, gesundes Laub. 'Memento' wirkt als Beetrose besonders gut zwischen leuchtend gefärbten Zwiebelgewächsen und Staudenpflanzen. Sie eignet sich aber genauso für Rabatten oder als Hecke. Ein sehr schönes Beet mit 'Memento'-Rosen befindet sich im Lady Dickson Park in Belfast. **ZONEN 5–10.**

DICKSON, GROSSBRITANNIEN, 1978
'BANGOR' × 'ANABELL'
ROYAL NATIONAL ROSE SOCIETY TRIAL GROUND CERTIFICATE 1977, BELFAST GOLDMEDAILLE 1980

'Memoriam' *(rechts)*
TEEHYBRIDE, HELLROSA,
ÖFTER BLÜHEND

Die langen, spitzen Knospen dieser ausgezeichneten Teehybride öffnen sich zu blassrosa Blüten, die mit 55 Petalen gefüllt sind. Sie haben eine hohe Mitte, duften und sind mit einem Durchmesser von bis zu 15 cm recht groß. In kühler, feuchter Witterung hellt die Farbe schnell auf. Das Laub ist dunkelgrün und gesund, aber etwas anfällig für Sternrußtau. Die Pflanze hat einen eher niedrigen Wuchs und ist sehr blühfreudig. Die Nachblüte erfolgt relativ zügig; wenn man die Blüten schneidet, verlieren sie jedoch schnell an Substanz. **ZONEN 5–10.**

VON ABRAMS, USA, 1961
('BLANCHE MALLERIN' × 'GLORIA DEI') × ('GLORIA DEI' × 'FRAU KARL DRUSCHKI')
PORTLAND GOLDMEDAILLE 1960, ROYAL NATIONAL ROSE SOCIETY CERTIFICATE OF MERIT 1961

'Memory Lane'
PEAvoodoo *(oben)*
FLORIBUNDA, APRICOT+,
ÖFTER BLÜHEND

Die langen, spitzen Knospen dieser Rose öffnen sich zu stark gefüllten Blüten, die sich aus zahlreichen hellen, apricotgelben Petalen zusammensetzen. Sie bilden eine dichte Mitte; die äußeren Petalen biegen sich mit der Zeit zurück. Mittelgrünes Laub.
ZONEN 5–10.

PEARCE, GROSSBRITANNIEN, 1995

('GERALDINE' × SÄMLING) × SÄMLING

ROYAL NATIONAL ROSE SOCIETY TRIAL GROUND CERTIFICATE 1993

'Menja' *(rechts)*
STRAUCHROSE, REIN ROSA,
ÖFTER BLÜHEND

Über die Abstammung von 'Menja' ist nicht viel bekannt. Diese recht ungewöhnliche, aber schöne kleine Rose besitzt große Dolden aus fast einfachen, betont becherförmigen Blüten, die ihre Form bis zum Abfallen beibehalten. Die Blüten erscheinen in großen Rispen. Die Pflanze hat einen kräftig buschigen Wuchs und trägt üppiges, hellgrünes, gesundes Laub. Ihre Blüten erneuern sich extrem schnell. 'Menja' macht sich ausgezeichnet als Hecke, kann aber auch sehr wirkungsvoll zwischen Zwiebelgewächse, Staudenpflanzen oder andere Sträucher gesetzt werden.
ZONEN 5–10.

PETERSEN, DÄNEMARK, 1960

'EVA' × *ROSA FILIPES*

'Mercedes' MerKOR
(ganz unten)
FLORIBUNDA, ORANGEROT, ÖFTER BLÜHEND

Diese Sorte war die erste orangerote, mittelgroße und dauerhafte Rose, die für Gewächshäuser gezüchtet wurde. Ihre Knospen sind hell orangerot und öffnen sich zu gefüllten Blüten mit 30–35 Petalen und einer sehr hohen Mitte. Im direkten Sonnenlicht im Freiland entwickeln die Petalen sehr dunkle Ränder – wobei es sich jedoch nicht um Verbrennungen, sondern um dunkle Schattierungen handelt. Die Blüten verblassen im Garten allerdings langsam zu einer stumpfen, unattraktiven Farbe. Sie erneuern sich schnell und halten sich auch geschnitten sehr lange; ihr Duft ist nur schwach. Die mäßig wachsende Pflanze trägt große, ledrige Blätter und ist leicht anfällig für Sternrußtau und Mehltau. **ZONEN 5–11.**

KORDES, DEUTSCHLAND, 1974

'KORDES ROSE ANABELLE' × SÄMLING

'Mermaid'
(links)
ALTE R., KLETTERNDE BRACTEATA-HYBRIDE, HELLGELB, ETWAS NACHBLÜHEND

Die duftenden Blüten sind zart cremegelb und werden 12–15 cm groß. In ihrer Mitte stehen auffallend große orangefarbene Staubgefäße. Sie blüht später als die meisten anderen Sorten, doch hält der Flor vom Sommer bis weit in den Spätherbst, u. U. sogar bis in den Winter an. In warmen Gegenden wird der Strauch riesig – bis zu 9 m breit und 6 m hoch, sofern man ihn gut stützt. Das Laub ist dunkelgrün und glänzend, die Stacheln sind groß, rot und hakenförmig. Nur dann zurückschneiden, wenn der Wuchs außer Kontrolle gerät; somit ist 'Mermaid' eine hervorragende Rose für den Bewuchs unansehnlicher Gebäude oder alter Bäume. Aufgrund der kräftigen Stacheln sollte man 'Mermaid' nicht an Wegränder setzen. In kühleren Klimazonen ist die Pflanze bei weitem nicht so wuchsfreudig und auch nicht winterhart genug. **ZONEN 4–11.**

PAUL, GROSSBRITANNIEN, 1918

ROSA BRACTEATA × GEFÜLLTE GELBE TEEROSE

GOLDMEDAILLE DER NATIONAL ROSE SOCIETY 1917, ROYAL HORTICULTURAL SOCIETY AWARD OF GARDEN MERIT 1993

'Meteor' *(rechts)*
ALTE R., NOISETTEROSE, DUNKEL-ROSA, ETWAS NACHBLÜHEND

Sie ist eine der wenigen im deutschsprachigen Raum gezüchteten Noisetterosen. 'Meteor' hat große, dunkelrosa Blüten, die größer sind als bei den meisten anderen Rosen dieser Klasse. Die locker gefüllten Blüten bilden sich auf langen, biegsamen Trieben mit Gallica ähnlichem Laub und duften intensiv; im Herbst blühen sie etwas nach. Der Strauch kann in zwei Jahren bis zu 2,7 m hoch wachsen und ist ideal für naturnahe Gärten. **ZONEN 5–11.**

GESCHWIND, ÖSTERREICH-UNGARN, 1887

ELTERN UNBEKANNT

'Mevrouw Nathalie Nypels' *(rechts)*
Syn. 'Nathalie Nypels'
POLYANTHAROSE, REIN ROSA, ÖFTER BLÜHEND

Als eine der besten Polyantharosen bringt diese Sorte unablässig attraktive, kleine rosa Blüten mit süßem Duft in kleinen, eleganten Büscheln hervor. Die Blütenproduktion ist ausgezeichnet, und die Erneuerung der Blüten erfolgt rasch. Die Pflanze erreicht ziemlich langsam eine Höhe von bis zu 60 cm und breitet sich stark aus. Die anspruchslosen rosa Blüten machen diese Rose zu einer guten Ergänzung in gemischten Rabatten. Die Sorte kann auch in Beeten oder als Hecke gepflanzt werden. **ZONEN 5–10.**

LEENDERS, NIEDERLANDE, 1919

'ORLÉANS ROSE' × ('COMTESSE DU CAYLA' × *ROSA FOETIDA BICOLOR*)

ROYAL HORTICULTURAL SOCIETY AWARD OF GARDEN MERIT 1993

'Michelangelo'
MACtemaik *(oben)*
Syn. 'The Painter'
FLORIBUNDA, ORANGE+, ÖFTER BLÜHEND

Die Färbung dieser McGredy-Rose wird als cremiges Zitronengelb mit deutlichen orangefarbenen Streifen und Flecken oder als Orange mit zitronengelben Streifen und Flecken beschrieben. Die Blüten sitzen in Büscheln auf kräftigen Stielen; junge Blüten haben eine hohe Mitte, ältere werden becherförmig mit zurückgebogenen Petalen. Die Blüten erscheinen vom Sommer bis zum Herbst und duften leicht. 'Michelangelo' eignet sich für Beete, Rabatten und Hecken; die einzelnen Blüten sind besonders hübsch, wenn man sie für kleine Sträuße schneidet. Die wuchsfreudige Pflanze wächst aufrecht, wird mittelhoch und ist mit dichtem, glänzend dunkelgrünem Laub bedeckt, das nach dem Austrieb zunächst rötlich ist. **ZONEN 5–9.**

MCGREDY, NEUSEELAND, 1995

'LOUISE GARDNER' × ('AUCKLAND METRO' × SÄMLING VON 'STARS 'N' STRIPES')

'Michèle Meilland' *(oben)*
TEEHYBRIDE, HELLROSA, ÖFTER BLÜHEND

Die langen, schlanken Knospen dieser Teehybride haben eine besonders schöne Form. Die Farben der mäßig großen Blüten variieren von zartem Lachsrosa über Rosarot bis hin zu einem weichen Lila; sie können aber auch hellrosa mit gelbem Blütengrund sein. Die Rose wächst zu einem mittelgroßen Busch heran, hat pflaumenfarbenes Holz und üppiges mittelgrünes Laub. 'Michèle Meilland' ist eine ausgezeichnete Beetrose für Gegenden, in denen Mehltau nur selten auftritt.
'Climbing Michèle Meilland' (Syn. 'Grimpant Michèle Meilland'; 1951) ist eine ausgezeichnete Kletterrose, die im Juni bis zum Herbst blüht. Sie ist mäßig wuchsfreudig, weshalb sie für Säulen oder Pyramiden geeignet ist. Einige Pflanzen neigen dazu, nach dem Umpflanzen zur Buschform zurückzuschlagen. **ZONEN 5–11.**

MEILLAND, FRANKREICH, 1945
'JOANNA HILL' × 'GLORIA DEI'

NATIONAL ROSE SOCIETY CERTIFICATE OF MERIT 1958

'Micrugosa' *(oben)*
Syn. *Rosa* × *micrugosa* 'Henkel'
STRAUCHROSE, HELLROSA

Die Rose bildet einen großen, wuchernden Strauch mit dichtem, farnartigem Laub sowie einfachen hellrosa Blüten, die auf kurzen Stielen an den Trieben hervorgebracht werden. Die Hagebutten sind stachelborstig, orangerot und rund; sie reifen im Spätsommer, halten sich aber nicht sehr lange. Im Herbst und in kalten Nächten bringt 'Micrugosa' gelbes Laub hervor. Ideal als Strauchrose für ein Gebüsch, man kann sie aber aufgrund ihrer Blüten, Früchte und des Herbstlaubs auch in Parks und Landschaftsgärten einsetzen.
ZONEN 4–11.
VOR 1905
ROSA ROXBURGHII × R. RUGOSA

'Midas Touch'
JACtou *(oben rechts)*
TEEHYBRIDE, GOLDGELB, ÖFTER BLÜHEND

Diese Rose besticht durch ein besonders leuchtendes Gelb. Die Knospen sind mäßig gefüllt und öffnen sich zu großen, duftenden Blüten, die ihre Farbe sehr gut behalten. Diese erneuern sich rasch und sind über einen langen Zeitraum sehr reich blühend. Die üppigen Blätter sind groß, matt und mittelgrün; die Blütenstiele tragen kleine Stacheln. Die Pflanze hat einen hohen, aufrechten, buschigen Wuchs und ist recht krankheitsfest.
ZONEN 5–11.
CHRISTENSEN, USA, 1992
'BRANDY' × 'FRIESENSÖHNE'
ALL-AMERICAN ROSE SELECTION 1994

'Mignonette'
(oben)
POLYANTHAROSE, HELLROSA, ÖFTER BLÜHEND

Diese Sorte, eine der ersten Polyantharosen, kommt auch heute noch in den bedeutendsten Rosarien vor. Die rosigen, nur 2,5 cm großen Blüten erscheinen sowohl in kleinen wie in großen, dicht gepackten Büscheln. Das kleine, glänzende Laub ist oberseits dunkelgrün, unterseits rötlich – eine von den Chinarosen geerbte Eigenschaft. Die Triebe sind mit roten, hakenförmigen Stacheln besetzt. Die Pflanze hat einen zwerghaften, kompakten Wuchs und ist reichblütig. 'Mignonette'-Büsche eignen sich gut für niedrige Rabatten, doch sollte man sie sehr eng pflanzen, um eine gute Wirkung zu erzielen.
ZONEN 4–11.
GUILLOT, FRANKREICH, 1880
ELTERN UNBEKANNT

'Mikado'
Syn. 'Kohsai', 'Koh-sai'
TEEHYBRIDE, ROT+, ÖFTER BLÜHEND

Diese Sorte hat ihre leuchtend feuerrote Farbe von der in Japan gezogenen Floribundarose 'Kagayaki' geerbt. Die gefüllten Blüten bestehen aus 25 Petalen mit einer gelben Basis. Sie haben eine hohe Mitte, besitzen eine gute Form und stehen meist einzeln; die Blühwilligkeit ist hervorragend. Der hohe, aufrechte Busch ist krankheitsfest und trägt glänzend mittelgrünes Laub. 'Mikado' ist eine hübsche Buschrose für farbenfrohe Beete, kann aber auch gut als Hochstamm eingesetzt werden.
ZONEN 5–10.
SUZUKI, JAPAN, 1987
'DUFTWOLKE' × 'KAGAYAKI'
ALL-AMERICAN ROSE SELECTION 1988

'Milkmaid' *(rechts)*
ALTE R., NOISETTEROSE, WEISS

Die kleinen, halb gefüllten Blüten reichen von Cremegelb bis Weiß, mit einem Anflug von gelblichem Braun; sie erscheinen während des späten Frühjahrs in Büscheln. Die duftenden Blüten sind von sattem, dunkelgrünem Laub umgeben. Als kräftige Kletterrose eignet sich 'Milkmaid' gut für Pergolen, ein Spalier oder einen Zaun. Die krankheitsfeste Noisetterose wächst schnell, braucht aber ein warm-mildes Klima und ist auch nur in Australien erhältlich.
ZONEN 6–11.
CLARK, AUSTRALIEN, 1925
'CRÉPUSCULE' × SÄMLING

'Millie Walters'
MORmilli *(ganz oben)*
ZWERGROSE, ORANGEROSA, ÖFTER BLÜHEND

Die zarten, kleinen Blüten dieser Sorte sind dunkel- bis korallrosa, mit 45 Petalen gefüllt und duften leicht. Die Pflanze ist ein aufrechter, wuchsfreudiger und kompakter Busch mit kleinen, matt glänzenden, mittelgrünen Blättern. Sie hat eine gute Form und eine sehr lebhafte Farbe, die sich in der Sonne, aber auch bei starker Feuchtigkeit gut hält. Eine besondere Stärke dieser schönen Rose ist ihr reichhaltiger Flor. 'Millie Walters' ist sowohl für den Garten als auch für Ausstellungen hervorragend geeignet, jedoch ohne Schutz anfällig für Mehltau. Benannt wurde die Zwergrose nach einer der ersten Vorsitzenden der American Rose Society.
ZONEN 5–11.
MOORE, USA, 1983
'LITTLE DARLING' × 'GALAXY'

'Milrose' DELbir
FLORIBUNDA, REIN ROSA, ÖFTER BLÜHEND

Die mittelgroßen, leicht duftenden Blüten sind von zartem Rosa, halb gefüllt, becherförmig und erscheinen zu jeweils 5–15 in Büscheln. Besonders der erste Flor ist überwältigend reichblütig. Die wuchsfreudige Pflanze trägt hellgrünes, glänzendes Laub und eignet sich gut als Beetrose, da die Blüten ihre Farbe gut behalten; sie ergibt aber auch eine gute Hochstammrose.
ZONEN 5–10.

DELBARD-CHABERT, FRANKREICH, 1965
'ORLÉANS ROSE' × ('FRANCAIS' × 'LAFAYETTE')
BADEN-BADEN GOLDMEDAILLE 1964, GOLDENE ROSE VON DEN HAAG 1978

'Minilights' DICmoppet *(oben rechts)*
Syn. 'Goldfächer', 'Mini Lights'
STRAUCHROSE, REIN GELB, ÖFTER BLÜHEND

'Minilights' hat die leuchtende Farbe von 'Bright Smile', den ausladenden Wuchs und die Blühfreudigkeit hingegen von 'White Spray' geerbt. Die kleinen, halb gefüllten, gelben Blüten bestehen aus 5–15 Petalen. Die Blüten stehen in kleinen Büscheln und erheben sich über kleine, glänzend dunkelgrüne Blätter. Die Pflanze ist besonders blühfreudig, und die Blüten erneuern sich rasch. Diese gute, gesunde Rabatten- und Hochstammrose kann sehr schön mit Zwiebelgewächsen und Staudenpflanzen in einer gemischten Rabatte kombiniert werden. **ZONEN 5–10.**

DICKSON, GROSSBRITANNIEN, 1987
'WHITE SPRAY' × 'BRIGHT SMILE'
ROYAL NATIONAL ROSE SOCIETY TRIAL GROUND CERTIFICATE 1985

'Minnehaha'
RAMBLERROSE, HELLROSA

Zu Beginn des 20. Jh. wurden viele hervorragende Ramblerrosen aus *Rosa wichuraiana* gezogen, von denen 'Dorothy Perkins' wohl am besten bekannt ist. 'Minnehaha' ähnelt diesem Rambler in vielerlei Hinsicht; ihre rosa Rosetten sind zwar etwas größer, halten jedoch die Farbe nicht so gut, da sie mit der Zeit von Rosarot zu rötlichem Weiß verblassen. Sie stehen in reich blühenden Büscheln, duften aber kaum. Da die Stiele weichtriebig sind, ergibt 'Minnehaha' eine sehr schöne überhängende Kaskadenrose auf dem Hochstamm. Sie eignet sich aber auch für Säulen, Zäune, Pergolen, Bögen und solche Bereiche, wo sie mit ihrem kriechenden Wuchs und den herabhängenden Blüten unansehnliche Objekte überdecken darf. 'Minnehaha' benötigt eine freie Luftzirkulation, damit das Risiko für Mehltaubefall verringert wird. Sie bringt viele Langtriebe hervor, und die älteren können nach der Blüte gänzlich entfernt werden, damit junge Triebe genügend Platz erhalten. Die üppigen Blätter sind klein und glänzend dunkelgrün.
ZONEN 4–9.

WALSH, USA, 1905
ROSA WICHURAIANA × 'PAUL NEYRON'

'Minnie Pearl'
SAVahowdy *(rechts)*
ZWERGROSE, ROSA+,
ÖFTER BLÜHEND

Lange, elegante Knospen öffnen sich zu formschönen, hellrosa Blüten mit dunkleren Petalenunterseiten und gut geformter hoher Mitte. Die Blüten, die denen einer Floribundarose ähneln, erscheinen einzeln oder in großen Büscheln und sitzen auf kräftigen, langen Stielen. Die festen Stiele und ihre ausgezeichnete Farbkombination machen 'Minnie Pearl' zum Vorbild für Zwergrosen. Die wuchsfreudige, aufrechte Pflanze trägt matt glänzendes, mittelgrünes Laub. Form und Farbe behält sie besser, wenn man sie nicht direkt der Sonne aussetzt. 'Minnie Pearl' wurde zwar niemals mit Preisen bedacht, doch hätte sie sicherlich eine Auszeichnung verdient.
ZONEN 5–10.

SAVILLE, USA, 1982
('LITTLE DARLING' × 'TIKI') × 'PARTY GIRL'

'Minnie Watson'
(oben)
TEEHYBRIDE, HELLROSA,
ÖFTER BLÜHEND

Diese Sorte kreierte ein australischer Hobbyzüchter, der sie nach seiner Mutter benannte. Die großen, schön geformten Knospen öffnen sich zu edlen Blüten in hellem Lachsrosa, die einzeln oder in kleinen Büscheln erscheinen. Sie duften etwas, sind halb gefüllt und behalten ihre Farbe gut. Besonders leuchtend sind die Blüten unter künstlichem Licht. Die Blütenproduktion ist erstaunlich, die Blüten erneuern sich schnell mit sehr kurzen Pausen. Die buschige Pflanze trägt intensiv grünes, stark glänzendes, gesundes Laub. 'Minnie Watson' ist eine gute Beet- und Hochstammrose, deren Blüten den ganzen Busch bedecken.
ZONEN 5–10.

WATSON, AUSTRALIEN, 1965
'DICKSON'S FLAME' × 'DICKSON'S FLAME'

'Miranda'
ALTE R., PORTLANDROSE, REIN ROSA/HELLROSA, ETWAS NACHBLÜHEND

Diese immer noch beliebte Rose wird von einigen Experten als remontierende Damaszenerrose bezeichnet. Die seidig rosafarbenen, dicht gefüllten Blüten sind groß und becherförmig. Ihre dünnen Petalen vertragen keine feuchte Witterung und halten sich besser an warmen Standorten. Die duftenden Blüten erscheinen im Juni und blühen im Frühherbst etwas nach. 'Miranda' ist ein kompakter, mittelgroßer Strauch, den helle, graugrüne Blätter mit gesägten Rändern zieren. 'Miranda' eignet sich für Hecken oder kleinere Gärten.
ZONEN 4–9.

DE SANSAL, FRANKREICH, 1869

ELTERN UNBEKANNT

'Mirato' *(unten)*
TEEHYBRIDE, REIN ROSA, ÖFTER BLÜHEND

Die eiförmigen Knospen von 'Mirato' öffnen sich langsam zu sehr schön geformten Blüten mit weicher lachsrosa Färbung. Die mit 30 Petalen gefüllten Blüten duften stark. Die aufrechte, buschige Pflanze ist krankheitsfest und trägt große, glänzende Blätter. Diese Rose konnte sich nicht so richtig durchsetzen, da sie nur spärlich Blüten bildet und zwischen den Blühperioden zu lange Pausen macht. Sie ist dennoch eine gute Schnittrose, die unter künstlichem Licht eine wunderschöne Wirkung entfaltet. **ZONEN 5–11.**

TANTAU, DEUTSCHLAND, 1974

SÄMLING × SÄMLING

ADR-ROSE 1993

'Miriam Wilkins' *(links)*
ALTE R., REMONTANTROSE, HELLROSA, ETWAS NACHBLÜHEND

Diese Rose wurde auf einem Friedhof im kalifornischen Santa Rosa entdeckt, wo sie an einer Mauer emporrankte. Die dunkelrosa, gefüllten Blüten erinnern stark an eine Herbst-Damaszenerrose. Die Knospen sind von spitzenartigen Kelchblättern bedeckt. Stark duftende Blüten erscheinen den ganzen Sommer hindurch bis in den Herbst hinein. Den ziemlich gesunden, bis 1,2 m hohen Strauch zieren große, dunkelgrüne und gesunde Blätter. **ZONEN 5–10.**

ROBINSON, USA, 1981

SÄMLING

'Mischief' MACmi *(rechts)*
TEEHYBRIDE, ORANGEROSA, ÖFTER BLÜHEND

'Mischief' ist eine hübsche kleine Rose, die ihre Blühfreudigkeit und Farbe von der großartigen Floribundarose 'Spartan' übernommen hat. Die schön geformten, mittelgroßen Blüten sind von kräftig silbrigem Lachsrosa. Sie sind mit 30 Petalen gefüllt, behalten ihre Farbe gut und duften. Der Blütenreichtum ist erstaunlich und ihre Erneuerung erfolgt außerordentlich rasch. Die wuchsfreudige, aufrechte Pflanze mittlerer Höhe trägt hellgrünes, matt glänzendes Laub. Sie eignet sich gut als Beet- und als Hochstammrose. **ZONEN 5–11.**

MCGREDY, GROSSBRITANNIEN, 1961

'GLORIA DEI' × 'SPARTAN'

PORTLAND GOLDMEDAILLE 1965, NATIONAL ROSE SOCIETY PRESIDENT'S INTERNATIONAL TROPHY 1961

'Miss All-American Beauty' MEIdaud

(rechts)

Syn. 'Maria Callas'

TEEHYBRIDE, DUNKELROSA, ÖFTER BLÜHEND

Eine großartige Rose mit dunkel rosafarbenen Blüten. Die großen, sehr intensiv duftenden Blüten sind mit 55 Petalen stark gefüllt, becherförmig und behalten ihre Farbe gut. In der Sommerhitze werden die Blüten nicht sehr groß, doch die Herbstblüte ist großartig. Der buschige Wuchs und das sehr gesunde Laub stammen von ihrer Elternsorte 'Karl Herbst'. **'Climbing Miss All-American Beauty'** (MEIudsur; Syn. 'Climbing Maria Callas') wurde 1969 von Meilland eingeführt und zählt zu den besten erhältlichen, dunkel rosafarbenen Kletterrosen. Im Frühjahr bildet sie reichlich schön geformte Blüten. **ZONEN 5–10.**

MEILLAND, FRANKREICH, 1965

'CHRYSLER IMPERIAL' × 'KARL HERBST'

PORTLAND GOLDMEDAILLE 1966, ALL-AMERICAN ROSE SELECTION 1968

'Miss Edith Cavell'

(oben)

Syn. 'Edith Cavell', 'Nurse Cavell'

POLYANTHAROSE, DUNKELROT, ÖFTER BLÜHEND

'Miss Edith Cavell' besitzt kleine, kugelförmige Blüten in Karminrot und duftet etwas. Sie blüht kontinuierlich, doch wird sie auch von Mehltau befallen. Eng gepflanzt ergibt sie eine brauchbare Rabattenrose. **ZONEN 4–11.**

DE RUITER, NIEDERLANDE, 1917

SPORT VON 'ORLÉANS ROSE'

'Mission Bells' *(rechts)*
TEEHYBRIDE, ROSA+, ÖFTER BLÜHEND

Die langen, spitzen Knospen von 'Mission Bells' sind orangerosa. Die mit 40 Petalen gefüllten Blüten haben eine hohe Mitte, sind groß und duften. Der wuchsfreudige und stark ausladende Busch trägt dunkles, ziemlich weiches Laub. Diese Rose mit ihrer ungewöhnlichen Farbe ist gut für Beete geeignet, da die Petalen ihre Farbe nicht verlieren. Die Stiele sind jedoch ziemlich schwach, so dass man die Rose schlecht schneiden kann. Die Blühwilligkeit ist hervorragend, eine Erneuerung der Blüten erfolgt rasch. **ZONEN 5–10.**

MORRIS, USA, 1949

'MRS SAM MCGREDY' × 'MÄLAR-ROS'

ALL-AMERICAN ROSE SELECTION 1950

'Mr Bluebird' *(rechts)*
ZWERGROSE, MAUVE, ÖFTER BLÜHEND

Eiförmige Knospen öffnen sich zu bezaubernden, blauvioletten Blüten mit 15 Petalen. Leider haben sie eine lockere Form und fallen schnell auseinander; die kleinen Blüten sind daher kurz nach dem Öffnen am schönsten. Das Laub ist dunkel und etwas rau, die Pflanze ist blüht reichlich, sauber und pflegeleicht. Man kann nur schwer glauben, dass eine Zwergrose durch Inzucht der uralten Gartenrose 'Old Blush' entstehen konnte. Diese gilt übrigens als identisch mit der berühmten Last Rose of Summer, jener „Letzten Rose des Sommers", die der irische Dichter Thomas Moore in einem Gedicht verewigte. **ZONEN 4–11.**

MOORE, USA, 1960

'OLD BLUSH' × 'OLD BLUSH'

'Climbing Mister Lincoln' *(oben)*

'Mister Lincoln' *(ganz oben rechts)*
TEEHYBRIDE, DUNKELROT, ÖFTER BLÜHEND

Die urnenförmigen Knospen öffnen sich im Sommer meist rasch zu dunkelroten, intensiv duftenden Blüten, deren 35 große Petalen eine ausgezeichnete Substanz aufweisen. Die zunächst becherförmigen geöffneten Blüten werden im Alter flacher. Die Blätter sind ledrig, stumpf und dunkelgrün. Aufgrund ihrer extremen Wuchsfreudigkeit sollte man 'Mister Lincoln' am besten nur in den Hintergrund eines Rosenbeetes pflanzen. Die hervorragende Kletterrose **'Climbing Mister Lincoln'** (Ram, Indien, 1974) blüht von Juni bis zum Herbst durch. Sie kann an Säulen oder Spalieren gezogen werden, doch ist ihr Wuchs zu aufrecht und ihre Triebe sind so steif, dass sie nicht horizontal gezogen werden können. **ZONEN 5–11.**

SWIM & WEEKS, USA, 1964

'CHRYSLER IMPERIAL' × 'CHARLES MALLERIN'

ALL-AMERICAN ROSE SELECTION 1965

'Mrs Aaron Ward' *(oben)*
TEEHYBRIDE, GELB+, ÖFTER BLÜHEND

Die langen, spitzen, eleganten Knospen öffnen sich zu Blüten unterschiedlicher Färbung, die von Gelb bis zu lachsrosa Tönen reicht. Die Blüten sind gefüllt, haben eine hohe Mitte und duften. Sie blühen über einen langen Zeitraum; zwischen den einzelnen Blühperioden können längere Pausen auftreten. Der zwergwüchsige Busch ist kompakt. **'Climbing Mrs Aaron Ward'** (Dickson, Großbritannien, 1922) besitzt gelbe, lachsrosa verwaschene Blüten und einen mäßigen, buschigen Wuchs, der die Pflanze für Säulen oder Spaliere prädestiniert. **ZONEN 5–10.**

PERNET-DUCHER, FRANKREICH, 1907

ELTERN UNBEKANNT

'Mrs Alston's Rose'
(rechts)
POLYANTHAROSE, ROT+,
ÖFTER BLÜHEND

Diese besonders gute, reich blühende Polyantharose besitzt karminrote Blüten in kleinen bis mittelgroßen Büscheln auf sehr kräftig wachsenden Trieben. Die Blüten behalten ihre Farbe gut. Wie so viele Polyantharosen ist 'Mrs Alston's Rose' ebenfalls nicht gegen Mehltau anfällig.
ZONEN 5–10.

CLARK, AUSTRALIEN, 1940
ELTERN UNBEKANNT

'Mrs Anthony Waterer'
(rechts unten)
Syn. *Rosa rugosa* 'Mrs Anthony Waterer'
RUGOSA-HYBRIDE, DUNKELROT, ETWAS NACHBLÜHEND

Abgesehen von Laub und Blütenfarbe kann man an 'Mrs Anthony Waterer' nur sehr wenige Einflüsse der Elternsorte 'Général Jacqueminot' erkennen. Das üppige Laub ist dunkelgrün und liegt der Form nach zwischen dem einer Remontantrose und dem einer Rugosa-Hybride. Die stark duftenden Blüten sind dunkelkarminrot, mit 20 Petalen halb gefüllt und öffnen sich flach. Die Pflanze ist wuchsfreudig, buschig, kälteunempfindlich und blüht etwas nach. Die Rugosa-Hybride bildet keine Hagebutten, wächst aber ausgezeichnet als Hecke.
ZONEN 4–11.

WATERER & SONS, GROSSBRITANNIEN, 1898

ROSA RUGOSA × 'GÉNÉRAL JACQUEMINOT'

'Mrs B. R. Cant'

(oben)

ALTE R., TEEROSE, REIN ROSA, ETWAS NACHBLÜHEND

'Mrs B. R. Cant' ist eine beliebte, verlässliche und erfolgreiche Teerose, welche die Zeit überdauert hat. Die mittelgroßen, gefüllten Blüten sind kräftig rot und silbrig rosa sowie an der Petalenbasis rötlich getönt. Sie verbreiten einen angenehmen Teerosenduft. 'Mrs B. R. Cant' ist ein wärmeliebender, frostempfindlicher, mittelhoher bis hoher Busch, der gut nachblüht, in warmen Klimazonen sogar im Winter. Er ist wuchsfreudig und pflegeleicht. **'Climbing Mrs B. R. Cant'** (Hjort, USA, 1960) ist ein kletternder Sport, aber heute schwer zu finden. **ZONEN 7–9.**

CANT, GROSSBRITANNIEN, 1901
ELTERN UNBEKANNT

'Mrs Doreen Pike'

AUSdor *(rechts)*

RUGOSA-HYBRIDE, REIN ROSA, ÖFTER BLÜHEND

'Mrs Doreen Pike' hat stark gekräuselte, rosettenförmige Blüten mit 40 Petalen in einem warmen rosa Farbton und duftet stark. Sie ist eine niedrige, buschige Pflanze und trägt üppige, kleine, blassgrüne Blätter. Die Rose ist gesund, blüht gut nach und eignet sich ausgezeichnet für Rabatten oder als niedrige Hecke; sie kann im Garten aber auch mit Zwiebelgewächsen und Staudenpflanzen zu einer gemischten Rabatte kombiniert werden. **ZONEN 5–10.**

AUSTIN, GROSSBRITANNIEN, 1993
'MARTIN FROBISHER' × 'ROSERAIE DE L'HAŸ'

'Mrs Dudley Cross' *(rechts)*
ALTE R., TEEROSE, GELB+, ETWAS NACHBLÜHEND

Diese wärmeliebende Pflanze bildet einen mittelgroßen Busch. Ihre Blüten sind hellgelb mit leichter Rosatönung, die im Blühverlauf zunehmend nach Rosa umschlägt. 'Mrs Dudley Cross' ist eine gute Schnittrose, zumal sich die recht großen Blüten lange halten und gut erneuern. In manchen Gebieten kann Mehltau zum Problem werden.
ZONEN 7–9.

PAUL, GROSSBRITANNIEN, 1907

ELTERN UNBEKANNT

'Mrs F. W. Flight' *(oben)*
GROSSBLUMIGE KLETTERROSE, DUNKELROSA

Die Blüten dieser Rose sind rosarot, halb gefüllt und erscheinen in Büscheln. Die großen, intensiv grünen Blätter sind ziemlich weich und werden manchmal von Mehltau befallen. 'Mrs F. W. Flight' ist für niedrige Säulen oder Pyramiden zu empfehlen, da sie bis zu 3 m hoch wächst. Der Flor ist zu Beginn der Blütezeit sehr reichhaltig, es gibt aber keine Nachblüte. **ZONEN 5–10.**

CUTBUSH, GROSSBRITANNIEN, 1905

'CRIMSON RAMBLER' × SÄMLING

'Mrs Foley Hobbs'
(unten)
ALTE R., TEEROSE, WEISS/ROSA+, ETWAS NACHBLÜHEND

Die Blüten dieser Rose eignen sich vermutlich besser für Ausstellungen als für den Garten. Sie sind cremeweiß mit unterschiedlichen Rosatönen an den Petalenspitzen, haben eine eindrucksvolle Form und Substanz und sind für die Stiele fast schon zu schwer. 'Mrs Foley Hobbs' ist eine konventionelle und verlässliche, aber wärmebedürftige Teerose mit kräftigem, robustem Wuchs. **ZONEN 6–9.**

DICKSON, GROSSBRITANNIEN, 1910
ELTERN UNBEKANNT
GOLDMEDAILLE DER NATIONAL ROSE SOCIETY 1910

'Mrs Fred Danks'
(unten)
TEEHYBRIDE, MAUVE, ÖFTER BLÜHEND

Diese Sorte hat sehr lange, schlanke Knospen, die ungewöhnlich dunkelrosa-lilafarben sind und sich zu großen, mit 20–25 Petalen halb gefüllten duftenden Blüten öffnen. Sie blüht fortlaufend, wobei einige Blüten noch bis in den Winter zu finden sind. Die sehr hohe, aufrechte Pflanze ist mit üppigen, großen und ledrigen Blättern besetzt. Die Teehybride wächst bei Wärme so hoch, dass sie Säulen bekleiden und als hohe Hecke Verwendung finden kann. Lange Knospen, Farbe und Duft weisen sie auch als eine Schnittblume aus. **ZONEN 5–10.**

CLARK, AUSTRALIEN, 1951
ELTERN UNBEKANNT

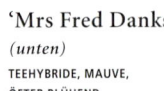

'Mrs Herbert Stevens' *(rechts)*
TEEHYBRIDE, WEISS, ÖFTER BLÜHEND

Diese Rose besitzt lange, spitze, elegante Knospen von reinem Weiß, die sich zu gefüllten, duftenden Blüten mit hoher Mitte öffnen. Das Laub ist von sehr blassem Grün und gesund. Der Wuchs ist sehr dicht und buschig, der Flor ist außerordentlich üppig. Die Rose ist in den wärmeren Ländern der Welt recht beliebt, da sie dort bis in den Winter hinein blüht. **'Climbing Mrs Herbert Stevens'** (Syn. 'Grimpant Mrs Herbert Stevens', 'Stevens'; Pernet-Ducher, Frankreich, 1922) hat lange, biegsame Triebe, die nicht so steif sind wie bei den meisten Kletterrosen, so dass sich dieser Climber gut für Bögen und Pergolen eignet.
ZONEN 5–10.

MCGREDY, GROSSBRITANNIEN, 1910
'FRAU KARL DRUSCHKI' × 'NIPHETOS'
GOLDMEDAILLE DER NATIONAL ROSE SOCIETY 1910

'Mrs John Laing' *(oben)*
ALTE R., REMONTANTROSE, REIN ROSA, ETWAS NACHBLÜHEND

Die Blüten sind silbrig lilarosa, becherförmig, stark gefüllt und duften intensiv. Die Stiele sind fast stachellos. 'Mrs John Laing' ist eine gesunde, wuchsfreudige Pflanze, die auch noch auf mageren Böden gedeiht und nicht anfällig für Mehltau ist. Die Elternsorte 'François Michelon' ist ein Sämling von 'La Reine', einer der ersten Remontantrosen von Jean Laffay, der diese Klasse ins Leben gerufen hat. Der Brite John Laing, nach dessen Gattin die Rose benannt wurde, war ein Londoner Gartenbauexperte, der im Jahre 1901 verstarb.
ZONEN 5–9.

BENNETT, GROSSBRITANNIEN, 1887
'FRANÇOIS MICHELON' × SÄMLING
GOLDMEDAILLE DER NATIONAL ROSE SOCIETY 1885

'Mrs Mary Thomson' TOMone
(oben)
STRAUCHROSE, ROSA+, ÖFTER BLÜHEND

Die halb gefüllten Blüten dieser Rose, die in sehr großen Büscheln erscheinen, sind lilarosafarben mit cremefarbener Mitte und besitzen hervorspringende goldene Staubgefäße. Die Blütenform ist ungeordnet, aber dekorativ; gleichzeitig verbreiten die Blumen einen ganz besonderen Duft. Das Laub ist mattgrün, und die Triebe sind stachellos. Die Pflanze besitzt einen buschigen Wuchs und ist krankheitsfest. **ZONEN 5–10.**

THOMSON, AUSTRALIEN, 1996
'DAPPLE DAWN' × 'OPHELIA'

'Mrs Norman Watson' *(oben)*
GROSSBLUMIGE KLETTERROSE, DUNKELROSA, ÖFTER BLÜHEND

Die dunkel kirschrosafarbenen Blüten von 'Mrs Norman Watson' duften nicht. Sie haben eine ungeordnete Form und erscheinen in kleinen Büscheln auf einem sehr wuchsfreudigen Busch, der aber kaum die normale Höhe einer Kletterrose erreicht. Die Sorte ist gesund, nahezu winterfest und blüht lange nach. **ZONEN 5–10.**

CLARK, AUSTRALIEN, 1930
'RADIANCE' × 'GWEN NASH'

'Mrs Oakley Fisher' *(rechts)*
TEEHYBRIDE, GOLDGELB, ÖFTER BLÜHEND

Diese Rose hat orangefarbene Knospen mit vereinzelt roter Tönung, die sich zu ledrig kupferfarbenen Blüten mit goldenen Staubgefäßen öffnen. Die duftenden, einfachen Blüten stehen in Büscheln auf Stielen, die oft ziemlich schwach wirken. Die Triebe können so gezogen werden, dass sie mehr an einen niedrig wachsenden Strauch oder eine Floribundarose als an eine große Teehybride erinnern. 'Mrs Oakley Fisher' ist dank ihrer bezaubernden Blüten, die sich vom wunderschönen, bronzefarbenen und krankheitsfesten Laub abheben, schon lange Zeit erfolgreich im Handel. ZONEN 5–10.

CANT, GROSSBRITANNIEN, 1921
ELTERN UNBEKANNT
NATIONAL ROSE SOCIETY CERTIFICATE OF MERIT 1921, ROYAL HORTICULTURAL SOCIETY AWARD OF GARDEN MERIT 1993

'Mrs Paul' *(unten)*
ALTE R., BOURBONROSE, HELLROSA, ETWAS NACHBLÜHEND

Die rötlich weißen Blüten sind pfirsichrosa schattiert und wie Kamelienblüten gebaut. Diese niedrig bleibende Pflanze wird unter normalen Bedingungen nur etwa 1,8 m hoch. Ihre Elternsorte 'Mme Isaac Pereire' war eine der bekanntesten Bourbonrosen und hat ihre Wuchsfreudigkeit sowie ihre Nachblühqualitäten an diesen bemerkenswerten Abkömmling weitergegeben. ZONEN 5–9.

PAUL, GROSSBRITANNIEN, 1891
SÄMLING VON 'MME ISAAC PEREIRE'

'Mistress Quickly'
AUSky
STRAUCHROSE, REIN ROSA,
ÖFTER BLÜHEND

Die stark gefüllten, rosa Blüten dieser Strauchrose bestehen aus 40 Petalen, erscheinen in großen Büscheln und duften leicht. Ihre Blätter sind klein, mittelgrün und glänzen matt; Stacheln sind kaum vorhanden. Der Wuchs ist buschig und mittelhoch. 'Mistress Quickly', auch als Englische Rose bezeichnet, bildet einen gerundeten Strauch und eignet sich für Strauch- und Staudenrabatten oder als niedrige Hecke.
ZONEN 5–10.
AUSTIN, GROSSBRITANNIEN, 1995
'BLUSH NOISETTE' × 'MARTIN FROBISHER'

'Mrs Reynolds Hole' *(ganz oben)*
ALTE R., TEEROSE, ROSA+,
ETWAS NACHBLÜHEND

Diese wuchs- und blühfreudige, duftende Schnittrose mit den langstieligen, purpurrot-rosafarbenen Blüten ist recht wärmebedürftig. Sie wurde nach der Frau des ersten Präsidenten der Royal National Rose Society benannt.
ZONEN 7–9.
NABONNAND, FRANKREICH, 1900
'ARCHIDUC JOSEPH' × 'ANDRÉ SCHWARTZ'

'Mrs Richard Turnbull' *(oben)*
GROSSBLUMIGE KLETTERROSE,
WEISS+

Die cremeweißen, einfachen Blüten sind das Markenzeichen dieser klassischen Kletterrose. Die Blüten sind groß und kommen in kleinen Büscheln. Sie kann als Kaskaden- oder Kletterrose verwendet werden, der Blütenreichtum ist jedoch am größten, wenn sie als echte Kletterrose gezogen wird. Mit ihrer extremen Wuchskraft erreicht sie über 10 m Höhe. Sie blüht gut nach. ZONEN 5–10.
CLARK, AUSTRALIEN, 1945
ELTERN UNBEKANNT

'Mrs Sam McGredy' *(oben)*
TEEHYBRIDE, ORANGEROSA, ÖFTER BLÜHEND

Die urnenförmigen, spitzen Knospen dieser Teehybride öffnen sich zu großen Blüten mit einer Mischung aus Scharlachrot, Kupfer und Orange, wobei die Petalenunterseiten eine starke Rotfärbung aufweisen. Die mit 40 Petalen gefüllten Blüten verströmen einen starken Duft. Zunächst haben sie eine hohe Mitte, mit der Zeit öffnen sie sich, und die Mitte wird flacher. Die wuchsfreudige, hohe Pflanze ist mit attraktivem, rötlich bronzefarbenem Laub besetzt. **'Climbing Mrs Sam McGredy'** (Guillaud, Frankreich, 1938; Royal Horticultural Society Award of Garden Merit 1993) besitzt überragende Wuchs- und Blühfreudigkeit und ist ein perfekt kletternder Sport ihrer Elternsorte. Besonders schön sieht sie an hohen Mauern oder Zäunen aus. ZONEN 5–10.

MCGREDY, GROSSBRITANNIEN, 1929

('DONALD MACDONALD' × 'GOLDEN EMBLEM') × (SÄMLING × 'THE QUEEN ALEXANDRA ROSE')

GOLDMEDAILLE DER NATIONAL ROSE SOCIETY 1929, PORTLAND GOLDMEDAILLE 1956

'Mrs Wakefield Christie-Miller' *(oben)*
TEEHYBRIDE, ROSA+, ÖFTER BLÜHEND

Diese Rose hat duftende, gefüllte Blüten mit rötlicher Lachsfarbe und zinnober-rosafarbenen Unterseiten. Die Pflanze zeigt einen zwerghaften Wuchs und trägt hellgrüne, ledrige Blätter. Die großen, duftenden Blüten in zwei Rosatönen sind für jene Epoche Großbritanniens vor Ausbruch des 1. Weltkriegs typisch. Da man sie einige Zeit für die verschollene 'Lady Mary Fitzwilliam' hielt, gewann sie in den Folgejahren wieder an Popularität. ZONEN 5–10.

MCGREDY, GROSSBRITANNIEN, 1909

ELTERN UNBEKANNT

'Mojave' *(oben)*
TEEHYBRIDE, ORANGE+, ÖFTER BLÜHEND

Die charakteristischen, sehr langen und spitzen Knospen sind apricot-orangefarben mit roter Tönung und einer hervorstechenden Äderung. Die stark duftenden, gefüllten Blüten bestehen aus 25 Petalen und sind mit 12 cm Durchmesser recht groß. Bei warmem Wetter öffnen sie sich zu attraktiven Blumen, die mit der Zeit langsam in Rosa übergehen. Der aufrechte Busch ist reichlich mit glänzendem Laub bedeckt. Jeder Flor bringt große Mengen an Blüten hervor, wobei die Nachblüte rasch erfolgt. **'Climbing Mojave'** (Trimper, Australien, 1964) erneuert ihre Blüten auch den ganzen Sommer und Herbst hindurch. ZONEN 5–10.

SWIM, USA, 1954

'CHARLOTTE ARMSTRONG' × 'SIGNORA'

BAGATELLE GOLDMEDAILLE 1953, GENF GOLDMEDAILLE 1953, ALL-AMERICAN ROSE SELECTION 1954, NATIONAL ROSE SOCIETY TRIAL GROUND CERTIFICATE 1955

'Moje Hammarberg'
(Hagebutte, *ganz oben rechts*)
RUGOSA-HYBRIDE, MAUVE, ÖFTER BLÜHEND

Die mehr als halb gefüllten, rötlich violetten Blüten dieser Rose duften intensiv und stehen auf kurzen, schwachen Stielen. Sie ist öfter blühend und wird dank ihrer Gesundheit und Wuchsfreudigkeit – bei einer hervorragenden Winterhärte – oft auch als Bodendecker- oder Böschungsrose verwendet. Attraktive Hagebutten kontrastieren sehr vorteilhaft mit gelbem Herbstlaub.
ZONEN 3–9.

HAMMARBERG, SCHWEDEN, 1931

ELTERN UNBEKANNT

'Molineux' AUSmol *(oben)*
STRAUCHROSE, GOLDGELB, ÖFTER BLÜHEND

Die Blüten von 'Molineux' sind sehr kräftig gelb gefärbt und verbreiten starken Teerosenduft. Sie öffnen sich flach, behalten ihre Farbe gut und erscheinen einzeln oder in kleinen Büscheln. Die niedrige bis mittelhohe, buschige Pflanze hat einen aufrechten Wuchs, ist gesund und blüht reichlich. Diese gute Beetrose war die erste von David Austins Englischen Rosen und wurde 1996 von der Royal National Rose Society als beste neue Sämlingsrose des Jahres ausgezeichnet. Sie lässt sich überall dort gut anpflanzen, wo die beiden anderen großartigen gelben Austin-Rosen, 'Graham Thomas' und 'Golden Celebration', viel zu hoch wachsen würden. ZONEN 5–11.

AUSTIN, GROSSBRITANNIEN, 1994

'GRAHAM THOMAS' × 'GOLDEN SHOWERS'

ROYAL NATIONAL ROSE SOCIETY PRESIDENT'S INTERNATIONAL TROPHY 1996, HENRY EDLAND DUFTMEDAILLE DER ROYAL NATIONAL ROSE SOCIETY 1996

'Molly Sharman-Crawford' (oben)
ALTE R., TEEROSE, WEISS, ETWAS NACHBLÜHEND

'Molly Sharman-Crawford' hat große, gefüllte, duftende Blüten mit hoher Mitte in Weiß mit grüner Tönung. Aufrechter, buschiger Wuchs. Das kräftig grüne Laub dieser niedrigen Teerose fällt etwas spärlich aus. ZONEN 7–9.

DICKSON, GROSSBRITANNIEN, 1908

ELTERN UNBEKANNT

'Mon Cheri' AROcher (ganz oben rechts)
TEEHYBRIDE, ROT+, ÖFTER BLÜHEND

Diese Rose hat große, spitze Knospen in reinem Rosa, wobei die 40 Petalen eine gelbe Basis haben. Die leicht duftenden, gefüllten Blüten stehen einzeln oder in kleinen Büscheln auf langen Stielen. Beim Öffnen wird die Blütenfarbe dunkelrot, was für den gesamten Busch eine sehr imposante Farbkombination aus Rosa, Gelb und Rot ergibt. Üppiges, matt glänzendes und mittelgrünes Laub ziert eine mittelgroße bis große, aufrechte Pflanze. Die Farbintensivierung der geöffneten Blüten geht eindeutig auf den Einfluss der Elternsorte 'Double Delight' zurück. ZONEN 5–10.

CHRISTENSEN, USA, 1981

('WHITE SATIN' × 'BEWITCHED') × 'DOUBLE DELIGHT'

ALL-AMERICAN ROSE SELECTION 1982

'Mondiale' KORozon (rechts unten)
TEEHYBRIDE, ROSA+, ÖFTER BLÜHEND

Die Knospen dieser Rose sind prall und spitz, was einen Hinweis auf die zu erwartende Fülle der Blüten darstellt. Diese sind in der Mitte korallrosa mit einer gelben Tönung, die vom Ansatz der festen Petalen ausgeht. Die äußeren Petalen verblassen mit der Zeit zu Hellrosa. Die kaum duftenden Blüten erscheinen im Juni und Herbst sehr reichlich. In warmen Klimazonen und unter Glas wird die Pflanze sehr hoch; man kann sie als Hecke, für die hintere Reihe von Rabatten oder als Sichtschutz unansehnlicher Mauern empfehlen. Unter wärmeren Bedingungen eine gute Schnittrose. Von aufrechtem Wuchs, dichte, glänzende, nach dem Austrieb zunächst rötliche Blätter. ZONEN 5–9.

KORDES, DEUTSCHLAND, 1993

ELTERN UNBEKANNT

'Monika' TANaknom
(oben)
Syn. 'Monica'
TEEHYBRIDE, ROSA+/ORANGE+, ÖFTER BLÜHEND

'Monika' hat sehr lange Knospen, die sich zu zinnoberroten Blüten mit goldenem Blütengrund öffnen. Die Blüten wie auch die satte Farbe halten sich gut. Sie stehen meist einzeln auf langen Stielen, was diese Rose zu einer exzellenten Schnittblume macht. Die Blütenproduktion ist ausgezeichnet. Der hochwachsende Busch trägt gesundes, üppiges, dunkelgrünes, glänzendes Laub mit guter Gesundheit. Die Teehybride bildet eine hervorragende Hecke und eignet sich für eine Pflanzung im hinteren Bereich eines Rosenbeetes. **ZONEN 5–10.**

TANTAU, DEUTSCHLAND, 1985
ELTERN UNBEKANNT

'Monsieur Tillier'
(oben rechts)
Syn. 'Archiduc Joseph'
ALTE R., TEEROSE, ORANGEROSA/ROSA+, ETWAS NACHBLÜHEND

Die dunkelrosa bis purpurroten Blüten sind orange- und rostfarben schattiert und öffnen sich flach. 'Monsieur Tillier' ist ein wuchsfreudiger Strauch von mittlerer Höhe, der in einem Gebüsch sehr hoch werden kann. Nicht winterhart. **ZONEN 7–9.**

BERNAIX, FRANKREICH, 1891
ELTERN UNBEKANNT

'Montezuma'
(rechts unten)
TEEHYBRIDE, ORANGEROSA, ÖFTER BLÜHEND

Die Blütenfarbe wird mal als Orangerosa, mal als Lachsrot angegeben. Leider nehmen die vollständig geöffneten Blüten später eine ziemlich schmutzige Farbe an. Schön geformte Knospen öffnen sich langsam zu hochgebauten, 10 cm großen, mit 35 Petalen gefüllten Blüten, die leicht duften. Der Flor ist sehr reich, und die Nachblüte erfolgt sehr rasch. Ledriges, matt glänzendes Laub ziert eine dichte, wuchsfreudige Pflanze. **ZONEN 5–10.**

SWIM, USA, 1955
'FANDANGO' × 'FLORADORA'
GENF GOLDMEDAILLE 1955, GOLDMEDAILLE DER NATIONAL ROSE SOCIETY 1956, PORTLAND GOLDMEDAILLE 1957

'Moonbeam' AUSbeam *(oben)*
STRAUCHROSE, APRICOT+, ÖFTER BLÜHEND

'Moonbeam' ist sehr reichblütig und bringt mehrmals im Jahr zahlreiche Blüten hervor. Sie hat sehr lange, spitze Knospen von rosa-apricotfarbener Tönung. Die Farbe ist besonders klar und frisch. Die Knospen öffnen sich zu großen, halb gefüllten Blüten mit 15–20 Petalen und einem Büschel goldener Staubfäden. Der mittelgroße Busch besitzt üppiges, hellgrünes Laub und ist gesund. Diese Rose eignet sich hervorragend als Hecken- oder Beetrose und macht sich besonders gut in Verbindung mit Zwiebelgewächsen und Staudenpflanzen. Sie wird auch als Englische Rose bezeichnet. **ZONEN 4–11.**

AUSTIN, GROSSBRITANNIEN, 1983
ELTERN UNBEKANNT

'Moonlight' *(Mitte)*
STRAUCHROSE, MOSCHATA-HYBRIDE, HELLGELB, ÖFTER BLÜHEND

Die duftenden Blüten von 'Moonlight' sind cremegelb bis weißlich und haben hervortretende gelbe Staubgefäße. Sie sind einfach und sitzen in wohlgeordneten Büscheln. Das Laub ist glänzend dunkelgrün. Die Pflanze hat einen hohen, buschigen Wuchs und kann auch als kleine Kletterrose verwendet werden. Sie sorgt für eine gute Erneuerung der Blüten. Besonders attraktiv sind die Blüten im Herbst, wenn sie ihre gelbe Farbe längere Zeit behalten. Diese Sorte ist eine ausgezeichnete Heckenrose und verträgt sich gut mit Zwiebelgewächsen und Staudenpflanzen. Abgesehen von jahreszeitlich bedingtem Mehltau ist sie recht krankheitsfest. Wenn man die verwelkten Blüten nicht entfernt, setzen zahlreiche Hagebutten an, die mehrere Monate am Strauch verbleiben. **ZONEN 4–11.**

PEMBERTON, GROSSBRITANNIEN, 1913
'TRIER' × 'SULPHUREA'
GOLDMEDAILLE DER NATIONAL ROSE SOCIETY 1913

'Moonsprite' *(unten)*
FLORIBUNDA, HELLGELB, ÖFTER BLÜHEND

Eiförmige Knospen öffnen sich zu mit 80 Petalen dicht gefüllten, intensiv duftenden, cremeweißen Blüten, die zur Mitte hin ins Bersteingelbe tendieren und in kleinen wie großen Büscheln erscheinen. Zunächst sind sie becherförmig, werden dann aber immer flacher. Die mittelhohe, buschige Pflanze trägt ledriges, matt glänzendes Laub und zeigt eine ausgezeichnete Blütenfülle mit rascher Erneuerung der Blüten. **ZONEN 5–10.**

SWIM, USA, 1956
'SUTTER'S GOLD' × 'ONDINE'
BADEN-BADEN GOLDMEDAILLE 1955, ROM GOLDMEDAILLE 1956

'Morden Blush' *(oben)*
STRAUCHROSE, HELLROSA, ÖFTER BLÜHEND

Die kleinen, mit 50 Petalen gefüllten hellrosa Blüten, die zu Elfenbeinweiß verblassen, öffnen sich flach und stehen zu 2–5 in Büscheln. 'Morden Blush' ist ein ausgezeichneter kleiner Strauch für solche Gebiete, wo gute Winterhärte lebenswichtig ist. **ZONEN 3–9.**

COLICUTT & MARSHALL, KANADA, 1988

('PRAIRIE PRINCESS' × 'MORDEN AMORETTE') × ('PRAIRIE PRINCESS' × ['WHITE BOUQUET' × {*ROSA ARKANSANA* × 'ASSINIBOINE'}])

'Morden Centennial'
STRAUCHROSE, REIN ROSA, ÖFTER BLÜHEND

'Morden Centennial' besitzt gefüllte Blüten in reinem Rosa, die bis zu 15 in Büscheln erscheinen. Jede Blüte besitzt 50 Petalen, duftet leicht und blüht wiederholt. Die Blätter des buschigen Strauches bestehen aus 7 Fiederblättchen und sind leicht glänzend. 'Modern Centennial' übersteht auch sehr kalte Winter, ohne dass einzelne Triebe absterben. **ZONEN 3–9.**

MARSHALL, KANADA, 1980

'PRAIRIE PRINCESS' × ('WHITE BOUQUET' × ['J. W. FARGO' × 'ASSINIBOINE'])

'Morden Fireglow'
STRAUCHROSE, ORANGEROT, ÖFTER BLÜHEND

'Morden Fireglow' hat leuchtend orangerote Blüten – eine Farbe, die bei winterharten Rosen äußerst selten vorkommt. Die spitzen Knospen öffnen sich zu becherförmigen, mit 30 Petalen gefüllten, duftenden Blüten; diese sind unterseits rot, nehmen eine lockere Form an und erscheinen in kleinen Büscheln. Die Pflanze ist niedrig und buschig; die Blüten erneuern sich gut. Wenn man Verwelktes nicht von der Pflanze entfernt, werden kugelförmige Hagebutten gebildet. **ZONEN 3–9.**

COLICUTT & MARSHALL, KANADA, 1989

SÄMLING × 'MORDEN CARDINETTE'

'Morden Ruby'
(oben links)
STRAUCHROSE, ROSA+,
ÖFTER BLÜHEND

Die Knospen von 'Morden Ruby' sind eiförmig und öffnen sich zu stark gefüllten, rosafarbenen Blüten mit einem Durchmesser von 8 cm. Die frühe Blüte lastet sehr schwer auf der wuchsfreudigen Pflanze und erneuert sich gut. ZONEN 3–9.

MARSHALL, KANADA, 1977
'FIRE KING' × ('J. W. FARGO' × 'ASSINIBOINE')

'Morgengruß'
(unten)
Syn. 'Morning Greeting'
STRAUCHROSE, ORANGEROSA,
ÖFTER BLÜHEND

Dieser äußerst wuchsfreudige Strauch wächst bis zu 3 m hoch und wird auch ebenso breit. Die eiförmigen Knospen öffnen sich zu stark gefüllten, hellrosa Blüten mit orangegelber Tönung. Diese stehen in Büscheln und duften stark. Das üppige Laub ist glänzend und hellgrün. 'Morgengruß' ist ein farbenfroher Strauch für Parks, er benötigt jedoch viel Platz, um sein Potenzial auszuschöpfen. In kühleren Gebieten gedeiht er besonders gut. ZONEN 4–11.

KORDES, DEUTSCHLAND, 1962
ELTERN UNBEKANNT

'Morletii'
(ganz oben rechts)
Syn. *Rosa pendulina plena*, 'Inermis Morletii'
ALTE R., BOURSAULTROSE, MAUVE

Bei den Boursaultrosen geht man davon aus, dass sie aus einer Kreuzung von *Rosa pendulina* und *R. chinensis* hervorgegangen sind. Wenn überhaupt, haben sie nur wenige Stacheln. Nur noch vier Boursaultrosen sind heutzutage im Handel, darunter auch 'Morletii'. Von überhängendem Wuchs wird sie normalerweise 3 m hoch und breit und trägt im Frühsommer viele Büschel mit kleinen, gefüllten magentafarbenen Blüten. Die Rose kann auch als Kletterrose gezogen werden. Im Frühling ist der Blattaustrieb kupferrot, das Herbstlaub wird orangerot. ZONEN 7–9.

MORLET, FRANKREICH, 1883
ELTERN UNBEKANNT

'Morning Blush'
(oben)
ALTE R., ALBA-ROSE, HELLROSA+

Der in der Mitte hohe und aufrechte Busch fließt wie ein Springbrunnen von der Basis aus nach außen und braucht daher viel Platz, damit er sich gut entwickeln kann. Die halb gefüllten, cremeweißen Blüten mit breiter dunkel rosafarbener Umrandung sitzen fast den ganzen Juni über auf den kräftigen Trieben, während die großen, glänzenden, dunkelgrünen Blätter einen attraktiven Hintergrund bieten. 'Morning Blush' duftet leicht. Wie alle Alba-Rosen ist auch diese Sorte sehr gesund und wird nicht von Mehltau oder Sternrußtau befallen. Als Landschaftspflanze ist 'Morning Blush' eine gute Rose für den Hintergrund einer Rabatte oder für eine Hecke. ZONEN 4–9.
SIEVERS, DEUTSCHLAND, 1988
ELTERN UNBEKANNT

'Moth' *(ganz oben)*
Syn. 'The Moth'
STRAUCHROSE, MAUVE, ETWAS NACHBLÜHEND

Die auch als Englische Rose bezeichnete 'Moth' ist eine recht große Strauchrose. Die schlanken, eleganten Knospen öffnen sich zu halb gefüllten, hellrosa Blüten mit etwa 15 Petalen und einem Staubfadenbüschel in der Mitte. Sie kommen mit kurzen Seitentrieben auf den letztjährigen Langtrieben und bedecken dann im Frühjahr den ganzen Busch. Die Nachblüte erfolgt ziemlich langsam. 'Moth' hat einen recht unbeholfenen, kantigen Wuchs mit dickem, stachelreichem Holz. Bei kühler Witterung können die Blüten sehr schön sein; sie öffnen sich aber zu schnell und halten bei warmem Wetter nicht gut.
ZONEN 5–10.
AUSTIN, GROSSBRITANNIEN, 1983
ELTERN UNBEKANNT

'Mothersday'
Syn. 'Muttertag', 'Fête Des Mères', 'Morsdag', 'Mothers Day'
POLYANTHAROSE, DUNKELROT, ÖFTER BLÜHEND

Die kleinen, gefüllten Blüten sind dunkelrot, kugelförmig und blühen in Büscheln aus 5–20 Einzelblüten. Die zwergwüchsige Pflanze ist mit kleinen, glänzenden Blättern besetzt. Der Flor ist reich, doch erneuern sich die Blüten nur recht langsam. Wie bei den meisten Polyantharosen kann auch hier Mehltau zum Problem werden. In Europa wurde diese Rose in großen Mengen in Töpfen gezogen, damit sie rechtzeitig zum Muttertag blühte.
ZONEN 4–11.
GROOTENDORST, NIEDERLANDE, 1949
SPORT VON 'DICK KOSTER'

'Mount Hood'

MACmouhoo *(rechts)*
Syn. 'Foster's Melbourne Cup', 'Foster's Wellington Cup'
TEEHYBRIDE, WEISS, ÖFTER BLÜHEND

Die Blüten dieser Rose sind elfenbeinweiß und duften leicht. Sie sind mit 40 Petalen stark gefüllt und bilden eine symmetrische, hohe Mitte. Die Blüten stehen meist in Büscheln und vermitteln den Eindruck, als sei der Busch mit Schnee bedeckt. Die gut verzweigte, hohe, aufrechte Pflanze ist sehr wuchsfreudig und krankheitsfest. Sie trägt glänzende, dunkelgrüne Blätter und bringt außerordentlich viele Blüten hervor, doch benötigen diese viel Wärme, um sich vollständig zu öffnen. Die Teehybride ist ein Schwestersämling der berühmten 'Singin' in the Rain'. Ihr Züchter benannte sie nach dem schneebedeckten Mount Hood, der sich über der Schlucht des Columbia River in Oregon (USA) erhebt.
ZONEN 5–10.

MCGREDY, NEUSEELAND, 1991
'HECKENZAUBER' × 'POT O' GOLD'
NEUSEELAND GOLDMEDAILLE 1992, ALL-AMERICAN ROSE SELECTION 1996

'Mount Shasta'

(unten)
TEEHYBRIDE, WEISS, ÖFTER BLÜHEND

'Mount Shasta' gehört immer noch zu den besten weißen Rosen. Die Knospen sind sehr groß, lang und spitz sowie sehr attraktiv. Sie öffnen sich zu schön geformten, mit gut 20 Petalen gefüllten Blüten. Die duftenden, becherförmigen Blüten werden 12 cm groß und sitzen auf sehr langen Stielen, die sich im Knospenstadium hervorragend schneiden lassen. Das ledrige Laub ist graugrün gefärbt und bildet einen attraktiven Hintergrund für die Blüten. Die sehr wuchsfreudige Pflanze wächst aufrecht. Die weißen Blüten von 'Mount Shasta' sind bestens für Hochzeitssträuße geeignet.
ZONEN 5–10.

SWIM & WEEKS, USA, 1963
'QUEEN ELIZABETH' × 'BLANCHE MALLERIN'

'Mountbatten'

HARmantelle *(ganz unten)*
FLORIBUNDA, REIN GELB,
ÖFTER BLÜHEND

'Mountbatten' ist eine besonders kräftig wachsende, gesunde Rose mit extrem üppigem Laub und dichtem Wuchs. Die rein gelben, duftenden Bluten bestehen aus 45 Petalen und sind zunächst becherförmig, bis sie sich bei voller Blüte flach öffnen. Sie erscheinen einzeln oder mit mehreren Blüten zusammen auf langen Stielen. Die großen Blätter sind dunkelgrün und glänzend. Der erste Flor fällt sehr stark aus, auch die Nachblüte erfolgt gut. Man kann die kräftige Floribundarose auch als Strauchrose in gemischten Rabatten oder als Solitär verwenden.
ZONEN 5–10.

HARKNESS, GROSSBRITANNIEN, 1982

'PEER GYNT' × (['ANNE COCKER' × 'ARTHUR BELL'] × 'SOUTHAMPTON')

ROYAL NATIONAL ROSE SOCIETY CERTIFICATE OF MERIT 1979, LYON ROSE DE SIÈCLE 1980, BRITISCHE ROSE DES JAHRES 1982, BELFAST GOLDMEDAILLE, ORLÉANS GOLDMEDAILLE 1984, COURTRAI GOLDMEDAILLE 1986, GOLDENE ROSE VON DEN HAAG 1986, ROYAL HORTICULTURAL SOCIETY AWARD OF GARDEN MERIT 1993

'Mozart' *(ganz oben)*

STRAUCHROSE, MOSCHATA-HYBRIDE, ROSA+,
ÖFTER BLÜHEND

Diese ausgezeichnete Strauchrose hat duftende, einfache dunkelrosa Blüten mit einem großen, weißen Auge. Die Blüten sind klein und stehen in großen Büscheln. Ihre Erneuerung ist gut, v.a. im Herbst, wenn gewaltige und langlebige Blütendolden hervorgebracht werden. Sehr wuchsfreudig, ausladend und recht gesund.
ZONEN 4–11.

LAMBERT, DEUTSCHLAND, 1937

'ROBIN HOOD' × 'ROTE PHARISÄER'

'München' *(oben)*
STRAUCHROSE, DUNKELROT, ÖFTER BLÜHEND

Diese Sorte hat lange, spitze Knospen, die sich zu halb gefüllten, scharlach-karminroten Blüten mit leichtem Duft öffnen. Die Blüten erscheinen in kleinen Büscheln auf kräftigen Stielen. Die Blütenfarbe ist zuerst ein sehr attraktives Kardinalsrot, das in praller Sonne eine etwas hellere Tönung annimmt. Die goldgelben Staubgefäße heben sich davor wirkungsvoll ab. Die Pflanze hat einen ausladenden Wuchs und trägt glänzendes, dunkelgrünes Laub. Diese Rose ist äußerst wuchsfreudig und zeigt eine befriedigende Nachblüte.
ZONEN 4–10.

KORDES, DEUTSCHLAND, 1940

'EVA' × 'REVEIL DIJONNAIS'

'Mutabilis' *(ganz oben rechts)*
Syn. *Rosa chinensis mutabilis*, 'Tipo Idéale'
ALTE R., CHINAROSE, GELB+, ETWAS NACHBLÜHEND

Diese Rose wurde erstmals wahrscheinlich 1934 vom Schweizer Botaniker Henri Correvon aus Genf in den Gartenbau eingeführt, nachdem er sie im Garten der Isola Bella im Lago Maggiore entdeckt hatte. Sie wächst zu einem großen, kletternden Busch heran. Die Blüten erinnern äußerlich an gaukelnde Schmetterlinge und erscheinen in großen Mengen. Sie sind beim Öffnen gelb, später färben sie sich dann rosa und zum Schluss karminrot. Der Flor dauert lange an. **ZONEN 5–10.**

CHINA (?), IN ITALIEN EINGEFÜHRT, VOR 1894

ELTERN UNBEKANNT

ROYAL HORTICULTURAL SOCIETY AWARD OF GARDEN MERIT 1993

'My Choice' *(oben)*
TEEHYBRIDE, ROSA+, ÖFTER BLÜHEND

Die gefüllten Blüten dieser Sorte bestehen aus 30 Petalen, sind rosa mit blassgelben Rückseiten und besitzen einen bemerkenswerten Damaszenerduft. Die Knospen sind anfangs oft noch unattraktiv, reifen dann aber zu wunderschön geformten Blüten mit guter Substanz und Farbe heran. Die Blüten sind mit einem Durchmesser von 12–14 cm außergewöhnlich groß. Die wuchsfreudige, recht hoch wachsende Pflanze trägt sehr attraktives, ledriges, grünes Laub. 'My Choice' ist nicht winterhart und anfällig für Mehltau und Sternrußtau. Am besten gedeiht diese Rose in wärmeren Klimazonen. **ZONEN 5–11.**

LEGRICE, GROSSBRITANNIEN, 1958

'WELLWORTH' × 'ENA HARKNESS'

GOLDMEDAILLE DER NATIONAL ROSE SOCIETY 1958, NATIONAL ROSE SOCIETY CLAY CUP FOR FRAGRANCE 1958, PORTLAND GOLDMEDAILLE 1961

'Nana Mouskouri' *(oben)*
FLORIBUNDA, WEISS, ÖFTER BLÜHEND

Im Knospenstadium kurz vor dem Aufblühen sind die cremefarbenen Blüten schwach rosa überlaufen, in warmen Zonen später fast rein weiß. Sie duften und besitzen etwa 30 Petalen sowie eine symmetrische, hohe Mitte, wodurch sie sich gut für Ausstellungszwecke eignen. Die in kleinen bis mittelgroßen Büscheln sitzenden Blüten hüllen den Strauch ein und bereiten im Garten einen wunderschönen Anblick. Das Laub der aufrechten, kompakten Rose ist rein dunkelgrün. Die kräftige Sorte ist gegen Mehltau und Sternrußtau resistent. Sie wurde nach der berühmten griechischen Schlagersängerin benannt. **ZONEN 5–10.**

DICKSON, GROSSBRITANNIEN, 1975

'REDGOLD' × 'ICED GINGER'

'Nancy Hayward' *(ganz oben rechts)*
GROSSBLUMIGE KLETTERROSE, ROT, ÖFTER BLÜHEND

Sie besitzt leuchtend kirschrote Blüten, die zu Karminrot verblassen. Die Blüten sind groß, einfach und duften nur leicht. Ihr mittelgrünes Laub ist äußerst krankheitsfest. Die Seitentriebe der wuchsfreudigen Kletterrose müssen zur vollen Entfaltung zahlreicher Blüten an einem Zaun oder einer Mauer gezogen werden. Sie hält lange als Schnittrose und benötigt fast gar keine Pflege; sie sollte aber von verwelkten Blüten gesäubert werden. 'Nancy Hayward' eignet sich sehr gut für Balkongeländer, wo sie während der gesamten Saison unablässig blüht. **ZONEN 5–10.**

CLARK, AUSTRALIEN, 1937

'JESSIE CLARK' × SÄMLING

'Nancy Steen' *(oben)*
FLORIBUNDA, ROSA+, ÖFTER BLÜHEND

Die großen, duftenden, gefüllten Blüten haben 30 rosafarbene Petalen und eine zart cremefarbene Mitte. Die flache, zwanglose Blütenform hebt sich von dem glänzend dunkelgrünen Laub ab. Sie ist starkwüchsig und trägt eine Fülle von Blütenbüscheln. 'Nancy Steen' gehört zwar zu den Floribundarosen, ähnelt jedoch eher einer Strauchrose. Sherwood benannte sie nach einer der bedeutendsten Rosenzüchterinnen Neuseelands, die sich intensiv darum bemühte, dass das Interesse an Alten Gartenrosen wiederauflebte. **ZONEN 5–10.**

SHERWOOD, NEUSEELAND, 1976

'PINK PARFAIT' × ('OPHELIA' × 'PARKDIREKTOR RIGGERS')

'Narrow Water'
(rechts)
ALTE R., NOISETTEROSE, HELL-ROSA, ETWAS NACHBLÜHEND

Die kleinen, rosettenförmigen, lavendelrosa Blüten der mittelhohen bis hohen Noisetterose sind in Büscheln angeordnet. Sie erinnert an die ursprüngliche Noisetterose 'Blush Noisette' und ist wirklich eine begehrenswerte Sorte für den Garten. Das Schloss Narrow Water steht zwischen Newry und Warrenpoint an einer Engstelle des Carlingford, dem Grenzfluss zwischen der Republik Irland und Nordirland. **ZONEN 4–10.**

DAISY HILL NURSERY, IRLAND, UM 1883

SPORT VON 'NASTARANA'

'National Trust'
(rechts)
Syn. 'Bad Nauheim'
TEEHYBRIDE, DUNKELROT, ÖFTER BLÜHEND

Ihre leuchtend roten, wetterfesten Blüten von klassischer, großblumiger Form sitzen auf kräftigen Stielen. Sie erreichen einen Durchmesser von 10 cm, sind mit etwa 55 Petalen stark gefüllt, duften jedoch nicht. Die Blüten sitzen einzeln auf Stielen einer kräftigen, kompakten Pflanze von kleinem, ordentlichem Wuchs, deren mittel- bis dunkelgrünes Laub krankheitsfest ist. Diese Teehybride des Briten McGredy erhielt ihren Namen anlässlich des 75. Jahrestages des britischen National Trust. **ZONEN 4–11.**

MCGREDY, GROSSBRITANNIEN, 1970

'IRISH WONDER' × 'KING OF HEARTS'

ROYAL NATIONAL SOCIETY TRIAL GROUND CERTIFICATE 1969, BELFAST CERTIFICATE OF MERIT 1972

'Nearly Wild'
FLORIBUNDA, REIN ROSA, ÖFTER BLÜHEND

Kleine, spitze Knospen öffnen sich zu rosafarbenen, einfachen, duftenden Blüten. Sie wachsen in Büscheln auf langen, geraden Stielen an einer buschigen, kompakten Pflanze, die recht krankheitsfest ist. Diese klassische Rose ist zwar fast ausgestorben und nicht mehr im Handel erhältlich, wächst jedoch noch in vielen alten Gärten von Museen und Schlössern. Die Mutterpflanze 'Dr. W. van Fleet' wurde häufig bei der Rosenzucht verwendet, ihr berühmtester Nachkömmling ist jedoch der kletternde Sport 'New Dawn', der 1997 durch die World Federation of Rose Societies zur „Weltrose" gekürt wurde. **ZONEN 4–10.**

BROWNELL, USA, 1941

'DR. W. VAN FLEET' × 'LEUCHTSTERN'

'Nestor'
ALTE R., GALLICA-ROSE, ROT

'Nestor' besitzt stark gefüllte, flache, schalenförmige, gevierteilte Blüten. Sie sind magentafarben mit äußeren Blättern in lieblichem Lila-Rosa. Das Laub der mittelwüchsigen Pflanze ist hellgrün. Diese herrliche Rose verdient einen Platz in jedem Garten. Die Herkunft ihres Namens ist ungewiss. Wahrscheinlich wurde sie nach einem Franzosen und nicht nach jenem sagenhaften König von Pylos benannt, der mit den Hellenen in den Trojanischen Krieg zog. **ZONEN 4–9.**

VOR 1848

ELTERN UNBEKANNT

'Nevada' *(ganz oben)*
STRAUCHROSE, WEISS, ÖFTER BLÜHEND

Rosa- bis apricotfarbene, ovale Knospen öffnen sich zu cremeweißen Blüten mit einem Durchmesser von 10 cm und einer gelegentlich karminrot gesprenkelten Unterseite. Die wetterfesten, einfachen Blüten umhüllen den Strauch in kurzstieligen Büscheln. Das mittelgrüne Laub ist normalerweise robust, neigt aber unter feuchten Klimabedingungen zu Sternrußtau. Die große, kräftige Pflanze wird in den meisten Lagen bis 2 m hoch, blüht fast durchgehend und besitzt die Würde und Anmut einer Strauchrose, die mit einer Wildrose kombiniert wurde. Man nimmt an, dass für die Pollenvermehrung die tetraploide Form *Rosa moyesii* 'Fargesii' verwendet wurde. **ZONEN 4–10.**

DOT, SPANIEN, 1927

ANGEBLICH EINE 'LA GIRALDA' × HYBRIDE VON *ROSA MOYESII*

ROYAL HORTICULTURAL SOCIETY AWARD OF GARDEN MERIT 1993

'New Beginning'
SAVabeg *(links unten)*
ZWERGROSE, ORANGE+, ÖFTER BLÜHEND

Ihre sehr dekorativen, leuchtend orangegelben Blüten mit 40–50 Petalen duften nicht. Sie sind von mittlerer Größe und normalerweise einzeln oder in kleinen Büscheln angeordnet. Der kompakte Strauch trägt matt glänzendes, mittelgrünes Laub. Die Sorte eignet sich ideal als Gartenrose, da sie fortwährend Blüten bildet, die in heißen Zonen nicht zu schnell verwelken. In kühleren Lagen sind Farbe und Form aber noch schöner. Aufgrund ihrer leuchtenden Farbe eignet sie sich gut für Blumenampeln und Rabatten sowie als Bodendecker. Sie war die erste Zwergrose, die den berühmten All-American Rose Selection-Preis erhielt, der bis dahin großen Rosenkategorien vorbehalten war. Dies ist eine wohlverdiente Ehre für den Züchter Harm Saville. Interessanterweise gingen aus der Mutterpflanze 'Zorina' auch viele andere Preisträger unter den Floribundarosen hervor. **ZONEN 5–11.**

SAVILLE, USA, 1988

'ZORINA' × SÄMLING

ALL-AMERICAN ROSE SELECTION 1989

'New Daily Mail' *(rechts)*
Syn. 'Puszta', 'Pussta'
FLORIBUNDA, DUNKELROT, ÖFTER BLÜHEND

Kugelförmige Knospen öffnen sich zu großen, halb gefüllten, dunkelroten Blüten mit goldfarbenen Staubgefäßen, die nicht duften. Die dunkelgrünen Blätter der kräftigen, aufrechten Pflanze glänzen matt. Die Sorte hat zwei Vorgänger, nämlich die 1913 von Pernet-Ducher gekreuzte orangefarbene Edelrose 'Daily Mail Rose' und die karminrote Edelrose 'Daily Mail Scented Rose', die 1972 von Archer in England gezüchtet wurde. Des Weiteren meldete dann 1989 der Inder B. K. Patil aus Bangalore **'Climbing New Daily Mail'** als neue Sorte an. ZONEN 5–10.

TANTAU, DEUTSCHLAND, 1972
'LETKIS' × 'WALZERTRAUM'
ADR-ROSE 1972

'New Dawn' *(rechts)*
Syn. 'Everblooming Dr W. Van Fleet', 'The New Dawn'
GROSSBLUMIGE KLETTERROSE, HELLROSA, ÖFTER BLÜHEND

'New Dawn' hat keine Makel, sondern nur einige großartige Eigenschaften, die sie seit jeher zum Liebling vieler Züchter macht. Ihre Kennzeichen sind große, gefüllte, duftende, puderfarbene Blüten, die zu einer zartrosa-weißen Farbe verblassen. Das Laub der bis zu ca. 3–4 m hoch kletternden Rose ist glänzend dunkelgrün und krankheitsfest. Sie ist winterhart und trägt während der ganzen Wachstumsperiode eine außergewöhnliche Fülle von Blüten, die je nach Zone in Büscheln oder einzeln wachsen. Ein weiteres Plus ist ihr süßer Duft. Die Triebe lassen sich hervorragend biegen und auf diese Weise gut in verschiedene Gartenarrangements integrieren. Henry Dreer entdeckte die Sorte in einer Gärtnerei in Connecticut (USA). Sie war die erste Pflanze, die jemals in den USA patentiert wurde. ZONEN 4–10.

DREER, USA, 1930
SPORT VON 'DR. W. VAN FLEET'
ROYAL HORTICULTURAL SOCIETY AWARD OF GARDEN MERIT 1993,
WORLD FEDERATION OF ROSE SOCIETIES WORLD'S FAVORITE ROSE 1997

'New Face' INTerclem
STRAUCHROSE, GELB+, ÖFTER BLÜHEND

Dem Holländer Peter Ilsink gelang die Zucht einer faszinierenden Reihe von Strauchrosen, von denen sich diese ganz besonders für große Gärten eignet, da sie mitunter doppelt so groß wie herkömmliche Strauchrosen wird. Die kleinen bis mittelgroßen Blüten sind cremegelb mit leuchtend rosafarbenen Rändern, erscheinen in großen Büscheln und blühen den ganzen Sommer und Herbst hindurch. 'New Face' eignet sich gut für große Rabatten oder naturbelassene Gärten; ihre jungen Blütenzweige geben ideale Schnittblumen ab. Die aufrechte, dicht verzweigte Rose breitet sich mit ihren bestachelten Stielen und mittelgroßen, matt glänzenden Blättern recht elegant aus. ZONEN 4–9.

ILSINK, NIEDERLANDE, 1978
ELTERN UNBEKANNT
BAGATELLE GOLDMEDAILLE 1981

neigt aber zu Echtem Mehltau. **ZONEN 4–10.**
BOERNER, USA, 1947
'FLAMBEAU' × SÄMLING
NATIONAL ROSE SOCIETY CERTIFICATE OF MERIT 1950

'New Zealand'
MACgenev
(oben rechts)
Syn. 'Aotearoa New Zealand'
TEEHYBRIDE, HELLROSA, ÖFTER BLÜHEND

Die großen, wohlgeformten Blüten besitzen einen zarten, warmen Rosaton und erscheinen einzeln auf kräftigen, geraden Stielen. Die Einzelblüten sind mit 30-35 Petalen gefüllt und duften intensiv nach Geißblatt. Am kräftigen, wohlgeformten, aufrechten Strauch wachsen glänzend dunkelgrüne, sehr gesunde Blätter. Neben vielen anderen Vorzügen besticht die Rose vor allem durch ihren betörenden Duft. Nach dem Verpflanzen benötigt sie ein Jahr, bis sie sich an den neuen Standort gewöhnt hat, und bevorzugt zur vollen Entfaltung ein gleichmäßig warmes Klima. **ZONEN 4–10.**
MCGREDY, NEUSEELAND, 1991
'HARMONIE' × 'AUCKLAND METRO'
PORTLAND GOLDMEDAILLE UND DUFTPREIS 1996

'New Year' MACnewye
(ganz oben links)
Syn. 'Arcadian'
TEEHYBRIDE, ORANGE+, ÖFTER BLÜHEND

Ihre Blütenfarbe ist eine wunderbare Mischung aus klarem Orange und Goldgelb. Die wohlgeformten, mit 20 Petalen gefüllten Blüten duften leicht. Sie sind in kleinen Büscheln oder auch einzeln angeordnet. Bei hohen Temperaturen neigen sie dazu, sehr rasch aufzublühen, was ihre Üppigkeit jedoch wettmacht. Die hohe, aufrechte, kräftige Rose besitzt große, dunkelgrüne Blätter. Sie ist krankheitsfest, aber nicht ausreichend winterhart. Aufgrund ihres dichten, buschigen Wuchses ist sie eine ideale Gartenrose, die die ganze Saison hindurch blüht. 1995 entdeckte der Texaner Joe Burks einen kletternden Sport mit 6–14 Petalen. **ZONEN 5–10.**
MCGREDY, NEUSEELAND, 1983
'MARY SUMNER' × SÄMLING
ALL-AMERICAN ROSE SELECTION 1987

'New Yorker'
(oben)
TEEHYBRIDE, ROT, ÖFTER BLÜHEND

Die samtig scharlachroten Blüten besitzen 35 Petalen und halten ihre Leuchtkraft ungeachtet der klimatischen Bedingungen. Sie erreichen einen Durchmesser von fast 12 cm. Die schön symmetrischen Blüten haben eine hohe Mitte, einen herrlich fruchtigen Duft und erscheinen nur selten in Büscheln. Die Rose ist von kräftigem, reich verzweigtem Wuchs und gut winterhart,

'News' LEGnews
(rechts)
FLORIBUNDA, MAUVE, ÖFTER BLÜHEND

Halb gefüllte, duftende, purpurfarbene Blüten, die nicht verblassen, stehen in Kontrast zu den goldgelben Staubgefäßen und heben sich in Büscheln vom schönen, glänzend olivgrünen Laub ab. Die großen Blüten sind wetterfest und am Strauch lange haltbar. Die kräftige, aufrechte Rose wächst mittelhoch, wobei die Triebe oft lang werden, und blüht fast durchgehend. Sie ist pflegeleicht und robust. Nach ihrer Einführung im Jahre 1970 wurde im Londoner Regent's Park ein großes Beet mit dieser Rose angelegt. Diese Aktion machte 'News' so populär, dass sie schon bald danach in vielen britischen Gärten auftauchte.
ZONEN 4–10.

LEGRICE, GROSSBRITANNIEN, 1968
'LILAC CHARM' × 'SUPERB TUSCANY'
GOLDMEDAILLE DER ROYAL NATIONAL ROSE SOCIETY 1970, BELFAST CERTIFICATE OF MERIT 1970

'Niccolo Paganini'
MEIcairma
(ganz oben rechts)
Syn. 'Courage', 'Paganini'
FLORIBUNDA, ROT, ÖFTER BLÜHEND

Die langen, eleganten, urnenförmigen Knospen öffnen sich zu runden Blüten mit einer schön gewickelten Mitte. Sie werden in aufgeblühtem Zustand relativ groß, leuchten kräftig in samtig glänzendem Rot, duften aber nur schwach. Die Rose lässt den ganzen Sommer und Herbst über fortwährend Blütenbüschel sprießen, weshalb sie sich besonders gut für Beete, Rabatten oder Hecken eignet. In warmen Gegenden wird sie mittelhoch und trägt reichlich leuchtend tiefgrüne Blätter. Namensgeber war jener berühmte italienische Violinvirtuose und Komponist, der 1840 starb. ZONEN 5–9.

MEILLAND, FRANKREICH, 1991
ELTERN UNBEKANNT
GENF GOLDMEDAILLE 1989, ROSE OF THE CENTURY 1990, LYON PLUS BELLE ROSE DE FRANCE 1990

'Nice Day' CHEwsea
(unten)
KLETTERNDE ZWERGROSE, ORANGEROSA, ÖFTER BLÜHEND

Die zierlichen, duftenden, lachsrosa Blüten bilden mit ihren 15–25 Petalen eine schöne Rosette. Sie erscheinen in großen, dekorativen Büscheln, die durch glänzendes, bronze- bis mittelgrünes Laub ergänzt werden. Sie ist eine ausgesprochene Kletterrose, entfaltet mitunter aber erst nach mehreren Jahren ihre volle Pracht. Die Blüten verblassen in sonnigen Lagen kaum, dennoch scheinen sich die Farben in kühleren Klimazonen einfach beständiger und länger zu halten. ZONEN 5–10.

WARNER, GROSSBRITANNIEN, 1992
'SEASPRAY' × 'WARM WELCOME'
BRITISH ASSOCIATION OF ROSE BREEDERS SELECTION 1994

'Night Light'

POULlight *(rechts)*
Syn. 'Night Life'
GROSSBLUMIGE KLETTERROSE,
DUNKELGELB, ÖFTER BLÜHEND

Die ins Rote spielenden, spitzen Knospen öffnen sich zu intensiv gelben Blüten, die sich später orangegelb färben. Die leicht süß duftenden, gefüllten Einzelblüten haben ca. 25 Petalen und erscheinen in Büscheln von 3–5 Blüten. Der breitwüchsige Strauch, der in milden Lagen in einer Saison bis zu 2,5 m hoch werden kann, hat große, glänzend dunkelgrüne Blätter. Die eindeutig sehr schmuck wirkenden Blüten können einen Durchmesser von bis zu 12 cm erreichen.
ZONEN 5–10.
POULSEN, DÄNEMARK, 1982
'WESTERLAND' × 'PASTORALE'

'Nina Weibull'

FLORIBUNDA, DUNKELROT,
ÖFTER BLÜHEND

Ihre dunkelroten, gefüllten Blüten halten sich lange, sind offen und erscheinen in kleinen Büscheln von 3–5 Blüten. Die kompakte, kleinwüchsige Sorte trägt dunkelgrünes Laub. Sie produziert reichlich Blüten und ist sehr robust und pflegeleicht. Aufgrund ihres gleichförmigen Wuchses und der konstanten Blütenbildung eignet sie sich hervorragend für flächige Anpflanzungen.
ZONEN 5–10.
POULSEN, DÄNEMARK, 1962
'FANAL' × 'MASKERADE'

'Niphetos' *(rechts)*

ALTE R., TEEROSE, WEISS,
ETWAS NACHBLÜHEND

Diese klassische Teerose verfügt über sehr lange, spitz zulaufende Knospen, die sich zu reinweißen Blüten öffnen. Sie sind außergewöhnlich zart, haben einen ausgeprägten Teerosenduft und erinnern etwas an 'Maréchal Niel'. Die Rose wird gut mittelhoch und hat blassgrüne Blätter. In kälteren Gebieten sollte sie im Gewächshaus kultiviert werden.
'Climbing Niphetos' ist ein Sport von 'Niphetos' und wurde 1889 von William Keynes & Co. vorgestellt. Sie ist kräftiger als ihre Mutter und besitzt größere Blüten.
ZONEN 7–9.
BOUGÈRE, FRANKREICH, 1843
ELTERN UNBEKANNT

'Nobilo's Chardonnay'

MACrelea *(oben rechts)*
Syn. 'Chardonnay', 'Chardony', 'Peachy'
TEEHYBRIDE, REIN GELB, ÖFTER BLÜHEND

Die Blüten strahlen leuchtend orangegelb, sind groß und mit 35 Petalen gefüllt. Sie erreichen einen Durchmesser von 10–12 cm und besitzen eine hochgebaute, symmetrische Form. Der schön kompakte Strauch trägt kleine, hübsche, hellgrüne Blätter. Eine der Elternpflanzen stammt aus der Kreuzung von Kordes' orangerosafarbener Edelrose 'Wienerwald' (1974) mit Sam McGredys gelb getönter Edelrose 'Benson & Hedges Gold'. Durch die Kreuzung wurden die Vorzüge dieser beiden herrlichen Rosen vereint.

ZONEN 5–10.

MCGREDY, NEUSEELAND, 1984
'FREUDE' × ('WIENERWALD' × 'BENSON & HEDGES GOLD')

'Noëlla Nabonnand'

(unten links)
ALTE R., KLETTERNDE TEEROSE, DUNKELROT, ETWAS NACHBLÜHEND

Weder am Strauch noch als Schnittblume halten die großen, mit etwa 20 Petalen halb gefüllten Blüten lange. Sie duften lieblich, sind von schimmernd karminroter Farbe und besitzen eine samtige Struktur. Die kräftige, mittelwüchsige Kletterrose trägt ein dichtes Laub. Ihrem ersten relativ üppigen Flor folgt gelegentlich eine schwächere Nachblüte.

ZONEN 7–9.

NABONNAND, FRANKREICH, 1901
'REINE MARIE HENRIETTE' × 'BARDOU JOB'

'Norfolk' POUlfolk

(unten rechts)
BODENDECKERROSE, REIN GELB, ÖFTER BLÜHEND

Kleine, zart duftende, wetterfeste Blüten leuchten in einem reinen, nicht verblassenden, intensiven Gelb und wachsen in Büscheln. Die kompakte, kleinwüchsige Pflanze, die etwa 45–60 cm hoch wird, besitzt ein glänzend grünes Laub. Aufgrund ihrer reichlichen Blütenbildung während der gesamten Wachstumsperiode stellt diese Rose eine willkommene Bereicherung der Bodendeckerrosen dar. Sie eignet sich auch für Kübel und kleine Beete.

ZONEN 5–10.

POULSEN, DÄNEMARK, 1990
ELTERN UNBEKANNT

'Northern Lights'
(oben)
TEEHYBRIDE, GELB+, ÖFTER BLÜHEND

Die äußeren Blätter der kanariengelben Blüten sind rosafarben überzogen. Die Blüten mit 50 Petalen und einem Durchmesser von über 12 cm duften stark. Ihre perfekte, klassisch hohe Mitte ist von großartiger Symmetrie. Zu Beginn der Wachstumsperiode sprießen die gelben Blüten einzeln und später in kleinen Büscheln und Kegeldolden. Aufgrund der vielen Blütenblätter halten sie extrem lange und eignen sich daher vorzüglich zum Schnitt und für Ausstellungszwecke. Die kräftige, mittelhohe Sorte trägt ein sehr glänzendes, tiefgrünes Laub.
ZONEN 4–10.
COCKER, GROSSBRITANNIEN, 1969
'DUFTWOLKE' × 'KINGCUP'
ADR-ROSE 1995

'Northamptonshire' MATtdor *(ganz oben links)*
BODENDECKERROSE, WEISS/HELLROSA, ÖFTER BLÜHEND

Die perlmuttrosa Blüten dieser Rose verströmen einen leichten, süßen Duft. Sie sind becherförmig, erreichen einen Durchmesser von 2,5–5 cm und sitzen in großen Büscheln auf kräftigen Stielen. Der Strauch ist üppig und in matt glänzendes, mittelgrünes Laub eingehüllt. 'Northamptonshire' blüht die gesamte Saison über und bildet im Garten einen lang haltenden Farbteppich. Sie ist ideal für sonnige Wälle oder terrassenförmige Stufen.
ZONEN 5–10.
MATTOCK, GROSSBRITANNIEN, 1990
ELTERN UNBEKANNT
ROYAL NATIONAL ROSE SOCIETY CERTIFICATE OF MERIT 1988

'Norwich Castle'
(links unten)
FLORIBUNDA, ORANGE+, ÖFTER BLÜHEND

Kräftig kupfer-orangefarbene, gefüllte Blüten, die später ein zartes Apricot annehmen, öffnen sich aus wohlgeformten Knospen. Sie besitzen 30 Petalen, einen schwachen, aber erkennbaren, fruchtigen Duft und sitzen in kleinen, dichten Büscheln. Die langen, spitzen Knospen blühen zu reizenden, flachen Rosetten auf. Sie sind ideale Schnittblumen und blühen gleichmäßig über die gesamte Saison verteilt. Das Laub der kräftigen, aufrecht wachsenden Sorte ist glänzend mittelgrün. 'Norwich Castle' ist gut winterhart, anspruchslos und verträgt sogar lehmige Böden. Die Namensgebung ist eine Hommage an das große normannische Schloss, das die Silhouette von Norwich, der Hauptstadt der ostenglischen Grafschaft Norfolk und Heimatstadt des Züchters, auf sehr beeindruckende Weise prägt.
ZONEN 5–10.
BEALES, GROSSBRITANNIEN, 1980
('WHISKY' × 'ARTHUR BELL') × 'BETTINA'

'Nova Zembla' *(oben)*
RUGOSAROSE, WEISS

Die gefüllten, zartrosa bis fast weißen Blüten verströmen einen betörenden Duft. Sie erreichen einen Durchmesser von 10 cm und erscheinen in großen Büscheln auf kräftigen Stielen, die nicht zusätzlich gestützt werden müssen. 'Nova Zembla' besitzt tief dunkelgrünes Laub, wird bis zu 2,7 m hoch und eignet sich ideal als Kaskadenrose. Die remontierende Rose erfreut im Herbst das Herz eines jeden Gartenbesitzers mit zahlreichen orangeroten Hagebutten, die bis spät in den Winter leuchtende Farbtupfer im sonst grauen Garten bilden. ZONEN 4–10.

MEES, GROSSBRITANNIEN, 1907
SPORT VON 'CONRAD FERDINAND MEYER'

'Nozomi' *(ganz oben rechts)*
Syn. 'Heideröslein Nozomi'
KLETTERNDE ZWERGROSE, HELLROSA

Ihre zierlichen, einfachen, hellrosa Blüten verblassen zu Perlmuttrosa. Sie duften zart und wachsen in Dolden inmitten der kleinen, glänzenden, dunklen Blätter. Die in Deutschland als 'Heideröslein Nozomi' bekannte Sorte eignet sich gut als Kletterrose oder Bodendecker. Knospen bilden sich nur auf verholzten Trieben, die vom Vorjahr übrig geblieben sind, weshalb man sie unbedingt nur mäßig beschneiden sollte. ZONEN 5–10.

ONODERA, JAPAN, 1968
'FAIRY PRINCESS' (SORTE VON 1955) × 'SWEET FAIRY'
ROYAL HORTICULTURAL SOCIETY AWARD OF GARDEN MERIT 1993

'Nuits de Young' *(oben)*
Syn. 'Hermann Kegel', 'Old Black'
ALTE R., MOOSROSE, DUNKELROT

Die bemoosten Knospen erscheinen in Büscheln und öffnen sich zu kleinen, rundlich ovalen Blüten. Sie duften, erreichen einen Durchmesser von ca. 4 cm und sind dunkelpurpurn bis schwarzblau und grau überlaufen. Voll aufgeblüht schimmern sie samtig und zeigen eine kleine Gruppe goldgelber Staubgefäße. Die schlanke, aber dicht verzweigte Rose ist von aufgelockertem Wuchs; sie wird ca. 1,2 m hoch und breit. Ihre Stiele sind unbestachelt, mit einem purpurn-bräunlichen Samt überzogen und in satt dunkelgrünes Laub gehüllt. Sie ist trotz der relativ kurzen Blühperiode Anfang Sommer eine hervorragende, äußerst dankbare alte Sorte. ZONEN 4–10.

LAFFAY, FRANKREICH, 1845
ELTERN UNBEKANNT

hoch wird und große, glänzend dunkelgrüne Blätter trägt. Sie blüht ziemlich reich, ist pflegeleicht und bietet durch den wiederholten Knospenansatz eine Fülle von Blüten. Wilhelm Kordes, der Züchter dieser hübschen Strauchrose, benannte sie zu Ehren der berühmten Gartenanlagen von Schloss Nymphenburg in München. **ZONEN 4–10.**

KORDES, DEUTSCHLAND, 1954
'SANGERHAUSEN' × 'SUNMIST'
NATIONAL ROSE SOCIETY TRIAL GROUND CERTIFICATE 1954

'Nyveldt's White' *(links)*
RUGOSA-HYBRIDE, WEISS, ÖFTER BLÜHEND

Die einfachen Blüten dieser Rugosa-Hybride sind schneeweiß und haben goldgelbe Staubgefäße. Sie sind groß und verströmen einen sehr süßen Duft. Die kräftige, in dunkelgrünes Laub gehüllte Rose wird bis über 2 m hoch. 'Nyveldt's White' blüht sehr lange und bildet zahllose orangerote Hagebutten. Die Sorte ist sehr winterhart und verträgt Schatten, weshalb sie sich gut für Hecken eignet.
ZONEN 4–10.

NYVELDT, NIEDERLANDE, 1955
(ROSA RUGOSA 'RUBRA' × R. CINNAMOMEA) × R. NITIDA

'Nur Mahal' *(ganz oben)*
STRAUCHROSE, ROT, ÖFTER BLÜHEND

Von den leuchtend karminroten Blüten geht ein ausgeprägter Moschusduft aus. Sie sind halb gefüllt und sitzen in Büscheln auf kräftigen, geraden Stielen. Die wuchsfreudige, säulenartige Rose wird 2,4–3 m hoch und hat kleine, dunkelgrüne Blätter. Durch guten Beschnitt gerät der gefällige Strauch zu einer mittelwüchsigen, krankheitsfesten Pflanze. Pemberton nannte die Rose nach der einflussreichen Frau des indischen Maharadschas Dschahangir, die der Legende nach das Rosenöl entdeckte. **ZONEN 5–10.**

PEMBERTON, GROSSBRITANNIEN, 1923
'CHÂTEAU DE CLOS VOUGEOT' × SÄMLING EINER MOSCHATA-ROSE

'Nymphenburg' *(unten links)*
STRAUCHROSE, ORANGEROSA, ÖFTER BLÜHEND

Apricotrosa Knospen öffnen sich zu zart lachsrosa Blüten mit gelber Mitte, die zum Rand hin orangefarben überhaucht sind. Die großen, halb gefüllten Blüten neigen dazu, mit der Zeit zu verblassen. Sie duften und wachsen in kleinen und großen Büscheln an einer kräftigen, aufrechten Pflanze, die über 2 m

'Octavia Hill' HARzeal *(oben)*
Syn. 'Oktavia Hill'
FLORIBUNDA, REIN ROSA, ÖFTER BLÜHEND

Mit 75 Petalen besitzen die rein rosafarbenen Blüten erstaunlich viele Blütenblätter. Sie sitzen in kleinen, ordentlichen Büscheln und duften schwach nach Damaszenerrosen. Der Durchmesser der gefüllten, gevierteilten Blüten beträgt ca. 8 cm. Die mittelwüchsige, kompakte Pflanze trägt matt glänzende, dunkelgrüne Blätter. Sie ist relativ kräftig; verwelkte Blüten müssen jedoch entfernt werden, damit sie neue Knospen und Triebe ansetzt. Die haltbaren Blumen eignen sich ideal als Schnitt- und Gestecksrosen. **ZONEN 5–10.**

HARKNESS, GROSSBRITANNIEN, 1995

'ARMADA' × 'CORNELIA'

COURTRAI SILBERMEDAILLE 1995, DEN HAAG CERTIFICATE OF MERIT 1998

'Octavius Weld' *(ganz oben rechts)*
ALTE R., TEEROSE, ROSA+, ETWAS NACHBLÜHEND

Sie wurde auf einem Grab in Blakiston, Südaustralien, entdeckt und nach dem auf dem Grabstein eingravierten Namen benannt. Ende des 19. Jh, importierten Gärtner in Südaustralien Rosen aus England, deren Wurzelstöcke völlig erdfrei waren. 'Octavius Weld' wurde wahrscheinlich kurz nach 1890 importiert. Sie entwickelt sich rasch zu einem riesigen Strauch, der ebenso breit wie hoch wird und spitze, matt mittelgrüne Blätter träge. Die Farbe der Blüten variiert stark. Im Frühling können sie rosafarben, im Sommer zartrosa mit cremefarbenen Schattierungen und im Herbst rein cremegelb sein. Sie blühen durchgehend sowohl einzeln als auch in kleinen Büscheln. Lange Knopsen öffnen sich zu sehr flachen Blüten mit 25–40 Petalen, von denen die mittleren kürzer sind. Sie besitzen einen typischen Teerosenduft, sind im Herbst aber leider sehr anfällig für Mehltau. Selbst wenn die verwelkten Blüten nicht entfernt werden, blüht sie lange. 'Octavius Weld' wird nur in Australien kultiviert. **ZONEN 5–9.**

ELTERN UNBEKANNT

'Œillet Flamand' *(oben)*
ALTE R., GALLICA-ROSE, ROSA+

Ihre Blüten gleichen Nelkenblüten; daher stammt wahrscheinlich auch ihr Name, denn das französische Wort *œillet* bedeutet „Nelke". Sie ist eine herkömmliche, einmalblühende Gallica-Rose mit stark gefüllten, intensiv duftenden Blumen in Zartrosa mit weißen und kräftiger rosafarbenen Streifen. An der robusten, aufrecht wachsenden Pflanze wachsen raue, dunkelgrüne Blätter. **ZONEN 4–9.**

VIBERT, FRANKREICH, 1845

ELTERN UNBEKANNT

'Œillet Parfait'
ALTE R., GALLICA-ROSE, ROSA+

'Œillet Parfait' ist eine selten kultivierte Sorte. Die duftenden, stark gefüllten Blüten mit einem Durchmesser von 4–5 cm sitzen in kleinen, aufrechten Büscheln. Ihre kräftig rosafarbenen Petalen mit dunkelrosa Streifen verblassen später zu Zartrosa-Weiß. Die dichte, relativ aufrechte Rose wird 1 m hoch, auf guten Böden auch höher. Ihre dünnen, dunkelgrünen Triebe besitzen viele Stacheln, während das Laub rund, mittel- bis hellgrün und ziemlich klein ist. Sie gedeiht am besten in guten Böden und benötigt relativ viel Pflege. ZONEN 4–10.
FOULARD, FRANKREICH, 1841
ELTERN UNBEKANNT

'Oklahoma' *(links)*
TEEHYBRIDE, DUNKELROT, ÖFTER BLÜHEND

Typisch sind lange, spitze, ovale Knospen, die sich zu tief dunkelroten, wunderschön symmetrischen Blüten mit hoher Mitte öffnen. Die mit 45 Petalen gefüllten Blumen erreichen einen Durchmesser von 12 cm und duften stark. Sie wachsen einzeln an einem äußerst kräftigen, bis zu 1 m hohen Strauch mit matt dunkelgrünen Blättern. Am besten gedeiht sie in gemäßigten Klimazonen. Zu intensive Sonnenbestrahlung lässt die dunkelroten Blüten welken, während sie sich in zu kühlen Temperaturen dunkelviolett färben. Die Rose ist wegen ihrer Farbe und ihres schweren Dufts sehr beliebt. Sie wurde nach dem US-Bundesstaat Oklahoma („Land des roten Mannes") benannt. Von **'Climbing Oklahoma'** gibt es zwei Varianten. Die ursprüngliche kletternde Sorte wurde 1968 eingeführt. 1972 stellte die australische Familie Ross die zweite Variante vor. Beide Sorten sind äußerst kräftig und blühfreudig.
ZONEN 5–10.
SWIM UND WEEKS, USA, 1964
'CHRYSLER IMPERIAL' × 'CHARLES MALLERIN'
JAPAN GOLDMEDAILLE 1963

'Old Blush'
(links unten)
Syn. 'Common Blush China', 'Common Monthly', 'Old Pink Daily', 'Old Pink Monthly', 'Parsons' Pink China'
ALTE R., CHINAROSE, REIN ROSA, ETWAS NACHBLÜHEND

Dies ist die bekannteste Chinarose, die nach Europa gebracht wurde. Mit ihr begann die große Revolution in der Rosenzüchtung, denn durch sie verlängerte sich die Blühdauer der europäischen Alten Gartenrosen, die bis dahin nur einmal pro Saison blühten. Die hellrosa, halb gefüllten Blüten sind eher klein und ungeordnet; ihr zarter Duft erinnert an Wicken. 'Old Blush' ist schwachwüchsig, mittelhoch, stark verzweigt und besitzt kaum Stacheln. **'Climbing Old Blush'** gleicht in jeder Hinsicht ihren Eltern, außer, dass sie sehr hoch klettern kann und sich für Pergolen und Bögen eignet.
ZONEN 6–9.
SEIT 1713 IN ENGLAND KULTIVIERT
ELTERN UNBEKANNT

'Old Master' MACesp
(oben)
FLORIBUNDA, ROT+,
ÖFTER BLÜHEND

Die Blüten besitzen zwar nur 15 Petalen, sind jedoch von außergewöhnlicher Farbe: Die fuchsroten Blütenblätter sind in der Mitte und unterseits silbrig überlaufen. Sie ist eine der ersten außergewöhnlichen Kreationen des neuseeländischen Pioniers Sam McGredy. Ihre duftenden Blüten erreichen einen Durchmesser von bis zu 12 cm. Sie sitzen in mittelgroßen Büscheln und verleihen jedem Garten einen leuchtenden Farbtupfer. Die kräftige, buschige und sehr krankheitsfeste Rose trägt matt glänzendes, mittelgrünes Laub. Sie ist sehr winterhart und gedeiht in den meisten Böden und Klimazonen. Mit 'Old Master' gelang es Sam McGredy, die Farbenpracht der Zuchtrosen um eine weitere Nuance zu erweitern. ZONEN 4–10.
MCGREDY, NEUSEELAND, 1974
'MAXI' × ('IRISH WONDER' × ['ORANGE SWEETHEART' × 'FRÜHLINGSMORGEN'])
ROYAL NATIONAL ROSE SOCIETY TRIAL GROUND CERTIFICATE 1973

'Old Port' MACkati
(oben rechts)
FLORIBUNDA, MAUVE,
ÖFTER BLÜHEND

Ihre Blüten sind weniger purpurrot, sondern eher eine wundervolle Mischung aus Rot und Mauve. Die stark duftenden, gefüllten Blüten haben 25–40 Petalen und eine interessante, klassisch geviertelte Form. Bei starker Sonneneinstrahlung können sie zu einem gräulichen Ton verblassen, weshalb sie meist im Halbschatten gepflanzt werden. Das Laub der buschigen Rose glänzt matt mittelgrün. In kühlen Lagen ist sie weniger wuchsfreudig und bevorzugt daher ein gemäßigtes Klima. Die Pflanze ist etwas anfällig gegenüber Sternrußtau. ZONEN 5–10.
MCGREDY, NEUSEELAND, 1990
(['ANYTIME' × 'EYEPAINT'] × 'PURPLE SPLENDOUR') × 'BIG PURPLE'

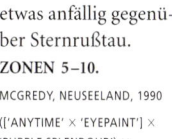

'Oldtimer' KORol
(oben)
Syn. 'Old Time', 'Coppertone', 'Old Timer'
TEEHYBRIDE, ORANGE+,
ÖFTER BLÜHEND

Das Synonym 'Coppertone' (zu deutsch „Kupferton") passt wahrscheinlich besser zu den oft kupferfarbenen oder orange getönten Blüten. Aus langen, spitzen Knospen öffnen sich altgoldfarbene Blüten mit hoher Mitte und hervorragender Symmetrie. Sie duften süß und erreichen einen Durchmesser von 12 cm. Das Laub der kräftigen, schön gerundeten Pflanze glänzt mittelgrün. Sie ist pflegeleicht, bevorzugt jedoch einen warmen, sonnigen Standort, wo sie sich voll entfalten kann. Sehr winterhart und robust.
ZONEN 4–10.
KORDES, DEUTSCHLAND, 1969
'CHANTRÉ' × 'BRONZE MASTERPIECE'

'Olé' *(oben)*
TEEHYBRIDE, ORANGEROT, ÖFTER BLÜHEND

Die duftenden Blüten sind stark gefüllt, besitzen über 50 Petalen und in der Regel eine symmetrische, klassisch hohe Mitte, können jedoch in milden Regionen becherförmig und unregelmäßig sein. Sie erscheinen häufig in eleganten Büscheln von 5–8 Blüten auf kräftigen, geraden, aufrechten Stielen. Die Blütenfarbe variiert von einem orangefarben überhauchten, warmen Karminrot bis hin zu leuchtenden Rottönen. Ihre lange haltenden, gekräuselten Petalen erinnern an Nelkenblüten. Das stechpalmenähnliche Laub ist sehr robust.

'Climbing Olé' wurde 1982 entdeckt. Sie wird 3–3,5 m hoch und kann an Zäunen, Mauern oder Geländern erzogen werden.
ZONEN 5–10.

ARMSTRONG, USA, 1964
'ROUNDELAY' × 'EL CAPITAN'

'Olympic Torch'
(oben rechts)
Syn. 'Sei-ka', 'Seika'
TEEHYBRIDE, ROT+, ÖFTER BLÜHEND

Lange, spitze Knospen öffnen sich zu rot-weißen Blüten mit goldfarben überhauchter Mitte, die später vollkommen rot werden. Die hochgebauten, schön symmetrischen Blüten sind gefüllt, duften jedoch nicht. Sie ist kräftig, mittelwüchsig und sehr winterhart und trägt glänzend bronzefarbenes, ledriges Laub. Ihr japanischer Name 'Seika' bedeutet „Heiliges Feuer". Die Rose erhielt anlässlich der Olympischen Spiele 1964 in Tokio einen japanischen und einen englischen Namen.
ZONEN 5–10.

SUZUKI, JAPAN, 1966
'ROSE GAUJARD' × 'CRIMSON GLORY'
NEUSEELAND GOLDMEDAILLE 1971

'Omar Khayyám' *(oben)*
Syn. 'Omar Chaijam'
ALTE R., DAMASZENERROSE, HELLROSA

Fedrige Knospen blühen zu gefüllten, duftenden Blüten mit einem Durchmesser von ca. 5 cm auf. Die relativ spitzen Petalen sind manchmal geviertteilt angeordnet und zeigen in voll aufgeblühtem Zustand einen oberständigen Fruchtknoten. Die zarte Rose erreicht selten eine Höhe von 1 m und ist von aufrechtem, etwas unregelmäßigem Wuchs. An graugrünen Trieben sitzen tückische Stacheln unterschiedlicher Größe. Das weiche Laub ist gräulich hellgrün. Vor gut 100 Jahren wurden ihre Samen vom Grab des persischen Gelehrten Omar Chaijam nach England gebracht, wo man sie auf das Grab seines Übersetzers Edward Fitzgerald pflanzte. ZONEN 4–10.

1893
ELTERN UNBEKANNT

'Onkaparinga' *(rechts)*
STRAUCHROSE, APRICOT+, ÖFTER BLÜHEND

Die großen, wohlgeformten, in Büscheln erscheinenden Blüten sind apricotrosa und nehmen allmählich gänzlich einen Rosaton an. Sie verbreiten einen angenehmen Duft und blühen durchgehend in großer Zahl. Die hohe, sich stark ausbreitende Rose ist krankheitsfest und trägt matt glänzende Blätter. ZONEN 5–10.

THOMSON, AUSTRALIEN, 1987

'CYMBALINE' × 'TROILUS'

'Opening Night' JAColber *(Mitte)*
TEEHYBRIDE, ROT+, ÖFTER BLÜHEND

Aus rein karminroten Knospen entfalten sich üppige, samtig rote Blüten, die später in ein gefälliges Dunkelrosa übergehen. Die mit 25–30 Petalen gefüllten Blumen duften leicht und wachsen einzeln auf kräftigen, geraden Stielen. Sie sind relativ haltbar und besonders in kühleren Lagen von schön symmetrischer, hochgebauter Form. Das dunkelgrüne Laub der robusten, hohen, aufrecht wachsenden Rose ist krankheitsfest. Die Sorte ist insgesamt eine wunderbare Gartenrose. Sie stammt aus der Kreuzung zweier großartiger roter Edelrosen und ist vor allem in den USA sehr beliebt. ZONEN 5–10.

ZARY, USA, 1998

'OLYMPIAD' × 'INGRID BERGMAN'

ALL-AMERICAN ROSE SELECTION 1998

'Ophelia' *(rechts)*
TEEHYBRIDE, HELLROSA, ÖFTER BLÜHEND

'Ophelia' trägt elegante, gefüllte Blüten in Hibiskusrosa mit zitronengelber Mitte. Die duftenden Blüten besitzen knapp 30 Petalen und wachsen in Büscheln auf langen, geraden, kräftigen Stielen. Das Laub der wuchsfreudigen, aufrechten Rose ist ledrig. Ihre Herkunft und Abstammung sind unbekannt. Dessen ungeachtet wurde sie häufig zur Züchtung weiterer großartiger Rosen verwendet u.a. sind aus ihr 35 Sports hervorgegangen. **Climbing Ophelia'** (Dickson, Großbritannien, 1920) erreicht eine Höhe von 3–3,5 m. ZONEN 5–10.

WILLIAM, PAUL & SOHN, GROSSBRITANNIEN, 1912

MÖGLICHERWEISE EIN ZUFALLSSÄMLING VON 'ANTOINE RIVOIRE'

'Orange Fire' *(oben)*
ZWERGROSE, ORANGEROSA, ÖFTER BLÜHEND

Aus kurzen, spitzen Knospen entfalten sich kleine Blüten mit einer Mischung aus orangefarbenen und rosa- bis karminroten Tönen. Sie sind mit 40 Petalen gefüllt und wachsen in kleinen, ordentlichen Büscheln inmitten des glänzenden, ledrigen, dunklen Laubs. Die buschige, aufrechte Rose bildet kontinuierlich ihre Blüten, die leider aber im Lauf der Zeit zu einer recht schmutzigen Farbe verblassen – ein Makel, den die Rose von 'Floradora' geerbt hat. ZONEN 5–9.

MOORE, USA, 1974

(ROSA WICHURANA × 'FLORADORA') × 'FIRE PRINCESS'

'Orange Honey' *(ganz oben rechts)*
ZWERGROSE, ORANGE+, ÖFTER BLÜHEND

Die gelb-bernsteinfarbenen, gefüllten Blüten mit knapp 25 Petalen öffnen sich aus spitzen Knospen und färben sich in voll aufgeblühtem Zustand kräftig orangegelb. Sie duften fruchtig und besitzen eine symmetrische, hohe Mitte, sind jedoch im Ganzen eher becherförmig. Die älteren Blüten werden rot überhaucht, wodurch sie äußerlich an rotes Herbstlaub erinnern. Die Rose blüht reichlich und leuchtet die meiste Zeit über in einem kräftigen Orange. Im Halbschatten hält sie ihre leuchtend orange Farbe mehrere Wochen lang. ZONEN 5–11.

MOORE, USA, 1979

'RUMBA' × 'OVER THE RAINBOW'

'Orange Sensation' *(oben)*
FLORIBUNDA, ORANGEROT, ÖFTER BLÜHEND

An den Rändern sind die orange-dunkelzinnoberroten Blüten etwas dunkler überhaucht. Sie besitzen 25 Petalen, einen Durchmesser von 8 cm und einen ausgeprägten Duft. Wunderschön geformte Büschel aus haltbaren, wetterfesten Blüten wachsen an einer kräftigen, breitwüchsigen Pflanze, die bis zu 1 m hoch wird. Das Laub der pflegeleichten Sorte ist hellgrün. Sie wird bei internationalen Wettbewerben häufig prämiert. **'Climbing Orange Sensation'**, die an Wänden oder Säulen hochgezogen werden kann, ähnelt stark ihren Eltern, blüht jedoch nicht so dauerhaft. ZONEN 5–10.

DE RUITER, NIEDERLANDE, 1961

'AMOR' × 'FASHION'

NATIONAL ROSE SOCIETY GOLDMEDAILLE 1961, GOLDENE ROSE VON DEN HAAG 1968

'Orange Sunblaze'

MEIjikatar *(rechts)*
Syn. 'Orange Meillandina', 'Sunblaze'
ZWERGROSE, ORANGEROT, ÖFTER BLÜHEND

Die kräftig orangeroten Blüten sind in ihrer Leuchtkraft in der Pflanzenwelt unübertroffen. Sie erscheinen einzeln oder in kleinen Büscheln, sind gefüllt und haben 35 Petalen. Ihre anmutige Becherform wird durch die zierlichen, spitzen, matt hellgrünen Blätter ergänzt. Die kleinen Blütenbüschel bestehen normalerweise aus 2–5 Blüten und wachsen in rascher Folge an einer aufrechten, kompakten Pflanze. Sie eignet sich in Gärten auch in Kübeln hervorragend als Farbtupfer und kann eine lange Reihe kleiner, leuchtender Blütenbüschel produzieren. ZONEN 5–10.

MEILLAND, FRANKREICH, 1982
'PARADOR' × ('BABY BETTINA' × 'DUCHESS OF WINDSOR')

'Orange Triumph'

(rechts)
POLYANTHAROSE, ROT, ÖFTER BLÜHEND

Sie trägt große Büschel duftender, tief orangeroter Blüten, die während der gesamten Saison in großen Zahlen produziert werden. Die kleinen, becherförmigen Blüten sind außerordentlich haltbar und wetterfest. Das glänzend grüne Laub wächst an einer kompakten, kräftigen, sehr winterharten Pflanze mit einer Höhe von 1,2–1,5 m. **'Climbing Orange Triumph'**, die 1945 von dem Holländer Leenders vorgestellt wurde, wird 3–3,5 m hoch und kann problemlos an Zäunen, Mauern oder Geländern erzogen werden. 1953 stellte Jacob Maarse aus den USA 'Orange Triumph Superba', eine orangefarben getönte Polyantharose, vor. 1960 führte der Engländer Cant eine verbesserte orangerote, nicht kletternde Polyantharose aus 'Orange Triumph' mit dem Namen 'Orange Triumph Improved' ein. ZONEN 4–10.

KORDES, DEUTSCHLAND, 1937
'EVA' × 'SOLARIUM'
GOLDMEDAILLE DER ROYAL NATIONAL ROSE SOCIETY 1937

'Oregold' **TANolg**
(links)
Syn. 'Anneliese Rothenberger', 'Miss Harp', 'Silhouette'
TEEHYBRIDE, DUNKELGELB, ÖFTER BLÜHEND

Sie zeichnet sich durch tief goldgelbe, gefüllte Blüten mit guter Substanz und einer außerordentlich symmetrischen, hohen Mitte aus. In kühlen Gegenden halten die zart duftenden Blüten oft wochenlang am Strauch, wobei sie auch in warmen Regionen nicht verblassen, dort jedoch zu raschem Aufblühen neigen. Die hohe, sich leicht ausbreitende Sorte ist krankheitsfest und trägt große, glänzend dunkelgrüne Blätter. Sie gewöhnt sich zwar nur langsam ein, doch wird die Wartezeit durch eine Fülle von Blüten belohnt, die rasch nacheinander blühen. Die Mutterpflanze ist ein F2-Nachkomme der 'Gloria Dei'. 'Oregold' wird weltweit noch häufig kultiviert und erfreut sich aufgrund ihrer Farbe und ihres kräftigen Wuchses stetiger Beliebtheit.
ZONEN 5–10.

TANTAU, DEUTSCHLAND, 1975
'PICCADILLY' × 'KÖNIGIN DER ROSEN'
ALL-AMERICAN ROSE SELECTION 1975

'Orangeade' *(oben)*
FLORIBUNDA, ORANGEROT, ÖFTER BLÜHEND

Ihre orangerote Farbe ist von mitunter überwältigender Leuchtkraft. Sie wird später etwas dunkler, wodurch sich der Kontrast zu den goldgelben Staubgefäßen im voll aufgeblühten Zustand noch verstärkt. Die halb gefüllten Blüten duften leicht und erscheinen in prächtigen Büscheln. In wärmeren Gegenden erreicht die kräftige, aufrechte Rose eine Höhe von ca. 1 m, verträgt aber auch ungünstigere Wachstumsbedingungen. **'Climbing Orangeade'** (Waterhouse Nursery, Großbritannien, 1964) ist ein kletternder Sport.
ZONEN 5–10.

MCGREDY, GROSSBRITANNIEN, 1959
'ORANGE SWEETHEART' × 'KORDES' SONDERMELDUNG'
GOLDMEDAILLE DER NATIONAL ROSE SOCIETY 1959, PORTLAND GOLDMEDAILLE 1965

'Oriental Charm'
(rechts)
TEEHYBRIDE, ROT,
ÖFTER BLÜHEND

Kugelförmige Knospen öffnen sich zu leuchtend orangeroten Blüten mit breiten, karminroten Adern und goldgelben Staubgefäßen, die ihnen einen besonderen Touch verleihen. Die zart duftenden, einfachen Blüten bestehen aus 11 Petalen und erreichen einen Durchmesser von 8–10 cm. Sie unterscheiden sich deutlich von anderen einfachen Rosen, da sie den großen Blüten von Türkischem Mohn gleichen. Ihre Farbe verblasst nach dem Aufblühen sehr rasch. Das Laub der kräftigen, aufrechten Rose glänzt dunkelgrün. 'Oriental Charm' besitzt eine umfangreiche Ahnentafel. So ist die Mutterpflanze 'Mme Butterfly' ein Sport von 'Ophelia', 'Floradora' ist die Vaterpflanze von 'Queen Elizabeth' und 'Charlotte Armstrong' gehört zu den großen Edelrosen des Jahrhunderts. **ZONEN 5–10.**

DUEHRSEN, USA, 1960

('CHARLOTTE ARMSTRONG' ×
'GRUSS AN TEPLITZ') × ('MME
BUTTERFLY' × 'FLORADORA')

'Orpheline de Juillet' *(rechts)*
Syn. 'July's Orphan'
ALTE R., GALLLCA-ROSE, MAUVE

Die Petalen der großen, stark gefüllten Blüten sind karmin-purpurrot, zur Mitte hin hellrot getönt. Sie ist von aufrechtem, schwachem, hohem Wuchs und weicht aufgrund ihrer Damaszenerrosen-Eigenschaften von herkömmlichen Gallica-Rosen ab. Die Herkunft des Namens („Juli-Waise") ist unbekannt. William Paul erwähnte sie in *The Rose Garden* (1848), war aber nicht der Züchter, da sie bereits 1836 in Viberts Katalog erschien. **ZONEN 4–9.**

VOR 1836

ELTERN UNBEKANNT

'Oskar Scheerer' *(unten)*
STRAUCHROSE, DUNKELROT, ÖFTER BLÜHEND

Granatrote Petalen stehen in schönem Kontrast zu den auffallend gelben Staubgefäßen. Die großen, halb gefüllten Blüten erscheinen in kleinen Büscheln, duften aber nicht. Das Laub ist glänzend dunkelgrün. Der kräftige, aufrecht wachsende Strauch erreicht eine Höhe von ca. 1,8 m und fördert durch seine außergewöhnliche Verzweigung einen üppigen Knospenansatz. Sie verträgt die meisten Witterungsbedingungen. **ZONEN 4–10.**

KORDES, DEUTSCHLAND, 1961
ELTERN UNBEKANNT
GOLDMEDAILLE DER ROYAL NATIONAL ROSE SOCIETY 1961, ROYAL HORTICULTURAL SOCIETY AWARD OF MERIT 1962

'Osiria' *(oben)*
TEEHYBRIDE, ROT+, ÖFTER BLÜHEND

Ihre langen, spitzen Knospen öffnen sich zu dunkelroten Blüten mit einer funkelnden, weißen Unterseite. In sehr warmen Zonen nehmen sie einen fast schwarzen Rotton an. Die großen, stark gefüllten, duftenden Blüten besitzen über 50 Petalen, eine klassische Edelrosenform mit hoher Mitte und sitzen auf kurzen Stielen. In sehr warmen Landstrichen sind die Blüten mitunter kleiner. Die kräftige, aufrechte Pflanze mit ihrem dunkelgrünen Laub ist von ausgezeichneter Farbe und Form, wird jedoch oft stark von Echtem Mehltau befallen. **ZONEN 5–11.**

KORDES, DEUTSCHLAND, 1978
'SNOWFIRE' × SÄMLING

'Othello' *(oben)*
STRAUCHROSE, DUNKELROT, ÖFTER BLÜHEND

'Othello' trägt große, prächtige, tief blutrote Blüten, die sich allmählich purpurrot färben. Sie sind gut gefüllt und erinnern an Remontantrosen. Ihr Duft ist sehr ausgeprägt. Die kräftige, aufrecht wachsende Rose wird in den meisten gemäßigten Lagen ca. 1,5 m hoch und ist außerordentlich stark mit Stacheln bestückt. Sie ist winterhart, aber anfällig für Echten Mehltau. Die auch den Englischen Rose zugerechnete Sorte wurde nach einer berühmten Shakespeare-Figur benannt.
ZONEN 4–11.

AUSTIN, GROSSBRITANNIEN, 1987

'LILIAN AUSTIN' × 'THE SQUIRE'

'Our Molly' DICreason *(ganz oben rechts)*
STRAUCHROSE, ROT, ÖFTER BLÜHEND

Die Blüten dieser lieblichen, einfachen Rose haben die Farbe roter Johannisbeeren und eine silbrig weiße Mitte. Sie erscheinen in großen Büscheln, duften aber leider nicht. 'Our Molly' ist von hohem, breitem Wuchs und trägt mittelgrüne Blätter. Eine ihrer herrlichen Eigenschaften sind die prächtigen, orangefarbenen Hagebutten im Herbst. Sie wurde nach einer berühmten Rosenzüchterin aus Nordirland benannt. ZONEN 4–10.

DICKSON, GROSSBRITANNIEN, 1994

ELTERN UNBEKANNT

ROYAL NATIONAL ROSE SOCIETY TRIAL GROUND CERTIFICATE 1991, GLASGOW GOLDMEDAILLE 1996, THE PEOPLE'S CHOICE AWARD IN GLASGOW 1996, DUBLIN PRIZE 1997, BELFAST PRIZE

'Over the Rainbow' *(oben)*
ZWERGROSE, ROT+, ÖFTER BLÜHEND

Die Verwendung der erlesenen Floribundarose 'Little Darling' als Mutterpflanze brachte 'Over the Rainbow', eine weitere erstklassige Sorte von Moore, hervor. Die kleinen, wohlgeformten, gefüllten Blüten sind tief scharlachrot mit leuchtend gelber Unterseite. Sie besitzen eine schöne hohe Mitte und einen zarten Duft. Das Laub ist matt glänzend und ledrig. Die kräftige, aufrechte Sorte wird in milden Gebieten teilweise sehr hoch, kann aber etwas anfällig für Mehltau sein. Sie zählt zu den besten zweifarbigen Zwergrosen. Ihre Blüten können in kühleren Regionen relativ groß werden. ZONEN 5–11.

MOORE, USA, 1972

'LITTLE DARLING' × 'WESTMONT'

AMERICAN ROSE SOCIETY AWARD OF EXCELLENCE 1975

'Pacesetter' SAVpace *(ganz oben)*
ZWERGROSE, WEISS, ÖFTER BLÜHEND

Die langen, spitzen Knospen öffnen sich zu weißen, duftenden Blüten, die ihre Edelrosenform gut halten. Sie eignen sich daher ideal für Ausstellungszwecke sowie zum Schnitt. Nachdem die Pflanze gut eingewurzelt ist, blüht sie reich. Ihre eleganten, langen Stiele lassen die reizvolle Rose noch anmutiger wirken. Der aufrechte, dichte Busch trägt matt glänzendes, dunkelgrünes Laub. 'Pacesetter' zählt zu den ersten rein weißen Zwergrosen und war eine sehr beliebte Sorte bis zur Einführung von 'Snowbride'. Ihre Popularität wurde hierdurch jedoch beeinträchtigt; 'Pacesetter' wird nach wie vor vielerorts kultiviert und ausgestellt.
ZONEN 5–11.

SCHWARTZ, USA, 1979

'MA PERKINS' × 'MAGIC CARROUSEL'

AMERICAN ROSE SOCIETY AWARD OF EXCELLENCE 1981

'Paddy McGredy' MACpa *(oben)*
FLORIBUNDA, REIN ROSA, ÖFTER BLÜHEND

Die ovalen Knospen öffnen sich zu großen, dunkelrosa bis karminroten Blüten mit etwa 35 Petalen. Die klassischen, hochgebauten, edelrosenförmigen Blüten erscheinen gelegentlich einzeln, aber überwiegend in Büscheln und besitzen einen ausgeprägten, intensiven Duft. Das Laub ist ledrig dunkelgrün, kann jedoch zu Sternrußtau neigen. Als man die dichte, kräftige Rose vorstellte, wurde ihre einzigartige Kombination von Edelrosen- und Floribundarosen-Eigenschaften als Meilenstein in der Rosenzüchtung gefeiert. 'Paddy McGredy' produziert eine Vielzahl großer Dolden, die das Laub des Busches beinahe vollständig bedecken. Sie wurde nach der Schwester des Züchters benannt. ZONEN 5–11.

MCGREDY, GROSSBRITANNIEN, 1962

'SPARTAN' × 'TZIGANE'

GOLDMEDAILLE DER NATIONAL ROSE SOCIETY 1961

'Paddy Stephens' MACclack *(oben)*
TEEHYBRIDE, ORANGE+, ÖFTER BLÜHEND

Die herrlich lachsorangefarbenen Blüten eignen sich im Frühling aufgrund ihrer Form ideal zu Ausstellungszwecken, bleiben jedoch später im Jahr häufig kleiner und flacher. Die mit 15–25 Petalen gefüllten, schwach duftenden Blüten sind in voll aufgeblühtem Zustand am prächtigsten. Sie wachsen einzeln auf meist geraden, kräftigen Stielen. Der dichte Busch trägt große, dunkelgrüne, krankheitsfeste Blätter und zeigt sich in kühlen Lagen von seiner schönsten Seite; in wärmeren Gebieten verblassen die Farben schnell. 'Paddy Stephens' wurde nach einem neuseeländischen Rosenzüchter benannt.
ZONEN 5–10.

MCGREDY, NEUSEELAND, 1991

'SOLITAIRE' × {[('TOMBOLA' × ('ELIZABETH OF GLAMIS' × ('CIRCUS' × 'GOLDEN FLEECE')}] × 'MARY SUMNER') × SÄMLING}

'Painted Moon' DICpaint *(oben)*
TEEHYBRIDE, ROT+, ÖFTER BLÜHEND

Diese zart duftende Rose unterzieht sich einem aufregenden Farbwechsel. Die zu Beginn gelben Blüten färben sich von den Blattspitzen her rosa, das sich zu Rot vertieft, bis die Petalen schließlich vollkommen Karminrot sind. Die großen, mit 40 Petalen gefüllten, becherförmigen Blüten erscheinen in breiten Büscheln, in denen die Rose ihre ganze atemberaubende Farbpalette zur Schau stellen kann. Der aufrechte, kleinwüchsige Busch trägt matt glänzende, dunkelgrüne Blätter. Aufgrund ihrer ungewöhnlichen Wirkung eignet sie sich gut als Einfassung oder Hecke. ZONEN 5–10.

DICKSON, GROSSBRITANNIEN, 1989

'BONFIRE NIGHT' × 'SILVER JUBILEE'

ROYAL NATIONAL ROSE SOCIETY TRIAL GROUND CERTIFICATE 1989, BELFAST GOLDMEDAILLE 1993

'Palmengarten Frankfurt' KORsilan
(ganz oben rechts)
Syn. 'Beauce', 'Our Rosy Carpet'
BODENDECKERROSE, REIN ROSA, ÖFTER BLÜHEND

Dies ist eine hervorragende Bodendeckerrose mit einer Höhe von etwa 1 m und einer Breite von etwa 1,3 m. Ihr matt glänzendes, dunkelgrünes Laub ist äußerst gesund. Die halb gefüllten Blüten besitzen 15–20 kräftig rosafarbene Petalen, die nicht verblassen. Sie erscheinen in dichten Büscheln, bedecken den Busch von Frühling bis Herbst vollständig und glänzen durch eine rasche Blütenfolge. 'Palmengarten Frankfurt' ist eine wunderschöne Beetrose, die sich auch ideal für schwierig zu begrünende Standorte wie etwa Wälle oder unter Bäumen eignet. Sie kann auch als Kaskadenrose, also als Hängerosen-Hochstamm verwendet werden. ZONEN 5–9.

KORDES, DEUTSCHLAND, 1988

ELTERN UNBEKANNT

ADR-ROSE 1992

'Papa Gontier' *(oben)*
ALTE R., TEEROSE, ROSA+, ETWAS NACHBLÜHEND

Die Rückseite der duftenden, leuchtend kupfrig rosafarbenen Blüten ist karminrot. Teilweise wachsen die halb gefüllten, locker angeordneten Blüten auf einer recht schmalen, zarten Pflanze, die unter geeigneten Bedingungen jedoch sehr groß werden kann. Aus der Kreuzung dieser Sorte mit 'Madame Hoste' ging die bekannte 'Lady Hillingdon' hervor. 1898 stellte Hosp eine kletternde Version von 'Papa Gontier' vor. Viele der Teerosen und Edelrosen mutieren im Laufe der Zeit von Strauch- zu Kletterrosen, wobei letztere nicht so üppig blühen. ZONEN 4–9.

NABONNAND, FRANKREICH, 1883

SÄMLING VON 'DUCHESS OF EDINBURGH'

'Papa Hémeray'
(links)
ALTE R., CHINAROSE, ROT+, ETWAS NACHBLÜHEND

Die Blüten besitzen eine interessante Färbung aus Zinnoberrot mit weißem Grund, die nicht verblasst. Sie wachsen während der gesamten Saison einzeln an einer kräftigen, kleinwüchsigen, aufrechten Pflanze mit wenigen Stacheln, die sich gut für Rabatten eignet. ZONEN 7–9.

HÉMERAY-AUBERT, FRANKREICH, 1912

'HIAWATHA' × 'PARSON'S PINK CHINA'

'Papa Meilland'
MEIsar, MEIcesar *(Mitte)*
TEEHYBRIDE, DUNKELROT, ÖFTER BLÜHEND

Elegante, spitze Knospen öffnen sich zu großen, samtig dunkelkarminroten Blüten von exquisiter, klassisch großblumiger Form. Sie besitzen etwa 35 Petalen, einen intensiven Duft, wachsen einzeln auf kräftigen, langen, geraden Stielen und eignen sich gut zum Schnitt und für Ausstellungszwecke. Die hohe, kräftige, aufrecht wachsende Rose hat ledrige, glänzend olivgrüne Blätter. Leider ist sie sehr anfällig für Mehltau und Sternrußtau und auch nicht ganz winterhart, denn die Triebe erfrieren leicht, manchmal sogar schon bei mildem Schneefall. Alain Meilland benannte sie nach seinem Großvater Antoine (1884–1971). **'Climbing Papa Meilland'** (Stratford, Australien, 1970) ist in jeder Hinsicht das Abbild ihrer Eltern. Mit zunehmender Höhe der Triebe und somit verbesserter Luftzirkulation reduziert sich die Krankheitsanfälligkeit stark. ZONEN 6–11.

MEILLAND, FRANKREICH, 1963

'CHRYSLER IMPERIAL' × 'CHARLES MALLERIN'

BADEN-BADEN GOLDMEDAILLE 1962, JAMES ALEXANDER GAMBLE-DUFTMEDAILLE 1974, WELTROSE DER WORLD FEDERATION OF ROSE SOCIETIES 1988

'Papillon'
(ganz unten)
ALTE R., KLETTERNDE TEEROSE, ROSA+, ETWAS NACHBLÜHEND

Die mittelgroßen, halb gefüllten Blüten sind von kupfrigem Lachsrosa. Sie gleichen einer Schar von Schmetterlingen, die einen Strauch umflattern, daher der Namen 'Papillion' (französisch für „Schmetterling"). Die reichlich blühende, gelegentlich als Noisetterose klassifizierte Sorte trägt kupferfarbene Blätter. Sie ist eine relativ schwachwüchsige, teilweise überhaupt nicht rankende Kletterrose. ZONEN 7–9.

NABONNAND, FRANKREICH, 1881

TEEROSE × NOISETTEROSE

'PARADISE' 641

'Paprika' TANprik
(rechts)
Syn. 'Gavroche'
FLORIBUNDA, ORANGEROT,
ÖFTER BLÜHEND

Die langen, spitzen Knospen öffnen sich zu leuchtend ziegel- oder geranienroten Blüten mit einer stark ausgeprägten blauen Mitte. Die großen, halb gefüllten, duftenden Blüten stehen in großen Büscheln oder Dolden an einem kräftigen, aufrechten, 1 m hohen Busch vor dem Hintergrund ledriger, glänzend olivgrüner Blätter. Die Blüten der sich als Hochstamm eignenden, wetterfesten Rose sind Regen gegenüber tolerant. Trotz des großen Wettbewerbs in dieser Farbklasse der Floribundarosen hat es die Rose geschafft, sich sogar gegenüber neuesten Züchtungen zu behaupten.
ZONEN 5–10.

TANTAU, DEUTSCHLAND, 1958

'MÄRCHENLAND' × 'SCHWEIZER GRUSS'

GOLDMEDAILLE DER NATIONAL ROSE SOCIETY 1959, GOLDENE ROSE VON DEN HAAG 1961

'Parade' *(unten)*
GROSSBLUMIGE KLETTERROSE,
DUNKELROSA, ÖFTER BLÜHEND

Die Farbe der dunkelrosa Blüten, die sich aus ovalen Knospen öffnen, wird häufig als kräftiges, an Karminrot grenzendes Kirschrot mit seidigem Glanz beschrieben. Die großen, becherförmigen, duftenden Blüten sind mit knapp 35 Petalen gefüllt und wachsen in dichten Büscheln, deren Gewicht die Stiele häufig etwas nach unten biegt. 'Parade' ist winterhart, trägt glänzend dunkelgrünes Laub, baut sich rasch auf und wird 3–3,5 m hoch. Im Gegensatz zu den klassischen, breitwüchsigen Kletterrosen rankt sie eher säulenartig empor. Sie blüht gut nach und ist recht krankheitsfest.
ZONEN 4–10.

BOERNER, USA, 1953

SÄMLING VON 'NEW DAWN' × 'CLIMBING WORLD'S FAIR'

ROYAL HORTICULTURAL SOCIETY AWARD OF GARDEN MERIT 1993

'Paradise' WEZeip
(ganz oben rechts)
Syn. 'Burning Sky'
TEEHYBRIDE, MAUVE,
ÖFTER BLÜHEND

Anmutige, lange, spitze Knospen öffnen sich zu silbrig lavendelblauen Blüten, deren Petalränder eine ausgeprägt rubinrote Schattierung aufweisen. Die großen, duftenden, klassisch geformten Blüten sind mit knapp 30 Petalen gefüllt. An der aufrechten, hohen, nicht winterharten Pflanze wächst glänzend dunkelgrünes Laub, und sie bevorzugt zur vollen Entfaltung ihrer Farben wärmere Gegenden. In gemäßigten Zonen ist die Rose das ganze Jahr über schön, wobei die Petalränder unter intensiver Sonneneinstrahlung verbrennen. Für Liebhaber dieser Farbklasse ist sie trotz ihrer Makel ein Muss.
ZONEN 5–10.

WEEKS, USA, 1978

'SWARTHMORE' × SÄMLING

ALL-AMERICAN ROSE SELECTION 1979, PORTLAND GOLDMEDAILLE 1979

'Parks' Yellow Tea-scented China' *(links)*

Syn. 'Old Yellow Tea', *Rosa × odorata ochroleuca, R. indica ochroleuca*

ALTE R., TEEROSE, REIN GELB, ETWAS NACHBLÜHEND

Dies ist eine der vier Chinarosen, aus denen die Tee- und Noisetterosen entwickelt wurden und die den Modernen Rosen den wiederholten Blütenansatz brachten. J. D. Parks holte diese Rose von China nach England, und man nimmt an, dass sie eine Kreuzung der wilden Chinarose mit *Rosa gigantea*, einer nach Tee duftenden, wilden Kletterrose ist. Die kleinwüchsige Kletterrose trägt strohgelbe, gefüllte, lockere Blüten mit einem zarten Teeduft. Mit ihr wurden die ersten hellgelben Tee- und Noisetterosen gezüchtet. Die zweifellos von besseren Züchtungen verdrängte Rose war wohl auch aufgrund ihrer mangelhaften Winterhärte lange Zeit verschwunden.

ZONEN 7–9.

AUS CHINA, EINGEFÜHRT VON PARKS, GROSSBRITANNIEN, 1824
ELTERN UNBEKANNT

'Parkdirektor Riggers' *(links)*

KLETTERROSE, DUNKELROT, ÖFTER BLÜHEND

Die langen, spitzen Knospen öffnen sich zu samtig blutroten Blüten mit weiß und purpurrot überhauchtem Grund und einer kleinen Gruppe gelber Staubgefäße. Ihre Farbe verblasst selbst in warmen Lagen nicht. Die duftenden, halb gefüllten Blüten erscheinen in großen Büscheln von 10–50 Blumen. Die kräftige, bis zu 3,5 m hoch kletternde und sich bis zu 1,8 m ausbreitende Pflanze trägt glänzend dunkelgrüne Blätter. Aufgrund ihres üppigen und andauernden Flors zählt sie zu den besten der Kordes'schen Züchtungen. An Mauern kann sie neuerdings jedoch zu Mehltau und Sternrußtau neigen.

ZONEN 4–10.

KORDES, DEUTSCHLAND, 1957
ROSA KORDESII × 'OUR PRINCESS'
ADR-ROSE 1960

'Pariser Charme' *(ganz oben links)*

Syn. 'Paris Charm'

TEEHYBRIDE, REIN ROSA, ÖFTER BLÜHEND

Die ovalen Knospen dieser Teehybride entfalten sich zu lachsrosa Blüten mit süßem Duft. Die wohlgeformten, mit knapp 30 Petalen gefüllten Blumen erreichen einen Durchmesser von 12 cm. Sie wachsen in großen Büscheln, deren Gewicht die Stiele – vor allem nach ergiebigem Regenfall – herunterdrücken kann. Die kräftige, aufrechte Rose hat glänzend dunkelgrüne Blätter. Sie ist eine der gut 200 Enkel von 'Gloria Dei'. ZONEN 5–10.

TANTAU, DEUTSCHLAND, 1965
'PRIMA BALLERINA' × 'MONTEZUMA'
ADR-ROSE 1966

'Parkzierde'
ALTE R., BOURBONROSE, DUNKELROT

Diese späte Bourbonrose macht ihrem Namen alle Ehre und produziert gefüllte offene, scharlachkarminrote Blüten auf sehr langen Stielen. Sie eignen sich gut zum Schnitt, verwelken aber recht rasch. Die duftenden Blüten erscheinen Mitte Juni in großer Zahl, aber nur für kurze Zeit an einer kräftigen, mittelhohen Pflanze. ZONEN 5–9.

LAMBERT, DEUTSCHLAND, 1911
ELTERN UNBEKANNT

'Party Girl'
(ganz oben)
ZWERGROSE, GELB+, ÖFTER BLÜHEND

Dies ist vielleicht die bekannteste Zwergrosenzüchtung des Amerikaners Harm Saville aus Rowley, Massachusetts (USA). Der dichte Busch wird von apricotgelben, makellosen Blüten mit knapp 25 Petalen und einer für Ausstellungszwecke perfekten Form geziert. 'Party Girl' produziert überwiegend große Büschel mit 10–20 Blüten, deren volle Entfaltung sich über mehrere Wochen erstreckt, und die dem Garten das ganze Jahr über anmutige Eleganz verleihen. In heißen Gegenden erscheinen die Blüten fast weiß mit einer hellen Mitte; in kühleren und gemäßigteren Lagen besitzen sie hingegen die sortentypisch gelbe Färbung. ZONEN 5–11.

SAVILLE, USA, 1979
'GOLDEN MEILLANDINA' × 'SHERI ANNE'
AMERICAN ROSE SOCIETY AWARD OF EXCELLENCE 1982

'Parure d'Or' DELmir
GROSSBLUMIGE KLETTERROSE, GELB+, ÖFTER BLÜHEND

Ihre einfachen oder halb gefüllten, mittelgroßen Blüten besitzen eine goldgelbe Färbung mit orangerot überhauchten Blatträndern. Die kräftige, kletternde, breitwüchsige Rose trägt glänzend dunkelgrüne Blätter und zeichnet sich durch ihre wiederholte Blütenbildung während der gesamten Saison aus. Das französische Wort „Parure d'Or" bedeutet „Goldschmuck" und nimmt hier Bezug auf den Smaragdschmuck der französischen Kaiserin Joséphine, der Gattin von Napoléon III. ZONEN 5–11.

DELBARD-CHABERT, FRANKREICH, 1968
('QUEEN ELIZABETH' × 'PROVENCE') × (SÄMLING VON 'SULTANE' × 'SUNBURST')
BAGATELLE GOLDMEDAILLE 1968

'Pascali' LENip *(oben)*
Syn. 'Blanche Pasca'
TEEHYBRIDE, WEISS, ÖFTER BLÜHEND

Die zart duftenden, rein weißen, mit 30 Petalen gefüllten, mittelgroßen Blüten kommen einzeln und sind von klassisch edler Form, weshalb sie sich ideal zum Schnitt oder für Ausstellungszwecke eignen. Der kräftige, dichte Busch trägt dunkelgrüne Blätter und ist für seine Gesundheit in allen Klimabereichen bekannt. Die Tatsache, dass 'Pascali' von der World Federation of Rose Societies zur Weltrose gekürt wurde, ist wohl ein hinreichender Grund, die Rose weltweit zu pflanzen. ZONEN 5–11.

LENS, BELGIEN, 1963
'QUEEN ELIZABETH' × 'WHITE BUTTERFLY'
GOLDENE ROSE VON DEN HAAG 1963, NATIONAL ROSE SOCIETY CERTIFICATE OF MERIT 1963, PORTLAND GOLDMEDAILLE 1967, ALL-AMERICAN ROSE SELECTION 1969, WORLD FEDERATION OF ROSE SOCIETIES WELTROSE 1991

'Passion' *(links)*
TEEHYBRIDE, ROT, ÖFTER BLÜHEND

Ihre langen, spitzen Knospen öffnen sich zu duftenden, scharlach-kirschroten Blüten, die einen Durchmesser von 12 cm erreichen und in kleinen Büscheln auf langen, kräftigen, aufrechten Stielen wachsen. Das Laub der sehr wuchsfreudigen Rose glänzt dunkelgrün. 'Passion' ist nur eine der zahlreichen Töchter der großartigen 'Gloria Dei' aus dem französischen Hause Meilland. Sie ist ebenso wie 'Queen Elizabeth' als Grandiflorarose bekannt, die im selben Jahr vorgestellt wurde und die erste Sorte dieser Klassifizierung war. **ZONEN 5–11.**

GAUJARD, FRANKREICH, 1954

'GLORIA DEI' × 'ALAIN'

'Pat Austin' AUSmum *(links)*
STRAUCHROSE, ORANGEROT, ÖFTER BLÜHEND

Ihre großen, gefüllten Blüten stellen eine leuchtende, lebhafte Farbkombination von kräftig kupferfarbenen Petalen mit einer blass kupferrot bis gelben Rückseite zur Schau. Der ausgeprägt becherförmigen Wuchs der geöffneten Blumen bietet ein aufregendes Bild der beiden kontrastierenden Farbtöne. 'Pat Austin' produziert den ganzen Sommer und Herbst über Blüten mit einem ausgeprägt fruchtigen Duft. Sie eignet sich gut für eine Sträucherrabatte, die durch einen leuchtenden, ungewöhnlichen Farbtupfer aufgefrischt werden soll. Die kräftige, buschige, breitwüchsige Pflanze ist von durchschnittlicher Höhe und trägt große, matt glänzende, dunkelgrüne Blätter. David Austin benannte die auch als Englische Rose bezeichnete Sorte nach seiner Frau. **ZONEN 4–9.**

AUSTIN, GROSSBRITANNIEN, 1995

ELTERN UNBEKANNT

'Patio Charm' CHEwapri *(links)*
KLETTERNDE ZWERGROSE, APRICOT+

Die sich von dem dunkelgrünen Laub abzeichnenden, hübschen Blüten leuchten kräftig in dunklem Orange-Apricot. Lange, spitze Knospen öffnen sich zu wohlgeformten, gefüllten Blüten, deren äußere Petalen sich später zurückbiegen. Die Rose lässt sich an einer Mauer oder einem kleinen Spalier ziehen und muss durch Okulation vermehrt werden. **ZONEN 5–10.**

WARNER, GROSSBRITANNIEN, 1994

'LAURA FORD' × 'ANNE HARKNESS'

'Patricia'
TEEHYBRIDE, ROT,
ÖFTER BLÜHEND

Die karminrot gesprenkelten rosafarbenen Blüten haben eine orangegelbe Mitte. Sie duften und zeigen besonders im Herbst eine wunderschöne Farbe. Das Laub der kräftigen Rose glänzt dunkelgrün. Aufgrund ihrer nicht enden wollende Blütenpracht ist sie eine ausgezeichnete Gartenrose für wärmere Lagen. **ZONEN 5–11.**

CHAPLIN BROS LTD., GROSSBRITANNIEN, 1932
ELTERN UNBEKANNT

'Patricia' KORpatri
(unten)
FLORIBUNDA, APRICOT+,
ÖFTER BLÜHEND

Die warme Standorte liebende Rose ist zwar in Australien weit verbreitet, wird andernorts aber nur als Schnittrose kultiviert. Ihre mittelgroßen Blüten sind rein lachsrosa mit dunkleren Petalrändern und einer blasseren Rückseite. Sie besitzen knapp 25 Petalen, wachsen in Büscheln und entfalten sich becherförmig oder flach zu einem leuchtenden Farbspiel. Die Blüten halten lang und eignen sich hervorragend zum Schnitt, können aber auch für Beete und Einfassungen verwendet werden. 'Patricia' bringt den ganzen Sommer und Herbst hindurch einen angenehm, wenn auch schwach duftenden Flor hervor. Die aufrecht wachsende Rose wird mittelhoch und trägt ziemlich breite, dunkelgrüne Blätter. Einige Fachleute ziehen ihre Abstammung in Zweifel, da sie ihren Eltern in Blütenform und Wuchs nicht so stark ähnelt, wie dies normalerweise bei einem Sport der Fall ist. **ZONEN 5–9.**

KORDES, DEUTSCHLAND, 1972
SPORT VON 'ELIZABETH OF GLAMIS'
ORLÉANS GOLDMEDAILLE 1979

'Paul Cezanne'
JACdeli *(unten)*
TEEHYBRIDE, GELB+,
ÖFTER BLÜHEND

Die Blüten sind im Grunde gelb und dunkel korallrot, wobei jedes Blütenblatt eine andere Kombination von Streifen oder Punkten aufweist und manche sogar farblich in zwei Hälften geteilt sind. Wie 'Picasso', 'Old Master' und andere ungewöhnlich gefärbte Rosen, die Namen aus dem Malergenre besitzen, bildet auch diese Sorte einen Blickfang im Garten. Ihre mittelgroßen, gefüllten Blüten sitzen einzeln oder in Büscheln auf kurzen Stielen, haben etwas Duft und blühen wiederholt den Sommer und Herbst hindurch. Der dichte Busch von durchschnittlicher Höhe wird von einigen Züchtern als Floribundarose klassifiziert. **ZONEN 4–9.**

JACKSON & PERKINS, USA, 1992
ELTERN UNBEKANNT

'Paul Crampel'
POLYANTHAROSE, ORANGEROT, ÖFTER BLÜHEND

Die halb gefüllten, dunkel orange-scharlachroten Blüten erscheinen üppig in großen Büscheln. Sie sind von kleiner bis mittlerer Größe, duften kaum und machen nach dem ersten Hauptflor eine Pause, ehe sie wiederholt den restlichen Sommer und Herbst über weiterblühen. Diese sowie andere Polyantharosen erfreuten sich bis in die Mitte des 20 Jhs. hinein als Beetrosen großer Beliebtheit, wurden aber dann von den großblumigeren Floribundarosen mit ihren leuchtenderen Farben und ihrer besseren Mehltauresistenz abgelöst. Zudem besitzt 'Paul Crampel' den Nachteil, dass sie gelegentlich rückmutiert und neben den orangescharlachroten Blüten auch solche mit dem nicht harmonierenden karminroten Farbton der Eltern ausbildet. Die aufrechte, hellgrün belaubte Pflanze erreicht eine für Polyantharosen durchschnittliche Höhe. Sie wurde nach dem Züchter Paul Crampel benannt, der auch mit einer bestimmten Geraniensorte berühmt wurde. ZONEN 4–9.

KERSBERGEN, NIEDERLANDE, 1930
SPORT VON 'SUPERB'

'Paul Gauguin' JACdebu *(oben links)*
TEEHYBRIDE, ROT+, ÖFTER BLÜHEND

Diese Rose wird aufgrund der seltenen Farbkombination der Blüten kultiviert, die ihr ein ungewöhnliches Aussehen verleiht. Die Blumen weisen Zufallsmuster aus dunklen rostroten und hellen lachsfarbenen Punkten, Streifen und Flecken auf. Sie blühen den Sommer und Herbst hindurch und bieten während der gesamten Saison einen interessanten Blickfang im Garten. Wahrscheinlich aus diesem Grund bietet eine Baumschule diese Sorte als Hochstamm an. Die hübsche, dichte, mittelgrün belaubte Rose bleibt niedrig. ZONEN 4–9.

ELTERN UNBEKANNT

'Paul Lédé, Climbing' *(oben rechts)*
Syn. 'Monsieur Paul Lédé'
ALTE R., KLETTERNDE TEEROSE, APRICOT+, ETWAS NACHBLÜHEND

Bei dieser Rose handelt es sich um einen Sport der Strauchform 'Paul Lédé' von Pernet-Ducher, einer aus 'Persian Yellow' *(Rosa foetida)* gezüchteten Teehybride. Die auch als Pernetiana-Rosen bezeichnete Klasse stellte Anfang des 20. Jhs. einen züchterischen Durchbruch dar. Mit ihr wurde der intensive Gelbton, leider aber auch die Anfälligkeit für Sternrußtau eingeführt. Die Blütenfarbe dieser kletternden Form reicht von zartem Pfirsichrosa über Gelb und Apricot bis hin zu Karminrosa. Ihre duftenden Blüten werden in großer Anzahl und fortwährend über dichtem, mittelgrünem Laub gebildet. ZONEN 5–9.

LOWE, GROSSBRITANNIEN, 1913
SPORT VON 'PAUL LÉDÉ'

'Paul Neyron'
(oben)
ALTE R., REMONTANTROSE, REIN ROSA, ETWAS NACHBLÜHEND

Diese Sorte gehört zu den Zentifolien, die auch als Provencerosen bezeichnet werden. Die duftenden, sehr großen, becherförmigen Blüten sind mit 50 Petalen gefüllt und erinnern an Pfingstrosenblüten. Der kräftige Busch ist von hohem, aufrechtem Wuchs. ZONEN 5–9.
LEVET, FRANKREICH, 1869
'VICTOR VERDIER' × 'ANNA DE DIESBACH'

'Paul Noël'
GROSSBLUMIGE KLETTERROSE, ROSA+, ETWAS NACHBLÜHEND

Die stark gefüllten, mittelgroßen bis großen Blüten dieser Kletterose besitzen einen warmen lachsrosaroten Ton; der Grund zeigt einen Schimmer von Gelb. Beim Öffnen enthüllen sie zahlreiche, wunderschön dicht angeordnete Petalen, die sich rückwärts einrollen. Die Blumen wachsen einzeln oder in kleinen Büscheln auf kurzen Stielen und verbreiten einen angenehm zarten Duft. Ihr erster Flor ist außerordentlich üppig. Die sehr kräftige Rose mit glänzend dunkelgrünem Laub eignet sich für Zäune, Bögen oder Pergolen, da sich die langen, sehr biegsamen Jahrestriebe stark ausbreiten können. 'Paul Noël' ist aber auch als Kaskadenrose auf Hochstämmen außerordentlich attraktiv. ZONEN 4–9.
TANNE, FRANKREICH, 1913
ROSA WICHURAIANA × 'ARCHIDUC JOSEPH' (BERNAIX)

'Paul Ricard'
MEInivoz
Syn. 'Moondance', 'Paul Richard', 'Spirit of Peace', 'Summer's Kiss'
TEEHYBRIDE, GELB+, ÖFTER BLÜHEND

Die großen, stark gefüllten Blüten besitzen etwa 40 breite Petalen und halten ihre wunderschön symmetrische, hochgebaute Form lange. In kühlen Lagen vertieft sich ihr bernsteingelber Farbton noch, während die äußeren Petalen in warmen Gegenden zu einem bräunlichen Creme verblassen und nur die Blütenmitte bernsteingelb überhaucht ist. 'Paul Ricard' verströmt einen aromatischen Honigduft und eignet sich aufgrund der festen Stiele und haltbaren Blüten ideal zum Schnitt, aber auch für Beete, Einfassungen oder als Hecke. Der kräftige, reich verzweigte, dichte Strauch wird durchschnittlich hoch und trägt große, mittel- bis dunkelgrüne Blätter. ZONEN 4–9.
MEILLAND, FRANKREICH, 1994
('HIDALGO' × 'MISCHIEF') × 'AMBASSADOR'
ROM GOLDMEDAILLE 1991

'Paul Ricault'
(oben)
ALTE R., ZENTIFOLIE, REIN ROSA, ETWAS NACHBLÜHEND

Sie wurde sehr unterschiedlich als Zentifolie, Bourbonrose oder, z.B. von Krüßmann, als Remontantrose klassifiziert. Die äußeren karminrot-rosa Petalen der stark gefüllten, flachen, gevierteilten Blüten rollen sich zurück, während sich die mittleren Petalen nur leicht auswärts biegen. 'Paul Ricault' ist eine kräftige, stachelige Rose mit langen, biegsamen Trieben und angenehmem Duft. Die Sorte besitzt sicher eine lange Ahnentafel, scheint jedoch aufgrund einer gewissen Nachblüte nur bedingt der ihr zugewiesenen Zentifolienklasse anzugehören. ZONEN 4–9.
PORTEMER, FRANKREICH, 1845
ELTERN UNBEKANNT

'Paul Shirville'

HARqueterwife *(unten)*
Syn. 'Heart Throb', 'Saxo'
TEEHYBRIDE, ORANGEROSA, ÖFTER BLÜHEND

Die Farbklassifizierung dieser Teehybride ist leicht irreführend, da die lachsrosa Petalen auf der Rückseite heller sind. Der erste Flor zeigt besonders schöne große, gefüllte, wohlgeformte Blüten mit hoher Mitte. Sie wachsen einzeln oder in Dreierbüscheln und verströmen einen süßen, lange anhaltenden Duft. Die Rose blüht den ganzen Sommer und Herbst über, wobei die Blüten zur Saisonmitte hin meist kleiner sind; sie eignet sich für Beete, Hecken oder Hochstämme. Ihre matt glänzenden, großen Blätter sind im Austrieb purpurrot, färben sich später dunkelgrün und neigen saisonbedingt zu Mehltaubefall. Die kräftige, etwas breitwüchsige Rose kann mittelhoch werden. ZONEN 4–9.

HARKNESS, GROSSBRITANNIEN, 1983

'COMPASSION' × 'MISCHIEF'

ROYAL NATIONAL ROSE SOCIETY EDLAND-DUFTMEDAILLE UND CERTIFICATE OF MERIT 1982, NEUSEELAND DUFTPREIS 1984, GOLDENE ROSE VON COURTRAI 1989, ROYAL HORTICULTURAL SOCIETY AWARD OF GARDEN MERIT 1993

'Paul Transon'

(ganz unten)

GROSSBLUMIGE KLETTERROSE, ORANGEROSA, ETWAS NACHBLÜHEND

Die mittelgroßen, flachen, gefüllten Blüten sind dadurch besonders reizvoll, dass sich die inneren Petalen einrollen, während die äußeren sich langsam zurückwölben. Das leuchtend kupfrige Rosa der angenehm nach Apfel duftenden Blüten verblasst im Laufe der Zeit. Nach dem ersten sehr üppigen Flor bildet die Rose besonders in wärmeren Lagen den Sommer und Herbst über in gewissen Abständen neue Blüten aus. Aufgrund ihrer langen, geschmeidigen Triebe eignet sie sich zum Beranken von Bögen, hohen Säulen, Pergolen und ähnlichen Kletterhilfen. Für eine Kletterrose wächst sie überdurchschnittlich stark, und ihr üppiges, hübsches Laub glänzt dunkelgrün. ZONEN 4–9.

BARBIER, FRANKREICH, 1900

ROSA WICHURAIANA × 'L'IDEAL'

ROYAL HORTICULTURAL SOCIETY AWARD OF GARDEN MERIT 1993

'Paulii' *(rechts)*

Syn. *Rosa rugosa* 'Paulii', *Rosa × paulii* 'Rehder', *R. rugosa repens alba* 'Paul'

STRAUCHROSE, WEISS

Die Abstammung dieser Rose, die als eine der ersten Bodendeckerrosen zu Beginn des 20. Jhs. sehr wertvoll war, ist botanisch interessant. Ihre nach Gewürznelken duftenden, mittelgroßen, einfachen, weißen Blüten enthüllen gelbe Staubgefäße und erhalten durch die schlanken Petalen ein propellerförmiges Aussehen. Sie wachsen im Sommer auf kurzstieligen Büscheln an langen, bogenförmig niederliegenden, borstig stacheligen Trieben. Durch die Vermehrung aus Stecklingen erhält man tatsächlich kriechende Bodendecker, während okulierte Pflanzen von hügelförmigem, ausladendem Wuchs sind. Die winterharte Rose bildet Dickichte für problematische Standorte, aber es gibt heute viele schönere Rosen für diesen Zweck.

ZONEN 3–9.

PAUL, GROSSBRITANNIEN, VOR 1903

VERMUTLICH *ROSA ARVENSIS* × *R. RUGOSA*

'Paul's Early Blush'
(oben rechts)

Syn. 'Mrs Harkness'

ALTE R., REMONTANTROSE, HELLROSA, ETWAS NACHBLÜHEND

Die silbrig rosafarbene Blüte beginnt früher als bei den meisten anderen Rosen. Ungewöhnlich ist, dass im selben Büschel verschiedenfarbige Blüten stehen und selbst die einzelnen Blüten zweifarbig sind. Die großen, stark gefüllten, duftenden Blumen wachsen an einem mittelhohen, bewehrten Busch mit dicken Trieben und dunkelgrünem Laub. John Harkness stellte seinen nach seiner Mutter Mary Ann benannten Sport erstmals 1890 aus. Die beiden offenbar identischen Sports entstanden etwa gleichzeitig.

ZONEN 5–9.

PAUL, GROSSBRITANNIEN, 1893 UND HARKNESS, GROSSBRITANNIEN, 1893

SPORT VON 'HEINRICH SCHULTHEIS'

'Paul's Himalayan Musk Rambler' *(oben)*

RAMBLERROSE, HELLROSA

Der Name ist nicht ganz passend, da die echte Himalaja-Moschusrose oder *Rosa moschata nepalensis* (Syn. *R. brunonii*) hellgrüne, schmale, lange Blätter trägt, während das Laub dieser Rose matter und kleiner ist und sie wie eine *R. multiflora* duftet. Ihre dünnen Blütenstiele lassen auf letztere oder *R. filipes* als Elternsorte schließen. Sie trägt im Sommer zahlreiche kleine, gefüllte, helllila bis rosa, fast weiße Blüten in hängenden Rispen. Die langen, rankenden Triebe erreichen eine Höhe von 6 m. ZONEN 4–9.

PAUL, GROSSBRITANNIEN, 1916

ELTERN UNBEKANNT

ROYAL HORTICULTURAL SOCIETY AWARD OF GARDEN MERIT 1993

'Paul's Lemon Pillar' *(rechts)*
GROSSBLUMIGE KLETTERROSE, HELLGELB

Die Farbangabe für diese Rose bezieht sich wohl eher auf die Innenhaut einer Zitronenschale als auf deren Außenseite. Die großen, runden Knospen öffnen sich zu süß duftenden, cremegelben, großen Blüten, die in voll aufgeblühtem Zustand mit ihren breiten, überlappenden Petalen Zentifolien gleichen. Sie halten ihre Form gut. Die Rose blüht nur im Sommer, wobei ihre Petalen bei Regen zu Mumien zusammenkleben. Ihr spärliches Laub ist groß und dunkelgrün; sie eignet sich am besten für hohe Mauern, wo sich die steifen, dicken Triebe zur beinahe doppelten Höhe normaler Kletterrosen ausbreiten können.
ZONEN 4–9.

PAUL, GROSSBRITANNIEN, 1915

'FRAU KARL DRUSCHKI' × 'MARÉCHAL NIEL'

GOLDMEDAILLE DER NATIONAL ROSE SOCIETY 1915

'Paul's Scarlet Climber' *(oben rechts)*
KLETTERROSE, ROT

Das Handbuch der britischen Royal National Rose Society beschreibt diese Rose mit ihren zahlreichen mittelgroßen Blüten in großen Büscheln treffend als kletternde Floribundarose. Die Blüten besitzen etwa 30 Petalen in leuchtendem, aber nicht grellem, reinem Karmin-Scharlachrot. Sie öffnen sich locker becherförmig und duften zart nach Honig. Im Sommer wird das Laub fast gänzlich von einem üppigen Blütenmeer verdeckt, dem fast nie eine Nachblüte folgt. 'Paul's Scarlet' ist aufgrund der zahlreichen biegsamen Triebe eine vielseitige Kletterrose; nur trockene Mauerstandorte sollten aufgrund ihrer Anfälligkeit für Mehltau vermieden werden. Der kräftige Strauch wird 4–6 m hoch und trägt matt glänzende, mittelgrüne Blätter.
ZONEN 4–9.

PAUL, GROSSBRITANNIEN, 1915

SÄMLING VON 'PAUL'S CARMINE PILLAR', VIELLEICHT MIT 'RÊVE D'OR' GEKREUZT

GOLDMEDAILLE DER NATIONAL ROSE SOCIETY 1915, BAGATELLE GOLDMEDAILLE 1918

'Pax' *(oben)*
STRAUCHROSE, MOSCHATA-HYBRIDE, WEISS, ÖFTER BLÜHEND

Die Beete für diese Rose sollten schon ziemlich groß sein, da die Pflanze weitaus größer als durchschnittliche Strauchrosen wird. Den Sommer und Herbst über trägt sie fortwährend becherförmige, halb gefüllte, lieblich duftende Blüten in großen Dolden mit bis zu 50 mittelgroßen bis großen Blumen. Die cremefarbenen Knospen öffnen sich zu weißen, gekräuselten Petalen und goldenen Staubgefäßen. Mit ihren süß duftenden, blassen Blüten, die einen wunderschönen Kontrast zu knackigem, dunklem Laub bilden, ist sie ein Blickfang in gemischten Rabatten.
ZONEN 4–9.

PEMBERTON, GROSSBRITANNIEN, 1918

'TRIER' × 'SUNBURST'

GOLDMEDAILLE DER NATIONAL ROSE SOCIETY 1918

'Peace' *(oben)*

Syn. 'Gloria Dei', 'Béke', 'Fredsrosen', 'Gioia', 'Mme A. Meilland', 'Mme Antoine Meilland'

TEEHYBRIDE, GELB+, ÖFTER BLÜHEND

Diese berühmte Rose setzte mit ihrer Wuchskraft, Schönheit und ihrem Laub neue Qualitätsstandards; sie zeigte, dass Beetrosen auch außerhalb der Blütezeit einen Blickfang darstellen können. Ihre dicken, kugeligen, rot überlaufenen Knospen sitzen meist einzeln auf steifen Stielen. Die runden, gelben Blüten sind rosa überhaucht, gut gefüllt und öffnen sich langsam, wobei sie in jedem Stadium wunderschön aussehen. Sie duften angenehm, blühen rasch nacheinander und sind sehr wetterfest. Bezüglich der Klimabedingungen ist 'Gloria Dei' recht anspruchslos; ihr gelber Farbton verblasst jedoch in heißen Lagen, während die rosafarbenen Schattierungen stärker hervortreten. Sie eignet sich hervorragend für Beete, Rabatten, Hecken und zum Schnitt und gehört zu den besten Hochstammrosen. Der kräftige, strauchartige Busch mit seinen großen, derben, glänzenden, sattgrünen Blättern wird für eine Beetrose überdurchschnittlich hoch. Der Züchter widmete die mit Recht als Meisterstück bezeichnete Rose seiner Mutter Claudia. Auf kommerziellen Druck hin erhielt diese Sorte jedoch für den internationalen Vertrieb eine Reihe anderer Namen. **'Climbing Peace'** wird bei uns kaum kultiviert, da sie sich nur in sehr warmen Gebieten erfolgreich entwickelt. Unter günstigen Bedingungen blüht sie die gesamte Saison hindurch und verspricht besonders im Frühling und Herbst einen reichen Flor. Der 4,5–6 m hoch kletternde Sport besitzt dieselben Blüten- und Blattmerkmale, bildet jedoch kräftige, lange Klettertriebe aus.

ZONEN 4–9.

MEILLAND, FRANKREICH, 1942

(['GEORGE DICKSON' × 'SOUVENIR DE CLAUDIUS PERNET'] × ['JOANNA HILL' × 'CHARLES P. KILHAM']) × 'MARGARET MCGREDY'

PORTLAND GOLDMEDAILLE 1944, ALL-AMERICAN ROSE SELECTION 1946, AMERICAN ROSE SOCIETY GOLDMEDAILLE 1947, GOLDMEDAILLE DER NATIONAL ROSE SOCIETY 1947, GOLDENE ROSE VON DEN HAAG 1965, WORLD FEDERATION OF ROSE SOCIETIES WELTROSE 1976, ROYAL HORTICULTURAL SOCIETY AWARD OF GARDEN MERIT 1993

'Peacekeeper'
HARbella *(oben)*
Syn. 'The Peace Keeper', 'United Nations Rose'
FLORIBUNDA, ROSA+, ÖFTER BLÜHEND

Die Blüten dieser Floribundarose bestehen aus einer Mischung mehrerer Farbtöne, insbesondere Korallrosa, Lachs und Apricot vor gelbem Hintergrund, der später verblasst. In schön angeordneten Büscheln wachsen bis zu 10 stark gefüllte Blumen heran, die ihre runde Form und gute Symmetrie bis zum Abfallen der Petalen behalten. Während des ersten überwältigenden Flors scheinen die Blüten den Busch förmlich zu erdrücken; sie blühen aber auch den Sommer und Herbst über recht fleißig. Ihr Duft ist würzig. 'Peacekeeper' eignet sich gut für Beete, als Hecke und als Gruppe in gemischten Rabatten. Einzelblüten können auch für kleine Gestecke verwendet werden. Ihr Wuchs ist aufrecht, mittelhoch und buschig. Sie trägt zahlreiche glänzend hellgrüne Blätter. 'Peacekeeper', zu deutsch „Friedenswächter", wurde anlässlich des 50-jährigen Bestehens der Vereinten Nationen benannt und in den ersten Jahren zugunsten der UN-Kinderhilfe UNICEF verkauft. ZONEN 4–9.

HARKNESS, GROSSBRITANNIEN, 1995
'DAME OF SARK' × 'BRIGHT SMILE'
GENF GOLDMEDAILLE 1995, DEN HAAG FIRST CLASS CERTIFICATE 1995

'Peach Blossom'
AUSblossom *(unten)*
STRAUCHROSE, HELLROSA, ÖFTER BLÜHEND

Ihr Name bedeutet übersetzt „Pfirsichblüten", was trotz der dafür etwas großen Blüten gut passt; die duftenden Blumen wachsen in großen Büscheln an herabhängenden Zweigen und sind zartrosa überlaufen. Ihre hellgelbe Mitte, aus deren Tiefe wunderschöne Staubgefäße ragen, ist von zwei bis drei Petalkränzen eingerahmt. Bei Einfall von Sonnenlicht erscheinen sie beinahe durchsichtig. 'Peach Blossom' ist von buschigem, ausladendem Wuchs mittlerer Höhe und besitzt glänzend mittelgrünes Laub. In Sträucherrabatten bildet sie ein ungewöhnliches, interessantes Element. ZONEN 4–9.

AUSTIN, GROSSBRITANNIEN, 1990
'THE PRIORESS' × 'MARY ROSE'

'Peaches 'n' Cream'

(oben)
ZWERGROSE, ROSA+, ÖFTER BLÜHEND

Kegelförmige Knospen öffnen sich zu zart rosafarbenen, duftenden, großen Blüten mit gut 50 Petalen und Ausstellungscharakter. Die Blüten zeigen eine herrliche Farbmischung aus Pfirsichrosa und Cremeweiß. Sie besitzen so viele Petalen, dass sie sich bei kalten, feuchten Bedingungen unter Umständen nicht voll öffnen. In warmen Gegenden gibt die kräftige, dichte Sorte jedoch eine ideale Ausstellungsrose ab und liefert während der gesamten Saison eine große Anzahl von Blüten. ZONES 5–10.

WOODCOCK, USA, 1976
'LITTLE DARLING' × 'MAGIC WAND'
AMERICAN ROSE SOCIETY AWARD OF EXCELLENCE 1977

'Pearl Drift' LEGgab
(rechts)
STRAUCHROSE, WEISS, ÖFTER BLÜHEND

Büschel mit langen, spitzen Knospen öffnen sich zu großen, halb gefüllten, perlmuttweißen Blüten. Ihre Schalenform wird von goldenen Staubgefäßen gekrönt. Sie wachsen sehr dicht am Holz, duften angenehm und blühen den ganzen Sommer und Herbst über fortwährend. 'Pearl Drift' eignet sich hervorragend als Solitärpflanze und kann auch für gemischte Rabatten, ein ganzes Beet oder als schöne, niedrige Hecke verwendet werden. Sie ist von kräftigem, dichtem, leicht ausladendem Wuchs, wird aber nur mittelhoch. Das hübsche, große, glänzende Laub ist beim Austreiben rötlich, später dunkelgrün. ZONEN 4–9.

LEGRICE, GROSSBRITANNIEN, 1980

'MERMAID' × 'NEW DAWN'
ROYAL NATIONAL ROSE SOCIETY CERTIFICATE OF MERIT 1979

'Peer Gynt' KORol *(ganz oben rechts)*
TEEHYBRIDE, GELB+, ÖFTER BLÜHEND

Diese ziemlich kompakte Rose trägt große, kugelförmige Blüten mit 50 breiten, gelben Petalen, deren Ränder rosarot überlaufen sind. Die angenehm duftenden, wetterfesten Blumen erscheinen in großer Zahl während des ersten Flors und blühen den Sommer und Herbst hindurch einzeln oder in lockeren Büscheln. 'Peer Gynt' lässt sich sehr schön für Beete, als Gruppe, Hecke oder wirkungsvoller Hochstamm verwenden. Sie bevorzugt kühlere Lagen und trägt ihr üppiges, großes, olivgrünes Laub an einem kräftigen, buschigen, aufrechten Strauch mit bis zu durchschnittlicher Höhe. ZONEN 4–9.

KORDES, DEUTSCHLAND, 1968
'KÖNIGIN DER ROSEN' × 'GOLDRAUSCH'
ROYAL NATIONAL ROSE SOCIETY CERTIFICATE OF MERIT 1967, BELFAST GOLDMEDAILLE 1970

'Pélisson'
Syn. 'Monsieur Pélisson'
ALTE R., MOOSROSE, DUNKELROT

Dieser niedrige, hübsche, gesunde Strauch wird gut 1 m hoch und besitzt kräftige, aufrechte Triebe, die spärlich mit dunkelgrünem Moos und ein paar Stacheln bedeckt sind. Ihr zierliches, dunkelgrünes Laub ist stark gezähnt. Ab Frühsommer öffnen sich mehrere Wochen lang kleine, runde Knospen zu duftenden, stark gefüllten, mittelgroßen Blüten mit ausgeprägt knopfigem Auge. Die purpurroten Petalen können leicht bräunlich überlaufen sein und verblassen später zu reinem Rosa. 'Pélisson' bevorzugt gute Böden.
ZONEN 5–9.
VIBERT, FRANKREICH, 1848
ELTERN UNBEKANNT

'Penelope'
(links)
STRAUCHROSE, MOSCHATA-HYBRIDE, HELLROSA, ÖFTER BLÜHEND

Die große, kräftige, gesunde, bogenförmig wachsende Rose blüht den ganzen Sommer über bis in den Herbst und erfreut im Winter mit bezaubernden Hagebutten. Ihre gefüllten, mittelgroßen Blüten erscheinen zart hellrosa in süß duftenden Rispen und verblassen mit der Zeit zu Weiß. 'Penelope' bildet eine wirkungsvolle, natürliche Hecke und eignet sich zum Beranken von Zäunen oder niedrigen Mauern.
ZONEN 3–11.
PEMBERTON, GROSSBRITANNIEN, 1924
'OPHELIA' × SÄMLING ODER MÖGLICHERWEISE 'WILLIAM ALLEN RICHARDSON' ODER 'TRIER'
GOLDMEDAILLE DER NATIONAL ROSE SOCIETY 1925, ROYAL HORTICULTURAL SOCIETY AWARD OF GARDEN MERIT 1993

'Penny Lane'
(ganz unten)
GROSSBLUMIGE KLETTERROSE, APRICOT+, ÖFTER BLÜHEND

Sie wurde in Großbritannien als erste Kletterrose zur Rose des Jahres gewählt. Die duftenden, perlmuttrosa Blüten mit zart apricotfarbener Mitte sind locker mit krausen Petalen gefüllt. Sie wachsen den ganzen Sommer und Herbst über meist einzeln, gelegentlich auch in Büscheln auf langen, schlanken Stielen. Die kräftige, überdurchschnittlich hohe Pflanze besitzt dichtes, glänzend dunkelgrünes Laub und eignet sich mit ihren biegsamen Trieben hervorragend für Säulen, Pergolen, Bögen, Mauern und Zäune. ZONEN 5–10.
HARKNESS, GROSSBRITANNIEN, 1998
SÄMLING VON 'NEW DAWN'
BRITISCHE ROSE DES JAHRES 1998

'Pensioners' Voice'
FRYrelax *(oben)*
FLORIBUNDA, APRICOT+,
ÖFTER BLÜHEND

Ihre langen, in Büscheln angeordneten Knospen öffnen sich zu edelrosenähnlichen, wohlgeformten orangeapricotfarbenen Blüten mit zinnoberrot überhauchten Rändern und hoher Mitte. Für Floribundarosen sind sie ziemlich groß. Die sich aus der hochgebauten Knospe zurückbiegenden Petalen verleihen ihnen ein becherförmiges Aussehen. 'Pensioner's Voice' ist eine farbenprächtige Sorte mit angenehmem Duft. Die Blüten werden gelegentlich von jüngeren Trieben überwachsen. Sie blüht den ganzen Sommer und Herbst hindurch und sieht besonders schön in einer Rabatte als Gruppe hinter niedrigeren Pflanzen aus, die ihren reichlich weidenartigen, ungleichmäßigen Wuchs verdecken.

'Pensioners' Voice' ist robust, wird mittelhoch und trägt dichtes, mittelgrünes Laub.
ZONEN 4–9.
FRYER, GROSSBRITANNIEN, 1989
'ALEXANDER' × 'SILVER JUBILEE'
NATIONAL ROSE SOCIETY TRIAL GROUND CERTIFICATE 1989

'Peppermint Twist'
JACraw *(ganz oben rechts)*
Syn. 'Red and White Delight'
FLORIBUNDA, ROT+,
ÖFTER BLÜHEND

Eigentlich sollte diese Sorte 'Red and White Delight' heißen, wurde dann aber zu 'Peppermint Twist' umbenannt. 'Peppermint Twist' ist eine niedrig bleibende Strauchrose mit rot und rosa gestreiften weißen Blüten, wobei die Streifen unterschiedlich ausfallen. Die flachen, duftenden Blüten mit 30 Petalen öffnen sich ziemlich rasch aus spitzen Knospen. Sie wachsen schubweise in relativ großen Abständen an einem gesunden, robusten Busch von niedrigem, dichtem Wuchs mit matt glänzenden, mittelgrünen Blättern. ZONEN 5–9.
CHRISTENSEN, USA, 1992
'PINSTRIPE' × 'MAESTRO'

'Perdita' AUSperd
(oben)
STRAUCHROSE, APRICOT+,
ÖFTER BLÜHEND

Die zu Beginn becherförmigen, mittelgroßen bis großen, stark gefüllten Blüten werden beim Öffnen flacher. Sie wachsen wie Floribundarosen in dichten Büscheln und besitzen hübsch cremefarbene Petalen mit apricotfarbenen Schattierungen. Nach dem ersten Flor blüht 'Perdita' durchgehend bis in den Herbst. Dann färben sich die Blüten stärker rosa. Dank ihres außerordentlichen Dufts bildet sie eine willkommene Bereicherung für Rabatten. Sie wird nicht ganz so hoch wie normale Strauchrosen und trägt dichtes, dunkelgrünes Laub. Perdita, zu Deutsch „die Verdammte", ist der Name von Shakespeares Heldin in *Ein Wintermärchen*.
ZONEN 4–9.
AUSTIN, GROSSBRITANNIEN, 1983
'THE FRIAR' × (SÄMLING × 'SCHNEEWITTCHEN')
EDLAND DUFTMEDAILLE DER ROYAL NATIONAL ROSE SOCIETY UND TRIAL GROUND CERTIFICATE 1984

'Perfect Moment'
KORwilma *(rechts)*
Syn. 'Jack Dayson'
TEEHYBRIDE, ROT+,
ÖFTER BLÜHEND

Rundliche, gut gefüllte, mittelgroße bis große Blüten wachsen auf steifen, aufrechten Stielen. Die Petalen sind unten goldgelb gefärbt, während der obere Bereich größtenteils orangerot leuchtet – eine Aufsehen erregende Kombination. Ihre Leuchtkraft hängt von den klimatischen Bedingungen ab. Sie bevorzugt sonnige Lagen mit nicht zu hohen Temperaturen und ist daher vor allem in mäßig warmen Gegenden sehr beliebt. 'Perfect Moment' duftet schwach, blüht den ganzen Sommer und Herbst über und eignet sich für Beete, Rabatten und als Hecke; die jungen Blüten können auch gut zum Schnitt und für Ausstellungszwecke verwendet werden. Ihr Wuchs ist buschig und von gut durchschnittlicher Höhe mit glänzend dunkelgrünem Laub. **ZONEN 4–9.**

KORDES, DEUTSCHLAND, 1991

'MABELLA' × SÄMLING

ALL-AMERICAN ROSE SELECTION 1991

'Perfume Delight'
(rechts)
TEEHYBRIDE, REIN ROSA,
ÖFTER BLÜHEND

Aus langen, spitzen Knospen öffnen sich große, wohlgeformte, gefüllte Blüten mit breiten Petalen. Diese leuchten dunkelrosa mit einem leichten Lilaschimmer und sind zum Rand hin sowie rückseits blasser. Sie lösen ihre Mitte auf und werden locker becherförmig, wobei die Ränder der älteren Petalen gezackt sind. Ihr süß würziger Duft kann atemberaubend sein, sich aber unter heißen, trockenen Bedingungen verflüchtigen. Die Rose blüht den ganzen Sommer und Herbst über und eignet sich gut für Beete, Rabatten, als Hecke und aufgrund der langen Stiele auch zum Schnitt. Die wetterfeste Sorte ist von kräftigem, aufrechtem, buschigem Wuchs mittlerer Höhe und besitzt große, dunkelgrüne, ledrige Blätter. Sie ist recht resistent gegen Pilzbefall, in kühleren Lagen aber nicht winterhart. **ZONEN 5–9.**

SWIM & WEEKS, USA, 1973

'GLORIA DEI' × (['ROUGE MEILLAND' × 'CHRYSLER IMPERIAL'] × 'EL CAPITAN')

ALL-AMERICAN ROSE SELECTION 1974

'Pergolèse'
(unten)
ALTE R., PORTLANDROSE, MAUVE, ETWAS NACHBLÜHEND

Die eher kleinen, flachen, gefüllten Blüten sind von klassisch geviertelter Form. Sie besitzen eine kräftig purpur-karminrote Färbung und duften intensiv nach Damaszenerrosen. Das dichte Laub der kleinen bis mittelhohen, aufrechten Pflanze ist dunkelgrün. Portlandrosen sind eine Kreuzung aus China- und Damaszenerrosen, gelegentlich mit dem Einfluss einer Gallica-Rose, wie es wahrscheinlich bei dieser Sorte der Fall war. Durch einen Rückschnitt im Sommer fördert man die Nachblüte. ZONEN 5–10.

ROBERT-MOREAU, FRANKREICH, 1860

ELTERN UNBEKANNT

'Perla de Alcañada'
(ganz oben)
Syn. 'Baby Crimson', 'Pearl of Canada', 'Perle de Alcañada', 'Wheatcroft's Baby Crimson'
ZWERGROSE, DUNKELROSA, ÖFTER BLÜHEND

Wohlgeformte Knospen öffnen sich zu leuchtend rosafarbenen, gefüllten Blumen, die sich später zu Karminrot mit weißem Grund färben. Die äußerst blühfreudige Rose ist winterhart und wird kaum höher als 25 cm. Sie wurde 1944 eingeführt und avancierte rasch zu einem Eckpfeiler in der Entwicklung moderner Zwergrosen. Mit 'Rouletii' als Vaterpflanze entstand aus dem damaligen Genpool die erste bekannte Zwergrose. Die zur Züchtung zahlreicher Miniaturrosen eingesetzte Sorte hat sich ihren Platz in der Rosengeschichte verdient. **'Climbing Perla de Alcañada'** wurde 1950 von dem katalanischen Züchter Pedro Dot auf den Markt gebracht. ZONEN 5–10.

DOT, SPANIEN, 1944

'PERLE DES ROUGES' × 'ROULETII'

'Perla de Montserrat'
ZWERGROSE, ROSA+, ÖFTER BLÜHEND

Die in der Mitte rosaroten Blüten der „Perle von Montserrat", wie Dot diese von ihm gezüchtete Floribundarose benannte, werden zum Rand hin blasser. Sie besitzen knapp 20 Petalen und stehen in kleinen Büscheln. Das zierliche Laub der sehr dichten, zwergwüchsigen Pflanze ist mittelgrün. Aufgrund des zierlichen Wuchses und der besonderen Robustheit erlangte 'Perla de Montserrat' als eine der ersten Zwergrosen rasch große Beliebtheit. Sie bildet ähnliche charmante, perfekt geformte kleine Blüten wie die Vaterpflanze aus und macht sich hervorragend in Kübeln, Töpfen oder im Steingarten. ZONEN 5–10.

DOT, SPANIEN, 1945

'CÉCILE BRUNNER' × 'ROULETII'

'Perle des Jardins'
(oben)
ALTE R., TEEROSE, HELLGELB, ETWAS NACHBLÜHEND

Ein Nachteil dieser Rose ist wohl, dass sie bei der geringsten Feuchtigkeit Mumien bildet. Früher war sie eine beliebte Gewächshausrose. Dennoch können die großen, duftenden, strohgelben Blüten in trockenen, sonnigen Lagen wunderschön sein. Die gefüllten Blüten sind anfangs schlank und spitz, bis sie sich nach Teerosenart zu einer flachen Blume öffnen. Ihr Wuchs ist schwach, sie blüht nur in trockenen Perioden nach und ist im Herbst am schönsten. **'Climbing Perle des Jardins'** ähnelt der Strauchrose und eignet sich ausgezeichnet für Pergolen, Bögen und Zäune.
ZONEN 7–9.
LEVET, FRANKREICH, 1874
SÄMLING VON 'MME FALCOT'

'Perle d'Or'
(oben rechts)
Syn. 'Yellow Cécile Brunner'
POLYANTHAROSE, GELB+, ÖFTER BLÜHEND

Sie wird gelegentlich als Chinarose bezeichnet und ging aus einer der ersten Stammkreuzungen zwischen Multiflora- und Teerosen hervor. Büschel mit bis zu 30 sehr zierlichen, urnenförmigen Knospen öffnen sich zu gefüllten, honiggelben Blüten mit schmalen Petalen und krauser, zart apricotfarbener Mitte. Ihr Name, zu Deutsch „Goldperle", spiegelt Rambaux' Bestreben wieder, eine gelbe Polyantha zu züchten. Das Synonym lässt jedoch fälschlicherweise eine Verbindung zu 'Cécile Brunner' vermuten. Die dauernd nachwachsenden Blüten stehen auf einer dünnen, reich verzweigten Pflanze von niedrigem, aufrechtem, in warmen Lagen sehr kräftigem Wuchs. Sie duften angenehm zart und eignen sich als Ansteckrosen oder für kleine Gestecke. Als Gartenrose ist die wirklich wunderschöne Sorte von historischer Bedeutung und sollte einen gut sichtbaren Standort erhalten. Der recht zart wirkende Strauch trägt kleine, glänzende, spitze Blätter und ist überraschend robust und zäh. Sie wurde vor langer Zeit Dubreuil zugeschrieben, aber das Journal des Roses von 1900 besagt, dass sie 1875 von P. Rambaux entwickelt und nach 1883 von F. Dubreuil vertrieben wurde.
ZONEN 4–9.
RAMBAUX, FRANKREICH, 1883
MÖGLICHERWEISE EIN SÄMLING VON *ROSA MULTIFLORA* × 'MME FALCOT'
ROYAL HORTICULTURAL SOCIETY AWARD OF GARDEN MERIT 1993

'Perle Meillandécor'
MEIplatin
Syn. 'Pearl Meidiland'
STRAUCHROSE/BODENDECKER, HELLROSA

Diese sich ausbreitende Pflanze bringt während der gesamten Saison eine Fülle von Blüten hervor. Werden die verwelkten Blüten entfernt, blüht sie, so lange das Wetter es zulässt. Die ovalen Knospen öffnen sich blassrosa und verblassen in der Sonne zu Weiß. Sie sind gefüllt, flach, mittelgroß und erscheinen in Büscheln von 3-15 Blüten. Das Laub ist dunkel und glänzend, entlang der dünnen Triebe stehen viele Stacheln. Im Herbst trägt sie viele rote, rundliche Hagebutten. Ideal als kleiner Busch oder als Bodendecker. Weil sie öfter blüht und so robust ist, wird sie häufig in der Landschaftsgestaltung verwendet.
ZONEN 4–9.
MEILLAND, FRANKREICH, 1989
('SEA FOAM' × 'LUTIN') × 'SEA FOAM'

'Pernille Poulsen'

(rechts)
FLORIBUNDA, REIN ROSA,
ÖFTER BLÜHEND

Die Blüten zeigen zarte Schattierungen in Rosa- und Korallrot, die sich zum Rand hin vertiefen. Sie sind für Floribundarosen recht groß, wachsen in Büscheln, besitzen knapp 20 Petalen und einen angenehm erfrischenden Duft. Dem frühen, üppigen Hauptflor folgen immer wieder neue Blüten. 'Pernille Poulsen' eignet sich gut für Beete, Rabatten und auch zum Schnitt. Am aufrechten, mittelhohen, etwas ausladenden Strauch trägt sie spitze, hell- bis mittelgrüne Blätter. Sie wurde nach der ältesten Tochter des Züchters benannt, die mittlerweile selbst zusammen mit ihrem Mann Mogens Olesen Rosen züchtet. ZONEN 4–9.

POULSEN, DÄNEMARK, 1965
'MA PERKINS' × 'COLUMBINE'

'Peter Frankenfeld'

(rechts)
TEEHYBRIDE, DUNKELROSA,
ÖFTER BLÜHEND

„Die exzellente Form ist für eine Rose dieser Größe einmalig" meint der Südafrikaner Ludwig Taschner, einer der weltweit größten Rosenexperten. Die altrosa Blüten mit karminroter Tönung sind groß, wohlgeformt, mit hoher Mitte und wundervoller Symmetrie, die sie beim Zurückrollen der Petalen beibehalten. Sie duften angenehm und eignen sich aufgrund der haltbaren Blüten auf langen Stielen für Ausstellungszwecke. Die Rose kann aber auch gut für Beete und Rabatten verwendet werden. Sie trägt den ganzen Sommer und Herbst hindurch Blüten. Ihr kräftiger, reich verzweigter Wuchs ist aufrecht und überdurchschnittlich hoch; ihr dichtes, dunkel olivgrünes Laub ist gesund. Sie wurde nach dem nicht nur durch seine großkarierten Jacketts bekannt gewordenen Fernseh-Showmaster Peter Frankenfeld benannt, der in den 1960er und 1970er Jahren sehr populär war. **'Climbing Peter Frankenfeld'** (Allen, Australien, 1975) besitzt die gute Blüten- und Laubqualität der Strauchrose, ist jedoch offensichtlich nicht weit verbreitet, da sie heute nur in Australien kultiviert wird. Das mag daran liegen, dass Sports erfahrungsgemäß nur eine schwache Nachblüte hervorbringen. In warmen Gebieten, wie etwa in Australien, bereitet die Sorte offensichtlich keine Probleme. ZONEN 4–9.

KORDES, DEUTSCHLAND, 1966
'BALLET' × 'FLOREX'

'Petite de Hollande' *(links)*
Syn. 'Petite Junon de Hollande', 'Pompon des Dames', *Rosa centifolia minor*
ALTE R., ZENTIFOLIE, REIN ROSA

Der niedrige, recht locker wachsende Strauch wird ca. 1,2 m hoch. Seine graugrünen Zweige sind mit rötlichen Stacheln und kleinen, stark gesägten, zart graugrünen Blättern besetzt. Die zierlichen Blüten sind erst leicht becherförmig und öffnen sich dann flach zu mehreren Lagen von Petalen, häufig mit einem kleinen Auge in der Mitte. Sie duften zart, blühen aber nur im Frühsommer und eignen sich gut als Hecke sowie für Kübel. **ZONEN 5–9.**

NIEDERLANDE, VOR 1838
ELTERN UNBEKANNT

'Petite Lisette' *(links)*
ALTE R., ZENTIFOLIE, DUNKELROSA

Diese Zentifolie ähnelt 'Petite de Hollande', bleibt aber niedriger und wird nur bis zu 1 m hoch, in sehr guten Böden auch etwas höher. Die zahlreichen weichen, graugrünen, stark gesägten Blätter bilden den Hintergrund für die zierlichen Blüten, die in voll geöffnetem Zustand dicht mit dunkelrosa Petalen gefüllt sind. Sie verströmen einen recht intensiven Duft, wachsen meist in großen Büscheln und blühen nur Anfang Sommer. 'Petite Lisette' sollte am besten in kleinen Gruppen gepflanzt werden und eignet sich auch gut für kleinere Gärten oder Kübel. **ZONEN 5–9.**

VIBERT, FRANKREICH, 1817
ELTERN UNBEKANNT

'Petite Orléanaise' *(links)*
Syn. 'Petite de Orléanaise'
ALTE R., ZENTIFOLIE, REIN ROSA

Diese Sorte ist eindeutig eine Zentifolie, hat jedoch eine gewisse Ähnlichkeit mit Gallica-Rosen. Das gräulich grüne Holz ist mit zahlreichen Stacheln und kleinen, graugrünen Blättern bestückt, die etwas rau sein können. Sie ist rundbuschig und wird ca. 1,2 m hoch. Die im Frühsommer erscheinenden, kräftig rein rosafarbenen Blüten sind in voll geöffnetem Zustand ponponartig. Sie sitzen in kleinen Büscheln und duften angenehm. Die Rose eignet sich sehr gut für kleinere Gärten oder Kübel. **ZONEN 5–9.**

UM 1900
ELTERN UNBEKANNT

'Pfälzer Gold'

TANalzergo *(unten)*
Syn. 'Moonlight Serenade'
TEEHYBRIDE, GOLDGELB, ÖFTER BLÜHEND

Diese Rose ist mit 20 Petalen locker gefüllt, von tiefgelber Farbe, hochgebaut und wohlgeformt. Sie blüht den ganzen Sommer und Herbst über, duftet aber nicht. Im warmen australischen Klima scheint ihre Farbe zu Reingelb auszubleichen. 'Pfälzer Gold' ist von aufrechtem, mittelhohem Wuchs mit gesundem, glänzendem Laub. **ZONEN 4–9.**

TANTAU, DEUTSCHLAND, 1981
ELTERN UNBEKANNT

'Phantom' MACatsan, MACcatsan *(oben)*

Syn. 'Phantom of the Opera', 'The Phantom'
STRAUCHROSE, ROT, ÖFTER BLÜHEND

Dieser hübsche Strauch bildet lange, biegsame Triebe mit schalenförmigen, scharlachroten Blüten, die aus bis zu 12 großen, schön wellig geschwungenen und gerieffelten Petalen bestehen und die mit den leuchtend goldfarbenen Staubgefäßen kontrastieren. Sie duften zart und blühen den Sommer und Herbst hindurch. Die Sorte eignet sich als Blickfang in einer Rabatte, als Solitärpflanze oder Kaskadenrose auf Hochstamm veredelt. Sie ist von mittelhohem, weit bogenförmig ausladendem Wuchs und dicht in großes, mittelgrünes, matt glänzendes Laub gehüllt. **ZONEN 4–9.**

MCGREDY, NEUSEELAND, 1992
'EYEOPENER' × 'PANDEMONIUM'
NEUSEELAND NOVELTY AWARD UND CERTIFICATE OF MERIT 1992

'Pharaoh' MEIfiga *(ganz oben rechts)*

Syn. 'Farao', 'Pharaon', 'Pharao'
TEEHYBRIDE, ORANGEROT, ETWAS NACHBLÜHEND

Trotz der vielen Goldmedaillen scheint die Rose nur noch in Israel und Australien auf dem Markt zu sein. Dies liegt wahrscheinlich daran, dass sie zwar ihre feurig scharlachrote Farbe auch in sehr heißen Lagen gut hält, aber nicht reich genug blüht. Den Sommer und Herbst über erscheinen die Blüten nur sporadisch. Die prallen Knospen blühen zu großen, hochgebauten Blumen mit steifen Petalen auf, die sich nur zögernd öffnen und kaum oder gar nicht duften. 'Pharao' kann für Beete, Rabatten und aufgrund der festen Stiele für die Vase verwendet werden. Sie ist von kräftigem, aufrechtem Wuchs durchschnittlicher Höhe und trägt dunkles, matt glänzendes, ledriges Laub. **ZONEN 4–9.**

MEILLAND, FRANKREICH, 1967
('ROUGE MEILLANDINA' × 'KORDES SONDERMELDUNG') × 'SUSPENSE'
GENF GOLDMEDAILLE 1967,
MADRID GOLDMEDAILLE 1967,
DEN HAAG GOLDMEDAILLE 1967,
BELFAST GOLDMEDAILLE 1969

'Phyllis Bide'

(ganz unten)
KLETTERNDE POLYANTHAROSE, GELB+, ÖFTER BLÜHEND

Diese wunderschöne, kletternde Sorte besitzt einige besondere Merkmale, wie etwa die mehrmals erfolgende Blüte, was für Kletterrosen dieser Generation ungewöhnlich ist. Ihre kleinen, kegelförmigen Knospen wachsen auf kurzen Stielen in ausladenden offenen Rispen. Sie öffnen sich zu gefüllten, mittelgroßen, zart duftenden Rosetten in einer Mischung aus Lachsrosa und Gelbtönen. Die schön verteilten Blüten und Büschel bilden einen gefälligen Anblick. Mit ihrem kräftigen, sich gut verzweigenden, überhängenden Wuchs eignet sich die Rose ideal zum Beranken von Zäunen, Säulen, Bögen und Mauern sowie als Kaskadenrosen-Hochstamm. 'Phyllis Bide' wird bis 3 m hoch, trägt dichtes, schmales, glänzendes Laub und kann hervorragend an einem Spalier gezogen werden. **ZONEN 4–9.**

BIDE, GROSSBRITANNIEN, 1923

'PERLE D'OR' × 'WILLIAM ALLEN RICHARDSON' ODER 'GLOIRE DE DIJON'

GOLDMEDAILLE DER NATIONAL ROSE SOCIETY 1924, ROYAL HORTICULTURAL SOCIETY AWARD OF GARDEN MERIT 1993

'Picasso' MACpic

(oben)
FLORIBUNDA, ROSA+, ÖFTER BLÜHEND

Das auffallende Merkmal ist die weiße Zeichnung auf den karminroten Petalen dieser Sorte – der ersten dieser Art von Sam McGredy. Ihre für Floribundarosen recht großen Blüten wachsen in Büscheln auf aufrechten Stielen und sind mit knapp 20 sich weit öffnenden Petalen locker gefüllt. Die zart duftenden Blumen erscheinen den ganzen Sommer und Herbst über. 'Picasso' ist für Beete, Rabatten und als Blickpunkt im Garten interessant und eignet sich wohl eher für kühlere Lagen, da ihre Zeichnung bei sehr warmen Temperaturen leicht verschwindet. Sie bleibt recht niedrig, ist breitwüchsig und trägt dunkelgrüne Blätter, die zu Sternrußtau neigen. Als McGredy sie zu Ehren von Picasso benennen wollte, war er recht verblüfft, als der Künstler meinte, der Züchter solle für das Privileg bezahlen. **ZONEN 4–9.**

MCGREDY, GROSSBRITANNIEN, 1971

'MARLENA' × ('EVELYN FISON' × [ORANGE SWEETHEART' × 'FRÜHLINGSMORGEN'])

ROYAL NATIONAL ROSE SOCIETY CERTIFICATE OF MERIT 1970, BELFAST GOLDMEDAILLE 1973, NEUSEELAND GOLDMEDAILLE 1973

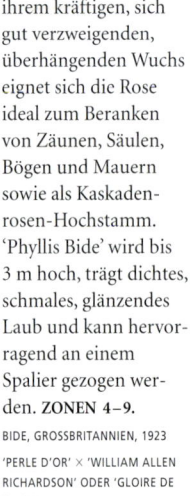

'Piccadilly' MACar
(oben)
TEEHYBRIDE, ROT+,
ÖFTER BLÜHEND

Beliebt wegen ihrer leuchtenden, zweifarbigen Blüten, deren Petaloberseite scharlachrot, auf der Rückseite hingegen gelb ist. Die spitzen Knospen öffnen sich zu großen Blüten mit knapp 25 breiten Petalen, deren hohe Mitte später becherförmig wird. Da die Blüten nicht so stark gefüllt sind wie die vieler anderer Edelrosen, blühen sie reicher. Dies erhöht ihren Wert für den Garten noch zusätzlich, wo sie sich hervorragend für Beete, Rabatten, als Hecke und elegante Hochstämme eignet. Sie hat einen angenehm zarten Duft und blüht den ganzen Sommer und Herbst über, wobei die Blüten auch widrigen Witterungsbedingungen standhalten. Der buschige Strauch wird durchschnittlich hoch und trägt dichtes, beim Austreiben rötliches, später dunkelgrün glänzendes Laub. Das Lichtermeer am Londoner Piccadilly Circus inspirierte Reimer Kordes bei der Namensgebung dieser mehrfach ausgezeichneten Teehybride.
ZONEN 4–9.

MCGREDY, GROSSBRITANNIEN, 1959
'MCGREDY'S YELLOW' × 'KARL HERBST'
NATIONAL ROSE SOCIETY CERTIFICATE OF MERIT 1959, MADRID GOLDMEDAILLE 1960, ROM GOLDMEDAILLE 1960, ROTTERDAM GOLDMEDAILLE, NORD-ROSE AWARD

'Piccolo' TANolokip
(unten)
Syn. 'Piccola'
FLORIBUNDA, ORANGEROT,
ÖFTER BLÜHEND

Von ihrer Statur her würde man 'Piccolo' als Rabattenrose einstufen, aufgrund der verhältnismäßig großen Blüten passt sie jedoch besser in die Gruppe der Floribundarosen. Die Sorte bietet sich immer dann an, wenn ein niedriger Strauch für ein Beet, den vorderen Bereich einer Rabatte oder eine Hecke benötigt werden. Die sehr schwach duftenden, ziemlich gefüllten Blüten öffnen sich schön becherförmig und werden später flach. Sie stehen zahlreich auf kurzen, aufrechten Stielen dicht am Laub und leuchten in kräftigem Tomatenrot. Dem Hauptflor folgen den ganzen Sommer und Herbst über weitere schöne, wetterfeste Blüten. Die buschige, breitwüchsige Rose trägt große, im Austrieb purpurfarben glänzende Blätter, die sich später im Jahr dunkelgrün färben.
ZONEN 4–9.

TANTAU, DEUTSCHLAND, 1984
ELTERN UNBEKANNT

'Picture' *(oben)*
TEEHYBRIDE, HELLROSA, ÖFTER BLÜHEND

In den 1930er Jahren war 'Picture' aufgrund ihrer exquisit geformten, rosaroten Blüten eine sehr begehrte Rose. Die hübsche, kamelienartig quirlständige Blütenmitte hält ihre Form lange, während sich die äußeren Petalen langsam zurückbiegen. 'Picture' ist wirklich eine Augenweide, duftet aber leider nur schwach. Sie eignet sich gut als Gruppe in einer Rabatte oder für eine Sammlung Historischer Rosen; weltweit wird diese Teehybride immer noch in mindestens zwölf Gärtnereien kultiviert, obwohl ihre Robustheit während ihres über 60jährigen Daseins doch geringfügig gelitten hat. Nach dem ersten Flor blüht sie nur zögerlich nach. 'Picture' hat einen kompakten, gut verzweigten, aufrechten Wuchs mit matt hellgrünem Laub und wird kaum mittelhoch. **'Climbing Picture'** (Swim, USA, 1942) ist eine Kletterrose mäßiger Größe, die sich perfekt als Anstreckrose und für kleine Gestecke eignet. Dieser kletternde Sport eignet sich am besten für Mauern, wo sich die Pflanze ausbreiten kann und Halt findet. Allerdings blüht diese Sorte nur in Gegenden mit mildem Klima etwas nach. Der Standort sollte sonnig und relativ feucht sein, da 'Climbing Picture' auf trockenen Böden sehr schnell von Mehltau befallen wird. Ihre Blüten sind wie auch diejenigen der Strauchform relativ widerstandsfähig gegen schlechte Witterung.
ZONEN 4–9.

MCGREDY, GROSSBRITANNIEN, 1932

ELTERN UNBEKANNT

NATIONAL ROSE SOCIETY CERTIFICATE OF MERIT 1932

'Pierre de Ronsard' MEIviolin *(oben)*
Syn. 'Eden Rose 85', 'Grimpant Pierre de Ronsard'
GROSSBLUMIGE KLETTERROSE, ROSA+, ÖFTER BLÜHEND

Die Blüten der eher strauchigen Kletterrose erinnern an altmodische Rosen. Sie sind groß, mit über 40 Petalen dicht gefüllt und gleichen kugelförmigen Zentifolienblüten; beim Öffnen zeigen sie einen bezaubernden Wirrwarr eingerollter Petalen. Ihre cremeweiße Farbe ist stark lavendelrosa und karminrot überlaufen. 'Pierre de Ronsard' trägt den ganzen Sommer und Herbst über kaum duftende Blüten und bleibt eher niedrig. Sie eignet sich zum Beranken von Mauern oder Zäunen, wo sich die kräftigen, sich verzweigenden Triebe ausbreiten können, zum Erziehen an hohen Säulen und als Solitärstrauch. Die großen Blätter glänzen matt hellgrün. Pierre de Ronsard (1524–1585) war Hofdichter in Schottland und Frankreich und ein begeisterter Gärtner.
ZONEN 4–9.

MEILLAND, FRANKREICH, 1987

('DANSE DES SYLPHES' × 'HÄNDEL') × 'CLIMBING PINK WONDER'

'Pierre Notting'
ALTE R., REMONTANTROSE, DUNKELROT, ETWAS NACHBLÜHEND

Diese Alte Rose ist von sehr kräftiger Konstitution, was vielleicht erklärt, dass sie immer noch erhältlich ist. Ihre schwärzlich roten Blüten sind blauviolett überlaufen und in einer warmen Saison groß und kugelförmig. Unter feuchten Bedingungen verkleben die Knospen stark. 'Pierre Notting' ist von aufrechtem Wuchs und nachblühend, wobei man sich darauf im Herbst nicht verlassen kann. **ZONEN 5–9.**

PORTIMER, FRANKREICH, 1863
SÄMLING VON 'ALFRED COLOMB'

'Pigalle' MEIcloux
(ganz oben)
Syn. 'Chacock', 'Fakir', 'Jubilee 150', 'Pigalle 84'
FLORIBUNDA, ORANGE+, ÖFTER BLÜHEND

Die nur von wenigen Gärtnern kultivierte Rose besitzt cremegelbe, formschöne Blüten in orangefarbenen und orangeroten Schattierungen. Sie sind mit 40 Petalen stark gefüllt und wachsen auf langen, kräftigen Stielen in riesigen, kandelaberartigen Büscheln. 'Pigalle' duftet kaum und eignet sich für Beete, Rabatten und Hecken. Der kräftige, mittelhohe Busch trägt derbe, mittelgrüne, matt glänzende Blätter. **ZONEN 5–9.**

MEILLAND, FRANKREICH, 1984
'FRENZY' × (['ZAMBRA'] × 'SUSPENSE'] × 'KING'S RANSOM')

'Pink Bassino'
(rechts)
Syn. 'Korbasren'
STRAUCHROSE, ROSA+, ÖFTER BLÜHEND

Auch einem Experten fällt die Entscheidung schwer, ob diese Rose nun zu den Bodendecker- oder aber zu den Strauchrosen gezählt werden soll, da sie zwar doppelt so breit wie hoch wird, sich aber nicht niederlegt. Die fünf Petalen der zart duftenden, einfachen Blüte sind hellrosa mit auffälligem, weißem Auge und stehen ziemlich dicht über dem Laub in Büscheln auf kräftigen, schlanken Stielen. Sie öffnen sich schalenförmig, zeigen goldene Staubgefäße und wirken in ihrer Einfachheit wildrosenähnlich. Nach dem üppigen ersten Flor blüht die Rose den ganzen Sommer und Herbst über. 'Pink Bassino' eignet sich ideal für Rabatten; sie wird gerne von Landschaftsgärtnern für großflächige Parkbeete verwendet. Die Sorte ist von kräftigem, ausladendem Wuchs und wächst eher niedrig. Das dichte, glänzende Laub ist beim Austreiben rötlich, später verfärbt es sich leuchtend grün. **ZONEN 4–9.**

KORDES, DEUTSCHLAND, 1993
SÄMLING VON
ROSA WICHURAIANA × 'ROBIN REDBREAST'

ROYAL NATIONAL ROSE SOCIETY TRIAL GROUND CERTIFICATE 1992, ADR-ROSE 1993

'Pink Chiffon'
(oben)

FLORIBUNDA, HELLROSA, ÖFTER BLÜHEND

Die Art und Weise, wie die hellrosa Blüten dieser Floribundarose dicht mit Petalen gefüllt sind, errinnert an Alte Rosen. Über 50 Petalen drängen sich zu einer wirren Mitte zusammen, wenn sich die großen Blüten zu Beginn becherförmig und schließlich flach öffnen. Die alten Blüten verblassen besonders bei heißen Temperaturen, bleiben aber zum Blütengrund hin dunkler. Sie wachsen in gut gefüllten Büscheln und duften angenehm würzig. Die hübsche Rose eignet sich gut als Gruppe in Rabatten, benötigt aber zur vollen Entfaltung ein mildes Klima, da Regen die Blüten verdirbt. Sie ist von kräftigem, buschigem, ziemlich breitem Wuchs mit glänzend dunkelgrünem Laub und wird nicht ganz mittelhoch. **ZONEN 5–9.**

BOERNER, USA, 1956

'FASHION' × 'FANTASIA'

'Pink Cloud'
(unten)

GROSSBLUMIGE KLETTERROSE, REIN ROSA, ÖFTER BLÜHEND

Die Gene von 'New Dawn' haben zur Züchtung zahlreicher moderner Kletterrosen beigetragen und wurden bei 'Pink Cloud' sogar für beide Eltern verwendet. Ihre großen, recht gefüllten Blüten sind hübsch altrosa mit dunklerer Mitte, wachsen in Büscheln und öffnen sich becherförmig. Sie duften nach Teerosen. Dem ersten großartigen Flor folgen den Sommer und Herbst über schubweise weitere Blüten. Für eine Kletterrose erreicht sie eine durchschnittliche Höhe und eignet sich gut für Mauern, Zäune, Säulen und Bögen oder kann zu einem stattlichen Strauch erzogen werden. Sie ist von kräftigem, aufrechtem, recht steifem, verzweigtem Wuchs und trägt dichtes, robustes, glänzendes Laub. **ZONEN 4–9.**

BOERNER, USA, 1952

'NEW DAWN' × ROTER ZWERGROSENSÄMLING VON 'NEW DAWN'

'Pink Bells' POUbells *(ganz oben links)*
BODENDECKERROSE, DUNKELROSA

Die leuchtend rosafarbenen Blüten sind in voll geöffnetem Zustand noch schöner. Sie haben 35 Petalen und einen zarten Duft, sie sind wetterfest und erscheinen wiederholt von Ende Frühling bis Anfang Herbst. Das mittelgrüne Laub glänzt matt, ideal ist 'Pink Bells' als Bodendecker oder niedrige Einfassung. Diese breitwüchsige Kreuzung aus einer Zwergkletterrose und einer Zwergrose stellt innerhalb der Entwicklung dieser Rosenklasse eine völlige Neuheit dar. **ZONEN 5–10.**

POULSEN, DÄNEMARK, 1983

'MINI POUL' × 'TEMPLE BELLS'

'Pink Favorite' *(rechts)*
Syn. 'Pink Favourite'
TEEHYBRIDE, REIN ROSA, ÖFTER BLÜHEND

Durch die Kreuzung mit einer kräftigen Sorte hoffte der Züchter, die atemberaubende Schönheit von 'Juno' mit Wüchsigkeit zu verbinden. 'Pink Favorite' ist das beachtliche Ergebnis. Die einzeln, in Dreiergruppen oder kleinen Dolden heranwachsenden Blüten sind lang und elegant; sie sind hochgebaut und besitzen eine recht kühlen Ton zwischen Hell- und Perlmuttrosa. Die nur ca. 25 Petalen sind so angeordnet, dass sie die Blüten gefüllt erscheinen lassen, und so fest, dass sich die Rose ausgezeichnet für Ausstellungszwecke sowie auch für Beete und Rabatten eignet. Ihr Duft ist schwer definierbar und wird von einigen als angenehm, von anderen als unbedeutend empfunden. Die gut wetterfeste Rose blüht bis in den Herbst üppig und bevorzugt kühlere Lagen. Sie ist von reich verzweigtem, etwas abspreizendem Wuchs und trägt hübsche, helle, lange, glänzende Blätter. Sie wird oft als sehr gesund gelobt, ist aber neuerdings etwas anfällig für Rost. ZONEN 4–9.
VON ABRAMS, USA, 1956

'JUNO' × ('GEORGE ARENDS' × 'NEW DAWN')

PORTLAND GOLDMEDAILLE 1957

'Pink Grootendorst' *(unten)*
Syn. *Rosa rugosa* 'Pink Grootendorst'
RUGOSA-HYBRIDE, REIN ROSA, ETWAS NACHBLÜHEND

Büschel zahlreicher kleiner Rosetten mit gekräuselten Petalen erinnern stark an Nelkenblüten. Die stark gefüllten Blumen blühen in einem erfrischenden Rosa, duften aber kaum; sie halten lange und bieten sich reizend für kleine Gestecke an. Im Gegensatz zu den zarten Blüten fehlt dem kahlen, stacheligen Strauch mit seinen kleinen, recht blassen, rauen Blättern jeglicher Charme. 'Pink Grootendorst' wird durchschnittlich hoch, ist ziemlich krankheitsfest, blüht aber nur mäßig nach.
ZONEN 4–9.

GROOTENDORST, NIEDERLANDE, 1923

SPORT VON 'F. J. GROOTENDORST'

ROYAL HORTICULTURAL SOCIETY AWARD OF GARDEN MERIT 1993

'Pink Iceberg'
(oben)
FLORIBUNDA, ROSA+,
ÖFTER BLÜHEND

'Pink Iceberg' besitzt alle Vorzüge ihrer Elternpflanze, ist ziemlich krankheitsfest und hat hellgrünes Laub. Die zart duftenden Blüten erscheinen während der langen Blütezeit fast ohne Unterlass. Ihre Farbe variiert zwischen Pink- und Weißabstufungen, so dass die Blüten wie handgemalt wirken. Sie verblassen jedoch im Alter und bei Wärme etwas. Die Staubgefäße dagegen behalten ihre Orangerosa-Färbung auch an älteren Blüten bei. Manche Blüten haben wie 'Schneewittchen' weiße Petalen und gelbe Staubgefäße. Die attraktive Floribunda kann hervorragend als Hochstammrose oder Strauch gezogen werden. ZONEN 5–10.

WEATHERLY, AUSTRALIEN, 1997
SPORT VON 'SCHNEEWITTCHEN'

'Pink La Sevillana'
MEIgeroka *(oben rechts)*
Syn. 'Pink La Sevilliana', 'Pink Sevillana', 'Rosy La Sevillana'
FLORIBUNDA, REIN ROSA,
ÖFTER BLÜHEND

Der Sport gleicht bis auf seine zuerst dunkelrosa, später heller werdenden Blüten in jeder Beziehung seinen Eltern. Er trägt Büschel mit bis zu fünf kleinen bis mittelgroßen, zart duftenden Blüten auf langen, elastischen Stielen. Sie besitzen etwa ein Dutzend Petalen, öffnen sich mit ordentlicher Mitte und werden später becherförmig. Ihr erster Flor ist sehr üppig und wird gefolgt von einer reichen Nachblüte bis Ende Herbst. 'Pink La Sevillana' eignet sich gut für Beete, gemischte Rabatten und insbesondere als Hecke. Sie ist von ausladendem, heckenartigem, durchschnittlich hohem Wuchs mit sehr gesundem, dichtem, glänzend dunkelgrünem Laub. ZONEN 4–9.

MEILLAND, FRANKREICH, 1985
SPORT VON 'LA SEVILLANA'
BADEN-BADEN GOLDMEDAILLE 1985, ADR-ROSE 1986

'Pink Léda' *(oben)*
Syn. 'Painted Damask'
ALTE R., DAMASZENERROSE,
REIN ROSA

Es gibt zwei Formen von 'Léda', die sich nur farblich unterscheiden – eine ist weiß, die andere rosa. Beide verströmen einen intensiven Damaszenerduft, sind üppige Pflanzen und können, obwohl sie als Einmalblüher gelten, etwas nachblühen. 'Pink Léda' öffnet sich cremefarben, wird dann zartrosa überhaucht und färbt sich später an den Petalrändern karminrot. In der griechischen Mythologie wird Leda von Zeus in Gestalt eines Schwans verführt. Ledas Kinder waren die Dioskuren Kastor und Polydeukes sowie die schöne Helena, deren Entführung Jahre später den Trojanischen Krieg auslöste. ZONEN 4–9.

VOR 1844
ELTERN UNBEKANNT

'Pink Meidiland' MEIpoque
Syn. 'Schloss Heidegg'
STRAUCHROSE, ROSA+, ÖFTER BLÜHEND

Diese Strauchrose ist eine von mehreren aus dem Hause Meilland stammenden Strauchrosen, die sich zum Begrünen von Straßenrändern und für Grünanlagen eignet. Die kräftige, buschige, dicht belaubte Pflanze trägt regenschirmförmige Dolden mit bis zu 20 zart duftenden Blüten. Ihre spitzen, roten Knospen öffnen sich zu mittelgroßen, becherförmigen, altrosa Blumen mit einem weißen Auge um die gelben Staubgefäße. Die Petalen verblassen mit der Zeit und fallen schließlich sauber ab. Dem ersten üppigen Flor folgen immer weitere Blüten. 'Pink Meidiland' mit ihrem gesunden, ledrigen, glänzenden, im Austrieb rötlichen Laub wird kaum mittelhoch. ZONEN 4–9.

MEILLAND, FRANKREICH, 1985

'ANNE DE BRETAGNE' × 'NIRVANA'

ADR-ROSE 1987

'Pink Meillandina' MEIjidiro
(ganz oben links)
Syn. 'Pink Sunblaze'
ZWERGROSE, REIN ROSA, ÖFTER BLÜHEND

Die zierlichen, rein rosafarbenen Blüten besitzen eine ausgeprägte, goldene Mitte sowie eine rosettenartige Form, duften aber leider nicht. Sie wachsen einzeln oder in kleinen Büscheln zuverlässig nacheinander an einem Strauch mit kleinen, spitzen, mittelgrünen Blättern. 'Pink Meillandina' wird meist als Topfpflanze für das Haus verkauft und kann später in den Garten gepflanzt werden. ZONEN 5–10.

MEILLAND, FRANKREICH, 1982

ELTERN UNBEKANNT

'Pink Panther' MEIcapinal *(oben)*
Syn. 'Aachener Dom', 'Panthere Rose'
TEEHYBRIDE, ROSA+, ÖFTER BLÜHEND

In warmen Lagen unterscheiden sich die Farben innerhalb der Blüten bis auf eine zu den Petalrändern hin dunklere Färbung des azaleenrosa Tons kaum, während in kühleren Gegenden ein deutlicher Kontrast entsteht und die Ränder eindeutig rosarot sind. Die immer wieder nachwachsenden Blüten duften zart fruchtig, halten lang und ähneln kurz vor dem Abfallen den gewellten, geriffelten Petalen von Pfingstrosen. 'Pink Panther' bevorzugt warme Lagen, da Regen den Blüten schaden kann. Die kräftige, buschige, aufrechte Pflanze durchschnittlicher Höhe mit ihren gesunden, bronzefarbenen, glänzenden Blättern eignet sich für Beete, Rabatten und als Hecke. Die Sorte wird in Deutschland in erster Linie unter dem Synonym 'Aachener Dom' gehandelt. ZONEN 5–9.

MEILLAND, FRANKREICH, 1982

MEIGURAMI × MEINAREGI

DEN HAAG GOLDMEDAILLE 1981, ADR-ROSE 1982

'Pink Parfait'
(oben)
FLORIBUNDA, ROSA+,
ÖFTER BLÜHEND

Was die Produktion von Ansteckrosen betrifft, so kann dieser Rose kaum eine andere Sorte das Wasser reichen. Büschel mit drei oder mehr hellkarminroten Knospen öffnen sich zu hellrosa, mittelgroßen bis großen Blüten, deren Rosaton ja nach Jahreszeit und Lage variiert und gelegentlich apricotrosa überhaucht ist. Die locker gefüllten, schön geformten Blüten sind durch eine gewickelte Mitte gekennzeichnet, während sich die äußeren Petalen symmetrisch zurückbiegen. Dem üppigen Hauptflor folgen den Sommer und Herbst über zahlreiche, zart süß duftende Blüten; bei hohen Temperaturen hingegen öffnen sich diese jedoch rasch und verblassen. 'Pink Parfait' eignet sich hervorragend für Beete und Rabatten. Die kräftige, aufrechte, buschige Rose wird kaum mittelhoch, fällt aber gelegentlich etwas auseinander; ihr mattes, dichtes Laub ist mittelgrün. ZONEN 4–9.
SWIM, USA, 1960
'FIRST LOVE' × 'ROSENMÄRCHEN'
BADEN-BADEN GOLDMEDAILLE 1959, PORTLAND GOLDMEDAILLE 1959, ALL-AMERICAN ROSE SELECTION 1961, GOLDMEDAILLE DER NATIONAL ROSE SOCIETY 1962

'Pink Peace' MEIbil
(oben rechts)
TEEHYBRIDE, REIN ROSA,
ÖFTER BLÜHEND

Die Farbe dieser Teehybride ist von beeindruckendem, recht kühlem, silbrigem Dunkelrosa. Die schon von weitem leuchtenden Blumen besitzen etwa 60 breite Petalen und gehören zu den größten Rosenblüten. Sie wachsen auf steifen Stielen, haben einen intensiven, süßen Duft und halten lange als Schnitt. Die rundlichen Knospen öffnen sich becherförmig mit einer sehr dünnen, aber auffallenden, zart rosaweißen Linie entlang dem Petalrand. 'Pink Peace' eignet sich für Beete oder Rabatten. Sie bildet nach der Hauptblüte den Sommer und Herbst über einen für die Blütengröße stattlichen Anzahl von Blumen aus. Der kräftige, aufrechte Busch wird überdurchschnittlich hoch und trägt große, ledrige, matte Blätter. Während über 50 Gärtnereien die Buschform von 'Pink Peace' anbieten, kann man die Quellen für **'Climbing Pink Peace'** (MEIbilsar; Meilland, Frankreich, 1968) vermutlich an einer Hand abzählen. Hierfür gibt es zumindest zwei entscheidende Gründe: Erstens gab es zum Zeitpunkt, als 'Climbing Pink Peace' auf den Markt kam, bereits einige gute rosafarbene Kletterrosen, wie etwa 'Aloha', 'Pink Cloud' und 'Pink Perpetue', die keine Sports waren und sehr viele Blüten im Verhältnis zur Anbaufläche lieferten. Zweitens ist der grelle Farbton dieser Teehybride sehr dominant und lässt sich schlecht weder mit Alten noch mit Modernen Gartenrosen kombinieren. Dies alles mag dazu beigetragen haben, dass 'Pink Peace' niemals sehr populär wurde. ZONEN 4–9.
MEILLAND, FRANKREICH, 1959
('GLORIA DEI' × 'MONIQUE') × ('GLORIA DEI' × 'MRS JOHN LAING')
GENF GOLDMEDAILLE 1959, ROM GOLDMEDAILLE 1959

'Pink Pearl' KORmasyl
Syn. 'Fee'
TEEHYBRIDE, HELLROSA, ÖFTER BLÜHEND

Ihre stark gefüllten, mittelgroßen Blüten öffnen sich mit schön geformter Mitte und entwickeln sich langsam zu einer eleganten, symmetrischen Form. Die duftenden, perlmuttrosa Blumen blühen den ganzen Sommer und Herbst über und stehen auf sehr langen, zum Schnitt perfekten Stielen. Sie erhielt ihren Namen anlässlich des 30. Jahrestages der National Association of Flower Arrangement Societies, einem britischen Dachverband für Blumenhändler. 'Pink Pearl' benötigt einen sonnigen Standort mit guter Luftzirkulation, da sie im Schatten schießt, schlaksig wird und ihre Anfälligkeit für Mehltau durch die Luftzufuhr verringert wird. Sie wird überdurchschnittlich hoch, ist von schlankem, aufrechtem Wuchs und trägt dichtes, dunkelgrünes Laub. **ZONEN 4–9.**

MARTENS, DEUTSCHLAND, 1989
SPORT VON 'KORDES' ROSE SYLVIA'

'Pink Perpetue'
(oben rechts)
KLETTERROSE, REIN ROSA, ÖFTER BLÜHEND

Die Blüten besitzen einen warmen, freundlichen Rosaton. 'Pink Perpetue' ist sehr blüh- und wuchsfreudig, einfach zu ziehen und allgemein robust, weshalb sie seit langem beliebt ist. Ihre mittelgroßen, kugelförmigen Blüten besitzen bis zu 35 Petalen, die symmetrisch becherförmig angeordnet sind. Sie wachsen in kurzstieligen Büscheln schön über die Pflanze verteilt, duften angenehm zart und blühen den ganzen Sommer und Herbst über ununterbrochen. Die kräftige, steife, reich verzweigte Pflanze trägt dunkles, ledriges Laub und kann zurückgeschnitten werden. 'Pink Perpetue' eignet sich ideal, um an Mauern, Zäunen oder Bögen zu wachsen. **ZONEN 4–9.**

GREGORY, GROSSBRITANNIEN, 1965
'DANSE DE FEU' × 'NEW DAWN'
NATIONAL ROSE SOCIETY CERTIFICATE OF MERIT 1964

'Pink Prosperity'
STRAUCHROSE, MOSCHATA-HYBRIDE, HELLROSA, ÖFTER BLÜHEND

Ihre kleinen bis mittelgroßen Blüten stehen auf kräftigen Stielen in großen Büscheln. Von den zahlreichen kleinen Petalen sind die äußeren in einem zarten Rosa, die übrigen in einem reinen Rosa mit dunkleren Schattierungen gefärbt. Sie biegen sich Lage für Lage zurück, während die Blüten schalenförmig aufblühen. Der Duft dieser Sorte erinnert etwas an Moschus. Die kräftige, aufrechte, gut mittelhohe Pflanze mit dunkelgrünen Blättern eignet sich für Rabatten und als Hecke. **ZONEN 4–9.**

BENTALL, GROSSBRITANNIEN, 1931
SÄMLING VON 'PROSPERITY'

'Pink Silk'
(unten)
TEEHYBRIDE, REIN ROSA, ÖFTER BLÜHEND

Diese ursprünglich aus England stammende Teehybridensorte wird heute nur noch in Australien gehandelt; dort gilt sie allerdings als gute Rose für Gartenschauen und Ausstellungen. Die großen Blüten der 'Pink Silk' verfügen über eine hohe Mitte und bestehen aus knapp 40 breiten Petalen; sie öffnen sich als rosarote Knospen und erstrahlen in voller Blüte in auffälligem Karminrot, das man dann wohl eher als Dunkel- oder Altrosa denn als reines Rosa (wie es laut Farbklassifizierung korrekt wäre) bezeichnen müsste. 'Pink Silk' verbreitet einen angenehmen, zarten Duft und blüht bis zum Herbst gut nach. Der Wuchs der mittelhohen, mittelgrün belaubten Pflanze ist locker und buschig. **ZONEN 4–9.**

GREGORY, GROSSBRITANNIEN, 1972

'PINK PARFAIT' × SÄMLING

NEUSEELAND GOLDMEDAILLE 1974

'Pink Rosette' *(oben)*
FLORIBUNDA, HELLROSA, ÖFTER BLÜHEND

Die prallen Knospen sehen recht klein aus, öffnen sich aber dann zu mittelgroßen Blüten mit etwa 50 Petalen, die in Büscheln wachsen. Sie besitzen einen warmen, zum Grund hin dunkleren Rosaton und entwickeln sich gemäß ihrem Namen zu becherförmigen Rosetten, deren Petalreihen so angeordnet sind, dass sie an Seidenrosen erinnern. Ihr Duft ist zart, und sie erscheinen den ganzen Sommer und Herbst über schön nacheinander. 'Pink Rosette', die warme Lagen bevorzugt, eignet sich zum Schnitt sowie im Garten für Rabatten, Beete oder als Hecke. Die breitwüchsige, in dunkelgrünes, lediges Laub gehüllte Pflanze wird nicht ganz mittelhoch. **ZONEN 4–9.**

KREBS, USA, 1948

ELTERN UNBEKANNT

'Pink Robusta' KORpinrob *(ganz oben links)*
Syn. 'The Seckford Rose'
STRAUCHROSE, REIN ROSA, ÖFTER BLÜHEND

Diese Rose verdankt viel von ihrem wilden Charakter der Vaterpflanze 'Robusta', einer aus *Rosa rugosa* gezüchteten Sorte. Ihre Blüten besitzen einen warmen Rosaton und wachsen in großen, lockeren Büscheln auf steifen, aufrechten Stielen über dem Laub. Die halb gefüllten, locker geformten, recht großen Blüten öffnen sich becherförmig zu einem eindrucksvollen Farbschauspiel, das schon von weitem zu sehen ist. In Parks, als Hecke oder als Gruppe in einer Rabatte bildet die gut nachblühende, angenehm duftende Rose von kräftigem mittelhohem Wuchs eine auffällige und äußerst dankbare Pflanze. Sie ist sehr gesund und trägt zahlreiche große, mittel- bis dunkelgrüne Blätter. **ZONEN 4–9.**

KORDES, DEUTSCHLAND, 1986

('ZITRONENFALTER' × 'CLÄRE GRAMMERSTORF') × 'ROBUSTA'

ROYAL NATIONAL ROSE SOCIETY CERTIFICATE OF MERIT 1987

'Pink Symphonie'

MEItonse *(rechts)*
Syn. 'Pink Symphony', 'Pretty Polly', 'Sweet Sunblaze'
ZWERGROSE, HELLROSA, ÖFTER BLÜHEND

Elegant geformte Knospen öffnen sich zu zart duftenden, hell scharlachrosa Blüten. Sie verlieren ihre hohe Mitte schnell, während sie gleichzeitig rasch voll aufblühen. 'Pink Symphonie' ist äußerst blühfreudig und zeigt während der gesamten Saison Farbe. Das glänzend dunkelgrüne Laub des mittelgroßen, dichten Busches ist krankheitsfest.
ZONEN 4–10.

MEILLAND, FRANKREICH, 1987
'MINUETTO' × 'AIR FRANCE'
GLASGOW GOLDMEDAILLE 1992

'Pink Wonder'

MEIhartfor *(rechts)*
Syn. 'Kalinka'
FLORIBUNDA, HELLROSA, ÖFTER BLÜHEND

Die 30 Gärtnereien, die diese Sorte vertreiben, kultivieren sie als 'Kalinka'. Sie ist in Australien, Südafrika und Mitteleuropa sehr beliebt. Spitze, lachsrosa Knospen öffnen sich zu halb gefüllten Blüten mit reizend natürlichem Charakter. Sie wachsen einzeln oder in Büscheln, duften zart und zeigen nach der Hauptblüte den ganzen Sommer und Herbst über Farbe. In Rabatten oder Kübeln bringt die Rose Leben in den Garten und eignet sich aufgrund ihres verzweigten Wuchses als wirkungsvolle Hecke. Die buschige, breitwüchsige Pflanze von durchschnittlicher Höhe besitzt glänzend dunkelgrüne Blätter und nur wenige Stacheln an den Stielen. **'Climbing Pink Wonder'** (MEIhartforsar; Meilland, Frankreich, 1976) wird wie der Busch unter dem Synonym gehandelt. Sie ist wuchsfreudig, erreicht eine für Kletterrosen durchschnittliche Höhe und trägt auch nach dem Hauptflor den Sommer und Herbst über Blüten. Da ihre Triebe ziemlich steif sind, sollte sie am besten an einer Wand oder einem Zaun hochgezogen werden, wo man sie befestigen kann; sie lässt sich aber auch an hohen Säulen, Bögen oder Pergolen ziehen. Da die Rose kaum bestachelt ist, kann man sie gut zurückschneiden.
ZONEN 4–9.

MEILLAND, FRANKREICH, 1970
'ZAMBRA' × ('SARABANDE' × ['GOLDILOCKS' × 'FASHION'])
MADRID GOLDMEDAILLE 1969, BELFAST GOLDMEDAILLE 1972

'Pinkie' *(oben)*
POLYANTHAROSE, REIN ROSA, ÖFTER BLÜHEND

'Pinkie' wurde sowohl als Floribunda- als auch als Zwergrose klassifiziert, die zierliche Rose passt aber gut in die Gruppe der Polyantharosen. Kleine bis mittelgroßen Blüten mit gut 12 Petalen in zartem Rosa mit einem Hauch Lachsrosa wachsen in großen Dolden, duften angenehm und öffnen sich becherförmig. In kühlen Regionen bleibt die Pflanze sehr niedrig, in milderen Lagen erreicht sie jedoch die Größe eines kleinen Strauchs. Sie trägt den Sommer und Herbst über Blüten und ist im Garten sehr vielseitig verwendbar, wie etwa als Kübelpflanze, in kleinen Beeten, als Einfassung von Rabatten oder als kleines Hochstämmchen. Die Rose ist von niedrigem, buschigem Wuchs mit normalerweise aus sieben Fiederblättchen bestehenden weichen, matt glänzenden, hellgrünen Blättern. Obwohl bei der Einführung des Sports **'Climbing Pinkie'** (Dering, USA, 1952) weniger Aufhebens gemacht wurde als bei der Mutterpflanze, ist er heute weiter verbreitet. Seine duftenden Blüten erscheinen so zahlreich, dass sich die Stiele unter ihrem Gewicht biegen. Der Anblick der vielen nickenden rosafarbenen Rosetten, die den Sommer und Herbst über bemerkenswert konstant blühen, ist äußerst reizvoll. Die reich verzweigte Pflanze wird mittelhoch, lässt sich problemlos leiten, ist pflegeleicht und eignet sich speziell für Säulen, Bögen oder als Wegeinfassung, wo die beinahe dornenlosen Triebe ein Segen für Passanten sind. Sie kann bei entsprechendem Schnitt auch als Einzelstrauch gezogen werden. ZONEN 4–9.
SWIM, USA, 1947
'CHINA DOLL' × SÄMLING
ALL-AMERICAN ROSE SELECTION 1948

'Playboy' *(oben)*
Syn. 'Cheerio'
FLORIBUNDA, ROT+, ÖFTER BLÜHEND

Diese aus dem Norden Schottlands stammende Rose ist eine wahre Sonnenanbeterin; sie entwickelt sich am besten in warmen Lagen, wo die leuchtend orangegelben Blüten mit scharlachroten Schattierungen größer und farbintensiver sind als in ihrer Heimat. Die fast einfachen Blüten öffnen sich aus Büscheln spitzer Knospen und zeigen dann ihre leuchtenden Töne und hübschen, goldenen Staubgefäße. Sie halten die Farbe überraschend gut und fallen schließlich sauber ab. 'Playboy' duftet nur schwach, ist aber ansonsten mit ihrer Dauerblüte bis in den Herbst ein Vorzeigemodell und eignet sich gut für Beete, Rabatten, als Hecke und zum Schnitt. Die Sorte ist eine kräftige, buschige, reich verzweigte Rose, die kaum mittelhoch wird und dichtes, dunkel glänzendes Laub trägt. Der Originalname 'Cheerio' wurde bald durch den verkaufsfördernden Namen 'Playboy' ersetzt. ZONEN 4–9.
COCKER, GROSSBRITANNIEN, 1976
'CITY OF LEEDS' × ('CHANELLE' × 'PICCADILLY')
ROYAL NATIONAL ROSE SOCIETY TRIAL GROUND CERTIFICATE 1975, PORTLAND GOLDMEDAILLE 1989

'Playgirl' MORplag
FLORIBUNDA, REIN ROSA, ÖFTER BLÜHEND

Ralph Moore hoffte, dass 'Playboy' bei seinen Kreuzungen ihr großartiges Laub und ihre Blühfreudigkeit weitergeben würde. Mit 'Playgirl' erreichte er sein Ziel, und es fiel ihm sicherlich nicht schwer, den richtigen Namen für diese perfekte Rose zu finden. Sie besitzt einen vornehmen Rosaton, dessen intensiv leuchtende Farbe den Kontrast zu den gelben Staubgefäßen noch betont, wenn sich die Blüten schalenförmig geöffnet haben. Die reich und kontinuierlich blühende Pflanze ist auch sonst äußerst vielseitig und eignet sich für Beete, Rabatten, Kübel, als Hecke und für Ausstellungszwecke. Da die Blüten kaum duften, zieht offenbar ihre Farbe die Bienen so zahlreich an. Die kräftige, dichte, buschige Pflanze wird durchschnittlich hoch und trägt dichtes, matt glänzendes Laub. ZONEN 4–9.

MOORE, USA, 1986

'PLAYBOY' × 'ANGEL FACE'

'Pleasure' JACpif *(ganz oben)*
FLORIBUNDA, REIN ROSA, ÖFTER BLÜHEND

Sie besitzt einen sehr warmen zart lachsrosa Farbton und trägt ihre großen, schwach duftenden Blüten in ziemlich dichten Büscheln von bis zu sieben Blumen. Sie haben über 30 Petalen, die sich becherförmig öffnen und die zum Grund hin dunkler werdenden Rosatöne vorteilhaft darstellen. Voll geöffnet gleichen die Blüten mit ihren in der Mitte eingerollten und am Rand gewellten Petalen den altmodischen Rosen. Im Garten eignet sich 'Pleasure' ideal für Beete und Rabatten und bildet nach dem üppigen Hauptflor den ganzen Sommer und Herbst hindurch weitere Blüten aus. Die dichte bis mittelhohe Pflanze von rundbuschigem Wuchs trägt eine Vielzahl dunkelgrüner Blätter. ZONEN 4–9.

WARRINER, USA, 1988

('MERCI' × 'FABERGÉ') × 'INTRIGUE'

ALL-AMERICAN ROSE SELECTION 1990

'Pleine de Grâce' LENgra
(oben)

STRAUCHROSE, FILIPES-HYBRIDE, WEISS

Sie hüllt sich in große Rispen aus über 20 Einzelblüten. Die cremeweißen, einfachen Blüten verströmen ein für *Rosa filipes* typisches, intensives Aroma und bieten im Sommer für kurze Zeit eine wundervolle Blütenpracht. Wenn ausreichend Platz im Garten vorhanden ist, ist es nicht nur aufgrund ihrer „wilden", stark bewehrten Schönheit, sondern auch wegen ihres innovativen Wertes reizvoll, sie miteinzubeziehen. Sie bildet einen glänzenden Einzelstrauch und eignet sich gut für einen Naturgarten. Die buschige, breitwüchsige Rose mit gelblich grünem Laub ist von überdurchschnittlicher Größe und doppelt so breit wie hoch. Ihr französischer Name, zu Deutsch „Voll der Gnade", ist vermutlich dem katholischen Gebet Ave Maria entlehnt. ZONEN 4–9.

LENS, BELGIEN, 1983

'BALLERINA' × *ROSA FILIPES*

'Poetry in Motion' HARelan
(rechts)
TEEHYBRIDE, GELB+, ÖFTER BLÜHEND

Ihre großen Blüten mit über 30 großen Petalen öffnen sich mit hoher Mitte und wachsen meist einzeln auf langen Stielen. Sie bildet becherförmige, rundliche Blüten, deren Petalen sich langsam zurückbiegen und die ihre symmetrische Form ausgezeichnet halten. Das zarte Gelb der Knospen verblasst beim Aufblühen an den äußeren Petalen zu hellem Cremegelb, während die inneren Petalen ihren Gelbton mit goldfarbenen Aufhellungen beibehalten. Die Blüte dauert bis in den Herbst, wobei die späten Blüten besonders schön gefärbt sind. Die Rose duftet intensiv fruchtig und bildet in Beeten, Rabatten und als Hochstamm eine sehr eindrucksvolle Pflanze, deren haltbare, langstielige Blüten sich zum Schnitt eignen. Sie ist von kräftigem, buschigem, verzweigtem Wuchs mit zahlreichen großen, matten, ledrigen Blättern. **ZONEN 4–9.**

HARKNESS, GROSSBRITANNIEN, 1997
ELTERN UNBEKANNT
COURTRAI SILBERMEDAILLE 1995, BRITISH ASSOCIATION OF ROSE BREEDERS BREEDERS' CHOICE 1997, ROYAL NATIONAL ROSE SOCIETY BRITISH ROSE AWARD 1998

'Polareis'
Syn. 'Polaris'
GROSSBLUMIGE KLETTERROSE, WEISS

Diese kaum bekannte Kletterrose besitzt Büschel mit schneeweißen, gefüllten Blüten mit intensivem Duft. Das Laub der äußerst kräftigen Pflanze glänzt blassgrün. Sie trägt einen üppigen Frühlingsflor, blüht aber nicht nach. 'Polareis' hat nur wenig von ihrer Vaterpflanze, der Wildrose *Rosa foetida* 'Bicolor'. **ZONEN 5–9.**

HORVARTH, USA, 1939
(ROSA WICHURAIANA × R. SETIGERA) × R. FOETIDA 'BICOLOR'

'Polarstern' TANlarpost *(oben)*
Syn. 'Evita', 'Polar Star'
TEEHYBRIDE, WEISS, ÖFTER BLÜHEND

Die cremefarbenen Knospen auf langen, kräftigen Stielen öffnen sich zu sehr großen, hochgebauten, weißen Blüten. 'Polarstern' beherrscht das Gartenbild aufgrund ihrer auffälligen Färbung, der zahlreichen Blüten und ihres robusten, kräftigen Wuchses. Sie ist eine gute Wahl für Beete oder als Einzelgruppe, und harmoniert in gemischten Rabatten aber auch gut mit anderen Rosen. Die Blüten duften nur schwach, vertragen Regen jedoch besser als die meisten hellen Sorten und blühen ausgezeichnet nach. Das Laub der aufrechten, reich verzweigten, überdurchschnittlich hohen Pflanze ist mattdunkelgrün. **ZONEN 4–9.**

TANTAU, DEUTSCHLAND, 1982
ELTERN UNBEKANNT
ROYAL NATIONAL ROSE SOCIETY CERTIFICATE OF MERIT 1985, BRITISCHE ROSE DES JAHRES 1985

'Polka' MEItosier *(oben)*
Syn. 'Lord Byron', 'Polka 91', 'Scented Dawn', 'Twilight Glow'
GROSSBLUMIGE KLETTERROSE, ORANGE+, ÖFTER BLÜHEND

Die Art und Weise, wie sich die kurzen Petalen weit und flach öffnen und dabei in Lagen zurückbiegen, erinnert an altmodische Blüten. Die gefüllten, mittelgroßen bis großen Blüten wachsen einzeln oder in kleinen Büscheln auf steifen Trieben. Ihre kupfrig lachsfarbenen Petalen verblassen am Rand beim Öffnen zu Lachsrosa, halten ihre Farbe aber zum Petalgrund hin. Leider duftet die ansonsten so warme und freundliche Rose kaum, blüht dafür aber den ganzen Sommer und Herbst über. 'Polka' eignet sich ideal für Säulen, Mauern und Zäune, für die eine nicht ganz so hohe Kletterrose benötigt wird. Die wuchsfreudige, eher strauchige und nicht sehr ausladende Pflanze trägt dichtes, glänzendes, gesundes Laub. ZONEN 4–9.

MEILLAND, FRANKREICH, 1992
'GOLDEN SHOWERS' × 'LICHTKÖNIGIN LUCIA'

'Pompon Blanc Parfait' *(oben rechts)*
ALTE R., ALBA-ROSE, WEISS

Für Alba-Rosen ist ihr aufrechter Wuchs etwas untypisch. Die Sorte erreicht eine Höhe von etwa 1,2 m und bildet zahlreiche steife, relativ stachellose Triebe mit dichtem, glattem, matt glänzendem, hellgraugrünem Laub. Ihre prallen, in dichten Büscheln wachsenden Knospen erscheinen nur im Frühsommer, wobei die rosettenartigen, duftenden, zart lilarosa Blüten flach aufblühen. Sie trägt ihren Flor länger als die meisten anderen Alba-Rosen und eignet sich für krautige Rabatten oder ein Gebüsch. ZONEN 5–9.

VERDIER, FRANKREICH, 1876
ELTERN UNBEKANNT

'Pompon de Paris'
ALTE R., CHINAROSE, REIN ROSA/ DUNKELROSA, ETWAS NACHBLÜHEND

Die Rose trägt Büschel mit stark gefüllten, aufrechten, rosa Blüten. Im viktorianischen Zeitalter war sie eine außerordentlich beliebte Kübelrose. Diese recht zwergwüchsige Sorte soll mit der „ersten" Zwergrose 'Rouletii', die Major Roulet 1918 in der Schweiz wiederentdeckt hat, identisch sein, was aber umstritten bleibt. Der stachelige Busch ist fast immergrün. **'Climbing Pompon de Paris'** ist vermutlich der Sport einer bis etwa 1840 in Frankreich kultivierten und dann verschwundenen Zwergrose. 'Pompon de Paris' überrascht mit einer für einen Zwergrosen-Sport ungewöhnlich hohen Robustheit, denn nach einem langsamen Start erreicht sie eine für Kletterrosen überdurchschnittliche Größe. Die hellroten, in gut gefüllten Büscheln wachsenden Knospen öffnen sich zu kräftig karminroten, zart duftenden Blüten, die bei starker Sonneneinstrahlung verblassen. Sie bilden mit ihren sich Lage für Lage zurückbiegenden kleinen Petalen perfekte Rosetten. Der frühen Blüte folgen kaum noch weitere Blüten. Als Standort bietet sich eine Mauer an, wo sich die mit zahlreichen zierlichen, mittelgrünen Blättern und Blütenbüscheln bestückten Triebe ausgezeichnet befestigen lassen. ZONEN 4–9.

WAHRSCHEINLICH FRANKREICH, UM 1839
ELTERN UNBEKANNT

'Popcorn' (rechts)
ZWERGROSE, WEISS, ÖFTER BLÜHEND

Ovale Knospen öffnen sich zu rein weißen Blüten mit goldgelben Staubgefäßen und bis zu 15 Petalen. Die lockere, dekorative Form ist in voll aufgeblühtem Zustand am schönsten. Ihr Duft verbessert sich bei Wärme. Die Blüten wachsen in Büscheln an einer kräftigen, aufrechten, krankheitsfesten Pflanze mit farnartigem Laub. Sie fallen sauber ab, und es folgen sofort die nächsten Blüten. Ihr Sport 'Gourmet Popcorn' ist noch wuchsfreudiger, mit größeren Büscheln und insgesamt einer schöneren Form. **ZONEN 4–11.**

MOREY, USA, 1973

'KATHARINA ZEIMET' × 'DIAMOND JEWEL'

'Poppy Flash'
MEIlena (rechts)
Syn. 'Rusticana'
FLORIBUNDA, ORANGEROT, ÖFTER BLÜHEND

Ihre Blüten sind von leuchtendem Rot, das auf manchen Petalen durch einen goldgelben Streifen aufgehellt wird. Die Farbe vertieft sich im Laufe der Zeit von kräftigem Zinnoberrot zu blassem Scharlachrot. Mittelgroße Blüten wachsen in dichten Büscheln und verbreiten einen zarten, süßen Duft. Dem üppigen ersten Flor folgen zahlreiche weitere Nachblüten. 'Poppy Flash' ist von kräftigem, buschigem, nahezu mittelhohem Wuchs und bedeckt sich mit matt glänzenden, bronzefarbenen Blättern. **'Climbing Poppy Flash'** (MEIlenasar; Paolino, Frankreich, 1975) ist in wärmeren Gegenden beliebt, wo sie nur unter dem Synonym **'Climbing Rusticana'** vertrieben wird. Sie dient ebenso wie die Mutterpflanze dem Zweck, dem Garten einen feurigen Farbton zu verleihen. Diese mittelhohe Kletterrose zeigt einen üppigen ersten Flor mit sporadischer Nachblüte und besitzt verhältnismäßig wenig Stacheln. **ZONEN 4–9.**

MEILLAND, FRANKREICH, 1972

('DANY ROBIN' × 'FIRE KING') × ('ALAIN' × 'MUTABILIS')

GENF GOLDMEDAILLE 1970, ROYAL NATIONAL ROSE SOCIETY TRIAL GROUND CERTIFICATE 1970, ROM GOLDMEDAILLE 1972

'Porthos, Climbing'
LAPadsar *(rechts)*

KLETTERNDE FLORIBUNDA,
ORANGEROT,
ETWAS NACHBLÜHEND

Die Strauchform wurde 1971 vorgestellt, doch wann genau diese Kletterrose, die heute offenbar nur in Frankreich und Italien auf dem Markt ist, entstanden ist, weiß man nicht. Sie trägt im Sommer dicht gefüllte Büschel leuchtend roter Blüten auf kurzen, steifen Stielen mit einer nur sporadischen Nachblüte. Die gefüllten, kleinen bis mittelgroßen Blumen öffnen sich becherförmig und ziemlich flach. Sie halten lang, duften aber kaum. Die kräftige Rose ist durchschnittlich hoch und mit glänzend dunkelgrünem Laub bedeckt. Sie eignet sich am besten für Mauern, Zäune und Säulen. **ZONEN 4–9.**

LAPERRIÈRE, FRANKREICH, NACH 1971

ELTERN UNBEKANNT

'Portrait' MEYpink
(rechts)
Syn. 'Stéphanie de Monaco'

TEEHYBRIDE, ROSA+,
ÖFTER BLÜHEND

Die gefüllten Blüten dieser Teehybride zeigen beim Öffnen eine hübsche krause Mitte, deren zahlreiche Petalen ineinander verschlungen sind. Die großen, duftenden Blumen färben sich am Petalgrund rosarot und zum Rand hin harmonisch blassrosa. Mit ihren langen Stielen eignen sie sich gut zum Schnitt, bilden als Gruppe in Beeten oder Rabatten bis zum Herbst einen Blickfang. Die reich verzweigte, wohlgeformte Pflanze ist von kräftigem, aufrechtem, hohem Wuchs und besitzt glänzend dunkelgrüne Blätter. Als 'Portrait' mit einer der höchsten amerikanischen Rosenauszeichnungen, der All-American Rose Selection, prämiert wurde, ging dieser Preis erstmalig an einen Amateurzüchter. **ZONEN 4–9.**

MEYER, USA, 1971

'PINK PARFAIT' × 'PINK PEACE'

ALL-AMERICAN ROSE SELECTION 1972

'Pot o' Gold'

DICdivine *(unten)*
TEEHYBRIDE, REIN GELB,
ÖFTER BLÜHEND

'Pot o' Gold', was auf Deutsch „Kessel voller Gold" bedeutet, ist ein durchaus bezeichnender Name, um die Färbung dieser gelben Blüten mit ihrem ocker-goldfarbenen Schimmer wiederzugeben. Spitze Knospen öffnen sich zu mittelgroßen, recht flachen, becherförmigen Blüten mit 30 Petalen und schöner Form. Sie wachsen gelegentlich einzeln, häufig aber in lockeren Büscheln den ganzen Sommer und Herbst hindurch, wobei die ersten und letzten Blüten von besonders guter Qualität sind. 'Pot o' Gold' verströmt einen angenehmen Duft und eignet sich für kleine Gestecke; auch für Beete, Rabatten und als eleganter Hochstamm ist sie schön. Die dichte, kräftige, breitwüchsige Pflanze bleibt ziemlich niedrig und trägt üppiges, mittelgrünes Laub. **ZONEN 4–9.**

DICKSON, GROSSBRITANNIEN, 1980
'EUROROSE' × 'WHISKY'
ROYAL NATIONAL ROSE SOCIETY CERTIFICATE OF MERIT 1979, BRITISH ASSOCIATION OF ROSE BREEDERS, BREEDERS' SELECTION 1980

'Potter & Moore'

AUSpot *(unten links)*
STRAUCHROSE, REIN ROSA,
ÖFTER BLÜHEND

Die gefüllten Blüten von 'Potter & Moore' sind durch einen warmen Rosaton gekennzeichnet, öffnen sich becherförmig und verbreiten einen intensiven Duft. Dem ersten, sehr üppigen Flor folgen bis zum Herbst weitere Blüten. Im Garten eignet sich die Rose speziell zusammen mit Alten Rosen für Rabatten. Aufgrund der weichen Petalen kann feuchte Witterung dazu führen, dass die Blüten sich nicht richtig öffnen. Die buschige Pflanze bleibt niedriger als durchschnittliche Strauchrosen. Diese aparte Strauchrose wird gelegentlich auch als Englische Rose bezeichnet. **ZONEN 4–9.**

AUSTIN, GROSSBRITANNIEN, 1988
'WIFE OF BATH' × SÄMLING

'Poulsen's Pearl' *(oben)*
FLORIBUNDA, HELLROSA, ÖFTER BLÜHEND

Diese auffällige Rose zeigt wundervolle schalenförmige, einfache, perlmuttrosa Blüten, deren Mitte mit prächtigen rötlichen Staubgefäßen gekrönt ist. Ihr Duft ist angenehm, und sie erscheinen in lockeren Büscheln auf schlanken, kräftigen Stielen. Dem Hauptflor folgen den Sommer und Herbst über weitere Blumen. Für Gärtner mit einer Vorliebe für ungewöhnliche Rosen ist sie ein Kleinod. Die kräftige, buschige, aufrechte Pflanze wird kaum mittelhoch, ist robust, winterhart und trägt hell- bis mittelgrüne, mattglänzende Blätter. **ZONEN 4–9.**

POULSEN, DÄNEMARK, 1949

'ELSE POULSEN' × SÄMLING

'Prairie Dawn'
STRAUCHROSE, REIN ROSA, ÖFTER BLÜHEND

Aus den Versuchen der Morden Experimental Farm (einer Rosenschule in der kanadischen Provinz Manitoba), extrem frostresistente Rosen zu züchten, ging 'Prairie Dawn' hervor. Die mittelgroßen, stark gefüllten Blüten haben einen warmen, leuchtenden Rosaton. Sie blühen nach dem üppigen Sommerflor erneut am jungen Holz. Die äußerst winterharte, kräftige, aufrechte Pflanze wird recht hoch und ist mit glänzend dunkelgrünem Laub bedeckt. **ZONEN 3–9.**

MORDEN, KANADA, 1959

'PRAIRIE YOUTH' × ('ROSS RAMBLER' × ['DR. W VAN FLEET' × *ROSA PIMPINELLIFOLIA* VAR. *ALTAICA*])

'Président de Sèze' *(links)*
Syn. 'Madame Hébert'
ALTE R., GALLICA-ROSE, MAUVE

Diese schöne Gallica-Rose besitzt zweifarbige Blüten mit blass lilarosa Petalrändern und karminroter Mitte; sie färbt sich später dunkler. Die becherförmigen, gefüllten Blumen wölben sich leicht nach außen und stehen in Büscheln an einem lockeren, aufrechten, mittelhohen bis hohen Strauch. ZONEN 4–9.

HÉBERT, FRANKREICH, 1828

ELTERN UNBEKANNT

ROYAL HORTICULTURAL SOCIETY AWARD OF GARDEN MERIT 1993

'President Herbert Hoover' *(links)*
Syn. 'President Hoover'
TEEHYBRIDE, ROSA+, ÖFTER BLÜHEND

Die langen, spitzen Blüten in Orange, Rosa und Gold sind rückseits heller. Sie wachsen auf langen Stielen und verströmen einen aromatischen Duft. Ihr ledriges, grünes Laub ist spärlich, aber robust und wächst an einer äußerst kräftigen Rose, die sich gut zum Schnitt eignet. ZONEN 4–9.

CODDINGTON, USA, 1930

'SENSATION' × 'SOUVENIR DE CLAUDIUS PERNET'

GOLDMEDAILLE DER NATIONAL ROSE SOCIETY 1934, AMERICAN ROSE SOCIETY JOHN-COOK-MEDAILLE 1935

'Président Leopold Senghor' MEIluminac
(oben)
Syn. 'Président L. Senghor'
TEEHYBRIDE, DUNKELROT, ÖFTER BLÜHEND

Die dunkelroten, becherförmigen, mit 25 Petalen gefüllten Blüten dieser Teehybride mit zartem Duft öffnen sich aus konischen Knospen. Das Laub der kräftigen, buschigen Pflanze glänzt dunkelgrün.
ZONEN 4–9.

MEILLAND, FRANKREICH, 1979

([{['SCARLET KNIGHT' × 'SAMOURAI'} × {'CRIMSON WAVE' × 'IMPERATOR'}] × ['PHARAO' × 'PHARAO']) × ('PHARAO' × 'PHARAO')

'Pretty Jessica'
AUSjess *(links)*
STRAUCHROSE, DUNKELROSA, ÖFTER BLÜHEND

Diese auch als Englische Rose bezeichnete Sorte bildet mittelgroße, rosafarbene Blütenrosetten mit gut 40 Petalen. Ihr intensiver Duft gleicht dem Alter Rosen. Mit ihrem buschigen, niedrigen Wuchs eignet sie sich gut für kleine Gärten. Das mittelgrüne Laub dieser Strauchrose ist nicht allzu krankheitsfest. **ZONEN 4–9.**

AUSTIN, GROSSBRITANNIEN, 1983

'WIFE OF BATH' × SÄMLING

'Pride 'n' Joy' JACmo
(unten)
ZWERGROSE, ORANGE+,
ÖFTER BLÜHEND

Ovale Knospen öffnen sich zu leuchtenden Blüten in reinem Orange mit orangecremefarbener Rückseite, die sich später zu Lachsrosa verfärbt. Die mit 30–35 Petalen gefüllten Blüten duften fruchtig und können eine hohe, wohlgeformte Mitte haben, die sich aber für Ausstellungszwecke zu rasch öffnet. 'Pride 'n' Joy' ist von dichtem, ausladendem Wuchs, trägt dunkelgrünes, krankheitsfestes Laub und während der ganzen Saison zahlreiche Blüten. Der Kontrast der leuchtenden Blüten zum Laub macht sie zu einer wundervollen Schnittrose. 'Pride 'n' Joy' gehört zu den wenigen Zwergrosen, die von der All-American Rose Society einen Preis erhielten. **ZONEN 5–11.**

WARRINER, USA, 1991
'CHATTEM CENTENNIAL' × 'PROMINENT'
ALL-AMERICAN ROSE SELECTION 1992

'Prima Ballerina'
(ganz unten)
Syn. 'Première Ballerine', 'Primaballerina'
TEEHYBRIDE, DUNKELROSA,
ÖFTER BLÜHEND

Die leider etwas mehltauanfällige Teehybride bringt halb gefüllte, mittelgroße, rosafarbene Blüten mit einem betörenden Duft hervor. Aufgrund ihres glänzenden Laubs und kräftigen, aufrechten Wuchses eignet sich 'Prima Ballerina' für Beete. **ZONEN 4–9.**

TANTAU, DEUTSCHLAND, 1957
SÄMLING × 'GLORIA DEI'
NATIONAL ROSE SOCIETY TRIAL GROUND CERTIFICATE 1957

'Primevère' *(oben)*
Syn. 'Primrose'
ALTE R., GROSSBLUMIGE KLETTERROSE, GELB+

'Primevère' ist eine sehr wuchsfreudige, einmalblühende, kletternde bzw. kriechende Rose, die vom Wuchs her *Rosa luciae* gleicht. Ihre gefüllten, blass- bis kanariengelben Blüten wachsen in Büscheln von 4–5 Stück und duften zart. Die einer Ramblerrose ähnliche Pflanze besitzt lange Triebe und grün glänzendes Laub.
ZONEN 5–9.

BARBIER, FRANKREICH, 1920

ROSA LUCIAE × 'CONSTANCE'

'Prince Camille de Rohan' *(rechts)*
Syn. 'La Rosière, Climbing'
ALTE R., REMONTANTROSE, DUNKELROT, ETWAS NACHBLÜHEND

Die Blüten verdienen tatsächlich großes Lob; sie duften, sind dunkelrot, mit etwa 100 Petalen gefüllt, groß, geschuppt und becherförmig. Die Pflanze kann breitwüchsig sein, wird aber später aufrecht. Gelegentlich blüht sie etwas nach, doch die schwachen Stiele neigen sich oft unter dem Gewicht der Blüten. ZONEN 5–9.

VERDIER, FRANKREICH, 1861

MÖGLICHERWEISE 'GÉNÉRAL JACQUEMINOT' × 'GÉANT DES BATAILLES'

'Prince Charles' *(unten)*
ALTE R., BOURBONROSE, MAUVE

Die mittelhohe bis hohe Rose ähnelt der bekannteren 'Bourbon Queen'. Ihre Stiele sind fast stachellos und die großen Blätter des kräftigen Busches dunkelgrün. Sie trägt angenehm duftende, locker halb gefüllte Blüten in Karminrot oder leuchtendem Kirschrot. Die Petalen können auch einen Hauch Purpur sowie hervorgehobene Blattadern besitzen. ZONEN 5–9.

HARDY, FRANKREICH, 1842
ELTERN UNBEKANNT

'Prince Meillandina' MEIrutral *(oben)*
Syn. 'Prince Sunblaze', 'Red Sunblaze'
ZWERGROSE, DUNKELROT, ÖFTER BLÜHEND

Das dunkle Johannisbeerrot der Blüten kann klimabedingt auch leuchtend orangefarben sein. Sie sind mit 15–25 Petalen gefüllt, duften nicht und verleihen der Pflanze mit zahlreichen Büscheln Farbe und Ausdruckskraft. 'Prince Meillandina' ist bezüglich der Wuchs- und Blühfreudigkeit sehr zuverlässig. Sie bildet eine gute, krankheitsfeste, pflegeleichte Gartenrose.
ZONEN 5–10.

MEILLAND, FRANKREICH, 1988
'PARADOR' × 'MOGRAL'

'Princeps' *(rechts)*
**GROSSBLUMIGE KLETTERROSE,
ROT**

Die Sorte trägt im Sommer sehr große, rote Blüten mit nur schwachem Duft. Zum Beranken von Säulen oder niedrigen Zäunen eignet sich 'Princeps' gut. **ZONEN 4–9.**

CLARK, AUSTRALIEN, 1942
ELTERN UNBEKANNT

'Princess Alice'
HARtanna *(rechts)*
Syn. 'Zonta Rose', 'Brite Lites'
**FLORIBUNDA, RFIN GELB,
ÖFTER BLÜHEND**

An einem aufrechten Busch wachsen kugelförmige, mit 20–30 Petalen gefüllte, gelbe Blüten. Die mittelgroßen, schwach duftenden Blumen erscheinen von Frühling bis Herbst in großen Büscheln. Das matt glänzende mittelgrüne Laub dieser Sorte ist robust. **ZONEN 4–9.**

HARKNESS, GROSSBRITANNIEN, 1985

'JUDY GARLAND' ×
'ANNE HARKNESS'

DUBLIN GOLDMEDAILLE 1984,
ROYAL NATIONAL ROSE SOCIETY
TRIAL GROUND CERTIFICATE 1985,
COURTRAI UND TOKIO
CERTIFICATE OF MERIT 1985, PREIS
VON ORLÉANS 1987, DEN HAAG
SILBERMEDAILLE 1990

'Princess Margaret of England' MEllister, MEllisia *(oben)*
Syn. 'Princesse Margaret d'Angleterre'
TEEHYBRIDE, REIN ROSA, ÖFTER BLÜHEND

Die großen, gefüllten Blüten dieser Teehybride besitzen eine hohe Mitte und einen zarten Duft. Die phloxrosa Blumen wachsen im Frühling einzeln oder in Büscheln; im Herbst erscheinen sie einzeln und mit intensiverer Färbung. Das ledrige Laub des kräftigen, reich blühenden, aufrechten Busches ist dunkelgrün. **'Climbing Princess Margaret of England'** eignet sich für Mauern und Säulen. **ZONEN 4–9.**

MEILLAND, FRANKREICH, 1968
'QUEEN ELIZABETH' × ('GLORIA DEI' × 'MICHÈLE MEILLAND')
PORTLAND GOLDMEDAILLE 1977

'Princess Michael of Kent' HARlightly
(rechts)
FLORIBUNDA, REIN GELB,
ÖFTER BLÜHEND

Lange, spitze Knospen wachsen einzeln oder in Büscheln und öffnen sich zu kugelförmigen, stark gefüllten, gelben, duftenden Blüten. Sie sind mit knapp 40 Petalen gefüllt und erscheinen von Frühling bis Herbst auf langen Stielen. Der dichte Busch trägt gesunde, glänzend grüne Blätter und sollte als Gruppe oder in großen Rabatten verwendet werden. **ZONEN 4–9.**

HARKNESS, GROSSBRITANNIEN, 1981

'MANX QUEEN' × 'ALEXANDER'

ROYAL NATIONAL ROSE SOCIETY CERTIFICATE OF MERIT 1979, BELFAST CERTIFICATE OF MERIT 1981, ORLÉANS PREIS 1983

'Princesse Adélaïde' *(rechts)*
ALTE R., MOOSROSE, HELLROSA

Die Rose ist von mittlerem Wuchs mit dunkelgrünem, häufig geflecktem Laub. Ihre großen, gefüllten, zart rosafarbenen Blüten sind ebenfalls häufig gefleckt, aber kaum bemoost und duften angenehm. 'Princesse Adélaïde' ähnelt Gallica-Rosen, zu denen sie gelegentlich gezählt wird. **ZONEN 4–9.**

LAFFAY, FRANKREICH, 1845

ELTERN UNBEKANNT

'Princesse de Monaco' MEImagarmic *(links)*

Syn. 'Grace Kelly', 'Preference', 'Princesse Grace', 'Princess of Monaco', 'Princesse Grace de Monaco'

TEEHYBRIDE, WEISS, ÖFTER BLÜHEND

Die großen, hochgebauten Blüten besitzen weiße Petalen mit rosafarbenen Rändern. Sie erscheinen den Sommer und Herbst über kontinuierlich, duften intensiv und sind mit 35 Petalen gefüllt. Mit ihrem dunkel glänzenden Laub und dem aufrechten Wuchs eignet sie sich als Gartenrose. **ZONEN 4–9.**

MEILLAND, FRANKREICH, 1982
'AMBASSADOR' × 'GLORIA DEI'

'Princesse de Nassau' *(links)*

Syn. 'Autumnalis'

ALTE R., NOISETTEROSE, HELLGELB

Diese Rose ist besser unter dem Namen 'Autumnalis' bekannt und eine Form der mit 'Blush Noisette' verwandten *R. moschata* × *R. damascena*, also eine Noisetterose. Graham Thomas hält sie für identisch mit Laffays 'Princesse de Nassau'. Die mittelwüchsige Ramblerrose trägt Büschel kleiner, cremegelber, gefüllter Blüten mit einem angenehmen Moschusduft. Sie hat kaum Stacheln, und die Triebe wachsen zickzackartig. Ihre Blüten erscheinen erst spät, blühen aber für eine Weile. Die Pflanze ist leicht frostempfindlich. **ZONEN 7–9.**

LAFFAY, FRANKREICH, 1835
ELTERN UNBEKANNT

'Princesse de Sagan' *(oben)*
ALTE R., CHINAROSE, DUNKELROT, ETWAS NACHBLÜHEND

Die einfache Chinarose trägt gefüllte, dunkel kirschrot-kastanienbraune Blüten, die etwas becherförmig sind und gelegentlich zusätzliche Petalen ausbilden. Sie wachsen einzeln auf langen, kräftigen Stielen am Ende relativ dünner Zweige. **ZONEN 7–9.**

DUBREUIL, FRANKREICH, 1887

ELTERN UNBEKANNT

'Princesse Louise'
ALTE R., SEMPERVIRENS-HYBRIDE, WEISS

Aus *Rosa sempervirens*, einer wilden Ramblerrose aus Südeuropa und Nordafrika, gingen einige Hybriden wie beispielsweise 'Adélaïde d'Orleans' und 'Félicité-Perpétue' hervor, beides kräftige, einmalblühende Ramblerrosen mit kleinen, gefüllten, weißen Blüten. Diese Rose wird als Zwischenform der beiden betrachtet. Ihre cremeweißen Blüten sind rückseits rosafarben. **ZONEN 5–9.**

JACQUES, FRANKREICH, 1829

HYBRIDE VON *ROSA SEMPERVIRENS*

'Prins Claus' RUprins
Syn. 'Rosalynn Carter', 'Prince Klaus'
TEEHYBRIDE/GRANDIFLORA, ORANGEROT, ÖFTER BLÜHEND

Die Blüten aus Korallenrot und Orange sind gefüllt, haben eine hohe Mitte wie eine Teehybride und einen würzigen Duft. Die Blüten mit 28–32 Blütenblättern erscheinen einzeln an langen Trieben. Die geraden Stacheln erscheinen leicht gekurvt rund um ausgereifte Triebe. Dunkles, glänzend grünes Laub bedeckt die buschige, aufrechte, hohe, sehr starkwüchsige Pflanze.
ZONEN 4–9.

DE RUITER, NIEDERLANDE, 1978
SÄMLING × 'SCANIA'

'Priscilla Burton'
MACrat *(oben)*
FLORIBUNDA, ROT+, ÖFTER BLÜHEND

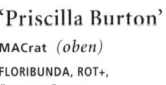

Die reichlich blühende, duftende Rose trägt von Frühling bis Herbst becherförmige, halb gefüllte, zweifarbige Blüten in Blass- bis Dunkelrosa, Purpur- und Kirschrot. Sie wachsen in Büscheln, besitzen 10 Petalen. Das Laub des kräftigen, aufrechten Busches glänzt dunkelgrün.
ZONEN 4–9.

MCGREDY, NEUSEELAND, 1978
'OLD MASTER' × SÄMLING
ROYAL NATIONAL ROSE SOCIETY PRESIDENT'S INTERNATIONAL TROPHY 1976

'Pristine' JACpico
(unten links)
TEEHYBRIDE, WEISS, ÖFTER BLÜHEND

Ihre langen Knospen öffnen sich zu riesigen, hochgebauten, fast weißen Blüten mit einem Hauch Hellrosa und einem zarten Duft. Ihre 25–30 Petalen überlappen sich und halten ihre Farbe unter allen Witterungsbedingungen. Dunkelgrünes, ledriges Laub an aufrechten, kräftigen Stielen ziert diese robuste Beet- und Ausstellungsrose. **ZONEN 4–9.**

WARRINER, USA, 1978
'WHITE MASTERPIECE' × 'FIRST PRIZE'
PORTLAND GOLDMEDAILLE 1979, ROYAL NATIONAL ROSE SOCIETY EDLAND-DUFTMEDAILLE 1979

'Prolifera de Redouté'
ALTE R. ZENTIFOLIE, REIN ROSA

Diese mittelgroße bis große, weichtriebige, knapp 2 m hohe Pflanze bildet sehr dunkelgrüne, stachelige Triebe mit rauem, dunkelgrünem Laub. Zu Beginn gleichen die stark gefüllten, intensiv duftenden, dunkelrosa Blüten einer typischen Zentifolie, öffnen sich dann aber flach. 'Prolifera de Redouté' wäre eine äußerst gute Rose, wenn sie nicht so oft „durchwachsen" würde – darunter versteht man das Austreiben einer zweiten Knospe durch die Blütenmitte. **ZONEN 4–10.**

FRANKREICH, VOR 1824
ELTERN UNBEKANNT

'Prominent' KORp *(oben)*
Syn. 'Korp'
TEEHYBRIDE, ORANGEROT, ÖFTER BLÜHEND

Die großen, spitzen Knospen dieser Teehybride öffnen sich zu leuchtend orangeroten Blüten mit knapp 35 Petalen. Die gelegentlich als Grandiflora klassifizierten, mittelgroßen Blüten sind nahezu perfekt geformt und duften zart. An der reich blühenden, aufrechten Pflanze wächst mattgrünes Laub. **ZONEN 4–9.**

KORDES, DEUTSCHLAND, 1971
'KÖNIGIN DER ROSEN' × 'ZORINA'
ROYAL NATIONAL ROSE SOCIETY CERTIFICATE OF MERIT 1970, PORTLAND GOLDMEDAILLE 1977, ALL-AMERICAN ROSE SELECTION 1977, ADR-ROSE 1971

'Prosperity' *(links)*
STRAUCHROSE, MOSCHATA-HYBRIDE, WEISS, ÖFTER BLÜHEND

Große Rispen cremeweißer, duftender Blüten öffnen sich aus blassrosa Knospen. Sie blühen ab Frühsommer äußerst zahlreich an einer mittelwüchsigen, etwas weichtriebigen Pflanze mit glänzend grünem Laub. Sie eignet sich für Rabatten oder Säulen, muss aber zur Bildung der Herbstblüte vor Ende Juni gedüngt werden. **ZONEN 4–9.**

PEMBERTON, GROSSBRITANNIEN, 1919
'MARIE-JEANNE' × 'PERLE DES JARDINS'
ROYAL HORTICULTURAL SOCIETY AWARD OF GARDEN MERIT 1994

'Prospero' AUSpero *(unten)*
STRAUCHROSE, DUNKELROT, ÖFTER BLÜHEND

Sie ist eher ein Busch als ein Strauch und trägt große, duftende Blüten mit 40 kleinen, dunkel karminroten Petalen, die sich dunkel purpurrot färben. Um eine bestmögliche Nachblüte zu erzielen, muss die nicht sehr robuste Pflanze gedüngt und gespritzt werden. **ZONEN 4–9.**

AUSTIN, GROSSBRITANNIEN, 1982
'THE KNIGHT' × SÄMLING

'Proud Land'
(rechts)
TEEHYBRIDE, DUNKELROT.
ÖFTER BLÜHEND

Ihre dunkelroten Blüten sind mit 60 Petalen gefüllt. Sie duften recht intensiv und erscheinen den Sommer und Herbst über sehr kontinuierlich. Die Pflanze ist von aufrechtem Wuchs mit ledrigem, dunkelgrünem, relativ gesundem Laub.
ZONEN 4–9.

MOREY, USA, 1969
'CHRYSLER IMPERIAL' × SÄMLING

'Proud Titania'
AUStania *(oben)*
STRAUCHROSE, WEISS

Die auch als Englische Rose bezeichnete Sorte zählt zu den ersten Züchtungen von David Austin, und ihre Ahnentafel weist Alte und Moderne Gartenrosen auf. Sie wird zwar noch in verschiedenen Gärtnereien kultiviert, von Züchtern aber nicht mehr verwendet, was an ihrer Krankheitsanfälligkeit liegen könnte. Die großen, mit 35 Petalen gefüllten Blüten sind flach, cremeweiß und duften intensiv; ihre angebliche Fähigkeit, wiederholt Blüten anzusetzen, ist zweifelhaft. Kleines, matt glänzendes Laub. **ZONEN 4–9.**

AUSTIN, GROSSBRITANNIEN, 1982
SÄMLING × SÄMLING

'Puppy Love'
SAVapop *(rechts)*
ZWERGROSE, ORANGE+,
ÖFTER BLÜHEND

Ihre elegant spitzen Knospen öffnen sich zu kleinen Blüten mit einer exzellenten Kombination aus Rosa, Korallrot und Orange. Die gefüllten Blüten besitzen einen zarten Duft und eine für Ausstellungszwecke geeignete hohe Mitte. Sie gehört zu den ersten im Frühling blühenden Rosen. Mit nur knapp 25 Petalen altern die Blüten sehr langsam. Aufgrund der reizenden Knospenform und auffälligen Farbe, die einen guten Kontrast zum dunkelgrünen Laub bildet, ist sie bei Floristen sehr beliebt. Die aufrechte, dichte, Pflanze reinigt sich selbst und ist pflegeleicht; 'Puppy Love' ist eine gute Wahl für Rabatten oder Kübel.
ZONEN 5–11.

SCHWARTZ, USA, 1978
'ZORINA' × SÄMLING

'Pure Bliss' DICtator
(oben)
TEEHYBRIDE, ROSA+,
ÖFTER BLÜHEND

'Pure Bliss' besitzt große Blüten in einem äußerst hübschen, zarten Rosaton. Die wohlgeformten, schwach duftenden Blumen erscheinen den ganzen Sommer und Herbst über. Die Pflanze ist von mäßigem, aber sehr buschigem, gesundem Wuchs und eignet sich gut für Beete oder auch als Hochstamm.
ZONEN 4–9.

DICKSON, GROSSBRITANNIEN, 1995
'ELINA' × ('SILVER JUBILEE' × ['TAIFUN' × 'MAXI'])
BELFAST GOLDMEDAILLE 1997,
GENUA SILBERMEDAILLE 1994

'Purple Splendour' *(rechts)*
FLORIBUNDA, MAUVE, ÖFTER BLÜHEND

Kleine Büschel leuchtend purpurfarbener, großer Blüten mit gut 25 Petalen erscheinen den ganzen Sommer und Herbst über. Sie duften zart. 'Purple Splendour' eignet sich gut für Beete. **ZONEN 4–9.**

LEGRICE, GROSSBRITANNIEN, 1976

'NEWS' × 'OVERTURE'

'Purple Tiger'
JACpurr *(oben)*
Syn. 'Impressionist'
FLORIBUNDA, MAUVE, ÖFTER BLÜHEND

Diese neue Sorte trägt Blüten von bemerkenswerter Farbe; die sehr dunkel purpurroten Petalen erhalten später weiße und mauve-rosa Streifen und Tupfen. Ihre offenen, duftenden, mit 25–40 Petalen gefüllten Blüten wachsen von Sommer bis Herbst in kleinen Büscheln. Das Laub des niedrig bleibenden, fast stachellosen Busches glänzt grün. Die Rose eignet sich gut für Beete, ist aber leider stark anfällig für Sternrußtau. **ZONEN 4–9.**

CHRISTENSEN, USA, 1991

'LAVAGLUT' × 'PINSTRIPE'

'Quaker Star'
DICperhaps *(ganz unten)*
TEEHYBRIDE, ORANGEROSA,
ÖFTER BLÜHEND

Ihre stark gefüllten Blüten besitzen 40 Petalen in Orange mit silbriger Rückseite; später ändern sie sich zu Lachsrosa mit orangefarbenen Rändern. Sie erscheinen den Sommer und Herbst über meist einzeln, duften aber leider kaum. Das glänzend mittelgrüne Laub der buschigen, niedrigen Rose ist gesund. Sie wird gelegentlich als Grandiflorarose klassifiziert.
ZONEN 4–9.

DICKSON, GROSSBRITANNIEN, 1991
'MÜNCHNER KINDL' × SÄMLING
ROYAL NATIONAL ROSE SOCIETY
CERTIFICATE OF MERIT 1989

'Quatre Saisons Blanc Mousseux'
(links)
Syn. 'Perpetual White Moss', 'Rosier de Thionville'
ALTE R., MOOSROSE, WEISS,
ETWAS NACHBLÜHEND

Diese unverwechselbare Moosrose bildet einen hübschen, aufrechten und doch buschigen Strauch von etwa 1,5 m Höhe; ihre Stiele sind kräftig und dunkel purpurgrün bemoost, auch ihr mittelgrünes Laub ist leicht bemoost. Die ebenfalls gut bemoosten Knospen stehen in kleinen, kurzstieligen Büscheln und öffnen sich zu weißen, recht gefüllten, mittelgroßen Blüten. Sie verlieren im Lauf der Zeit etwas an Schönheit, was jedoch durch ihre große Zahl, ihren Duft und das konstante Nachblühen bis in den Herbst kompensiert wird.
ZONEN 5–9.

LAFFAY, FRANKREICH, VOR 1837
SPORT VON 'QUATRE SAISONS'

'Queen Elizabeth' *(unten)*
Syn. 'The Queen Elizabeth Rose',
'Queen of England'
FLORIBUNDA, REIN ROSA, ÖFTER BLÜHEND

Diese mitunter als Grandiflorarose bezeichnete Sorte ist der Traum eines jeden Rosengärtners, da sie einen großen Anteil verkaufsfähiger Pflanzen hervorbringt. Ihre großen, gefüllten, rein rosafarbenen Blüten besitzen eine hohe Mitte, knapp 40 Petalen, deren unterste sich spitz einrollen, und blühen bis in den Herbst. Die kräftige Pflanze entwickelt sich zu einem eindrucksvollen Strauch und kann im Abstand von etwa sechs Jahren durch einen starken Rückschnitt im März verjüngt werden. Ihr großes, glänzend dunkelgrünes, ledriges Laub ist relativ gesund. Sie eignet sich gut für große Rabatten, als Einzelpflanze oder Hecke. Die Mutter der derzeitigen Königin von England, Witwe von Georg V., gab ihre Erlaubnis, ihren Namen für diese Sorte verwenden zu dürfen. Allerdings machte sie zur Bedingung, dass die Rose den vollständigen Namen 'The Queen Elizabeth Rose' erhält. Die kletternde Sorte **'Climbing Queen Elizabeth'** (Syn. 'Climbing The Queen Elizabeth Rose', 'Grimpant Queen Elizabeth', Whisler, USA, 1957) blüht während des Sommers und gleicht bis auf die geringere Blütenbildung ihrer Elternpflanze. **ZONEN 4–9.**

LAMMERTS, USA, 1954

'CHARLOTTE ARMSTRONG' × 'FLORADORA'

PORTLAND GOLDMEDAILLE 1954, NATIONAL ROSE SOCIETY PRESIDENT'S INTERNATIONAL TROPHY 1955, ALL-AMERICAN ROSE SELECTION 1955, AMERICAN ROSE SOCIETY GOLDMEDAILLE 1957, GOLDENE ROSE VON DEN HAAG 1968, WELTROSE 1979

'Queen Margrethe' POUlskov, POUskul *(ganz unten)*
Syn. 'Königin Margarethe', 'Dronning Margrethé', 'Enchantment', 'Queen Margarethe'
STRAUCHROSE, HELLROSA, ÖFTER BLÜHEND

'Queen Margrethe' ist eine relativ neue Strauchrose, deren mittelgroße, zart duftende Blüten knapp 25 hellrosa Petalen und eine altmodisch geviertelte Form besitzen. Sie stehen in kleinen Büscheln und ähneln David Austins Englischen Rosen. Die niedrige, buschige, dichte Rose ist in zierliches, glänzend mittelgrünes Laub gehüllt. 'Queen Margrethe' bildet einen ordentlichen, kugelförmigen Strauch, der die ganze Saison über wiederholt blüht. **ZONEN 5–10.**

POULSEN, DÄNEMARK, 1991

SÄMLING × 'EGESKOV'

NEUSEELAND GOLDMEDAILLE 1993

'Queen Mother'
KORquemu *(oben)*
Syn. 'Queen Mum'

ZWERGROSE,
HELLROSA,
ÖFTER BLÜHEND

Diese äußerst üppig blühende Zwergrose trägt den Sommer und Herbst über kleine Büschel lockerer, zartrosa Blüten mit schwachem Duft. 'Queen Mother' ist eine gesunde Pflanze von etwas weichtriebigem, zugleich strauchigem Wuchs. Das Laub ist von einer glänzend dunkelgrünen Farbe. **ZONEN 4–9.**

KORDES, DEUTSCHLAND, 1991
ELTERN UNBEKANNT
ROYAL HORTICULTURAL SOCIETY AWARD OF GARDEN MERIT 1994, ADR-ROSE 1996

'Queen of Bedders'
(rechts)

ALTE R., BOURBONROSE, DUNKELROSA, ETWAS NACHBLÜHEND

Bis in den Herbst bilden sich zahlreiche duftende Blüten in kräftigem Karminrot. 'Queen of Bedders' eignet sich gut für den vorderen Bereich von Rabatten. Um eine schöne Rabattenrose zu erhalten, sollten die kräftigeren Triebe zurückgeschnitten werden. **ZONEN 5–9.**

STANDISH & NOBEL, GROSSBRITANNIEN, 1871
SÄMLING VON 'SIR JOSEPH PAXTON'

'Queen of Bourbons' *(rechts)*

Syn. 'Bourbon Queen', 'Reine des Iles Bourbon', 'Souvenir de la Princesse de Lamballe'

ALTE R., BOURBONROSE, ROSA+, ETWAS NACHBLÜHEND

Diese sehr bekannte und beliebte Alte Rose wird noch häufig gepflanzt. Ihre rosaroten, halb gefüllten, lockeren, becherförmigen Blüten duften angenehm, blühen aber nur wenig nach. Obwohl die Pflanze hoch werden kann, sollte sie zu einem buschigen Strauch zurückgeschnitten werden. 'Queen of Bourbons' ist sehr kräftig und anspruchslos, trägt dichtes Laub und eignet sich gut für ländliche Gärten. **ZONEN 5–9.**

MAUGET, FRANKREICH, 1834

ELTERN UNBEKANNT

'Queen of Hearts'
(rechts)

GROSSBLUMIGE KLETTERROSE, REIN ROSA, ÖFTER BLÜHEND

Kugelförmige Knospen öffnen sich bei diesem kräftigen Climber zu dunkelrosa, gefüllten, duftenden Blüten. Das dunkle Laub sieht sehr schön an dieser wuchsfreudigen Kletterrose aus, die sich gut zum Beranken von Mauern anbietet. **ZONEN 4–9.**

CLARK, AUSTRALIEN, 1920

'GUSTAVE GRÜNERWALD' × 'ROSY MORN'

'Queen of the Musks'

STRAUCHROSE, ROSA+, ÖFTER BLÜHEND

Die offenen Blüten in kräftigem Rosa und Weiß blühen den Sommer und Herbst über sehr regelmäßig und duften äußerst intensiv. 'Queen of the Musks' ist kaum bekannt. Sie trägt dunkles, efeugrünes Laub und eignet sich für Rabatten und als Einzelpflanze. **ZONEN 4–9.**

PAUL, GROSSBRITANNIEN, 1913

ELTERN UNBEKANNT

'Radiance' *(links)*
Syn. 'Pink Radiance'
TEEHYBRIDE, HELLROSA, ÖFTER BLÜHEND

'Radiance' trägt große, rundliche, becherförmige Blüten in Rosa mit hellerer Rückseite. Sie besitzen knapp 25 Petalen und einen recht ausgeprägten Damaszenerrosenduft. Die kräftige Rose mit ihrem großen, ledrigen, sehr robusten Laub eignet sich für Beete. 1926 stellte Griffing in Florida die kletternde Form 'Climbing Radiance' vor.
ZONEN 4–9.

COOK, USA, 1908
'ENCHANTER' × 'CARDINAL'

'Radio Times' AUSsal
(links)
STRAUCHROSE, REIN ROSA, ÖFTER BLÜHEND

Die auch als Englische Rose bezeichnete Sorte gehört zu David Austins besten Neueinführungen. Sie erhielt ihren Namen anlässlich des 70-jährigen Jubiläums der britischen Zeitschrift *Radio Times*. In den wärmeren Monaten trägt 'Radio Times' wiederholt zartrosa, stark duftende, gefüllte Blüten. Ihre zahlreichen Petalen bilden eine vornehme Rosette, wobei sich die äußeren Blütenblätter später zurückbiegen.
ZONEN 5–10.

AUSTIN, GROSSBRITANNIEN, 1994
ELTERN UNBEKANNT

'Radox Bouquet'

HARmusky *(rechts)*
Syn. 'Rosika'
FLORIBUNDA, REIN ROSA, ÖFTER BLÜHEND

Die intensiv duftenden, zartrosa Blüten stehen in kleinen Büscheln von 2–3 Stück. Sie sind mittelgroß, becherförmig und besitzen 30 Petalen. Die aufrechte Pflanze trägt große, glänzend mittelgrüne Blätter sowie große, dunkle Stacheln. Sie blüht wiederholt und eignet sich gut für Beete und als Gruppe in Rabatten.
ZONEN 4–9.

HARKNESS, GROSSBRITANNIEN, 1981

('ALEC'S RED' × 'PICCADILLY') × ('SOUTHAMPTON' × ['CLÄRE GRAMMERSTORF' × 'FRÜHLINGSMORGEN'])

GENF COUPE DE PARFUM 1980, BELFAST DUFTPREIS 1983, BELFAST CERTIFICATE OF MERIT 1983, COURTRAI CERTIFICATE OF MERIT 1983

'Radway Sunrise'

(rechts)
Syn. 'Morning Colors'
STRAUCHROSE, ORANGE+, ÖFTER BLÜHEND

Die Sorte erzielte in britischen Wettbewerben sehr gute Noten für Duft und Gesamteindruck und war einer der ersten erfolgreichen Versuche, die Farbgene von 'Maskerade' an eine Strauchrose weiterzuvererben. Ihre in großen Dolden stehenden Blüten sind zu Beginn gelb mit kirschrosaroten Petalrändern; später färben sie sich kräftig kirschrot. Sieben recht große Petalen öffnen sich becherförmig, zeigen rötlich goldfarbene Staubgefäße und verbreiten einen schwachen Duft. Im Garten bildet die robuste Pflanze, die bis in den Herbst blüht, eine farbenprächtige Bereicherung für Sträucherrabatten. Die kräftige, reich verzweigte, buschige Strauchrose wird sehr hoch und trägt dunkelgrüne, ledrige Blätter. Sie wurde nach der englischen Ortschaft Radway Green benannt, jenem Ort, an dem sie gezogen wurde.
ZONEN 4–9.

WATERHOUSE NURSERY LTD., GROSSBRITANNIEN, 1962

'MASKERADE' × SÄMLING

ROYAL NATIONAL ROSE SOCIETY TRIAL GROUND CERTIFICATE 1962

'Rainbow's End'
SAValife *(rechts)*
ZWERGROSE, GELB+, ÖFTER BLÜHEND

Diese Rose gehört zu den schönsten Zwergrosen, die je gezüchtet wurden. Ihre kräftig gelben Blüten mit roten Rändern färben sich später vollständig rot, wobei die auffällige Mischung aus Gelb und Rot bewundernde Blicke auf sich zieht. Die mit 35 Petalen gefüllten Blüten duften nicht. Sie erscheinen die ganze Saison über an einem aufrechten, dichten Busch mit zierlichem, glänzend dunkelgrünem Laub. Aufgrund des dichten, kugelförmigen Wuchses eignet sich die Rose gut für Kübel. 'Rainbow's End' zählt zu den beliebtesten Zwergrosen. Vor kurzem wurde eine kletternde Version vorgestellt.
ZONEN 4–11.

SAVILLE, USA, 1984

'GOLDEN MEILLANDINA' × 'WATERCOLOR'

AMERICAN ROSE SOCIETY AWARD OF EXCELLENCE 1986

'Ralph's Creeper'
MORpapplay *(oben)*
Syn. 'Creepy', 'Glowing Carpet', 'Highveld Sun'
BODENDECKERROSE, ROT+, ÖFTER BLÜHEND

Diese öfter blühende Bodendeckerrose lässt sich im Garten sehr vielseitig einsetzen. Ihre dunkel orangeroten Blüten haben ein leuchtend gelbes Auge und eine kräftig gelbe und weiße Rückseite, die sich später rosarot färbt. Die lockeren, mittelgroßen, mit 15 Petalen halb gefüllten Blüten stehen in Büscheln von 10–15 Stück. Pluspunkte sind ihr zarter Apfelblütenduft und das zierliche, gesunde, matt dunkelgrüne Laub. Im Herbst erscheinen kleine, kugelförmige, rote Hagebutten. Die breitwüchsige Rose eignet sich für Hochbeete, Balkonkästen, Kübel und Ampeln.
ZONEN 4–9.

MOORE, USA, 1987

'PAPOOSE' × 'PLAYBOY'

'Rambling Rector'
(rechts)
RAMBLERROSE, WEISS

Ihre Herkunft ist zwar unbekannt, aber sie ist vermutlich sehr alt und stammt wohl aus einem Pfarrgarten (*rector* = „Pfarrer"). Die weißen, halb gefüllten Blüten in großen Büscheln duften sehr intensiv. 'Rambling Rector' eignet sich für große Gärten, wo sich die nur einmal, aber sehr üppig blühende, starkwüchsige Pflanze an Bäumen emporranken kann. **ZONEN 5–9.**

VOR 1912

MÖGLICHERWEISE *ROSA MULTIFLORA* × *R. MOSCHATA*

ROYAL HORTICULTURAL SOCIETY AWARD OF GARDEN MERIT 1993

'Ramona' *(oben)*
Syn. 'Red Cherokee'
STRAUCHROSE, ROT, ETWAS NACHBLÜHEND

Diese wuchsfreudige, buschige, etwas weichtriebige Rose mit glänzendem Laub bildet Anfang Juni und gelegentlich nochmals im Herbst große, einfache, duftende, karminrote Blüten mit 5 Petalen aus. **ZONEN 4–9.**

DIETRICH & TURNER, USA, 1913

SPORT VON *ROSA* × *ANEMONOIDES*

'Raubritter' *(links)*
STRAUCHROSE, HELLROSA

'Raubritter' trägt Büschel gefüllter, kugelförmiger, hellrosa Blüten und ledriges, faltiges Laub. Sie wird gelegentlich als Kletterrose bis 2,5 m Höhe angeboten, aber häufiger als breitwüchsiger oder bodendeckender Strauch kultiviert. Ihre Sommerblüte ist bemerkenswert, ebenso ihre Frosthärte; allerdings ist sie etwas mehltauanfällig.
ZONEN 4–9.
KORDES, DEUTSCHLAND, 1936
'DAISY HILL' × 'SOLARIUM'

'Ray of Sunshine'
COCclare *(links)*
STRAUCHROSA, REIN GELB, ÖFTER BLÜHEND

Spitze Knospen öffnen sich zu zierlichen Blüten mit 15 Petalen in leuchtendem, reinem Gelb, das nicht verblasst. Die becherförmigen, duftenden Blüten stehen in kleinen Büscheln von 3–9 Stück an einer eher niedrigen, buschigen Pflanze mit zierlichem, glänzendem, dunkelgrünem Laub.
ZONEN 4–9.
COCKER, GROSSBRITANNIEN, 1988
'FRIESIA' × ('CLÄRE GRAMMERSTORF' × 'FRÜHLINGSMORGEN')

'Raymond Chenault' *(rechts)*
STRAUCHROSE, ROT, ÖFTER BLÜHEND

Die großen, leuchtend roten, halb gefüllten Blüten mit gut 15 Petalen duften zart und erscheinen wiederholt in Büscheln. Die wuchsfreudige, etwas weichtriebige Pflanze trägt dunkel glänzendes, gesundes Laub. 'Raymond Chenault' eignet sich gut für Säulen, Pergolen oder auch als großer Strauch.
ZONEN 4–9.

KORDES, DEUTSCHLAND, 1960

ROSA KORDESII × 'MONTEZUMA'

NATIONAL ROSE SOCIETY TRIAL GROUND CERTIFICATE 1961

'Red Ace' AmRUda *(rechts)*
Syn. 'Amanda'
ZWERGROSE, DUNKELROT, ÖFTER BLÜHEND

Ihre hübschen, dunklen, samtig karminroten Blüten stehen in großen Büscheln auf kräftigen, gesunden, geraden Stielen. Am schönsten sehen sie in voll aufgeblühtem Zustand aus, wenn sie ihre leuchtend goldgelben Staubgefäße zeigen. Der aufrechte, dichte Busch ist winterhart und relativ gesund. Seine wunderschönen Blütenrispen erhalten bei den Ausstellungen der britischen Royal National Rose Society ständig Preise.
ZONEN 4–10.

DE RUITER, NIEDERLANDE, 1982

'SCARLETTA' × SÄMLING

'Red Bells' POUlred
(rechts)
ZWERGROSE/BODENDECKER, ROT

Diese kräftige, breitwüchsige Bodendeckerrose blüht leider nur im Juni/Juli. Ihre zierlichen, gefüllten, roten Blüten besitzen 35 Petalen, einen zarten Duft und stehen in großen Büscheln. Das kleine, mittelgrüne, matt glänzende Laub ist besonders krankheitsfest. **ZONEN 4–9.**

POULSEN, DÄNEMARK, 1983
'MINI-POUL' × 'TEMPLE BELLS'

'Red Blanket'
INTercel, INTercell
(ganz oben)
STRAUCHROSE, DUNKELROSA, ÖFTER BLÜHEND

'Red Blanket' ist eine sehr buschige Bodendeckerrose mit kleinen, halb gefüllten, matt dunkelrosa Blüten. Sie duften zart und blühen bis in den Herbst in kleinen Büscheln. Die wuchsfreudige Pflanze trägt zierliche, dunkelgrün glänzende Blätter sowie zahlreiche mittelgroße Stacheln. Die Sorte wird bis zu 1,2 m hoch. **ZONEN 4–9.**

ILSINK, NIEDERLANDE, 1979
'YESTERDAY' × SÄMLING
ROYAL HORTICULTURAL SOCIETY AWARD OF GARDEN MERIT 1993

'Red Cascade' MOORcap
KLETTERNDE ZWERGROSE, DUNKELROT, ÖFTER BLÜHEND

Spitze Knospen öffnen sich bei dieser Zwergrose zu kräftig dunkelroten, becherförmigen, duftenden Blüten mit etwa 40 Petalen. Die mit kleinem, ledrigem Laub besetzte Pflanze ist von niederliegendem oder hängendem Wuchs und eignet sich daher als Bodendecker, für Hängeampeln oder Mauern. Sie wird leicht von Mehltau befallen, wenn man sie nicht ausreichend pflegt. Beliebt als Gartensorte. **ZONEN 5–11.**

MOORE, USA, 1976

(ROSA WICHURAIANA × 'FLORADORA') × 'MAGIC DRAGON'

AMERICAN ROSE SOCIETY AWARD OF EXCELLENCE 1976

'Red Cross' MEIsoyris
(oben)
TEEHYBRIDE, ROT, ÖFTER BLÜHEND

Gefüllte Blüten mit vielen hübsch gewellten, leuchtend samtroten Petalen öffnen sich aus langen, spitzen Knospen. Sie erscheinen rasch nacheinander in großer Zahl, eignen sich gut zum Schnitt und duften leicht. Das üppige, dunkelgrüne Laub ist gesund. Der Verkaufserlös dieser Rose kommt dem Roten Kreuz (engl. Red Cross) zugute. **ZONEN 5–9.**

MEILLAND, FRANKREICH, 1998

ELTERN UNBEKANNT

'Red Devil' DICam
(unten)
Syn. 'Coeur d'Amour'
TEEHYBRIDE, ROT, ÖFTER BLÜHEND

'Red Devil' wurde als diejenige große Edelrose mit der perfektesten Form beschrieben, die je auf Ausstellungen zu sehen war. Ihre leuchtend scharlach-karminroten Blüten mit hellerer Rückseite besitzen gut 70 Petalen und eine hohe Mitte; sie duften angenehm und blühen mehrmals. Die wuchsfreudige Pflanze trägt glänzend dunkelgrünes Laub und ist eine spektakuläre Beetrose, auch wenn sie v.a. für Ausstellungszwecke kultiviert wird. **ZONEN 4–9.**

DICKSON, GROSSBRITANNIEN, 1970

'SILVER LINING' × 'PRIMABALLERINA'

ROYAL NATIONAL ROSE SOCIETY CERTIFICATE OF MERIT 1965, JAPAN GOLDMEDAILLE 1967, BELFAST GOLDMEDAILLE 1969, PORTLAND GOLDMEDAILLE 1970

'Red Favorite' TANschweigru
(unten rechts)
Syn. 'Schweizer Gruß', 'Holländerin', 'Red Favourite', 'Salut à la Suisse'
FLORIBUNDA, ROT, ÖFTER BLÜHEND

'Red Favorite' besitzt halb gefüllte, mittelgroße Blüten mit knapp 15 Petalen und einem zarten Duft. Die samtig leuchtenden, ochsenblutroten Blüten erscheinen unermüdlich in mittelgroßen Bücheln. Kräftig, mittelhoch mit ledrigem, glänzend dunkelgrünem Laub. Geeignet für Beete und als Hochstamm. **ZONEN 4–9.**

TANTAU, DEUTSCHLAND, 1954

'KARL WEINHAUSEN' × 'CINNABAR'

ADR-ROSE 1950, NATIONAL ROSE SOCIETY CERTIFICATE OF MERIT 1952

'Red Masterpiece' JACder
(oben)
TEEHYBRIDE, DUNKELROT, ÖFTER BLÜHEND

Die dunkelroten, gefüllten Blüten dieser Teehybride sind sehr groß, besitzen eine hohe Mitte und einen intensiven Duft. An der kräftigen, aufrechten, öfter blühenden Beetrose wächst großes, dunkelgrünes, ledriges Laub. **ZONEN 4–9.**

WARRINER, USA, 1974

('SIREN' × 'CHRYSLER IMPERIAL') × ('CARROUSEL' × 'CHRYSLER IMPERIAL')

'Red Meidiland' MEIneble *(oben)*
Syn. 'Rouge Meillandécor', 'Red Meillandécor'
STRAUCHROSE, ROT+, ÖFTER BLÜHEND

An der kräftigen, flachwüchsigen Pflanze erscheinen einfache, mittelgroße, becherförmige Blüten in Rot mit weißem Auge und zartem Duft. Sie blühen wiederholt in Büscheln von 5–15 Stück. Das krankheitsfeste, mittelgroße Laub glänzt kräftig grün; im Herbst erscheinen zierliche, kugelförmige, rote Hagebutten. 'Red Meidiland' eignet sich gut für Rabatten, Böschungen, Kübel, Balkonkästen und als Hochstamm; laut Aussage des Züchters ist sie sehr winterhart. **ZONEN 3–9.**

MEILLAND, FRANKREICH, 1989

'SEA FOAM' × ('PICASSO' × 'EYEPAINT')

'Red Minimo' RUImired
ZWERGROSE, DUNKELROT, ÖFTER BLÜHEND

Die roten, mit 15–20 Petalen halb gefüllten Blüten dieser Mini-Zwergrose stehen in Büscheln. Sie duften nicht, sind aber von dekorativer Form. Die niedrige, buschige Pflanze trägt kleines, dunkelgrünes, matt glänzendes Laub. Sie bildet eine beträchtliche Anzahl von Blüten aus und wird daher häufig für Blumenarrangements verwendet. 'Red Minimo' ist eine rote Zwergrose, die man häufig in Supermärkten in kleinen Töpfen kaufen kann. Leider werden sie nach dem Verblühen häufig weggeworfen. **ZONEN 5–11.**

DE RUITER, NIEDERLANDE, 1987

ELTERN UNBEKANNT

'Red Nella' *(rechts)*
TEEHYBRIDE, MAUVE/HELLROT, ÖFTER BLÜHEND

Rückwärts gelesen ergibt ihr Name den Namen des Züchters. Die Rose trägt funkelnd hellrote, zart duftende, wohlgeformte Blüten. Die gefüllten Blumen erscheinen die Saison über einzeln oder in kleinen Büscheln an einer hohen, aufrechten Pflanze, wobei die Hauptblüte dieser Gartenrose im Juni stattfindet. **ZONEN 5–10.**

ALLENDER, AUSTRALIEN, 1991
ELTERN UNBEKANNT

'Red Planet' *(links)*
TEEHYBRIDE, DUNKELROT, ÖFTER BLÜHEND

Diese äußerst beliebte Rose besitzt karminrote, gefüllte Blüten mit 35 Petalen und einem recht intensiven Duft, hat aber leider keine sehr schöne Form. Das glänzende Laub wächst an einer gesunden, öfter blühenden, zuverlässigen Beet- und Rabattenpflanze. **ZONEN 4–9.**

DICKSON, GROSSBRITANNIEN, 1970
'RED DEVIL' × SÄMLING

ROYAL NATIONAL ROSE SOCIETY PRESIDENT'S INTERNATIONAL TROPHY 1969

'Red Rascal' JACbed *(rechts)*
STRAUCHROSE, ROT, ÖFTER BLÜHEND

Am hübschen Strauch erscheinen wiederholt zierliche, rote, mit 35 Petalen gefüllte Blüten in Rispen von 2–5 Stück. Die becherförmigen Blumen duften zart. 'Red Rascal' ist eine buschige, für Beete oder als Einzelpflanze geeignete Rose mit mittelgroßen, roten bis braunen Stacheln und zierlichem, matt glänzendem, mittelgrünem Laub. **ZONEN 4–9.**

WARRINER, USA, 1986

ELTERN UNBEKANNT

'Red Ribbons'
KORtemma *(oben)*
Syn. 'Mainaufeuer', 'Chilterns', 'Fiery Sunsation'
BODENDECKERROSE, ROT, ÖFTER BLÜHEND

Dieser kräftige Bodendecker mit seinen leuchtend scharlachroten Blüten wird von Rosenliebhabern als gute Sorte anerkannt. Ihre offenen, mittelgroßen, halb gefüllten Blüten besitzen 10 Petalen, einen zarten Duft und erscheinen bis in den Herbst in kleinen Büscheln. Aufgrund ihres gesunden, leuchtend grünen Laubs und des kräftigen Wuchses eignet sich diese Sorte sehr gut für Wälle, Säulen und als Hochstamm. **ZONEN 4–9.**

KORDES, DEUTSCHLAND, 1990

ELTERN UNBEKANNT

BADEN-BADEN GOLDMEDAILLE 1991

'Red Rosamini'
RUIredro *(rechts)*
ZWERGROSE, DUNKELROT,
ÖFTER BLÜHEND

Ihre leuchtend dunkelroten Blüten erscheinen in kleinen Büscheln an einer hübschen, zierlichen Pflanze. Sie sind von dekorativer Form, öffnen sich aber zu rasch; dafür erscheinen sie während der ganzen Saison sehr zahlreich. 'Red Rosamini' zählt zu den winterhärtesten Gartenrosen. Die wuchsfreudige Pflanze lässt sich als Einfassung oder für Hängeampeln verwenden. ZONEN 4–11.

DE RUITER, NIEDERLANDE, 1987
ELTERN UNBEKANNT

'Red Simplicity'
JACsimpl *(rechts)*
Syn. 'Red Iceberg'
STRAUCHROSE, ROT,
ÖFTER BLÜHEND

An der äußerst reich blühenden Heckenrose erscheinen in kleinen Büscheln wiederholt große, leuchtend rote Blüten mit schwarz überlaufenen Petalrändern. Sie sind mit 15–25 Petalen halb gefüllt und duften zart. 'Red Simplicity' ist eine kräftige, aufrechte, etwas breitwüchsige Pflanze mit mittelgroßem, matt glänzendem, mittelgrünem Laub. ZONEN 4–9.

WARRINER, USA, 1991
SÄMLING × 'SUN FLARE'

'Redcoat' AUScoat *(rechts)*
Syn. 'Red Coat'
FLORIBUNDA, ROT, ÖFTER BLÜHEND

Die mittelgroßen, einfachen Blüten von 'Redcoat' besitzen 10 rote Petalen und stehen einzeln oder in kleinen Büscheln von 2–5 Stück. Sie duften zart. Die buschige Pflanze trägt braune Stacheln und dunkelgrüne Blätter. **ZONEN 4–9.**

AUSTIN, GROSSBRITANNIEN, 1973
SÄMLING × 'GOLDEN SHOWERS'

'Redgold' DICor *(oben)*
Syn. 'Rouge et Or', 'Alinka'
FLORIBUNDA, GELB+, ÖFTER BLÜHEND

'Redgold' trägt wiederholt goldfarbene Blüten mit dunkelrosa überlaufenen Rändern. Die mittelgroßen Blumen erscheinen in großen Dolden und duften zart. An der kräftigen, aufrechten Pflanze, die sich hervorragend für Beete eignet, erscheint kräftig grünes Laub. **ZONEN 4–9.**

DICKSON, GROSSBRITANNIEN, 1971
(['KARL HERBST' × 'MASKERADE'] × 'FAUST') × 'PICCADILLY'
ROYAL NATIONAL ROSE SOCIETY CERTIFICATE OF MERIT 1966, PORTLAND GOLDMEDAILLE 1969, ALL-AMERICAN ROSE SELECTION 1971

'Redouté' AUSpale *(oben)*
Syn. 'Margaret Roberts'
STRAUCHROSE, HELLROSA, ÖFTER BLÜHEND

Diese öfter blühende Sorte zählt zu den erfolgreichsten Rosen ihrer Klasse und wird auch zu den Englischen Rosen gezählt. Ihre zart rosafarbenen, offenen, becherförmigen Blüten sind groß, duften aber kaum. Der mittelhohe, gut verzweigte Strauch trägt dichtes, gesundes, Laub in mattem Grün. 'Redouté' eignet sich gut als Solitärpflanze oder als Gruppe in Rabatten. **ZONEN 4–9.**
AUSTIN, GROSSBRITANNIEN, 1992
SPORT VON 'MARY ROSE'

'Regatta' JACette
TEEHYBRIDE, WEISS, ÖFTER BLÜHEND

Die großen, intensiv duftenden Blüten dieser Teehybride in wetterfestem Weiß eignen sich gut für Ausstellungszwecke. Sie sind mit knapp 50 Petalen gefüllt und erscheinen normalerweise einzeln. Die Pflanze ist mit mittelgrünem Laub bedeckt. 'Regatta' wurde für die Schnittblumenindustrie gezüchtet und ist nicht mit der gleichnamigen hellrosa Edelrose des Züchters Meilland (siehe S. 719) zu verwechseln. **ZONEN 5–10.**
WARRINER, USA, 1986
'BERNADETTE' × 'COQUETTE'

'Regatta' MEInimo *(oben)*
Syn. 'Penny Coelen', 'Prestige de Lyon', '21 Again!'
TEEHYBRIDE, HELLROSA, ÖFTER BLÜHEND

Die großen, gefüllten Blüten in reinem Hellrosa besitzen 25–40 Petalen und einen angenehmen Duft. Die Stiele tragen nur wenige Stacheln; das große Laub glänzt matt dunkelgrün. 'Regatta' bildet die ganze Saison über zahlreiche Blüten an einem hohen, aufrecht wachsenden, sehr gesunden Busch. **ZONEN 5–10.**

MEILLAND, FRANKREICH, 1992

MEIGURAMI × (MEINAREGI × MEIDRAGELAC)

GENF DUFTPREIS 1989

'Regensberg' MACyoumis, MACyou *(unten)*
Syn. 'Buffalo Bill', 'Young Mistress'
FLORIBUNDA, ROSA+, ÖFTER BLÜHEND

Die großen, halb gefüllten Blüten von 'Regensberg' besitzen gut 20 rosafarbene Petalen mit schmalem, weißem Rand, weißer Mitte und Rückseite. Ihre fruchtig duftenden Blüten sind becher- bis schalenförmig, haben einen Durchmesser von 10 cm und gelbe Staubgefäße. Üppiges, mittelgrünes Laub bedeckt die kleinwüchsige, buschige Pflanze, die zu den erfolgreichsten zweifarbigen Floribundarosen zählt. Sie wird gelegentlich trotz des großen Laubs irrtümlich als Einfassungsrose klassifiziert. Die bemerkenswerte Beetsorte kann auch sehr erfolgreich als kugelförmige Hochstammrose erzogen werden. **ZONEN 4–9.**

MCGREDY, NEUSEELAND, 1979

'GEOFF BOYCOTT' × 'OLD MASTER'

BRITISH ASSOCIATION OF ROSE BREEDERS 1979, BADEN-BADEN GOLDMEDAILLE 1980, BELFAST CERTIFICATE OF MERIT 1981

'Reine des Centfeuilles' *(rechts)*
ALTE R., ZENTIFOLIE, REIN ROSA

Die duftenden Blüten dieser Zentifolie mit einem Durchmesser von 6 cm sind dicht mit recht gefransten, leuchtend rosafarbenen Petalen gefüllt. Die Blumen erscheinen im Juni/Juli an einer etwa 1,5 m hohen, gelegentlich etwas unordentlichen Pflanze. Sie trägt üppiges graugrünes Laub und zahlreiche Stacheln. Die kaum bekannte Rose eignet sich aufgrund ihres reichen Flors besonders gut für naturnahe Gärten. **ZONEN 4–9.**

BELGIEN, 1824
ELTERN UNBEKANNT

'Reine des Violettes' *(rechts)*
Syn. 'Queen of the Violets'
ALTE R., REMONTANTROSE, MAUVE, ETWAS NACHBLÜHEND

Die sehr bekannte, beliebte Rose ist seltsamerweise als Remontantrose klassifiziert, sieht aber wie eine Bourbonrose aus. Am mittelhohen bis hohen, dichten Busch erscheinen Gallica-ähnliche, geviertelte, purpurrote Blüten, die zu Violett verblassen. Sie besitzen 75 gekräuselte Petalen und ein Knopfauge. Der angenehm duftende Sommerflor wiederholt sich im Herbst ein wenig. Aufgrund seiner Wuchsfreudigkeit hat der fast stachellose Busch mit glattem, grünem Laub all die Jahre überlebt; er ist ein Muss in jeder historischen Rosensammlung. 'Pius IX' befindet sich nicht mehr auf dem Markt. **ZONEN 5–9.**

MILLET-MALLET, FRANKREICH, 1860
SÄMLING VON 'PIUS IX'

'Reine Marie Henriette'

(rechts)
GROSSBLUMIGE KLETTERROSE, ROT, ÖFTER BLÜHEND

Die nach einer belgischen Königin benannte Rose wird trotz der recht zahlreichen Stacheln noch immer gepflanzt. Die lockeren, in Büscheln stehenden Blüten sind von reinem Kirschrot. Dem üppigen Sommerflor folgen im Herbst weitere Blüten. Die Pflanze sollte nur leicht zurückgeschnitten werden. **ZONEN 7–9.**

LEVET, FRANKREICH, 1878
'MME BÉRARD' × 'GÉNÉRAL JACQUEMINOT'

'Reine Victoria'

(oben)
Syn. 'La Reine Victoria'
ALTE R., BOURBONROSE, REIN ROSA, ETWAS NACHBLÜHEND

'Reine Victoria' zeigt becherförmige, dunkelrosa Blüten mit einem Hauch von Mauve. Sie sind mit bis zu 40 seidigen Petalen gefüllt. Dem äußerst üppigen Frühlingsflor folgen vereinzelt weitere Blüten. Im Herbst stehen die Blumen auf sehr langen Stielen. Die kräftige, aufrechte Pflanze trägt dichtes und üppiges, mattes und blassgrünes Laub. Sie bildet lange, gut zum Beranken von Spalieren geeignete Triebe. Sowohl 'Reine Victoria' als auch ihr Sport 'Mme Pierre Ogers' duften und eignen sich für die Vase, neigen aber zu Sternrußtau. **ZONEN 5–9.**

LABRUYÈRE, FRANKREICH, 1872
ELTERN UNBEKANNT

Laub mittlerer Größe erscheint sehr zahlreich und bleibt oft bis tief in den Winter am Strauch. 'Relax Meidiland' eignet sich für Flächenpflanzungen an Böschungen oder in großen Parkanlagen oder an Straßenrändern. **ZONEN 5–9**.

MEILLAND, FRANKREICH, 1993

ELTERN UNBEKANNT

'Rembrandt' *(links)*
ALTE R., PORTLANDROSE, ORANGEROT, ETWAS NACHBLÜHEND

Die kräftige Sorte gleicht im Wuchs einer Damaszenerrose und blüht über einen langen Zeitraum. Die großen, gefüllten, langstieligen Rosen in Zinnoberrot mit einem Hauch Karminrot sind gelegentlich gestreift. Sie blüht an waagerechten Trieben williger und braucht nur alle paar Jahre nach der Sommerblüte zurückgeschnitten zu werden. **ZONEN 5–9**.

MOREAU & ROBERT, FRANKREICH, 1883

ELTERN UNBEKANNT

'Relax Meillandecor' MEIdarwet *(ganz oben)*
Syn. 'Relax Meidiland'
BODENDECKERROSE, ROSA+, ÖFTER BLÜHEND

Diese sich bis zu 1,5 m ausbreitende Rose trägt mittelgroße, halb gefüllte Blüten mit etwa 10 hell rosafarbenen Petalen. Sie stehen in Büscheln bis zu 12 Stück und bilden später zierliche rote Hagebutten. Das mittelgrüne, glänzende, sehr gesunde

'Remember Me'
COCdestin
(rechts & unten)
Syn. 'Remember'
TEEHYBRIDE, ORANGE+, ÖFTER BLÜHEND

Diese derzeit wohl dunkelste kupferfarbene Rose besitzt einen zarten Hauch von Gelb. Die großen, becherförmigen Blüten mit 20 Petalen und schwachem Duft stehen einzeln oder in kleinen Büscheln. Ihr dunkel glänzendes Laub ist verhältnismäßig klein. Die breitwüchsige, buschige Pflanze eignet sich für Beete und bildet einen schönen Hochstamm. Bei der Klassifizierung dieser Rose besteht allerdings Uneinigkeit; manche Experten halten sie für eine Edelrose, für andere ist sie eine Floribundarose. **ZONEN 4–9.**

COCKER, GROSSBRITANNIEN, 1984
'ANN LETTS' × ('DAINTY MAID' × 'PINK FAVORITE')
BELFAST GOLDMEDAILLE 1986, ROYAL NATIONAL ROSE SOCIETY JAMES MASON GOLDMEDAILLE 1995, ROYAL HORTICULTURAL SOCIETY AWARD OF GARDEN MERIT 1993

'Remembrance'
HARxampton
FLORIBUNDA, ROT, ÖFTER BLÜHEND

Die großen Büschel becherförmiger, leuchtend roter, mittelgroßer Blüten mit gut 30 Petalen duften zart. An einer buschigen, in der Tat öfter blühenden Pflanze wächst glänzend dunkelgrünes Laub. 'Remembrance' ist eine gesunde Rose, die sich ebenso für Beete als auch zum Hochstamm eignet. **ZONEN 4–9.**

HARKNESS, GROSSBRITANNIEN, 1992
'TRUMPETER' × 'SOUTHAMPTON'
GLASGOW GOLDMEDAILLE 1995

'Renae' *(links)*
KLETTERROSE, REIN ROSA, ÖFTER BLÜHEND

Diese öfter blühende Kletterrose trägt Büschel mittelgroßer Blüten mit knapp 45 Petalen in reinem Rosa. Sie duften recht intensiv. Das kleine, glänzende Laub der wuchsfreudigen Pflanze ist sehr gesund. 'Renae' bildet biegsame Triebe und eignet sich für Pergolen, Bögen und als Kaskadenrose auf einem Hochstamm. **ZONEN 4–9.**

MOORE, USA, 1954
'ÉTOILE LUISANTE' × 'SIERRA SNOWSTORM'

'Renaissance' *(links)*
TEEHYBRIDE, ORANGE+, ÖFTER BLÜHEND

Die leuchtend orangeroten und gefüllten Blüten von 'Renaissance' öffnen sich aus langen, spitzen Knospen. Sie duften angenehm und bilden nach dem Verblühen kugelförmige Hagebutten. Die etwas stacheligen Triebe tragen glänzend hellgrünes Laub. Die Teehybride lässt sich durch Okulation vermehren. **ZONEN 5–10.**

GAUJARD, FRANKREICH, 1986
SÄMLING × 'PAMPA'

'Renaissance' HARzart
TEEHYBRIDE, WEISS, ÖFTER BLÜHEND

Die sehr intensiv duftende Rose bildet sehr helle, zart rosafarbene Blüten mit korallroter Mitte. Ihre perfekte, locker-offene Form lässt die eleganten Blumen trotz hochgestochener Farbe etwas ungezwungen erscheinen. Für Beete, Vasen und als Hochstamm eignet sich die öfter blühende, buschige Pflanze bestens. **ZONEN 4–9.**

HARKNESS, GROSSBRITANNIEN, 1994

ELTERN UNBEKANNT

BELFAST DUFTPREIS 1995, GLASGOW SILBERMEDAILLE 1996, GLASGOW DUFTPREIS 1996

'Rendez-vous' LUCdod
STRAUCHROSE, REIN ROSA

Der mittelhohe Strauch trägt halb gefüllte, intensiv duftende, mittelgroße Blüten. Die buschige, gesunde, reich blühende Sorte mit mattgrünem Laub blüht kaum nach. 'Rendez-vous' eignet sich für große Rabatten. **ZONEN 4–9.**

LUCAS, GROSSBRITANNIEN, 1981

ROSA WICHURAIANA × 'ALAIN BLANCHARD'

'René André' (oben)
RAMBLERROSE, APRICOT+

Das 20. Jh. begann mit einer Welle von Ramblerrosenzüchtungen aus *Rosa wichuraiana, R. luciae* und *R. multiflora*. 'René André' findet man nicht häufig, aber doch an den verschiedensten Orten. Die Triebe dieser sehr hochwüchsigen Rose sind extrem lang und weich, weshalb sie sich zum Beranken von Bäumen eignet. An den herabhängenden Zweigen erscheinen kleine Blüten in einer Mischung aus kupfrigem Rosa und Gelb, die zu Zartrosa verblassen. Gelegentlich blüht sie etwas nach. Auch als Kaskadenrose sollte man diesen Rambler ausprobieren. **ZONEN 5–9.**

BARBIER, FRANKREICH, 1901

ROSA WICHURAIANA × 'L'IDÉAL'

'Réné d'Anjou'
ALTE R., MOOSROSE, DUNKELROSA

Die dicht bronzefarben bemoosten Knospen von 'Réné d'Anjou' stehen meist in kleinen Büscheln. Sie erblühen gegen Mittsommer zu wunderschönen Blumen. Die Blüten erreichen einen Durchmesser von 9 cm und besitzen zahlreiche krause Petalen in lieblichem, silbrigem Zartrosa, die sich in schalenförmigen, duftenden Kissen drängen. 'Réné d'Anjou' ist von buschigem, aufrechtem Wuchs und wird 1,5 m hoch. Ihre bronzefarben bemoosten Triebe weisen kaum Stachel auf. Das im Austrieb rötliche, am Rand gesägte Laub wird bald dunkelgrün und ledrig. Diese hervorragende Rose verdient durchaus mehr Beachtung. Sie ist äußerst gesund und gedeiht auf den meisten Böden. **ZONEN 4–9.**

ROBERT, FRANKREICH, 1853

ELTERN UNBEKANNT

'Repandia' KORsami
Syn. 'Kordes' Rose Repandia'
BODENDECKERROSE, HELLROSA

'Repandia' zeigt leider nur im Sommer ihre hellrosa, halb gefüllten, duftenden Blüten; diese erscheinen an einer kriechenden Pflanze, die sich bis zu 1,5 m ausbreitet. 'Repandia' zählt zu den ersten modernen Bodendeckerrosen. Ihr kleines, gesundes Laub glänzt dunkelgrün. **ZONEN 4–9.**

KORDES, DEUTSCHLAND, 1983

'FAIRY' × SÄMLING VON *ROSA WICHURAIANA*

ADR-ROSE 1986

'Restless' *(oben)*
TEEHYBRIDE, ROT, ÖFTER BLÜHEND

Die schalenförmigen Blüten dieser Teehybride mit ihren 10–15 dunkel karminroten Petalen öffnen sich rasch aus schlanken, langen Knospen und zeigen ihre Staubgefäße. An der sehr hohen, aufrechten Pflanze wächst reiches Laub in einem matten Mittelgrün. 'Restless' ist ein äußerst gesunder, wuchsfreudiger Busch, der sich gut als Hecke in großen Gärten eignet. Nach dem Verblühen bilden sich hübsche Hagebutten, was die Blühwilligkeit jedoch nicht zu beeinträchtigen scheint. Der Name der Sorte beschreibt vermutlich ihre unermüdliche Blüte, die in warmen Klimaten fast das ganze Jahr hindurch erscheint. **ZONEN 5–9.**

CLARK, AUSTRALIEN, 1938

ELTERN UNBEKANNT

'Rêve de Paris'
MEIloïse *(rechts)*
TEEHYBRIDE, ORANGEROSA, ÖFTER BLÜHEND

An der kleinwüchsigen, stämmigen Pflanze erscheinen große, halb gefüllte Blüten mit festen, leuchtend korall- bis lachsroten Petalen. Sie blühen sehr zahlreich und rasch nacheinander. Das matt glänzende, mittelgrüne Laub ist sehr gesund. 'Rêve de Paris' eignet sich wegen ihrer sehr schönen Blütenfarbe, die besonders unter künstlicher Beleuchtung sehr reizvoll wirkt, gut für die Vase.
ZONEN 5–10.
MEILLAND, FRANKREICH, 1985
ELTERN UNBEKANNT

'Rêve d'Or' *(rechts)*
ALTE R., NOISETTEROSE, GELB, ETWAS NACHBLÜHEND

Die großen, halb gefüllten, kraus geviertelten, duftenden Blüten besitzen lohgelbe, gefaltete Petalen. 'Rêve d'Or' klettert hoch und bildet lange, kräftige, verzweigte Triebe mit großen, hakenförmigen, roten Stacheln und viel Laub. Die hübsche Rose brachte 1878 den bekannten Sport 'William Allen Richardson' hervor, der intensiv orange gefärbt ist.
ZONEN 7–9.
DUCHER, FRANKREICH, 1869
SÄMLING VON 'MME SCHULTZ'

'Réveil Dijonnais'
GROSSBLUMIGE KLETTERROSE, ROT+, ETWAS NACHBLÜHEND

Die bemerkenswerte Rose kann gleichermaßen als Kletter- oder Strauchrose verwendet werden. Sie trägt leuchtend kirsch- bis scharlachrote Blüten mit großer gelber Mitte und gelblicher Rückseite. Die kaum halb gefüllten, becherförmigen, schwach duftenden, großen Blüten erscheinen zahlreich in kurzstieligen Büscheln; sie blühen in der ersten Sommerhälfte und vereinzelt im Herbst. An der kräftigen Pflanze wächst dickes, glänzend bronzefarbenes Laub. **ZONEN 4–9.**

BUATOIS, FRANKREICH, 1931

'EUGÈNE FÜRST' × 'CONSTANCE'

PORTLAND GOLDMEDAILLE 1929

'Reverend H. d'Ombrain' *(unten)*
ALTE R., BOURBONROSE, ROT, ETWAS NACHBLÜHEND

Diese Rose ist sehr selten. Ihre großen, gefüllten, silbrig karminroten Blüten erscheinen an einem kleinen bis mittelgroßen Strauch. Sie kann je nach Lage und Wachstumsbedingungen für Mehltau anfällig sein. Reverend Henry Honeywood d'Ombrain war ein Mitbegründer und Geschäftsführer der Royal National Rose Society. **ZONEN 5–9.**

MARGOTTIN, FRANKREICH, 1863

ELTERN UNBEKANNT

'Rheinaupark'
KOReipark *(oben)*
Syn. *Rosa rugosa* 'Rheinaupark'
STRAUCHROSE, RUGOSA-HYBRIDE, ROT, ÖFTER BLÜHEND

Die aufrechte, buschige, kräftige Rose trägt runzelige Blätter und stachelige Stiele. Sie eignet sich ideal als Hecke oder Solitärpflanze. Ihre in Büscheln sitzenden roten, großen Blüten mit 20 Petalen duften zart. 'Rheinaupark' ist pflegeleicht. **ZONEN 3–9.**

KORDES, DEUTSCHLAND, 1983
('GRUSS AN BAYERN' × SÄMLING) × SÄMLING VON *ROSA RUGOSA*

'Ringlet' *(oben)*
GROSSBLUMIGE KLETTERROSE, ROSA+, ETWAS NACHBLÜHEND

Die Kletterrose trägt Büschel einfacher, weißer Blüten mit rosa- und lilafarbenen Petalspitzen. 'Ringlet' ist eine recht kräftige, gesunde Sorte, die etwas nachblüht. **ZONEN 4–9.**

CLARK, AUSTRALIEN, 1922
'ERNEST MOREL' × 'BETTY BERKELEY'

'Rio Samba' JACrite
TEEHYBRIDE, GELB+, ÖFTER BLÜHEND

Der gelbe Ton der großen, meist einzeln stehenden Blüten dieser Teehybride verblasst zu Pfirsichrosa. Sie sind mit 15–25 Petalen halb gefüllt und duften zart. Die aufrechte, buschige, öfter blühende Rose hat mittelgroßes Laub von einem matten Dunkelgrün; sie trägt einige Stacheln und eignet sich als Rabattenrose. ZONEN 4–9.

WARRINER, USA, 1991
SÄMLING × 'SUNBRIGHT'
ALL-AMERICAN ROSE SELECTION 1993

'Ripples' (ganz oben)
FLORIBUNDA, MAUVE, ÖFTER BLÜHEND

Die mit knapp 20 gewellten Petalen halb gefüllten Blüten von 'Ripples' sind groß und duften zart. Die herrlich lila-lavendelfarbenen, in Büscheln stehenden Blumen bilden einen ungewöhnlichen Blickfang. Das zierliche, mattgrüne Laub ist recht gesund. ZONEN 4–9.

LEGRICE, GROSSBRITANNIEN, 1971
('TANTAUS ÜBERRASCHUNG' × 'MARJORIE LEGRICE') × (SÄMLING × 'AFRICA STAR')

'Rival de Paestum' (oben)
ALTE R., TEEROSE, WEISS, ETWAS NACHBLÜHEND

Die Sorte ist heute sehr selten. Ihre zierlichen, nach Teerosen duftenden, stark gefüllten Blüten besitzen elfenbeinweiße, rosa überlaufene Petalen und hängen leicht über. Der niederwüchsige, reich verzweigte Busch trägt dichtes, dunkelgrünes Laub. ZONEN 7–9.

BÉLUZE, FRANKREICH, 1841
ELTERN UNBEKANNT

'Rob Roy' COrob *(rechts)*
FLORIBUNDA, DUNKELROT, ÖFTER BLÜHEND

Die dunkelroten, mittelgroßen, gefüllten Blüten von 'Rob Roy' besitzen 30 Petalen und eine schöne klassische Floribundaform. Sie duften zart und erreichen einen Durchmesser von 10 cm. Die mittelhohe Pflanze, die sich für Beete und als Hochstamm eignet, trägt glänzendes, gesundes Laub.
ZONEN 4–9.

COCKER, GROSSBRITANNIEN, 1971
'EVELYN FISON' × 'WENDY CUSSONS'
ROYAL NATIONAL ROSE SOCIETY TRIAL GROUND CERTIFICATE 1969

'Robert le Diable'
(rechts)
ALTE R., GALLICA-ROSE, MAUVE+

Die duftenden Blüten dieser Gallica-Rose bestehen aus zahlreichen Petalen. Voll geöffnet biegen sich die äußeren Blütenblätter zurück und formen ein flaches Kissen. Ihre Farbe ist sogar noch ungewöhnlicher als ihre Form; sie reicht in jeder einzelnen Blüte von kräftigstem Purpur bis zu zartestem Lila mit leuchtend hellroten Tupfern. In trockenen Lagen verstärkt sich die Farbe noch etwas, sie blüht aber nicht nach. Der große, weichtriebige Strauch wird ebenso breit wie hoch und kann auf gutem Boden bis zu 1,2 m hoch werden. Die überhängenden, stacheligen Stiele sind in schmales, dunkelgrünes Laub gehüllt. Ihre Farbe und ihr teilweise niederliegender Wuchs zählen zu ihren Vorzügen. ZONEN 4–9.

FRANKREICH, VOR 1837
ELTERN UNBEKANNT

'Robert Léopold'
(unten)
ALTE R., MOOSROSE, ROSA+, ETWAS NACHBLÜHEND

Die duftenden Blüten mit orangegelbem, lachs- und rosafarben überhauchtem Grund wirken keineswegs grell. Sie können einen Durchmesser von 8 cm erreichen. Dem ersten Flor Ende Juni folgt mitunter im Herbst eine Nachblüte. Der niedrige, hübsche, buschige Strauch wird 1,2 m hoch. Seine stachellosen Triebe sind ebenso wie die Blattstiele und Knospen in gelblich grünes, borstiges Moos gehüllt. Das im Austrieb bronzefarbene Laub färbt sich später hellgrün. Dieser hübsche Strauch, der zu den wenigen im 20. Jh. gezüchteten Moosrosen gehört, passt auch gut in moderne Gärten.
ZONEN 5–9.

BUATOIS, FRANKREICH, 1941
ELTERN UNBEKANNT

'Robin Hood'
(unten)
Syn. 'Robin des Bois'
STRAUCHROSE, ROT, ÖFTER BLÜHEND

An der sehr blühwilligen Strauchrose erscheinen wiederholt zahlreiche Blüten. Ihre einfachen, kleinen, kirschroten Blumen stehen in großen Büscheln und duften zart. Diese wuchsfreudige, dichte, gut verzweigte Pflanze, die sich für Rabatten oder als Solitär eignet, kann sich rühmen, ein Elternteil von 'Schneewittchen' und anderen Erfolgssorten zu sein.
ZONEN 4–9.

PEMBERTON, GROSSBRITANNIEN, 1927
SÄMLING × 'MISS EDITH CAVELL'

'Robin Red Breast'
INTerrob *(oben)*
Syn. 'Robin Redbreast'
ZWERGROSE, ROT+,
ÖFTER BLÜHEND

Die einfachen, dunkelroten Blüten mit weißem Auge und silbriger Rückseite stehen bei dieser Zwergrose in Büscheln. Sie duften zwar nicht, erscheinen aber regelmäßig bis in den Herbst. Sie ist eine zierliche, gesunde, kräftige Pflanze von buschigem Wuchs mit zahlreichen Stacheln, die sich für Töpfe, niedrige Einfassungen sowie als kleiner Hochstamm eignet.
ZONEN 4–9.
INTERPLANT, NIEDERLANDE, 1983
SÄMLING × 'EYEPAINT'

'Robusta' KORgosa
(rechts)
Syn. 'Kordes' Rose Robusta'
STRAUCHROSE, RUGOSA-HYBRIDE,
ROT, ÖFTER BLÜHEND

Der sehr wuchsfreudige, öfter blühende Strauch besitzt viele Eigenschaften einer Rugosa-Hybride, einschließlich der unzähligen Stacheln. Große, karminrote, einfache Blüten mit 5 Petalen und mäßigem Duft stehen in kleinen Büscheln. Naturbelassen eignet sich 'Robusta' wegen ihres straff aufrechten Wuchses als hohe Hecke. Die sehr gesunde Rose gedeiht am besten in kühlen Lagen und trägt glänzend dunkelgrünes, ledriges Laub.
ZONEN 3–9.
KORDES, DEUTSCHLAND, 1979
SÄMLING × ROSA RUGOSA
ADR-ROSE 1980, ROYAL NATIONAL ROSE SOCIETY CERTIFICATE OF MERIT 1980

'Rod Stillman'
(links)
Syn. 'Red Stillman'
TEEHYBRIDE, HELLROSA, ÖFTER BLÜHEND

Die großen, wohlgeformten, mit 35 Petalen gefüllten, hellrosa Blüten besitzen eine orangefarben überhauchte Mitte und verströmen einen intensiven Duft. 'Rod Stillman' ist von kräftigem Wuchs und trägt dunkles Laub.
ZONEN 4–9.
HAMILTON, AUSTRALIEN, 1948
'OPHELIA' × 'EDITOR MCFARLAND'

'Roger Lambelin'
(links)
ALTE R., REMONTANTROSE, ROT+, ETWAS NACHBLÜHEND

Ihre mit 30 Petalen gefüllten, bizarr karminroten Blüten mit weißen Rändern verblassen zu Rotbraun. 'Roger Lambelin' wird mittelhoch, benötigt aber einen guten Boden. Die meisten Fachleute ziehen 'Baron Girod de l'Ain' dieser Rose vor; gestreifte und gefleckte Sports neigen zu Rückmutationen. Der Ursprungssorte 'Fisher Holmes' fehlt der weiße Rand; sie erhielt aber ausgezeichnete Bewertungen.
ZONEN 5–9.
SCHWARTZ, FRANKREICH, 1890
SPORT VON 'FISHER HOLMES'

'Roi de Siam'
(rechts)
ALTE R., KLETTERNDE TEEROSE, ROT

Diese kletternde Teerose kann noch von Spezialisten bezogen werden. Ihre großen, halb gefüllten, recht krausen Blüten leuchten in kräftigen Rosatönen. 'Roi de Siam' muss eng mit den ursprünglichen Zuchtrosen 'Parks' Yellow' und 'Hume's Blush' verwandt sein. Die eher spärlich blühende Pflanze ist von hohem, schlankem Wuchs.
ZONEN 7–9.

LAFFAY, FRANKREICH, 1825
ELTERN UNBEKANNT

'Roller Coaster'
MACminmo *(rechts)*
Syn. 'Minnie Mouse'
ZWERGROSE, ROT+, ÖFTER BLÜHEND

Die rot gestreiften Blüten dieser Zwergrose zeigen eine Zufallsmischung aus Rot, Cremegelb und Weiß; keine Blüte gleicht der anderen. Sie sind mit 5–15 Petalen halb gefüllt, duften schwach und stehen meist in kleinen Büscheln von 10–12 Stück. Die Blüten erscheinen rasch nacheinander, sind in voll geöffnetem Zustand am schönsten und bilden einen kräftigen Farbenteppich. An der relativ hohen, aufrechten, kräftigen Pflanze wächst zierliches, glänzend mittelgrünes Laub. In subtropischen Lagen kann 'Roller Coaster' wie ein Strauch wachsen und eine schlaksige Form annehmen, wenn sie nicht geschnitten wird. Aufgrund ihres breiten Wuchses eignet sie sich für Kübel, Mauern oder Hochbeete, über die sie herabhängen kann. Die Rose, die Wärme liebt, wurde in Australien zuerst als 'Minnie Mouse' vorgestellt.
ZONEN 5–10.

MCGREDY, NEUSEELAND, 1987
('ANYTIME' × 'EYEPAINT') × 'STARS 'N' STRIPES'

'Romanze' TANezamor
(rechts)
Syn. 'Romance'
STRAUCHROSE, REIN ROSA,
ÖFTER BLÜHEND

Der buschige Strauch bringt aus edlen Knospen viele becherförmige, große rein rosafarbene, gefüllte Blüten mit 20 Petalen hervor. Sie duften zart und blühen fortwährend bis weit in den Herbst. Das mittelgroße, dunkelgrüne, matt glänzende Laub der für Rabatten geeigneten Pflanze ist sehr gesund.
ZONEN 4–9.
TANTAU, DEUTSCHLAND, 1985
ELTERN UNBEKANNT
BADEN-BADEN GOLDMEDAILLE 1985, ADR-ROSE 1986, GOLDENE ROSE VON DEN HAAG 1992

'Rosa Mundi'
(rechts)
Syn. *Rosa gallica versicolor* 'Linnaeus', *R. gallica rosa mundi* 'Weston', *R. gallica variegata* 'Thory'
ALTE R., GALLICA-ROSE, ROSA+

Diese gestreifte Form mutiert gelegentlich zur ursprünglichen Gallica-Rose zurück; sie besitzt blassrosa Petalen mit karminroten Streifen. Ihre Triebe biegen sich oft unter dem Gewicht der Blüten, was sich durch einen mäßigen Rückschnitt im März verhindern lässt und wodurch der Strauch auch eine schönere Form erhält. 'Rosa Mundi' wird nicht ganz 1 m hoch und eignet sich als niedrige Hecke.
ZONEN 4–9.
ERSTMALIG 1581 ERWÄHNT
SPORT VON *ROSA GALLICA OFFICINALIS*
ROYAL HORTICULTURAL SOCIETY AWARD OF GARDEN MERIT 1993

'Rosabell' COCceleste
FLORIBUNDA, REIN ROSA,
ÖFTER BLÜHEND

Die leuchtend rosaroten, mittelgroßen, gefüllten, etwas einwärts gebogenen Blüten stehen zahlreich in Büscheln an einer niedrigen Pflanze. Sie trägt glänzend mittelgrünes Laub und eignet sich für kleine Beete, als Kübelpflanze oder als niedriger Hochstamm.
ZONEN 4–9.
COCKER, GROSSBRITANNIEN, 1986
SÄMLING × 'MINUETTO'

'Rosali' TANilasor
(rechts)
Syn. 'Rosali 83'
FLORIBUNDA, REIN ROSA,
ÖFTER BLÜHEND

Die rein rosafarbenen Blüten mit 20 Petalen stehen in kleinen Büscheln und duften nicht. Die Beetrose hat mittelgroßes, glänzend mittelgrünes Laub.
ZONEN 4–9.

TANTAU, DEUTSCHLAND, 1983
ELTERN UNBEKANNT

'Rosalie Coral'
CHEwallop *(rechts unten)*
Syn. 'Rocketear', 'Rosilia'
KLETTERNDE ZWERGROSE,
ORANGE+, ÖFTER BLÜHEND

Rein orangefarbene, mit 15–25 Petalen gefüllte Blüten zeigen beim Öffnen ein gelbes Auge mit orangefarbenen Schattierungen. In kühleren Lagen erscheint um die Staubgefäße ein deutlicher goldfarbener Kreis. Die schwach duftenden Blumen stehen in kleinen Büscheln dicht über dem glänzend mittelgrünen Laub.
ZONEN 5–10.

WARNER, GROSSBRITANNIEN, 1992
('ELIZABETH OF GLAMIS' ×
['GALWAY BAY' × 'SUTTER'S GOLD']) × 'ANNA FORD'

ROYAL NATIONAL ROSE SOCIETY
TRIAL GROUND CERTIFICATE 1990

'Rosamunde'
KORmunde *(oben)*
FLORIBUNDA, REIN ROSA, ÖFTER BLÜHEND

Die niedrige, reich blühende Rose trägt kräftig rosa- und lachsfarbene, mittelgroße Blüten. Sie duften schwach und blühen bis in den Herbst in kleinen Büscheln. 'Rosamunde' eignet sich am besten für kleine Beete und als Kübelpflanze.
ZONEN 4–9.
KORDES, DEUTSCHLAND, 1975
ELTERN UNBEKANNT

'Rosarium Uetersen' KORtersen
(rechts)
Syn. 'Uetersen'
GROSSBLUMIGE KLETTERROSE, DUNKELROSA, ÖFTER BLÜHEND

Während des Hauptflors bieten die zahlreichen kräftig rosa-roten Blüten, die in Büscheln erscheinen, ein atemberaubendes Farbschauspiel. Über 100 Petalen sitzen dicht gedrängt in mittelgroßen bis großen Blüten, die sich weit, beinahe schalenförmig öffnen und später silbrig rosafarben überhaucht sind. Bis in den Herbst hinein folgen dem Hauptflor weitere leicht süß duftende Blüten. Die Rose eignet sich zum Beranken von Mauern, Zäunen, Säulen oder Bögen. Sie ist sehr winterhart und wetterfest. An der recht kräftigen Pflanze wächst üppiges, großes, glänzendes Laub.
ZONEN 3–9.
KORDES, DEUTSCHLAND, 1977
'KARLSRUHE' × SÄMLING

'Rose à Parfum de l'Haÿ' *(oben)*
Syn. 'Parfum de l'Haÿ'
STRAUCHROSE, RUGOSA-HYBRIDE, ROT, ÖFTER BLÜHEND

Die sehr wuchsfreudige Rose trägt kirsch-karminrote Blüten, die sich unter direkter Sonneneinstrahlung blau färben. Sie sind groß, duften intensiv und blühen regelmäßig bis in den Herbst. Das mattgrüne Laub ist relativ glatt; in einigen Lagen ist die Sorte sehr anfällig für Mehltau. Sie eignet sich für Sträucherecken oder als Einzelpflanze. Sie ist nicht zu verwechseln mit 'Roseraie de l'Haÿ'. ZONEN 3–9.

GRAVEREAUX, FRANKREICH, 1901

('SUMMER DAMASK' × 'GÉNÉRAL JACQUEMINOT') × ROSA RUGOSA

'Rose d'Amour' *(unten)*
Syn. *Rosa virginiana plena*, 'St Mark's Rose', 'The St Mark's Rose'
ALTE ROSE, DUNKELROSA, ETWAS NACHBLÜHEND

Der recht hoch- und breitwüchsige Strauch ist wahrscheinlich eine Kreuzung der Wildart *R. virginiana*, vielleicht mit *R. carolina*. An der fast stachellosen Pflanze erscheinen ab Juli wiederholt zahlreiche zierliche, dicht gefüllte, rosafarbene Blüten. Als ausgewachsene Einzelpflanze bietet sie einen eindrucksvollen Anblick. Sie erinnert stark an 'Rose d'Orsay'. ZONEN 5–9.

VOR 1759

ROSA VIRGINIANA × R. CAROLINA (?)

ROYAL HORTICULTURAL SOCIETY AWARD OF GARDEN MERIT 1993

'Rose De Meaux'

(rechts)

Syn. 'De Meaux', 'Pompon Rose', *Rosa centifolia pomponia* 'Lindley', *R. dijoniensis*, *R. pomponia* 'Roessig', *R. pulchella* 'Willdenow'

ALTE R., ZENTIFOLIE, REIN ROSA

Diese sommerblühende Rose ist wohl die kleinste aller Zentifolien. Sie trägt in Büscheln zierliche, gefüllte, rosafarbene Pomponblüten, die mit ihren gekräuselten Petalen an Nelkenblüten erinnern. Aufgrund ihrer aufrechten, zwergwüchsigen Form eignet sie sich als Topfrose. Einst ließ sich der irische Mönch Fiacrius als Einsiedler im französischen Meaux nieder, wo er einen Garten anlegte. Er wurde zum Schutzpatron der Gärtner. Es gibt auch eine weiße Form namens 'White de Meaux'. ZONEN 4–9.

KULTIVIERT SEIT 1789

ELTERN UNBEKANNT

'Rose de Rescht'

(rechts)

ALTE R., DAMASZENERROSE, DUNKELROSA, ETWAS NACHBLÜHEND

Die in dichten Büscheln stehenden Blüten wachsen knapp über dem Laub auf kurzen Stielen. Die stark gefüllten, duftenden Blüten haben einen Durchmesser von 3,5 cm und sind in voll geöffnetem Zustand kissenförmig; sie blühen bis in den Herbst. Ihre kräftig fuchsienroten Petalen mit einem Hauch Purpur können unter direkter Sonneneinstrahlung etwas verblassen. Der gut verzweigte, dichte Strauch trägt am dunkelgrünen Holz einige kurze Stacheln und wird bis zu 1 m hoch. Sein üppiges, dunkel graugrünes Laub bleibt lange am Strauch. ZONEN 5–9.

IRAN, LINDSAY (MARKTEINFÜHRUNG), GROSSBRITANNIEN, 1940

ELTERN UNBEKANNT

ROYAL HORTICULTURAL SOCIETY AWARD OF GARDEN MERIT 1993

'Rose des Peintres' *(rechts)*

Syn. 'Centfeuille des Peintres',
Rosa × centifolia major

ALTE R., ZENTIFOLIE, REIN ROSA

Die ziemlich breitwüchsige, hohe Pflanze ähnelt stark *Rosa × centifolia;* sie trägt stark gefüllte, rein rosafarbene Blüten mit einem grünen Knopfauge. **ZONEN 4–9.**

VOR 1838

ELTERN UNBEKANNT

'Rose du Roi' *(rechts)*

Syn. 'Lee's Crimson Perpetual'

ALTE R., PORTLANDROSE, ROT, ETWAS NACHBLÜHEND

Die duftenden Blüten dieser Portlandrose stehen in dichten Büscheln und blühen bis in den Herbst. Sie sind stark gefüllt, dennoch aber locker geformt und zeigen gelegentlich in voll geöffnetem Zustand einige gelbe Staubgefäße. Die zartroten Petalen sind purpurfarben gesprenkelt. Der stämmige Strauch erreicht eine Höhe von 1 m, trägt stachelige, dunkelgrüne Triebe und üppiges zierliches, dunkelgraugrünes Laub. **ZONEN 5–9.**

ECOFFAY, FRANKREICH, 1819

ELTERN UNBEKANNT

'Rose Gaujard'
GAUmo *(oben)*
TEEHYBRIDE, ROT+,
ÖFTER BLÜHEND

Auf ihrer Rückseite sind die großen, kirschroten Blüten von 'Rose Gaujard' blassrosa und silbrig weiß gefärbt. Die mit 80 Petalen stark gefüllten, becherförmigen Blüten haben eine hohe Mitte, einen zarten Duft und blühen bis in den Herbst. Ledriges, glänzendes, großes Laub ziert eine große, kräftige Pflanze. Die ansehnliche Beetrose lässt deutlich den Einfluss ihrer Elternsorte 'Gloria Dei' erkennen.
ZONEN 4–9.

GAUJARD, FRANKREICH, 1957

'GLORIA DEI' × SÄMLING VON 'OPERA'

GOLDMEDAILLE DER ROYAL NATIONAL ROSE SOCIETY 1958

'Rosemarie Viaud'
(rechts)
Syn. 'Rose-Marie Viaud'
RAMBLERROSE, MAUVE

Die fast stachellose Rose bildet schön überhängende Triebe, von denen im Juli große Blütenbüschel herabhängen. Sie gleicht ihrer Elternsorte 'Veilchenblau' bis auf den kirschroten Farbton der zierlichen, halb gefüllten Blüten, der dann beim Öffnen in ein bläulicheres Violettgrau übergeht. ZONEN 5–9.

IGOULT, FRANKREICH, 1924
SÄMLING VON 'VEILCHENBLAU'

'Roselina' KORsaku
(unten)
Syn. 'Playtime', 'Rosalina'
STRAUCHROSE, RUGOSA-HYBRIDE, ROSA+, ÖFTER BLÜHEND

'Roselina' ist von teilweise niederliegendem Wuchs. Sie trägt wiederholt kleine Büschel einfacher, mittelgroßer Blüten in reinem Rosa. Die als sehr robust und gesund beschriebene Rugosa-Hybride mit ihrem typisch runzeligen Laub eignet sich vor allem für kleinere Gärten. ZONEN 4–9.

KORDES, DEUTSCHLAND, 1992
ELTERN UNBEKANNT
BELFAST CRYSTAL PRIZE 1995

'Rosemary Harkness'

HARrowbond *(rechts)*
TEEHYBRIDE, ORANGEROSA,
ÖFTER BLÜHEND

Die hübschen, mit 35 Petalen gefüllten Blüten von 'Rosemary Harkness' in Lachsorange mit orangegelber Rückseite haben eine schöne Form. Sie duften intensiv und erscheinen bis in den Herbst. Die moderne Edelrose trägt großes, dunkles, matt glänzendes Laub an einer buschigen Pflanze und eignet sich für Beete oder als Hochstamm.
ZONEN 4–9.

HARKNESS, GROSSBRITANNIEN, 1985

'COMPASSION' × ('BASILDON BOND' × 'GRANDPA DICKSON')

BELFAST GOLDMEDAILLE 1987,
BELFAST DUFTPREIS 1987,
GLASGOW DUFTPREIS 1991,
AUCKLAND DUFTPREIS 1995

'Rosemary Rose'

(rechts)
FLORIBUNDA, DUNKELROSA,
ÖFTER BLÜHEND

Die gefüllten, kamelienförmigen, mittelgroßen, dunkelrosa Blüten von 'Rosemary Rose' erscheinen in sehr großen Büscheln. Die Pflanze mit ihrem kräftig kupferfarbenen Laub ist zwar attraktiv, hat jedoch aufgrund hoher Anfälligkeit für Mehltau stark an Beliebtheit verloren. Der kräftige Busch kann für Beete und Rabatten verwendet werden, enttäuscht aber als Hochstamm.
ZONEN 4–9.

DE RUITER, NIEDERLANDE, 1954

'GRUSS AN TEPLITZ' × SÄMLING EINER FLORIBUNDA

GOLDMEDAILLE DER ROYAL NATIONAL ROSE SOCIETY 1954,
ROM GOLDMEDAILLE 1954

'Rosendorf Sparrieshoop'

KORdibor *(oben)*
STRAUCHROSE, HELLROSA, ÖFTER BLÜHEND

Am hübschen, mittelgroßen Strauch von 'Rosendorf Sparrieshoop' erscheinen Büschel halb gefüllter, nach Apfel duftender Blüten mit 15 leuchtend hellrosa Petalen. Die öfter blühende, sehr gesunde, buschige Rose eignet sich als Einzelpflanze sowie für Gruppen. ZONEN 4–9.

KORDES, DEUTSCHLAND, 1988
ELTERN UNBEKANNT

'Rosenelfe' *(links)*
Syn. 'Rose Elf'
FLORIBUNDA, REIN ROSA, ÖFTER BLÜHEND

Die für Rabatten geeignete, öfter blühende Sorte trägt kleine bis mittelgroße, rosafarbene Blüten mit zahlreichen, duftenden Petalen. Sie stehen in großen Büscheln an einem mittelhohen, schlanken Busch mit ledrigem, glänzendem Laub. ZONEN 4–9.

KORDES, DEUTSCHLAND, 1939
'ELSE POULSEN' × 'SIR BASIL MCFARLAND'

'Rosenfee' *(links)*
FLORIBUNDA, HELLROSA, ÖFTER BLÜHEND

Die in riesigen Büscheln stehenden großen, offenen, zu Beginn rosaroten Blüten von 'Rosenfee' färben sich später lachsrosa. Sie duften zart. Der mittelgroße Busch mit sehr gesundem Laub eignet sich als Beetrose. **ZONEN 4–9.**

BOERNER, USA, 1967

ELTERN UNBEKANNT

'Rosenresli' KORresli *(links)*
Syn. 'Love's Song'
STRAUCHROSE, DUNKELROSA, ÖFTER BLÜHEND

Die großen und wie Teerosen duftenden, dunkel rosafarbenen Blüten sind lachsfarben bis karminrot überhaucht, haben 25–40 Petalen und stehen in mittelgroßen Büscheln. Die kräftige, große, wiederholt blühende Pflanze trägt gesundes, glänzend dunkelgrünes Laub; sie eignet sich als Solitär und sogar für Säulen oder kleine Spaliere.
ZONEN 4–9.

KORDES, DEUTSCHLAND, 1986

('NEW DAWN' × 'PRIMABALLERINA') × SÄMLING

ADR-ROSE 1984

'Rosenstadt Zweibrücken' KORstatis *(links)*
Syn. 'Morningrose', 'Rosenstadt'
STRAUCHROSE, ROSA+, ÖFTER BLÜHEND

Ihre großen, offenen Blüten besitzen 20 Petalen in kräftig leuchtendem Rosa mit gelber Mitte; leider duften sie kaum, erneuern sich aber gut bis in den Herbst. Der hübsche, sehr winterharte Strauch trägt kräftig grünes, gesundes Laub und eignet sich gut für Rabatten und als Einzelpflanze.
ZONEN 3–9.

KORDES, DEUTSCHLAND, 1989

ELTERN UNBEKANNT

'Roseraie de l'Haÿ' *(rechts)*
STRAUCHROSE, RUGOSA-HYBRIDE, DUNKELROT, ÖFTER BLÜHEND

Diese wohl am häufigsten gezogene Rugosa-Hybride ist recht gesund und blüht wiederholt. Große, offene Blüten in kräftigem Karmin-Purpurrot mit cremefarbenen Staubgefäßen stehen in kleinen Büscheln. Auffällig ist der intensive Duft nach Gewürznelken und Honig. Die Rose hat kräftige, stachelige Triebe und bildet selten Hagebutten. ZONEN 4–9.

COCHET-COCHET, FRANKREICH, 1901

ANGEBLICH EIN SPORT VON *ROSA RUGOSA RUBRA*

ROYAL HORTICULTURAL SOCIETY AWARD OF GARDEN MERIT 1993

'Roseromantic' KORsommer *(Mitte rechts)*
FLORIBUNDA, WEISS, ÖFTER BLÜHEND

Die sehr hell rosafarbenen, einfachen Blüten dieser Kordes-Rose mit einem Durchmesser von 5 cm stehen locker in großen Büscheln; ihr Duft ist zart. Sie bedecken den Busch vollkommen. Die ausladende Pflanze trägt dichtes, zierliches, dunkel glänzendes Laub. Den Blüten folgen zahlreiche, kugelförmige Hagebutten, die einen sehr hübschen Kontrast zu den späteren Blumen bilden. 'Roseromantic' eignet sich als niedrige, breitwüchsige Einfassung oder Hecke und wirkt inmitten von gleichfarbigen Zwiebelpflanzen und Stauden sehr ungezwungen. ZONEN 4–9.

KORDES, DEUTSCHLAND, 1984

SÄMLING × 'TORNADO'

BADEN-BADEN GOLDMEDAILLE 1982

'Rosette Delizy' *(unten rechts)*
ALTE R., TEEROSE, GELB+, ÖFTER BLÜHEND

Die farbenprächtigen Blüten dieser Teerose vereinen orangegelbe, apricotfarbene, ziegel- sowie karminrote Töne. Die großen, wohlgeformten, gut nachblühenden Blumen mögen manchem Betrachter grell erscheinen. In kühleren Monaten leuchten sie allerdings noch intensiver.
ZONEN 7–9.

NABONNAND, FRANKREICH, 1922

'GENERAL GALLIÉNI' × 'COMTESSE BARDI'

'Rosina'

Syn. 'Josephine Wheatcroft', 'Yellow Sweetheart'
ZWERGROSE, REIN GELB, ÖFTER BLÜHEND

Die gefüllten, duftenden Blüten dieser Zwergrose besitzen gut 15 Petalen und leuchten in gefälligem Sonnenblumengelb; am schönsten zeigt sich die klare, leuchtende Farbe in kühleren Lagen. Die zwergwüchsige, dichte, 20–30 cm hohe Pflanze trägt glänzend hellgrünes Laub und kleine Blütenbüschel. 'Rosina' ist anfällig für Sternrußtau, aber wetterfest und in mildem Klima eine beliebte Zwergrose für Einfassungen und Kübel. Diese klassische Zwergrose aus dem Kreuzungsprogramm des spanischen Rosenpioniers Pedro Dot wird stets noch gerne in Gärten kultiviert. ZONEN 4–10.

DOT, SPANIEN, 1935
'EDUARDO TODA' × 'ROULETII'

'Rosmarin '89'

KORfanto (ganz oben)
Syn. 'Rosmarin '90'
ZWERGROSE, DUNKELROSA, ÖFTER BLÜHEND

An der sehr buschigen, breitwüchsigen Zwergrose erscheinen große, wohlgeformte Büschel kräftig rosafarbener, gefüllter Blüten mit 60–70 Petalen. Die Blumen blühen fortwährend zahlreich, halten sehr lange und eignen sich für die Vase. Dicht gepflanzt bildet 'Rosmarin '89' eine schöne, niedrige Einfassung. Sie ist nicht mit der Kordes-Rose 'Rosmarin' von 1965 zu verwechseln, die noch weit verbreitet ist. ZONEN 5–9.

KORDES, DEUTSCHLAND, 1990
ELTERN UNBEKANNT

'Rosy Carpet'

INTercarp (links)
Syn. 'Matador'
STRAUCHROSE, DUNKELROSA, ÖFTER BLÜHEND

Diese Sorte bewies als eine der ersten, dass moderne Rosen einen wertvollen Beitrag zur Landschaftsgestaltung leisten. Ihre offenen, einfachen, mittelgroßen Blüten besitzen 5 dunkelrosa Petalen. Sie duften, stehen in Büscheln und blühen fortwährend bis in den Herbst. Die stets noch für flächige Pflanzungen besonders an Böschungen verwendete, sich mittelstark ausbreitende Rose trägt glänzend dunkelgrünes Laub. ZONEN 4–9.

INTERPLANT, NIEDERLANDE, 1984
'YESTERDAY' × SÄMLING

'Rosy Cheeks'
TEEHYBRIDE, ROT+, ÖFTER BLÜHEND

Die großen, duftenden, roten Blüten besitzen 35 Petalen mit gelber Rückseite. Dunkles, glänzendes, gesundes Laub erscheint an einer auch für Ausstellungszwecke geeigneten Beetsorte. ZONEN 4–9.

ANDERSON, GROSSBRITANNIEN, 1975

SÄMLING × 'GRANDPA DICKSON'

'Rosy Cushion'
INTerall   (ganz oben)
STRAUCHROSE/BODENDECKERROSE, HELLROSA, ÖFTER BLÜHEND

Der öfter blühende, gesunde Strauch kann als reich blühende Bodendeckerrose verwendet werden. Zierliche, einfache, hellrosa Blüten mit 7–8 Petalen und zartem Duft erscheinen in großen Büscheln. 'Rosy Cushion' trägt dunkelgrüne, sehr glänzende Blätter, mittelgroße Stacheln und eignet sich gut zur Flächenbegrünung.
ZONEN 4–9.

ILSINK, NIEDERLANDE, 1979

'YESTERDAY' × SÄMLING

GOLDENE ROSE VON DEN HAAG 1985, ROYAL HORTICULTURAL SOCIETY AWARD OF GARDEN MERIT 1993

'Rosy Mantle'
(oben)
GROSSBLUMIGE KLETTERROSE, REIN ROSA, ÖFTER BLÜHEND

Die großen, duftenden, gefüllten Blüten von 'Rosy Mantle' besitzen eine schöne Edelrosenform. Sie sind in einem warmen Rosaton gehalten und erscheinen regelmäßig bis in den Herbst. Das dunkle Laub passt sehr gut zu dieser für Mauern oder Säulen, aber auch für die Vase geeigneten Rose. ZONEN 4–9.

COCKER, GROSSBRITANNIEN, 1968

'NEW DAWN' × 'PRIMABALLERINA'

ROYAL NATIONAL ROSE SOCIETY TRIAL GROUND CERTIFICATE 1970

'Rote Max Graf'

KORmax *(rechts)*
Syn. 'Red Max Graf'
STRAUCHROSE, ROT

Ovale Knospen öffnen sich zu großen, einfachen, leuchtend scharlachroten Blüten mit 6 Petalen. Die sommerblühenden, etwas duftenden Blumen stehen in Büscheln. An dem äußerst kräftigen, niederliegenden, für großflächige Pflanzungen geeigneten Strauch wächst dunkles, ledriges, fast faltiges Laub.
ZONEN 4–9.

KORDES, DEUTSCHLAND, 1980
ROSA KORDESII × SÄMLING
BADEN-BADEN GOLDMEDAILLE 1981

'Rotes Meer'

Syn. 'Exception', 'Purple Pavement'
STRAUCHROSE, RUGOSA-HYBRIDE, ROT, ÖFTER BLÜHEND

Ihre duftenden, halb gefüllten, karminroten Blüten stehen meist in Büscheln. Sie blühen bis in den Herbst. Zum Saisonende hin erscheinen große rote Hagebutten. Der dichte Strauch trägt stachelige Stiele und zierliche, matt glänzende Blätter.
ZONEN 4–9.

BAUM, DEUTSCHLAND, 1983
SÄMLING VON 'WHITE HEDGE'

'Rouge Meilland'

MEImalyna *(links)*
Syn. 'New Rouge Meilland', 'Rouge Meilland 84'
TEEHYBRIDE, ROT, ÖFTER BLÜHEND

Ihre großen, roten Blüten besitzen 40 Petalen und duften kaum. An der kräftigen, aufrechten, öfter blühenden Pflanze wächst dunkles, matt glänzendes Laub.
ZONEN 4–9.

MEILLAND, FRANKREICH, 1982
(['QUEEN ELIZABETH' × 'KARL HERBST'] × 'PHARAO') × 'ANTONIA RIDGE'

'Rouletii' *(rechts)*

Syn. *Rosa rouletii* 'Correvon'

ALTE R., CHINAROSE, REIN ROSA, ETWAS NACHBLÜHEND

Diese Rose wurde von dem Schweizer Roulet in einem Balkonkasten entdeckt und von seinem Landsmann Correvon auf den Markt gebracht. In England wurde Anfang des 19. Jhs. eine ähnliche Rose mit dem Namen 'Miss Lawrance's Rose' kultiviert. Mary Lawrance war eine der ersten Blumenillustratorinnen. Bis zum späten 19. Jh. wurden viele solche Sorten kultiviert, starben jedoch mit der Einführung der Polyantharosen aus. Mit 'Rouletii' erwachte das Interesse erneut; viele der heutigen Zwergrosen sind ihre Nachkommen. Die sehr zierliche „Minizwergrose" trägt wiederholt fingernagelgroße, rosafarbene Blüten. In Fachkreisen besteht eine gewisse Uneinigkeit darüber, ob es sich um 'Pompon de Paris' handelt. ZONEN 7–9.

CORREVON, SCHWEIZ, 1922

VERMUTLICH *ROSA CHINENSIS MINIMA*

'Royal Bonica'   MEIdomac, MEImodac

Syn. 'Royal Bonnika'

STRAUCHROSE, REIN ROSA, ÖFTER BLÜHEND

Die Blüten dieses Sports von 'Bonica' ähneln denen der Ursprungssorte. Ihr kräftiges Rosa verblasst jedoch nicht so stark, sie besitzen eine größere Menge an Petalen, und die Blüten sind größer als bei 'Bonica'. Die Rose zeigt bis in den Herbst Farbe und duftet zart. 'Royal Bonica' eignet sich für Beete, Rabatten und als Hecke. Die kräftige Pflanze hat mittelgrünes, matt glänzendes Laub. ZONEN 5–9.

MEILLAND, FRANKREICH, 1994

SPORT VON 'BONICA'

BELFAST CERTIFICATE OF MERIT 1996

'Royal Bassino'   KORfungo *(unten)*

STRAUCHROSE/BODENDECKERROSE, ROT, ÖFTER BLÜHEND

Die verbesserte Form der ursprünglichen öfter blühenden Bodendeckerrose trägt scharlachrote, halb gefüllte, schwach duftende Blüten in mittelgroßen Büscheln. Sie blüht die ganze Saison über, ist sehr gesund und eignet sich für kleinere Gärten. ZONEN 4–9.

KORDES, DEUTSCHLAND, 1990

ELTERN UNBEKANNT

'Royal Gold' *(links)*
GROSSBLUMIGE KLETTERROSE, REIN GELB, ÖFTER BLÜHEND

Die großen, mit 35 Petalen stark gefüllten, goldgelben Blüten der 'Royal Gold' öffnen sich becherförmig. Sie erscheinen bis in den Herbst einzeln oder in kleinen Büscheln und duften recht fruchtig. An der kräftigen Kletterrose, die einen warmen, geschützten Standort an einer niedrigen Mauer oder Säule liebt, wächst glänzendes, sehr gesundes Laub. ZONEN 4–9.

MOREY, USA, 1957

'CLIMBING GOLDILOCKS' × 'LYDIA'

'Royal Highness' *(links)*
Syn. 'Königliche Hoheit', 'Königlicht Hoheit'
TEEHYBRIDE, HELLROSA, ÖFTER BLÜHEND

Die großen, sehr zart rosafarbenen Blüten von 'Royal Highness' mit knapp 45 Petalen besitzen eine hohe Mitte und einen intensiven Duft. Der kräftige, aufrechte Busch blüht wiederholt und trägt dunkles, glänzendes, ledriges Laub. Er eignet sich ideal für Rabatten. ZONEN 5–9.

SWIM, USA, 1962

'VIRGO' × 'GLORIA DEI'

PORTLAND GOLDMEDAILLE 1960, MADRID GOLDMEDAILLE 1962, ALL-AMERICAN ROSE SELECTION 1963, DAVID-FUERSTENBERG-PREIS DER ALL-AMERICAN ROSE SELECTION 1964

'Royal Occasion' *(links)*
Syn. 'Montana'
FLORIBUNDA, ORANGEROT, ÖFTER BLÜHEND

Lange, spitze Knospen öffnen sich bei 'Royal Occasion' zu halb gefüllten, großen, zart duftenden Blüten mit 20 orange-scharlachroten Petalen. Die aufrechte, gesunde, öfter blühende Rabattenrose trägt glänzende, kräftig grüne Blätter. ZONEN 4–9.

TANTAU, DEUTSCHLAND, 1974

'WALZERTRAUM' × 'EUROPEANA'

ADR-ROSE 1974

'Royal Salute' MACros *(rechts)*
Syn. 'Rose Baby'
ZWERGROSE, ROT, ÖFTER BLÜHEND

Ihre normalerweise rosaroten Blüten können sich in bestimmten Lagen dunkelrosa färben. Sie sind mit 30 Petalen gefüllt und stehen in Büscheln. Der reiche Flor am gut verzweigten, kräftigen, dunkelgrün belaubten Busch bietet einen atemberaubenden Anblick. In voll aufgeblühtem Zustand sind die Blüten am schönsten. 'Royal Salute' zählt zu den ersten Zwergrosen von Sam McGredy. Sie war nur in Großbritannien weit verbreitet, wo sie in Gedenken an den 25. Jahrestag der Krönung von Königin Elizabeth II. vorgestellt wurde.
ZONEN 5–10.

MCGREDY, NEUSEELAND, 1976

'NEW PENNY' × 'MARLENA'

ROYAL NATIONAL ROSE SOCIETY TRIAL GROUND CERTIFICATE 1972,
BRITISH ASSOCIATION OF ROSE BREEDERS, BREEDERS' SELECTION 1977

'Royal William' KORzaun *(oben)*
Syn. 'Duftzauber '84', 'Fragrant Charm '84', 'Leonora Christine'
TEEHYBRIDE, DUNKELROT, ÖFTER BLÜHEND

Diese außergewöhnliche Teehybride besitzt duftende, dunkelrote, samtig schimmernde Blüten. Sie enthalten 35 Petalen und blühen gut nach. Das dunkelgrüne, matt glänzende Laub des wuchsfreudigen Busches ist gesund. 'Royal William' eignet sich sehr gut für Beete. ZONEN 4–9.

KORDES, DEUTSCHLAND, 1984

'FEUERZAUBER' × SÄMLING

ROYAL NATIONAL ROSE SOCIETY TRIAL GROUND CERTIFICATE 1985, ROSE DES JAHRES 1987, ROYAL HORTICULTURAL SOCIETY AWARD OF GARDEN MERIT 1993

'Rubens' *(oben)*
ALTE R., TEEROSE, WEISS,
ETWAS NACHBLÜHEND

Ihre cremeweißen, rosafarben überhauchten Blüten zeigen eine blass goldfarbene Mitte. Die großen, gefüllten, becherförmigen Blüten erscheinen recht früh. 'Rubens' ist mehltauresistent; einziger Makel sind leicht hängende Köpfe. **ZONEN 7–9.**

ROBERT & MOREAU, FRANKREICH, 1859

ELTERN UNBEKANNT

'Ruby Anniversary' *(oben)*
HARbonny
FLORIBUNDA, ROT,
ÖFTER BLÜHEND

Der sehr reich blühende, niedrige Busch bildet bis in den Herbst rubinrote, gefüllte, kleine Blüten in mittelgroßen Büscheln. Sie duften schwach. 'Ruby Anniversary' eignet sich sehr gut für Kübel, kleine Rabatten und niedrige Hecken; das glänzende Laub dieser Floribundarose wirkt eher zierlich. **ZONEN 4–9.**

HARKNESS, GROSSBRITANNIEN, 1993

ELTERN UNBEKANNT

BELFAST GOLDMEDAILLE 1995, ROYAL NATIONAL ROSE SOCIETY CERTIFICATE OF MERIT 1995

'Ruby Wedding' *(links)*
TEEHYBRIDE, DUNKELROT,
ÖFTER BLÜHEND

Diese ansehnliche Beetrose trägt große, kräftig rote Blüten mit 45 Petalen. Sie erscheinen wiederholt, duften aber nur schwach. Der Busch ist etwas breitwüchsig. **ZONEN 4–9.**

GREGORY, GROSSBRITANNIEN, 1979

'MAYFLOWER' × SÄMLING

'Rugelda' KORruge
(oben)
STRAUCHROSE, RUGOSA-HYBRIDE, GELB+, ÖFTER BLÜHEND

Der wuchsfreudige Strauch, der als Einzelpflanze oder als Gruppe verwendet werden kann, trägt mittelgrünes, faltiges Laub. Er bildet hellgelbe, gefüllte Blüten mittlerer Größe mit 25 Petalen. Sie duften kaum.
ZONEN 4–9.

KORDES, DEUTSCHLAND, 1992
ELTERN UNBEKANNT
ADR-ROSE 1992

'Rugosa Magnifica'
STRAUCHROSE, RUGOSA-HYBRIDE, MAUVE, ÖFTER BLÜHEND

Die rötlich lavendelfarbenen Blüten duften. Sie sind gefüllt, zeigen aber dennoch ihre goldfarbenen Staubgefäße. Im Herbst bilden sich orangerote Hagebutten. Die breitwüchsige Pflanze ist sehr winterhart.
ZONEN 5–10.

VAN FLEET, USA, 1905
ELTERN UNBEKANNT

'Rumba' *(oben)*
Syn. 'Rhumba'
FLORIBUNDA, ROT+, ÖFTER BLÜHEND

Die äußerst üppig blühende Floribundarose trägt große Büschel kleiner bis mittelgroßer, becherförmiger, rötlicher Blüten mit gelber Mitte. 'Rumba' wird mittelhoch, blüht wiederholt und duftet leicht würzig. Das ledrige Laub der gesunden, kräftigen, buschigen Pflanze glänzt dunkel. **ZONEN 4–9.**

POULSEN, DÄNEMARK, 1960
'MASKERADE' × ('POULSEN'S BEDDER' × 'FLORADORA')
NATIONAL ROSE SOCIETY CERTIFICATE OF MERIT 1959

'Ruskin' *(oben)*
Syn. 'John Ruskin'
STRAUCHROSE, RUGOSA-HYBRIDE, DUNKELROT

Diese große Rugosa-Hybride besitzt kräftig karminrote, gefüllte Blüten mit 50 Petalen und einem angenehmen Duft. Die Nachblüte der becherförmigen, großen Blumen ist zweifelhaft. An der kräftigen, buschigen, 1,5 m hohen Pflanze wachsen große, kräftig grüne, ledrige Blätter. Sie eignet sich für Solitär- oder Heckenpflanzungen.
ZONEN 4–9.
VAN FLEET, USA, 1928
'SOUVENIR DE PIERRE LEPERDRIEUX' × 'VICTOR HUGO'

'Rush' LENmobri
(oben)
STRAUCHROSE, ROSA+, ÖFTER BLÜHEND

Buschiger Strauch, bis in den Herbst hinein einfache Blüten mit 5 Petalen in Büscheln von bis zu 30 Stück. Rosafarben mit weißem Auge, fruchtiger Duft. Aufrechter Wuchs, blassgrünes, gesundes Laub. ZONEN 4–9.
LENS, BELGIEN, 1983
('BALLERINA' × 'BRITANNIA') × *ROSA MULTIFLORA*
LYON ROSE DU SIÈCLE 1982, MONZA GOLDMEDAILLE 1982, ROM GOLDMEDAILLE 1982, BAGATELLE GOLDMEDAILLE 1986, DEN HAAG GOLDMEDAILLE 1988

'Russelliana' (rechts)
Syn. 'Old Spanish Rose',
'Russell's Cottage Rose',
'Scarlet Grevillea',
'Souvenir de la Bataille
de Marengo'
ALTE R., RAMBLERROSE, MAUVE

Ihre dunkelvioletten Blüten verblassen zu Mauve. Sie sind gut gefüllt, schalenförmig und stehen in Büscheln. Das Laub der kräftigen, sehr hohen Sorte ist recht rau. ZONEN 5–9.

VOR 1837
VERMUTLICH ROSA MULTIFLORA-HYBRIDE × R. SETIGERA

'Rustica' MEIvilanic (rechts)
Syn. 'Stadt Basel',
'Ville de Bâle'
FLORIBUNDA, GELB+,
ÖFTER BLÜHEND

Sehr lange Knospen öffnen sich zu gelb-pfirsichfarbenen Blüten mit bräunlich gelb-orangefarbener Rückseite. Die becherförmigen, mit 35 Petalen gefüllten, zart duftenden Blumen stehen meist in Büscheln bis zu 14 Stück. Die teilweise niederliegende Pflanze hat dunkles, matt glänzendes Laub. ZONEN 4–9.

MEILLAND, FRANKREICH, 1981
('QUEEN ELIZABETH' × SÄMLING) × 'SWEET PROMISE'

'Ruth Leuwerik'
FLORIBUNDA, ROT,
ÖFTER BLÜHEND

Die stets noch beliebte Rose trägt Büschel großer, leuchtend roter, mit 30 Petalen gefüllter Blüten von intensivem Duft. An der gesunden, wuchsfreudigen, buschigen Pflanze wächst bronzefarbenes Laub. ZONEN 4–9.

DE RUITER, NIEDERLANDE, 1961
'KÄTHE DUVIGNEAU' × 'ROSEMARY ROSE'

NATIONAL ROSE SOCIETY TRIAL GROUND CERTIFICATE 1960

'Sachsengruß' *(rechts)*
Syn. 'Saxon's Greeting', 'Tendresse'
ALTE R., REMONTANTROSE, HELLROSA, ETWAS NACHBLÜHEND

Die wohlgeformten, sehr großen Blüten dieser Rose sind zart fleischrosafarben. 'Sachsengruß' ist von besonders wuchsfreudiger Gestalt. **ZONEN 5–9.**

NEUBERT, DEUTSCHLAND, 1912
'FRAU KARL DRUSCHKI' × 'MME JULES GRAVEREAUX'

'Sadlers Wells' *(ganz oben)*
STRAUCHROSE, ROSA+, ÖFTER BLÜHEND

Die üppig blühende Strauchrose, die von einer Moschata-Hybriden abstammt, hat immer noch ihre Bewunderer. Die halb gefüllten Blüten, die in großen Büscheln erscheinen, sind silbrig rosa mit kirschrot und duften süßlich. Das robuste Laub bedeckt einen Busch von mäßigem Wuchs. Die Blüten erscheinen kontinuierlich und kommen besonders in Rabatten zur Geltung. In der Vase bleiben sie lange frisch. **ZONEN 4–9.**

BEALES, GROSSBRITANNIEN, 1983
'PENELOPE' × 'ROSE GAUJARD'

'Safrano' *(rechts)*
ALTE R., TEEROSE, APRICOT+, ETWAS NACHBLÜHEND

'Safrano' zählt zu den ältesten Teerosen und verdient aufgrund ihrer „Entstehung" eine gewisse Beachtung. Sie entstammt nämlich einer künstlichen Bestäubung, was Mitte des 19. Jh. völlig neu war. Die großen, duftenden, halb gefüllten Blüten sind apricotfarben oder safrangelb und werden gerne als Ansteckrose verwendet. Die Pflanze bringt mehrmals im Jahr Blüten hervor und ist wetterfest, braucht aber ein mildes, warmes Klima. 'Safrano' muss vor greller Sonne geschützt werden, da ihre Blüten sonst verblassen. **ZONEN 7–9.**

BEAUREGARD, FRANKREICH, 1839

'PARKS' YELLOW' × 'MME DESPREZ'

'St Cecelia' AUSmit *(oben)*
STRAUCHROSE, GELB+, ÖFTER BLÜHEND

Rundlichen Knospen folgen becherförmige Blüten in einem Ton zwischen einem rötlichen Rosa und hellem Apricot. Beim Verblühen verblassen sie zu einem Cremeton und duften stark nach Myrrhe. Bis in den Herbst erscheinen sie einzeln oder zu 3–12 in Büscheln, umrahmt von kleinen, matten, mittelgrünen Blättern. 'St Cecelia' muss vor Mehltau und Rosenrost geschützt werden. Sie zählt auch zu den Englischen Rosen. **ZONEN 5–10.**

AUSTIN, GROSSBRITANNIEN, 1987

'WIFE OF BATH' × SÄMLING

'St Nicholas' *(oben)*
ALTE R., DAMASZENERROSE, DUNKELROSA

Dieser aufrecht wachsende, kräftige Strauch hat graugrüne Triebe mit zahlreichen, scharfen, hakenförmig gebogenen Stacheln; er trägt mittel- bis dunkelgrünes Laub, das die unteren Zweige nur spärlich bedeckt. Die spitzen Knospen mit federartigen Kelchblättern entfalten sich zu halb gefüllten, 6,5 cm großen Blüten mit goldgelben Staubgefäßen. Sie duften und sind silbrig dunkelrosa; später verblasst ihre Farbe zu einem leichten Rosa. Sie sitzen in gut gefüllten Büscheln zusammen und blühen im Juni. Verblühtes sollte nicht entfernt werden, da im Herbst sehr dekorative rote Hagebutten gebildet werden. **ZONEN 5–10.**

JAMES, GROSSBRITANNIEN, 1950
VERMUTLICH DAMASZENERROSE × GALLICA-ROSE

'St Patrick'
WEKamanda *(unten)*
TEEHYBRIDE, GELB+, ÖFTER BLÜHEND

Die goldgelben Blüten sind außen grünlich gefärbt, mit 30–35 Blütenblättern dicht gefüllt und klassisch hochgebaut. Allerdings benötigen sie die Sommerhitze, um sich in Farbe und Form von ihrer besten Seite zu zeigen. Das dichte Laub ist mittelgrün und gesund. 'St Patrick' stammt von zwei großen Ausstellungsrosen ab und gehört zu den wenigen Sorten, die von einem Amateur gezüchtet wurden und dennoch höchste Auszeichnungen gewannen. **ZONEN 5–11.**

STRICKLAND, USA, 1995
'BRANDY' × 'GOLD MEDAL'
ALL-AMERICAN ROSE SELECTION 1996

'St Swithun' AUSwith
(rechts)
STRAUCHROSE, HELLROSA, ÖFTER BLÜHEND

Die großen, duftenden, blassrosafarbenen Blüten von 'St Swithun' sind mit 40 Petalen dicht gefüllt. Sie sitzen in üppigen kleinen Büscheln zusammen und blühen beinahe unaufhörlich. Das dichte Laub ist mittelgrün, mattglänzend und ziert eine buschig wachsende Pflanze. 'St Swithun' wird zu den Englischen Rosen gezählt. ZONEN 5–10.

AUSTIN, GROSSBRITANNIEN, 1993
('MARY ROSE' × 'CHAUCER') × 'C. F. MEYER'

'Salet' *(rechts)*
ALTE R., MOOSROSE, REIN ROSA, ETWAS NACHBLÜHEND

Der dichte und kräftige Strauch wird über 1 m hoch und gedeiht fast auf allen Böden. Die Triebe sind mäßig bewehrt und spärlich mit hellem, rötlichen Moos überzogen. Die Knospen sind ebenfalls bemoost, jedoch nicht übermäßig; sie entfalten sich zu leuchtend rosafarbenen Blumen mit zahlreichen, gerieften, schmalen Blütenblättern, die etwas zerzaust wirken und oft ein Auge haben. Sie sind mehr als 6,5 cm groß, duften sehr stark und erscheinen für eine Alte Rose relativ oft einzeln oder in kleinen Büscheln vom Hochsommer bis zum Winteranfang. Die weichen Blätter sind schmal und leuchtend grün. ZONEN 5–10.

LACHARMÉ, FRANKREICH, 1854
ELTERN UNBEKANNT

'Salita' KORmorlet
GROSSBLUMIGE KLETTERROSE, ORANGE+, ÖFTER BLÜHEND

'Salita' trägt Büschel mit hellorangefarbenen, mittelgroßen Blüten, die aber nur relativ schwachen Duft verbreiten. Die Sorte ist eine nur mäßig hohe Kletterrose, die jedoch an Mauern oder Säulen sehr eindrucksvoll aussieht. ZONEN 4–9.

KORDES, DEUTSCHLAND, 1987
ELTERN UNBEKANNT

'Sally Holmes'
(ganz oben)
STRAUCHROSE, WEISS, ÖFTER BLÜHEND

Diese außerordentlich beliebte, mittelgroße Strauchrose bringt große, weit offene, cremeweiße Blüten mit nur 5 Petalen hervor, die einen lieblichen Duft verströmen. Große, glänzende, dunkelgrüne Blätter bedecken die geraden, aufrechten Triebe. Wenn die Pflanze leicht geschnitten wird, wächst sie zu einem wohlgeformten Strauch von mehr als 1,8 m Höhe. ZONEN 4–9.

HOLMES, GROSSBRITANNIEN, 1976
'IVORY FASHION' × 'BALLERINA'
ROYAL NATIONAL ROSE SOCIETY TRIAL GROUND CERTIFICATE 1975, BELFAST CERTIFICATE OF MERIT 1979, BADEN-BADEN GOLDMEDAILLE 1980, GLASGOW DUFTPREIS 1993, PORTLAND GOLDMEDAILLE 1993

'Samantha' JACanth, JACmantha *(oben)*
TEEHYBRIDE, ROT, ÖFTER BLÜHEND

Die mittelgroßen, roten Blüten dieser Rose sind hochgebaut, wohlgeformt und verströmen einen schwachen Duft. 'Samantha' ist eine wuchsfreudige, buschige Sorte mit dunkelgrünem, ledrigem Laub, die unermüdlich Blüten bildet. Sie eignet sich gut für Beete, ist aber auch ausstellungstauglich. ZONEN 4–9.

WARRINER, USA, 1974
'BRIDAL PINK' × SÄMLING

'Sander's White Rambler' *(rechts)*
RAMBLERROSE, WEISS

Die Ramblerrose, die eine gewisse Ähnlichkeit mit *Rosa wichuraiana* aufweist, trägt kleine, weiße, halb gefüllte, rosettenförmige Blüten, die in großen Rispen zusammensitzen. Sie haben einen fruchtigen Duft. Das zierliche Laub ist leuchtend grün und glänzend. Obwohl diese Rose spät und nur einmal im Jahr (Ende Juni oder Anfang Juli) blüht, ist sie eine der zuverlässigsten und besten Ramblerrosen. Sie kann auch als Bodendecker verwendet werden. **ZONEN 5–9.**

WAHRSCHEINLICH AUS BELGIEN, EINGEFÜHRT VON SANDER, GROSSBRITANNIEN, 1912

ELTERN UNBEKANNT

ROYAL HORTICULTURAL SOCIETY AWARD OF GARDEN MERIT 1993

'Sandra' SandKOR *(rechts)*
TEEHYBRIDE, ORANGEROSA, ÖFTER BLÜHEND

Die rein lachsfarbenen Blüten sind hochgebaut und mit 35 Petalen gefüllt. Sie verströmen einen schwachen Duft, zieren eine aufrechte, buschige Pflanze und erscheinen unermüdlich. 'Sandra' ist eine beliebte Schnittrose. **ZONEN 4–9.**

KORDES, DEUTSCHLAND, 1981

'MERCEDES' × SÄMLING

'Sangerhausen'
STRAUCHROSE, DUNKELROSA, ÖFTER BLÜHEND

Die großen, dunkel rosafarbenen, halb gefüllten Blüten duften nur schwach. Der mittelhohe Strauch trägt große, ledrige, faltige Blätter. Er eignet besonders gut als Solitär, kommt aber auch als Gruppe in Rabatten sehr wirkungsvoll zur Geltung. **ZONEN 4–9.**

KORDES, DEUTSCHLAND, 1938

'INGAR OLSSON' × 'EVA'

'Santa Catalina' *(links)*
KLETTERROSE, HELLROSA, ÖFTER BLÜHEND

Diese Kletterrose trägt Büschel mit hell rosafarbenen, halb gefüllten Blüten, die sich aus ca. 20 Petalen zusammensetzen. Gelegentlich sind sie in einem etwas dunkleren Rosa überhaucht. Die mittelgroßen Blumen duften nur schwach. **ZONEN 4–9.**

MCGREDY, GROSSBRITANNIEN, 1970

'PADDY MCGREDY' × 'HEIDELBERG'

'Santana' TANklesant *(links)*
GROSSBLUMIGE KLETTERROSE, ROT, ÖFTER BLÜHEND

'Santana' bringt einfarbig rote, halb gefüllte Blüten mit 20 Petalen hervor. Die Blühfreudigkeit und -dauer sind groß, aber die Blüten haben leider nur einen sehr schwachen Duft. Das Laub ist mittelgrün, glänzend und bedeckt eine hohe Pflanze, die sich für Pergolen, Mauern und Säulen recht gut eignet. **ZONEN 4–9.**

TANTAU, DEUTSCHLAND, 1985

ELTERN UNBEKANNT

'Sarabande' MEIhand, MEIrabande *(rechts)*
FLORIBUNDA, ORANGEROT, ÖFTER BLÜHEND

Die schwach duftenden, mit 13 Petalen halb gefüllten Blüten dieser Rose sind leuchtend orangerot, öffnen sich schalenförmig und erscheinen in Büscheln. Sie zieren eine niedrige Pflanze mit matt glänzendem Laub. 'Sarabande' ist eine der berühmten Rosen aus dem Hause Meilland. **'Climbing Sarabande'** (MEIhandsar; Meilland, Frankreich, 1968; Japan Goldmedaille 1968) ist die perfekte Rose für Säulen und Pergolen, macht sich aber auch an einer sonnenbeschienenen Mauer recht gut. ZONEN 4–9.

MEILLAND, FRANKREICH, 1957

'COCORICO' × 'MOULIN ROUGE'

BAGATELLE GOLDMEDAILLE 1957, GENF GOLDMEDAILLE 1957, ROM GOLDMEDAILLE 1957, PORTLAND GOLDMEDAILLE 1958, ALL-AMERICAN ROSE SELECTION 1960

'Sarah Arnot'
(rechts)
TEEHYBRIDE, REIN ROSA, ÖFTER BLÜHEND

Die Blüten von 'Sarah Arnot' zeigen einen warmen Rosaton. Sie sind mit 25 Petalen gefüllt, hochgebaut und verströmen einen wunderbaren Duft. Das Laub ist ledrig und bedeckt eine wuchsfreudige, aufrechte Pflanze. Eine zuverlässige Beet- und Ausstellungsrose. ZONEN 4–9.

CROLL, GROSSBRITANNIEN, 1957

'ENA HARKNESS' × 'GLORIA DEI'

GOLDMEDAILLE DER NATIONAL ROSE SOCIETY 1957

'Sarah van Fleet' *(rechts)*
STRAUCHROSE, RUGOSA-HYBRIDE, REIN ROSA, ÖFTER BLÜHEND

Die fliederrosafarbenen, offenen, mittelgroßen Blüten dieser Rose sitzen in kleinen Büscheln. Der stark bestachelte, äußerst wuchskräftige Strauch ist ziemlich blühfreudig. Ihre aufrechte Gestalt lässt die Rose besonders im hinteren Bereich einer Rabatte oder als Einzelpflanze gut zur Geltung kommen. 'Sarah van Fleet' trägt mattgrünes Laub, das anfällig für Mehltau ist und im Herbst Rostpilze anzieht. Sie duftet fast gar nicht und bildet auch keine Hagebutten, was für eine Rugosa-Hybride ungewöhnlich ist. Mit ihren vielen Stacheln bildet sie eine schützende, undurchdringliche Hecke. **ZONEN 4–9.**

VAN FLEET, USA, 1926

ANGEGEBEN ALS *ROSA RUGOSA* × 'MY MARYLAND'

'Saratoga' *(unten)*
FLORIBUNDA, WEISS, ÖFTER BLÜHEND

'Saratoga' besitzt ovale Knospen, die sich zu großen, weißen, büschelblütigen Blumen entfalten und lieblich duften. Die gefüllten, etwa 10 cm großen Blüten haben 30 Petalen und erinnern an Gardenien. Die niedrige Floribundarose ist wuchsfreudig, buschig und trägt glänzendes, ledriges Laub. Geeignet als Beet- oder Hochstammrose. **ZONEN 4–9.**

BOERNER, USA, 1963

'WHITE BOUQUET' × 'PRINCESS WHITE'
ALL-AMERICAN ROSE SELECTION 1964

'Satchmo' *(rechts)*
FLORIBUNDA, ORANGEROT, ÖFTER BLÜHEND

Die leuchtend scharlachroten, mit 25 Petalen gefüllten Blüten erscheinen in kleinen Büscheln und duften nur schwach. Das Laub ist dunkelgrün, ledrig und bedeckt eine buschige, sehr blühfreudige Pflanze. Sie eignet sich als Beetrose, beeindruckt aber auch als Hochstammrose. Benannt wurde 'Satchmo' nach dem Spitznamen des großen Jazzmusikers Louis Armstrong. ZONEN 4–9.

MCGREDY, GROSSBRITANNIEN, 1970
'IRISH WONDER' × 'DIAMANT'
GOLDENE ROSE VON DEN HAAG 1975

'Savoy Hotel' HARvintage *(rechts)*
Syn. 'Integrity', 'Vercors', 'Violette Niestlé'
TEEHYBRIDE, HELLROSA, ÖFTER BLÜHEND

Die großen, hell rosafarbenen Blüten von 'Savoy Hotel' sind hochgebaut, unterseits dunkler und besitzen einen schwachen Duft. Die blühfreudige, buschige Rose wird mittelhoch und trägt dunkelgrünes, matt glänzendes, robustes Laub. Sie ist eine hervorragende Beetrose und macht sich als Gruppenpflanze in gemischten Rabatten besonders gut. ZONEN 4–9.

HARKNESS, GROSSBRITANNIEN, 1989
'SILVER JUBILEE' × 'PRINZ EUGEN VON SAVOYEN'
DUBLIN GOLDMEDAILLE 1988, BUNDESGARTENSCHAU DORTMUND GOLDMEDAILLE 1991, ROYAL HORTICULTURAL SOCIETY AWARD OF GARDEN MERIT 1994, PORTLAND GOLDMEDAILLE 1998

'Scabrosa' *(oben)*
Syn. *Rosa rugosa scabrosa*, 'Rugosa Superba', 'Superba'
STRAUCHROSE, RUGOSA-HYBRIDE, MAUVE, ÖFTER BLÜHEND

Diese Rose bringt große, mauverosafarbene, einfache Blüten mit nur 5 Petalen hervor. Die Blumen sitzen in kleinen Büscheln zusammen und schmücken die Pflanze reichlich während der ganzen Saison. Ihr Duft erinnert an Gartennelken. 'Scabrosa' trägt hellgrünes Laub, und im Herbst werden große, runde, rote Hagebutten produziert.
ZONEN 4–9.

VON HARKNESS EINGEFÜHRT, GROSSBRITANNIEN, 1950

ELTERN UNBEKANNT

ROYAL HORTICULTURAL SOCIETY AWARD OF GARDEN MERIT 1993

'Scarlet Gem' MEIdo *(rechts)*
Syn. 'Scarlet Pimpernel'
ZWERGROSE, ORANGEROT, ÖFTER BLÜHEND

Ovale Knospen entfalten sich zu orange-scharlachroten Blüten mit 60 Petalen. Sie duften jedoch nur schwach. Die zahlreichen Blütenblätter sorgen dafür, dass die Blüten ihre Form lange behalten. Das Laub ist glänzend dunkelgrün und bedeckt einen zwergwüchsigen, kompakten Busch, der 30 cm hoch wird. Die wuchsfreudige Pflanze kommt mit ihrer Blütenfarbe und den dekorativen Blättern in einer Rabatte oder in einem Kübel am besten zur Geltung. **ZONEN 5–10.**

MEILLAND, FRANKREICH, 1961

('MOULIN ROUGE' × 'FASHION') × ('PERLA DE MONTSERRAT' × 'PERLA DE ALCAÑADA')

'Scarlet Knight' MEIelec *(rechts)*
Syn. 'Samourai'
TEEHYBRIDE, ROT, ÖFTER BLÜHEND

Die karmin-scharlachroten, gefüllten Blüten sind becherförmig und duften schwach. Die wuchsfreudige Teehybride ist von dunklem, ledrigem Laub bedeckt; insgesamt wächst sie aufrecht und buschig und ist eine hervorragende Beetrose. **'Climbing Scarlet Knight'** (Syn. 'Climbing Samourai'; Jack, Australien, 1972) eignet sich besonders für Mauern und Säulen. **ZONEN 4–9.**

MEILLAND, FRANKREICH, 1966

('ROUGE MEILLAND' × 'KORDES' SONDERMELDUNG') × 'SUTTER'S GOLD'
MADRID GOLDMEDAILLE 1966

'Scarlet Meidiland' MEIkrotal *(rechts)*
Syn. 'Scarlet Meillandécor'
STRAUCHROSE, ROT, ÖFTER BLÜHEND

Die kleinen, hell kirschroten Blüten sind auf der Unterseite dunkel karminrosa gefärbt. Sie sind mit 20 Petalen halb gefüllt, duften kaum und erscheinen in großen Büscheln. Die niedrige, sich ausbreitende Pflanze trägt dunkelgrüne, mittelgroße Blätter. Bestens geeignet für Landschaftsanpflanzungen, als Bodendecker, zum Bewachsen von niedrigen Mauern und für Ampeln. **ZONEN 4–9.**

MEILLAND, FRANKREICH, 1987

MEITIRACA × 'CLAIR MATIN'
FRANKFURT/MAIN GOLDMEDAILLE 1989

'Scarlet Queen Elizabeth' DICel
(links)
**FLORIBUNDA, ORANGEROT,
ÖFTER BLÜHEND**

Dies ist kein Sport von 'Queen Elizabeth', sondern eine Tochterpflanze. Die Floribundarose trägt Büschel mit mittelgroßen, flammend roten Blüten, die köstlich duften. Dunkelgrünes, außerordentlich robustes Laub. Sehr blühfreudig.
ZONEN 4–9.

DICKSON, GROSSBRITANNIEN, 1963
('KORONA' × SÄMLING) × 'QUEEN ELIZABETH'
NATIONAL ROSE SOCIETY TRIAL GROUND CERTIFICATE 1963, GOLDENE ROSE VON DEN HAAG 1973

'Scented Air' *(links)*
**FLORIBUNDA, ORANGEROSA,
ÖFTER BLÜHEND**

Diese ausgezeichnete Beetrose besitzt einen lieblichen Duft. Ihre Blüten sind groß, gefüllt und lachsrosafarben getönt. Sie sitzen in kleinen Büscheln und bedecken eine blühfreudige, mittelhohe und buschige Pflanze mit großen, robusten Blättern.
ZONEN 4–9.

DICKSON, GROSSBRITANNIEN, 1965
SÄMLING VON 'SPARTAN' × 'QUEEN ELIZABETH'
ROYAL NATIONAL ROSE SOCIETY CERTIFICATE OF MERIT 1965, BELFAST GOLDMEDAILLE 1967, GOLDENE ROSE VON DEN HAAG 1971

'Scentimental' WEKplapep *(oben)*
FLORIBUNDA, ROT+, ÖFTER BLÜHEND

Die buschige, reich blühende und wuchsfreudige Floribundarose trägt großes, robustes, üppiges Laub. Die rosa und rot gestreiften Blüten duften zart. **ZONEN 4–9.**

CARRUTH, USA, 1996

'CHEERIO' × 'PEPPERMINT TWIST'

ALL-AMERICAN ROSE SELECTION 1997

'Scepter d'Isle' AUSland *(oben)*
STRAUCHROSE, HELLROSA, ÖFTER BLÜHEND

Diese Rose gehört auch zu den Englischen Rosen. Sie trägt große, gefüllte Blüten von hellem Rosa mit einem herrlichen Duft. Eine strauchige Pflanze für große Rabatten. **ZONEN 4–9.**

AUSTIN, GROSSBRITANNIEN, 1996

ABSTAMMUNG UNBEKANNT

'Scharlachglut' *(oben)*
Syn. 'Scarlet Fire', 'Scarlet Glow'
STRAUCHROSE, GALLICA-HYBRIDE, DUNKELROT

Die leuchtend scharlach-karminroten Blüten dieses wuchs- und blühfreudigen Strauchs sind groß, weit geöffnet und halb gefüllt. Im Herbst werden große, orangerote, runde Hagebutten gebildet. Das üppige Laub ist dunkelgrün und robust. Obwohl sie nur einmal blüht, eignet sich die Rose sehr gut als Einzelpflanze, als Gruppe oder für große Rabatten. **ZONEN 4–9.**

KORDES, DEUTSCHLAND, 1952
'POINSETTIA' × *ROSA GALLICA* 'ALIKA' ODER 'SPLENDENS'
ROYAL HORTICULTURAL SOCIETY AWARD OF GARDEN MERIT 1993

'Schneewalzer' TANrezlaw *(rechts)*
Syn. 'Snow Waltz'
GROSSBLUMIGE KLETTERROSE, WEISS

Ovale Knospen öffnen sich zu großen, gefüllten, weißen Blüten mit klassisch hoher, cremefarben überhauchter Mitte; voll erblüht rollen sich die äußeren Petalen nach hinten. Die Blüten sitzen einzeln oder in kleinen Büscheln vor mittelgrünem Laub auf einer aufrechten, 2,5 m hohen Pflanze. **ZONEN 5–10.**

TANTAU, DEUTSCHLAND, 1987
ELTERN UNBEKANNT

'Schneezwerg'
(rechts)
Syn. 'Snow Dwarf',
'Snowdwarf'
STRAUCHROSE, RUGOSA-HYBRIDE,
WEISS, ÖFTER BLÜHEND

Die schneeweißen Blüten mit goldgelben Staubgefäßen sind halb gefüllt, wetterfest und erscheinen unermüdlich während der gesamten Saison zu 3–10 in kleinen Büscheln, die wiederum auf kräftigen Stielen sitzen. Das glänzende, krankheitsfeste Laub, das an die Blätter einer Rugosa-Rose erinnert, bedeckt eine wuchsfreudige, ausladende, aber gut verzwegte Pflanze von nur etwa 1 m Höhe. Wenn man Verblühtes am Strauch belässt, bilden sich im Herbst attraktive orangefarbene Hagebutten. ZONEN 4–10.

LAMBERT, DEUTSCHLAND, 1912

VERMUTLICH *ROSA RUGOSA* × POLYANTHA-HYBRIDE

ROYAL HORTICULTURAL SOCIETY AWARD OF GARDEN MERIT 1993

'Schoener's Nutkana' *(oben)*
STRAUCHROSE, REIN ROSA

Die duftenden, einfachen Blüten dieser Strauchrose sind rein kirschblütenrosa und erreichen eine Höhe von 10 cm. Das Laub ist mittelgrün, die Triebe sind nahezu stachellos. Charakteristisch sind die überhängenden Triebe an einem wuchsfreudigen Busch, der nicht ganz 2 m hoch und 1 m breit wird. Diese winterharte Rose gedeiht auch auf nährstoffärmeren Böden im Halbschatten. ZONEN 4–10.

SCHOENER, USA, 1930

ROSA NUTKANA × 'PAUL NEYRON'

'Schoolgirl' *(links)*
GROSSBLUMIGE KLETTERROSE, APRICOT+, ÖFTER BLÜHEND

Die großen, apricot bis orange getönten Blüten dieses spärlich belaubten Climbers verströmen einen starken Duft und sind regenfest. 'Schoolgirl' wächst ausladend, wird bis 3 m hoch und gedeiht auf nahezu jedem Boden.
ZONEN 5–10.
MCGREDY, GROSSBRITANNIEN, 1964
'CORAL DAWN' X 'BELLE BLONDE'

'Schwarze Madonna'
KORschwama *(links)*
Syn. 'Barry Fearn', 'Black Madonna'
TEEHYBRIDE, DUNKELROT, ÖFTER BLÜHEND

Die sehr dunkelkarminrote Rose besitzt klassische Blütenform, duftet aber nur recht schwach. Das robuste Laub bedeckt eine mäßig wüchsige Rose, die sich für Beete eignet, aber auch als Schnittrose außerordentlich beliebt ist.
ZONEN 4–9.
KORDES, DEUTSCHLAND, 1992
ELTERN UNBEKANNT

'Scorcher'

(unten)
GROSSBLUMIGE KLETTERROSE, DUNKELROT

Die Farbe der schwach duftenden Blüten kann von leuchtendem Scharlach-karminrot über ein dunkles Erdbeerrot bis zu Kirschrot variieren. Der frühe Flor ist herrlich, findet leider aber auch nur einmal statt. Die Blumen sind halb gefüllt und 10 cm groß. Große, faltige Blätter zieren eine wuchsfreudige Pflanze, die über 3 m hoch wird. Diese Rose des bekannten australischen Züchters Clark ist trotz später eingeführter Sorten wie 'Altissimo' oder 'Danse du Feu' in seiner Heimat immer noch sehr beliebt. **ZONEN 5–10.**

CLARK, AUSTRALIEN, 1922
'MME ABEL CHATENAY' × SÄMLING

'Sea Foam'

(oben)
STRAUCHROSE, WEISS, ÖFTER BLÜHEND

Die Blüten dieser Strauchrose sind weiß bis cremefarben und erscheinen in kleinen Büscheln. Sie sind gefüllt und verbreiten einen wunderbaren Duft. Die Blätter sind klein, glänzend dunkelgrün und bedecken eine sehr wuchsfreudige Pflanze, die sich auch als kleine Kletterrose oder als Bodendecker verwenden lässt. Ihre Triebe werden selten länger als 1 m, was für eine echte Kletterrose nicht gerade ausreicht; als Kaskadenrose auf Hochstamm mit herabhängenden Trieben sieht 'Sea Foam' dann jedoch hervorragend aus. Aufgrund der wetterempfindlichen Blüten ist diese Strauchrose eher für wärmere, niederschlagsärmere Gegenden geeignet. Eine zweite Sorte mit dem Synonym 'Sea Foam' wurde 1919 von William Paul auf den Markt gebracht; angeblich soll es sich dabei um einen Sämling von 'Mermaid' handeln. **ZONEN 5–11.**

SCHWARTZ, USA, 1964
(['WHITE DAWN' × 'ROSENMÄRCHEN'] × ['WHITE DAWN' × 'ROSENMÄRCHEN']) × ('WHITE DAWN' × 'ROSENMÄRCHEN')

ROM GOLDMEDAILLE 1963, DAVID-FUERSTENBERG-PREIS DER AMERICAN ROSE SOCIETY 1968

'Sea Pearl' *(rechts)*
Syn. 'Flower Girl'
FLORIBUNDA, ROSA+, ÖFTER BLÜHEND

Die langen, spitzen Knospen dieser Rose öffnen sich zu zartrosa wohlgeformten Blüten, die unterseits gelb gefärbt sind. Sie werden 10–12 cm groß, sind mit 25 Petalen halb gefüllt und erscheinen zu fünf oder mehreren Einzelblüten in Dolden, die auf kräftigen, geraden Stielen sitzen. Anfangs besitzen sie noch eine typische Edelrosenform, öffnen sich aber später weit, die Petalen verändern ihre Farbe zu einer Mischung aus Orange und Lachsrosa; unterseits sind sie pfirsichrosafarben. Leider verblasst die Farbe beim Verblühen. Die Blüten sind regenfest, vertragen aber grelles Sonnenlicht nur schlecht, weil die herrlichen Rosatöne dann noch schneller ausbleichen. Das Laub ist dunkelgrün und bedeckt einen hohen, aufrechten Busch. ZONEN 4–10.

DICKSON, GROSSBRITANNIEN, 1964
'KORDES' PERFECTA' × 'MONTEZUMA'
ROYAL NATIONAL ROSE SOCIETY CERTIFICATE OF MERIT 1964, BELFAST FRIZZELL AWARD 1966

'Seagull'
RAMBLERROSE, MULTIFLORA-HYBRIDE, WEISS

Diese wüchsige Ramblerrose besitzt rein weiße, kaum halb gefüllte Schalenblüten, die ihre goldgelben Staubgefäße relativ früh enthüllen. Die Blumen sitzen in Büscheln zusammen und verströmen den typischen Multiflora-Duft. 'Seagull' und 'Thalia', die beide 1895 aus *Rosa multiflora* gezüchtet wurden, galten lange als die besten weißen Rambler, ehe es Sorten gab, die weniger anfällig für Mehltau sind. ZONEN 4–10.

PRITCHARD, GROSSBRITANNIEN, 1907
ROSA MULTIFLORA × 'GÉNÉRAL JACQUEMINOT'
ROYAL HORTICULTURAL SOCIETY AWARD OF GARDEN MERIT 1993

'Sealing Wax'
(rechts)
Syn. *Rosa moyesii*
'Sealing Wax'
STRAUCHROSE, MOYESII-HYBRIDE,
REIN ROSA

'Sealing Wax' zählt zu den besten Hybriden von *Rosa moyesii*. Diese Strauchrose produziert zahlreiche leuchtend rote, bauchige Hagebutten, die lange haltbar sind. Die Blüten sind einfach, groß und rosa und vielleicht nicht ganz so prächtig wie diejenigen der Mutterpflanze. Die pflegeleichte Rose liebt ein kühles Klima, das ihrem ursprünglichen Lebensraum im Himalaja ähnelt. Im Herbst bieten die schönen, langen Hagebutten dem Betrachter einen prächtigen Anblick; aber auch in der Vase kommen sie gut zur Geltung. ZONEN 5–10.

ROYAL HORTICULTURAL SOCIETY, GROSSBRITANNIEN, 1938

HYBRIDE VON *ROSA MOYESII*

'Seashell' KORshel
(rechts)
TEEHYBRIDE, ORANGEROSA,
ÖFTER BLÜHEND

Kurze, spitze Knospen öffnen sich zu bräunlichen, orangefarbenen, mit 50 Petalen gefüllten Blüten. In manchen Klimazonen weisen die Blumen ein klares Korallrosa auf; gelegentlich sind sie am Rand dunkler und schimmern dort golden. 'Seashell' verströmt nur schwachen Duft. Aufgrund ihrer schönen Blütenform erhielt die Rose eine Auszeichnung: Ihre leicht krausen Blütenblätter überlappen sich dachziegelartig. Das Laub ist mittelgrün und recht krankheitsfest. Der aufrechte, robuste, wuchsfreudige Busch ist relativ pflegeleicht. ZONEN 4–10.

KORDES, DEUTSCHLAND, 1976

SÄMLING × 'KÖNIGIN DER ROSEN'

ALL-AMERICAN ROSE SELECTION 1976

'Seaspray' MACnew *(oben)*
ZWERGROSE, ROSA+, ÖFTER BLÜHEND

'Seaspray' besitzt blass rosafarbene, halb gefüllte Blüten, die zum Rand hin rötlich überhaucht sind und intensiv duften. Zahlreiche Blütenbüschel zieren eine niedrige, ausladende Pflanze mit leuchtend grünem Laub. Die Zwergrose ist pflegeleicht, selbstreinigend und robust. In manchen Klimazonen kann die Farbe außergewöhnlich sein – eine einzigartige Kombination von hellstem Rosa, das am Blütenrand dunkler rosa überhaucht ist. Geeignet als Bodendecker, da die Blüten auf kräftigen Seitentrieben besonders üppig erschienen. ZONEN 5–10.

MCGREDY, NEUSEELAND, 1982
'ANYTIME' × 'MOANA'

'Secret' HILaroma
TEEHYBRIDE, ROSA+, ÖFTER BLÜHEND

Die verführerisch duftenden, hell rosafarbenen Blüten dieser Teehybridensorte sind am Rand dunkelrosa getönt. Sie sind groß und mit 25–40 Petalen gefüllt. Die Blüten erscheinen einzeln auf kräftigen, geraden Stielen und besitzen die klassische Edelrosenform. Die in jeder Phase attraktiven Blüten werden von mittelgrünem, matt glänzendem Laub umrahmt, das einen hohen Busch bedeckt. 'Secret' hat die herrliche Wuchsfreudigkeit von ihrer preisgekrönten Vaterpflanze 'Pristine' geerbt. Die Rose bevorzugt insgesamt einen eher kühlen Standort. ZONEN 4–10.

TRACY, USA, 1992
'PRISTINE' × 'FRIENDSHIP'
ALL-AMERICAN ROSE SELECTION 1994

'Senateur Amic' *(oben)*
GROSSBLUMIGE KLETTERROSE, ROT

Die leuchtend scharlachroten Knospen sehen zunächst aus als wären es Teehybriden, öffnen sich aber bald zu flachen, lockeren Blüten. Die satte Farbe hat etwas Gelb an der Basis. Die meisten Blüten sind einfach, nur wenige halb gefüllt. Mit einem lieblichen Duft blüht sie früh, besonders in warmen Klimazonen. Die dunklen, glänzenden Blätter sind lang und erhöhen noch den Charme dieser starkwüchsigen Kletterrose. Sie ist nicht winterhart, hat aber in kälteren Klimazonen Überlebenschancen, wenn man ihr einen Winterschutz gibt. ZONEN 5–10.

NABONNAND, FRANKREICH, 1924
'GIGANTEA'-HYBRIDE

'Sequoia Gold'

MORsegold *(rechts)*
ZWERGROSE, REIN GELB,
ÖFTER BLÜHEND

Ihre leuchtend gelbe Farbe wird beim Verblühen heller. Die mit 30 Petalen gefüllten Blüten verströmen einen fruchtigen Duft. Die Blüten haben eine für Ausstellungsrosen geforderte hohe Mitte und erscheinen in kleinen Büscheln zu 3–7 Einzelblüten. Die Blätter glänzen schwach grün und bedecken eine niederwüchsige, ausladende Pflanze. Da die Rose unermüdlich nachblüht, erstrahlt 'Sequoia Gold' fast das ganze Jahr lang in imposanter Farbpracht. Sie erhielt ihren Namen anlässlich des 50. Jubiläums von Sequoia Nursery, der Rosenschule des Züchters im kalifornischen Ort Visalia. **ZONEN** 5–11.

MOORE, USA, 1986

('LITTLE DARLING' × 'LEMON DELIGHT') × 'GOLD BUNNY'

AMERICAN ROSE SOCIETY AWARD OF EXCELLENCE 1987

'Serratipetala'

(oben)

Syn. *Rosa chinensis serratipetala*, 'Fimbriata à Pétales Frangés', 'Rose Oeillet de Saint Arquey Vilfray'
ALTE R., CHINAROSE, ROSA+,
ETWAS NACHBLÜHEND

Diese sehr ungewöhnliche Rose beeindruckt durch die Form ihrer Blüten, deren krause, gezähnte Petalen an Nelkenblüten erinnern. Ihre Farbe kann bei kühlem Wetter von Dunkelrot bis zu Rosa variieren. 'Serratipetala' besitzt zwar die spärliche Wuchsform einer Chinarose, wird aber wesentlich höher und buschiger. Wer im heimischen Klima Rosen mit „Nelkenblüten" wünscht, sollte auf jeden Fall die zu den Rugosa-Hybriden zählende und qualitativ bessere Grootendorst-Serie dieser wärmeliebenden Chinarose vorziehen. **ZONEN** 7–9.

JACQUES, FRANKREICH, 1831

ELTERN UNBEKANNT

'Seven Sisters' *(unten)*
Syn. *R. multiflora platyphylla, Rosa cathayensis platyphylla*
ALTE R., ROSA+

Diese Variante von *R. multiflora* hat eine ähnliche Wuchsform, größere Blätter und größere, gefüllte Blüten. Die Rispen tragen bis zu sieben Blüten, deren Farbe zwischen Dunkelkirschrot, Blassmauve und Lilaweiß variieren kann. Sehr wuchsfreudig, in kühleren Gebieten gedeiht sie auch noch gut an einer Mauer, die sie vor Frost schützt. ZONEN 5–9.

JAPAN, 1817

ELTERN UNBEKANNT

'Sevilliana'
STRAUCHROSE, ROSA+, ÖFTER BLÜHEND

Spitze, eiförmige Knospen entfalten sich zu leicht duftenden, hell bordeauxroten Blüten mit gelbem Grund, die mit 15–20 Petalen halb gefüllt und anfangs becherförmig sind. Sie duften etwas und erscheinen in großen, festen Dolden. Das Laub ist kupfrig überhaucht und bedeckt eine aufrechte, strauchartige, winterharte Pflanze, die über 1,2 m hoch wird und fortdauernd blüht. Aus nicht ausgeputzten Rosen bildet sich im Herbst eine Vielzahl leuchtend roter Hagebutten. Diese Rose sollte nicht mit 'La Sevillana' verwechselt werden.
ZONEN 4–10.

BUCK, USA, 1976

('VERA DALTON' × 'DORNRÖSCHEN') × (['WORLD'S FAIR' × 'FLORADORA'] × 'APPLEJACK')

ADR ROSE 1979

'Sexy Rexy' MACrexy *(unten)*
Syn. 'Heckenzauber'
FLORIBUNDA, REIN ROSA, ÖFTER BLÜHEND

'Sexy Rexy' hat mittel bis hell rosafarbene Blüten, die in großen Büscheln auf sehr kräftigen, geraden Stielen sitzen. Die duftenden, mit 40 Petalen gefüllten Blüten besitzen anfangs eine kamelienähnliche Form und entfalten sich anschließend schalenförmig. Die Blütenbüschel halten lang und blühen unermüdlich nach; regelmäßiges Putzen erhöht die Blühfreudigkeit. Kleines, mittelgrünes Laub bedeckt einen kompakten, robusten Busch, der sehr krankheitsfest ist. 'Sexy Rexy' war wegweisend für blühfreudige, pflegeleichte Floribundarosen.
ZONEN 5–11.

MCGREDY, NEUSEELAND, 1984

'SEASPRAY' × 'DREAMING'

NEUSEELAND GOLDMEDAILLE 1984, ROYAL NATIONAL ROSE SOCIETY CERTIFICATE OF MERIT 1985, GLASGOW GOLDMEDAILLE 1989, AUCKLAND GOLDMEDAILLE 1990, PORTLAND GOLDMEDAILLE 1990, ROYAL HORTICULTURAL SOCIETY AWARD OF GARDEN MERIT 1993, JAMES MASON-GOLDMEDAILLE DER ROYAL NATIONAL ROSE SOCIETY 1996

'Sharifa Asma'
AUSreef *(rechts)*
Syn. 'Sharifa'
STRAUCHROSE, HELLROSA, ÖFTER BLÜHEND

Die Blüten dieser Strauchrose sind von einem durchsichtigen Rosa und weisen an ihrem Grund einen Hauch von Gold auf. Sie sind flach becherförmig und mit über 50 Petalen gefüllt; voll aufgeblüht weisen sie eine perfekte rosettenähnliche Form auf und duften nach Honig. In heißer Witterung können die Blütenblätter sehr rasch verbrennen. Das Laub ist mittelgrün und bedeckt eine aufrechte Pflanze, die 1,2 m hoch wird. 'Sharifa Asma' wurde nach einem weiblichen Mitglied der Familie des Sultans von Oman benannt. **ZONEN 4–10.**

AUSTIN, GROSSBRITANNIEN, 1989
'MARY ROSE' × 'ADMIRED MIRANDA'

'Sheer Bliss' JACtro
(rechts)
TEEHYBRIDE, WEISS+, ÖFTER BLÜHEND

Diese Teehybride besitzt urnenförmige Blüten, die weiß und leicht rosa überhaucht sind; in kühleren Klimazonen färbt sich die Blütenmitte dunkelrosa. Die mit 35 Petalen gefüllten Blüten werden 10–12 cm groß und verströmen einen würzigen Duft. Sie sind klassisch geformt und erscheinen einzeln auf kräftigen, geraden Stielen. Die wuchsfreudige, aufrechte, ausladende Pflanze trägt lange, dünne, mattgrüne Blätter und bildet zahlreiche Triebe aus. Aufgrund ihrer perfekten Form ist sie bei Floristen sehr beliebt und wird häufig auch zum Flechten von Brautsträußen und Hochzeitsgebinden verwendet. **ZONEN 5–10.**

WARRINER, USA, 1985
'WHITE MASTERPIECE' × 'GRAND MASTERPIECE'
JAPAN GOLDMEDAILLE 1984, ALL-AMERICAN ROSE SELECTION 1987

'Sheer Elegance' TWObe
TEEHYBRIDE, ORANGEROSA, ÖFTER BLÜHEND

'Sheer Elegance' hat spitze Knospen, die sich zu zart rosafarbenen Blumen mit dunklerem Rand öffnen. Die großen, becherförmigen Blüten sind mit 40 Petalen gefüllt und sitzen einzeln auf kräftigen, geraden Stielen. Sie duften intensiv nach Moschus. In kühleren Gebieten sind die Blüten klassisch geformt, in warmen Regionen ist die Blütenform zwar weniger perfekt, die Blütenfarbe dafür umso intensiver. Die hohe, aufrecht wachsende Pflanze ist recht gesund, trägt große, dunkelgrüne, glänzende Blätter und ist außerordentlich pflegeleicht. ZONEN 5–10.

TWOMEY, USA, 1989

'PRISTINE' × 'FORTUNA'

ALL-AMERICAN ROSE SELECTION 1991, PORTLAND GOLDMEDAILLE 1994

'Sheila's Perfume' HARsherry *(oben)*
FLORIBUNDA, GELB+, ÖFTER BLÜHEND

'Sheila's Perfume' bringt große, gelbe Blüten mit kupfrig rotem Rand hervor. Die regenfesten, halb gefüllten Blüten bestehen aus 20 Petalen und duften. Sie sitzen einzeln oder in Büscheln auf kräftigen, kurzen Stielen. Die recht üppigen Blätter sind dunkelgrün, mattglänzend und krankheitsfest. In wärmeren Regionen breitet sich der mittelhohe, dichte Busch ziemlich stark aus. 'Sheila's Perfume' zählt zu den besten Sorten des britischen Züchters Sheridan, der sie nach seiner Ehefrau benannte. ZONEN 4–11.

SHERIDAN, GROSSBRITANNIEN, 1985

'PEER GYNT' × ('DAILY SKETCH' × ['PADDY MCGREDY' × 'PRIMABALLERINA'])

EDLAND DUFTPREIS 1981, ROYAL NATIONAL ROSE SOCIETY TORRIDGE AWARD 1991, GLASGOW SILBERMEDAILLE 1989, GLASGOW DUFTPREIS 1989

'Sheri Anne'

MORsheri *(rechts)*
ZWERGROSE, ORANGEROT,
ÖFTER BLÜHEND

'Sheri Anne' besitzt lange, spitze Knospen, die sich zu orangeroten Blumen entfalten, die auf der Unterseite der Petalen zartgelb überhaucht sind. Die halb gefüllten Blüten setzen sich aus bis zu 17 Petalen zusammen und verströmen einen sehr angenehmen Duft. Das glänzend grüne, ledrige Laub bedeckt eine wuchsfreudige, aufrechte Pflanze. 'Sheri Anne' wurde bereits weltweit für diverse Kreuzungen eingesetzt. Sie gehört mit zu den größten Erfolgen des Amerikaners Moore, dem es gelang, die guten Qualitäten ihrer Eltern und Großeltern an diese Zwergrose weiterzugeben. Dieser „Stützpfeiler der Zwergrosenzucht" – so Moore wörtlich – begeistert jeden Rosenfreund, da sie auch ohne besondere Pflege sehr gut gedeiht. 'Sheri Anne' glänzt durch große Blühfreudigkeit, sie kann jedoch bei ausbleibenden Schutzmaßnahmen leicht an Sternrußtau erkranken. **ZONEN 5–10.**

MOORE, USA, 1973

'LITTLE DARLING' × 'NEW PENNY'

AMERICAN ROSE SOCIETY AWARD OF EXCELLENCE 1975

'Shining Hour'

JACyef *(rechts)*
TEEHYBRIDE, GOLDGELB,
ÖFTER BLÜHEND

Die attraktiven ovalen Knospen öffnen sich zu leuchtend goldgelben, mit 35 Petalen gefüllten Blüten. Sie sind becherförmig, in der Mitte symmetrisch hochgebaut und duften etwas fruchtig. Die Blüten sitzen einzeln oder zu 3–5 in kleinen Büscheln zusammen. Große, dunkelgrüne, matt glänzende Blätter bedecken einen aufrechten Busch. 'Shining Hour' hat von der väterlichen Floribundarose 'Sun Flare' das farbbeständige Gelb geerbt, während die hohe Wuchsform von der Muttersorte, der Edelrose 'Sunbright', stammt. **ZONEN 5–11.**

WARRINER, USA, 1989

'SUNBRIGHT' × 'SUN FLARE'

ALL-AMERICAN ROSE SELECTION 1991

'Shocking Blue'
KORblue *(oben)*
FLORIBUNDA, MAUVE,
ÖFTER BLÜHEND

'Shocking Blue' bringt intensiv duftende, üppig flieder-mauvefarbene Blüten hervor. Sie sind gefüllt und haben die klassische Edelrosenform – hochgebaut in der Mitte, symmetrisch im Umriss. Breite Blütenbüschel erscheinen vor einem Rahmen großer, glänzender Blätter. Die recht wuchsfreudige Pflanze wird bis 1 m hoch. 'Shocking Blue' besitzt eine Reihe zum Teil widersprüchlicher Vorteile: Die besonders schöne Blütenfarbe liefert zu wenig Kontrast zum dunkelgrünen Laub, gleichzeitig muss trotz der enormen Blühfreude Verblühtes regelmäßig entfernt werden, damit eine bessere Nachblüte erfolgt. Andere Züchter verwendeten diese Floribundarose schon oft für Kreuzungen.
ZONEN 4–10.

KORDES, DEUTSCHLAND, 1974

SÄMLING × 'SILVER STAR'

'Shot Silk' *(unten)*
TEEHYBRIDE, ROSA+,
ÖFTER BLÜHEND

Die kirschblütenfarbigen Blüten von 'Shot Silk' sind innen goldfarbenen getönt. Sie duften, sind mit ca. 30 Petalen gefüllt und bilden eine klassische Blütenform. Diese Rose war zu Beginn des 20. Jh. bei Rosenzüchtern sehr beliebt und verdankt ihren Namen dem silbrig seidigen Aussehen der Petalen (*silk* = „Seide"). Sie ist wuchsfreudig, aufrecht und trägt leicht gekräuseltes, glänzend dunkelgrünes Laub. In den 1920er Jahren wurde diese Sorte vor allem aufgrund ihrer robusten Blätter und der neuartigen Blütenfarbe kultiviert. Inzwischen hat 'Shot Silk' im Vergleich zu neueren Teehybriden etwas von ihrem Glanz eingebüßt. **'Climbing Shot Silk'** (Knight, Australien, 1931; Royal Horticultural Society Award of Garden Merit 1993) kann bis zu 3 m hoch werden. Nur wenige Kletterrosen mit dieser einzigartigen Blütenfarbe duften auch und tragen solch robustes Laub. ZONEN 5–10.

DICKSON, GROSSBRITANNIEN, 1924

SÄMLING VON 'HUGH DICKSON' × 'SUNSTAR'

GOLDMEDAILLE DER NATIONAL ROSE SOCIETY 1923

'Showbiz' TANweieke
(rechts)
Syn. 'Ingrid Weibull',
'Bernhard Däneke Rose'
**FLORIBUNDA, ROT,
ÖFTER BLÜHEND**

'Showbiz' hat leuchtende, auffallend rote Blüten, die zu 10–30 in recht großen Büscheln auf sehr kräftigen Grundtrieben sitzen. Die mit 20 Petalen halb gefüllten Blüten duften nicht. Die Blütenbüschel können den Busch mehrere Wochen lang zieren; sie sollten nur entfernt werden, damit der nachfolgende Flor angeregt wird. Das dunkle, glänzend grüne Laub ist recht krankheitsfest und bedeckt eine niedrige, kompakte Pflanze, die 60– 100 cm hoch werden kann. 'Showbiz' zählt zu den besten niedrig wachsenden, roten Floribundarosen.
ZONEN 4–10.

TANTAU, DEUTSCHLAND, 1981

ELTERN UNBEKANNT

ALL-AMERICAN ROSE SELECTION 1985

'Shreveport' KORpesh
(rechts)
**TEEHYBRIDE, ORANGE+,
ÖFTER BLÜHEND**

Die ovalen Knospen dieser Teehybride entfalten sich zu Blüten mit einer Farbmischung von Orange und Lachsrosa, die sich aus bis zu 50 Petalen zusammensetzen, eine klassische hohe Mitte sowie eine schöne symmetrische Form besitzen. Die schwach nach Teerosen duftenden Blüten erscheinen zu 3–5 in kleinen Büscheln, die auf kräftigen, geraden Stielen sitzen. 'Shreveport' wächst hoch und aufrecht; sie ist mit großem, mittelgrünem Laub bedeckt und hat kleine, nach unten gebogene Stacheln.
ZONEN 5–11.

KORDES, DEUTSCHLAND, 1981

'ZORINA' × 'UWE SEELER'

ALL-AMERICAN ROSE SELECTION 1982

'Shropshire Lass'
(oben)
STRAUCHROSE, HELLROSA

'Shropshire Lass' bringt 12 cm große, duftende, einfache Blüten hervor, die hellrosa gefärbt sind. Der große Strauch hat eine kompakte Gestalt und trägt üppiges, robustes, mittelgrünes Laub. Die winterharte Rose ähnelt einer Alba-Rose, wird aber als Englische Rose bezeichnet, obwohl sie nur einmal im Jahr blüht. 'Shropshire Lass' ist eine Hommage David Austins an jene ländliche englische Grafschaft, in der er sein ganzen Leben Rosen gezüchtet hat.
ZONEN 4–10.

AUSTIN, GROSSBRITANNIEN, 1968
'MME BUTTERFLY' × 'MME LEGRAS ST GERMAIN'

'Signature' JACnor
(unten)
TEEHYBRIDE, DUNKELROSA, ÖFTER BLÜHEND

Die stark zugespitzten, weinroten Knospen dieser Sorte entfalten sich langsam zu dunkel rosafarbenen Blüten mit einer perfekt erhöhten Mitte. 'Signature' ist eine herrlich symmetrische Rose, die den echten Spitzenrosen in nichts nachsteht. Die Außenseiten der Blütenblätter sorgen für ein herrliches, leuchtendes Farbspiel. Die Blüten sind 12 cm groß, mit 50 Petalen gefüllt und duften fruchtig. Die großen, dunkelgrünen Blätter bedecken einen wuchsfreudigen, mittelhohen, kompakten Busch und sind anfällig für Mehltau und Sternrußtau. In kühlen, feuchten Klimazonen kann die Pflanze ihr Laub verlieren, wenn es erkrankt.
ZONEN 5–11.

WARRINER, USA, 1996
'HONOR' × 'FIRST FEDERAL RENAISSANCE'

'Silk Hat'

AROsilha, AROsilma
(rechts)
TEEHYBRIDE, MAUVE,
ÖFTER BLÜHEND

Die purpurroten, hochgebauten, mit 45 Petalen gefüllten Blüten von 'Silk Hat' haben cremefarbene Unterseiten und erinnern von vorne betrachtet an Fuchsien. Aufgrund der hohen Zahl an Petalen sind die Blumen sehr langlebig und bleiben in Lagen mit gemäßigtem Klima wochenlang frisch. Sie erscheinen einzeln auf kräftigen, geraden Stielen, sind wetterfest und duften nur schwach. Große, mattgrüne Blätter bedecken einen, mittelhohen, kompakten Busch. Nachdem sie gut eingewurzelt ist, bringt sie unermüdlich Blüten hervor. **ZONEN 5–10.**

CHRISTENSEN, USA, 1986

'IVORY TOWER' × ('NIGHT 'N' DAY' × 'PLAIN TALK')

'Silver Anniversary' JAClav

Syn. 'Heather'
TEEHYBRIDE, MAUVE, ÖFTER BLÜHEND

Die Sorte hat gefüllte, urnenförmige, lavendelfarbene Blüten, die am Grund eine Spur von Gelb aufweisen und aus 25–30 Petalen bestehen, die eine klassische Edelrosenform bilden. Sie verströmen schweren Damaszenerduft und sitzen einzeln auf langen, kräftigen, geraden Stielen. Das dunkelgrüne Laub der hohen, aufrechten Pflanze ist mehltauanfällig. Eine gleichnamige Rose wurde 1994 durch den Dänen Olesen eingeführt: es handelt sich um eine weiße Edelrose, deren Blüten aus 40 Petalen bestehen und in kleinen Büscheln stehen. **ZONEN 5–10.**

CHRISTENSEN, USA, 1990

'CRYSTALLINE' × 'SHOCKING BLUE'

'Silver Jubilee'
(rechts)
TEEHYBRIDE, ROSA+, ÖFTER BLÜHEND

Die duftenden Blüten dieser berühmten Teehybride sind silbrig rosa und haben eine dunklere Unterseite. Sie sind mit 30 Petalen gefüllt und mit ihrer hohen Mitte, die sich anmutig in absoluter Symmetrie entfaltet, einfach perfekt. In kühlerem Klima können die Blüten einen Durchmesser von 12 cm erreichen. Das glänzend dunkelgrüne Laub bedeckt eine wuchsfreudige, mittelhohe Pflanze, die sehr blühfreudig ist. Berechtigterweise wurde sie weltweit mehrfach für ihre Schönheit, Form und Farbe ausgezeichnet. Ihren Namen erhielt diese Rose anlässlich des 25. Jahrestags der Thronbesteigung von Königin Elisabeth II. **ZONEN 5–10.**

COCKER, GROSSBRITANNIEN, 1978
(['HIGHLIGHT' × 'KÖNIGIN DER ROSEN'] × ['PARKDIREKTOR RIGGERS' × 'PICCADILLY']) × 'MISCHIEF'

ROYAL NATIONAL ROSE SOCIETY PRESIDENT'S INTERNATIONAL TROPHY 1977, BELFAST GOLDMEDAILLE 1980, PORTLAND GOLDMEDAILLE 1981, JAMES MASON-GOLDMEDAILLE 1985, ROYAL HORTICULTURAL SOCIETY AWARD OF GARDEN MERIT 1993

'Silver Lining'
(rechts)
TEEHYBRIDE, ROSA+, ÖFTER BLÜHEND

Die Farbveränderungen auf den silbrig rosafarbenen Blüten entstehen je nach klimatischen Bedingungen. Die Farbe kann von hell bis zu zweifarbigem Rosa und Silber variieren. Aus diesem Grunde halten viele Rosenfreunde die Farbe von 'Silver Lining' für sehr attraktiv. Die mit 30 Petalen gefüllten Blüten sind mit 12 cm Durchmesser sehr groß, duften und besitzen die klassische Edelrosenform mit höchster Symmetrie. Das Laub ist glänzend dunkelgrün und schmückt einen wuchsfreudigen, mittelhohen Busch. **ZONEN 5–10.**

DICKSON, GROSSBRITANNIEN, 1958
'KARL HERBST' × SÄMLING VON 'EDEN ROSE'

GOLDMEDAILLE DER NATIONAL ROSE SOCIETY 1958, PORTLAND GOLDMEDAILLE 1964

'Silver Moon'
(oben)
GROSSBLUMIGE KLETTERROSE, WEISS

Die langen, spitzen Knospen dieser wärmeliebenden Rose öffnen sich zu halb gefüllten, aus 20 Petalen bestehenden, cremeweißen Blüten, die am Grund bernsteinfarben sind und dazu farblich harmonierende, dunklere Staubgefäße besitzen. Die Blüten werden bis 12 cm groß und duften schwach. Großes, ledriges, glänzend grünes Laub bedeckt eine gut 6 m hohe Pflanze.
ZONEN 4–10.

VAN FLEET, USA, 1910

(ROSA WICHURAIANA × 'DEVONIENSIS') × R. LAEVIGATA

'Silver Wedding'
TEEHYBRIDE, MAUVE, ÖFTER BLÜHEND

Die herrlich duftenden Blüten, die lavendel- bis fliederfarben sind und später zu zartem Flieder verblassen, sind 10 cm groß, becherförmig und erscheinen meist in kleinen Büscheln. Matt glänzendes, mittelgrünes Laub bedeckt eine wuchsfreudige, aufrechte Pflanze. Es gibt zwei weitere Rosen gleichen Namens: Ein Sport von 'Ophelia' (Amling Company, USA, 1921) sowie eine weitere **'Silver Wedding'** mit perlweißen Blüten (Gregory, Großbritannien, 1976, oben).
ZONEN 5–10.

LEENDERS, NIEDERLANDE, 1965

'STERLING SILVER' × SÄMLING

'Simplicity' JACink
(rechts)
FLORIBUNDA, REIN ROSA, ÖFTER BLÜHEND

Die langen, spitzen Knospen dieser Rose öffnen sich zu Blüten von reinem Rosa. Sie sind mit 18 Petalen halb gefüllt und besitzen eine sehr dekorative Form. Im kühl-milden Seeklima beispielsweise können die Blüten mit einem Durchmesser von 10 cm recht groß werden. Sie sitzen immer in mittelgroßen Büscheln zusammen und duften nur schwach. Das Laub ist mittelgrün und nicht anfällig für Schädlinge und Krankheiten. 'Simplicity' ist eine robuste, pflegeleichte Pflanze.
ZONEN 5–11.
WARRINER, USA, 1978
'SCHNEEWITTCHEN' × SÄMLING
NEUSEELAND GOLDMEDAILLE 1976

'Singin' in the Rain' MACivy *(unten)*
Syn. 'Love's Spring', 'Spek's Centennial'
FLORIBUNDA, APRICOT+, ÖFTER BLÜHEND

Die Blüten dieser Rose besitzen einen schönen Apricot-Kupferton. Sie sind mit 25–30 Petalen recht dicht gefüllt, kommen in großen Büscheln und verströmen einen nur schwachen Duft. Das glänzend dunkelgrüne Laub bedeckt eine mittelhohe, aufrechte, reich verzweigte Pflanze, die fast stets in Blüte steht und während der ganzen Saison für Farbe im Garten sorgt. Sie ist pflegeleicht und nicht anfällig für Mehltau und Sternrußtau.
ZONEN 5–11.
MCGREDY, NEUSEELAND, 1991
'HECKENZAUBER' × 'POT O' GOLD'
GOLDMEDAILLE DER ROYAL NATIONAL ROSE SOCIETY 1991, ALL-AMERICAN ROSE SELECTION 1995

'Sir Edward Elgar' AUSprima *(oben)*
STRAUCHROSE, ROT/HELLROT, ÖFTER BLÜHEND

'Sir Edward Elgar' trägt große, zunächst becherförmige, karmin-kirschrote Blüten aus 40–50 Petalen; sie sitzen einzeln auf Stielen und werden später schalenförmig. Das matt glänzende, mittelgrüne Laub schmückt einen aufrechten Busch, der bis zu 1 m hoch wird. Die Strauchrose wurde aus zwei erfolgreichen Austin-Rosen gekreuzt und nach einem weltberühmten britischen Komponisten benannt. **ZONEN 5–10.**

AUSTIN, GROSSBRITANNIEN, 1992

'MARY ROSE' × 'THE SQUIRE'

'Sir Cedric Morris'
GROSSBLUMIGE KLETTERROSE, WEISS

'Sir Cedric Morris' hat kleine Knospen, die sich zu runden, einfachen, weißen Blüten mit auffällig goldgelben Staubgefäßen entfalten. Sie sitzen mit 20–40 Blüten in großen Büscheln zusammen und verströmen einen süßen Duft. Während der einmaligen Sommerblüte sind die riesigen Büschel gleichmäßig geformt und voller Einzelblüten. Die Blätter laufen spitz zu, sind fein gesägt und haben stark bewehrte Stiele, deren große Stacheln offenbar ein Erbteil der Muttersorte sind. Im Herbst entstehen leuchtend orangefarbene Hagebutten, die auch weiterhin für einen schönen Anblick sorgen. **ZONEN 4–10.**

MORRIS, GROSSBRITANNIEN, 1980

ROSA GLAUCA × SÄMLING

'Sir Thomas Lipton'
STRAUCHROSE, RUGOSA-HYBRIDE, WEISS, ÖFTER BLÜHEND

Rein weiße Blüten zieren eine Strauchrose, die man durchaus auch als einen niedrigen, gut 2 m hohen Rambler bezeichnen kann. Wuchsfreudig, von ausladender Gestalt, dunkles, ledriges Laub. Die stark duftenden Blüten sind becherförmig, gefüllt und erscheinen unermüdlich vom Sommer bis zum Herbst. **ZONEN 4–10**.

VAN FLEET, USA, 1900

ROSA RUGOSA ALBA × 'CLOTILDE SOUPERT'

'Sir Walter Raleigh'
AUSspry *(unten)*
STRAUCHROSE, REIN ROSA, ÖFTER BLÜHEND

'Sir Walter Raleigh' bringt üppig rosafarbene Blüten hervor, die einer Pfingstrose ähneln. Die Blumen mit über 40 Petalen sind becherförmig und zeigen goldgelbe Staubgefäße. Sie sind groß, duften stark und sitzen einzeln auf Stielen. Das dunkelgrüne, matt glänzende Laub bedeckt eine sehr wuchsfreudige, aufrechte Pflanze, die während der ganzen Saison Blüten trägt. 'Sir Walter Raleigh' ist außerordentlich winterhart und trotzt sogar strengsten Witterungsbedingungen. Diese Rose eignet sich für Rabatten, niedrige Zäune und kann auch an Säulen gezogen werden. Bei Wärme kommt ihr schwerer Duft erst richtig zur Geltung. **ZONEN 4–10**.

AUSTIN, GROSSBRITANNIEN, 1985

'LILIAN AUSTIN' × 'CHAUCER'

'Slater's Crimson China' *(oben)*
Syn. *Rosa chinensis semperflorens*, 'Belfield', 'Chinese Monthly Rose', 'Old Crimson China'
ALTE R., CHINAROSE, ROT, ÖFTER BLÜHEND

Dies ist eine der vielen Rosen, die aus Asien stammen und in Europa eingeführt wurden. Sie wurden dann mit den einmalblühenden europäischen Alten Rosen gekreuzt. Es entstanden zahlreiche Hybriden, die zur Qualitätsverbesserung vieler heutiger öfter blühender Sorten beitrugen. Die kleinen, weit geöffneten, halb gefüllten karminroten Blüten besitzen einen roten Farbton, den man früher in Europa nicht kannte. Sie erscheinen unermüdlich und zieren einen niedrig wüchsigen, offenen, schlanken Busch mit kleinen, rot getönten Blättern. **ZONEN 7–9**.

ETWA 1790

ELTERN UNBEKANNT

'Smarty' INTersmart
STRAUCHROSE, HELLROSA, ÖFTER BLÜHEND

Diese bemerkenswerte Rose trägt kleine, fast einfache, hell rosafarbene Blüten mit 7–10 Petalen. Sie sitzen in der Regel in mittelgroßen Büscheln, umgeben von mattem, hellgrünem Laub. Die Blüten erscheinen unermüdlich, und Verblühtes braucht nicht regelmäßig entfernt zu werden. 'Smarty' ist ein weit ausladender, wuchsfreudiger Solitärstrauch, der recht winterfest und pflegeleicht ist. Er eignet sich auch gut als Bodendeckerrose für Böschungen und trägt zahlreiche kleine Stacheln.
ZONEN 5–11.
ILSINK, NIEDERLANDE, 1979
'YESTERDAY' × SÄMLING

'Smooth Melody'
HADmelody *(links)*
FLORIBUNDA, ROT+, ÖFTER BLÜHEND

Ovale Knospen öffnen sich zu rötlichen, mit gut 25 Petalen gefüllten, fast urnenförmigen Blüten, die in der Mitte und unterseits weiß, ansonsten rot gesäumt sind und beim Verblühen fast dunkelrot werden. Sie erscheinen zu 3–4 in kleinen Büscheln inmitten von matt glänzendem, dunkelgrünem, recht gesundem Laub und verbreiten einen schweren, fruchtigen Duft.
ZONEN 5–11.
DAVIDSON, USA, 1990
'ROYAL FLUSH' × 'SMOOTH LADY'

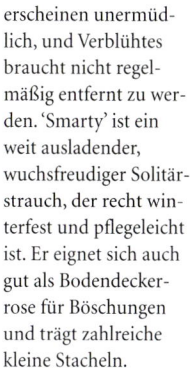

'Smooth Prince'
HADprince *(unten links)*
TEEHYBRIDE, ROT, ÖFTER BLÜHEND

Ovale Knospen entfalten sich zu rosaroten, mit 25 Petalen gefüllten Blüten mit intensivem, fruchtigem Duft. Sie erscheinen einzeln umgeben von matt glänzendem, mittelgrünem Laub. 'Smooth Prince' ist sehr krankheitsfest und eine gute, stachellose Gartenrose. Im Herbst werden längliche Hagebutten gebildet, die jedoch keine Samen produzieren. ZONEN 5–11.
DAVIDSON, USA, 1990
'SMOOTH SAILING' × 'OLD SMOOTHIE'

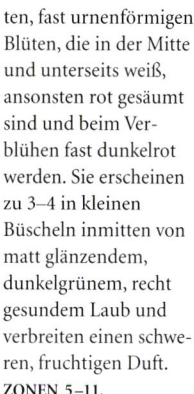

'Snow Ballet'

CLAysnow
Syn. 'Snowballet'
STRAUCHROSE/BODENDECKER-
ROSE, WEISS, ÖFTER BLÜHEND

Diese interessante Strauchrose bringt große, weiße Blüten mit 45 Petalen und einem schwachen Duft hervor. Sie erscheinen von Juni bis Oktober und stehen in kleinen oder großen Büscheln vor zierlichem, glänzend dunkelgrünem Laub. Die recht gesunde, manchmal etwas mehltauanfällige Pflanze mit meist dünnen, winklig wachsenden Trieben wird nicht hoch, sondern wächst eher in die Breite, weshalb sie einen ausgezeichneten Bodendecker abgibt.
ZONEN 4–10.

CLAYWORTH, NEUSEELAND, 1977
'SEA FOAM' × 'SCHNEEWITTCHEN'
BADEN-BADEN GOLDMEDAILLE 1980

'Snow Bride'

(unten)
Syn. 'Snowbride'
ZWERGROSE, WEISS,
ÖFTER BLÜHEND

Liebliche, cremeweiße Blüten von außergewöhnlicher Edelrosenform verleihen dieser Sorte die Qualität einer Ausstellungsrose. Sie sitzen einzeln auf Stielen oder in großen Büscheln zusammen. Ihr Laub ist klein, glänzend dunkelgrün und bedeckt eine kompakte, wuchsfreudige Pflanze. Diese außergewöhnliche weiße Zwergrose ist seit mehr als 16 Jahren sehr populär, da sie unermüdlich schöne und auch wetterfeste Blüten hervorbringt. In manchen Klimagebieten ist 'Snow Bride' allerdings anfällig für Mehltau.
ZONEN 4–10.

JOLLY, USA, 1982
'AVENDEL' × 'ZINGER'
AMERICAN ROSE SOCIETY AWARD OF EXCELLENCE 1983

'Snow Carpet'

MACcarpe *(ganz unten)*
Syn. , 'Schneeteppich', 'Blanche Neige'
ZWERGROSE/BODENDECKERROSE, WEISS, ÖFTER BLÜHEND

Die kleinen, schneeweißen Blüten in Pomponform sind in kühleren Gegenden zart cremefarben überhaucht. Sie setzen sich aus 55 Petalen zusammen und duften schwach. 'Snow Carpet' bringt oft ganze Berge an Blüten hervor, die sich wunderbar von den kleinen, mittelgrünen Blättern abheben. Meist dauert es eine Vegetationsperiode, bis die Rose gut eingewurzelt ist. Sie ist als Bodendecker im Steingarten sehr reizvoll, kann aber auch als Hochstammrose mit überhängenden Zweigen gezogen werden.
ZONEN 5–10.

MCGREDY, NEUSEELAND, 1980
'NEW PENNY' × 'TEMPLE BELLS'
ROYAL NATIONAL ROSE SOCIETY TRIAL GROUND CERTIFICATE 1978, BADEN-BADEN GOLDMEDAILLE 1982, ROYAL HORTICULTURAL SOCIETY AWARD OF GARDEN MERIT 1993

'Snow Meillandina'
MEIgovin *(rechts)*
Syn. 'Snow Sunblaze'
ZWERGROSE, WEISS,
ÖFTER BLÜHEND

Diese zwergwüchsige und sehr ausladende Rose eignet sich hervorragend für Ampeln. Die mit 40–50 Petalen dicht gefüllten Blüten sind rein weiß mit einem Hauch von Gelb am Blütengrund. Sie entfalten sich langsam aus ovalen Knospen zu schalenförmigen Blumen, die üppig und unermüdlich erscheinen und lange halten. Die Pflanze ist krankheitsfest, ihre Triebe sind dicht mit kleinen Stacheln besetzt. 'Snow Meillandina' neigt vor allem im Frühjahr dazu, sehr dicht gefüllte Blüten mit einem grünen Auge in der Mitte zu bilden. Dies könnte ein Grund dafür sein, dass die Topfkultursorte zurzeit durch die neuere Sorte 'Bridal Meillandina' verdrängt wird. **ZONEN 5–10.**
MEILLAND, FRANKREICH, 1991
SPORT VOM 'LADY MEILLANDINA'

'Snowflake'
(ganz oben)
RAMBLERROSE, WICHURAIANA-HYBRIDE, WEISS

Diese wuchsfreudige Ramblerrose bringt Büschel gefüllter, weißer Blüten hervor. Hierbei handelt es sich um eine lockerwüchsige *Rosa wichuraiana*-Hybride mit sehr dunklem, glänzendem, aber etwas mehltauanfälligem Laub. Leider ist sie nur noch selten erhältlich. **ZONEN 5–9.**
CANT, GROSSBRITANNIEN, 1922
ELTERN UNBEKANNT
NATIONAL ROSE SOCIETY GOLDMEDAILLE 1921

'Snowline' (rechts)
Syn. 'Edelweiß'
FLORIBUNDA, WEISS, ÖFTER BLÜHEND

Die mittelgroße, rein weißen oder cremefarbenen, wetterfesten, mit 30 Petalen halb gefüllten Blüten zeigen schöne Staubgefäße und erscheinen zahlreich in Büscheln auf einer niedrigen Pflanze mit dunkelgrünem, gesundem Laub. Mit einer Höhe von 1 m ergibt sie eine gute Beet- oder Rabattenrose für den heimischen Garten. **ZONEN 5–10.**

POULSEN, DÄNEMARK, 1970

ELTERN UNBEKANNT

ADR-ROSE 1970, ROYAL NATIONAL ROSE SOCIETY TRIAL GROUND CERTIFICATE 1970

'Softee' MORfree
(rechts)
ZWERGROSE, WEISS, ÖFTER BLÜHEND

Diese neue Zwergrose hat cremefarbene, dekorative Blüten mit über 35 Petalen, die sich sehr rasch voll entfalten und nur schwach duften. Die Stiele haben kaum Stacheln. Kleine, mittelgrüne Blätter bedecken einen ausladenden, kompakten Busch. Die pomponförmigen Blüten erscheinen in Büscheln und machen die Pflanze zu einem Blickfang im Garten. Von dieser Sorte existiert ein kletternder Sport, der an einer Veranda oder am Geländer gezogen werden kann. **ZONEN 5–10.**

MOORE, USA, 1983

ELTERN UNBEKANNT

'Softly Softly'

HARkotur *(rechts)*
**FLORIBUNDA, ROSA+,
ÖFTER BLÜHEND**

Die edelrosenähnlichen Blüten dieser Sorte sind je nach Klima rosa- bis cremerosafarben. Sie sind groß, mit 35 Petalen gefüllt und verströmen einen nur schwachen Duft. Ihr schmuckes Laub ist olivgrün gefärbt. **ZONEN 5–10.**

HARKNESS, GROSSBRITANNIEN, 1977

'WHITE COCKADE' × (['HIGHLIGHT' × 'KÖNIGIN DER ROSEN'] × ['PARKDIREKTOR RIGGERS' × 'PICADILLY'])

'Soleil d'Or'

(rechts unten)
**TEEHYBRIDE, GELB+,
ÖFTER BLÜHEND**

Die Sorte mit den intensiv gelben und gelborangefarbenen Blüten ist insofern bemerkenswert, weil sie die erste Pernetiana-Rose war, die heute zur Teehybriden-Klasse zählt. Das üppige Laub ist farnartig und ähnelt dem von *Rosa foetida*. Die großen, flach becherförmigen Blüten haben eine etwas unordentliche Mitte. Die Anfälligkeit der Pernetiana-Rosen für Sternrußtau konnte mittlerweile fast gänzlich herausgezüchtet werden. Die neuen Farben repräsentieren nur einen Teil der Erbanlagen moderner Edel- und Floribundarosen. **ZONEN 5–9.**

PERNET-DUCHER, FRANKREICH, 1900

(SÄMLING VON 'ANTOINE DUCHER' × *ROSA FOETIDA PERSIANA*) × EDELROSE

'Solfaterre' *(links)*
Syn. 'Solfatare'
ALTE R., NOISETTEROSE, REIN GELB, ETWAS NACHBLÜHEND

Die duftenden, hellschwefelgelben Blüten sind groß, gefüllt und schalenförmig. Sie erscheinen sehr zahlreich und können bei starkem Sonnenschein leicht verblassen. Bei der Wahl des Standortes sollte man diese Tatsache, aber auch das höhere Wärmebedürfnis nicht außer Acht lassen. ZONEN 7–9.

BOYAU, FRANKREICH, 1843
SÄMLING VON 'LAMARQUE'

'Solitaire' MACyefre *(oben)*
TEEHYBRIDE, GELB+, ÖFTER BLÜHEND

Diese Sorte ist eine hohe, robuste, wuchsfreudige Pflanze, die eine Höhe von 2 m und eine Breite von 1 m erreichen kann. Ihre duftenden Blüten sind wetterfest und zieren einen wuchsfreudigen Busch mit glänzendem Laub. ZONEN 5–10.

MCGREDY, NEUSEELAND, 1987
'FREUDE' × 'BENSON & HEDGES GOLD'

ROYAL NATIONAL ROSE SOCIETY PRESIDENT'S INTERNATIONAL TROPHY 1987

'Sombreuil'
(unten rechts)
Syn. 'Colonial White'
ALTE R., KLETTERNDE TEEROSE,
WEISS, ETWAS NACHBLÜHEND

Die Blüten sind weiß mit einem gelegentlichen Hauch von Rosa und Gelb und duften wunderbar. Die flachen, fedrigen, gevierteilten Blüten sind stark gefüllt. Als Kletterpflanze erreicht sie nur eine mäßige Höhe. Für deutsche Klimaverhältnisse ist 'Sombreuil' nicht winterhart genug. **ZONEN 7–9**.

ROBERT, FRANKREICH, 1850
SÄMLING VON 'GIGANTESQUE'

'Sommermärchen'
KORpinka *(oben)*
Syn. 'Pink Sensation', 'Berkshire', 'Summer Fairy Tales', 'Xenia'

STRAUCHROSE,
BODENDECKERROSE,
DUNKELROSA,
ÖFTER BLÜHEND

Diese wuchsfreudige Pflanze kann auch als Bodendecker angesehen werden, wird doppelt so breit wie hoch. Die duftenden, mittelgroßen, halb gefüllten, dunkelrosa bis kirschroten Blüten mit goldenen Staubgefäßen sitzen reichlich in Büscheln an langen, hängenden Stielen. Ihre Attraktivität wird von den dunklen glänzenden Blättern noch unterstrichen. **ZONEN 4–9**.

KORDES, DEUTSCHLAND, 1991

'WEISSE IMMENSEE' × SÄMLING

ROYAL NATIONAL ROSE SOCIETY
TRIAL GROUND CERTIFICATE 1992,
BADEN-BADEN, GENF UND
GLASGOW GOLDMEDAILLEN 1996

'Sonia' MEIhelvet *(unten)*
Syn. 'Sonia Meilland', 'Sweet Promise'
TEEHYBRIDE, ROSA+, ÖFTER BLÜHEND

Diese Teehybride zählt vermutlich zu den weltweit beliebtesten Gewächshausrosen. Sie besitzt lachsrosafarbene Blüten, die beim Öffnen der eleganten, langen Knospen korallrosa bis gelb überhaucht sind. Die Blüten sind groß und duften stark fruchtig; ihre Farbe kann in heißen Lagen verblassen. Das dicke, attraktive, dunkelgrüne Laub muss unbedingt vor Pilzbefall geschützt werden. 'Sonia' bevorzugt einen Stand in voller Sonne auf gut drainiertem Boden. **ZONEN 5–11.**

MEILLAND, FRANKREICH, 1974

'ZAMBRA' × ('BACCARÁ' × 'MESSAGE')

'Sonnenschirn' TANmirsch *(unten)*
Syn. 'Broadlands'
STRAUCHROSE, HELLGELB, ÖFTER BLÜHEND

Die hellen Blüten in gelbem Pastellton erscheinen in großen Büscheln und verströmen einen frischen, süßlichen Duft. Sie sind becherförmig und gefüllt. In warmem Klimaten blüht 'Sonnenschirn' das ganze Jahr über. Sie bildet einen dichten, ausladenden, wuchsfreudigen Busch, der sich bei einer Höhe von 60 cm auch als Bodendecker eignet. **ZONEN 4–10.**

TANTAU, DEUTSCHLAND, 1993

ELTERN UNBEKANNT

ROYAL NATIONAL ROSE SOCIETY PRESIDENT'S INTERNATIONAL TROPHY 1995, BRITISH ASSOCIATION OF ROSE BREEDERS, BREEDERS' SELECTION 1996

'Sophie's Perpetual' *(rechts)*
ALTE R., CHINAROSE, ROSA+, ETWAS NACHBLÜHEND

Diese Rose erlebte um 1960 ein Comeback. Die kugel- bis becherförmigen Blüten sind hellrosa und besonders an den äußeren Petalen mit Kirschrot überhaucht. Der Duft ist wunderbar, und der Busch steht fast ununterbrochen in Blüte. 'Sophie's Perpetual' lässt sich als Strauch oder mäßig kletternde Pflanze ziehen, besitzt kaum Stacheln und ist von dunkelgrünem Laub bedeckt. ZONEN 7–9.

VOR 1928

ELTERN UNBEKANNT

'Soupert et Notting' *(Mitte rechts)*
ALTE R., MOOSROSE, DUNKELROSA, ETWAS NACHBLÜHEND

Die recht gut nachblühende Sorte bleibt auch auf guten Böden niedrig und wird selten größer als 1 m. Der Strauch besitzt zahlreiche dünne, aufrechte Triebe, die recht spärlich bräunlich grün bemoost sind. Das Laub ist klein und leuchtend graugrün. Die Knospen sind ebenfalls nur mäßig bemoost und erscheinen in kleinen Büscheln. Die für eine Moosrose kleinen Blüten sind 4–5 cm groß. Sie sind anfänglich becherförmig, werden dann flach und sehr gefüllt. Ihr Duft ist recht stark. ZONEN 5–10.

PERNET SENIOR, FRANKREICH, 1874

ELTERN UNBEKANNT

'South Seas' *(unten rechts)*
Syn. 'Mers du Sud'

TEEHYBRIDE, ORANGEROSA, ÖFTER BLÜHEND

Die einen schwärmen von den großen korallrosafarbenen Blüten, andere betrachten sie als locker und zu unordentlich angeordnet. Sie sind mit bis zu 45 Petalen gefüllt, becherförmig bis flach und duften. Die Farbe verblasst mit der Zeit zu einem silbrigen Weiß. Die Blüten sitzen an langen, geraden Stielen und erscheinen nur zögerlich an einer wuchsfreudigen Pflanze. ZONEN 5–11.

MOREY, USA, 1962

'RAPTURE' × SÄMLING EINES KLETTERNDEN TEEHYBRID-SPORTS

'Southampton'
Syn. 'Susan Ann'
FLORIBUNDA, APRICOT+, ÖFTER BLÜHEND

Die Blüten setzen sich aus 30 apricotfarbenen Petalen zusammen, die formschön angeordnet sind und in mäßig großen Büscheln an einem hohen und ausladenden Busch sitzen. 'Southampton' erfreut sich in Großbritannien aufgrund ihrer Farbe und Wuchsfreudigkeit großer Beliebtheit; die Floribundarose gedeiht auch bei intensivem Sonnenlicht, da die Blüten nicht verblassen. Das Laub ist grün, glänzend und gesund. ZONEN 5–11.

HARKNESS, GROSSBRITANNIEN, 1971
('ANN ELIZABETH' × 'ALLGOLD' × 'YELLOW CUSHION')
ROYAL NATIONAL ROSE SOCIETY TRIAL GROUND CERTIFICATE 1971, BADEN-BADEN SILBERMEDAILLE 1973, BELFAST GOLDMEDAILLE 1974, ROYAL HORTICULTURAL SOCIETY AWARD OF GARDEN MERIT 1993

'Souvenir d'Alphonse Lavallée'   *(oben)*
ALTE R., REMONTANTROSE, DUNKELROT, ETWAS NACHBLÜHEND

Diese reichlich blühende Rose trägt samtig wirkende, zinnoberrot bis bräunlich gefärbte Blüten, die in der heißen Sonne leicht verbrennen. Sie verströmen einen starken Duft. Bindet man den breiten Strauch an, so erreicht er mehr Höhe; man kann ihn aber auch als Kletterpflanze ziehen. Der 1884 verstorbene Franzose Alphonse Lavallée war eine Zeitlang Präsident der Societé Nationale de la Horticulture. ZONEN 5–9.

VERDIER, FRANKREICH, 1884
ELTERN UNBEKANNT

'Souvenir de Christophe Cochet'
(Hagebutten, *links*)
STRAUCHROSE, RUGOSA-HYBRIDE, REIN ROSA, ETWAS NACHBLÜHEND

Weiche rosafarbene, halb gefüllte Blüten mit blassgelben Staubgefäßen und angenehmem Duft zieren diese Rose den ganzen Juni hindurch. Im Herbst werden große rote Hagebutten gebildet. 'Souvenir de Christophe Cochet' ist wuchsfreudig, trägt die typischen „nervigen" Rugosa-Blätter und ist winterhart. ZONEN 4–10.

COCHET-COCHET, FRANKREICH, 1894
ELTERN UNBEKANNT

'Souvenir de Claudius Denoyel'

GROSSBLUMIGE KLETTERROSE, DUNKELROT, ETWAS NACHBLÜHEND

Die langen, spitzen Knospen dieser kletternden Teehybride öffnen sich zu dunkelkarminroten, etwas scharlachrotstichigen Blüten. Diese sind sehr groß, becherförmig und duften. 'Souvenir de Claudius Denoyel' ist eine recht wuchsfreudige Kletterpflanze, die selbst im ersten Flor nicht sehr üppig blüht. Sie lässt sich an einer Säule, Pergola oder Wand ziehen.
ZONEN 5–10.

CHAMBARD, FRANKREICH, 1920

'CHATEAU DE CLOS VOUGEOT' × 'COMMANDEUR JULES GRAVEREAUX'

ROYAL HORTICULTURAL SOCIETY AWARD OF GARDEN MERIT 1993

'Souvenir de la Malmaison' *(oben)*
Syn. 'Queen of Beauty and Fragrance'

ALTE R., BOURBONROSE, HELLROSA, ETWAS NACHBLÜHEND

Diese Rose, die berühmteste und vielleicht schönste Bourbonrose, wurde nach dem berühmten Pariser Schloss von Kaiserin Josephine benannt, die im Schlosspark alte Rosen sammelte. Die großen, geviertelten, dicht gefüllten und duftenden Blüten sind blass fleischrosa und verbleichen mit der Zeit noch mehr. Die Knospen bilden bei nassem Wetter Mumien. Die im September etwas nachblühende Pflanze bleibt niedrig und buschig. Die Rose war zu ihrer Zeit äußerst begehrt; die Züchterin soll sogar am Fenster möglichen Übeltätern aufgelauert haben, die Triebe dieser Sorte stehlen wollten. **Climbing Souvenir de la Malmaison** (Bennett, Großbritannien, 1938) wird 1,8 m hoch. Die Mumienbildung fällt geringer aus, wenn man die Rose gegen Regen schützt. ZONEN 5–9.

BÉLUZE, FRANKREICH, 1843

'MME DESPREZ' × TEEROSE

'Souvenir de Mme Auguste Charles'

ALTE R, BOURBONROSE, REIN ROSA, ETWAS NACHBLÜHEND

Die kleinen, kompakten Blüten sind gefüllt und ähneln Kamelienblüten; ihre Farbe liegt jedoch zwischen Fleischfarben und Pink. Die hohe, überhängende Pflanze zeigt den typischen Wuchs einer Bourbonrose und besitzt recht raues Laub. Sie eignet sich für eine Säule oder ein Spalier. ZONEN 5–9.

MOREAU & ROBERT, FRANKREICH, 1866

ELTERN UNBEKANNT

'Souvenir de Mme Boullet' *(rechts)*
TEEHYBRIDE, GOLDGELB, ÖFTER BLÜHEND

Lange und spitze Blüten öffnen sich zu goldgelben Blüten, die diese Rose den ganzen Sommer über bedecken. Sie sind groß, wohlgeformt und gefüllt. Zumeist sitzen sie einzeln auf Stielen und verblassen in heißem Klima ein wenig. 'Souvenir de Mme Boullet' ist ein wuchsfreudiger und eher breiter als hoher Strauch; er ist nicht winterhart. **'Climbing Souvenir de Madame Boulet'** ist ein Sport, den die kalifornischen Rosenzüchter Howard und Smith im Jahre 1930 entdeckt haben. Der Sport hat sämtliche Eigenschaften seiner Elternpflanze geerbt und lässt sich leicht an einer Säule oder Wand ziehen. ZONEN 7–11.

PERNET-DUCHER, FRANKREICH, 1921

'MME JOSEPH PERRAUD' × SÄMLING

'Souvenir de Mme Léonie Viennot' *(oben)*
ALTE R., TEEROSE, GELB+, ETWAS NACHBLÜHEND

Eine kletternde Teerose par excellence – sie erklimmt hohe Bäume und ist sehr langlebig. Ihre großen, locker angeordneten Blüten sind in einem hellen Rosarot gehalten, das einen Stich ins Gelbe und Kupferorange aufweist. Diese Teerose besitzt einen ausgedehnten ersten Flor, dem eine unregelmäßige Nachblüte folgt. Da die alten Triebe noch Blüten tragen, sollte man die Pflanze die ersten Jahre möglichst wenig beschneiden, später muss man aber sehr altes Holz herausschneiden. ZONEN 7–9.

BERNAIX, FRANKREICH, 1898

'GLOIRE DE DIJON' × SÄMLING

'Souvenir de Philemon Cochet' *(rechts)*
REMONTANTROSE, WEISS, ETWAS NACHBLÜHEND

Die Blüten des Sports ähneln stark denjenigen seiner Elternpflanze, besitzen aber wesentlich mehr Petalen und blühen nicht ganz so reichlich. Die weißen Blüten mit rosafarbener Mitte sind so stark gefüllt, dass sie im voll geöffneten Zustand Kugeln gleichen. Benannt wurde sie nach Philemon Cochet, dem Bruder des Züchters.

ZONEN 4–10.

COCHET-COCHET, FRANKREICH, 1899

SPORT VON 'BLANC DOUBLE DE COUBERT'

'Souvenir de St Anne's' *(rechts)*
ALTE R., BOURBONROSE, HELLROSA, ETWAS NACHBLÜHEND

Dieser Sport besitzt weniger Petalen als seine Elternsorte 'Souvenir de la Malmaison', erregt weniger Aufsehen als diese, verträgt aber regnerisches Wetter gut und duftet intensiver. Der Duft stammt in erster Linie aus den vielen Staubgefäßen. 'Souvenir de St Anne's' wächst sehr buschig und hoch.

ZONEN 5–9.

HILLING, GROSSBRITANNIEN, 1950

SPORT VON 'SOUVENIR DE LA MALMAISON'

ROYAL HORTICULTURAL SOCIETY AWARD OF GARDEN MERIT 1993

'Souvenir de Thérèse Lovet' *(oben)*
ALTE R., TEEROSE, DUNKELROT, ETWAS NACHBLÜHEND

Die dunkel karminrote Farbe der Blüten dieser Sorte ist bei Teerosen nicht ungewöhnlich; es drängt sich ein Vergleich zu 'Francis Dubreuil' auf. Die Pflanze ist von lebhaftem Wachstum mit dunkelgrünem Laub und großen hakenförmigen Stacheln. Die nicht winterharte Rose benötigt ein heißes Klima. **ZONEN 7–9**.

LEVET, FRANKREICH, 1886

'ADAM' × 'SAFRANO À FLEURS ROUGES'

'Souvenir d'Elise Vardon' *(unten)*
ALTE R., TEEROSE, WEISS+, ETWAS NACHBLÜHEND

Die zarten, feinen Blüten dieser recht starkwüchsigen Teerose sind mittelgroß, dicht gefüllt und duften. Ihr mal weißer, mal gemsfarbener Farbton wird auch als creme- bis bronzefarben, bronzefarbenrosé beziehungsweise bräunlich cremefarben beschrieben. **ZONEN 7–9**.

MAREST, FRANKREICH, 1865

ELTERN UNBEKANNT

'Souvenir du Docteur Jamain'
(oben rechts)
ALTE R., REMONTANTROSE, DUNKELROT, ETWAS NACHBLÜHEND

Die Blüten sind in einem dunklen Weinrot mit purpurner Schattierung gehalten. Die Petalen sind fest und nahezu schwarz. Die Pflanze wird zu einem hohen Strauch, der sich vor einer Mauer ziehen lässt, aber mittags nicht direkter Sonnenstrahlung ausgesetzt sein sollte, weil die Blüten verbrennen können. Gut düngen, damit Wachstum und zuverlässige Nachblüte gewährleistet sind. **ZONEN 5–9**.

LACHARME, FRANKREICH, 1865

SÄMLING VON 'CHARLES LEFÈBRE'

'Souvenir d'un Ami' *(rechts)*
ALTE R., TEEROSE, HELLROSA, ETWAS NACHBLÜHEND

Die becherförmigen, gefüllten und stark duftenden Blüten prangen in lachsgetöntem Hellrosa. Die wuchsfreudige, im viktorianischen Zeitalter sehr beliebte Teerose kann im atlantischen Klima Großbritanniens gut den Winter überstehen; als Freilandrose für Deutschland ist sie aber nicht geeignet.
ZONEN 7–9.

BELOT-DEFOUGÈRE, FRANKREICH, 1846

ELTERN UNBEKANNT

'Sparkling Scarlet'
MEIhaiti, MEIhati *(rechts)*
Syn. 'Iskra'
FLORIBUNDA-KLETTERROSE, ROT, ÖFTER BLÜHEND

Die leuchtend scharlachroten Blüten verströmen einen starken fruchtigen Duft. Sie setzen sich aus 13 Petalen zusammen und sind von mittlerer Größe. 'Sparkling Scarlet' trägt wunderbar große Blütenbüschel an langen Stielen, die meist lange halten. Die Pflanze erreicht 3,5 m Höhe und 1,5 m Breite.
ZONEN 4–11.

MEILLAND, FRANKREICH, 1970

'DANSE DES SYLPHES' × 'ZAMBRA'

PARIS GOLDMEDAILLE 1969

'Sparrieshoop'
(rechts)
STRAUCHROSE, HELLROSA, ÖFTER BLÜHEND

Die Sorte weist lange, spitze Knospen auf, die sich zu fast einfachen, süßlich duftenden Schalenblüten öffnen. Diese erscheinen in großen Büscheln, sind wie rosafarbene Apfelblüten gefärbt und bedecken den Busch während der gesamten Saison. Zahlreiche goldgelbe Staubgefäße verschönern diesen Anblick zusätzlich. Die wuchsfreudige Pflanze bildet lange Triebe, die im Austrieb bronzefarben sind. 'Sparrieshoop' kann man als kleine Kletterrose oder als großen ausladenden Strauch ziehen; das reichliche Wachstum hat sie offenbar von der Rubiginosa-Hybride 'Magnifica' geerbt. Wenn dunkelgrünes Laub nicht auf geeignete Weise geschützt wird, kann es von Mehltau befallen werden.

ZONEN 4–11.

KORDES, DEUTSCHLAND, 1953

('BABY CHATEAU' × 'ELSE POULSEN') × 'MAGNIFICA'

PORTLAND GOLDMEDAILLE 1971

'Spartan' *(rechts)*
Syn. 'Aparte'
FLORIBUNDA, ORANGEROT, ÖFTER BLÜHEND

Die spitz zulaufenden Knospen öffnen sich zu leuchtend orangeroten bis korallroten Blüten, die eine schöne symmetrische Form aufweisen. Die großen Blüten erscheinen einzeln oder in kleinen Büscheln und duften angenehm. Sie heben sich wunderbar vom dunkelgrünen Laub ab, das einen wuchsfreudigen Busch ziert. Obwohl 'Spartan' eine Vielzahl anerkannter Preise gewann, blieb ihr die begehrte Auszeichnung All-American Rose Selection versagt. Die Rose wurde schon oft erfolgreich zur Zucht verwendet.

ZONEN 5–11.

BOERNER, USA, 1955

'GERANIUM RED' × 'FASHION'

NATIONAL ROSE SOCIETY PRESIDENT'S INTERNATIONAL TROPHY 1954, PORTLAND GOLDMEDAILLE 1955, DAVID FUERSTENBERG-PREIS DER AMERICAN ROSE SOCIETY 1957, AMERICAN ROSE SOCIETY NATIONAL GOLD CERTIFICATE 1961

'Spectacular'
(rechts)
Syn. 'Danse du Feu', 'Mada'
FLORIBUNDA-KLETTERROSE, ORANGEROT, ÖFTER BLÜHEND

Die ovalen Knospen dieser Rose öffnen sich zu scharlachroten Blüten mit 30 becherförmig bis flach angeordneten Petalen. Diese wachsen größtenteils in Büscheln, umgeben von bronzefarbenem Laub. Eine während der gesamten Saison reich blühende Pflanze von bis zu 3 m Höhe. Sie ist sehr winterhart und toleriert selbst Halbschatten, ist aber ohne Schutzmaßnahmen anfällig für Sternrußtau. **ZONEN 4–10.**

MALLERIN, FRANKREICH, 1953
'PAUL'S SCARLET CLIMBER' × SÄMLING VON *ROSA MULTIFLORA*

'Spencer' *(rechts)*
ALTE R., REMONTANTROSE, HELLROSA, ETWAS NACHBLÜHEND

'Spencer' trägt seidige, rosafarbene Blüten, deren äußere Petalen weiß abgesetzt und leicht nach innen gebogen sind. Die zunächst becherförmigen Blüten werden flach und sind dicht gefüllt. Bei Regen bilden die Knospen oft Mumien. 'Spencer' wächst ähnlich wie die Elternsorte 'Merveille de Lyon' zu einem mittelgroßen Strauch heran. **ZONEN 5–9.**

PAUL, GROSSBRITANNIEN, 1892
SPORT VON 'MERVEILLE DE LYON'

'Spice Drop' SAVswet

(unten)

ZWERGRÖSE, ORANGEROSA, ÖFTER BLÜHEND

Lachsfarbene Knospen öffnen sich zu lachsrosa, mit 35 Petalen gefüllten Blüten, die jeweils einzeln am Stiel sitzen. Während der ganzen Saison überziehen die hübschen, wohlgeformten Blüten den recht kleinen, aber kompakten Busch mit einem herrlichen Farbschleier; der Busch ist reichlich mit kleinem, matt glänzendem und dunkelgrünem Laub versehen. 'Spice Drop' wird sehr gerne von Künstlern als Vorlage für Blumenbilder verwendet. **ZONEN 5–10.**

SAVILLE, USA, 1982

('SHERI ANNE' × 'GLENFIDDICH') × (SÄMLING EINER MOOSROSE × ['SARABANDE' × 'LITTLE CHIEF'])

'Spiced Coffee' MACjuliat *(ganz unten)*

Syn. 'Old Spice', 'Vidal Sassoon'

TEEHYBRIDE, ROSTROT, ÖFTER BLÜHEND

Aufgrund ihrer ungewöhnlichen Färbung erregt diese neuartige Sorte nicht nur bei Floristen große Aufmerksamkeit. In kühlen Gebieten ist sie eher rosa- oder fliederfarbig; in heißem Klima hingegen bildet die Pflanze einen höchst dekorativen, wachsartigen Schimmer aus. Die stark duftenden Blüten besitzen nur 15–25 Petalen und sitzen vor mattgrünen Blättern. 'Spiced Coffee' ist nicht sehr wuchsfreudig und zudem anfällig für Mehltau wie auch Sternrußtau. **ZONEN 5–11.**

MCGREDY, NEUSEELAND, 1990

'HARMONIE' × 'BIG PURPLE'

BRITISH ASSOCIATION OF ROSE BREEDERS, BREEDERS' SELECTION 1994

'Splendens'

Syn. 'Ayrshire Splendens', *Rosa arvensis splendens*
ALTE R., AYRSHIREROSE, WEISS

Rosa arvensis, im Volksmund auch als Acker-, Feld- oder Kriechrose bekannt, ist eine heimische Wildrose. Die hier beschriebene 'Splendens' zählt zu denjenigen Ramblerrosen, die seit dem frühen 19. Jh. aus dieser Wildart hervorgingen. Das Synonym 'Ayrshire Splendens' verdankt die Rose dem Earl von Loudon in der englischen Grafschaft Ayrshire, der an ihrer Entwicklung beteiligt war. 'Splendens' zählt mit ihren lockeren weißen, rosa überhauchten Blüten zu den besten dieser Arvensis-Hybriden. Besonders interessant ist ihr Duft, der an Myrrhe erinnert und auch bei den Alba-Rosen 'Belle Amour' und 'Belle Isis' sowie bei einigen Rosen David Austins – wie beispielsweise der bekannten 'Constance Spry' – vorkommt. 'Splendens' blüht nur einmal im Juni und wächst sehr aufgelockert. ZONEN 5–9.

VOR 1837

HYBRIDE VON *ROSA ARVENSIS*

'Splendens'

(oben)
Syn. 'Frankfurt', *Rosa gallica splendens*
ALTE R., GALLICA-ROSE, ROT

Diese Alte Rose besitzt halb gefüllte, karminrote und purpur überhauchte Blüten mit goldenen Staubgefäßen. Im Garten macht sich diese Rose hervorragend im Hintergrund einer gemischten Rabatte. ZONEN 5–10.

VOR 1583

ELTERN UNBEKANNT

'Spong' *(unten rechts)*

ALTE R., ZENTIFOLIE, REIN ROSA

Diese zwergförmige Zentifolie hat kleine, duftende rosafarbene Blüten, die eher offen als pomponförmig sind und eine lockere Mitte besitzen. Die Blüten sitzen in großen Büscheln und erscheinen nur einmal Anfang Juni. Leider fallen sie nach dem Verwelken nicht ab, sondern müssen ausgeputzt werden. Der wohlgeformte, gesunde Busch eignet sich für die Vorderseite einer Rabatte und sollte zwischen Stauden gesetzt werden. Die graugrünen, stacheligen Triebe sind mit mittelgroßen, gesägten Blättern bedeckt, die ebenfalls graugrün gefärbt sind. ZONEN 4–9.

FRANKREICH, UM 1805

ELTERN UNBEKANNT

'Squatters Dream' *(rechts)*
STRAUCHROSE, REIN GELB, ÖFTER BLÜHEND

Die leuchtend gelben Blüten dieser Sorte verblassen mit der Zeit. Sie sind einfach, duften etwas und wirken vor einem Hintergrund aus dunkelbronzegrünem Laub sehr dekorativ. Der Strauch ist zwergwüchsig, nicht winterhart und hat unbestachelte Triebe. **ZONEN 7–10.**

CLARK, AUSTRALIEN, 1923

SÄMLING VON *ROSA GIGANTEA* × SÄMLING VON *R. GIGANTEA*

'Stacey Sue' *(unten)*
ZWERGROSE, HELLROSA, ÖFTER BLÜHEND

'Stacey Sue' hat kurze, spitze Knospen, die sich zu weichen, rosafarbenen Blüten mit fast 60 Petalen öffnen. Die Blumen verströmen einen zarten Duft und sind rosettenförmig angeordnet. Sie sitzen in Büscheln an langen Stielen inmitten kleiner, glänzend grüner Blätter. Wenn man sie nicht schneidet, kann sich die gesunde Rose recht schnell ausbreiten. Sie zeigt eine herrliche hellrosafarbene Blütenpracht und blüht rasch nach. **ZONEN 5–11.**

MOORE, USA, 1976

'ELLEN POULSEN' × 'FAIRY PRINCESS'

ROYAL HORTICULTURAL SOCIETY AWARD OF GARDEN MERIT 1993

'Stainless Steel'
WEIkblusi
TEEHYBRIDE, MAUVE, ÖFTER BLÜHEND

Die Teehybride zeichnet sich durch Blüten in klarem, silbergrauem Fliederton aus. Jede der großen wohlgeformten Blüten besteht aus 35–40 Petalen und sitzt zumeist einzeln am Blütenstiel. Da die Blüten – wie die meisten Rosen dieser Farbklasse – stark duften und lange halten, eignen sie sich gut als Schnittblumen. Das Laub ist groß, mittelgrün, mattglänzend und üppig; die wuchsfreudige Pflanze wird recht hoch und blüht sehr reichlich. **ZONEN 5–11.**

CARRUTH, USA, 1991

'BLUE NILE' × 'SILVERADO'

'Stanwell Perpetual' *(rechts)*
ALTE R., PIMPINELLIFOLIA-HYBRIDE, WEISS, ÖFTER BLÜHEND

Diese Rose besitzt den Wuchs und die Blätter einer Pimpinellifolia-Hybride, ihre Blüten mit den typischen Knopfaugen deuten jedoch auf öfter blühende Herbst-Damaszenerrosen hin. Sie trägt rötlich überhauchte, blass rosafarbene, gut gefüllte Blüten, die fedrig, flach und geviertelt sind. Dazu blüht sie wiederholt nahezu ohne Unterbrechung nach. Der überhängende, stachelige Busch ist mittelgroß bis groß. Mit ihren neun Fiederblättchen erinnern die kleinen Blättchen an Farn oder Wiesenknopf; die Stiele sind stark bewehrt. Alte grundständige Triebe sollten saisonweise ausgeputzt werden, um das Wachstum anzuregen.
ZONEN 4–9.

LEE, GROSSBRITANNIEN, 1838
VERMUTLICH EINE ÖFTER BLÜHENDE DAMASZENERROSE × PIMPINELLIFOLIA-HYBRIDE

'Starina' MEIgabi, MEIgali *(oben)*
ZWERGROSE, ORANGEROT, ÖFTER BLÜHEND

Die Blüten von 'Starina' sind leuchtend orange bis zinnoberrot und erscheinen einzeln oder in kleinen Büscheln. Es handelt sich um schöne, gefüllte und ausstellungsreife Blüten, die sich dekorativ von einem glänzenden, grünen Laub abheben. Diese niedrige Pflanze ist eine typische klassische Zwergrose des 20. Jh. In dieser Rosenklasse hat sie ähnliche Maßstäbe gesetzt wie 'Gloria Dei' bei den Teehybriden.
ZONEN 5–10.

MEILLAND, FRANKREICH, 1965
('DANY ROBIN' × 'FIRE KING') × 'PERLA DE MONTSERRAT'
JAPAN GOLDMEDAILLE 1968, ADR-ROSE 1971

'Stars 'n' Stripes'
(rechts)
ZWERGROSE, ROT+,
ÖFTER BLÜHEND

Diese Rose hat lange, spitze Knospen, die sich zu außerordentlich gleichmäßig karminrot und weiß gestreiften Blüten öffnen; diese setzen sich aus 20 Petalen zusammen, duften süßlich und stehen in Büscheln. Das Laub des großen aufrechten Busches ist hell- bis mittelgrün und macht ihn zur guten Wahl für eine Hecke. Mit dieser Rose erreichte Moore erstmalig sein Ziel, gestreifte Zwergrosen zu züchten. Langjährige Versuche führten schließlich zum elterlichen Sämling 'Striped 14', der aus einer Kreuzung von 'Little Darling' mit 'Ferdinand Pichard' hervorging; diesen kreuzte Moore erneut mit 'Little Chief', und als Ergebnis entstand die neuartige 'Stars 'n' Stripes' – gerade rechtzeitig zur Zweihundertjahrfeier der USA im Jahre 1976. Aus dieser Sorte gingen dann zahlreiche gestreifte Zwergrosen hervor.

ZONEN 5–10.

MOORE, USA, 1975

'LITTLE CHIEF' × ('LITTLE DARLING' × 'FERDINAND PICHARD')

'Steffi Graf' HELgraf *(oben)*
TEEHYBRIDE, REIN ROSA, ÖFTER BLÜHEND

Die dicken Knospen dieser Rose öffnen sich zu perfekt geformten, urnenförmigen Blüten mit hoher Mitte, die zumeist einzeln an aufrechten Stielen sitzen. Die Farbe ist insgesamt Hellrosa, jedoch können die Petalenränder leicht dunkelrosa gesäumt sein. Das Laub ist dunkelgrün.

ZONEN 5–10.

HETZEL, DEUTSCHLAND, 1993

ELTERN UNBEKANNT

'Stephens' Big Purple' STEbigpu
(rechts)
Syn. 'Big Purple',
'Nuit d'Orient'
TEEHYBRIDE, MAUVE+,
ÖFTER BLÜHEND

Diese Rose zählt zum Spätwerk des neuseeländischen Züchters Pat Stephens, der zusammen mit seiner Frau viele Jahre lang zu den führenden Rosenausstellern des Landes zählte. Große, ovale Knospen dieser großblumigen Rose öffnen sich langsam zu mit 35 Petalen gefüllten Blüten in sehr dunklem Purpur. Sie duften stark und sitzen an langen Stielen. 'Stephens' Big Purple' ist eine große, aufrechte Pflanze mit mattgrünem, gesundem Laub, die reichlich blüht, auch wenn die Nachblüte ein wenig zögerlich erfolgt. Bei kühlem Wetter können die Blumen Ausstellungsqualität erreichen. Aufgrund der einzigartigen Farbe und des starken Dufts dient die Teehybride auch als Schnittrose.
ZONEN 5–10.
STEPHENS, NEUSEELAND, 1985
SÄMLING × 'PURPLE SPLENDOUR'

'Sterling Silver'
(rechts)
TEEHYBRIDE, MAUVE+,
ÖFTER BLÜHEND

Diese Sorte zählte zu den ersten Rosen, die silbrig mauve getönt sind – ein sehr schöner und einzigartiger Farbton. Lange, spitze Knospen öffnen sich zu hochgebauten, becherförmigen, gefüllten und stark duftenden Blüten, die in der Regel in kleinen Büscheln erscheinen. Leider ist 'Sterling Silver' blühfaul und blüht auch nur langsam nach. Die Blätter an der kurzen und aufrechten Pflanze sind glänzend, groß und krankheitsfest. Ungeachtet dieser Nachteile lohnt es sich, diese wirklich einmalige gefärbte Teehybride zu ziehen, die blaustichiger als die meisten anderen mauvefarbenen Rosen ist. Sie eignet sich als Schnittblume und wirkt sehr dekorativ in Silber- und Zinnvasen. **ZONEN 5–11.**
FISHER, USA, 1957
SÄMLING × 'GLORIA DEI'

'Strawberry Swirl'
(rechts)
ZWERGROSE, ROT+,
ÖFTER BLÜHEND

Die ovalen Knospen öffnen sich zu Blüten mit 50 Petalen, die rot-weiß gefärbt sind und an die großblumige Gallica-Rose 'Rosa Mundi' erinnern. Ihre Blüten sind gefüllt, bemoost und an den Stielen mit zahlreichen feinen Stacheln besetzt. Der ausladende Busch ist von langen, hängenden Trieben bedeckt, die mit Blüten überzogen sind. 'Strawberry Swirl' lässt sich auch als rankender Bewuchs einer Gartenbank verwenden oder in eine Hängeampel pflanzen. Viele Rosenliebhaber sind von der einzigartigen Farbkombination dieser Zwergrose begeistert. **ZONEN 5–10.**

MOORE, USA, 1978

'LITTLE DARLING' × SÄMLING EINER ZWERGROSE

'Stretch Johnson'
MACfirwal *(rechts)*
Syn. 'Rock 'n' Roll', 'Tango'
STRAUCHROSE, ROT+,
ÖFTER BLÜHEND

Die Blüten sind leuchtend orange-scharlachrot mit einer gelben Mitte. Die 15 Petalen sind orange überhaucht, ihre Unterseiten sind silbrig orangefarben. Die Blüten erscheinen in kleinen und großen Büscheln an einem hohen, nahezu kletternden Strauch. Das Laub ist mittelgrün, matt glänzend, dicht und sehr reichlich. Im Herbst bilden sich an der Basis neue große Triebe, die dicke, große Blütenköpfe tragen. Die besten Blüten werden im Herbst oder bei kühlem Wetter hervorgebracht. Besonders auffällig wirkt die Strauchrose als rankender Bewuchs an einer Säule. **ZONEN 4–11.**

MCGREDY, NEUSEELAND, 1988

'HECKENZAUBER' × 'MAESTRO'

GOLDMEDAILLE DER ROYAL NATIONAL ROSE SOCIETY 1988, GLASGOW SILBERMEDAILLE 1992, GOLDENE ROSE VON DEN HAAG 1993, ROYAL HORTICULTURAL SOCIETY AWARD OF GARDEN MERIT 1993

'Sue Lawley'
MACspash, MACsplash
(rechts)
Syn. 'Spanish Shawl'
FLORIBUNDA, ROT+, ÖFTER BLÜHEND

Die zart duftenden, mit 20 Petalen gefüllten, roten Blüten stehen in Büscheln zu 3–7; sie sind hellrosa gesäumt und unterseits silbrig rosa gefärbt. Das junge Laub ist rot und wird später hellgrün; die glanzlosen Blätter bedecken eine hochwüchsige, sehr buschige, gesunde und stark bewehrte Pflanze, die bei rascher Nachblüte üppig blüht.
ZONEN 5–10.

MCGREDY, NEUSEELAND, 1980
([['LITTLE DARLING' × 'GOLDILOCKS'] × [('ROTER STERN' × ('CORYANA' × 'TANTAUS TRIUMPH')] × {'JOHN CHURCH' × 'ELIZABETH OF GLAMIS'}]) × ('ROTER STERN' × ['ORANGE SWEETHEART' × 'FRÜHLINGSMORGEN'])

ROYAL NATIONAL ROSE SOCIETY CERTIFICATE OF MERIT 1977, NEUSEELAND GOLDMEDAILLE 1981

'Suma' HARsuma
(rechts)
BODENDECKERROSE, ROT, ÖFTER BLÜHEND

Dieser Schwestersämling von 'Heideröslein Nozomi' hat rosarote Blüten mit vielen Petalen, die mit dem Alter verblassen. Dem hübschen, üppigen Frühjahrsflor folgen eine schwächere Blühphase im Sommer und eine unregelmäßige Herbstblüte. Die Triebe der Pflanze kriechen am Boden, sind jedoch üppig mit kleinen Blättern versehen, so dass diese Rose auch als Kaskadenrose bzw. rankender Hängebewuchs an Wänden geeignet ist. Die dünnen Triebe sind sehr biegsam, so dass man 'Suma' auch an einer Stange oder einem Stab nach oben ziehen kann. Sonst erreicht sie höchstens 30 cm Höhe, aber bis zu 1,2 m Breite, so dass sie stets genügend Platz erhalten sollte.
ZONEN 5–10.

ONODERA, JAPAN, 1989

ELTERN UNBEKANNT

ROYAL HORTICULTUAL SOCIETY AWARD OF GARDEN MERIT 1993

'Summer Blush'
SIEsummer *(oben)*
ALTE R., ALBA-ROSE, DUNKELROSA

Rolf Sievers hatte Formen von *Rosa alba* mit *R. kordesii* gekreuzt und als Ergebnis mehrere Alba-Rosen erhalten. Die im Juni erscheinenden Blüten dieser Sorte sind rot – eine interessante Tatsache, da die meisten Alba-Rosen weiße oder rosa schattierte Blüten besitzen. Die geöffneten Blüten zeigen zur Mitte hin 30–40 einwärts gebogene, zart rosafarbene Petalen und duften stark. Die anmutig hängende Pflanze ist mit zähem, gesundem Laub bedeckt und besonders winterhart. Somit ist sie für auch Kanada, Nordamerika und Nordeuropa geeignet. **ZONEN 4–9.**
SIEVERS, DEUTSCHLAND, 1988
ELTERN UNBEKANNT

'Summer Dream'
JACshe *(unten rechts)*
TEEHYBRIDE, APRICOT+, ÖFTER BLÜHEND

Die gefüllten, apricotfarbenen Blüten haben 30 Petalen, sind mittelgroß und besitzen die hohe Mitte einer Ausstellungsrose. Für gewöhnlich sitzen sie einzeln an langen Stielen und eignen sich daher gut zum Schnitt. Die Blumen verströmen einen zarten fruchtigen Duft. 'Summer Dream' besitzt matt glänzende, mittelgrüne Blätter, ihr Wuchs ist aufrecht, und sie ist sehr krankheitsfest. Die Nachblüte ist gut. **ZONEN 5–10.**
WARRINER, USA, 1987
'SUNSHINE' × SÄMLING

'Summer Fashion'

JACale *(oben)*
Syn. 'Arc de Triomphe'
FLORIBUNDA, GELB+,
ÖFTER BLÜHEND

Die mit etwa 20 Petalen gefüllten, hellgelben Blüten sind mit zartem Lachsrosa gesäumt. Nachdem sich die Blüten geöffnet haben, überzieht der Rosaton allmählich den gelben Teil der Blüte. Die duftenden Blumen fallen für eine Floribundarose recht groß aus. Das üppige Laub ist ebenfalls groß, mittelgrün und mattglänzend; es bedeckt den ein wenig klein geratenen Busch überaus reichlich. Die Nachblute erfolgt nur zögerlich, doch erweckt 'Summer Fashion' aufgrund ihrer ungewöhnlichen hübschen Farben stets Aufmerksamkeit. Die Sorte macht sich gut als Hochstamm, lässt sich aber auch in einer niedrigen Rabatte verwenden. ZONEN 5–10.

WARRINER, USA, 1986
'PRECILLA' × 'BRIDAL PINK'

'Summer Holiday'

(rechts)
TEEHYBRIDE, ORANGEROT,
ÖFTER BLÜHEND

Diese Rose stellt durchaus eine Verbesserung gegenüber der Elternpflanze 'Super Star' dar. Die langen, spitzen Knospen öffnen sich zu Blüten in intensivem Orange-Scharlachrot, das lange hält, ohne zu verblassen. Die duftenden, gefüllten Blüten besitzen etwa 50 Petalen und eine hohe Mitte. Sie sitzen an langen Stielen an einer sehr wuchsfreudigen, buschigen Pflanze mit üppigem, matt glänzendem, dunkelgrünem Laub. Die gesunde Rose blüht überaus reichlich und recht lange. 'Summer Holiday' ergibt eine exzellente Hecke. ZONEN 5–11.

GREGORY, GROSSBRITANNIEN, 1967
'SUPER STAR' × SÄMLING
ROYAL NATIONAL ROSE SOCIETY TRIAL GROUND CERTIFICATE 1968

'Summer Lady' TANyoal

TEEHYBRIDE, ROSA+, ÖFTER BLÜHEND

Die schlanken, samtigen Knospen in einem rosafarbenen Pastellton öffnen sich zu dunkleren Blüten, die in der Mitte lachsfarben überhaucht sind. Sie haben eine perfekte hohe Mitte, jedoch nicht genug Petalen, um diese Form lange halten zu können. Von angenehmem Duft, üppiges, grünes Laub. ZONEN 5–10.

TANTAU, DEUTSCHLAND, 1993
ELTERN UNBEKANNT

'Summer Snow'
(oben)
FLORIBUNDA, WEISS, ÖFTER BLÜHEND

In der Rosenzucht geschieht es äußerst selten, dass Kletterrosen Buschrosen als Sport hervorbringen; im Falle von 'Summer Snow' war der elterliche Climber erst zwei Jahre zuvor auf dem Markt etabliert worden. Als Floribundarose besitzt sie recht große (8 cm), weiße Blüten, die zart duften und in großen, wohlproportionierten Büscheln sitzen. Das üppige sehr hellgrüne Laub bedeckt die niedrig und sehr buschig wachsende Pflanze. Bei feuchtem Wetter kann Mehltaubefall auftreten. Die Rose ergibt eine hübsche buschige, niedrige Hecke; sie lässt sich aber auch gut in einer Gruppe zwischen Zwiebelgewächsen und anderen Staudenpflanzen ziehen. **ZONEN 5–10.**

PERKINS, USA, 1938
SPORT VON 'CLIMBING SUMMER SNOW'

'Summer Sunshine'
(unten)
Syn. 'Soleil d'Eté'
TEEHYBRIDE, GOLDGELB, ÖFTER BLÜHEND

Die ovalen Knospen von 'Summer Sunshine' öffnen sich zu zart duftenden Blüten in einem leuchtenden Gelbton. Sie sind mit 25 Petalen gefüllt, hochgebaut bis becherförmig und bis zu 12 cm groß. Meistens blüht diese Rose als erste im Frühjahr und hört erst in den ersten kühleren Herbsttagen wieder auf. Die Blüten öffnen sich auch in der Sommerhitze schnell. Das Laub der aufrechten und buschigen Pflanze ist ledrig, dunkelgrün und glänzt matt. Im Herbst kann Mehltau auftreten. In wärmeren Lagen zählt 'Summer Sunshine' zu den schönsten gelben Rosen für Beete und Rabatten. **ZONEN 5–11.**

SWIM, USA, 1962
'BUCCANEER' × 'LEMON CHIFFON'

'Summer Wine'

KORizont *(oben)*
GROSSBLUMIGE KLETTERROSE, ROSA, ÖFTER BLÜHEND

Diese Kletterrose hat korallrosafarbene Blüten mit hervorstehenden roten Staubgefäßen. Die halb gefüllten, stark duftenden Blüten sitzen in Büscheln an der Pflanze und sind haltbar, auch in der Vase. Sie heben sich wunderbar von dem dunkelgrünen Laub ab. Die wuchsfreudige, aufrechte Pflanze eignet sich hervorragend als rankender Bewuchs von Säulen, Pergolen oder Bögen, wo die einfachen Blüten gut mit gefüllten Blüten anderer Sorten kontrastieren.
ZONEN 5–10.

KORDES, DEUTSCHLAND, 1984
ELTERN UNBEKANNT

ROYAL NATIONAL ROSE SOCIETY TRIAL GROUND CERTIFICATE 1982, ROYAL HORTICULTURAL SOCIETY AWARD OF GARDEN MERIT 1993

'Sun Flare' JACjem

(rechts)
Syn. 'Sunflare'
FLORIBUNDA, REIN GELB, ÖFTER BLÜHEND

Die langen, spitzen Knospen von 'Sun Flare' öffnen sich zu flachen, rein gelben, mit 20–30 Petalen gefüllten Blüten, die den Blick auf die dekorativen Staubgefäße freigeben. Sie sitzen zu 3–15 in kleinen bis mittelgroßen Büscheln und duften zart. Das Laub ist klein, glänzend und gesund. 'Sun Flare' ergibt eine gute niedrige Hecke, wirkt aber auch als Beetrose oder Hochstamm. Wenn man die verwelkten Blüten stehen lässt, werden schöne rote Hagebutten gebildet. **'Climbing Sun Flare'** entstand 1987 und ist eine gelbblütige Kletterpflanze mit glänzenden Blättern und großen Blüten, die sich ausgezeichnet für Pergolen, Pyramiden oder Spaliere eignet. **ZONEN 5–10.**

WARRINER, USA, 1981
'FRIESIA' × SÄMLING

JAPAN GOLDMEDAILLE 1981, ALL-AMERICAN ROSE SELECTION 1983, PORTLAND GOLDMEDAILLE 1985

'Sunblest' *(rechts)*
Syn. 'Landora'
TEEHYBRIDE, GOLDGELB,
ÖFTER BLÜHEND

Diese Teehybride zählt mit zu den schönsten gelben Rosen. Sie trägt eine Fülle von mittel- bis goldgelben, sehr wohlgeformten Blüten, die 40 spitze Petalen enthalten. Die zart duftenden, gefüllten Blüten sind 12 cm groß und behalten immer ihre anmutige Farbe. Die Stiele sind mittellang, so dass man 'Sunblest' auch sehr gut zum Schnitt nehmen kann. Die Blüten halten sich lange an einem starken, hohen und gesunden Busch mit hellgrünem, stark glänzendem Laub. Für eine gelbe Rose ist diese Sorte verblüffend gesund, vereinzelt kann aber Sternrußtau auftreten. **'Climbing Sunblest'** ist ein exzellenter Sport mit üppigem grünem Laub und reicher Blüte. Die starke Pflanze ist für Säulen, Pyramiden oder Zäune geeignet.
ZONEN 5–10.

TANTAU, DEUTSCHLAND, 1970
SÄMLING VON 'KING'S RANSOM'
JAPAN GOLDMEDAILLE 1971,
ROYAL NATIONAL ROSE SOCIETY TRIAL GROUND CERTIFICATE 1972,
NEUSEELAND GOLDMEDAILLE 1973

'Sundowner' MACche, MACcheup *(rechts)*
TEEHYBRIDE, APRICOT+,
ÖFTER BLÜHEND

'Sundowner' ist eine außerordentlich starkwüchsige Pflanze und bringt Blüten an langen Stielen hervor, die apricot-orangefarben und in der Mitte gelb getönt sind. Sie duften stark, sind mit 35 wohlgeformten Petalen gut gefüllt und erscheinen vor gesundem, mittelgrünem Laub an einem sehr aufrechten Busch, der im Herbst ein wenig anfällig für Mehltau ist. 'Sundowner' ergibt eine hervorragende Schnittrose.
ZONEN 5–10.

MCGREDY, NEUSEELAND, 1978
'BOND STREET' × 'PEER GYNT'
ALL-AMERICAN ROSE SELECTION 1979

'Sunlit' (rechts)
TEEHYBRIDE, APRICOT+, ÖFTER BLÜHEND

'Sunlit' trägt Blüten in einem satten Apricotton. Diese sind gefüllt, kugelförmig und sitzen außerordentlich lange in recht großer Zahl an einer krankheitsfesten Pflanze; ihr Laub ist mittelgrün und reichlich. In wärmeren Klimazonen blüht die Pflanze bis in den Spätherbst. Ihre Wuchsform ist niedrig bis mittelgroß. Da diese Teehybride sehr reich blüht, ist sie noch heute beliebt. **ZONEN 5–10.**

CLARK, AUSTRALIEN, 1937
ELTERN UNBEKANNT

'Sunmaid' (Mitte)
ZWERGROSE, GELB+, ÖFTER BLÜHEND

Diese leuchtend gelborangefarbenen Blüten heben sich von dem dunklen, glänzenden Laub ab. Die gelbe Farbe intensiviert sich noch in der Sonne. Die Blüten treten zumeist in Büscheln zu 4–10 Einzelblüten auf. Die niedrige, kompakte Pflanze wird für Rabatten und flächige Pflanzungen empfohlen. Sie ist anfällig für Mehltau und Sternrußtau. **ZONEN 5–10.**

SPEK, NIEDERLANDE, 1972
ELTERN UNBEKANNT

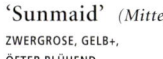

'Sunny June' (unten)
STRAUCHROSE, GOLDGELB, ÖFTER BLÜHEND

Diese Strauchrose bildet zahlreiche spitze Knospen aus, die sich rasch zu einfachen, mittelgroßen, büschelförmigen und würzig duftenden Blüten von einem satten Kanariengelb mit bernsteinfarbenen Staubgefäßen öffnen. Die Blüte hält vom Frühjahr bis in den Spätherbst an. 'Sunny June' ist von starkem und aufrechtem Wuchs, sie lässt sich als großer Strauch, aber auch an einer Säule ziehen. Die hellgelben Blüten heben sich von dem üppigen, glänzend grünen Laub ab. Die Sorte hält sich in der Vase lange und zählt zu den schönsten öfter blühenden Strauchrosen mit gelber Blüte. **ZONEN 5–10.**

LAMMERTS, USA, 1952
'CRIMSON GLORY' × 'CAPTAIN THOMAS'

'Sunseeker' DICracer *(links)*
Syn. 'Duchess of York',
'Sarah Duchess of York'
FLORIBUNDA, ORANGEROT, ÖFTER BLÜHEND

Diese moderne Rose trägt leuchtend orangerote, schwefelgelb überhauchte und zart duftende Blüten, die mit 25–40 Petalen recht dicht gefüllt sind und in kleinen Büscheln sitzen. Umgeben von mittelgrünem, matt glänzendem Laub erscheinen sie an einem sehr niedrigen Busch. Die hübsche kleine Rose eignet sich als Topfpflanze oder Fensterdekoration, kann aber auch zur Einfassung einer Rabatte verwendet werden. Sie leidet so gut wie kaum an Krankheiten.
ZONEN 5–10.

DICKSON, GROSSBRITANNIEN, 1994

'LITTLE PRINCE' × 'GENTLE TOUCH'

ROYAL NATIONAL ROSE SOCIETY TRIAL GROUND CERTIFICATE 1991, BELFAST GOLDMEDAILLE 1994, GLASGOW SILBERMEDAILLE 1994

'Sunset Boulevard'
HARbabble *(links unten)*
FLORIBUNDA, ORANGEROSA, ÖFTER BLÜHEND

Auf der Blumenshow von Hampton Court im Jahre 1997 als „Blume des Jahres" gepriesen, zeichnet sich 'Sunset Boulevard' durch wohlgeformte Knospen aus, die sich zu leuchtend apricot-orangenfarbenen Blüten öffnen. Sie sind in kleinen Büscheln angeordnet, dicht gefüllt und duften nur schwach. Die gesunde Rose hat einen niedrigen, kompakten Wuchs.
ZONEN 5–11.

HARKNESS, GROSSBRITANNIEN, 1997

'HAROLD MACMILLAN' × 'FELLOWSHIP'

ROYAL NATIONAL ROSE SOCIETY TRIAL GROUND CERTIFICATE 1996, GROSSBRITANNIENS ROSE DES JAHRES 1997

'Sunset Celebration' FRYxotic
(rechts)
Syn. 'Chantoli', 'Exotic', 'Warm Wishes'
TEEHYBRIDE, ORANGEROSA, ÖFTER BLÜHEND

Die mittelgroßen bis großen, hochgebauten Blüten in pfirsichfarbenem Lachston wirken trotz ihrer nur 30 Petalen breit und füllig; sie erscheinen einzeln und zuweilen in Büscheln, duften angenehm und eignen sich gut zum Schnitt. Der wohlgeformte Flor hält sich die gesamte Saison hindurch und übersteht auch Wind und Regen gut. Die wuchsfreudige, buschige Teehybride wird knapp überdurchschnittlich hoch und trägt breites, dunkles Laub. ZONEN 4–9.

FRYER, GROSSBRITANNIEN, 1994
'POT O' GOLD' × (SÄMLING × 'CHESHIRE LIFE')
ROYAL NATIONAL ROSE SOCIETY TRIAL GROUND CERTIFICATE 1993, BELFAST GOLDMEDAILLE 1996, GOLDENE ROSE VON DEN HAAG 1997, ALL-AMERICAN ROSE SELECTION 1998

'Sunset Song'
COCasun (rechts)
TEEHYBRIDE, APRICOT+/ORANGE+, ÖFTER BLÜHEND

Diese hohe und aufrechte Pflanze bildet große Blütenbüschel und Einzelblüten an langen Stielen. Die spitzen Knospen öffnen sich zu gefüllten Blüten mit 45 wohlgeformten Petalen. Sie sind apricot-orangefarben getönt und duften leicht. Das üppige Laub ist glänzend und hell-olivgrün. Im Herbst bilden sich neue kandelaberartige Triebe; die langen Seitentriebe eignen sich hervorragend für den Schnitt. ZONEN 5–10.

COCKER, GROSSBRITANNIEN, 1981
('SABINE' × 'CIRCUS') × 'LANDORA'
ROYAL NATIONAL ROSE SOCIETY TRIAL GROUND CERTIFICATE 1979

'Sunsprite' KOResia
(rechts)
Syn. 'Friesia', 'Korresia'
FLORIBUNDA, GOLDGELB, ÖFTER BLÜHEND

Die bei uns unter dem Namen 'Friesia' bekannte Sorte zählt zu den besten goldgelben Floribundarosen. Hübsche, ovale Knospen öffnen sich zu flachen, gefüllten Blüten mit 25 symmetrisch sitzenden Petalen. Die recht großen Blüten strahlen in intensivem, dauerhaftem Gelb, duften hervorragend und werden in großer Zahl bei rascher Nachblüte gebildet. Das Laub ist üppig, dunkelgrün und stark glänzend. Es sitzt an einer kurzen bis mittelgroßen Pflanze mit stämmigem Wuchs. Durch regelmäßiges Ausputzen wird die Nachblüte noch beschleunigt. 'Sunsprite' zählt zu den besten Beetrosen und macht sich auch gut in Rabatten oder als Hochstamm. ZONEN 5–11.

KORDES, DEUTSCHLAND, 1977

'FRIEDRICH WÖRLEIN' × 'SPANISH SUN'

BADEN-BADEN GOLDMEDAILLE 1972, JAMES ALEXANDER GAMBLE-DUFTPREIS 1979, JAMES MASON-GEDENKMEDAILLE 1989

'Super Dorothy'
HELdoro
RAMBLERROSE, REIN ROSA, ÖFTER BLÜHEND

'Super Dorothy' blüht durchgehend bis in den Herbst hinein und gibt auf diese Weisen einen wunderbaren Trauerhochstamm ab. Die rosafarbenen Blüten erscheinen in kleinen Büscheln und halten gut an der Pflanze. Ob als rankender Bewuchs einer Säule, einer Pyramide, eines kleinen Baumes und als Kaskadenrose auf Hochstamm – überall macht dieser Rambler einen guten Eindruck. Der Busch ist nahezu resistent gegen Mehltau und ist – ein für Ramblerrosen ungewöhnliches Merkmal – fortwährend mit Blüten bedeckt. ZONEN 5–10.

HETZEL, DEUTSCHLAND, 1986

'DOROTHY PERKINS' × UNBEKANNTE ÖFTER BLÜHENDE ROSE

'Super Excelsa'
HELexa
RAMBLERROSE, DUNKELROT, ÖFTER BLÜHEND

Dieser Rambler ist eine öfter blühende Sorte, die karminroten Blüten erscheinen in kleinen Büscheln an einer etwas weniger wuchsfreudigen Pflanze. Dank ihrer biegsamen Triebe lässt sie sich perfekt an Bögen und Pergolen ziehen. 'Super Excelsa' ist sehr gesund, nur vereinzelt erkrankt sie an Mehltau. 'Super Excelsa' ist auch für Säulen geeignet und macht sich hervorragend als Kaskadenrose auf Hochstämmen. ZONEN 5–10.

HETZEL, DEUTSCHLAND, 1986

'EXCELSA' × UNBEKANNTE ÖFTER BLÜHENDE ROSE

ADR-ROSE 1990

'Super Fairy' HELSvfair *(rechts)*
RAMBLERROSE, HELLROSA, ÖFTER BLÜHEND

Die 35 mm großen, duftenden Blüten von 'Super Fairy' sind hellrosa, mit 15–25 Petalen gefüllt und in großen Büscheln angeordnet. Das mittelgrüne, glänzende Laub sitzt an einer stabilen, über 1 m hohen Pflanze mit langen biegsamen Trieben. Diese Rose zählt – neben 'Super Dorothy' und 'Super Excelsa' – zu den bislang noch seltenen, öfter blühenden Ramblerrosen aus der Züchtung Karl Hetzels. **ZONEN 4–11.**

HETZEL, DEUTSCHLAND, 1992

ELTERN UNBEKANNT

'Superb Tuscan' *(rechts)*
Syn. 'Tuscany Superb'
ALTE R., GALLICA-ROSE, MAUVE

Diese sehr alte Rose hat größere Blüten und Blätter als ihre Elternpflanze. Die halb gefüllten, dunklen, bräunlich purpurnen Blüten zeigen auffällige gelbe Staubgefäße. Die kaum mittelgroße, aufrechte Pflanze mit dunkelgrünen Blättern treibt reichlich Schößlinge.
ZONEN 4–9.

RIVERS, GROSSBRITANNIEN, VOR 1837

SPORT VON 'TUSCANY'

ROYAL HORTICULTURAL SOCIETY AWARD OF GARDEN MERIT 1993

'Surpasse Tout' *(links)*
Syn. 'Cérisette la Jolie'
ALTE R., GALLICA-ROSE, ROT

Zu Beginn des 19. Jh. waren Gallica-Rosen sehr begehrt, bevor sie von Bourbon- und Remontantrosen, die leicht nachblühen, verdrängt wurden. 'Surpasse Tout' hat gefüllte, dunkle, kirschrote bis bräunliche, duftende Blüten mit einem Knopfauge. 'Surpasse Tout' ist eine spärlich und spindelig wachsende, mittelhohe Rose.
ZONEN 4–9.

NIEDERLANDE, VOR 1832

ELTERN UNBEKANNT

'Surrey' KORlanum *(unten)*
Syn. 'Sommerwind', 'Summer Breeze', 'Vent d'Eté'
BODENDECKERROSE/FLORIBUNDA, HELLROSA, ÖFTER BLÜHEND

Dieser exzellente, dauerblühende Bodendecker wächst deutlich breiter als hoch: Seine Breite beträgt 1,2 m bei einer Höhe von knapp 1 m. Die Pflanze ist mit großen Büscheln hell rosafarbener, gefüllter Blüten bedeckt; diese haben etwa 20 gewellte, leicht gekerbte Petalen, die im Herzen der Blüte rosarot, also dunkler sind. Die haltbaren und farbkonstanten Blüten wirken vor dem Hintergrund der kleinen, dunkelgrünen, gesunden Blätter sehr schön. 'Surrey' lässt sich wirksam vor höheren Sorten oder Stauden pflanzen, aber auch als Hochstamm verwenden.
ZONEN 5–10.

KORDES, DEUTSCHLAND, 1985

'THE FAIRY' × SÄMLING

ADR-ROSE 1987, GOLDMEDAILLE DER ROYAL NATIONAL ROSE SOCIETY 1987, ROYAL HORTICULTURAL SOCIETY AWARD OF GARDEN MERIT 1993

'Susan Hampshire' MEInatac
(rechts)
TEEHYBRIDE, HELLROSA, ÖFTER BLÜHEND

'Susan Hampshire' ist ein wuchsfreudiger, aufrechter Busch mit üppigem Laub, aber auch eine gute Gartenrose. Die großen, kugelförmigen, intensiv rosafarbenen Blüten sind mit 40 Petalen gefüllt und duften stark. Die wetterfeste Blütenfärbung und das üppige, bis zum Boden reichende Laub machen sie zur idealen Beetrose. **ZONEN 5–11.**

PAOLINO, FRANKREICH, 1972

('MONIQUE' × 'SYMPHONIE') × 'MARIA CALLAS'

'Susan Louise'
(rechts)
STRAUCHROSE, HELLROSA, ETWAS NACHBLÜHEND

Die großen, unordentlichen, fleischrosa Blüten dieser großen, ausladenden Kletterpflanze kann man als nachblühende Form von 'Belle Portugaise', einem Abkömmling von *Rosa gigantea*, ansehen. Leider erfolgt der beeindruckende Flor nur kurzzeitig im Sommer. Frostanfällig und daher nur für geschützte Lagen in sehr warmem Klima geeignet. **ZONEN 7–9.**

ADAMS, USA, 1929

SÄMLING VON 'BELLE PORTUGAISE'

'Sussex' POUlave
(rechts)
Syn. 'Apricot Cottage Rose'
BODENDECKERROSE, APRICOT+, ÖFTER BLÜHEND

Diese Rose zählt zu einer Reihe nach englischen Grafschaften benannten Rosen, die von der Rosenschule Mattock auf den britischen Markt gebracht wurden, aber von anderen europäischen Züchtern stammen. Die Blüten sind mit etwa zwei Dutzend Petalen gefüllt, klein und becherförmig. Sie besitzen einen bräunlichen Apricotton, erscheinen in kleinen bzw. großen Büscheln und halten sich lange auf dem niedrigen, ausladenden Busch. Das Laub ist klein, mittelgrün und üppig. 'Sussex' sollte in eine niedrige Rabatte gesetzt werden und bildet dann kleine farbige Wälle. ZONEN 5–10.

POULSEN, DÄNEMARK 1991
ELTERN UNBEKANNT

'Sutter's Gold'
(rechts)
TEEHYBRIDE, ORANGE+, ÖFTER BLÜHEND

'Sutter's Gold' zählt zu den großen Züchtungen aus der Mitte des 20. Jh. Von ihrer Elternpflanze 'Charlotte Armstrong' hat sie die schlanken Knospen und die elegante Blütenform geerbt. Die Farbe ist ein mit Orangerot überzogener Goldton. Die Knospen öffnen sich zu intensiv duftenden, recht lockeren Blüten mit 30 Petalen und hoher Mitte. Das üppige Laub ist dunkelgrün, ledrig und bedeckt eine aufrechte und wuchsfreudige Pflanze. Auch heute noch ist diese klassische Teehybride in den meisten Ländern im Handel erhältlich. **'Climbing Sutter's Gold'** ist eine erstklassige Kletterrose mit herausragendem dunkelgrünem, ledrigem Laub. ZONEN 5–10.

SWIM, USA, 1950
'CHARLOTTE ARMSTRONG' × 'SIGNORA'
PORTLAND GOLDMEDAILLE 1946, BAGATELLE GOLDMEDAILLE 1948, ALL-AMERICAN ROSE SELECTION 1950, NATIONAL ROSE SOCIETY CERTIFICATE OF MERIT 1951, JAMES ALEXANDER GAMBLE-DUFTPREIS 1966

'Swan' AUSwhite
(rechts)
STRAUCHROSE, WEISS+, ÖFTER BLÜHEND

Die zart duftenden Blüten von 'Swan' sind besonders groß und haben wenigstens 60 Petalen. Die cremefarbenen Knospen färben sich nach dem Öffnen in der Mitte primelgelb, während die äußeren Kelchblätter cremefarben bleiben. Mit zunehmendem Alter wird sie schließlich gänzlich cremefarben. Bei Dauerregen oder hoher Feuchtigkeit können die Blüten fleckig werden. Der besonders kräftige und gesunde Busch trägt große, hellgrüne, glänzende Blätter. 'Swan' ist eine geeignete Rose für große Blumenarrangements, da die Blüten nach dem Schneiden Farbe und Form behalten. In kalten Gegenden ist der Busch viel kleiner und trägt auch entsprechend weniger Blüten, während man ihn in warmen Gegenden gut an einer Säule oder Pyramide ziehen kann. Schön macht er sich auch als horizontal rankender Bewuchs einer Mauer, wo dann sogar noch mehr Blüten gebildet werden können. **ZONEN 5–10.**

AUSTIN, GROSSBRITANNIEN, 1987

('CHARLES AUSTIN' × SÄMLING) × 'SCHNEEWITTCHEN'

'Swan Lake' *(rechts)*
Syn. 'Schwanensee'
GROSSBLUMIGE KLETTERROSE, WEISS+, ÖFTER BLÜHEND

Die Knospen dieser Rose öffnen sich langsam zu gefüllten, duftenden Blüten mit 50 hellrosafarbenen Petalen. Sie sitzen an langen Stielen und eignen sich für Ausstellungen. 'Swan Lake' ist von anhaltender Blüte, trägt die schönsten und haltbarsten Blüten aber erst im Herbst. Die Pflanze ist wuchsfreudig und krankheitsfest mit mittelgrünem, üppigem Laub. Sie eignet sich für Säulen, Pyramiden und Zäune. **ZONEN 4–11.**

MCGREDY, GROSSBRITANNIEN, 1968

'MEMORIAM' × 'GRUSS AN HEIDELBERG'

'Swany' MEIburenac
(rechts)
BODENDECKERROSE, WEISS,
ÖFTER BLÜHEND

Die ovalen Knospen dieser Sorte öffnen sich zu rein weißen, becherförmigen, gut gefüllten Blüten, die den ganzen Busch mit ihren Büscheln bedecken. Das kleine, aber reichliche Laub ist glänzend bronzefarben und sitzt an einer äußerst wuchsfreudigen, ausladenden Pflanze. Die Sorte eignet sich gut als Bodendeckerrose, sogar an einem steilen Abhang, wo die Triebe nach unten gezogen werden können. Der niedrige Wuchs stammt von der Elternpflanze *Rosa sempervirens*.
ZONEN 4–11.

MEILLAND, FRANKREICH, 1978

ROSA SEMPERVIRENS × 'MLLE MARTHA CARRON'

ROYAL HORTICULTURAL SOCIETY AWARD OF GARDEN MERIT 1994

'Swarthmore'
MEItaras *(rechts)*
TEEHYBRIDE, ROSA+,
ÖFTER BLÜHEND

Die Blütenfarbe stellt eine Mischung verschiedener Rosatöne mit Hellrot und einem Hauch von Mauverosa dar. Die großen, mit 50 Petalen gefüllten Blüten mit hoher Mitte zeigen eine typische Ausstellungsform. Sie sitzen an langen Stielen, duften zart und halten auch als Schnitt gut. Der Flor fällt jedoch nur durchschnittlich aus, und es gibt längere Blühpausen. Das üppige, dunkelgrüne, ledrige Laub bedeckt einen hohen, wuchsfreudigen Busch mit recht dunklen Trieben. **ZONEN 5–10.**

MEILLAND, FRANKREICH, 1963

('KORDES' SONDERMELDUNG' × 'ROUGE MEILLAND') × 'GLORIA DEI'

'Sweet Chariot' MORchari
(rechts)
Syn. 'Insolite'
ZWERGROSE, MAUVE, ÖFTER BLÜHEND

'Sweet Chariot' besitzt fliederfarben bis mauve getönte Blüten, die später einen Lavendelton annehmen. Die mit 40 Petalen gefüllten Blüten stehen in großen Büscheln, die nur sehr langsam aufblühen, zum Ausgleich jedoch überwältigend duften. Diesen schweren Damaszenerrosenduft wird man überall im Garten wahrnehmen. Das Laub der aufrechten, wuchsfreudigen, ausladenden Zwergrose ist klein und mittelgrün. Sie ist ideal für Ampeln, da die hängenden Triebe und die herabfallenden Blüten das Gefäß gut verdecken. **ZONEN 5–10.**
MOORE, USA, 1984
'LITTLE CHIEF' × 'VIOLETTE'

'Sweet Dream' FRYminicot
(rechts)
Syn. 'Sweet Dreams'
FLORIBUNDA, APRICOT+, ÖFTER BLÜHEND

Diese Sorte hat wohlgeformte Blüten in einem hellen Ton zwischen Pfirsich und Apricot, die einzeln oder in großen Büscheln sitzen und einen starken, süßen Duft verströmen. Der kleine Busch hat äußerst dichtes, glänzendes, gesundes Laub und wächst breitbuschig.
ZONEN 5–10.
FRYER, GROSSBRITANNIEN, 1968
SÄMLING × ('ANYTIME' × 'LIVERPOOL ECHO') × ('NEW PENNY' × SÄMLING)
ROSE DES JAHRES DER BRITISH ASSOCIATION OF ROSE BREEDERS 1988, BELFAST CERTIFICATE OF MERIT 1990, ROYAL HORTICULTURAL SOCIETY AWARD OF GARDEN MERIT 1993

'Sweet Inspiration'
JACsim *(oben)*
FLORIBUNDA, REIN ROSA,
ÖFTER BLÜHEND

Diese Floribundarose des amerikanischen Züchters Warriner bringt zahlreiche große, mit 25 Petalen gefüllte Blüten in einem makellosen Rosa hervor, die innen aber eher cremefarben sind. Die Blumen mit einem Durchmesser von 10 cm erscheinen über längere Zeit in Büscheln von unterschiedlicher Größe. Das Laub ist mittelgrün und matt. 'Sweet Inspiration' ist ein starker, aufrechter, wenig bewehrter Busch, der sich sowohl für Beete als auch für Rabatten eignet, da die Blütenproduktion reichlich und anhaltend ist und die Blüten kaum an Farbe einbüßen. ZONEN 5–10.

WARRINER, USA, 1993
'SUNFLARE' × 'SIMPLICITY'
ALL-AMERICAN ROSE SELECTION 1993

'Sweet Juliet' AUSleap
(rechts)
STRAUCHROSE, APRICOT+,
ÖFTER BLÜHEND

'Sweet Juliet' trägt kleine Knospen, die sich zu großen, becherförmigen Blüten mit zahlreichen rosettenförmigen Petalen und einem auffälligen Knopfauge öffnen. Sie sind von einem zarten, feinen Apricot, das an den Rändern fast zu weiß verblasst. Die Blüten duften eher wie eine Teerose. Das Laub besteht aus sehr spitzen, hellgrünen Blättchen mit einem bräunlichen Stich, und sitzt an einem streng aufrechten und starken Strauch, der im Herbst ein Dickicht von Trieben hervorbringt. Bedauerlicherweise bringen viele dieser späten Triebe keine Blüten mehr hervor. ZONEN 5–10.

AUSTIN, GROSSBRITANNIEN, 1989
'GRAHAM THOMAS' × 'ADMIRED MIRANDA'
BELFAST DUFTPREIS 1992

'Sweet Magic'
DICmagic *(rechts)*
ZWERGROSE, ORANGE+, ÖFTER BLÜHEND

Diese Sorte hat goldorangefarbene, spitze Knospen, die sich zu leuchtend orangefarbenen Blüten mit goldenen Tupfern öffnen. Die Blüten sind mit 15–25 Petalen halb gefüllt, duften nicht und öffnen sich schnell zu flachen Blüten mit hervorstehenden Staubgefäßen. Die mittelgroßen, leuchtenden Blüten sitzen in wunderbaren Büscheln an einem runden Busch mit dunkelgrünem, glänzendem Laub, von dem sie sich deutlich abheben. 'Sweet Magic' ist pflegeleicht, krankheitsfest und wetterunempfindlich. Sie gedeiht in Töpfen wie auch in Rabatten und Innenhöfen. Auf dem jährlichen Rosenfestival der Royal National Rose Society im Jahre 1986 erregte ein farbenprächtiges Massenarrangement mit 'Sweet Magic' große Aufmerksamkeit. ZONEN 5–10.

DICKSON, GROSSBRITANNIEN, 1986
'PEEK A BOO' × 'BRIGHT SMILE'
ROYAL NATIONAL ROSE SOCIETY TRIAL GROUND CERTIFICATE 1986, ROYAL NATIONAL ROSE SOCIETY ROSE DES JAHRES 1987, ROYAL HORTICULTURAL SOCIETY AWARD OF GARDEN MERIT 1993

'Sweet Memories' WHAmemo
ZWERGROSE, HELLGELB, ÖFTER BLÜHEND

Die Blüten dieser Rose erscheinen in großen, hellgelben Büscheln. Sie haben eine auffallende, altmodische, geviertelte Form und duften zart. Der Flor fällt recht üppig aus. Die Pflanze ist mit hellgrünem, gesundem Laub bedeckt. Sie wird in Gegenden mit mildem Klima 30–60 cm hoch und eignet sich für Töpfe, Kübel oder Rabatten.
ZONEN 5–11.

SPORT VON 'SWEET DREAM'

'Sweet Surrender'
TEEHYBRIDE, REIN ROSA, ÖFTER BLÜHEND

Die gefüllten Blüten von 'Sweet Surrender' sind von einem klaren silbrigen Rosa, über 20 cm groß und haben 40 becherförmig angeordnete Petalen. Die Blumen verbreiten einen starken Teerosenduft. Das Laub ist dunkel, ledrig und krankheitsfest. Es bedeckt eine Pflanze mit starkem Wuchs, überdurchschnittlicher Blütenproduktion und schneller Nachblüte. Wie die Elternpflanze 'Tiffany' erhielt auch 'Sweet Surrender' eine Auszeichnung der All-American Rose Selection. Beide Rosen haben lange Stiele und schön geformte Blüten in klaren Farben. **ZONEN 5–11.**

WEEKS, USA, 1983

SÄMLING × 'TIFFANY'

ALL-AMERICAN ROSE SELECTION 1983

'Sydonie' *(unten)*
Syn. 'Sidonie'
ALTE R., REMONTANTROSE, REIN ROSA, ÖFTER BLÜHEND

Diese Rose duftet wie eine Damaszenerrose und hat leuchtend hell rosafarbene Blüten, die flach und geviertelt sind und in Büscheln auftreten. Sie haben eine krause Mitte und wellige Petalen. Der kleine bis mittelgroße Busch erinnert in mancherlei Hinsicht an eine Portlandrose und gilt als anfällig für Sternrußtau. **ZONEN 5–9.**

DORISY, FRANKREICH, 1846

SÄMLING VON 'BELLE DE TRIANON'

'Sympathie' *(rechts)*
Syn. 'Sympathy'
GROSSBLUMIGE KLETTERROSE, ROT, ÖFTER BLÜHEND

Diese Kletterrose trägt Büschel zart duftender, blutroter Blüten, die 20 oder mehr Petalen aufweisen und sich zu einer erheblichen Größe mit offen becherförmiger Form entwickeln. Die intensive, dunkle, aber leuchtende Farbe hebt sich schön vor dem Hintergrund des kräftig grün glänzenden Laubes ab. Der erste Flor ist reichlich, die Nachblüte im Spätsommer fällt etwas spärlich aus; zum Schluss der Saison werden dann wieder viele Blüten produziert. 'Sympathie' stammt aus der von Kordes kreierten Kordesii-Linie. Diese wuchsfreudige, schnellwüchsige und anpassungsfähige Pflanze bildet lange, steife Triebe und eignet sich hervorragend für Zäune, Wände und Pergolen. **ZONEN 4–9.**

KORDES, DEUTSCHLAND, 1964

'WILHELM HANSMANN' × 'DON JUAN'

ADR-ROSE 1964

'Symphonie' AUSlett *(rechts)*
Syn. 'Allux Symphony', 'Symphony'
STRAUCHROSE, HELLGELB, ÖFTER BLÜHEND

Diese Strauchrose bringt mittelgroße Blüten hervor, die sich aus über 40 kleinen Petalen zusammensetzen, meist in dichten Büscheln angeordnet sind und außerordentlich gut duften. Nach dem Öffnen haben sie eine rein gelbe Farbe und sind rosettenförmig; später verfärben sie sich zu Rosa. Der Flor hält bis in den Herbst hinein an; am schönsten wirkt er bei warmem Wetter. 'Symphonie' eignet sich für farbenfreudige Gruppen, Rabatten oder Beete. Sie wächst aufrecht, dicht und buschig, bei mittlerer Größe und besitzt ein üppiges glänzendes Laub. Die Sorte wird auch zu den Englischen Rosen des Briten Austin gezählt. **ZONEN 4–9.**

AUSTIN, GROSSBRITANNIEN, 1986

'THE KNIGHT' × 'YELLOW CUSHION'

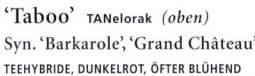

'Taboo' TANelorak *(oben)*
Syn. 'Barkarole', 'Grand Château'
TEEHYBRIDE, DUNKELROT, ÖFTER BLÜHEND

Die langen, schlanken, klassisch geformten Blüten dieser Sorte erscheinen vom Sommer bis zum Herbst auf langen Stielen; sie haben eine hohe Mitte und bestehen aus breiten, zart duftenden Blütenblättern. 'Taboo' zählt zu den Rosen mit den dunkelsten Rottönen, weshalb sie eigentlich zu den sehr beliebten Sorten zählen sollte. Leider aber zeichnet sie sich durch einen flachen, asymmetrischen Wuchs aus und eignet sich daher weniger für Rabatten und Randbeete. Daher setzt man diese wuchsfreudige, gut mittelhohe Pflanze mit ihren großen, glänzenden, dunkelgrünen Blättern am besten in einen abgelegenen Teil des Gartens und verwendet die Blüten als Schnittblumen.
ZONEN 4–9.

EVERS/TANTAU, DEUTSCHLAND, 1988

ELTERN UNBEKANNT

'Talisman' *(oben)*
TEEHYBRIDE, GELB+, ÖFTER BLÜHEND

Diese Rose gehört zu den wenigen vor 1939 eingeführten Teehybriden, die sich auch nach dem 2. Weltkrieg noch großer Beliebtheit erfreuten. Die große Blühfreude, die kurzen Abstände zwischen den Blühperioden, der adrette Wuchs und die attraktive Mischung aus Scharlachrot, Rosa, Kupferorange und Goldgelb sprechen für 'Talisman', deren schöne, gefüllte Blüten mit etwa 30 Petalen sich langsam zu einer Schalenform öffnen und den Blick auf die Staubgefäße freigeben. Früher wurde diese fruchtig duftende Rose dank ihrer geraden, elastischen Stiele vorwiegend als Schnittblume kultiviert, und auch heute noch ergeben die jungen Blüten attraktive Ansteckrosen. Die nicht allzu wuchsfreudige Pflanze von aufrechtem, schlankem, kaum mittelhohem Wuchs hat matt glänzende, ledrige, hellgrüne Blätter.
'Climbing Talisman' (Western, USA, 1930) trägt zu Beginn des Sommers eine Fülle von schönen Blüten an langen, bogenförmigen Trieben, denen später noch weitere Blüten folgen; der Sport wird etwas größer als herkömmliche Kletterrosen.
ZONEN 4–9.

MONTGOMERY, USA, 1929

'OPHÉLIA' × 'SOUVENIR DE CLAUDIUS PERNET'

GOLDMEDAILLE DER AMERICAN ROSE SOCIETY 1929, JOHN COOK
GOLDMEDAILLE DER AMERICAN ROSE SOCIETY 1932

'Tall Story' DICkooky
FLORIBUNDA, REIN GELB,
ÖFTER BLÜHEND

Obwohl diese starkwüchsige Sorte mit ihrem glänzenden, leuchtend grünen Laub als Bodendeckerrose geführt wird, erinnert ihre Wuchsform eher an eine flache Pyramide. Ihre mittelgroßen, halb gefüllten Blüten wachsen vom Sommer bis zum Herbst in adretten Büscheln und erscheinen auf anmutig gewölbten Stielen, die über den gesamten Strauch verteilt sind; sie wirken klar und duften angenehm fruchtig. 'Tall Story' ist eine liebliche Rose, die sich besonders als Einzelpflanze für kleine Gärten eignet, sich allerdings auch für Gruppenpflanzungen in Rabatten und Randbeeten anbietet.
ZONEN 4–9.
DICKSON, GROSSBRITANNIEN, 1984
'FRIESIA' × 'YESTERDAY'
ROYAL HORTICULTURAL SOCIETY AWARD OF GARDEN MERIT 1993

'Tamora' AUStamora
(ganz oben)
STRAUCHROSE, APRICOT+,
ÖFTER BLÜHEND

Die orangeroten Knospen dieser Sorte erscheinen vom Sommer bis zum Herbst und entwickeln sich zu relativ großen, apricotgelben Blüten mit etwas dunklerer Mitte und helleren Rändern. Die kräftig nach Myrrhe duftenden Blüten bestehen aus über 40 Petalen mit seidiger Struktur, deren schichtweise Anordnung an Alte Rosen erinnert und die sich schließlich zu einer tiefen Becherform öffnen. 'Tamora' – eine wuchsfreudige Strauchrose von ausladendem, kaum mittelhohem Wuchs, die auch als Englische Rose klassifiziert wird – eignet sich besonders für warme Klimazonen und bietet sich vor allem für Gruppenpflanzungen an. Sie hat kleine, matt glanzende, dunkelgrüne Blätter. ZONEN 4–9.
AUSTIN, GROSSBRITANNIEN, 1983
'CHAUCER' × 'CONRAD FERDINAND MEYER'

'Tapis Jaune' RUgul
(unten)
Syn. 'Guletta', 'Golden Penny', 'Goldpenny'
ZWERGROSE, REIN GELB,
ÖFTER BLÜHEND

Die in kurzen Abständen erscheinenden, kleinen, gefüllten Blüten der 'Tapis Jaune' haben etwa 20 dicke, gelbe Petalen, deren Farbe nicht verblasst; sie stehen einzeln oder in Büscheln von 3–5 Einzelblüten inmitten der glänzenden, dunkelgrünen Blätter. Bei dieser Sorte handelt es sich um eine flachwüchsige, kompakte, krankheitsfeste Zwergrose, die sich gut zur Bepflanzung von Kübeln, kleinen Rabatten und als niedrige Bepflanzung eines Beetes eignet.
ZONEN 5–10.
DE RUITER, NIEDERLANDE, 1973
'ROSY JEWEL' × 'ALLGOLD'

'Tapis Volant'
LENplat *(oben)*
STRAUCHROSE, ROSA+,
ÖFTER BLÜHEND

Diese Sorte ist ein schönes Beispiel für eine innovative Kreuzung des Rosenzüchters Louis Lens, der Gene von *Rosa wichuraiana* und *R. multiflora* mit anderen Erbanlagen kombinierte. Das Ergebnis ist ein flacher, ausladend wachsender Strauch, der eine Fülle kleiner, rosaweißer, fruchtig duftender Blüten trägt. Diese stehen in Büscheln von 7–35 Einzelblüten und erscheinen auch nach dem ersten üppigen Flor noch weiter. Diese attraktive Rose – deren Name „Fliegender Teppich" bedeutet – entwickelt sich zu einem wuchsfreudigen, kriechenden Strauch, der mit zahlreichen grünen, rötlich überhauchten Blättern und rotbraunen Stacheln übersät ist. ZONEN 4–9.

LENS, BELGIEN, 1982

(*ROSA LUCIAE* × SÄMLING) × (*R. MULTIFLORA ADENOCHEATA* × 'BALLERINA')

KORTRIJK GOLDMEDAILLE 1987

'Tarrawarra'
POLYANTHAROSE, ROSA+,
ÖFTER BLÜHEND

'Tarrawarra' begann ihren Siegeszug als Sämling der Rosengärtnerei Nieuwesteeg in der australischen Provinz Victoria. Ihre zahlreichen, nur 2,5 cm großen Blüten stehen in kleinen bis großen Büscheln von 10–40 Einzelblüten, die sich aus 30 zart lachsrosa Petalen zusammensetzen und im Laufe der Zeit eine cremefarbene Tönung annehmen. An den Rändern sind sie lachsrosa überhaucht und geben den Blick auf ein dichtes Büschel goldgelber Staubgefäße frei. Die kleine, rundliche Pflanze mit ihrem dichten, groben, dunkelgrünen Laub ergibt eine attraktive Randbepflanzung oder niedrige Hecke mit vielen Blüten vom Frühling bis zum Spätherbst. ZONEN 5–10.

NIEUWESTEEG, AUSTRALIEN, 1992

ELTERN UNBEKANNT

'Tatjana' KORtat
(rechts)
Syn. 'Rosenthal'
TEEHYBRIDE, DUNKELROT,
ÖFTER BLÜHEND

Wie viele andere dunkelrote Rosen reflektieren auch die Blütenblätter dieser Sorte das Sonnenlicht und schimmern dadurch samtig. Die wohlgeformten, rundlichen, betörend duftenden Bluten haben relativ kurze Petalen und öffnen sich zu einer Becherform. Sie stehen meist einzeln oder zu mehreren nebeneinander an langen Stielen und erscheinen von Sommer bis Herbst. 'Tatjana' ist ein wuchsfreudiger, breitbuschiger Strauch von aufrechtem, dichtem, gut mittelhohem Wuchs und eignet sich als Beetpflanze. Ihr Laub ist groß, es glänzt matt und ist dunkelgrün.
ZONEN 4–9.

KORDES, DEUTSCHLAND, 1970
'LIEBESZAUBER' × 'PRÄSIDENT DR. H. C. SCHRÖDER'

'Tausendschön'
(oben)
Syn. 'Thousand Beauties'
RAMBLERROSE, ROSA+

Diese kräftige Ramblerrose trägt zahlreiche Büschel relativ großer, gefüllter, rosafarbener Blüten mit weißer Blütenmitte an fast stachellosen Stielen. Im Jahre 1914 ging aus ihr als Sport die Zwergrose **'Baby Tausendschön'** hervor, die wiederum die Elternpflanze zahlreicher attraktiver Polyantharosen wurde. Beide Formen blühen nur einmal, dafür jedoch üppig.
ZONEN 5–9.

SCHMIDT, DEUTSCHLAND, 1906
'DANIEL LACOMBE' × 'WEISSER HERUMSTREICHER'

'Tchin-Tchin' MEIkinosi
(rechts)
Syn. 'Parador'
TEEHYBRIDE, GELB+, ÖFTER BLÜHEND

Die großen, fast duftlosen Blüten dieser Sorte blühen bis in den Herbst und kommen auch bei schlechtem Wetter schön zur Geltung. Ihre 30 Petalen öffnen sich zu einer symmetrischen Becherform, die in strahlendem Goldgelb leuchtet. Diese Teehybride, die sich gut zur Bepflanzung von Rabatten und Randbeeten sowie für lange haltbare Schnittblumenarrangements eignet, erreicht eine mittlere Höhe und hat ledriges, dunkelgrünes Laub. Im Jahre 1978 wurden zwei verschiedene Rosen unter dem Namen 'Tchin-Tchin' gezüchtet, was zu einer großen Verwirrung unter vielen Gärtnern und Gartenbuchautoren führte. Bei der einen handelt es sich um die an dieser Stelle beschriebene gelbblütige Sorte, bei der anderen 'Tchin-Tchin' hingegen um eine orangerote Floribundarose.
ZONEN 5–10.

PAOLINO, FRANKREICH, 1978

(['ZAMBRA' × 'SUSPENSE'] × 'KING'S RANSOM') × ('KABUKI' × 'DR A. J. VERHAGE')

'Tea Rambler' *(oben)*
RAMBLERROSE, ORANGEROSA

'Tea Rambler' zählt zu den ersten Hybriden der berühmten 'Crimson Rambler' und besitzt relativ große, halb gefüllte, rosa Blüten, die orange überhaucht sind, im Frühsommer erscheinen und angenehm duften. Diese wuchsfreudige Kletterrose ist weniger anfällig für Mehltau als andere Rambler, benötigt aber viel Platz. **ZONEN 5–9.**

PAUL, GROSSBRITANNIEN, 1904

'CRIMSON RAMBLER' × TEEROSE

'Tear Drop'
ZWERGROSE, WEISS, ÖFTER BLÜHEND

Die einfachen bis halb gefüllten, schalenförmigen und wetterfesten Blüten dieser zart duftenden Rose haben 6–14 weiße Petalen, sehr auffällige gelbe Staubgefäße und die Größe von Rabattenrosen. Sie erscheinen den ganzen Sommer über und wirken wie weiße, duftige Wölkchen inmitten der kleinen, glänzenden, leuchtend grünen Blätter. 'Tear Drop' ist ein niedriger, winterharter Strauch, dessen Form an einen Teller erinnert; er eignet sich ausgezeichnet für kleine Rabatten, den vorderen Bereich eines Randbeetes oder einen kleinen Kübel. **ZONEN 4–11.**

DICKSON, GROSSBRITANNIEN, 1988
'PINK SPRAY' × 'BRIGHT SMILE'

'Teddy Bear'
SAVabear *(oben)*
ZWERGROSE, ROSTROT, ÖFTER BLÜHEND

Die ovalen Knospen dieser wuchsfreudigen, aufrechten Rose öffnen sich zu lange haltbaren, roten Blüten mit etwas hellerer Unterseite, die im Laufe der Zeit eine mauverosa Tönung annehmen. Die gefüllten, urnenförmigen, zart duftenden Blüten mit ihren etwa 30 Petalen erinnern an Edelrosen und stehen einzeln oder in kleinen Büscheln von 3–5 Einzelblüten inmitten von matt glänzendem, dunkelgrünem Laub. Diese Sorte bedeutete einen Durchbruch bei den Rosenfarben: Insbesondere die vollständig geöffneten Blüten mit ihren braunen Petalen und den goldgelben Staubgefäßen zeichnen sich durch eine einzigartige Farbenpracht aus. Die Pflanze besitzt eine attraktive, rundliche Wuchsform, benötigt aber etwas Pflege, damit sie nicht an Mehltau erkrankt. **ZONEN 4–11.**

SAVILLE, USA, 1989
'SACHET' × 'RAINBOW'S END'

'Temple Bells'
KLETTERNDE ZWERGROSE, WEISS, ÖFTER BLÜHEND

Große, einfache, weiße Blüten mit gelben Staubgefäßen sind das Markenzeichen dieser Rose. Die Blüten stehen in Dolden und duften zart. Diese wuchsfreudige, breitbuschige Pflanze muss zwei Jahre lang sorgfältig gepflegt werden, damit sie ihre volle Blütenpracht entwickeln kann. In einigen Regionen wird 'Temple Bells' nicht als Kletterrose, sondern als Bodendecker genutzt. Ihrer Elternsorte *Rosa wichuraiana* verdankt sie die Fähigkeit, sich sowohl kletternd als auch kriechend zu entwickeln. **ZONEN 5–10.**

MOREY, USA, 1971

ROSA WICHURAIANA × 'BLUSHING JEWEL'

'Tender Blush'
(rechts)
ALTE R., ALBA-ROSE, HELLROSA

Eine hellrosa Sorte mit rundlichen, gefüllten Blüten, deren Petalen im Laufe der Zeit eine cremefarbene Tönung annehmen. Dunkelgrünes Laub. 'Tender Blush' eignet sich als Hecke, mit einer Kletterhilfe aber auch als Kletterrose.
ZONEN 5–10.
SIEVERS, DEUTSCHLAND, 1988
ELTERN UNBEKANNT

'Tender Night'
MEIlaur *(unten rechts)*
Syn. 'Florian', 'Sankt Florian'
FLORIBUNDA, ROT, ÖFTER BLÜHEND

Diese Rose entwickelt sich mit ihren johannisbeerroten Blüten in großen Dolden zu einem attraktiven Strauch. Die (mittel-)großen Blüten besitzen 25 Petalen und einen leicht fruchtigen Duft. Dank der festen Struktur der Blütenblätter verträgt 'Tender Night' direkte Sonne wesentlich besser als viele andere Sorten und bietet sich für Rabatten, Einfassungen oder als niedrige Hecke an. Die aufrecht wachsende, robuste Pflanze wird mittelhoch und trägt mittelgroßes, ledriges, matt glänzendes Laub.
'**Climbing Tender Night**' (MEIlaursar; Syn. 'Climbing Florian'; 1976) unterscheidet sich von der Elternpflanze nur durch ihre begrenzte Anzahl von Blüten, die dem ersten Flor folgen. Darüber hinaus wird die kräftige Pflanze mit bogenförmigen Trieben etwas größer als die meisten Floribundarosen.
ZONEN 4–9.
MEILLAND, FRANKREICH, 1971
TAMANGO' × ('FIRE KING' × 'BANZAI')
ROM GOLDMEDAILLE 1971

'Tequila' MEIgavesol
(rechts)
FLORIBUNDA, ORANGE+,
ÖFTER BLÜHEND

Die mittelgroßen, wohlgeformten, aber nur leicht duftenden Blüten dieser Rose haben etwa 18 Petalen, die eine farbenfrohe indischrote Tönung auf der Innenseite und eine goldorangefarbene bis gelbe Schattierung auf der Petalenaußenseite aufweisen. Auch nach dem ersten üppigen Flor erscheinen vom Sommer bis zum Herbst weitere Blüten, die in kleinen, gleichmäßigen Büscheln stehen. 'Tequila' eignet sich besonders für die Bepflanzung von Hecken und Kübeln, aber auch für Rabatten und Einfassungen, wo sie sich rasch zu einem mittelhohen Strauch mit dichtem, dunkelgrünem Laub entwickelt. **ZONEN 4–9.**

MEILLAND, FRANKREICH, 1982
'POPPY FLASH' × ('RUMBA' × [MEIKIM × 'FIRE KING'])

'Tequila Sunrise'
DICobey *(rechts)*
Syn. 'Beaulieu'
TEEHYBRIDE, ROT+,
ÖFTER BLÜHEND

Ein großer Vorzug dieser Sorte besteht darin, dass sie bis in den Herbst ständig neue Blüten hervorbringt. Ihre mittelgroßen, rundlichen Blüten öffnen sich langsam zu einer Becherform und setzen sich aus breiten, leuchtend gelben Blütenblättern zusammen, deren Spitze und Ränder kräftig rot getönt sind. Sie stehen einzeln oder dicht nebeneinander, wodurch sie sich besonders für Blumensträuße anbieten, aber auch als Bepflanzung von Rabatten, Einfassungen und Hecken gut zur Geltung kommen. Da sich die Petalen im Laufe der Zeit verfärben, sollte man Verblühtes regelmäßig entfernen. Dieser wuchsfreudige, weit verzweigte Strauch von buschiger, mittelhoher Gestalt ist mit glänzenden, dunkelgrünen Blättern übersät. **ZONEN 4–9.**

DICKSON, GROSSBRITANNIEN, 1989
'BONFIRE NIGHT' × 'FREEDOM'

GOLDMEDAILLE DER ROYAL NATIONAL ROSE SOCIETY 1988, BELFAST GOLDMEDAILLE 1991, GLASGOW SILBERMEDAILLE 1991, ROYAL HORTICULTURAL SOCIETY AWARD OF GARDEN MERIT 1993

'Texas' POUltex *(rechts)*
Syn. 'Golden Piccolo'
ZWERGROSE, REIN GELB, ÖFTER BLÜHEND

Die gefüllten, zart duftenden und leuchtend gelben Blüten dieser Rose haben eine attraktive hohe Mitte und verblassen auch bei stärkster Sonneneinstrahlung nicht. Sie erscheinen während des ganzen Sommers und stehen meist einzeln inmitten der kleinen, mattgrünen Blätter. 'Texas' ist eine wuchsfreudige, krankheitsfeste und winterharte Pflanze von aufrechtem, hohem Wuchs. Sie zählt zu den schönsten und farbbeständigsten gelben Zwergrosen. **ZONEN 5–10.**

POULSEN, DÄNEMARK, 1984
ELTERN UNBEKANNT

'Texas Centennial' *(rechts)*
TEEHYBRIDE, ROT+, ÖFTER BLÜHEND

Ein texanischer Rosenliebhaber entdeckte diesen eigenwilligen, leuchtend gefärbten Sport. Bei der Farbe dieser interessanten Mutation handelt es sich um ein dunkles, goldfarben überhauchtes Erdbeerrot, das in der Blütenmitte etwas heller wirkt und sich im Laufe der Zeit zu einer zarten Mischung aus Rosa, Rot und Orange entwickelt. Die mittelgroßen, gefüllten, würzig duftenden Blüten mit ihren nach hinten gebogenen Blütenblättern ähneln denen der Elternpflanze. Sie stehen an langen Stielen und eignen sich gut als Ansteckrosen oder Schnittblumen, sollten dann aber recht früh geschnitten werden, da sie sonst zu schnell verwelken. Aber auch im Garten bildet 'Texas Centennial' eine attraktive Hecke, einen dichten Sichtschutz oder eine schöne Randbeetbepflanzung. Der wuchsfreudige, aufrechte, gut mittelhohe Strauch erreicht zwar nicht ganz die Wuchshöhe der Elternsorte, hat aber große, ledrige Blätter. **ZONEN 4–9.**

WATKINS, USA, 1935
SPORT VON 'PRESIDENT HERBERT HOOVER'
PORTLAND GOLDMEDAILLE 1935

'Thalia' (rechts)
Syn. 'White Rambler'
RAMBLERROSE, WEISS

Die kleinen, gefüllten, angenehm duftenden Blüten des fast stachellosen Strauches, der auch im Schatten gedeiht, erscheinen in Büscheln. Leider findet man die früher sehr beliebte Rose kaum noch. Benannt wurde sie nach Thalia, der Muse der Komödie in der griechischen Mythologie.
ZONEN 4–10.

SCHMITT/LAMBERT, DEUTSCHLAND, 1895

ROSA MULTIFLORA × 'PÂQUERETTE'

'The Alexandra Rose' AUSday
Syn. 'Alexandra Rose'
STRAUCHROSE, ROSA+, ÖFTER BLÜHEND

Diese Rose hat einfache Blüten mit fünf Petalen, die sich durch eine schöne Farbe auszeichnen: Die gelben Blütenmitten mit den rosenrot überhauchten Blütenrändern nehmen im Laufe der Zeit eine rosafarbene Tönung an. Die zart duftenden, mittelgroßen Blüten erscheinen den ganzen Sommer und Herbst in großen Büscheln und bieten sich als attraktive Ergänzung für gemischte Rabatten an. Die wuchsfreudige, dichte Strauchrose erreicht eine durchschnittliche Höhe und hat matt glänzendes, leuchtend grünes Laub.
ZONEN 4–9.

AUSTIN, GROSSBRITANNIEN, 1993

('SHROPSHIRE LASS' × 'SHROPSHIRE LASS') × 'HERITAGE'

'The Bishop'
(rechts)
Syn. 'Le Rosier Évêque'
ALTE R., ZENTIFOLIE, MAUVE

Obwohl 'The Bishop' manchmal zu den Gallica-Rosen gezählt wird, besitzt diese Alte Rose viele Eigenschaften der Zentifolien. Sie ist von aufrechtem Wuchs mit zahlreichen stachelbewehrten Triebe und dunkelgrünem Laub. Ihre schalenförmigen Blüten erscheinen im Hochsommer in kleinen, duftenden Büscheln und bestehen aus mehreren gleichmäßigen Schichten blauvioletter und magentafarbener Petalen, die lila und grau überhaucht sind – eine ungewöhnliche Farbkombination, die die fast 8 cm großen Blüten aus der Ferne betrachtet fast violett erscheinen lässt. **ZONEN 4–9.**

VERMUTLICH FRANÇOIS, FRANKREICH, 1790

ELTERN UNBEKANNT

'The Countryman' AUSman
(links)
Syn. 'Countryman'
STRAUCHROSE, REIN ROSA, ÖFTER BLÜHEND

Diese charakteristische Rose des Züchters David Austin wird manchmal auch als Englische Rose klassifiziert und frischt die modernen Gartenrosen wieder mit einer Fülle von Genen der Portlandrosen auf. Die Knospen öffnen sich zu großen, becherförmigen Blüten mit angenehmem Duft. Sie besitzen bis zu 40 Petalen, was jedoch nicht auf den ersten Blick zu erkennen ist, und erinnern mit ihrer warmen dunkelrosa Tönung an Pfingstrosen. Wenn man verwelkte Blüten regelmäßig entfernt, bringt dieser ausgesprochen gesunde und wuchsfreudige, knapp mittelhohe Strauch bis zum zweiten Hauptflor im Herbst weitere Blüten hervor. 'The Countryman' eignet sich zwar zur Beetbepflanzung, aber aufgrund der ungleichmäßigen und etwas wirren Wuchsform werden manche Blüten leicht von den zahlreichen weichen, mattgrünen Blättern verdeckt. **ZONEN 4–9.**

AUSTIN, GROSSBRITANNIEN, 1987
'LILIAN AUSTIN' × 'COMTE DE CHAMBORD'

'The Bride' *(oben)*
ALTE R., TEEROSE, WEISS, ETWAS NACHBLÜHEND

'Catherine Mermet' hat bereits mehrere Sports hervorgebracht. Bei 'The Bride' soll es sich um eine schönere Form der Elternpflanze handeln, mit größerer Blühfreude und wohlgeformteren Blüten, die insbesondere an den Rändern zart lilarosa überhaucht sind. **ZONEN 7–9.**

MAY, USA, 1885
SPORT VON 'CATHERINE MERMET'

'The Dark Lady'
AUSbloom *(rechts)*
Syn. 'Dark Lady'
STRAUCHROSE, DUNKELROT,
ÖFTER BLÜHEND

Die relativ großen, dicht mit über 40 Petalen gefüllten Blüten dieser Rose sind dunkelrot und haben einen intensiven Duft; im Laufe der Zeit nehmen die Blüten eine purpurrote Tönung an und erinnern an Strauchpfingstrosen. Da zumeist mehrere Blüten als kleiner Büschel an einem Stiel erscheinen, biegen sich die Triebe häufig unter deren Gewicht herab. Wenn man die Rosen in erhöhten Beeten kultiviert, kommen die Blüten besser zur Geltung. Diese von David Austin gezüchtete und manchmal auch als Englische Rose klassifizierte Sorte eignet sich zwar für Einfassungen, erfordert aber regelmäßige Pflege. 'The Dark Lady' hat einen breitbuschigen, kaum mittelhohen Wuchs und matt glänzendes, dunkelgrünes Laub. **ZONEN 4–9.**
AUSTIN, GROSSBRITANNIEN, 1991
'MARY ROSE' × 'PROSPERO'

'The Doctor'
(rechts)
TEEHYBRIDE, REIN ROSA,
ÖFTER BLÜHEND

Diese Rose mit ihren großen, satinartigen, rosa Blüten war in der Vergangenheit ein vertrauter Anblick in vielen Gärten, da sie sich aufgrund der Blütengröße und der fröhlichen Farbe großer Beliebtheit erfreute. Ihre betörend duftenden Blüten haben knapp 30 Petalen, wirken aber dank der großen Blütenblätter dicht gefüllt. Da diese Rose nur wenige junge Triebe hervorbringt, ist die Zahl der Blüten nach dem ersten Flor begrenzt; häufig überrascht 'The Doctor' aber durch eine weitere Nachblüte im Herbst. Die kaum mittelhohe Teehybride besitzt ein attraktiv glänzendes, allerdings etwas spärliches Laub und verdient sowohl aus historischen als auch aus Erinnerungsgründen einen Platz im Garten. Ihre Namensgebung ist nämlich eine Hommage an den großen französischen Rosenzüchter Dr. J. H. Nicolas, der nach Amerika auswanderte und auf diese Weise von den dortigen Rosenzüchtern geehrt wurde. **ZONEN 4–9.**
HOWARD, USA, 1936
'MRS J. D. EISELE' × 'LOS ANGELES'
GOLDMEDAILLE DER NATIONAL ROSE SOCIETY 1938

'The Fairy' *(rechts)*
Syn. 'Fairy', 'Féerie'
POLYANTHAROSE, HELLROSA, ÖFTER BLÜHEND

Obwohl diese Sorte recht spät blüht, erfreut sie doch über mehrere Wochen mit ihrer üppigen, jedoch duftlosen Blütenpracht. Ihre rosettenförmigen, zart rosafarbenen Ponponblüten setzen sich aus zahlreichen, winzigen Petalen zusammen und stehen in kleinen Büscheln, die den ganzen Strauch bedecken. Selbst während der seltenen Blühpausen zwischen den einzelnen Floren wirkt 'The Fairy' mit ihren kleinen, glänzenden, spitzen Blättern attraktiv. Die Sorte eignet sich als niedrige Hecke, für den vorderen Bereich eines Randbeets, als Bodendecker oder zur Begrünung einer niedrigen Mauer. Wenn man sie zurückschneidet, bleibt sie eher klein; sie lässt sich aber auch zu einer Hochstammrose mit überhängenden Zweigen ziehen.

'Climbing The Fairy' unterscheidet sich nur durch ihre langen, bogenförmigen Triebe und ihre große Kletterfreude. Sie wächst jedoch weniger schnell und blütenreich als die Strauchform. ZONEN 4–9.

BENTALL, GROSSBRITANNIEN, 1932

'PAUL CRAMPEL' × 'LADY GAY'

ROYAL HORTICULTURAL SOCIETY AWARD OF GARDEN MERIT 1993

'The Friar' *(rechts)*
STRAUCHROSE, HELLROSA, ÖFTER BLÜHEND

Die weißen, an den Rändern rosa überhauchten Blüten dieser Sorte, die auch als Englische Rose klassifiziert wird, entwickeln sich aus rundlichen, spitz zulaufenden Knospen. Ihre kleinen Blütenblätter zeigen keine symmetrische Anordnung und entfalten sich zu altmodisch anmutenden Blüten mit angenehmem Duft, die bis in den Herbst an einem nicht allzu wuchsfreudigen, dunkel belaubten Strauch von aufrechtem, kaum mittelhohem Wuchs erscheinen. Während 'The Friar' in kühleren Regionen weniger gut gedeiht, wächst sie in wärmeren Klimazonen mit viel Sonne hervorragend und zählt daher zu den beliebtesten Strauchrosen in Australien, Neuseeland und einigen Teilen der USA. Ihr Name (*friar*, dt.: Mönch) stammt – wie einige andere hier vorgestellte Sorten – von einer Figur aus den *Canterbury Tales* von Geoffrey Chaucer. ZONEN 4–9.

AUSTIN, GROSSBRITANNIEN, 1969

'IVORY FASHION' × SÄMLING

'The Garland'
Syn. 'Wood's Garland'
ALTE ROSE, WEISS

Zu den besonderen Eigenschaften dieser leicht duftenden Rose zählt die Art und Weise, wie ihre zahlreichen Büschel winziger Knospen aufrecht an bogenförmigen Trieben stehen. Sie erscheinen im Hochsommer und bedecken den gesamten Strauch mit einer Fülle kleiner, halb gefüllter, schalenförmiger Blüten in einer Mischung aus verschiedenen Farben: Rosenrot, Hellgelb und Weiß. Diese sehr wuchsfreudige Pflanze mit zahlreichen stacheligen Trieben und kleinen, dunklen Blättern eignet sich für Pergolen, zum Kaschieren weniger attraktiver Gartenbereiche und für Standorte, an denen sie sich ungehindert ausbreiten kann.
ZONEN 5–9.

WELLS, GROSSBRITANNIEN, 1835

ROSA MOSCHATA ×
R. MULTIFLORA

ROYAL HORTICULTURAL SOCIETY
AWARD OF GARDEN MERIT 1993

'The Herbalist' AUSsemi *(oben)*
Syn. 'Herbalist'
STRAUCHROSE, DUNKELROSA, ÖFTER BLÜHEND

Die mittelgroßen bis großen Blüten dieser Sorte, deren dunkel rosafarbene Tönung an ein helles Rot grenzt, erscheinen in kleinen Büscheln und haben etwa zwölf Petalen, die sich schalenförmig öffnen und den Blick auf goldgelbe Staubgefäße freigeben. Da 'The Herbalist', die auch als Englische Rose klassifiziert wird, vom Sommer bis zum Herbst blüht, eignet sie sich besonders für die Randbeete im Garten. Sie wird mit ihrem breitbuschigen Wuchs und dem matt glänzenden Laub nicht ganz mittelhoch. Ihr Züchter wählte den Namen (dt.: „Der Kräuterheilkundige") aufgrund der Ähnlichkeit dieser Rose mit *R. gallica officinalis* („Apotheker-Rose"); allerdings duftet sie weniger betörend. Dafür remontiert sie aber gut. ZONEN 4–9.

AUSTIN, GROSSBRITANNIEN, 1991

SÄMLING × 'LOUISE ODIER'

'The Lady' FRYjingo
(unten)
TEEHYBRIDE, GELB+,
ÖFTER BLÜHEND

Nach einer Kreuzung zweier Floribundarosen muss der Züchter angenehm überrascht gewesen sein, als er unter den neuen Sämlingen diese Teehybride mit hoher Mitte und von herausragender Blütenqualität entdeckte. Die leicht duftenden, honiggelben Blüten, denen selbst starker Wind und Regen kaum etwas auszumachen scheinen, sind teilweise lachsrosa überhaucht und blühen bis in den Herbst – entweder einzeln oder in weit auseinander stehenden Büscheln an langen Stielen, wodurch sie sich gut als Schnittblumen eignen. Bei 'The Lady' handelt es sich um eine wuchsfreudige, mittelhohe Pflanze mit matt glänzendem, leuchtend grünem Laub, die sich gut für Einfassungen, aufgrund ihres unregelmäßigen Wuchses aber weniger gut für Rabatten eignet. Ihr Name bezieht sich auf das hundertjährige Jubiläum einer englischen Frauenzeitschrift. **ZONEN 4–9.**

FRYER, GROSSBRITANNIEN, 1985
'PINK PARFAIT' × 'REDGOLD'
ROYAL NATIONAL ROSE SOCIETY TRIAL GROUND CERTIFICATE 1982, BADEN-BADEN GOLDMEDAILLE 1987, ROYAL HORTICULTURAL SOCIETY AWARD OF GARDEN MERIT 1993

'The McCartney Rose' MEIzeli
Syn. 'McCartney Rose', 'Paul McCartney', 'Sweet Lady', 'The MacCartney Rose'
TEEHYBRIDE, REIN ROSA, ÖFTER BLÜHEND

Die betörend duftenden Blüten dieser „Duftrose der Provence", die nach dem berühmten Ex-Beatle benannt wurde, erscheinen während des ganzen Sommers bis in den Herbst. Sie besitzen eine hohe Mitte und bis zu 40 Petalen, die in einem prächtigen Dunkelrosa leuchten und sich im Laufe der Zeit zu einer Becherform öffnen. Im Garten eignet sich die wuchsfreudige Pflanze von aufrechtem, mittelhohem Gestalt gut zur Bepflanzung von Rabatten und Randbeeten. Allerdings können ihre matt glänzenden, leuchtend grünen Blätter bei schlechter Witterung von Sternrußtau befallen werden. **ZONEN 4–9.**

MEILLAND, FRANKREICH, 1991
('NIRVANA' × 'PAPA MEILLAND') × 'FIRST PRIZE'

BAGATELLE DUFTPREIS 1988, GENF GOLDMEDAILLE 1988, LE ROEULX GOLDMEDAILLE UND DUFTPREIS 1988, MADRID DUFTPREIS 1988, MONZA GOLDMEDAILLE UND DUFTPREIS 1988, PARIS GOLDMEDAILLE 1988, BELFAST DUFTPREIS 1993, DURBANVILLE DUFTPREIS 1993, PARIS DUFTPREIS 1993

'The Nun' AUSnun
(rechts)
Syn. 'Candida'
STRAUCHROSE, WEISS,
ÖFTER BLÜHEND

Die zart duftenden, fast rein weißen Blüten dieser Rose zeigen eine schöne, ungewöhnliche Becherform, die an Tulpen erinnert und goldgelbe Staubgefäße tief im Innern erkennen lässt. Sie erscheinen den ganzen Sommer und Herbst an schlanken Stielen in locker gruppierten Büscheln, wodurch sie, wie der Züchter es formulierte, den Eindruck von „zarter Keuschheit" erwecken. Da die zerbrechlichen Blütenblätter regenempfindlich sind, kommt 'The Nun' während warmer Schönwetterperioden am besten zur Geltung. Diese Rose bildet eine interessante Ergänzung in einem Rosenbeet, wo sie die durchschnittliche Größe einer Strauchrose erreicht.
ZONEN 4–9.

AUSTIN, GROSSBRITANNIEN, 1987
SÄMLING VON 'THE PRIORESS'

'The Pilgrim'
AUSwalker (unten)
Syn. 'Gartenarchitekt Günther Schulze', 'Pilgrim'
STRAUCHROSE, REIN GELB,
ÖFTER BLÜHEND

Diese weichen, wohlgeformten Blüten bestehen aus zahlreichen kleinen Blütenblättern, die sich zu einer schönen Schalenform öffnen. Ihre Blütenmitte leuchtet in einem warmen Gelbton, der im Laufe der Zeit zu einem helleren Cremegelb verblasst. Sie erscheinen den ganzen Sommer und Herbst, erscheinen in Büscheln an kräftigen Stielen und duften angenehm. Bei 'The Pilgrim' – einer auch als Englische Rose klassifizierten Züchtung – handelt es sich um eine Beetrose, die sich gut als Einzel- oder als Gruppenpflanze eignet, und eine hervorragende Schnittblume abgibt. Der wuchsfreudige, kompakte Strauch von mittelhohem Wuchs, trägt zahlreiche glänzende, leuchtend grüne Blätter und ist sehr gesund.
ZONEN 4–9.

AUSTIN, GROSSBRITANNIEN, 1991

'GRAHAM THOMAS' × 'YELLOW BUTTON'

'The Prince'
AUSvelvet *(ganz oben)*
STRAUCHROSE, DUNKELROT,
ÖFTER BLÜHEND

Bei dieser Sorte stehen die Blüten mit ihrem Duft von alten Gartenrosen im Vordergrund. Die harten, runden, dunklen Knospen öffnen sich zu schalenförmigen, prächtig dunkelroten Blüten mit zahlreichen, rosettenförmig angeordneten Blütenblättern, deren karminrote Tönung sich bald zu einem warmen Purpurrot entwickelt. 'The Prince' wird auch als Englische Rose klassifiziert. Sie eignet sich am besten für Standorte, an denen ihre außergewöhnlichen Blüten in Ruhe betrachtet werden können, der Strauch aber nicht direkt zu sehen ist, da diese Rose nur dünne Triebe mit spärlichem, dunklem Laub hat und etwas unansehnlich wirkt. Außerdem benötigt 'The Prince' wärmere Regionen und regelmäßige Pflege – dann wird sie etwa halb so groß wie eine herkömmliche Strauchrose. **ZONEN 4–9.**

AUSTIN, GROSSBRITANNIEN, 1990
'LILIAN AUSTIN' × 'THE SQUIRE'

'The Prioress'
(unten)
STRAUCHROSE, HELLROSA,
ÖFTER BLÜHEND

Die Strauchrose besitzt mittelgroße, zart duftende, perlmuttrosa Blüten aus etwa 25 Petalen, die vom Sommer bis in den Herbst hinein in Büscheln erscheinen, sich becherförmig öffnen und den Blick auf attraktive Staubgefäße freigeben. Die rundliche Form der jungen Blüten erinnert an die Knospen jener Bourbonrose, von der 'The Prioress' abstammt. Die Sorte zählt ebenfalls zu der bekannten Reihe von Züchtung des Briten David Austin, die als Englische Rosen bezeichnet werden, und eignet sich für gemischte Rabatten. Der wuchsfreudige, aufrechte Strauch erreicht eine durchschnittliche Höhe und ist mit relativ großem, mittel- bis dunkelgrünem Laub bedeckt. **ZONEN 4–9.**

AUSTIN, GROSSBRITANNIEN, 1969
'REINE VICTORIA' × SÄMLING

'The Reeve' AUSreeve
(rechts)
STRAUCHROSE, DUNKELROSA,
ÖFTER BLÜHEND

Die rundlichen Knospen dieser Rose erscheinen den ganzen Sommer und Herbst und entwickeln sich zu dicht gefüllten, becherförmigen, leuchtend dunkel rosafarbenen Blüten mit fast 60 nach innen gebogenen Petalen. Sie erinnern an Pfingstrosen, stehen einzeln oder in kleinen Büscheln und duften angenehm. Aufgrund des weichtriebigen, überhängenden Wuchses setzt man diese von David Austin gezüchtete Englische Rose am besten als Gruppenpflanze in gemischte Rabatten oder verwendet sie zur Begrünung niedriger Mauern. Sie wird kaum halb so groß wie herkömmliche Strauchrosen und hat einen ungleichmäßigen, ausladenden Wuchs, stachlige Triebe und zahlreiche kleine, grobe, dunkelgrüne Blätter, die im Austrieb rötlich schimmern.

ZONEN 4–9.

AUSTIN, GROSSBRITANNIEN, 1979

'LILIAN AUSTIN' × 'CHAUCER'

'The Squire' AUSire, AUSquire *(rechts)*
Syn. 'Country Squire'
STRAUCHROSE, DUNKELROT,
ÖFTER BLÜHEND

Wenn man lediglich die Blüten betrachtet, könnte diese Züchtung von David Austin, die ebenfalls zu den Englischen Rosen gezählt wird, als eine der anmutigsten roten Rosen durchgehen. Denn die becherförmigen, angenehm duftenden Blüten aus über 100 Petalen, deren Farbe nicht verblasst, wirken besonders üppig und entfalten sich zu einer perfekt arrangierten, geviertelten Rosettenform. Aber bedauerlicherweise wirkt der breitbuschige, kaum mittelhohe Strauch mit den langen Trieben, dem spärlichen Flor und dem dünnen, grob strukturierten und für Pilzerkrankungen anfälligen Laub nicht sehr ansehnlich. Daher setzt man 'The Squire' am besten in einen Kübel, düngt zusätzlich und lässt die hübschen Blüten in den Mittelpunkt der Aufmerksamkeit rücken.

ZONEN 4–9.

AUSTIN, GROSSBRITANNIEN, 1977

'THE KNIGHT' × 'CHÂTEAU DE CLOS VOUGEOT'

'The Temptations' WEKaq
(unten)
TEEHYBRIDE, ROSA+, ÖFTER BLÜHEND

Die aus 30 breiten Petalen bestehenden Blüten dieser Sorte besitzen die klassisch symmetrische Form hervorragender Edelrosen und als Blütenfarbe attraktive Schattierungen von Orchideenrosa, die zur Mitte hin heller werden. Nach der Hauptblüte erscheinen während der Sommer- und Herbstmonate weitere, zart und fruchtig duftende Blüten, wobei die später hervorgebrachten Rosen besonders schön sind. Mit ihren meist einzeln stehenden Blüten eignet sich 'The Temptations' gut für den Schnitt, für Rabatten, Einfassungen und Hecken. Die nicht allzu wuchsfreudige Pflanze von aufrechter, gut mittelhoher Gestalt trägt matt glänzendes, dunkelgrünes Laub und wurde nach einer berühmten amerikanischen Soulband benannt. ZONEN 5–9.

WINCHEL, USA, 1993
'PARADISE' × 'ADMIRAL RODNEY'
GOLDMEDAILLE DES AMERICAN ROSE CENTER 1989

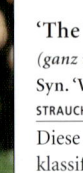

'The Wife of Bath' AUSbath
(ganz unten)
Syn. 'Wife of Bath'
STRAUCHROSE, ROSA+, ÖFTER BLÜHEND

Diese auch als Englische Rose klassifizierte Sorte hat kleine, leuchtend grüne Blätter. Sie trägt den ganzen Sommer und Herbst hindurch mittelgroße, altmodisch anmutende und betörend nach Myrrhe duftende Blüten, deren Blütenblätter auf der Innenseite dunkelrosarot und auf der Außenseite rosenrot getönt sind. Zunächst erscheinen die dicht gefalteten Petalen sehr dunkel, öffnen sich aber im Laufe der Zeit zu einer heller getönten Becherform. Da es sich bei dieser krankheitsfesten Sorte um eine relativ kleine, breitbuschige Pflanze von knapp mittelhohem Wuchs handelt, eignet sie sich besonders für den kleinen Garten sowie als Kübelpflanze. ZONEN 4–9.

AUSTIN, GROSSBRITANNIEN, 1969
'MME CAROLINE TESTOUT' × ('MA PERKINS' × 'CONSTANZE SPRY')

'The Yeoman'
AUSyeo *(unten)*
STRAUCHROSE, ORANGEROSA,
ÖFTER BLÜHEND

Die dicht gefüllten, becherförmigen, rosaroten Blüten dieser Sorte, die auch als Englische Rose klassifiziert wird, sind in der Mitte zart apricotfarben überhaucht – wodurch sie fast durchscheinend schimmern – und verströmen einen betörenden Myrrheduft. Zwischen dem üppigen ersten und dem letzten Flor im Herbst erscheinen gelegentlich ein paar vereinzelte Blüten. Bei 'The Yeoman' handelt es sich um eine nicht allzu wuchsfreudige Rose, die jedoch mit etwas Pflege in fruchtbaren Böden eine schöne Ergänzung zu einer Rabatte mit anderen Stauden und Sträuchern bilden kann. Sie wird knapp mittelhoch, hat einen dichten Wuchs und große, leuchtend grüne Blätter. **ZONEN 4–9.**

AUSTIN, GROSSBRITANNIEN, 1969

'IVORY FASHION' × ('CONSTANZE SPRY' × 'MONIQUE')

'Thérèse Bugnet'
(oben)
Syn. 'Teresa Bugnet'
RUGOSA-HYBRIDE, REIN ROSA,
ÖFTER BLÜHEND

Bei dieser Rose handelt es sich um eine wuchsfreudige, winterharte Sorte, deren lange Ahnenreihe einige Wildrosen umfasst und die auch kanadische Winter mühelos überstehen. Ihre relativ großen, süß duftenden Blüten setzen sich aus etwa 35 gewellten und gefalteten, weichen Petalen zusammen, deren rosarote Tönung etwas verblasst, sobald sich die Blüten schalenförmig öffnen. Wie die meisten Rugosa-Hybriden blüht auch 'Thérèse Bugnet' bis in den Herbst. Die langen, glatten Blätter dieser gut mittelhohen Pflanze sind für eine Rugosa-Hybride jedoch eher untypisch. Sie eignet sich u. a. aufgrund der fast stachellosen Stiele gut als Schnittblume und bietet sich auch als pflegeleichte Beetrose an. **ZONEN 3–9.**

BUGNET, KANADA, 1950

([ROSA ACICULARIS × R. RUGOSA KAMTCHATICA] × [R. AMBLYOTIS × R. RUGOSA PLENA]) × 'BETTY BLAND'

'Thisbe' *(unten)*
STRAUCHROSE, HELLGELB, ÖFTER BLÜHEND

Die Blüten von 'Thisbe' stehen in dichten Büscheln, so dass der Strauch in eine duftige, gelbbräunliche Wolke gehüllt scheint. Nach einem üppigen ersten Flor erscheinen bis in den Herbst regelmäßig neue, süß duftende Blüten mit zahlreichen kleinen Petalen, die sich rosettenartig öffnen und den Blick auf die bernsteingelben Staubgefäße freigeben. Der wuchsfreudige, breitbuschige Strauch von aufrechter, mittelhoher Gestalt ist mit matt glänzenden, olivgrünen Blättern bedeckt und kommt als Randbepflanzung am besten zur Geltung.
ZONEN 4–9.

PEMBERTON, GROSSBRITANNIEN, 1918

SPORT VON 'DAPHNE'

'Thérèse de Lisieux' ORAblan
(ganz oben)
Syn. 'St Thérèse de Lisieux'
TEEHYBRIDE, WEISS, ÖFTER BLÜHEND

Theresa Martin wurde erst lange nach ihrem Tod im Jahre 1896 heilig gesprochen. Aus Anlass des 100. Todestages führte ein australisches Karmeliterkloster eine Rose ein. 'Thérèse de Lisieux' – eine Pflanze von aufrechtem Wuchs mit recht krankheitsfestem, glänzendem, dunkelgrünem Laub – bringt laufend gefüllte, weiße Blüten mit über 25 Petalen hervor. Die Blüten erscheinen sowohl einzeln als auch in kleinen Büscheln und sind an den Rändern zartrosa überhaucht.
ZONEN 5–10.

ORARD, FRANKREICH, 1992

ELTERN UNBEKANNT

'Tiffany' *(rechts)*
TEEHYBRIDE, ROSA+, ÖFTER BLÜHEND

Die großen, dicht gefüllten und klassisch geformten Blüten dieser während der Sommer- und Herbstmonate üppig blühenden Teehybride haben eine hohe Mitte und symmetrisch angeordnete, anmutig zurückgebogene Blütenblätter. Sie erscheinen einzeln oder in Büscheln an langen, festen Stielen, leuchten in einer Mischung aus Rosarot und Lachsrosa mit goldgelb überhauchten Petalenansätzen und duften sehr angenehm. Obwohl 'Tiffany' Regen nicht verträgt, eignet sie sich gut zum Schnitt sowie für Rabatten, Einfassungen und Hecken. Diese wuchsfreudige, aufrechte, mittelhoch wachsende Pflanze trägt dichtes, glänzendes, dunkelgrünes Laub. **'Climbing Tiffany'** (Lindquist, USA, 1958) besitzt die gleichen betörend duftenden Blüten wie die Strauchform und bringt starkwüchsige, bogenförmige Triebe hervor, mit denen sie sich mühelos an einer Kletterhilfe hochrankt. **ZONEN 4–9.**

LINDQUIST, USA, 1954
'CHARLOTTE ARMSTRONG' × 'GIRONA'
PORTLAND GOLDMEDAILLE 1954, ALL-AMERICAN ROSE SELECTION 1955, GAMBLE DUFTPREIS 1962

'Tiki' *(unten)*
FLORIBUNDA, ROSA+, ÖFTER BLÜHEND

Die relativ großen, duftenden Blüten dieser Sorte setzen sich aus 30 Petalen zusammen und erinnern aufgrund ihrer Form an Edelrosen – zunächst mit hoher Mitte und später dann becherförmig. Bei der Farbe der meist in Büscheln stehenden Blüten handelt es sich um eine Mischung aus einem hellen Perlmuttrosa und einem Cremeton. Sie erscheinen bis zum Herbst, wobei einige der schönsten Exemplare bei kühler Witterung hervorgebracht werden. Diese Rose ist ein wuchsfreudiger Strauch von aufrechter, mittelhoher Gestalt und eignet sich gut für Rabatten, Einfassungen und Hecken, da ihre zarte Blütenfarbe einen schönen Kontrast zum dunklen Laub bildet. 'Tiki', war der Maori-Mythologie zufolge der Schöpfer des ersten Menschen. **ZONEN 4–9.**

MCGREDY, GROSSBRITANNIEN, 1964
'MME LÉON CUNY' × 'SPARTAN'

'Till Uhlenspiegel'

(unten)
ALTE R., RUBIGINOSA-HYBRIDE, ROT+

Obwohl diese Sorte zu den Rubiginosa-Hybriden zählt, besitzt sie nur wenig Gemeinsamkeiten mit dieser Rosengruppe, da ihre Blüten und Blätter nach der Muttersorte, einer Floribundarose, schlagen. Im Frühsommer trägt sie eine Fülle schalenförmiger, leicht duftender, leuchtend karminroter Blüten mit weißer Mitte, die in riesigen Büscheln stehen. 'Till Uhlenspiegel' erreicht mit ihrem kräftigen, weit verzweigten Wuchs eine überdurchschnittliche Größe und hat glänzendes, dunkelgrünes Laub.
ZONEN 4–9.
KORDES, DEUTSCHLAND, 1950
'HOLSTEIN' × 'MAGNIFICA'

'Timeless' JACecond

(ganz unten)
TEEHYBRIDE, DUNKELROSA/HELLROT, ÖFTER BLÜHEND

Wenn sich die nur schwach duftenden Blüten dieser Sorte entfalten, schwankt ihre Farbe zwischen Dunkelrosa und Rot, wobei die Petaleninnenseiten dunkler erscheinen als die Außenseiten. Sie blühen bis in den Herbst an geraden, kräftigen Stielen und öffnen ihre hohe Mitte nur langsam. Aufgrund der festen Struktur der etwa 30 Petalen behalten sie dabei ihre symmetrische Form. Diese robuste Pflanze von aufrechtem, mittelhohem Wuchs hat matt glänzendes, dunkles Laub; sie eignet sich gut zur Bepflanzung von Rabatten und Hecken.
ZONEN 4–9.
ZARY, USA, 1996
SÄMLING × 'KARDINAL'
ALL-AMERICAN ROSE SELECTION 1997

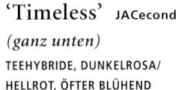

'Tineke' *(rechts)*
TEEHYBRIDE, WEISS, ÖFTER BLÜHEND

Diese Rose wird vorrangig für den Schnittblumenhandel kultiviert. Ihre rundlichen, spitz zulaufenden Knospen wirken grün überhaucht und entwickeln sich zu großen, cremeweißen Blüten mit hoher Mitte, die an geraden, kräftigen Stielen stehen und deren etwa 50 breite Petalen sich langsam zu einer Becherform öffnen. Da ihre Blüten unter Regen und kaltem Wind leiden, benötigt 'Tineke' – eine ausgesprochen wuchsfreudige, mittelhohe Pflanze mit großem, matt glänzendem, dunkelgrünem Laub – warmes Klima, in dem sie dann den ganzen Sommer und Herbst neue Blütentriebe hervorbringt.
ZONEN 4–9.

SELECT ROSES BV, NIEDERLANDE, 1989

ELTERN UNBEKANNT

'Tinkerbell' SUNtink *(ganz oben)*
ZWERGROSE, HELLROSA, ÖFTER BLÜHEND

Die betörend duftenden Blüten dieses großen, aufrechten Strauches stehen einzeln oder in Büscheln an langen, geraden Stielen und haben eine schöne, edelrosenähnliche Form. Ihre zart rosafarbenen Blütenblätter sind anmutig zurückgebogen und erscheinen inmitten des glänzend grünen Laubs fast wie aus Porzellan. Es empfiehlt sich, die mittlere Knospe auszubrechen, damit die anderen Blüten zur gleichen Zeit blühen und ihre beeindruckende Farbenpracht entfalten.
ZONEN 5–10.

SCHUURMAN, NEUSEELAND, 1992

'WHITE DREAM' × 'EVELIEN'

'Tino Rossi' MEIcelna
TEEHYBRIDE, REIN ROSA,
ÖFTER BLÜHEND

Die mittelgroßen bis großen Blüten dieser nach einem berühmten Sänger benannten Sorte erscheinen vom Sommer bis zum Herbst und verströmen einen betörenden Duft. Sie haben eine rundliche Form und besitzen über 50 Petalen, die in einem kühlen zart lachsrosa Farbton schimmern und mit attraktiven, rosenroten Zeichnungen versehen sind. Dieser wuchsfreudige, breitbuschige Strauch von aufrechtem, mittelhohem Wuchs mit seinem dichten, matt glänzenden, leuchtend grünen Laub eignet sich besonders zur Bepflanzung von Rabatten, Randbeeten und Hecken sowie als Schnittblume.
ZONEN 4–9.
MEILLAND, FRANKREICH, 1990
'AACHENER DOM' × ('DREAM' × 'KARL HEINZ HANISCH')
BAGATELLE DUFTPREIS 1989

'Tintinara' DICuptight
(unten)
TEEHYBRIDE, HELLROT,
ÖFTER BLÜHEND

Diese Sorte trägt große, zart duftende Blüten mit etwa 25 Petalen und einer hohen Mitte, die in gleichmäßig verteilten Büscheln stehen und sich becherförmig öffnen. Bei der Blütenfarbe handelt es sich um ein ungewöhnliches Mohnrot, wobei die inneren Blütenblätter ein helleres Porzellanrosa zeigen. Dem ersten üppigen Flor folgen den ganzen Sommer und Herbst mehrere Wachstums- und Blühphasen. 'Tintinara' ist eine kräftige, aufrechte, mittelhohe Pflanze und trägt große, glänzende Blätter; sie eignet sich gut als Rabatten-, Randbeet- oder Heckenbepflanzung. **ZONEN 4–9.**
DICKSON, GROSSBRITANNIEN, 1995
'MELODY MAKER' × (SÄMLING × 'BRIGHT SMILE')
DEN HAAG GOLDMEDAILLE 1994

'Tip Top' TANope
FLORIBUNDA, ORANGEROSA,
ÖFTER BLÜHEND

Obwohl 'Tip Top' aufgrund ihrer Größe eigentlich zu den Rabattenrosen zählt, sind ihre zart duftenden Blüten und Blätter zu groß für diese Rosengruppe. Als kleine, überreich blühende Floribundarose eignet sie sich hervorragend als Rand- oder Rabattenpflanze oder als Miniaturhecke. Ihre mittelgroßen, halb gefüllten, lachsrosa Blüten stehen während der Sommer- und Herbstmonate in Büscheln an kurzen Stielen; sie öffnen sich schalenförmig und geben den Blick auf die Staubgefäße frei. Der flachwüchsige, ausladende Strauch hat dichtes, dunkelgrünes Laub, das bei ungünstiger Witterung von Sternrußtau befallen werden kann.
ZONEN 4–9.
TANTAU, DEUTSCHLAND, 1963
ELTERN UNBEKANNT

'Titian' *(rechts)*
FLORIBUNDA, DUNKELROSA, ÖFTER BLÜHEND

Diese Sorte hat wohlgeformte, dunkel karminrosa Blüten, die bei schönem Wetter so leuchtend strahlen, dass sie aus der Ferne betrachtet fast schon scharlachrot wirken. Die zart duftenden, großen und dicht gefüllten Blüten öffnen sich schalenförmig und erscheinen bis in den Herbst, wobei der Herbstflor besonders üppig ausfällt. Obwohl 'Titian' zur Gruppe der Floribundarosen zählt, erreicht diese wuchsfreudige, aufrechte, mittelhohe Pflanze mit ihren überhängenden Trieben und den runden, leuchtend grünen Blättern in warmen Lagen die Größe eines Strauchs oder einer Kaskadenrose und lässt sich gut als Beet- oder Einzelpflanze einsetzen.
ZONEN 4–9.

RIETHMULLER, AUSTRALIEN, 1950

ELTERN UNBEKANNT

'Tivoli' POUlduce *(rechts)*
Syn. 'Tivoli Gardens'
TEEHYBRIDE, REIN GELB, ÖFTER BLÜHEND

Die rundlichen, zart duftenden, mittelgroßen bis großen Blüten stehen den ganzen Sommer und Herbst einzeln oder in kleinen Büscheln; sie bestehen aus bis zu 40 Petalen, die in einem warmen Gelbton schimmern. Die Teehybride gibt eine zuverlässige Beetrose ab, eignet sich aber auch hervorragend für eine Hecke. Diese wuchsfreudige, dichte, weit verzweigte Pflanze wird mittelhoch und besitzt große, matt glänzende, dunkelgrüne Blätter. 'Tivoli', eine Rose aus dem Haus der bekannten dänischen Züchterfamilie Poulsen, wurde nach jenem berühmten Vergnügungspark in Kopenhagen benannt.
ZONEN 4–9.

POULSEN, DÄNEMARK, 1996

ELTERN UNBEKANNT

'Toby Tristam'
(ganz oben)
RAMBLERROSE, WEISS

Die spitzen Knospen dieser Ramblerrose erscheinen in dichten Büscheln und öffnen sich zu einer Fülle schalenförmiger, cremeweißer Blüten mit nur fünf Petalen und goldgelben Staubgefäßen. Obwohl sich diese Blütenpracht nur wenige Sommerwochen hält, lohnt es sich, diesen attraktiven Rambler an einem Baum hochklettern oder in einem verwilderten Teil des Gartens wuchern zu lassen. Mit seinen bogenförmigen, rankenden Trieben und dem leuchtend grünen Laub kann 'Toby Tristam' den dreifachen Umfang herkömmlicher Kletterrosen erreichen. Im Herbst erscheinen zahlreiche kleine, orangefarbene Hagebutten.
ZONEN 4–9.

HILLIER, GROSSBRITANNIEN, CIRCA 1970

VERMUTLICH SÄMLING VON *ROSA MULTIFLORA*

'Tom Tom'
(unten)
FLORIBUNDA, DUNKELROSA, ÖFTER BLÜHEND

Diese Floribundarose des Amerikaners Lindquist besitzt in Büscheln stehende, relativ große, rosenrote Blüten mit 25 Petalen und einer hoher Mitte; diese weisen zunächst edelrosenähnliche Form auf und öffnen sich später dann schalenförmig. 'Tom Tom', die einen sehr würzigen Duft verbreitet, blüht auch nach dem ersten Flor im Juni noch weiter, wobei der letzte Flor im Herbst besonders üppig ausfällt. Die wuchsfreudige, breitbuschige, knapp mittelhohe Pflanze ist mit dichtem, dunkelgrünem, gesundem Laub bedeckt und eignet sich besonders für Rabatten mit kleinwüchsigen Stauden als Begleitpflanzen oder für Einfassungen.
ZONEN 4–9.

LINDQUIST, USA, 1957

'IMPROVED LAFAYETTE' × 'FLORADORA'

'Tom Wood'
ALTE R., REMONTANTROSE, ROT, ETWAS NACHBLÜHEND

Bei dieser Rose mit ihren großen, gefüllten, gedämpft kirschroten Blüten handelt es sich um eine relativ flachwüchsige, gesunde Pflanze, die sehr üppiges, gesundes Laub besitzt und im Herbst ein weiteres Mal blüht. **ZONEN 5–10.**

DICKSON, GROSSBRITANNIEN, 1896

ELTERN UNBEKANNT

'Top Marks' FRYministar *(oben)*
ZWERGROSE, ROT, ÖFTER BLÜHEND

Die Blüten dieser preisgekrönten Rose leuchten in einem strahlenden Zinnoberrot, das selbst in sonnigen Gegenden nicht verblasst. Die Blüten, die sich aus kleinen, rundlichen Knospen zu einer mit etwa 35 Petalen gefüllten Blüte entwickeln, wirken etwas zerzaust und bedecken den ganzen Strauch. 'Top Marks' ist zwar ein kompakter, sehr winterharter Strauch mit grünem, glänzendem Laub, leidet aber unter Sternrußtau, wenn er nicht regelmäßig gepflegt wird. **ZONEN 4–10.**

FRYER, GROSSBRITANNIEN, 1992

ELTERN UNBEKANNT

BADEN-BADEN GOLDMEDAILLE 1990, GENF CERTIFICATE OF MERIT 1990, GOLDMEDAILLE DER ROYAL NATIONAL ROSE SOCIETY UND ROSE DES JAHRES 1992

'Topaz Jewel' MORyelrug
Syn. 'Rustica 91', 'Gelbe Dagmar Hastrup', 'Gelbe Frau Dagmar Hartopp', 'Yellow Dagmar Hastrup', 'Yellow Fru Dagmar Hartopp'
RUGOSA-HYBRIDE, REIN GELB, ÖFTER BLÜHEND

Das matte, raue, kräftig grüne Laub ist weniger krankheitsfest als bei den meisten Rugosa-Hybriden, und auf die Blüten folgen auch nicht die für diese Rosenklasse typischen Hagebutten. Mit ihrem ausladenden, weit verzweigten Wuchs erreicht sie nicht ganz die Höhe einer durchschnittlichen Strauchrose und trägt primelgelbe Blüten mit angenehm fruchtigem Duft. Die etwa 25 attraktiv gekräuselten Petalen entwickeln sich zu einer breiten Becherform und geben den Blick auf die cremegoldgelben Staubgefäße frei. 'Topaz Jewel' stellt als Einzel- oder Gruppenpflanze eine wertvolle Ergänzung für gemischte Rabatten dar; allerdings eignet sie sich aufgrund der ungleichmäßigen Wuchsform und der manchmal von neuen Blättern verdeckten Blüten weniger gut als allein stehende Beetpflanze. **ZONEN 4–9.**

MOORE, USA, 1987; IN FRANKREICH EINGEFÜHRT DURCH MEILLAND, 1989
'GOLDEN ANGEL' × 'BELLE POITEVINE'

'Toprose' COCgold *(oben)*
Syn. 'Dania'
FLORIBUNDA, GOLDGELB, ÖFTER BLÜHEND

Wenn die leuchtend gelbe 'Toprose' blüht, scheinen die Unterschiede zwischen Floribundarosen und Teehybriden zu verschwinden. Denn im Verlauf der gesamten Saison trägt die Sorte relativ große, dicht gefüllte, zart duftende Blüten in klassischer Edelrosenmanier, die manchmal einzeln, aber meist in kleinen Gruppen zu drei Einzelblüten an langen Stielen erscheinen. Diese wuchsfreudige, mittelhohe Pflanze mit ihren attraktiven, leuchtend grünen Blättern eignet sich am besten als Gruppenpflanze für Einfassungen oder Hecken. **ZONEN 4–9.**

COCKER, GROSSBRITANNIEN, 1991
([‘CHINATOWN’ × ‘GOLDEN MASTERPIECE’] × ‘ADOLF HORSTMANN’) × ‘YELLOW PAGES’
BADEN-BADEN GOLDMEDAILLE 1987, BELFAST UND GLASGOW CERTIFICATE OF MERIT 1993

'Topsi'
FLORIBUNDA, ORANGEROT, ÖFTER BLÜHEND

Diese Sorte sorgte mit ihrer leuchtend orangescharlachroten Farbe bei ihrer Einführung für eine kleine Sensation. Die halb gefüllten, schalenförmigen Blüten stehen in Büscheln an kurzen Stielen und erscheinen im Verhältnis zu dieser flachwüchsigen Pflanze relativ groß. Der sehr kleine, breitbuschige Strauch mit den großen, leuchtend grünen Blättern steckt seine ganze Energie in die Bildung neuer Blütentriebe, was jedoch dazu führt, dass er in nicht ausreichendem Maße reifes Holz entwickelt, um harte Winter ohne Schäden überstehen zu können. 'Topsi' gedeiht am besten in kleinen Beeten oder Kübeln, wo sie sich mühelos pflegen und mit Pflanzenschutzmitteln gegen Rostpilz und Sternrußtau behandeln lässt.
ZONEN 4–9.

TANTAU, DEUTSCHLAND, 1972

'DUFTWOLKE' × 'SIGNALFEUER'

ROYAL NATIONAL ROSE SOCIETY PRESIDENT'S INTERNATIONAL TROPHY 1972

'Tornado' KORtor *(oben)*
FLORIBUNDA, ORANGEROT, ÖFTER BLÜHEND

Diese zuverlässige, wuchsfreudige und üppig blühende Rose von aufrechtem, breitbuschigem Wuchs trägt halb gefüllte Blüten, die in eindrucksvollen Büscheln an kurzen, steifen Stielen stehen. Ihre orangeroten, becherförmigen Blüten geben den Blick auf leuchtend goldgelbe Staubgefäße frei, duften aber kaum. Aufgrund ihrer Blühfreude, der Wetterfestigkeit und der guten Selbstreinigung eignet sich dieser wuchsfreudige, mittelhohe Strauch mit seinen schimmernden, dunkelgrünen Blättern besonders für Rabatten, Einfassungen, niedrige Hecken oder als Kübelpflanze.
ZONEN 4–9.

KORDES, DEUTSCHLAND, 1973

'EUROPEANA' × 'MARLENA'

ADR-ROSE 1972

'Torvill & Dean'
LANtor *(rechts)*
TEEHYBRIDE, ROSA+, ÖFTER BLÜHEND

Dank einer geschickten PR-Aktion des Züchters Sealand stand diese Rose innerhalb weniger Stunden, nachdem das britische Eiskunstlaufpaar Jayne Torvill und Christopher Dean olympisches Gold gewonnen hatten, in den Schlagzeilen vieler Zeitungen. Die großen, rundlichen, leicht duftenden Blüten gedeihen am besten in kühleren Regionen und bestehen aus etwa 35 hellgelben Petalen, die zart lachsrosa überhaucht scheinen. Die Teehybride blüht reichlich bis in den Herbst. Der wuchsfreudige, aufrechte, mittelhohe Strauch trägt matt glänzendes, dunkelgrünes Laub und eignet sich gut als Bepflanzung von Rabatten, Einfassungen und Hecken.
ZONEN 4–9.
SEALAND, GROSSBRITANNIEN, 1984
'GRANDPA DICKSON' × 'ALEXANDER'

'Touch of Class'
KRIcarlo *(rechts)*
Syn. 'Maréchal le Clerc', 'Marachal Le Clerc'
TEEHYBRIDE, ORANGEROSA, ÖFTER BLÜHEND

Die großen, wohlgeformten Blüten dieser Rose blühen während der Sommer- und Herbstmonate, wobei die schönsten Exemplare bei kühleren Temperaturen hervorgebracht werden. Sie haben eine hohe Mitte, die von zahlreichen, sorgfältig symmetrisch arrangierten Blütenblättern umgeben ist und lange ihre Form behält. 'Touch of Class' leuchtet in einer attraktiven Kombination aus Cremerosa und Korallrosa, besitzt einen zarten Teerosenduft und eignet sich aufgrund ihrer langen Stiele hervorragend als Schnittrose, aber auch für die Bepflanzung von Rabatten, Randbeeten und Hecken. Diese wuchsfreudige Pflanze von aufrechtem, gut mittelhohem Wuchs hat große, dunkelgrüne Blätter, die im Austrieb rot schimmern und je nach Witterungsbedingungen etwas anfällig für Mehltau sind.
ZONEN 4–9.
KRILOFF, FRANKREICH, 1984
'MICÄELA' × ('QUEEN ELIZABETH' × 'ROMANTICA')
ALL-AMERICAN ROSE SELECTION 1986, PORTLAND GOLDMEDAILLE 1988

'Toulouse-Lautrec' MEIrevolt
(rechts)
TEEHYBRIDE, REIN GELB, ÖFTER BLÜHEND

Die großen, dicht gefüllten Blüten dieser angenehm duftenden Rose erscheinen vom Sommer bis zum Herbst, stehen meist einzeln und besitzen eine altmodisch anmutende Form, bei der die über 40 Petalen locker angeordnet sind und dadurch weich und flaumig erscheinen. Bei 'Toulouse-Lautrec' – die nach einem berühmten französischen Maler benannt wurde – handelt es sich um eine kräftige, breitbuschige, mittelhohe Pflanze mit mittel- bis dunkelgrünen Blättern, die sich gut zur Bepflanzung von gemischten Rabatten, Randbeeten und Hecken eignet. **ZONEN 4–9.**

MEILLAND, FRANKREICH, 1993
'AMBASSADOR' × ('KING'S RANSOM' × 'LANDORA')
MONZA DUFTPREIS 1993

'Tour de Malakoff' *(rechts)*
ALTE R., ZENTIFOLIE, MAUVE

Ein hoher, weichtriebiger Strauch, der in nährstoffreichen Böden eine Höhe von 1,8 m erreicht und sich gut zur Mauerbepflanzung, als Kaskadenrose oder Einzelpflanze auf einem Klettergerüst eignet. Die graugrünen Stiele haben relativ wenige Stacheln, aber zahlreiche mittelgroße, leuchtend bis dunkelgrüne Blätter. Die duftenden, dicht gefüllten, bis zu 10 cm großen Blüten öffnen sich schalenförmig und sind außergewöhnlich gefärbt: Insbesondere die äußeren, zurückgebogenen, purpurroten Blütenblätter sind an den Rändern magentafarben überhaucht und zeigen violette und graue Zeichnungen. Voll erblüht geben sie den Blick auf goldgelbe Staubgefäße frei. **ZONEN 4–10.**

SOUPERT & NOTTING, LUXEMBURG, 1856
VERMUTLICH BOURBONROSE × GALLICA-ROSE

'Tradescant' AUSdir
(unten)
STRAUCHROSE, DUNKELROT, ÖFTER BLÜHEND

Die mittelgroßen, dunkelkarmin- bis purpurroten Blüten der angenehm duftenden 'Tradescant' stehen den ganzen Sommer und Herbst über in kleinen Büscheln und öffnen ihre etwa 40 dicht zusammengefalteten Petalen zu einer geviertelten Schalenform. Diese Züchtung von David Austin, die auch als Englische Rose klassifiziert wird, eignet sich mit ihrem flachen, breitbuschigen Wuchs und den matt glänzenden, dunkelgrünen Blättern besonders für den vorderen Bereich einer gemischten Rabatte; bei guter Pflege wird 'Tradescant' etwa halb so groß wie herkömmliche Strauchrosen. In warmen Lagen sind die bogenförmigen Triebe so lang, dass sich die Sorte gut auch als Kaskadenrose kultivieren lässt. **ZONEN 4–9.**

AUSTIN, GROSSBRITANNIEN, 1993

'PROSPERO' × ('CHARLES AUSTIN' × 'GLOIRE DE DUCHER')

'Tournament of Roses' JACient *(oben)*
Syn. 'Berkeley', 'Poesie'
TEEHYBRIDE, REIN ROSA, ÖFTER BLÜHEND

Diese robuste, wuchsfreudige Rose trägt während der Sommer- und Herbstmonate große Büschel attraktiver, symmetrischer Blüten, die an festen Stielen stehen. Ihre zart duftenden Blütenblätter zeigen verschiedene, kontrastierende Rosaschattierungen: Sie hat dunkel rosafarbene Außenseiten und cremerosafarbene Innenseiten, wobei die Farben bei warmem Wetter besonders intensiv leuchten. Diese sehr wuchsfreudige Pflanze von aufrechtem, gut mittelhohem Wuchs hat glänzend grüne Blätter und eignet sich gut zur Bepflanzung von Rabatten, Randbeeten und Hecken. „Tournament of Roses" bezieht sich auf die alljährliche Rosenparade in Pasadena. **ZONEN 4–9.**

WARRINER, USA, 1988

'IMPATIENT' × SÄMLING

ALL-AMERICAN ROSE SELECTION 1989

'Träumerei' KORrei, ReiKOR *(rechts)*
Syn. 'Dreaming', 'Reverie'
FLORIBUNDA, ORANGE+, ÖFTER BLÜHEND

Die langen, schlanken Knospen dieser attraktiven, leuchtend korallorangefarbenen Rose entwickeln sich zu rundlichen, wetterbeständigen Bluten mit niedriger, wohlgeformter Mitte, die ihre Form gut halten, und sich gut selbst reinigen. Auch in der Vase halten sie lange. Die Blüten erscheinen von Sommer bis Herbst, stehen einzeln oder in Büscheln und duften angenehm. Bei dieser Sorte – die nach einem Klavierstück von Robert Schumann benannt wurde – handelt es sich um einen wuchsfreudigen, buschigen Strauch von weit verzweigtem, mittelhohem Wuchs, der sich gut für Rabatten, Einfassungen und Hecken eignet. Seine dichten, im Austrieb roten Blätter nehmen im Laufe der Zeit eine dunkelgrüne Tönung an. **ZONEN 5–10.**
KORDES, DEUTSCHLAND, 1974
'KÖNIGIN DER ROSEN' × SÄMLING

'Travemünde'
KORrantu *(rechts)*
FLORIBUNDA, ROT, ÖFTER BLÜHEND

Die dicht gefüllten, mittelgroßen Blüten dieser dunkelroten Rose erscheinen vom Sommer bis zum Herbst und stehen an kräftigen Stielen in dichten Büscheln, die einen üppigen, farbenfrohen Eindruck erzeugen, aber nur leicht duften. Diese wetterfeste, dunkle Rosensorte kommt am besten an einem sonnenbeschienenen Standort zur Geltung, wo sie aus der Ferne betrachtet sehr attraktiv wirkt. Der kräftige, breitbuschige Strauch von aufrechtem, mittelhohem Wuchs hat dunkelgrünes Laub, das im Austrieb rötlich schimmert. **ZONEN 4–9.**
KORDES, DEUTSCHLAND, 1968
'LILLI MARLEEN' × 'AMA'
ADR-ROSE 1966

'Traviata'
(oben)
TEEHYBRIDE, ROT+,
ÖFTER BLÜHEND

Diese ausgesprochen hübsche Rose hat relativ große, angenehm duftende Blüten mit hoher Mitte, die sich becherförmig öffnen und den ganzen Sommer und Herbst erscheinen. Ihre etwa 30 gewellten Petalen sind leuchtend rot getönt und tragen nur am Petalenansatz auffällige weiße Zeichnungen. Der wuchsfreudige, breitbuschige, mittelhohe Strauch bildet viele grundständige Triebe sowie zahlreiche ledrige, bronzegrüne Blätter und eignet sich gut zur Bepflanzung von Rabatten und Einfassungen. **ZONEN 4–9.**

MEILLAND, FRANKREICH, 1962

'BACCARÁ' × ('KORDES' SONDERMELDUNG' × 'GRAND'MÈRE JENNY')

'Treasure Trove'
(rechts)
RAMBLERROSE, APRICOT+

Die Elternsorte 'Kiftsgate' ist eine Form von *Rosa filipes*, die in Kiftsgate Court im englischen Gloucestershire entdeckt und kultiviert wurde und eine enorme Größe erreichen kann. Bei 'Treasure Trove' handelt es sich um einen Sämling von 'Kiftsgate', den John Treasure zufällig in seinem Garten in Staffordshire fand. Diese riesige Kletterrose trägt große Dolden mittelgroßer, becherförmiger, halb gefüllter Blüten mit etwa 25 Petalen, die apricot-, mauve-, rosa- und cremefarben leuchten und betörend duften. **ZONEN 7–9.**

TREASURE, GROSSBRITANNIEN, 1977

'KIFTSGATE' × CHINAROSE (VERMUTLICH 'OLD BLUSH')

'Trevor Griffiths'
AUSold
STRAUCHROSE, REIN ROSA,
ÖFTER BLÜHEND

Die relativ großen Blüten dieser Rose bestehen aus zahlreichen Blütenblättern, die in einem warmen, dunklen Rosenrot schimmern und aufgrund ihrer lockeren Anordnung an altmodische Gartenrosen erinnern. Sie erscheinen den ganzen Sommer und Herbst und duften angenehm. Bei 'Trevor Griffiths' – die auch als Englische Rose klassifiziert wird – handelt es sich um eine breitbuschige, mittelhohe Pflanze mit groben, dunkelgrünen Blättern, die sich gut als Beetpflanze eignet. **ZONEN 4–9.**

AUSTIN, GROSSBRITANNIEN, 1994

'THE WIFE OF BATH' × 'HERO'

'Tricolore de Flandre' *(oben)*
ALTE R., GALLICA-ROSE, ROSA+

Ihre gefüllten, zartrosa Blüten sind mit kräftigen purpurroten Streifen versehen und duften angenehm. Der aufrechte, aber nicht allzu große, wüchsige und stark bestachelte Strauch, der zu einer einfarbigen Stammform zurückschlagen kann, blüht nur einmal. Geeignet als Kübelpflanze. ZONEN 4–9.

VAN HOUTTE, BELGIEN, VOR 1846
ELTERN UNBEKANNT

'Trier' *(ganz unten)*
RAMBLERROSE, WEISS,
ÖFTER BLÜHEND

Ein aufrechter Strauch oder Kletterer mit kleinen Blättern und fast einfachen, cremegelben, halb gefüllten Blüten, die rosa überhaucht sind. Obwohl es bessere kleinwüchsige Kletterrosen gibt, ist 'Trier' als Elternsorte von großem historischem Wert. Der englische Geistliche Joseph Pemberton kreuzte 'Trier' mit einer Reihe anderer Rosen, um eine Gruppe Moderner Strauchrosen zu erzielen, die heute als Moschata Hybriden geschätzt werden. ZONEN 5–9.

LAMBERT, DEUTSCHLAND, 1904
VERMUTLICH 'AGLAIA' ×
'MRS R. F. SCHAMANN'

'Triolet' ORAdon
Syn. 'Tanned Beauty'
TEEHYBRIDE, APRICOT+,
ÖFTER BLÜHEND

Die gelbbraunen Knospen öffnen sich zu perfekt geformten, betörend duftenden Edelrosen mit dichter, cremefarbener Mitte, die sich gut als Schnittblume oder für Ausstellungen eignen. Die Unterseite der äußeren Blütenblätter ist ebenfalls gelbbraun getönt, und im Laufe der Zeit biegen sich diese Petalen nach hinten. Der wuchsfreudige Strauch bringt während der Sommer- und Herbstmonate zahlreiche Blüten hervor, wobei 'Triolet' im Herbst aufgrund der Hagebutten und des herbstlich gefärbten Laubs besonders schön leuchtet. ZONEN 5–11.

ORARD, FRANKREICH, 1995
ELTERN UNBEKANNT

'Troilus' AUSoil
(unten)
STRAUCHROSE, APRICOT+, ÖFTER BLÜHEND

Diese Rosensorte, die auch als Englische Rose klassifiziert wird, trägt große Blüten mit etwa 40 in Reihen angeordneten, zurückgebogenen Petalen, die eine Fülle zarter Blütenblattspitzen zeigen. Die creme- und honiggelben, apricotfarben überhauchten Blüten stehen häufig in großen, schweren Büscheln und duften angenehm. 'Troilus' gedeiht am besten in warmen Lagen, wo ihr honigfarbener Farbton besonders intensiv leuchtet; dagegen sollte man sie in kühleren Regionen im Gewächshaus ziehen. Der robuste Strauch von aufrechtem, mittelhohem Wuchs trägt großes, matt glänzendes, dunkelgrünes Laub.
ZONEN 4–9.
AUSTIN, GROSSBRITANNIEN, 1983
('DUCHESSE DE MONTEBELLO' × 'CHAUCER') × 'CHARLES AUSTIN'

'Triomphe du Luxembourg'
(ganz oben)
ALTE R., TEEROSE, ROSA+, ETWAS NACHBLÜHEND

Diese kräftige Teerose trägt dicht gefüllte, lachsrosafarbene Blüten, die im Laufe der Zeit eine gelbrosa Tönung annehmen. Sie gehörte zu den berühmtesten und teuersten Rosen ihrer Zeit. Eigentlich müsste ihr vollständiger Name 'Triomphe des Jardin du Luxembourg' lauten, benannt nach einem Pariser Stadtpark, in dem der Züchter Alexandre Hardy als Obergärtner tätig war.
ZONEN 7–9.
HARDY, FRANKREICH, UM 1835
ELTERN UNBEKANNT

'Tropicana' TANorstar
(oben)
Syn. 'Super Star'
TEEHYBRIDE, ORANGEROT, ÖFTER BLÜHEND

Die weltweit sehr beliebte 'Tropicana', die als deutsche Züchtung den passenden Namen 'Super Star' trägt, sorgte bei ihrer Einführung aufgrund ihrer leuchtend orangezinnoberroten Farbe für eine kleine Sensation. Ihre wohlgeformten, wunderbar angenehm duftenden Blüten erscheinen den ganzen Sommer und Herbst einzeln oder zu mehreren nebeneinander stehend und eignen sich als exzellente Schnittrosen, wobei die im Hochsommer hervorgebrachten Blüten häufig ausgefranste Petalenränder aufweisen. Obwohl 'Tropicana' etwas ungleichmäßig wächst und an Standorten mit geringer Luftzirkulation anfällig für Mehltau ist, findet diese hoch aufgeschossene, gut mittelhohe Pflanze mit den kleinen, zierlichen, mattgrünen Blättern häufig in Rabatten und Randbeeten Verwendung. **'Climbing Tropicana'** (TANgosar, TANgostar; Syn. 'Climbing Super Star'; Boerner, USA, 1971) ist hingegen eine kaum beliebte Sorte. Dabei kann sie sich an gut durchlüfteten Standorten, an Pergolen oder Zäunen, zu einem kräftigen Kletterer entwickeln, der größere Höhen als herkömmliche Kletterrosen erreicht. ZONEN 4–9.

TANTAU, DEUTSCHLAND, 1960
(SÄMLING × 'GLORIA DEI') × (SÄMLING × 'ALPENGLÜHEN')

NATIONAL ROSE SOCIETY PRESIDENT'S INTERNATIONAL TROPHY 1960, PORTLAND GOLDMEDAILLE 1961, ALL-AMERICAN ROSE SELECTION 1963, GOLDMEDAILLE DER AMERICAN ROSE SOCIETY 1967

'Trumpeter' MACtrum
(unten)
FLORIBUNDA, ORANGEROT, ÖFTER BLÜHEND

Die große Blühfreude und der wohlgeformte Wuchs wurden bei 'Trumpeter' bereits mehrfach prämiert. Während der gesamten Blütezeit bringt sie eindrucksvolle Büschel leuchtend roter Blüten hervor, die gleichmäßig über den hübsch belaubten Strauch verteilt sind. Die mittelgroßen, dicht gefüllten, becherförmigen Blüten sind recht wetterunempfindlich und lassen ihre Petalen nach dem Verblühen sauber abfallen. Allerdings duftet die Rose kaum. Der wuchsfreudige, breitbuschige Strauch von aufrechtem, kaum mittelhohem Wuchs bringt viele junge Triebe hervor, die mit reichlich dunkelgrünem Laub bedeckt sind. Die Sorte eignet sich gut für Rabatten, Einfassungen, niedrige Hecken sowie als Hochstammrose. ZONEN 4–9.

MCGREDY, NEUSEELAND, 1977
'SATCHMO' × SÄMLING

NEUSEELAND STAR DES SÜDPAZIFIK 1977, PORTLAND GOLDMEDAILLE 1981, JAMES MASON GOLDMEDAILLE DER ROYAL NATIONAL ROSE SOCIETY 1991, ROYAL HORTICULTURAL SOCIETY AWARD OF GARDEN MERIT 1991

'Tumbling Waters' POUltumb *(ganz unten)*
FLORIBUNDA, WEISS, ÖFTER BLÜHEND

'Tumbling Waters' bringt während der gesamten Sommer- und Herbstmonate eine Fülle mittelgroßer, wohlgeformter, weißer Blüten hervor, die vor dem Hintergrund leuchtend grüner Blätter schön zur Geltung kommen. Sie sind halb gefüllt und becherförmig, duften süß und zeigen goldgelbe Staubgefäße. Die Floribundarose entwickelt sich zu einer hügelförmigen, breitbuschigen Pflanze, die fast an einen Bodendecker erinnert. Sie eignet sich hervorragend für gemischte Rabatten, gedeiht aber auch in Kübeln und bietet sich als Hochstammrose mit überhängenden Zweigen an. ZONEN 4–9.

POULSEN, DÄNEMARK, 1997
ELTERN UNBEKANNT

'Tuscany' *(links)*
Syn. 'The Old Velvet Rose'
ALTE R., GALLICA-ROSE, MAUVE

Wahrscheinlich handelt es sich bei diesem mittelgroßen, aufrechten Strauch mit halb gefüllten, samtig dunkelroten, violett getönten Blüten – darin gelbe Staubgefäße – sowie kleinem, mattgrünem Laub um die sog. Velvet Rose („Samtrose"), die der englische Botaniker John Gerard bereits im Jahre 1596 beschrieben hat.
ZONEN 4–10.

VERMUTLICH ITALIEN, VOR 1596
ELTERN UNBEKANNT

'Tutu Mauve'
(rechts)
FLORIBUNDA, MAUVE,
ÖFTER BLÜHEND

Die Blüten dieser Floribundarose entwickeln sich vom Sommer bis zum Herbst aus rundlichen, in kleinen Büscheln stehenden Knospen zu becherförmigen, zart duftenden Rosen mit 30 Petalen, die eine große Vielzahl von Mauve- und Rosaschattierungen zeigen. 'Tutu Mauve' – ein nicht sehr wuchsfreudiger, breitbuschiger, knapp mittelhoher Strauch – eignet sich besonders für gemischte Beete und Rabatten. Er gedeiht am besten in warmen Lagen, da die feine Struktur seiner Petalen kaltes oder feuchtes Wetter nicht gut verträgt.
ZONEN 4–9.

DELBARD-CHABERT, FRANKREICH, 1963

ELTERN UNBEKANNT

MADRID GOLDMEDAILLE 1962

'Tzigane' *(rechts)*
Syn. 'Tiz'
TEEHYBRIDE, ROT+,
ÖFTER BLÜHEND

Die großen, wohlgeformten, bezaubernd schönen Blüten dieser zweifarbigen, zart duftenden Rose bilden eine hohe Mitte. Sie setzen sich aus breiten Petalen zusammen, die innen leuchtend scharlachrot und außen chromgelb getönt sind, und öffnen sich becherförmig. Obwohl 'Tzigane' – deren Name auf französisch „Zigeuner" bedeutet – heute eher aus historischen Gründen kultiviert wird, lohnt es sich, diese nicht allzu wuchsfreudige und etwas frostempfindliche Teehybride im Garten zu pflanzen. Sie wächst aufrecht, wird knapp durchschnittlich hoch und trägt attraktives, glänzendes Laub, das wie die Blätter einer Blutbuche gefärbt ist.
ZONEN 4–9.

MEILLAND, FRANKREICH, 1951

'GLORIA DEI' × 'J. B. MEILLAND'

'Ulrich Brunner Fils' *(rechts)*
Syn. 'Ulrich Brunner'
ALTE R., REMONTANTROSE, DUNKELROSA, ETWAS NACHBLÜHEND

Die Rose ist ein Abkömmling von 'Paul Neyron', der klassischen Remontantrose des 19. Jh., mit riesigen Blüten. 'Ulrich Brunner Fils' besitzt leuchtend kirschrote, große, becherförmige Blüten, die angenehm duften. Diese Alte Gartenrose zeichnet sich durch einen aufrechten und kräftigen Wuchs aus. Ulrich Brunner war ein bekannter Rosenzüchter in Lausanne. **ZONEN 5–9.**

LEVET, FRANKREICH, 1881
SÄMLING VON 'PAUL NEYRON'

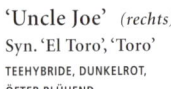

'Uncle Joe' *(rechts)*
Syn. 'El Toro', 'Toro'
TEEHYBRIDE, DUNKELROT, ÖFTER BLÜHEND

Die Blüten dieser dunkelroten Sorte sind extrem groß und stark gefüllt. Sie erscheinen vom Sommer bis in den Herbst und zeichnen sich durch eine symmetrische Form mit hoher Mitte und einen zarten Duft aus. 'Uncle Joe' ist wuchsfreudig mit aufrechtem Wuchs und gedeiht am besten in sonnigen Klimaten, denn die großen Blütenblätter kleben in kühlen oder feuchten Regionen häufig zusammen. Als Schnittblume eingesetzt, erweist sich ihre lange Haltbarkeit jedoch als Vorteil. 'Uncle Joe' erreicht rasch überdurchschnittliche Größe und besitzt große, dunkle, ledrige Blätter. **ZONEN 4–9.**

KERN, USA, 1972
(['MIRANDY' × 'CHARLES MALLERIN'] × SÄMLING)

'Uncle Merc' *(rechts)*
FLORIBUNDA, REIN ROSA, ÖFTER BLÜHEND

'Uncle Merc' besitzt Blüten in Schattierungen verschiedener Rosatöne, die einzeln oder in Büscheln an einer buschigen, mittelgroßen Pflanze mit gedämpft grünem Laub gedeihen. Diese Rose ist krankheitsfest und bringt in regelmäßigen Abständen wohlgeformte Knospen hervor, die sich zu mittelgroßen, zart duftenden Blüten mit 20 Blütenblättern öffnen. **ZONEN 5–10.**
ELTERN UNBEKANNT

'Uncle Walter' MACon *(Mitte)*
TEEHYBRIDE, ROT, ÖFTER BLÜHEND

Die karmin-scharlachroten Blüten dieser Sorte besitzen eine hohe Mitte und sind mit etwa 30 relativ großen, breiten Petalen locker gefüllt. Sie sitzen auf sehr langen Stielen und häufig in offenen Büscheln. Durch regelmäßiges Entfernen überschüssiger Seitenknospen lässt sich die Qualität der Blüten verbessern, die zart duften und den ganzen Sommer und Herbst über hervorgebracht werden. 'Uncle Walter' benötigt ausreichend Platz, damit sie ihre Nachbarpflanzen nicht dominiert. Am besten gedeiht diese Sorte im hinteren Bereich einer Rabatte; sie kann aber auch als Kletterpflanze am Spalier gezogen werden. Diese äußerst wuchsfreudige Rose mit aufrechtem, verzweigtem Wuchs erreicht schnell eine überdurchschnittliche Größe und hat im Austrieb zahlreiche große, karminrote Blätter, die mit zunehmendem Alter eine bronzegrüne Tönung annehmen.
ZONEN 4–9.
MCGREDY, GROSSBRITANNIEN, 1963
'DETROITER' × 'HEIDELBERG'
NATIONAL ROSE SOCIETY CERTIFICATE OF MERIT 1963, PREIS DER SKANDINAVISCHEN NORDROSE

'UNICEF' COCjojo *(unten)*
Syn. 'The Audrey Hepburn Rose'
FLORIBUNDA, ORANGE+, ÖFTER BLÜHEND

Die Blüten von 'UNICEF' erscheinen in aufrecht stehenden Büscheln und zeichnen sich durch eine Fülle von pfirsichorangerosa bis apricotgelben Schattierungen aus, wobei die Ränder der Petalen im Laufe der Zeit eine intensive rosafarbene bis rote Tönung annehmen. Ihre mittelgroßen Knospen mit dicht gefüllter Mitte öffnen sich zu becherförmigen, zart duftenden Blüten und sind umgeben von üppigem, kräftig grünem Laub. 'UNICEF' wurde nach dem Kinderhilfsfonds der UN benannt. **ZONEN 4–9.**
COCKER, GROSSBRITANNIEN, 1993
'ANNE COCKER' × 'REMEMBER ME'
GLASGOW CERTIFICATE OF MERIT 1995

'Uwe Seeler' KORsee
(links)
Syn. 'Gitta Grummer', 'Orange Vilmorin', 'Rainer Maria Rilke'
FLORIBUNDA, ORANGE+, ÖFTER BLÜHEND

Diese Rose besitzt leuchtend lachsorange getönte, stark gefüllte Blüten mit hoher Mitte, die an Teehybriden erinnern, den ganzen Sommer und Herbst über erscheinen und zart duften. Sie stehen einzeln oder in Büscheln und erfüllen alle Anforderungen an eine Floribundarose, da sie üppig blühen und ihre verwelkten Petalen sauber abfallen. Diese wuchsfreudige Sorte eignet sich gut zur Bepflanzung von Rabatten, Beeten oder Hecken. 'Uwe Seeler' zeichnet sich durch einen aufrechten, buschigen, mittelhohen Wuchs und dichtes, matt glänzendes Laub aus, das im Austrieb eine rötliche Tönung aufweist. ZONEN 4–9.

KORDES, DEUTSCHLAND, 1970
'QUEEN ELIZABETH' × 'KÖNIGIN DER ROSEN'

'Unique Blanche'
(oben)
Syn. 'Vièrge de Clery', 'Blanche Unique', *R. centifolia* 'Alba', 'Unica Alba', 'White Provence'
ALTE R., ZENTIFOLIE, WEISS

Diese typische Zentifolie – ein auseinander fallender Strauch von etwa 1,2 m Höhe – zeichnet sich durch dunkle, stark bewehrte Triebe mit dunkelgrünen, stark gesägten Blättern aus. Ihre cremeweißen bis rein weißen Blüten bestehen aus zahlreichen, stark gerüschten Blütenblättern, die voll erblüht einen typischen, leicht krausen Anblick bieten. Manchmal sind die Blütenblätter in der Mitte nach innen gedreht und bilden so eine Art Knospe oder Knopf in der Blüte; andere wieder öffnen sich und präsentieren ihre gelben Staubgefäße. Die Blüten dieser Sorte erscheinen meist etwas später als bei anderen einmalblühenden Rosen. Sie erreichen einen Durchmesser von etwa 8 cm und duften sehr stark.
ZONEN 5–10.

GROSSBRITANNIEN, 1775
MÖGLICHERWEISE EIN SPORT VON *R. × CENTIFOLIA*

'Valencia' KOReklia *(rechts)*

Syn. 'New Valencia', 'Valeccia', 'Valencia 89'

TEEHYBRIDE, APRICOT+, ÖFTER BLÜHEND

Die hellkupfergelben Blüten dieser Sorte besitzen den reinsten Farbton innerhalb dieser Farbklasse. Sie sind relativ groß und dicht gefüllt, duften süßlich und blühen den ganzen Sommer und Herbst hindurch einzeln an langen Stielen. Die schlanken, hochgebauten Blüten entwickeln sich zu einer becherförmigen Blüte, kurz bevor die ersten Blütenblätter abfallen. 'Valencia' bietet sich für die Randbepflanzung oder als Schnittblume an; die Teerose eignet sich aufgrund ihres breiten, flachen und unregelmäßigen Wuchses jedoch weniger als Beet- oder Heckenrose. Diese wuchsfreudige Rose erreicht eine mittlere Größe und ist mit prächtig grünem, ledrigem Laub geschmückt. **ZONEN 4–9.**

KORDES, DEUTSCHLAND, 1989

ELTERN UNBEKANNT

DURBANVILLE GOLDMEDAILLE 1988, EDLAND-DUFTPREIS DER ROYAL NATIONAL ROSE SOCIETY 1989, RNRS CERTIFICATE OF MERIT 1989

'Valentine Heart' DICogle *(rechts)*

Syn. 'St Andrew's', 'Tinon'

FLORIBUNDA, ROSA/ROSA+, ÖFTER BLÜHEND

Die Blüten dieser Sorte haben zwar nur etwa 20 Petalen, aber ihre dichten Blütenmitten zeichnen sich durch eine Fülle zarter Farben aus. Die Knospen sind in hellem Scharlachrot überhaucht und zeigen nach dem Öffnen auf der Innenseite der Petalen ein Rosenrot, das sich im Laufe der Zeit zu verschiedenen Schattierungen von Rosalila und Rosa entwickelt und den Blüten besondere Tiefe verleiht. Sie blühen den ganzen Sommer und Herbst über und verströmen einen angenehmen Duft. 'Valentine Heart' eignet sich gut für Rabatten, allerdings auch als Schnittblume für kleinere Blumenarrangements bzw. als Ansteckrose. Die Pflanze besitzt dunkles Laub sowie einen breitbuschigen Wuchs von knapp mittlerer Höhe. **ZONEN 4–9.**

DICKSON, GROSSBRITANNIEN, 1990

'SHONA' × 'POT O' GOLD'

GENF GOLDMEDAILLE 1988, ROYAL NATIONAL ROSE SOCIETY CERTIFICATE OF MERIT 1988, BELFAST CERTIFICATE OF MERIT 1992

'Vanguard' *(unten)*
RUGOSA-HYBRIDE, ORANGEROSA, ÖFTER BLÜHEND

Diese eher untypische Rugosa-Hybride bildet vom Sommer bis zum Herbst in mehreren Blühperioden sehr große, hellorange-apricot bis lachsrosa getönte Blüten mit einer Fülle von gekräuselten Petalen, die wundervoll duften. Zu berücksichtigen ist, dass 'Vanguard' im Garten reichlich Platz benötigt, da sie die doppelte Größe einer Strauchrose erreichen kann. Für den besten Effekt setzt man sie in den hinteren Bereich eines Beetes zusammen mit anderen Sträuchern oder pflanzt sie als dichte, hohe Hecke. Sie toleriert auch magerere Böden und ist von einem aufrechten Habitus. ZONEN 3–9.

STEVENS, USA, 1932
(ROSA WICHURAIANA × R. RUGOSA VAR. ALBA) × 'ELDORADO'
DR W. VAN FLEET-MEDAILLE (1933) UND DAVID FÜRSTENBERG-PREIS (1934) DER AMERICAN ROSE SOCIETY

'Vanilla' KORplasina
(ganz unten)
Syn. 'Our Vanilla'
FLORIBUNDA, GRÜNLICH/WEISS, ÖFTER BLÜHEND

Diese Gewächshausrose erregt aufgrund ihrer ungewöhnlichen Farbe vielfach Aufmerksamkeit, denn ihre cremeweißen Blütenblätter sind grün überhaucht. Die relativ kleinen Blüten bestehen aus dicht zusammengepackten Blütenblättern, die sich nur langsam öffnen und den Blüten daher über einen langen Zeitraum eine attraktive Form verleihen. Sie duftet allerdings nicht – eine typische Eigenschaft vieler speziell für den Blumenhandel gezüchteter Rosen. Im Garten gedeiht diese Sorte nur in warmen Lagen, sie kann jedoch im Gewächshaus kultiviert werden. 'Vanilla' blüht mehrfach vom Sommer bis zum Herbst; sie wird mittelgroß und besitzt ledrige Blätter. ZONEN 5–9.

KORDES, DEUTSCHLAND, 1994
ELTERN UNBEKANNT

'Vanity' (oben)
STRAUCHROSE, DUNKELROSA, ÖFTER BLÜHEND

Zwar ist sie eine Strauchrose, aber wegen ihrer langen Triebe sollte man sie eher wie eine kleine Kletterrose behandeln. Ihre mittelgroßen Blüten sind dunkelrosa und besitzen nur wenige, fast unordentlich angeordnete Petalen, die den Blick auf gelbe Staubgefäße freigeben. Die leicht duftenden Blüten kommen vom Sommer bis zum Herbst in mehreren Blühperioden und sitzen in großen Büscheln an langen, gebogenen Trieben mit wenig, matt glänzendem Laub. 'Vanity' lässt sich in einer Rabatte mit anderen Sträuchern kombinieren – wo sie sich dann ausbreitet und schließlich ein undurchdringliches Dickicht bildet – oder aber als Kletterrose ziehen. **ZONEN 4–9**.

PEMBERTON, GROSSBRITANNIEN, 1920
'CHÂTEAU DE CLOS VOUGEOT' × SÄMLING

'Variegata di Bologna' (rechts)
ALTE R., BOURBONROSE, ROT+, ETWAS NACHBLÜHEND

Die duftenden, gefüllten, rundlichen Blüten sind weiß mit purpurroten Streifen und stehen in Büscheln; sie erscheinen jedoch nach der Hauptblüte im Sommer nur noch vereinzelt. 'Variegata di Bologna' ist relativ groß, weichtriebig und besitzt ein eher grobes, spärliches Laub. Anfällig für Sternrußtau. Sie kann als kleine Kletterrose gezogen oder zu einer Strauchform zurückgeschnitten werden. **ZONEN 5–9**.

BONFIGLIOLI & SOHN, ITALIEN, 1909
SPORT VON 'VICTOR EMMANUEL'

'Veilchenblau'
(oben)
Syn. 'Blue Rambler', 'Blue Rosalie', 'Violet Blue'
RAMBLERROSE, MAUVE

Diese sehr früh blühende Ramblerrose erfreut sich unter den *Rosa multiflora*-Sorten großer Beliebtheit: Sie ist wuchsfreudig, beinahe stachellos und besitzt frischgrüne Blätter an mittelstarken Trieben. Ihre kleinen, duftenden, halb gefüllten und einwärts gebogenen Blüten sind violett mit weißen Streifen. Gegen Ende der Saison verbleichen sie zu einem gräulichen Mauve und zeigen auffällige gelbe Staubgefäße. **ZONEN 5–9.**

SCHMIDT, DEUTSCHLAND, 1909

'CRIMSON RAMBLER' × 'ERINNERUNG AN BROD'

ROYAL HORTICULTURAL SOCIETY AWARD OF GARDEN MERIT 1993

'Velvet Fragrance'
FRYperdee *(links)*
Syn. 'Velours Parfumé'
TEEHYBRIDE, DUNKELROT, ÖFTER BLÜHEND

Die großen, betörend duftenden Blüten gedeihen vom Sommer bis zum Herbst meist einzeln oder gelegentlich in lockeren Büscheln auf langen Einzelstielen. Sie verfügen über eine hohe Mitte und den dunkelsten Rotton, der derzeit bei Rosen erhältlich ist. Die samtige Struktur ihrer langen, zahlreichen Petalen fällt im Sonnenlicht besonders auf. Sie besitzt große, dunkelgrüne, matt glänzende Blätter sowie einen kräftigen, aufrechten, hoch aufgeschossenen Wuchs. **ZONEN 4–9.**

FRYER, GROSSBRITANNIEN, 1988

SÄMLING × SÄMLING

EDLAND-DUFTPREIS DER ROYAL NATIONAL ROSE SOCIETY 1988, ROYAL NATIONAL ROSE SOCIETY TRIAL GROUND CERTIFICATE 1988, BADEN-BADEN DUFTPREIS 1990

'Velvet Hour' *(oben)*
TEEHYBRIDE, DUNKELROT, ÖFTER BLÜHEND

Die Blüten dieser Sorte bestechen durch ihr prächtiges Dunkelrot und gedeihen auf kräftigen, langen Stielen. Sobald sich die Blüten öffnen, rollen sich die Ränder der Blütenblätter nach hinten so ein, dass kleine „Petalenspitzen" entstehen, die der Rose ein stachliges Äußeres verleihen. 'Velvet Hour' duftet süßlich und bringt den ganzen Sommer und Herbst hindurch immer wieder Blüten hervor. Diese Rose mit dichtem, dunkelgrünem, matt glänzendem Laub eignet sich gut zur Bepflanzung von Rabatten, Randbeeten und Hecken und liefert besonders lang haltbare Schnittblumen. Mit ihrem aufrechten Wuchs erreicht sie eine mittelhohe Größe. **ZONEN 4–9.**

LEGRICE, GROSSBRITANNIEN, 1978

ELTERN UNBEKANNT

'Venusta Pendula'
ALTE R., AYRSHIREROSE, WEISS

Diese Rose von unbekannter Herkunft, aber wahrscheinlicher Abstammung von *R. arvensis* wurde 1928 von Kordes in Deutschland wiedereingeführt. (Ayrshirerosen sind unter 'Splendens' beschrieben.) Die ziemlich stark wachsende, dünn- und weichtriebige Ramblerrose wird während ihrer kurzen, frühen Blütezeit mit unzähligen Büscheln fast mittelgroßer, halb gefüllter, weißer Blüten, die rosa überhaucht sind, nahezu unter sich begraben. Sie duftet jedoch kaum. Wenn man die Rose in einen Baum wachsen lässt, hängen ihre Triebe grazil herab. Die lateinische Bezeichnung *venusta pendula* bedeutet „die hängende Anmutige". **ZONEN 4–9.**

KORDES, DEUTSCHLAND, 1928

ELTERN UNBEKANNT

'Versailles' DELset
(links unten)
Syn. 'Castel'
TEEHYBRIDE, HELLROSA, ÖFTER BLÜHEND

Diese Rose bringt zahlreiche ovale Knospen hervor, deren Anordnung typisch für Teehybriden ist und die sich zu becherförmigen, gefüllten, leicht duftenden Blüten in einem hellen Rosaton entwickeln. Die durchschnittlich große Pflanze hat einen aufrechten Wuchs und glänzendes, dunkelgrünes, ledriges Laub. Da 'Versailles' gegen Ende der Blütezeit anfällig für Mehltau und Sternrußtau wird, sollte man schon im Mai entschieden dagegen vorgehen. Kurz nach ihrer Einführung gewann diese Rose zwar viele Preise, aber heute ist sie kaum noch allzu verbreitet.
ZONEN 5–11.

DELBARD-CHABERT, FRANKREICH, 1967

('QUEEN ELIZABETH' × 'PROVENCE') × ('MICHÈLE MEILLAND' × 'BAYADÈRE')

BADEN-BADEN GOLDMEDAILLE 1965, BAGATELLE GOLDMEDAILLE 1966, GENF GOLDMEDAILLE 1966

'Verdi' *(ganz oben)*
STRAUCHROSE, MAUVE+, ÖFTER BLÜHEND

Eine seltene Strauchrose mit aufrechtem Wuchs, deren intensiver Duft dem der Moschusrose, ähnelt. Die rosa überhauchten, mauvefarbenen Blüten gedeihen in üppigen Büscheln und bedecken fast das gesamte, glänzend grüne Laub. Allerdings benötigt 'Verdi' für eine solche Blütenpracht sehr viel Pflege.
ZONEN 5–10.

LENS, BELGIEN, 1984

'MR BLUEBIRD' × 'VIOLET HOOD'

'Verschuren' *(rechts)*
TEEHYBRIDE, HELLROSA, ÖFTER BLÜHEND

Diese Teehybride besitzt klassisch geformte Blüten, die zunächst rein rosa und krugförmig sind und später ein zartes Hellrosa annehmen. Ihre panaschierten, leuchtend grünen Blätter zeichnen sich durch hellgelbe Flecken aus – eine seltene und sehr geschätzte Eigenschaft.
ZONEN 5–10.

VERSCHUREN, NIEDERLANDE, 1904
ELTERN UNBEKANNT

'Vesper' *(unten rechts)*
FLORIBUNDA, ORANGE+, ÖFTER BLÜHEND

Diese ungewöhnlich gefärbte Floribunda mit grünem, ledrigem Laub bringt wohlgeformte Knospen in kleinen bis großen, gleichmäßig verteilten Büscheln hervor, die sich zu auffällig apricotbraunen, mit 20 Petalen halb gefüllten, zart duftenden Blüten entwickeln. Die Frühlings- und Herbstblüte dieser kleinen, stämmigen Floribunda mit ihren kleinen, graugrünen Blättern ist besonders attraktiv; im Sommer verblassen die Blüten jedoch schnell. Im Frühjahr ist sie leicht anfällig für Sternrußtau und Mehltau, sonst aber relativ krankheitsfest. 'Vesper' eignet sich gut als Schnittblume und sollte sorgfältig zurückgeschnitten werden, damit sie einen kräftigen, wohlgerundeten Strauch bildet. **ZONEN 5–10.**

LEGRICE, GROSSBRITANNIEN, 1966
ELTERN UNBEKANNT
ROYAL NATIONAL ROSE SOCIETY TRIAL GROUND CERTIFICATE 1967

'Vestey's Pink Tea' *(rechts)*
ALTE R., TEEROSE, ROSA, ETWAS NACHBLÜHEND

Diese Rose wurde im Garten von Lady Vestey wiederentdeckt; allerdings ist ihr ursprünglicher Name unbekannt. 'Vestey's Pink Tea' bildet einen mittelgroßen, wuchernden Busch mit relativ langen, gebogenen Stacheln und leuchtend grünen, matt glänzenden Blättern, die kaum krankheitsanfällig sind. Ihre becherförmigen, gefüllten, dunkelrosa Blüten besitzen im unteren Teil der jeweils 30–40 Petalen einen Cremeton, der sich stellenweise bis zu den Spitzen erstreckt. Knospen und Blüten sind wohlgeformt; sie behalten lange ihre Farbe und verströmen einen typischen Teerosenduft. Die Sorte blüht in milden Klimalagen mehrfach, wobei die schönsten Blüten im Herbst und Winter erscheinen.
ZONEN 5–10.

ELTERN UNBEKANNT

'Vestey's Yellow Tea' *(rechts)*
ALTE R., TEEROSE, HELLGELB, ETWAS NACHBLÜHEND

Bei der 'Vestey's Yellow Tea' handelt es sich um eine ungewöhnliche Rose, da sie eine Fülle offener, halb gefüllter, leicht duftender Blüten mit 10–15 Petalen bildet, in deren Mitte noch ein paar Blütenblätter stehen. Die mittelgroßen bis großen Blüten wachsen in kleinen Büscheln und zeichnen sich in warmen Gegenden durch einen schönen Cremeton aus, der zu Weiß verblasst. In kälteren Lagen verfügen sie jedoch über ein sehr attraktives Hellgelb – den gleichen Farbton wie bei 'McGredy's Yellow'. Die große Pflanze breitet sich stark aus und hat ein dichtes, leuchtend grünes, matt glänzendes Laub. 'Vestey's Yellow Tea' eignet sich zur Pflanzung in Gruppen und ist vom Boden an mit Blüten übersät.
ZONEN 5–10.

ELTERN UNBEKANNT

'Vi's Violet' MORvi
MINIATURROSE/ZWERGROSE,
MAUVE, ÖFTER BLÜHEND

Die Blüten in zartem Lavendel verblassen schnell – sogar bevor sie sich ganz geöffnet haben. Die Blüten sind gefüllt und haben einen leichten Duft und erscheinen inmitten von Laub in mattem Grün, das anfällig für Mehltau und andere Pilzkrankheiten ist. Die Pflanze bildet einen kompakten, aufrechten Busch, der keinerlei Widerstandskraft gegen Krankheiten hat. Häufiges Spritzen ist unbedingt erforderlich, um die Pflanze gesund zu erhalten. **ZONEN 5–10.**

MOORE, USA, 1991
SÄMLING × 'ANGEL FACE'

'Vick's Caprice' *(oben)*
ALTE R., REMONTANTROSE, ROSA+, ETWAS NACHBLÜHEND

Die großen, becherförmigen und duftenden Blüten dieser alten Gartenrose zeichnen sich durch 25 Petalen sowie eine lilarosa Tönung mit karminroten und weißen Streifen aus. Bei feuchtem Wetter neigt sie zur Mumienbildung. 'Vick's Caprice' besitzt einen buschigen, kompakten Wuchs und kann zur Stammsorte zurückschlagen, was eine häufig beobachtete Eigenschaft solcher Sports ist. Remontantrosen wurden aufgrund ihrer komplexen Erbmasse von Fachleuten in bis zu zwölf verschiedene Gruppen eingeteilt. **ZONEN 5–9.**

VICK, USA, 1891
SPORT VON 'ARCHIDUCHESSE ELISABETH D'AÛTRICHE'

'Vicomtesse Pierre du Fou'
GROSSBLUMIGE KLETTERROSE, ORANGEROSA, ETWAS NACHBLÜHEND

Diese starkwüchsige Kletterrose benötigt viel Platz und Sonne, damit sie ihre schöne, lange duftende Blütenpracht hervorbringen kann. Ihre großen, gefüllten Blüten sind rot und nehmen im Lauf der Zeit eine dunkelere orangerosa Tönung an. Aufgrund ihrer üppigen Triebe lässt sich diese kräftige Pflanze leicht schneiden und in Form halten. Dabei ist auf eine Förderung und gute Verteilung waagerecht stehender Seitentriebe zu achten, damit sich schon früh die ersten Blüten entwickeln. Dafür blüht die wuchsfreudige 'Vicomtesse Pierre du Fou' unter guten Bedingungen mehrfach. Sie besitzt große, glänzende, bronzefarbene Blätter. Diese Sorte ist kaum bekannt und nur in Spezialkatalogen zu finden. **ZONEN 6–11.**

SAUVAGEOT, FRANKREICH, 1923

'L'IDEAL' × 'JOSEPH HILL'

'Victor Borge' POUlvue *(unten)*
Syn. 'Michael Crawford'
TEEHYBRIDE, ORANGE+, ÖFTER BLÜHEND

Die gesunde, wuchsfreudige Pflanze besitzt ein dichtes Laub. Sie erreicht eine mittlere bis überdurchschnittliche Größe und ist in warmen Gegenden recht widerstandsfähig gegen Mehltau. Ihre wohlgeformten Knospen öffnen sich zu großen, dicht gefüllten, lachsorangefarbenen Blüten, die zart rosarot überhaucht sind. Sie erscheinen einzeln oder in kleinen Büscheln und verströmen einen leichten Duft, der jedoch bei feuchtem Wetter verschwinden kann. An einem sonnigen Standort wirkt ihre mehrfach hervorgebrachte, üppige Farbenpracht hervorragend, und bei guter Düngung wird diese Teehybride so gut wie überhaupt nicht krank. **ZONEN 5–10.**

POULSEN, DÄNEMARK, 1995

ELTERN UNBEKANNT

COURTRAI CERTIFICATE OF MERIT 1990, BELFAST CERTIFICATE OF MERIT 1992

'Victor Emmanuel' *(rechts)*
ALTE R., BOURBONROSE, DUNKELROT, ETWAS NACHBLÜHEND

Diese mittelstark wachsende Bourbonrose wird von manchen Rosenzüchtern als Remontantrose klassifiziert und trägt große, gefüllte, prächtig schwarzrote, samtige Blüten. Diese Sorte ist heute nur noch selten zu finden und eher als eine der Elternpflanzen von 'Variegata di Bologna' bekannt. Ihr Namensgeber Victor Emmanuel II. (1820–1878) war der erste König Italiens. **ZONEN 5–9.**

GUILLOT SEN., FRANKREICH, 1859
ELTERN UNBEKANNT

'Victor Hugo'
ALTE R., REMONTANTROSE, DUNKELROT, ETWAS NACHBLÜHEND

Die mittelgroßen, kugelförmigen, gefüllten Blüten der 'Victor Hugo' besitzen 30 Petalen und eine karminrote, purpur überhauchte Tönung. Diese Sorte erfordert sehr viel Pflege und ist nur bei wenigen Spezialisten erhältlich. Unter dem gleichen Synonym findet man aber auch eine Bourbonrose und eine Teehybride von Meilland. **ZONEN 5–10.**

SCHWARTZ, FRANKREICH, 1884
'CHARLES LEFÉBVRE' × SÄMLING

'Victoriana' *(rechts)*
FLORIBUNDA, ORANGE+, ÖFTER BLÜHEND

Diese ungewöhnliche, öfter blühende Rose bringt ihre schönsten Blüten in kühleren Gegenden hervor und verliert in heißen Sommern meist an Ausdrucksstärke. Ihre dunkelorangefarbenen, zart duftenden Blüten wirken fast braun, besitzen jedoch in der Mitte eine hellere Tönung – eine charakteristische Farbmischung, die der namensgebenden viktorianischen Ära gerecht wird. Die Pflanze entwickelt sich zu einem wuchsfreudigen, niedrigen Busch und eignet sich hervorragend als Rabattenrose oder kleine Hochstammrose sowie für niedrige Einfassungen und zur flächigen Bodenbedeckung. **ZONEN 5–10.**

LEGRICE, GROSSBRITANNIEN, 1977
ELTERN UNBEKANNT

'Ville de Londres'
ALTE R., GALLICA-ROSE, DUNKELROSA

Diese kompakt wachsende Rose erfreut durch gefüllte, mittelgroße, angenehm duftende Blüten in attraktivem Kirschrosa. François Joyaux hält diese Sorte, die auf den Britischen Inseln nicht wächst, für identisch mit 'La Gloire des Jardins' (Descemet, Frankreich, vor 1815).
ZONEN 4–9.

MÖGLICHERWEISE VIBERT, FRANKREICH, VOR 1850

ELTERN UNBEKANNT

'Vino Delicado' *(oben)*
TEEHYBRIDE, MAUVE, ÖFTER BLÜHEND

Diese klassisch geformte, zart duftende Teehybride bringt wohlgeformten Knospen hervor, die sich schnell zu weit geöffneten, mauvefarbenen Blüten entwickeln, deren Außenseite dunkelpurpur überhaucht ist. Da es sich bei dieser Farbe um eine Neuheit handelt, lässt sie sich im Garten nur schwer kombinieren. 'Vino Delicado' ist ein kräftiger Busch von aufrechtem Wuchs, trägt große, ledrige Blätter und zählt zu jenen Sorten, die gezüchtet wurden, um das Farbspektrum dieser modernen Gartenrosen um einige Blautöne zu erweitern.
ZONEN 5–10.

RAFFEL, USA, 1972

SÄMLING × 'MAUVE MELODEE'

'Violacée'
ALTE R., MOOSROSE, MAUVE

Diese Rose ist nur noch sehr selten zu finden und darf nicht mit der 'Violacea' (Syn. 'La Belle Sultane') verwechselt werden. 'Violacée' besitzt große, gefüllte Blüten, deren Farbspektrum von einem violett überhauchten Purpurrot bis zu einem ins Graue tendierenden Rosa reicht. **ZONEN 4–9.**

SOUPERT & NOTTING, LUXEMBURG, 1876

ENG VERWANDT MIT *ROSA GALLICA*

'Violet Carson'
MACio *(rechts)*
FLORIBUNDA, ORANGEROSA/ROSA+, ÖFTER BLÜHEND

'Violet Carson' bringt den ganzen Sommer über in regelmäßigen Floren eine Fülle klassisch geformter Knospen in großen Büscheln hervor, die sich zu kräftig lachsrosafarbenen Blüten mit zarten Blütenblättern entwickeln. Diese wuchsfreudige, kleinwüchsige Pflanze ist nicht anfällig für Sternrußtau, sollte aber gegen Mehltau gespritzt werden. Die kurzen, stämmigen Triebe lassen sich im Winter problemlos zurückschneiden. 'Violet Carson' besitzt dunkelgrünes, glänzendes Laub und eignet sich hervorragend zur Pflanzung von Hecken und Beeten. Sie wächst in den meisten Klimaten. **ZONEN 5–10.**
MCGREDY, NEUSEELAND, 1964
'MME LÉON CUNY' × 'SPARTAN'
ROYAL NATIONAL ROSE SOCIETY CERTIFICATE OF MERIT 1963

'Violette' *(rechts)*
RAMBLERROSE, MAUVE

Diese gesunde, wuchsfreudige Ramblerrose, deren Blüten aus je zwei Kränzen dunkelvioletter Blütenblätter bestehen, macht zu Beginn des Sommers mit einer üppigen Blütenpracht auf sich aufmerksam. Danach sammelt sie alle Kräfte für die Bildung neuer Triebe im Folgejahr. Gegen Ende des Sommers werden die jungen Triebe manchmal von Mehltau befallen. 'Violette' wirkt besonders schön, wenn man die langen, fast stachellosen Triebe horizontal zieht und sie mit ihrem hellgrünen, glänzenden Laub an Mauern und Spalieren hochklettern lässt. **ZONEN 4–11.**
TURBAT, FRANKREICH, 1921
ELTERN UNBEKANNT, WAHRSCHEINLICH *R. MULTIFLORA*

'Violette Parfumée' DORient
(links)
Syn. 'Melodie Parfumée'
TEEHYBRIDE, MAUVE+, ÖFTER BLÜHEND

Das blaugrüne Laub dieser Strauchrose mit aufrechtem Wuchs harmoniert sehr schön mit dem Mauverosa der gefüllten, urnenförmigen Blüten, deren dicht geschlossene Blütenmitte sich später vollständig öffnet und den Blick auf die goldgelben Staubgefäße freigibt. Diese Teehybride duftet köstlich. **ZONEN 5–10.**

DORIEUX, FRANKREICH, 1995

ELTERN UNBEKANNT

BADEN-BADEN DUFTPREIS 1995, BAGATELLE GOLDMEDAILLE 1995, BAGATELLE DUFTPREIS 1995

'Violinista Costa'
(unten links)
TEEHYBRIDE, ROT+, ÖFTER BLÜHEND

Die becherförmigen Blüten der 'Violinista Costa' in den Farbtönen Rot und Dunkelrot erinnern an eine Floribundarose. Dieser kleinwüchsige Busch besitzt zahlreiche Stacheln und ist relativ krankheitsfest. Bei kühlem Wetter sollten die jungen Triebe jedoch vor Mehltau geschützt werden. Ungeachtet dieser kleinen Mängel eignet sich 'Violinista costa' für viele Standorte und bietet sich sowohl als Hochstammrose wie auch als Beetrose an. Zu den Besonderheiten dieser Teehybridensorte zählt ihr betörender Duft, der in lauen Sommernächten die Gärten durchdringt. **ZONEN 5–10.**

CAMPRUBI, SPANIEN, 1936

'SENSATION' × 'SHOT SILK'

'Virgo' *(ganz unten)*
Syn. 'Virgo Liberationem'
TEEHYBRIDE, WEISS, ÖFTER BLÜHEND

'Virgo' zählt zu den schönsten klassischen weißen Teehybriden. Ihre großen, hochgebauten Knospen öffnen sich zu dicht gefüllten, weißen Blüten von großer Reinheit und Perfektion. Dieser Busch zeichnet sich durch aufrechten Wuchs und dichtes, hellgrünes Laub aus. Allerdings ist er etwas anfällig für Mehltau, was sich jedoch durch den frühen Einsatz eines Fungizids verhindern lässt. Mit ihrer üppigen und in regelmäßigen Floren erscheinenden Blütenpracht ähnelt 'Virgo' älteren Teehybridensorten. **ZONEN 5–10.**

MALLERIN, FRANKREICH, 1947

'BLANCHE MALLERIN' × 'NEIGE PARFUM'

GOLDMEDAILLE DER NATIONAL ROSE SOCIETY 1949

'Vivid' *(rechts)*
ALTE R., BOURBONROSE, MAUVE/HELLROT

'Vivid' ist wuchsfreudig und bildet einen großen, aufrechten, ziemlich stachligen Strauch, der wie viele andere Bourbonrosen zur Bepflanzung von Säulen oder Spalieren empfohlen wird. Sie bringt dicht gefüllte, magentafarbene bis mauverosa Blüten mit angenehmem Duft hervor und erfreut nur gelegentlich durch eine zweite Blüte. **ZONEN 5–9.**

PAUL, GROSSBRITANNIEN, 1853

ELTERN UNBEKANNT

Blick auf die goldgelben Staubgefäße freigeben. Diese attraktive Gartenrose mit ihrem üppigen, hellgrünen, glänzenden Laub entwickelt sich zu einem wuchsfreudigen, kräftigen, mittelhohen Strauch von breitbuschigem Wuchs, der sich für Mischpflanzungen ebenso wie als Solitärpflanze eignet. Der namensgebende Vogelpark liegt in der Lüneburger Heide (Niedersachsen). **ZONEN 4–9.**

KORDES, DEUTSCHLAND, 1991
ELTERN UNBEKANNT
ADR-ROSE 1989

'Vogue' *(unten)*
FLORIBUNDA, ROSA+, ÖFTER BLÜHEND

Dank ihres süßen, lang anhaltenden Dufts ist die 'Vogue' für viele Rosenzüchter unwiderstehlich. Ihre becherförmigen, halb gefüllten Blüten erscheinen in regelmäßigen Abständen in Büscheln und wirken voll erblüht fast schalenförmig. Das Kirschrosa der Blütenblätter verblasst im Laufe der Zeit. Dieser mittelgroße, wuchsfreudige Busch mit aufrechter Gestalt und glänzendem Laub benötigt zwar nur wenig Pflege; allerdings kann man diese Sorte auch nur noch bei einer Handvoll spezialisierter Rosenschulen erwerben. **ZONEN 5–10.**

BOERNER, USA, 1951
'ROSENMÄRCHEN' × 'CRIMSON GLORY'
PORTLAND GOLDMEDAILLE 1950, GENF GOLDMEDAILLE 1950, NATIONAL ROSE SOCIETY CERTIFICATE OF MERIT 1951, ALL-AMERICAN ROSE SELECTION 1952

'Vogelpark Walsrode'
KORlomet *(ganz oben)*
Syn. 'Kookaburra'
STRAUCHROSE, HELLROSA, ÖFTER BLÜHEND

Die in üppigen Büscheln immer wieder nachwachsenden, dicht gefüllten und süßlich duftenden Blüten sind mittelgroß; sie bedecken den gesamten Strauch fast in der ganzen Rosensaison. Ihr zartes Hellrosa verblasst zu einem rosa überhauchten Weiß, nachdem sich die Knospen vollständig geöffnet haben und den

'Vol de Nuit' DELrio
(rechts)
Syn. 'Night Flight'
TEEHYBRIDE, MAUVE,
ÖFTER BLÜHEND

Seit der Einführung dieser modernen Gartenrose im Jahre 1970 haben sich schon viele Rosenfreunde an den schönen mauvefarbenen Schattierungen der 'Vol de Nuit' erfreut. Die kräftige Farbe dieser Teehybride lässt erst mit zunehmender Blütenreife an den Rändern etwas nach. 'Vol de Nuit' bringt in regelmäßigen Abständen dicht gefüllte Blüten hervor, die einzeln oder zu zweit auf langen Stielen stehen. Die Rose wächst als aufrechter, gesunder Busch, der nur in seltenen Fällen erkrankt. ZONEN 5–11.

DELBARD, FRANKREICH, 1970

(['HOLSTEIN'] × ['BAYADÈRE' × 'PRÉLUDE']) × 'SAINT-EXUPERY'

ROM GOLDMEDAILLE 1970

'Voodoo' AROmiclea
(rechts)
TEEHYBRIDE, ORANGE+,
ÖFTER BLÜHEND

Diese Sorte verfügt über leuchtend lachsrote, orange- und gelborangefarbene, dicht gefüllte Blüten mit 35 Petalen, die sich durch eine klare Form und hohe Qualität auszeichnen, jedoch kaum duften. Der mittelgroße, stämmige Busch besitzt einen aufrechten Wuchs sowie zahlreiche Stacheln und treibt nach der Blüte rasch wieder neue Knospen. Die dicken, harten, glänzenden Blätter sind relativ krankheitsfest, sollten aber gegen Ende der Blütezeit auf Sternrußtau überprüft werden. 'Voodoo' eignet sich am besten für eine flächige Pflanzung, da sie sich aufgrund ihrer Farbe nur schwierig mit anderen Pflanzen kombinieren lässt. ZONEN 5–11.

CHRISTENSEN, USA, 1984

(['CAMELOT' × 'FIRST PRIZE'] × 'TYPHOO TEA') × 'LOLITA'

ALL-AMERICAN ROSE SELECTION 1986

'Waiheke' MACwaihe
(rechts)
Syn. 'Waikiki'
TEEHYBRIDE, ORANGEROSA,
ÖFTER BLÜHEND

Diese Rose mit glänzenden Blättern zeigt eine attraktive, aromatisch duftende Blütenpracht in reinem Orange und reinem Rosa. Die gefüllten Blüten stehen meist einzeln, manchmal aber auch zu fünft bis neunt in kleinen Büscheln auf kräftigen Stielen und eignen sich gut zum Schnitt. Ihre äußeren Blütenblätter sind leicht zurückgebogen und zeigen bei kühlem Wetter einen dunklen Rosaton an den Rändern. 'Waiheke' ist relativ krankheitsfest und erfordert keine aufwändige Pflege. Aufgrund ihrer mehrmaligen Blüte stellt diese Rosensorte eine Bereicherung für jeden Garten dar. **ZONEN 5–10.**

MCGREDY, NEUSEELAND, 1987
'TONY JACKLIN' × 'YOUNG QUINN'

'Waldfee' *(oben)*
ALTE R., REMONTANTROSE, ROT,
ETWAS NACHBLÜHEND

Kordes brachte diese Remontantrose relativ spät auf den Markt; sie konnte sich aber nie richtig durchsetzen und ist heute nur noch selten erhältlich. Ihre großen, leicht duftenden, blutroten Blüten wachsen in kleinen Büscheln und erinnern an Kamelien. Diese wüchsige Pflanze mit glänzendem, großblättrigem, dichten Laubwerk erreicht fast die Größe einer kleinen Kletterrose und liefert langstielige Schnittrosen. **ZONEN 5–9.**

KORDES, DEUTSCHLAND, 1960
'KORDES' SONDERMELDUNG' × 'MRS JOHN LAING'

'Wandering Minstrel' HARquince
Syn. 'Daniel Gélin'
FLORIBUNDA, ORANGEROSA, ÖFTER BLÜHEND

Bei dieser kleinwüchsigen Rose handelt es sich um eine großblumige Floribundarose, deren Farbe von der Temperatur abhängt: Ihre orangerosa Blüten nehmen ein intensives Gelb an, wenn kühlere Witterung das Wachstum und die Blütenbildung verzögern. Diese etwas krankheitsanfällige, pflegebedürftige Rose eignet sich zur Bepflanzung von Rabatten, Böschungen und Steingärten. Ihre in kleinen Büscheln stehenden, gefüllten Blüten, die den Strauch während des Sommers vollständig bedecken, besitzen knapp 30 zart duftende Petalen. Regelmäßig auf Krankheitsanzeichen untersuchen und zu Beginn sowie gegen Ende der Blütezeit mit einem Pflanzenschutzmittel behandeln. ZONEN 5–10.

HARKNESS, GROSSBRITANNIEN, 1986

'DAME OF SARK' × 'SILVER JUBILEE'

COURTRAI SILBERMEDAILLE 1989, GLASGOW CERTIFICATE OF MERIT 1989

'Wapiti' MEInagre *(oben)*
Syn. 'Laurence Olivier', 'Dazzla', 'Striking'
FLORIBUNDA, ROT+, ÖFTER BLÜHEND

Diese heute nicht mehr weit verbreitete Rose wurde unter verschiedenen Namen eingeführt. Ihre becherförmigen, leicht duftenden Blüten besitzen etwa zwei Reihen leicht gekräuselt wirkender Petalen und entfalten sich zu weit geöffneten, schalenförmigen Farbtupfern, die mit ihrem leuchtenden Rot die gesamte Pflanze bedecken. 'Wapiti' eignet sich nicht als Schnittblume, jedoch gut für flächige Anpflanzungen im Garten sowie für Randbeete oder Rabatten, die etwas Farbe benötigen. Obwohl die Pflanze relativ krankheitsfest ist, sollte sie sorgfältig gepflegt werden. ZONEN 5–10.

MEILLAND, FRANKREICH, 1988

ELTERN UNBEKANNT

GENF GOLDMEDAILLE 1987, MONZA GOLDMEDAILLE 1987, ROM GOLDMEDAILLE 1987

'Warm Welcome'
CHEwizz *(rechts)*
KLETTERNDE ZWERGROSE, ORANGEROT, ÖFTER BLÜHEND

'Warm Welcome' besitzt duftende, einfache bis halb gefüllte, orange-zinnoberrote Blüten mit gelber Blütenmitte, welche die gesamte Pflanze bedecken. Das dunkelgrüne, matt glänzende Laub schmückt diesen relativ großen, aufrechten Strauch, der wie eine Kletterrose gezogen werden sollte und z.B. einen Zaun farblich auflockern kann. Bei der gesunden, gut verzweigten, wuchskräftigen und zuverlässigen Zwergrose handelt es sich um eine üppig blühende und pflegeleichte, kletternde Sorte mit kleinen Blüten und Blättern. ZONEN 5–10.

WARNER, GROSSBRITANNIEN, 1992

'ELIZABETH OF GLAMIS' × (['GALWAY BAY' × 'SUTTER'S GOLD'] × 'ANNA FORD')

ROYAL NATIONAL ROSE SOCIETY PRESIDENT'S INTERNATIONAL TROPHY 1988, ROYAL HORTICULTURAL SOCIETY AWARD OF GARDEN MERIT 1993

'Warrior'
(unten)
FLORIBUNDA, ORANGEROT, ÖFTER BLÜHEND

Diese dicht gefüllte Sorte hat anmutige, leuchtend scharlachrote Blüten, die in kleinen Büscheln auf kurzen Stielen stehen, voll erblüht den Blick auf die Staubgefäße freigeben und sich aufgrund ihrer hohen Qualität gut als Schnittblumen eignen. Wenn man die 'Warrior' sorgfältig zurückschneidet und welke Blüten regelmäßig entfernt, blüht diese krankheitsfeste Pflanze mit ihrem gesunden, robusten, hellgrünen Laub mehrmals im Jahr. ZONEN 5–10.

LEGRICE, GROSSBRITANNIEN, 1977

'CITY OF BELFAST' × 'RONDE ENDIABLÉE'

ROYAL NATIONAL ROSE SOCIETY TRIAL GROUND CERTIFICATE 1977

'Warwick Castle'
AUSlian *(rechts)*
STRAUCHROSE, DUNKELROSA, ÖFTER BLÜHEND

Mit den dicht gefüllten großen Blüten erinnert 'Warwick Castle' an den Charme Alter Gartenrosen. Ihre wundervoll duftenden, kräftig rosa Blütenblätter öffnen sich ab dem Frühling in becherförmiger Perfektion und blühen den ganzen Sommer über. Diese in manchen Katalogen als Englische Rose klassifizierte Sorte entwickelt sich zu einem mittelhohen Strauch von aufrechtem Wuchs, dessen Triebe krankheitsfest sind und überhängen. Diese Strauchrose lässt sich leicht zurückschneiden. Obwohl es heute zahlreiche Sorten gibt, die noch gesünder und blühfreudiger sind, lohnt es sich schon, diese Rose im Garten zu kultivieren.
ZONEN 5–10.

AUSTIN, GROSSBRITANNIEN, 1986
'THE REEVE' × 'LILIAN AUSTIN'

'Warwickshire'
KORkandel
STRAUCHROSE, ROSA+, ÖFTER BLÜHEND

Die kleinen Knospen dieser Strauchrose stehen in üppigen Büscheln an kurzen Stielen und öffnen sich zu schalenförmigen, rosa Blüten mit 5 Petalen, cremefarbener Blütenmitte und rosenroten Rändern; das Laub dieser Strauchrose prangt in attraktivem Dunkelgrün. 'Warwickshire' blüht vom Sommer bis zum Herbst, duftet aber kaum und leidet manchmal unter Regen. Sie wird nicht sehr groß, sondern eher doppelt so breit wie hoch; daher eignet sie sich im Garten gut als niedriger, breitbuschiger Strauch mit attraktivem, dunkelgrünem Laub. ZONEN 5–9.

KORDES, DEUTSCHLAND, 1991
ELTERN UNBEKANNT

'Water Music' *(oben)*
GROSSBLUMIGE KLETTERROSE, DUNKELROSA

Die Australier Ron Bell gezüchtete 'Water Music' ist eine große, früh blühende Kletterrose mit gefüllten, leicht duftenden, dunkelrosa Blüten und 20 Petalen, die an den Rändern dunkler gefärbt sind und im Laufe der Zeit etwas verblassen. Der ausladende, relativ krankheitsfeste Strauch mit seinen mittelgroßen, glänzenden, dunkelgrünen Blättern gedeiht vornehmlich im warmen Klima Australiens und ist in Deutschland nicht im Handel erhältlich. ZONEN 5–10.

BELL, AUSTRALIEN, 1982
'HÄNDEL' × SÄMLING

'Watercolor' *(oben)*
Syn. 'Watercolour'
ZWERGROSE, REIN ROSA, ÖFTER BLÜHEND

Die langen, spitzen Knospen dieser Zwergrose stehen in Büscheln zu dritt bis fünft und öffnen sich zu gefüllten, leicht duftenden Blüten von herausragender Qualität, die etwa 25 Petalen in einer wunderbaren Mischung aus kräftigen und zarten Rosatönen besitzen. Die Blüten halten sich selbst bei warmem Wetter recht gut. Diese wuchsfreudige, gesunde Pflanze von aufrechtem Wuchs ist relativ pflegeleicht und hat große, dunkelgrüne Blätter. **ZONEN 5–10.**

MOORE, USA, 1975
'RUMBA' × ('LITTLE DARLING' × 'RED GERMAIN')

'Wedding Day'
(rechts)
Syn. 'English Wedding Day'
RAMBLERROSE, WEISS

'Wedding Day' ist von ausladendem Wuchs und mit kräftig grünem, glänzenden Blattwerk. Die Ramblerrose erreicht eine Höhe von bis zu 6 m und blüht überreichlich. Ihre weißen Blüten besitzen orangefarbene Staubgefäße, stehen in großen Kegeldolden und verströmen einen zarten Zitrusduft. **ZONEN 7–9.**

STERN, GROSSBRITANNIEN, 1950
ROSA SINOWILSONII × SÄMLING

'Weisse Immensee'

KORweirim *(rechts)*
Syn. 'Kordes' Rose Weiße Immensee', 'Lac Blanc', 'Partridge'
STRAUCHROSE, WEISS

Dieser Bodendecker eignet sich gut für eine Böschung oder einen terrassenartig angelegten Garten, in dem die zahlreichen einfachen, stark duftenden Blüten mit ihren 5 Petalen und Staubgefäßen schön zur Geltung kommen. Ihr anfänglicher Rosaton verblasst schnell zu einem zarten Weiß. Die langen, wuchernden Triebe mit ihrem glänzenden, dunkelgrünen, üppigen Laub kriechen rasch über den Boden und winden sich häufig durch andere Pflanzen. Eine sehr winterharte, relativ krankheitsfeste und pflegeleichte Pflanze, die zwar früh, aber nur einmal und dann reichlich blüht.
ZONEN 5–10.

KORDES, DEUTSCHLAND, 1982

'FAIRY' × SÄMLING VON *ROSA WICHURAIANA*

ROYAL NATIONAL ROSE SOCIETY CERTIFICATE OF MERIT 1984

'Wendy Cussons'

(unten)
Syn. 'Dr. Schiwago'
TEEHYBRIDE, ROT, ÖFTER BLÜHEND

'Wendy Cussons' trägt große, dicht gefüllte, rote Blüten mit hoher Mitte und 30 Petalen, die gleichmäßig über die gesamte Pflanze verteilt sind und intensiv duften. Der gesunde, wuchsfreudige Strauch besitzt zahlreiche Triebe mit glänzendem, dunklem Laub und neigt in warmen Gegenden dazu, sich ungehindert auszubreiten, dafür aber weniger Blüten hervorzubringen. Andererseits fördert ein kühleres Klima die Blütenbildung und verhindert ein zu starkes Wachstum. **'Climbing Wendy Cussons'** (Gregory & Follen, Großbritannien, 1967) wurde mittlerweile auch in Deutschland eingeführt. ZONEN 5–10.

GREGORY & SON LTD, GROSSBRITANNIEN, 1963

WAHRSCHEINLICH 'KORDES' SONDERMELDUNG' × 'EDEN ROSE'

NATIONAL ROSE SOCIETY PRESIDENT'S INTERNATIONAL TROPHY 1959, GOLDENE ROSE VON DEN HAAG 1964, PORTLAND GOLDMEDAILLE 1964

'Wenlock' AUSwen

(unten)
STRAUCHROSE, ROT, ÖFTER BLÜHEND

Diese Sorte mit ihrem zu einer karminroten Rose gut passenden, wundervollen Duft hat vom Frühling bis zum Sommer dicht gefüllte Blüten, die an kurzen Stielen stehen und deren Farbe sich im Laufe der Zeit kirschrot verfärbt. Sie eignet sich gut für den Rand eines Beetes oder einer Rabatte bzw. als niedrige Hecke. 'Wenlock' ist ein wohlgeformter Strauch von aufrechtem Wuchs, der sich gut zurückschneiden lässt. Allerdings benötigt der Strauch etwas Pflege, damit die großen Blätter vor allem in kühleren Lagen nicht von Krankheiten befallen werden. ZONEN 5–10.

AUSTIN, GROSSBRITANNIEN, 1984
'THE KNIGHT' × 'GLASTONBURY'

'West Coast'

MACnauru
Syn. 'Metropolitan', 'Penthouse'
TEEHYBRIDE, REIN ROSA, ÖFTER BLÜHEND

Bei dieser Teehybride handelt es sich um eine Züchtung des neuseeländischen Rosenzüchters Sam McGredy. Ihre leicht duftenden, rein rosa Blüten sind gefüllt und stehen einzeln oder in kleinen Büscheln an kräftigen Stielen. 'West Coast' ist relativ krankheitsfest, sollte aber regelmäßig auf Krankheitsanzeichen hin untersucht werden. Dieser buschige Strauch mit seinem Laub in mattem Grün ist nur in einigen nordamerikanischen Rosengärtnereien erhältlich. ZONEN 5–10.

MCGREDY, NEUSEELAND, 1987
(['YELLOW PAGES'] × 'KABUKI') × 'GOLDEN GATE') × (POULSEN-SÄMLING × 'PICASSO')

'Westerland'

KORlawe, KORwest
(ganz unten links)
FLORIBUNDA, APRICOT+, ÖFTER BLÜHEND

Die leuchtend apricotorangefarbenen Blüten dieser Sorte, die während des Sommers in kurzen Abständen erscheinen, bereichern jeden Garten. Ihre angenehm duftenden, gefüllten Blüten stehen in Büscheln und wirken leicht gekräuselt, da die Petalen leicht gesägte Ränder besitzen. Dieser wuchsfreudige, imposante Strauch, der sich gut als Einzelpflanze platzieren lässt, ist von aufrechtem, mittelhohem Wuchs. Seine großen, weichen, dunkelgrünen Blätter sind allerdings anfällig für Krankheiten.
ZONEN 5–10.

KORDES, DEUTSCHLAND, 1969
'FRIEDRICH WÖRLEIN' × 'CIRCUS'
ADR-ROSE 1974, ROYAL HORTICULTURAL SOCIETY AWARD OF GARDEN MERIT 1993

'Western Sun'

(oben rechts)

TEEHYBRIDE,
GOLDGELB,
ÖFTER BLÜHEND

Diese Rose – ein kleiner, kräftiger Strauch mit dunklem Laub – trägt große, gefüllte Blüten, die ein attraktives, klares Goldgelb besitzen und an kurzen Stielen stehen. Die schönsten Blüten gedeihen im Spätsommer und Herbst, wenn sich Form und Farbe nur langsam entwickeln. Zu Beginn und gegen Ende der Blütezeit ist 'Western Sun' etwas anfällig für Krankheiten.
ZONEN 5–10.

POULSEN, DÄNEMARK, 1965
SÄMLING VON 'SPEK'S YELLOW' × 'GOLDENE SONNE'

'Westfalenpark'

KORplavi *(ganz unten)*
Syn. 'Kordes' Rose Westfalenpark', 'Chevreuse'
STRAUCHROSE, APRICOT+, ÖFTER BLÜHEND

Diese Strauchrose eignet sich für flächige Anpflanzungen und kommt in großen Rabatten besonders schön zur Geltung. 'Westfalenpark' hat große, gefüllte, später offene, apricotfarbene Blüten mit wellig gerollten Petalen, die zart duften und von großen, glänzenden, dunkelgrünen Blättern umgeben sind. Der Laubaustrieb ist rötlich. In beengteren Verhältnissen muss sie regelmäßig zurückgeschnitten werden.
ZONEN 5–10.

KORDES, DEUTSCHLAND, 1987
SÄMLING × 'LAS VEGAS'

'Whisky' TANky
(rechts)
Syn. 'Whisky Mac'
TEEHYBRIDE, GELB+,
ÖFTER BLÜHEND

Diese zauberhafte Rose hat schöne, dicht gefüllte, kräftig apricotgelbe Blüten, die während der langen Blütezeit bis zum Herbst meist einzeln stehen. 'Whisky' ist stachelig und entwickelt sich zu einem stämmigen Strauch von offenem, etwas ausladendem Wuchs. Allerdings sollte die Pflanze, insbesondere während der kühlen Jahreszeit, sorgfältig auf Pilzbefall untersucht werden. Bei kühlem Wetter entwickeln sich die Blüten langsamer; dann leuchten ihre Farben aber besonders intensiv. Die Sorte **'Climbing Whisky'** (ANDmac; Syn. 'Climbing Whisky Mac'; Anderson's Rose Nurseries, Großbritannien, 1985) ist von kräftigem Wuchs, relativ krankheitsfest und hat bronzegelbe Blüten.
ZONEN 5–10.
TANTAU, DEUTSCHLAND, 1967
SÄMLING VON 'DR. A. J. VERHAGE'

'White Angel'
(rechts)
ZWERGROSE, WEISS,
ÖFTER BLÜHEND

Die zierlichen Knospen dieser Rose entwickeln sich zu sehr attraktiven, kleinen, weißen Blüten mit spitz zulaufenden Petalen und zartem Duft, die von dem hellgrünen Laub hübsch ergänzt werden. Die wuchsfreudige 'White Angel' ist kleinwüchsig, hat aber zahlreiche Zweige, an denen viel mehr Blüten stehen als bei anderen Zwergrosen. Sie stammt von einer preisgekrönten Kreuzung aus einer Ramblerrose und einer Floribundarose ab.
ZONEN 5–10.
MOORE, USA, 1971
(*ROSA WICHURAIANA* × 'FLORADORA') × ('LITTLE DARLING' × SÄMLING EINER ROTEN ZWERGROSE)
AMERICAN ROSE SOCIETY AWARD OF EXCELLENCE 1975

'White Bath' *(rechts)*

Syn. 'Muscosa alba', *Rosa* × *centifolia muscosa alba*, 'Clifton Moss', *R. centifolia albo-muscosa*, 'Shailer's White Moss'

ALTE R., MOOSROSE, WEISS

Normalerweise sind Moosrosen rosafarben; bei dieser Sorte, die sehr an eine Damaszenerrose erinnert, handelt es sich jedoch um einen weißen Sport, der teilweise oder sogar vollständig in die rosablütige Stammform zurückschlagen kann. 'White Bath' verfügt über strahlend weiße, dicht gefüllte, duftende Blüten, die in kleinen, dichten Büscheln stehen; ferner hat die Moosrose dunkle graugrüne, gerundete Blätter, die sich sehr weich anfühlen und auf der Unterseite purpurfarben überhaucht sind. Die Stiele und Knospen dieses wuchsfreudigen, mittelhohen Strauchs sind überall mit rötlich braunem, stoppeligem Moos bedeckt. ZONEN 4–9.

SHAILER, GROSSBRITANNIEN, 1788
SPORT VON *ROSA CENTIFOLIA MUSCOSA*
ROYAL HORTICULTURAL SOCIETY AWARD OF GARDEN MERIT 1993

'White Bella Rosa' *(Mitte rechts)*

Syn. 'Bella Weisse'

FLORIBUNDA, WEISS, ÖFTER BLÜHEND

Diese kleinwüchsige Rose hat alle Eigenschaften ihrer Elternpflanzen; sie unterscheidet sich lediglich durch die Farbe ihrer Blüten. Diese sind halb gefüllt und weiß (mit einer rosa Schattierung bei kühlerem Wetter) und öffnen sich zu einer Becherform, die den Blick auf die Staubgefäße freigibt. Die Pflanze ist relativ krankheitsfest und benötigt nur wenig Pflege. ZONEN 5–10.

KORDES, DEUTSCHLAND, 1989
SPORT VON 'BELLA ROSA'

'White Bells' POUlwhite *(rechts)*

ZWERGROSE, WEISS

'White Bells' hat zart duftende, weiße, leicht gefüllte Blüten mit creme-zitronengelber Mitte (deren Farbe im Laufe der Zeit verblasst) sowie 35 Petalen, die in Büscheln stehen. Der breitbuschige Strauch wird von kleinen, stark glänzenden, grünen Blättern bedeckt. 'White Bells' wird etwas größer als ihre Geschwister, da sie lange, krankheitsfeste Triebe mit vielen Blüten entwickelt. Nach einer Eingewöhnungsphase von einem Jahr erfreut diese Rose vom Spätfrühling bis zum Sommer durch eine Fülle von Blüten und lässt sich mühelos zum Bodendecker als auch zur Hochstammrose mit überhängenden Zweigen erziehen. Sie blüht am zweijährigen Holz, weshalb die Jungtriebe nicht zurückgeschnitten werden sollten. ZONEN 5–10.

POULSEN, DÄNEMARK, 1983
'MINI-POUL' × 'TEMPLE BELLS'

'White Cécile Brunner' *(rechts)*
Syn. 'Weiße Cécile Brunner'
POLYANTHAROSE, WEISS, ÖFTER BLÜHEND

Die winzigen, gefüllten Blüten in Cremeweiß duften zart und stehen an kurzen Stielen zwischen feinen Blättern. Sie gedeiht zwar nicht an allen Standorten, erfreut aber durch eine Fülle von Blüten während des ganzen Sommers. Bei kühler Witterung muss besonders auf Krankheitsanzeichen geachtet werden, da die Sorte aufgrund des dichten Wuchses relativ schnell erkrankt. **ZONEN 5–10.**
FAUQUE, FRANKREICH, 1909
SPORT VON 'CÉCILE BRUNNER'

'White Christmas'
(unten)
TEEHYBRIDE, WEISS, ÖFTER BLÜHEND

Die Blüten dieser 1953 gezüchteten Teehybride sind dicht gefüllt, haben etwa 50 Petalen und eine hohe Mitte. Sie sind jedoch bei feuchtem und regnerischem Wetter sehr anfällig für Pilze (Botrytis). Der kompakte, wuchsfreudige Strauch von aufrechtem Wuchs trägt hellgrünes, ledriges Laub und während des ganzen Sommers duftende Blüten. **ZONEN 5–10.**
HOWARD & SMITH, USA, 1953
'SLEIGH BELLS' × SÄMLING

'White Cockade' *(unten)*
GROSSBLUMIGE KLETTERROSE, WEISS, ÖFTER BLÜHEND

Bei 'White Cockade' handelt es sich um eine robuste Kletterrose mit einer Fülle von süß duftenden, weißen, gefüllten Blüten, die im Frühsommer erscheinen; danach trägt die Rose nur noch vereinzelt Blüten. Diese wüchsige, gesunde Pflanze ist relativ krankheitsfest und pflegeleicht und lässt sich leicht zurückschneiden. Sie eignet sich besonders zur Bepflanzung von Mauern und Zäunen, die ihr Gewicht tragen können. Bei diesem Abkömmling der 'New Dawn' kommen die Eigenschaften der Mutterpflanze – klassische Blütenform und glänzende Blätter – deutlich zum Ausdruck. **ZONEN 5–9.**

COCKER, GROSSBRITANNIEN, 1969

'NEW DAWN' × 'CIRCUS'

ROYAL HORTICULTURAL SOCIETY AWARD OF GARDEN MERIT 1993

'White Dawn'
GROSSBLUMIGE KLETTERROSE, WEISS

'White Dawn' besitzt viele Gemeinsamkeiten mit 'New Dawn'. Diese niedrige, wüchsige Kletterrose ist überall mit Stacheln bedeckt und besitzt dichtes, kleinblättriges, glänzendes Laub, das krankheitsfest ist und wenig Pflege benötigt. Da ihre weißen Blüten schon sehr früh blühen, sollte man beim Winterschnitt einige horizontale Seitentriebe ziehen. Die gefüllten, gardenienähnlichen, duftenden Blüten haben 35 Petalen und stehen in Büscheln. Erhältlich ist sie nur bei wenigen Spezialisten. **ZONEN 5–9.**

LONGLEY, USA, 1949

'NEW DAWN' × 'LILY PONS'

'White Dorothy'
(links)
Syn. 'White Dorothy Perkins'
RAMBLERROSE, WEISS

Die weißen, rosa überhauchten Blüten dieses Sports sitzen in dicken Dolden und erscheinen meist Ende Juli; später erfolgt eine kleine Nachblüte. Die Pflanze ist von dichtem, feinfiedrigem Laub bedeckt, das mehltauanfällig ist. Die Elternpflanze 'Dorothy Perkins' zählt mit ihren Büscheln von rosa Blüten zu den vermutlich bekanntesten weichtriebigen Ramblerrosen.
ZONEN 5–9.
CANT, GROSSBRITANNIEN, 1908
SPORT VON 'DOROTHY PERKINS'

'White Dream'
LENblank, LENvir
(links)
Syn. 'Sentinel'
ZWERGROSE, WEISS, ÖFTER BLÜHEND

Die zart duftenden, rein weißen Blüten dieser Sorte haben 35 Petalen sowie eine hohe, edelrosenähnliche Mitte und stehen in kleinen Büscheln. Sie sind etwas größer als bei anderen Zwergrosen, dafür jedoch besonders wohlgeformt. Die Sorte ist ein wuchsfreudiger, niedriger Strauch, der sich rasch ausbreitet.
ZONEN 5–10.
LENS, BELGIEN, 1982
ELTERN UNBEKANNT

'White Flower Carpet' NOAschnee *(oben)*
Syn. 'Schneeflocke', 'Emera Blanc', 'Opalia'
FLORIBUNDA, WEISS, ÖFTER BLÜHEND

Die in Deutschland als 'Schneeflocke' bekannte Noack-Rose hat kleine, gefüllte Blüten, die den gesamten Strauch bedecken. Diese flachwüchsige Rose ist krankheitsfest und pflegeleicht; sie eignet sich besonders für flächige Anpflanzungen, Böschungen oder andere Standorte, die mit kleinwüchsigen Sorten bepflanzt werden müssen. 'White Flower Carpet' wird nur selten als okulierte Rose angeboten, sondern vorwiegend aus Stecklingen gezogen. **ZONEN 5–10.**

NOACK, DEUTSCHLAND, 1991

'HEIDETRAUM' × 'MARGARET MERRILL'

ADR-ROSE 1991, GOLDMEDAILLE DER ROYAL NATIONAL ROSE SOCIETY 1991, GOLDENE ROSE VON DEN HAAG 1995, GLASGOW CERTIFICATE OF MERIT 1996

'White Gem' MEIturusa
ZWERGROSE, WEISS, ÖFTER BLÜHEND

Die langen, spitzen Knospen dieser Rose öffnen sich den ganzen Sommer über zu zart duftenden, elfenbeinfarbenen, gelbbraun überhauchten Blüten, die einzeln oder in Büscheln stehen und 90 Petalen haben. Diese sind anmutig zurückgebogen und verleihen der Rose ihre bei zahlreichen Ausstellungen oft bewunderte perfekte Form. Den wuchsfreudigen Strauch von aufrechtem, mittelhohem Wuchs schmücken große, glänzende, dunkelgrüne Blätter. In den USA wurde 'White Gem' von vielen anderen weißblütigen Rosen verdrängt. **ZONEN 5–10.**

MEILLAND, FRANKREICH, 1976

'MINUETTO' × 'JACK FROST'

'White Grootendorst'
Syn. 'Weiße Nelkenrose'
RUGOSA-HYBRIDE, WEISS, ÖFTER BLÜHEND

Dieser breitbuschig stachelige Strauch von aufrechtem, mittelhohem Wuchs sorgt für eine angenehme Abwechslung im Erscheinungsbild herkömmlicher Rosenbeete. Er ist den ganzen Sommer über mit halb gefüllten, weißen Petalen übersät, deren Blütenblätter am Rand zart gekräuselt sind – worauf das deutsche Synonym 'Weiße Nelkenrose' treffend verweist. Die schönsten Blüten erscheinen jedoch zu Beginn des Sommers und dann wieder kurz vor Herbstbeginn. 'White Grootendorst' gehört zu einer Gruppe von Rosen, die alle von *Rosa rugosa* abstammen und sich gut miteinander kombinieren lassen. Sie ist relativ pflegeleicht und krankheitsfest, duftet allerdings nicht. Hagebutten werden ebenfalls nicht gebildet. **ZONEN 5–10.**

EDDY, USA, 1962

SPORT VON 'PINK GROOTENDORST'

'White Lightnin'
AROwhif *(rechts)*
TEEHYBRIDE, WEISS,
ÖFTER BLÜHEND

Diese Rose trägt große, gefüllte Blüten mit 30 Petalen an einem kräftigen, wuchsfreudigen Strauch von aufrechtem Wuchs. Ihre rein weißen, klassisch geformten Blüten haben einen angenehmen, lange anhaltenden Duft und kommen als Schnittblumen in einer Vase besonders schön zur Geltung. Die Sorte 'White Lightnin' gibt einen gesunden Strauch, der mit ein bisschen Pflege den meisten Krankheiten trotzt. Diese Teehybride erfreut den ganzen Sommer über in kurzen Abständen mit neuen Blüten. **ZONEN 5–10.**

SWIM, USA, 1980
'ANGEL FACE' × 'MISTY'
ALL-AMERICAN ROSE SELECTION 1981

'White Maman Cochet' *(oben)*
ALTE R., TEEROSE, WEISS,
ETWAS NACHBLÜHEND

Sowohl die Elternpflanze als auch der Sport sind sehr wuchsfreudige, kräftige Rosen, die sich zu großen Sträuchern entwickeln können. 'White Maman Cochet' besitzt sehr lange, große Knospen, die sich zu weißen, teilweise rosa überhauchten Blüten öffnen. Sie wirken fast schon drall und bilden bei feuchtem Wetter sehr rasch Mumien. **'Climbing White Maman Cochet'** (Knight, Australien, 1907) ist eine wuchsfreudige, kletternde Sorte mit leicht gelblichen Blüten. Sie gedeiht nur in warmem Klima. **ZONEN 7–9.**

COOK, USA, 1896
SPORT VON 'MAMAN COCHET'

'White Masterpiece'

JACmas *(oben)*
TEEHYBRIDE, WEISS,
ÖFTER BLÜHEND

Diese mittelgroße Teehybride besitzt große, zart duftende, gefüllte Blüten mit hoher Mitte und einem zarten Grünton, die jedoch nur einzeln hervorgebracht werden und sehr unter schlechtem Wetter leiden. In warmen Regionen verblasst der zarte Grünton der Blüten rasch, während er in kühleren Klimazonen manchmal bis zum Verblühen erhalten bleibt. Die 'White Masterpiece' erfordert sorgfältige Pflege und sollte während des gesamten Sommers auf Krankheitsanzeichen untersucht werden, damit sie durch wunderschöne Blüten erfreuen kann.
ZONEN 5–10.
BOERNER, USA, 1969
ELTERN UNBEKANNT

'White Meidiland'

MEIcoublan *(rechts)*
Syn. 'Blanc Meillandécor', 'Alba Meidiland'
STRAUCHROSE, WEISS,
ÖFTER BLÜHEND

Diese ursprünglich als Bodendecker eingeführte Sorte gehört zu einer Gruppe von Rosen, die Meilland für die Landschaftsgestaltung entwickelte. Sie ist relativ krankheitsfest und daher besonders für Straßenränder und naturnahe Gärten geeignet. Die dicht gefüllten Blüten (mit 40 Petalen) erscheinen jedes Jahr in großen Dolden und bedecken den gesamten, breitbuschigen Strauch mit seinen mittelgroßen, glänzenden, dunkelgrünen Blättern.
ZONEN 5–10.
MEILLAND, FRANKREICH, 1986
'TEMPLE BELLS' × MEIGURAMI

'White Pet'
(links unten)
Syn. 'Little White Pet',
'Belle de Teheran'
POLYANTHAROSE, WEISS,
ÖFTER BLÜHEND

Bei 'White Pet', die manchmal als zwergwüchsige Sempervirens-Rose eingestuft wird, handelt es sich um einen kompakten Strauch, der den ganzen Sommer blüht. Die dicht gefüllten, weißen, leicht duftenden Blüten entwickeln sich aus rosa überhauchten Knospen, deren zarte Tönung bei kühlem Wetter auch den voll erblühten, pomponförmigen Blüten erhalten bleibt. Sie eignen sich gut, um kleine Sträuße für die Vase zu schneiden. Dieser kräftige, wüchsige Strauch mit seinem dunkelgrün glänzenden Laub bietet sich sowohl als Beetbepflanzung als auch als Hochstammrose an. Die gesunde, pflegeleichte Rose ist wie die **'Climbing White Pet'** (Corboeuf, Frankreich, 1894) eine Bereicherung für jeden Garten. ZONEN 5–10.

HENDERSON, USA, 1879
SPORT VON 'FÉLICITÉ ET PERPÉTUE'
ROYAL HORTICULTURAL SOCIETY AWARD OF GARDEN MERIT 1993

'White Meillandina' MEIblam
(ganz oben)
Syn. 'Yorkshire Sunblaze'
ZWERGROSE, WEISS,
ÖFTER BLÜHEND

Die mittelgroßen, halb gefüllten, weißen Blüten duften zwar nicht, passen aber sehr schön zum kleinen, hellgrünen Laub dieses kompakten Strauchs. 'White Meillandina' ist eine blühfreudige, sehr krankheitsfeste Rose, die sich hervorragend als Kübelpflanze eignet. Sie bereichert mit ihrer ganzjährigen Farbenpracht jeden Garten.
ZONEN 5–10.

MEILLAND, FRANKREICH, 1984
'KATHARINA ZEIMET' × 'WHITE GEM'
AMERICAN ROSE SOCIETY TOP GARDEN ROSE IN PROOF OF THE PUDDING SURVEY 1991

'White Queen Elizabeth' *(oben)*
Syn. 'Weiße Queen Elizabeth, 'Blanc Queen Elizabeth'
FLORIBUNDA, WEISS, ÖFTER BLÜHEND

Dies ist ein Sport der bekannten Floribundarose 'Queen Elizabeth', deren besondere Eigenschaften sie geerbt hat: kräftigen, krankheitsfesten Wuchs und eine üppige Blütenpracht. Außerdem besitzt sie die gleiche, etwas informell geöffnete Blütenform wie die Elternpflanze, von der sie sich aber durch ihre cremefarben überhauchte Blütenfarbe unterscheidet. Ihr fehlt jedoch der strahlend leuchtende Ton vieler weißblütiger Rosensorten. Da sie sehr schnell wächst, eignet sie sich am besten für den hinteren Bereich eines Rosenbeets. ZONEN 5–10.

BANNER, GROSSBRITANNIEN, 1965
SPORT VON 'QUEEN ELIZABETH'

'White Simplicity'
JACsnow *(rechts)*
FLORIBUNDA, WEISS, ÖFTER BLÜHEND

Dieser üppig blühende Strauch ist nur bei ausgesprochen schlechter Witterung anfällig für Krankheiten. Die großen, gefüllten, weißen Blüten öffnen sich zu einer Becherform und geben den Blick auf die Staubgefäße frei. Aufgrund des Wuchstyps und der kurzen Abstände zwischen ihren Blüteperioden eignet sich 'White Simplicity' vor allem zur Bepflanzung eines Randbeets oder einer Hecke. ZONEN 5–10.

WARRINER, USA, 1991
ELTERN UNBEKANNT

'White Sparrieshoop'

(oben)

Syn. 'Weiße aus Sparrieshoop'
STRAUCHROSE, WEISS, ÖFTER BLÜHEND

Die relativ großen, schalenförmigen Blüten dieses weißen Sports der bekannten Strauchrose haben einige gewellte Blütenblätter und goldgelbe Staubgefäße. Sie duften angenehm und blühen vom Sommer bis zum Herbst. Als üppig blühende Strauchrose von mittelhohem, aufrechtem Wuchs eignet sich die 'White Sparrieshoop' gut zur Bepflanzung von Beeten sowie als Einzelpflanze, wo ihr ledriges, glänzendes, im Austrieb rotes Laub schön zur Geltung kommt. **ZONEN 4–9.**

KORDES, DEUTSCHLAND, 1962
SPORT VON 'SPARRIESHOOP'

'White Spray'

(unten)

FLORIBUNDA, WEISS, ÖFTER BLÜHEND

'White Spray' ist ein üppig blühender Strauch mit in Büscheln stehenden, wohlgeformten, weißen Blüten. Diese sind gefüllt und duften zart; sie bedecken den gesamten Strauch und eignen sich aufgrund der Stiellänge gut als Schnittblumen. **ZONEN 5–10.**

LEGRICE, GROSSBRITANNIEN, 1968
SÄMLING × 'SCHNEEWITTCHEN'

'White Wings'

(oben)

TEEHYBRIDE, WEISS, ÖFTER BLÜHEND

Die in Büscheln stehenden Blüten von 'White Wings' erinnern in voller Blüte tatsächlich an weiße Flügel (*wings* = „Flügel"), da sich die fünf Petalen voneinander wegdrehen. Sie duften süß und geben den Blick auf die schokoladenbraunen Staubgefäße frei. Das ledrige Blattwerk schmückt eine nicht allzu wuchsfreudige, mittelhohe und aufrechte Pflanze. Sie lässt sich auch recht gut als niedriger Strauch ziehen, wenn sie zurückhaltend geschnitten wird. ZONEN 5–10.

KREBS, USA, 1947

'DAINTY BESS' × SÄMLING

'Wichmoss'

(unten)

RAMBLERROSE, HELLROSA

Hierbei handelt es sich um das Ergebnis des Versuchs, eine Ramblerrose mit bemoosten Knospen zu züchten. 'Wichmoss' besitzt den für eine *Rosa wichuraiana* üblichen weichtriebigen Wuchs. Allerdings sind die bemoosten Kelchblätter sehr anfällig für Mehltau. Die duftenden, halb gefüllten, hellrosa Blüten verblassen im Laufe der Zeit zu einem Cremeweiß. ZONEN 5–9.

BARBIER, FRANKREICH, 1911

ROSA WICHURAIANA × 'SALET'

'Wickwar'
STRAUCHROSE, HELLROSA

Bei der Elternpflanze handelt es sich um eine ungewöhnliche Wildrose, die 1896 von Westchina aus nach Europa gebracht wurde; sie trägt stark duftende Büschel großer, einfacher, weißer Blüten, denen gelborange Hagebutten folgen. Dieser Sämling besitzt rosa Blüten und ist kleiner. 'Wickwar' entwickelt sich zu einem großen Strauch mit kleinen, graugrünen Blättern und zahlreichen Stacheln. Sie ist nur noch bei wenigen Rosenzüchtern in England und Frankreich erhältlich. **ZONEN 7–9.**

STEADMAN, GROSSBRITANNIEN, 1960
SÄMLING VON *ROSA SOULIEANA*

'Will Scarlet' *(oben)*
STRAUCHROSE, ROT, ÖFTER BLÜHEND

Diese Rose besitzt halb gefüllte, intensiv rote Blüten, die sich becherförmig öffnen. Obwohl der leuchtende Rotton im Laufe der Zeit zu einem Kirschrot verblasst, bilden die ständig neu produzierten, attraktiven Rosen einen farbenfrohen Blickfang in jedem Garten. Dieser aufrechte, wuchsfreudige Strauch ist zwar gesund, leidet aber wie auch viele andere Rosensorten unter Nässe. In Deutschland nicht erhältlich. **ZONEN 5–9.**

HILLING, GROSSBRITANNIEN, 1948
SPORT VON 'SKYROCKET'
NATIONAL ROSE SOCIETY TRIAL GROUND CERTIFICATE 1957

'William Allen Richardson' *(unten)*
ALTE R., NOISETTEROSE, GELB+, ETWAS NACHBLÜHEND

Diese fast duftlose Rose ist weniger wuchsfreudig als ihre Elternpflanze, jedoch besitzen die zahlreichen, mittelgroßen, geviertelten Blüten einen viel intensiveren orangegelben Farbton. Im Herbst gibt es große, runde, rote Hagebutten. Sie bildet mit ihrem steifen Wuchs große dichte Büsche und ist einigermaßen frostempfindlich. **ZONEN 7–9.**

DUCHER, FRANKREICH, 1878
SÄMLING VON 'RÊVE D'OR'

'William and Mary' *(rechts)*
STRAUCHROSE, ROSA+

Diese von Peter Beales gezüchtete Sorte gehört zu den ersten drei von ihm eingeführten Strauchrosen und besitzt die gleiche Wuchsfreude wie die Elternpflanze 'Constanze Spry'. Ihre intensiv duftenden, großen, becherförmigen und dicht gefüllten Blüten stehen einzeln oder in Büscheln und schmücken im Frühsommer den gesamten Strauch. Die silbrig rosafarbenen Petalen sind karminrot überhaucht. Der kräftige, aufrechte, wüchsige Strauch lässt sich auch als kleine Kletterrose im Garten verwenden und in einem Mixed Border gut mit anderen Sträuchern und Krautpflanzen kombinieren. **ZONEN 5–10.**

BEALES, GROSSBRITANNIEN, 1988

SÄMLING VON 'CONSTANZE SPRY'

'William Baffin'
STRAUCHROSE, DUNKELROSA, ÖFTER BLÜHEND

Diese robuste, winterharte Strauchrose schmückt sich mit schönen, becherförmigen, halb gefüllten Blüten; diese sind erdbeerrosa, in der Mitte weiß überhaucht und besitzen deutlich sichtbare goldgelbe Staubgefäße. Sie stehen vom Sommer bis zum Herbst in Büscheln von bis zu 30 Einzelblüten, duften jedoch kaum. 'William Baffin' – deren Name an den englischen Seefahrer (1584–1632) erinnert, der die Beringsee entdeckte – kann sowohl als Einzelpflanze gesetzt als auch zum Anlegen einer dichten Hecke bzw. unter Verwendung einer Rankhilfe als Kletterrose gepflanzt werden. Die ausgesprochen wuchsfreudige Pflanze hat kräftige, glänzende und gesunde Blätter an aufrechten, leicht gewölbten Stielen. **ZONEN 3–9.**

SVEJDA, KANADA, 1983

ROSA KORDESII × SÄMLING

'William Grant' *(oben)*
ALTE R., GALLICA-ROSE, DUNKELROSA, ETWAS NACHBLÜHEND

Voll erblüht trägt diese Gallica-Rose eine Fülle einfacher bis halb gefüllter, becherförmiger Blüten in kräftigem Rosa, die in kleinen Büscheln wachsen und dann den Blick auf ein dichtes Büschel goldgelber Staubgefäße freigeben. Die Sorte wächst kletternd und duftet wundervoll. Der Rosenbuchautor William Grant entdeckte sie am Zaun einer verlassenen Tankstelle im US-Staat Oregon; später wurde diese Rose dann nach ihm benannt. **ZONEN 5–10.**

ELTERN UNBEKANNT

'William Lobb'
(oben)

ALTE R., MOOSROSE, MAUVE

'William Lobb' kann rasch bis zu 2,5 m hoch wachsen. Ihre langen, kräftigen, stacheligen Stiele sind üppig bemoost. Auch die Knospen sind mit weichem, mittel- bis dunkelgrünem Moos überzogen und öffnen sich zu halb gefüllten, etwas zerzaust anmutenden Blüten mit betörendem Duft. Die Staubgefäße bilden einen schönen Kontrast zu den purpurroten Petalen, die auf der Rückseite lavendelrosa gefärbt und in der Nähe des Blattansatzes weiß gefleckt sind. Die Sorte hat dichtes Laub aus mittelgroßen, groben, dunkelgraugrünen Blättern mit gesägtem Rand. 'William Lobb' eignet sich sowohl als großer Strauch für den Hintergrund einer Rabatte wie auch als kleine Kletterrose für Mauern, Spaliere und Bögen, benötigt dann aber eine Rankhilfe.
ZONEN 5–10.

LAFFAY, FRANKREICH, 1855
ELTERN UNBEKANNT

'William Shakespeare'

AUSroyal *(ganz unten)*

STRAUCHROSE, DUNKELROT, ÖFTER BLÜHEND

Diese Rose hat attraktive, kräftig karminrote Blüten. Ihre rosettenförmigen Blüten verströmen einen kräftigen Duft, der an Damaszenerrosen erinnert; sie stehen in Büscheln zu drei bis sieben Einzelblüten. Dieser hohe Strauch von aufrechtem Wuchs hat große, matt glänzende, dunkelgrüne Blätter und rote Stacheln; er ist aber sehr anfällig für Rosenrost und Sternrußtau.
ZONEN 5–10.

AUSTIN, GROSSBRITANNIEN, 1987
'THE SQUIRE' × 'MARY ROSE'

'William III' *(rechts)*
ALTE R., PIMPINELLIFOLIA-HYBRIDE, MAUVE

Die Pimpinellifolia-Hybriden waren zu Beginn des 19. Jhs. sehr beliebt, sind aber heute fast in Vergessenheit geraten – 'William III' zählt somit zu den letzten Vertretern dieser Art. Dabei handelt es sich um eine Zwergrose, die viele Wildtriebe hervorbringt und sich zu einem wuchsfreudigen, stachligen Dickicht entwickelt. Ihre kleinen, würzig duftenden Blüten haben 15 magenta-karminrote Petalen, deren Farbe im Laufe der Zeit zu einem Fliederrosa verblasst und denen im Herbst schwarze, samenreiche Hagebutten folgen. **ZONEN 4–9.**

ELTERN UNBEKANNT

'Wiltshire' KORmuse
(unten)
STRAUCHROSE, REIN ROSA, ÖFTER BLÜHEND

Die mittelgroßen, dicht gefüllten, leuchtend rosafarbenen Blüten sind becherförmig und duften zart; sie erscheinen vom Sommer bis zum Herbst und stehen in Büscheln. 'Wiltshire' eignet sich als Bodendecker wie auch als Blickfang im Vorderteil eines Beetes oder eines großen Kübels; sie rankt sich aber auch über eine Mauer. Die flachwüchsige Pflanze wird etwa doppelt so breit wie hoch und hat dichtes, glänzendes Laub. Diese Kordes-Rose ist allerdings nur in Großbritannien erhältlich. **ZONEN 4–9.**

KORDES, DEUTSCHLAND, 1993

'WEISSE IMMENSEE' × SÄMLING

ROYAL NATIONAL ROSE SOCIETY CERTIFICATE OF MERIT 1991, BRITISH ASSOCIATION OF ROSE BREEDERS, BREEDERS' CHOICE 1993, GLASGOW CERTIFICATE OF COMMENDATION 1994

'Willy Millowitsch Rose' TANrowisa
(links)
Syn. 'Wimi'
TEEHYBRIDE, ROSA+,
ÖFTER BLÜHEND

Die Blüten dieser anmutigen Duftrose schimmern in vielen Rosaschattierungen und sind in der Mitte cremeweiß, während die äußeren Ränder der Blütenblätter eine rein rosa Tönung aufweisen. Der wüchsige, relativ krankheitsfreie, mittelhohe und nach dem Kölner Schauspieler benannte Strauch von mittelhohem Wuchs wirkt imposant.
ZONEN 5–9.
TANTAU, DEUTSCHLAND, 1982
ELTERN UNBEKANNT

'Winchester Cathedral' AUScat
(unten links)
Syn. 'Winchester'
STRAUCHROSE, WEISS,
ÖFTER BLÜHEND

Diese Englische Rose unterscheidet sich von ihrer Elternpflanze 'Mary Rose' nur durch die Blütenfarbe: Die üppigen Blüten leuchten weiß mit bernsteingelber Mitte, schlagen aber manchmal in die rosablütige Stammform zurück. Aufgrund ihrer mehrmaligen Blüte und der schönen, becherförmigen Rosen eignet sich diese resistente Sorte für jeden Garten. Die Wuchsform der 'Winchester Cathedral' erinnert an alte Gartenrosen. Sie ist pflegeleicht und lässt sich gut zurückschneiden.
ZONEN 5–9.
AUSTIN, GROSSBRITANNIEN, 1988
SPORT VON 'MARY ROSE'

'Windrush' AUSrush
(rechts)
STRAUCHROSE, HELLGELB, ÖFTER BLÜHEND

Dieser große, kräftige Strauch bringt in kurzen Abständen anmutige, halb gefüllte, zartgelbe Blüten mit deutlich sichtbaren Staubgefäßen hervor, deren dunkle Farbe einen schönen Kontrast zu den hellen Petalen bildet. Wenn man die verwelkten Blüten dieser wüchsigen und krankheitsfesten Pflanze – die auch als Englische Rose klassifiziert wird – regelmäßig entfernt, kann man eine durchgehende Blütezeit mit attraktiven Blüten erzielen. Sie bildet im Herbst zahlreiche Hagebutten, allerdings nur, wenn die Blüten ab dem Spätsommer nicht mehr entfernt werden.
ZONEN 5–9.

AUSTIN, GROSSBRITANNIEN, 1984

SÄMLING × ('CANTERBURY' × 'GOLDEN WINGS')

'Winnipeg Parks'
(rechts)
STRAUCHROSE, DUNKELROSA, ÖFTER BLÜHEND

Vom Sommer bis in den Herbst hinein entwickeln sich die spitzen Knospen dieser Rose zu mittelgroßen, dunkelrosaroten Blüten mit einer samtigen Struktur, die sich becherförmig öffnen; sie kommen einzeln oder in kleinen Büscheln, halten sich jedoch nicht sehr lange. Voll erblüht geben ihre etwa 20 wohlgeformten, zart duftenden Blütenblätter den Blick auf die gelben Staubgefäße frei. Als besonders winterharte Sorte eignet sich dieser mittelgroße Strauch auch für kühlere Lagen. Die Blätter schimmern im Austrieb rot und nehmen im Laufe der Zeit einen matten Grünton an. ZONEN 3–9.

COLLICUT, KANADA, 1990

('PRAIRIE PRINCESS' × 'CUTHBERT GRANT') × (SÄMLING × 'MORDEN CARDINETTE')

'Winsome' SAVawin
(ganz oben)
ZWERGROSE, MAUVE, ÖFTER BLÜHEND

Die purpurroten Blüten der preisgekrönten 'Winsome', deren Mutterpflanze ebenfalls etliche Auszeichnungen erhielt, stehen einzeln und haben über 40 Petalen, die ihre Farbe nicht verlieren. Ihre Schönheit wird im voll erblühten Zustand durch die goldgelben Staubgefäße noch akzentuiert; allerdings duftet sie nicht. Diese aufrechte, extrem wuchsfreudige Zwergrose mit ihrem matt glänzenden, leuchtend grünem Laub reinigt sich selbst – verwelkte Blüten fallen vor dem nächsten Flor von selbst ab. ZONEN 5–10.

SAVILLE, USA, 1984
'PARTY GIRL' × 'SHOCKING BLUE'
AMERICAN ROSE SOCIETY AWARD OF EXCELLENCE 1985

'Wise Portia' AUSport
(Mitte)
STRAUCHROSE, MAUVE, ÖFTER BLÜHEND

Die 1982 eingeführte 'Wise Portia' zählt zu den ersten Züchtungen der Englischen Rosen David Austins. Ihre mauverosa Blüten, die schöne, regelmäßige Rosetten bilden, zeigen im Laufe der Zeit viele Schattierungen – die Farbe ist wirklich einzigartig. Allerdings wächst diese Sorte nicht sehr stark und benötigt gute Pflege. Die Mühe lohnt sich jedoch, denn die lange haltbaren Blüten erfüllen als Schnittblumen jeden Raum mit ihrem betörenden Duft. ZONEN 5–9.

AUSTIN, GROSSBRITANNIEN, 1982
'THE KNIGHT' × 'GLASTONBURY'

'Wishing' DICkerfuffle
(ganz unten)
Syn. 'Georgie Girl'
FLORIBUNDA, REIN ROSA/ORANGEROSA, ÖFTER BLÜHEND

Bei der Blütenfarbe der 'Wishing' handelt es sich um eine Mischung aus Apricot und Rosa, wobei der Rosaanteil leicht überwiegt. Die mittelgroßen, gefüllten, zart duftenden Blüten stehen in Büscheln und bedecken den kleinwüchsigen Strauch während der warmen Sommermonate. Obwohl diese Sorte kaum krankheitsanfällig ist, empfiehlt sich eine regelmäßige Behandlung mit einem Pflanzenschutzmittel. ZONEN 5–9.

DICKSON, GROSSBRITANNIEN, 1985
'SILVER JUBILEE' × 'BRIGHT SMILE'
ROYAL NATIONAL ROSE SOCIETY CERTIFICATE OF MERIT 1984, BELFAST CERTIFICATE OF MERIT 1986, GLASGOW CERTIFICATE OF MERIT 1988

'Woburn Abbey' *(rechts)*
FLORIBUNDA, ORANGE+, ÖFTER BLÜHEND

Bei kühlem Wetter schimmern die dicht gefüllten, orangefarbenen Blüten dieser Sorte leuchtend gelb. Sie erscheinen in regelmäßigen Abständen an kurzen Stielen und bedecken zusammen mit den ledrigen, glänzend grünen Blättern den gesamten, krankheitsfesten Strauch von niedrigem Wuchs. Benannt wurde diese Rose nach dem Wohnsitz der Herzöge von Bedford. **ZONEN 5–9.**

SIDEY & COBLEY, GROSSBRITANNIEN, 1962
'MASKERADE' × 'FASHION'
NATIONAL ROSE SOCIETY TRIAL GROUND CERTIFICATE 1961

'Work of Art' MORart *(unten)*
KLETTERNDE ZWERGROSE, ORANGE+, ÖFTER BLÜHEND

Die kurzen Knospen dieser Sorte öffnen sich zu urnenförmigen, gefüllten, orangefarbenen Blüten mit etwa 35 Petalen, die sehr lange haltbar sind und deren Unterseite gelb überhaucht ist; sie stehen in kleinen Büscheln und fallen in kühleren Lagen etwas größer aus. Mitunter kann diese wuchsfreudige Kletterrose eine Größe von 1,8 m erreichen; sie entwickelt lange Triebe, die sich zu einem breiten Fächer erziehen lassen und so große Flächen mit ihrer Blütenpracht bedecken.
ZONEN 6–10.

MOORE, USA, 1989
SÄMLING EINER GELBEN, KLETTERNDEN ZWERGROSE × 'GOLD BADGE'

'Xavier Olibo' *(oben)*
ALTE R., REMONTANTROSE, DUNKELROT, ETWAS NACHBLÜHEND

Dieser Sport der bekannten 'Général Jacqueminot' zeigt Blüten, die einen sehr schönen dunklen Rotton aufweisen. 'Xavier Olibo' ist eine attraktive Rose, die jedoch regelmäßige Pflege erfordert.
ZONEN 5–9.

LACHARMÉ, FRANKREICH, 1865

SPORT VON 'GÉNÉRAL JACQUEMINOT'

'Yakimour' MEIpsilon

(rechts)
TEEHYBRIDE, ROT+,
ÖFTER BLÜHEND

Diese Rose ist kaum noch erhältlich. Während des Sommers bringt sie in kurzen Abständen gefüllte, rote Blüten mit einer Fülle schöner Blütenblätter hervor, die auf der Unterseite etwas heller sind und goldgelb überhaucht erscheinen. Ihr glänzendes, leuchtend grünes Laub bedeckt den gesamten, wüchsigen Strauch, der jedoch anfällig für Sternrußtau und Mehltau ist. ZONEN 5–9.

MEILLAND, FRANKREICH, 1980
ELTERN UNBEKANNT
BADEN-BADEN GOLDMEDAILLE 1985

'Yankee Doodle' YanKOR

TEEHYBRIDE, GELB+,
ÖFTER BLÜHEND

Diese in Deutschland gezüchtete, heute jedoch schwer erhältliche Rose besitzt den Charme alter Gartenrosen und blüht mehrfach. Ihre großen Knospen öffnen sich zu gefüllten, kräftig gelben und pfirsichrosafarbenen Blüten, deren äußere Blütenblätter sich nach außen biegen und den restlichen Petalen in der Blütenmitte zusätzlichen Halt verleihen. Die duftlosen Blüten stehen einzeln oder in kleinen Büscheln und leiden stark unter feuchtem Wetter. Auch die glänzenden Blätter sind etwas krankheitsanfällig – insbesondere bei kühlen Witterungsverhältnissen, die Sternrußtau zur Folge haben können. ZONEN 5–9.

KORDES, DEUTSCHLAND, 1965
'KÖNIGIN DER ROSEN' × 'KING'S RANSOM'
ALL-AMERICAN ROSE SELECTION 1976

'Yellow Bantam'

(unten)
ZWERGROSE, HELLGELB,
ÖFTER BLÜHEND

Die winzigen, spitzen, zitronengelben Knospen dieser Rose entwickeln sich zu kleinen, wohlgeformten, gefüllten Blüten mit 25 Petalen und zartem Duft in einem Farbspektrum zwischen Gelb und Weiß. Der kleine Strauch erreicht kaum 25 cm Höhe und bietet sich als Kübelpflanze an, wo er besonders gut gedeiht. Da im Handel inzwischen modernere Sorten dieser Rosenfarbe angeboten werden, ist 'Yellow Bantam' kaum noch erhältlich. ZONEN 5–10.

MOORE, USA, 1960
(ROSA WICHURAIANA × 'FLORADORA') × 'FAIRY PRINCESS'

'Yellow Button'
AUSlow (oben)
STRAUCHROSE, GELB+,
ÖFTER BLÜHEND

Bei dieser Strauchrose handelt es sich um eine frühe Sorte des britischen Züchters David Austin, die als Richtlinie seines späteren Rosenprogramms diente. 'Yellow Button' kennzeichnet sich durch schöne, rosettenförmige, gelbe Blüten; da diese lange ihre Form bewahren, eignen sie sich hervorragend als Schnittblume für Biedermeiersträuße und andere Blumenarrangements. Der flachwüchsige, nicht sehr kräftige Strauch ist jedoch anfällig für Krankheiten und erfordert viel Pflege. Dieses wesentliche Manko wird wohl dazu geführt haben, dass 'Yellow Button' auch aus den meisten deutschen Katalogen gestrichen wurde. **ZONEN 5–9.**

AUSTIN, GROSSBRITANNIEN, 1975
'WIFE OF BATH' × 'CHINATOWN'

'Yellow Charles Austin' AUSyel
(ganz unten)
STRAUCHROSE, HELLGELB,
ÖFTER BLÜHEND

Diese Rose unterscheidet sich von ihrer Elternpflanze nur durch ihre dicht gefüllten, rosettenförmigen, hellgelben Blüten, die angenehm nach Myrrhe duften und sich lange halten. Der kräftige, sehr reich blühende Strauch ist gesund, sollte aber bei kühlen, feuchten Witterungsbedingungen – meist zu Beginn und gegen Ende der Blütezeit – sorgfältig gepflegt werden. In warmen Lagen kann er relativ groß werden. Ein Rückschnitt im Sommer verhindert zu starkes Wachstum und fördert die Blütenbildung. **ZONEN 5–9.**

AUSTIN, GROSSBRITANNIEN, 1981
SPORT VON 'CHARLES AUSTIN'

'Yellow Fairy'
POUlfair
STRAUCHROSE, REIN GELB,
ÖFTER BLÜHEND

Bei der Zucht dieser Sorte kreuzte Olesen die gelbe Zwergrose 'Texas' mit der Polyantharose 'The Fairy'. Als Ergebnis entstand eine hübsche Strauchrose mit kleinen rosettenförmigen Blüten, die aus etwa 12 Petalen bestehen. Die Blüten stehen in dichten Büscheln an zahlreichen gebogenen Trieben mit matt glänzenden, hellgrünen Blättchen: Kurz vor dem Öffnen zeigen sie einen schönen Gelbton, der manchmal jedoch ins Bräunliche übergeht. Bei feuchtem Wetter öffnen sich die Knospen zum Teil überhaupt nicht. 'Yellow Fairy' kann gut als Bodendeckerrose gepflanzt werden. **ZONEN 5–9.**

OLESEN, DÄNEMARK, 1988
'TEXAS' × 'THE FAIRY'
MADRID GOLDMEDAILLE 1988

'Yesterday'
(oben)
Syn. 'Tapis d'Orient'
POLYANTHAROSE, REIN ROSA, ÖFTER BLÜHEND

Die halb gefüllten leuchtend rosa- bis violettrosafarbenen Blüten stehen in Büscheln und wirken voll erblüht etwas heller als die Knospen; als Schnittblumen sind sie lange haltbar. Das zierliche, glänzende Blattwerk passt sich gut Form und Farbe der Blüten an. Die mittelgroße, wüchsige Rose bildet mit ihren dünnen, krankheitsfreien Zweigen einen runden Strauch, der als Bodendecker oder in mehreren Reihen gepflanzt zur besten Geltung kommt. **ZONEN 5–9.**

HARKNESS, GROSSBRITANNIEN, 1974

('PHYLLIS BIDE' × 'SHEPHERD'S DELIGHT') × 'BALLERINA'

ROYAL NATIONAL ROSE SOCIETY CERTIFICATE OF MERIT 1972, MONZA GOLDMEDAILLE 1974, BADEN-BADEN GOLDMEDAILLE 1976, ADR-ROSE 1978, ROYAL HORTICULTURAL SOCIETY AWARD OF GARDEN MERIT 1993

die Pflanze im Sommer etwas zurückschneidet und sorgfältig düngt, erfreut 'Yolande d'Aragon' im Herbst durch eine weitere Blüte. Sie wächst als ein mittelhoher, aufrechter Strauch mit hellgrünem Laub. Diese Rose wird manchmal auch als remontierende Damaszenerrose (Portlandrose) klassifiziert. Die Sorte ist anspruchsloser als andere dunkle Portlandrosen. **ZONEN 5–9.**

VIBERT, FRANKREICH, 1843

ELTERN UNBEKANNT

'Yolande d'Aragon'
(rechts)
ALTE R., REMONTANTROSE, MAUVE, ETWAS NACHBLÜHEND

Die großen, dicht gefüllten, leuchtend purpurrosafarbenen Blüten der 'Yolande d'Aragon' stehen in großen Büscheln und duften intensiv. Wenn man verblühte Blüten regelmäßig entfernt,

'York and Lancaster'
(ganz oben)
Syn. *Rosa damascena versicolor*, 'Versicolor', 'York et Lancastre'
ALTE R., DAMASZENERROSE, ROSA+

Bei der 'York and Lancaster' handelt es sich um einen einmalblühenden hoch aufgeschossenen Strauch von weichtriebigem, weit verzweigtem Wuchs mit zahlreichen weichen, graugrünen Blättern an graugrünen Trieben und spitzen, hakenförmigen Stacheln. Die zerzausten, halb gefüllten Blüten haben einen Durchmesser von etwa 6,5 cm und stehen in großen Büscheln an langen Stielen. Die Farbe der betörend duftenden, aber nur zögerlich hervorgebrachten Blüten reicht von einem zarten Rosa bis hin zu Weiß. 'York and Lancaster' ist historisch interessant, aber eher etwas für Liebhaber Alter Rosen.
ZONEN 5–10.

VOR 1629

ELTERN UNBEKANNT

'Yorkshire Bank'
RUtrulo *(Mitte)*
Syn. 'True Love'
TEEHYBRIDE, WEISS+, ÖFTER BLÜHEND

Die gefüllten Blüten der 'Yorkshire Bank' leuchten in einem warmem Cremegelb, das im Laufe der Zeit zu Weiß verblasst, und geben voll erblüht den Blick auf attraktive Staubgefäße frei. Ihre glänzenden Blätter sind relativ krankheitsfest, die Pflanze benötigt während der Blütezeit regelmäßige Pflege. Die beiden Elternpflanzen ließen eigentlich einen sehr erfolgreichen Abkömmling erwarten – eine Hoffnung, die sich jedoch nicht erfüllte. ZONEN 5–9.

DE RUITER, NIEDERLANDE, 1979

'PASCALI' × 'PEER GYNT'

GENF GOLDMEDAILLE 1979, NEUSEELAND GOLDMEDAILLE 1979

'Youki San' MEldona
(ganz unten)
Syn. 'Mme Neige'
TEEHYBRIDE, WEISS, ÖFTER BLÜHEND

Die großen, ungewöhnlichen, halb gefüllten Blüten mit rein weißen Petalen öffnen sich schalenförmig und geben den Blick auf goldgelbe und rote Staubgefäße frei. Die flachwüchsige 'Youki San' gedeiht am besten in warmen, trockenen Lagen, wo man Mehltau und Sternrußtau problemlos bekämpfen kann. Direkt nach ihrer Einführung war diese Teehybride als Blumenschmuck sehr beliebt.
ZONEN 5–9.

MEILLAND, FRANKREICH, 1965

'LADY SYLVIA' × 'WHITE KNIGHT'

BADEN-BADEN GOLDMEDAILLE 1964

'Young at Heart'

(rechts)
TEEHYBRIDE, APRICOT+,
ÖFTER BLÜHEND

Die wohlgeformten, dicht gefüllten Blüten dieser Rose besitzen eine lang anhaltende, zart apricot-rosafarbene Tönung und einen intensiven Duft. Diese aufrecht wachsende Teehybride wird von glänzendem, dunkelgrünem Laub bedeckt und sollte bei kühlem, feuchtem Wetter regelmäßig auf Krankheitsanzeichen untersucht werden. Da 'Young at Heart' viele wuchsfreudige Triebe hervorbringt, lässt sie sich mühelos zurückschneiden. **ZONEN 5–9.**

ARMSTRONG, USA, 1988
ELTERN UNBEKANNT

'Young Quinn'

MACbern *(oben)*
Syn. 'Yellow Wonder'
TEEHYBRIDE, REIN GELB,
ÖFTER BLÜHEND

Bei dieser Sorte öffnen sich ovale Knospen zu gefüllten Blüten mit etwa 30 großen, wohlgeformten Petalen, die sich an den Rändern nach und nach rosa färben. Inmitten des großen, glänzenden, kräftig grünen Laubs stehen die Blüten einzeln an langen Stielen. 'Young Quinn' ist eine gesunde Rose, die sich sowohl zum Schnitt als auch für hohe Hecken bzw. zur Hintergrundbepflanzung eignet. **ZONEN 5–10.**

MCGREDY, NEUSEELAND, 1975
'PEER GYNT' × 'KISKADEE'
BELFAST GOLDMEDAILLE 1978

'Yves Piaget' MEIvildo
(links)
Syn. 'Queen Adelaide', 'The Royal Brompton Rose'
TEEHYBRIDE, DUNKELROSA, ÖFTER BLÜHEND

Diese Rose wurde in einigen Ländern unter dem Namen 'Queen Adelaide' eingeführt. Ihre dicht gefüllten Blüten duften betörend süß und besitzen den Charme Alter Rosen. 'Yves Piaget' ist ein stämmiger Strauch von mittelhohem Wuchs. Sie blüht den ganzen Sommer und ist in warmen, trockenen Lagen relativ krankheitsfest; bei kühlem, feuchtem Wetter neigt sie jedoch zu Sternrußtau.
ZONEN 5–9.

MEILLAND, FRANKREICH, 1985
(['PHARAOH' × 'GLORIA DEI'] × ['CHRYSLER IMPERIAL' × 'CHARLES MALLERIN']) × 'TAMANGO'

GENF GOLDMEDAILLE UND DUFTPREIS 1982, LE ROEULX GOLDMEDAILLE UND DUFTPREIS 1982, BELFAST DUFTPREIS 1986, BAGATELLE DUFTPREIS 1992

'Yvonne Rabier'
(unten links)
POLYANTHAROSE, WEISS, ÖFTER BLÜHEND

Diese Sorte zählt zu den schönsten weißblütigen Polyantharosen. Ihre gefüllten, zart duftenden Blüten stehen in Büscheln und bedecken den gesamten Strauch. Obwohl das saftig grüne Blattwerk relativ gesund ist, sollte die Pflanze regelmäßig auf Krankheitsanzeichen hin untersucht werden. In heißen Sommern und warmen Lagen gedeiht sie besonders gut. Aufgrund ihrer geringen Größe eignet sich 'Yvonne Rabier' gut als Rabattenrose oder zur Umrandung eines Rosenbeetes.
ZONEN 5–9.

TURBAT, FRANKREICH, 1910

ROSA WICHURAIANA × UNBEKANNTE POLYANTHAROSE

ROYAL HORTICULTURAL SOCIETY AWARD OF GARDEN MERIT 1993

'Zambra' MEIalfi
(rechts)
FLORIBUNDA, ORANGE+, ÖFTER BLÜHEND

Die zart duftenden, leuchtend orangefarbenen Blüten dieser Meilland-Floribundarose öffnen sich schalenförmig, wobei die wenigen Blütenblätter in zwei Reihen stehen und den Blick auf die attraktiven Staubgefäße freigeben. Da der Strauch recht anfällig für Mehltau und Sternrußtau ist, kann es passieren, dass unvorsichtige Gärtner schnell zu einer völlig kahlen, armseligen Pflanze gelangen. Die kletternde Variante **'Climbing Zambra'** (MEIalfisar; 1969) wuchert nicht allzu stark und lässt sich problemlos an einer Mauer oder einem Zaun ziehen.
ZONEN 5–9.

MEILLAND, FRANKREICH, 1961
('GOLDILOCKS' × 'FASHION') × ('GOLDILOCKS' × 'FASHION')
BAGATELLE GOLDMEDAILLE 1961, NATIONAL ROSE SOCIETY CERTIFICATE OF MERIT 1961, ROM GOLDMEDAILLE 1961

'Zéphirine Drouhin' *(rechts)*
Syn. 'Belle Dijonnaise', 'Charles Bonnet', 'Ingegnoli Prediletta', 'Mme Gustave Bonnet'
ALTE R., BOURBONROSE, REIN ROSA, ETWAS NACHBLÜHEND

Diese stachellose, wuchsfreudige Sorte kann mühelos als Kaskadenrose, über einem Bogen oder als mittelgroße bis große Einzelpflanze kultiviert werden. Ihre erstklassig duftenden, mittelgroßen, leuchtend kirschrosa Blüten sind becherförmig und halb gefüllt; sie besitzen einen weißen Blütenblattansatz. 'Kathleen Harrop' ist ein rosafarbener Sport dieser Rose. Beide Sorten eignen sich gut als Heckenbepflanzung, sollten aber von Mauern ferngehalten werden, da sie sonst anfällig für Sternrußtau sind. ZONEN 5–10.

BIZOT, FRANKREICH, 1868
ELTERN UNBEKANNT
ROYAL HORTICULTURAL SOCIETY AWARD OF GARDEN MERIT 1993

'Zinger' *(oben rechts)*
ZWERGROSE, ROT, ÖFTER BLÜHEND

'Zinger' zeichnet sich durch lange, spitze, elegante Knospen aus, die sich zu duftenden, leuchtend roten Blüten mit 11 Petalen und sehr schön kontrastierenden, goldgelben Staubgefäßen öffnen. Die Blüten erscheinen zahlreich und in kurzen Abständen; sie stehen einzeln oder in kleinen Büscheln und verbrennen selbst in Lagen mit heißem Klima nicht. Aufgrund ihres kräftigen, ausladenden Wuchses kommt diese Zwergrose besonders gut in Steingärten zur angemessenen Geltung. ZONEN 5–10.

SCHWARTZ, USA, 1978
'ZORINA' × 'MAGIC CARROUSEL'
AMERICAN ROSE SOCIETY AWARD OF EXCELLENCE 1979

'Zoé'
Syn. 'Moussue Partout'
ALTE ROSE, MOOSROSE, ROSA

Die Blüten von 'Zoé' sind rosarot, rundlich und gut mit Moos besetzt und erscheinen an einer gewöhnlichen Pflanze. Sie ist allgemein erhältlich. ZONEN 4–9.

PRADEL, FRANKREICH, 1861
ELTERN UNBEKANNT

'Zweibrücken'
(unten)
STRAUCHROSE, DUNKELROT, ÖFTER BLÜHEND

'Zweibrücken' ergibt einen wuchsfreudigen, sehr winterharten Strauch, der kletternd wächst. Seine zahlreichen dicht gefüllten, dunkelkarminroten Blüten halten sich im Garten recht lange, während sie als Schnittblumen schon bald verwelken. ZONEN 5–9.

KORDES, DEUTSCHLAND, 1955
ROSA KORDESII × 'KORDES SONDERMELDUNG'
BADEN-BADEN BRONZEMEDAILLE 1956

'Zwergkönig 78' KORkönig *(oben)*
Syn. 'Dwarf King'
ZWERGROSE, DUNKELROT, ÖFTER BLÜHEND

'Zwergkönig 78' gibt einen wuchsfreudigen, kompakten, winterharten Strauch ab, der zwar nur eine Größe von 20–25 cm erreicht, andererseits jedoch duftende, becherförmige, karminrote Blüten mit 25 Petalen sowie glänzend grünes Laub besitzt. Die ursprüngliche Sorte 'Zwergkönig' zählte mit ihren gekräuselten, fast schwarzroten Blüten zu den dunkelsten Zwergrosen überhaupt. Diese neuere Züchtung gilt als robuster und pflegeleichter und hat einen wesentlich intensiveren Farbton. Sie eignet sich auch für große Kübel und als Hecke. ZONEN 5–10.

KORDES, DEUTSCHLAND, 1978
ELTERN UNBEKANNT

'Zwergkönigin 82' KORwerk
Syn. 'Dwarf Queen 82'
ZWERGROSE, REIN ROSA, ÖFTER BLÜHEND

'Zwergkönigin 82' unterscheidet sich durch ihre rosa Farbe und ihre bessere Gesundheit von der älteren 'Zwergkönigin'. Diese leicht duftende Rose wird größer als die meisten Zwergrosen und entwickelt sich zu einem attraktiven kleinen Strauch mit wundervoll geformten, locker gefüllten Blüten, die sauber verblühen und wetterfest sind. Das dunkelgrüne Laub glänzt stark. Da diese Rose den ganzen Sommer hindurch reichlich nachblüht, bietet sie auch farblich eine schöne Ergänzung zu 'Zwergkönig 78'. ZONEN 5–10.

KORDES, DEUTSCHLAND, 1982
'ZWERGKÖNIG 78' × 'SUNDAY TIMES'

ALLE ROSEN IM ÜBERBLICK

Diese tabellarische Übersicht aller in diesem Buch beschriebenen Rosen soll die Suche nach einer gewünschten Rose erleichtern.
Die Gruppe, der die Rose angehört, ist bei der jeweiligen Rosenbeschreibung angegeben.
Die in der Tabelle angegebenen Blütenfarben entsprechen den Angaben in den Überschriften zu den Stichworten.
Kurzbeschreibungen sind in den Stichworteinträgen enthalten.

NAME	Blütenfarbe	Duft	Blütenstand	Blühhäufigkeit
WILDROSEN				
Rosa acicularis nipponensis	dunkelrosa	mittel	kleine Büschel	einmalblühend
Rosa arkansana	rein rosa	zart	doldenförmig	einmalblühend
Rosa arvensis	weiß	zart	kleine Büschel	einmalblühend
Rosa banksiae normalis	weiß	mittel	doldenförmig	einmalblühend
Rosa blanda	rosa	zart	kleine Büschel	einmalblühend
Rosa bracteata	weiß	ohne Duft	einzeln	öfter blühend
Rosa brunonii	weiß	mittel	doldenförmig	einmalblühend
Rosa californica	hellrosa	ohne Duft	doldenförmig	einmalblühend
Rosa canina	hellrosa	mittel	kleine Büschel	einmalblühend
Rosa carolina	rein rosa	ohne Duft	einzeln	einmalblühend
Rosa chinensis	rosa/dunkelrot	ohne Duft	einzeln	öfter blühend
Rosa cinnamomea	mauve	mittel	einzeln	einmalblühend
Rosa davidii	hellrosa	ohne Duft	doldenförmig	einmalblühend
Rosa ecae	dunkelgelb	ohne Duft	einzeln	einmalblühend
Rosa eglanteria	hellrosa	mittel	kleine Büschel	einmalblühend
Rosa elegantula 'Persetosa'	rein rosa	zart	kleine Büschel	einmalblühend
Rosa fedtschenkoana	weiß	mittel	kleine Büschel	einmalblühend
Rosa filipes	weiß	mittel	doldenförmig	einmalblühend
Rosa foetida	rein gelb	mittel	einzeln	einmalblühend
Rosa foliolosa	rein rosa	zart	einzeln	einmalblühend
Rosa forrestiana	dunkelrosa	ohne Duft	kleine Büschel	einmalblühend
Rosa gallica	dunkelrosa	stark	kleine Büschel	einmalblühend
Rosa gentiliana	weiß	ohne Duft	große Büschel	einmalblühend
Rosa gigantea	weiß	stark	kleine Büschel	einmalblühend
Rosa giraldii	rein rosa	ohne Duft	kleine Büschel	einmalblühend
Rosa glauca	rein rosa	zart	doldenförmig	einmalblühend
Rosa helenae	weiß	mittel	doldenförmig	einmalblühend
Rosa holodonta	hellrosa	zart	kleine Büschel	einmalblühend
Rosa hugonis	rein gelb	zart	einzeln	einmalblühend
Rosa laevigata	weiß	zart	einzeln	einmalblühend
Rosa longicuspis	weiß	zart	doldenförmig	einmalblühend
Rosa x macrantha 'Macrantha'	hellrosa/weiß	zart	kleine Büschel	einmalblühend

NAME	Blütenfarbe	Duft	Blütenstand	Blühhäufigkeit
Rosa moschata	weiß	stark	doldenförmig	einmalblühend
Rosa moyesii	rot	ohne Duft	einzeln	einmalblühend
Rosa mulliganii	weiß	mittel	doldenförmig	einmalblühend
Rosa multiflora	weiß	zart	doldenförmig	einmalblühend
Rosa nitida	rein rosa	mittel	kleine Büschel	einmalblühend
Rosa nutkana	rein rosa	zart	einzeln	einmalblühend
Rosa pendulina	dunkelrosa/mauve	ohne Duft	kleine Büschel	einmalblühend
Rosa pimpinellifolia	weiß	ohne Duft	einzeln	einmalblühend
Rosa pisocarpa	rosa	zart	kleine Büschel	einmalblühend
Rosa pomifera	rein rosa	zart	kleine Büschel	einmalblühend
Rosa primula	hellgelb	stark	einzeln	einmalblühend
Rosa roxburghii	rosa/weiß	zart	kleine Büschel	einmalblühend
Rosa rugosa	mauve/weiß	stark	einzeln	einmalblühend
Rosa sempervirens	weiß	zart	doldenförmig	einmalblühend
Rosa sericea pteracantha	weiß	ohne Duft	einzeln	einmalblühend
Rosa setipoda	hellrosa	mittel	doldenförmig	einmalblühend
Rosa soulieana	weiß	mittel	doldenförmig	einmalblühend
Rosa stellata mirifica	mauve	zart	einzeln	einmalblühend
Rosa sweginzowii	rein rosa	mittel	kleine Büschel	einmalblühend
Rosa tomentosa	hellrosa	stark	kleine Büschel	einmalblühend
Rosa virginiana	rein rosa	zart	kleine Büschel	einmalblühend
Rosa webbiana	rein rosa	mittel	einzeln	einmalblühend
Rosa wichuraiana	weiß	zart	doldenförmig	einmalblühend
Rosa willmottiae	mauve	zart	einzeln	einmalblühend
Rosa woodsii	rein rosa	ohne Duft	kleine Büschel	einmalblühend
Rosa xanthina	rein gelb	zart	kleine Büschel	einmalblühend
GARTENROSEN				
Aalsmeer Gold	goldgelb	zart	kleine Büschel	öfter blühend
Abbaye de Cluny	apricot+	zart	einzeln	öfter blühend
Abbeyfield Rose	dunkelrosa	zart	kleine Büschel	öfter blühend
Abbotswood	rein rosa	zart	kleine Büschel	einmalblühend
Abraham Darby	orangerosa	stark	kleine Büschel	öfter blühend

ALLE ROSEN IM ÜBERBLICK

NAME	Blütenfarbe	Duft	Blütenstand	Blühhäufigkeit
Acapulco	rot+	ohne Duft	kleine Büschel	öfter blühend
Acey Deucy	rot	zart	kleine Büschel	öfter blühend
Adair Roche	rosa+	stark	kleine Büschel	einmalblühend
Adam	rein rosa	zart	einzeln	öfter blühend
Adam Messerich	orangerosa	stark	kleine Büschel	öfter blühend
Adélaïde d'Orléans	weiß	ohne Duft	einzeln	einmalblühend
Admiral Rodney	rosa+	stark	einzeln	einmalblühend
Adolf Horstmann	rosa+	ohne Duft	große Büschel	öfter blühend
Agatha Christie	mauve	ohne Duft	große Büschel	einmalblühend
Agathe Incarnata	rein rosa	stark	kleine Büschel	öfter blühend
Aglaia	hellrosa	zart	einzeln	einmalblühend
Agnes	orange+	mittel	kleine Büschel	öfter blühend
Agnes Bernauer	rosa+	mittel	kleine Büschel	einmalblühend
Aicha	weiß	ohne Duft	einzeln	öfter blühend
Aimable Rouge	rot	ohne Duft	kleine Büschel	öfter blühend
Aimée Vibert	hellrosa	ohne Duft	einzeln	öfter blühend
Alain	mauve	ohne Duft	kleine Büschel	öfter blühend
Alain Blanchard	mauve	stark	kleine Büschel	öfter blühend
Alba Maxima	dunkelrosa	ohne Duft	kleine Büschel	öfter blühend
Alba Meidiland	rein rosa	zart	kleine Büschel	öfter blühend
Alba Semi-plena	dunkelrot	mittel	große Büschel	öfter blühend
Alba Suaveolens	orange+	zart	große Büschel	öfter blühend
Albéric Barbier	orangerosa	zart	kleine Büschel	öfter blühend
Albertine	rosa+	mittel	kleine Büschel	öfter blühend
Alchymist	hellrosa	stark	kleine Büschel	öfter blühend
Alec's Red	dunkelrosa	stark	einzeln	öfter blühend
Alexander	orangerosa	ohne Duft	kleine Büschel	öfter blühend
Alexandre Girault	dunkelrosa	mittel	kleine Büschel	öfter blühend
Alfred Colomb	apricot+	stark	kleine Büschel	öfter blühend
Alfred de Dalmas	apricot+	ohne Duft	kleine Büschel	öfter blühend
Alida Lovett	weiß	zart	große Büschel	sehr große Büschel
Alister Clark	weiß+	mittel	große Büschel	öfter blühend
Alister Stella Gray	weiß	mittel	einzeln	öfter blühend
Alleluia	rein gelb	zart	kleine Büschel	öfter blühend
Allen Chandler	rosa+	zart	kleine Büschel	öfter blühend
Allgold	rein rosa	ohne Duft	einzeln	öfter blühend
Allotria	weiß	ohne Duft	kleine Büschel	öfter blühend
Aloha	hellrosa	zart	einzeln	öfter blühend
Alpine Sunset	rot	zart	kleine Büschel	öfter blühend
Altissimo	rot+	mittel	kleine Büschel	öfter blühend
Amadis	mauve+	zart	kleine Büschel	öfter blühend
Amalia	rein gelb	zart	einzeln	öfter blühend
Amatsu-Otome	dunkelrosa	stark	kleine Büschel	einmalblühend

NAME	Blütenfarbe	Duft	Blütenstand	Blühhäufigkeit
Ambassador	apricot+	ohne Duft	kleine Büschel	öfter blühend
Amber Queen	apricot+	zart	kleine Büschel	öfter blühend
Amélia	rein rosa	stark	kleine Büschel	einmalblühend
America	orangerosa	stark	kleine Büschel	öfter blühend
American Beauty	dunkelrosa	stark	einzeln	öfter blühend
American Heritage	gelb+	ohne Duft	einzeln	öfter blühend
American Home	dunkelrot	stark	einzeln	einmalblühend
American Pillar	rosa+	ohne Duft	große Büschel	einmalblühend
Améthyste	mauve	ohne Duft	große Büschel	einmalblühend
Amy Johnson	rein rosa	zart	kleine Büschel	öfter blühend
Amy Robsart	dunkelrosa	mittel	einzeln	einmalblühend
Anabell	orange+	mittel	kleine Büschel	öfter blühend
Anaïs Ségalas	rosa+	ohne Duft	kleine Büschel	einmalblühend
Anastasia	weiß	ohne Duft	einzeln	öfter blühend
Andalusien	rot	ohne Duft	kleine Büschel	öfter blühend
Anemonenrose	hellrosa	ohne Duft	einzeln	öfter blühend
Angel Darling	mauve	zart	kleine Büschel	öfter blühend
Angel Face	mauve	stark	kleine Büschel	öfter blühend
Angela	dunkelrosa	ohne Duft	kleine Büschel	öfter blühend
Angela Rippon	rein rosa	zart	kleine Büschel	öfter blühend
Ann Endt	dunkelrot	mittel	kleine Büschel	öfter blühend
Anna Ford	orange+	zart	kleine Büschel	öfter blühend
Anna Livia	orangerosa	zart	kleine Büschel	öfter blühend
Anna Olivier	rosa+	mittel	kleine Büschel	öfter blühend
Anna Pavlova	hellrosa	stark	kleine Büschel	öfter blühend
Anna von Diesbach	dunkelrosa	stark	einzeln	öfter blühend
Anne Cocker	orangerosa	ohne Duft	kleine Büschel	öfter blühend
Anne de Bretagne	dunkelrosa	mittel	kleine Büschel	öfter blühend
Anne Diamond	apricot+	ohne Duft	kleine Büschel	öfter blühend
Anne Harkness	apricot+	ohne Duft	sehr große Büschel	öfter blühend
Anne-Marie de Montravel	weiß	zart	große Büschel	öfter blühend
Annie Vibert	weiß+	mittel	große Büschel	öfter blühend
Another Chance	weiß	ohne Duft	einzeln	öfter blühend
Anthony Meilland	rein gelb	zart	kleine Büschel	öfter blühend
Antike 89	rosa+	zart	kleine Büschel	öfter blühend
Antique Rose	rein rosa	ohne Duft	einzeln	öfter blühend
Antique Silk	weiß	ohne Duft	kleine Büschel	öfter blühend
Antoine Rivoire	hellrosa	zart	einzeln	öfter blühend
Antonia Ridge	rot	zart	kleine Büschel	öfter blühend
Anuschka	rot+	mittel	kleine Büschel	öfter blühend
Apart	mauve+	mittel	kleine Büschel	öfter blühend
Apollo	rein gelb	zart	einzeln	öfter blühend
Apotheker-Rose	dunkelrosa	stark	kleine Büschel	einmalblühend

ALLE ROSEN IM ÜBERBLICK

NAME	Blütenfarbe	Duft	Blütenstand	Blühhäufigkeit
Apple Blossom	hellrosa	zart	sehr große Büschel	einmalblühend
Apricot Gem	apricot+	ohne Duft	kleine Büschel	öfter blühend
Apricot Nectar	apricot+	mittel	kleine Büschel	öfter blühend
Apricot Silk	apricot+	zart	kleine Büschel	öfter blühend
April Hamer	rosa+	zart	einzeln	öfter blühend
Aquarius	rosa+	zart	kleine Büschel	öfter blühend
Archiduc Charles	rot+	mittel	kleine Büschel	öfter blühend
Archiduc Joseph	rosa+	mittel	kleine Büschel	öfter blühend
Archiduchesse Elizabeth d'Autriche	rein rosa	zart	kleine Büschel	öfter blühend
Ardoisée de Lyon	mauve	stark	einzeln	öfter blühend
Ards Rover	dunkelrot	stark	einzeln	einmalblühend
Arethusa	gelb+	ohne Duft	kleine Büschel	öfter blühend
Arianna	rosa+	zart	einzeln	öfter blühend
Arielle Dombasle	orange+	zart	kleine Büschel	öfter blühend
Arizona	orange+	mittel	einzeln	öfter blühend
Armada	rein rosa	mittel	kleine Büschel	öfter blühend
Arthur Bell	rein gelb	mittel	kleine Büschel	öfter blühend
Arthur de Sansal	mauve	stark	kleine Büschel	einmalblühend
Arthur Hillier	dunkelrosa	ohne Duft	kleine Büschel	öfter blühend
Artistry	orange+	zart	kleine Büschel	öfter blühend
Aspen	rein gelb	ohne Duft	kleine Büschel	öfter blühend
Assemblage des Beautés	dunkelrot+	stark	kleine Büschel	einmalblühend
Asso di Cuori	dunkelrot	ohne Duft	einzeln	öfter blühend
Asta von Parpart	mauve	zart	große Büschel	einmalblühend
Astrée	rosa+	stark	einzeln	öfter blühend
Athena	weiß+	ohne Duft	einzeln	öfter blühend
Auckland Metro	weiß+	mittel	kleine Büschel	öfter blühend
Auguste Gervais	apricot+	mittel	kleine Büschel	einmalblühend
Auguste Renoir	rosa	stark	einzeln	öfter blühend
Augustine Guinoisseau	weiß+	stark	kleine Büschel	öfter blühend
Australia Felix	rosa+	mittel	kleine Büschel	öfter blühend
Australia's Olympic Gold Rose	dunkelgelb	mittel	Büschel	öfter blühend
Autumn Damask	rosa	stark	kleine Büschel	einmalblühend
Autumn Delight	weiß	mittel	große Büschel	öfter blühend
Autumn Sunlight	orangerot	stark	große Büschel	öfter blühend
Autumn Sunset	apricot+	mittel	kleine Büschel	öfter blühend
Ave Maria	orangerosa	stark	kleine Büschel	öfter blühend
Aviateur Blériot	gelb+	stark	große Büschel	einmalblühend
Avon	dunkelrot	mittel	kleine Büschel	öfter blühend
Awakening	hellrosa	mittel	kleine Büschel	öfter blühend
Baby Alberic	hellgelb	ohne Duft	kleine Büschel	öfter blühend
Baby Bio	goldgelb	ohne Duft	kleine Büschel	öfter blühend
Baby Darling	apricot+	ohne Duft	kleine Büschel	öfter blühend
Baby Faurax	mauve	zart	große Büschel	öfter blühend
Baby Gold Star	goldgelb	zart	kleine Büschel	öfter blühend
Baby Katie	rosa+	ohne Duft	kleine Büschel	öfter blühend
Baby Love	goldgelb	zart	kleine Büschel	öfter blühend
Baby Maskerade	rot+	ohne Duft	kleine Büschel	öfter blühend
Baccará	orangerot	ohne Duft	kleine Büschel	öfter blühend
Ballerina	hellrosa	zart	große Büschel	öfter blühend
Bantry Bay	rein rosa	zart	kleine Büschel	öfter blühend
Banzai '83	gelb+	zart	kleine Büschel	öfter blühend
Baron de Bonstetten	dunkelrot	stark	einzeln	öfter blühend
Baron de Wassenaer	dunkelrosa	stark	kleine Büschel	einmalblühend
Baron Girod de l'Ain	rot+	mittel	kleine Büschel	öfter blühend
Baron J. B. Gonella	rosa+	stark	kleine Büschel	öfter blühend
Baroness Rothschild	hellrosa	ohne Duft	einzeln	öfter blühend
Baronne Edmond de Rothschild	rot+	stark	kleine Büschel	öfter blühend
Baronne Henriette de Snoy	rosa+	mittel	einzeln	öfter blühend
Baronne Prévost	rein rosa	mittel	kleine Büschel	öfter blühend
Bassino	rot	ohne Duft	kleine Büschel	öfter blühend
Beauté	apricot+	mittel	kleine Büschel	öfter blühend
Beautiful Britain	orangerot	zart	kleine Büschel	öfter blühend
Beauty of Rosemawr	rosa+	zart	kleine Büschel	einmalblühend
Beauty Secret	rot	zart	kleine Büschel	öfter blühend
Bel Ange	rein rosa	stark	kleine Büschel	öfter blühend
Bella Rosa	rein rosa	zart	kleine Büschel	öfter blühend
Belle Amour	hellrosa	stark	kleine Büschel	einmalblühend
Belle Blonde	gelb	mittel	einzeln	öfter blühend
Belle de Crécy	mauve	mittel	kleine Büschel	einmalblühend
Belle des Jardins	mauve+	mittel	kleine Büschel	einmalblühend
Belle Epoque	orange+	mittel	kleine Büschel	öfter blühend
Belle Isis	hellrosa	stark	kleine Büschel	einmalblühend
Belle Poitevine	rein rosa	mittel	kleine Büschel	öfter blühend
Belle Portugaise	hellrosa	mittel	kleine Büschel	einmalblühend
Belle sans Flatterie	mauve+	mittel	kleine Büschel	einmalblühend
Belle Story	hellrosa	mittel	kleine Büschel	öfter blühend
Bengale Rouge	rot	ohne Duft	kleine Büschel	öfter blühend
Bengali	orangerot	zart	kleine Büschel	öfter blühend
Benita	goldgelb	zart	kleine Büschel	öfter blühend
Bennett's Seedling	weiß	zart	kleine Büschel	einmalblühend
Benson & Hedges Gold	gelb+	zart	kleine Büschel	öfter blühend
Benvenuto	rot	zart	große Büschel	öfter blühend
Berlin	orange+	zart	kleine Büschel	öfter blühend
Bernstein-Rose	goldgelb	zart	kleine Büschel	öfter blühend
Berries 'n' Cream	rosa+	zart	kleine Büschel	öfter blühend

ALLE ROSEN IM ÜBERBLICK

NAME	Blütenfarbe	Duft	Blütenstand	Blühhäufigkeit
Betty Harkness	orange+	mittel	große Büschel	öfter blühend
Betty Prior	rein rosa	ohne Duft	kleine Büschel	öfter blühend
Betty Uprichard	apricot+	stark	kleine Büschel	öfter blühend
Bewitched	rein rosa	mittel	einzeln	öfter blühend
Bing Crosby	orangerot	zart	einzeln	öfter blühend
Bischofsstadt Paderborn	orangerot	mittel	kleine Büschel	öfter blühend
Bishop Darlington	apricot+	mittel	kleine Büschel	öfter blühend
Bit o' Sunshine	goldgelb	zart	kleine Büschel	öfter blühend
Black Beauty	dunkelgelb	ohne Duft	kleine Büschel	öfter blühend
Black Boy	dunkelrot	mittel	kleine Büschel	einmalblühend
Black Ice	dunkelrot	ohne Duft	kleine Büschel	öfter blühend
Black Jade	dunkelrot	ohne Duft	kleine Büschel	öfter blühend
Black Velvet	dunkelrot	mittel	einzeln	öfter blühend
Blairii No. 2	hellrosa	stark	kleine Büschel	einmalblühend
Blanc de Vibert	weiß	stark	kleine Büschel	öfter blühend
Blanc Double de Coubert	weiß	stark	kleine Büschel	einmalblühend
Blanche Moreau	weiß	stark	kleine Büschel	einmalblühend
Blanchefleur	weiß	stark	kleine Büschel	einmalblühend
Blaze	rot	zart	große Büschel	öfter blühend
Blessings	lachsrosa	zart	kleine Büschel	öfter blühend
Bleu Magenta	mauve-violett	zart	kleine Büschel	einmalblühend
Bloomfield Abundance	hellrosa	zart	kleine Büschel	öfter blühend
Bloomfield Courage	rot+	ohne Duft	große Büschel	einmalblühend
Bloomfield Dainty	goldgelb	mittel	kleine Büschel	öfter blühend
Blossomtime	rein rosa	stark	kleine Büschel	öfter blühend
Blue Bajou	mauve+	mittel	kleine Büschel	öfter blühend
Blue Moon	hellrosa	stark	kleine Büschel	öfter blühend
Blue Nile	mauve	stark	kleine Büschel	öfter blühend
Blue Parfum	mauve+	stark	kleine Büschel	öfter blühend
Blue Peter	mauve+	mittel	kleine Büschel	öfter blühend
Blue River	mauve	mittel	kleine Büschel	öfter blühend
Blueberry Hill	hellrosa	stark	kleine Büschel	öfter blühend
Blush Damask	hellrosa	stark	kleine Büschel	einmalblühend
Blush Hip	weiß	mittel	große Büschel	öfter blühend
Blush Noisette	hellrosa	zart	kleine Büschel	einmalblühend
Blush Rambler	weiß	stark	große Büschel	öfter blühend
Bobbie James	rosa+	stark	einzeln	öfter blühend
Bobby Charlton	dunkelrosa	mittel	kleine Büschel	öfter blühend
Bon Silène	rot+	ohne Duft	kleine Büschel	öfter blühend
Bonfire Night	rein rosa	ohne Duft	kleine Büschel	öfter blühend
Bonica	orangerot	mittel	große Büschel	öfter blühend
Bonn	rosa+	ohne Duft	kleine Büschel	öfter blühend
Borderer				
Botanica	hellrosa	stark	große Büschel	öfter blühend
Botzaris	weiß+	stark	kleine Büschel	einmalblühend
Bougainville	rosa+	zart	kleine Büschel	öfter blühend
Boule de Neige	weiß	stark	kleine Büschel	einmalblühend
Bouquet d'Or	gelb+	mittel	kleine Büschel	öfter blühend
Bourgogne	rot	mittel	kleine Büschel	öfter blühend
Bow Bells	dunkelrosa	zart	kleine Büschel	öfter blühend
Boys' Brigade	rot	ohne Duft	große Büschel	öfter blühend
Brandy	apricot+	zart	einzeln	öfter blühend
Brass Ring	orange+	ohne Duft	große Büschel	öfter blühend
Breath of Life	apricot+	zart	kleine Büschel	öfter blühend
Breathless	dunkelrosa	zart	einzeln	öfter blühend
Bredon	apricot+	mittel	kleine Büschel	öfter blühend
Breeze Hill	apricot+	mittel	kleine Büschel	einmalblühend
Brenda	hellrosa	mittel	kleine Büschel	öfter blühend
Brennus	dunkelrot	zart	kleine Büschel	einmalblühend
Bridal Pink	rosa+	mittel	kleine Büschel	öfter blühend
Bride's Dream	hellrosa	zart	einzeln	öfter blühend
Brigadoon	rosa+	mittel	kleine Büschel	öfter blühend
Bright Smile	rein gelb	zart	kleine Büschel	öfter blühend
Broadway	gelb+	mittel	einzeln	öfter blühend
Bronze Masterpiece	apricot+	mittel	einzeln	öfter blühend
Brother Cadfael	rein rosa	stark	kleine Büschel	öfter blühend
Brown Velvet	rostrot	zart	kleine Büschel	öfter blühend
Brownie	rostrot	zart	kleine Büschel	öfter blühend
Buccaneer	gelb	mittel	kleine Büschel	öfter blühend
Buff Beauty	apricot+	stark	kleine Büschel	öfter blühend
Bullata	rein rosa	mittel	kleine Büschel	einmalblühend
Bulls Rec	rot	ohne Duft	einzeln	öfter blühend
Burgundrose	rosa+	zart	kleine Büschel	einmalblühend
Burnaby	hellgelb	zart	kleine Büschel	öfter blühend
Buttons 'n' Bows	dunkelrosa	zart	kleine Büschel	öfter blühend
By Appointment	apricot+	zart	kleine Büschel	öfter blühend
Cabbage Rose	rein rosa	stark	kleine Büschel	einmalblühend
Café	rostrot	mittel	kleine Büschel	öfter blühend
Calocarpa	rein rosa	stark	kleine Büschel	öfter blühend
Camaieux	mauve	stark	kleine Büschel	einmalblühend
Camaieux Fimbriata	mauve	mittel	große Büschel	öfter blühend
Cambridgeshire	rot+	ohne Duft	kleine Büschel	öfter blühend
Camélia Rose	hellrosa	ohne Duft	kleine Büschel	öfter blühend
Camelot	orangerosa	mittel	kleine Büschel	öfter blühend
Cameo	orangerosa	ohne Duft	große Büschel	öfter blühend
Canary Bird	goldgelb	ohne Duft	einzeln	einmalblühend

NAME	Blütenfarbe	Duft	Blütenstand	Blühhäufigkeit
Candelabra	orange+	zart	kleine Büschel	öfter blühend
Candella	rot+	ohne Duft	einzeln	öfter blühend
Candy Rose	rot	zart	große Büschel	öfter blühend
Candy Stripe	rosa+	zart	kleine Büschel	öfter blühend
Cannes Festival	gelb+	zart	einzeln	öfter blühend
Cantabrigiensis	hellgelb	mittel	kleine Büschel	einmalblühend
Canterbury	rein rosa	mittel	kleine Büschel	öfter blühend
Capitaine Basroger	rot+	stark	kleine Büschel	einmalblühend
Capitaine John Ingram	mauve	mittel	kleine Büschel	einmalblühend
Cappa Magna	rot	ohne Duft	große Büschel	öfter blühend
Captain Christy	hellrosa	ohne Duft	kleine Büschel	einmalblühend
Cardinal Hume	mauve+	zart	große Büschel	öfter blühend
Cardinal Richelieu	mauve	stark	kleine Büschel	einmalblühend
Cardinal Song	rot	zart	einzeln	öfter blühend
Carefree Beauty	rein rosa	zart	kleine Büschel	öfter blühend
Carefree Wonder	rosa+	ohne Duft	kleine Büschel	öfter blühend
Carina	rein rosa	mittel	einzeln	öfter blühend
Carla	orangerosa	zart	einzeln	öfter blühend
Carmen	rot	stark	kleine Büschel	öfter blühend
Carmenetta	hellrosa	zart	einzeln	einmalblühend
Carol	rosa+	zart	einzeln	öfter blühend
Caroline de Monaco	weiß+	ohne Duft	einzeln	öfter blühend
Carrot Top	orange+	ohne Duft	kleine Büschel	öfter blühend
Carrousel	rot	mittel	kleine Büschel	einmalblühend
Casino	hellgelb	zart	einzeln	öfter blühend
Cassandre	rot	zart	kleine Büschel	öfter blühend
Caterpillar	hellrosa	ohne Duft	sehr große Büschel	öfter blühend
Cathedral	apricot+	zart	kleine Büschel	öfter blühend
Catherine Deneuve	orangerosa	stark	einzeln	öfter blühend
Catherine Guillot	dunkelrosa	stark	kleine Büschel	einmalblühend
Cécile Brunner	hellrosa	mittel	große Büschel	öfter blühend
Céleste	hellrosa	stark	kleine Büschel	einmalblühend
Céline Delbard	orange+	ohne Duft	kleine Büschel	öfter blühend
Céline Forestier	hellgelb	stark	kleine Büschel	öfter blühend
Celsiana	hellrosa	mittel	kleine Büschel	einmalblühend
Centenaire de Lourdes	rein rosa	ohne Duft	große Büschel	öfter blühend
Centifolia	rein rosa	stark	kleine Büschel	einmalblühend
Centifolia Muscosa	rein rosa	mittel	kleine Büschel	einmalblühend
Century Two	rein rosa	mittel	einzeln	öfter blühend
Cerise Bouquet	dunkelrosa	mittel	große Büschel	öfter blühend
Champagne	gelb+	zart	einzeln	öfter blühend
Champagne Cocktail	gelb+	mittel	kleine Büschel	öfter blühend
Champion	gelb+	mittel	einzeln	öfter blühend
Champion of the World	rein rosa	stark	einzeln	öfter blühend
Champlain	dunkelrot	zart	große Büschel	öfter blühend
Champneys' Pink Cluster	hellrosa	stark	große Büschel	öfter blühend
Champs-Elysées	dunkelrot	zart	einzeln	öfter blühend
Chanelle	orangerosa	zart	kleine Büschel	öfter blühend
Charles Albanel	rot	mittel	kleine Büschel	öfter blühend
Charles Austin	apricot+	mittel	kleine Büschel	öfter blühend
Charles de Gaulle	mauve+	stark	kleine Büschel	öfter blühend
Charles de Mills	mauve	stark	kleine Büschel	einmalblühend
Charles Lawson	dunkelrosa	mittel	kleine Büschel	öfter blühend
Charles Lefèbvre	dunkelrot	mittel	einzeln	öfter blühend
Charles Mallerin	dunkelrot	stark	einzeln	öfter blühend
Charles Rennie Mackintosh	rosa+	mittel	kleine Büschel	öfter blühend
Charlotte	hellgelb	mittel	kleine Büschel	öfter blühend
Charlotte Armstrong	dunkelrosa	mittel	kleine Büschel	öfter blühend
Charlotte Rampling	rot	stark	kleine Büschel	einmalblühend
Charmian	rein rosa	stark	kleine Büschel	öfter blühend
Château de Clos Vougeot	dunkelrot	stark	kleine Büschel	öfter blühend
Chaucer	rein rosa	stark	kleine Büschel	öfter blühend
Cherish	orangerosa	zart	kleine Büschel	öfter blühend
Cherry Brandy	orange+	mittel	einzeln	öfter blühend
Cherry Meidiland	rot+	ohne Duft	kleine Büschel	öfter blühend
Cheshire Life	orangerot	zart	einzeln	öfter blühend
Chianti	mauve+	stark	kleine Büschel	einmalblühend
Chicago Peace	rosa+	zart	kleine Büschel	öfter blühend
China Doll	rein rosa	zart	sehr große Büschel	öfter blühend
Chinatown	goldgelb	stark	kleine Büschel	öfter blühend
Chivalry	rot+	ohne Duft	einzeln	öfter blühend
Chloris	hellrosa	stark	kleine Büschel	einmalblühend
Chorus	orangerot	zart	kleine Büschel	öfter blühend
Christian Dior	rot	zart	einzeln	öfter blühend
Christoph Columbus	orange+	zart	kleine Büschel	öfter blühend
Chrysler Imperial	dunkelrot	stark	kleine Büschel	öfter blühend
Cider Cup	orange+	zart	kleine Büschel	öfter blühend
Cinderella	weiß	mittel	kleine Büschel	öfter blühend
Circus	gelb+	mittel	kleine Büschel	öfter blühend
City of Auckland	orange+	stark	einzeln	öfter blühend
City of Belfast	orangerot	ohne Duft	sehr große Büschel	öfter blühend
City of Leeds	orangerosa	zart	kleine Büschel	öfter blühend
City of London	hellrosa	stark	kleine Büschel	öfter blühend
City of York	weiß	mittel	große Büschel	öfter blühend
Clair Matin	rein rosa	mittel	große Büschel	öfter blühend
Claire Jacquier	hellgelb	mittel	große Büschel	einmalblühend

NAME	Blütenfarbe	Duft	Blütenstand	Blühhäufigkeit
Claire Rose	rein rosa	stark	kleine Büschel	öfter blühend
Clarita	orangerot	zart	einzeln	öfter blühend
Class Act	weiß	zart	kleine Büschel	öfter blühend
Classic Sunblaze	rein rosa	zart	kleine Büschel	öfter blühend
Cleopatra	rot+	zart	einzeln	öfter blühend
Clio	hellrosa	mittel	kleine Büschel	einmalblühend
Clos Fleuri Blanc	weiß	zart	kleine Büschel	öfter blühend
Clos Vougeot	rot	ohne Duft	kleine Büschel	einmalblühend
Clytemnestra	orangerosa	zart	große Büschel	öfter blühend
Cocktail	rot+	zart	kleine Büschel	öfter blühend
Cocorico	orangerot	ohne Duft	kleine Büschel	öfter blühend
Colette	hellrosa	stark	kleine Büschel	öfter blühend
Colibri	orange+	zart	kleine Büschel	öfter blühend
Colorama	rot+	mittel	kleine Büschel	öfter blühend
Colour Wonder	orange+	zart	kleine Büschel	öfter blühend
Commandant Beaurepaire	rosa+	mittel	kleine Büschel	einmalblühend
Compassion	orangerosa	mittel	kleine Büschel	öfter blühend
Complicata	rosa+	stark	kleine Büschel	einmalblühend
Comte Boula de Nanteuil	mauve	stark	kleine Büschel	einmalblühend
Comte de Chambord	rosa+	stark	kleine Büschel	öfter blühend
Comtesse Cécile de Chabrillant	rosa+	mittel	einzeln	öfter blühend
Comtesse de Murinais	weiß	stark	kleine Büschel	einmalblühend
Comtesse du Cayla	orange+	zart	kleine Büschel	öfter blühend
Concerto	rot	zart	kleine Büschel	öfter blühend
Conditorum	dunkelrot	stark	kleine Büschel	einmalblühend
Confidence	rosa+	mittel	einzeln	öfter blühend
Congratulations	rosa+	zart	kleine Büschel	öfter blühend
Conrad Ferdinand Meyer	hellrosa	stark	kleine Büschel	öfter blühend
Conservation	rosa+	zart	kleine Büschel	öfter blühend
Constance Spry	hellrosa	stark	kleine Büschel	einmalblühend
Cooper's Burmese	weiß	zart	große Büschel	einmalblühend
Copenhagen	rot	mittel	kleine Büschel	öfter blühend
Coppélia	orange+	zart	kleine Büschel	öfter blühend
Coral Cluster	orangerosa	ohne Duft	große Büschel	öfter blühend
Coral Satin	orangerosa	mittel	kleine Büschel	öfter blühend
Coralin	orangerot	ohne Duft	kleine Büschel	öfter blühend
Cordula	orangerot	zart	kleine Büschel	öfter blühend
Cornelia	rosa+	stark	große Büschel	einmalblühend
Coronado	rot+	mittel	einzeln	öfter blühend
Corso	orange+	zart	einzeln	öfter blühend
Cottage Rose	rein rosa	zart	kleine Büschel	öfter blühend
Country Dancer	dunkelrosa	mittel	kleine Büschel	öfter blühend
Country Lady	orange+	zart	einzeln	öfter blühend

NAME	Blütenfarbe	Duft	Blütenstand	Blühhäufigkeit
Country Living	hellrosa	mittel	kleine Büschel	öfter blühend
Coupe d'Hébé	dunkelrosa	stark	kleine Büschel	öfter blühend
Courtoisie	orange+	mittel	kleine Büschel	öfter blühend
Courvoisier	goldgelb	mittel	kleine Büschel	öfter blühend
Cramoisi Picoté	rot+	mittel	kleine Büschel	einmalblühend
Crépuscule	apricot+	zart	kleine Büschel	öfter blühend
Cressida	apricot+	stark	kleine Büschel	öfter blühend
Crested Moss	rein rosa	stark	kleine Büschel	einmalblühend
Cricket	orange+	zart	kleine Büschel	öfter blühend
Crimson Globe	dunkelrot	stark	kleine Büschel	einmalblühend
Crimson Glory	dunkelrot	stark	einzeln	öfter blühend
Crimson Shower	rot	zart	große Büschel	einmalblühend
Criterion	dunkelrosa	mittel	einzeln	öfter blühend
Crystal Palace	apricot+	mittel	kleine Büschel	öfter blühend
Crystalline	weiß	mittel	kleine Büschel	öfter blühend
Cuddles	orangerosa	zart	kleine Büschel	öfter blühend
Cuisse de Nymphe Emué	rein rosa	stark	kleine Büschel	einmalblühend
Cupcake	rein rosa	ohne Duft	kleine Büschel	öfter blühend
Cupid	hellrosa	ohne Duft	große Büschel	einmalblühend
Cuthbert Grant	dunkelrot	zart	kleine Büschel	öfter blühend
Cymbaline	hellrosa	stark	kleine Büschel	öfter blühend
D'Aguesseau	rot	mittel	kleine Büschel	einmalblühend
Daily Mail Scented Rose	rot+	stark	kleine Büschel	öfter blühend
Dainty Bess	hellrosa	mittel	einzeln	öfter blühend
Dairy Maid	hellgelb	ohne Duft	kleine Büschel	öfter blühend
Dame de Coeur	rot	mittel	einzeln	öfter blühend
Dame Edith Helen	rein rosa	stark	einzeln	öfter blühend
Dame Prudence	hellrosa	stark	kleine Büschel	öfter blühend
Dame Wendy	rein rosa	zart	kleine Büschel	öfter blühend
Danaë	hellgelb	zart	große Büschel	öfter blühend
Danse des Sylphes	orangerot	ohne Duft	kleine Büschel	öfter blühend
Dapple Dawn	hellrosa	ohne Duft	große Büschel	öfter blühend
Darling Flame	orangerot	zart	kleine Büschel	öfter blühend
Dawn Chorus	orange+	ohne Duft	kleine Büschel	öfter blühend
Day Light	apricot+	stark	kleine Büschel	öfter blühend
Daybreak	rein gelb	stark	kleine Büschel	öfter blühend
Daydream	hellrosa	zart	kleine Büschel	öfter blühend
De la Maître-École	mauve	stark	kleine Büschel	einmalblühend
De Meaux	rein rosa	mittel	kleine Büschel	einmalblühend
Dearest	rosa+	zart	kleine Büschel	öfter blühend
Deb's Delight	rosa+	mittel	kleine Büschel	öfter blühend
Debutante	hellrosa	mittel	kleine Büschel	einmalblühend
Deep Secret	dunkelrot	stark	einzeln	öfter blühend

ALLE ROSEN IM ÜBERBLICK

NAME	Blütenfarbe	Duft	Blütenstand	Blühhäufigkeit
Delambre	dunkelrosa	stark	kleine Büschel	öfter blühend
Delicata	hellrosa	mittel	kleine Büschel	öfter blühend
Demokracie	dunkelrot	zart	große Büschel	öfter blühend
Denise Grey	hellrosa	zart	große Büschel	öfter blühend
Dentelle de Bruxelles	hellrosa	mittel	kleine Büschel	öfter blühend
Dentelle de Malines	rein rosa	zart	kleine Büschel	einmalblühend
Desprez à Fleur Jaune	gelb+	mittel	kleine Büschel	einmalblühend
Deuil de Paul Fontaine	mauve	mittel	kleine Büschel	öfter blühend
Devoniensis	weiß	zart	kleine Büschel	öfter blühend
Diablotin	rot	ohne Duft	kleine Büschel	öfter blühend
Diadem	rein rosa	ohne Duft	kleine Büschel	öfter blühend
Diamond Jubilee	hellgelb	mittel	einzeln	öfter blühend
Dick Koster	dunkelrosa	ohne Duft	kleine Büschel	öfter blühend
Dicky	orangerosa	zart	kleine Büschel	öfter blühend
Die Welt	orange+	zart	einzeln	öfter blühend
Diorama	gelb+	mittel	einzeln	öfter blühend
Dirigent	rot	zart	große Büschel	öfter blühend
Disco Dancer	orangerot	zart	kleine Büschel	öfter blühend
Dr A. J. Verhage	goldgelb	mittel	einzeln	öfter blühend
Dr Eckener	rosa+	mittel	kleine Büschel	öfter blühend
Dr Huey	dunkelrot	zart	einzeln	einmalblühend
Dr Jackson	rot	ohne Duft	einzeln	öfter blühend
Dr W. Van Fleet	hellrosa	mittel	kleine Büschel	einmalblühend
Dolly Parton	orangerot	stark	einzeln	öfter blühend
Don Juan	dunkelrot	stark	kleine Büschel	öfter blühend
Donau	mauve	zart	kleine Büschel	einmalblühend
Doris Tysterman	orange+	zart	kleine Büschel	öfter blühend
Dornröschen	rosa+	mittel	kleine Büschel	öfter blühend
Dorola	goldgelb	mittel	kleine Büschel	öfter blühend
Dorothy Perkins	hellrosa	mittel	große Büschel	einmalblühend
Dortmund	rot	zart	kleine Büschel	öfter blühend
Double Delight	rot+	stark	kleine Büschel	öfter blühend
Douceur Normande	rein rosa	ohne Duft	kleine Büschel	öfter blühend
Dove	hellrosa	zart	kleine Büschel	öfter blühend
Dream	hellrosa	ohne Duft	kleine Büschel	öfter blühend
Dream Time	rein rosa	mittel	kleine Büschel	öfter blühend
Dreaming Spires	goldgelb	stark	kleine Büschel	öfter blühend
Dresden Doll	hellrosa	zart	kleine Büschel	öfter blühend
Drummer Boy	dunkelrot	zart	kleine Büschel	öfter blühend
Dublin Bay	rot	mittel	kleine Büschel	öfter blühend
Duc de Cambridge	mauve	mittel	kleine Büschel	einmalblühend
Duc de Fitzjames	dunkelrot/dunkelrosa	stark	kleine Büschel	einmalblühend
Duc de Guiche	mauve	stark	kleine Büschel	einmalblühend
Duchess of Portland	rot	mittel	kleine Büschel	öfter blühend
Duchesse d'Angoulême	hellrosa	stark	kleine Büschel	einmalblühend
Duchesse d'Auerstadt	gelb	zart	kleine Büschel	öfter blühend
Duchesse de Brabant	hellrosa	mittel	kleine Büschel	öfter blühend
Duchesse de Buccleugh	rot+	mittel	kleine Büschel	einmalblühend
Duchesse de Montebello	rosa	stark	kleine Büschel	einmalblühend
Duet	rein rosa	ohne Duft	kleine Büschel	öfter blühend
Duftrausch	rein rosa	stark	einzeln	öfter blühend
Duke of Edinburgh	dunkelrot	stark	einzeln	öfter blühend
Duke of Windsor	orange+	stark	einzeln	öfter blühend
Dundee Rambler	weiß	zart	große Büschel	einmalblühend
Dunwich Rose	weiß	ohne Duft	einzeln	einmalblühend
Duplex	rein rosa	zart	kleine Büschel	einmalblühend
Dupontii	weiß	stark	sehr große Büschel	einmalblühend
Dupuy Jamain	rot	mittel	einzeln	öfter blühend
Düsterlohe	dunkelrosa	zart	kleine Büschel	einmalblühend
Dutch Gold	rein gelb	mittel	kleine Büschel	öfter blühend
Earthquake	rot+	ohne Duft	kleine Büschel	öfter blühend
Easlea's Golden Rambler	gelb+/rein gelb	mittel	kleine Büschel	einmalblühend
Easter Morning	weiß+	zart	kleine Büschel	öfter blühend
Echo	rosa+	ohne Duft	sehr große Büschel	öfter blühend
Éclair	dunkelrot	mittel	kleine Büschel	öfter blühend
Eclipse	hellgelb	mittel	einzeln	öfter blühend
Eddie's Jewel	rot	ohne Duft	große Büschel	einmalblühend
Eden Rose	dunkelrot	stark	einzeln	öfter blühend
Edith Clark	rot	zart	kleine Büschel	öfter blühend
Edith Holden	rostrot	ohne Duft	große Büschel	öfter blühend
Editor Stewart	rot	ohne Duft	kleine Büschel	öfter blühend
Eglantyne	hellrosa	stark	kleine Büschel	öfter blühend
Eiffelturm	rein rosa	mittel	einzeln	öfter blühend
Elegance (Brownell)	rein gelb	mittel	kleine Büschel	öfter blühend
Elégance (Buyl)	rosa+	mittel	kleine Büschel	öfter blühend
Elegant Beauty	hellgelb	ohne Duft	einzeln	öfter blühend
Elina	hellgelb	zart	kleine Büschel	öfter blühend
Elizabeth Harkness	hellgelb	mittel	einzeln	öfter blühend
Elizabeth of Glamis	orangerosa	zart	kleine Büschel	öfter blühend
Ellen	apricot+	stark	große Büschel	öfter blühend
Ellen Poulsen	rein rosa	zart	große Büschel	öfter blühend
Ellen Willmott	gelb+	ohne Duft	kleine Büschel	öfter blühend
Elmshorn	dunkelrosa	zart	große Büschel	öfter blühend
Elveshorn	rein rosa	zart	kleine Büschel	öfter blühend
Elysium	rein rosa	mittel	kleine Büschel	öfter blühend

ALLE ROSEN IM ÜBERBLICK

NAME	Blütenfarbe	Duft	Blütenstand	Blühhäufigkeit
Emanuel	apricot+	stark	kleine Büschel	öfter blühend
Emily	hellrosa	mittel	einzeln	öfter blühend
Emily Gray	goldgelb	mittel	kleine Büschel	einmalblühend
Éminence	mauve	stark	kleine Büschel	öfter blühend
Empereur du Maroc	rot	stark	kleine Büschel	einmalblühend
Empress Joséphine	rein rosa	mittel	kleine Büschel	einmalblühend
Empress Michiko	hellrosa	stark	kleine Büschel	öfter blühend
Ena Harkness	dunkelrot	stark	kleine Büschel	öfter blühend
Enfant de France	hellrosa	stark	einzeln	öfter blühend
English Elegance	rosa+	zart	kleine Büschel	öfter blühend
English Garden	apricot+	zart	kleine Büschel	öfter blühend
English Miss	hellrosa	mittel	kleine Büschel	öfter blühend
Eos	rot+	ohne Duft	kleine Büschel	einmalblühend
Erfurt	rosa+	stark	kleine Büschel	öfter blühend
Erinnerung an Brod	rot+	mittel	kleine Büschel	öfter blühend
Ernest H. Morse	rot	stark	einzeln	öfter blühend
Erotika	dunkelrot	stark	kleine Büschel	öfter blühend
Escapade	mauve	zart	große Büschel	öfter blühend
Especially For You	gelb	stark	kleine Büschel	öfter blühend
Essex	rein rosa	ohne Duft	kleine Büschel	öfter blühend
Etain	orangerosa	zart	große Büschel	einmalblühend
Ethel	hellrosa	ohne Duft	kleine Büschel	einmalblühend
Étoile de Hollande	rot	stark	kleine Büschel	öfter blühend
Étoile de Lyon	rein gelb	mittel	einzeln	öfter blühend
Eugène Fürst	dunkelrot	zart	kleine Büschel	einmalblühend
Eugénie Guinoiseau	rot	mittel	kleine Büschel	einmalblühend
Euphrates	rosa+	ohne Duft	kleine Büschel	einmalblühend
Euphrosyne	rein rosa	stark	große Büschel	einmalblühend
Europeana	dunkelrot	zart	kleine Büschel	öfter blühend
Eurostar	rein gelb	mittel	kleine Büschel	öfter blühend
Eutin	dunkelrot	zart	einzeln	öfter blühend
Eva	rot+	stark	sehr große Büschel	öfter blühend
Evangeline	rosa+	mittel	kleine Büschel	einmalblühend
Evelyn	apricot+	stark	einzeln	öfter blühend
Evening Star	weiß	zart	kleine Büschel	öfter blühend
Everest Double Fragrance	hellrosa	mittel	kleine Büschel	öfter blühend
Excellenz von Schubert	dunkelrosa	ohne Duft	große Büschel	einmalblühend
Excelsa	rot	ohne Duft	kleine Büschel	einmalblühend
Exciting	rot	ohne Duft	einzeln	öfter blühend
Exploit	dunkelrosa/rot	ohne Duft	kleine Büschel	öfter blühend
Eyeopener	rot	ohne Duft	kleine Büschel	einmalblühend
Eyepaint	rot+	zart	große Büschel	öfter blühend
F. J. Grootendorst	rot	zart	große Büschel	öfter blühend
Fair Bianca	weiß	mittel	kleine Büschel	öfter blühend
Fair Play	mauve	zart	große Büschel	öfter blühend
Fairy Damsel	dunkelrot	ohne Duft	kleine Büschel	öfter blühend
Fairy Dancers	apricot+	mittel	kleine Büschel	öfter blühend
Fairyland	hellrosa	mittel	kleine Büschel	öfter blühend
Falkland	weiß	zart	kleine Büschel	einmalblühend
Famel	dunkelrosa	mittel	kleine Büschel	öfter blühend
Fandango	orangerot	mittel	kleine Büschel	öfter blühend
Fantin-Latour	hellrosa	stark	kleine Büschel	einmalblühend
Fascination	orangerosa	ohne Duft	einzeln	öfter blühend
Fashion	rosa+	mittel	kleine Büschel	öfter blühend
Felicia	rosa+	stark	große Büschel	öfter blühend
Félicité Parmentier	hellrosa	stark	kleine Büschel	einmalblühend
Félicité-Perpétue	weiß	mittel	große Büschel	einmalblühend
Fellenberg	rot	mittel	kleine Büschel	öfter blühend
Ferdinand Pichard	rot+	mittel	kleine Büschel	öfter blühend
Ferdy	dunkelrosa	ohne Duft	kleine Büschel	einmalblühend
Festival	rot+	ohne Duft	kleine Büschel	öfter blühend
Feuerwerk	orange+	ohne Duft	einzeln	öfter blühend
Feuerzauber	orangerot	ohne Duft	einzeln	öfter blühend
Fidelio	orangerot	zart	kleine Büschel	öfter blühend
Figurine	weiß	zart	kleine Büschel	öfter blühend
Fimbriata	hellrosa	stark	kleine Büschel	öfter blühend
Finale	orange+	ohne Duft	einzeln	öfter blühend
Financial Times Centenary	dunkelrosa	stark	kleine Büschel	öfter blühend
Fiona	dunkelrot	zart	kleine Büschel	öfter blühend
First Edition	orangerosa	zart	kleine Büschel	öfter blühend
First Lady	dunkelrot	zart	einzeln	öfter blühend
First Light	hellrosa	mittel	kleine Büschel	öfter blühend
First Love	hellrosa	zart	kleine Büschel	öfter blühend
First Prize	rosa+	zart	einzeln	öfter blühend
Fisher & Holmes	dunkelrot	mittel	kleine Büschel	öfter blühend
Fisherman's Friend	dunkelrot	stark	kleine Büschel	öfter blühend
Flaming Peace	rot+	mittel	einzeln	öfter blühend
Flamingo	hellrosa	zart	einzeln	öfter blühend
Flammentanz	rot	mittel	kleine Büschel	einmalblühend
Flower Carpet	dunkelrosa	ohne Duft	kleine Büschel	öfter blühend
Flower Power	orangerot	mittel	kleine Büschel	öfter blühend
Flutterbye	gelb+	mittel	kleine Büschel	öfter blühend
Folklore	orange+	mittel	kleine Büschel	öfter blühend
Fortune's Double Yellow	gelb+	mittel	kleine Büschel	einmalblühend
Fortuniana	weiß	zart	einzeln	einmalblühend
Fountain	rot	stark	kleine Büschel	öfter blühend

ALLE ROSEN IM ÜBERBLICK

NAME	Blütenfarbe	Duft	Blütenstand	Blühhäufigkeit
Fourth of July	rot+	mittel	große Büschel	öfter blühend
Fragrant Cloud	orangerot	stark	einzeln	öfter blühend
Fragrant Delight	orangerosa	stark	kleine Büschel	öfter blühend
Fragrant Dream	apricot+	stark	kleine Büschel	öfter blühend
Fragrant Hour	orangerosa	stark	kleine Büschel	öfter blühend
Fragrant Plum	mauve	stark	große Büschel	öfter blühend
Frances Phoebe	weiß	ohne Duft	einzeln	öfter blühend
Francesca	apricot+	zart	kleine Büschel	öfter blühend
Francine Austin	weiß	zart	große Büschel	öfter blühend
Francis Dubreuil	dunkelrot	stark	kleine Büschel	öfter blühend
Francis E. Lester	weiß	mittel	große Büschel	einmalblühend
François Juranville	orangerosa	mittel	kleine Büschel	einmalblühend
Frau Astrid Späth	dunkelrosa	zart	große Büschel	öfter blühend
Frau Dagmar Hartopp	rein rosa	zart	kleine Büschel	öfter blühend
Frau Karl Druschki	weiß	ohne Duft	einzeln	öfter blühend
Fred Loads	orangerot	mittel	kleine Büschel	öfter blühend
Frederic Mistral	hellrosa	stark	kleine Büschel	öfter blühend
Freedom	gelb	mittel	einzeln	öfter blühend
Freisinger Morgenröte	orange+	mittel	kleine Büschel	öfter blühend
French Lace	weiß	zart	kleine Büschel	öfter blühend
Frensham	dunkelrot	zart	sehr große Büschel	öfter blühend
Frenzy	rot+	mittel	kleine Büschel	öfter blühend
Fresh Pink	hellrosa	zart	große Büschel	öfter blühend
Freude	orangerot	mittel	einzeln	öfter blühend
Friendship	dunkelrosa	stark	einzeln	öfter blühend
Fritz Nobis	rosa+	mittel	kleine Büschel	einmalblühend
Fuchsia Meidiland	dunkelrosa	ohne Duft	kleine Büschel	öfter blühend
Fulgurante	rot	ohne Duft	einzeln	öfter blühend
Frühlingsanfang	rosa+	stark	kleine Büschel	einmalblühend
Frühlingsduft	rein gelb	mittel	kleine Büschel	einmalblühend
Frühlingsgold	rosa+	mittel	kleine Büschel	einmalblühend
Frühlingsmorgen	apricot+	ohne Duft	kleine Büschel	einmalblühend
Frühlingszauber	rot	ohne Duft	kleine Büschel	einmalblühend
Fruité	rein rosa	zart	kleine Büschel	öfter blühend
Fulton MacKay	gelb+	zart	kleine Büschel	öfter blühend
Gabriel Noyelle	apricot+	mittel	kleine Büschel	einmalblühend
Gabriella	rot	ohne Duft	kleine Büschel	öfter blühend
Galaxy	dunkelrot	ohne Duft	kleine Büschel	öfter blühend
Galway Bay	orangerosa	zart	kleine Büschel	öfter blühend
Garden Party	weiß	zart	kleine Büschel	öfter blühend
Gardenia	weiß	zart	kleine Büschel	einmalblühend
Garnette	dunkelrot	ohne Duft	kleine Büschel	öfter blühend
Gärtendirektor Otto Linne	dunkelrosa	ohne Duft	große Büschel	öfter blühend

NAME	Blütenfarbe	Duft	Blütenstand	Blühhäufigkeit
Gavno	orange+	ohne Duft	kleine Büschel	öfter blühend
Géant des Batailles	rot	stark	kleine Büschel	öfter blühend
Geisha	rein rosa	ohne Duft	kleine Büschel	öfter blühend
Gene Boerner	rein rosa	ohne Duft	kleine Büschel	öfter blühend
Général Galliéni	rot+	mittel	kleine Büschel	öfter blühend
Général Jacqueminot	rot	stark	kleine Büschel	öfter blühend
Général Kléber	rein rosa	stark	kleine Büschel	einmalblühend
Général Schablikine	orangerosa	mittel	kleine Büschel	öfter blühend
Gentle Touch	hellrosa	zart	kleine Büschel	öfter blühend
Georg Arends	rein rosa	stark	kleine Büschel	öfter blühend
George Dickson	rot	mittel	einzeln	öfter blühend
Georges Vibert	rot+	stark	kleine Büschel	einmalblühend
Geraldine	orange+	zart	große Büschel	öfter blühend
Geranium	rot	zart	kleine Büschel	einmalblühend
Gerbe Rose	hellrosa	zart	kleine Büschel	öfter blühend
Gertrude Jekyll	rein rosa	mittel	kleine Büschel	öfter blühend
Ghislaine de Féligonde	hellgelb	zart	große Büschel	einmalblühend
Gilbert Bécaud	gelb+	zart	einzeln	öfter blühend
Gilda	dunkelrot/mauve	ohne Duft	kleine Büschel	einmalblühend
Gina Lollobrigida	goldgelb	zart	einzeln	öfter blühend
Gingernut	rostrot	mittel	kleine Büschel	öfter blühend
Gingersnap	orange+	zart	kleine Büschel	öfter blühend
Gipsy	orangerot	zart	große Büschel	öfter blühend
Gipsy Boy	dunkelrot	zart	kleine Büschel	einmalblühend
Gitte	apricot+	stark	einzeln	öfter blühend
Givenchy	rot+	mittel	kleine Büschel	öfter blühend
Glad Tidings	dunkelrot	ohne Duft	große Büschel	öfter blühend
Gladsome	rein rosa	zart	große Büschel	einmalblühend
Glamis Castle	weiß	stark	kleine Büschel	öfter blühend
Glastonbury	rosa	stark	kleine Büschel	einmalblühend
Glenfiddich	rot+	zart	kleine Büschel	öfter blühend
Gloire de Chédane-Guinoisseau	goldgelb	zart	große Büschel	einmalblühend
Gloire de Dijon	rot	mittel	einzeln	öfter blühend
Gloire de Ducher	orangerosa	mittel	kleine Büschel	einmalblühend
Gloire de France	dunkelrot	mittel	einzeln	öfter blühend
Gloire de Guilan	hellrosa	stark	kleine Büschel	einmalblühend
Gloire des Mousseux	rosa	stark	kleine Büschel	einmalblühend
Gloire des Rosomanes	rein rosa	stark	große Büschel	öfter blühend
Gloire Lyonnaise	rot	mittel	große Büschel	einmalblühend
Gloria Mundi	weiß	mittel	kleine Büschel	einmalblühend
Gloriana 97	orangerot	ohne Duft	große Büschel	öfter blühend
Glory of Edsell	mauve	zart	einzeln	einmalblühend
Goethe	hellrosa	ohne Duft	einzeln	einmalblühend
	mauve+	zart	kleine Büschel	einmalblühend

ALLE ROSEN IM ÜBERBLICK

NAME	Blütenfarbe	Duft	Blütenstand	Blühhäufigkeit
Gold Badge	gelb	zart	kleine Buschel	öfter blühend
Gold Glow	goldgelb	zart	einzeln	öfter blühend
Gold Medal	gelb	zart	kleine Buschel	öfter blühend
Goldbusch	gelb	zart	kleine Buschel	einmalblühend
Golden Celebration	goldgelb	mittel	kleine Buschel	öfter blühend
Golden Chersonese	gelb	zart	kleine Buschel	einmalblühend
Golden Delight	goldgelb	mittel	kleine Buschel	öfter blühend
Golden Holstein	goldgelb	zart	kleine Buschel	öfter blühend
Golden Jubilee	goldgelb	mittel	kleine Buschel	öfter blühend
Golden Masterpiece	gelb	zart	kleine Buschel	öfter blühend
Golden Scepter	goldgelb	zart	kleine Buschel	öfter blühend
Golden Showers	gelb	mittel	kleine Buschel	öfter blühend
Golden Wedding	goldgelb	ohne Duft	kleine Buschel	öfter blühend
Golden Wings	hellgelb	zart	kleine Buschel	öfter blühend
Golden Years	gelb	zart	kleine Buschel	öfter blühend
Goldener Olymp	goldgelb	zart	große Buschel	einmalblühend
Harison's Yellow	hellgelb	zart	kleine Buschel	öfter blühend
Goldfinch	gelb	zart	kleine Buschel	öfter blühend
Goldilocks	rot+	mittel	kleine Buschel	einmalblühend
Goldstern	gelb	ohne Duft	kleine Buschel	öfter blühend
Goldtopas	rot	zart	kleine Buschel	öfter blühend
Good As Gold	weiß	mittel	einzeln	öfter blühend
Gourmet Pheasant	rot	ohne Duft	große Buschel	öfter blühend
Gourmet Popcorn	weiß	zart	sehr große Buschel	öfter blühend
Grace Darling	weiß+	zart	kleine Buschel	öfter blühend
Grace de Monaco	hellrosa	stark	einzeln	öfter blühend
Graham Thomas	goldgelb	zart	kleine Buschel	öfter blühend
Granada	rot+	mittel	kleine Buschel	öfter blühend
Grand Hotel	rot	ohne Duft	kleine Buschel	öfter blühend
Grand Nord	weiß	zart	einzeln	öfter blühend
Grand Siècle	rosa+	zart	kleine Buschel	öfter blühend
Grand'mère Jenny	gelb+	mittel	einzeln	öfter blühend
Great Maiden's Blush	hellrosa	stark	kleine Buschel	einmalblühend
Great News	mauve	stark	einzeln	öfter blühend
Great Western	mauve	mittel	große Buschel	einmalblühend
Green Ice	weiß	ohne Duft	kleine Buschel	öfter blühend
Green Rose	grün	ohne Duft	kleine Buschel	öfter blühend
Grisbi	goldgelb	ohne Duft	große Buschel	einmalblühend
Griseldis	rein rosa	zart	kleine Buschel	öfter blühend
Grootendorst Supreme	dunkelrot	zart	kleine Buschel	öfter blühend
Gros Choux d'Hollande	hellrosa	stark	kleine Buschel	einmalblühend
Gros Provins Panaché	mauve	stark	einzeln	einmalblühend
Gruß an Aachen	hellrosa	zart	kleine Buschel	öfter blühend
Gruß an Teplitz	rot	stark	kleine Buschel	öfter blühend
Gruß an Zabern	weiß	mittel	kleine Buschel	einmalblühend

NAME	Blütenfarbe	Duft	Blütenstand	Blühhäufigkeit
Guinée	dunkelrot	stark	kleine Buschel	öfter blühend
Guitare	orange+	stark	kleine Buschel	öfter blühend
Guy de Maupassant	rein rosa	stark	kleine Buschel	öfter blühend
Gwen Nash	rosa+	zart	kleine Buschel	einmalblühend
Gypsy Moth	orangerosa	ohne Duft	kleine Buschel	öfter blühend
Hakuun	weiß	zart	kleine Buschel	öfter blühend
Hamburg	dunkelrot	zart	große Buschel	öfter blühend
Hamburger Phoenix	rot	ohne Duft	kleine Buschel	öfter blühend
Hampshire	rot	ohne Duft	kleine Buschel	öfter blühend
Händel	rosa+	zart	kleine Buschel	öfter blühend
Hansa	rot	stark	kleine Buschel	öfter blühend
Hansa-Park	mauve	zart	kleine Buschel	öfter blühend
Happy	rot	ohne Duft	sehr große Buschel	einmalblühend
Happy Child	rein gelb	stark	kleine Buschel	öfter blühend
Happy Wanderer	rot	zart	kleine Buschel	öfter blühend
Harison's Yellow	dunkelgelb	mittel	kleine Buschel	einmalblühend
Harlekin	rosa+	mittel	kleine Buschel	öfter blühend
Harm.one	orangerosa	stark	kleine Buschel	öfter blühend
Harry Wheatcroft	gelb+	zart	einzeln	öfter blühend
Harvest Fayre	orange+	zart	kleine Buschel	öfter blühend
Hawkeye Belle	weiß	stark	kleine Buschel	öfter blühend
Headliner	rosa+	zart	einzeln	öfter blühend
Heart of Gold	gelb+/goldgelb	stark	kleine Buschel	einmalblühend
Hébé's Lp	weiß	mittel	kleine Buschel	öfter blühend
Heidekönigin	hellrosa	zart	kleine Buschel	öfter blühend
Heidelberg	rot	zart	kleine Buschel	öfter blühend
Heideröslein	gelb+	mittel	große Buschel	öfter blühend
Heideschmee	weiß	ohne Duft	große Buschel	öfter blühend
Heidesommer	weiß	mittel	große Buschel	öfter blühend
Heidi	rein rosa	ohne Duft	große Buschel	öfter blühend
Heinrich Münch	rein rosa	mittel	einzeln	einmalblühend
Helen Traubel	rosa+	mittel	kleine Buschel	öfter blühend
Helmut Schmidt	rein gelb	zart	einzeln	öfter blühend
Henri Martin	rot	stark	große Buschel	einmalblühend
Henry Hudson	weiß	mittel	kleine Buschel	öfter blühend
Henry Kelsey	rot	mittel	große Buschel	öfter blühend
Henry Nevard	dunkelrot	stark	einzeln	öfter blühend
Heritage	hellrosa	zart	kleine Buschel	öfter blühend
Hermosa	hellrosa	zart	kleine Buschel	öfter blühend
Hertfordshire	dunkelrosa	ohne Duft	große Buschel	öfter blühend
Hiawatha	rot+	ohne Duft	große Buschel	einmalblühend
Hidalgo	rot	stark	einzeln	öfter blühend
High Hopes	rein rosa	zart	kleine Buschel	öfter blühend

ALLE ROSEN IM ÜBERBLICK

NAME	Blütenfarbe	Duft	Blütenstand	Blühhäufigkeit
Highdownensis	rot	ohne Duft	kleine Büschel	einmalblühend
Hilda Murrell	rein rosa	mittel	kleine Büschel	öfter blühend
Himmelsauge	mauve	stark	kleine Büschel	einmalblühend
Hippolyte	mauve	stark	kleine Büschel	einmalblühend
Holy Toledo	apricot+	ohne Duft	kleine Büschel	öfter blühend
Homère	rosa+	mittel	kleine Büschel	öfter blühend
Honeyflow	rosa+	mittel	sehr große Büschel	öfter blühend
Honor	weiß	zart	einzeln	öfter blühend
Honorable Lady Lindsay	rosa+	ohne Duft	kleine Büschel	öfter blühend
Honoré de Balzac	rosa+	stark	einzeln	öfter blühend
Honorine de Brabant	rosa+	mittel	kleine Büschel	öfter blühend
Hot Chocolate	rostrot	ohne Duft	kleine Büschel	öfter blühend
Hot Tamale	gelb+	zart	kleine Büschel	öfter blühend
Hugh Dickson	rot	stark	kleine Büschel	öfter blühend
Hula Girl	orange+	mittel	kleine Büschel	öfter blühend
Hume's Blush Tea-scented China	hellrosa	stark	kleine Büschel	öfter blühend
Hunter	rot	mittel	kleine Büschel	öfter blühend
Hurdy Gurdy	rot+	ohne Duft	kleine Büschel	öfter blühend
Iceberg	weiß	zart	große Büschel	öfter blühend
Iced Ginger	orange+	zart	kleine Büschel	öfter blühend
Iced Parfait	hellrosa	zart	einzeln	öfter blühend
Ilse Krohn Superior	weiß	stark	kleine Büschel	öfter blühend
Immensee	hellrosa	mittel	kleine Büschel	öfter blühend
Impératrice Farah	weiß+/rosa+	ohne Duft	kleine Büschel	öfter blühend
Improved Cécile Brünner	orangerosa	zart	kleine Büschel	öfter blühend
Ingrid Bergman	dunkelrot	zart	einzeln	öfter blühend
Inner Wheel	rosa+	ohne Duft	kleine Büschel	öfter blühend
International Herald Tribune	mauve+	zart	sehr große Büschel	öfter blühend
Intervilles	rot	mittel	kleine Büschel	öfter blühend
Intrigue	mauve	stark	kleine Büschel	öfter blühend
Invincible	dunkelrot	zart	kleine Büschel	öfter blühend
Ipsilanté	mauve	stark	kleine Büschel	einmalblühend
Irene von Dänemark	weiß	mittel	kleine Büschel	öfter blühend
Irene Watts	hellrosa/weiß	mittel	kleine Büschel	öfter blühend
Irish Elegance	orange+/apricot+	ohne Duft	kleine Büschel	öfter blühend
Irish Gold	rein gelb	mittel	kleine Büschel	öfter blühend
Irish Rich Marbled	rot+	stark	kleine Büschel	einmalblühend
Ispahan	rein rosa	stark	kleine Büschel	einmalblühend
Ivory Fashion	weiß	zart	kleine Büschel	öfter blühend
Jacaranda	rein rosa	zart	einzeln	öfter blühend
Jack Frost	weiß	mittel	kleine Büschel	öfter blühend
Jackie	hellgelb	zart	kleine Büschel	öfter blühend
Jacqueline Nebout	rein rosa	mittel	kleine Büschel	öfter blühend

NAME	Blütenfarbe	Duft	Blütenstand	Blühhäufigkeit
James Mason	rot	stark	kleine Büschel	einmalblühend
James Mitchell	dunkelrosa	mittel	kleine Büschel	einmalblühend
James Veitch	mauve	mittel	einzeln	öfter blühend
Janet Morrison	dunkelrosa	mittel	kleine Büschel	öfter blühend
Janina	orange+	ohne Duft	kleine Büschel	öfter blühend
Jaquenetta	apricot+	zart	kleine Büschel	öfter blühend
Jardins de Bagatelle	weiß	mittel	einzeln	öfter blühend
Jazz	orange+	zart	kleine Büschel	öfter blühend
Jean Bach Sisley	rosa+	zart	kleine Büschel	öfter blühend
Jean Ducher	orangerosa	zart	kleine Büschel	öfter blühend
Jean Giono	gelb+	ohne Duft	kleine Büschel	öfter blühend
Jean Kenneally	apricot+	zart	kleine Büschel	öfter blühend
Jean Mermoz	rein rosa	zart	große Büschel	öfter blühend
Jeanne D'Arc	weiß	mittel	kleine Büschel	einmalblühend
Jeanne de Montfort	rein rosa	mittel	kleine Büschel	einmalblühend
Jeanne Lajoie	rein rosa	ohne Duft	kleine Büschel	öfter blühend
Jennifer	rosa+	zart	kleine Büschel	öfter blühend
Jenny Duval	mauve	stark	kleine Büschel	einmalblühend
Jens Munk	rein rosa	mittel	kleine Büschel	öfter blühend
Jersey Beauty	hellgelb	stark	kleine Büschel	einmalblühend
Joanna Hill	hellgelb	stark	kleine Büschel	öfter blühend
Joasine Hanet	mauve	stark	kleine Büschel	öfter blühend
Johann Strauss	rosa+	zart	kleine Büschel	öfter blühend
John Cabot	rot	ohne Duft	kleine Büschel	öfter blühend
John Clare	dunkelrosa	zart	kleine Büschel	öfter blühend
John Davis	rein rosa	stark	kleine Büschel	öfter blühend
John F. Kennedy	weiß	zart	kleine Büschel	öfter blühend
John Hopper	rosa+	mittel	einzeln	öfter blühend
John S. Armstrong	dunkelrot	zart	kleine Büschel	öfter blühend
John Waterer	dunkelrot	ohne Duft	kleine Büschel	öfter blühend
Joie de Vivre	rosa+	mittel	einzeln	einmalblühend
Josephine Baker	dunkelrot	zart	kleine Büschel	öfter blühend
Josephine Bruce	dunkelrot	mittel	kleine Büschel	öfter blühend
Joseph's Coat	rot+	zart	kleine Büschel	öfter blühend
Joy of Health	rein rosa	ohne Duft	kleine Büschel	öfter blühend
Judy Fischer	rein rosa	ohne Duft	kleine Büschel	öfter blühend
Jules Margottin	rein rosa	zart	einzeln	öfter blühend
Julia Mannering	hellrosa	mittel	kleine Büschel	einmalblühend
Julia's Rose	rostrot	mittel	kleine Büschel	öfter blühend
Julie de Mersan	rein rosa	mittel	kleine Büschel	einmalblühend
Julischka	rot	ohne Duft	kleine Büschel	öfter blühend
Juno	hellrosa	stark	kleine Büschel	einmalblühend
Just Joey	orange+	mittel	kleine Büschel	öfter blühend

NAME	Blütenfarbe	Duft	Blütenstand	Blühhäufigkeit
Kabuki	goldgelb	zart	einzeln	öfter blühend
Kaikoura	orange+	ohne Duft	kleine Büschel	öfter blühend
Kardinal	rot	ohne Duft	einzeln	öfter blühend
Karen Julie	orangerot	ohne Duft	einzeln	öfter blühend
Karl Herbst	rot	zart	einzeln	öfter blühend
Karlsruhe	dunkelrosa	zart	kleine Büschel	öfter blühend
Kassel	orangerot	zart	kleine Büschel	öfter blühend
Katharina Zeimet	weiß	zart	sehr große Büschel	öfter blühend
Kathleen	hellrosa	zart	große Büschel	öfter blühend
Kathleen Ferrier	orangerosa	zart	kleine Büschel	öfter blühend
Kathleen Harrop	hellrosa	mittel	kleine Büschel	öfter blühend
Kathryn Morley	hellrosa	zart	kleine Büschel	öfter blühend
Kazanlik	dunkelrosa	stark	kleine Büschel	einmalblühend
Keepsake	rosa+	zart	kleine Büschel	öfter blühend
Kent	weiß	zart	große Büschel	öfter blühend
Kerryman	rosa+	zart	kleine Büschel	öfter blühend
Kew Rambler	rein rosa	zart	sehr große Büschel	einmalblühend
Kiese	rot	zart	kleine Büschel	einmalblühend
Kiftsgate	weiß	mittel	sehr große Büschel	einmalblühend
Kimono	rosa+	mittel	kleine Büschel	öfter blühend
King's Ransom	goldgelb	zart	kleine Büschel	öfter blühend
Kiss	orangerosa	ohne Duft	kleine Büschel	öfter blühend
Kitty Kininmonth	dunkelrosa	zart	kleine Büschel	öfter blühend
Königin von Dänemark	rein rosa	stark	kleine Büschel	einmalblühend
Konrad Adenauer	dunkelrot	stark	kleine Büschel	öfter blühend
Konrad Henkel	rot	zart	kleine Büschel	öfter blühend
Kordes' Brillant	orange+	ohne Duft	große Büschel	öfter blühend
Korona	orangerot	zart	kleine Büschel	öfter blühend
Ko's Yellow	gelb+	ohne Duft	kleine Büschel	öfter blühend
Kristin	rot+	ohne Duft	kleine Büschel	öfter blühend
Kronprinzessin Viktoria	weiß	mittel	kleine Büschel	öfter blühend
L. D. Braithwaite	dunkelrot	zart	kleine Büschel	öfter blühend
La Belle Distinguée	rot	zart	kleine Büschel	einmalblühend
La Belle Sultane	dunkelrot	zart	kleine Büschel	einmalblühend
La France	hellrosa	stark	kleine Büschel	öfter blühend
La Marne	rosa+	ohne Duft	große Büschel	öfter blühend
La Marseillaise	dunkelrot	mittel	einzeln	öfter blühend
La Mortola	weiß	stark	sehr große Büschel	einmalblühend
La Noblesse	hellrosa	stark	kleine Büschel	öfter blühend
La Paloma 85	weiß	zart	kleine Büschel	öfter blühend
La Reine	rein rosa	mittel	kleine Büschel	öfter blühend
La Sévillana	orangerot	ohne Duft	große Büschel	öfter blühend
La Ville de Bruxelles	dunkelrosa	stark	kleine Büschel	einmalblühend

NAME	Blütenfarbe	Duft	Blütenstand	Blühhäufigkeit
L'Abondance	weiß/hellrosa	zart	kleine Büschel	einmalblühend
Lady Curzon	rein rosa	mittel	kleine Büschel	öfter blühend
Lady Diana	hellrosa	zart	kleine Büschel	öfter blühend
Lady Hillingdon	gelb+	mittel	einzeln	öfter blühend
Lady Huntingfield	rein gelb	zart	kleine Büschel	öfter blühend
Lady Like	rosa+	zart	einzeln	öfter blühend
Lady Mary Fitzwilliam	hellrosa	zart	kleine Büschel	öfter blühend
Lady Meilland	orangerosa	ohne Duft	einzeln	öfter blühend
Lady of the Dawn	hellrosa	zart	kleine Büschel	öfter blühend
Lady Penzance	orangerosa	stark	kleine Büschel	einmalblühend
Lady Roberts	apricot+	mittel	einzeln	öfter blühend
Lady Rose	orangerosa	zart	einzeln	öfter blühend
Lady Sunblaze	hellrosa	ohne Duft	kleine Büschel	öfter blühend
Lady Sylvia	hellrosa	stark	einzeln	öfter blühend
Lady Waterlow	rosa+	mittel	kleine Büschel	öfter blühend
Lady X	mauve	ohne Duft	einzeln	öfter blühend
Lafayette	dunkelrosa	zart	kleine Büschel	öfter blühend
Lagerfeld	mauve	stark	kleine Büschel	öfter blühend
L'Aimant	rein rosa	stark	kleine Büschel	öfter blühend
Lamarque	weiß	stark	kleine Büschel	öfter blühend
Lancôme	dunkelrosa	ohne Duft	einzeln	öfter blühend
Las Vegas	orange+	zart	kleine Büschel	öfter blühend
Laughter Lines	rosa+	zart	kleine Büschel	öfter blühend
Laura	orange+	zart	einzeln	öfter blühend
Laura Ashley	mauve	zart	große Büschel	öfter blühend
Laura Ford	rein gelb	zart	kleine Büschel	öfter blühend
Lauré Davoust	hellrosa	zart	sehr große Büschel	einmalblühend
Lavaglut	dunkelrot	zart	kleine Büschel	öfter blühend
Lavender Dream	mauve	ohne Duft	kleine Büschel	öfter blühend
Lavender Jewel	mauve	zart	kleine Büschel	öfter blühend
Lavender Lace	mauve	zart	kleine Büschel	öfter blühend
Lavender Lassie	mauve	stark	kleine Büschel	öfter blühend
Lavender Pinocchio	mauve	zart	kleine Büschel	öfter blühend
Lawinia	rein rosa	zart	kleine Büschel	öfter blühend
Lawrence Johnston	rein gelb	zart	kleine Büschel	einmalblühend
Le Havre	rot	mittel	einzeln	öfter blühend
Le Rêve	hellgelb	mittel	kleine Büschel	einmalblühend
Le Rouge et Le Noir	dunkelrot	ohne Duft	kleine Büschel	öfter blühend
Le Vésuve	rosa+	ohne Duft	kleine Büschel	öfter blühend
Leander	apricot+	stark	kleine Büschel	öfter blühend
Leaping Salmon	orangerosa	stark	kleine Büschel	öfter blühend
Léda	weiß	mittel	kleine Büschel	einmalblühend
Legend	rot	zart	einzeln	öfter blühend

NAME	Blütenfarbe	Duft	Blütenstand	Blühhäufigkeit
Lemon Blush	hellgelb	mittel	kleine Büschel	einmalblühend
Lemon Delight	rein gelb	ohne Duft	kleine Büschel	öfter blühend
Lemon Sherbet	hellgelb	zart	einzeln	öfter blühend
Lemon Spice	hellgelb	stark	kleine Büschel	öfter blühend
Léonardo de Vinci	hellrosa	ohne Duft	kleine Büschel	öfter blühend
Léonie Lamesch	orange+	ohne Duft	große Büschel	öfter blühend
Léontine Gervais	apricot+	mittel	kleine Büschel	einmalblühend
Les Amoureux de Peynet	dunkelrosa	zart	große Büschel	öfter blühend
Leverkusen	hellgelb	zart	kleine Büschel	einmalblühend
Leveson Gower	orangerosa	zart	kleine Büschel	öfter blühend
Lichtkönigin Lucia	rein gelb	mittel	kleine Büschel	öfter blühend
Liebeszauber	rot	ohne Duft	kleine Büschel	öfter blühend
Lilac Charm	mauve	zart	kleine Büschel	öfter blühend
Lilac Rose	rosa+	mittel	kleine Büschel	öfter blühend
Lilian Austin	orangerosa	mittel	kleine Büschel	öfter blühend
Lilli Marleen	rot	zart	kleine Büschel	öfter blühend
Limelight	hellgelb	mittel	kleine Büschel	öfter blühend
Lincoln Cathedral	orange+	zart	einzeln	öfter blühend
Linda Campbell	rot	ohne Duft	große Büschel	öfter blühend
Little Artist	rot+	ohne Duft	kleine Büschel	öfter blühend
Little Darling	gelb+	mittel	kleine Büschel	öfter blühend
Little Flirt	rot+	zart	kleine Büschel	öfter blühend
Little Gem	dunkelrosa	stark	kleine Büschel	öfter blühend
Little Girl	orangerosa	ohne Duft	kleine Büschel	öfter blühend
Little Jackie	orange+	mittel	kleine Büschel	öfter blühend
Little Opal	hellrosa	stark	kleine Büschel	öfter blühend
Liverpool Echo	orangerosa	zart	kleine Büschel	öfter blühend
Liverpool Remembers	orangerot	mittel	einzeln	öfter blühend
Living Fire	orange+	zart	kleine Büschel	öfter blühend
Lolita	apricot+	zart	kleine Büschel	öfter blühend
Long John Silver	weiß	mittel	kleine Büschel	einmalblühend
Lord Gold	dunkelgelb	ohne Duft	kleine Büschel	öfter blühend
Lord Penzance	gelb+	mittel	kleine Büschel	einmalblühend
Lordly Oberon	hellrosa	stark	kleine Büschel	öfter blühend
L'Oréal Trophy	orange+	ohne Duft	einzeln	öfter blühend
Lorraine Lee	orange+	mittel	kleine Büschel	öfter blühend
L'Ouche	rosa+/hellrosa	zart	kleine Büschel	öfter blühend
Louis de Funès	orange+	ohne Duft	kleine Büschel	öfter blühend
Louis XIV	dunkelrot	zart	kleine Büschel	öfter blühend
Louis Gimard	rosa	mittel	kleine Büschel	einmalblühend
Louise d'Arzens	weiß	zart	kleine Büschel	öfter blühend
Louise Odier	dunkelrosa	mittel	kleine Büschel	öfter blühend
Love	rot+	ohne Duft	kleine Büschel	öfter blühend

NAME	Blütenfarbe	Duft	Blütenstand	Blühhäufigkeit
Love Potion	mauve	mittel	kleine Büschel	öfter blühend
Lovely Fairy	dunkelrosa	zart	sehr große Büschel	öfter blühend
Lovely Lady	rein rosa	zart	einzeln	öfter blühend
Lover's Meeting	orange+	zart	kleine Büschel	öfter blühend
Loving Memory	rot	ohne Duft	kleine Büschel	öfter blühend
Loving Touch	apricot+	ohne Duft	einzeln	öfter blühend
Lucetta	apricot+	zart	kleine Büschel	öfter blühend
Lutin	dunkelrosa	ohne Duft	große Büschel	öfter blühend
Lyda Rose	weiß+	ohne Duft	kleine Büschel	öfter blühend
Lydia	dunkelgelb	zart	kleine Büschel	öfter blühend
Lykkefund	weiß+	stark	große Büschel	einmalblühend
Lyon Rose	orangerosa	mittel	einzeln	öfter blühend
Ma Perkins	rosa+	mittel	kleine Büschel	öfter blühend
McGredy's Yellow	rein gelb	zart	kleine Büschel	öfter blühend
Madam President	rosa+	ohne Duft	kleine Büschel	öfter blühend
Mme Abel Chatenay	rosa+	zart	einzeln	öfter blühend
Mme Alfred Carrière	weiß	stark	kleine Büschel	öfter blühend
Mme Alice Garnier	rosa+	mittel	große Büschel	einmalblühend
Mme Antoine Mari	rosa+	zart	kleine Büschel	öfter blühend
Mme Bérard	orange+	zart	kleine Büschel	öfter blühend
Mme Berkeley	rosa+	mittel	kleine Büschel	öfter blühend
Mme Boll	dunkelrosa	stark	einzeln	öfter blühend
Mme Butterfly	hellrosa	zart	kleine Büschel	öfter blühend
Mme Caroline Testout	rein rosa	mittel	einzeln	öfter blühend
Mme Charles	gelb+/rosa+	stark	kleine Büschel	öfter blühend
Mme de la Rôche-Lambert	mauve	stark	kleine Büschel	einmalblühend
Mme de Sancy de Parabère	hellrosa	ohne Duft	kleine Büschel	einmalblühend
Mme de Tartas	hellrosa	zart	kleine Büschel	öfter blühend
Mme de Watteville	gelb+	stark	kleine Büschel	öfter blühend
Mme Dieudonné	rot+	mittel	einzeln	öfter blühend
Mme Driout	rosa+	mittel	kleine Büschel	einmalblühend
Mme Edouard Herriot	orange+	zart	kleine Büschel	öfter blühend
Mme Edouard Ory	dunkelrosa	mittel	kleine Büschel	einmalblühend
Mme Ernest Calvat	rein rosa	stark	kleine Büschel	öfter blühend
Mme Fernandel	dunkelrosa	ohne Duft	kleine Büschel	öfter blühend
Mme Gabriel Luizet	hellrosa	mittel	einzeln	einmalblühend
Mme Georges Bruant	weiß	stark	kleine Büschel	öfter blühend
Mme Georges Delbard	dunkelrot	mittel	kleine Büschel	öfter blühend
Mme Grégoire Staechelin	rosa+	mittel	kleine Büschel	einmalblühend
Mme Hardy	weiß	stark	kleine Büschel	einmalblühend
Mme Henri Guillot	rot+	zart	kleine Büschel	öfter blühend
Mme Isaac Pereire	dunkelrosa	stark	kleine Büschel	öfter blühend
Mme Joseph Schwartz	weiß	mittel	kleine Büschel	öfter blühend

ALLE ROSEN IM ÜBERBLICK

NAME	Blütenfarbe	Duft	Blütenstand	Blühhäufigkeit
Mme Jules Bouché	weiß	zart	einzeln	öfter blühend
Mme Jules Gravereaux	apricot+	mittel	kleine Büschel	einmalblühend
Mme Knorr	rein rosa	stark	kleine Büschel	öfter blühend
Mme Laurette Messimy	dunkelrosa	ohne Duft	kleine Büschel	öfter blühend
Mme Lauriol de Barny	hellrosa	stark	kleine Büschel	einmalblühend
Mme Legras de St Germain	weiß	stark	kleine Büschel	einmalblühend
Mme Léon Pain	rosa+	mittel	kleine Büschel	öfter blühend
Mme Lombard	orangerosa	zart	kleine Büschel	öfter blühend
Mme Louis Lapérrière	rot	stark	kleine Büschel	öfter blühend
Mme Louis Lévêque	rein rosa	stark	kleine Büschel	einmalblühend
Mme Marie Curie	goldgelb	zart	kleine Büschel	öfter blühend
Mme Pierre Oger	rosa+	zart	kleine Büschel	öfter blühend
Mme Plantier	weiß	stark	kleine Büschel	einmalblühend
Mme Scipion Cochet	rosa+	mittel	einzeln	öfter blühend
Mme Victor Verdier	rot	stark	einzeln	einmalblühend
Mme Violet	mauve	ohne Duft	kleine Büschel	einmalblühend
Mme Wagram, Comtesse de Turenne	rosa+	mittel	kleine Büschel	öfter blühend
Mme Zoëtmans	weiß	mittel	kleine Büschel	einmalblühend
Madeleine Selzer	hellgelb	stark	sehr große Büschel	einmalblühend
Mlle Franziska Krüger	orangerosa	zart	kleine Büschel	öfter blühend
Maestro	rot+	zart	kleine Büschel	öfter blühend
Magali	dunkelrosa	zart	kleine Büschel	öfter blühend
Magenta	mauve	stark	große Büschel	öfter blühend
Maggie Barry	rosa+	zart	einzeln	öfter blühend
Magic Carpet	mauve	ohne Duft	große Büschel	öfter blühend
Magic Carrousel	rot+	zart	kleine Büschel	öfter blühend
Magic Dragon	dunkelrot	ohne Duft	kleine Büschel	öfter blühend
Magic Meillandecor	rein rosa	ohne Duft	kleine Büschel	öfter blühend
Magna Charta	rein rot	ohne Duft	einzeln	öfter blühend
Magnifica	mauve	mittel	kleine Büschel	öfter blühend
Maiden's Blush	weiß	stark	kleine Büschel	einmalblühend
Maigold	goldgelb	mittel	kleine Büschel	öfter blühend
Majorette	rein rot	ohne Duft	kleine Büschel	öfter blühend
Malaga	dunkelrosa	stark	einzeln	öfter blühend
Maman Cochet	rosa+	mittel	einzeln	öfter blühend
Mandarin (Boerner)	rot	stark	große Büschel	öfter blühend
Mandarin (Kordes)	orange+	zart	kleine Büschel	öfter blühend
Manetii	hellrosa	ohne Duft	kleine Büschel	einmalblühend
Mannheim	dunkelrot	mittel	kleine Büschel	öfter blühend
Manning's Blush	weiß	ohne Duft	kleine Büschel	einmalblühend
Manou Meilland	mauve/dunkelrosa	mittel	kleine Büschel	öfter blühend
Many Happy Returns	rosa+/hellrosa	zart	kleine Büschel	öfter blühend
Marbrée	rot+	zart	kleine Büschel	öfter blühend
Marcel Bourgoin	mauve	mittel	kleine Büschel	einmalblühend
Märchenland	orange+	zart	große Büschel	öfter blühend
Marchesa Boccella	hellrosa	mittel	kleine Büschel	öfter blühend
Marchioness of Londonderry	hellrosa	stark	einzeln	öfter blühend
Maréchal Davoust	rein rosa	mittel	kleine Büschel	einmalblühend
Maréchal Niel	rein gelb	mittel	kleine Büschel	öfter blühend
Margaret	rosa+	zart	kleine Büschel	öfter blühend
Margaret Merril	weiß	stark	kleine Büschel	öfter blühend
Margo Koster	orange+	ohne Duft	große Büschel	öfter blühend
Marguerite Hilling	rein rosa	zart	kleine Büschel	öfter blühend
Maria Lisa	rosa+	ohne Duft	große Büschel	einmalblühend
Mariandel	rot	zart	kleine Büschel	öfter blühend
Marie de Blois	rein rosa	mittel	kleine Büschel	einmalblühend
Marie de Saint Jean	weiß	mittel	kleine Büschel	öfter blühend
Marie L'ermar	hellgelb	zart	kleine Büschel	öfter blühend
Marie-Jeanne	weiß	zart	große Büschel	öfter blühend
Marie Louise	rein rosa	stark	einzeln	einmalblühend
Marie Pavié	weiß	ohne Duft	kleine Büschel	öfter blühend
Marie van Houtte	rosa+	mittel	einzeln	öfter blühend
Marina	orange+	zart	große Büschel	öfter blühend
Marjorie Atherton	rein gelb	zart	einzeln	öfter blühend
Marjorie Fair	rot+	zart	sehr große Büschel	öfter blühend
Marjory Palmer	rein rosa	zart	kleine Büschel	öfter blühend
Marlena	rot	zart	große Büschel	öfter blühend
Martha	rosa+	zart	kleine Büschel	öfter blühend
Martin Frobisher	hellrosa	mittel	kleine Büschel	öfter blühend
Mary Guthrie	rein rosa	ohne Duft	große Büschel	öfter blühend
Mary MacKillop	rein gelb	ohne Duft	kleine Büschel	öfter blühend
Mary Marshall	orange+	zart	kleine Büschel	öfter blühend
Mary Queen of Scots	rein rosa	zart	einzeln	einmalblühend
Mary Rese	rein rosa	stark	kleine Büschel	öfter blühend
Mary Wallace	rein rosa	mittel	kleine Büschel	öfter blühend
Mary Webb	apricot+	stark	kleine Büschel	öfter blühend
Mascotte	rein rosa	mittel	kleine Büschel	öfter blühend
Maskerade	rot+	zart	kleine Büschel	öfter blühend
Master Hugh	dunkelrosa	stark	kleine Büschel	einmalblühend
Matangi	rot+	zart	kleine Büschel	öfter blühend
Matilda	weiß	ohne Duft	kleine Büschel	öfter blühend
Matthias Meilland	rot	ohne Duft	kleine Büschel	öfter blühend
Mauve Melodee	mauve	mittel	kleine Büschel	öfter blühend
Max Graf	rosa+	zart	kleine Büschel	einmalblühend
May Queen	rein rosa	stark	kleine Büschel	einmalblühend

ALLE ROSEN IM ÜBERBLICK

NAME	Blütenfarbe	Duft	Blütenstand	Blühhäufigkeit
Mayor of Casterbridge	hellrosa	mittel	kleine Büschel	öfter blühend
Medallion	apricot+	mittel	kleine Büschel	öfter blühend
Meg	apricot+	mittel	kleine Büschel	öfter blühend
Meg Merrilies	dunkelrosa/rot	mittel	kleine Büschel	einmalblühend
Meillandina	rot	ohne Duft	kleine Büschel	öfter blühend
Melody Maker	orangerot	ohne Duft	kleine Büschel	öfter blühend
Memento	rot+	ohne Duft	kleine Büschel	öfter blühend
Memoriam	hellrosa	mittel	einzeln	öfter blühend
Memory Lane	apricot+	zart	große Büschel	öfter blühend
Menja	rein rosa	mittel	kleine Büschel	öfter blühend
Mercedes	orangerot	zart	kleine Büschel	öfter blühend
Mermaid	hellgelb	mittel	kleine Büschel	öfter blühend
Meteor	dunkelrosa	stark	kleine Büschel	öfter blühend
Mevrouw Nathalie Nypels	rein rosa	mittel	kleine Büschel	öfter blühend
Michelangelo	orange+	ohne Duft	kleine Büschel	öfter blühend
Michèle Meilland	hellrosa	mittel	kleine Büschel	öfter blühend
Micrugosa	hellrosa	zart	einzeln	öfter blühend
Midas Touch	goldgelb	mittel	kleine Büschel	öfter blühend
Mignonette	hellrosa	ohne Duft	große Büschel	öfter blühend
Mikado	rot+	zart	einzeln	öfter blühend
Milkmaid	weiß	mittel	große Büschel	öfter blühend
Millie Walters	orangerosa	zart	kleine Büschel	öfter blühend
Milrose	rein rosa	zart	kleine Büschel	öfter blühend
Minilights	rein gelb	ohne Duft	kleine Büschel	öfter blühend
Minnehaha	hellrosa	zart	große Büschel	einmalblühend
Minnie Pearl	rosa+	zart	kleine Büschel	öfter blühend
Minnie Watson	hellrosa	mittel	kleine Büschel	öfter blühend
Miranda	rein rosa/hellrosa	mittel	kleine Büschel	öfter blühend
Mirato	rein rosa	ohne Duft	einzeln	öfter blühend
Miriam Wilkins	hellrosa	mittel	große Büschel	öfter blühend
Mischief	orangerosa	mittel	einzeln	öfter blühend
Miss All-American Beauty	dunkelrosa	mittel	einzeln	öfter blühend
Miss Edith Cavell	dunkelrot	ohne Duft	kleine Büschel	öfter blühend
Mission Bells	rosa+	mittel	einzeln	öfter blühend
Mr Bluebird	mauve	ohne Duft	große Büschel	öfter blühend
Mister Lincoln	dunkelrot	stark	kleine Büschel	öfter blühend
Mrs Aaron Ward	gelb+	mittel	einzeln	öfter blühend
Mrs Alston's Rose	rot+	ohne Duft	große Büschel	öfter blühend
Mrs Anthony Waterer	dunkelrot	stark	kleine Büschel	öfter blühend
Mrs B. R. Cant	rein rosa	mittel	einzeln	öfter blühend
Mrs Doreen Pike	rein rosa	mittel	große Büschel	öfter blühend
Mrs Dudley Cross	gelb+	zart	kleine Büschel	öfter blühend
Mrs F. W. Flight	dunkelrosa	ohne Duft	kleine Büschel	einmalblühend

NAME	Blütenfarbe	Duft	Blütenstand	Blühhäufigkeit
Mrs Foley Hobbs	weiß/rosa+	zart	kleine Büschel	öfter blühend
Mrs Fred Danks	mauve	mittel	kleine Büschel	öfter blühend
Mrs Herbert Stevens	weiß	mittel	einzeln	öfter blühend
Mrs John Laing	rein rosa	stark	kleine Büschel	öfter blühend
Mrs Mary Thomson	rosa+	zart	große Büschel	öfter blühend
Mrs Norman Watson	dunkelrosa	zart	kleine Büschel	öfter blühend
Mrs Oakley Fisher	goldgelb	zart	kleine Büschel	öfter blühend
Mrs Paul	hellrosa	zart	kleine Büschel	einmalblühend
Mistress Quickly	rein rosa	mittel	große Büschel	öfter blühend
Mrs Reynolds Hole	rosa+	mittel	kleine Büschel	öfter blühend
Mrs Richard Turnbull	weiß+	ohne Duft	kleine Büschel	einmalblühend
Mrs Sam McGredy	orangerosa	zart	einzeln	öfter blühend
Mrs Wakefield Christie-Miller	rosa+	zart	kleine Büschel	öfter blühend
Mojave	orange+	mittel	einzeln	öfter blühend
Moje Hammarberg	mauve	stark	kleine Büschel	öfter blühend
Molineux	goldgelb	stark	kleine Büschel	öfter blühend
Molly Sharman-Crawford	weiß	mittel	kleine Büschel	öfter blühend
Mon Cheri	rot+	zart	einzeln	öfter blühend
Mondiale	rosa+	zart	kleine Büschel	öfter blühend
Monika	rosa+/orange+	zart	einzeln	öfter blühend
Monsieur Tillier	orangerosa/rosa+	zart	kleine Büschel	öfter blühend
Montezuma	orangerosa	zart	kleine Büschel	öfter blühend
Moonbeam	apricot+	mittel	kleine Büschel	öfter blühend
Moonlight	hellgelb	mittel	kleine Büschel	öfter blühend
Moonsprite	hellgelb	stark	kleine Büschel	öfter blühend
Morden Blush	hellrosa	ohne Duft	kleine Büschel	öfter blühend
Morden Centennial	rein rosa	zart	große Büschel	öfter blühend
Morden Fireglow	orangerot	zart	kleine Büschel	öfter blühend
Morden Ruby	rosa+	ohne Duft	kleine Büschel	öfter blühend
Morgengruß	orangerosa	stark	kleine Büschel	öfter blühend
Morletii	mauve	ohne Duft	kleine Büschel	einmalblühend
Morning Blush	hellrosa+	zart	kleine Büschel	einmalblühend
Moth	mauve	zart	kleine Büschel	öfter blühend
Mothersday	dunkelrot	ohne Duft	große Büschel	öfter blühend
Mount Hood	weiß	zart	kleine Büschel	öfter blühend
Mount Shasta	weiß	mittel	kleine Büschel	öfter blühend
Mountbatten	rein gelb	zart	kleine Büschel	öfter blühend
Mozart	rosa+	zart	große Büschel	öfter blühend
München	dunkelrot	zart	kleine Büschel	öfter blühend
Mutabilis	gelb+	ohne Duft	kleine Büschel	öfter blühend
My Choice	rosa+	mittel	einzeln	öfter blühend
Nana Mouskouri	weiß	zart	kleine Büschel	öfter blühend
Nancy Hayward	rot	ohne Duft	kleine Büschel	einmalblühend

NAME	Blütenfarbe	Duft	Blütenstand	Blühhäufigkeit
Nancy Steen	rosa+	mittel	kleine Büschel	öfter blühend
Narrow Water	hellrosa	mittel	große Büschel	öfter blühend
National Trust	dunkelrot	ohne Duft	einzeln	öfter blühend
Nearly Wild	rein rosa	zart	kleine Büschel	öfter blühend
Nestor	rot	zart	kleine Büschel	öfter blühend
Nevada	weiß	mittel	kleine Büschel	einmalblühend
New Beginning	orange+	ohne Duft	kleine Büschel	öfter blühend
New Daily Mail	dunkelrot	ohne Duft	kleine Büschel	öfter blühend
New Dawn	hellrosa	mittel	kleine Büschel	öfter blühend
New Face	gelb+	zart	große Büschel	öfter blühend
New Year	orange+	zart	einzeln	öfter blühend
New Yorker	rot	mittel	einzeln	öfter blühend
New Zealand	hellrosa	mittel	kleine Büschel	öfter blühend
News	mauve	zart	sehr große Büschel	öfter blühend
Niccolo Paganini	rot	ohne Duft	kleine Büschel	öfter blühend
Nice Day	orangerosa	zart	große Büschel	öfter blühend
Night Light	dunkelgelb	mittel	kleine Büschel	öfter blühend
Nina Weibull	dunkelrot	ohne Duft	kleine Büschel	öfter blühend
Niphetos	weiß	mittel	kleine Büschel	öfter blühend
Nobilo's Chardonnay	rein gelb	zart	kleine Büschel	öfter blühend
Noëlla Nabonnand	dunkelrot	mittel	kleine Büschel	einmalblühend
Norfolk	rein gelb	ohne Duft	kleine Büschel	öfter blühend
Northamptonshire	weiß/hellrosa	ohne Duft	kleine Büschel	öfter blühend
Northern Lights	gelb+	stark	kleine Büschel	öfter blühend
Norwich Castle	orange+	zart	kleine Büschel	öfter blühend
Nova Zembla	weiß	stark	kleine Büschel	öfter blühend
Nozomi	hellrosa	ohne Duft	große Büschel	einmalblühend
Nuits de Young	dunkelrot	stark	kleine Büschel	einmalblühend
Nur Mahal	rot	stark	große Büschel	öfter blühend
Nymphenburg	orangerosa	mittel	große Büschel	öfter blühend
Nyveldt's White	weiß	stark	kleine Büschel	öfter blühend
Octavia Hill	rein rosa	mittel	kleine Büschel	öfter blühend
Octavius Weld	rosa+	stark	kleine Büschel	öfter blühend
Œillet Flamand	rosa+	mittel	kleine Büschel	einmalblühend
Œillet Parfait	rosa+	stark	kleine Büschel	einmalblühend
Oklahoma	dunkelrot	stark	einzeln	öfter blühend
Old Blush	rein rosa	zart	kleine Büschel	öfter blühend
Old Master	rot+	zart	große Büschel	öfter blühend
Old Port	mauve	mittel	kleine Büschel	öfter blühend
Oldtimer	orange+	zart	kleine Büschel	öfter blühend
Olé	orangerot	mittel	kleine Büschel	öfter blühend
Olympic Torch	rot+	ohne Duft	kleine Büschel	öfter blühend
Omar Khayyám	hellrosa	stark	kleine Büschel	einmalblühend
Onkaparinga	apricot+	stark	kleine Büschel	öfter blühend
Opening Night	rot+	zart	einzeln	öfter blühend
Ophelia	hellrosa	stark	kleine Büschel	öfter blühend
Orange Fire	orangerosa	ohne Duft	kleine Büschel	öfter blühend
Orange Honey	orange+	mittel	kleine Büschel	öfter blühend
Orange Sensation	orangerot	mittel	kleine Büschel	öfter blühend
Orange Sunblaze	orangerot	zart	kleine Büschel	öfter blühend
Orange Triumph	rot	zart	große Büschel	öfter blühend
Orangeade	orangerot	zart	kleine Büschel	öfter blühend
Oregold	dunkelgelb	zart	einzeln	öfter blühend
Oriental Charm	rot	zart	kleine Büschel	öfter blühend
Orpheline de Juillet	mauve	mittel	kleine Büschel	einmalblühend
Osiria	rot+	mittel	einzeln	öfter blühend
Oskar Scheerer	dunkelrot	ohne Duft	große Büschel	öfter blühend
Othello	dunkelrot	stark	große Büschel	öfter blühend
Our Molly	rot	ohne Duft	große Büschel	öfter blühend
Over the Rainbow	rot+	zart	kleine Büschel	öfter blühend
Pacesetter	weiß	mittel	kleine Büschel	öfter blühend
Paddy McGredy	rein rosa	mittel	kleine Büschel	öfter blühend
Paddy Stephens	orange+	zart	einzeln	öfter blühend
Painted Moon	rot+	zart	kleine Büschel	öfter blühend
Palmengarten Frankfurt	rein rosa	ohne Duft	kleine Büschel	öfter blühend
Papa Gontier	rosa+	zart	kleine Büschel	öfter blühend
Papa Hémeray	rot+	ohne Duft	große Büschel	öfter blühend
Papa Meilland	dunkelrot	stark	kleine Büschel	öfter blühend
Papillon	rosa+	mittel	kleine Büschel	öfter blühend
Paprika	orangerot	zart	große Büschel	öfter blühend
Parade	dunkelrosa	mittel	kleine Büschel	öfter blühend
Paradise	mauve	zart	kleine Büschel	öfter blühend
Pariser Charme	rein rosa	stark	kleine Büschel	öfter blühend
Parkdirektor Riggers	dunkelrot	zart	große Büschel	öfter blühend
Parks' Yellow Tea-scented China	rein gelb	mittel	kleine Büschel	öfter blühend
Parkzierde	dunkelrot	mittel	kleine Büschel	einmalblühend
Party Girl	gelb+	zart	kleine Büschel	öfter blühend
Parure d'Or	gelb+	ohne Duft	große Büschel	öfter blühend
Pascali	weiß	ohne Duft	kleine Büschel	öfter blühend
Passion	rot	mittel	kleine Büschel	öfter blühend
Pat Austin	orangerot	stark	kleine Büschel	öfter blühend
Patio Charm	apricot+	zart	kleine Büschel	öfter blühend
Patricia (Chaplin Bros Ltd)	rot	mittel	kleine Büschel	öfter blühend
Patricia (Kordes)	apricot+	zart	kleine Büschel	öfter blühend
Paul Cezanne	gelb+	ohne Duft	kleine Büschel	öfter blühend
Paul Crampel	orangerot	ohne Duft	große Büschel	öfter blühend

NAME	Blütenfarbe	Duft	Blütenstand	Blühhäufigkeit
Paul Gauguin	rot+	ohne Duft	kleine Büschel	öfter blühend
Paul Ledé, Climbing	apricot+	mittel	einzeln	öfter blühend
Paul Neyron	rein rosa	stark	einzeln	öfter blühend
Paul Noel	rosa+	ohne Duft	kleine Büschel	einmalblühend
Paul Ricard	gelb+	mittel	kleine Büschel	öfter blühend
Paul Ricault	rein rosa	stark	einzeln	einmalblühend
Paul Shirville	orangerosa	stark	kleine Büschel	öfter blühend
Paul Transon	orangerosa	mittel	kleine Büschel	einmalblühend
Paulii	weiß	mittel	kleine Büschel	öfter blühend
Paul's Early Blush	hellrosa	stark	einzeln	öfter blühend
Paul's Himalayan Musk Rambler	hellrosa	zart	große Büschel	einmalblühend
Paul's Lemon Pillar	hellgelb	stark	einzeln	einmalblühend
Paul's Scarlet Climber	rot	zart	große Büschel	einmalblühend
Pax	weiß	mittel	kleine Büschel	öfter blühend
Peace	gelb+	zart	kleine Büschel	öfter blühend
Peacekeeper	rosa+	stark	kleine Büschel	öfter blühend
Peach Blossom	hellrosa	zart	große Büschel	öfter blühend
Peaches 'n' Cream	rosa+	zart	kleine Büschel	öfter blühend
Pearl Drift	weiß	mittel	kleine Büschel	öfter blühend
Peer Gynt	gelb+	zart	einzeln	öfter blühend
Pélisson	dunkelrot	mittel	kleine Büschel	einmalblühend
Penelope	hellrosa	mittel	sehr große Büschel	öfter blühend
Penny Lane	apricot+	mittel	kleine Büschel	öfter blühend
Pensioners' Voice	apricot+	mittel	kleine Büschel	öfter blühend
Peppermint Twist	rot+	zart	kleine Büschel	öfter blühend
Perdita	apricot+	mittel	kleine Büschel	öfter blühend
Perfect Moment	rot+	ohne Duft	einzeln	öfter blühend
Perfume Delight	rein rosa	stark	kleine Büschel	öfter blühend
Pergolèse	mauve	mittel	kleine Büschel	öfter blühend
Perla de Alcañada	dunkelrosa	ohne Duft	kleine Büschel	öfter blühend
Perla de Montserrat	dunkelrosa	ohne Duft	kleine Büschel	einmalblühend
Perle des Jardins	hellgelb	mittel	kleine Büschel	öfter blühend
Perle d'Or	gelb+	zart	große Büschel	öfter blühend
Perle Meillandécor	hellrosa	ohne Duft	große Büschel	öfter blühend
Pernille Poulsen	rein rosa	stark	kleine Büschel	öfter blühend
Peter Frankenfeld	dunkelrosa	ohne Duft	kleine Büschel	öfter blühend
Petite de Hollande	rein rosa	mittel	kleine Büschel	einmalblühend
Petite Lisette	dunkelrosa	stark	kleine Büschel	einmalblühend
Petite Orléanaise	rein rosa	stark	kleine Büschel	öfter blühend
Pfälzer Gold	goldgelb	ohne Duft	kleine Büschel	öfter blühend
Phantom	rot	zart	große Büschel	öfter blühend
Pharaoh	orangerot	mittel	einzeln	öfter blühend
Phyllis Bide	gelb+	ohne Duft	große Büschel	öfter blühend

NAME	Blütenfarbe	Duft	Blütenstand	Blühhäufigkeit
Picasso	rosa+	ohne Duft	kleine Büschel	öfter blühend
Piccadilly	rot+	ohne Duft	kleine Büschel	öfter blühend
Piccolo	orangerot	ohne Duft	kleine Büschel	öfter blühend
Picture	hellrosa	zart	kleine Büschel	öfter blühend
Pierre de Ronsard	rosa+	mittel	kleine Büschel	öfter blühend
Pierre Notting	dunkelrot	mittel	einzeln	einmalblühend
Pigalle	orange+	ohne Duft	kleine Büschel	öfter blühend
Pink Bassino	rosa+	ohne Duft	sehr große Büschel	öfter blühend
Pink Bells	dunkelrosa	zart	große Büschel	öfter blühend
Pink Chiffon	hellrosa	mittel	kleine Büschel	öfter blühend
Pink Cloud	rein rosa	mittel	große Büschel	öfter blühend
Pink Favorite	rein rosa	ohne Duft	kleine Büschel	öfter blühend
Pink Grootendorst	rein rosa	ohne Duft	kleine Büschel	öfter blühend
Pink Iceberg	rosa+	zart	kleine Büschel	öfter blühend
Pink La Sevillana	rein rosa	ohne Duft	kleine Büschel	öfter blühend
Pink Léda	rein rosa	mittel	kleine Büschel	einmalblühend
Pink Meidiland	rosa+	ohne Duft	kleine Büschel	öfter blühend
Pink Meillandina	rein rosa	ohne Duft	kleine Büschel	öfter blühend
Pink Panther	hellrosa	zart	kleine Büschel	öfter blühend
Pink Parfait	rosa+	zart	kleine Büschel	öfter blühend
Pink Peace	rein rosa	stark	einzeln	öfter blühend
Pink Pearl	hellrosa	zart	kleine Büschel	öfter blühend
Pink Perpetue	rein rosa	zart	kleine Büschel	öfter blühend
Pink Prosperity	hellrosa	mittel	sehr große Büschel	öfter blühend
Pink Robusta	rein rosa	zart	kleine Büschel	öfter blühend
Pink Rosette	rein rosa	mittel	große Büschel	öfter blühend
Pink Silk	rot+	ohne Duft	kleine Büschel	öfter blühend
Pink Symphonie	rein rosa	ohne Duft	kleine Büschel	öfter blühend
Pink Wonder	rein rosa	ohne Duft	große Büschel	öfter blühend
Pinkie	weiß	stark	große Büschel	öfter blühend
Playboy	gelb+	mittel	kleine Büschel	öfter blühend
Playgirl	weiß	zart	kleine Büschel	öfter blühend
Pleasure	weiß	mittel	kleine Büschel	öfter blühend
Pleine de Grâce	orange+	mittel	kleine Büschel	öfter blühend
Poetry in Motion	weiß	stark	große Büschel	öfter blühend
Polareis	rein rosa/ dunkelrosa	ohne Duft	kleine Büschel	einmalblühend
Polarstern	weiß	ohne Duft	kleine Büschel	öfter blühend
Polka				
Pompon Blanc Parfait				
Pompon de Paris				
Popcorn	weiß	mittel	kleine Büschel	öfter blühend
Poppy Flash	orangerot	mittel	kleine Büschel	öfter blühend

ALLE ROSEN IM ÜBERBLICK

NAME	Blütenfarbe	Duft	Blütenstand	Blühhäufigkeit
Porthos, Climbing	orangerot	ohne Duft	kleine Büschel	öfter blühend
Portrait	rosa+	mittel	kleine Büschel	öfter blühend
Pot o' Gold	rein gelb	stark	kleine Büschel	öfter blühend
Potter & Moore	rein rosa	mittel	kleine Büschel	öfter blühend
Poulsen's Pearl	hellrosa	ohne Duft	sehr große Büschel	öfter blühend
Prairie Dawn	rein rosa	ohne Duft	kleine Büschel	öfter blühend
Président de Sèze	mauve	stark	kleine Büschel	einmalblühend
President Herbert Hoover	rosa+	mittel	kleine Büschel	öfter blühend
Président Leopold Senghor	dunkelrot	ohne Duft	kleine Büschel	öfter blühend
Pretty Jessica	dunkelrosa	stark	kleine Büschel	öfter blühend
Pride 'n' Joy	orange+	mittel	kleine Büschel	öfter blühend
Prima Ballerina	dunkelrosa	mittel	einzeln	öfter blühend
Primevère	gelb+	zart	kleine Büschel	einmalblühend
Prince Camille de Rohan	dunkelrot	stark	kleine Büschel	öfter blühend
Prince Charles	mauve	zart	einzeln	öfter blühend
Prince Meillandina	dunkelrot	zart	kleine Büschel	einmalblühend
Prince Michael of Kent	rot	ohne Duft	kleine Büschel	öfter blühend
Princeps	rein gelb	zart	große Büschel	öfter blühend
Princess Alice	dunkelrot	zart	kleine Büschel	öfter blühend
Princess Margaret of England	rein rosa	zart	einzeln	öfter blühend
Princess Michael of Kent	rein gelb	zart	kleine Büschel	öfter blühend
Princesse Adélaïde	hellrosa	mittel	kleine Büschel	einmalblühend
Princesse de Monaco	weiß	zart	kleine Büschel	öfter blühend
Princesse de Nassau	hellgelb	mittel	große Büschel	öfter blühend
Princesse de Sagan	dunkelrot	ohne Duft	kleine Büschel	öfter blühend
Princesse Louise	weiß	ohne Duft	große Büschel	einmalblühend
Prins Claus	orangerot	mittel	einzeln	öfter blühend
Priscilla Burton	rot+	mittel	kleine Büschel	öfter blühend
Pristine	weiß	zart	kleine Büschel	öfter blühend
Prolifera de Redouté	rein rosa	stark	kleine Büschel	einmalblühend
Prominent	orangerot	zart	kleine Büschel	öfter blühend
Prosperity	weiß	mittel	große Büschel	öfter blühend
Prospero	dunkelrot	stark	kleine Büschel	öfter blühend
Proud Land	dunkelrot	mittel	kleine Büschel	öfter blühend
Proud Titania	weiß	stark	kleine Büschel	öfter blühend
Puppy Love	orange+	zart	kleine Büschel	öfter blühend
Pure Bliss	rosa+	mittel	kleine Büschel	öfter blühend
Purple Splendour	mauve	stark	kleine Büschel	öfter blühend
Purple Tiger	mauve	zart	kleine Büschel	öfter blühend
Quaker Star	orangerosa	ohne Duft	kleine Büschel	öfter blühend
Quatre Saisons Blanc Mousseux	weiß	mittel	kleine Büschel	öfter blühend
Queen Elizabeth	rein rosa	mittel	kleine Büschel	öfter blühend
Queen Margrethe	hellrosa	stark	kleine Büschel	öfter blühend
Queen Mother	hellrosa	zart	kleine Büschel	öfter blühend
Queen of Bedders	dunkelrosa	mittel	kleine Büschel	öfter blühend
Queen of Bourbons	rosa+	stark	kleine Büschel	öfter blühend
Queen of Hearts	rein rosa	mittel	kleine Büschel	öfter blühend
Queen of the Musks	rosa+	stark	große Büschel	öfter blühend
Radiance	hellrosa	stark	kleine Büschel	öfter blühend
Radio Times	rein rosa	stark	kleine Büschel	öfter blühend
Radox Bouquet	rein rosa	mittel	kleine Büschel	öfter blühend
Radway Sunrise	orange+	zart	sehr große Büschel	öfter blühend
Rainbow's End	gelb+	ohne Duft	kleine Büschel	öfter blühend
Ralph's Creeper	rot+	mittel	kleine Büschel	öfter blühend
Rambling Rector	weiß	stark	große Büschel	einmalblühend
Ramona	rot	zart	kleine Büschel	öfter blühend
Raubritter	hellrosa	mittel	sehr große Büschel	einmalblühend
Ray of Sunshine	rein gelb	zart	kleine Büschel	öfter blühend
Raymond Chenault	rot	mittel	kleine Büschel	öfter blühend
Red Ace	dunkelrot	zart	kleine Büschel	öfter blühend
Red Bells	rot	zart	große Büschel	öfter blühend
Red Blanket	dunkelrosa	zart	kleine Büschel	öfter blühend
Red Cascade	dunkelrot	ohne Duft	kleine Büschel	öfter blühend
Red Cross	rot	mittel	kleine Büschel	öfter blühend
Red Devil	rot	mittel	einzeln	öfter blühend
Red Favorite	rot	zart	sehr große Büschel	öfter blühend
Red Masterpiece	dunkelrot	stark	kleine Büschel	öfter blühend
Red Meidiland	rot+	ohne Duft	kleine Büschel	öfter blühend
Red Minimo	dunkelrot	ohne Duft	große Büschel	einmalblühend
Red Nelle	mauve/hellrot	ohne Duft	einzeln	öfter blühend
Red Planet	dunkelrot	stark	einzeln	öfter blühend
Red Rascal	rot	mittel	kleine Büschel	öfter blühend
Red Ribbons	rot	ohne Duft	große Büschel	einmalblühend
Red Rosamini	dunkelrot	ohne Duft	kleine Büschel	öfter blühend
Red Simplicity	rot	ohne Duft	kleine Büschel	öfter blühend
Redcoat	hellrosa	stark	kleine Büschel	öfter blühend
Redgold	gelb+	zart	große Büschel	öfter blühend
Redouté	hellrosa	zart	kleine Büschel	öfter blühend
Regatta (Warriner)	weiß	stark	einzeln	öfter blühend
Regatta (Meilland)	rot	mittel	einzeln	öfter blühend
Regensberg	rosa+	zart	große Büschel	öfter blühend
Reine des Centfeuilles	rein rosa	stark	kleine Büschel	einmalblühend
Reine des Violettes	mauve	stark	kleine Büschel	öfter blühend
Reine Marie Henriette	rot	mittel	kleine Büschel	öfter blühend
Reine Victoria	rein rosa	stark	kleine Büschel	öfter blühend
Relax Meillandecor	rosa+	ohne Duft	große Büschel	öfter blühend
Rembrandt	orangerot	mittel	kleine Büschel	öfter blühend

ALLE ROSEN IM ÜBERBLICK

NAME	Blütenfarbe	Duft	Blütenstand	Blühhäufigkeit
Remember Me	orange+	zart	kleine Büschel	öfter blühend
Remembrance	rot	zart	kleine Büschel	öfter blühend
Renae	rein rosa	mittel	große Büschel	öfter blühend
Renaissance (Gaujard)	orange+	mittel	kleine Büschel	öfter blühend
Renaissance (Harkness)	weiß	stark	kleine Büschel	öfter blühend
Rendez-vous	rein rosa	mittel	kleine Büschel	öfter blühend
René André	apricot+	mittel	kleine Büschel	einmalblühend
Réné d'Anjou	dunkelrosa	stark	große Büschel	öfter blühend
Repandia	hellrosa	mittel	kleine Büschel	öfter blühend
Restless	rot	mittel	kleine Büschel	öfter blühend
Rêve de Paris	orangerosa	zart	kleine Büschel	öfter blühend
Rêve d'Or	gelb	mittel	kleine Büschel	öfter blühend
Réveil Dijonnais	rot+	mittel	kleine Büschel	öfter blühend
Reverend H. d'Ombrain	rot	zart	kleine Büschel	öfter blühend
Rheinaupark	rot	zart	große Büschel	öfter blühend
Ringlet	rosa+	zart	kleine Büschel	öfter blühend
Rio Samba	gelb+	stark	kleine Büschel	öfter blühend
Ripples	mauve	zart	kleine Büschel	öfter blühend
Rival de Paestum	weiß	mittel	kleine Büschel	öfter blühend
Rob Roy	dunkelrot	zart	kleine Büschel	öfter blühend
Robert le Diable	mauve+	stark	kleine Büschel	einmalblühend
Robert Léopold	rosa+	mittel	kleine Büschel	öfter blühend
Robin Hood	rot	zart	große Büschel	öfter blühend
Robin Red Breast	rot+	ohne Duft	kleine Büschel	öfter blühend
Robusta	rot	mittel	kleine Büschel	öfter blühend
Rod Stillman	hellrosa	mittel	einzeln	öfter blühend
Roger Lambelin	rot+	zart	kleine Büschel	öfter blühend
Roi de Siam	rot	zart	kleine Büschel	öfter blühend
Roller Coaster	rot+	ohne Duft	kleine Büschel	öfter blühend
Romanze	rein rosa	zart	kleine Büschel	öfter blühend
Rosa Mundi	rosa+	mittel	kleine Büschel	einmalblühend
Rosabell	rein rosa	zart	kleine Büschel	öfter blühend
Rosali	rein rosa	ohne Duft	kleine Büschel	öfter blühend
Rosalie Coral	orange+	zart	kleine Büschel	öfter blühend
Rosamunde	rein rosa	zart	kleine Büschel	öfter blühend
Rosarium Uetersen	dunkelrosa	mittel	kleine Büschel	öfter blühend
Rose à Parfum de l'Haÿ	rot	stark	kleine Büschel	öfter blühend
Rose d'Amour	dunkelrosa	zart	kleine Büschel	einmalblühend
Rose de Meaux	rein rosa	mittel	kleine Büschel	einmalblühend
Rose de Rescht	dunkelrosa	stark	kleine Büschel	öfter blühend
Rose des Peintres	rein rosa	stark	kleine Büschel	einmalblühend
Rose du Roi	rot	stark	kleine Büschel	öfter blühend
Rose Gaujard	rot+	zart	kleine Büschel	öfter blühend

NAME	Blütenfarbe	Duft	Blütenstand	Blühhäufigkeit
Rosemarie Viaud	mauve	mittel	große Büschel	einmalblühend
Roselina	rosa+	zart	kleine Büschel	öfter blühend
Rosemary Harkness	orangerosa	stark	kleine Büschel	öfter blühend
Rosemary Rose	dunkelrosa	mittel	sehr große Büschel	öfter blühend
Rosendorf Sparrieshoop	hellrosa	ohne Duft	kleine Büschel	öfter blühend
Roseneffe	rein rosa	mittel	kleine Büschel	öfter blühend
Rosenfee	hellrosa	zart	kleine Büschel	öfter blühend
Rosenresli	dunkelrosa	mittel	kleine Büschel	öfter blühend
Rosenstadt Zweibrücken	rosa+	ohne Duft	kleine Büschel	öfter blühend
Roseraie de l'Haÿ	dunkelrot	stark	kleine Büschel	öfter blühend
Roseromantic	weiß	zart	kleine Büschel	öfter blühend
Rosette Delizy	gelb+	mittel	kleine Büschel	öfter blühend
Rosina	rein gelb	ohne Duft	kleine Büschel	öfter blühend
Rosmarin '89	dunkelrosa	zart	kleine Büschel	öfter blühend
Rosy Carpet	dunkelrosa	zart	große Büschel	öfter blühend
Rosy Cheeks	rot+	stark	kleine Büschel	öfter blühend
Rosy Cushion	hellrosa	zart	große Büschel	öfter blühend
Rosy Mantle	rein rosa	mittel	kleine Büschel	öfter blühend
Rote Max Graf	rot	mittel	kleine Büschel	öfter blühend
Rotes Meer		ohne Duft	kleine Büschel	öfter blühend
Rouge Meilland	rot	stark	kleine Büschel	öfter blühend
Rouletii	rein rosa	ohne Duft	kleine Büschel	öfter blühend
Royal Bassino	rot	ohne Duft	große Büschel	öfter blühend
Royal Bonica	rein rosa	zart	kleine Büschel	öfter blühend
Royal Gold	rein gelb	mittel	einzeln	öfter blühend
Royal Highness	hellrosa	mittel	einzeln	öfter blühend
Royal Occasion	orangerot	zart	kleine Büschel	öfter blühend
Royal Salute	rot	ohne Duft	kleine Büschel	öfter blühend
Royal William	dunkelrot	mittel	einzeln	öfter blühend
Rubens	weiß	mittel	kleine Büschel	öfter blühend
Ruby Anniversary	rot	ohne Duft	kleine Büschel	öfter blühend
Ruby Wedding	dunkelrot	mittel	kleine Büschel	öfter blühend
Rugelda	gelb+	ohne Duft	kleine Büschel	öfter blühend
Rugosa Magnifica	mauve	mittel	kleine Büschel	öfter blühend
Rumba	rot+	zart	kleine Büschel	öfter blühend
Rush	rosa+	mittel	große Büschel	öfter blühend
Ruskin	dunkelrot	stark	große Büschel	einmalblühend
Russelliana	mauve	stark	große Büschel	einmalblühend
Rustica	gelb+	zart	kleine Büschel	öfter blühend
Ruth Leuwerik	rot	mittel	kleine Büschel	öfter blühend
Sachsengruß	hellrosa	mittel	kleine Büschel	öfter blühend
Sadlers Wells	rosa+	zart	kleine Büschel	öfter blühend
Safrano	apricot+	mittel	kleine Büschel	öfter blühend

NAME	Blütenfarbe	Duft	Blütenstand	Blühhäufigkeit
St Cecelia	gelb	mittel	kleine Büschel	öfter blühend
St Nicholas	dunkelrosa	stark	kleine Büschel	öfter blühend
St Patrick	gelb+	zart	kleine Büschel	öfter blühend
St Swithun	hellrosa	stark	kleine Büschel	öfter blühend
Salet	rein rosa	stark	kleine Büschel	öfter blühend
Salita	orange+	ohne Duft	kleine Büschel	öfter blühend
Sally Holmes	weiß	zart	große Büschel	öfter blühend
Samantha	rot	ohne Duft	kleine Büschel	öfter blühend
Sander's White Rambler	weiß	mittel	große Büschel	einmalblühend
Sandra	orangerosa	ohne Duft	einzeln	öfter blühend
Sangerhausen	dunkelrosa	mittel	große Büschel	öfter blühend
Santa Catalina	hellrosa	zart	kleine Büschel	öfter blühend
Santana	rot	ohne Duft	kleine Büschel	öfter blühend
Sarabande	orangerot	zart	kleine Büschel	öfter blühend
Sarah Arnot	rein rosa	mittel	kleine Büschel	öfter blühend
Sarah van Fleet	rein rosa	stark	kleine Büschel	öfter blühend
Saratoga	weiß	mittel	kleine Büschel	öfter blühend
Satchmo	orangerot	zart	kleine Büschel	öfter blühend
Savoy Hotel	hellrosa	zart	einzeln	öfter blühend
Scabrosa	mauve	mittel	kleine Büschel	öfter blühend
Scarlet Gem	orangerot	zart	kleine Büschel	öfter blühend
Scarlet Knight	rot	zart	kleine Büschel	öfter blühend
Scarlet Meidiland	rot	ohne Duft	große Büschel	öfter blühend
Scarlet Queen Elizabeth	orangerot	zart	kleine Büschel	öfter blühend
Scented Air	orangerosa	stark	kleine Büschel	öfter blühend
Scentimental	rot+	stark	kleine Büschel	öfter blühend
Scepter d'Isle	hellrosa	stark	kleine Büschel	öfter blühend
Scharlachglut	dunkelrot	ohne Duft	kleine Büschel	einmalblühend
Schneewalzer	weiß	ohne Duft	doldenförmig	öfter blühend
Schneezwerg	weiß	ohne Duft	kleine Büschel	öfter blühend
Schoener's Nutkana	rein rosa	mittel	kleine Büschel	einmalblühend
Schoolgirl	apricot+	stark	kleine Büschel	öfter blühend
Schwarze Madonna	dunkelrot	ohne Duft	kleine Büschel	öfter blühend
Scorcher	dunkelrot	zart	kleine Büschel	einmalblühend
Sea Foam	weiß	zart	große Büschel	öfter blühend
Sea Pearl	rosa+	ohne Duft	kleine Büschel	öfter blühend
Seagull	weiß	mittel	einmalblühend	einmalblühend
Sealing Wax	rein rosa	ohne Duft	kleine Büschel	einmalblühend
Seashell	orangerosa	zart	einzeln	öfter blühend
Seaspray	rosa+	mittel	kleine Büschel	öfter blühend
Secret	rosa+	stark	kleine Büschel	öfter blühend
Senateur Amic	rot	mittel	einzeln	einmalblühend
Sequoia Gold	rein gelb	mittel	kleine Büschel	öfter blühend
Serratipetala	rosa+	ohne Duft	kleine Büschel	öfter blühend
Seven Sisters	rosa+	mittel	sehr große Büschel	einmalblühend
Sevilliana	rosa+	mittel	kleine Büschel	öfter blühend
Sexy Rexy	rein rosa	zart	große Büschel	öfter blühend
Sharifa asma	hellrosa	stark	kleine Büschel	öfter blühend
Sheer Bliss	weiß+	mittel	einzeln	öfter blühend
Sheer Elegance	orangerosa	mittel	einzeln	öfter blühend
Sheila's Perfume	gelb+	stark	einzeln	öfter blühend
Sheri Anne	orangerot	zart	einzeln	öfter blühend
Shining Hour	goldgelb	mittel	kleine Büschel	öfter blühend
Shocking Blue	mauve	mittel	kleine Büschel	öfter blühend
Shot Silk	rosa+	mittel	kleine Büschel	öfter blühend
Showbiz	rot	ohne Duft	einzeln	öfter blühend
Shreveport	orange+	zart	kleine Büschel	öfter blühend
Shropshire Lass	hellrosa	zart	kleine Büschel	einmalblühend
Signature	dunkelrosa	zart	einzeln	öfter blühend
Silk Hat	mauve	mittel	einzeln	öfter blühend
Silver Anniversary	mauve	zart	kleine Büschel	öfter blühend
Silver Jubilee	rosa+	zart	kleine Büschel	öfter blühend
Silver Lining	weiß	mittel	einzeln	öfter blühend
Silver Moon	mauve	zart	kleine Büschel	einmalblühend
Silver Wedding	rein rosa	zart	einzeln	öfter blühend
Simplicity	apricot+	mittel	kleine Büschel	öfter blühend
Singin' in the Rain	weiß	stark	große Büschel	öfter blühend
Sir Cedric Morris	rot/hellrot	zart	kleine Büschel	öfter blühend
Sir Edward Elgar	weiß	mittel	kleine Büschel	öfter blühend
Sir Thomas Lipton	rein rosa	stark	kleine Büschel	öfter blühend
Sir Walter Raleigh	rot	ohne Duft	große Büschel	öfter blühend
Slater's Crimson China	hellrosa	ohne Duft	kleine Büschel	öfter blühend
Smarty	rot+	stark	einzeln	öfter blühend
Smooth Melody	rot	stark	kleine Büschel	öfter blühend
Smooth Prince	weiß	zart	kleine Büschel	öfter blühend
Snow Ballet	weiß	ohne Duft	kleine Büschel	öfter blühend
Snow Bride	weiß	ohne Duft	kleine Büschel	öfter blühend
Snow Carpet	weiß	zart	kleine Büschel	öfter blühend
Snow Meillandina	weiß	stark	kleine Büschel	öfter blühend
Snowflake	weiß	ohne Duft	kleine Büschel	öfter blühend
Snowline	weiß	ohne Duft	kleine Büschel	öfter blühend
Softee	weiß	zart	kleine Büschel	öfter blühend
Softly Softly	rosa+	zart	kleine Büschel	öfter blühend
Soleil d'Or	gelb+	mittel	kleine Büschel	öfter blühend
Solfaterre	rein gelb	zart	kleine Büschel	öfter blühend
Solitaire	gelb+	mittel	einzeln	öfter blühend

NAME	Blütenfarbe	Duft	Blütenstand	Blühhäufigkeit
Sombreuil	weiß	stark	kleine Büschel	öfter blühend
Sommermärchen	dunkelrosa	zart	große Büschel	öfter blühend
Sonia	rosa+	mittel	kleine Büschel	öfter blühend
Sonnenschirn	hellgelb	ohne Duft	große Büschel	öfter blühend
Sophie's Perpetual	rosa+	mittel	kleine Büschel	öfter blühend
Soupert et Notting	dunkelrosa	stark	kleine Büschel	öfter blühend
South Seas	orangerosa	zart	einzeln	öfter blühend
Southampton	apricot+	zart	kleine Büschel	öfter blühend
Souvenir d'Alphonse Lavallée	dunkelrot	stark	kleine Büschel	öfter blühend
Souvenir de Christophe Cochet	rein rosa	zart	kleine Büschel	öfter blühend
Souvenir de Claudius Denoyel	dunkelrosa	mittel	kleine Büschel	öfter blühend
Souvenir de la Malmaison	hellrosa	stark	kleine Büschel	öfter blühend
Souvenir de Mme Auguste Charles	rein rosa	zart	kleine Büschel	öfter blühend
Souvenir de Mme Boullet	goldgelb	zart	kleine Büschel	öfter blühend
Souvenir de Mme Léonie Viennot	gelb+	mittel	kleine Büschel	öfter blühend
Souvenir de Philémon Cochet	weiß	stark	kleine Büschel	öfter blühend
Souvenir de St Anne's	hellrosa	mittel	kleine Büschel	öfter blühend
Souvenir de Thérèse Lovet	dunkelrot	ohne Duft	kleine Büschel	öfter blühend
Souvenir d'Elise Vardon	weiß+	zart	kleine Büschel	öfter blühend
Souvenir du Docteur Jamain	dunkelrot	mittel	kleine Büschel	öfter blühend
Souvenir d'un Ami	hellrosa	mittel	kleine Büschel	öfter blühend
Sparkling Scarlet	rot	mittel	kleine Büschel	öfter blühend
Sparrieshoop	hellrosa	mittel	große Büschel	öfter blühend
Spartan	orangerot	mittel	kleine Büschel	öfter blühend
Spectacular	orangerot	zart	große Büschel	öfter blühend
Spencer	hellrosa	zart	einzeln	öfter blühend
Spice Drop	orangerosa	zart	kleine Büschel	öfter blühend
Spiced Coffee	rostrot	mittel	kleine Büschel	öfter blühend
Splendens (vor 1837)	weiß+	stark	kleine Büschel	einmalblühend
Splendens (vor 1583)	rot	stark	große Büschel	einmalblühend
Spong	rein rosa	stark	kleine Büschel	einmalblühend
Squatters Dream	rein gelb	mittel	kleine Büschel	öfter blühend
Stacey Sue	hellrosa	ohne Duft	kleine Büschel	öfter blühend
Stainless Steel	mauve	stark	kleine Büschel	öfter blühend
Stanwell Perpetual	weiß	zart	kleine Büschel	öfter blühend
Starina	orangerot	ohne Duft	kleine Büschel	öfter blühend
Stars 'n' Stripes	rot+	mittel	kleine Büschel	öfter blühend
Steffi Graf	rein rosa	ohne Duft	einzeln	öfter blühend
Stephens' Big Purple	mauve+	stark	einzeln	öfter blühend
Sterling Silver	mauve+	mittel	kleine Büschel	öfter blühend
Strawberry Swirl	rot+	ohne Duft	kleine Büschel	öfter blühend
Stretch Johnson	rot+	zart	kleine Büschel	öfter blühend
Sue Lawley	rot+	zart	kleine Büschel	öfter blühend

NAME	Blütenfarbe	Duft	Blütenstand	Blühhäufigkeit
Suma	rot	ohne Duft	große Büschel	öfter blühend
Summer Blush	dunkelrosa	zart	kleine Büschel	einmalblühend
Summer Dream	apricot+	zart	kleine Büschel	öfter blühend
Summer Fashion	gelb+	mittel	kleine Büschel	öfter blühend
Summer Holiday	orangerot	mittel	kleine Büschel	öfter blühend
Summer Lady	rosa+	stark	einzeln	öfter blühend
Summer Snow	weiß	zart	große Büschel	öfter blühend
Summer Sunshine	goldgelb	zart	kleine Büschel	öfter blühend
Summer Wine	rosa	mittel	große Büschel	öfter blühend
Sun Flare	rein gelb	zart	kleine Büschel	öfter blühend
Sunblest	goldgelb	zart	kleine Büschel	öfter blühend
Sundowner	apricot+	stark	kleine Büschel	öfter blühend
Sunlit	apricot+	zart	kleine Büschel	öfter blühend
Sunmaid	gelb+	ohne Duft	kleine Büschel	öfter blühend
Sunny June	goldgelb	zart	große Büschel	öfter blühend
Sunseeker	orangerot	mittel	kleine Büschel	öfter blühend
Sunset Boulevard	orangerosa	zart	kleine Büschel	öfter blühend
Sunset Celebration	orangerosa	mittel	einzeln	öfter blühend
Sunset Song	apricot+/orange+	zart	kleine Büschel	öfter blühend
Sunsprite	goldgelb	stark	kleine Büschel	öfter blühend
Super Dorothy	rein rosa	zart	große Büschel	öfter blühend
Super Excelsa	dunkelrot	mittel	große Büschel	öfter blühend
Super Fairy	hellrosa	mittel	große Büschel	öfter blühend
Superb Tuscan	mauve	stark	kleine Büschel	einmalblühend
Surpasse Tout	rot	stark	große Büschel	einmalblühend
Surrey	hellrosa	ohne Duft	große Büschel	öfter blühend
Susan Hampshire	hellrosa	stark	einzeln	öfter blühend
Susan Louise	hellrosa	zart	kleine Büschel	öfter blühend
Sussex	apricot+	ohne Duft	sehr große Büschel	öfter blühend
Sutter's Gold	orange+	stark	einzeln	öfter blühend
Swan	weiß+	zart	kleine Büschel	öfter blühend
Swan Lake	weiß+	zart	kleine Büschel	öfter blühend
Swany	weiß	ohne Duft	kleine Büschel	öfter blühend
Swarthmore	rosa+	zart	einzeln	öfter blühend
Sweet Chariot	mauve	stark	große Büschel	öfter blühend
Sweet Dream	apricot+	mittel	große Büschel	öfter blühend
Sweet Inspiration	rein rosa	ohne Duft	große Büschel	öfter blühend
Sweet Juliet	apricot+	stark	kleine Büschel	öfter blühend
Sweet Magic	orange+	ohne Duft	kleine Büschel	öfter blühend
Sweet Memories	hellgelb	mittel	große Büschel	öfter blühend
Sweet Surrender	rein rosa	stark	einzeln	öfter blühend
Sydonie	rein rosa	stark	kleine Büschel	öfter blühend
Sympathie	rot	stark	kleine Büschel	öfter blühend

ALLE ROSEN IM ÜBERBLICK

NAME	Blütenfarbe	Duft	Blütenstand	Blühhäufigkeit
Symphonie	hellgelb	stark	kleine Büschel	öfter blühend
Taboo	dunkelrot	mittel	einzeln	öfter blühend
Talisman	gelb+	mittel	kleine Büschel	öfter blühend
Tall Story	rein gelb	zart	kleine Büschel	öfter blühend
Tamora	apricot+	ohne Duft	kleine Büschel	öfter blühend
Tapis Jaune	rein gelb	ohne Duft	kleine Büschel	öfter blühend
Tapis Volant	rosa+	mittel	große Büschel	öfter blühend
Tarrawarra	rosa+	zart	große Büschel	einmalblühend
Tatjana	dunkelrot	stark	kleine Büschel	öfter blühend
Tausendschön	rosa+	zart	große Büschel	einmalblühend
Tchin-Tchin	gelb+	ohne Duft	kleine Büschel	öfter blühend
Tea Rambler	orangerosa	mittel	kleine Büschel	einmalblühend
Tear Drop	weiß	zart	kleine Büschel	öfter blühend
Teddy Bear	rostrot	zart	kleine Büschel	öfter blühend
Temple Bells	weiß	zart	kleine Büschel	öfter blühend
Tender Blush	hellrosa	mittel	kleine Büschel	einmalblühend
Tender Night	rot	mittel	kleine Büschel	öfter blühend
Tequila	orange+	zart	kleine Büschel	öfter blühend
Tequila Sunrise	rot+	zart	kleine Büschel	öfter blühend
Texas (Poulsen)	rein gelb	zart	kleine Büschel	öfter blühend
Texas Centennial	rot+	mittel	große Büschel	öfter blühend
Thalia	weiß	mittel	große Büschel	einmalblühend
The Alexandra Rose	rosa+	zart	große Büschel	öfter blühend
The Bishop	mauve	mittel	kleine Büschel	einmalblühend
The Bride	weiß	mittel	kleine Büschel	öfter blühend
The Countryman	rein rosa	stark	kleine Büschel	öfter blühend
The Dark Lady	dunkelrot	mittel	kleine Büschel	öfter blühend
The Doctor	rein rosa	stark	kleine Büschel	öfter blühend
The Fairy	hellrosa	ohne Duft	große Büschel	öfter blühend
The Friar	hellrosa	stark	kleine Büschel	öfter blühend
The Garland	weiß	zart	kleine Büschel	einmalblühend
The Herbalist	dunkelrosa	zart	kleine Büschel	öfter blühend
The Lady	gelb+	zart	kleine Büschel	öfter blühend
The McCartney Rose	rein rosa	stark	kleine Büschel	öfter blühend
The Nun	weiß	zart	kleine Büschel	öfter blühend
The Pilgrim	rein gelb	mittel	kleine Büschel	öfter blühend
The Prince	dunkelrot	stark	kleine Büschel	öfter blühend
The Prioress	hellrosa	mittel	kleine Büschel	öfter blühend
The Reeve	dunkelrosa	stark	kleine Büschel	öfter blühend
The Squire	dunkelrot	stark	kleine Büschel	öfter blühend
The Temptations	rosa+	mittel	kleine Büschel	öfter blühend
The Wife of Bath	rosa+	zart	kleine Büschel	öfter blühend
The Yeoman	orangerosa	stark	kleine Büschel	öfter blühend
Thérèse Bugnet	rein rosa	mittel	kleine Büschel	öfter blühend
Thérèse de Lisieux	weiß	zart	kleine Büschel	öfter blühend
Thisbe	hellgelb	stark	große Büschel	öfter blühend
Tiffany	rosa+	stark	kleine Büschel	öfter blühend
Tiki	rosa+	ohne Duft	kleine Büschel	öfter blühend
Till Uhlenspiegel	rot+	ohne Duft	kleine Büschel	einmalblühend
Timeless	dunkelrosa/hellrot	ohne Duft	kleine Büschel	öfter blühend
Tineke	weiß	ohne Duft	einzeln	öfter blühend
Tinkerbell	hellrosa	ohne Duft	kleine Büschel	öfter blühend
Tino Rossi	rein rosa	stark	kleine Büschel	öfter blühend
Tintinara	hellrot	mittel	kleine Büschel	öfter blühend
Tip Top	orangerosa	zart	kleine Büschel	öfter blühend
Titian	dunkelrosa	zart	kleine Büschel	öfter blühend
Tivoli	rein gelb	zart	kleine Büschel	öfter blühend
Toby Tristam	weiß	mittel	sehr große Büschel	einmalblühend
Tom Tom	dunkelrosa	zart	kleine Büschel	öfter blühend
Tom Wood	rot	mittel	kleine Büschel	öfter blühend
Top Marks	rot	zart	kleine Büschel	öfter blühend
Topaz Jewel	rein gelb	mittel	kleine Büschel	öfter blühend
Toprose	goldgelb	zart	große Büschel	öfter blühend
Topsi	orangerot	zart	kleine Büschel	öfter blühend
Tornado	orangerot	zart	kleine Büschel	öfter blühend
Torvill & Dean	rosa+	zart	kleine Büschel	öfter blühend
Touch of Class	orangerosa	zart	kleine Büschel	öfter blühend
Toulouse-Lautrec	rein gelb	mittel	einzeln	öfter blühend
Tour de Malakoff	mauve	stark	kleine Büschel	einmalblühend
Tournament of Roses	rein rosa	ohne Duft	kleine Büschel	öfter blühend
Tradescant	dunkelrot	mittel	kleine Büschel	öfter blühend
Träumerei	orange+	stark	große Büschel	öfter blühend
Travemünde	rot	ohne Duft	kleine Büschel	öfter blühend
Traviata	rot+	mittel	kleine Büschel	öfter blühend
Treasure Trove	apricot+	stark	sehr große Büschel	einmalblühend
Trevor Griffiths	rein rosa	stark	kleine Büschel	öfter blühend
Tricolore de Flandre	rosa+	stark	kleine Büschel	einmalblühend
Trier	weiß	mittel	große Büschel	öfter blühend
Triolet	apricot+	stark	kleine Büschel	öfter blühend
Triomphe du Luxembourg	rosa+	mittel	kleine Büschel	öfter blühend
Troilus	apricot+	stark	kleine Büschel	öfter blühend
Tropicana	orangerot	mittel	kleine Büschel	öfter blühend
Trumpeter	orangerot	zart	kleine Büschel	öfter blühend
Tumbling Waters	weiß	zart	große Büschel	öfter blühend
Tuscany	mauve	mittel	kleine Büschel	einmalblühend
Tutu Mauve	mauve	zart	kleine Büschel	öfter blühend

ALLE ROSEN IM ÜBERBLICK

NAME	Blütenfarbe	Duft	Blütenstand	Blühhäufigkeit
Tzigane	rot+	mittel	kleine Büschel	öfter blühend
Ulrich Brunner Fils	dunkelrosa	stark	kleine Büschel	öfter blühend
Uncle Joe	dunkelrot	ohne Duft	einzeln	öfter blühend
Uncle Merc	rein rosa	zart	einzeln	öfter blühend
Uncle Walter	rot	zart	einzeln	öfter blühend
UNICEF	orange+	zart	kleine Büschel	öfter blühend
Unique Blanche	weiß	stark	kleine Büschel	einmalblühend
Uwe Seeler	orange+	mittel	kleine Büschel	öfter blühend
Valencia	apricot+	mittel	einzeln	öfter blühend
Valentine Heart	rosa/rosa+	stark	kleine Büschel	öfter blühend
Vanguard	orangerosa	mittel	kleine Büschel	öfter blühend
Vanilla	grünlich/weiß	ohne Duft	kleine Büschel	öfter blühend
Vanity	dunkelrosa	stark	große Büschel	öfter blühend
Variegata di Bologna	rot+	mittel	kleine Büschel	einmalblühend
Veilchenblau	mauve	mittel	große Büschel	einmalblühend
Velvet Fragrance	hellrosa	zart	kleine Büschel	öfter blühend
Velvet Hour	dunkelrot	mittel	kleine Büschel	öfter blühend
Venusta Pendula	weiß	zart	große Büschel	einmalblühend
Verdi	mauve+	mittel	große Büschel	öfter blühend
Versailles	hellrosa	zart	kleine Büschel	öfter blühend
Verschuren	hellrosa	zart	kleine Büschel	öfter blühend
Vesper	orange+	zart	kleine Büschel	öfter blühend
Vestey's Pink Tea	rosa	zart	kleine Büschel	öfter blühend
Vestey's Yellow Tea	hellgelb	mittel	kleine Büschel	öfter blühend
Vi's Violet	mauve	mittel	kleine Büschel	öfter blühend
Vick's Caprice	rosa+	mittel	kleine Büschel	öfter blühend
Vicomtesse Pierre du Fou	orangerosa	stark	kleine Büschel	öfter blühend
Victor Borge	orange+	zart	einzeln	öfter blühend
Victor Emmanuel	dunkelrot	mittel	kleine Büschel	einmalblühend
Victor Hugo	dunkelrot	stark	einzeln	öfter blühend
Victoriana	orange+	zart	kleine Büschel	öfter blühend
Ville de Londres	dunkelrosa	mittel	einzeln	öfter blühend
Vino Delicado	mauve	zart	kleine Büschel	öfter blühend
Violacée	mauve	stark	kleine Büschel	öfter blühend
Violet Carson	orangerosa/rosa+	zart	große Büschel	öfter blühend
Violette	mauve	mittel	große Büschel	einmalblühend
Violette Parfumée	mauve+	stark	einzeln	öfter blühend
Violinista Costa	rot+	mittel	einzeln	öfter blühend
Virgo	weiß	zart	kleine Büschel	öfter blühend
Vivid	mauve/hellrot	mittel	kleine Büschel	öfter blühend
Vogelpark Walsrode	hellrosa	zart	kleine Büschel	öfter blühend
Vogue	rosa+	zart	kleine Büschel	öfter blühend
Vol de Nuit	mauve	stark	kleine Büschel	öfter blühend

NAME	Blütenfarbe	Duft	Blütenstand	Blühhäufigkeit
Voodoo	orange+	mittel	einzeln	öfter blühend
Waiheke	orangerosa	zart	kleine Büschel	öfter blühend
Waldfee	rot	zart	kleine Büschel	öfter blühend
Wandering Minstrel	orangerosa	zart	kleine Büschel	öfter blühend
Wapiti	rot+	ohne Duft	große Büschel	öfter blühend
Warm Welcome	orangerot	mittel	große Büschel	öfter blühend
Warrior	orangerot	zart	sehr große Büschel	öfter blühend
Warwick Castle	dunkelrosa	stark	kleine Büschel	öfter blühend
Warwickshire	rosa+	ohne Duft	große Büschel	öfter blühend
Water Music	dunkelrosa	zart	kleine Büschel	öfter blühend
Watercolor	rein rosa	mittel	kleine Büschel	öfter blühend
Wedding Day	weiß	stark	sehr große Büschel	einmalblühend
Weisse Immensee	weiß	mittel	kleine Büschel	öfter blühend
Wendy Cussons	rot	stark	kleine Büschel	öfter blühend
Western Sun	apricot+	ohne Duft	einzeln	öfter blühend
Westfalenpark	apricot+	mittel	kleine Büschel	öfter blühend
Wenlock	rot	mittel	kleine Büschel	öfter blühend
West Coast	rein rosa	mittel	kleine Büschel	öfter blühend
Westerland	apricot+	zart	kleine Büschel	öfter blühend
Whisky	gelb+	mittel	kleine Büschel	öfter blühend
White Angel	weiß	zart	kleine Büschel	öfter blühend
White Bath	weiß	stark	kleine Büschel	einmalblühend
White Bella Rosa	weiß	zart	kleine Büschel	öfter blühend
White Bells	weiß	mittel	kleine Büschel	öfter blühend
White Cécile Brunner	weiß	zart	kleine Büschel	öfter blühend
White Christmas	weiß	mittel	kleine Büschel	öfter blühend
White Cockade	weiß	mittel	kleine Büschel	öfter blühend
White Dawn	weiß	mittel	kleine Büschel	öfter blühend
White Dorothy	weiß	zart	kleine Büschel	einmalblühend
White Dream	weiß	mittel	einzeln	öfter blühend
White Flower Carpet	weiß	zart	kleine Büschel	öfter blühend
White Gem	weiß	mittel	kleine Büschel	öfter blühend
White Grootendorst	weiß	zart	kleine Büschel	öfter blühend
White Lightnin'	weiß	mittel	kleine Büschel	öfter blühend
White Maman Cochet	weiß	zart	große Büschel	öfter blühend
White Masterpiece	weiß	mittel	einzeln	öfter blühend
White Meidiland	weiß	ohne Duft	kleine Büschel	öfter blühend
White Meillandina	weiß	ohne Duft	kleine Büschel	öfter blühend
White Pet	weiß	ohne Duft	kleine Büschel	öfter blühend
White Queen Elizabeth	weiß	zart	kleine Büschel	öfter blühend
White Simplicity	weiß	zart	kleine Büschel	öfter blühend
White Sparrieshoop	weiß	zart	große Büschel	öfter blühend
White Spray	weiß	mittel	große Büschel	öfter blühend

NAME	Blütenfarbe	Duft	Blütenstand	Blühhäufigkeit
White Wings	weiß	zart	große Büschel	öfter blühend
Wichmoss	hellrosa	zart	große Büschel	einmalblühend
Wickwar	hellrosa	stark	kleine Büschel	einmalblühend
Will Scarlet	rot	zart	große Büschel	öfter blühend
William Allen Richardson	gelb+	mittel	kleine Büschel	öfter blühend
William and Mary	rosa+	stark	kleine Büschel	einmalblühend
William Baffin	dunkelrosa	ohne Duft	kleine Büschel	einmalblühend
William Grant	dunkelrosa	zart	kleine Büschel	öfter blühend
William Lobb	mauve	stark	kleine Büschel	einmalblühend
William Shakespeare	dunkelrot	stark	kleine Büschel	öfter blühend
William III	mauve	mittel	kleine Büschel	einmalblühend
Wiltshire	rein rosa	ohne Duft	große Büschel	öfter blühend
Willy Millowitsch Rose	rosa+	stark	kleine Büschel	öfter blühend
Winchester Cathedral	weiß	mittel	kleine Büschel	öfter blühend
Windrush	hellgelb	stark	kleine Büschel	öfter blühend
Winnipeg Parks	dunkelrosa	zart	kleine Büschel	öfter blühend
Winsome	mauve	ohne Duft	kleine Büschel	öfter blühend
Wise Portia	mauve	stark	kleine Büschel	öfter blühend
Wishing	rosa/orangerosa	zart	kleine Büschel	öfter blühend
Woburn Abbey	orange+	mittel	große Büschel	öfter blühend
Work of Art	orange+	zart	kleine Büschel	öfter blühend
Xavier Olibo	dunkelrot	stark	kleine Büschel	öfter blühend

NAME	Blütenfarbe	Duft	Blütenstand	Blühhäufigkeit
Yakimour	rot+	zart	kleine Büschel	öfter blühend
Yankee Doodle	gelb+	zart	kleine Büschel	öfter blühend
Yellow Bantam	hellgelb	ohne Duft	kleine Büschel	öfter blühend
Yellow Burton	gelb+	zart	große Büschel	öfter blühend
Yellow Charles Austin	hellgelb	zart	kleine Büschel	öfter blühend
Yellow Fairy	rein gelb	zart	große Büschel	öfter blühend
Yesterday	rein rosa	zart	sehr große Büschel	öfter blühend
Yolande d'Aragon	mauve	stark	kleine Büschel	einmalblühend
York and Lancaster	rosa+	mittel	kleine Büschel	einmalblühend
Yorkshire Bank	weiß	stark	kleine Büschel	öfter blühend
Youki San	weiß	stark	kleine Büschel	öfter blühend
Young at Heart	apricot+	mittel	kleine Büschel	öfter blühend
Young Quinn	rein gelb	zart	einzeln	öfter blühend
Yves Piaget	dunkelrosa	stark	einzeln	öfter blühend
Yvonne Rabier	weiß	ohne Duft	große Büschel	öfter blühend
Zambra	orange+	zart	kleine Büschel	öfter blühend
Zéphirine Drouhin	rein rosa	stark	kleine Büschel	öfter blühend
Zinger	rot	mittel	kleine Büschel	öfter blühend
Zoé	rosa	stark	kleine Büschel	einmalblühend
Zweibrücken	dunkelrot	zart	große Büschel	öfter blühend
Zwergkönig 78	dunkelrot	ohne Duft	kleine Büschel	öfter blühend
Zwergkönigin 82	rein rosa	ohne Duft	kleine Büschel	öfter blühend

Register

'Aachener Dom' siehe
  'Pink Panther' 669
'Aalsmeer Gold' 70
'Abbaye de Cluny' 70
'Abbeyfield Rose' 70
'Abbotswood' 71
'Abondonnata' siehe
  'Lauré Davoust' 481
'Abraham' siehe
  'Abraham Darby' 71
'Abraham Darby' 71
'Acapulco' 71
'Ace of Hearts' siehe
  'Asso di Cuori' 125
'Acey Deucy' 72
'Adair Roche' 72
'Adam' 73
'Adam Messerich' 73
'Adélaïde d'Orléans' 74
'Admiral Rodney' 74
'Adolf Horstmann' 75
'Adolph Horstmann' s.
  'Adolf Horstmann' 75
'Agatha Christie' 75
'Agathe Incarnata' 76
'Aglaia' 76
'Agnes' 77
'Agnes Bernauer' 77
'Aïcha' 77
'Aimable Rouge' 78
'Aimée Vibert' 78
'Alain' 78
'Alain Blanchard' 68, 79
'Alain, Climbing' 78
'Alba Maxima' 79
'Alba Meidiland'
  (Meilland, 1986)
  siehe 'White
  Meidiland' 921

'Alba Meidiland'
  (Meilland, 1987) 79
'Alba Meillandécor'
  siehe 'Alba
  Meidiland' 79
'Alba Semi-plena' 80
'Alba Suaveolens' 80
'Alba Sunblaze' siehe
  'Alba Meidiland' 79
'Albéric Barbier' 80
'Alberich' siehe
  'Happy' 389
'Albertine' 81
'Alchemist' siehe
  'Alchymist' 81
'Alchymist' 81
'Alchymiste' siehe
  'Alchymist' 81
'Alec's Red' 82
'Alexander' 82
'Alexandra' siehe
  'Alexander' 82
'Alexandre Girault' 83
'Alexis' siehe 'L'Oréal
  Trophy' 504
'Alfred Colomb' 83
'Alfred de Dalmas' 84
'Alida Lovett' 84
'Alinka' siehe 'Redgold'
  717
'Alister Clark' 84
'Alister Stella Gray' 85
'All Gold' siehe
  'Allgold' 86
'All In One' siehe
  'Exploit' 297
'Alleluia' 85
'Allen Chandler' 85
'Allgold' 86

'Allgold, Climbing' 86
'Allotria' 86
'Allux Symphony' siehe
  'Symphony' 839
'Aloha' 87
'Alpine Rose' siehe Rosa
  pendulina 61
'Alpine Sunset' 87
'Altaica' siehe Rosa
  pimpinellifolia 61
'Altissimo' 88
'Altus' siehe
  'Altissimo' 88
'Amadis' 88
'Amalia' 89
'Amanda' siehe
  'Red Ace' 709
'Amaroela' siehe
  'Bernstein-Rose'
  156
'Amatsu-Otome' 89
'Ambassador' 84
'Amber Queen' 90
'Amélia' 90
'America' 91
'American Beauty' 91
'American Heritage'
  91
'American Home' 92
'American Pillar' 92
'Améthyste' 92
'Ami des Jardins' siehe
  'Finale' 309
AmRUda siehe
  'Red Ace' 709
'Amy Johnson' 93
'Amy Robsart' 93
'Anabell' 94
'Anaïs Ségalas' 94

'Anastasia' 95
'Andalusien' 95
ANDeli siehe 'Double
  Delight' 265
ANDmac siehe 'Whisky
  Mac, Climbing'
  914
'Anemone' siehe
  'Anemonenrose' 96
'Anemonenrose' 96
'Angel Darling' 96
'Angel Face' 97
'Angela' 98
'Angela Rippon' 98
'Angelica' siehe
  'Angela' 98
'Anisley Dickson' siehe
  'Dicky' 259
'Ann Endt' 99
'Anna de Diesbach'
  siehe 'Anna von
  Diesbach' 99
'Anna Ford' 100
'Anna Livia' 100
'Anna-Maria de
  Montravel' siehe
  'Anne-Marie de
  Montravel' 105
'Anna Olivier' 101
'Anna Pavlova' 101
'Anna von Diesbach'
  99
'Annabelle' siehe
  'Anabell' 94
'Anne Cocker' 102
'Anne de Bretagne'
  102
'Anne Diamond' 103
'Anne Harkness' 104

REGISTER

'Anne-Marie de Montravel' 105
'Anneliese Rothenberger' siehe 'Oregold' 632
'Annie Vibert' 105
'Another Chance' 106
'Anthony Meilland' 107
'Antike 89' 108
'Antique' (Kordes, 1988) siehe 'Antike 89' 108
'Antique 89' siehe 'Antike 89' 108
'Antique Rose' 108
'Antique Silk' 109
'Antoine Rivoire' 110
'Antonia Ridge' 110
'Anuschka' 111
'Anushcar' siehe 'Anuschka' 111
'Anusheh' siehe 'Anuschka' 111
'Aotearoa New Zealand' siehe 'New Zealand' 618
'Apart' 111
'Aparte' siehe 'Spartan' 810
'Apollo' 112
'Apotheker-Rose' 113
'Apple Blossom' 113
'Apple Rose' siehe 'Duplex' 272
'Apple Rose' siehe Rosa pomifera 62
'Apricot Cottage Rose' siehe 'Sussex' 832
'Apricot Gem' 114
'Apricot Nectar' 114
'Apricot Prince' siehe 'Gingersnap' 349
'Apricot Silk' 115
'April Hamer' 115
'Aquarius' 116
'Aquitaine' siehe 'Essex' 289

'Arc de Triomphe' siehe 'Summer Fashion' 821
'Arcadian' siehe 'New Year' 618
'Archduke Charles' siehe 'Archiduc Charles' 117
'Archiduc Charles' 117
'Archiduc Joseph' (Nabonnand) 117
'Archiduchesse Elizabeth d'Autriche' 118
'Ardoisée de Lyon' 118
'Ards Rover' 119
'Arethusa' 119
'Ariana d'Algier' siehe 'Complicata' 230
'Arianna' 120
'Arielle Dombasie' siehe 'Arielle Dombasle' 121
'Arielle Dombasle' 121
'Arizona' 121
'Arkansas Rose' siehe Rosa arkansana 40
'Arlequin' siehe 'Harlekin' 391
'Armada' 122
ARMaq siehe 'Aquarius' 116
ARMolo siehe 'Apollo' 112
'Armosa' siehe 'Hermosa' 402
'Arnaud Delbard' siehe 'First Edition' 310
ARObipy siehe 'Crystalline' 243
ARObri siehe 'Holy Toledo' 407
AROcad siehe 'Brandy' 180
AROcher siehe 'Mon Cheri' 603

ARODdousna siehe 'Givenchy' 351
AROket siehe 'Cricket' 241
AROkris siehe 'Golden Wedding' 366
AROlaqueli siehe 'Lagerfeld' 476
AROmiclea siehe 'Voodoo' 903
AROplumi siehe 'Fragrant Plum' 319
AROsilha siehe 'Silk Hat' 789
AROsilma siehe 'Silk Hat' 789
AROwhif siehe 'White Lightnin' 920
AROyqueli siehe 'Gold Medal' 361
'Arthur Bell' 122
'Arthur Bell, Climbing' 122
'Arthur de Sansal' 123
'Arthur Hillier' 123
'Artistry' 124
'Aspen' 124
'Assemblage de Beaute' siehe 'Assemblage des Beautés' 125
'Assemblage des Beautés' 125
'Asso di Cuori' 125
'Asta von Parpart' 125
'Astra Desmond' 93
'Astree' 126
'Astree, Climbing' 126
'Astrid Späth' siehe 'Frau Astrid Späth' 323
'Athena' 126
'Atoll' siehe 'Clarita' 225
'Auckland Metro' 127
'Audace' siehe 'Carefree Beauty' 202
'August Kordes' siehe 'Lafayette' 476

'Auguste Gervais' 127
'Auguste Renoir' 128
'Augustine Guinoisseau' 128
AUSapple siehe 'Dapple Dawn' 251
AUSbath siehe 'The Wife of Bath' 860
AUSbeam siehe 'Moonbeam' 605
AUSbells siehe 'Bow Bells' 179
AUSbloom siehe 'The Dark Lady' 853
AUSblossom siehe 'Peach Blossom' 652
AUSblush siehe 'Heritage' 402
AUSbord siehe 'Gertrude Jekyll' 346
AUSbred siehe 'Breathless' 182
AUSbrid siehe 'Mayor of Casterbridge' 574
AUSbuff siehe 'English Garden' 286
AUSburton siehe 'Emily' 284
AUSbury siehe 'Canterbury' 199
AUSca siehe 'Fair Bianca' 300
AUScat siehe 'Winchester Cathedral' 930
AUScent siehe 'John Clare' 439
AUScer siehe 'Chaucer' 217
AUSchild siehe 'Fisherman's Friend' 313
AUSclub siehe 'Kathryn Morley' 452
AUScoat siehe 'Redcoat' 717

AUScomp siehe 'Happy Child' 390
AUScon siehe 'Chaucer' 217
AUScot siehe 'Abraham Darby' 71
AUScountry siehe 'Country Living' 238
AUScress siehe 'Cressida' 240
AUScrim siehe 'L. D. Braithwaite' 464
AUScup siehe 'Ellen' 282
AUSday siehe 'The Alexandra Rose' 851
AUSdir siehe 'Tradescant' 874
AUSdor siehe 'Mrs Doreen Pike' 594
AUSdove siehe 'Dove' 265
AUSelle siehe 'Belle Story' 152
AUSemi siehe 'Lucetta' 513
AUSfather siehe 'Charles Austin' 213
AUSfin siehe 'Financial Times Centenary' 309
AUSglisten siehe 'Cottage Rose' 237
AUSglobe siehe 'Brother Cadfael' 186
AUSgold siehe 'Golden Celebration' 362
AUSire siehe 'The Squire' 859
AUSjac siehe 'Jaquenetta' 429
AUSjess siehe 'Pretty Jessica' 683
AUSky siehe 'Mistress Quickly' 600
AUSland siehe 'Scepter d'Isle' 773

AUSlea siehe 'Leander' 487
AUSleaf siehe 'English Elegance' 286
AUSlean siehe 'Cymbaline' 245
AUSleap siehe 'Sweet Juliet' 836
AUSles siehe 'Charles Austin' 213
AUSlevel siehe 'Glamis Castle' 353
AUSli siehe 'Lilian Austin' 495
AUSlian siehe 'Warwick Castle' 908
AUSlight siehe 'Claire Rose' 162257
AUSlilac siehe 'Lilac Rose' 495
AUSlow siehe 'Yellow Button' 936
AUSmak siehe 'Eglantyne' 279
AUSman siehe 'The Countryman' 852
AUSmary siehe 'Mary Rose' 569
AUSmas siehe 'Graham Thomas' 372
AUSmian siehe 'Charmian' 216
AUSmit siehe 'St Cecilia' 761
AUSmol siehe 'Molineux' 602
AUSmum siehe 'Pat Austin' 644
AUSmurr siehe 'Hilda Murrell' 405
AUSnun siehe 'The Nun' 857
AUSold siehe 'Trevor Griffiths' 876
AUSpale siehe 'Redouté' 718
AUSperd siehe 'Perdita' 655

AUSpero siehe 'Prospero' 694
AUSpoly siehe 'Charlotte' (Austin) 215
AUSport siehe 'Wise Portia' 932
AUSpot siehe 'Potter & Moore' 680
AUSprima siehe 'Sir Edward Elgar' 793
AUSquire siehe 'The Squire' 859
AUSram siehe 'Francine Austin' 321
AUSreef siehe 'Sharifa Asma' 783
AUSreeve siehe 'The Reeve' 859
AUSren siehe 'Charles Rennie Mackintosh' 265
AUSron siehe 'Lordly Oberon' 504
AUSroyal siehe 'William Shakespeare' 928
AUSrush siehe 'Windrush' 931
AUSsal siehe 'Radio Times' 704
AUSsaucer siehe 'Evelyn' 295
AUSsemi siehe 'The Herbalist' 855
AUSspry (Austin, 1984) siehe 'Belle Story' 152
AUSspry (Austin, 1985) siehe 'Sir Walter Raleigh' 794
AUStamora siehe 'Tamora' 843
AUStania siehe 'Proud Titania' 695
'Australia Felix' 128
'Australia's Olympic Gold Rose' 129
'Austrian Briar' siehe Rosa foetida 51

'Austrian Copper' siehe Rosa foetida 51
'Austrian Yellow' siehe Rosa foetida 51
AUSuel siehe 'Emanuel' 283
AUSvariety siehe 'Kathryn Morley' 452
AUSvelvet siehe 'The Prince' 858
AUSwalker siehe 'The Pilgrim' 857
AUSweb siehe 'Mary Webb' 570
AUSwen siehe 'Wenlock' 912
AUSwhite siehe 'Swan' 833
AUSwith siehe 'St Swithun' 763
AUSyel siehe 'Yellow Charles Austin' 936
AUSyeo siehe 'The Yeoman' 861
'Autumn Damask' 129
'Autumn Delight' 130
'Autumn Sunlight' 130
'Autumn Sunset' 131
'Autumnalis' siehe 'Princesse de Nassau' 690
'Ave Maria' 131
'Avenue's Red' siehe 'Konrad Henkel' 459
'Aviateur Blériot' 132
'Avon' 133
'Awakening' 133
'Ayrshire Splendens' siehe 'Splendens' 813
'Azulabria' siehe 'Blue Peter' 170

'Baby Alberic' 136
'Baby Bio' 136
'Baby Carnaval' siehe 'Baby Masquerade' 139

'Baby Carnival' siehe
'Baby Maskerade'
139
'Baby Crimson' siehe
'Perla de Alcañada'
657
'Baby Darling' 137
'Baby Darling,
Climbing' 137
'Baby Faurax' 137
'Baby Gold Star' 138
'Baby Katie' 138
'Baby Love' 138
'Baby Mascarade' siehe
'Baby Maskerade' 139
'Baby Maskarade' siehe
'Baby Maskerade'
139
'Baby Maskerade' 139
'Baby Masquerade' s.
'Baby Maskerade'
139
'Baby Tausendschön'
siehe 'Tausendschön'
845; 'Echo' 277
'Baccará' 140
'Bad Nauheim' siehe
'National Trust' 615
'Ballerina' 140
'Banksiae Alba' siehe
Rosa banksiae
banksiae 42
'Bantry Bay' 141
'Banzai '83' 142
'Barkarole' siehe
'Taboo' 842
'Baron de Bonstetten'
142
'Baron de Wassenaer'
142
'Baron G. B. Gonella'
siehe 'Baron J. B.
Gonella' 143
'Baron Giraud de l'Ain'
siehe 'Baron Girod
de l'Ain' 143
'Baron Girod de l'Ain'
143

'Baron J. B. Gonella'
143
'Baron J. G. Gonella'
siehe 'Baron J. B.
Gonella' 143
'Baroness E. de
Rothschild' siehe
'Baronne Edmond de
Rothschild' 144
'Baroness Henrietta
Snoy' siehe 'Baronne
Henriette de Snoy'
144
'Baronne Adolphe de
Rothschild' siehe
'Baroness
Rothschild'143
'Baroness Rothschild'
143
'Baronne de
Rothschild' siehe
'Baronne Edmond de
Rothschild' 144
'Baronne Edmond de
Rothschild' 144
'Baronne Henriette de
Snoy' 145
'Baronne Prévost'
145
'Barry Fearn' siehe
'Schwarze Madonna'
776
'Bassino' 145
'Beauce' siehe
'Palmengarten
Frankfurt' 639
'Beaulieu' siehe
'Tequila Sunrise'
849
'Beaute' 146
'Beautiful Britain' 146
'Beauty of
Glazenwood' siehe
'Fortune's Double
Yellow' 316
'Beauty of Rosemawr'
147
'Beauty Secret' 147

'Beauty Star' siehe
'Liverpool
Remembers' 501
'Béke' siehe 'Peace' 651
'Bekola' siehe
'Aalsmeer Gold' 70
'Bel Ange' 147
'Belfield' siehe 'Slater's
Crimson China'
794
'Bella Epoca' siehe 'Bel
Ange' 147
'Bella Rosa' 148
'Bella Weisse' siehe
'White Bella Rosa'
915
'Belle Amour' 148
'Belle Ange' siehe 'Bel
Ange' 147
'Belle Blonde' 149
'Belle de Crécy' 149
'Belle de Londres' siehe
'Compassion' 230
'Belle des Jardins'
(Guillot) 149
'Belle Dijonnaise' siehe
'Zéphirine Drouhin'
941
'Belle Epoque' (Fryer)
150
'Belle Epoque' (Lens)
siehe 'Bel Ange' 147
'Belle Isis' 149
'Belle of Portugal' siehe
'Belle Portugaise' 151
'Belle Poitevine' 150
'Belle Portugaise' 151
'Belle sans Flatterie' 151
'Belle Story' 152
'Belle Sultane' siehe
'La Belle Sultane' 464
'Belle Therese' siehe
'Cuisse de Nymphe
Emué' 244
BENblack siehe 'Black
Jade' 162
BENfig siehe 'Figurine'
308

'Bengal Centifolia' siehe
'Sophie's Perpetual'
803
'Bengal Rose' siehe
Rosa chinensis 47
'Bengale Rouge' 152
'Bengali' 153
'Benita' 153
BENjen siehe 'Jennifer'
435
BENmagic siehe
'Kristin' 461
'Bennett's Seedling' 154
'Benson & Hedges
Special' siehe
'Dorola' 264
'Benson & Hedges
Gold' 154
'Benvenuto' 155
BERgme siehe
'Gabriella' 336
'Berkeley' siehe
'Tournament of
Roses' 874
'Berkshire' siehe
'Sommermärchen'
801
'Berlin' 155
'Bernhard Däneke
Rose' siehe 'Showbiz'
787
'Bernstein-Rose' 156
'Berries 'n' Cream'
156
'Betty Harkness' 157
'Betty Prior' 157
'Betty Uprichard' 158
'Bewitched' 158
'Bienenweide' siehe
'Belle Story' 152
'Big Purple' siehe
'Stephen's Big
Purple' 817
'Bing Crosby' 159
'Bischofsstadt
Paderborn' 159
'Bishop Darlington' 159
'Bit o' Sunshine' 160

'Bizarre Triomphant' siehe 'Charles de Mills' 213
'Black Beauty' 160
'Black Boy' 161
'Black Ice' 161
'Black Jade' 162
'Black Madonna' siehe 'Schwarze Madonna' 776
'Black Velvet' 162
'Blackboy' siehe 'Black Boy' 161
'Blairii No. 2' 163
'Blanc de Vibert' 163
'Blanc Double de Coubert' 164
'Blanc Meillandécor' siehe 'White Meidiland' 921
'Blanc Queen Elizabeth' siehe 'White Queen Elizabeth' 923
'Blanche de Vibert' siehe 'Blanc de Vibert' 163
'Blanche Moreau' 164
'Blanche Neige' siehe 'Snow Carpet' 796
'Blanche Pasca' siehe 'Pascali' 643
'Blanche Unique' siehe 'Unique Blanche' 886
'Blanchefleur' 165
'Blaze' 165
'Blaze Improved' siehe 'Demokracie' 256
'Blaze Superior' siehe 'Demokracie' 256
'Blessings' 166
'Bleu Magenta' 166
'Bloomfield Abundance' 166
'Bloomfield Courage' 167
'Bloomfield Dainty' 167

'Blooming Carpet' siehe 'Flower Carpet' 315
'Blossomtime' 134, 168
'Blue Bajou' 168
'Blue Bayou' siehe 'Blue Bajou' 168
'Blue-Bijou' siehe 'Blue Bajou' 168
'Blue Monday' siehe 'Blue Moon' 169
'Blue Moon' 169
'Blue Moon, Climbing' 169
'Blue Nile' 169
'Blue Parfum' 169
'Blue Perfume' siehe 'Blue Parfum' 169
'Blue Peter' 170
'Blue Rambler' siehe 'Veilchenblau' 890
'Blue River' 170
'Blue Rosalie' siehe 'Veilchenblau' 890
'Blueberry Hill' 171
'Bluenette' siehe 'Blue Peter' 170
'Blühwunder' siehe 'Flower Power' 315
'Blush Damask' 171
'Blush Gallica' siehe 'Blush Damask' 171
'Blush Hip' 171
'Blush Noisette' 172
'Blush Rambler' 172
'Bobbie James' 173
'Bobby Charlton' 173
'Bon Silène' 174
'Bonfire' (McGredy) siehe 'Bonfire Night' 174
'Bonfire Night' 174
'Bonica' 175
'Bonica 82' siehe 'Bonica' 175
'Bonica Meidiland' siehe 'Bonica' 175
'Bonn' 175

'Borderer' 176
'Botanica' 176
'Botzaris' 177
'Bougainville' 177
'Boule de Nanteuil' siehe 'Comte Boula de Nanteuil' 230
'Boule de Neige' 177
'Bouquet de la Mariée' siehe 'Aimée Vibert' 78
'Bouquet d'Or' 178
'Bourbon Queen' siehe 'Queen of Bourbons' 703
'Bourgogne' 178
'Bow Bells' 179
'Boys' Brigade' 179
'Braithwaite' siehe 'L. D. Braithwaite' 464
'Brandy' 180
'Brass Ring' 180
'Breath of Life' 181
'Breathless' 181
'Bredon' 182
'Breeze Hill' 182
'Brenda' 183
'Brennus' 183
'Briar Bush' siehe Rosa canina 46
'Bridal Pink' 183
'Bride's Dream' 184
'Brigadoon' 184
'Bright Smile' 185
'Brite Lites' siehe 'Princess Alice' 687
'Broadlands' siehe 'Sonnenschirn' 802
'Broadway' 185
'Bronce Masterpiece' siehe 'Bronze Masterpiece' 186
'Bronze Masterpiece' 186
'Brother Cadfael' 186
'Brown Velvet' 187
'Brownie' 187

'Brownlow Hill Rambler' siehe 'Mme Alice Garnier' 520
'Brutus' siehe 'Brennus' 183
'Buccaneer' 188
'Bucks Fizz' siehe 'Gavnø' 239
'Buff Beauty' 188
'Buffalo Bill' siehe 'Regensberg' 719
'Bullata' 189
'Bulls Red' 189
'Burgund 81' siehe 'Loving Memory' 512
'Burgunderrose' 190
'Burgundy Rose' siehe 'Burgunderrose' 190
'Burnaby' 190
'Burnet Rose' siehe Rosa pimpinellifolia 61
'Burning Sky' siehe 'Paradise' 641
'Burr Rose' siehe Rosa roxburghii 62
BURway siehe 'Broadway' 185
'Buttons 'n' Bows' 191
'By Appointment' 191
'Cabbage Rose' 194
'Café' 194
'California Wild Rose' siehe Rosa californica 45
'Calocarpa' 194
'Calypso' siehe 'Berries 'n' Cream' 156
'Camaieux' 195
'Camaieux Fimbriata' 195
'Cambridgeshire' 195
'Camélia Rose' 196
'Camellia Rose' siehe 'Camélia Rose' 196

'Camelot' 196
'Cameo' 196
'Cameo Cream' siehe
    'Caroline de Monaco'
    204
'Canary Bird' 197
'Candelabra' 197
'Candella' 197
'Candida' siehe 'The
    Nun' 857
'Candy Rose' 198
'Candy Stripe' 198
'Cannes Festival' 198
CANson siehe 'Dame
    Wendy' 250
'Cantabrigiensis' 199
'Canterbury' 199
'Capitaine Basroger'
    200
'Capitaine John
    Ingram' 200
'Cappa Magna' 200
'Caprice' (Meilland,
    1988) siehe 'Denise
    Grey' 256
'Captain Christy' 201
'Captain Christy,
    Climbing' 201
'Cardinal de Richelieu'
    siehe 'Cardinal
    Richelieu' 201
'Cardinal Hume' 202
'Cardinal Richelieu' 201
'Cardinal Song' 202
'Carefree Beauty' 202
'Carefree Wonder'
    203
'Carefully Wonder'
    siehe 'Carefree
    Wonder' 203
'Caribia' siehe 'Harry
    Wheatcroft' 392
'Carina' 203
'Carl Philip Kristian IV'
    siehe 'Mariandel' 559
'Carla' 203
'Carmen' 204
'Carmenetta' 204

'Carol' (Herholdt) 204
'Carolin' siehe 'Coralin'
    236
'Caroline de Monaco'
    204
'Caroline Rose' siehe
    Rosa carolina 46
'Carolyn' siehe 'Coralin'
    236
'Carpet of Color' siehe
    'Cambridgeshire'
    195
'Carrot Top' 205
'Carrousel' 205
'Casino' 205
'Casper' siehe 'Magna
    Charta' 546
'Cassandra' 205
'Castel' siehe 'Versailles'
    892
'Caterpillar' 206
'Cathedral' 206
'Catherine Deneuve'
    206
'Catherine Guillot' 206
'Cécile Brunner' 207
'Cécile Brunner,
    Climbing' 207
'Céleste' 207
'Celestial' siehe
    'Céleste' 207
'Céline Delbard' 208
'Céline Forestier' 208
'Celsiana' 208
'Centenaire de
    Lourdes' 209
'Centenaire de
    Lourdes Rouge' siehe
    'Centenaire de
    Lourdes' 209
'Centennaire de
    Lourdes' siehe
    'Centenaire de
    Lourdes' 209
'Centfeuille des
    Peintres' siehe 'Rose
    des Peintres' 741
'Centifolia' 209

'Centifolia' siehe
    'Cabbage Rose' 194
'Centifolia Muscosa'
    209
'Century Two' 209
'Cerise Bouquet' 210
'Cérisette la Jolie'
    siehe 'Surpasse Tout'
    830
'Cevennes' siehe
    'Heidesommer' 397
'Chacock' siehe
    'Pigalle' 665
'Champagne' 210
'Champagne Cocktail'
    209
'Champion' 210
'Champion of the
    World' 211
'Champlain' 211
'Champneyana' siehe
    'Champneys' Pink
    Cluster' 211
'Champneys' Pink
    Cluster' 211
'Champneys' Rose'
    siehe 'Champneys'
    Pink Cluster' 211
'Champs-Elysées' 212
'Champs-Elysées,
    Climbing' 212
'Chanelle' 212
'Chantoli' siehe 'Sunset
    Celebration' 827
'Châpeau de
    Napoléon' siehe
    'Crested Moss' 240
'Chardonnay' siehe
    'Nobilo's
    Chardonnay' 621
'Chardony' siehe
    'Nobilo's
    Chardonnay' 621
'Charles Albanel' 212
'Charles Austin' 213
'Charles Aznavour'
    siehe 'Matilda'
    572

'Charles Bonnet' siehe
    'Zéphirine Drouhin'
    941
'Charles de Gaulle'
    213
'Charles de Mills' 213
'Charles Lawson' 214
'Charles Lefébvre'
    214
'Charles Mallerin'
    214
'Charles Mills' siehe
    'Charles de Mills' 213
'Charles Rennie
    Mackintosh' 215
'Charles Wills' siehe
    'Charles de Mills' 213
'Charleston 88' siehe
    'Louis de Funès' 506
'Charlotte' (Austin)
    215
'Charlotte Armstrong'
    215
'Charlotte Rampling'
    216
'Charmian' 216
'Charming Bells' siehe
    'Caterpillar' 206
'Château de Clos
    Vougeot' 217
'Château de Clos
    Vougeot, Climbing'
    217
'Chaucer' 217
'Cheerio' siehe
    'Playboy' 674
'Cherish' 217
'Cherry Brandy' 217
'Cherry Brandy '85'
    siehe 'Cherry Brandy'
    217
'Cherry Meidiland' 218
'Cherry Meillandecor'
    siehe 'Cherry
    Meidiland' 218
'Cheshire Life' 218
'Cheshire Rose' siehe
    'Alba Maxima' 79

'Chestnut Rose' *siehe* Rosa roxburghii 62
'Chevreuse' *siehe* 'Westfalenpark' 913
CHEwallop *siehe* 'Rosalie Coral' 737
CHEwapri *siehe* 'Patio Charm' 644
CHEWarvel *siehe* 'Laura Ford' 480
CHEWharla *siehe* 'Laura Ashley' 480
CHEwizz *siehe* 'Warm Welcome' 908
CHEwlegacy *siehe* 'Edith Holden' 279
CHEwpope *siehe* 'Gloriana 97' 359
CHEwsea *siehe* 'Nice Day' 619
CHEwsunbeam *siehe* 'Good As Gold' 370
'Chianti' 218
'Chicago Peace' 219
'Chicago Peace, Climbing' 219
'Chicksaw Rose' *siehe* Rosa bracteata 43
'Children's Rose' *siehe* 'Gina Lollobrigida' 348
'Chilterns' *siehe* 'Red Ribbons' 715
'China Doll' 219
'China Doll, Climbing' 219
'China Rose' *siehe* Rosa chinensis 47
'Chinatown' 219
'Chinese Monthly Rose' *siehe* 'Slater's Crimson China' 794
'Chivalry' 220
'Chloris' 220
'Chorus' 220
'Chorus, Climbing' 220
'Christian Dior' 221

'Christian Dior, Climbing' 221
'Christoph Colomb' *siehe* 'Christoph Columbus' (Meilland) 221
'Christoph Columbus' (Meilland) 221
'Christopher Columbus' (Meilland) *siehe* 'Christoph Columbus' 221
'Chrysler Imperial' 221
'Chrysler Imperial, Climbing' 221
'Cider Cup' 222
'Cinderella' 222
'Cinnamon Rose' *siehe* Rosa cinnamomea 47
'Circus' 222
'Circus, Climbing' 222
'City of Adelaide' *siehe* 'Jacqueline Nebout' 427
'City of Auckland' 222
'City of Belfast' 223
'City of Leeds' 223
'City of London' 223
'City of York' 224
'Clair Matin' 224
'Claire Jacquier' 224
'Claire Rose' 225
'Clarita' 225
'Class Act' 225
'Classic Sunblaze' 226
CLAysnow *siehe* 'Snow Ballet' 796
'Cleopatra' 226
'Clifton Moss' *siehe* 'White Bath' 915
'Clio' 226
'Clos Fleuri Blanc' 226
'Clos Vougeot' 227
'Clytemnestra' 227
COCagold *siehe* 'Golden Jubilee' 364

COCasun *siehe* 'Sunset Song' 827
COCbrose *siehe* 'Abbeyfield Rose' 70
COCceleste *siehe* 'Rosabell' 736
COCclare *siehe* 'Ray of Sunshine' 708
COCcrazy *siehe* 'Gingernut' 349
COCdana *siehe* 'Fulton MacKay' 333
COCdestin *siehe* 'Remember Me' 723
COCdimple *siehe* 'Conservation' 234
COCdinkum *siehe* 'Boys' Brigade' 179
COCgold *siehe* 'Toprose' 870
COCjojo *siehe* 'UNICEF' 885
'Cocktail' 227
'Cocorico' 228
COCred *siehe* 'Alec's Red' 82
'Colette' 228
'Colibre' *siehe* 'Colibri' 228
'Colibri' 228
'Colonial White' *siehe* 'Sombreuil' 801
'Colorama' 229
'Colorbreak' *siehe* 'Brown Velvet' 187
'Colour Wonder' 229
'Colourama' *siehe* 'Colorama' 229
'Columbas' *siehe* 'Christoph Columbus' (Meilland) 221
'Commandant Beaurepaire' 229
'Common Blush China' *siehe* 'Old Blush' 626

'Common Monthly' *siehe* 'Old Blush' 626
'Compassion' 230
'Complicata' 230
'Comte Boula de Nanteuil' 230
'Comte de Chambord' 231
'Comte de Nanteuil' (Roeser) *siehe* 'Comte Boula de Nanteuil' 230
'Comte de Sembui' *siehe* 'Jean Ducher' 432
'Comtesse Cécile de Chabrillant' 231
'Comtesse de Labarthe' *siehe* 'Duchesse de Brabant' 270
'Comtesse de Murinais' 231
'Comtesse du Caÿla' 232
'Comtesse Ouwaroff' *siehe* 'Duchesse de Brabant' 270
'Concerto' 232
'Conditorum' 232
'Confidence' 233
'Congratulations' 233
'Conrad Ferdinand Meyer' 233
'Conservation' 234
'Constance Spry' 234
'Constanze Spry' *siehe* 'Constance Spry' 234
'Cooper's Burmese' (Cooper, 1927) 235
'Copenhagen' 235
'Coppélia' 235
'Coppertone' *siehe* 'Old Timer' 627
'Coral Cluster' 236

'Coral Meidiland' *siehe*
 'Douceur
 Normande' 265
'Coral Satin' 236
'Coralin' 236
'Cordula' 236
'Cornelia' 237
COrob *siehe* 'Rob Roy'
 731
'Coronado' 237
'Corso' 237
'Corylus' 60
'Cottage Rose' 237
'Countess Bertha' *siehe*
 'Duchesse de
 Brabant' 270
'Country Dancer' 238
'Country Darby' *siehe*
 'Abraham Darby'
 71
'Country Lady' 238
'Country Living'
 238
'Country Squire' *siehe*
 'The Squire' 859
'Countryman' *siehe*
 'The Countryman'
 852
'Coupe d'Hébé' 239
'Courage' *siehe*
 'Niccolo Paganini'
 619
'Courtoisie' 239
'Courvoisier' 239
'Coventry Cathedral'
 siehe 'Cathedral'
 206
'Cramoisi Picoté'
 239
'Crazy for You' *siehe*
 'Fourth of July'
 367
'Creepy' *siehe* 'Ralph's
 Creeper' 706
'Crépuscule' 192, 240
'Cressida' 240
'Crested Moss' 240
'Cricket' 241

'Crimson Boursault'
 siehe 'Amadis'
 381
'Crimson Globe' 241
'Crimson Glory' 241
'Crimson Glory'
 Climbing' 241
'Crimson Shower' 242
'Crimson Spire' *siehe*
 'Liebeszauber' 494
'Cristata' *siehe* 'Crested
 Moss' 240
'Cristobal Colon' *siehe*
 'Christoph
 Columbus'
 (Meilland) 221
'Cristoforo Colombo'
 siehe 'Christoph
 Columbus'
 (Meilland) 221
'Criterion' 242
'Crystal Palace' 242
'Crystalline' 243
'Cuddles' 243
'Cuisse de Nymphe
 Emué' 244
'Cupcake' 244
'Cupid' 245
'Cuthbert Grant'
 245
'Cyclamen
 Meillandécor' *siehe*
 'Fuchsia Meidiland'
 333
'Cymbaline' 245
'Cymbelene' *siehe*
 'Cymbaline' 245
'Cymbeline' *siehe*
 'Cymbaline' 245

'D'Aguesseau' 248
'Daily Mail Rose' *siehe*
 'Mme Edouard
 Herriot' 528
'Daily Mail Rose,
 Climbing' *siehe*
 'Mme Edouard
 Herriot' 528

'Daily Mail Scented
 Rose' 248
'Dainty Bess' 248
'Dairy Maid' 249
'Dama di Cuori' *siehe*
 'Dame de Coeur' 249
'Dame de Coeur' 249
'Dame Edith Helen'
 249
'Dame Prudence'
 249
'Dame Wendy' 250
'Danaë' 250
'Dania' *siehe* 'Toprose'
 870
'Daniel Gélin' *siehe*
 'Wandering
 Minstrel' 907
'Danse des Sylphes'
 250
'Danse du Feu' *siehe*
 'Spectacular' 811
'Dapple Dawn' 251
'Dark Lady' *siehe* 'The
 Dark Lady' 853
'Darling Flame' 251
'Day Break' *siehe*
 'Daybreak' 252
'Day Light' 246, 252
'Daybreak' 252
'Daydream' 252
'Daylight' *siehe* 'Day
 Light' 252
'Dazzla' *siehe* 'Wapiti'
 907
'Dazzler' *siehe* 'Wapiti'
 907
'De la Maître-École' 253
'De Meaux' 253
'Dearest' 254
'Deb's Delight' 254
'Debutante' 254
'Decor Rose' *siehe*
 'Anne de Bretagne'
 102
'Decorat' *siehe* 'Freude'
 328
'Deep Secret' 255

DeKORat *siehe* 'Freude'
 328
DELadel *siehe* 'Mme
 Georges Delbard' 531
'Delambre' 255
DELatur *siehe* 'Alleluia'
 74
DELaval *siehe* 'Avalan-
 che Rose' 85
DELbir *siehe* 'Milrose'
 586
DELblan *siehe* 'Clos
 Fleuri Blanc' 226
DELboip *siehe*
 'Lancôme' 478
DELcart *siehe* 'Le
 Rouge et Le Noir' 486
DELceli *siehe* 'Céline
 Delbard' 208
DELcélit *siehe* 'Céline
 Delbard' 208
DELcet *siehe* 'Céline
 Delbard' 208
DELegran *siehe* 'Grand
 Siècle' 374
DELflora *siehe*
 'Centenaire de
 Lourdes Rouge' 209
DELge *siehe* 'Centenaire
 de Lourdes' 209
DELgeot *siehe* 'La
 Marseillaise' 466
DELgold *siehe* 'Lord
 Gold' 503
DELgrord *siehe* 'Grand
 Nord' 374
'Delicata' 255
'Delicia' *siehe* 'Elegant
 Beauty' 280
DELific *siehe* 'Clos
 Vougeot' 227
DELivour *siehe*
 'Impératrice Farah'
 496
DELmir *siehe* 'Parure
 d'Or' 643
DELmur *siehe*
 'Altissimo' 88

DELnible siehe 'Blue Nile' 169
DELpo siehe 'Diablotin' 258
DELrio siehe 'Vol de Nuit' 903
DELsap siehe 'Cappa Magna' 200
DELset siehe 'Versailles' 892
DELtep siehe 'First Edition' 310
'Demokracie' 256
'Demon' siehe 'Bonica' 175
'Denise Grey' 256
'Dentelle de Bruxelles' 256
'Dentelle de Malines' 257
'Desprez à Fleur Jaune' 257
'Deuil de Paul Fontaine' 257
'Devoniensis' 258
'Devoniensis, Climbing' 258
DEVrudi siehe 'First Light' 311
'Diablotin' 258
'Diadeem' siehe 'Diadem' 258
'Diadem' 258
'Diamond Jubilee' 259
'Diantheflora' siehe 'Fimbriata' 309
'Dianthiflora' siehe 'Fimbriata' 309
DICam siehe 'Red Devil' 711
DICbar siehe 'Memento' 578
DICblender siehe 'Acapulco' 71
DICdance siehe 'Bright Smile' 185

DICdivine siehe 'Pot o' Gold' 680
DICel siehe 'Scarlet Queen Elizabeth' 776
DICfire siehe 'Beautiful Britain' 146
DICgrow siehe 'Brass Ring' 180
DICinfra siehe 'Disco Dancer' 261
DICjana siehe 'Elina' 281
DICjem siehe 'Freedom' 324
DICjubel siehe 'Lovely Lady' 511
'Dick Koster' 259
DICkerfuffle siehe 'Wishing' 932
DICkerry siehe 'Laughter Lines' 479
DICkimono siehe 'Dicky' 259
DICkooky siehe 'Tall Story' 843
'Dickson's Jubilee' siehe 'Lovely Lady' 511
'Dicky' 259
DIClalida siehe 'Cider Cup' 221
DICmagic siehe 'Sweet Magic' 837
DICmoppet siehe 'Minilights' 586
DICnifty siehe 'Empress Michiko' 285
DICnorth siehe 'Harvest Fayre' 393
DICobey siehe 'Tequila Sunrise' 849
DICodour siehe 'Fragrant Dream' 369
DICogle siehe 'Valentine Heart' 887

DICor siehe 'Redgold' 717
DICpaint siehe 'Painted Moon' 639
DICperhaps siehe 'Quaker Star' 700
DICquarrel siehe 'Benita' 153
DICracer siehe 'Sunseeker' 826
DICreason siehe 'Our Molly' 635
DICtator siehe 'Pure Bliss' 696
DICuptight siehe 'Tintinara' 866
'Die Welt' 260
DIEkor siehe 'Die Welt' 260
'Diorama' 260
'Direktor Benschop' siehe 'City of York' 224
'Direktör Rikala' siehe 'Frau Astrid Späth' 323
'Dirigent' 260
'Disco Dancer' 261
'Dr A. J. Verhage' 261
'Dr Eckener' 261
'Dr Huey' 262
'Dr Jackson' 262
'Dr R. Magg' siehe 'Colorama' 229
'Dr Rocques' siehe 'Crimson Globe' 241
'Dr W. Van Fleet' 262
'Dog Rose' siehe Rosa canina 46
'Dolly Parton' 262
'Don Juan' 263
'Donatella' siehe 'Granada' 373
'Donau' 263
DORient siehe 'Violette Parfumée' 900

'Doris Tijsterman' siehe 'Doris Tysterman' 263
'Doris Tysterman' 263
'Dornröschen' 263
'Dorola' 264
'Dorothy Perkins' 264
'Dortmund' 264
'Double Cherokee' siehe 'Fortuniana' 317
'Double Delight' 265
'Double Delight, Climbing' 265
'Douceur Normande' 265
'Doux Parfum' siehe 'L'Aimant' 477
'Dove' 265
'Dovedale' siehe 'Dove' 265
'Dream Time' 266
'Dreaming' siehe 'Träumerei' 875
'Dreaming Spires' 266
'Dreamtime' siehe 'Dream Time' 803
'Dresden China' siehe 'Sophie's Perpetual' 267
'Dresden Doll' 208
'Dronning Margrethé' siehe 'Queen Margrethe' 701
'Drottning Silvia' siehe 'Jardins de Bagatelle' 430; 'Sarah' 767
'Drummer Boy' 267
'Dublin Bay' 267
'Duc d'Angoulême' siehe 'Duchesse d'Angoulême' 269
'Duc de Cambridge' 268
'Duc de Fitzjames' 268
'Duc de Guiche' 268

'Duc Meillandina' *siehe* 'Classic Sunblaze' 226
'Duchess of Portland' 269
'Duchess of York' *siehe* 'Sunseeker' 826
'Duchesse d'Angoulême' 269
'Duchesse d'Auerstädt' 269
'Duchesse de Brabant' 270
'Duchesse de Brabant, Climbing' 270
'Duchesse de Buccleugh' 270
'Duchesse de Cambridge' *siehe* 'Duc de Cambridge' 268
'Duchesse de Montebello' 270
'Duchesse de Portland' *siehe* 'Duchess of Portland' 269
'Duchesse d'Istrie' *siehe* 'William Lobb' 928
'Duet' 271
'Duftrausch' 271
'Duftwolke' *siehe* 'Fragrant Cloud' 318
'Duftzauber 84' *siehe* 'Royal William' 753
'Duke Meillandina' (Meilland, 1985) *s.* 'Classic Sunblaze' 226
'Duke of Edinburgh' 271
'Duke of Windsor' 271
'Dundee Rambler' 272
'Dunwich Rose' 272
'Dunwichiensis' *siehe* 'Dunwich Rose' 272
'Duplex' 272
'Dupont Rose' *siehe* 'Dupontii' 272
'Dupontii' 272
'Dupuy Jamain' 273

'Düsterlohe' 273
'Dutch Gold' 273
'Dwarf King' *siehe* 'Zwergkönig 78' 943
'Dwarf Queen 82' *siehe* 'Zwergkönigin 82' 943
'Dynastie' *siehe* 'Carefree Wonder' 203

'Earthquake' 276
'Earthquake, Climbing' 276
'Easlea's Golden Rambler' 276
'Easter Morn' *siehe* 'Easter Morning' 276
'Easter Morning' 276
'Echo' 277
'Éclair' 277
'Eclipse' 277
'Eddie's Jewel' 278
'Edelweiss' *siehe* 'Snowline' 798
'Eden' *siehe* 'Pierre de Ronsard' 664
'Eden Rose' 278
'Eden Rose 88' *siehe* 'Pierre de Ronsard' 664
'Edith Cavill' *siehe* 'Miss Edith Cavell' 590
'Edith Clark' 278
'Edith Holden' 279
'Editor Stewart' 279
'Edwardian Lady' *siehe* 'Edith Holden' 279
'Efekto 21' *siehe* 'Les Amoureux de Peynet' 492
'Eglantyne' 279
'Eglantyne Jebb' *siehe* 'Eglantyne' 279
'Eiffelturm' 280

'Eiffel Tower' *siehe* 'Eiffelturm' 280
'El Toro' *siehe* 'Uncle Joe' 884
'Elegance' (Brownell) 280
'Elégance' (Buyl) 280
'Elegans' (Laffay, 1829) *siehe* 'Amadis' 88
'Elegant Beauty' 280
'Elgin Festival' *siehe* 'Charlotte' (Austin) 215
'Elina' 281
'Elisabeth' *siehe* 'Elizabeth of Glamis' 281
'Elizabeth Harkness' 281
'Elizabeth of Glamis' 281
'Ellen' 282
'Ellen Poulsen' 282
'Ellen Willmott' 282
'Elmshorn' 282
'Elveshörn' 283
'Elysium' 283
'Emanuel' 283
'Emera' *siehe* 'Flower Carpet' 315
'Emera Blanc' *siehe* 'White Flower Carpet' 919
'Emera Pavement' *siehe* 'Flower Carpet' 315
'Emily' 284
'Emily Gray' 284
'Éminence' 284
'Emmanuelle' (Austin) *siehe* 'Emanuel' 283
'Emmanuelle' (Pearce) *siehe* 'Leaping Salmon' 488
'Empereur du Maroc' 284

'Emperor of Morocco' *siehe* 'Empereur du Maroc' 284
'Empress Joséphine' 285
'Empress Michiko' 285
'Ena Harkness' 285
'Ena Harkness, Climbing' 285
'Enchantment' (Poulsen) *siehe* 'Queen Margrethe' 701
'Enfant de France' 286
'English Dawn' *siehe* 'Dapple Dawn' 251
'English Elegance' 286
'English Garden' 286
'English Miss' 287
'English Wedding Day' *siehe* 'Wedding Day' 910
'English Yellow' *siehe* 'Graham Thomas' 372
'Eos' 287
'Erfurt' 287
'Erica' *siehe* 'Eyeopener' 297
'Erinnerung an Brod' 288
'Ernest H. Morse' 288
'Eroica' *siehe* 'Erotika' 288
'Eroika' *siehe* 'Erotika' 288
'Erotica' *siehe* 'Erotika' 288
'Erotika' 288
'Escapade' 289
'Esmeralda' *siehe* 'Keepsake' 453
'Especially For You' 274, 289
'Essex' 289
'Estrellita de Oro' *siehe* 'Baby Gold Star' 138

'Etain' 290
'Eternally Yours' siehe
    'Candella' 197
'Ethel' 290
'Étoile de Hollande' 290
'Étoile de Hollande, Climbing' 290
'Etoile de Lyon' 291
'Eugène Fürst' 291
'Eugénie de Guinoisseau' siehe 'Eugénie Guinoiseau' 291
'Eugénie Guinoiseau' 291
'Euphrates' 292
'Euphrosyne' 292
'Europeana' 292
'Eurostar' 293
'Eutin' 293
'Eva' 294
'Evangeline' 294
'Evelyn' 295
'Evening Star' 295
'Everblooming Dr W. Van Fleet' siehe 'New Dawn' 619
'Everest Double Fragrance' 295
'Evita' siehe 'Polarstern' 676
'Excellenz von Schubert' 296
'Excelsa' 296
'Exception' siehe 'Märchenland' 554
'Exception' siehe 'Rotes Meer' 750
'Exciting' 296
'Exotic' siehe 'Sunset Celebration' 827
'Exploit' 297
'Eye Opener' siehe 'Eyeopener' 297
'Eye Paint' siehe 'Eyepaint' 297

'Eyeopener' 297
'Eyepaint' 297

'F. J. Grootendorst' 300
'F. K. Druschki' siehe 'Frau Karl Druschki' 323
'Fair Bianca' 300
'Fair Play' 300
'Fairy' siehe 'The Fairy' 854
'Fairy Damsel' 301
'Fairy Dancers' 301
'Fairy Tale Queen' siehe 'Bride's Dream' 184
'Fairyland' 301
'Fakir' siehe 'Pigalle' 665
'Falkland' 302
'Fame!' 302
'Fandango' 302
'Fantin-Latour' 303
'Farao' siehe 'Pharaoh' 661
'Fascination' 303
'Fashion' (Boerner) 304
'Father David's Rose' siehe Rosa davidii 48
'Father Hugo's Rose' siehe Rosa hugonis 56
'Fee' (Martens) siehe 'Pink Pearl' 671
'Fée des Neiges' siehe 'Iceberg' 414
'Fée des Neiges, Climbing' siehe 'Iceberg, Climbing' 414
'Féerie' siehe 'The Fairy' 854
'Felicia' 304
'Félicité et Perpétue' siehe 'Félicité Perpétue' 305
'Félicité Parmentier' 305

'Félicité Perpétue' 305
'Felicity II' siehe 'Buttons 'n' Bows' 191
'Fellemberg' siehe 'Fellenberg' 305
'Fellenberg' 305
'Fennica' siehe 'Invincible' 420
'Ferdi' siehe 'Ferdy' 306
'Ferdinand Pichard' 306
'Ferdy' 306
'Fernandel' siehe 'Mme Fernandel' 529
'Festival' 307
'Fête Des Mères' siehe 'Mothersday' 608
'Feu d'Artifice' siehe 'Feuerwerk' 307
'Feuerwerk' 307
'Feuerzauber' 308
'Fidelio' 308
'Fiery Sunsation' siehe 'Red Ribbons' 715
'Figurine' 308
'Filipes Kiftsgate' siehe 'Kiftsgate' 455
'Fimbriata' 309
'Fimbriata à Pétales Franges' siehe 'Serratipetala' 781
'Finale' 309
'Financial Times Centenary' 309
'Fiona' 310
'Fiord' siehe 'Amalia' 89
'Fire Magic' siehe 'Feuerzauber' 308
'Fire Pillar' siehe 'Bischofsstadt Paderborn' 159
'Fireworks' siehe 'Feuerwerk' 307
'First Class' siehe 'Class Act' 225
'First Edition' 310
'First Lady' 311
'First Light' 311

'First Love' 312
'First Prize' 312
'Fisher & Holmes' 313
'Fisher and Holmes's. 'Fisher & Holmes' 313
'Fisherman' siehe 'Fisherman's Friend' 313
'Fisherman's Friend' 313
'Flamboyance' siehe 'Christoph Columbus' (Meilland) 221
'Flame Dance' siehe 'Flammentanz' 315
'Flaming Peace' 314
'Flamingo' 314
'Flammentanz' 315
'Florian' siehe 'Tender Night' 848
'Florian, Climbing' siehe 'Tender Night, Climbing' 848
'Flower Carpet' 315
'Flower Girl' siehe 'Sea Pearl' 778
'Flower Power' 315
'Flutterbye' 316
'Folklore' 316
'Fontaine' siehe 'Fountain' 317
'Forever Friends' siehe 'Johann Strauss' 438
'Fortuné Besson' siehe 'Georg Arends' 343
'Fortune's Double Yellow' 316
'Fortuneana' siehe 'Fortuniana' 317
'Fortuniana' 317
'Foster's Melbourne Cup' siehe 'Mount Hood' 609
'Foster's Wellington Cup' siehe 'Mount Hood' 609

'Fountain' 317
'Four Seasons Rose'
  siehe 'Autumn
  Damask' 129
'Fourth of July' 317
'Fragrant Charm 84'
  siehe 'Royal William'
  753
'Fragrant Cloud' 318
'Fragrant Cloud,
  Climbing' siehe
  'Fragrant Cloud' 318
'Fragrant Delight' 318
'Fragrant Dream' 319
'Fragrant Hour' 319
'Fragrant Plum' 319
'Frances Phoebe' 320
'Francesca' 320
'Francesco Dona' siehe
  'Himmelsauge' 406
'Francine Austin' 321
'Francis Dubreuil' 321
'Francis E. Lester' 322
'Francis Phoebe' siehe
  'Frances Phoebe'
  320
'Francofurtana' siehe
  'Empress Josephine'
  285
'François Dubreuil'
  siehe 'Francis
  Dubreuil' 321
'François Juranville'
  322
'Frankfurt' siehe
  'Splendens' 813
'Frau Astrid Späth' 323
'Frau Dagmar Hartopp'
  329
'Frau Karl Druschki'
  323
'Frau Karl Druschki,
  Climbing' 323
'Fred Loads' 323
'Frederic Mistral' 324
'Fredsrosen' siehe
  'Peace' 651
'Freedom' 324

'Freisinger
  Morgenröte' 325
'French Lace' 298, 325
'French Rose' siehe
  Rosa gallica 52
'Frensham' 326
'Frenzy' 327
'Frenzy, Climbing'
  327
'Fresh Pink' 327
'Freude' 328
'Friendship' 328
'Friesia' siehe
  'Sunsprite' 828
'Fritz Nobis' 329
'Fru Dagmar
  Hartopp' siehe 'Frau
  Dagmar Hartopp' 329
'Frühlingsanfang' 330
'Frühlingsduft' 330
'Frühlingsgold' 331
'Frühlingsmorgen'
  331
'Frühlingszauber'
  332
'Fruité' 332
'Fruitee' siehe 'Fruité'
  332
FRYaboo siehe 'Belle
  Epoque' 150
FRYjasso siehe 'Inner
  Wheel' 418
FRYjingo siehe 'The
  Lady' 856
FRYminicot siehe
  'Sweet Dream' 835
FRYminister siehe 'Top
  Marks' 869
FRYperdee siehe 'Velvet
  Fragrance' 890
FRYrelax siehe
  'Pensioners' Voice'
  655
FRYstar siehe 'Liverpool
  Remembers' 501
FRYworthy siehe
  'Especially For You'
  289

FRYxotic siehe 'Sunset
  Celebration' 827
'Fuchsia Meidiland'
  333
'Fuchsia Meillandécor'
  siehe 'Fuchsia
  Meidiland' 333
'Fulgurante' 333
'Fulton MacKay' 333

'Gabriel Noyelle' 336
'Gabriella' 336
'Gabrielle' siehe
  'Gabriella' 336
'Gabrielle Noyelle' siehe
  'Gabriel Noyelle' 336
GAegui siehe 'Guitare'
  382
'Galaxy' 337
'Gallica Maheca' siehe
  'La Belle Sultane'
  464
'Galway Bay' 337
'Garden Party' 338
'Gardenia' 338
'Gardin de Bagatelle'
  siehe 'Jardins de
  Bagatelle' 430; 'Sarah'
  767
'Garnet' siehe
  'Garnette' 338
'Garnette' 338
'Garnette Red' siehe
  'Garnette' 338
'Gartenarchitekt
  Günther Schulze'
  siehe 'The Pilgrim'
  857
'Gartendirektor
  Lauche' siehe 'Éclair'
  277
'Gartendirektor Otto
  Linne' 339
GAUmo siehe 'Rose
  Gaujard' 742
'Gavnø' 339
'Gavroche' siehe
  'Paprika' 641

'Géant des Batailles' 340
'Geisha' 340
'Gelbe Dagmar
  Hastrup' siehe 'Topaz
  Jewel' 870
'Gene Boerner' 341
'Général Galliéni' 341
'General Jack' siehe
  'Général
  Jacqueminot' 342
'Général Jacqueminot'
  342
'Général Kléber' 342
'General Korolkow'
  siehe 'Eugène Fürst'
  291
'General Lamarque'
  siehe 'Lamarque' 477
'Général Schablikine'
  342
'Gentle Touch' 343
'Georg Arends' 343
'George Arends' siehe
  'Georg Arends' 343
'George Dickson' 344
'Georges Vibert' 344
'Georgie Girl' siehe
  'Wishing' 932
'Geraldine' 344
'Geranium' (Royal Hor-
  ticultural Society)
  345
'Gerbe d'Or' siehe
  'Casino' 205
'Gerbe Rose' 346
'Germania' siehe
  'Gloire de Ducher'
  355
'Gertrude Jekyll' 346
'Ghislaine de
  Félígonde' 347
'Giant of Battles' siehe
  'Géant des Batailles'
  340
'Gigantea Cooperi'
  siehe 'Cooper's
  Burmese' 235
'Gilbert Becaud' 347

'Gilda' (Geschwind) 348
'Gina Lollobrigida' 348
'Gingernut' 348
'Gingersnap' 349
'Gioia' siehe 'Peace' 651
'Gipsy' 350
'Gipsy Boy' 350
'Gipsy Carnival' siehe 'Gipsy' 350
'Gitta Grummer' siehe 'Uwe Seeler' 886
'Gitte' 351
'Givenchy' 351
'Glad Tidings' 352
'Gladsome' 352
'Glamis Castle' 353
GLAnlin siehe 'Lincoln Cathedral' 497
'Glastonbury' 353
'Glenfiddich' 354
'Gloire de Chédane-Guinoisseau' 354
'Gloire de Dijon' 355
'Gloire de Ducher' 355
'Gloire de France' 356
'Gloire de Guilan' 356
'Gloire de Paris' siehe 'Anna von Diesbach' 99
'Gloire des Mousseuses' siehe 'Gloire des Mousseux' 357
'Gloire des Mousseux' 357
'Gloire des Rosomanes' 357
'Gloire Lyonnaise' 358
'Gloria Dei' siehe 'Peace' 651
'Gloria Mundi' 358
'Gloriana 97' 359

'Glory of Edsell' 359
'Glory of Edzell' siehe 'Glory of Edsell' 359
'Glory of France' siehe 'Gloire de France' 356
'Glowing Carpet' siehe 'Ralph's Creeper' 706
'Glücksburg' siehe 'Charles Rennie Mackintosh' 215
'Goethe' 360
'Gold Badge' 360
'Gold Badge, Climbing' 360
'Gold Bunny' siehe 'Gold Badge' 360
'Gold Bunny, Climbing' siehe 'Gold Badge, Climbing' 360
'Gold Glow' 361
'Gold Heart' siehe 'Burnaby' 190
'Gold Magic Carpet' siehe 'Aspen' 124
'Gold Medal' 361
'Gold of Ophir' siehe 'Fortune's Double Yellow' 316
'Gold Star' (Tantau) s. 'Goldstern' 369
'Gold Topaz' siehe 'Goldtopas' 370
'Goldbusch' 362
'Golden Celebration' 362
'Golden Chersonese' 363
'Golden Delight' 363
'Golden Heart' siehe 'Burnaby' 190
'Golden Holstein' 364
'Golden Jubilee' 364
'Golden Masterpiece' 365
'Golden Medaillon' siehe 'Limelight' 496

'Golden Medal' siehe 'Gold Medal' 361
'Golden Penny' siehe 'Tapis Jaune' 843
'Golden Piccolo' siehe 'Texas' (Poulsen) 850
'Golden Prince' siehe 'Kabuki' 448
'Golden Rambler' (Easlea) siehe 'Easlea's Golden Rambler' 276
'Golden Rambler' (Gray) siehe 'Alister Stella Gray' 85
'Golden Rose of China' siehe Rosa hugonis 56
'Golden Scepter' 365
'Golden Scepter, Climbing' 365
'Golden Showers' 366
'Golden Wave' siehe 'Dr A. J. Verhage' 261
'Golden Wedding' 366
'Golden Wings' 367
'Golden Years' 367
'Goldener Olymp' 368
'Goldfächer' siehe 'Minilights' 586
'Goldie Locks' siehe 'Goldilocks' 369
'Goldilocks' 369
'Goldpenny' siehe 'Tapis Jaune' 843
'Goldsmith' siehe 'Helmut Schmidt' 399
'Goldstar' (Tantau) siehe 'Goldstern' 369
'Goldstern' 369
'Goldtopas' 370
'Goldtopaz' siehe 'Goldtopas' 370
'Good As Gold' 370
'Goose Fair' siehe 'Douceur Normande' 265

'Gourmet Pheasant' 371
'Gourmet Popcorn' 371
'Grace Darling' 371
'Grace de Monaco' 372
'Grace Kelly' siehe 'Princesse de Monaco' 690
'Graham Stuart Thomas' siehe 'Graham Thomas' 372
'Graham Thomas' 372
'Granada' 373
'Grand Château' siehe 'Taboo' 842
'Grand Duc Heritier de Luxembourg' siehe 'Mlle Franziska Krueger' 543
'Grand Hotel' 373
'Grand Nord' 374
'Grand Siècle' 374
'Grandhotel' siehe 'Grand Hotel' 373
'Grand'Mère Jenny' 375
'Grand'Mère Jenny' Climbing' 375
'Grandpa Dickson' siehe 'Irish Gold' 422
'Great Century' siehe 'Grand Siècle' 374
'Great Double White' siehe 'Alba Maxima' 79
'Great Maiden's Blush' 375
'Great News' 376
'Great Nord' siehe 'Grand Nord' 374
'Great North' siehe 'Grand Nord' 374
'Great Western' 376
'Green Ice' 377
'Green Rose' 377
'Grem' siehe 'Grand'Mère Jenny' 375

'Gremsar' *siehe*
  'Grand Mère Jenny,
  Climbing' 375
'Grimpant Clair Matin'
  siehe 'Clair Matin'
  224
'Grimpant Exploit'
  siehe 'Exploit' 297
'Grimpant Lilli
  Marleen' *siehe* 'Lilli
  Marleen, Climbing'
  496
'Grimpant Michèle
  Meilland' *siehe*
  'Michèle Meilland,
  Climbing' 583
'Grimpant Mrs
  Herbert Stevens'
  siehe 'Mrs Herbert
  Stevens, Climbing'
  597
'Grimpant Queen
  Elizabeth' *siehe*
  'Queen Elizabeth,
  Climbing' 701
'Grimpant Pierre de
  Ronsard' *siehe*
  'Pierre de Ronsard'
  664
'Griseldis' 378
'Grootendorst' *siehe*
  'F. J. Grootendorst'
  300
'Grootendorst Red'
  siehe 'F. J. Grooten-
  dorst' 300
'Grootendorst
  Supreme' 378
'Gros Choux
  d'Hollande' 379
'Gros Provins Panaché'
  379
'Grouse' *siehe*
  'Immensee' 416
'Grüne Rose' *siehe*
  'Green Rose' 377
'Gruß an Aachen'
  380

'Gruß an Heidelberg'
  siehe 'Heidelberg'
  396
'Gruß an Teplitz' 380
'Gruß an Zabern' 381
'Guinée' 381
'Guitare' 382
'Guletta' *siehe* 'Tapis
  Jaune' 843
'Günther Schulze' *siehe*
  'The Pilgrim' 857
'Guy de Maupassant'
  382
'Gwen Nash' 383
'Gwent' *siehe* 'Aspen'
  124
'Gypsy Moth' 383

HACicularis *siehe*
  'Dornröschen' 263
HADmelody *siehe*
  'Smooth Melody' 795
HADprince *siehe*
  Smooth Prince' 795
'Haendel' *siehe*
  'Händel' 388
'Hakuun' 386
'Hallelujah' *siehe*
  'Alleluia' 85
'Hamburg' 386
'Hamburger Phoenix'
  387
'Hampshire' 387
'Handel' *siehe* 'Händel'
  388
'Händel' 388
'Hansa' 388
'Hansa-Park' 389
'Hansen's' *siehe* 'Hansa'
  388
'Hanza Park' *siehe*
  'Hansa-Park' 389
'Happy' 389
'Happy Child' 390
'Happy Wanderer' 391
HARbabble *siehe*
  'Sunset Boulevard'
  826

HARbella *siehe*
  'Peacekeeper' 652
HARbonny *siehe* 'Ruby
  Anniversary' 754
HARelan *siehe* 'Poetry
  in Motion' 676
HARette *siehe* 'Betty
  Harkness' 157
HARhero *siehe*
  'Marjorie Fair' 564
'Harisonii' *siehe*
  'Harison's Yellow'
  391
'Harison's Yellow' 391
HARkaramel *siehe*
  'Anne Harkness' 104
HARkotur *siehe* 'Softly
  Softly' 799
HARkuly *siehe*
  'Margaret Merril' 557
HARlayalong *siehe*
  'Fairyland' 301
'Harlekın' 391
'Harlequin' *siehe*
  'Harlekin' 391
HARlex *siehe*
  'Alexander' 82
HARlexis *siehe* 'L'Oréal
  Trophy' 504
HARlightly *siehe*
  'Princess Michael of
  Kent' 689
HARmantelle *siehe*
  'Mountbatten' 610
'Harmonie' 392
HARmusky *siehe*
  'Radox Bouquet' 705
HARneatly *siehe* 'Fairy
  Damsel' 301
HARpade *siehe*
  'Escapade' 289
HARpiccolo *siehe* 'Anna
  Ford' 100
HARquanne *siehe*
  'Breath of Life' 181
HARquantum *siehe*
  'International
  Herald Tribune' 418

HARqueterwife *siehe*
  'Paul Shirville' 648
HARquince *siehe* '
  Wandering Minstrel'
  907
HARregale *siehe*
  'Cardinal Hume' 202
HARroony *siehe*
  'Amber Queen' 90
HARrowbond *siehe*
  'Rosemary
  Harkness' 744
'Harry' *siehe* 'Harry
  Wheatcroft' 392
'Harry Wheatcroft'
  392
HARsherry *siehe*
  'Sheila's Perfume' 784
HARsuma *siehe* 'Suma'
  819
HARtanna *siehe*
  'Princess Alice' 687
HARtsam *siehe*
  'Country Lady' 238
HARunique *siehe*
  'Euphrates' 292
HARuseful *siehe*
  'Armada' 122
HARvacity *siehe*
  'Drummer Boy' 267
'Harvest Fayre' 393
HARvintage *siehe*
  'Savoy Hotel' 769
HARvolute *siehe* 'By
  Appointment' 191
HARwanted *siehe*
  'Many Happy
  Returns' 553
HARween *siehe*
  'Golden Years' 367
HARxampton *siehe*
  'Remembrance' 723
HARxever *siehe*
  'Joy of Health' 444
HARyup *siehe* 'High
  Hopes' 404
HARzart *siehe*
  'Renaissance' 725

HARzeal *siehe* 'Octavia Hill' 625
HARzola *siehe* 'L'Aimant' 477
'Hawkeye Belle' 393
'Headliner' 394
'Heart of Gold' 394
'Heart Throb' *siehe* 'Paul Shirville' 648
'Heather' *siehe* 'Silver Anniversary' 789
'Hébé's Lip' 395
'Heckenzauber' *siehe* 'Sexy Rexy' 782
'Heidekönigin' 395
'Heidelberg' 396
'Heideröslein' 396
'Heideroslein Nozomi' *siehe* 'Nozomi' 623
'Heideschnee' 397
'Heidesommer' 397
'Heidetraum' *siehe* 'Flower Carpet' 315
'Heidi' 398
'Heidi Sommer' *siehe* 'Heidesommer' 397
'Heinrich Münch' 398
HELdoro *siehe* 'Super Dorothy' 828
'Helen Traubel' 399
HELgraf *siehe* 'Steffi Graf' 816
'Helmut Schmidt' 399
HELsvfair *siehe* 'Super Fairy' 829
'Henri Martin' 400
'Henry Hudson' 400
'Henry Kelsey' 401
'Henry Nevard' 401
'Herbalist' *siehe* 'The Herbalist' 855
'Herbst-Damaszener-Rose' *siehe* 'Autumn Damask' 129
'Heritage' 402
'Hermosa' 402
'Hertfordshire' 403

'Herz-Dame' *siehe* 'Dame de Coeur' 249
'Herzog von Windsor' *siehe* 'Duke of Windsor' 271
'Hiawatha' 403
'Hidalgo' 404
'Hidcote Yellow' *siehe* 'Lawrence Johnston' 485
'High Hopes' 404
'Highdownensis' 405
'Highveld Sun' *siehe* 'Ralph's Creeper' 706
HILaroma *siehe* 'Secret' 780
'Hilda Murrell' 405
HILgold *siehe* 'Golden Chersonese' 363
'Himmelsauge' 406
'Hippolyte' 406
'Holländerin' *siehe* 'Red Favorite' 712
'Holy Toledo' 407
'Homère' 407
'Honeyflow' 408
'Honor' 408
'Honorable Lady Lindsay' 409
'Honoré de Balzac' 409
'Honorine de Brabant' 410
'Honorine Lady Lindsay' *siehe* 'Honorable Lady Lindsay' 409
'Hoosier Glory' *siehe* 'Eutin' 293
HORflash *siehe* 'Champagne Cocktail' 210
'Hot Chocolate' 410
'Hot Tamale' 411
'Houston' *siehe* 'Cathedral' 206
'Hudson's Bay Rose' *siehe* *Rosa blanda* 43

'Hugh Dickson' 411
'Hula Girl' 412
'Hume's Blush Tea-scented China' 412
'Hungarian Rose' *siehe* 'Conditorum' 232
'Hunter' 413
'Hurdy Gurdy' 413

'Iceberg' 414
'Iceberg, Climbing' 384, 414
'Iced Ginger' 415
'Iced Parfait' 415
'Ilse Krohn Superior' 415
'Immensee' 416
'Impératrice Farah' 416
'Impressionist' *siehe* 'Purple Tiger' 697
'Improved Cécile Brünner' 417
'Incarnata' *siehe* 'Cuisse de Nymphe Emué' 244
'Incense Rose' *siehe* *Rosa primula* 62
'Inermis Morletti' *siehe* 'Morletii' 607
'Ingegnoli Prediletta' *siehe* 'Zéphirine Drouhin' 941
'Ingrid Bergman' 417
'Ingrid Weibull' *siehe* 'Showbiz' 787
'Inner Wheel' 418
'Insolite' *siehe* 'Sweet Chariot' 835
'Integrity' *siehe* 'Savoy Hotel' 769
INTerall *siehe* 'Rosy Cushion' 749
INTercarp *siehe* 'Rosy Carpet' 748
INTercel *siehe* 'Red Blanket' 710

INTercell *siehe* 'Red Blanket' 710
INTerclem *siehe* 'New Face' 617
INTerfair *siehe* 'Fair Play' 300
INTerlada *siehe* 'Lady of the Dawn' 472
INTerlav *siehe* 'Lavender Dream' 482
INTerlight *siehe* 'Day Light' 252
'International Herald Tribune' 418
INTerrob *siehe* 'Robin Red Breast' 733
INTersmart *siehe* 'Smarty' 795
'Intervilles' 419
'Intrigue' (Warriner) 419
'Intrigue' *siehe* 'Lavaglut' 481
'Invincible' 420
'Ipsilanté' 420
'Ipsilante' *siehe* 'Ipsilanté' 420
'Irene au Danmark' *siehe* 'Irene von Dänemark' 421
'Irène de Danemark' *siehe* 'Irene von Dänemark' 421
'Irene of Denmark' *siehe* 'Irene von Dänemark' 421
'Irene von Dänemark' 421
'Irène Watts' 421
'Irish Beauty' *siehe* 'Elizabeth of Glamis' 281
'Irish Elegance' 421
'Irish Gold' 422
'Irish Rich Marbled' 422
'Iskra' *siehe* 'Sparkling Scarlet' 809

'Isobel Champion' siehe
  'La Marseillaise'
  466
'Ispahan' 423
'Ivory Fashion' 423

'JacaKOR' siehe
  'Jacaranda' 426
JACale siehe 'Summer
  Fashion' 821
JACanth siehe
  'Samantha' 764
'Jacaranda' 426
JACare siehe 'Class Act'
  225
JACbed siehe 'Red
  Rascal' 715
JACbri siehe 'Bridal
  Pink' 183
JACchry siehe
  'Breathless' 181
JACcingo siehe
  'Candelabra' 197
JACclam siehe 'America'
  91
JACdebu siehe 'Paul
  Gauguin' 646
JACdeli siehe 'Paul
  Cezanne' 645
JACder siehe 'Red
  Masterpiece' 712
JACecond siehe
  'Timeless' 864
JACette siehe 'Regatta'
  718
JACient siehe
  'Tournament of
  Roses' 874
JACink siehe
  'Simplicity' 792
JACirst siehe 'Artistry'
  124
JACjem siehe 'Sun
  Flare' 823
'Jack Dayson' siehe
  'Perfect Moment'
  656
'Jack Frost' 426

'Jack Rose' siehe
  'Général
  Jacqueminot' 342
'Jackaranda' siehe
  'Jacaranda' 426
'Jackie' 427
'Jackie, Climbing' 427
JAClace siehe 'French
  Lace' 325
JAClav siehe 'Silver
  Anniversary' 789
JAClover siehe 'Magic
  Carpet' 545
JACmantha siehe
  'Samantha' 764
JACmo siehe 'Pride 'N'
  Joy' 684
JACnor siehe 'Signature'
  788
JAColber siehe
  'Opening Night' 629
JAColite siehe 'Honor'
  408
JACoyel siehe
  'Fascination' 303
JACpal siehe
  'Brigadoon' 184
JACpico siehe 'Pristine'
  692
JACpif siehe 'Pleasure'
  675
JACpoy siehe 'Hot
  Tamale' 411
JACpurr siehe 'Purple
  Tiger' 697
'Jacqueline' siehe
  'Baccará' 693
'Jacqueline Nebout' 427
'Jacquenetta' siehe
  'Jaquenetta' 430
'Jacques Cartier' siehe
  'Marchesa Boccella'
  555
'Jacques Prévert' siehe
  'Cardinal Song' 202
JACraw siehe
  'Peppermint Twist'
  655

JACrite siehe 'Rio
  Samba' 730
JACsal siehe 'Cherish'
  217
JACsedi siehe 'Love
  Potion' 510
JACshe siehe 'Summer
  Dream' 820
JACsim siehe 'Sweet
  Inspiration' 836
JACsimpl siehe 'Red
  Simplicity' 716
JACsnow siehe 'White
  Simplicity' 923
JACtop siehe 'Legend'
  488
JACtro siehe 'Sheer
  Bliss' 783
JACtu siehe 'Headliner'
  394
JACtwin siehe 'Love'
  509
JACum siehe 'Intrigue'
  419
JACven siehe 'Evening
  Star' 295
JACyef siehe 'Shining
  Hour' 785
JACzop siehe 'Fame!'
  302
'James Mason' 428
'James Mitchell' 428
'James Veitch' 428
'Janet Morrison' 429
'Janina' 429
'Jaquenetta' 430
'Jardins de Bagatelle'
  430; siehe auch
  'Sarah' 767
'Jaune Desprez' siehe
  'Desprez à Fleur
  Jaune' 257
'Jazz' 431
'Jean Bach Sisley' 431
'Jean Desprez' siehe
  'Desprez à Fleur
  Jaune' 257
'Jean Ducher' 432

'Jean Giono' 432
'Jean Kenneally' 433
'Jean Marmoz' siehe
  'Jean Mermoz' 433
'Jean Mermoz' 433
'Jeanne D'Arc' 433
'Jeanne de Montfort'
  434
'Jeanne LaJoie' 434
'Jennifer' 435
'Jenny' siehe 'Jenny
  Duval' 435
'Jenny Duval' 435
'Jens Munk' 436
'Jersey Beauty' 436
'JFK' siehe 'John F.
  Kennedy' 440
'Joanna Hill' 437
'Joasine Hanet' 437
'Johann Strauss' 438
'John Cabot' 438
'John Clare' 439
'John Davis' 439
'John F. Kennedy' 440
'John Hopper' 440
'John Keats' siehe
  'Colette' 228
'John Ruskin' siehe
  'Ruskin' 756
'John S. Armstrong' 441
'John Waterer' 441
JOHnago siehe 'Chicago
  Peace' 219
'Joie de Vivre' 442
'Joseph Guy' siehe
  'Lafayette' 476
'Josephine Baker' 442
'Josephine Bruce' 443
'Josephine Bruce,
  Climbing' 443
'Josephine Wheatcroft'
  siehe 'Rosina' 748
'Joseph's Coat' 443
'Joy of Health' 444
'Jubilee 150' siehe
  'Pigalle' 665
'Judy Fischer' 444
'Jules Margottin' 445

'Juleschke' *siehe*
  'Julischka' 446
'Julia Mannering' 445
'Julia's Rose' 446
'Julie de Mersan' 446
'Julie de Mersent' *siehe*
  'Julie de Mersan' 446
'Julischka' 446
'July's Orphan' *siehe*
  'Orpheline de Juillet' 663
'Juno' 447
'Jupiter's Lightning' *siehe* 'Gloire des Rosomanes' 357
'Just Joey' 447

'Kabuki' 448
'Kaikoura' 448
'Kalinka' *siehe* 'Pink Wonder' 673
'Kardinal' 449
'Karen Julie' 449
'Karl Heinz Hanisch' *siehe* 'Jardins de Bagatelle' 430; 'Sarah' 767
'Karl Herbst' 450
'Karl Herbst, Climbing' 450
'Karlsruhe' 450
'Karolyn' *siehe* 'Coralin' 236
'Kassel' 450
'Katharina Zeimet' 451
'Katherine Mansfield' *siehe* 'Charles de Gaulle' 213
'Kathleen' 451
'Kathleen Ferrier' 451
'Kathleen Harrop' 452
'Kathryn Morley' 452
'Kazanlik' 453
'Keepsake' 453
KEItoli *siehe* 'Ferdy' 306
'Kent' 454
'Kerryman' 454

'Kew Rambler' 454
'Kibō' *siehe* 'Gipsy' 350
'Kiboh' *siehe* 'Gipsy' 350
'Kiese' 424, 455
'Kiftgate' 455
'Kiki Rose' *siehe* 'Caterpillar' 206
'Kimono' 456
'King's Ransom' 456
'Kiss' 457
'Kiss of Desire' *siehe* 'Harlekin' 391
'Kitty Kininmonth' 457
'Kleopatra' *siehe* 'Cleopatra' 235
'Kobenhavn' *siehe* 'Copenhagen' 235
'Koh-sai' *siehe* 'Mikado' 585
'Kohsai' *siehe* 'Mikado' 585
'Königin der Rosen' *siehe* 'Colour Wonder' 229
'Königin Margrethe' *siehe* 'Queen Margrethe' 701
'Königin von Dänemark' 458
'Königliche Hoheit' *siehe* 'Royal Highness' 752
'Königlicht Hoheit' *siehe* 'Royal Highness' 752
'Konrad Adenauer' 458
'Konrad Adenauer Rose' *siehe* 'Konrad Adenauer' 458
'Konrad Henkel' 459
'Kookaburra' *siehe* 'Vogelpark Walsrode' 902
KORal *siehe* 'Bengali' 153
KORam *siehe* 'Finale' 309

KORampa *siehe* 'Antique Silk' 109
KORav *siehe* 'Ave Maria' 131
'Korbasren' *siehe* 'Pink Bassino' 665
KORbe *siehe* 'Heidelberg' 396
KORbell *siehe* 'Anabell' 94
KORbelma *siehe* 'Helmut Schmidt' 399
KORbico *siehe* 'Colour Wonder' 229
KORbin *siehe* 'Iceberg' 414
KORbisch *siehe* 'Kordes' Brillant' 459
KORblue *siehe* 'Shocking Blue' 786
KORbotaf *siehe* 'Elveshörn' 283
KORconta *siehe* 'Heideschnee' 397
KORdalen *siehe* 'Antike 89' 108
KORdapt *siehe* 'Heidekönigin' 395
KORday *siehe* 'Angela' 98
'Kordes' Brillant' 459
'Kordes' Brilliant' *siehe* 'Kordes' Brillant' 459
'Kordes Magenta' *siehe* 'Magenta' 544
'Kordes' Rose Anabel' *siehe* 'Anabell' 94
'Kordes' Rose Delicia' *siehe* 'Elegant Beauty' 280
'Kordes' Rose Esmeralda' *siehe* 'Keepsake' 453
'Kordes' Rose Immensee' *siehe* 'Immensee' 416

'Kordes' Rose Repandia' *siehe* 'Repandia' 726
'Kordes' Rose Robusta' *siehe* 'Robusta' (Kordes) 733
'Kordes' Rose Sylvia' *siehe* 'Congratulations' 233
'Kordes' Rose Weiss Immensee' *siehe* 'Weisse Immensee' 911
'Kordes' Rose Westfalenpark' *siehe* 'Westfalenpark' 913
KORdialo *siehe* 'Festival' 307
KORdibor *siehe* 'Rosendorf Sparrieshoop' 745
KOReipark *siehe* 'Rheinaupark' 729
KOReklia *siehe* 'Valencia' 887
KOResia *siehe* 'Sunsprite' 828
KORfanto *siehe* 'Rosmarin '89' 748
KORfeu *siehe* 'Feuerzauber' 308
KORfischer *siehe* 'Hansa-Park' 389
KORflata *siehe* 'Flammentanz' 315
KORflüg *siehe* 'Flamingo' 314
KORfungo *siehe* 'Royal Bassino' 751
KORgane *siehe* 'Las Vegas' 478
KORgatum *siehe* 'Elegant Beauty' 280
KORgo *siehe* 'Goldtopas' 370
KORgosa *siehe* 'Robusta' (Kordes) 733

KORgund 81 *siehe*
  'Loving Memory' 512
KORhamp *siehe*
  'Hampshire' 387
KORhaugen *siehe*
  'Cambridgeshire' 195
KORikis *siehe* 'Kiss' 457
KORikon *siehe*
  'Limelight' 496
KORimro *siehe*
  'Immensee' 416
KORita *siehe* 'Gitte' 351
KORizont *siehe*
  'Summer Wine' 823
KORjet *siehe* 'Konrad
  Henkel' 459
KORkandel *siehe*
  'Warwickshire' 909
'KORkönig' *siehe*
  'Zwergkönig 78'
  943
KORkultop *siehe* 'Blue
  Bajou' 168
KORlady *siehe* 'Lady
  Rose' 473
KORlanum *siehe*
  'Surrey' 830
KORlawe *siehe*
  'Westerland' 912
KORlech *siehe*
  'Lavaglut' 481
KORlilub *siehe*
  'Lichtkönigin Lucia'
  493
KORlima *siehe* 'Lilli
  Marleen' 496
KORlingo *siehe*
  'Kardinal' 449
KORlirus *siehe*
  'Heidesommer'
  397
KORlita *siehe* 'Lolita'
  502
KORlomet *siehe*
  'Vogelpark
  Walsrode' 902
KORlore *siehe* 'Folklore'
  316

KORlupo *siehe*
  'Harlekin' 391
KORmalda *siehe*
  'Keepsake' 453
KORmarter *siehe*
  'Freisinger
  Morgenröte' 325
KORmasyl *siehe* 'Pink
  Pearl' 671
KORmax *siehe* 'Rote
  Max Graf' 750
KORmeita *siehe*
  'Agatha Christie' 75
KORmetter *siehe* 'Anna
  Livia' 100
KORmiach *siehe*
  'Liebeszauber' 494
KORmixal *siehe*
  'Bassino' 145
KORmorlet *siehe*
  'Salita' 764
KORmunde *siehe*
  'Rosamunde' 738
KORmuse *siehe*
  'Wiltshire' 929
KORnauer *siehe*
  'Agnes Bernauer'
  77
KORnita *siehe* 'Korona'
  460
KORokis *siehe* 'Kiss'
  457
KORol *siehe* 'Oldtimer'
  627
KORol *siehe* 'Peer Gynt'
  653
'Korona' 460
KORozon *siehe*
  'Mondiale' 603
KORp *siehe* 'Prominent'
  693
'Korp' *siehe*
  'Prominent' 693
KORpatri *siehe*
  'Patricia' (Kordes)
  645
KORpeahn *siehe*
  'Mariandel' 559

KORpesh *siehe*
  'Shreveport' 787
KORpinrob *siehe* 'Pink
  Robusta' 672
KORpinka *siehe*
  'Sommermärchen'
  801
KORplasina *siehe*
  'Vanilla' 888
KORplavi *siehe*
  'Westfalenpark' 913
KORpon *siehe* 'Flower
  Power' 315
KORquemu *siehe*
  'Queen Mother'
  702
KORrantu *siehe*
  'Travemünde' 875
KORrei *siehe*
  'Träumerei' 875
'Korresia' *siehe*
  'Sunsprite' 828
KORresli *siehe*
  'Rosenresli' 746
KORruge *siehe*
  'Rugelda' 755
KORsaku *siehe*
  'Roselina' 743
KORsami *siehe*
  'Repandia' 726
KORschnuppe *siehe*
  'Goldener Olymp'
  368
KORschwama *siehe*
  'Schwarze Madonna'
  776
KORsee *siehe* 'Uwe
  Seeler' 886
KORshel *siehe* 'Seashell'
  779
KORsicht *siehe* 'Blue
  River' 170
KORsilan *siehe*
  'Palmengarten
  Frankfurt' 639
KORsommer *siehe*
  'Roseromantic'
  747

KORstatis *siehe*
  'Rosenstadt
  Zweibrücken' 746
KORtat *siehe* 'Tatjana'
  845
KORtember *siehe*
  'Harmonie' 392
KORtemma *siehe* 'Red
  Ribbons' 715
KORtenay *siehe*
  'Hertfordshire' 403
KORtersen *siehe*
  'Rosarium Uetersen'
  738
KORtikel *siehe* 'Golden
  Holstein' 364
KORtor *siehe* 'Tornado'
  871
KORtossgo *siehe*
  'Goldtopas' 370
KORtri *siehe* 'Cordula'
  236
KORumelst *siehe*
  'Elysium' 283
KORverpea *siehe*
  'Cleopatra' 226
KORweirim *siehe*
  'Weisse Immensee'
  911
KORwerk *siehe*
  'Zwergkönigin 82'
  943
KORwest *siehe*
  'Westerland' 912
KORwilma *siehe*
  'Perfect Moment'
  656
KORwonder *siehe*
  'Bella Rosa' 148
KORzaun *siehe* 'Royal
  William' 753
'Ko's Yellow' 460
KRIcarlo *siehe* 'Touch
  of Class' 872
'Kristin' 461
'Kronenbourg' *siehe*
  'Flaming Peace'
  314

'Kronprinzessin
 Viktoria von
 Preußen' *siehe*
'Kronprinzessin
 Viktoria' 461
'Kronprinzessin
 Viktoria' 461

'L. D. Braithwaite'
 464
'La Belle Distinguée'
 464
'La Belle Marseillaise'
 siehe 'Fellenberg' 305
'La Belle Sultane' 464
'La Brilliante' *siehe*
 'Général
 Jacqueminot' 342
'La France' 465
'La France', Climbing'
 465
'La Marne' 465
'La Marseillaise' 466
'La Mortola' 466
'La Noblesse' 467
'La Paloma 85' 467
'La Petite Duchesse'
 siehe 'La Belle
 Distinguée' 464
'La Reine' 467
'La Reine Victoria' *siehe*
 'Reine Victoria' 721
'La Rosière, Climbing'
 siehe 'Prince Camille
 de Rohan' 685
'La Royale' *siehe*
 'Cuisse de Nymphe
 Emué' 244
'La Seduisante' *siehe*
 'Cuisse de Nymphe
 Emué' 244
'La Sévillana' 468
'La Ville de Bruxelles'
 468
'La Virginale' *siehe*
 'Cuisse de Nymphe
 Emué' 244
'L'Abondance' 469

'Labrador Rose'
 siehe *Rosa blanda* 43
'Lac Blanc' *siehe*
 'Weisse Immensee'
 911
'Lac Rose' *siehe*
 'Immensee' 416
'Lady Banksia
 Snowflake' siehe *Rosa
 banksiae banksiae* 42
'Lady Curzon' 469
'Lady Di' *siehe* 'Lady
 Diana' 470
'Lady Diana' 470
'Lady Hillingdon' 470
'Lady Hillington,
 Climbing' 470
'Lady Huntingfield' 471
'Lady Like' 471
'Lady Mary
 Fitzwilliam' 471
'Lady Meilland' 472
'Lady Meillandina' *siehe*
 'Lady Sunblaze' 474
'Lady of the Dawn'
 472
'Lady Penzance' 472
'Lady Roberts' 473
'Lady Rose' 473
'Lady Sunblaze' 474
'Lady Sylvia' 474
'Lady Sylvia, Climbing'
 siehe 'Lady Sylvia'
 474
'Lady Waterlow' 475
'Lady X' 475
'Lafayette' 476
'Lagerfeld' 476
'L'Aimant' 477
'Lamarque' 477
LAMlam *siehe*
 'American Heritage'
 91
'Lancôme' 478
LANdia *siehe* 'Anne
 Diamond' 103
'Landora' *siehe*
 'Sunblest' 824

LANtor *siehe* 'Torvill &
 Dean' 872
LAPadsar *siehe*
 'Porthos' 679
'Las Vegas' 478
'Laughter Lines' 479
'Laura' 479
'Laura Ashley' 480
'Laura 81' *siehe* 'Laura'
 479
'Laura Ford' 480
'Lauré Davoust' 481
'Laurence Olivier' *siehe*
 'Wapiti' 907
'Lavaglow' *siehe*
 'Lavaglut' 481
'Lavaglut' 481
'Lavender Dream' 482
'Lavender Jewel' 482
'Lavender Lace' 483
'Lavender Lassie' 483
'Lavender Pinocchio'
 484
'Lavinia' *siehe*
 'Lawinia' 484
'Lawinia' 484
'Lawrence Johnston'
 485
'Le Bienheureaux de la
 Salle' *siehe* 'Mme
 Isaac Pereire' 533
'Le Jacobin' *siehe*
 'Marcel Bourgouin'
 554
'Le Météore' *siehe*
 'Belle de Crécy' 149
'Le Rêve' 486
'Le Rosier Évèque'
 siehe 'The Bishop'
 851
'Le Rouge et Le Noir'
 486
'Le Triomphe' *siehe*
 'Aimable Rouge' 78
'Le Vésuve' 487
'Leander' 487
'Leaping Salmon' 488
'Léda' 488

'Lee's Crimson
 Perpetual' *siehe*
 'Rose du Roi' 741
'Lee's Duchess' *siehe*
 'La Belle Distinguée'
 464
'Legend' 488
LEGgab *siehe* 'Pearl
 Drift' 653
LEGnews *siehe* 'News'
 619
LEGsweet *siehe* 'Deb's
 Delight' 254
'Lemesle' *siehe* 'Le
 Vésuve' 487
'Lemon Blush' 489
'Lemon Delight' 489
'Lemon Sherbet' 489
'Lemon Spice' 490
LENblank *siehe*
 'White Dream'
 918
LENgra *siehe* 'Pleine
 de Grace' 675
LENip *siehe* 'Pascali'
 643
LENmobri *siehe*
 'Rush' 756
LENplat *siehe* 'Tapis
 Volant' 844
'Lens Pink' *siehe*
 'Dentelle de
 Malines' 257
LENvir *siehe* 'White
 Dream' 918
'Léonard de Vinci'
 siehe 'Léonardo de
 Vinci' 490
'Leonard Dudley
 Braithwaite' *siehe*
 'L. D. Braithwaite'
 464
'Leonardo da Vinci'
 siehe 'Léonardo de
 Vinci' 490
'Léonardo de Vinci'
 490
'Léonie Lamesch' 491

'Leonora Christine'
siehe 'Royal William'
753
'Léontine Gervais'
491
'Leopoldine d'Orléans'
siehe 'Adélaïde
d'Orléans' 74
'Les Amoureux de
Peynet' 492
LETlyda siehe 'Lyda
Rose' 514
'Lettuce-leafed Rose'
siehe 'Bullata' 189
'Leverkusen' 492
'Leverson Gower' siehe
'Leveson Gower' 493
'Leveson Gower' 493
'Leweson Gower' siehe
'Leveson Gower'
493
'Lichtkönigin Lucia'
493
'Liebeszauber' 494
'Liesis' siehe 'Céline
Forestier' 208
'Lilac Charm' 494
'Lilac Rose' 495
'Lili Marléne' siehe
'Lilli Marleen' 496
'Lili Marlene,
Climbing' siehe
'Lilli Marleen,
Climbing' 496
'Lilian Austin' 495
'Lilli Marleen' 496
'Lilli Marleen,
Climbing' 496
'Lilli Marlene' siehe
'Lilli Marleen' 496
'Lilli Marlene,
Climbing' siehe 'Lilli
Marleen, Climbing'
496
'Limelight' 496
'Lincoln Cathedral'
497
'Linda Campbell' 497

LINrick siehe
'Friendship' 328
'Litakor' siehe 'Lolita'
502
'Little Artist' 498
'Little Bit o' Sunshine'
siehe 'Bit o'
Sunshine' 160
'Little Darling' 498
'Little Devil' siehe
'Diablotin' 258
'Little Flirt' 498
'Little Gem' 499
'Little Girl' 499
'Little Jackie' 500
'Little Opal' 500
'Liverpool' siehe
'Liverpool Echo'
501
'Liverpool Echo' 501
'Liverpool
Remembers' 501
'Living Fire' 501
'Lolita' 502
'Long John Silver' 502
'Lord Byron' siehe
'Polka' 677
'Lord Gold' 503
'Lord Penzance' 503
'Lordly Oberon' 504
'L'Oréal Trophy' 462,
504
'Lorraine Lee' 505
'Lorraine Lee,
Climbing' 505
'L'Ouche' 505
'Louis de Funès' 506
'Louis XIV' 507
'Louis Gimard' 508
'Louise d'Arzens' 508
'Louise Odier' 509
'Love' 509
'Love Potion' 510
'Lovely Fairy' 510
'Lovely Lady' 511
'Lovers' Meeting' 511
'Love's Song' siehe
'Rosenresli' 746

'Love's Spring' siehe
'Singin' in the Rain'
792
'Loving Memory' 512
'Loving Touch' 512
'Lovita' siehe 'Gipsy' 350
'Lübecker Rotspon'
siehe 'Glad Tidings'
352
LUCdod siehe
'Rendez-vous' 725
'Lucetta' 513
'Lucia' siehe
'Lichtkönigin Lucia'
493
'Lusiades' siehe 'Céline
Forestier' 208
'Lutin' 513
'Lyda Rose' 514
'Lydia' 514
'Lykkefund' 515
'Lyon Rose' 515
'Lyon's Rose' siehe
'Lyon Rose' 515

'Ma Perkins' 518
MACar siehe 'Piccadilly'
663
'Macartney Rose'
siehe Rosa bracteata
43
MACatsan siehe
'Phantom' 661
MACba siehe 'Galway
Bay' 337
MACbern siehe 'Young
Quinn' 939
MACbo siehe 'Flaming
Peace' 314
MACbucpal siehe
'Auckland Metro' 127
MACca siehe 'Casino'
205
MACcarpe siehe 'Snow
Carpet' 796
'McCartney Rose' siehe
'The McCartney
Rose' 856

MACcatsan siehe
'Phantom' 661
MACche siehe
'Sundowner' 824
MACcheup siehe
'Sundowner' 824
MACci siehe 'City of
Belfast' 223
MACcclack siehe 'Paddy
Stephens' 638
MACcultra siehe
'Brown Velvet' 187
MACdub siehe 'Dublin
Bay' 267
MACel siehe 'Elizabeth
of Glamis' 281
MACesp siehe 'Old
Master' 627
MACeye siehe
'Eyepaint' 297
MACfirwal siehe
'Stretch Johnson'
818
MACgem siehe 'Benson
& Hedges Gold'
154
MACgenev siehe 'New
Zealand' 618
'McGredy's Yellow'
518
'McGredy's Yellow,
Climbing' 518
MACha siehe 'Händel'
388
MACinju siehe
'Maestro' 543
MACio siehe 'Violet
Carson' 899
MACivy siehe 'Singin'
in the Rain' 792
MACjuliat siehe
'Spiced Coffee' 812
MACkati siehe
'Old Port' 627
MACkinju siehe
'Maestro' 543
MACkosyel siehe 'Ko's
Yellow' 460

MACman siehe
  'Matangi' 572
MACmanly siehe 'Little
  Artist' 498
MACmi siehe
  'Mischief' 589
MACminmo siehe
  'Roller Coaster' 735
MACmouhoo siehe
  'Mount Hood' 609
MACnauru siehe 'West
  Coast' 912
MACnew siehe
  'Seaspray' 780
MACnewye siehe 'New
  Year' 618
MACoborn siehe
  'Maggie Barry' 545
MACon siehe 'Uncle
  Walter' 885
MACpa siehe 'Paddy
  McGredy' 638
MACpic siehe 'Picasso'
  662
MACpluto siehe
  'Hurdy Gurdy' 413
MACpow siehe
  'Chivalry' 220
MACrat siehe
  'Priscilla Burton'
  692
MACrelea siehe
  'Nobilo's
  Chardonnay' 621
MACrero siehe 'Bulls
  Red' 189
MACrexy siehe 'Sexy
  Rexy' 782
MACros siehe 'Royal
  Salute' 753
MACshana siehe
  'Dorola' 264
MACspash siehe 'Sue
  Lawley' 819
MACspeego siehe
  'Candella' 197
MACsplash siehe 'Sue
  Lawley' 819

MACtane siehe 'City of
  Auckland' 222
MACtel siehe 'Grand
  Hotel' 373
MACtemaik siehe
  'Michelangelo'
  582
MACtrum siehe
  'Trumpeter' 879
MACwaihe siehe
  'Waiheke' 906
MACwalla siehe
  'Kaikoura' 448
MACyefre siehe
  'Solitaire' 800
MACyelkil siehe
  'Heart of Gold'
  394
MACyou siehe
  'Regensberg' 719
MACyoumis siehe
  'Regensberg' 719
'Mada' siehe
  'Spectacular' 811
'Madam President'
  519
'Mme A. Meilland'
  siehe 'Peace' 691
'Mme Abel Chatenay'
  519
'Mme Abel Chatenay,
  Climbing' 519
'Madame Alboni' siehe
  'Gloire des
  Mousseux' 357
'Mme Alfred Carrière'
  420
'Mme Alice Garnier'
  520
'Mme Antoine Mari'
  521
'Mme Antoine
  Meilland' siehe
  'Peace' 651
'Mme Bérard' 521
'Mme Berkeley' 522
'Mme Boll' 522
'Mme Butterfly' 523

'Mme Butterfly,
  Climbing' 523
'Mme Caroline
  Testout' 524
'Mme Caroline Testout,
  Climbing' 524
'Mme Cécile Brünner'
  siehe 'Cécile
  Brunner' 207
'Mme Charles' 524
'Mme de Knorr' siehe
  'Mme Knorr' 535
'Mme de la
  Rôche-Lambert' 525
'Mme de Sancy de
  Parabère' 525
'Mme de Stella' siehe
  'Louise Odier' 509
'Mme de Tartas' 526
'Mme de Thartas' siehe
  'Mme de Tartas'
  526
'Mme de Watteville'
  526
'Mme Delbard' siehe
  'Mme Georges
  Delbard' 531
'Mme Dieudonné'
  527
'Mme Dreout' siehe
  'Mme Driout' 527
'Mme Driout' 527
'Mme Edouard
  Herriot' 528
'Mme Edouard
  Herriot, Climbing'
  528
'Mme Edouard Ory'
  528
'Mme Ernest Calvat'
  529
'Mme Ernst Calvat'
  siehe 'Mme Ernest
  Calvat' 529
'Mme Ferdinand Jamin'
  siehe 'American
  Beauty' 91
'Mme Fernandel' 529

'Mme Gabriel Luizet'
  530
'Mme Georges Bruant'
  530
'Mme Georges
  Delbard' 531
'Mme Grégoire
  Staechelin' 531
'Mme Gustave Bonnet'
  siehe 'Zéphirine
  Drouhin' 941
'Mme Hardy' 532
'Madame Hébert' siehe
  'Président de Sèze'
  682
'Mme Henri Guillot'
  533
'Mme Henri Guillot,
  Climbing' 533
'Mme Isaac Pereire'
  533
'Mme Joseph Schwartz'
  533
'Mme Jules Bouché' 534
'Mme Jules
  Gravereaux' 534
'Mme Knorr' 534
'Mme L. Dieudonné'
  siehe 'Mme
  Dieudonné' 527
'Mme Lambard' siehe
  'Mme Lombard' 537
'Mme Lambart' siehe
  'Mme Lombard'
  537
'Mme Laurette
  Messimy' 535
'Mme Lauriol de Barny'
  536
'Mme Legras de
  St Germain' 536
'Mme Léon Pain' 537
'Mme Lombard' 537
'Mme Louis Laperrière'
  538
'Mme Louis Lévêque'
  538
'Mme Marie Curie' 538

'Mme Neige' *siehe*
    'Youki San' 938
'Mme Neumann' *siehe*
    'Hermosa' 402
'Mme Pierre Oger' 539
'Mme Plantier' 540
'Madame la Duchesse
    d'Auerstädt' *siehe*
    'Duchesse
    d'Auerstädt' 269
'Madame President'
    siehe 'Madam
    President' 519
'Mme Sancy de
    Parabère' *siehe* 'Mme
    de Sancy de
    Parabère' 525
'Mme Scipion Cochet'
    (Bernaix) 540
'Mme Selzer' *siehe*
    'Madeleine Selzer'
    543
'Mme Victor Verdier'
    541
'Madame Violet' 541
'Mme Wagram,
    Comtesse de
    Turenne' 542
'Mme Zöetmans' 542
'Madeleine Selzer' 543
'Mademoiselle
    Augustine
    Guinoisseau' *siehe*
    'Augustine
    Guinoisseau' 128
'Mlle Cécile Brünner'
    siehe 'Cécile
    Brunner' 207
'Mlle Claire Jacquier'
    siehe 'Claire
    Jacquier' 224
'Mlle Franziska
    Krüger' 543
'Mlle Marie van
    Houtte' *siehe* 'Marie
    van Houtte' 563
'Maestro' 543
'Magali' 544

'Magenta' 544
'Maggie Barry' 545
'Maggy Barry' *siehe*
    'Maggie Barry' 545
'Magic Carpet' 545
'Magic Carrousel' 546
'Magic de Feu' *siehe*
    'Feuerzauber' 308
'Magic Dragon' 546
'Magic Meidiland'
    siehe 'Magic
    Meidilandecor' 546
'Magic Meidilandecor'
    546
'Magna Carta' *siehe*
    'Magna Charta' 546
'Magna Charta' 546
'Magneet' *siehe*
    'Feuerwerk' 307
'Magnifica' 547
'Magnolia Rose' *siehe*
    'Devoniensis' 258
'Maiden's Blush' (Alba)
    siehe 'Cuisse de
    Nymphe Emué' 244
'Maiden's Blush' (Kew
    Gardens) 547
'Maigold' 547
'Mainaufeuer' *siehe*
    'Red Ribbons' 715
'Mainzer Fastnacht'
    siehe 'Blue Moon' 169
'Majorette' 548
'Majorette 86' *siehe*
    'Majorette' 548
'Make-Up' *siehe*
    'Denise Grey' 256
'Malaga' 548
MALcair *siehe* 'Danse
    des Sylphes' 250
'Maltese Rose' *siehe*
    'Cécile Brunner' 207
'Maman Cochet' 549
'Maman Cochet,
    Climbing' 549
'Mamita' 389
'Manchu Rose' *siehe*
    Rosa xanthina 67

'Mandarin' (Boerner)
    550
'Mandarin' (Kordes)
    550
'Manettii' 551
'Mannheim' 551
'Manning's Blush' 552
'Manou Meilland' 552
'Many Happy Returns'
    553
'Marachal Le Clerc'
    siehe 'Touch of Class'
    872
'Marbrée' 553
'Marcel Bourgouin' 554
'Märchenkonigin' *siehe*
    'Bride's Dream' 184
'Märchenland' 554
'Marchesa Boccella' 555
'Marchioness of
    Londonderry' 555
'Maréchal Davoust'
    556
'Maréchal Davoust' *siehe*
    'Maréchal Davoust'
    556
'Maréchal le Clerc' *siehe*
    'Touch of Class' 872
'Maréchal Niel' 556
'Margaret' 557
'Margaret Isobel
    Hayes' *siehe*
    'International
    Herald Tribune' 418
'Margaret Merril' 557
'Margaret Roberts'
    siehe 'Redouté' 718
'Margaret Thatcher'
    siehe 'Flamingo' 314
'Margo Koster' 558
'Marguerite Brassac'
    siehe Charles
    Lefébvre' 214
'Marguerite Hilling'
    558
'Maria Callas' *siehe*
    'Miss All-American
    Beauty' 590

'Maria Callas,
    Climbing' *siehe* 'Miss
    All-American
    Beauty, Climbing'
    590
'Maria Lisa' 559
'Mariandel' 559
'Maribel' *siehe* 'Fulton
    MacKay' 333
'Marie de Blois' 560
'Marie de Saint Jean'
    560
'Marie de St Jean' *siehe*
    'Marie de Saint Jean'
    560
'Marie Dermar' 561
'Marie-Jeanne' 561
'Marie Louise' 562
'Marie Pavic' *siehe*
    'Marie Pavié' 562
'Marie Pavié 562
'Marie van Houtte' 563
'Marie van Houtte,
    Climbing' 563
'Marina' 563
'Marjorie Atherton' 564
'Marjorie Fair' 564
'Marjorie W. Lester'
    siehe 'Lauré Davoust'
    481
'Marjory Palmer' 565
'Marlena' 565
'Marquise Boccella'
    siehe 'Marchesa
    Boccella' 555
'Marquise Boçella' *siehe*
    'Marchesa Boccella'
    555
'Martha' 566
'Marthe' *siehe* 'Martha'
    566
'Martin Frobisher' 566
MARukfore *siehe*
    'City of London'
    223
'Mary Guthrie' 567
'Mary MacKillop' 567
'Mary Marshall' 568

'Mary Queen of Scots' 568
'Mary Rose' 569
'Mary Wallace' 569
'Mary Webb' 570
'Mascotte' 570
'Maskerade' 516, 571
'Maskerade, Climbing' 571
'Master Hugh' 571
'Matador' (Interplant) siehe 'Rosy Carpet' 748
'Matangi' 572
'Matilda' 572
MATtdor siehe 'Northamptonshire' 622
'Matthias Meilland' 573
'Mauve Melodée' 573
'Max Graf' 574
'Maxima' siehe 'Alba Maxima' 79
'May Queen' 574
'Maygold' siehe 'Maigold' 547
'Mayor of Casterbridge' 574
'Medallion' 575
'Meg' 576
'Meg Merrilies' 576
MEger siehe 'Baccará' 140
MEIalfi siehe 'Zambra' 941
MEIalfisar siehe 'Zambra, Climbing' 941
MEIalzonite siehe 'Lady Meilland' 472
MEIbaltaz siehe 'Anthony Meilland' 107
MEIbeausai siehe 'Matilda' 572
MEIbeluxen siehe 'Fiona' 310

MEIbil siehe 'Pink Peace' 670
MEIbilsar siehe 'Pink Peace, Climbing' 670
MEIblam siehe 'White Meillandina' 922
MEIbrinpay siehe 'Abbaye de Cluny' 70
MEIburenac siehe 'Swany' 834
MEIbyster siehe 'Clarita' 225
MEIcairma siehe 'Niccolo Paganini' 619
MEIcapinal siehe 'Pink Panther' 669
MEIcari siehe 'Champs-Elysées' 212
MEIcarl siehe 'Champs-Elysées' 212
MEIcauf siehe 'Amalia' 89
MEIcelna siehe 'Tino Rossi' 866
MEIcesar siehe 'Papa Meilland' 640
MEIchest siehe 'Fidelio' 308
MEIchim siehe 'Carina' 203
MEIchoiju siehe 'Jacqueline Nebout' 427
MEIcloux siehe 'Pigalle' 665
MEIcoublan siehe 'White Meidiland' 921
MEIdali siehe 'Arianna' 120
MEIdarwet siehe 'Relax Meillandecor' 722
MEIdaud siehe 'Miss All-American Beauty' 590

MEIdenji siehe 'Cassandre' 205
'Meidiland Alba' siehe 'Alba Meidiland' 79
MEIdo siehe 'Scarlet Gem' 771
MEIdona siehe 'Youki San' 938
MEIdragelac siehe 'Laura' 479
MEIelec siehe 'Scarlet Knight' 771
MEIelpa siehe 'Benvenuto' 155
MEIfiga siehe 'Pharaoh' 661
MEIfigu siehe 'Lady X' 475
MEIflopan siehe 'Alba Meidiland' 79
MEIfolio siehe 'Matthias Meilland' 573
MEIframis siehe 'Sarah' 767
MEIgabi siehe 'Starina' 815
MEIgali siehe 'Starina' 815
MEIgavesol siehe 'Tequila' 849
MEIgekanu siehe 'La Sévillana' 468
MEIgeroka siehe 'Pink La Sevillana' 668
MEIgold siehe 'Kabuki' 448
MEIgovin siehe 'Snow Meillandina' 797
MEIgriso siehe 'Baronne Edmond de Rothschild' 144
MEIgronuri siehe 'Gold Badge' 360
MEIgro–nurisar siehe 'Gold Badge, Climbing' 360
MEIhaiti siehe 'Sparkling Scarlet' 809

MEIhand siehe 'Sarabande' 767
MEIhandsar siehe 'Sarabande, Climbing' 767
MEIhartfor siehe 'Pink Wonder' 673
MEIhartforsar siehe 'Pink Wonder, Climbing' 673
MEIhati siehe 'Sparkling Scarlet' 809
MEIhelvet siehe 'Sonia' 802
MEIhigor siehe 'Frenzy' 327
MEIhirvin siehe 'Charlotte Rampling' 216
MEIiucca siehe 'Darling Flame' 251
MEIjalita siehe 'Chorus' 220
MEIjidiro siehe 'Pink Meillandina' 669
MEIjikatar siehe 'Orange Sunblaze' 631
MEIjulito siehe 'Chorus' 220
MEIkrotal siehe 'Scarlet Meidiland' 771
MEIlanein siehe 'Charles de Gaulle' 213
MEIlano siehe 'Cocorico' 228
MEIlarco siehe 'Lady Sunblaze' 474
MEIlaur siehe 'Tender Night' 848
MEIlaursar siehe 'Tender Night, Climbing' 848
MEIlena siehe 'Poppy Flash' 678

MEIlenasar siehe
  'Poppy Flash,
  Climbing' 678
MEIlider siehe 'Exploit'
  297
MEIlie siehe 'Christian
  Dior' 221
MEIlisia siehe 'Princess
  Margaret of
  England' 688
MEIlister siehe 'Princess
  Margaret of
  England' 688
MEIlivar siehe 'Gina
  Lollobrigida' 348
'Meilland Decor Rose'
  siehe 'Anne de
  Bretagne' 102
'Meillandina' 577
MEIloïse siehe 'Rêve de
  Paris' 727
MEIluminac siehe
  'Président Leopold
  Senghor' 683
MEImafris siehe
  'Jardins de Bagatelle'
  430
MEImafris siehe 'Sarah'
  767
MEImagarmic siehe
  'Princesse de
  Monaco' 690
MEImalyna siehe
  'Rouge Meilland' 750
MEImick siehe
  'Cocktail' 227
MEImit siehe 'Grace de
  Monaco' 372
MEImont siehe 'Clair
  Matin' 224
MEImouslin siehe
  'Cardinal Song'
  202
MEInagre siehe 'Wapiti'
  907
MEInatac siehe
  'Susan Hampshire'
  831

MEIneble siehe 'Red
  Meidiland' 713
MEInimo siehe
  'Regatta' 719
MEInivoz siehe 'Paul
  Ricard' 647
MEInronsse siehe
  'Christoph
  Columbus'
  (Meilland) 221
MEInuzeten siehe
  'Ambassador' 89
MEIoffic siehe 'Johann
  Strauss' 438
MEIparadon siehe
  'Antonia Ridge' 110
MEIparnin siehe
  'Honoré de Balzac'
  409
MEIpelta siehe
  'Fuchsia Meidiland'
  333
MEIpiess siehe
  'Majorette' 548
MEIpinjid (Meilland,
  1985) siehe 'Classic
  Sunblaze' 226
MEIpitac siehe
  'Carefree Wonder'
  203
MEIplatin siehe 'Perle
  Meillandécor' 658
MEIpopul siehe
  'Douceur
  Normande' 265
MEIpoque siehe 'Pink
  Meidiland' 669
MEIpraserpi siehe
  'Catherine Deneuve'
  206
MEIpsilon siehe
  'Yakimour' 935
MEIrabande siehe
  'Sarabande' 767
MEIranovi siehe 'Candy
  Rose' 198
MEIrestif siehe 'Louis
  de Funès' 506

MEIrevolt siehe
  'Toulouse-Lautrec'
  873
MEIridorio siehe
  'Gilbert Becaud'
  347
MEIrigalu siehe
  'Colorama' 229
MEIrokoi siehe 'Jean
  Giono' 432
MEIronsse siehe
  'Christoph
  Columbus'
  (Meilland) 221
MEIrouple siehe
  'Colette' 228
MEIrov siehe
  'Meillandina' 577
MEIroy siehe
  'Meillandina' 577
MEIrumour siehe
  Cherry
  Meillandecor' 218
MEIrutral siehe 'Prince
  Meillandina' 686
MEIsar siehe 'Papa
  Meilland' 640
MEIsocrat siehe 'Guy
  de Maupassant' 382
MEIsoyris siehe 'Red
  Cross' 711
MEIsunaj siehe 'Mme
  Fernandel' 529
MEItalbaz siehe
  'Anthony Meilland'
  107
MEItaras siehe
  'Swarthmore' 834
MEItebros siehe
  'Frederic Mistral' 324
MEItobla siehe 'Les
  Amoureux de
  Peynet' 492
MEItoifar siehe
  'Auguste Renoir'
  128
MEItonse siehe 'Pink
  Symphonie' 673

MEItosier siehe 'Polka'
  677
MEItulandi siehe
  'Hidalgo' 404
MEItulimon siehe
  'Manou Meilland'
  552
MEIturaphar siehe
  'Anne de Bretagne'
  102
MEIturusa siehe 'White
  Gem' 919
MEIudsur siehe 'Miss
  All-American
  Beauty, Climbing'
  590
MEIvilanic siehe
  'Rustica' 757
MEIvildo siehe 'Yves
  Piaget' 940
MEIviolin siehe 'Pierre
  de Ronsard' 664
MEIxetal siehe 'Denise
  Grey' 256
MEIzalitaf siehe 'Banzai
  '83' 142
MEIzeli siehe 'The
  McCartney Rose'
  856
'Mélanie Lemaire' siehe
  'Hermosa' 402
'Melodie Parfumée'
  siehe 'Violette
  Parfumée' 900
'Melody Maker' 577
'Memento' 578
'Memoriam' 578
'Memory Lane'
  (Pearce) 579
MEnap siehe 'Belle
  Blonde' 149
'Menja' 579
'Mercedes' 580
MerKOR siehe
  'Mercedes' 580
'Mermaid' 580
'Mers du Sud' siehe
  'South Seas' 803

'Meteor' (Geschwind) 581
'Métro' siehe 'Auckland Metro' 127
'Metropolitan' siehe 'West Coast' 912
'Mevrouw Nathalie Nypels' 581
MEYpink siehe 'Portrait' 679
'Michael Crawford' siehe 'Victor Borge' 896
'Michel Bonnet' siehe 'Catherine Guillot' 206
'Michel Hidalgo' siehe 'Hidalgo' 404
'Michelangelo' 582
'Michèle Meilland' 583
'Michèle Meilland, Climbing' 583
'Micrugosa' 584
'Midas Touch' 584
'Mignon' siehe 'Cécile Brunner' 207
'Mignonette' 584
'Mikado' 585
'Mildred Scheel' siehe 'Deep Secret' 255
'Milkmaid' 585
'Millie Walters' 585
'Milrose' 586
'Mini Lights' siehe 'Minilights' 586
'Minilights' 586
'Minnehaha' 586
'Minnie Mouse' siehe 'Roller Coaster' 735
'Minnie Pearl' 587
'Minnie Watson' 587
'Minuette, siehe 'Darling Flame' 251
'Minuetto' siehe 'Darling Flame' 251
'Miranda' 588
'Mirato' 588

'Miriam Wilkins' 589
'Mischief' 589
'Miss All-American Beauty' 590
'Miss All-American Beauty, Climbing' 590
'Miss Edith Cavell' 590
'Miss Harp' siehe 'Oregold' 632
'Mission Bells' 591
'Mr Bluebird' 591
'Mister Lincoln' 592
'Mister Lincoln, Climbing' 592
'Mrs Aaron Ward' 592
'Mrs Aaron Ward, Climbing' 592
'Mrs Alston's Rose' 593
'Mrs Anthony Waterer' 593
'Mrs B. R. Cant' 594
'Mrs B. R. Cant, Climbing' 594
'Mrs Cleveland Richard Smith' siehe 'Général Jacqueminot' 342
'Mrs de Graw' siehe 'Champion of the World' 211
'Mrs DeGraw' siehe 'Champion of the World' 211
'Mrs Doreen Pike' 594
'Mrs Dudley Cross' 595
'Mrs F. W. Flight' 595
'Mrs Foley Hobbs' 596
'Mrs Fred Danks' 596
'Mrs G. Delbard' siehe 'Mme Georges Delbard' 531
'Mrs Harkness' siehe 'Paul's Early Blush' 649
'Mrs Herbert Stevens' 597

'Mrs Herbert Stevens, Climbing' 597
'Mrs John Laing' 597
'Mrs Jones' siehe 'Centenaire de Lourdes' 209
'Mrs Mary Thomson' 598
'Mrs Norman Watson' 598
'Mrs Oakley Fisher' 599
'Mrs Paul' 599
'Mistress Quickly' 600
'Mrs Reynolds Hole' 600
'Mrs Richard Turnbull' 600
'Mrs Sam McGredy' 600
'Mrs Sam McGredy, Climbing' 600
'Mrs Wakefield Christie-Miller' 600
'Mojave' 602
'Mojave, Climbing' 602
'Moje Hammarberg' 602
'Molineux' 602
'Molly Sharman-Crawford' 603
'Mon Cheri' 603
'Mondiale' 603
'Monica' siehe 'Monika' 604
'Monika' 604
'Monsieur Pélisson' siehe 'Pélisson' 654
'Monsieur Tillier' 604
'Montana' siehe 'Royal Occasion' 752
'Montezuma' 604
'Moon River' (Kordes) siehe 'Heidschnee' 397
'Moonbeam' 605
'Moondance' siehe 'Paul Ricard' 647

'Moonlight' 605
'Moonlight Serenade' siehe 'Pfälzer Gold' 661
'Moonsprite' 605
MOORcap siehe 'Red Cascade' 711
MORart siehe 'Work of Art' 933
MORcana siehe 'Antique Rose' 108
MORcara siehe 'Antique Rose' 108
MORchari siehe 'Sweet Chariot' 835
'Morden Blush' 606
'Morden Centennial' 606
'Morden Fireglow' 606
'Morden Ruby' 607
MORfree siehe 'Softee' 798
MORgal siehe 'Galaxy' 337
'Morgengruß' 607
'Morgenröte' siehe 'Freisinger Morgenröte' 325
'Morletii' 607
'Morlettii' siehe 'Morletii' 607
MORmilli siehe 'Millie Walters' 585
'Morning Blush' 608
'Morning Colors' siehe 'Radway Sunrise' 705
'Morning Greeting' siehe 'Morgengruß' 607
'Morningrose' siehe 'Rosenstadt Zweibrücken' 746
MORpapplay siehe 'Ralph's Creeper' 706
MORplag siehe 'Playgirl' 675
MORquake siehe 'Earthquake' 276

REGISTER

MORrousel *siehe*
'Magic Carrousel'
546
'Morsdag' *siehe*
'Mothersday' 608
MORsegold *siehe*
'Sequoia Gold' 781
MORsheri *siehe* 'Sheri
Anne' 785
MORten *siehe* 'Linda
Campbell' 497
MORvi *siehe* 'Vi's
Violet' 895
MORyelrug *siehe*
'Topaz Jewel' 870
'Moth' 608
'Mother Mary
McKillop' *siehe*
'Mary MacKillop' 567
'Mothers Day' *siehe*
'Mothersday' 608
'Mothersday' 608
'Mount Hood' 609
'Mount Shasta' 609
'Mountain Rose' *siehe*
Rosa woodsii 67
'Mountbatten' 610
'Mousseline' *siehe*
'Alfred de Dalmas'
84
'Moussue Partout'
siehe 'Zoé' 942
'Mozart' 610
'München' 611
'Münchner Kindl' *siehe*
'Dicky' 259
'Mutabilis' 611
'Muttertag' *siehe*
'Mothersday' 608
'My Choice' 611

'Nana Mouskouri' 614
'Nancy Hayward' 614
'Nancy Steen' 614
'Narrow Water' 615
'Nathalie Nypels' *siehe*
'Mevrouw Nathalie
Nypels' 581

'Natilda' *siehe* 'Laura'
479
'National Trust' 615
'Nearly Wild' 615
'Nelkenrose' *siehe*
'F. J. Grootendorst'
300
'Nestor' 616
'Nevada' 616
'New Beginning' 616
'New Blaze' *siehe*
'Demokracie' 256
'New Cleopatra' *siehe*
'Cleopatra' 226
'New Daily Mail' 617
'New Daily Mail,
Climbing' 617
'New Dawn' 617
'New Face' 617
'New Rouge Meilland'
siehe 'Rouge
Meilland' 750
'New Valencia' *siehe*
'Valencia' 887
'New Year' 618
'New Yorker' 618
'New Zealand' 618
'News' 619
'Niccolo Paganini' 619
'Nice Day' 619
'Night Flight' *siehe*
'Vol de Nuit' 903
'Night Life' *siehe*
'Night Light' 619
'Night Light' 620
'Nil Bleu' *siehe* 'Blue
Nile' 169
'Nina Weibull' 620
'Niphetos' 620
'Niphetos, Climbing'
620
'Nivea' *siehe* 'Aimée
Vibert' 78
NOAheid *siehe* 'Heidi'
398
NOAschnee *siehe*
'White Flower
Carpet' 919

NOAtraum *siehe*
'Flower Carpet' 315
'Nobilo's Chardonnay'
621
'Noella Nabonnand'
621
'Noisette Desprez' *siehe*
'Desprez à Fleur
Jaune' 257
'Norfolk' 621
'Northamptonshire'
622
'Northern Lights' 622
'Norwich Castle' 622
'Nova Zembla' 623
'Nozomi' 623
'Nuage Parfumé' *siehe*
'Fragrant Cloud' 318
'Nuit d'Orient' *siehe*
'Stephen's Big
Purple' 817
'Nuits de Young' 623
'Nur Mahal' 624
'Nurse Cavill' *siehe*
'Miss Edith Cavell'
590
'Nutka Rose' *siehe*
Rosa nutkana 61
'Nymphenburg' 624
'Nyveldt's White' 624

'Ocarina' *siehe* 'Angela
Rippon' 98
OcaRU *siehe* 'Angela
Rippon' 98
'Octavia Hill' 625
'Octavius Weld' 625
'Œillet Flamand' 625
'Œillet Parfait' 626
'Oklahoma' 626
'Oklahoma, Climbing'
626
'Old Blush' 626
'Old Blush, Climbing'
626
'Old Crimson China'
siehe 'Slater's
Crimson China' 794

'Old Glory' (Jacotot)
siehe 'Gloire de
Dijon' 355
'Old Lilac' *siehe* 'Lilac
Rose' 485
'Old Master' 627
'Old Pink Daily' *siehe*
'Old Blush' 626
'Old Pink Monthly'
siehe 'Old Blush'
626
'Old Port' 627
'Old Spanish Rose'
siehe 'Russelliana'
757
'Old Spice' *siehe*
'Spiced Coffee' 812
'Old Time' *siehe*
'Oldtimer' 627
'Old Timer' *siehe*
'Oldtimer' 627
'Oldtimer' 627
'Old Velvet Moss' *siehe*
'William Lobb' 928
'Old Yellow Tea' *siehe*
'Parks' Yellow
Tea-scented China'
642
'Olde Fragrance' *siehe*
'Duftrausch' 271
'Olé' 628
'Olé, Climbing' 628
'Olympic Gold' *siehe*
'Goldener Olymp'
368
'Olympic Torch' 628
'Omar Khayyám' 628
'Onkaparinga' 629
'Opalia' *siehe* 'White
Flower Carpet' 919
'Opening Night' 629
'Ophelia' 629
'Ophelia, Climbing'
629
ORAblan *siehe* 'Thérèse
de Lisieux' 862
ORAdon *siehe* 'Triolet'
877

'Orange Fire' 630
'Orange Honey' 630
'Orange Korona' siehe
   'Korona' 460
'Orange Meillandina'
   siehe 'Orange
   Sunblaze' 631
'Orange Sensation' 630
'Orange Sensation,
   Climbing' 630
'Orange Sunblaze' 630
'Orange Triumph' 631
'Orange Triumph,
   Climbing' 631
'Orange Vilmorin' siehe
   'Uwe Seeler' 886
'Orangeade' 632
'Orangeade, Climbing'
   632
'Oregold' 632
'Oriental Charm' 633
'Orpheline de Juillet'
   633
'Osiria' 634
'Oskar Scheerer' 634
'Othello' 635
'Our Molly' 635
'Our Rosy Carpet' siehe
   'Palmengarten
   Frankfurt' 639
'Our Vanilla' siehe
   'Vanilla' 888
'Over the Rainbow' 635

'Pacesetter' 638
'Paddy McGredy' 638
'Paddy Stephens' 638
'Paderborn' siehe
   'Bischofsstadt
   Paderborn' 159
'Paganini' siehe
   'Niccolo Paganini'
   619
'Painted Damask'
   siehe 'Léda' 488
'Painted Damask'
   (pre-1844) siehe
   'Pink Léda' 668

'Painted Moon' 639
'Palissade Rose' siehe
   'Heidekönigin' 395
'Palmengarten
   Frankfurt' 639
'Panachée d'Angers'
   siehe 'Commandant
   Beaurepaire' 229
'Panthere Rose' siehe
   'Pink Panther' 669
'Papa Gontier' 639
'Papa Hémeray' 640
'Papa Meilland' 640
'Papa Meilland,
   Climbing' 640
'Papillon'
   (Nabonnand) 640
'Paprika' 641
'Parade' 641
'Paradise' 641
'Parador' siehe
   'Tchin-Tchin' 846
'Parfum de l'Haÿ' siehe
   'Rose à Parfum de
   l'Haÿ' 739
'Paris Charm' siehe
   'Pariser Charme' 642
'Paris Pink' siehe
   'Givenchy' 351
'Pariser Charme' 642
'Parkay' siehe 'Dorola'
   264
'Parkdirektor Riggers'
   642
'Parks' Yellow
   Tea-scented China'
   642
'Parkzierde' 643
'Parson's Pink China'
   siehe 'Old Blush'
   626
'Partridge' siehe
   'Weisse Immensee'
   911
'Party Girl' 643
'Parure d'Or' 643
'Pascali' 643
'Passion' 644

'Pasture Rose' siehe
   Rosa carolina 46
'Pat Austin' 644
'Patio Charm' 644
'Patricia' (Chaplin
   Bros Ltd) 645
'Patricia' (Kordes)
   645
'Paul Cezanne' 645
'Paul Crampel' 646
'Paul de Fontaine'
   siehe 'Deuil de Paul
   Fontaine' 257
'Paul Gauguin' 646
'Paul Jamain' siehe
   'Charles Lefébvre'
   214
'Paul Lédé, Climbing'
   646
'Paul McCartney' siehe
   'The McCartney
   Rose' 856
'Paul Neyron' 647
'Paul Noel' 647
'Paul Ricard' 647
'Paul Ricault' 647
'Paul Richard' siehe
   'Paul Ricard' 647
'Paul Shirville' 648
'Paul Transon' 648
'Paulii' 649
'Paul's Dresden China'
   siehe 'Sophie's
   Perpetual' 803
'Paul's Early Blush'
   649
'Paul's Himalayan
   Musk Rambler'
   649
'Paul's Lemon Pillar'
   650
'Paul's Scarlet
   Climber' 650
'Pax' 650
PAYable siehe
   'Anuschka' 111
'Peace' 651
'Peace, Climbing' 651

'Peace Meillandina'
   siehe 'Lady Sunblaze'
   474
'Peace of Vereeniging'
   siehe 'Cleopatra' 226
'Peace Sunblaze' siehe
   'Lady Sunblaze' 474
'Peacekeeper' 652
'Peach Blossom' 652
'Peach Melba' siehe
   'Gitte' 351
'Peaches 'N' Cream' 653
'Peachy' siehe 'Nobilo's
   Chardonnay' 621
PEAhaze siehe
   'Geraldine' 344
PEAmight siehe
   'Leaping Salmon'
   488
'Pearl Drift' 653
'Pearl of Bedfordview'
   siehe 'Matilda' 572
'Pearl of Canada' siehe
   'Perla de Alcañada'
   657
'Pearl Meidiland' siehe
   'Perle Meillandécor'
   658
'Peaudouce' siehe
   'Elina' 281
'Peek-a-Boo' siehe
   'Brass Ring' 180
'Peer Gynt' 653
PEKlinesar siehe 'Lilli
   Marleen, Climbing'
   496
'Pélisson' 654
'Penelope' (Pemberton)
   654
'Penny Coelen' siehe
   'Regatta' 719
'Penny Lane'
   (Harkness) 654
'Pensioners' Voice' 655
'Penthouse' siehe
   'West Coast' 912
'Peppermint Twist' 655
'Perdita' 655

'Perfect Moment' 656
'Perfume Delight' 656
'Pergolèse' 657
'Perla de Alcañada' 657
'Perla de Alcañada, Climbing' 657
'Perla de Montserrat' 657
'Perle de Alcañada' siehe 'Perla de Alcañada' 657
'Perle des Jardins' 658
'Perle des Jardins, Climbing' 658
'Perle d'Or' 658
'Perle Meillandécor' 658
'Pernille Poulsen' 659
'Perpetual White Moss' siehe 'Quatre Saisons Blanc Mousseux' 700
'Persian Yellow' siehe Rosa foetida perseana 51
'Peter Frankenfeld' 659
'Peter Frankenfeld, Climbing' 659
'Peter Wessel' siehe 'Glad Tidings' 352
'Petite de Hollande' 660
'Petite de Orléanaise' siehe 'Petite Orléanaise' 660
'Petite Junon de Hollande' siehe 'Petite de Hollande' 660
'Petite Lisette' 660
'Petite Orléanaise' 660
'Pfälzer Gold' 660
'Phantom' 661
'Phantom of the Opera' siehe 'Phantom' 661
'Pharaoh' 661
'Pharaon' siehe 'Pharaoh' 661

'Pheasant' siehe 'Heidekönigin' 395
'Phoebe's Frilled Pink' siehe 'Fimbriata' 309
'Phyllis Bide' 662
'Picasso' 662
'Piccadilly' 663
'Piccola' siehe 'Piccolo' 663
'Piccolo' 663
'Picture' 664
'Picture, Climbing' 664
'Pierre de Ronsard' 664
'Pierre Notting' 665
'Pigalle' 665
'Pigalle 84' siehe 'Pigalle' 665
'Pilgrim' (Austin) siehe 'The Pilgrim' 857
'Pink Bassino' 665
'Pink Bells' 666
'Pink Bourbon' siehe 'Mme Ernest Calvat' 529
'Pink Cherokee' siehe 'Anemonenrose' 96
'Pink Chiffon' 666
'Pink Cloud' 666
'Pink Cover' siehe 'Essex' 289
'Pink Drift' siehe 'Caterpillar' 206
'Pink Elizabeth Arden' siehe 'Geisha' 340
'Pink Favorite' 667
'Pink Favourite' siehe 'Pink Favorite' 667
'Pink Flower Carpet' siehe 'Flower Carpet' 315
'Pink Frau Karl Druschki' siehe 'Heinrich Münch' 398
'Pink Grootendorst' 667
'Pink Iceberg' 668
'Pink La Sevillana' 668

'Pink La Sevilliana' siehe 'Pink La Sevillana' 668
'Pink Léda' 668
'Pink Meidiland' 669
'Pink Meillandina' 669
'Pink Nevada' siehe 'Marguerite Hilling' 558
'Pink Panther' 669
'Pink Parfait' 670
'Pink Peace' 670
'Pink Peace, Climbing' 670
'Pink Pearl' 671
'Pink Perpetue' 671
'Pink Prosperity' 474
'Pink Rambler' siehe 'Euphrosyne' 292
'Pink Robusta' 672
'Pink Rosette' 672
'Pink Sensation' siehe 'Sommermärchen' 801
'Pink Sevillana' siehe 'Pink La Sevillana' 668
'Pink Silk' 672
'Pink Sunblaze' siehe 'Pink Meillandina' 669
'Pink Symphonie' 673
'Pink Symphony' siehe 'Pink Symphonie' 673
'Pink Wonder' 673
'Pink Wonder, Climbing' 673
'Pinkie' 674
'Pinkie, Climbing' 674
'Pioneer Rose' siehe 'Harison's Yellow' 391
'Playboy' 636, 674
'Playgirl' 675
'Playtime' (Kordes) siehe 'Roselina' 743
'Pleasure' 675

'Pleine de Grace' 675
'Pluto' siehe 'Hurdy Gurdy' 413
'Poesie' siehe 'Tournament of Roses' 874
'Poetry in Motion' 676
'Polar Star' siehe 'Polarstern' 676
'Polareis' 676
'Polaris' siehe 'Polareis' 676
'Polarstern' 676
'Polka' 677
'Polka 91' siehe 'Polka' 677
'Pompon Blanc Parfait' 677
'Pompon de Burgogne' siehe 'Burgunderrose' 190
'Pompon de Paris' 677
'Pompon de Paris, Climbing' 677
'Pompon des Dames' siehe 'Petite de Hollande' 660
'Pompon des Princes' siehe 'Ispahan' 423
'Pompon Rose' siehe 'Rose de Meaux' 740
'Ponderosa' siehe 'Flower Power' 315
'Popcorn' 678
'Poppy Flash' 678
'Poppy Flash, Climbing' 678
'Porcelain' siehe 'Flamingo' 314
'Porthos, Climbing' 679
'Portland Rose' siehe 'Duchess of Portland' 269
'Portlandica' siehe 'Duchess of Portland' 269
'Portrait' 679

'Pot o' Gold' 680
'Potter & Moore' 680
POUbells siehe 'Pink Bells' 666
POUlave siehe 'Sussex' 832
POUlcat siehe 'Caterpillar' 206
POUlclimb siehe 'Berries 'N' Cream' 156
POUlcov siehe 'Kent' 454
POUlduce siehe 'Tivoli' 867
POUlfair siehe 'Yellow Fairy' 936
POUlfolk siehe 'Norfolk' 621
POUlgav siehe 'Gavnø' 339
POUllight siehe 'Night Light' 620
POUlman siehe 'Ingrid Bergman' 417
POUlnoz siehe 'Essex' 289
POUlreb siehe 'Eurostar' 293
POUlred siehe 'Red Bells' 710
POUlrek siehe 'Crystal Palace' 242
'Poulsen's Pearl' 681
POUlskov siehe 'Queen Margrethe' 701
POUltex siehe 'Texas' (Poulsen) 850
POUltop siehe 'Carrot Top' 205
POUltumb siehe 'Tumbling Waters' 880
POUlurt siehe 'Aspen' 124
POUlvue siehe 'Victor Borge' 896

POUlwhite siehe 'White Bells' 915
POUskul siehe 'Queen Margrethe' 701
'Prairie Dawn' 681
'Precious Michelle' siehe 'Auckland Metro' 127
'Preference' siehe 'Princesse de Monaco' 690
'Premier Amour' siehe 'First Love' 312
'Première Ballerine' s. 'Prima Ballerina' 684
'Président de Sèze' 682
'President Herbert Hoover' 682
'President Hoover' siehe 'President Herbert Hoover' 682
'President John F. Kennedy' siehe 'John F. Kennedy' 440
'Président L. Senghor' siehe 'Président Leopold Senghor' 683
'Président Leopold Senghor' 683
'Prestige de Lyon' siehe 'Regatta' 719
'Pretty Jessica' 683
'Pretty Polly' siehe 'Pink Symphonie' 672
'Pride 'N' Joy' 684
'Prima' siehe 'Many Happy Returns' 552
'Prima Ballerina' 684
'Primaballerina' siehe 'Prima Ballerina' 684
'Primevère' 685
'Primrose' siehe 'Primevère' 685
'Prince Abricot' siehe 'Gingersnap' 349

'Prince Camille de Rohan' 685
'Prince Charles' 686
'Prince Igor' siehe 'Frenzy' 327
'Prince Klaus' siehe 'Prins Claus' 692
'Prince Meillandina' 686
'Prince Sunblaze' siehe 'Prince Meillandina' 686
'Princeps' 687
'Princess Alice' 687
'Princess Margaret of England' 688
'Princess Margaret of England, Climbing' 688
'Princess Michael of Kent' 689
'Princess of Monaco' siehe 'Princesse de Monaco' 690
'Princesse Adélaide' 689
'Princesse Christine von Salm' siehe 'Baron Girod de l'Ain' 143
'Princesse de Monaco' 690
'Princesse de Nassau' 690
'Princesse de Sagan' 691
'Princesse Grace' siehe 'Princesse de Monaco' 690
'Princesse Grace de Monaco' siehe 'Princesse de Monaco' 690
'Princesse Louise' 691
'Princesse Margaret d'Angleterre' siehe 'Princess Margaret of England' 688
'Prins Claus' 692

'Prinz Eugen von Savoyen' siehe 'Amber Queen' 90
'Priscilla Burton' 692
'Pristine' 692
'Probuzini' siehe 'Awakening' 133
'Prolifera de Redouté' 693
'Prominent' 693
'Prosperity' 694
'Prospero' 694
'Proud Land' 695
'Proud Titania' 695
'Provence Rose' siehe 'Cabbage Rose' 194
'Puppy Love' 696
'Pure Bliss' 696
'Purple Pavement' siehe 'Rotes Meer' 750
'Purple Puff' siehe 'Love Potion' 510
'Purple Splendour' 697
'Purple Tiger' 697
'Pussta' siehe 'New Daily Mail' 617
'Pyrenees' siehe 'Kent' 454

'Quaker Star' 700
'Quatre Saisons Blanc Mousseux' 700
'Quatre Saisons' siehe 'Autumn Damask' 129
'Québec' siehe 'Mme Marie Curie' 539
'Queen Adelaide' siehe 'Yves Piaget' 940
'Queen Elizabeth' 701
'Queen Elizabeth, Climbing' 701
'Queen Margrethe' siehe 'Queen Margrethe' 701
'Queen Margrethe' 701
'Queen Mother' 702

'Queen Mum' *siehe*
'Queen Mother' 702
'Queen of Beauty' *siehe*
'Souvenir de la
Malmaison' 805
'Queen of Bedders' 702
'Queen of Bermuda'
siehe 'Exciting' 296
'Queen of Bourbons'
703
'Queen of Denmark'
siehe 'Königin von
Dänemark' 458
'Queen of England'
siehe 'Queen
Elizabeth' 701
'Queen of Hearts'
(Clark) 703
'Queen of Hearts'
(Lens) *siehe* 'Dame
de Coeur' 249
'Queen of Roses' *siehe*
'Colour Wonder' 229
'Queen of the Musks'
703
'Queen of the Violets'
siehe 'Reine des
Violettes' 720
'Queen Silvia' *siehe*
'Jardins de Bagatelle'
430
'Queen Victoria' *siehe*
'Brennus' 183

'Radiance' 704
'Radiance, Climbing'
704
'Radio Times' 704
'Radox Bouquet' 705
'Radway Sunrise' 705
'Ragged Robin' *siehe*
'Gloire des
Rosomanes' 357
'Rainbow's End' 706
'Rainer Maria Rilke' *s.*
'Uwe Seeler' 886
'Ralph's Creeper' 706
'Rambling Rector' 707

'Ramira' *siehe* 'Agatha
Christie' 75
'Ramona' 707
'Raubritter' 708
'Ray of Sunshine' 708
'Raymond Chenault'
709
'Red Ace' 709
'Red and White
Delight' *siehe*
'Peppermint Twist'
635
'Red Ballerina' *siehe*
'Marjorie Fair' 564
'Red Bells' 710
'Red Blanket' 710
'Red Cascade' 711
'Red Cedar' *siehe*
'Loving Memory'
512
'Red Cherokee' *siehe*
'Ramona' 707
'Red Coat' *siehe*
'Redcoat' 717
'Red Cross' 711
'Red Devil' 711
'Red Dorothy Perkins'
siehe 'Excelsa' 296
'Red Favorite' 712
'Red Favourite' *siehe*
'Red Favorite' 712
'Red Garnette' *siehe*
'Garnette' 338
'Red Iceberg' *siehe*
'Red Simplicity'
716
'Red Max Graf' *siehe*
'Rote Max Graf'
750
'Red Meillandécor'
siehe 'Red
Meilland' 713
'Red Meidiland' 713
'Red Minimo' 713
'Red Moss' *siehe*
'Henri Martin'
400
'Red Nella' 714

'Red Peace' *siehe*
'Karl Herbst' 450
'Red Planet' 714
'Red Prince' *siehe*
'Fountain' 317
'Red Prolific' *siehe*
'Clos Vougeot' 227
'Red Rascal' 715
'Red Ribbons' 715
'Red Robin' *siehe*
'Gloire des
Rosomanes' 357
'Red Rosamini' 716
'Red Rose of
Lancaster' *siehe*
'Apotheker-Rose' 113
'Red Simplicity' 716
'Red Stillman' *siehe*
'Rod Stillman' 734
'Red Sunblaze' *siehe*
'Prince Meillandina'
686
'Red Yesterday' *siehe*
'Marjorie Fair' 564
'Redcoat' 717
'Redgold' 717
'Redouté' 718
'Regatta' (Meilland)
719
'Regatta' (Warriner)
718
'Regensberg' 719
ReiKOR *siehe*
'Träumerei' 875
'Reine Blanche' (Lee)
siehe 'Hébé's Lip'
395
'Reine des Centfeuilles'
720
'Reine des Français'
siehe 'La Reine' 467
'Reine des Iles
Bourbon' *siehe*
'Queen of Bourbons'
703
'Reine des Neiges' *siehe*
'Frau Karl Druschki'
323

'Reine des Roses' *siehe*
'Colour Wonder' 229
'Reine des Violettes' 720
'Reine Lucia' *siehe*
'Lichtkönigin Lucia'
493
'Reine Marie
Henriette' 721
'Reine Victoria' 721
'Relax Meidiland *siehe*
'Relax Meillandecor'
722
'Relax Meillandecor'
722
'Rembrandt' 722
'Remember' *siehe*
'Remember Me' 723
'Remember Me' 723
'Remembrance' 723
'Renae' 724
'Renaissance'
(Gaujard) 724
'Renaissance'
(Harkness) 725
'Rendez-vous' 725
'René André' 725
'Réné d'Anjou' 726
'Repandia' 726
'Rêve de Paris' 727
'Rêve d'Or' 727
'Réveil Dijonnais' 728
'Reverend H.
d'Ombrain' 728
'Reverie' *siehe*
'Träumerei' 875
'Rheinaupark' 729
'Rhumba' *siehe*
'Rumba' 755
'Rimosa, Climbing'
siehe 'Gold Badge,
Climbing' 360
'Rimosa 79' *siehe* 'Gold
Badge' 360
RinaKOR *siehe* 'Marina'
563
'Ringlet' 729
'Rio Samba' 730
'Ripples' 730

'Rittertum' siehe
  'Chivalry' 220
'Rival de Paestum' 730
'Rob Roy' 731
'Robert le Diable' 731
'Robert Léopold' 732
'Roberta' siehe
  'Heritage' 402
'Robin des Bois' siehe
  'Robin Hood' 732
'Robin Hood' 732
'Robin Red Breast' 733
'Robin Redbreast' siehe
  'Robin Red Breast' 733
'Robusta' (Kordes) 733
'Rock 'N' Roll' siehe
  'Stretch Johnson' 818
'Rocketear' siehe
  'Rosalie Coral' 737
'Rod Stillman' 734
'Roger Lambelin' 734
'Roi de Siam' 735
'Roller Coaster' 735
'Romance' siehe
  'Romanze' 736
'Romanze' 736
Rosa acicularis nipponesis 40
Rosa alba maxima siehe 'Alba Maxima' 79
Rosa × alba nivea siehe 'Alba Semi-plena' 80
Rosa × alba suavelens siehe 'Alba Semi-plena' 80
Rosa alpina siehe *Rosa pendulina* 61
Rosa × anemonoides siehe 'Anemonenrose' 96
Rosa anemonoides 'Anemone Rose' 57
Rosa arkansana 40
Rosa arvensis 41
Rosa arvensis splendens siehe 'Splendens' 813

Rosa banksiae × Rosa laevigata siehe *Rosa × fortuniana* 42
Rosa banksiae alba plena siehe *Rosa banksiae banksiae* 42
Rosa banksiae banksiae 42
Rosa banksiae lutea 42
Rosa banksiae lutescens 42
Rosa banksiae normalis 42
Rosa blanda 43
Rosa bracteata 43
Rosa brunonii 44
Rosa brunonii 'La Mortola' 44, 466
Rosa burgundica siehe 'Rosa burgundica' 190
Rosa californica 45
Rosa californica 'Plena' 45
Rosa canina 46
Rosa carolina 46
Rosa carolina alba 46
Rosa carolina glandulosa 46
Rosa carolina grandiflora 46
Rosa × centifolia siehe 'Cabbage Rose' 194
Rosa centifolia siehe 'Centifolia' 209
Rosa centifolia alba siehe 'Unique Blanche' 886
Rosa centifolia albo-muscosa siehe 'White Bath' 915
Rosa × centifolia bullata siehe 'Bullata' 189
Rosa × centifolia 'Cristata' siehe 'Crested Moss' 240

Rosa × centifolia major siehe 'Rose des Peintres' 741
Rosa centifolia minor siehe 'Petite de Hollande' 660
Rosa centifolia muscosa siehe 'Centifolia Muscosa' 209
Rosa centifolia parvifolia siehe 'Burgunderrose' 190
Rosa centifolia pomponia siehe 'De Meaux' 253
Rosa centifolia pomponia 'Lindley' siehe 'Rose de Meaux' 740
Rosa chinensis 47
Rosa chinensis indica siehe *Rosa chinensis* 47
Rosa chinensis mutabilis siehe 'Mutabilis' 611
Rosa chinensis semperflorens siehe 'Slater's Crimson China' 794
Rosa chinensis serratipetala siehe 'Serratipetala' 781
Rosa chinensis viridiflora siehe 'Green Rose' 377
Rosa cinnamomea 47
Rosa cinnamomea falcundissima 47
Rosa cinnamomea plena 47
Rosa × cooperi siehe 'Cooper's Burmese' 235
Rosa cuspidata siehe *Rosa tomentosa* 65
Rosa cymosa 42

Rosa damascena semperflorens siehe 'Autumn Damask' 129
Rosa damascena trigintipetala siehe 'Kazanlik' 453
Rosa damascena versicolor siehe 'York and Lancaster' 938
Rosa davidii 48
Rosa davidii elongata 48
Rosa dijoniensis siehe 'Rose de Meaux' 740
Rosa × dupontii siehe 'Dupontii' 272
Rosa ecae 49
Rosa eglanteria 49
Rosa eglanteria duplex 'Weston' siehe 'Magnifica' 547
Rosa elegantula 'Persetosa' 49
Rosa farreri persetosa siehe *Rosa elegantula* 'Persetosa' 49
Rosa fedtschenkoana 50
Rosa filipes 50
Rosa filipes 'Kiftgate' siehe 'Kiftgate' 50, 455
Rosa foetida 51
Rosa foetida bicolor 'Austrian Copper' 51
Rosa foetida persiana 'Persian Yellow' 51
Rosa foliolosa 51
Rosa forrestiana 52
Rosa × fortuniana 42 siehe 'Fortuniana' 317
Rosa fraxinifolia siehe *Rosa blanda* 43
Rosa gallica 52
Rosa gallica conditorum siehe 'Conditorum' 232

Rosa gallica officinalis siehe 'Apotheker-Rose' 113
Rosa gallica rosa mundi 'Weston' siehe 'Rosa Mundi' 736
Rosa gallica splendens siehe 'Splendens' 813
Rosa gallica variegata 'Thory' siehe 'Rosa Mundi' 736
Rosa gallica versicolor 'Linnaeus' siehe 'Rosa Mundi' 736
Rosa gentiliana 53
Rosa gigantea 53
Rosa gigantea siehe *Rosa chinensis* 53
Rosa giraldii 54
Rosa glauca 54
Rosa × *harisonii* siehe 'Harison's Yellow' 391
'Rosa Harisonii Harison's Yellow' siehe 'Harison's Yellow' 391
Rosa helenae 55
Rosa highdownensis 'Hillier' siehe 'Highdownensis' 405
Rosa holodonta 56
Rosa hugonis 56
Rosa indica 'Major' 47
Rosa indica ochroleuca siehe 'Parks' Yellow Tea-scented China' 642
Rosa laevigata 57
Rosa laevigata 'Anemone' siehe 'Anemone' 96
Rosa longicuspis 57, 59
Rosa lucida siehe *Rosa virginiana* 66
Rosa × *macrantha* 'Macrantha' 58

Rosa majalis siehe *Rosa cinnamomea* 47
Rosa manettii siehe 'Manettii' 551
Rosa × *microrugosa* 'Henkel' siehe 'Microrugosa' 584
'Rosa Monstrosa' siehe 'Green Rose' 377
Rosa moschata 38, 58
Rosa moschata nepalensis 44
Rosa moschata 'Plena' 58
Rosa moyesii 59
Rosa moyesii fargesii 59
Rosa moyesii 'Geranium' siehe 'Geranium' 345
Rosa moyesii rosea siehe *Rosa holodonta* 56
Rosa moyesii 'Sealing Wax' siehe 'Sealing Wax' 779
Rosa mulliganii 59
Rosa multiflora 60
Rosa multiflora carnea 60
Rosa multiflora cathayensis 60
Rosa multiflora watsoniana 60
'Rosa Mundi' 736
Rosa mundi siehe 'Rosa Mundi' 736
Rosa muscosa alba siehe 'White Bath' 915
Rosa nitida 60
Rosa nitida 'Corylus' 61
Rosa nitida × *Rosa rugosa* siehe *Rosa nitida* 60
Rosa × *noisettiana manettii* siehe 'Manettii' 551
Rosa nutkana 61

Rosa nutkana 'Cantab' 61
Rosa × *odorata* 47
Rosa × *odorata gigantea* siehe *Rosa gigantea* 53
Rosa × *odorata* 'Pallida' siehe 'Old Blush' 626
Rosa × *odorata ochroleuca* siehe 'Parks' Yellow Tea-scented China' 642
Rosa × *odorata* 'Mutabilis' siehe 'Mutabilis' 611
Rosa × *odorata pseudindica* siehe 'Fortune's Double Yellow' 316
Rosa omeiensis pteracantha siehe *Rosa sericea pteracantha* 64
Rosa paestana siehe 'Duchess of Portland' 269
Rosa × *paulii* 'Rehder' siehe 'Paulii' 649
Rosa pendulina 61
Rosa pendulina plena siehe 'Morletii' 607
Rosa pimpinellifolia 61
Rosa pimpinellifolia altaica 61
Rosa pimpinellifolia 'Grandiflora' 61
Rosa pisocarpa 62
Rosa polyantha grandiflora siehe *Rosa gentiliana* 53
Rosa pomifera 62
Rosa pomifera duplex siehe 'Duplex' 272
Rosa pomponia 'Roessig' siehe 'Rose de Meaux' 740

Rosa portlandica siehe 'Duchess of Portland' 269
Rosa primula 62
Rosa pulchella 'Willdenow' siehe 'Rose de Meaux' 740
Rosa rouletii 'Correvon' siehe 'Rouletii' 751
Rosa roxburghii 62
Rosa roxburghii normalis 62
Rosa roxburghii plena 62
Rosa rubiginosa siehe *Rosa eglanteria* 49
Rosa rubiginosa magnifica siehe 'Magnifica' 547
Rosa rubrifolia siehe *Rosa glauca* 54
Rosa rubrifolia 'Carmenetta' siehe 'Carmenetta' 204
Rosa rugosa 63
Rosa rugosa 'Hammarberg' siehe 'Moje Hammarberg' 602
Rosa rugosa 'Belle Poitevine' siehe 'Belle Poitevine' 150
Rosa rugosa kamtchatica 63
Rosa rugosa 'Magnifica' siehe 'Magnifica' 547
Rosa rugosa 'Max Graf' siehe 'Max Graf' 574
Rosa rugosa 'Mrs Anthony Waterer' siehe 'Mrs Anthony Waterer' 593
Rosa rugosa 'Paulii' siehe 'Paulii' 649

Rosa rugosa 'Pink Grootendorst' siehe 'Pink Grootendorst' 667
Rosa rugosa repens alba 'Paul' siehe 'Paulii' 649
Rosa rugosa 'Rheinaupark' siehe 'Rheinaupark' 729
Rosa rugosa 'Robusta' siehe 'Robusta' 733
Rosa rugosa 'Rosa à Parfum de l'Haÿ' siehe 'Rosa à Parfum de l'Haÿ' 739
Rosa rugosa 'Roseraie de l'Haÿ' siehe 'Roseraie de l'Haÿ' 747
Rosa rugosa 'Rote Max Graf' siehe 'Rote Max Graf' 750
Rosa rugosa 'Rotes Meer' siehe 'Rotes Meer' 750
Rosa rugosa rubra 63
Rosa rugosa 'Ruskin' siehe 'Ruskin' 756
Rosa rugosa scabrosa siehe 'Scabrosa' 770
Rosa sempervirens 63
Rosa sericea chrysocarpa 64
Rosa sericea pteracantha 64
Rosa setipoda 64
Rosa soulieana 64
Rosa spinosissima siehe *Rosa pimpinellifolia* 61
Rosa stellata 65
Rosa stellata mirifica 65
'Rosa Stern' siehe 'Bel Ange' 147
Rosa suffulta siehe *Rosa arkansana* 40
Rosa sweginzowii 65

Rosa sweginzowii macrocarpa 65
Rosa tomentosa 65
Rosa villosa siehe *Rosa pomifera* 62
Rosa villosa duplex siehe 'Duplex' 272
Rosa virginiana 66
Rosa virginiana 'Alba' 66
Rosa virginiana plena siehe 'Rose d'Amour' 739
Rosa viridiflora siehe 'Green Rose' 377
Rosa webbiana 66
Rosa wichuraiana 66
Rosa wichuraiana poteriifolia 66
Rosa willmottiae 67
Rosa woodsii 67
Rosa woodsii fendleri 67
Rosa xanthina 48, 67
Rosa xanthina 'Canary Bird' siehe 'Canary Bird' 197
Rosa xanthina lindleyii 67
Rosa xanthina spontanea 67
'Rosabell' 736
'Rosali' 737
'Rosali 83' siehe 'Rosali' 737
'Rosalie Coral' 737
'Rosalina' siehe 'Roselina' 743
'Rosalynn Carter' siehe 'Prins Claus' 692
'Rosamunde' 738
'Rosarium Glücksburg' siehe 'Charles Rennie Mackintosh' 215
'Rosarium Uetersen' 738

'Rose à Feuilles de Laitue' siehe 'Bullata' 189
'Rose à Parfum de l'Haÿ' 739
'Rose Baby' siehe 'Royal Salute' 753
'Rose Besson' siehe 'Georg Arends' 343
'Rose d'Amour' 739
'Rose de la Reine' siehe 'La Reine' 467
'Rose de Mai' siehe *Rosa cinnamomea plena* 47
'Rose de Meaux' siehe 'De Meaux' 253
'Rose de Plaquer' siehe *Rosa cinnamomea plena* 47
'Rose de Rescht' 740
'Rose des Peintres' 741
'Rose d'Isfahan' siehe 'Ispahan' 423
'Rose du Maître d'École' siehe 'De la Maître-École' 253
'Rose du Roi' 741
'Rose du Saint-Sacrement' siehe *Rosa cinnamomea plena* 47
'Rose Elf' siehe 'Rosenelfe' 745
'Rose Gaujard' 742
'Rose Œillet de Saint Arquey Vilfray' siehe 'Serratipetala' 781
'Rose of Provins' (Gallica) siehe 'Apotheker-Rose' 113
'Rose-Marie Viaud' siehe 'Rosemarie Viaud' 743
'Rose Meillandécor' siehe 'Pink Meilland' 669

'Rose van Sian' siehe 'Cardinal Richelieu' 201
'Rose von Kastilien' s. 'Autumn Damask' 129
'Rosée du Matin' siehe 'Chloris' 220
'Roselina' 743
'Rosemarie Viaud' 743
'Rosemary Harkness' 744
'Rosemary Rose' 744
'Rosendorf Sparrieshoop' 745
'Rosenelfe' 745
'Rosenfee' 746
'Rosenresli' 746
'Rosenstadt' siehe 'Rosenstadt Zweibrücken' 746
'Rosenstadt Zweibrücken' 746
'Rosenthal' siehe 'Tatjana' 845
'Roseraie de l'Haÿ' 747
'Roseromantic' 747
'Rosette Delizy' 747
'Rosier de Thionville' siehe 'Quatre Saisons Blanc Mousseux' 700
'Rosika' siehe 'Radox Bouquet' 705
'Rosilia' siehe 'Rosalie Coral' 737
'Rosina' 748
'Rosmarin '89' 748
'Rosmarin '90' siehe 'Rosmarin '89' 748
'Rosy Carpet' 748
'Rosy Cheeks' 749
'Rosy Cushion' 749
'Rosy La Sevillana' siehe 'Pink La Sevillana' 668
'Rosy Mantle' 749

'Rosy Morn *siehe*
'Improved Cécile Brünner' 417
'Rote Max Graf' 750
'Rote Rose von Lancaster' *siehe* 'Apotheker-Rose' 113
'Roter Stern' *siehe* 'Exciting' 296
'Rotes Meer' 750
'Rouge Eblouissante' *siehe* 'Assemblage des Beautés' 125
'Rouge et Or' *siehe* 'Redgold' 717
'Rouge Meilland' (Meilland, 1982) 750
'Rouge Meilland 84' *siehe* 'Rouge Meilland' (Meilland, 1982) 750
'Rouge Meillandécor' *siehe* 'Red Meidiland' 713
'Rouge Prolific' *siehe* 'Clos Vougeot' 227
'Rouletii' 751
'Royal Bassino' 751
'Royal Bonica' 751
'Royal Bonnika' *siehe* 'Royal Bonica' 751
'Royal Gold' 752
'Royal Highness' 752
'Royal Occasion' 752
'Royal Salute' 753
'Royal William' 753
ROYroyness *siehe* 'Bride's Dream' 184
'Rubens' 754
'Rubrotincta' *siehe* 'Hébé's Lip' 395
'Ruby Anniversary' 754
'Ruby Gold' *siehe* 'Jean Ducher' 452
'Ruby Wedding' 754
'Rugelda' 755
'Rugosa Magnifica' 755

'Rugosa Superba' *siehe* 'Scabrosa' 770
RUgul *siehe* 'Tapis Jaune' 843
RuhKOR *siehe* 'Athena' 126
RUIblun *siehe* 'Blue Peter' 170
RUImired *siehe* 'Red Minimo' 713
RUIredro *siehe* 'Red Rosamini' 716
'Rumba' 755
RUnatru *siehe* 'Invincible' 420
Ruprins *siehe* 'Prins Claus' 692
'Rush' 756
'Ruskin' 756
'Russelliana' 757
'Russell's Cottage Rose' *siehe* 'Russelliana' 757
'Rustica' 757
'Rustica 91' *siehe* 'Topaz Jewel' 870
'Rusticana' *siehe* 'Poppy Flash' 678
'Ruth Leuwerik' 757
RUtrulo *siehe* 'Yorkshire Bank' 938

'Sachsengruß' 760
'Sadler's Wells' 760
'Safrano' 761
'St Andrew's' *siehe* 'Valentine Heart' 887
'St Brennus' *siehe* 'Brennus' 183
'St Cecelia' 761
'St Mark's Rose' *siehe* 'Rose d'Amour' 739
'St Nicholas' 762
'St Patrick' 762
'St Swithun' 763
'St Thérèse de Lisieux' *siehe* 'Thérèse de Lisieux' 862

'Salet' 763
'Salita' 764
'Sally Holmes' 764
'Salut à la Suisse' *siehe* 'Red Favorite' 712
'Salut d'Aix la Chapelle' *siehe* 'Gruß an Aachen' 380
'Samantha' 764
'Samourai' *siehe* 'Scarlet Knight' 771
'Samourai, Climbing' *siehe* 'Scarlet Knight' 771
'San Rafael Rose' *siehe* 'Fortune's Double Yellow' 316
'Sander's White Rambler' 765
SandKOR *siehe* 'Sandra' 765
'Sandra' 765
'Sandton City' *siehe* 'Douceur Normande' 265
'Sandton Smile' *siehe* 'Anna Livia' 100
'Sangerhausen' 766
'Sankt Florian' *siehe* 'Tender Night' 848
'Sanlam-Roos' *siehe* 'Jacqueline Nebout' 427
'Santa Catalina' 766
'Santana' 766
'Sarabande' 767
'Sarabande, Climbing' 767
'Sarah Arnot' 767
'Sarah' *siehe* 'Jardins de Bagatelle' 430
'Sarah Duchess of York' *siehe* 'Sunseeker' 826
'Sarah van Fleet' 768
'Saratoga' 768
'Sarong' *siehe* 'Lincoln Cathedral' 497

'Satchmo' 769
SAVabear *siehe* 'Teddy Bear' 847
SAVabeg *siehe* 'New Beginning' 616
SAVahowdy *siehe* 'Minnie Pearl' 587
SAValife *siehe* 'Rainbow's End' 706
SAVapop *siehe* 'Puppy Love' 696
SAVathree *siehe* 'Acey Deucy' 72
SAVawin *siehe* 'Winsome' 932
SAVor *siehe* 'Little Jackie' 500
'Savoy Hotel' 767
SAVpace *siehe* 'Pacesetter' 638
SAVswet *siehe* 'Spice Drop' 812
'Saxo' *siehe* 'Paul Shirville' 648
'Saxon's Greeting' *siehe* 'Sachsengruss' 760
'Scabrosa' 770
'Scarlet Fire' *siehe* 'Scharlachglut' 774
'Scarlet Four Seasons' *siehe* 'Duchess of Portland' 269
'Scarlet Gem' 771
'Scarlet Glow' *siehe* 'Scharlachglut' 774
'Scarlet Grevillea' *siehe* 'Russelliana' 757
'Scarlet Knight' 771
'Scarlet Knight, Climbing' 771
'Scarlet Meidiland' 771
'Scarlet Meillandécor' *siehe* 'Scarlet Meidiland' 771
'Scarlet Pimpernel' *siehe* 'Scarlet Gem' 771

'Scarlet Queen
    Elizabeth' 772
'Scarlet Sweet Briar'
    siehe 'La Belle
    Distinguée' 464
'Scented Air' 772
'Scented Dawn' siehe
    'Polka' 677
'Scentimental' 773
'Scepter d' Isle' 773
'Scharlachglut' 774
'Schloss Glücksburg'
    siehe 'English
    Garden' 286
'Schloss Heidegg' siehe
    'Pink Meidiland' 669
'Schneeflocke' siehe
    'White Flower
    Carpet' 919
'Schneekönigin' siehe
    'Frau Karl Druschki'
    323
'Schneewalzer' 774
'Schneewittchen' siehe
    'Iceberg' 414
'Schneezwerg' 775
'Schoener's Nutkana'
    775
'Schoolgirl' 758, 776
'Schwanensee' siehe
    'Swan Lake' 833
'Schwarze Madonna'
    776
'Schweizer Gruss' siehe
    'Red Favorite' 712
'Scorcher' 777
'Scots Rose' siehe
    Rosa pimpinellifolia
    61
SCRivluv siehe 'Baby
    Love' 139
'Sea Foam' 777
'Sea Pearl' 778
'Seagull' 778
'Sealing Wax' 779
'Seashell' 779
'Seaspray' 780
'Secret' 780

'Seduction' siehe
    'Matilda' 572
'Seika' siehe 'Olympic
    Torch' 628
'Sei-ka' siehe 'Olympic
    Torch' 628
'Senat Romain' siehe
    'Duc de Guiche' 268
'Senateur Amic' 780
'Senateur Romain' siehe
    'Duc de Guiche' 268
'Senteur des Iles' siehe
    'Fulton MacKay' 333
'Senteur Royale' siehe
    'Duftrausch' 271
'Sentnel' siehe 'White
    Dream' 918
'Sequoia Gold' 781
'Serratipetala' 781
'Seven Sisters' 782
'Sévillana' siehe 'La
    Sévillana' 468
'Sevilliana' 782
'Sexy Rexy' 782
'Shafter' siehe 'Dr
    Huey' 262
'Shailer's White Moss'
    siehe 'White Bath'
    915
'Sharifa' siehe 'Sharifa
    Asma' 783
'Sharifa Asma' 783
'Sheer Bliss' 783
'Sheer Elegance' 784
'Sheila's Perfume' 784
'Sheri Anne' 785
'Shining Hour' 785
'Shocking Blue' 786
'Shot Silk' 786
'Shot Silk, Climbing'
    786
'Showbiz' 787
'Shreveport' 787
'Shropshire Lass' 788
'Sidonie' siehe
    'Sydonie' 838
SIElemon siehe 'Lemon
    Blush' 439

SIEsummer siehe
    'Summer Blush' 820
'Signature' 788
'Silhouette' siehe
    'Oregold' 632
'Silk Hat' 789
'Silver Anniversary'
    (Christiensen) 789
'Silver Jubilee' 790
'Silver Lining' 790
'Silver Moon' 791
'Silver Wedding' 791
'Simba' siehe 'Helmut
    Schmidt' 399
SIMcho siehe 'Hot
    Chocolate' 410
'Simplicity' 792
'Simply Magic' siehe
    'Les Amoureux de
    Peynet' 492
'Singin' in the Rain' 792
'Sir Cedric Morris' 793
'Sir Edward Elgar' 793
'Sir Thomas Lipton' 794
'Sir Walter Raleigh' 794
'Sissi' siehe 'Blue
    Moon' 169
'Slater's Crimson
    China' 794
'Sleeping Beauty' siehe
    'Dornröschen' 263
'Small Maiden's Blush'
    siehe 'Maiden's
    Blush' 547
'Smarty' 795
'Smooth Melody' 795
'Smooth Prince' 795
'Snow Ballet' 796
'Snow Bride' 796
'Snow-Bush Rose' siehe
    'Dupontii' 272
'Snow Carpet' 796
'Snow Dwarf' siehe
    'Schneezwerg' 775
'Snow Meillandina' 797
'Snow on the Heather'
    siehe 'Heideschnee'
    397

'Snow Queen' siehe
    'Frau Karl Druschki'
    232
'Snow Sunblaze' siehe
    'Snow Meillandina'
    797
'Snow Waltz' siehe
    'Schneewalzer' 774
'Snowball' (Lacharmé)
    siehe 'Boule de Neige'
    177
'Snowballet' siehe
    'Snow Ballet' 796
'Snowbride' siehe
    'Snow Bride' 796
'Snowdwarf' siehe
    'Schneezwerg' 775
'Snowflake' (Cant) 797
'Snowline' 798
'Snowy Summit' siehe
    'Clos Fleuri Blanc'
    226
'Softee' 798
'Softly Softly' 799
'Soleil d'Eté' siehe
    'Summer Sunshine'
    822
'Soleil d'Or' 799
'Solfatare' siehe
    'Solfatrate' 800
'Solfatrate' 800
'Solitaire' (McGredy)
    800
'Sombreuil' 801
'Sommermarchen' 801
'Sommerwind' siehe
    'Suatey' 830
'Sonia Meilland' siehe
    'Sonia' 802
'Sonia' 802
'Sonnenschirn' 802
'Sophie's Perpetual' 803
'Soupert et Notting'
    803
'South Seas' 803
'Southampton' 804
'Souvenir d'Alphonse
    Lavallée' 804

'Souvenir de Brod' siehe
'Erinnerung an Brod'
288
'Souvenir de
Christophe Cochet'
804
'Souvenir de Claudius
Denoyel' 805
'Souvenir de Kean' siehe
'Hippolyte' 406
'Souvenir de la Bataille
de Marengo' siehe
'Russelliana' 757
'Souvenir de la
Malmaison Rose'
siehe 'Leveson
Gower' 493
'Souvenir de la
Malmaison' 805
'Souvenir de la
Malmaison,
Climbing' 805
'Souvenir de la
Princesse de
Lamballe' siehe
'Queen of
Bourbons' 703
'Souvenir de
l'Impératrice
Josephine' siehe
'Empress Josephine'
285
'Souvenir de Mme
Auguste Charles' 805
'Souvenir de Mme
Boullet' 805
'Souvenir de Mme
Boullet, Climbing'
806
'Souvenir de Mme
Léonie Viennot' 806
'Souvenir de Philemon
Cochet' 807
'Souvenir de St Anne's'
807
'Souvenir de Thérèse
Lovet' 808
'Souvenir d'Elise

Vardon' 808
'Souvenir du Docteur
Jamain' 808
'Souvenir d'un Ami' 809
'Spanish Beauty' siehe
'Mme Grégoire
Staechelin' 531
'Spanish Shawl' siehe
'Sue Lawley' 819
'Sparkler' siehe 'Kent'
454
'Sparkling Scarlet' 809
'Sparrieshoop' 810
'Spartan' 810
'Spectacular' 810
'Spectra' siehe 'Banzai
'83' 142
'Spek's Centennial'
siehe 'Singin' in the
Rain' 792
'Spek's Yellow' siehe
'Golden Scepter' 365
'Spek's Yellow,
Climbing' siehe
'Golden Scepter' 365
'Spencer' 811
SPEvu siehe 'Lovely
Fairy' 510
'Spice Drop' 812
'Spiced Coffee' 812
SPIcup siehe 'Cupcake'
244
'Spirit of Peace' 647
'Splendens' (Ayrshire)
813
'Splendens' (Gallica)
813
'Spong' 813
'Spray Cécile Brünner'
siehe 'Bloomfield
Abundance' 166
'Spring Fragrance' siehe
'Frühlingsduft' 330
'Spring Gold' siehe
'Frühlingsgold' 334
'Spring Morning' siehe
'Frühlingsmorgen'
331

'Spring's Beginning' s.
'Frühlingsanfang' 330
'Squatters Dream' 814
'Stacey Sue' 814
'Stadt Basel' siehe
'Rustica' 757
'Stadt Hildesheim'
siehe 'Douceur
Normande' 265
'Stainless Steel' 814
'Stanwell Perpetual' 815
'Starina' 815
'Starlight' siehe
'Lagerfeld' 476
'Stars 'N' Stripes' 816
STEbigpu siehe
'Stephen's Big
Purple' 817
'Steffi Graf' 816
'Stephanie de Monaco'
siehe 'Portrait' 679
'Stephen's Big Purple'
817
'Sterling Silver' 817
'Stevens' siehe 'Mrs
Herbert Stevens,
Climbing' 597
'Strawberry Swirl' 818
'Stretch Johnson' 818
'Striking' siehe 'Wapiti'
907
'Suaveolens' siehe 'Alba
Suaveolens' 80
'Sublimely Single' siehe
'Altissimo' 88
'Sue Lawley' 819
'Suffolk' siehe 'Bassino'
145
'Suma' 819
'Summer Blush' 820
'Summer Dream' 820
'Summer Fairy Tales'
siehe 'Sommer-
märchen' 801
'Summer Fashion' 821
'Summer Holiday'
821
'Summer Lady' 821

'Summer Snow'
(Desamero) siehe
'Gourmet Popcorn'
371
'Summer Snow'
(Perkins) 822
'Summer Sunshine'
822
'Summer Wine' 823
'Summer's Kiss' siehe
'Paul Ricard' 647
'Sun Cover' siehe
'Aspen' 124
'Sun Flate' 823
'Sun Flate, Climbing'
823
'Sunbird' siehe 'Hot
Tamale' 411
'Sunblaze' siehe
'Orange Sunblaze'
631
'Sunblest' 824
'Sunburnt Country'
siehe 'Ave Maria' 131
'Sundowner' 824
'Sunflare' siehe 'Sun
Flate' 823
'Sunlit' 825
'Sunmaid' 825
'Sunny June' 825
SUNpat siehe 'Little
Opal' 500
'Sunrise' siehe
'Freisinger Morgen-
röte' 325
'Sunseeker' 826
'Sunset Boulevard'
826
'Sunset Celebration'
827
'Sunset Song' 827
'Sunsprite' 828
SUNtink siehe
'Tinkerbell' 865
'Super Dorothy' 828
'Super Fairy' 829
'Super Star' siehe
'Tropicana' 879

'Super Star, Climbing' siehe 'Tropicana, Climbing' 879
'Superb Tuscan' 829
'Superba' siehe 'Scabrosa' 770
'Surpasse Tout' 830
'Surprise' siehe 'Golden Holstein' 364
'Suatey' 830
'Susan Ann' siehe 'Southampton' 803
'Susan Hampshire' 831
'Susan Louise' 831
'Sussex' 832
'Sutter's Gold' 832
'Sutter's Gold, Climbing' 832
'Swan' 833
'Swan Lake' 833
'Swany' 834
'Swarthmore' 834
'Sweet Briar' siehe Rosa eglanteria 49
'Sweet Chariot' 835
'Sweet Dream' 835
'Sweet Dreams' siehe 'Sweet Dream' 835
'Sweet Inspiration' 836
'Sweet Juliet' 836
'Sweet Lady' siehe 'The McCartney Rose' 856
'Sweet Magic' 837
'Sweet Memories' 837
'Sweet Promise' siehe 'Sonia' 802
'Sweet Sonata' siehe 'Johann Strauss' 438
'Sweet Sunblaze' siehe 'Pink Symphonie' 673
'Sweet Suatender' 838
'Sweetheart Rose' siehe 'Cécile Brunner' 207
'Sydonie' 838
'Sylvia' siehe 'Congratulations' 233
'Sympathie' 839

'Sympathy' siehe 'Sympathie' 839
'Symphonie' 839
'Symphony' siehe 'Symphonie' 839

'Taboo' 842
'Talisman' 842
'Talisman, Climbing' 842
'Tall Poppy' siehe 'Linda Campbell' 497
'Tall Story' 843
'Tamora' 843
TANaknom siehe 'Monika' 604
TANal siehe 'Allotria' 86
TANalzergo siehe 'Pfälzer Gold' 661
TANamola siehe 'La Paloma 85' 467
TANba siehe 'Baby Maskerade' 139
TANbakede siehe 'Baby Maskerade' 139
TANeitbar siehe 'Bernstein-Rose' 156
TANekily siehe 'Lady Like' 471
TANellis siehe 'Fragrant Cloud' 318
TANelorak siehe 'Taboo' 842
TANezamor siehe 'Romanze' 736
TANfifum siehe 'Blue Parfum' 169
TANfifume siehe 'Blue Parfum' 169
'Tango' siehe 'Stretch Johnson' 818
TANgosar siehe 'Tropicana, Climbing' 879
TANgostar siehe 'Tropicana, Climbing' 879
TANija siehe 'Janina' 429

TANilasor siehe 'Rosali' 737
TANjuka siehe 'Julischka' 446
TANklawi siehe 'Lawinia' 484
TANklesant siehe 'Santana' 766
TANklevi siehe 'Lawinia' 484
TANklewi siehe 'Lawinia' 484
TANky siehe 'Whisky Mac' 914
TANlatpost siehe 'Polarstern' 676
TANmeda siehe 'Diadem' 258
TANmirsch siehe 'Sonnenschirn' 802
TANnacht siehe 'Blue Moon' 169
'Tanned Beauty' siehe 'Triolet' 877
TANolg siehe 'Oregold' 632
TANolokip siehe 'Piccolo' 663
TANope siehe 'Tip Top' 866
TANorstar siehe 'Tropicana' 879
TANprik siehe 'Paprika' 641
TANrezlaw siehe 'Schneewalzer' 774
TANrowisa siehe 'Willy Millowitsch Rose' 930
TANryrandy siehe 'Cherry Brandy' 217
TANschaubud siehe 'Duftrausch' 271
TANschweigru siehe 'Red Favorite' 712
TANtern siehe 'Goldstern' 369

TANtide siehe 'Glad Tidings' 352
TANtifum siehe 'Blue Parfum' 169
TANweieke siehe 'Showbiz' 787
TANyoal siehe 'Summer Lady' 821
'Tapis d'Orient' siehe 'Yesterday' 937
'Tapis Jaune' 843
'Tapis Persan' siehe 'Eyepaint' 297
'Tapis Rouge' siehe 'Eyeopener' 297
'Tapis Volant' 844
'Tarrawarra' 844
'Tatjana' 845
'Tausendschön' 845
'Tchin-Tchin' (Large-flowered/Hybrid Tea) 846
'Tea Rambler' 846
'Tear Drop' 847
'Teddy Bear' 847
'Teeney-Weeny' siehe 'Buttons 'n' Bows' 191
'Temple Bells' 847
'Tender Blush' 848
'Tender Night' 848
'Tender Night, Climbing' 848
'Tendresse' siehe 'Sachsengruß' 760
'Tequila' 849
'Tequila Sunrise' 849
'Teresa Bugnet' siehe 'Thérèse Bugnet' 861
'Texas' (Poulsen) 850
'Texas Centennial' 850
'Thalia' 851
'The Alexandra Rose' 851
'The Audrey Hepburn Rose' siehe 'UNICEF' 885
'The Bishop' 851

'The Bride' 852
'The Cambridge Rose'
  s. 'Cantabrigiensis'
  199
'The Cherokee Rose' s.
  Rosa laevigata 56
'The Children's Rose'
  (Meilland, 1990)
  siehe 'Gina
  Lollobrigida' 348
'The Children's Rose'
  (Meilland, 1996) s.
  'Frederic Mistral' 324
'The Conductor' *siehe*
  'Dirigent' 260
'The Cottage Rose' *siehe*
  'Cottage Rose' 237
'The Countryman' 852
'The Dark Lady' 853
'The Doctor' 853
'The Dove' *siehe* 'La
  Paloma 85' 467
'The Edwardian Lady'
  siehe 'Edith Holden'
  279
'The Fairy' 854
'The Fairy, Climbing'
  854
'The Field Rose' *siehe*
  Rosa arvensis 41
'The Frankfurt Rose'
  siehe 'Empress
  Josephine' 285
'The Friar' 854
'The Garland' 855
'The Gem' *siehe* 'Marie
  van Houtte' 563
'The Gooseberry Rose'
  siehe *Rosa stellata
  mirifica* 65
'The Herbalist' 855
'The Himalayan Musk'
  siehe *Rosa brunonii* 44
'The Hunter' *siehe*
  'Hunter' 413
'The Jacobite Rose'
  s. 'Alba Maxima' 79
'The Lady' 856

'The McCartney Rose'
  856
'The MacCartney Rose'
  siehe 'The
  McCartney Rose' 856
'The Marshal' *siehe*
  'Lamarque' 477
'The Moth' *siehe*
  'Moth' 608
'The Musk Rose' *siehe*
  Rosa moschata 58
'The New Dawn' *siehe*
  'New Dawn' 617
'The Nun' 857
'The Old Velvet Rose'
  siehe 'Tuscany' 880
'The Painter' *siehe*
  'Michelangelo' 582
'The Peace Keeper'
  s. 'Peacekeeper' 652
'The Phantom' *siehe*
  'Phantom' 661
'The Pilgrim' 857
'The Prince' 858
'The Prioress' 858
'The Queen Elizabeth'
  siehe 'Queen
  Elizabeth' 701
'The Queen Elizabeth
  Rose' *siehe* 'Queen
  Elizabeth' 701
'The Queen Elizabeth
  Rose, Climbing' *siehe*
  'Queen Elizabeth,
  Climbing' 701
'The Reeve' 859
'The Royal Brompton
  Rose' *siehe* 'Yves
  Piaget' 940
'The Sacramento Rose'
  siehe *Rosa stellata
  mirifica* 65
'The St Mark's Rose'
  siehe 'Rose d'Amour'
  739
'The Seckford Rose'
  siehe 'Pink Robusta'
  672

'The Shell Rose' *siehe*
  'Duchesse de
  Brabant' 270
'The Squire' 859
'The Temptations' 860
'The Threepenny Bit
  Rose' siehe *Rosa
  elegantula* 'Persetosa'
  49
'The Times Rose' *siehe*
  'Mariandel' 559
'The Wife of Bath' 860
'The World' *siehe* 'Die
  Welt' 260
'The Yeoman' 861
'Thérèse Bugnet' 861
'Thérèse de Lisieux'
  862
'Thisbe' 862
'Thomas Barton' *siehe*
  'Charlotte
  Rampling' 216
'Thoresbyana' *siehe*
  'Bennett's Seedling'
  154
'Thousand Beauties'
  siehe 'Tausendschön'
  845
'Tidbit Rose' *siehe*
  'Conditorium' 232
'Tiffany' 863
'Tiffany, Climbing' 863
'Tiki' 863
'Till Uhlenspiegel' 864
'Timeless' 864
TINeally *siehe* 'Jean
  Kennealy' 433
'Tineke' 865
'Tinkerbell' 865
'Tino Rossi' 866
'Tinon' *siehe* 'Valentine
  Heart' 887
'Tintinara' 866
'Tip Top' 866
'Tipo Idéale' *siehe*
  'Mutabilis' 611
'Titian' 867
'Tivoli' 867

'Tivoli Gardens' *siehe*
  'Tivoli' 867
'Tiz' *siehe* 'Tzigane' 881
'Toby Tristam' 868
'Tocade' *siehe* 'Arizona'
  121
'Tom Tom' 868
'Tom Wood' 869
TOMboy *siehe*
  'Botanica' 176
'Tommelise' *siehe*
  'Hertfordshire' 403
TOMone *siehe* 'Mrs
  Mary Thomson' 598
'Top Gear' *siehe* 'Little
  Artist' 498
'Top Marks' 840, 869
'Top Star' *siehe*
  'Legend' 488
'Topaz Jewel' 870
'Toprose' 870
'Topsi' 871
'Toque Rouge' *siehe*
  'Asso di Cuori' 125
'Tornado' 871
'Toro' *siehe* 'Uncle Joe'
  884
'Torvill & Dean' 872
'Touch of Class' 872
'Toulouse-Lautrec' 873
'Tour de Malakoff' 873
'Tour Eiffel' *siehe*
  'Eiffelturm' 280
'Tournament of Roses'
  874
'Toynbee Hall' *siehe*
  'Bella Rosa' 148
'Tradescant' 874
'Träumerei' 875
'Travemünde' 875
'Traviata' 876
'Treasure Trove' 876
'Trevor Griffiths' 876
'Tricolore de Flandre'
  877
'Trier' 877
'Trier 2000' *siehe* 'Anna
  Livia' 100

'Trigintipetala' *siehe* 'Kazanlik' 453
'Trinity Fair' *siehe* 'Armada' 122
'Triolet' 877
'Triomphe d'Amiens' *siehe* 'Général Jacqueminot' 342
'Triomphe du Luxembourg' 878
'Troilus' 878
'Tropicana' 879
'Tropicana, Climbing' 879
'True Love' *siehe* 'Yorkshire Bank' 938
'Trumpeter' 879
'Tumbling Waters' 880
'Tuscany' 880
'Tuscany Superb' *siehe* 'Superb Tuscan' 829
'Tutu Mauve' 881
'21 Again!' *siehe* 'Regatta' 719
'Twilight Glow' *siehe* 'Polka' 677
TWObe *siehe* 'Sheer Elegance' 784
'Tzigane' 881

'Uetersen' *siehe* 'Rosarium Uetersen' 738
'Ulrich Brunner Fils' 884
'Ulrich Brunner' *siehe* 'Ulrich Brunner Fils' 884
'Uncle Joe' 884
'Uncle Merc' 885
'Uncle Walter' 885
'Unica Alba' *siehe* 'Unique Blanche' 886
'UNICEF' 885
'Unique Blanche' 886
'United Nations Rose' *s.* 'Peacekeeper' 652
'Uwe Seeler' 886

'Valeccia' *siehe* 'Valencia' 887
'Valencia' 887
'Valencia 89' *siehe* 'Valencia' 887
'Valentine Heart' 887
'Valide' *siehe* 'Little Gem' 499
'Vanguard' 888
'Vanilla' 888
'Vanity' 889
'Variegata di Bologna' 889
'Veilchenblau' 890
'Velours Parfumé' *siehe* 'Velvet Fragrance' 890
'Velvet Fragrance' 890
'Velvet Hour' 891
'Vent d'Eté' *siehe* 'Suatey' 830
'Venusta Pendula' 891
'Vercors' *siehe* 'Savoy Hotel' 769
'Verdi' 892
'Veronica' *siehe* 'Flamingo' 314
'Veronika' *siehe* 'Flamingo' 314
'Versailles' 892
'Verschuren' 893
'Versicolor' *siehe* 'York and Lancaster' 938
'Vesper' 893
'Vestey's Pink Tea' 894
'Vestey's Yellow Tea' 894
'Vick's Caprice' 895
'Vicomtesse Pierre du Fou' 896
'Victor Borge' 882, 896
'Victor Emmanuel' 897
'Victor Hugo' (Schwarz) 897
'Victoria' *siehe* 'Devoniensis' 258
'Victoriana' 897
'Vidal Sassoon' *siehe* 'Spiced Coffee' 812

'Vièrge de Clery' *siehe* 'Unique Blanche' 886
'Ville de Bâle' *siehe* 'Rustica' 757
'Ville de Chine' *siehe* 'Chinatown' 219
'Ville de Londres' 898
'Vino Delicado' 898
'Violacea' *siehe* 'La Belle Sultane' 464
'Violacée' 898
'Violet Blue' *siehe* 'Veilchenblau' 890
'Violet Carson' 899
'Violetta' *siehe* 'International Herald Tribune' 418
'Violette' 899
'Violette Niestlé' *siehe* 'Savoy Hotel' 769
'Violette Parfum' *siehe* 'Blue Parfum' 169
'Violette Parfumée' 900
'Violinista Costa' 900
'Viorita' *siehe* 'International Herald Tribune' 418
'Virginia Rose' *siehe* *Rosa virginiana* 66
'Virginian Lass' *siehe* 'Mme de Sancy de Parabère' 525
'Virgo' 901
'Virgo Liberationem' *siehe* 'Virgo' 901
'Vi's Violet' 895
'Vivid' 901
'Vogelpark Walsrode' 902
'Vogue' 902
'Vol de Nuit' 903
'Voodoo' 903

'Waiheke' 906
'Waikiki' *siehe* 'Waiheke' 906
'Waldfee' 906

'Wandering Minstrel' 907
'Wapiti' 907
'Warm Welcome' 908
'Warm Wishes' *siehe* 'Sunset Celebration' 827
'Warrior' 908
'Warwick Castle' 909
'Warwickshire' 909
'Water Music' 909
'Watercolor' 910
'Watercolour' *siehe* 'Watercolor' 910
'Wax Rose' *siehe* 'Duchesse d'Angoulême' 269
'Wedding Day' 910
WEIkblusi *siehe* 'Stainless Steel' 814
'Weisse aus Sparrieshoop' *siehe* 'White Sparrieshoop' 924
'Weisse Immensee' 911
WEKamanda *siehe* 'St Patrick' 762
WEKaq *siehe* 'The Temptations' 860
WEKblagab *siehe* 'Australia's Olympic Gold Rose' 129
WEKcryplag *siehe* 'Blueberry Hill' 171
WEKplapep *siehe* 'Scentimental' 773
WEKplasol *siehe* 'Flutterbye' 316
WEKroalt *siehe* 'Fourth of July' 317
'Wendy Cussons' 911
'Wendy Cussons, Climbing' 911
'Wenlock' 912
WEOpop *siehe* 'Gourmet Popcorn' 371
'West Coast' 912

'Westerland' 912
'Western Sun' 913
'Westfalenpark' 913
WEZeip siehe 'Paradise' 641
WHAmemo siehe 'Sweet Memories' 837
'Wheatcroft's Baby Crimson' siehe 'Perla de Alcañada' 657
'Whisky' 914
'Whisky, Climbing' 914
'Whisky Mac' siehe 'Whisky' 914
'Whisky Mac, Climbing' siehe 'Whisky, Climbing' 914
'White American Beauty' siehe 'Frau Karl Druschki' 323
'White Angel' 914
'White Baby Rambler' siehe 'Katharina Zeimet' 451
'White Bath' 915
'White Bella Rosa' 915
'White Bells' 915
'White Bloomfield Abundance' siehe 'Bloomfield Abundance' 166
'White Cécile Brünner' 916
'White Christmas' 916
'White Cloud' siehe 'Hakuun' 386
'White Cockade' 917
'White Cover' siehe 'Kent' 454
'White Dawn' 917
'White Dorothy' 918
'White Dorothy Perkins' siehe 'White Dorothy' 918
'White Dream' 918
'White Flower Carpet' 919
'White Gem' 919

'White Grootendorst' 919
'White La France' siehe 'Augustine Guinoisseau' 128
'White Lady Banks' siehe Rosa banksiae banksiae 42
'White Lightnin'' 920
'White Magic' siehe 'Class Act' 225
'White Maman Cochet' 920
'White Maman Cochet, Climbing' 920
'White Masterpiece' 904, 921
'White Meidiland' 921
'White Meillandina' 922
'White Pet' 922
'White Pet, Climbing' 922
'White Provence' siehe 'Unique Blanche' 886
'White Queen Elizabeth' 923
'White Simplicity' 923
'White Sparrieshoop' 924
'White Spray' 924
'White Wings' 925
'Wichmoss' 925
'Wickwar' 926
'Wife of Bath' siehe 'The Wife of Bath' 860
'Will Scarlet' 926
'William Allen Richardson' 926
'William and Mary' 927
'William Baffin' 927
'William Grant 927
'William Lobb' 928
'William Shakespeare' 928
'William III' 929
'Willy Millowitsch Rose' 930

'Wiltshire' 929
'Wimi' siehe 'Willy Millowitsch Rose' 930
'Winchester Cathedral' 930
'Winchester' siehe 'Winchester Cathedral' 930
'Windrush' 930
'Wingthorn Rose' siehe Rosa sericea pteracantha 64
'Winnipeg Parks' 931
'Winsome' 932
'Wise Portia' 932
'Wishing' 932
'Woburn Abbey' 933
'Wolley-Dod's Rose' siehe 'Duplex' 272
'Wood's Garland' siehe 'The Garland' 855
'Work of Art' 933

'Xavier Olibo' 934
'Xenia' siehe 'Sommermärchen' 801

'Yakimour' 935
'Yankee Doodle' 935
YanKOR siehe 'Yankee Doodle' 935
'Yellow Bantam' 935
'Yellow Button' 936
'Yellow Cécile Brünner' siehe 'Perle d'Or' 658
'Yellow Charles Austin' 936
'Yellow Dagmar Hastrup' siehe 'Topaz Jewel' 870
'Yellow Fairy' 936
'Yellow Fru Dagmar Hartopp' siehe 'Topaz Jewel' 870
'Yellow Lady Banks' siehe Rosa banksiae lutea 42

'Yellow Rambler' siehe 'Aglaia' 76
'Yellow Rose of Texas' siehe 'Harison's Yellow' 391
'Yellow Sweetheart' siehe 'Rosina' 748
'Yellow Tausenschön' siehe 'Madeleine Selzer' 543
'Yellow Wonder' siehe 'Young Quinn' 939
'Yesterday' 937
'Yolande d'Aragon' 937
'York and Lancaster' 938
'York et Lancastre' siehe 'York and Lancaster' 938
'Yorkshire Bank' 938
'Yorkshire Sunblaze' siehe 'White Meillandina' 922
'Youki San' 938
'Young at Heart' 939
'Young Mistress' siehe 'Regensberg' 719
'Young Quinn' 939
'Yves Piaget' 940
'Yvonne Rabier' 940

'Zambra' 941
'Zambra, Climbing' 941
'Zéphirine Drouhin' 941
'Zigeunerknabe' siehe 'Gipsy Boy' 350
'Zinger' 942
'Zoé' 942
'Zonta Rose' siehe 'Princess Alice' 687
'Zweibrücken' 942
'Zwergkönig 78' 943
'Zwergkönigin 82' 943